CB140877

CAIXA

Técnico Bancário

EDITORA

AlfaCon

Concursos Públicos

Diretor Geral: Jadson Siqueira
Diretor Editorial: Javert Falco
Editor(a): Mateus Ruhmke Vazzoller
Gerente de Editoração: Alexandre Rossa

Língua Portuguesa
Adriano Paccielo, Giancarla Bombonato, Glaucia Cansian, Pablo Jamilk e Priscila Conte

Redação
Rachel Ribeiro

Língua Inglesa
Ely Cuimbra, Guilherme Figura e Henrique Ferreira

Matemática Financeira
André Arruda e Daniel Lustosa

Noções de Probabilidade e Estatística
André Arruda

Comportamentos Éticos e *Compliance*
Alessander Mendes, João Paulo, Kátia Quadros, Luiz Rezende e Evandro Guedes

Conhecimentos Bancários
Alessander Mendes e Giovana Carranza

Conhecimentos de Tecnologia da Informação e Comunicação
João Paulo, Kátia Quadros, Luiz Rezende e Marisol Bufeman

Atendimento Bancário
Aline Betiatto, Luiz Rezende, Nilton Matos, Fabyanne Cavagionni e Guilherme de Luca

Dados Internacionais de Catalogação na Publicação (CIP)
Angélica Ilacqua CRB-8/7057

T253

Técnico bancário novo : Caixa Econômica Federal : CEF / Equipe de professores Alfacon. – 6. ed. - Cascavel, PR : AlfaCon, 2024.
496 p.

ISBN 978-65-5918-733-1

1. Serviço público - Concursos – Brasil 2. Brasil - Caixa Econômica Federal 3. Matemática financeira 4. Conhecimentos bancários 5. Língua portuguesa 6. Informática 7. Atendimento bancário

22-6604 **CDD 351.81076**

Índices para catálogo sistemático:
1. Serviço público - Brasil - Concursos

Dúvidas?
Acesse: www.alfaconcursos.com.br/atendimento

Núcleo Editorial:
Rua: Paraná, nº 3193, Centro - Cascavel/PR
CEP: 85810-010

Núcleo Comercial/Centro de Distribuição:
Rua: Dias Leme, nº 489, Mooca - São Paulo/SP
CEP: 03118-040

SAC: (45) 3037-8888

Data de fechamento 1ª impressão: 23/02/2024

EDITORA AlfaCon Concursos Públicos
www.alfaconcursos.com.br/apostilas

APRESENTAÇÃO

Chegou o momento de conquistar seu lugar no serviço público, e a chave para isso está na preparação certa com a obra elaborada pelo AlfaCon. Em um universo tão competitivo como o dos concursos públicos, a diferença está na qualidade da sua preparação. Para trilhar com sucesso sua jornada rumo a essa carreira tão desejada, é crucial contar com os materiais do AlfaCon.

Nesse material são abordados os seguintes assuntos:

- Língua Portuguesa
- Redação
- Língua Inglesa
- Matemática Financeira
- Noções de Probabilidade e Estatística
- Comportamentos Éticos e *Compliance*
- Conhecimentos Bancários
- Conhecimentos de Tecnologia da Informação e Comunicação
- Conhecimentos e Comportamentos Digitais
- Atendimento Bancário

Nosso compromisso é proporcionar a você um material completo e de qualidade, estruturado com explicações claras e objetivas. Destacamos os tópicos mais frequentemente cobrados nas provas, garantindo que você esteja preparado para enfrentar qualquer desafio.

Além disso o AlfaCon também te ajuda com:

- **Atualizações (sempre que necessárias) no Site:** mantemos nosso conteúdo sempre atualizado, alinhado às últimas novidades e mudanças nos editais, para que você esteja sempre à frente da concorrência.
- **Conteúdo Complementar**: oferecemos material adicional para aprofundar seus estudos, proporcionando uma compreensão abrangente e sólida dos temas abordados.
- **Curso Gratuito:** como parte do nosso compromisso com o seu sucesso, você terá acesso a um curso gratuito que complementa sua preparação, proporcionando uma experiência ainda mais completa.

Acesse o Conteúdo Online com o
Código de Resgate e Desperte o Seu Potencial!

Estamos ao seu lado nessa jornada de conquistas. Desfrute ao máximo do seu material, e lembre-se: **cada momento de estudo é um passo rumo à sua aprovação!**

Bons estudos e rumo à sua aprovação

EDITORA AlfaCon Concursos Públicos

COMO ESTUDAR PARA UM CONCURSO PÚBLICO!

AlfaCon
Concursos Públicos

Para se preparar para um concurso público, não basta somente estudar o conteúdo. É preciso adotar metodologias e ferramentas, como plano de estudo, que ajudem o concurseiro em sua organização.

As informações disponibilizadas são resultado de anos de experiência nesta área e apontam que estudar de forma direcionada traz ótimos resultados ao aluno.

Curso on-line GRATUITO

- Como montar caderno
- Como estudar
- Como e quando fazer simulados
- O que fazer antes, durante e depois de uma prova!

Ou pelo link: alfaconcursos.com.br/cursos/material-didatico-como-estudar

ORGANIZAÇÃO

Organização é o primeiro passo para quem deseja se preparar para um concurso público.

Conhecer o conteúdo programático é fundamental para um estudo eficiente, pois os concursos seguem uma tendência e as matérias são previsíveis. Usar o edital anterior - que apresenta pouca variação de um para outro - como base é uma boa opção.

Quem estuda a partir desse núcleo comum precisa somente ajustar os estudos quando os editais são publicados.

PLANO DE ESTUDO

Depois de verificar as disciplinas apresentadas no edital, as regras determinadas para o concurso e as características da banca examinadora, é hora de construir uma tabela com seus horários de estudo, na qual todas as matérias e atividades desenvolvidas na fase preparatória estejam dispostas.

PASSO A PASSO

VEJA AS ETAPAS FUNDAMENTAIS PARA ORGANIZAR SEUS ESTUDOS

PASSO 1	PASSO 2	PASSO 3	PASSO 4	PASSO 5
Selecionar as disciplinas que serão estudadas.	Organizar sua rotina diária: marcar pontualmente tudo o que é feito durante 24 horas, inclusive o tempo que é destinado para dormir, por exemplo.	Organizar a tabela semanal: dividir o horário para que você estude 2 matérias por dia e também destine um tempo para a resolução de exercícios e/ou revisão de conteúdos.	Seguir rigorosamente o que está na tabela, ou seja, destinar o mesmo tempo de estudo para cada matéria. Por exemplo: 2h/dia para cada disciplina.	Reservar um dia por semana para fazer exercícios, redação e também simulados.

Esta tabela é uma sugestão de como você pode organizar seu plano de estudo. Para cada dia, você deve reservar um tempo para duas disciplinas e também para a resolução de exercícios e/ou revisão de conteúdos. Fique atento ao fato de que o horário precisa ser determinado por você, ou seja, a duração e o momento do dia em que será feito o estudo é você quem escolhe.

AlfaCon Concursos Públicos

TABELA SEMANAL

SEMANA	SEGUNDA	TERÇA	QUARTA	QUINTA	SEXTA	SÁBADO	DOMINGO
1							
2							
3							
4							

SUMÁRIO

Sumário

Sumário

LÍNGUA PORTUGUESA

1. FONOLOGIA

Para escrever corretamente, dentro das normas aplicadas pela gramática, é preciso estudar o menor elemento sonoro de uma palavra: o fonema. A fonologia, então, é o estudo feito dos fonemas.

Os fonemas podem ser classificados em vogais, semivogais e consoantes. Esta qualificação ocorre de acordo com a forma como o ar passa pela boca e/ou nariz e como as cordas vocais vibram para produzir o som deles.

Cuidado para não confundir fonema com letra! A letra é a representação gráfica do fonema. Uma palavra pode ter quantidades diferentes de letras e fonemas.

Por exemplo:

Manhã: 5 letras

m/ /a/ /nh/ /ã/: 4 fonemas

- **Vogais:** existem **vogais nasais**, quando ocorre o movimento do ar saindo pela boca e pelo nariz. Tais vogais acompanham as letras m e n, ou também podem estar marcadas pelo til (~). No caso das **vogais orais**, o som passa apenas pela boca.

  Por exemplo:

  M**ã**e, l**i**ndo, tr**o**mba → vogais nasais

  Fl**o**r, c**a**l**o**r, f**e**sta → vogais orais

- **Semivogais:** os fonemas /i/ e /u/ acompanhados por uma vogal na mesma sílaba da palavra constituem as semivogais. O som das semivogais é mais fraco do que o das vogais.

  Por exemplo: automóve**l**, históri**a**.

- **Consoantes:** quando o ar que sai pela boca sofre uma quebra formada por uma barreira como a língua, os lábios ou os dentes. São elas: b, c, d, f, g, j, k, l, lh, m, n, nh, p, rr, r, s, t, v, ch, z.

Lembre-se de que estamos tratando de fonemas, e não de letras. Por isso, os dígrafos também são citados como consoantes: os dígrafos são os encontros de duas consoantes, também chamados de encontros consonantais.

O encontro de dois sons vocálicos, ou seja, vogais ou semivogais, chama-se encontro vocálico. Eles são divididos em: ditongo, tritongo e hiato.

- **Ditongo:** na mesma sílaba, estão uma vogal e uma semivogal.

  Por exemplo: **pai** (**A** → vogal, **I** → semivogal).

- **Tritongo:** na mesma sílaba, estão juntas uma semivogal, uma vogal e outra semivogal.

  Por exemplo: Urug**uai** (**U** → semivogal, **A** → vogal, **I** → semivogal).

- **Hiato:** são duas vogais juntas na mesma palavra, mas em sílabas diferentes.

  Por exemplo: juíza (ju-í-za).

1.1 Partição silábica

Quando um fonema é falado em uma só expiração, ou seja, em uma única saída de ar, ele recebe o nome de sílaba. As palavras podem ser classificadas de diferentes formas, de acordo com a quantidade de sílabas ou quanto à sílaba tônica.

Pela quantidade de sílabas, as palavras podem ser:

- Monossílaba: 1 sílaba.

  Por exemplo: céu (monossílaba).

- Dissílaba: 2 sílabas.

  Por exemplo: jovem (jo-vem).

- Trissílaba: 3 sílabas.

  Por exemplo: palhaço (pa-lha-ço).

- Polissílaba: 4 ou mais sílabas.

  Por exemplo: dignidade (dig-ni-da-de,), particularmente (par-ti-cu-lar-men-te).

Pela tonicidade, ou seja, pela força com que a sílaba é falada e sua posição na palavra:

- **Oxítona:** a última sílaba é a tônica.
- **Paroxítona:** a penúltima sílaba é a tônica.
- **Proparoxítona:** a antepenúltima sílaba é a tônica.

A identificação da posição da sílaba tônica de uma palavra é feita de trás para frente. Desta forma, uma palavra oxítona possui como sílaba tônica a sílaba final da palavra.

Para realizar uma correta divisão silábica, é preciso ficar atento às regras.

- Não separe ditongos e tritongos.

  Por exemplo: sau-da-de, sa-guão.

- Não separe os dígrafos **CH, LH, NH, GU, QU**.

  Por exemplo: ca-**ch**o, a-be-**lh**a, ga-li-**nh**a, Gui-**lh**er-me, **qu**e-ri-do.

- Não separe encontros consonantais que iniciam sílaba.

  Por exemplo: **ps**i-có-lo-go, a-**gl**u-ti-nar.

- Separe as vogais que formam um hiato.

  Por exemplo: pa-**ra**-í-so, **sa**-ú-de.

- Separe os dígrafos **RR, SS, SC, SÇ, XC**.

  Por exemplo: ba**r**-**r**i-ga, a**s**-**s**a-do, pi**s**-**c**i-na, cre**s**-**ç**o, e**x**-**c**e-der.

- Separe as consoantes que estejam em sílabas diferentes.

  Por exemplo: a**d**-**j**un-to, sub**s**-**t**an-ti-vo, pra**g**-**m**á-ti-co.

2. ACENTUAÇÃO GRÁFICA

Antes de começar o estudo, é importante que você entenda quais são os padrões de tonicidade da Língua Portuguesa e quais são os encontros vocálicos presentes na Língua. Assim, fica mais fácil entender quais são as regras e como elas surgem.

2.1 Padrões de tonicidade

- **Palavras oxítonas:** última sílaba tônica (*so*-**fá**, *ca*-**fé**, *ji*-**ló**).
- **Palavras paroxítonas:** penúltima sílaba tônica (fer-**ru**-gem, a-**du**-bo, sa-**ú**-de).
- **Palavras proparoxítonas:** antepenúltima sílaba tônica (**â**-ni-mo, **ví**-ti-ma, **ó**-ti-mo).

2.2 Encontros vocálicos

- **Hiato: encontro vocálico que se separa** (pi-a-no, sa-ú-de).
- **Ditongo: encontro vocálico que permanece unido na sílaba** (cha-**péu**, to-**néis**).
- **Tritongo: encontro vocálico que permanece unido na sílaba** (sa-**guão**, U-ru-**guai**).

2.3 Regras gerais

2.3.1 Quanto às proparoxítonas

Acentuam-se todas as palavras proparoxítonas:

- Por exemplo: **ví**-ti-ma, **â**-ni-mo, hi-per-**bó-li-co**.

2.3.2 Quanto às paroxítonas

Não se acentuam as paroxítonas terminadas em **A**, **E**, **O** (seguidas ou não de S) **M** e **ENS**.

- Por exemplo: castelo, gra**na**da, pa**ne**la, pe**pi**no, **pa**jem, i**ma**gens etc.

Acentuam-se as terminadas em **R**, **N**, **L**, **X**, **I** ou **IS**, **US**, **UM**, **UNS**, **PS**, **Ã** ou **ÃS** e ditongos.

Por exemplo: susten**tável**, **tórax**, **hífen**, **táxi**, **álbum**, **bíceps**, prin**cípio** etc.

Fique de olho em alguns casos particulares, como as palavras terminadas em **OM**, **ON**, **ONS**.

- Por exemplo: **iân**dom; **pró**ton, **nêu**trons etc.

Com a reforma ortográfica, deixam de se acentuar as paroxítonas com **OO** e **EE**:

- Por exemplo: v**oo**, enj**oo**, perd**oo**, mag**oo**, l**ee**m, v**ee**m, d**ee**m, cr**ee**m etc.

2.3.3 Quanto às oxítonas

São acentuadas as terminadas em:

- **A** ou **AS**: **sofá**, **Pará**.
- **E** ou **ES**: ra**pé**, **café**.
- **O** ou **OS**: **avô**, ci**pó**.
- **EM** ou **ENS**: tam**bém**, para**béns**.

2.3.4 Acentuação de monossílabos

Acentuam-se os monossílabos tônicos terminados em **A**, **E** **O**, seguidos ou não de **S**.

- Por exemplo: **pá**, **pó**, **pé**, **já**, **lá**, **fé**, **só**.

2.3.5 Acentuação dos hiatos

Acentuam-se os hiatos quando forem formados pelas letras **I** ou **U**, sozinhas ou seguidas de **S**:

- Por exemplo: **saúva**, **baú**, **balaústre**, **país**.

Exceções:

- Seguidas de **NH**: **tainha**.
- Paroxítonas antecedidas de ditongo: **feiura**.
- Com o **I** duplicado: **xiita**.

2.3.6 Ditongos abertos

Serão acentuados os ditongos abertos **ÉU**, **ÉI** e **ÓI**, com ou sem **S**, quando forem oxítonos ou monossílabos.

- Por exemplo: cha**péu**, **réu**, to**néis**, he**rói**, pas**téis**, ho**téis**, len**çóis** etc.

Com a reforma ortográfica, caiu o acento do ditongo aberto em posição de paroxítona.

- Por exemplo: id**eia**, onomatop**eia**, jib**oia**, paran**oia**, her**oi**co etc.

2.3.7 Formas verbais com hífen

Para saber se há acento em uma forma verbal com hífen, deve-se analisar o padrão de tonicidade de cada bloco da palavra:

- Aju**dá**-lo (oxítona terminada em "a" → monossílabo átono).
- Con**tar**-lhe (oxítona terminada em "r" → monossílabo átono).
- Convi**dá**-la-íamos (oxítona terminada em "a" → proparoxítona).

2.3.8 Verbos "ter" e "vir"

Quando escritos na 3ª pessoa do singular, não serão acentuados:

- Ele **tem/vem**.

Quando escritos na **3ª pessoa do plural**, receberão o **acento circunflexo**:

- Eles **têm/vêm**.

Nos verbos derivados das formas apresentadas anteriormente:

- Acento agudo para singular: contém, convém.
- Acento circunflexo para o plural: contêm, convêm.

2.3.9 Acentos diferenciais

Alguns permanecem:

- Pôde/pode (pretérito perfeito/presente simples).
- Pôr/por (verbo/preposição).
- Fôrma/forma (substantivo/verbo ou ainda substantivo).

Caiu o acento diferencial de:

- Para/pára (preposição/verbo).
- Pelo/pêlo (preposição + artigo/substantivo).
- Polo/pólo (preposição + artigo/substantivo).
- Pera/pêra (preposição + artigo/substantivo).

3. ACORDO ORTOGRÁFICO DA LÍNGUA PORTUGUESA

O Acordo Ortográfico busca simplificar as regras ortográficas da Língua Portuguesa e unificar a nossa escrita e a das demais nações de língua portuguesa: Portugal, Angola, Moçambique, Cabo Verde, Guiné-Bissau, São Tomé e Príncipe e Timor-Leste.

Sua implementação no Brasil passou por algumas etapas:

- **2009:** vigência ainda não obrigatória.
- **2010-2015:** adaptação completa às novas regras.
- **A partir de 1º de janeiro de 2016:** emprego obrigatório. O acordo ortográfico passa a ser o único formato da língua reconhecido no Brasil.

Entre as mudanças na língua portuguesa decorrentes da reforma ortográfica, podemos citar o fim do trema, alterações na forma de acentuar palavras com ditongos abertos e que sejam hiatos, supressão dos acentos diferenciais e dos acentos tônicos, novas regras para o emprego do hífen e inclusão das letras w, k e y ao idioma.

3.1 Trema

Não se usa mais o trema (¨), sinal colocado sobre a letra u para indicar que ela deve ser pronunciada nos grupos **gue**, **gui**, **que**, **qui**.

- Por exemplo: aguentar, bilíngue, cinquenta, delinquente, eloquente, ensanguentado, frequente, linguiça, quinquênio, sequência, sequestro, tranquilo etc.

Obs.: o trema permanece apenas nas palavras estrangeiras e em suas derivadas. Exemplos: Müller, mülleriano.

3.2 Regras de acentuação

3.2.1 Ditongos abertos em paroxítonas

Não se usa mais o acento dos ditongos abertos **EI** e **OI** das palavras paroxítonas (palavras que têm acento tônico na penúltima sílaba).

- Por exemplo: alcat**ei**a, andr**oi**de, ap**oi**a, ap**oi**o (verbo), aster**oi**de, b**oi**a, celul**oi**de, clarab**oi**a, colm**ei**a, Cor**ei**a, debil**oi**de, epop**ei**a, est**oi**co, estr**ei**a, gel**ei**a, her**oi**co, id**ei**a, jib**oi**a, j**oi**a, odiss**ei**a, paran**oi**a, paran**oi**co, plat**ei**a, tram**oi**a etc.

Obs.: a regra vale somente para palavras paroxítonas. Assim, continuam a ser acentuadas as palavras oxítonas e os monossílabos tônicos terminados em ÉI(**S**), ÓI(**S**).

- Por exemplo: papéis, herói, heróis, dói (verbo doer), sóis etc.

A palavra **ideia** não leva mais acento, assim como **heroico**, mas o termo **herói** é acentuado.

3.2.2 I e U tônicos depois de um ditongo

Nas palavras paroxítonas, não se usa mais o acento no **I** e no **U** tônicos quando vierem depois de um ditongo.

- Por exemplo: bai**u**ca, bocai**u**va (tipo de palmeira), caui**l**a (avarento).

Obs.:

- Se a palavra for oxítona e o I ou o U estiverem em posição final (ou seguidos de S), o acento permanece. Exemplos: tuiuiú, tuiuiús, Piauí.
- Se o I ou o U forem precedidos de ditongo crescente, o acento permanece. Exemplos: guaíba, Guaíra.

3.2.3 Hiatos EE e OO

Não se usa mais acento em palavras terminadas em **EEM** e **OO(S)**.

- Aben**çoo**, cr**eem**, d**eem**, d**oo**, enj**oo**, l**eem**, mag**oo**, perd**oo**, pov**oo**, v**eem**, v**oos**, z**oo**.

3.2.4 Acento diferencial

Não se usa mais o acento que diferenciava os pares pára/para, péla(s)/pela(s), pêlo(s)/pelo(s), pólo(s)/polo(s) e pêra/pera. Por exemplo:

Ele para o carro.
Ele foi ao polo Norte.
Ele gosta de jogar polo.
Esse gato tem pelos brancos.
Comi uma pera.

Obs.:

- Permanece o acento diferencial em **pôde/pode**. **Pôde** é a forma do passado do verbo poder (pretérito perfeito do indicativo), na 3ª pessoa do singular. **Pode** *é* a forma do presente do indicativo, na 3ª pessoa do singular.
    - Por exemplo: Ontem, ele não **pôde** sair mais cedo, mas hoje ele **pode**.
- Permanece o acento diferencial em pôr/por. Pôr é verbo. Por é preposição.
    - Por exemplo: Vou **pôr** o livro na estante que foi feita **por** mim.
- Permanecem os acentos que diferenciam o singular do plural dos verbos ter e vir, assim como de seus derivados (manter, deter, reter, conter, convir, intervir, advir etc.). Por exemplo:

    Ele **tem** dois carros. Eles **têm** dois carros.
    Ele **vem** de Sorocaba. Eles **vêm** de Sorocaba.
    Ele **mantém** a palavra. Eles **mantêm** a palavra.
    Ele **convém** aos estudantes. Eles **convêm** aos estudantes.
    Ele **detém** o poder. Eles **detêm** o poder.
    Ele **intervém** em todas as aulas. Eles **intervêm** em todas as aulas.

- É facultativo o uso do acento circunflexo para diferenciar as palavras **forma/fôrma**. Em alguns casos, o uso do acento deixa a frase mais clara. Por exemplo: Qual é a forma da fôrma do bolo?

3.2.5 Acento agudo no U tônico

Não se usa mais o acento agudo no **U** tônico das formas (tu) arguis, (ele) argui, (eles) arguem, do presente do indicativo dos verbos **arguir** e **redarguir**.

3.3 Hífen com compostos

3.3.1 Palavras compostas sem elementos de ligação

Usa-se o hífen nas palavras compostas que não apresentam elementos de ligação.

- Por exemplo: guarda-chuva, arco-íris, boa-fé, segunda-feira, mesa-redonda, vaga-lume, joão-ninguém, porta-malas, porta-bandeira, pão-duro, bate-boca etc.

Exceções: não se usa o hífen em certas palavras que perderam a noção de composição, como girassol, madressilva, mandachuva, pontapé, paraquedas, paraquedista, paraquedismo.

3.3.2 Compostos com palavras iguais

Usa-se o hífen em compostos que têm palavras iguais ou quase iguais, sem elementos de ligação.

- Por exemplo: reco-reco, blá-blá-blá, zum-zum, tico-tico, tique--taque, cri-cri, glu-glu, rom-rom, pingue-pongue, zigue-zague, esconde-esconde, pega-pega, corre-corre.

3.3.3 Compostos com elementos de ligação

Não se usa o hífen em compostos que apresentam elementos de ligação.

- Por exemplo: pé de moleque, pé de vento, pai de todos, dia a dia, fim de semana, cor de vinho, ponto e vírgula, camisa de força, cara de pau, olho de sogra.

Obs.: incluem-se nesse caso os compostos de base oracional.

- Por exemplo: Maria vai com as outras, leva e traz, diz que diz que, Deus me livre, Deus nos acuda, cor de burro quando foge, bicho de sete cabeças, faz de conta.

Exceções: água-de-colônia, arco-da-velha, cor-de-rosa, mais-que--perfeito, pé-de-meia, ao deus-dará, à queima-roupa.

3.3.4 Topônimos

Usa-se o hífen nas palavras compostas derivadas de topônimos (nomes próprios de lugares), com ou sem elementos de ligação. Por exemplo:

- Belo Horizonte: belo-horizontino.
- Porto Alegre: porto-alegrense.
- Mato Grosso do Sul: mato-grossense-do-sul.
- Rio Grande do Norte: rio-grandense-do-norte.
- África do Sul: sul-africano.

3.4 Uso do hífen com palavras formadas por prefixos

3.4.1 Casos gerais

Antes de H

Usa-se o hífen diante de palavra iniciada por H.

- Por exemplo: anti-higiênico, anti-histórico, macro-história, mini-hotel, proto-história, sobre-humano, super-homem, ultra-humano.

Letras iguais

Usa-se o hífen se o prefixo terminar com a mesma letra com que se inicia a outra palavra.

- Por exemplo: micro-ondas, anti-inflacionário, sub-bibliotecário, inter-regional.

Letras diferentes

Não se usa o hífen se o prefixo terminar com letra diferente daquela com que se inicia a outra palavra.

- Por exemplo: aeroespacial agroindustrial autoescola, antiaéreo, intermunicipal, supersônico, superinteressante, semicírculo.

Obs.: se o prefixo terminar por vogal e a outra palavra começar por **R** ou **S**, dobram-se essas letras.

- Por exemplo: minissaia, antirracismo, ultrassom, semirreta.

3.4.2 Casos particulares

Prefixos SUB- e SOB-

Com os prefixos **SUB-** e **SOB-**, usa-se o hífen também diante de palavra iniciada por **R**.

- Por exemplo: sub-região, sub-reitor, sub-regional, sob-roda.

Prefixos CIRCUM- e PAN-

Com os prefixos **CIRCUM-** e **PAN-**, usa-se o hífen diante de palavra iniciada por **M**, **N** e vogal.

- Por exemplo: circum-murado, circum-navegação, pan-americano.

Outros prefixos

Usa-se o hífen com os prefixos **EX-**, **SEM-**, **ALÉM-**, **AQUÉM-**, **RECÉM-**, **PÓS-**, **PRÉ-**, **PRÓ-**, **VICE-**.

- Por exemplo: além-mar, além-túmulo, aquém-mar, ex-aluno, ex-diretor, ex-hospedeiro, pós-graduação, pré-história, pré-vestibular, pró-europeu, recém-casado, recém-nascido, sem-terra, vice-rei.

Prefixo CO

O prefixo **CO** junta-se com o segundo elemento, mesmo quando este se inicia por **O** ou **H**. Neste último caso, corta-se o **H**. Se a palavra seguinte começar com **R** ou **S**, dobram-se essas letras.

- Por exemplo: coobrigação, coedição, coeducar, cofundador, coabitação, coerdeiro, corréu, corresponsável, cosseno.

Prefixos PRE- e RE-

Com os prefixos **PRE-** e **RE-**, não se usa o hífen, mesmo diante de palavras começadas por **E**.

- Por exemplo: preexistente, reescrever, reedição.

Prefixos AB-, OB- e AD-

Na formação de palavras com **AB-**, **OB-** e **AD-**, usa-se o hífen diante de palavra começada por **B**, **D** ou **R**.

- Por exemplo: ad-digital, ad-renal, ob-rogar, ab-rogar.

3.4.3 Outros casos do uso do hífen

NÃO e QUASE

Não se usa o hífen na formação de palavras com **não** e **quase**.

- Por exemplo: (acordo de) não agressão, (isto é, um) quase delito.

MAL

Com **mal**, usa-se o hífen quando a palavra seguinte começar por vogal, **H** ou **L**.

- Por exemplo: mal-entendido, mal-estar, mal-humorado, mal-limpo.

Obs.: quando **mal** significa doença, usa-se o hífen se não houver elemento de ligação.

- Por exemplo: mal-francês.

Se houver elemento de ligação, escreve-se sem o hífen.

- Por exemplo: mal de Lázaro, mal de sete dias.

Tupi-guarani

Usa-se o hífen com sufixos de origem tupi-guarani que representam formas adjetivas: **açu, guaçu, mirim**.

- Por exemplo: capim-açu, amoré-guaçu, anajá-mirim.

Combinação ocasional

Usa-se o hífen para ligar duas ou mais palavras que ocasionalmente se combinam, formando não propriamente vocábulos, mas encadeamentos vocabulares.

- Por exemplo: ponte Rio-Niterói, eixo Rio-São Paulo.

Hífen e translineação

Para clareza gráfica, se no final da linha a partição de uma palavra ou combinação de palavras coincidir com o hífen, ele deve ser repetido na linha seguinte.

- Por exemplo: O diretor foi receber os ex-
-alunos.

3.4.4 Síntese das principais regras do hífen

	Síntese do hífen	Exemplos
Letras diferentes	Não use hífen	Infraestrutura, extraoficial, supermercado
Letras iguais	Use hífen	Anti-inflamatório, contra-argumento, inter-racial, hiper-realista
Vogal + R ou S	Não use hífen (duplique R ou S)	Corréu, cosseno, minissaia, autorretrato
Bem	Use hífen	Bem-vindo, bem-humorado

3.4.5 Quadro resumo do emprego do hífen com prefixos

Prefixos	Letra que inicia a palavra seguinte
Ante-, anti-, contra-, entre-, extra-, infra-, intra-, sobre-, supra-, ultra-	H/VOGAL IDÊNTICA À QUE TERMINA O PREFIXO Exemplos com H: ante-hipófise, anti-higiênico, anti-herói, contra-hospitalar, entre-hostil, extra-humano, infra-hepático, sobre-humano, supra-hepático, ultra-hiperbólico. Exemplos com vogal idêntica: anti-inflamatório, contra-ataque, infra-axilar, sobre-estimar, supra-auricular, ultra-aquecido.
Ab-, ad-, ob-, sob-	B/R/D (Apenas com o prefixo "Ad") Exemplos: ab-rogar (pôr em desuso), ad-rogar (adotar), ob-reptício (astucioso), sob-roda, ad-digital
Circum-, pan-	H/M/N/VOGAL Exemplos: circum-meridiano, circum-navegação, circum-oral, pan-americano, pan-mágico, pan-negritude.
Ex- (no sentido de estado anterior), sota-, soto-, vice-, vizo-	DIANTE DE QUALQUER PALAVRA Exemplos: ex-namorada, sota-soberania (não total), soto-mestre (substituto), vice-reitor, vizo-rei.
Hiper-, inter-, super-	H/R Exemplos: hiper-hidrose, hiper-raivoso, inter-humano, inter-racial, super-homem, super-resistente.
Pós-, pré-, pró- (tônicos e com significados próprios)	DIANTE DE QUALQUER PALAVRA Exemplos: pós-graduação, pré-escolar, pró-democracia. Obs.: se os prefixos não forem autônomos, não haverá hífen. Exemplos: predeterminado, pressupor, pospor, propor.
Sub-	B /H/R Exemplos: sub-bloco, sub-hepático, sub-humano, sub-região. Obs.: "subumano" e "subepático" também são aceitas.
Pseudoprefixos (diferem-se dos prefixos por apresentarem elevado grau de independência e possuírem uma significação mais ou menos delimitada, presente à consciência dos falantes.) Aero-, agro-, arqui-, auto-, bio-, eletro-, geo-, hidro-, macro-, maxi-, mega, micro-, mini-, multi-, neo-, pluri-, proto-, pseudo-, retro-, semi-, tele-	H/VOGAL IDÊNTICA À QUE TERMINA O PREFIXO Exemplos com H: geo-histórico, mini-hospital, neo-helênico, proto-história, semi-hospitalar. Exemplos com vogal idêntica: arqui-inimigo, auto-observação, eletro-ótica, micro-ondas, micro-ônibus, neo-ortodoxia, semi-interno, tele-educação.

Não se utilizará o hífen:

- Em palavras iniciadas pelo prefixo **CO-**.
    - Por exemplo: Coadministrar, coautor, coexistência, cooptar, coerdeiro corresponsável, cosseno.
- Em palavras iniciadas pelos prefixos **DES-** ou **IN-** seguidos de elementos sem o "h" inicial.
    - Por exemplo: desarmonia, desumano, desumidificar, inábil, inumano etc.
- Com a palavra não.
    - Por exemplo: Não violência, não agressão, não comparecimento.
- Em palavras que possuem os elementos **BI, TRI, TETRA, PENTA, HEXA** etc.
    - Por exemplo: bicampeão, bimensal, bimestral, bienal, tridimensional, trimestral, triênio, tetracampeão, tetraplégico, pentacampeão, pentágono etc.
- Em relação ao prefixo **HIDRO-**, em alguns casos pode haver duas formas de grafia.
    - Por exemplo: hidroelétrica e hidrelétrica.
- No caso do elemento **SOCIO**, o hífen será utilizado apenas quando houver função de substantivo (= de associado).
    - Por exemplo: sócio-gerente / socioeconômico.

4. ORTOGRAFIA

A ortografia é a parte da Gramática que estuda a escrita correta das palavras. O próprio nome da disciplina já designa tal função. É oriunda das palavras gregas *ortho* que significa "correto" e *graphos* que significa "escrita".

4.1 Alfabeto

As letras **K, W** e **Y** foram inseridas no alfabeto devido a uma grande quantidade de palavras que são grafadas com tais letras e não podem mais figurar como termos exóticos em relação ao português. Eis alguns exemplos de seu emprego:

- Em abreviaturas e em símbolos de uso internacional: **kg** - quilograma / **w** - watt.
- Em palavras estrangeiras de uso internacional, nomes próprios estrangeiros e seus derivados: Kremlin, Kepler, Darwin, Byron, byroniano.

O alfabeto, também conhecido como abecedário, é formado (a partir do novo acordo ortográfico) por **26** letras.

FORMA MAIÚSCULA	FORMA MINÚSCULA	FORMA MAIÚSCULA	FORMA MINÚSCULA
A	a	N	n
B	b	O	o
C	c	P	p
D	d	Q	q
E	e	R	r
F	f	S	s
G	g	T	t
H	h	U	u
I	i	V	v
J	j	W	w
K	k	X	x
L	l	Y	y
M	m	Z	z

4.2 Emprego da letra H

A letra **H** demanda um pouco de atenção. Apesar de não possuir verdadeiramente sonoridade, ainda a utilizamos por convenção histórica. Seu emprego, basicamente, está relacionado às seguintes regras:

- No início de algumas palavras, por sua origem: hoje, hodierno, haver, Helena, helênico.
- No fim de algumas interjeições: Ah! Oh! Ih! Uh!
- No interior de palavra compostas que preservam o hífen, nas quais o segundo elemento se liga ao primeiro: super-homem, pré-história, sobre-humano.
- Nos dígrafos **NH, LH** e **CH**: tainha, lhama, chuveiro.

4.3 Emprego de E e I

Existe uma curiosidade a respeito do emprego dessas letras nas palavras que escrevemos: o fato de o "e", no final da palavra, ser pronunciado como uma semivogal faz com que muitos falantes pensem ser correto grafar a palavra com **I**.

Aqui, veremos quais são os principais aspectos do emprego dessas letras.

- Escreveremos com "e" palavras formadas com o prefixo **ANTE-** (que significa antes, anterior).
  - Por exemplo: antebraço, antevéspera, antecipar, antediluviano etc.
- A sílaba final de formas conjugadas dos verbos terminados em **–OAR** e **–UAR** (quando estiverem no subjuntivo).
  - Por exemplo: abençoe (abençoar), continue (continuar), pontue (pontuar).
- Algumas palavras, por sua origem.
  - Por exemplo: arrepiar, cadeado, creolina, desperdiçar, desperdício, destilar, disenteria, empecilho, indígena, irrequieto, mexerico, mimeógrafo, orquídea, quase, sequer, seringa, umedecer etc.
- Escreveremos com "i" palavras formadas com o prefixo **ANTI-** (que significa contra).
  - Por exemplo: antiaéreo, anticristo, antitetânico, anti-inflamatório.
- A sílaba final de formas conjugadas dos verbos terminados em **-AIR**, **-OER** e **-UIR**.
  - Por exemplo: cai (cair), sai (sair), diminui (diminuir), dói (doer).
- Os ditongos AI, OI, ÓI, UI.
  - Por exemplo: pai, foi, herói, influi.
- As seguintes palavras: aborígine, chefiar, crânio, criar, digladiar, displicência, escárnio, implicante, impertinente, impedimento, inigualável, lampião, pátio, penicilina, privilégio, requisito etc.

Vejamos alguns casos em que o emprego das letras **E** e **I** pode causar uma alteração semântica:

- Escrito com **E**:

  Arrear = pôr arreios.
  Área = extensão de terra, local.
  Delatar = denunciar.
  Descrição = ação de descrever.
  Descriminação = absolver.
  Emergir = vir à tona.
  Emigrar = sair do país ou do local de origem.
  Eminente = importante.

- Escrito com **I**:

  Arriar = abaixar, desistir.
  Ária = peça musical.
  Dilatar = alargar, aumentar.
  Discrição = separar, estabelecer diferença.
  Imergir = mergulhar.
  Imigrar = entrar em um país estrangeiro.
  Iminente = próximo, prestes a ocorrer.

O Novo Acordo Ortográfico explica que, agora, escreve-se com **I** antes de sílaba tônica. Veja alguns exemplos: acriano (admite-se, por ora, acreano, de Acre), rosiano (de Guimarães Rosa), camoniano (de Camões), nietzschiano (de Nietzsche) etc.

4.4 Emprego de O e U

Apenas por exceção, palavras em português com sílabas finais átonas (fracas) terminam por **US**; o comum é que se escreva com **O** ou **OS**. Por exemplo: carro, aluno, abandono, abono, chimango etc.

Exemplos das exceções a que aludimos: bônus, vírus, ônibus etc.

Em palavras proparoxítonas ou paroxítonas com terminação em ditongo, são comuns as terminações em **-UA**, **-ULA**, **-ULO**: tábua, rábula, crápula, coágulo.

As terminações em **-AO**, **-OLA**, **-OLO** só aparecem em algumas palavras: mágoa, névoa, nódoa, agrícola, vinícola, varíola etc.

Fique de olho na grafia destes termos:

- **Com a letra O:** abolir, boate, botequim, bússola, costume, engolir, goela, moela, moleque, mosquito etc.
- **Com a letra U:** bulício, buliçoso, bulir, camundongo, curtume, cutucar, jabuti, jabuticaba, rebuliço, urtiga, urticante etc.

4.5 Emprego de G e J

Essas letras, por apresentarem o mesmo som, eventualmente, costumam causar problemas de ortografia. A letra **G** só apresenta o som de J diante das letras **E** e **I**: gesso, gelo, agitar, agitador, agir, gíria.

4.5.1 Escreveremos com G

- Palavras terminadas em **-AGEM**, **-IGEM**, **-UGEM**. Por exemplo: garagem, vertigem, rabugem, ferrugem, fuligem etc.

  Exceções: pajem, lambujem (doce ou gorjeta), lajem (pedra da sepultura).
- Palavras terminadas em -ÁGIO, -ÉGIO, -ÍGIO, -ÓGIO, -ÚGIO: contágio, régio, prodígio, relógio, refúgio.
- Palavras derivadas de outras que já possuem a letra **G**. Por exemplo: **viagem** – viageiro; **ferrugem** – ferrugento; **vertigem** – vertiginoso; **regime** – regimental; **selvagem** – selvageria; **regional** – regionalismo.
- Em geral, após a letra "r". Por exemplo: aspergir, divergir, submergir, imergir etc.
- Palavras:

  De origem latina: agir, gente, proteger, surgir, gengiva, gesto etc.
  De origem árabe: álgebra, algema, ginete, girafa, giz etc.
  De origem francesa: estrangeiro, agiotagem, geleia, sargento etc.
  De origem italiana: gelosia, ágio etc.
  Do castelhano: gitano.
  Do inglês: gim.

4.5.2 Escreveremos com J

- Os verbos terminados em **-JAR** ou **-JEAR** e suas formas conjugadas:

  Gorjear: gorjeia (lembre-se das "aves"), gorjeiam, gorjearão.
  Viajar: viajei, viaje, viajemos, viajante.

Cuidado para não confundir os termos **viagem** (substantivo) com **viajem** (verbo "viajar"). Vejamos o emprego:
Ele fez uma bela viagem.
Tomara que eles viajem amanhã.

- Palavras derivadas de outras terminadas em **-JA**. Por exemplo: **granja:** granjeiro, granjear; **loja:** lojista, lojinha; **laranja:** laranjal, laranjeira; **lisonja:** lisonjeiro, lisonjeador; **sarja:** sarjeta.
- Palavras cognatas (raiz em comum) ou derivadas de outras que possuem o J. Por exemplo:

  Laje: lajense, lajedo.
  Nojo: nojento, nojeira.
  Jeito: jeitoso, ajeitar, desajeitado.
- Palavras de origem ameríndia (geralmente tupi-guarani) ou africana: canjerê, canjica, jenipapo, jequitibá, jerimum, jia, jiboia, jiló, jirau, Moji, pajé.

- Palavras: conjetura, ejetar, injeção, interjeição, objeção, objeto, objetivo, projeção, projeto, rejeição, sujeitar, sujeito, trajeto, trajetória, trejeito, berinjela, cafajeste, jeca, jegue, Jeremias, jerico, jérsei, majestade, manjedoura, ojeriza, pegajento, rijeza, sujeira, traje, ultraje, varejista.

4.6 Orientações sobre a grafia do fonema /s/

Podemos representar o fonema /s/ por:

- S: ânsia, cansar, diversão, farsa.
- SS: acesso, assar, carrossel, discussão.
- C, Ç: acetinado, cimento, açoite, açúcar.
- SC, SÇ: acréscimo, adolescente, ascensão, consciência, nasço, desça.
- X: aproximar, auxiliar, auxílio, sintaxe.
- XC: exceção, exceder, excelência, excepcional.

4.6.1 Escreveremos com S

- A correlação ND – NS:
  Pretender – pretensão, pretenso.
  Expandir – expansão, expansivo.
- A correlação RG – RS:
  Aspergir – aspersão.
  Imergir – imersão.
  Emergir – emersão.
- A correlação RT – RS:
  Divertir – diversão.
  Inverter – inversão.
- O sufixo -ENSE:
  Paranaense.
  Cearense.
  Londrinense.

4.6.2 Escreveremos com SS

- A correlação CED – CESS:
  Ceder – cessão.
  Interceder – intercessão.
  Retroceder – retrocesso.
- A correlação GRED – GRESS:
  Agredir – agressão, agressivo.
  Progredir – progressão, progresso.
- A correlação PRIM – PRESS:
  Imprimir – impressão, impresso.
  Oprimir – opressão, opressor.
  Reprimir – repressão, repressivo.
- A correlação METER – MISS:
  Submeter – submissão.
  Intrometer – intromissão.

4.6.3 Escreveremos com C ou com Ç

- Palavras de origem tupi ou africana. Por exemplo: açaí, araçá, Iguaçu, Juçara, muçurana, Paraguaçu, caçula, cacimba.
- **O Ç só será usado antes das vogais A, O e U.**
- Com os sufixos:
  -AÇA: barcaça.
  -AÇÃO: armação.
  -ÇAR: aguçar.
  -ECER: esmaecer.
  -IÇA: carniça.
  -NÇA: criança.
  -UÇA: dentuça.
- Palavras derivadas de verbos terminados em **-TER** (não confundir com a regra do **–METER – -MISS**):
  Abster: abstenção.
  Reter: retenção.
  Deter: detenção.
- Depois de ditongos:
  Feição; louça; traição.
- Palavras de origem árabe:
  Açúcar; açucena; cetim; muçulmano.

4.6.4 Emprego do SC

Escreveremos com **SC** palavras que são termos emprestados do latim. Por exemplo: adolescência; ascendente; consciente; crescer; descer; fascinar; fescenino.

4.6.5 Grafia da letra S com som de /z/

Escreveremos com S:

- Terminações em **-ÊS**, **-ESA** e **-ISA**, que indicam nacionalidade, título ou origem:
  Japonês – japonesa.
  Marquês – marquesa.
  Camponês – camponesa.
- Após ditongos: causa; coisa; lousa; Sousa.
- As formas dos verbos **pôr** e **querer** e de seus compostos:
  Eu pus, nós pusemos, puséssels etc.
  Eu quis, nós quisemos, quisésseis etc.
- Terminações **-OSO** e **-OSA**, que indicam qualidade. Por exemplo: gostoso; garboso; fervorosa; talentosa.
- Prefixo **TRANS-**: transe; transação; transoceânico.
- Em diminutivos cujo radical termine em **S**:
  Rosa – rosinha.
  Teresa – Teresinha.
  Lápis – lapisinho.
- Na correlação **D – S**:
  Aludir – alusão, alusivo.
  Decidir – decisão, decisivo.
  Defender – defesa, defensivo.
- Verbos derivados de palavras cujo radical termina em **S**:
  Análise – analisar.
  Presa – apresar.
  Êxtase – extasiar.
  Português – aportuguesar.
- Substantivos com os sufixos gregos **-ESE**, **-ISA** e **-OSE**: catequese, diocese, poetisa, virose, (obs.: "catequizar" com **Z**).
- Nomes próprios: Baltasar, Heloísa, Isabel, Isaura, Luísa, Sousa, Teresa.
- Palavras: análise, cortesia, hesitar, reses, vaselina, avisar, defesa, obséquio, revés, vigésimo, besouro, fusível, pesquisa, tesoura, colisão, heresia, querosene, vasilha.

4.7 Emprego da letra Z

Escreveremos com **Z**:

- Terminações **-EZ** e **-EZA** de substantivos abstratos derivados de adjetivos:

  Belo – beleza.

  Rico – riqueza.

  Altivo – altivez.

  Sensato - sensatez.

- Verbos formados com o sufixo **-IZAR** e palavras cognatas: balizar, inicializar, civilizar.
- As palavras derivadas em:

  -ZAL: cafezal, abacaxizal.

  -ZEIRO: cajazeiro, açaizeiro.

  -ZITO: avezita.

  -ZINHO: cãozinho, pãozinho, pezinho

- Derivadas de palavras cujo radical termina em **Z**: cruzeiro, esvaziar.
- Palavras: azar, aprazível, baliza, buzina, bazar, cicatriz, ojeriza, prezar, proeza, vazamento, vizinho, xadrez, xerez.

4.8 Emprego do X e do CH

A letra X pode representar os seguintes fonemas:

/ch/: xarope.

/cx/: sexo, tóxico.

/z/: exame.

/ss/: máximo.

/s/: sexto.

4.9 Escreveremos com X

- Em geral, após um ditongo. Por exemplo: caixa, peixe, ameixa, rouxinol, caixeiro. **Exceções**: recauchutar e guache.
- Geralmente, depois de sílaba iniciada por **EN-**: enxada; enxerido; enxugar; enxurrada.
- Encher (e seus derivados); palavras que iniciam por **CH** e recebem o prefixo **EN-**. Por exemplo: encharcar, enchumaçar, enchiqueirar, enchumbar, enchova.
- Palavras de origem indígena ou africana: abacaxi, xavante, xará, orixá, xinxim.
- Após a sílaba **ME** no início da palavra. Por exemplo: mexerica, mexerico, mexer, mexida. **Exceção**: mecha de cabelo.
- Palavras: bexiga, bruxa, coaxar, faxina, graxa, lagartixa, lixa, praxe, vexame, xícara, xale, xingar, xampu.

4.10 Escreveremos com CH

- As seguintes palavras, em razão de sua origem: chave, cheirar, chuva, chapéu, chalé, charlatão, salsicha, espadachim, chope, sanduíche, chuchu, cochilo, fachada, flecha, mecha, mochila, pechincha.
- **Atente para a divergência de sentido com os seguintes elementos:**

  Bucho – estômago.

  Buxo – espécie de arbusto.

  Cheque – ordem de pagamento.

  Xeque – lance do jogo de xadrez.

  Tacha – pequeno prego.

  Taxa – imposto.

5. NÍVEIS DE ANÁLISE DA LÍNGUA

A Língua Portuguesa possui quatro níveis de análise. Veja cada um deles:

▹ **Nível fonético/fonológico:** estuda a produção e articulação dos sons da língua.

▹ **Nível morfológico:** estuda a estrutura e a classificação das palavras.

▹ **Nível sintático:** estuda a função das palavras dentro de uma sentença.

▹ **Nível semântico:** estuda as relações de sentido construídas entre as palavras.

Na **Semântica**, entre outras coisas, estuda-se a diferença entre linguagem de sentido denotativo (ou literal, do dicionário) e linguagem de sentido conotativo (ou figurado).

▹ Rosa é uma flor.

- **Morfologia:**

  Rosa: substantivo;

  É: verbo ser;

  Uma: artigo;

  Flor: substantivo

- **Sintaxe:**

  Rosa: sujeito;

  É uma flor: predicado;

  Uma flor: predicativo do sujeito.

- **Semântica:**

  Rosa pode ser entendida como uma pessoa ou como uma planta, depende do sentido.

6. ESTRUTURA E FORMAÇÃO DE PALAVRAS

6.1 Estrutura das palavras

Para compreender os termos da Língua Portuguesa, deve-se observar, nos vocábulos, a presença de algumas estruturas como **raiz, desinências e afixos:**

- **Raiz ou radical (morfema lexical):** parte que guarda o sentido da palavra.
  Pedreiro.
  Pedrada.
  Em**pedr**ado.
  Pedregulho.
- **Desinências:** fazem a flexão dos termos.
  Nominais:
  Gênero: jogador/jogador**a**.
  Número: aluno/aluno**s**.
  Grau: cadeira/cadeir**inha**.
  Verbais:
  Modo-tempo: cantá**va**mos, vendê**ra**mos.
  Número-pessoa: fize**mos**, compra**stes**.
- **Afixos: conectam-se às raízes dos termos.**
  Prefixos: colocados antes da raiz.
  Infeliz, **des**fazer, **re**tocar.
  Sufixos: colocados após a raiz.
  Feliz**mente**, capac**idade**, igual**dade**.

Também é importante atentar aos termos de ligação. São eles:

- **Vogal de ligação:**
  Gas**ô**metro, bar**ô**metro, caf**ei**cultura, carn**í**voro.
- **Consoante de ligação:**
  Gira**s**sol, cafe**t**eira, pau**l**ada, cha**l**eira.

6.2 Radicais gregos e latinos

O conhecimento sobre a origem dos radicais é, muitas vezes, importante para a compreensão e memorização de inúmeras palavras.

6.2.1 Radicais gregos

Os radicais gregos têm uma importância expressiva para a compreensão e fácil memorização de diversas palavras que foram criadas e vulgarizadas pela linguagem científica.

Podemos observar que esses radicais se unem, geralmente, a outros elementos de origem grega e, frequentemente, sofrem alterações fonéticas e gráficas para formarem palavras compostas.

Seguem alguns radicais gregos, seus respectivos significados e algumas palavras de exemplo:

- ***Ácros* (alto):** acrópole, acrobacia, acrofobia.
- ***Álgos* (dor):** algofilia, analgésico, nevralgia.
- ***Ánthropos* (homem):** antropologia, antropófago, filantropo.
- ***Astér, astéros* (estrela):** asteroide, asterisco.
- ***Ástron* (astro):** astronomia, astronauta.
- ***Biblíon* (livro):** biblioteca, bibliografia, bibliófilo.
- ***Chéir, cheirós* (mão – cir-, quiro):** cirurgia, cirurgião, quiromante.
- ***Chlorós*, (verde):** cloro, clorofila, clorídrico.
- ***Chróma, chrómatos*, (cor):** cromático, policromia.
- ***Dáktylos* (dedo):** datilografia, datilografar.
- ***Déka* (dez):** decálogo, decâmetro, decassílabo.
- ***Gámos*, (casamento):** poligamia, polígamo, monogamia.
- ***Gastér, gastrós*, (estômago):** gastrite, gastrônomo, gástrico.
- ***Glótta, glóssa*, (língua):** poliglota, epiglote, glossário.
- ***Grámma* (letra, escrito):** gramática, anagrama, telegrama.
- ***Grápho* (escrevo):** grafia, ortografia, caligrafia.
- ***Heméra* (dia):** hemeroteca, hemerologia, efêmero.
- ***Híppos* (cavalo):** hipódromo, hipismo, hipopótamo.
- ***Kardía* (coração):** cardíaco, cardiologia, taquicardia.
- ***Mésos*, (meio, do meio):** mesocarpo, mesóclise, mesopotâmia.
- ***Mnéme* (memória, lembrança):** mnemônico, amnésia, mnemoteste.
- ***Morphé* (forma):** morfologia, amorfo, metamorfose.
- ***Nekrós* (morto):** necrotério, necropsia, necrológio.
- ***Páis, paidós* (criança):** pedagogia, pediatria, pediatra.
- ***Pyr, pyrós* (fogo):** pirosfera, pirotécnico, antipirético.
- ***Rhis, rhinós* (nariz):** rinite, rinofonia, otorrino.
- ***Theós* (deus):** teologia, teólogo, apoteose.
- ***Zóon* (animal):** zoologia, zoológico, zoonose.

6.2.2 Radicais latinos

Outras palavras da língua portuguesa possuem radicais latinos. A maioria delas entrou na língua entre os séculos XVIII e XX. Seguem algumas das que vieram por via científica ou literária:

- ***Ager, agri* (campo):** agrícola, agricultura.
- ***Ambi* (de ambo, ambos):** ambidestro, ambíguo.
- ***Argentum, argenti* (prata):** argênteo, argentífero, argentino.
- ***Capillus, capilli* (cabelo):** capilar, capiliforme, capilaridade.
- ***Caput, capitis* (cabeça:** capital, decapitar, capitoso.
- ***Cola-, colere* (habitar, cultivar):** arborícola, vitícola.
- ***Cuprum, cupri* (cobre):** cúpreo, cúprico, cuprífero.
- ***Ego* (eu):** egocêntrico, egoísmo, ególatra.
- ***Equi-, aequus* (igual):** equivalente, equinócio, equiângulo.
- ***-fero, ferre* (levar, conter):** aurífero, lactífero, carbonífero.
- ***Fluvius* (rio):** fluvial, fluviômetro.
- ***Frigus, frigoris* (frio):** frigorífico, frigomóvel.
- ***Lapis, lapidis* (pedra):** lápide, lapidificar, lapidar.
- ***Lex, legis* (lei):** legislativo, legislar, legista.
- ***Noceo, nocere* (prejudicar, causar mal):** nocivo, inocente, inócuo.
- ***Pauper, pauperis* (pobre):** pauperismo, depauperar.
- ***Pecus* (rebanho):** pecuária, pecuarista, pecúnia.
- ***Pluvia* (chuva):** pluvial, pluviômetro.
- ***Radix, radieis* (raiz):** radical, radicar, erradicar.
- ***Sidus, sideris* (astro):** sideral, sidéreo, siderar.
- ***Stella* (estrela):** estelar, constelação.
- ***Triticum, tritici* (trigo):** triticultura, triticultor, tritícola.
- ***Vinum, vini* (vinho):** vinicultura, vinícola.
- ***Vitis* (videira):** viticultura, viticultor, vitícola.
- ***Volo, volare* (voar):** volátil, noctívolo.
- ***Vox, vocis* (voz):** vocal, vociferar.

6.3 Origem das palavras de Língua Portuguesa

As palavras da Língua Portuguesa têm múltiplas origens, mas a maioria delas veio do latim vulgar, ou seja, o latim que era falado pelo povo duzentos anos antes de Cristo.

No geral, as palavras que formam o nosso léxico podem ser de origem latina, de formação vernácula ou de importação estrangeira.

Quanto às palavras de origem latina, sabe-se que algumas datam dos séculos VI e XI, aproximadamente, e outras foram introduzidas na língua por escritores e letrados ao longo do tempo, sobretudo no período áureo, o século XVI, e de forma ainda mais abundante durante os séculos que o seguiram, por meios literário e científico. As primeiras, as formas populares, foram grandemente alteradas na fala do povo rude, mas as formas eruditas tiveram leves alterações.

Houve, ao longo desses séculos, com incentivo do povo luso-brasileiro, a criação de palavras que colaboraram para enriquecer o vocabulário. Essas palavras são chamadas criações vernáculas.

Desde os primórdios da língua, diversos termos estrangeiros entraram em uso, posteriormente enriquecendo definitivamente o patrimônio léxico, porque é inevitável que palavras de outros idiomas adentrem na língua por meio das relações estabelecidas entre os povos e suas culturas.

Devido a isso, encontramos, no vocabulário português, palavras provenientes:

- Do grego: por influência do cristianismo e do latim literário: anjo, bíblia, clímax. E por criação de sábios e cientistas: nostalgia, microscópio.
- Do hebraico: veiculadas pela Bíblia: aleluia, Jesus, Maria, sábado.
- Do alemão: guerra, realengo, interlância.
- Do árabe: algodão, alfaiate, algema.
- Do japonês: biombo, micado, samurai.
- Do francês: greve, detalhe, pose.
- Do inglês: bife, futebol, tênis.
- Do turco: lacaio, algoz.
- Do italiano: piano, maestro, lasanha.
- Do russo: vodca, esputinique.
- Do tupi: tatu, saci, jiboia, pitanga.
- Do espanhol: cavalheiro, ninharia, castanhola.
- De línguas africanas: macumba, maxixe, marimbondo.

Atualmente, o francês e o inglês são os idiomas com maior influência sobre a língua portuguesa.

6.4 Processos de formação de palavras

Há dois processos mais fortes (presentes) na formação de palavras em Língua Portuguesa: a composição e a derivação. Vejamos suas principais características.

6.4.1 Composição

É uma criação de vocábulo. Pode ocorrer por:

- **Justaposição:** sem perda de elementos.
  Guarda-chuva, girassol, arranha-céu etc.
- **Aglutinação:** com perda de elementos.
  Embora, fidalgo, aguardente, planalto, boquiaberto etc.
- **Hibridismo:** união de radicais oriundos de línguas distintas.
  Automóvel (latim e grego); sambódromo (tupi e grego).

6.4.2 Derivação

É uma transformação no vocábulo. Pode ocorrer das seguintes maneiras:

- **Prefixal (prefixação):** reforma, anfiteatro, cooperação.
- **Sufixal (sufixação):** pedreiro, engenharia, florista.
- **Prefixal – sufixal:** infelizmente, ateísmo, desordenamento.
- **Parassintética:** prefixo e sufixo simultaneamente, sem a possibilidade de remover umas das partes.
  Avermelhado, anoitecer, emudecer, amanhecer.
- **Regressão (regressiva) ou deverbal:** advinda de um verbo.
  Abalo (abalar), luta (lutar), fuga (fugir).
- **Imprópria (conversão):** mudança de classe gramatical.
  O jantar, um não, o seu sim, o pobre.

6.4.3 Estrangeirismo

Pode-se entender como um empréstimo linguístico.

- **Com aportuguesamento:** abajur (do francês *abat-jour*), algodão (do árabe *al-qutun*), lanche (do inglês *lunch*) etc.
- **Sem aportuguesamento:** *networking*, *software*, *pizza*, *show*, *shopping* etc.

6.5 Acrônimo ou sigla

- **Silabáveis:** podem ser separados em sílabas.
  Infraero (Infraestrutura Aeroportuária), **Petrobras** (Petróleo Brasileiro) etc.
- **Não-silabáveis:** não podem ser separados em sílabas.
  FMI, MST, SPC, PT, INSS, MPU etc.

6.6 Onomatopeia ou reduplicação

- **Onomatopeia:** tentativa de representar um som da natureza.
  Pow, paf, tum, psiu, argh.
- **Reduplicação:** repetição de palavra com fim onomatopaico.
  Reco-reco, tique-taque, pingue-pongue.
- **Redução ou abreviação:** eliminação do segmento de alguma palavra.
  Fone (telefone), cinema (cinematógrafo), pneu (pneumático) etc.

7. MORFOLOGIA

Antes de adentrar nas conceituações, veja a lista a seguir para facilitar o estudo. Nela, temos uma classe de palavra seguida de um exemplo.

Artigo: o, a, os, as, um, uma, uns, umas.

Adjetivo: legal, interessante, capaz, brasileiro, francês.

Advérbio: muito, pouco, bem, mal, ontem, certamente.

Conjunção: que, caso, embora.

Interjeição: Ai! Ui! Ufa! Eita!

Numeral: sétimo, vigésimo, terço.

Preposição: a, ante, até, após, com, contra, de, desde, em, entre.

Pronome: cujo, o qual, quem, eu, lhe.

Substantivo: mesa, bicho, concursando, Pablo, José.

Verbo: estudar, passar, ganhar, gastar.

7.1 Substantivos

É a palavra variável que designa qualidades, sentimentos, sensações, ações etc.

Quanto à sua classificação, o substantivo pode ser:

- **Primitivo** (sem afixos): pedra.
- **Derivado** (com afixos): pedreiro/empedrado.
- **Simples** (1 núcleo): guarda.
- **Composto** (mais de 1 núcleo): guarda-roupas.
- **Comum** (designa ser genérico): copo, colher.
- **Próprio** (designa ser específico): Maria, Portugal.
- **Concreto** (existência própria): cadeira, lápis.
- **Abstrato** (existência dependente): glória, amizade.

7.1.1 Substantivos concretos

Designam seres de existência própria, como: padre, político, carro e árvore.

7.1.2 Substantivos abstratos

Nomeiam qualidades ou conceitos de existência dependente, como: beleza, fricção, tristeza e amor.

7.1.3 Substantivos próprios

São sempre concretos e devem ser grafados com iniciais maiúsculas. Alguns substantivos próprios, no entanto, podem vir a se tornar comuns pelo processo de derivação imprópria que, geralmente, ocorre pela anteposição de um artigo e a grafia do substantivo com letra minúscula (um judas = traidor/um panamá = chapéu). As flexões dos substantivos podem se dar em gênero, número e grau.

7.1.4 Gênero dos substantivos

Quanto à distinção entre masculino e feminino, os substantivos podem ser:

- **Biformes:** quando apresentam uma forma para o masculino e outra para o feminino. Por exemplo: gato, gata, homem, mulher.
- **Uniformes:** quando apresentam uma única forma para ambos os gêneros. Nesse caso, eles estão divididos em:
  - **Epicenos:** usados para animais de ambos os sexos (macho e fêmea). Por exemplo: besouro, jacaré, albatroz.
  - **Comum de dois gêneros:** aqueles que designam pessoas. Nesse caso, a distinção é feita por um elemento ladeador (artigo, pronome). Por exemplo: o/a terrícola, o/a estudante, o/a dentista, o/a motorista.
  - **Sobrecomuns:** apresentam um só gênero gramatical para designar seres de ambos os sexos. Por exemplo: o indivíduo, a vítima, o algoz.

Em algumas situações, a mudança de gênero altera também o sentido do substantivo:

- O cabeça (líder).
- A cabeça (parte do corpo).

7.1.5 Número dos substantivos

Tentemos resumir as principais regras de formação do plural nos substantivos.

TERMINAÇÃO	VARIAÇÃO	EXEMPLO
vogal ou ditongo	acréscimo do S	barco - barcos
M	NS	pudim - pudins
ÃO (primeiro caso)	ÕES	ladrão - ladrões
ÃO (segundo caso)	ÃES	pão - pães
ÃO (terceiro caso)	S	cidadão - cidadãos
R	ES	mulher - mulheres
Z	ES	cartaz - cartazes
N	ES	abdômen - abdômenes
S (oxítonos)	ES	inglês - ingleses
AL, EL, OL, UL|	IS	tribunal - tribunais
IL (oxítonos)	S	barril - barris
IL (paroxítonos)	EIS	fóssil - fósseis
ZINHO, ZITO	S	anelzinho - aneizinhos

Alguns substantivos são grafados apenas no plural: alvíssaras, anais, antolhos, arredores, belas-artes, calendas, cãs, condolências, esponsais, exéquias, fastos, férias, fezes, núpcias, óculos, pêsames.

7.1.6 Grau do substantivo

Aumentativo/diminutivo

Analítico: quando se associam os adjetivos ao substantivo. Por exemplo: carro grande, pé pequeno.

Sintético: quando se adiciona ao substantivo sufixos indicadores de grau, carrão, pezinho.

- **Sufixos:**
  - **Aumentativos:** -ÁZIO, -ORRA, -OLA, -AZ, -ÃO, -EIRÃO, -ALHÃO, -ARÃO, -ARRÃO, -ZARRÃO.
  - **Diminutivos:** -ITO, -ULO-, -CULO, -OTE, -OLA, -IM, -ELHO, -INHO, -ZINHO. O sufixo -ZINHO é obrigatório quando o substantivo terminar em vogal tônica ou ditongo: cafezinho, paizinho etc.

O aumentativo pode exprimir tamanho (casarão), desprezo (sabichão, ministraço, poetastro) ou intimidade (amigão); enquanto o diminutivo pode indicar carinho (filhinho) ou ter valor pejorativo (livreco, casebre), além das noções de tamanho (bolinha).

7.2 Artigo

O artigo é a palavra variável que tem por função individualizar algo, ou seja, possui como função primordial indicar um elemento, por meio de definição ou indefinição da palavra que, pela anteposição do artigo, passa a ser substantivada. Os artigos se subdividem em:

- **Artigos definidos (O, A, OS, AS):** definem o substantivo a que se referem. Por exemplo:

  Hoje à tarde, falaremos sobre **a** aula da semana passada.

  Na última aula, falamos **do** conteúdo programático.

- **Artigos indefinidos (um, uma, uns, umas):** indefinem o substantivo a que se referem. Por exemplo:

  Assim que eu passar no concurso, eu irei comprar **um** carro.

  Pela manhã, papai, apareceu **um** homem da loja aqui.

É importante ressaltar que os artigos podem ser contraídos com algumas preposições essenciais, como demonstrado na tabela a seguir:

PREPOSIÇÕES	ARTIGO							
	DEFINIDO				INDEFINIDO			
	O	A	OS	AS	UM	UMA	UNS	UMAS
A	ao	à	aos	às	-	-	-	-
De	do	da	dos	das	dum	duma	duns	dumas
Em	no	na	nos	nas	num	numa	nuns	numas
Per	pelo	pela	pelos	pelas	-	-	-	-
Por	polo	pola	polos	polas	-	-	-	-

O artigo é utilizado para substantivar um termo. Ou seja, quer transformar algo em um substantivo? Coloque um artigo em sua frente.

Cantar alivia a alma. (Verbo)

O **cantar** alivia a alma. (Substantivo)

7.2.1 Emprego do artigo com a palavra "todo"

Quando inserimos artigos ao lado da palavra "todo", em geral, o sentido da expressão passa a designar totalidade. Como no exemplo abaixo:

Pobreza é um problema que acomete **todo país**. (todos os países)

Pobreza é um problema que acomete **todo o país**. (o país em sua totalidade).

7.3 Pronome

Em uma definição breve, podemos dizer que pronome é o termo que substitui um substantivo, desempenhando, na sentença em que aparece, uma função coesiva. Podemos dividir os pronomes em sete categorias, são elas: pessoais, tratamento, demonstrativos, relativos, indefinidos, interrogativos, possessivos.

Antes de partir para o estudo pormenorizado dos pronomes, vamos fazer uma classificação funcional deles quando empregados em uma sentença:

- **Pronomes substantivos:** são aqueles que ocupam o lugar do substantivo na sentença. Por exemplo:

  Alguém apareceu na sala ontem.

  Nós faremos todo o trabalho.

- **Pronomes adjetivos:** são aqueles que acompanham um substantivo na sentença. Por exemplo:

  Meus alunos são os mais preparados.

  Pessoa **alguma** fará tal serviço por **esse** valor.

7.3.1 Pronomes substantivos e adjetivos

É chamado **pronome substantivo** quando um pronome substitui um substantivo.

É chamado **pronome adjetivo** quando determina o substantivo com o qual se encontra.

7.3.2 Pronomes pessoais

Referem-se às pessoas do discurso, veja:

- Quem fala (1ª pessoa).
- Com quem se fala (2ª pessoa).
- De quem se fala (3ª pessoa).

Classificação dos pronomes pessoais (caso **reto** × caso **oblíquo**):

PESSOA GRAMATICAL	RETOS	OBLÍQUOS	
		ÁTONOS	TÔNICOS
1ª - Singular	eu	me	mim, comigo
2ª - Singular	tu	te	ti, contigo
3ª - Singular	ele, ela	o, a, lhe, se	si, consigo
1ª - Plural	nós	nos	nós, conosco
2ª - Plural	vós	vos	vós, convosco
3ª - Plural	eles, elas	os, as, lhes, se	si, consigo
Função	Sujeito	Complemento/Adjunto	

Veja a seguir o emprego de alguns pronomes (**certo** × **errado**).

Eu e tu × mim e ti

1ª regra: depois de preposição essencial, usa-se pronome oblíquo. Observe:

Entre mim e ti, não há acordo.

Sobre Manoel e ti, nada se pode falar.

Devo **a** ti esta conquista.

O presente é **para** mim.

Não saia **sem** mim.

Comprei um livro **para** ti.

Observe a preposição essencial destacada nas sentenças.

2ª regra: se o pronome utilizado na sentença for sujeito de um verbo, deve-se empregar os do caso reto.

Não saia sem **eu** deixar.

Comprei um livro para **tu** leres.

O presente é para **eu** desfrutar.

Observe que o pronome desempenha a função de sujeito do verbo destacado. Ou seja: "mim" não faz nada!

Não se confunda com as sentenças em que a ordem frasal está alterada. Deve-se, nesses casos, tentar colocar a sentença na ordem direta.

Para mim, fazer exercícios é muito bom. → Fazer exercícios é muito bom para mim.

Não é tarefa para mim realizar esta revisão. → Realizar esta revisão não é para mim.

Com causativos e sensitivos

Regra com verbos causativos (mandar, fazer, deixar) ou sensitivos (ver, ouvir, sentir): quando os pronomes oblíquos átonos são empregados com verbos causativos ou sensitivos, pode haver a possibilidade de desempenharem a função de sujeito de uma forma verbal próxima. Veja os exemplos:

Fiz **Juliana** chorar. (Sentença original).

Fi-la chorar. (Sentença reescrita com a substituição do termo Juliana pelo pronome oblíquo).

Em ambas as situações, a "Juliana é a chorona". Isso quer dizer que o termo feminino que está na sentença é sujeito do verbo "chorar". Pensando dessa maneira, entenderemos a primeira função da forma pronominal "la" que aparece na sentença reescrita.

Outro fator a ser considerado é que o verbo "fazer" necessita de um complemento, portanto, é um verbo transitivo. Ocorre que o complemento do verbo "fazer" não pode ter outro referente senão "Juliana". Então, entendemos que, na reescrita da frase, a forma pronominal "la" funciona como complemento do verbo "fazer" e sujeito do verbo "chorar".

Si e consigo

Esses pronomes somente podem ser empregados se se referirem ao sujeito da oração, pois possuem função reflexiva. Observe:

Alberto só pensa em si. ("Si" refere-se a "Alberto": sujeito do verbo "pensar").

O aluno levou as apostilas consigo. ("consigo" refere-se ao termo "aluno").

Estão erradas, portanto, frases como estas:

Creio muito em si, meu amigo.

Quero falar consigo.

Corrigindo:

Creio muito em você, meu amigo.

Quero falar contigo.

Conosco e convosco

As formas **"conosco"** e **"convosco"** são substituídas por **"com nós"** e **"com vós"** quando os pronomes pessoais são reforçados por palavras como **outros, mesmos, próprios, todos, ambos** ou **algum numeral**. Por exemplo:

Ele disse que iria com nós três.

Ele(s), ela(s) × o(s), a(s)

É muito comum ouvirmos frases como: "vi **ela** na esquina", "não queremos **eles** aqui". De acordo com as normas da Língua Portuguesa, é errado falar ou escrever assim, pois o pronome em questão está sendo utilizado fora de seu emprego original, ou seja, como um complemento (ao passo que deveria ser apenas sujeito). O certo é: "vi-**a** na esquina", "não **os** queremos aqui".

"O" e "a"

São complementos diretos, ou seja, são utilizados juntamente aos verbos transitivos diretos, ou nos bitransitivos, como no exemplo a seguir:

Comprei **um carro** para minha namorada = Comprei-**o** para ela. (Ocorreu a substituição do objeto direto)

É importante lembrar que há uma especificidade em relação à colocação dos pronomes "o" e "a" depois de algumas palavras:

- Se a palavra terminar em **R, S** ou **Z**: tais letras devem ser suprimidas e o pronome será empregado como **lo, la, los, las**.

  Fazer as tarefas = fazê-**las**.

  Querer o dinheiro = querê-**lo**.

- Se a palavra terminar com **ÃO, ÕE** ou **M**: tais letras devem ser mantidas e o pronome há de ser empregado como **no, na, nos, nas**.

  Compraram a casa = compraram-**na**.

  Compõe a canção = compõe-**na**.

Lhe

É um complemento indireto, equivalente a "a ele" ou "a ela". Ou seja, é empregado juntamente a um verbo transitivo indireto ou a um verbo bitransitivo, como no exemplo:

- Comprei um carro **para minha namorada** = comprei-**lhe** um carro. (Ocorreu a substituição do objeto indireto).

Muitas bancas gostam de trocar as formas "o" e "a" por "lhe", o que não pode ser feito sem que a sentença seja totalmente reelaborada.

7.3.3 Pronomes de tratamento

São pronomes de tratamento **você, senhor, senhora, senhorita, fulano, sicrano, beltrano** e as expressões que integram o quadro seguinte:

PRONOME	ABREVIATURA SINGULAR	ABREVIATURA PLURAL
Vossa Excelência(s)	V. Ex.ª	V. Ex.as
USA-SE PARA:		
Presidente (sem abreviatura), ministro, embaixador, governador, secretário de Estado, prefeito, senador, deputado federal e estadual, juiz, general, almirante, brigadeiro e presidente de câmara de vereadores.		
PRONOME	**ABREVIATURA SINGULAR**	**ABREVIATURA PLURAL**
Vossa(s) Magnificência(s)	V. Mag.ª	V. Mag.as
USA-SE PARA:		
Reitor de universidade para o qual também se pode usar V. Ex.ª.		

PRONOME	ABREVIATURA SINGULAR	ABREVIATURA PLURAL
Vossa(s) Senhoria(s)	V. Sª	V. S.ªs
USA-SE PARA:		
Qualquer autoridade ou pessoa civil não citada acima.		
PRONOME	ABREVIATURA SINGULAR	ABREVIATURA PLURAL
Vossa(s) Santidade(s)	V. S	VV. SS.
USA-SE PARA:		
Papa.		
PRONOME	ABREVIATURA SINGULAR	ABREVIATURA PLURAL
Vossa(s) Eminência(s)	V. Em.ª	V.Em.ªs
USA-SE PARA:		
Cardeal.		
PRONOME	ABREVIATURA SINGULAR	ABREVIATURA PLURAL
Vossa(s) Excelência(s) Reverendíssima(s)	V. Exª. Rev.ma	V. Ex.ªs. Rev.mas
USA-SE PARA:		
Arcebispo e bispo.		
PRONOME	ABREVIATURA SINGULAR	ABREVIATURA PLURAL
Vossa(s) Reverendíssima(s)	V. Rev.ma	V.Rev.mas
Usa-se para:		
Autoridade religiosa inferior às acima citadas.		
PRONOME	ABREVIATURA SINGULAR	ABREVIATURA PLURAL
Vossa(s) Reverência(s)	V. Rev.ª	V. Rev.mas
USA-SE PARA:		
Religioso sem graduação.		
PRONOME	ABREVIATURA SINGULAR	ABREVIATURA PLURAL
Vossa(s) Majestade(s)	V. M.	VV. MM.
USA-SE PARA:		
Rei e imperador.		
PRONOME	ABREVIATURA SINGULAR	ABREVIATURA PLURAL
Vossa(s) Alteza(s)	V. A.	VV. AA.
USA-SE PARA:		
Príncipe, arquiduque e duque.		

Todas essas expressões se apresentam também com "Sua" para cujas abreviaturas basta substituir o "V" por "S".

Emprego dos pronomes de tratamento

- **Vossa Excelência** etc. × **Sua Excelência** etc.

Os pronomes de tratamento iniciados com "Vossa(s)" empregam-se em uma relação direta, ou seja, indicam o nosso interlocutor, pessoa com quem falamos:

Soube que V. Ex.ª, Senhor Ministro, falou que não estava interessado no assunto da reunião.

Empregaremos o pronome com a forma "sua" quando a relação não é direta, ou seja, quando falamos sobre a pessoa:

A notícia divulgada é de que Sua Excelência, o Presidente da República, foi flagrado em uma boate.

Utilização da 3ª pessoa

Os pronomes de tratamento são de 3ª pessoa; portanto, todos os elementos relacionados a eles devem ser empregados também na 3ª pessoa, para que se mantenha a uniformidade:

É preciso que V. Ex.ª **diga** qual será o **seu** procedimento no caso em questão, a fim de que seus assessores possam agir a tempo.

Uniformidade de tratamento

No momento da escrita ou da fala, não é possível ficar fazendo "dança das pessoas" com os pronomes. Isso quer dizer que se deve manter a uniformidade de tratamento. Para tanto, se for utilizada 3ª pessoa no início de uma sentença, ela deve permanecer ao longo de todo o texto. Preste atenção para ver como ficou estranha a construção abaixo:

Quando **você** chegar, eu **te** darei o presente.

"Você" é de 3ª pessoa e "te" é de 2ª pessoa. Não há motivo para cometer tal engano. Tome cuidado, portanto. Podemos corrigir a sentença:

Quando tu chegares, eu te darei o presente.

Quando você chegar, eu lhe darei o presente.

7.3.4 Pronomes possessivos

São os pronomes que atribuem posse de algo às pessoas do discurso.

Eles podem estar em:

- **1ª pessoa do singular:** meu, minha, meus, minhas.
- **2ª pessoa do singular:** teu, tua, teus, tuas.
- **3ª pessoa do singular:** seu, sua, seus, suas.
- **1ª pessoa do plural:** nosso, nossa, nossos, nossas.
- **2ª pessoa do plural:** vosso, vossa, vossos, vossas.
- **3ª pessoa do plural:** seu, sua, seus, suas.

Emprego

- Ambiguidade: "seu", "sua", "seus" e "suas" são os reis da ambiguidade (duplicidade de sentido).

  O policial prendeu o maconheiro em **sua** casa. (casa de quem?).

  Meu pai levou meu tio para casa em **seu** carro. (no carro de quem?).
- Corrigindo:

  O policial prendeu o maconheiro na casa **deste**.

  Meu pai, em **seu** carro, levou meu tio para casa.
- Emprego especial: não se usam os possessivos em relação às partes do corpo ou às faculdades do espírito. Devemos, pois, dizer:

  Machuquei a mão. (E não "a minha mão").

  Ele bateu a cabeça. (E não "a sua cabeça").

  Perdeste a razão? (E não "a tua razão").

7.3.5 Pronomes demonstrativos

São os que localizam ou identificam o substantivo ou uma expressão no espaço, no tempo ou no texto.

- **1ª pessoa:**

  Masculino: este(s).

  Feminino: esta(s).

  Neutro: isto.

  No espaço: com o falante.

  No tempo: presente.

  No texto: o que se pretende dizer ou o imediatamente retomado.
- **2ª pessoa**

  Masculino: esse(s).

  Feminino: essa(s).

  Neutro: isso.

  No espaço: pouco afastado.

  No tempo: passado ou futuro próximos.

  No texto: o que se disse anteriormente.
- **3ª pessoa**

  Masculino: aquele(s).

  Feminino: aquela(s).

  Neutro: aquilo.

  No espaço: muito afastado.

  No tempo: passado ou futuro distantes.

  No texto: o que se disse há muito ou o que se pretende dizer.

Quando o pronome retoma algo já mencionado no texto, dizemos que ele possui função **anafórica**. Quando aponta para algo que será dito, dizemos que possui função **catafórica**. Essa nomenclatura começou a ser cobrada em algumas questões de concurso público, portanto, é importante ter esses conceitos na ponta da língua.

Exemplos de emprego dos demonstrativos:

Veja **este** livro que eu trouxe, é muito bom.

Você deve estudar mais! **Isso** é o que eu queria dizer.

Vê **aquele** mendigo lá na rua? Terrível futuro o aguarda.

Há outros pronomes demonstrativos: **o, a, os, as**, quando antecedem o relativo que e podem ser permutados por **aquele(s), aquela(s), aquilo**. Veja os exemplos:

Não entendi o que disseste. (Não entendi aquilo que disseste.).

Esta rua não é a que te indiquei. (Esta rua não é aquela que te indiquei.).

Tal: quando puder ser permutado por qualquer demonstrativo:

Não acredito que você disse **tal** coisa. (Aquela coisa).

Semelhante: quando puder ser permutado por qualquer demonstrativo:

Jamais me prestarei a **semelhante** canalhice. (Esta canalhice).

Mesmo: quando modificar os pronomes eu, tu, nós e vós:

Eu **mesmo** investiguei o caso.

De modo análogo, classificamos o termo **"próprio"** (eu próprio, ela própria).

O termo **"mesmo"** pode ainda funcionar como pronome neutro em frases como: "é o mesmo", "vem a ser o mesmo".

Vejamos mais alguns exemplos:

José e **João** são alunos do ensino médio. Este gosta de matemática, **aquele** gosta de português.

Veja que a verdadeira relação estabelecida pelos pronomes demonstrativos focaliza, por meio do "este" o elemento mais próximo, por meio do "aquele" o elemento mais afastado.

Esta sala precisa de bons professores.

Gostaria de que esse órgão pudesse resolver meu problema.

Este(s), esta(s), isto indicam o local de onde escrevemos. **Esse(s), essa(s), isso** indicam o local em que se encontra o nosso interlocutor.

7.3.6 Pronomes relativos

São termos que relacionam palavras em um encadeamento. Os relativos da Língua Portuguesa são:

- **Que:** quando puder ser permutado por "o qual" ou um de seus termos derivados. Utiliza-se o pronome "que" para referências a pessoas ou coisas.

  O peão a **que** me refiro é Jonas.
- **O qual:** empregado para referência a coisas ou pessoas.

  A casa **na qual** houve o tiroteio foi interditada.
- **Quem:** é equivalente a dois pronomes: "aquele" e "que".

  O homem para **quem** se enviou a correspondência é Alberto.

- **Quanto:** será relativo quando seu antecedente for o termo "tudo".

  Não gastes tudo **quanto** tens.

- **Onde:** é utilizado para estabelecer referência a lugares, sendo permutável por "em que" ou "no qual" e seus derivados.

  O estado para **onde** vou é Minas Gerais.

- **Cujo:** possui um sentido possessivo. Não permite permuta por outro relativo. Também é preciso lembrar que o pronome "cujo" não admite artigo, pois já é variável (cujo/cuja, jamais "cujo o", "cuja a").

  Cara, o pedreiro em **cujo** serviço podemos confiar é Marcelino.

A preposição que está relacionada ao pronome é, em grande parte dos casos, oriunda do verbo que aparece posteriormente na sentença.

7.3.7 Pronomes indefinidos

São os pronomes que se referem, de forma imprecisa e vaga, à 3ª pessoa do discurso.

Eles podem ser:

- **Pronomes indefinidos substantivos:** têm função de substantivo: alguém, algo, nada, tudo, ninguém.
- **Pronomes indefinidos adjetivos:** têm função de adjetivo: cada, certo(s), certa (s).
- **Que variam entre pronomes adjetivos e substantivos:** variam de acordo com o contexto: algum, alguma, bastante, demais, mais, qual etc.

VARIÁVEIS				INVARIÁVEIS
MASCULINO		FEMININO		
SINGULAR	PLURAL	SINGULAR	PLURAL	
Algum	Alguns	Alguma	Algumas	Alguém
Certo	Certos	Certa	Certas	Algo
Muito	Muitos	Muita	Muitas	Nada
Nenhum	Nenhuns	Nenhuma	Nenhumas	Ninguém
Outro	Outros	Outra	Outras	Outrem
Qualquer	Quaisquer	Qualquer	Quaisquer	Cada
Quando	Quantos	Quanta	Quantas	-
Tanto	Tantos	Tanta	Tantas	-
Todo	Todos	Toda	Todas	Tudo
Vário	Vários	Vária	Várias	-
Pouco	Poucos	Pouca	Poucas	-

Fique bem atento para as alterações de sentido relacionadas às mudanças de posição dos pronomes indefinidos.

Alguma pessoa passou por aqui ontem. (Alguma pessoa = ao menos uma pessoa).

Pessoa alguma passou por aqui ontem. (Pessoa alguma = ninguém).

Locuções pronominais indefinidas

"Cada qual", "cada um", "seja qual for", "tal qual", "um ou outro" etc.

7.3.8 Pronomes interrogativos

Chamam-se interrogativos os pronomes **que, quem, qual** e **quanto,** empregados para formular uma pergunta direta ou indireta:

Que conteúdo estão estudando?

Diga-me **que** conteúdo estão estudando.

Quem vai passar no concurso?

Gostaria de saber **quem** vai passar no concurso.

Qual dos livros preferes?

Não sei ***qual*** dos livros preferes.

Quantos de coragem você tem?

Pergunte **quanto** de coragem você tem.

7.4 Verbo

É a palavra com que se expressa uma ação (cantar, vender), um estado (ser, estar), mudança de estado (tornar-se) ou fenômeno da natureza (chover).

Quanto à noção que expressam, os verbos podem ser classificados da seguinte maneira:

- **Verbos relacionais:** exprimem estado ou mudança de estado. São os chamados verbos de ligação.
- **Verbos de ligação: ser, estar, continuar, andar, parecer, permanecer, ficar, tornar-se etc.**
- **Verbos nocionais:** exprimem ação ou fenômeno da natureza. São os chamados verbos significativos.

Os verbos nocionais podem ser classificados da seguinte maneira:

- **Verbo Intransitivo (VI):** diz-se daquele que não necessita de um complemento para que se compreenda a ação verbal. Por exemplo: "morrer", "cantar", "sorrir", "nascer", "viver".
- **Verbo Transitivo (VT):** diz-se daquele que necessita de um complemento para expressar o afetado pela ação verbal. Divide-se em três tipos:
  - **Diretos (VTD):** não possuem preposição para ligar o complemento verbal ao verbo. São exemplos os verbos "querer", "comprar", "ler", "falar" etc.
  - **Indiretos (VTI):** possuem preposição para ligar o complemento verbal ao verbo. São exemplos os verbos "gostar", "necessitar", "precisar", "acreditar" etc.
  - **Diretos e Indiretos (VTDI) ou bitransitivos:** possuem dois complementos, um não preposicionado, outro com preposição. São exemplos os verbos "pagar", "perdoar", "implicar" etc.

Preste atenção na dica que segue:

João morreu. (Quem morre, morre. Não é preciso um complemento para entender o verbo).

Eu quero um aumento. (Quem quer, quer alguma coisa. É preciso um complemento para entender o sentido do verbo).

Eu preciso de um emprego. (Quem precisa, precisa "de" alguma coisa. Deve haver uma preposição para ligar o complemento ao seu verbo).

Mário pagou a conta ao padeiro. (Quem paga, paga algo a alguém. Há um complemento com preposição e um complemento sem preposição).

7.4.1 Estrutura e conjugação dos verbos

Os verbos possuem:

- **Raiz:** o que lhes guarda o sentido (**cant**ar, **corr**er, **sorr**ir).
- **Vogal temática:** o que lhes garante a família conjugacional (AR, ER, IR).
- **Desinências:** o que ajuda a conjugar ou nominalizar o verbo (cant**ando**, cant**ávamos**).

Os verbos apresentam três conjugações, ou seja, três famílias conjugacionais. Em função da vogal temática, podem-se criar três paradigmas verbais. De acordo com a relação dos verbos com esses paradigmas, obtém-se a seguinte classificação:

- **Regulares:** seguem o paradigma verbal de sua conjugação sem alterar suas raízes (amar, vender, partir).
- **Irregulares:** não seguem o paradigma verbal da conjugação a que pertencem. As irregularidades podem aparecer na raiz ou nas desinências (ouvir – ouço/ouve, estar – estou/estão).
- **Anômalos:** apresentam profundas irregularidades. São classificados como anômalos em todas as gramáticas os verbos "ser" e "ir".
- **Defectivos:** não são conjugados em determinadas pessoas, tempo ou modo, portanto, apresentam algum tipo de "defeito" ("falir", no presente do indicativo, só apresenta a 1ª e a 2ª pessoa do plural). Os defectivos distribuem-se em grupos:
  - Impessoais.
  - Unipessoais: vozes ou ruídos de animais, só conjugados nas terceiras pessoas.
  - Antieufônicos: a sonoridade permite confusão com outros verbos – "demolir"; "falir", "abolir" etc.
- **Abundantes:** apresentam mais de uma forma para uma mesma conjugação.

Existe abundância **conjugacional** e **participial**. A primeira ocorre na conjugação de algumas formas verbais, como o verbo "haver", que admite "nós havemos/hemos", "vós haveis/heis". A segunda ocorre com as formas nominais de particípio.

A seguir segue uma lista dos principais abundantes na forma participial.

VERBOS	PARTICÍPIO REGULAR - EMPREGADO COM OS AUXILIARES "TER" E "HAVER"	PARTICÍPIO IRREGULAR - EMPREGADO COM OS AUXILIARES "SER", "ESTAR" E "FICAR"
aceitar	aceitado	aceito
acender	acendido	aceso
benzer	benzido	bento
eleger	elegido	eleito
entregar	entregado	entregue
enxugar	enxugado	enxuto
expressar	expressado	expresso
expulsar	expulsado	expulso
extinguir	extinguido	extinto
matar	matado	morto
prender	prendido	preso
romper	rompido	roto
salvar	salvado	salvo
soltar	soltado	solto
suspender	suspendido	suspenso
tingir	tingido	tinto

7.4.2 Flexão verbal

Relativamente à flexão verbal, anotamos:

- **Número:** singular ou plural.
- **Pessoa gramatical:** 1ª, 2ª ou 3ª.

Tempo: referência ao momento em que se fala (pretérito, presente ou futuro). O modo imperativo só tem um tempo, o presente.

- **Voz:** ativa, passiva, reflexiva e recíproca (que trabalharemos mais tarde).
- **Modo:** indicativo (certeza de um fato ou estado), subjuntivo (possibilidade ou desejo de realização de um fato ou incerteza do estado) e imperativo (expressa ordem, advertência ou pedido).

7.4.3 Formas nominais do verbo

As três formas nominais do verbo (infinitivo, gerúndio e particípio) não possuem função exclusivamente verbal.

- **Infinitivo:** assemelha-se ao substantivo, indica algo atemporal – o nome do verbo, sua desinência característica é a letra R: ama**r**, realça**r**, ungi**r** etc.
- **Gerúndio:** equipara-se ao adjetivo ou advérbio pelas circunstâncias que exprime de ação em processo. Sua desinência característica é **-NDO**: ama**ndo**, realça**ndo**, ungi**ndo** etc.
- **Particípio:** tem valor e forma de adjetivo – pode também indicar ação concluída, sua desinência característica é **-ADO** ou **-IDO** para as formas regulares: am**ado**, realç**ado**, ung**ido** etc.

7.4.4 Tempos verbais

Dentro do **modo indicativo**, anotamos os seguintes tempos:

- **Presente do indicativo:** indica um fato situado no momento ou época em que se fala.

  Eu amo, eu vendo, eu parto.
- **Pretérito perfeito do indicativo:** indica um fato cuja ação foi iniciada e concluída no passado.

  Eu amei, eu vendi, eu parti.
- **Pretérito imperfeito do indicativo:** indica um fato cuja ação foi iniciada no passado, mas não foi concluída ou era uma ação costumeira no passado.

  Eu amava, eu vendia, eu partia.
- **Pretérito mais-que-perfeito do indicativo:** indica um fato cuja ação é anterior a outra ação já passada.

  Eu amara, eu vendera, eu partira.
- **Futuro do presente do indicativo:** indica um fato situado em momento ou época vindoura.

  Eu amarei, eu venderei, eu partirei.
- **Futuro do pretérito do indicativo:** indica um fato possível, hipotético, situado num momento futuro, mas ligado a um momento passado.

  Eu amaria, eu venderia, eu partiria.

Dentro do **modo subjuntivo**, anotamos os seguintes tempos:

- Presente do subjuntivo: indica um fato provável, duvidoso ou hipotético, situado no momento ou época em que se fala. Para facilitar a conjugação, utilize a conjunção "que".

  Que eu ame, que eu venda, que eu parta.

- Pretérito imperfeito do subjuntivo: indica um fato provável, duvidoso ou hipotético, cuja ação foi iniciada, mas não concluída no passado. Para facilitar a conjugação, utilize a conjunção "se".

  Se eu amasse, se eu vendesse, se eu partisse.

- Futuro do subjuntivo: indica um fato provável, duvidoso, hipotético, situado num momento ou época futura. Para facilitar a conjugação, utilize a conjunção "quando".

  Quando eu amar, quando eu vender, quando eu partir.

7.4.5 Tempos compostos da voz ativa

Constituem-se pelos verbos auxiliares "**ter**" ou "**haver**" + particípio do verbo que se quer conjugar, dito principal.

No **modo indicativo**, os tempos compostos são formados da seguinte maneira:

- **Pretérito perfeito:** presente do indicativo do auxiliar + particípio do verbo principal (tenho amado).
- **Pretérito mais-que-perfeito:** pretérito imperfeito do indicativo do auxiliar + particípio do verbo principal (tinha amado).
- **Futuro do presente:** futuro do presente do indicativo do auxiliar + particípio do verbo principal (terei amado).
- **Futuro do pretérito:** futuro do pretérito indicativo do auxiliar + particípio do verbo principal (teria amado).

No **modo subjuntivo**, a formação se dá da seguinte maneira:

- **Pretérito perfeito:** presente do subjuntivo do auxiliar + particípio do verbo principal (tenha amado).
- **Pretérito mais-que-perfeito:** imperfeito do subjuntivo do auxiliar + particípio do verbo principal (tivesse amado).
- **Futuro composto:** futuro do subjuntivo do auxiliar + particípio do verbo principal (tiver amado).

Quanto às **formas nominais**, elas são formadas da seguinte maneira:

- **Infinitivo composto:** infinitivo pessoal ou impessoal do auxiliar + particípio do verbo principal (ter vendido/teres vendido).
- **Gerúndio composto:** gerúndio do auxiliar + particípio do verbo principal (tendo partido).

7.4.6 Vozes verbais

Quanto às vozes, os verbos apresentam voz:

- **Ativa:** o sujeito é agente da ação verbal.

  O corretor vende casas.

- **Passiva:** o sujeito é paciente da ação verbal.

  Casas são vendidas **pelo corretor**.

- **Reflexiva:** o sujeito é agente e paciente da ação verbal.

  A garota feriu-**se** ao cair da escada.

- **Recíproca:** há uma ação mútua descrita na sentença.

  Os amigos entreolh**aram-se**.

Voz passiva: sua característica é possuir um sujeito paciente, ou seja, que é afetado pela ação do verbo.

- **Analítica:** verbo auxiliar + particípio do verbo principal. Isso significa que há uma locução verbal de voz passiva.

  Casas **são *vendidas*** pelo corretor.

  Ele fez o trabalho – O trabalho **foi feito** por ele (mantido o pretérito perfeito do indicativo).

  O vento ia levando as folhas – As folhas iam **sendo levadas** pelo vento (mantido o gerúndio do verbo principal em um dos auxiliares).

  Vereadores entregarão um prêmio ao gari – Um prêmio **será entregue** ao gari por vereadores (veja como a flexão do futuro se mantém na locução).

- **Sintética:** verbo apassivado pelo termo "se" (partícula apassivadora) + sujeito paciente.

  Roubou-se **o dinheiro do povo**.

  Fez-se **o trabalho** com pressa.

É comum observar, em provas de concurso público, questões que mostram uma voz passiva sintética como aquela que é proveniente de uma ativa com sujeito indeterminado.

Alguns verbos da língua portuguesa apresentam **problemas de conjugação:**

Compraram um carro novo (ativa).

Comprou-se um carro novo (passiva sintética).

7.4.7 Verbos com a conjugação irregular

Abolir: defectivo – não possui a 1ª pessoa do singular do presente do indicativo, por isso não possui presente do subjuntivo e o imperativo negativo. (= banir, carpir, colorir, delinquir, demolir, descomedir-se, emergir, exaurir, fremir, fulgir, haurir, retorquir, urgir).

Acudir: alternância vocálica O/U no presente do indicativo – acudo, acodes etc. Pretérito perfeito do indicativo com U. (= bulir, consumir, cuspir, engolir, fugir).

Adequar: defectivo – só possui a 1ª e a 2ª pessoa do plural no presente do indicativo.

Aderir: alternância vocálica E/I no presente do indicativo – adiro, adere etc. (= advertir, cerzir, despir, diferir, digerir, divergir, ferir, sugerir).

Agir: acomodação gráfica G/J no presente do indicativo – ajo, ages etc. (= afligir, coagir, erigir, espargir, refulgir, restringir, transigir, urgir).

Agredir: alternância vocálica E/I no presente do indicativo – agrido, agrides, agride, agredimos, agredis, agridem. (= prevenir, progredir, regredir, transgredir).

Aguar: regular. Presente do indicativo – águo, águas etc. Pretérito perfeito do indicativo – aguei, aguaste, aguou, aguamos, aguastes, aguaram. (= desaguar, enxaguar, minguar).

Aprazer: irregular. Presente do indicativo – aprazo, aprazes, apraz etc. Pretérito perfeito do indicativo – aprouve, aprouveste, aprouve, aprouvemos, aprouvestes, aprouveram.

Arguir: irregular com alternância vocálica O/U no presente do indicativo – arguo (ú), arguis, argui, arguimos, arguis, arguem. Pretérito perfeito – argui, arguiste etc.

Atrair: irregular. Presente do indicativo – atraio, atrais etc. Pretérito perfeito – atraí, atraíste etc. (= abstrair, cair, distrair, sair, subtrair).

Atribuir: irregular. Presente do indicativo – atribuo, atribuis, atribui, atribuímos, atribuís, atribuem. Pretérito perfeito – atribuí, atribuíste, atribuiu etc. (= afluir, concluir, destituir, excluir, instruir, possuir, usufruir).

Averiguar: alternância vocálica O/U no presente do indicativo – averiguo (ú), averiguas (ú), averigua (ú), averiguamos, averiguais, averiguam (ú). Pretérito perfeito – averiguei, averiguaste etc. Presente do subjuntivo – averigue, averigues, averigue etc. (= apaziguar).

Cear: irregular. Presente do indicativo – ceio, ceias, ceia, ceamos, ceais, ceiam. Pretérito perfeito indicativo – ceei, ceaste, ceou, ceamos, ceastes, cearam. (= verbos terminados em -ear: falsear, passear... - alguns apresentam pronúncia aberta: estreio, estreia...).

Coar: irregular. Presente do indicativo – coo, côas, côa, coamos, coais, coam. Pretérito perfeito – coei, coaste, coou etc. (= abençoar, magoar, perdoar).

Comerciar: regular. Presente do indicativo – comercio, comerciais etc. Pretérito perfeito – comerciei etc. (= verbos em -iar, exceto os seguintes verbos: mediar, ansiar, remediar, incendiar, odiar).

Compelir: alternância vocálica E/I. Presente do indicativo – compilo, compeles etc. Pretérito perfeito indicativo – compeli, compeliste.

Compilar: regular. Presente do indicativo – compilo, compilas, compila etc. Pretérito perfeito indicativo – compilei, compilaste etc.

Construir: irregular e abundante. Presente do indicativo – construo, constróis, constrói, construímos, construís, constroem. Pretérito perfeito indicativo – construí, construíste etc.

Crer: irregular. Presente do indicativo – creio, crês, crê, cremos, credes, creem. Pretérito perfeito indicativo – cri, creste, creu, cremos, crestes, creram. Imperfeito indicativo – cria, crias, cria, críamos, críeis, criam.

Falir: defectivo. Presente do indicativo – falimos, falis. Pretérito perfeito indicativo – fali, faliste etc. (= aguerrir, combalir, foragir-se, remir, renhir).

Frigir: acomodação gráfica G/J e alternância vocálica E/I. Presente do indicativo – frijo, freges, frege, frigimos, frigis, fregem. Pretérito perfeito indicativo – frigi, frigiste etc.

Ir: irregular. Presente do indicativo – vou, vais, vai, vamos, ides, vão. Pretérito perfeito indicativo – fui, foste etc. Presente subjuntivo – vá, vás, vá, vamos, vades, vão.

Jazer: irregular. Presente do indicativo – jazo, jazes etc. Pretérito perfeito indicativo – jázi, jazeste, jazeu etc.

Mobiliar: irregular. Presente do indicativo – mobílio, mobílias, mobília, mobiliamos, mobiliais, mobíliam. Pretérito perfeito indicativo – mobiliei, mobiliaste.

Obstar: regular. Presente do indicativo – obsto, obstas etc. Pretérito perfeito indicativo – obtei, obstaste etc.

Pedir: irregular. Presente do indicativo – peço, pedes, pede, pedimos, pedis, pedem. Pretérito perfeito indicativo – pedi, pediste etc. (= despedir, expedir, medir).

Polir: alternância vocálica E/I. Presente do indicativo – pulo, pules, pule, polimos, polis, pulem. Pretérito perfeito indicativo – poli, poliste etc.

Precaver-se: defectivo e pronominal. Presente do indicativo – precavemo-nos, precaveis-vos. Pretérito perfeito indicativo – precavi-me, precaveste-te etc.

Prover: irregular. Presente do indicativo – provejo, provês, provê, provemos, provedes, proveem. Pretérito perfeito indicativo – provi, proveste, proveu etc.

Reaver: defectivo. Presente do indicativo – reavemos, reaveis. Pretérito perfeito indicativo – reouve, reouveste, reouve etc. (verbo derivado do haver, mas só é conjugado nas formas verbais com a letra v).

Remir: defectivo. Presente do indicativo – remimos, remis. Pretérito perfeito indicativo – remi, remiste etc.

Requerer: irregular. Presente do indicativo – requeiro, requeres etc. Pretérito perfeito indicativo – requeri, requereste, requereu etc. (Derivado do querer, diferindo dele na 1ª pessoa do singular do presente do indicativo e no pretérito perfeito do indicativo e derivados, sendo regular).

Rir: irregular. Presente do indicativo – rio, rir, ri, rimos, rides, riem. Pretérito perfeito indicativo – ri, riste. (= sorrir).

Saudar: alternância vocálica. Presente do indicativo – saúdo, saúdas etc. Pretérito perfeito indicativo – saudei, saudaste etc.

Suar: regular. Presente do indicativo – suo, suas, sua etc. Pretérito perfeito indicativo – suei, suaste, sou etc. (= atuar, continuar, habituar, individuar, recuar, situar).

Valer: irregular. Presente do indicativo – valho, vales, vale etc. Pretérito perfeito indicativo – vali, valeste, valeu etc.

Também merecem atenção os seguintes verbos irregulares:

▹ **Pronominais:** apiedar-se, dignar-se, persignar-se, precaver-se.

- **Caber**

Presente do indicativo: caibo, cabes, cabe, cabemos, cabeis, cabem.

Presente do subjuntivo: caiba, caibas, caiba, caibamos, caibais, caibam.

Pretérito perfeito do indicativo: coube, coubeste, coube, coubemos, coubestes, couberam.

Pretérito mais-que-perfeito do indicativo: coubera, couberas, coubera, coubéramos, coubéreis, couberam.

Pretérito imperfeito do subjuntivo: coubesse, coubesses, coubesse, coubéssemos, coubésseis, coubessem.

Futuro do subjuntivo: couber, couberes, couber, coubermos, couberdes, couberem.

- **Dar**

Presente do indicativo: dou, dás, dá, damos, dais, dão.

Presente do subjuntivo: dê, dês, dê, demos, deis, deem.

Pretérito perfeito do indicativo: dei, deste, deu, demos, destes, deram.

Pretérito mais-que-perfeito do indicativo: dera, deras, dera, déramos, déreis, deram.

Pretérito imperfeito do subjuntivo: desse, desses, desse, déssemos, désseis, dessem.

Futuro do subjuntivo: der, deres, der, dermos, derdes, derem.

- **Dizer**

Presente do indicativo: digo, dizes, diz, dizemos, dizeis, dizem.

Presente do subjuntivo: diga, digas, diga, digamos, digais, digam.

Pretérito perfeito do indicativo: disse, disseste, disse, dissemos, dissestes, disseram.

Pretérito mais-que-perfeito do indicativo: dissera, disseras, dissera, disséramos, disséreis, disseram.

Futuro do presente: direi, dirás, dirá etc.

Futuro do pretérito: diria, dirias, diria etc.

Pretérito imperfeito do subjuntivo: dissesse, dissesses, dissesse, disséssemos, dissésseis, dissessem.

Futuro do subjuntivo: disser, disseres, disser, dissermos, disserdes, disserem.

- **Estar**

Presente do indicativo: estou, estás, está, estamos, estais, estão.

Presente do subjuntivo: esteja, estejas, esteja, estejamos, estejais, estejam.

Pretérito perfeito do indicativo: estive, estiveste, esteve, estivemos, estivestes, estiveram.

Pretérito mais-que-perfeito do indicativo: estivera, estiveras, estivera, estivéramos, estivéreis, estiveram.

Pretérito imperfeito do subjuntivo: estivesse, estivesses, estivesse, estivéssemos, estivésseis, estivessem.

Futuro do subjuntivo: estiver, estiveres, estiver, estivermos, estiverdes, estiverem.

- **Fazer**

Presente do indicativo: faço, fazes, faz, fazemos, fazeis, fazem.

Presente do subjuntivo: faça, faças, faça, façamos, façais, façam.

Pretérito perfeito do indicativo: fiz, fizeste, fez, fizemos, fizestes, fizeram.

Pretérito mais-que-perfeito do indicativo: fizera, fizeras, fizera, fizéramos, fizéreis, fizeram.

Pretérito imperfeito do subjuntivo: fizesse, fizesses, fizesse, fizéssemos, fizésseis, fizessem.

Futuro do subjuntivo: fizer, fizeres, fizer, fizermos, fizerdes, fizerem.

Seguem esse modelo os verbos: desfazer, liquefazer e satisfazer.

Os particípios destes verbos e seus derivados são irregulares: feito, desfeito, liquefeito, satisfeito etc.

- **Haver**

Presente do indicativo: hei, hás, há, havemos, haveis, hão.

Presente do subjuntivo: haja, hajas, haja, hajamos, hajais, hajam.

Pretérito perfeito do indicativo: houve, houveste, houve, houvemos, houvestes, houveram.

Pretérito mais-que-perfeito do indicativo: houvera, houveras, houvera, houvéramos, houvéreis, houveram.

Pretérito imperfeito do subjuntivo: houvesse, houvesses, houvesse, houvéssemos, houvésseis, houvessem.

Futuro do subjuntivo: houver, houveres, houver, houvermos, houverdes, houverem.

- **Ir**

Presente do indicativo: vou, vais, vai, vamos, ides, vão.

Presente do subjuntivo: vá, vás, vá, vamos, vades, vão.

Pretérito imperfeito do indicativo: ia, ias, ia, íamos, íeis, iam.

Pretérito perfeito do indicativo: fui, foste, foi, fomos, fostes, foram.

Pretérito mais-que-perfeito do indicativo: fora, foras, fora, fôramos, fôreis, foram.

Pretérito imperfeito do subjuntivo: fosse, fosses, fosse, fôssemos, fôsseis, fossem.

Futuro do subjuntivo: for, fores, for, formos, fordes, forem.

- **Poder**

Presente do indicativo: posso, podes, pode, podemos, podeis, podem.

Presente do subjuntivo: possa, possas, possa, possamos, possais, possam.

Pretérito perfeito do indicativo: pude, pudeste, pôde, pudemos, pudestes, puderam.

Pretérito mais-que-perfeito do indicativo: pudera, puderas, pudera, pudéramos, pudéreis, puderam.

Pretérito imperfeito do subjuntivo: pudesse, pudesses, pudesse, pudéssemos, pudésseis, pudessem.

Futuro do subjuntivo: puder, puderes, puder, pudermos, puderdes, puderem.

- **Pôr**

Presente do indicativo: ponho, pões, põe, pomos, pondes, põem.

Presente do subjuntivo: ponha, ponhas, ponha, ponhamos, ponhais, ponham.

Pretérito imperfeito do indicativo: punha, punhas, punha, púnhamos, púnheis, punham.

Pretérito perfeito do indicativo: pus, puseste, pôs, pusemos, pusestes, puseram.

Pretérito mais-que-perfeito do indicativo: pusera, puseras, pusera, puséramos, puséreis, puseram.

Pretérito imperfeito do subjuntivo: pusesse, pusesses, pusesse, puséssemos, pusésseis, pusessem.

Futuro do subjuntivo: puser, puseres, puser, pusermos, puserdes, puserem.

Todos os derivados do verbo pôr seguem exatamente este modelo: antepor, compor, contrapor, decompor, depor, descompor, dispor, expor, impor, indispor, interpor, opor, pospor, predispor, pressupor, propor, recompor, repor, sobrepor, supor, transpor são alguns deles.

- **Querer**

Presente do indicativo: quero, queres, quer, queremos, quereis, querem.

Presente do subjuntivo: queira, queiras, queira, queiramos, queirais, queiram.

Pretérito perfeito do indicativo: quis, quiseste, quis, quisemos, quisestes, quiseram.

Pretérito mais-que-perfeito do indicativo: quisera, quiseras, quisera, quiséramos, quiséreis, quiseram.

Pretérito imperfeito do subjuntivo: quisesse, quisesses, quisesse, quiséssemos, quisésseis, quisessem.

Futuro do subjuntivo: quiser, quiseres, quiser, quisermos, quiserdes, quiserem.

- **Saber**

Presente do indicativo: sei, sabes, sabe, sabemos, sabeis, sabem.

Presente do subjuntivo: saiba, saibas, saiba, saibamos, saibais, saibam.

Pretérito perfeito do indicativo: soube, soubeste, soube, soubemos, soubestes, souberam.

Pretérito mais-que-perfeito do indicativo: soubera, souberas, soubera, soubéramos, soubéreis, souberam.

Pretérito imperfeito do subjuntivo: soubesse, soubesses, soubesse, soubéssemos, soubésseis, soubessem.

Futuro do subjuntivo: souber, souberes, souber, soubermos, souberdes, souberem.

- **Ser**

Presente do indicativo: sou, és, é, somos, sois, são.

Presente do subjuntivo: seja, sejas, seja, sejamos, sejais, sejam.

Pretérito imperfeito do indicativo: era, eras, era, éramos, éreis, eram.

Pretérito perfeito do indicativo: fui, foste, foi, fomos, fostes, foram.

Pretérito mais-que-perfeito do indicativo: fora, foras, fora, fôramos, fôreis, foram.

Pretérito imperfeito do subjuntivo: fosse, fosses, fosse, fôssemos, fôsseis, fossem.

Futuro do subjuntivo: for, fores, for, formos, fordes, forem.

As segundas pessoas do imperativo afirmativo são: sê (tu) e sede (vós).

- **Ter**

    Presente do indicativo: tenho, tens, tem, temos, tendes, têm.

    Presente do subjuntivo: tenha, tenhas, tenha, tenhamos, tenhais, tenham.

    Pretérito imperfeito do indicativo: tinha, tinhas, tinha, tínhamos, tínheis, tinham.

    Pretérito perfeito do indicativo: tive, tiveste, teve, tivemos, tivestes, tiveram.

    Pretérito mais-que-perfeito do indicativo: tivera, tiveras, tivera, tivéramos, tivéreis, tiveram.

    Pretérito imperfeito do subjuntivo: tivesse, tivesses, tivesse, tivéssemos, tivésseis, tivessem.

    Futuro do subjuntivo: tiver, tiveres, tiver, tivermos, tiverdes, tiverem.

Seguem esse modelo os verbos: ater, conter, deter, entreter, manter, reter.

- **Trazer**

    Presente do indicativo: trago, trazes, traz, trazemos, trazeis, trazem.

    Presente do subjuntivo: traga, tragas, traga, tragamos, tragais, tragam.

    Pretérito perfeito do indicativo: trouxe, trouxeste, trouxe, trouxemos, trouxestes, trouxeram.

    Pretérito mais-que-perfeito do indicativo: trouxera, trouxeras, trouxera, trouxéramos, trouxéreis, trouxeram.

    Futuro do presente: trarei, trarás, trará etc.

    Futuro do pretérito: traria, trarias, traria etc.

    Pretérito imperfeito do subjuntivo: trouxesse, trouxesses, trouxesse, trouxéssemos, trouxésseis, trouxessem.

    Futuro do subjuntivo: trouxer, trouxeres, trouxer, trouxermos, trouxerdes, trouxerem.

- **Ver**

    Presente do indicativo: vejo, vês, vê, vemos, vedes, veem.

    Presente do subjuntivo: veja, vejas, veja, vejamos, vejais, vejam.

    Pretérito perfeito do indicativo: vi, viste, viu, vimos, vistes, viram.

    Pretérito mais-que-perfeito do indicativo: vira, viras, vira, víramos, víreis, viram.

    Pretérito imperfeito do subjuntivo: visse, visses, visse, víssemos, vísseis, vissem.

    Futuro do subjuntivo: vir, vires, vir, virmos, virdes, virem.

Seguem esse modelo os derivados antever, entrever, prever, rever. Prover segue o modelo acima apenas no presente do indicativo e seus tempos derivados; nos demais tempos, comporta-se como um verbo regular da segunda conjugação.

- **Vir**

    Presente do indicativo: venho, vens, vem, vimos, vindes, vêm.

    Presente do subjuntivo: venha, venhas, venha, venhamos, venhais, venham.

    Pretérito imperfeito do indicativo: vinha, vinhas, vinha, vínhamos, vínheis, vinham.

    Pretérito perfeito do indicativo: vim, vieste, veio, viemos, viestes, vieram.

    Pretérito mais-que-perfeito do indicativo: viera, vieras, viera, viéramos, viéreis, vieram.

    Pretérito imperfeito do subjuntivo: viesse, viesses, viesse, viéssemos, viésseis, viessem.

    Futuro do subjuntivo: vier, vieres, vier, viermos, vierdes, vierem.

    Particípio e gerúndio: vindo.

7.4.8 Emprego do infinitivo

Apesar de não haver regras bem definidas, podemos anotar as seguintes ocorrências:

▷ Usa-se o **impessoal:**

- Sem referência a nenhum sujeito:

    É proibido **estacionar** na calçada.

- Nas locuções verbais:

    Devemos **pensar** sobre a sua situação.

- Se o infinitivo exercer a função de complemento de adjetivos:

    É uma questão fácil de **resolver.**

- Se o infinitivo possuir valor de imperativo:

    O comandante gritou: "**marchar!**"

▷ Usa-se o **pessoal:**

- Quando o sujeito do infinitivo é diferente do sujeito da oração principal:

    Eu não te culpo por **seres** um imbecil.

- Quando, por meio de flexão, se quer realçar ou identificar a pessoa do sujeito:

    Não foi bom **agires** dessa forma.

7.5 Adjetivo

É a palavra variável que expressa uma qualidade, característica ou origem de algum substantivo ao qual se relaciona.

- Meu terno é azul, elegante e italiano.

Analisando, entendemos assim:

Azul: característica.
Elegante: qualidade.
Italiano: origem.

7.5.1 Estrutura e a classificação dos adjetivos

Com relação à sua formação, eles podem ser:

- **Explicativos:** quando a característica é comum ao substantivo referido.

    Fogo **quente**, homem **mortal**. (Todo fogo é quente, todo homem é mortal).

- **Restritivos:** quando a característica não é comum ao substantivo, ou seja, nem todo substantivo é assim caracterizado.

    Terno **azul**, casa **grande**. (Nem todo terno é azul, nem toda casa é grande).

- **Simples:** quando possui apenas uma raiz.

    Amarelo, brasileiro, competente, sagaz, loquaz, inteligente, grande, forte etc.

- **Composto:** quando possui mais de uma raiz.

    Amarelo-canário, luso-brasileiro, verde-escuro, vermelho-sangue etc.

- **Primitivo:** quando pode dar origem a outra palavra, não tendo sofrido derivação alguma.

    Bom, legal, grande, rápido, belo etc.

- **Derivado:** quando resultado de um processo de derivação, ou seja, oriundo de outra palavra.

    Bondoso (de bom), grandioso (de grande), maléfico (de mal), esplendoroso (de esplendor) etc.

Os adjetivos que designam origem de algum termo são denominados adjetivos pátrios ou gentílicos.

Adjetivos pátrios de estados:

Acre: acriano.
Alagoas: alagoano.
Amapá: amapaense.
Aracaju: aracajuano ou aracajuense.
Amazonas: amazonense ou baré.
Belém (PA): belenense.
Belo Horizonte: belo-horizontino.
Boa Vista: boa-vistense.
Brasília: brasiliense.
Cabo Frio: cabo-friense.
Campinas: campineiro ou campinense.
Curitiba: curitibano.
Espírito Santo: espírito-santense ou capixaba.
Fernando de Noronha: noronhense.
Florianópolis: florianopolitano.
Fortaleza: fortalezense.
Goiânia: goianiense.
João Pessoa: pessoense.
Macapá: macapaense.
Maceió: maceioense.
Manaus: manauense.
Maranhão: maranhense.
Marajó: marajoara.
Natal: natalense ou papa-jerimum.
Porto Alegre: porto alegrense.
Ribeirão Preto: ribeiropretense.
Rio de Janeiro (estado): fluminense.
Rio de Janeiro (cidade): carioca.
Rio Branco: rio-branquense.
Rio Grande do Norte: rio-grandense-do-norte, norte-riograndense ou potiguar.
Rio Grande do Sul: rio-grandense-do-sul, sul-rio-grandense ou gaúcho.
Rondônia: rondoniano.
Roraima: roraimense.
Salvador: salvadorense ou soteropolitano.
Santa Catarina: catarinense ou barriga verde.
Santarém: santarense.
São Paulo (estado): paulista.
São Paulo (cidade): paulistano.
Sergipe: sergipano.
Teresina: teresinense.
Tocantins: tocantinense.

Adjetivos pátrios de países:

Croácia: croata.
Costa Rica: costarriquense.
Curdistão: curdo.
Estados Unidos: estadunidense, norte-americano ou ianque.
El Salvador: salvadorenho.
Guatemala: guatemalteco.
Índia: indiano ou hindu (os que professam o hinduísmo).
Israel: israelense ou israelita.
Irã: iraniano.
Moçambique: moçambicano.
Mongólia: mongol ou mongólico.
Panamá: panamenho.
Porto Rico: porto-riquenho.
Somália: somali.

Na formação de adjetivos pátrios compostos, o primeiro elemento aparece na forma reduzida e, normalmente, erudita.

Observe alguns exemplos de adjetivos pátrios compostos:

África: afro-americana.
Alemanha: germano- ou teuto-: competições teutoinglesas.
América: Américo-: companhia américo-africana.
Ásia: ásio-: encontros ásio-europeus.
Áustria: austro-: peças austro-búlgaras.
Bélgica: belgo-: acampamentos belgo-franceses.
China: sino-: acordos sino-japoneses.
Espanha: hispano- + mercado: hispano-português.
Europa: euro + negociações euro-americanas.
França: franco- ou galo-: reuniões franco-italianas.
Grécia: greco-: filmes greco-romanos.
Índia: indo-: guerras indo-paquistanesas.
Inglaterra: anglo-: letras anglo-portuguesas.
Itália: ítalo-: sociedade ítalo-portuguesa.
Japão: nipo-: associações nipo-brasileiras.
Portugal: luso-: acordos luso-brasileiros.

7.5.2 Locução adjetiva

Expressão que tem valor adjetival, mas que é formada por mais de uma palavra. Geralmente, concorrem para sua formação uma preposição e um substantivo. Veja alguns exemplos de locução adjetiva seguida de adjetivo:

De águia: aquilino.
De aluno: discente.
De anjo: angelical.
De bispo: episcopal.
De cabelo: capilar.
De cão: canino.
De dedo: digital.
De estômago: estomacal ou gástrico.
De fera: ferino.
De gelo: glacial.
De homem: viril ou humano.
De ilha: insular.
De lago: lacustre.
De madeira: lígneo.
De neve: níveo ou nival.
De orelha: auricular.
De paixão: passional.
De quadris: ciático.
De rio: fluvial.
De serpente: viperino.
De trigo: tritício.
De urso: ursino.
De velho: senil.

7.5.3 Flexão do adjetivo

O adjetivo pode ser flexionado em gênero, número e grau.

Flexão de gênero (masculino/feminino)

Com relação ao gênero, os adjetivos podem ser classificados de duas formas:

- Biformes: quando possuem uma forma para cada gênero.

  Homem **belo**/mulher **bela.**

  Contexto **complicado**/questão **complicada.**

- Uniformes: quando possuem apenas uma forma, como se fossem elementos neutros.

Homem **fiel**/mulher **fiel.**

Contexto **interessante**/questão **interessante.**

Flexão de número (singular/plural)

Os adjetivos simples seguem a mesma regra de flexão que os substantivos simples. Serão, por regra, flexionados os adjetivos compostos que, em sua formação, possuírem dois adjetivos. A flexão ocorrerá apenas no segundo elemento da composição.

Guerra greco-**romana** – Guerras greco-**romanas.**

Conflito **socioeconômico** – Análises **socioeconômicas.**

Por outro lado, se houver um substantivo como elemento da composição, o adjetivo fica invariável.

Blusa **amarelo-canário** – Blusas **amarelo-canário.**

Mesa **verde-musgo** – Mesas **verde-musgo.**

O caso em questão também pode ocorrer quando um substantivo passa a ser, por derivação imprópria, um adjetivo, ou seja, também serão invariáveis os "substantivos adjetivados".

Terno cinza – Ternos cinza.

Vestido rosa – Vestidos rosa.

E também:

Surdo mudo – surdos mudos.

Pele vermelha – peles vermelhas.

Azul- marinho e azul-celeste são invariáveis.

7.5.4 Flexão de grau (comparativo e superlativo)

Há duas maneiras de se estabelecer o grau do adjetivo: por meio do **grau comparativo** e por meio do **grau superlativo.**

Grau comparativo: estabelece um tipo de comparação de características, sendo estabelecido de três maneiras:

- **Inferioridade:** o açúcar é **menos** doce (do) **que** os teus olhos.
- **Igualdade:** o meu primo é **tão** estudioso **quanto** o meu irmão.
- **Superioridade:** gramática **é mais legal** (do) **que** matemática.

Grau superlativo: reforça determinada qualidade em relação a um referente. Pode-se estabelecer o grau superlativo de duas maneiras:

▷ **Relativo:** em relação a um grupo.

- **De superioridade:** José é o **mais** inteligente dos alunos.
- **De inferioridade:** o presidente foi o **menos** prestigiado da festa.

▷ **Absoluto:** sem relações, apenas reforçando as características:

- **Analítico:** com auxílio de algum termo:

  Pedro é muito magro.

  Pedro é magro, magro, magro.

- **Sintético** (com o acréscimo de -íssimo ou -érrimo):

  Pedro é macérrimo.

  Somos todos estudiosíssimos.

Veja, agora, alguns exemplos de superlativos sintéticos:

Ágil: agilíssimo.

Bom: ótimo ou boníssimo.

Capaz: capacíssimo.

Difícil: dificílimo.

Eficaz: eficacíssimo.

Fiel: fidelíssimo.

Geral: generalíssimo.

Horrível: horribilíssimo.

Inimigo: inimicíssimo.

Jovem: juveníssimo.

Louvável: laudabilíssimo.

Mísero: misérrimo.

Notável: notabilíssimo.

Pequeno: mínimo ou pequeníssimo.

Sério: seríssimo.

Terrível: terribilíssimo.

Vão: vaníssimo.

Atente à mudança de sentido provocada pela alteração de posição do adjetivo.

Homem **grande** (alto, corpulento).

Grande homem (célebre).

Mas isso nem sempre ocorre. Se você analisar a construção "giz azul" e "azul giz", perceberá que não há diferença semântica.

7.6 Advérbio

É a palavra invariável que se relaciona ao verbo, ao adjetivo ou a outro advérbio para atribuir-lhes uma circunstância. Veja os exemplos:

Os alunos saíram **apressadamente.**

O caso era muito **interessante.**

Resolvemos **muito bem** o problema.

7.6.1 Classificação do advérbio

- **Afirmação:** sim, certamente, efetivamente etc.
- **Negação:** não, nunca, jamais.
- **Intensidade:** muito, pouco, assaz, bastante, mais, menos, tão, tanto, quão etc.
- **Lugar:** aqui, ali, aí, aquém, acima, abaixo, atrás, dentro, junto, defronte, perto, longe, algures, alhures, nenhures etc.
- **Tempo:** agora, já, depois, anteontem, ontem, hoje, jamais, sempre, outrora, breve etc.
- **Modo:** assim, bem, mal, depressa, devagar, melhor, pior e a maior parte das palavras formadas de um adjetivo, mais a terminação "mente" (leve + mente = levemente; calma + mente = calmamente).
- **Inclusão:** também, inclusive.
- **Designação:** eis.
- **Interrogação:** onde, como, quando, por que.

Também existem as chamadas locuções adverbiais que vêm quase sempre introduzidas por uma preposição: à farta (= fartamente), às pressas (= apressadamente), à toa, às cegas, às escuras, às tontas, às vezes, de quando em quando, de vez em quando etc.

Existem casos em que utilizamos um adjetivo como forma de advérbio. É o que chamamos de adjetivo adverbializado. Veja os exemplos:

Aquele orador fala **belamente**. (Advérbio de modo).

Aquele orador fala **bonito**. (Adjetivo adverbializado que tenta designar modo).

7.7 Conjunção

É a palavra invariável que conecta elementos em algum encadeamento frasal. A relação em questão pode ser de natureza lógico-semântica (relação de sentido) ou apenas indicar uma conexão exigida pela sintaxe da frase.

7.7.1 Coordenativas

São as conjunções que conectam elementos que não possuem dependência sintática, ou seja, as sentenças que são conectadas por meio desses elementos já estão com suas estruturas sintáticas (sujeito / predicado / complemento) completas.

- **Aditivas:** e, nem (= e não), também, que, não só..., mas também, não só... como, tanto ... como, assim... como etc.

  José não foi à aula **nem** fez os exercícios.

  Devemos estudar **e** apreender os conteúdos.

- **Adversativas:** mas, porém, contudo, todavia, no entanto, entretanto, senão, não obstante, aliás, ainda assim.

  Os países assinaram o acordo, **mas** não o cumpriram.

  A menina cantou bem, **contudo** não agradou ao público.

- **Alternativas:** ou... ou, já ... já, seja... seja, quer... quer, ora... ora, agora... agora.

  Ora diz sim, **ora** diz não.

  Ou está feliz, **ou** está no ludibriando.

- **Conclusivas:** logo, pois (depois do verbo), então, portanto, assim, enfim, por fim, por conseguinte, conseguintemente, consequentemente, donde, por onde, por isso.

  O **concursando** estudou muito, **logo**, deverá conseguir seu cargo.

  É professor, **por conseguinte** deve saber explicar o conteúdo.

- **Explicativas:** isto é, por exemplo, a saber, ou seja, verbi gratia, pois (antes do verbo), pois bem, ora, na verdade, depois, além disso, com efeito, que, porque, ademais, outrossim, porquanto etc.

  Deve ter chovido, **pois** o chão está molhado.

  O homem é um animal racional, **porque** é capaz de raciocinar.

  Não converse agora, **que** eu estou explicando.

7.7.2 Subordinativas

São as conjunções que denotam uma relação de subordinação entre orações, ou seja, a conjunção subordinativa evidencia que uma oração possui dependência sintática em relação a outra. O que se pretende dizer com isso é que uma das orações envolvidas nesse conjunto desempenha uma função sintática para com sua oração principal.

Integrantes

- Que, se:

  Sei **que** o dia do pagamento é hoje.

  Vejamos **se** você consegue estudar sem interrupções.

Adverbiais

▹ **Causais:** indicam a causa de algo.

- Já que, porque, que, pois que, uma vez que, sendo que, como, visto que, visto como, como etc.

  Não teve medo do perigo, **já que** estava protegido.

  Passou no concurso, **porque** estudou muito.

▹ **Comparativas:** estabelecem relação de comparação:

- Como, mais... (do) que, menos... (do) que, tão como, assim como, tanto quanto etc.

  Tal como procederes, receberás o castigo.

  Alberto é aplicado **como** quem quer passar.

▹ **Concessivas (concessão):** estabelecem relação de quebra de expectativa com respeito à sentença à qual se relacionam.

- Embora, ainda que, dado que, posto que, conquanto, em que, quando mesmo, mesmo que, por menos que, por pouco que, apesar de (que).

  Embora tivesse estudado pouco, conseguiu passar.

  Conquanto estudasse, não conseguiu aprender.

▹ **Condicionais:** estabelecem relação de condição.

- Se, salvo se, caso, exceto se, contanto que, com tal que, caso, a não ser que, a menos que, sem que etc.

  Se tudo der certo, estaremos em Portugal amanhã.

  Caso você tenha dúvidas, pergunte a seu professor.

▹ **Consecutivas:** estabelecem relação de consequência.

- Tanto que, de modo que, de sorte que, tão...que, sem que etc.

  O aluno estudou **tanto que** morreu.

  Timeto Amon era **tão** feio **que** não se olhava no espelho.

▹ **Conformativas:** estabelecem relação de conformidade.

- Conforme, consoante, segundo, da mesma maneira que, assim como, como que etc.

  Faça a prova **conforme** teu pai disse.

  Todos agem **consoante** se vê na televisão.

▹ **Finais:** estabelecem relação de finalidade.

- Para que, a fim de que, que, porque.

  Estudou muito **para que** pudesse ter uma vida confortável.

  Trabalhei **a fim de que** o resultado seja satisfatório.

▹ **Proporcionais:** estabelecem relação de proporção.

- À proporção que, à medida que, quanto mais... tanto mais, quanto menos... tanto menos, ao passo que etc.

  À medida que o momento de realizar a prova chegava, a ansiedade de todos aumentava.

  Quanto mais você estudar, **tanto mais** terá a chance de ser bem-sucedido.

▹ **Temporais:** estabelecem relação de tempo.

- Quando, enquanto, apenas, mal, desde que, logo que, até que, antes que, depois que, assim que, sempre que, senão quando, ao tempo que, apenas que, antes que, depois que, sempre que etc.

  Quando todos disserem para você parar, continue.

  Depois que terminar toda a lição, poderá descansar um pouco.

  Mal chegou, já quis sair.

7.8 Interjeição

É o termo que exprime, de modo enérgico, um estado súbito de alma. Sem muita importância para a análise a que nos propomos, vale apenas lembrar que elas possuem uma classificação semântica:

- **Dor:** ai! ui!
- **Alegria:** ah! eh! oh!
- **Desejo:** oxalá! tomara!
- **Admiração:** puxa! cáspite! safa! quê!
- **Animação:** eia! sus! coragem!
- **Aplauso:** bravo! apoiado!
- **Aversão:** ih! chi! irra! apre!
- **Apelo:** ó, olá! psit! pitsiu! alô! socorro!
- **Silêncio:** psit! psiu! caluda!
- **Interrogação, espanto:** hem!

Há, também, locuções interjeitivas: **minha nossa! Meu Deus!**

A despeito da classificação acima, o que determina o sentido da interjeição é o seu uso.

7.9 Numeral

É a palavra que indica uma quantidade, multiplicação, fração ou um lugar em uma série. Os numerais podem ser divididos em:

- **Cardinais:** quando indicam um número básico: um, dois, três, cem mil etc.
- **Ordinais:** quando indicam um lugar numa série: primeiro, segundo, terceiro, centésimo, milésimo etc.
- **Multiplicativos:** quando indicam uma quantidade multiplicativa: dobro, triplo, quádruplo etc.
- **Fracionários:** quando indicam parte de um inteiro: meio, metade, dois terços etc.

ALGARISMO		CARDINAIS	ORDINAIS
ROMANOS	ARÁBICOS		
I	1	um	primeiro
II	2	dois	segundo
III	3	três	terceiro
IV	4	quatro	quarto
V	5	cinco	quinto
VI	6	seis	sexto
VII	7	sete	sétimo
VIII	8	oito	oitavo
IX	9	nove	nono
X	10	dez	décimo
XI	11	onze	undécimo ou décimo primeiro
XII	12	doze	duodécimo ou décimo segundo
XIII	13	treze	décimo terceiro
XIV	14	quatorze ou catorze	décimo quarto
XV	15	quinze	decimo quinto
XVI	16	dezesseis	décimo sexto
XVII	17	dezessete	décimo sétimo
XVIII	18	dezoito	décimo oitavo
XIX	19	dezenove	décimo nono
XX	20	vinte	vigésimo
XXI	21	vinte e um	vigésimo primeiro
XXX	30	trinta	trigésimo
XXXL	40	quarenta	quadragésimo
L	50	cinquenta	quinquagésimo
LX	60	sessenta	sexagésimo
LXX	70	setenta	septuagésimo ou setuagésimo
LXXX	80	oitenta	octogésimo
XC	90	noventa	nonagésimo
C	100	cem	centésimo
CC	200	duzentos	ducentésimo
CCC	300	trezentos	trecentésimo
CD	400	quatrocentos	quadringentésimo
D	500	quinhentos	quingentésimo
DC	600	seiscentos	seiscentésimo ou sexcentésimo
DCC	700	setecentos	septingentésimo
DCCC	800	oitocentos	octingentésimo
CM	900	novecentos	nongentésimo ou noningentésimo
M	1.000	mil	milésimo
X'	10.000	dez mil	dez milésimos
C'	100.000	cem mil	cem milésimos
M'	1.000.000	um milhão	milionésimo
M''	1.000.000.000	um bilhão	bilionésimo

Lista de numerais multiplicativos e fracionários:

Algarismos	Multiplicativos	Fracionários
2	duplo, dobro, dúplice	meio ou metade
3	triplo, tríplice	terço
4	quádruplo	quarto
5	quíntuplo	quinto
6	sêxtuplo	sexto
7	sétuplo	sétimo
8	óctuplo	oitavo
9	nônuplo	nono
10	décuplo	décimo
11	undécuplo	onze avos
12	duodécuplo	doze avos
100	cêntuplo	centésimo

7.9.1 Cardinais

Para realizar a leitura dos cardinais, é necessário colocar a conjunção "e" entre as centenas e dezenas, assim como entre as dezenas e a unidade.

Exemplo: 3.068.724 = três milhões, sessenta **e** oito mil, setecentos **e** vinte **e** quatro.

7.9.2 Ordinais

Quanto à leitura do numeral ordinal, há duas possibilidades: quando é inferior a 2.000, lê-se inteiramente segundo a forma ordinal.

- 1.766º = milésimo septingentésimo sexagésimo sexto.

Acima de 2.000, lê-se o primeiro algarismo como cardinal e os demais como ordinais. Hodiernamente, entretanto, tem-se observado a tendência a ler os números redondos segundo a forma ordinal.

- 2.536º = dois milésimos quingentésimo trigésimo sexto.
- 8 000º = oitavo milésimo.

7.9.3 Fracionários

O numerador de um numeral fracionário é sempre lido como cardinal. Quanto ao denominador, há dois casos:

- Primeiro: se for inferior ou igual a 10, ou ainda for um número redondo, será lido como ordinal 2/6 = dois sextos; 9/10 = nove décimos; centésimos (se houver). São exceções: 1/2 = meio; 1/3 = um terço.
- Segundo: se for superior a 10 e não constituir número redondo, é lido como cardinal, seguido da palavra "avos". 1/12 = um doze avos; 4/25 = quatro vinte e cinco avos.

Ao se fazer indicação de reis, papas, séculos, partes de uma obra, usam-se os numerais ordinais até décimo. A partir daí, devem-se empregar os cardinais. Século V (século quinto), século XX (vinte), João Paulo II (segundo), Bento XVI (dezesseis).

7.10 Preposição

É a palavra invariável que serve de ligação entre dois termos de uma oração ou, às vezes, entre duas orações. Costuma-se denominar "regente" o termo que exige a preposição e "regido" aquele que recebe a preposição:

Ele comprou um livro **de** poesia.

Ele tinha medo **de** ficar solitário.

Como se vê, a preposição "de", no primeiro caso, liga termos de uma mesma oração; no segundo, liga orações.

7.10.1 Preposições essenciais

São aquelas que têm como função primordial a conexão das palavras:

- a, ante, até, após, com contra, de, desde, em, entre, para, per, perante, por, sem, sob, sobre, trás.

Veja o emprego de algumas preposições:

Os manifestantes lutaram **contra** a polícia.

O aluno chegou **ao** salão rapidamente.

Aguardo sua decisão **desde** ontem.

Entre mim e ti, não há qualquer problema.

7.10.2 Preposições acidentais

São palavras que pertencem a outras classes, empregadas, porém, eventualmente como preposições: conforme, consoante, durante, exceto, fora, agora, mediante, menos, salvante, salvo, segundo, tirante.

O emprego das preposições acidentais é mais comum do que parece, veja os exemplos:

Todos saíram da sala, **exceto** eu.

Tirante as mulheres, o grupo que estava na sala parou de falar.

Escreveu o livro **conforme** o original.

7.10.3 Locuções prepositivas

Além das preposições simples, existem também as chamadas locuções prepositivas, que terminam sempre por uma preposição simples:

- abaixo de, acerca de, acima de, a despeito de, adiante de, a fim de, além de, antes de, ao lado de, a par de, apesar de, a respeito de, atrás de, através de, de acordo com, debaixo de, de cima de, defronte de, dentro de, depois de, diante de, embaixo de, em cima de, em frente de(a), em lugar de, em redor de, em torno de, em vez de, graças a, junto a (de), para baixo de, para cima de, para com, perto de, por baixo de, por causa de, por cima de, por detrás de, por diante de, por entre, por trás de.

7.10.4 Conectivos

Os conectivos têm a função de ligar palavras ou orações. Eles podem ser coordenativos (ligam orações coordenadas) ou subordinativos (ligam orações subordinadas).

Coordenativos

- Conjunções coordenativas que iniciam as orações coordenadas:

  Aditivas: e.

  Adversativas: mas.

  Alternativas: ou.

  Conclusivas: logo.

  Explicativas: pois.

Subordinativos

- Pronomes relativos que iniciam as orações adjetivas:

  Que.

  Quem.

  Cujo/cuja.

  O qual/a qual.

- Conjunções subordinativas que iniciam as orações adverbiais:

  Causais: porque.

  Comparativas: como.

  Concessivas: embora.

  Condicionais: se.

  Conformativas: conforme.

  Consecutivas: (tão) que.

  Finais: para que.

  Proporcionais: à medida que.

  Temporais: quando.

- **Conjunções subordinativas que iniciam as orações substantivas:**

  Integrantes: que, se.

7.10.5 Formas variantes

Algumas palavras possuem mais de uma forma, ou seja, junto à forma padrão existem outras formas variantes.

Em algumas situações, é irrelevante a variação utilizada, mas em outros deve-se escolher a variação mais generalizada.

Exemplos:

Assobiar, assoviar.

Coisa, cousa.

Louro, loiro.

Lacrimejar, lagrimejar.

Infarto, enfarte.

Diabete, diabetes.

Transpassar, traspassar, trespassar.

8. SINTAXE BÁSICA

Sintaxe é a parte da Gramática que estuda a função das palavras ou das expressões em uma oração ou em um período.

Antes de iniciar o estudo da sintaxe, faz-se necessário definir alguns conceitos, tais como: frase, oração e período (conceitos essenciais).

- **Frase**: qualquer sentença dotada de sentido.

  Eu adoro estudar português!

  Fogo! Socorro!

- **Oração**: frase organizada em torno de uma forma verbal.

  Os alunos farão a prova amanhã!

- **Período**: conjunto de orações.
  - Período simples: 1 oração.

    Ex.: **Estudarei** português.
  - Período composto: mais de 1 oração.

    Ex.: **Estudarei** português e **farei** a prova.

8.1 Período simples (oração)

A oração é dividida em termos. Assim, o estudo fica organizado e impossibilita a confusão. São os termos da oração:

- Essenciais.
- Integrantes.
- Acessórios.

8.1.1 Termos essenciais da oração

Sujeito e predicado: são chamados de essenciais, porque são os elementos que dão vida à oração. Quer dizer, sem um deles (o predicado, ao menos) não se pode formar oração.

- O **Brasil** caminha para uma profunda transformação social.

  O Brasil: sujeito.

  Para uma profunda transformação social: predicado.

Sujeito

Sujeito é o termo sintático sobre o qual se declara ou se constata algo. Deve-se observar que há uma profunda relação entre o verbo que comporá o predicado e o sujeito da oração. Usualmente, o sujeito é formado por um substantivo ou por uma expressão substantivada.

O sujeito pode ser: simples; composto; oculto, elíptico ou desinencial; indeterminado; inexistente ou oracional.

- **Sujeito simples:** aquele que possui apenas um núcleo.

  O país deverá enfrentar difíceis rivais na competição.

  A perda de fôlego de algumas das grandes economias também já foi notada por outras gigantes do setor.

- **Sujeito composto:** é aquele que possui mais de um núcleo.

  João e Maria são amigos inseparáveis.

  Eu, meus **amigos** e todo o **resto** dos alunos faremos a prova.

- **Sujeito oculto, elíptico ou desinencial:** aquele que não se encontra expresso na oração, porém é facilmente subentendido pelo verbo apresentado.

  Acord**amos** cedo naquele dia. (Nós)

  Abr**i** o blusão, tirei o 38, e perguntei com tanta raiva que uma gota de meu cuspe bateu na cara dele. (R. Fonseca) (eu)

  Vanderlei caminh**ou** pela manhã. À tarde pass**eou** pelo lago municipal, onde encontr**ou** a Anaconda da cidade. (Ele, Vanderlei)

Perceba que o sujeito não está grafado na sentença, mas é facilmente recuperável por meio da terminação do verbo.

▷ **Sujeito indeterminado:** ocorre quando o verbo não se refere a um núcleo determinado. São situações de indeterminação do sujeito:

- Terceira pessoa do plural sem um referente:

  Nunca lhe **deram** nada.

  Fizeram comentários maldosos a seu respeito.

- Com verbos transitivos indiretos, intransitivo e relacionais (de ligação) acompanhados da partícula "se" que, no caso, será classificada como índice de indeterminação de sujeito:

  Vive-se muito bem.

  Precisa-se de força e coragem na vida de estudante.

  Nem sempre **se está** feliz na riqueza.

▷ **Sujeito inexistente ou oração sem sujeito:** ocorre em algumas situações específicas.

- Com verbos impessoais (principalmente os que denotam fenômeno da natureza).

  Em setembro **chove** muito.

  Nevava em Palotina.

- Com o verbo haver, desde que empregado nos sentidos de existir, acontecer ou ocorrer.

  Há poemas perfeitos, não **há** poetas perfeitos.

  Deveria haver soluções para tais problemas.

- Com os verbos ir, haver e fazer, desde que empregado fazendo alusão a tempo transcorrido.

  Faz um ano que não viajo. (verbo "fazer" no sentido de "tempo transcorrido")

  Há muito tempo que você não aparece. (verbo "haver" no sentido de "tempo")

  Vai para dois meses que não recebo salário. (verbo "ir" no sentido de "tempo")

- Com os verbos ser ou estar indicando tempo.

  Era noite fechada.

  É tarde, eles não vêm!

- Com os verbos bastar e chegar indicando cessamento.

  Basta de tanta corrupção no Senado!

  Chega de ficar calado quando a situação aperta!

- Com o verbo ser indicando data ou horas.

  São dez horas no relógio da torre.

  Amanhã **serão** dez de dezembro.

▷ **Sujeito oracional:** ocorre nas análises do período composto, quando se verifica que o sujeito de um verbo é uma oração.

  É preciso **que você estude Língua Portuguesa**.

Predicado

É o termo que designa aquilo que se declara acerca do sujeito. É mais simples e mais prudente para o aluno buscar identificar o predicado antes do sujeito, pois, se assim o fizer, terá mais concretude na identificação do sujeito.

O predicado pode ser nominal, verbal ou verbo-nominal.

- **Predicado Nominal:** o predicado nominal é formado por um verbo relacional (de ligação) + predicativo.

Principais verbos de ligação: ser, estar, permanecer, continuar, ficar, parecer, andar e torna-se.

  A economia da Ásia parecia derrotada após a crise.

  O deputado, de repente, virou patriota.

  Português é legal.

- **Predicado Verbal:** o predicado verbal tem como núcleo um verbo nocional.

  Empresários **investirão R$ 250 milhões em novo berço para o Porto de Paranaguá.**

- **Predicado Verbo-nominal:** ocorre quando há um verbo significativo (nocional) + um predicativo do sujeito.

  O trem chegou atrasado. ("atrasado" é uma qualidade do sujeito que aparece após o verbo, portanto, é um predicativo do sujeito).

  Pedro Paladino já nasceu rico.

  Acompanhei a indignação de meus alunos preocupado.

Predicativo

O predicativo é um termo componente do predicado. Qualifica sujeito ou objeto.

Josefina era **maldosa, ruim, sem valor**. (predicativo do sujeito)

Leila deixou o garoto **louco**. (predicativo do objeto)

O diretor nomeou João **chefe da repartição**. (predicativo do objeto)

8.2 Termos integrantes da oração

Os termos integrantes da oração são: objeto direto (complemento verbal); objeto indireto (complemento verbal); complemento nominal e agente da passiva.

- **Objeto Direto:** é o complemento de um verbo transitivo direto.

  Os bons cidadãos cumprem **as leis.** (quem cumpre, cumpre algo)

  Em resumo: ele queria **uma mulher**. (quem quer, quer algo)

- **Objeto Indireto:** é o complemento de um verbo transitivo indireto.

  Os bons cidadãos obedecem **às leis**. (quem obedece, obedece a algo)

  Necessitamos **de manuais mais práticos** nos dias de hoje. (quem necessita, necessita de algo)

- **Complemento Nominal:** é o complemento, sempre preposicionado, de adjetivos, advérbios e substantivos que, em determinadas circunstâncias, pedem complemento, assim como os verbos transitivos indiretos.

  O filme era impróprio para crianças.

  Finalizou-se a construção do prédio.

  Agiu favoravelmente ao réu.

- **Agente da Passiva:** é o complemento que, na voz passiva, designa o ser praticante da ação sofrida ou recebida pelo sujeito. Veja os exemplos:

  Voz ativa: o zagueiro executou a jogada.

  Voz passiva: a jogada foi executada **pelo zagueiro. (Agente da passiva)**

  Conversas foram interceptadas pela **Polícia Federal.** (Agente da passiva)

8.3 Termos acessórios da oração

Os termos acessórios da oração são: adjunto adnominal; adjunto adverbial; aposto e vocativo.

▷ **Adjunto Adnominal:** a função do adjunto adnominal é desempenhada por qualquer palavra ou expressão que, junto de um substantivo ou de uma expressão substantivada, modifica o seu sentido. Vejamos algumas palavras que desempenham tal função.

- **Artigos: as** alunas serão aprovadas.
- **Pronomes adjetivos: aquela** aluna será aprovada.
- **Numerais adjetivos: duas** alunas serão aprovadas.

Adjetivos: aluno **estudioso** é aprovado.

- **Locuções adjetivas:** aluno **de gramática** passa no concurso.

▷ **Adjunto Adverbial:** o adjunto adverbial é o termo acessório (que não é exigido por elemento algum da sentença) que exprime circunstância ao verbo e, às vezes, ao adjetivo ou mesmo ao advérbio.

- **Advérbios:** os povos antigos trabalhavam mais.
- **Locuções Adverbiais:** li vários livros **durante as férias**.
- **Alguns tipos de adjuntos adverbiais:**

  Tempo: ontem, choveu muito.

  Lugar: gostaria de que me encontrasse **na esquina da padaria.**

  Modo: Alfredo executou a aria **fantasticamente.**

  Meio: fui para a escola **a pé.**

  Causa: por amor, cometem-se loucuras.

  Instrumento: quebrou a **vidraça com uma pedra.**

  Condição: se estudar muito, será aprovado.

  Companhia: faremos sucesso **com essa banda.**

▷ **Aposto:** o aposto é o termo sintático que, possuindo equivalência semântica, esclarece seu referente. Tipos de aposto:

Explicativo: Alencar, **escritor romântico,** possui uma obra vastíssima.

Resumitivo ou recapitulativo: estudo, esporte, cinema, **tudo** o chateava.

Enumerativo: preciso de duas coisas: **saúde e dinheiro.**

Especificativo: a notícia foi publicada na revista **Veja.**

Distributivo: havia grupos interessados: **o da direita e o da esquerda.**

Oracional: desejo só uma coisa: **que vocês passem no concurso.**

Vocativo: é uma interpelação, é um chamamento. Normalmente, indica com quem se fala.

▷ **Ó mar,** por que não me levas contigo?

- Vem, **minha amiga,** abraçar um vitorioso.

8.4 Período composto

O período composto possui dois processos: coordenação e subordinação.

- **Coordenação:** ocorre quando são unidas orações independentes sintaticamente. Ou seja, são autônomas do ponto de vista estrutural. Vamos a um exemplo:
  - Altamiro pratica esportes e estuda muito.
- **Subordinação:** ocorre quando são unidas orações que possuem dependência sintática. Ou seja, não estão completas em sua estrutura. O processo de subordinação ocorre de três maneiras:
  - **Substantiva:** quando a oração desempenhar a função de um substantivo na sentença (**sujeito, predicativo, objeto direto, objeto indireto, complemento nominal ou aposto**).
  - **Adjetiva:** quando a oração desempenhar a função de adjunto adnominal na sentença.
  - **Adverbial:** quando a oração desempenhar a função de adjunto adverbial na sentença.

  Eu quero **que vocês passem no concurso**. (Oração subordinada substantiva objetiva direta – a função de objeto direto está sendo desempenhada pela oração)

  O Brasil, **que é um belíssimo país,** possui vegetação exuberante. (Oração subordinada adjetiva explicativa)

  Quando José entrou na sala, Manoel saiu. (Oração subordinada adverbial temporal)

8.4.1 Processo de coordenação

Há dois tipos de orações coordenadas: **assindéticas** e **sindéticas.**

- **Assindéticas:**

O nome vem da palavra grega *sýndetos*, que significa conjunção, união. Ou seja, oração que não possui conjunção quando está colocada ao lado de outra.

> Valdevino **correu (oração coordenada assindética), correu (oração coordenada assindética), correu (oração coordenada assindética)** o dia todo.

Perceba que não há conjunções para ligar os verbos, ou seja, as orações estão colocadas uma ao lado da outra sem síndeto, portanto, são **orações coordenadas assindéticas.**

- **Sindéticas:**

Contrariamente às assindéticas, as sindéticas possuem conjunção para exprimir uma relação lógico-semântica. Cada oração recebe o nome da conjunção que a introduz. Por isso é necessário decorar as conjunções.

- **Aditivas:** são introduzidas pelas conjunções e, nem, mas também, também, como (após "não só"), como ou quanto (após "tanto"), mais etc., dando a ideia de adição à oração anterior.

  > A seleção brasileira venceu a Dinamarca / **e empatou com a Inglaterra.** (Oração coordenada assindética / **oração coordenada sindética aditiva**)

- **Adversativas:** são introduzidas pelas conjunções: mas, porém, todavia, contudo, entretanto, no entanto, não obstante, senão, apesar disso, embora etc., indicando uma relação de oposição à sentença anterior.

  > O time batalhou muito,/ **mas não venceu o adversário.** (Oração coordenada assindética / **oração coordenada sindética adversativa**)

- **Alternativas:** são introduzidas pelas conjunções ou... ou, ora... ora, já... já, quer... quer, seja... seja, nem... nem etc., indicando uma relação de alternância entre as sentenças.

  > Ora estuda, / ora trabalha. (**Oração coordenada sindética alternativa** / **oração coordenada sindética alternativa**)

- **Conclusivas:** são introduzidas pelas conjunções: pois (posposto ao verbo), logo, portanto, então, por conseguinte, por consequência, assim, desse modo, destarte, com isso, por isto, consequentemente, de modo que, indicando uma relação de conclusão do período anterior.

  > Comprei a carne e o carvão, / **portanto podemos fazer o churrasco.** (Oração coordenada assindética / **oração coordenada sindética conclusiva**)
  >
  > Estou muito doente, / **não posso, pois, ir à aula.** (Oração coordenada assindética/ **oração coordenada sindética conclusiva**)

- **Explicativas:** são introduzidas pelas conjunções que, porque, porquanto, por, portanto, como, pois (anteposta ao verbo), ou seja, isto é, indicando uma relação de explicação para com a sentença anterior.

  > Não converse, / **pois estou estudando.** (Oração coordenada assindética / **oração coordenada sindética explicativa**)

8.4.2 Processo de subordinação

As orações subordinadas substantivas se dividem em seis tipos, introduzidas, geralmente, pelas conjunções "**que**" e "**se**".

- **Subjetiva:** exerce função de sujeito do verbo da oração principal.

  > É interessante / **que todos joguem na loteria.** (Oração principal / **oração subordinada substantiva subjetiva**)

- **Objetiva direta:** exerce função de objeto direto.

  > Eu quero / **que você entenda a matéria.** Quem quer, quer algo ou alguma coisa. (Oração principal / **oração subordinada substantiva objetiva direta**)

- **Objetiva indireta:** exerce função de objeto indireto.

  > Os alunos necessitam / **de que as explicações fiquem claras.** Quem necessita, necessita de algo. (Oração principal / **oração subordinada substantiva objetiva indireta**)

- **Predicativa:** exerce função de predicativo.

  > O bom é / **que você faça exercícios todos os dias.** (Oração principal / **oração subordinada substantiva predicativa**)

- **Completiva nominal:** exerce função de complemento nominal de um nome da oração principal.

  > Jonas tem vontade / **de que alguém o mande calar a boca.** (Oração principal / **oração subordinada substantiva completiva nominal**)

- **Apositivas:** possuem a função de aposto da sentença principal, geralmente são introduzidas por dois-pontos (:).

  > Eu quero apenas isto: / **que você passe no concurso.** (Oração principal / **oração subordinada substantiva apositiva**)

- **Orações subordinadas adjetivas:** dividem-se em dois tipos. Quando desenvolvidas, são introduzidas por um pronome relativo.

O nome oração subordinada adjetiva se deve ao fato de ela desempenhar a mesma função de um adjetivo na oração, ou seja, a função de adjunto adnominal. Na Gramática de Portugal, são chamadas de orações relativas pelo fato de serem introduzidas por pronome relativo.

- **Restritivas:** restringem a informação da oração principal. Não possuem vírgulas.

  > O homem / **que mora ao lado** / é mal-humorado. (Oração principal / **oração subordinada adjetiva restritiva** / oração principal)

Para entender basta perguntar: qualquer homem é mal-humorado? Não. Só o que mora ao lado.

- **Explicativas:** explicam ou dão algum esclarecimento sobre a oração principal.

  > João, / **que é o ex-integrante da comissão,** / chegou para auxiliar os novos contratados. (Oração principal / **oração subordinada adjetiva explicativa** /oração principal)

- **Orações subordinadas adverbiais:** dividem-se em nove tipos. Recebem o nome da conjunção que as introduz. Nesse caso, teremos uma principal (que não está negritada) e uma subordinada adverbial (que está em negrito).

Essas orações desempenham a função de adjunto adverbial da oração principal.

- **Causais:** exprimem a causa do fato que ocorreu na oração principal. Introduzidas, principalmente, pelas conjunções porque, visto que, já que, uma vez que, como que, como.

  Já que precisamos de dinheiro, vamos trabalhar.
- **Comparativas:** representam o segundo termo de uma comparação. Introduzidas, na maior parte dos casos, pelas conjunções que, do que, como, assim como, (tanto) quanto.

  Tiburcina fala **como uma gralha** (fala - o verbo está elíptico).
- **Concessivas:** indica uma concessão entre as orações. Introduzidas, principalmente, pelas conjunções embora, a menos que, ainda que, posto que, conquanto, mesmo que, se bem que, por mais que, apesar de que. Fique de olho na relação da conjunção com o verbo.

  Embora não tivesse tempo disponível, consegui estudar.
- **Condicionais:** expressa ideia de condição. Introduzidas, principalmente, pelas conjunções se, salvo se, desde que, exceto, caso, desde, contanto que, sem que, a menos que.

  Se ele não se defender, acabará como "boi-de-piranha" no caso.
- **Conformativas:** exprimem acordo, concordância entre fatos ou ideias. Introduzidas, principalmente, pelas conjunções como, consoante, segundo, conforme, de acordo com etc.

  Realize as atividades **conforme eu expliquei**.
- **Consecutivas:** indicam a consequência ou o efeito daquilo que se diz na oração principal. Introduzidas, principalmente, pelas conjunções que (precedida de tal, tão, tanto, tamanho), de sorte que, de modo que.

  Estudei tanto, **que saiu sangue dos olhos**.
- **Finais:** exprimem finalidade da ação primeira. Introduzidas, em grande parte dos casos, pelas conjunções para que, a fim de que, que e porque.

  Estudei muito **para que pudesse fazer a prova**.
- **Proporcionais:** expressa uma relação de proporção entre as orações. Introduzidas, principalmente, pelas conjunções (locuções conjuntivas) à medida que, quanto mais... mais, à proporção que, ao passo que, quanto mais.
  - José piorava, **à medida que abandonava seu tratamento**.
- **Temporais:** indicam circunstância de tempo. Introduzidas, principalmente, pelas conjunções quando, antes que, assim que, logo que, até que, depois que, mal, apenas, enquanto etc.

  Logo que iniciamos o trabalho os alunos ficaram mais tranquilos.

9. FUNÇÕES DO "SE"

A palavra "se", assim como o "que", possui diversas funções e costuma gerar muitas dúvidas. Por isso, para entender cada função e identificá-las, observe os exemplos a seguir.

9.1 Partícula apassivadora

Vendem-**se** plantas. (É possível passar a oração para a voz passiva analítica: plantas são vendidas).

Neste caso, o "se" nunca será seguido por preposição.

9.2 Pronome reflexivo

Nesse caso, o pronome expressa a igualdade entre o sujeito e o objeto da ação, exercendo a função de complemento verbal.

Penteou-**se** com capricho.

9.3 Pronome recíproco

Denota a ocorrência de que houve uma ação trocada entre os elementos do sujeito.

Amaram-**se** durante anos.

9.4 Partícula expletiva (de realce)

Tem o papel de realçar ou enfatizar um vocábulo ou um segmento da frase. Pode ser retirada da frase sem prejuízo sintático ou semântico.

Foi-**se** o tempo em que confiávamos nos políticos. (Não possui função na oração, apenas realça o que foi dito).

9.5 Pronome indeterminador do sujeito

O pronome "se" serve como índice de indeterminação do sujeito. O sujeito indeterminado é o sujeito que não quer ou não se pode identificar.

Precisa-**se** de secretária. (Não se pode passar a oração para a voz passiva analítica).

Nessa casa, come-**se** muito.

9.6 Parte do verbo pronominal

Alguns verbos exigem a presença da partícula "se" para indicar que a ação é referente ao sujeito que a pratica. Veja os exemplos:

Arrependeu-**se** de ter ligado.

Outros exemplos de verbos pronominais: lembrar-**se**, queixar-**se**, enganar-**se**, suicidar-**se**.

9.7 Conjunção

A conjunção "se" pode assumir várias funções, veja alguns exemplos:

Vou chegar no horário **se** não chover. (Conjunção condicional).

Não sei **se** dormirei em casa hoje. (Conjunção integrante).

Se vai ficar aqui, então fale comigo. (Conjunção adverbial causal).

Se queria ser mãe, nunca demonstrou amor pelas crianças. (Conjunção concessiva).

10. FUNÇÕES DO "QUE"

A palavra "que" possui diversas funções e costuma gerar muitas dúvidas. Por isso, para entender cada função e identificá-las, observe os exemplos a seguir:

10.1 Substantivo

Senti um **quê** de falsidade naquela fala.

Neste caso, o que está precedido por um determinante – um artigo –, e é acentuado, pois assume o papel de um substantivo. Poderia ser substituído por outro substantivo:

Senti um **ar** de falsidade naquela fala.

Quanto atua como substantivo, o quê será sempre acentuado e precedido por um artigo, pronome ou numeral.

10.2 Pronome

Exemplos:

Que beleza de festa! (Pronome exclamativo)

O livro **que** comprei estava em promoção. (Pronome relativo)

Que dia é a prova? (Pronome interrogativo)

10.3 Interjeição

Exemplos:

Quê? Não entendi.

Quê! Ela sabe sim!

10.4 Preposição

Temos **que** chegar cedo.

Observe que a regência do verbo ter exige a preposição "de": *temos de chegar cedo.* No entanto, na fala coloquial, já é aceito o uso do "que" como preposição.

10.5 Advérbio

Que bela está a casa!

Neste caso, antecede um adjetivo, modificando-o: **como** a casa está bela!

Que longe estava da cidade!

Neste caso, antecede um advérbio, intensificando-o: Estava **muito longe** da cidade.

10.6 Conjunção

Exemplos:

Que gostem ou **que** não gostem, tomei minha decisão. (Conjunção alternativa).

Pode entrar na fila **que** não será atendida. (Conjunção adversativa).

Não falte à aula **que** o conteúdo é importante. (Conjunção explicativa).

10.7 Conjunção subordinativa

Exemplos:

Estava tão cansada **que** não quis recebê-lo. (Conjunção subordinativa consecutiva).

Gostei da viagem, cara **que** tenha sido. (Conjunção subordinativa concessiva).

Não corra **que** o chão está molhado! (Conjunção subordinativa causal).

10.8 Partícula expletiva (de realce)

Que bonito **que** está o seu cabelo! (Não tem função na oração, apenas realça o que está sendo falado)

11. CONCORDÂNCIA VERBAL E NOMINAL

Trata-se do processo de flexão dos termos a fim de se relacionarem harmoniosamente na frase. Quando se pensa sobre a relação do verbo com os demais termos da oração, o estudo focaliza a concordância verbal. Quando a análise se volta para a relação entre pronomes, substantivos, adjetivos e demais termos do grupo nominal, diz-se que o foco é concordância nominal.

11.1 Concordância verbal

11.1.1 Regra geral

O verbo concorda com o sujeito em número e pessoa.

O **primeiro-ministro** russo **acusou** seus inimigos.

Dois **parlamentares rebateram** a acusação.

Contaram-se **mentiras** no telejornal.

Vós sois os responsáveis por vosso destino.

Regras para sujeito composto

- Anteposto se colocado antes do verbo, o verbo vai para o plural:

  Eu e meus irmãos vamos à praia.

- Posposto se colocado após o verbo, o verbo concorda com o mais próximo ou vai para o plural:

  Morreu (morreram), no acidente, **o prefeito e o vereador**.

- Formado por pessoas (gramaticais) diferentes: plural da predominante.

  Eu, você e os alunos **estudaremos** para o concurso. (a primeira pessoa é a predominante, por isso, o verbo fica na primeira pessoa do plural).

- Com núcleos em correlação, a concordância se dá com o mais próximo ou fica no plural:

  O professor assim como o monitor auxilia(m) os estudantes.

- **Ligado por NEM o verbo concordará:**
  - No singular: se houver exclusão.

    Nem Josias nem Josué **percebeu** o perigo iminente.

  - No singular: quando se pretende individualizar a ação, aludindo a um termo em específico.

    Nem os esportes nem a leitura **o entretém**.

  - No plural: quando não houver exclusão, ou seja, quando a intenção for aludir ao sujeito em sua totalidade.

    Nem a minha rainha nem o meu mentor **serão** tão convincentes a ponto de me fazerem mudar de ideia.

- **Ligado por COM o verbo concorda com o antecedente do COM ou vai para o plural:**

  O vocalista com os demais integrantes da banda **realizaram (realizou)** o show.

- **Ligado por OU o verbo fica no singular (se houver exclusão) ou no plural (se não houver exclusão):**

  Ou Pedro Amorim ou Jurandir Leitão **será** eleito vereador da cidade.

  O aviso ou o ofício **deveriam** ser expedidos antes da data prevista.

- **Se o sujeito for construído com os termos:** um e outro, nem um nem outro, o verbo fica no singular ou plural, dependendo do sentido pretendido.

  Um e outro **passou (passaram)** no concurso.

  Um ou outro: verbo no singular.

  Um ou outro fez a lição.

- **Expressões partitivas seguidas de nome plural:** verbo no singular ou plural.

  A maior parte das pessoas **fez (fizeram)** o exercício recomendado.

- **Coletivo geral:** verbo no singular.

  O cardume **nadou** rio acima.

- **Expressões que indicam quantidade aproximada seguida de numeral:** o verbo concorda com o substantivo.

  Aproximadamente 20% dos eleitores **compareceram** às urnas.

  Aproximadamente 20% do eleitorado **compareceu** às urnas.

- **Pronomes (indefinidos ou interrogativos) seguidos dos pronomes "nós" e/ou "vós":** o verbo fica no singular ou plural.

  Quem de nós **fará (faremos)** a diferença?

- **Palavra QUE (pronome relativo):** o verbo concorda com o antecedente do pronome "que".

  Fui eu que **fiz** a diferença.

- **Palavra QUEM:** verbo na 3ª pessoa do singular.

  Fui eu *quem* **fez** a diferença.

Pela repetida utilização errônea, algumas gramáticas já toleram a concordância do verbo com a pessoa gramatical distinta da terceira, no caso de se utilizar um pronome pessoal como antecedente do "quem".

- **Um dos que**: verbo no singular ou plural.

  Ele foi *um dos que* **fez (fizeram)** a diferença.

- **Palavras sinônimas**: verbo concorda com o mais próximo ou fica no plural.

  A ruindade, a maldade, a vileza **habita (habitam)** a alma do ser humano.

- **Quando os verbos estiverem acompanhados da palavra "SE":** fique atento à função da palavra "SE".
  - **SE na função de pronome apassivador:** o verbo concorda com o sujeito paciente.

    Vendem-se casas e sobrados em Alta Vista.

    Presenteou-se o aluno aplicado com uma gramática.

  - **SE na função de índice de indeterminação do sujeito:** o verbo fica sempre na 3ª pessoa do singular.

    Precisa-se de empregados com capacidade de aprender.

    Vive-se muito bem na riqueza.

A dica é ficar de olho na transitividade do verbo. Se o verbo for VTI, VI ou VL, o termo "SE" será índice de indeterminação do sujeito.

- **Casos de concordância com o verbo "ser":**
  - **Quando indicar tempo ou distância**: concorda com o predicativo.

    Amanhã **serão** 7 de fevereiro.

    São 890 quilômetros daqui até Florianópolis.

  - **Quando houver sujeito que indica quantidade e predicativo que indica suficiência ou excesso**: concorda com o predicativo.

    Vinte milhões **era** muito por aquela casa.

    Sessenta centavos **é** pouco por aquele lápis.

  - **O verbo "dar", no sentido de "bater" ou "soar", acompanhado do termo "hora(s)":** concorda com o sujeito.

    Deram cinco horas no relógio do juiz.

    Deu cinco horas o relógio juiz.

  - **Verbo "parecer" somado a infinitivo:** flexiona-se um dos dois.

    Os alunos **pareciam** estudar novos conteúdos.

    Os alunos **pareciam estudarem** novos conteúdos.

  - **Quando houver sujeito construído com nome no plural,** com artigo no singular ou sem artigo: o verbo fica no singular.

    Memórias Póstumas de Brás Cubas **continua** sendo lido por jovens estudantes.

    Minas Gerais **é** um lindo lugar.

  - Com artigo plural: o verbo fica no plural.

    Os Estados Unidos **aceitaram** os termos do acordo assinado.

11.2 Concordância nominal

A concordância nominal está relacionada aos termos do grupo nominal. Ou seja, relaciona-se com o substantivo, o pronome, o artigo, o numeral e o adjetivo. Vamos à regra geral para a concordância.

11.2.1 Regra geral

O artigo, o numeral, o adjetivo e o pronome adjetivo devem concordar com o substantivo a que se referem em gênero e número.

Meu belíssimo e **antigo** carro **amarelo** quebrou, ontem, em **uma** rua **estreita.**

Os termos destacados acima, mantém uma relação harmoniosa com o núcleo de cada expressão. Relação essa que se estabelece em questões de gênero e de número.

A despeito de a regra geral dar conta de grande parte dos casos de concordância, devemos considerar a existência de casos particulares, que merecem atenção.

11.2.2 Casos que devem ser estudados

Dependendo da intencionalidade de quem escreve, pode-se realizar a concordância atrativa, primando por concordar com apenas um termo de uma sequência ou com toda a sequência. Vejamos:

Vi um carro e uma **moto** *vermelha.* (concordância apenas com o termo "moto")

Vi um carro e uma **moto** *vermelhos.* (concordância com ambos os elementos)

A palavra "**bastante**", por exemplo, varia de acordo com o contexto. Se "bastante" é pronome adjetivo, será variável; se for advérbio (modificando o verbo), será invariável, ou seja, não vai para o plural.

Há *bastantes* **motivos** para sua ausência. (adjetivo)

Os alunos **falam** *bastante.* (advérbio)

Troque a palavra "bastante" por "muito". Se "muito" for para o plural, "bastante" também irá.

Anexo, incluso, apenso, obrigado, mesmo, próprio: são adjetivos que devem concordar com o substantivo a que se referem.

O *relatório* segue **anexo** ao documento.

Os *documentos* irão **apensos** ao relatório.

A expressão "em anexo" é invariável (não vai para plural nem para o feminino).

As planilhas irão **em anexo.**

É bom, é necessário, é proibido, é permitido: variam somente se o sujeito vier antecedido de um artigo ou outro termo determinante.

Maçã **é bom** para a voz. / A maçã **é boa** para a voz.

É necessário **aparecer** na sala. / É necessária **sua aparição** na sala.

"Menos" e "alerta" são sempre invariáveis, contanto que respeitem sua classe de origem - advérbio: se forem derivadas para substantivo, elas poderão variar.

Encontramos **menos** alunos na escola. / Encontramos **menos** alunas na escola.

O policial ficou **alerta.** / Os policiais ficaram **alerta.**

"Só" e "sós" variam apenas quando forem adjetivos: quando forem advérbios, serão invariáveis.

Pedro apareceu **só** (sozinho) na sala. / Os meninos apareceram **sós** (sozinhos) na sala. (adjetivo)

Estamos **só** (somente) esperando sua decisão. (advérbio)

- A expressão "a sós" é invariável.

A menina ficou **a sós** com seus pensamentos.

Troque "só" por "sozinho" (vai para o plural) ou "somente" (fica no singular).

12. REGÊNCIA VERBAL E NOMINAL

Regência é a parte da Gramática Normativa que estuda a relação entre dois termos, verificando se um termo serve de complemento a outro e se nessa complementação há uma preposição.

Dividimos a regência em:

- Regência verbal (ligada aos verbos).
- Regência nominal (ligada aos substantivos, adjetivos ou advérbios).

12.1 Regência verbal

Deve-se analisar, nesse caso, a necessidade de complementação, a presença ou ausência da preposição e a possibilidade de mudança de sentido do texto.

Vamos aos casos:

- **Agradar e desagradar:** são transitivos indiretos (com preposição a) nos sentidos de satisfazer, contentar.

A biografia de Aníbal Machado **agradou/desagradou** à maioria dos leitores.

A criança **agradava** ao pai por ser muito comportada.

- **Agradar:** pode ser transitivo direto (sem preposição) se significar acariciar, afagar.

Agradar a esposa.

Pedro passava o dia todo **agradando** os seus gatos.

- **Agradecer:** transitivo direto e indireto, com a preposição a, no sentido de demonstrar gratidão a alguém.

Agradecemos a Santo Antônio o milagre alcançado.

Agradecemos-lhes a benesse concedida.

O verbo em questão também pode ser transitivo direto no sentido de mostrar gratidão por alguma coisa:

Agradeço a dedicação de todos os estudantes.

Os pais **agradecem** a dedicação dos professores para com os alunos.

- **Aspirar:** é transitivo indireto (preposição "a") nos sentidos de desejar, pretender ou almejar.

Sempre **aspirei** a um cargo público.

Manoel **aspirava** a ver novamente a família na Holanda.

- **Aspirar:** é transitivo direto na acepção de inalar, sorver, tragar, ou seja, mandar para dentro.

Aspiramos o perfume das flores.

Vimos a empregada **aspirando** a poeira do sofá.

- **Assistir:** é transitivo direto no sentido de ajudar, socorrer etc.

O professor **assistia** o aluno.

Devemos **assistir** os mais necessitados.

- **Assistir:** é transitivo indireto (complemento regido pela preposição "a") no sentido de ver ou presenciar.

Assisti ao comentário da palestra anterior.

Você deve **assistir** às aulas do professor!

- **Assistir:** é transitivo indireto (complemento regido pela preposição "a") no sentido de "ser próprio de", "pertencer a".

O direito à vida **assiste** ao ser humano.

Esse comportamento **assiste** às pessoas vitoriosas.

- **Assistir:** é intransitivo no sentido de morar ou residir.

Maneco **assistira** em Salvador.

- **Chegar:** é verbo intransitivo e possui os adjuntos adverbiais de lugar introduzidos pela preposição "a".

Chegamos a Cascavel pela manhã.

Este é o ponto a que pretendia **chegar**.

Caso a expressão indique posição em um deslocamento, admite-se a preposição em:

Cheguei no trem à estação.

Os verbos ir e vir têm a mesma regência de chegar:

Nós **iremos** à praia amanhã.

Eles **vieram** ao cursinho para estudar.

- **Custar no sentido de** ter valor ou preço: verbo transitivo direto.

O avião **custa** 100 mil reais.

- **Custar no sentido de** ter como resultado certa perda ou revés é verbo transitivo direto e indireto:

Essa atitude **custou**-lhe a vida.

- **Custar no sentido de** ser difícil ou trabalhoso é intransitivo:

Custa muito entender esse raciocínio.

- **Custar no sentido de** levar tempo ou demorar é intransitivo:

Custa a vida para aprender a viver.

- **Esquecer/lembrar:** possuem a seguinte regra – se forem pronominais, terão complemento regido pela preposição "de"; se não forem, não haverá preposição.

Lembrei-**me de** seu nome.

Esqueci-**me de** seu nome.

Lembrei seu nome.

Esqueci seu nome.

- **Gostar:** é transitivo indireto no sentido de apreciar (complemento introduzido pela preposição "de").

Gosto de estudar.

Gosto muito de minha mãe.

- **Gostar:** como sinônimo de experimentar ou provar é transitivo direto.

Gostei a sobremesa apenas uma vez e já adorei.

Gostei o chimarrão uma vez e não mais o abandonei.

- **Implicar** pode ser:
  - **Transitivo direto** (sentido de acarretar):

    Cada escolha **implica** uma renúncia.
  - **Transitivo direto e indireto** (sentido de envolver alguém em algo):

    Implicou a irmã no crime.
  - **Transitivo indireto** (sentido de rivalizar):

    Joana estava **implicando** com o irmão menor.

- **Informar:** é bitransitivo, ou seja, é transitivo direto e indireto. Quem informa, informa:

Algo a alguém: **informei** o acontecido para Jonas.

Alguém de algo: **informei**-o do acontecido.

Alguém sobre algo: **informei**-o sobre o acontecido.

- **Morar/residir:** verbos intransitivos (ou, como preconizam alguns dicionários, transitivo adverbiado), cujos adjuntos adverbiais de lugar são introduzidos pela preposição "em".

José **mora** em Alagoas.

Há boas pessoas **residindo** em todos os estados do Brasil.

- **Obedecer:** é um verbo transitivo indireto.

Os filhos **obedecem** aos pais.

Obedeça às leis de trânsito.

Embora transitivo indireto, admite forma passiva:

Os pais são obedecidos pelos filhos.

O antônimo "desobedecer" também segue a mesma regra.

- **Perdoar:** é transitivo direto e indireto, com objeto direto de coisa e indireto de pessoa.

Jesus **perdoou** os pecados aos pecadores.

Perdoava-lhe a desconsideração.

Perdoar admite a voz passiva:

Os pecadores foram perdoados por Deus.

- **Precisar:** é transitivo indireto (complemento regido pela preposição de) no sentido de "necessitar".

Precisaremos de uma nova Gramática.

- **Precisar:** é transitivo direto no sentido de indicar com precisão.

Magali não soube **precisar** quando o marido voltaria da viagem.

- **Preferir:** é um verbo bitransitivo, ou seja, é transitivo direto e indireto, sempre exigindo a preposição a (preferir alguma coisa à outra).

Adelaide **preferiu** o filé ao risoto.

Prefiro estudar a ficar em casa descansando.

Prefiro o sacrifício à desistência.

É incorreto reforçar o verbo "preferir" ou utilizar a locução "do que".

- **Proceder:** é intransitivo na acepção de "ter cabimento":

Suas críticas são vazias, não **procedem**.

- **Proceder:** é também intransitivo na acepção de "portar-se":

Todas as crianças **procederam** bem ao lavarem as mãos antes do lanche.

- **Proceder:** no sentido de "ter procedência" é utilizado com a preposição de:

Acredito que a dúvida **proceda** do coração dos curiosos.

- **Proceder:** é transitivo indireto exigindo a preposição a no sentido de "dar início":

Os investigadores **procederam** ao inquérito rapidamente.

- **Querer:** é transitivo direto no sentido de "desejar":

Eu **quero** um carro novo.

- **Querer:** é transitivo indireto (com o complemento de pessoa) no sentido de "ter afeto":

Quero muito a meus alunos que são dedicados.

- **Solicitar:** é utilizado, na maior parte dos casos, como transitivo direto e indireto. Nada impede, entretanto, que se construa como transitivo direto.

O juiz **solicitou** as provas ao advogado.

Solicito seus documentos para a investidura no cargo.

- **Visar:** é transitivo direto na acepção de mirar.

O atirador **visou** o alvo e disparou um tiro certeiro.

- **Visar:** é transitivo direto também no sentido de "dar visto", "assinar".

O gerente havia **visado** o relatório do estagiário.

- **Visar:** é transitivo indireto, exigindo a preposição a, na acepção de "ter em vista", "pretender", "almejar".

Pedro **visava** ao amor de Mariana.

As regras gramaticais **visam** à uniformidade da expressão linguística.

12.2 Regência nominal

Alguns nomes (substantivos, adjetivos e advérbios) são comparáveis aos verbos transitivos indiretos: precisam de um complemento introduzido por uma preposição.

Acompanhemos os principais termos que exigem regência especial.

SUBSTANTIVO		
Admiração a, por	Devoção a, para, com, por	Medo a, de
Aversão a, para, por	Doutor em	Obediência a
Atentado a, contra	Dúvida acerca de, em, sobre	Ojeriza a, por
Bacharel em	Horror a	Proeminência sobre
Capacidade de, para	Impaciência com	Respeito a, com, para com, por
Exceção a	Excelência em	Exatidão de, em
Dissonância entre	Divergência com, de, em, entre, sobre	Referência a
Alusão a	Acesso a	Menção a

ADJETIVOS		
Acessível a	Diferente de	Necessário a
Acostumado a, com	Entendido em	Nocivo a
Afável com, para com	Equivalente a	Paralelo a
Agradável a	Escasso de	Parco em, de
Alheio a, de	Essencial a, para	Passível de
Análogo a	Fácil de	Preferível a
Ansioso de, para, por	Fanático por	Prejudicial a
Apto a, para	Favorável a	Prestes a
Ávido de	Generoso com	Propício a
Benéfico a	Grato a, por	Próximo a
Capaz de, para	Hábil em	Relacionado com
Compatível com	Habituado a	Relativo a
Contemporâneo a, de	Idêntico a	Satisfeito com, de, em, por
Contíguo a	Impróprio para	Semelhante a
Contrário a	Indeciso em	Sensível a
Curioso de, por	Insensível a	Sito em
Descontente com	Liberal com	Suspeito de
Desejoso de	Natural de	Vazio de
Distinto de, em, por	Dissonante a, de, entre	Distante de, para

ADVÉRBIOS		
Longe de	Perto de	Relativamente a
Contemporaneamente a	Impropriamente a	Contrariamente a

É provável que você encontre muitas listas com palavras e suas regências, porém a maneira mais eficaz de se descobrir a regência de um termo é fazer uma pergunta para ele e verificar se, na pergunta, há uma preposição. Havendo, descobre-se a regência.

- A descoberta era **acessível** a todos.

Faz-se a pergunta: algo que é acessível é acessível? (a algo ou a alguém). Descobre-se, assim, a regência de acessível.

13. PARALELISMO

Ocorre quando há uma sequência de expressões com estrutura idêntica.

13.1 Paralelismo sintático

O paralelismo sintático é possível quando a estrutura de termos coordenados entre si é idêntica. Nesse caso, entende-se que "termos coordenados entre si" são aqueles que desempenham a mesma função sintática em um período ou trecho.

João comprou **balas** e **biscoitos**.

Perceba que "balas" e "biscoitos" têm a mesma função sintática (objeto direto). Além disso, ambas são expressões nominais. Assim, apresentam, na sentença, uma estrutura sintática idêntica.

Os formandos **estão pensando na carreira, isto é, no futuro.**

Tanto "na carreira" quanto "no futuro" são complementos do verbo pensar. Ademais, as duas expressões são formadas por preposição e substantivo.

13.2 Paralelismo semântico

Estrutura-se pela coerência entre as informações.

Lucélia **gosta de maçã e de pera.**

Percebe-se que há uma relação semântica entre maçã e pera, pois ambas são frutas.

Lucélia **gosta de livros de ação e de pizza.**

Observa-se que os termos "livros de ação" e "pizza" não possuem sentidos semelhantes que garantam a sequência lógica esperada no período.

14. COLOCAÇÃO PRONOMINAL

Esta parte do conteúdo é relativa ao estudo da posição dos pronomes oblíquos átonos em relação ao verbo. Antes de iniciar o estudo, memorize os pronomes em questão.

PRONOMES OBLÍQUOS ÁTONOS
me
te
o, a, lhe, se
nos
vos
os, as, lhes, se

Quatro casos de colocação:

- **Próclise** (anteposto ao verbo):
  Nunca **o** vi.
- **Mesóclise** (medial em relação ao verbo):
  Dir-te-ei algo.
- **Ênclise** (posposto ao verbo):
  Passa-**me** a resposta.
- **Apossínclise** (intercalação de uma ou mais palavras entre o pronome e o verbo):
  - Talvez tu **me** já não creias.

14.1 Regras de próclise

- Palavras ou expressões negativas:
  Não **me** deixe aqui neste lugar!
  Ninguém **lhe** disse que seria fácil.
- Pronomes relativos:
  O material de que **me** falaste é muito bom.
  Eis o conteúdo que **me** causa nojo.
- Pronomes indefinidos:
  Alguém **me** disse que você vai ser transferido.
  Tudo **me** parece estranho.
- Conjunções subordinativas:
  Confiei neles, assim que **os** conheci.
  Disse que **me** faltavam palavras.
- Advérbios:
  Sempre **lhe** disse a verdade.
  Talvez **nos** apareça a resposta para essa questão.
- Pronomes interrogativos:
  Quem **te** contou a novidade?
  Que **te** parece essa situação?
- "Em + gerúndio"
  Em **se** tratando de Gramática, eu gosto muito!
  Nesta terra, em **se** plantando, tudo há de nascer.
- Particípio
  Ele havia avisado-**me.** (errado)
  Ele **me** havia avisado. (certo)
- Sentenças optativas:
  Deus **lhe** pague!
  Deus **o** acompanhe!

14.2 Regras de mesóclise

Emprega-se o pronome oblíquo átono no meio da forma verbal, quando ela estiver no futuro do presente ou no futuro simples do pretérito do indicativo.

Chamar-**te**-ei, quando ele chegar.
Se houver tempo, contar-**vos**-emos nossa aventura.
Contar-**te**-ia a novidade.

14.3 Regras de ênclise

Não se inicia sentença, em Língua Portuguesa, por pronome oblíquo átono. Ou seja, o pronome átono não deve ficar no início da frase.

Formas verbais:

- Do **infinitivo impessoal** (precedido ou não da preposição "a");
- Do **gerúndio**;
- Do **imperativo afirmativo**:
  Alcança-**me** o prato de salada, por favor!
  Urge obedecer-**se** às leis.
  O garoto saiu da sala desculpando-**se.**
  Tratando-**se** desse assunto, não gosto de pensar.
  Dá-**me** motivos para estudar.

Se o gerúndio vier precedido da preposição "em", deve-se empregar a próclise.

Em **se** tratando de Gramática, eu gosto muito.

14.4 Casos facultativos

Sujeito expresso, próximo ao verbo.

O menino se machucou **(-se).**
Eu **me** refiro **(-me)** ao fato de ele ser idiota.

Infinitivo antecedido de "não" ou de preposição.

Sabemos que não se habituar **(-se)** ao meio causa problemas.
O público o incentivou a se jogar **(-se)** do prédio.

15. CRASE

O acento grave é solicitado nas palavras quando há a união da preposição "a" com o artigo (ou a vogal dependendo do caso) feminino "a" ou com os pronomes demonstrativos (aquele, aquela, aquilo e "a").

- Mário foi **à** festa ontem.

    Tem-se o "a" preposição e o "a" artigo feminino.

    Quem vai, vai a algum lugar. "Festa" é palavra feminina, portanto, admite o artigo "a".

- Chegamos **àquele** assunto (a + aquele).
- A gravata que eu comprei é semelhante **à** que você comprou (a + a).

Decore os casos em que não ocorre crase, pois a tendência da prova é perguntar se há crase ou não. Sabendo os casos proibitivos, fica muito fácil.

15.1 Crase proibitiva

Não se pode usar acento grave indicativo de crase:

- Antes de palavras masculinas.

    Fez uma pergunta **a** Mário.

- Antes de palavras de sentido indefinido.

    Não vai **a** festas, **a** reuniões, **a** lugar algum.

- Antes de verbos.

    Todos estão dispostos **a** colaborar.

- Antes de pronomes pessoais.

    Darei um presente **a ela**.

- Antes de nomes de cidade, estado ou país que não utilizam o artigo feminino.

    Fui **a** Cascavel.

    Vou **a** Pequim.

- Antes da palavra "casa" quando tem significado de próprio lar, ou seja, quando ela aparecer indeterminada na sentença.

    Voltei a casa, pois precisava comer algo.

> Quando houver determinação da palavra casa, ocorrerá crase.
>
> "Voltei à casa de meus pais."

- Da palavra "terra" quando tem sentido de solo.

    Os tripulantes vieram a terra.

> A mesma regra da palavra "casa" se aplica à palavra terra.

- De expressões com palavras repetidas.

    Dia a dia, mano a mano, face a face, cara a cara etc.

- Diante de numerais cardinais referentes a substantivos que não estão determinados pelo artigo.

    Assistirei a duas aulas de Língua Portuguesa.

> No caso de locuções adverbiais que exprimem hora determinada e nos casos em que o numeral estiver precedido de artigo, acentua-se:
>
> "Chegamos às oito horas da noite."
>
> "Assisti às duas sessões de ontem."
>
> No caso dos numerais, há uma dica para facilitar o entendimento dos casos de crase. Se houver o "a" no singular e a palavra posterior no plural, não ocorrerá o acento grave. Do contrário, ocorrerá.

15.2 Crase obrigatória

Deve-se usar acento grave indicativo de crase:

- Antes de locução adverbial feminina.

    À noite, à tarde, às pressas, às vezes, à farta, à vista, à hora certa, à esquerda, à direita, à toa, às sete horas, à custa de, à força de, à espera de, à vontade, à toa.

- Antes de termos femininos ou masculinos com sentido da expressão "à moda de" ou "ao estilo de".

    Filé à milanesa, servir à francesa, brigar à portuguesa, gol à Pelé, conto à Machado de Assis, discurso à Rui Barbosa etc.

- Antes de locuções conjuntivas proporcionais.

    À medida que, à proporção que.

- Antes de locuções prepositivas.

    À procura de, à vista de, à margem de, à beira de, à custa de, à razão de, à mercê de, à maneira de etc.

- Para evitar ambiguidade: receberá o acento o termo afetado pela ação do verbo (objeto direto preposicionado).

    Derrubou a menina **à panela**.

    Matou a vaca **à cobra**.

    Diante da palavra distância quando houver determinação da distância em questão:

    Achava-se à **distância de cem** (ou de alguns) **metros**.

- Antes das formas de tratamento "senhora", "senhorita" e "madame" = não há consenso entre os gramáticos, no entanto, opta-se pelo uso.

    Enviei lindas flores **à senhorita**.

    Josias remeteu uma carta **à senhora**.

15.3 Crase facultativa

- Após a preposição até.

    As crianças foram até **à escola**.

- Antes de pronomes possessivos femininos.

    Ele fez referência **à nossa causa!**

- Antes de nomes próprios femininos.

    Mandei um SMS **à Joaquina**.

- Antes da palavra "Dona".

    Remeti uma carta à **Dona Benta**.

    Não se usa crase antes de nomes históricos ou sagrados.

    O padre fez alusão a Nossa Senhora.

    Quando o professor fez menção a Joana D'Arc, todos ficaram entusiasmados.

16. PONTUAÇÃO

A pontuação assinala a melodia de nossa fala, ou seja, as pausas, a ênfase etc.

16.1 Principais sinais e usos

16.1.1 Vírgula

É o sinal mais importante para concurso público.

Usa-se a vírgula para:

- Separar termos que possuem mesma função sintática no período.

  José, **Maria**, **Antônio** e **Joana** foram ao mercado. (Função de núcleo do sujeito).

- Isolar o vocativo.

  Então, **minha cara**, não há mais o que se dizer!

- Isolar um aposto explicativo (cuidado com essa regra, veja que não há verbo no aposto explicativo).

  O João, **ex-integrante da comissão**, veio fazer parte da reunião.

- Isolar termos antecipados, como: complemento, adjunto ou predicativo.

  Na semana passada, comemos camarão no restaurante português. (Antecipação de adjunto adverbial).

- Separar expressões explicativas, conjunções e conectivos.

  Isto é, ou seja, por exemplo, além disso, pois, porém, mas, no entanto, assim etc.

- Separar os nomes dos locais de datas.

  Cascavel, 2 de maio de 2012.

- Isolar orações adjetivas explicativas (pronome relativo + verbo + vírgula).

  O Brasil, **que é um belíssimo país**, possui ótimas praias.

- Separar termos de uma enumeração.

  Vá ao mercado e traga **cebola**, **alho**, **sal**, **pimenta e coentro**.

- Separar orações coordenadas.

  Esforçou-se muito, **mas não venceu o desafio**. (Oração coordenada sindética adversativa).

  Roubou todo o dinheiro, **e ainda apareceu na casa**. (Oração coordenada sindética aditiva).

A vírgula pode ser utilizada antes da conjunção aditiva "e" caso se queira enfatizar a oração por ela introduzida.

- Omitir um termo, elipse (no caso da elipse verbal, chamaremos "zeugma").

  - De dia era um anjo, de noite um **demônio**. (Omissão do verbo "ser").

- Separar termos de natureza adverbial deslocados dentro da sentença.

  Na semana passada, trinta alunos foram aprovados no concurso. (Locução adverbial temporal)

  Se estudar muito, você será aprovado no concurso. (Oração subordinada adverbial condicional)

16.1.2 Ponto final

Usa-se o ponto final:

- Ao final de frases para indicar uma pausa total; é o que marca o fim de um período.

  Depois de passar no concurso, comprarei um carro.

Em abreviaturas:

Sr., a. C., Ltda., num., adj., obs., máx., *bat.*, *brit. etc.*

16.1.3 Ponto e vírgula

Usam-se ponto e vírgula para:

- Separar itens que aparecem enumerados.

  - Uma boa dissertação apresenta:

    Coesão;
    Coerência;
    Progressão lógica;
    Riqueza lexical;
    Concisão;
    Objetividade;
    Aprofundamento.

- Separar um período que já se encontra dividido por vírgulas.

  Não gostava de trabalhar; queria, no entanto, muito dinheiro no bolso.

- Separar partes do texto que se equilibram em importância.

  Os pobres dão pelo pão o trabalho; os ricos dão pelo pão a fazenda; os de espíritos generosos dão pelo pão a vida; os de nenhum espírito dão pelo pão a alma. (Vieira)

  O capitalismo é a exploração do homem pelo homem; o socialismo é exatamente o contrário.

16.1.4 Dois pontos

São usados dois pontos quando:

- Se vai fazer uma citação ou introduzir uma fala.

  José respondeu:

  – Não, muito obrigado!

- Se quer indicar uma enumeração.

  Quero apenas uma coisa: que vocês sejam aprovados no concurso!

16.1.5 Aspas

São usadas aspas para indicar:

- Citação presente no texto.

  "Há distinção entre categorias do pensamento" – disse o filósofo.

- Expressões estrangeiras, neologismos, gírias.

  Na parede, haviam pintado a palavra "love". (Expressão estrangeira).

  Ficava "bailarinando", como diria Guimarães. (Neologismo).

  "Velho", esconde o "cano" aí e "deixa baixo". (Gíria).

16.1.6 Reticências

São usadas para indicar supressão de um trecho, interrupção na fala, ou dar ideia de continuidade ao que se estava falando.

[...] Profundissimamente hipocondríaco. Este ambiente me causa repugnância. Sobe-me à boca uma ânsia análoga à ânsia. Que se escapa pela boca de um cardíaco [...]

Eu estava andando pela rua quando...

Eu gostei da nova casa, mas da garagem...

16.1.7 Parênteses

- São usados quando se quer explicar melhor algo que foi dito ou para fazer simples indicações.

  Foi o homem que cometeu o crime (o assassinato do irmão).

16.1.8 Travessão

- Indica a fala de um personagem.

  Ademar falou.

  Amigo, preciso contar algo para você.

- Isola um comentário no texto.

  O estudo bem realizado – **diga-se de passagem, que quase ninguém faz** – é o primeiro passo para a aprovação.

- Isola um aposto na sentença.

  A Semântica – **estudo sobre as relações de sentido** – é importantíssima para o entendimento da Língua.

- Reforçar a parte final de um enunciado.

  Para passar no concurso, é preciso estudar muito – **muito mesmo.**

16.1.9 Trocas

A banca, eventualmente, costuma perguntar sobre a possibilidade de troca de termos, portanto, atenção!

Vírgulas, travessões e parênteses, quando isolarem um aposto, podem ser trocados sem prejuízo para a sentença.

Travessões podem ser trocados por dois pontos, a fim de enfatizar um enunciado.

16.1.10 Regra de ouro

Na ordem natural de uma sentença, é proibido:

- Separar sujeito e predicado com vírgulas:

  Aqueles maravilhosos velhos ensinamentos de meu pai foram de grande utilidade. (Certo)

  Aqueles maravilhosos velhos ensinamentos de meu pai, foram de grande utilidade. (Errado)

- Separar verbo de objeto:

  "O presidente do maravilhoso país chamado Brasil assinou uma lei importante. (Certo)

  O presidente do maravilhoso país chamado Brasil assinou, uma lei importante. (Errado)

17. PARÁFRASE

Parafrasear, em sentido lato, significa reescrever uma sequência de texto sem alterar suas informações originais. Isso quer dizer que o texto resultante deve apresentar o mesmo sentido do texto original, modificando, evidentemente, apenas a ordem frasal ou o vocabulário. Há algumas exigências para uma paráfrase competente. São elas:

- Usar a mesma ordem das ideias que aparecem no texto original.
- Em hipótese alguma é possível omitir informações essenciais.
- Não tecer comentários acerca do texto original, apenas parafrasear, sem frescura.
- Usar construções sintáticas e vocabulares que, apesar de manterem o sentido original, sejam distintas das do texto base.

17.1 Passos da paráfrase

Há alguns recursos para parafrasear um texto:

- Utilização de termos sinônimos.

  O presidente assinou o documento, **mas** esqueceu-se de pegar sua caneta.

  O presidente assinou o documento, **contudo** esqueceu-se de pegar sua caneta.

- Uso de palavras antônimas, valendo-se de palavra negativa.

  José era um **covarde.**

  José **não** era um **valente.**

- Emprego de termos anafóricos.

  São Paulo e Palmeiras são dois times brasileiros. O São Paulo venceu o Palmeiras na semana passada.

  São Paulo e Palmeiras são dois times brasileiros. **Aquele** (São Paulo) venceu **este** (Palmeiras) na semana passada.

- Permuta de termo verbal por nominal, e vice-versa.

  É importante que chegue cedo.

  Sua chegada é importante.

- Deixar termos elípticos.

  Eu preciso da colaboração de todos.

  Preciso da colaboração de todos.

- Alteração da ordem frasal.

  Adalberto venceu o último desafio de sua vida ontem.

  Ontem, Adalberto venceu o último desafio de sua vida.

- Transposição de voz verbal.

  Joel cortou a seringueira centenária. A seringueira centenária foi cortada por Joel.

- Troca de discurso.

  Naquela manhã, Oséas dirigiu-se ao pai dizendo: "Cortarei a grama sozinho." (Discurso direto).

  Naquela manhã, Oséas dirigiu-se ao pai dizendo que cortaria a grama sozinho. (Discurso indireto).

- Troca de palavras por expressões perifrásticas.

  O Rei do Futebol esteve presente durante as celebrações.

  Pelé esteve presente durante as celebrações.

- Troca de locuções por palavras de mesmo sentido.

  A turma **da noite** está comprometida com os estudos.

  A turma **noturna** está mais comprometida com os estudos.

18. REESCRITURA DE FRASES

A reescrita de frases é uma paráfrase que visa à mudança da forma de um texto. Para que o novo período esteja correto, é preciso que sejam respeitadas a correção gramatical e o sentido do texto original. Desse modo, quando há qualquer inadequação do ponto de vista gramatical e/ou semântico, o trecho reescrito deve ser considerado incorreto.

Assim, para resolver uma questão que envolve reescrita de trechos ou períodos, é necessário verificar os aspectos gramaticais (principalmente, pontuação, elementos coesivos, ortografia, concordância, emprego de pronomes, colocação pronominal, regência etc.) e aspectos semânticos (significação de palavras, alteração de sentido etc.).

Existem diversas maneiras de se parafrasear uma frase, por isso cada banca examinadora pode formular questões a partir de muitas formas. Nesse sentido, é essencial conhecer e dominar as variadas estruturas que uma sentença pode assumir quando ela é reescrita.

18.1 Substituição de palavras ou de trechos de texto

No processo de reescrita, pode haver a substituição de palavras ou trechos. Ao se comparar o texto original e o que foi reestruturado, é necessário verificar se essa substituição mantém ou altera o sentido e a coerência do primeiro texto.

18.1.1 Locuções × palavras

Em muitos casos, há locuções (expressões formadas por mais de uma palavra) que podem ser substituídas por uma palavra, sem alterar o sentido e a correção gramatical. Isso é muito comum com verbos.

> Os alunos **têm buscado** formação profissional. (Locução: têm buscado).
>
> Os alunos **buscam** formação profissional. (Uma palavra: buscam).

Ambas as frases têm sentido atemporal, ou seja, expressam ações constantes, que não têm fim.

18.1.2 Significação das palavras

Ao avaliarmos a significação das palavras, devemos ficar atentos a alguns aspectos: sinônimos, antônimos, polissemia, homônimos e parônimos.

Sinônimos

Palavras que possuem significados próximos, mas não são totalmente equivalentes.

> Casa – lar – moradia – residência.
>
> Carro – automóvel.

Para verificar a validade da substituição, deve-se também ficar atento ao significado contextual. Por exemplo, na frase "as fronteiras entre o bem e o mal", não há menção a limites geográficos, pois a palavra "fronteira" está em sentido conotativo (figurado).

Além disso, nem toda substituição é coerente. Por exemplo, na frase "eu comprei uma casa", fica incoerente reescrever "eu comprei um lar".

Antônimos

Palavras que possuem significados diferentes, opostos, contrários.

> Mal – bem.
>
> Ausência – presença.
>
> Subir – descer.
>
> Cheio – vazio.
>
> Possível – impossível.

Polissemia

Ocorre quando uma palavra apresenta mais de um significado em diferentes contextos.

> Banco (instituição comercial financeira; assento).
>
> Manga (parte da roupa; fruta).

A polissemia está relacionada ao significado contextual, ou seja, uma palavra tem um sentido específico apenas no contexto em que está inserida. Por exemplo:

> A eleição foi marcada por debates explosivos (ou seja: debates acalorados, e não com sentido de explodir algo).

Homônimos

Palavras com a mesma pronúncia (algumas vezes, a mesma grafia), mas com significados diferentes.

> Acender: colocar fogo. Ascender: subir.
>
> Concerto: sessão musical. Conserto: reparo.

Homônimos perfeitos

Palavras com a mesma grafia e o mesmo som.

> Eu **cedo** este lugar você. (**Cedo** = verbo).
>
> Cheguei **cedo** para jantar. (**Cedo** = advérbio de tempo).

Percebe-se que o significado depende do contexto em que a palavra aparece. Portanto, deve-se ficar atento à ortografia quando a questão é de reescrita.

Parônimos

Palavras que possuem significados diferentes, mas são muito parecidas na pronúncia e na escrita.

> Absolver: perdoar, inocentar. Absorver: aspirar.
>
> Comprimento: extensão. Cumprimento: saudação.

18.2 Conectores de mesmo valor semântico

Há palavras, principalmente as conjunções, que possuem valores semânticos específicos, os quais devem ser levados em conta no momento de fazer uma substituição.

Logo, pode-se reescrever um período, alterando a conjunção. Para tanto, é preciso que a outra conjunção tenha o mesmo valor semântico. Além disso, é importante verificar como ficam os tempos verbais após a substituição.

> **Embora** fosse tarde, fomos visitá-lo. (Conjunção subordinativa concessiva).
>
> **Apesar de** ser tarde, fomos visitá-lo. (Conjunção subordinativa concessiva).

No exemplo anterior, o verbo também sofreu alteração.

> Toque o sinal **para que** todos entrem na sala. (Conjunção subordinativa final).
>
> Toque o sinal **a fim de que** todos entrem na sala. (Conjunção subordinativa final).

No exemplo anterior, o verbo permaneceu da mesma maneira.

18.3 Retextualização de diferentes gêneros e níveis de formalidade

Na retextualização, pode-se alterar o nível de linguagem do texto, dependendo de qual é a finalidade da transformação proposta. Nesse caso, são possíveis as seguintes alterações: linguagem informal para a formal; tipos de discurso; vozes verbais; oração reduzida para desenvolvida; inversão sintática; dupla regência.

18.3.1 Linguagem formal × linguagem informal

Um texto pode estar escrito em linguagem coloquial (informal) ou formal (norma padrão). A proposta de reescrita pode mudar de uma linguagem para outra. Veja o exemplo:

Pra que serve a política? (Informalidade)

Para que serve a política? (Formalidade)

A oralidade, geralmente, é mais informal. Portanto, fique atento: a fala e a escrita são diferentes, ou seja, a escrita não reproduz a fala e vice-versa.

18.3.2 Tipos de discurso

Discurso está relacionado à construção de textos, tanto orais quanto escritos, portanto, ele é considerado uma prática social.

Em um texto, podem ser encontrados três tipos de discurso: o discurso direto, o indireto e o indireto livre.

Discurso direto

São as falas das personagens. Esse discurso pode aparecer em forma de diálogos e citações, e vêm marcados com alguma pontuação (travessão, dois pontos, aspas etc.). Ou seja, o discurso direto reproduz fielmente a fala de alguém.

O médico disse à paciente:

Você precisa fazer exercícios físicos regularmente.

Discurso indireto

É a reprodução da fala de alguém, a qual é feita pelo narrador. Normalmente, esse discurso é escrito em terceira pessoa.

O médico disse à paciente que ela precisava fazer exercícios regulamente.

Discurso indireto livre

É a ocorrência do discurso direto e indireto ao mesmo tempo. Ou seja, o narrador conta a história, mas as personagens também têm voz própria.

No exemplo a seguir, há um discurso direto: "que raiva", que mostra a fala da personagem.

Retirou as asas e estraçalhou-a. Só tinham beleza. Entretanto, qualquer urubu... que raiva...

(Ana Maria Machado)

No trecho a seguir, há uma fala da personagem, mesclada com a narração: "Para que estar catando defeitos no próximo?".

D. Aurora sacudiu a cabeça e afastou o juízo temerário. Para que estar catando defeitos no próximo? Eram todos irmãos. Irmãos.

(Graciliano Ramos)

Exemplo de uma transposição de discurso direto para indireto:

Ana perguntou:

– Qual é a resposta correta?

Ana perguntou qual era a resposta correta.

Nas questões de reescrita que tratam da transposição de discursos, é mais frequente a substituição do direto pelo indireto. Nesse caso, deve-se ficar atento aos tempos verbais.

18.3.3 Voz verbal

Um verbo pode apresentar-se na voz ativa, passiva ou reflexiva.

Ativa

Ocorre quando o sujeito é agente, ou seja, pratica a ação expressa pelo verbo.

O aluno resolveu o exercício.

Passiva

Ocorre quando o sujeito é paciente, ou seja, recebe a ação expressa pelo verbo.

O exercício foi resolvido pelo aluno.

Reflexiva

Ocorre quando o sujeito é agente e paciente ao mesmo tempo, ou seja, pratica e recebe a ação.

A criança feriu-se com a faca.

Não confunda o emprego reflexivo do verbo com a reciprocidade. Por exemplo:

Os lutadores de MMA feriram-se. (Um ao outro)

Formação da voz passiva

A voz passiva pode ocorrer de forma analítica ou sintética.

- **Voz passiva analítica:** verbo SER + particípio do verbo principal.

  A academia de polícia **será pintada**.

  O relatório é **feito** por ele.

- A variação de tempo é determinada pelo verbo auxiliar (SER), pois o particípio é invariável.

  João **fez** a tarefa. (Pretérito perfeito do indicativo)

  A tarefa **foi** feita por João. (Pretérito perfeito do indicativo)

  João **faz** a tarefa. (Presente do indicativo)

  A tarefa **é** feita por João. (Presente do indicativo)

  João **fará** a tarefa. (Futuro do presente)

  A tarefa **será** feita por João. (Futuro do presente)

- **Voz passiva sintética:** verbo na 3ª pessoa, seguido do pronome apassivador SE.

  Abriram-se as inscrições para o concurso.

Transposição da voz ativa para a voz passiva

Pode-se mudar de uma voz para outra sem alterar o sentido da frase.

Os médicos brasileiros **lançaram** um tratamento para o câncer.

Um tratamento para o câncer **foi lançado** pelos médicos brasileiros.

Nas questões de concursos, costuma-se cobrar a transposição da voz ativa para a passiva, e da voz passiva sintética para a analítica.

Veja os exemplos:

A fiscalização exige o passaporte.

O passaporte é exigido pela fiscalização.

Exige-se comprovante de pagamento.

É exigido comprovante de pagamento.

18.3.4 Oração reduzida × oração desenvolvida

As orações subordinadas podem ser reduzidas ou desenvolvidas. Não há mudança de sentido se houver a substituição de uma pela outra. Veja os exemplos:

Ao terminar a aula, todos podem sair. (Reduzida de infinitivo)

Quando terminarem a prova, todos podem sair. (Desenvolvida)

Os vizinhos ouviram uma criança chorando na rua. (Reduzida de gerúndio)

Os vizinhos ouviram uma criança que chorava na rua. (Desenvolvida)

Terminada a reforma, a família mudou-se para a nova casa. (Reduzida de particípio)

Assim que terminou a reforma, a família mudou-se para a nova casa. (Desenvolvida)

18.3.5 Inversão sintática

Um período pode ser escrito na ordem direta ou indireta. Nesse caso, quando ocorre a inversão sintática, a correção gramatical é mantida. Apenas é necessário ficar atento ao sentido do período.

- Ordem direta: sujeito – verbo – complementos/adjuntos adverbiais.

Os documentos foram levados para o gerente. (Direta)

Foram levados os documentos para o gerente. (Indireta)

18.3.6 Dupla regência

Há verbos que exigem a presença da preposição e outros não. Deve-se ficar atento ao fato de que a regência pode influenciar no significado de um verbo.

Verbos transitivos diretos ou indiretos

Sem alterar o sentido, alguns verbos admitem duas construções: uma transitiva direta e outra indireta. Portanto, a ocorrência ou não da preposição mantém um trecho com o mesmo sentido.

- Almejar

Almejamos **a** paz entre os países que estão em guerra.

Almejamos **pela** paz entre os países que estão em guerra.

- Atender

O gerente atendeu **os** meus pedidos.

O gerente atendeu **aos** meus pedidos.

- Necessitar

Necessitamos algumas horas para organizar o evento.

Necessitamos **de** algumas horas para organizar o evento.

Transitividade e mudança de significado

Existem alguns verbos que, conforme a mudança de transitividade, têm o sentido alterado.

- **Aspirar:** é **transitivo direto** no sentido de sorver, inspirar (o ar), inalar.

Aspirava o suave perfume. (Aspirava-o.)

- **Aspirar:** é **transitivo indireto** no sentido de desejar, ter como ambição.

Aspirávamos ao cargo de diretor.

19. FIGURAS DE LINGUAGEM

As figuras de linguagem (também chamadas de figuras de pensamento) são construções que se relacionam com a função **poética da linguagem**, ou seja, estão articuladas em razão de modificar o código linguístico para dar ênfase no sentido de uma frase.

É comum vermos exemplos de figuras de linguagem em propagandas publicitárias, poemas, músicas etc. Essas figuras estão presentes em nossa fala cotidiana, principalmente na fala de registro **informal**.

O registro dito informal é aquele que não possui grande preocupação com a situação comunicativa, uma vez que não há tensão para a comunicação entre os falantes. Gírias, erros de concordância e subtração de termos da frase são comuns nesse baixo nível de formalidade comunicativa. Até grandes poetas já escreveram textos sobre esse assunto, veja o exemplo do escritor Oswald de Andrade, que discute a norma gramatical em relação à fala popular do brasileiro:

Pronominais

Dê-me um cigarro
Diz a gramática
Do professor e do aluno
E do mulato sabido
Mas o bom negro e o bom branco
Da Nação Brasileira
Dizem todos os dias
Deixa disso camarada
Me dá um cigarro

ANDRADE, Oswald de Andrade. **Os Cem Melhores Poemas Brasileiros do Século** - Seleção e Organização de Ítalo Moriconi. Rio de Janeiro: Editora Objetiva, 2001.

Vejamos agora algumas das principais figuras de linguagem que costumam ser cobradas em provas de concursos públicos:

- **Metáfora:** uma figura de linguagem, que consiste na comparação de dois termos sem o uso de um conectivo.

  Rosa **é uma flor**. (A pessoa é como uma flor: perfumada, delicada, bela etc.).

  Seus olhos **são dois oceanos**. (Os olhos possuem a profundidade do oceano, a cor do oceano etc.).

  João **é fera**. (João é perito em alguma coisa, desempenha determinada tarefa muito bem etc.).

- **Metonímia:** figura de linguagem que consiste em utilização de uma expressão por outra, dada a semelhança de sentido ou a possibilidade de associação lógica entre elas.

Há vários tipos de metonímia, vejamos alguns deles:

Efeito pela causa: O carrasco ergueu **a morte.** (O efeito é a morte, a causa é o machado)

Marca pelo produto: Vá ao mercado e traga um Nescau. (Achocolatado em pó)

Autor pela obra: Li Camões com entusiasmo. (Quem leu, leu a obra, não o autor)

Continente pelo conteúdo: Comi dois pratos de feijão. (Comeu o feijão, ou seja, o conteúdo do prato)

Parte pelo todo: Peço sua **mão em casamento.** (Pede-se, na verdade, o corpo todo)

Possuidor pelo possuído: Mulher, vou **ao médico.** (Vai-se ao consultório que pertence ao médico, não ao médico em si)

- **Antítese:** figura de linguagem que consiste na exposição de ideias opostas.

*Nasce o **Sol** e **não dura mais que um dia***
*Depois da **Luz** se segue à **noite escura***
*Em **tristes sombras** morre a formosura,*
*Em contínuas **tristezas** e **alegrias**.*

(Gregório de Matos)

Os termos em negrito evidenciam relações semânticas de distinção (oposição). Nascer é o contrário de morrer, assim como sombra é o contrário de luz. Essa figura foi muito utilizada na poesia brasileira, em especial pelo autor dos versos citados anteriormente: Gregório de Matos Guerra.

- **Paradoxo:** expressão que contraria o senso comum. Ilógica.

*Amor é fogo que **arde sem se ver;***
*É ferida que **dói e não se sente;***
*É um **contentamento descontente;***
*É dor que **desatina sem doer**.*

(Luís de Camões)

A construção semântica apresentada é totalmente ilógica, pois é impossível uma ferida doer e não ser sentida, assim como não é possível o contentamento ser descontente.

- **Perífrase:** expressão que tem por função substituir semanticamente um termo:

  A última flor do Lácio anda muito judiada. (Português é a última flor do Lácio)

  O país do futebol é uma grande nação. (Brasil)

  O Bruxo do Cosme Velho foi um grande escritor. (Machado de Assis era conhecido como o Bruxo do Cosme Velho)

  O anjo de pernas tortas foi o melhor jogador do mundo. (Garrincha)

- **Eufemismo:** figura que consiste em atenuar uma expressão desagradável:

  José **pegou emprestado sem avisar.** (Roubou)

  Maurício **entregou a alma a Deus.** (Morreu)

  Coitado, só porque **é desprovido de beleza.** (Feio)

- **Disfemismo:** contrário ao eufemismo, é a figura de linguagem que consiste em tornar uma expressão desagradável em algo ainda pior.

  O homem **abotoou o paletó de madeira.** (Morreu)

  Está chupando cana pela raiz. (Morreu)

  Sentou no colo do capeta. (Morreu)

- **Prosopopeia:** atribuição de características animadas a seres inanimados.

  O vento sussurrou em meus ouvidos.

  Parecia que a **agulha odiava o homem.**

- **Hipérbole:** exagero proposital de alguma característica.

  Estou morrendo de rir.

  Chorou rios de lágrimas.

- **Hipérbato:** inversão sintática de efeito expressivo.

  Ouviram do Ipiranga as margens plácidas. / De um povo heroico o brado e retumbante.

  - **Colocando na ordem direta:**

  As margens plácidas do Ipiranga ouviram o brado retumbante de um povo heroico.

- **Gradação:** figura que consiste na construção de uma escala de termo que fazem parte do mesmo campo semântico.

  Plantou **a semente**, zelou pelo **broto**, regou a **planta** e colheu o **fruto.** (A gradação pode ser do campo semântico da palavra semente – broto, planta e fruto – ou da palavra plantar – zelar, regar, colher)

- **Ironia:** figura que consiste em dizer o contrário do que se pensa.

  Lamento por ter sido eu o vencedor dessa prova. (Evidentemente a pessoa não lamenta ser o vencedor de alguma coisa)

- **Onomatopeia:** tentativa de representar um som da natureza. Figura muito comum em histórias em quadrinhos.

  Pof, tic-tac, click, bum, vrum!

- **Sinestesia:** confusão dos sentidos do corpo humano para produzir efeitos expressivos.

  Ouvi uma **voz suave** saindo do quarto.

  O seu **perfume doce** é extremamente inebriante.

19.1 Vícios de linguagem

Em âmbito geral, vício de linguagem é toda expressão contrária à lógica da norma gramatical. Vejamos quais são os principais deslizes que se transformam em vícios.

- **Pleonasmo vicioso:** consiste na repetição desnecessária de ideias.

  Subir para cima.
  Descer para baixo.
  Entrar para dentro.
  Cardume de peixes.
  Enxame de abelhas.
  Elo de ligação.
  Fato real.

OBSERVAÇÃO

Pode existir o plágio expressivo em um texto poético. Na frase "ele penetrou na escura treva" há pleonasmo, mas não é vicioso.

- **Ambiguidade:** ocorre quando a construção frasal permite que a sentença possua dois sentidos.

  Tenho de buscar **a cadela da sua irmã**.

  A empregada disse para o chefe que o cheque estava sobre **sua mesa**.

- **Cacofonia:** ocorre quando a pronúncia de determinadas palavras permite a construção de outra palavra.

  Dei um beijo na boca **dela**. (Cadela)
  Nosso **hino** é belo. (Suíno)
  Na **vez passada**, escap**ei de** uma. (Vespa assada)

- **Barbarismo:** é um desvio na forma de falar ou grafar determinada palavra.

  Mortandela (em vez de mortadela).
  Poblema (em vez de problema).
  Mindingo (em vez de mendigo).
  Salchicha (em vez de salsicha).

Esse conteúdo costuma ser simples para quem pratica a leitura de textos poéticos, portanto, devemos sempre ler poesia.

19.2 Funções da linguagem

Deve-se a Roman Jakobson a discriminação das seis funções da linguagem na expressão e na comunicação humanas, conforme o realce particular que cada um dos componentes do processo de comunicação recebe no enunciado. Por isso mesmo, é raro encontrar em uma única mensagem apenas uma dessas funções, ou todas reunidas em um mesmo texto. O mais frequente é elas se superporem, apresentando-se uma ou outra como predominante.

Em que pese tal fato, é preciso considerar que há particularidades com relação às funções da linguagem, ou seja, cada função descreve algo em particular. Com isso, pretendo dizer que, antes de o estudante se ater às funções em si, é preciso que ele conheça o sistema que é um pouco mais amplo, ou seja, o ato comunicativo. Afinal, a teoria de Roman Jakobson se volta à descrição do ato comunicativo em si.

Na obra *Linguística e comunicação*, o linguista Roman Jakobson, pensando sobre o ato comunicativo e seus elementos, identifica seis funções da linguagem.

Nesse esquema, identificamos:

- **Emissor:** quem enuncia.
- **Mensagem:** aquilo que é transmitido pelo emissor.
- **Receptor:** quem recebe a mensagem.
- **Código:** o sistema em que a mensagem é codificada. O código deve ser comum aos polos da comunicação.
- **Canal:** meio físico porque ocorre a comunicação.

Pensando sobre esses elementos, Jakobson percebeu que cada função da linguagem está centrada em um elemento específico do ato comunicativo. É o que veremos agora.

As funções da linguagem são:

- **Referencial:** centrada na mensagem, ou seja, na transmissão do conteúdo. Como possui esse caráter, a objetividade é uma constante para a função referencial. É comum que se busque a imparcialidade quando dela se faz uso. É também conhecida como função denotativa. Como a terceira pessoa do singular é predominante, podem-se encontrar exemplos de tal função em textos científicos, livros didáticos, textos de cunho apenas informativo etc.
- **Emotiva:** centrada no emissor, ou seja, em quem enuncia a mensagem. Basicamente, a primeira pessoa predomina quando o texto se apoia sobre a função emotiva. É muito comum a observarmos em depoimentos, discursos, em textos sentimentais, e mesmo em textos líricos.
- **Apelativa:** centrada no receptor, ou seja, em quem recebe a mensagem. As características comuns a manifestações dessa função da linguagem são os verbos no modo imperativo, a tentativa de persuadir o receptor, a utilização dos pronomes de tratamento que tangenciem o interlocutor. É comum observar a função apelativa em propaganda, em discursos motivacionais etc.
- **Poética:** centrada na transformação da mensagem, ou seja, em como modificar o conteúdo da mensagem a fim de torná-lo mais expressivo. As figuras de linguagem são abundantes nessa função e, por sua presença, convencionou-se chamar, também, função poética de função conotativa. Textos literários, poemas e brincadeiras com a mensagem são fontes em que se pode verificar a presença da função poética da linguagem.
- **Fática:** centrada no canal comunicativo. Basicamente, busca testar o canal para saber se a comunicação está ocorrendo. Expressões como "olá", "psiu" e "alô você" são exemplos dessa função.
- **Metalinguística:** centrada no código. Quando o emissor se vale do código para explicar o próprio código, ou seja, num tipo de comunicação autorreferente. Como exemplo, podemos citar um livro de gramática, que se vale da língua para explicar a própria língua; uma aula de didática (sobre como dar aula); ou mesmo um poema que se refere ao processo de escrita de um poema. O poema a seguir é um ótimo exemplo de função metalinguística.

Catar feijão

Catar feijão se limita com escrever:
jogam-se os grãos na água do alguidar
e as palavras na da folha de papel;
e depois, joga-se fora o que boiar.
Certo, toda palavra boiará no papel,
água congelada, por chumbo seu verbo:
pois para catar esse feijão, soprar nele,
e jogar fora o leve e oco, palha e eco.

Ora, nesse catar feijão entra um risco:
o de que entre os grãos pesados entre
um grão qualquer, pedra ou indigesto,
um grão imastigável, de quebrar dente.
Certo não, quando ao catar palavras:
a pedra dá à frase seu grão mais vivo:
obstrui a leitura fluviante, flutual,
açula a atenção, isca-a com risco.

MELO NETO, João Cabral de. **Obra completa**. Rio de Janeiro: Nova Aguilar, 1995.

20. TIPOLOGIA TEXTUAL

O primeiro item que se deve ter em mente na hora de analisar um texto segundo sua tipologia é o caráter da predominância. Isso quer dizer que um mesmo agrupamento textual pode possuir características de diversas tipologias distintas, porém as questões costumam focalizar qual é o "tipo" predominante, o que mais está evidente no texto. Um pouco de bom-senso e uma pequena dose de conhecimento relativo ao assunto são necessários para obter sucesso nesse conteúdo.

Trabalharemos com três tipologias básicas: **narração, dissertação e descrição.**

20.1 Texto narrativo

Facilmente identificável, a tipologia narrativa guarda uma característica básica: contar algo, transmitir a ocorrência de fatos e/ou ações que possuam um registro espacial e temporal. Quer dizer, a narração necessita, também, de um espaço bem-marcado e de um tempo em que as ações narradas ocorram. Discorramos sobre cada aspecto separadamente.

São elementos de uma narração:

- **Personagem:** quem pratica ação dentro da narrativa, é claro. Deve-se observar que os personagens podem possuir características físicas (altura, aparência, cor do cabelo etc.) e psicológicas (temperamento, sentimentos, emoções etc.), as quais podem ser descritas ao longo do texto.
- **Espaço:** trata-se do local em que a ação narrativa ocorre.
- **Tempo:** é o lapso temporal em que a ação é descrita. O tempo pode ser enunciado por um simples "era uma vez".
- **Ação:** não existe narração sem ação! Ou seja, os personagens precisam fazer algo, ou sofrer algo para que haja ação narrativa.
- **Narrador:** afinal, como será contada uma estória sem uma voz que a narre? Portanto, este é outro elemento estruturante da tipologia narrativa. O narrador pode estar inserido na narrativa ou apenas "observar" e narrar os acontecimentos.

Note-se que, na tipologia narrativa, os verbos flexionados no pretérito são mais evidentes.

Eis um exemplo de narração, tente observar os elementos descritos anteriormente, no texto a seguir:

> ***Um apólogo***
>
> *Era uma vez uma agulha, que disse a um novelo de linha:*
>
> *— Por que está você com esse ar, toda cheia de si, toda enrolada, para fingir que vale alguma cousa neste mundo?*
>
> *— Deixe-me, senhora.*
>
> *— Que a deixe? Que a deixe, por quê? Por que lhe digo que está com um ar insuportável? Repito que sim, e falarei sempre que me der na cabeça.*
>
> *— Que cabeça, senhora? A senhora não é alfinete, é agulha. Agulha não tem cabeça. Que lhe importa o meu ar? Cada qual tem o ar que Deus lhe deu. Importe-se com a sua vida e deixe a dos outros.*
>
> *— Mas você é orgulhosa.*
>
> *— Decerto que sou.*
>
> *— Mas por quê?*
>
> *— É boa! Porque coso. Então os vestidos e enfeites de nossa ama, quem é que os cose, senão eu?*
>
> *— Você? Esta agora é melhor. Você é que os cose? Você ignora que quem os cose sou eu e muito eu? - Você fura o pano, nada mais; eu é que coso, prendo um pedaço ao outro, dou feição aos babados...*
>
> *— Sim, mas que vale isso? Eu é que furo o pano, vou adiante, puxando por você, que vem atrás obedecendo ao que eu faço e mando...*
>
> *— Também os batedores vão adiante do imperador.*

— Você é imperador?

— Não digo isso. Mas a verdade é que você faz um papel subalterno, indo adiante; vai só mostrando o caminho, vai fazendo o trabalho obscuro e ínfimo. Eu é que prendo, ligo, ajunto...

Estavam nisto, quando a costureira chegou à casa da baronesa. Não sei se disse que isto se passava em casa de uma baronesa, que tinha a modista ao pé de si, para não andar atrás dela. Chegou à costureira, pegou do pano, pegou da agulha, pegou da linha, enfiou a linha na agulha, e entrou a coser. Uma e outra iam andando orgulhosas, pelo pano adiante, que era a melhor das sedas, entre os dedos da costureira, ágeis como os galgos de Diana – para dar a isto uma cor poética. E dizia a agulha:

— Então, senhora linha, ainda teima no que dizia há pouco? Não repara que esta distinta costureira só se importa comigo; eu é que vou aqui entre os dedos dela, unidinha a eles, furando abaixo e acima...

A linha não respondia; ia andando. Buraco aberto pela agulha era logo enchido por ela, silenciosa e ativa, como quem sabe o que faz, e não está para ouvir palavras loucas. A agulha, vendo que ela não lhe dava resposta, calou-se também, e foi andando. E era tudo silêncio na saleta de costura; não se ouvia mais que o plic-plic-plic-plic da agulha no pano. Caindo o sol, a costureira dobrou a costura, para o dia seguinte. Continuou ainda nessa e no outro, até que no quarto acabou a obra, e ficou esperando o baile.

Veio a noite do baile, e a baronesa vestiu-se. A costureira, que a ajudou a vestir-se, levava a agulha espetada no corpinho, para dar algum ponto necessário. E enquanto compunha o vestido da bela dama, e puxava de um lado ou outro, arregaçava daqui ou dali, alisando, abotoando, acolchetando, a linha para mofar da agulha, perguntou-lhe:

— Ora, agora, diga-me, quem é que vai ao baile, no corpo da baronesa, fazendo parte do vestido e da elegância? Quem é que vai dançar com ministros e diplomatas, enquanto você volta para a caixinha da costureira, antes de ir para o balaio das mucamas? Vamos, diga lá.

Parece que a agulha não disse nada; mas um alfinete, de cabeça grande e não menor experiência, murmurou à pobre agulha:

— Anda, aprende, tola. Cansas-te em abrir caminho para ela e ela é que vai gozar da vida, enquanto aí ficas na caixinha de costura. Faze como eu, que não abro caminho para ninguém. Onde me espetam, fico.

Contei esta história a um professor de melancolia, que me disse, abanando a cabeça:

— Também eu tenho servido de agulha a muita linha ordinária!

ASSIS, Machado de. Um apólogo. In: **Para Gostar de Ler.** v. 9, Contos. São Paulo: Ática, 1984, p. 59.

20.2 Texto dissertativo

O texto dissertativo, também chamado por alguns de informativo, possui a finalidade de discorrer sobre determinado assunto, apresentando fatos, opiniões de especialistas, dados quantitativos ou mesmo informações sobre o assunto da dissertação. É preciso entender que nem sempre a dissertação busca persuadir o seu interlocutor, ela pode simplesmente transmitir informações pertinentes ao assunto dissertado.

Quando a persuasão é objetivada, o texto passa a ter também características argumentativas. A rigor, as questões de concurso público focalizam a tipologia, não seus interstícios, portanto, não precisa ficar desesperado com o fato de haver diferença entre texto dissertativo-expositivo e texto dissertativo-argumentativo. Importa saber que ele é dissertativo.

Ressalta-se que toda boa dissertação possui a **introdução** do tema, o **desenvolvimento** coeso e coerente, que está vinculado ao que se diz na introdução, e uma **conclusão** lógica do texto, evidenciando o que se permite compreender por meio da exposição dos parágrafos de desenvolvimento.

A tipologia dissertativa pode ser facilmente encontrada em editoriais, textos de divulgação acadêmica, ou seja, com caráter científico, ensaios, resenhas, artigos científicos e textos pedagógicos.

Exemplo de dissertação:

Japão foi avisado sobre problemas em usinas dois anos antes, diz Wikileaks

O Wikileaks, site de divulgação de informações consideradas sigilosas, vazou um documento que denuncia que o governo japonês já havia sido avisado pela vigilância nuclear internacional que suas usinas poderiam não ser capazes de resistir a terremotos. O relatório, assinado pelo embaixador Thomas Schieffer obtido pelo WikiLeaks foi publicado hoje pelo jornal britânico, The Guardian.

O documento revela uma conversa de dezembro de 2008 entre o então deputado japonês, Taro Kono, e um grupo diplomático norte-americano durante um jantar. Segundo o relatório, um membro da Agência Internacional de Energia Atômica (AIEA) disse que as normas de segurança estavam obsoletas para aguentar os fortes terremotos, o que significaria "um problema grave para as centrais nucleares". O texto diz ainda que o governo do Japão encobria custos e problemas associados a esse ramo da indústria.

Diante da recomendação da AIEA, o Japão criou um centro de resposta de emergência em Fukushima, capaz de suportar, apenas, tremores até magnitude 7,0.

Como visto anteriormente, conceituar, polemizar, questionar a lógica de algum tema, explicar ou mesmo comentar uma notícia são estratégias dissertativas. Vamos dividir essa tipologia textual em dois tipos essencialmente diferentes: o **dissertativo-expositivo** e o **dissertativo-argumentativo.**

Padrão dissertativo-expositivo

A característica fundamental do padrão expositivo da dissertação é utilizar a estrutura da prosa não para convencer alguém de alguma coisa, e sim para apresentar uma ideia, apresentar um conceito. O princípio do texto expositivo não é a persuasão, é a informação e, justamente por tal fato, ficou conhecido como informativo. Para garantir uma boa interpretação desse padrão textual, é importante buscar a ideia principal (que deve estar presente na introdução do texto) e, depois, entender quais serão os aspectos que farão o texto progredir.

- **Onde posso encontrar esse tipo de texto?** Jornais revistas, sites sobre o mundo de economia e finanças. Diz-se que esse tipo de texto focaliza a função referencial da linguagem.
- **Como costuma ser o tipo de questão relacionada ao texto dissertativo-expositivo?** Geralmente, os elaboradores questionam sobre as informações veiculadas pelo texto. A tendência é que o elaborador inverta as informações contidas no texto.
- **Como resolver mais facilmente?** Toda frase que mencionar o conceito ou a quantidade de alguma coisa deve ser destacada para facilitar a consulta.

Padrão dissertativo-argumentativo

No texto do padrão dissertativo-argumentativo, existe uma opinião sendo defendida e existe uma posição ideológica por detrás de quem escreve o texto. Se analisarmos a divisão dos parágrafos de um texto com características argumentativas, perceberemos que a introdução apresenta sempre uma tese (ou hipótese) que é defendida ao longo dos parágrafos.

Uma vez feito isso, o candidato deve entender qual é a estratégia utilizada pelo produtor do texto para defender seu ponto de vista. Na verdade, agora é o momento de colocar "a mão na massa" para valer, uma vez que aqueles enunciados que iniciam com "infere-se da argumentação do texto", "depreende-se dos argumentos do autor" serão vencidos caso se observem os fatores de interpretação corretos:

- Conexão entre as ideias do texto (atenção para as conjunções).
- Articulação entre as ideias do texto (atenção para a combinação de argumentos).
- Progressão do texto.

Recursos argumentativos

Quando o leitor interage com uma fonte textual, deve observar – tratando-se de um texto com o padrão dissertativo-argumentativo – que o autor se vale de recursos argumentativos para construir seu raciocínio dentro do texto. Vejamos alguns recursos importantes:

- **Argumento de autoridade:** baseado na exposição do pensamento de algum especialista ou alguma autoridade no assunto. Citações, paráfrases e menções ao indivíduo podem ser tomadas ao longo do texto. É importante saber diferenciar se a opinião colocada em foco é a do autor ou se é a do indivíduo que ele cita ao longo do texto.
- **Argumento com base em consenso:** parte de uma ideia tomada como consensual, o que leva o leitor a entender apenas aquilo que o elaborador mostra. Sentenças do tipo "todo mundo sabe que", "é de conhecimento geral que" identificam esse tipo de argumentação.
- **Argumento com fundamentação concreta:** basear aquilo que se diz em algum tipo de pesquisa ou fato que ocorre com certa frequência.
- **Argumento silogístico (com base em um raciocínio lógico):** do tipo hipotético – "Se ... então".
- **Argumento de competência linguística:** consiste em adequar o discurso ao panorama linguístico de quem é tido como possível leitor do texto.
- **Argumento de exemplificação:** utilizar casos ou pequenos relatos para ilustrar a argumentação do texto.

20.3 Texto descritivo

Em um texto descritivo, faz-se um tipo de retrato por escrito de um lugar, uma pessoa, um animal ou um objeto. Os adjetivos são abundantes nessa tipologia, uma vez que a sua função de caracterizar os substantivos é extremamente exigida nesse contexto. É possível existir um texto descritivo que enuncie características de sensações ou sentimentos, porém não é muito comum em provas de concurso público. Não há relação temporal na descrição. Os verbos relacionais são mais presentes para poder evidenciar aspectos e características. Significa "criar" com palavras uma imagem.

Exemplo de texto descritivo:

Texto extraído da prova do BRB (2010) – Banca CESPE/UnB

Nome científico: *Ginkgo biloba L.*
Nome popular: *Nogueira-do-japão*
Origem: *Extremo Oriente*
Aspecto: *as folhas dispõem-se em leque e são semelhantes ao trevo; a altura da árvore pode chegar a 40 metros; o fruto lembra uma ameixa e contém uma noz que pode ser assada e comida*

20.4 Conotação × denotação

É interessante, quando se estuda o conteúdo de tipologia textual, ressaltar a distinção conceitual entre o sentido conotativo e o sentido denotativo da linguagem. Vejamos como se opera essa distinção:

Sentido conotativo: figurado, ou abstrato. Relaciona-se com as figuras de linguagem.

- Adalberto **entregou sua alma a Deus**.
  A ideia de entregar a alma a Deus é figurada, ou seja, não ocorre literalmente, pois não há um serviço de entrega de almas. Essa é uma figura que convencionamos chamar de **metáfora**.

Sentido denotativo: literal, ou do dicionário. Relaciona-se com a função **referencial** da linguagem.

- Adalberto **morreu**.
  Quando dizemos função referencial, entende-se que o falante está preocupado em transmitir precisamente o fato ocorrido, sem apelar para figuras de pensamento. Essa frase do exemplo serviu para mostrar o sinônimo da figura de linguagem anterior.

21. GÊNEROS TEXTUAIS

Os gêneros textuais podem ser textos orais ou escritos, formais ou informais. Eles possuem características em comum, como a intenção comunicativa, mas há algumas características que os distinguem uns dos outros.

21.1 Gêneros textuais e esferas de circulação

Cada gênero textual está vinculado a uma esfera de circulação, ou seja, um lugar comum em que ele pode ser encontrado.

Cotidiana: adivinhas, diário, álbum de família exposição oral, anedotas, fotos, bilhetes, músicas, cantigas de roda, parlendas, carta pessoal, piadas, cartão, provérbios, cartão postal, quadrinhas, causos, receitas, comunicado, relatos de experiências vividas, convites, trava-línguas, *curriculum vitae*.

Literária/artística: autobiografia, letras de músicas, biografias, narrativas de aventura, contos, narrativas de enigma, contos de fadas, narrativas de ficção, contos de fadas contemporâneos, narrativas de humor, crônicas de ficção, narrativas de terror, escultura, narrativas fantásticas, fábulas, narrativas míticas, fábulas contemporâneas, paródias, haicais, pinturas, histórias em quadrinhos, poemas, lendas, romances, literatura de cordel, tankas, memórias, textos dramáticos.

Científica: artigos, relatos históricos, conferências, relatórios, debates, palestras, verbetes, pesquisas.

Escolar: atas, relatos históricos, cartazes, relatórios, debates, regrados, relatos de experiências, diálogos/discussões argumentativas científicas, exposições orais, resenhas, júris simulados, resumos, mapas, seminários, palestras, textos argumentativos, pesquisas, textos de opinião, verbetes de enciclopédias.

Jornalística: imprensas, agendas culturais, fotos, anúncios de emprego, horóscopos, artigos de opinião, infográficos, caricaturas, manchetes, cartas ao leitor, mapas, mesas redondas, cartuns, notícias, charges, reportagens, classificados, resenhas críticas, crônicas jornalísticas, sinopses de filmes, editoriais, tiras, entrevistas (orais e escritas).

Publicidade: anúncios, músicas, caricaturas, **paródias**, cartazes, placas, comerciais para televisão, publicidades comerciais, *e-mails*, publicidades institucionais, *folders*, publicidades oficiais, fotos, textos políticos, *slogans*.

Política: abaixo-assinados, debates regrados, assembleias, discursos políticos, cartas de emprego, fóruns, cartas de reclamação, manifestos, cartas de solicitação, mesas redondas, debates, panfletos.

Jurídica: boletins de ocorrência, estatutos, constituição brasileira, leis, contratos, ofícios, declaração de direitos, procurações, depoimentos, regimentos, discursos de acusação, regulamentos, discursos de defesa, requerimentos.

Social: bulas, relatos históricos, manuais técnicos, relatórios, placas, relatos de experiências científicas, resenhas, resumos, seminários, textos argumentativos, textos de opinião, verbetes de enciclopédias.

Midiática: *blogs*, *realities show*, *chats*, *talks show*, desenhos animados, telejornais, e-mails, telenovelas, entrevistas, torpedos, filmes, vídeos clip, fotoblogs, videoconferências, *home page*.

21.2 Exemplos de gêneros textuais

Artigo: o artigo de opinião é um gênero textual que faz parte da esfera jornalística e tem por finalidade a exposição do ponto de vista sobre um determinado assunto. Assim como a dissertação, ele também se compõe de um título, uma introdução, um desenvolvimento e uma conclusão.

Ata: a ata tem como finalidade registrar ocorrências, resoluções e decisões de reuniões, sessões realizadas por algum órgão, setor, entidade etc.

Estrutura da ata:

- Dia, mês, ano e hora (por extenso);
- Local da reunião;
- Pessoas presentes, devidamente qualificadas;
- Ordem do dia (pauta);
- Fecho.

Observações:

- Não há disposição quanto à quantidade de pessoas que deve assinar a ata; pode ser assinada apenas pelo presidente e pelo secretário.
- A ata deve ser redigida de modo que não sejam possíveis alterações posteriores à assinatura (há o emprego de expressões "digo" e "em tempo").
- Não há parágrafos ou alíneas.
- A ata é o registro fiel.

Atestado: atestado é o documento mediante o qual a autoridade comprova um fato ou situação de que tenha conhecimento em razão do cargo que ocupa ou da função que exerce. Destina-se à comprovação de fatos ou situações passíveis de modificações frequentes. É uma mera declaração, ao passo que a certidão é uma transcrição. Ato administrativo enunciativo, o atestado é, em síntese, afirmação oficial de fatos.

Partes:

- **Título ou epígrafe:** denominação do ato (atestado).
- **Texto:** exposição do objeto da atestação. Pode-se declarar, embora não seja obrigatório, a pedido de quem e com que finalidade o documento é emitido.
- **Local e data:** cidade, dia, mês e ano da emissão do ato, podendo também citar, preferentemente sob forma de sigla, o nome do órgão em que a autoridade signatária do atestado exerce suas funções.
- **Assinatura:** nome e cargo ou função da autoridade que atesta.

Apostila: apostila é a averbação, feita abaixo dos textos ou no verso de decretos e portarias pessoais (nomeação, promoção, ascensão, transferência, readaptação, reversão, aproveitamento, reintegração, recondução, remoção, exoneração, demissão, dispensa, disponibilidade e aposentadoria), para que seja corrigida flagrante inexatidão material do texto original (erro na grafia de nomes próprios, lapso na especificação de datas etc.), desde que essa correção não venha a alterar a substância do ato já publicado.

Tratando-se de erro material em decreto pessoal, a apostila deve ser feita pelo Ministro de Estado que o propôs. Se o lapso houver ocorrido em portaria pessoal, a correção por apostilamento estará a cargo do ministro ou secretário signatário da portaria. Nos dois casos, a apostila deve sempre ser publicada no Boletim de Serviço ou Boletim Interno correspondente e, quando se tratar de ato referente a ministro de Estado, também no Diário Oficial da União.

A finalidade da correção de inexatidões materiais por meio de apostila é evitar que se sobrecarregue o Presidente da República com a assinatura de atos repetidos, e que se onere a Imprensa Nacional com a republicação de atos.

Forma e estrutura:

- Título, em maiúsculas e centralizado sobre o texto.
- Texto, no qual deve constar a correção que está sendo feita, a ser iniciada com a remissão ao decreto que autoriza esse procedimento.
- Local e data, por extenso:
  - Por exemplo: Brasília, em 12 de novembro de 1990.
- Identificação do signatário, abaixo da assinatura:
  - Por exemplo: NOME (em maiúsculas)
    Secretário da Administração Federal

No original do ato normativo, próximo à apostila, deverá ser mencionada a data de publicação da apostila no Boletim de Serviço ou no Boletim Interno.

Carta: pode ter caráter argumentativo quando se trata de uma carta aberta ou carta do leitor. Quando se trata de carta pessoal, há a presença de aspectos narrativos ou descritivos.

Charge: é um gênero textual em que é feita uma ilustração cômica, irônica, por meio de caricaturas, com o objetivo de satirizar, criticar ou fazer um comentário sobre algum acontecimento, que é atual, em sua grande maioria.

A charge é um dos gêneros textuais mais cobrados em questões de concurso. Deve-se dar atenção à crítica feita pelo autor, a qual pode ser percebida pela relação texto verbal e não verbal (palavras e imagens).

Certidão: certidão é o ato pelo qual se procede à publicidade de algo relativo à atividade Cartorária, a fim de que não haja dúvidas. Possui formato padrão próprio, termos essenciais que lhe dão suas características. Exige linguagem formal, objetiva e concisão.

Termos essenciais da certidão:

- **Afirmação:** certidão e dou fé que.
- **Identificação do motivo de sua expedição:** a pedido da parte interessada.
- **Ato a que se refere:** revendo os assentamentos constantes deste cartório, não logrei encontrar ação movida contra (nome).
- **Data:** de sua expedição.
- **Assinatura:** do escrivão.

Circular: é utilizada para transmitir avisos, ordens, pedidos ou instruções, dar ciência de leis, decretos, portarias etc.

- Destina-se a uma ou mais de uma pessoa/órgão/empresa. No caso de mais de um destinatário, todas as vias distribuídas devem ser iguais.
- A paragrafação pode seguir o estilo americano (sem entradas de parágrafo), ou estilo tradicional. No caso de estilo americano, todo o texto, a data e a assinatura devem ser alinhados à margem esquerda. No estilo tradicional, devem ser centralizados.

Partes:

- **Timbre:** impresso no alto do papel.
- **Título e número:** cerca de três linhas do timbre e no centro da folha. O número pode vir seguido do ano.
- **Data:** deve estar próxima do título e número, ao lado ou abaixo, podendo se apresentar de várias formas:
  - Por exemplo:
  - CIRCULAR Nº 01, DE 2 MARÇO DE 2002
  - CIRCULAR Nº 01
  - De 2 de março de 2002
  - CIRCULAR Nº 01/02
  - Rio de Janeiro, 2 de março de 2002
- **Ementa (opcional):** deve vir abaixo do título e data, cerca de três linhas.
  - Ementa: Material de consumo.
  - Ref.: Material de consumo.
- **Invocação:** cerca de quatro linhas do título. Dependendo do assunto e destinatários, a invocação é dispensável.
  - Excelentíssimo Senhor:
  - Senhor Prefeito:
  - Senhores Pais:
- **Texto:** cerca de três linhas do título. Deve conter:
  - Exposição do assunto, desenvolvida a partir dos objetivos.
  - A sensibilização do receptor/destinatário;
  - Convite a agir.
  - Cumprimento final:
  - Respeitosamente,
  - Atenciosamente,
- **Assinatura:** cerca de quatro linhas do cumprimento final. É composta do nome do emissor (só as iniciais maiúsculas) e cargo ou função (todo em maiúscula):
  - Por exemplo:
    Herivelto Nascimento
    DIRETOR
- **Anexos:** quando houver documentos a anexar, escreve-se a palavra anexo à margem esquerda, seguida da relação do que está anexado:
  - Por exemplo:
    Anexo: quadro de horários.
    Anexa: cópia do documento.
    Anexas: tabela de horários e cópia dos documentos.
- **Iniciais:** na última linha útil do papel, à esquerda, devemos escrever as iniciais de quem elaborou o texto (redator), seguidas das iniciais de quem a datilografou/digitou (em maiúscula ou minúscula, tanto faz). Quando o redator e o datilógrafo forem a mesma pessoa, basta colocar a barra seguida das iniciais:
  - PPS/AZ
  - Pps/az
  - /pps
  - /PPS
- **Declaração:** a declaração deve ser fornecida por pessoa credenciada ou idônea que nele assume a responsabilidade sobre uma situação ou a concorrência de um fato. Portanto, é uma comprovação escrita com caráter de documento. A declaração pode ser manuscrita em papel almaço simples ou digitada. Quanto ao aspecto formal, divide-se nas seguintes etapas:
  - **Timbre:** impresso com cabeçalho, contendo o nome do órgão ou empresa. Nas declarações particulares, usa-se papel sem timbre.
  - **Título:** no centro da folha, em caixa alta.
  - **Texto:**
    - Identificação do emissor.
    - O verbo atestar ou declarar deve aparecer no presente do indicativo, terceira pessoa do singular ou do plural.
    - Finalidade do documento: em geral, costuma-se usar o termo "para os devidos fins". Também se pode especificar: "para fins de trabalho", "para fins escolares" etc.

- Nome e dados de identificação do interessado.
- Citação do fato a ser atestado.
- **Local e data:** deve-se escrevê-lo acerca de três linhas do texto.

Editorial: é um gênero textual dissertativo-argumentativo que apresenta o posicionamento de uma empresa, revista, jornal sobre determinado assunto.

Entrevista: é um gênero textual em que aparece o diálogo entre o entrevistador e o(s) entrevistado(s), para obter informações sobre o entrevistado ou algum assunto. Podem aparecer elementos expositivos, argumentativos e narrativos.

Edital: é um documento em que são apresentados avisos, citações, determinações.

São diversos os tipos de editais, de acordo com o objetivo: pode comunicar uma citação, um proclame, um contrato, uma exoneração, uma licitação de obras, serviços, tomada de preço etc.

Entre eles, os editais mais comuns são os de concursos públicos, que determinam as etapas dos processos seletivos e as competências necessárias para a sua execução.

22. COMPREENSÃO E INTERPRETAÇÃO DE TEXTOS

22.1 Ideias preliminares sobre o assunto

Para interpretar um texto, o indivíduo precisa de muita atenção e de muito treino. Interpretar pode ser comparado com o disparar de uma arma: apenas temos chance de acertar o alvo se treinarmos muito e soubermos combinar todos os elementos externos ao disparo: velocidade do ar, direção, distância etc.

Quando o assunto é texto, o primordial é estabelecer uma relação contextual com aquilo que estamos lendo. Montar o contexto significa associar o que está escrito no texto-base com o que está disposto nas questões. Lembre-se de que as questões são elaboradas com a intenção de testar os concursandos, ou seja, deve ficar atento para todas as palavras e para todas as possibilidades de mudança de sentido que possa haver nas questões.

É preciso, para entender as questões de interpretação de qualquer banca, buscar o raciocínio que o elaborador da questão emprega na redação da questão. Usualmente, objetiva-se a depreensão dos sentidos do texto. Para tanto, destaque os itens fundamentais (as ideias principais contidas nos parágrafos) para poder refletir sobre tais itens dentro das questões.

22.2 Semântica ou pragmática?

Existe uma discussão acadêmica sobre o que possa ser considerado como semântica e como pragmática. Em que pese o fato de os universitários divergirem a respeito do assunto, vamos estabelecer uma distinção simples, apenas para clarear nossos estudos.

- **Semântica:** disciplina que estuda o **significado** dos termos. Para as questões relacionadas a essa área, o comum é que se questione acerca da troca de algum termo e a manutenção do sentido original da sentença.
- **Pragmática:** disciplina que estuda o **sentido** que um termo assume dentro de determinado contexto. Isso quer dizer que a identificação desse sentido depende do entorno linguístico e da intenção de quem exprime a sentença.

Para exemplificar essa situação, vejamos o exemplo a seguir:

- **Pedro está na geladeira.**

Nesse caso, é possível que uma questão avalie a capacidade de o leitor compreender que há, no mínimo, dois sentidos possíveis para essa sentença: um deles diz respeito ao fato de a expressão "na geladeira" poder significar algo como "ele foi até a geladeira buscar algo", o que – coloquialmente – significaria uma expressão indicativa de lugar.

O outro sentido diz respeito ao fato de "na geladeira" significar que "foi apartado de alguma coisa para receber algum tipo de punição".

A questão sobre **semântica** exigiria que o candidato percebesse a possibilidade de trocar a palavra "geladeira" por "refrigerador" – havendo, nesse caso, uma relação de sinonímia.

A questão de **pragmática** exigiria que o candidato percebesse a relação contextualmente estabelecida, ou seja, a criação de uma figura de linguagem (um tipo de metáfora) para veicular um sentido particular.

22.3 Questão de interpretação

Como se faz para saber que uma questão de interpretação é uma questão de interpretação?

Respondendo a essa pergunta, entende-se que há pistas que identificam a questão como pertencente ao rol de questões para interpretação. Os indícios mais precisos que costumam aparecer nas questões são:

- Reconhecimento da intenção do autor.
- Ponto de vista defendido.
- Argumentação do autor.
- Sentido da sentença.

Apesar disso, não são apenas esses os indícios de que uma questão é de intepretação. Dependendo da banca, podemos ter a natureza interpretativa distinta, principalmente porque o critério de intepretação é mais subjetivo que objetivo. Algumas bancas podem restringir o entendimento do texto; outras podem extrapolá-lo.

22.4 Dicas para interpretação

Há três elementos fundamentais para boa interpretação:

- Eliminação dos vícios de leitura.
- Organização.
- Sagacidade.

22.4.1 Vícios de leitura

A pior coisa que pode acontecer com o concursando, quando recebe um texto complexo para ler e interpretar, é cair num vício de leitura. Veja se você possui algum deles. Caso possua, tente eliminar o quanto antes.

Movimento

Como tudo inicia. O indivíduo pega o texto para ler e não para quieto. Troca a maneira de sentar, troca a posição do texto, nada está bom, nada está confortável. Em casa, senta para estudar e o que acontece? Fome. Depois? Sede. Então, a pessoa fica se mexendo para pegar comida, para tomar água, para ficar mais sossegado e o fluxo de leitura vai para o espaço. Fique quieto! O conceito é militar! Sente-se e permaneça assim até acabar a leitura, do contrário, vai acabar com a possibilidade de entender o que está escrito. Estudar com televisão, rádio, redes sociais e qualquer coisa dispersiva desse gênero só vai atrapalhar você.

Apoio

Não é aconselhável utilizar apoios para a leitura, tais como: réguas, acompanhar a linha com a caneta, ler em voz baixa, passar o dedo pelo papel etc. Basta pensar que seus olhos são muito mais rápidos que qualquer movimento ou leitura em voz alta.

"Garoto da borboleta"

Se você possui os vícios anteriores, certamente é um "garoto da borboleta" também. Isso quer dizer que é desatento e fica facilmente (fatalmente) disperso. Tudo chama sua atenção: caneta batendo na mesa, o concorrente barulhento, a pessoa estranha que está em sua frente, o tempo passando etc. Você vai querer ficar voltando ao início do texto porque não conseguiu compreender nada e, finalmente, vai perder as questões de interpretação.

22.4.2 Organização da leitura

Para que ocorra organização, é necessário compreender que todo texto possui:

- **Posto:** aquilo que é dito no texto. O conteúdo expresso.
- **Pressuposto:** aquilo que não está dito, mas que é facilmente compreendido.
- **Subentendido:** o que se pode interpretar por uma soma de dito com não-dito.

Veja um exemplo:

Alguém diz: "felizmente, meu tio parou de beber." É certo que o dito se compõe pelo conteúdo da mensagem: o homem parou de beber. O não-dito, ou pressuposto, fica a cargo da ideia de que o homem bebia e, agora, não bebe mais. Por sua vez, o subentendido pode ser abstraído como "meu tio possuía problemas com a bebida e eu assumo isso por meio da sentença que profiro". Não é difícil! É necessário, no entanto, possuir uma certa "malandragem linguística" para perceber isso de início.

22.5 Dicas para organização

As dicas de organização não são novas, mas são eficazes, vamos lá:

- **Ler mais de uma vez o texto (quando for curto, é lógico)**

A primeira leitura é para tomar contato com o assunto, a segunda, para observar como o texto está articulado.

Ao lado de cada parágrafo, escreva a principal ideia (tópico frasal) ou argumento mais forte do trecho. Isso ajuda você a ter clareza da temática e como ela está sendo desenvolvida.

Se o texto for muito longo, recomenda-se ler primeiro a questão de interpretação, para, então, buscá-la na leitura.

- **Observar as relações entre parágrafos**

Observar que há relações de exemplificação, oposição e causalidade entre os parágrafos do texto, por isso, tente compreender as relações intratextuais nos parágrafos.

Ficar de olho aberto para as conjunções adversativas: *no entanto*, *contudo*, *entretanto* etc.

- **Atentar para o comando da questão**

Responda àquilo que foi pedido.

  - **Dica:** entenda que modificar e prejudicar o sentido não são a mesma coisa.

- **Palavras de alerta (polarizadoras)**

Sublinhar palavras como: *erro*, *incorreto*, *correto* e *exceto*, para não se confundir no momento de responder à questão.

Inaceitável, *incompatível* e *incongruente* também podem aparecer.

- **Limitar os horizontes**

Não imaginar que você sabe o que o autor quis dizer, mas sim entender o que ele disse: o que ele escreveu. Não extrapolar a significação do texto. Para isso, é importante prestar atenção ao significado das palavras.

Pode até ser coerente o que você concluiu, mas se não há base textual, descarte.

O homem **pode** morrer de infarto. / O homem **deve** morrer de infarto.

- **Busque o tema central do texto**

Geralmente aparece no primeiro parágrafo do texto.

- **Desenvolvimento**

Se o enunciado mencionar a argumentação do texto, você deve buscar entender o que ocorre com o desenvolvimento dos parágrafos.

Verificar se o desenvolvimento ocorre por:

  - Causa e consequência.
  - Enumeração de fatos.
  - Retrospectiva histórica.
  - Fala de especialista.
  - Resposta a um questionamento.
  - Sequência de dados.
  - Estudo de caso.
  - Exemplificação.

- **Relatores**

Atentar para os pronomes relativos e demonstrativos no texto. Eles auxiliam o leitor a entender como se estabelece a coesão textual.

Alguns deles: *que, cujo, o qual, onde, esse, este, isso, isto* etc.

- **Entender se a questão é de interpretação ou de compreensão**
  - Interpretação

Parte do texto para uma conclusão. As questões que solicitam uma inferência costumam apresentar as seguintes estruturas:

"É possível entender que..."
"O texto possibilita o entendimento de que..."
"O texto encaminha o leitor para..."
"O texto possibilita deduzir que..."
"Depreende-se do texto que..."
"Com apoio no texto, infere-se que..."
"Entende-se que..."
"Compreende-se que..."
"Compreensão"

Buscam-se as informações solicitadas pela questão no texto. As questões dessa natureza possuem as seguintes estruturas:

"De acordo com o texto, é possível afirmar..."
"Segundo o texto..."
"Conforme o autor..."
"No texto..."
"Conforme o texto..."

- **Tome cuidado com as generalizações**

Na maior parte das vezes, o elaborador da prova utiliza a generalização para tornar a questão incorreta.

Atenção para as palavras: *sempre, nunca, exclusivamente, unicamente, somente.*

O que você não deve fazer!
"Viajar" no texto: interpretar algo para além do que o texto permite.
Interpretar apenas um trecho do texto.
Entender o contrário: fique atento a palavras como "pode", "não", "deve" etc.

22.5.1 Astúcia da banca

Talvez seja essa a característica mais difícil de se desenvolver no concursando, pois ela envolve o conhecimento do tipo de interpretação e dos limites estabelecidos pelas bancas. Só há uma maneira de ficar esperto estudando para concurso público: realizando provas! Pode parecer estranho, mas depois de resolver 200 questões da mesma banca, você já consegue prever como será a próxima questão. Prever é garantir o acerto! Então, faça exercícios até cansar e, quando cansar, faça mais um pouco.

Vamos trabalhar com alguns exemplos agora:

- **Exemplo I**

Entre os maiores obstáculos ao pleno desenvolvimento do Brasil, está a educação. Este é o próximo grande desafio que deve ser enfrentado com paciência, mas sem rodeios. É a bola da vez dentro das políticas públicas prioritárias do Estado. Nos anos 1990 do século passado, o país derrotou a inflação – que corroía salários, causava instabilidade política e irracionalidade econômica. Na primeira década deste século, os avanços deram-se em direção a uma agenda social, voltada para a redução da pobreza e da desigualdade estrutural. Nos próximos anos, a questão da melhoria da qualidade do ensino deve ser uma obrigação dos governantes, sejam quais forem os ungidos pelas decisões das urnas.

Jornal do Brasil, Editorial, 21/1/2010 (com adaptações).

Agora o mesmo texto, devidamente marcado.

Entre ***os maiores obstáculos*** *ao pleno desenvolvimento do Brasil, está a educação. Este é o* ***próximo grande desafio*** *que deve ser enfrentado com paciência, mas sem rodeios.* ***É a bola da vez*** *dentro das políticas públicas prioritárias do Estado.* ***Nos anos 90 do século passado,*** *o país derrotou a inflação – que corroía salários, causava instabilidade política e irracionalidade econômica.* ***Na primeira década deste século,*** *os avanços deram-se em direção a uma agenda social, voltada para a redução da pobreza e da desigualdade estrutural.* ***Nos próximos anos,*** *a questão da melhoria da qualidade do ensino deve ser uma* ***OBRIGAÇÃO DOS GOVERNANTES,*** *sejam quais forem os ungidos pelas decisões das urnas.*

Observe que destacamos para você elementos que podem surgir, posteriormente como questões. O texto inicia falando que há mais obstáculos além da educação. Também argumenta, posteriormente, que já houve outros desafios além desse que ele chama de "próximo grande desafio". Utilizando uma expressão de sentido **conotativo** (bola da vez), o escritor anuncia que a educação ocupa posição de destaque quando o assunto se volta para as políticas públicas prioritárias do Estado.

No decorrer do texto, que se desenvolve por um tipo de retrospectiva histórica (veja o que está destacado), o redator traça um panorama dessas políticas públicas ao longo da história do país, fazendo uma previsão para os anos vindouros (o que foi destacado em caixa alta).

- **Exemplo II**

Um passo fundamental para que não nos enganemos quanto à ***natureza do capitalismo contemporâneo*** *e o significado das políticas empreendidas pelos países centrais para enfrentar a recente* ***crise econômica*** *é problematizarmos, com cuidado, o termo* ***neoliberalismo****: "começar pelas palavras talvez não seja coisa vã", escreve Alfredo Bosi em Dialética da Colonização.*

A partir da década de 1980*, buscando exprimir a natureza do capitalismo contemporâneo, muitos, principalmente os críticos, utilizaram esta palavra que, por fim, se generalizou. Mas o que, de fato, significa? O prefixo neo quer dizer novo; portanto, novo liberalismo. Ora, durante o século* ***XIX deu-se a construção de um liberalismo*** *que viria encontrar a sua crise definitiva na I Guerra Mundial em 1914 e na crise de 1929. Mas desde o período entre guerras e, sobretudo, depois, com o término da II Guerra Mundial, em 1945, tomou corpo um novo modelo, principalmente na Europa, que de certa forma se contrapunha ao velho liberalismo: era* ***o mundo da socialdemocracia****, da presença do Estado na vida econômica, das ações políticas inspiradas na reflexão teórica do economista britânico John Keynes, um crítico do liberalismo econômico clássico que viveu na primeira metade do século XX. Quando esse modelo também entrou em crise, no princípio da década de 1970, surgiu a perspectiva de* ***reconstrução da ordem liberal****. Por isso, novo liberalismo, neoliberalismo.*

Grupo de São Paulo, disponível em: http://www.correiocidadania.com.br/content/view/5158/9/. Acesso em: 28/10/2010. (Adaptado)

- **Exemplo III**

Em Defesa do Voto Obrigatório

O voto, direito duramente conquistado, ***deve ser considerado um dever*** *cívico, sem o exercício do qual o* ***direito se descaracteriza ou se perde****, afinal liberdade e democracia são fins e não apenas meios. Quem vive em uma comunidade política não pode estar* ***desobrigado*** *de opinar sobre os rumos dela. Nada contra a desobediência civil, recurso legítimo para o protesto cidadão, que, no caso eleitoral, se pode expressar no voto nulo (cuja tecla deveria constar na máquina utilizada para votação). Com o* ***voto facultativo****, o direito de votar e o de não votar ficam inscritos, em pé de igualdade, no corpo legal. Uma parte do eleitorado deixará voluntariamente de opinar sobre a constituição do poder político. O desinteresse pela política e a descrença no voto são registrados como mera "escolha", sequer como desobediência* *civil ou protesto.* ***A consagração da alienação política*** *como um direito legal interessa aos conservadores, reduz o peso da soberania popular e desconstitui o sufrágio como universal.*

Para o ***cidadão ativo,*** *que, além de votar, se organiza para garantir os direitos civis, políticos e sociais, o enfoque é inteiramente outro. O tempo e o* ***trabalho dedicados ao acompanhamento continuado da política não se apresentam como restritivos da liberdade individual.*** *Pelo contrário, são obrigações auto assumidas no esforço de construção e aprofundamento da democracia e de vigília na defesa das liberdades individuais e públicas. A ideia de que a democracia se constrói nas lutas do dia a dia se contrapõe, na essência, ao modelo liberal. O cidadão escolado na disputa política sabe que a liberdade de não ir votar é uma armadilha. Para que o sufrágio continue universal, para que todo poder emane do povo e não, dos donos do poder econômico, o voto, além de ser um direito,* ***deve conservar a sua condição de dever cívico.***

23. INTERPRETAÇÃO DE TEXTO POÉTICO

Cada vez mais comum em provas de concursos públicos, o texto poético possui suas particularidades. Nem todas as pessoas possuem a capacidade de ler um texto poético, quanto mais interpretá-lo. Justamente por esse fato, ele tem sido o predileto dos examinadores que querem dificultar a vida dos candidatos.

Antes de passar à interpretação propriamente dita, é preciso identificar a nomenclatura das partes de um poema. Cada "linha" do poema é chamada de "**verso**", o conjunto de versos é chamado de "**estrofe**". A primeira sugestão para quem pretende interpretar um poema é segmentar a interpretação por estrofe e anotar o sentido trazido ao lado e cada trecho.

Geralmente, as bancas pecam ao diferenciar **autor** de **eu-lírico**. O primeiro é realmente a pessoa por detrás da caneta, ou seja, é quem efetivamente escreve o texto; o segundo é a "voz" do poema, a "pessoa" fictícia, abstrata que figura como quem traz o poema para o leitor.

Outra dificuldade muito comum é a leitura do texto. Como o texto está em uma disposição que não é mais tão usual, as pessoas têm dificuldade para realizar a leitura. Eis uma dica fundamental: só interrompa a leitura quando chegar a um ponto ou a uma vírgula, porque é dessa maneira que se lê um texto poético. Além disso, é preciso que, mesmo mentalmente, o indivíduo tente dar ênfase na leitura, pois isso pode ajudar na interpretação.

Comumente, o vocabulário do texto poético não é acessível e, em razão disso, costuma haver notas explicativas com o significado das palavras, jamais ignore essa informação! Pode ser a salvação para a interpretação do texto lido.

Veja um exemplo:

Nel mezzo del camin

Cheguei. Chegaste. Vinhas fatigada
E triste, e triste e fatigado eu vinha.
Tinhas a alma de sonhos povoada,
E a alma de sonhos povoada eu tinha...

E paramos de súbito na estrada
Da vida: longos anos, presa à minha
A tua mão, a vista deslumbrada
Tive da luz que teu olhar continha.

Hoje, segues de novo... Na partida
Nem o pranto os teus olhos umedece,
Nem te comove a dor da despedida.
E eu, solitário, volto a face, e tremo,
Vendo o teu vulto que desaparece
Na extrema curva do caminho extremo.

(Olavo Bilac)

Existe outro fator extremamente importante na hora de tentar entender o conteúdo de um texto poético: o **título**! Nem todo poema possui um título, é claro, mas os que possuem ajudam, e muito, na compreensão do "assunto" do poema.

É claro que ter conhecimento do autor e do estilo de escrita por ele adotado é a ferramenta mais importante para que o candidato compreenda com profundidade o que está sendo veiculado pelo texto, porém, como grande parte das bancas ainda não chegou a esse nível de aprofundamento interpretativo, apenas o reconhecimento da superfície do texto já é suficiente para responder às questões.

Vejamos alguns textos para explanar melhor:

Bem no fundo

No fundo, no fundo,
Bem lá no fundo,
A gente gostaria
De ver nossos problemas
Resolvidos por decreto

A partir desta data,
Aquela mágoa sem remédio
É considerada nula
E sobre ela – silêncio perpétuo

Extinto por lei todo o remorso,
Maldito seja quem olhar pra trás,
Lá pra trás não há nada,
E nada mais

Mas problemas não se resolvem,
Problemas têm família grande,
E aos domingos saem todos passear
O problema, sua senhora
E outros pequenos probleminhas

(Paulo Leminski)

Interpretação: por mais que trabalhemos para resolvermos nossos problemas, a única certeza é a de que eles continuarão existindo, pois é isso o que nos move.

23.1 Tradução de sentido

As questões de tradução de sentido costumam ser o "calcanhar de Aquiles" dos candidatos. A maneira mais eficaz de resolvê-las é buscar relações de sinonímia em ambos os lados da sentença. Com isso, fica mais fácil acertar a questão.

Consideremos a relação de sinonímia presente entre "alegria" e "felicidade". Esses dois substantivos não significam, rigorosamente, a mesma coisa, mas são considerados sinônimos contextuais, se considerarmos um texto. Disso, entende-se que o sinônimo é identificado contextualmente e não depende, necessariamente, do conhecimento do sentido de todas as palavras.

Seria bom se fosse sempre dessa maneira. Ocorre que algumas bancas tentam selecionar de maneira não rigorosa os candidatos, cobrando deles o chamado "conhecimento que não é básico". O melhor exemplo é pedir o significado da palavra "adrede", o qual pouquíssimas pessoas conhecem.

23.2 Organização de texto

Em algumas bancas, é comum haver questões que apresentam um texto desordenado, para que o candidato o reordene, garantido a **coesão** e a **coerência**. Além disso, não é raro haver trecho de texto com lacunas para preencher com alguns parágrafos. Para que isso ocorra, é mister saber o que significa coesão e coerência. Vamos a algumas definições simples.

23.2.1 Coesão

Coesão é o conjunto de procedimentos e mecanismos que estabelecem conexão dentro do texto, o que busca garantir a progressão daquilo que se escreve nas sentenças. Pronomes, perífrases e sinônimos estão entre os mecanismos de coesão que podem ser empregados na sentença.

23.2.2 Coerência

Coerência diz respeito à organização de significância do texto, ou seja, o sentido daquilo que se escreve. A sequência temporal e o princípio de não contradição são os dispostos mais emergentes da coerência.

Em questões dessa natureza, busque analisar as sequências de entrada e saída dos textos. Veja se há definições e conectivos que encerram ideias, ou se há pronomes que buscam sequenciar as sentenças. Desse modo, fica mais fácil acertar a questão.

23.3 Significação das palavras

23.3.1 Compreensão, interpretação e intelecção

O candidato que é concurseiro de longa data sabe que, dentre as questões de interpretação de texto, é muito comum surgirem nomenclaturas distintas para fenômenos não tão distintos assim. Quer dizer que, se no seu edital há elementos como leitura, compreensão, intelecção ou interpretação de texto, no fundo, o conceito é o mesmo. Ocorre que, dentro desse processo de interpretação, há elementos importantes para a resolução dos certames.

O que se diz e o que se pode ter dito

Sempre que há um momento de enunciação, o material linguístico serve de base para que os interlocutores negociem o sentido daquilo que está na comunicação. Isso ocorre por meio de vários processos. É possível destacar alguns mais relevantes:

- **Dito:** consiste na superfície do enunciado. O próprio material linguístico que se enuncia.
- **Não-dito:** consiste naquilo que se identifica imediatamente, quando se trabalha com o que está posto (o dito).
- **Subentendido:** consiste nos sentidos ativados por um processo inferencial de análise e síntese do material linguístico somado ao não-dito.

Vejamos isso em uma sentença para compreendermos a teoria.

- "A eleição de Barack Obama não é um evento apenas americano."

  Dito: é o próprio conteúdo da sentença – o fato de a eleição em questão não ser um evento apenas americano.

  Não-dito: alguém poderia pensar que a eleição teria importância apenas para os americanos.

  Subentendido: pode-se concluir que a eleição em questão terá grandes repercussões, a um nível global.

23.4 Inferência

Para a finalidade dos concursos públicos, vamos considerar que a inferência é o resultado do processamento na leitura, ou seja, é aquilo que se pode "concluir" ou "depreender" da leitura de um texto.

No momento de responder a uma questão dessa natureza, recomenda-se prudência. Existe um conceito que parece fundamental para facilitar a resolução dessas questões. Ele se chama **ancoragem lexical.** Basicamente, entende-se como ancoragem lexical a inserção de algum elemento que dispara pressuposições e fomenta inferências, ou seja, se alguma questão pedir se é possível inferir algo, o candidato só poderá responder afirmativamente, se houver uma palavra ou uma expressão (âncora lexical) que permita associar diretamente esses elementos.

Semântica (sentido)

Evidentemente, o conteúdo relativo à significação das palavras deve muito a uma boa leitura do dicionário. Na verdade, o vocabulário faz parte do histórico de leitura de qualquer pessoa: quanto mais você lê, maior é o número de palavras que você vai possuir em seu vocabulário. Como é impossível receitar a leitura de um dicionário, podemos arrolar uma lista com palavras que possuem peculiaridades na hora de seu emprego. Falo especificamente de **sinônimos, antônimos, homônimos e parônimos**. Mãos à obra!

▹ **Sinônimos:**

- Sentido aproximado: não existem sinônimos perfeitos:

  Feliz – alegre – contente.

  Palavra – vocábulo.

  Professor – docente.

  O professor Mário chegou à escola. O **docente** leciona matemática.

▹ **Antônimos:**

- Oposição de sentido:

  Bem – mal.

  Bom – mau.

  Igual – diferente.

▹ **Homônimos:** são palavras com escrita ou pronúncia iguais (semelhantes), porém com significado (sentido) diferente.

  Adoro comer **manga** com sal.

  Derrubei vinho na **manga** da camisa.

Há três tipos de homônimos: homógrafos, homófonos e homônimos perfeitos.

- **Homógrafos** – palavras que possuem a mesma grafia, mas o som é diferente.

  O meu **olho** está doendo.

  Quando eu **olho** para você, dói.

- **Homófonos** – apresentam grafia diferente, mas o som é semelhante.

  A **cela** do presídio foi incendiada.

  A **sela** do cavalo é novinha.

- **Homônimos perfeitos** – possuem a mesma grafia e o mesmo som.

  O **banco** foi assaltado.

  O **banco** da praça foi restaurado ontem.

  Ele não **para** de estudar.

  Ele olhou **para** a prova.

- **Parônimos:** são palavras que possuem escrita e pronúncia semelhantes, mas com significado distinto.

  O professor fez a **descrição** do conteúdo.

  Haja com muita **discrição**, Marivaldo.

Aqui vai uma lista para você se precaver quanto aos sentidos desses termos:

- **Ascender** (subir) e **acender** (pôr fogo, alumiar).

  Quando Nero **ascendeu** em Roma, ele **acendeu** Roma.

- **Acento** (sinal gráfico) e **assento** (lugar de sentar-se).

  O **acento** grave indica crase.

  O **assento** 43 está danificado.

- **Acerca de** (a respeito de) e **cerca de** (aproximadamente).

  Há cerca de (faz aproximadamente).

  Falamos **acerca de** Português ontem.

  José mora **cerca de** mim.

  Há cerca de 10 anos, leciono Português.

- **Afim** (semelhante a) e **a fim de** (com a finalidade de).

  Nós possuímos ideias **afins**.

  Nós estamos estudando **a fim** de passar.

- **Aprender** (instruir-se) e **apreender** (assimilar).

  Quando você **apreender** o conteúdo, saberá que **aprendeu** o conteúdo.

- Área (superfície) e **ária** (melodia, cantiga).

  O tenor executou a ária.

  A polícia cercou a área.

- **Arrear** (pôr arreios) e **arriar** (abaixar, descer).

  Precisamos **arrear** o cavalo.

  Joaquim **arriou** as calças.

- **Caçar** (apanhar animais) e **cassar** (anular).

  O veado foi **caçado**.

  O deputado teve sua candidatura **cassada**.

- **Censo** (recenseamento) e **senso** (raciocínio).

  Finalizou-se o **censo** no Brasil.

  Argumentou com bom-**senso**.

- **Cerração** (nevoeiro) **serração** (ato de serrar).

  Nos dias de chuva, pode haver **cerração**.

  Rolou a maior **serração** na madeireira ontem.

- **Cerrar** (fechar) e **serrar** (cortar).

  Cerrou os olhos para a verdade.

  Marina **serrou**, acidentalmente, o nariz na serra.

- **Cessão** (ato de ceder), **seção** (divisão), **secção** (corte) e **sessão** (reunião).

  O órgão pediu a **cessão** do espaço.

  Compareça à **seção** de materiais.

  Fez-se uma **secção** no azulejo.

  Assisti à **sessão** de cinema ontem. Passava "A Lagoa Azul".

- **Concerto** (sessão musical) e **conserto** (reparo).

  Vamos ao **concerto** hoje.

  Fizeram o **conserto** do carro.

- **Mal** (antônimo de bem) e **mau** (antônimo de bom).

  O homem **mau** vai para o inferno.

  O **mal** nunca prevalece sobre o bem.

- **Ratificar** (confirmar) e **retificar** (corrigir).

  O documento **ratificou a decisão**.

  O documento **retificou** a decisão.

- **Tacha** (pequeno prego, mancha) e **taxa** (imposto, percentagem).

  Comprei uma **tacha**.

  Paguei outra **taxa**.

  Bucho (estômago) **e buxo** (arbusto)

- **Calda** (xarope) e **cauda** (rabo)
- **Cela** (pequeno quarto) **e sela** (arreio)
- **Chá** (bebida) e **xá** (título do soberano da Pérsia, atual Irã, antes da revolução islâmica)
- **Cheque** (ordem de pagamento) **e xeque** (lance do jogo de xadrez)
- **Comprimento** (extensão) e **cumprimento** (saudação)
- **Conjetura** (hipótese) **e conjuntura** (situação)
- **Coser** (costurar) e **cozer** (cozinhar)
- **Deferir** (costurar) **e diferir** (distinguir-se)
- **Degredado** (desterrado, exilado) e **degradado** (rebaixado, estragado)
- **Descrição** (ato de descrever) **e discrição** (reserva, qualidade de discreto)
- **Descriminar** (inocentar) e **discriminar** (distinguir)

- **Despensa** (lugar de guardar mantimentos) **e dispensa** (isenção, licença)
- **Despercebido** (não notado) e **desapercebido** (desprovido, despreparado)
- **Emergir** (vir à tona) **e imergir** (mergulhar)
- **Eminente** (notável, célebre) e **iminente** (prestes a acontecer)
- **Esbaforido** (ofegante, cansado) **e espavorido** (apavorado)
- **Esperto** (inteligente) e **experto** (perito)
- **Espiar** (observar) **e expiar** (sofrer castigo)
- **Estada** (ato de estar, permanecer) e **estadia** (permanência, estada por tempo limitado)
- **Estático** (imóvel) **e extático** (pasmo)
- **Estrato** (tipo de nuvem) e **extrato** (resumo)
- **Flagrante** (evidente) **e fragrante** (perfumado)
- **Fluir** (correr) e **fruir** (gozar, desfrutar)
- **Incidente** (episódio) **e acidente** (acontecimento grave)
- **Incipiente** (principiante) e **insipiente** (ignorante)
- **Inflação** (desvalorização do dinheiro) **e infração** (violação, transgressão)
- **Infligir** (aplicar castigo) e **infringir** (transgredir)
- **Intercessão** (ato de interceder) **e interseção ou intersecção** (ato de cortar)
- **Laço** (nó) e **lasso** (frouxo)
- **Mandado** (ordem judicial) **e mandato** (período político)
- **Ótico** (relativo ao ouvido) e **óptico** (relativo à visão)
- **Paço** (palácio) **e passo** (passada)
- **Peão** (empregado/peça de xadrez) e **pião** (brinquedo)
- **Pequenez** (pequeno) **e pequinês** (ração de cão, de Pequim)
- **Pleito** (disputa) e **preito** (homenagem)
- **Proeminente** (saliente) **e preeminente** (nobre, distinto)
- **Prescrição** (ordem expressa) e **proscrição** (eliminação, expulsão)
- **Prostrar-se** (humilhar-se) **e postar-se** (permanecer por muito tempo)
- **Ruço** (grisalho, desbotado) e **russo** (da Rússia)
- **Sexta** (numeral cardinal)**, cesta** (utensílio) **e sesta** (descanso depois do almoço)
- **Sortido** (abastecido) e **surtido** (produzido, causado)
- **Sortir** (abastecer) **e surtir** (efeito ou resultado)
- **Sustar** (suspender) e **suster** (sustentar)
- **Tilintar** (soar) e **tiritar** (tremer)
- **Tráfego** (trânsito) **e tráfico** (comércio ilícito)
- **Vadear** (passa a pé ou a cavalo, atravessar o rio) e **vadiar** (vagabundear)
- **Viagem** (substantivo) **e viajem** (verbo)
- **Vultoso** (volumoso, grande vulto) e **vultuoso** (inchado)

24. TIPOS DE DISCURSO

Discurso está relacionado à construção de textos, tanto orais quanto escritos, portanto, ele é considerado uma prática social.

Em um texto, podem ser encontrados três tipos de discurso: o discurso **direto**, o **indireto** e o **indireto livre**.

24.1 Discurso direto

São as falas das personagens. Esse discurso pode aparecer em forma de diálogos e citações, e vem marcado com alguma pontuação (travessão, dois pontos, aspas etc.). Ou seja, o discurso direto reproduz fielmente a fala de alguém.

- Por exemplo:

  O médico disse à paciente:

  Você precisa fazer exercícios físicos regularmente.

24.2 Discurso indireto

É a reprodução da fala de alguém, a qual é feita pelo narrador. Normalmente, esse discurso é escrito em terceira pessoa.

- Por exemplo:

  O médico disse à paciente que ela precisava fazer exercícios regulamente.

24.3 Discurso indireto livre

É a ocorrência do discurso direto e indireto ao mesmo tempo. Ou seja, o narrador conta a história, mas as personagens também têm voz própria.

No exemplo a seguir, há um discurso direto: "que raiva", que mostra a fala da personagem.

> "Retirou as asas e estraçalhou-a. Só tinham beleza. Entretanto, qualquer urubu... que raiva..." (Ana Maria Machado)

No trecho a seguir, há uma fala da personagem, mesclada com a narração: "Para que estar catando defeitos no próximo?".

> "D. Aurora sacudiu a cabeça e afastou o juízo temerário. Para que estar catando defeitos no próximo? Eram todos irmãos. Irmãos." (Graciliano Ramos)

Exemplo de uma transposição de discurso direto para indireto:

Ana perguntou:

– Qual a resposta correta?

Ana perguntou qual era a resposta correta.

Ressalta-se que nas questões de reescrita que tratam da transposição de discursos, é mais frequente a substituição do direto pelo indireto.

25. REDAÇÃO DE CORRESPONDÊNCIAS OFICIAIS

25.1 Aspectos Gerais da Redação Oficial

25.1.1 Panorama da comunicação oficial

A finalidade da língua é comunicar, quer pela fala, quer pela escrita. Para que haja comunicação, são necessários:

a) alguém que comunique;

b) algo a ser comunicado;

c) alguém que receba essa comunicação.

No caso da redação oficial, quem comunica é sempre o serviço público (este/esta ou aquele/aquela Ministério, Secretaria, Departamento, Divisão, Serviço, Seção); o que se comunica é sempre algum assunto relativo às atribuições do órgão que comunica; e o destinatário dessa comunicação é o público, uma instituição privada ou outro órgão ou entidade pública, do Poder Executivo ou dos outros Poderes. Além disso, deve-se considerar a intenção do emissor e a finalidade do documento, para que o texto esteja adequado à situação comunicativa.

A necessidade de empregar determinado nível de linguagem nos atos e nos expedientes oficiais decorre, de um lado, do próprio caráter público desses atos e comunicações; de outro, de sua finalidade. Os atos oficiais, aqui entendidos como atos de caráter normativo, ou estabelecem regras para a conduta dos cidadãos, ou regulam o funcionamento dos órgãos e entidades públicos, o que só é alcançado se, em sua elaboração, for empregada a linguagem adequada. O mesmo se dá com os expedientes oficiais, cuja finalidade precípua é a de informar com clareza e objetividade.

25.1.2 O que é redação oficial

Em uma frase, pode-se dizer que redação oficial é a maneira pela qual o Poder Público redige comunicações oficiais e atos normativos. Neste Manual, interessa-nos tratá-la do ponto de vista da administração pública federal.

A redação oficial não é necessariamente árida e contrária à evolução da língua. É que sua finalidade básica – comunicar com objetividade e máxima clareza – impõe certos parâmetros ao uso que se faz da língua, de maneira diversa daquele da literatura, do texto jornalístico, da correspondência particular etc.

Apresentadas essas características fundamentais da redação oficial, passemos à análise pormenorizada de cada um de seus atributos.

25.1.3 Atributos da redação oficial

▷ A redação oficial deve caracterizar-se por:

- clareza e precisão;
- objetividade;
- concisão;
- coesão e coerência;
- impessoalidade;
- formalidade e padronização; e
- uso da norma padrão.

Fundamentalmente, esses atributos decorrem da Constituição, que dispõe, no art. 37: "A administração pública direta, indireta, de qualquer dos Poderes da União, dos Estados, do Distrito Federal e dos Municípios obedecerá aos princípios de legalidade, impessoalidade, moralidade, publicidade e eficiência (...)". Sendo a publicidade, a impessoalidade e a eficiência princípios fundamentais de toda a administração pública, devem igualmente nortear a elaboração dos atos e das comunicações oficiais.

Clareza e precisão

Clareza

A clareza deve ser a qualidade básica de todo texto oficial. Pode-se definir como claro aquele texto que possibilita imediata compreensão pelo leitor. Não se concebe que um documento oficial ou um ato normativo de qualquer natureza seja redigido de forma obscura, que dificulte ou impossibilite sua compreensão. A transparência é requisito do próprio Estado de Direito: é inaceitável que um texto oficial ou um ato normativo não seja entendido pelos cidadãos. O princípio constitucional da publicidade não se esgota na mera publicação do texto, estendendo-se, ainda, à necessidade de que o texto seja claro.

▷ Para a obtenção de clareza, sugere-se:

- utilizar palavras e expressões simples, em seu sentido comum, salvo quando o texto versar sobre assunto técnico, hipótese em que se utilizará nomenclatura própria da área;
- usar frases curtas, bem estruturadas; apresentar as orações na ordem direta e evitar intercalações excessivas. Em certas ocasiões, para evitar ambiguidade, sugere-se a adoção da ordem inversa da oração;
- buscar a uniformidade do tempo verbal em todo o texto;
- não utilizar regionalismos e neologismos;
- pontuar adequadamente o texto;
- explicitar o significado da sigla na primeira referência a ela; e
- utilizar palavras e expressões em outro idioma apenas quando indispensáveis, em razão de serem designações ou expressões de uso já consagrado ou de não terem exata tradução. Nesse caso, grafe-as em itálico, conforme orientações do subitem 10.2 deste Manual.

Precisão

▷ O atributo da precisão complementa a clareza e caracteriza-se por:

- articulação da linguagem comum ou técnica para a perfeita compreensão da ideia veiculada no texto;
- manifestação do pensamento ou da ideia com as mesmas palavras, evitando o emprego de sinonímia com propósito meramente estilístico; e
- escolha de expressão ou palavra que não confira duplo sentido ao texto.

É indispensável, também, a releitura de todo o texto redigido. A ocorrência, em textos oficiais, de trechos obscuros provém principalmente da falta da releitura, o que tornaria possível sua correção. Na revisão de um expediente, deve-se avaliar se ele será de fácil compreensão por seu destinatário. O que nos parece óbvio pode ser desconhecido por terceiros. O domínio que adquirimos sobre certos assuntos, em decorrência de nossa experiência profissional, muitas vezes, faz com que os tomemos como de conhecimento geral, o que nem sempre é verdade. Explicite, desenvolva, esclareça, precise os termos técnicos, o significado das siglas e das abreviações e os conceitos específicos que não possam ser dispensados.

A revisão atenta exige tempo. A pressa com que são elaboradas certas comunicações quase sempre compromete sua clareza. "Não há assuntos urgentes, há assuntos atrasados", diz a máxima. Evite-se, pois, o atraso, com sua indesejável repercussão no texto redigido.

A clareza e a precisão não são atributos que se atinjam por si sós: elas dependem estritamente das demais características da redação oficial, apresentadas a seguir.

Objetividade

Ser objetivo é ir diretamente ao assunto que se deseja abordar, sem voltas e sem redundâncias. Para conseguir isso, é fundamental que o redator saiba de antemão qual é a ideia principal e quais são as secundárias.

Procure perceber certa hierarquia de ideias que existe em todo texto de alguma complexidade: as fundamentais e as secundárias. Essas últimas podem esclarecer o sentido daquelas, detalhá-las, exemplificá-las; mas existem também ideias secundárias que não acrescentam informação alguma ao texto, nem têm maior relação com as fundamentais, podendo, por isso, ser dispensadas, o que também proporcionará mais objetividade ao texto.

A objetividade conduz o leitor ao contato mais direto com o assunto e com as informações, sem subterfúgios, sem excessos de palavras e de ideias. É errado supor que a objetividade suprime a delicadeza de expressão ou torna o texto rude e grosseiro.

Concisão

A concisão é antes uma qualidade do que uma característica do texto oficial. Conciso é o texto que consegue transmitir o máximo de informações com o mínimo de palavras. Não se deve de forma alguma entendê-la como economia de pensamento, isto é, não se deve eliminar passagens substanciais do texto com o único objetivo de reduzi-lo em tamanho. Trata-se, exclusivamente, de excluir palavras inúteis, redundâncias e passagens que nada acrescentem ao que já foi dito.

Detalhes irrelevantes são dispensáveis: o texto deve evitar caracterizações e comentários supérfluos, adjetivos e advérbios inúteis, subordinação excessiva. A seguir, um exemplo1 de período mal construído, prolixo:

Exemplo:

Apurado, com impressionante agilidade e precisão, naquela tarde de 2009, o resultado da consulta à população acriana, verificou-se que a esmagadora e ampla maioria da população daquele distante estado manifestou-se pela efusiva e indubitável rejeição da alteração realizada pela Lei nº 11.662/2008. Não satisfeita, inconformada e indignada, com a nova hora legal vinculada ao terceiro fuso, a maioria da população do Acre demonstrou que a ela seria melhor regressar ao quarto fuso, estando cinco horas a menos que em Greenwich.

Nesse texto, há vários detalhamentos desnecessários, abusou-se no emprego de adjetivos (impressionante, esmagadora, ampla, inconformada, indignada), o que lhe confere carga afetiva injustificável, sobretudo em texto oficial, que deve primar pela impessoalidade. Eliminados os excessos, o período ganha concisão, harmonia e unidade:

Exemplo:

Apurado o resultado da consulta à população acreana, verificou-se que a maioria da população manifestou-se pela rejeição da alteração realizada pela Lei no 11.662/2008. Não satisfeita com a nova hora legal vinculada ao terceiro fuso, a maioria da população do Acre demonstrou que a ela seria melhor regressar ao quarto fuso, estando cinco horas menos que em Greenwich.

Coesão e coerência

É indispensável que o texto tenha coesão e coerência. Tais atributos favorecem a conexão, a ligação, a harmonia entre os elementos de um texto. Percebe-se que o texto tem coesão e coerência quando se lê um texto e se verifica que as palavras, as frases e os parágrafos estão entrelaçados, dando continuidade uns aos outros.

Alguns mecanismos que estabelecem a coesão e a coerência de um texto são: referência, substituição, elipse e uso de conjunção.

A referência diz respeito aos termos que se relacionam a outros necessários à sua interpretação. Esse mecanismo pode dar-se por retomada de um termo, relação com o que é precedente no texto, ou por antecipação de um termo cuja interpretação dependa do que se segue.

Exemplos:

O Deputado evitou a instalação da CPI da corrupção. Ele aguardou a decisão do Plenário. O TCU apontou estas irregularidades: falta de assinatura e de identificação no documento.

A substituição é a colocação de um item lexical no lugar de outro(s) ou no lugar de uma oração.

Exemplos:

O Presidente assinou o acordo. O Chefe do Poder Executivo federal propôs reduzir as alíquotas.

O memorando está pronto. O documento trata da exoneração do servidor.

Os governadores decidiram acatar a decisão. Em seguida, os prefeitos fizeram o mesmo.

A elipse consiste na omissão de um termo recuperável pelo contexto.

Exemplo:

O decreto regulamenta os casos gerais; a portaria, os particulares. (Na segunda oração, houve a omissão do verbo "regulamenta").

Outra estratégia para proporcionar coesão e coerência ao texto é utilizar conjunção para estabelecer ligação entre orações, períodos ou parágrafos.

Exemplo:

O Embaixador compareceu à reunião, pois identificou o interesse de seu Governo pelo assunto.

Impessoalidade

A impessoalidade decorre de princípio constitucional (Constituição, art. 37), e seu significado remete a dois aspectos: o primeiro é a obrigatoriedade de que a administração pública proceda de modo a não privilegiar ou prejudicar ninguém, de que o seu norte seja, sempre, o interesse público; o segundo, a abstração da pessoalidade dos atos administrativos, pois, apesar de a ação administrativa ser exercida por intermédio de seus servidores, é resultado tão-somente da vontade estatal.

A redação oficial é elaborada sempre em nome do serviço público e sempre em atendimento ao interesse geral dos cidadãos. Sendo assim, os assuntos objetos dos expedientes oficiais não devem ser tratados de outra forma que não a estritamente impessoal.

Percebe-se, assim, que o tratamento impessoal que deve ser dado aos assuntos que constam das comunicações oficiais decorre:

- da ausência de impressões individuais de quem comunica: embora se trate, por exemplo, de um expediente assinado por Chefe de determinada Seção, a comunicação é sempre feita em nome do serviço público. Obtém-se, assim, uma desejável padronização, que permite que as comunicações elaboradas em diferentes setores da administração pública guardem entre si certa uniformidade;
- da impessoalidade de quem recebe a comunicação: ela pode ser dirigida a um cidadão, sempre concebido como público, ou a uma instituição privada, a outro órgão ou a outra entidade pública. Em todos os casos, temos um destinatário concebido de forma homogênea e impessoal; e
- do caráter impessoal do próprio assunto tratado: se o universo temático das comunicações oficiais se restringe a questões que dizem respeito ao interesse público, é natural não caber qualquer tom particular ou pessoal.

Não há lugar na redação oficial para impressões pessoais, como as que, por exemplo, constam de uma carta a um amigo, ou de um artigo assinado de jornal, ou mesmo de um texto literário. A redação oficial deve ser isenta da interferência da individualidade de quem a elabora. A concisão, a clareza, a objetividade e a formalidade de que nos valemos para elaborar os expedientes oficiais contribuem, ainda, para que seja alcançada a necessária impessoalidade.

Formalidade e padronização

As comunicações administrativas devem ser sempre formais, isto é, obedecer a certas regras de forma (BRASIL, 2015a). Isso é válido tanto para as comunicações feitas em meio eletrônico (por exemplo, o e-mail , o documento gerado no SEI!, o documento em html etc), quanto para os eventuais documentos impressos.

É imperativa, ainda, certa formalidade de tratamento. Não se trata somente do correto emprego deste ou daquele pronome de tratamento para uma autoridade de certo nível, mais do que isso: a formalidade diz respeito à civilidade no próprio enfoque dado ao assunto do qual cuida a comunicação.

A formalidade de tratamento vincula-se, também, à necessária uniformidade das comunicações. Ora, se a administração pública federal é una, é natural que as comunicações que expeça sigam o mesmo padrão. O estabelecimento desse padrão, uma das metas deste Manual, exige que se atente para todas as características da redação oficial e que se cuide, ainda, da apresentação dos textos.

A digitação sem erros, o uso de papéis uniformes para o texto definitivo, nas exceções em que se fizer necessária a impressão, e a correta diagramação do texto são indispensáveis para a padronização. Consulte o Capítulo II, "As comunicações oficiais", a respeito de normas específicas para cada tipo de expediente.

Em razão de seu caráter público e de sua finalidade, os atos normativos e os expedientes oficiais requerem o uso do padrão culto do idioma, que acata os preceitos da gramática formal e emprega um léxico compartilhado pelo conjunto dos usuários da língua. O uso do padrão culto é, portanto, imprescindível na redação oficial por estar acima das diferenças lexicais, morfológicas ou sintáticas, regionais; dos modismos vocabulares e das particularidades linguísticas.

▷ Recomendações:

- a língua culta é contra a pobreza de expressão e não contra a sua simplicidade;
- o uso do padrão culto não significa empregar a língua de modo rebuscado ou utilizar figuras de linguagem próprias do estilo literário;
- a consulta ao dicionário e à gramática é imperativa na redação de um bom texto.

Pode-se concluir que não existe propriamente um padrão oficial de linguagem, o que há é o uso da norma padrão nos atos e nas comunicações oficiais. É claro que haverá preferência pelo uso de determinadas expressões, ou será obedecida certa tradição no emprego das formas sintáticas, mas isso não implica, necessariamente, que se consagre a utilização de uma forma de linguagem burocrática. O jargão burocrático, como todo jargão, deve ser evitado, pois terá sempre sua compreensão limitada.

25.2 Redação das Comunicações Oficiais

25.2.1 Introdução

A redação das comunicações oficiais deve, antes de tudo, seguir os preceitos explicitados no Capítulo I, "Aspectos gerais da redação oficial". Além disso, há características específicas de cada tipo de expediente, que serão tratadas em detalhe neste capítulo. Antes de passarmos à sua análise, vejamos outros aspectos comuns a quase todas as modalidades de comunicação oficial.

25.2.2 Pronomes de tratamento

Tradicionalmente, o emprego dos pronomes de tratamento adota a segunda pessoa do plural, de maneira indireta, para referenciar atributos da pessoa à qual se dirige. Na redação oficial, é necessário atenção para o uso dos pronomes de tratamento em três momentos distintos: no endereçamento, no vocativo e no corpo do texto. No vocativo, o autor dirige-se ao destinatário no início do documento. No corpo do texto, pode-se empregar os pronomes de tratamento em sua forma abreviada ou por extenso. O endereçamento é o texto utilizado no envelope que contém a correspondência oficial.

A seguir, alguns exemplos de utilização de pronomes de tratamento no texto oficial.

Autoridade	Endereçamento	Vocativo	Tratamento no corpo do texto	Abreviatura
Presidente da República	A Sua Excelência o Senhor	Excelentíssimo Senhor Presidente da República,	Vossa Excelência	Não se usa
Presidente do Congresso Nacional	A Sua Excelência o Senhor	Excelentíssimo Senhor Presidente do Congresso Nacional,	Vossa Excelência	Não se usa
Presidente doSupremo Tribunal Federal	A Sua Excelência o Senhor	Excelentíssimo Senhor Presidente do Supremo Tribunal Federal,	Vossa Excelência	Não se usa
Vice-Presidente da República	A Sua Excelência o Senhor	Senhor Vice-Presidente da República,	Vossa Excelência	V. Exa.
Ministro deEstado	A Sua Excelência o Senhor	Senhor Ministro,	Vossa Excelência	V. Exa.
Secretário- Executivo deMinistério edemais ocupantes de cargos denatureza especial	A Sua Excelência o Senhor	Senhor Secretário- Executivo,	Vossa Excelência	V. Exa.

Autoridade	Endereçamento	Vocativo	Tratamento no corpo do texto	Abreviatura
Embaixador	A Sua Excelência o Senhor	Senhor Embaixador,	Vossa Excelência	V. Exa.
Oficial-General das Forças Armadas	A Sua Excelência o Senhor	Senhor + Posto,	Vossa Excelência	V. Exa.
Outros postos militares	Ao Senhor	Senhor + Posto,	Vossa Senhoria	V. Sa.
Senador da República	A Sua Excelência o Senhor	Senhor Senador,	Vossa Excelência	V. Exa.
Deputado Federal	A Sua Excelência o Senhor	Senhor Deputado,	Vossa Excelência	V. Exa.
Ministro do Tribunal de Contas da União	A Sua Excelência o Senhor	Senhor Ministro do Tribunal de Contas da União,	Vossa Excelência	V. Exa.
Ministro dos Tribunais Superiores	A Sua Excelência o Senhor	Senhor Ministro,	Vossa Excelência	V. Exa.

Os exemplos acima são meramente exemplificativos. A profusão de normas estabelecendo hipóteses de tratamento por meio do pronome "Vossa Excelência" para categorias específicas tornou inviável arrolar todas as hipóteses.

25.2.3 Concordância com os pronomes de tratamento

Exemplo:

Vossa Senhoria designará o assessor.

Os pronomes de tratamento apresentam certas peculiaridades quanto às concordâncias verbal, nominal e pronominal. Embora se refiram à segunda pessoa gramatical (à pessoa com quem se fala), levam a concordância para a terceira pessoa. Os pronomes Vossa Excelência ou Vossa Senhoria são utilizados para se comunicar diretamente com o receptor.

Da mesma forma, os pronomes possessivos referidos a pronomes de tratamento são sempre os da terceira pessoa.

Exemplo:

Vossa Senhoria designará seu substituto. (E não "Vossa Senhoria designará vosso substituto")

Já quanto aos adjetivos referidos a esses pronomes, o gênero gramatical deve coincidir com o sexo da pessoa a que se refere, e não com o substantivo que compõe a locução.

Exemplos:

Se o interlocutor for homem, o correto é: Vossa Excelência está atarefado.

Se o interlocutor for mulher: Vossa Excelência está atarefada.

O pronome Sua Excelência é utilizado para se fazer referência a alguma autoridade (indiretamente).

Exemplo:

A Sua Excelência o Ministro de Estado Chefe da Casa Civil (por exemplo, no endereçamento do expediente)

25.2.4 Signatário

Cargos interino e substituto

Na identificação do signatário, depois do nome do cargo, é possível utilizar os termos interino e substituto, conforme situações a seguir: interino é aquele nomeado para ocupar transitoriamente cargo público durante a vacância; substituto é aquele designado para exercer as atribuições de cargo público vago ou no caso de afastamento e impedimentos legais ou regulamentares do titular. Esses termos devem ser utilizados depois do nome do cargo, sem hífen, sem vírgula e em minúsculo.

Exemplos:

Diretor-Geral interino Secretário-Executivo substituto

Signatárias do sexo feminino

Na identificação do signatário, o cargo ocupado por pessoa do sexo feminino deve ser flexionado no gênero feminino.

Grafia de cargos compostos

Exemplos:

Ministra de Estado Secretária-Executiva interina Técnica Administrativa

Coordenadora Administrativa

▹ Escrevem-se com hífen:

- cargos formados pelo adjetivo "geral": diretor-geral, relator-geral, ouvidor-geral;
- postos e gradações da diplomacia: primeiro-secretário, segundo-secretário;
- postos da hierarquia militar: tenente-coronel, capitão-tenente;

Atenção: nomes compostos com elemento de ligação preposicionado ficam sem hífen: general de exército, general de brigada, tenente-brigadeiro do ar, capitão de mar e guerra;

- cargos que denotam hierarquia dentro de uma empresa: diretor-presidente, diretor-adjunto, editor-chefe, editor-assistente, sócio-gerente, diretor-executivo;
- cargos formados por numerais: primeiro-ministro, primeira-dama;
- cargos formados com os prefixos "ex" ou "vice": ex-diretor, vice-coordenador.

O novo Acordo Ortográfico tornou opcional o uso de iniciais maiúsculas em palavras usadas reverencialmente, por exemplo para cargos e títulos (exemplo: o Presidente francês ou o presidente francês). Porém, em palavras com hífen, após se optar pelo uso da maiúscula ou da minúscula, deve-se manter a escolha para a grafia de todos os elementos hifenizados: pode-se escrever "Vice-Presidente" ou "vice-presidente", mas não "Vice-presidente".

25.2.5 Vocativo

O vocativo é uma invocação ao destinatário. Nas comunicações oficiais, o vocativo será sempre seguido de vírgula.

Em comunicações dirigidas aos Chefes de Poder, utiliza-se a expressão Excelentíssimo Senhor ou Excelentíssima Senhora e o cargo respectivo, seguidos de vírgula.

Exemplos:

Excelentíssimo Senhor Presidente da República,

Excelentíssimo Senhor Presidente do Congresso Nacional,

Excelentíssimo Senhor Presidente do Supremo Tribunal Federal,

As demais autoridades, mesmo aquelas tratadas por Vossa Excelência, receberão o vocativo Senhor ou Senhora seguido do cargo respectivo.

Exemplos:

Senhora Senadora, Senhor Juiz, Senhora Ministra,

Na hipótese de comunicação com particular, pode-se utilizar o vocativo Senhor ou Senhora e a forma utilizada pela instituição para referir-se ao interlocutor: beneficiário, usuário, contribuinte, eleitor etc.

Exemplos:

Senhora Beneficiária, Senhor Contribuinte,

Ainda, quando o destinatário for um particular, no vocativo, pode-se utilizar Senhor ou Senhora seguido do nome do particular ou pode-se utilizar o vocativo "Prezado Senhor" ou "Prezada Senhora".

Exemplos:

Senhora [Nome], Prezado Senhor,

Em comunicações oficiais, está abolido o uso de Digníssimo (DD) e de Ilustríssimo (Ilmo.).

Evite-se o uso de "doutor" indiscriminadamente. O tratamento por meio de Senhor confere a formalidade desejada.

O padrão ofício

Até a segunda edição deste Manual, havia três tipos de expedientes que se diferenciavam antes pela finalidade do que pela forma: o ofício, o aviso e o memorando. Com o objetivo de uniformizá-los, deve-se adotar nomenclatura e diagramação únicas, que sigam o que chamamos de padrão ofício.

▷ A distinção básica anterior entre os três era:

- aviso: era expedido exclusivamente por Ministros de Estado, para autoridades de mesma hierarquia;
- ofício: era expedido para e pelas demais autoridades; e
- memorando: era expedido entre unidades administrativas de um mesmo órgão.

Atenção: Nesta nova edição ficou abolida aquela distinção e passou-se a utilizar o termo ofício nas três hipóteses.

A seguir, será apresentada a estrutura do padrão ofício, de acordo com a ordem com que cada elemento aparece no documento oficial.

25.2.6 Partes do documento no padrão ofício

Cabeçalho

O cabeçalho é utilizado apenas na primeira página do documento, centralizado na área determinada pela formatação (ver subitem "5.2 Formatação e apresentação").

▷ No cabeçalho deverão constar os seguintes elementos:

- brasão de Armas da República2: no topo da página. Não há necessidade de ser aplicado em cores. O uso de marca da instituição deve ser evitado na correspondência oficial para não se sobrepor ao Brasão de Armas da República.
- nome do órgão principal;
- nomes dos órgãos secundários, quando necessários, da maior para a menor hierarquia; e
- espaçamento: entrelinhas simples (1,0).

Exemplo:

[Nome do órgão] [Secretaria/Diretoria]

[Departamento/Setor/Entidade]

Os dados do órgão, tais como endereço, telefone, endereço de correspondência eletrônica, sítio eletrônico oficial da instituição, podem ser informados no rodapé do documento, centralizados.

Identificação do expediente

Os documentos oficiais devem ser identificados da seguinte maneira:

- nome do documento: tipo de expediente por extenso, com todas as letras maiúsculas;
- indicação de numeração: abreviatura da palavra "número", padronizada como No;
- informações do documento: número, ano (com quatro dígitos) e siglas usuais do setor que expede o documento, da menor para a maior hierarquia, separados por barra (/); e
- alinhamento: à margem esquerda da página.

Exemplo:

OFÍCIO Nº 652/2018/SAA/SE/MT

Local e data do documento

Na grafia de datas em um documento, o conteúdo deve constar da seguinte forma:

- composição: local e data do documento;
- informação de local: nome da cidade onde foi expedido o documento, seguido de vírgula. Não se deve utilizar a sigla da unidade da federação depois do nome da cidade;
- dia do mês: em numeração ordinal se for o primeiro dia do mês e em numeração cardinal para os demais dias do mês. Não se deve utilizar zero à esquerda do número que indica o dia do mês;
- nome do mês: deve ser escrito com inicial minúscula;
- pontuação: coloca-se ponto-final depois da data; e
- alinhamento: o texto da data deve ser alinhado à margem direita da página.

Exemplo:

Brasília, 2 de fevereiro de 2018.

Endereçamento

O endereçamento é a parte do documento que informa quem receberá o expediente.

▹ Nele deverão constar os seguintes elementos:

- vocativo: na forma de tratamento adequada para quem receberá o expediente (ver subitem "4.1 Pronomes de tratamento");
- nome: nome do destinatário do expediente;
- cargo: cargo do destinatário do expediente;
- endereço: endereço postal de quem receberá o expediente, dividido em duas linhas:

Primeira linha: informação de localidade/logradouro do destinatário ou, no caso de ofício ao mesmo órgão, informação do setor;

Segunda linha: CEP e cidade/unidade da federação, separados por espaço simples. Na separação entre cidade e unidade da federação pode ser substituída a barra pelo ponto ou pelo travessão. No caso de ofício ao mesmo órgão, não é obrigatória a informação do CEP, podendo ficar apenas a informação da cidade/unidade da federação; e

- alinhamento: à margem esquerda da página.

O pronome de tratamento no endereçamento das comunicações dirigidas às autoridades tratadas por Vossa Excelência terá a seguinte forma: "A Sua Excelência o Senhor" ou "A Sua Excelência a Senhora".

Quando o tratamento destinado ao receptor for Vossa Senhoria, o endereçamento a ser empregado é "Ao Senhor" ou "À Senhora". Ressalte-se que não se utiliza a expressão "A Sua Senhoria o Senhor" ou "A Sua Senhoria a Senhora".

Exemplos:

A Sua Excelência o Senhor

[Nome]

Ministro de Estado da Justiça Esplanada dos Ministérios Bloco T 70064-900 Brasília/DF 70070-030 Brasília. DF Brasília — DF

À Senhora

[Nome]

Diretora de Gestão de Pessoas

SAUS Q. 3 Lote 5/6 Ed Sede I Diretoria de Material, Seção

Ao Senhor

[Nome]

Chefe da Seção de Compras I Diretoria de Material, Seção 70064-900 Brasília/DF

Assunto

O assunto deve dar uma ideia geral do que trata o documento, de forma sucinta. Ele deve ser grafado da seguinte maneira:

- título: a palavra Assunto deve anteceder a frase que define o conteúdo do documento, seguida de dois-pontos;
- descrição do assunto: a frase que descreve o conteúdo do documento deve ser escrita com inicial maiúscula, não se deve utilizar verbos e sugere-se utilizar de quatro a cinco palavras;
- destaque: todo o texto referente ao assunto, inclusive o título, deve ser destacado em negrito;
- pontuação: coloca-se ponto-final depois do assunto; e
- alinhamento: à margem esquerda da página.

Exemplos:

Assunto: Encaminhamento do Relatório de Gestão julho/2018.

Assunto: Aquisição de computadores.

Texto do documento

O texto do documento oficial deve seguir a seguinte padronização de estrutura:

▹ nos casos em que não seja usado para encaminhamento de documentos, o expediente deve conter a seguinte estrutura:

- introdução: em que é apresentado o objetivo da comunicação. Evite o uso das formas: Tenho a honra de, Tenho o prazer de, Cumpre-me informar que. Prefira empregar a forma direta: Informo, Solicito, Comunico;
- desenvolvimento: em que o assunto é detalhado; se o texto contiver mais de uma ideia sobre o assunto, elas devem ser tratadas em parágrafos distintos, o que confere maior clareza à exposição; e
- conclusão: em que é afirmada a posição sobre o assunto.

▹ quando forem usados para encaminhamento de documentos, a estrutura é modificada:

- introdução: deve iniciar com referência ao expediente que solicitou o encaminhamento. Se a remessa do documento não tiver sido solicitada, deve iniciar com a informação do motivo da comunicação, que é encaminhar, indicando a seguir os dados completos do documento encaminhado (tipo, data, origem ou signatário e assunto de que se trata) e a razão pela qual está sendo encaminhado; e

  Exemplos:

  Em resposta ao Ofício nº 12, de 1º de fevereiro de 2018, encaminho cópia do Ofício nº 34, de 3 de abril de 2018, da Coordenação-Geral de Gestão de Pessoas, que trata da requisição do servidor Fulano de Tal.

  Encaminho, para exame e pronunciamento, cópia do Ofício nº 12, de 1º de fevereiro de 2018, do Presidente da Confederação Nacional da Indústria, a respeito de projeto de modernização de técnicas agrícolas na região Nordeste.

- desenvolvimento: se o autor da comunicação desejar fazer algum comentário a respeito do documento que encaminha, poderá acrescentar parágrafos de desenvolvimento. Caso contrário, não há parágrafos de desenvolvimento em expediente usado para encaminhamento de documentos.

▹ tanto na estrutura I quanto na estrutura II, o texto do documento deve ser formatado da seguinte maneira:

- alinhamento: justificado;
- espaçamento entre linhas: simples;
- parágrafos:

  i espaçamento entre parágrafos: de 6 pontos após cada parágrafo;
  ii recuo de parágrafo: 2,5 cm de distância da margem esquerda;
  iii numeração dos parágrafos: apenas quando o documento tiver três ou mais parágrafos, desde o primeiro parágrafo. Não se numeram o vocativo e o fecho;

- fonte: Calibri ou Carlito;

  corpo do texto: tamanho 12 pontos;

  citações recuadas: tamanho 11 pontos; e iii notas de Rodapé: tamanho 10 pontos;

- símbolos: para símbolos não existentes nas fontes indicadas, pode-se utilizar as fontes

  Symbol e Wingdings;

Fechos para comunicações

O fecho das comunicações oficiais objetiva, além da finalidade óbvia de arrematar o texto, saudar o destinatário. Os modelos para fecho anteriormente utilizados foram regulados pela Portaria nº 1, de 1937, do Ministério da Justiça, que estabelecia quinze padrões.

Com o objetivo de simplificá-los e uniformizá-los, este Manual estabelece o emprego de somente dois fechos diferentes para todas as modalidades de comunicação oficial:

- Para autoridades de hierarquia superior a do remetente, inclusive o Presidente da República:

  Respeitosamente,

- Para autoridades de mesma hierarquia, de hierarquia inferior ou demais casos:

  Atenciosamente,

Ficam excluídas dessa fórmula as comunicações dirigidas a autoridades estrangeiras, que atendem a rito e tradição próprios.

O fecho da comunicação deve ser formatado da seguinte maneira:

- alinhamento: alinhado à margem esquerda da página;
- recuo de parágrafo: 2,5 cm de distância da margem esquerda;
- espaçamento entre linhas: simples;
- espaçamento entre parágrafos: de 6 pontos após cada parágrafo; e
- não deve ser numerado.

Identificação do signatário

Excluídas as comunicações assinadas pelo Presidente da República, todas as demais comunicações oficiais devem informar o signatário segundo o padrão:

- nome: nome da autoridade que as expede, grafado em letras maiúsculas, sem negrito. Não se usa linha acima do nome do signatário;
- cargo: cargo da autoridade que expede o documento, redigido apenas com as iniciais maiúsculas. As preposições que liguem as palavras do cargo devem ser grafadas em minúsculas; e
- alinhamento: a identificação do signatário deve ser centralizada na página.

Para evitar equívocos, recomenda-se não deixar a assinatura em página isolada do expediente. Transfira para essa página ao menos a última frase anterior ao fecho.

Exemplo:

(espaço para assinatura)

NOME

Ministro de Estado Chefe da Casa Civil da Presidência da República

(espaço para assinatura)

NOME

Coordenador-Geral de Gestão de Pessoas

Numeração das páginas

A numeração das páginas é obrigatória apenas a partir da segunda página da comunicação.

Ela deve ser centralizada na página e obedecer à seguinte formatação:

- posição: no rodapé do documento, dentro da área de 2 cm da margem inferior; e
- fonte: Calibri ou Carlito.

Formatação e apresentação

Os documentos do padrão ofício devem obedecer à seguinte formatação:

- tamanho do papel: A4 (29,7 cm x 21,0 cm);
- margem lateral esquerda: no mínimo, 3 cm de largura;
- margem lateral direita: 1,5 cm;
- margens superior e inferior: 2 cm;
- área de cabeçalho: na primeira página, 5 cm a partir da borda superior do papel;
- área de rodapé: nos 2 cm da margem inferior do documento;
- impressão: na correspondência oficial, a impressão pode ocorrer em ambas as faces do papel. Nesse caso, as margens esquerda e direita terão as distâncias invertidas nas páginas pares (margem espelho);
- cores: os textos devem ser impressos na cor preta em papel branco, reservando-se, se necessário, a impressão colorida para gráficos e ilustrações;
- destaques: para destaques deve-se utilizar, sem abuso, o negrito. Deve-se evitar destaques com uso de itálico, sublinhado, letras maiúsculas, sombreado, sombra, relevo, bordas ou qualquer outra forma de formatação que afete a sobriedade e a padronização do documento;
- palavras estrangeiras: palavras estrangeiras devem ser grafadas em itálico;
- arquivamento: dentro do possível, todos os documentos elaborados devem ter o arquivo de texto preservado para consulta posterior ou aproveitamento de trechos para casos análogos. Deve ser utilizado, preferencialmente, formato de arquivo que possa ser lido e editado pela maioria dos editores de texto utilizados no serviço público, tais como DOCX, ODT ou RTF.
- nome do arquivo: para facilitar a localização, os nomes dos arquivos devem ser formados da seguinte maneira:
- tipo do documento + número do documento + ano do documento (com 4 dígitos) + palavras-chaves do conteúdo

Exemplo:

Ofício 123_2018_relatório produtividade anual

Seguem exemplos de Ofício:

2 cm

5 cm

Presidência da República

Casa Civil

Subchefia para Assuntos Jurídicos

OFÍCIO Nº 197/2022/SAJ/CC

Brasília, 8 de agosto de 2022.

1,5cm

Ao Senhor
[Nome]

Chefe de Gabinete Ministério dos Transportes

Esplanada dos Ministérios, Bloco R

70044-902 - Brasília/DF

29,7 cm

Assunto: Apresentação de novas funcionalidades do Sidof – Módulo I.

Senhor Chefe de Gabinete,

3 cm 2,5 cm

1. A Subchefia para Assuntos Jurídicos da Casa Civil da Presidência da República aprimorou o Sistema de Geração e Tramitação de Documentos Oficiais – Sidof, com a inserção de novas funcionalidades. Os novos recursos do sistema serão apresentados aos servidores em módulos organizados por esta Subchefia.

2. Convido os servidores do [nome do Ministério] para assistir à apresentação do primeiro módulo, a ser realizada em 10 de setembro de 2022, às 9h30, no Auditório desta Subchefia.

3. Para assegurar o credenciamento, solicito a esse órgão a indicação dos servidores que trabalham com o Sidof, até 28 de agosto de 2022, por meio do endereço eletrônico [endereço eletrônico]:

a) nome completo do servidor;

b) número de Cadastro de Pessoa Física;

c) *e-mail* institucional, unidade/órgão em que atua; e

d) *login* no Sidof (caso esteja cadastrado no Sistema).

21.0 cm

2 cm

4. Caso o servidor ainda não esteja cadastrado no Sistema, será necessário o envio de autorização da chefia imediata. O envio das informações solicitadas supracitadas é fundamental para garantir a inscrição do servidor no evento.

Atensiosamente,

(espaço para assinatura)

[NOME DO SIGNATÁRIO]
[Cargo do signatário]

2

2 cm

[Endereço] – Telefone: (xx) xxxx-xxxx
CEP 00000-000 Cidade/UF – http://www.xxxxxxxxxxxxxxxxxx.gov.br

29,7 cm

21,0 cm

2 cm

5 cm

1,5 cm

[Nome do Ministério]
[Secretaria/Diretoria]
[Departamento/Setor/Entidade]

OFÍCIO Nº 10.457/2022/MDH

Brasília, 3 de março de 2022.

A Sua Excelência o Senhor [Nome]
Ministro de Estado
Esplanada dos Ministérios, Bloco X 70064-900 - Brasília/DF

3 cm

29,7 cm

Assunto: Debates sobre o Plano Nacional da Pessoa com Deficiência.

Senhor Ministro,

2,5 cm

Convido Vossa Excelência a participar do lançamento do Ciclo de Debates sobre a Execução do Plano Nacional da Pessoa com Deficiência, a ser realizado em 15 de março de 2022, às 9 horas, no Auditório da Escola Nacional de Administração Pública (Enap), no Setor de Áreas Isoladas Sul, em Brasília/DF.

O debate inicial faz parte de uma sequência de cinco encontros, com o objetivo de acompanhar o desenvolvimento das diversas ações contidas no referido Plano.

Atenciosamente,

(espaço para assinatura)

[NOME DO SIGNATÁRIO]
[Ministro de Estado]

21,0 cm

2 cm

5 cm

[Nome do órgão]

[Secretaria/Departamento]

[Setor/Entidade]

OFÍCIO Nº 257/2022/CODOC/CC

Brasília, 3 de março de 2022

À Senhora

[Nome]

Diretora de Tecnologia da Presidência da República

Palácio do Planalto, Anexo II, Ala B, sala 100

Brasília/DF

29,7 cm

Senhora Diretora,

1,5 cm

2,5 cm

3 cm

Solicito a criação de software para mensurar os índices de produtividade no âmbito desta Coordenação-Geral, de modo a disponibilizar informações gerenciais completas para todos os cadastros, como dados quantitativos de tempo de entrada e conclusão de tarefas, por usuário, por equipe, por tipo de ato, além de dados quantitativos e gráficos referentes às tarefas atribuídas e concluídas por usuário em determinado período de tempo e outras informações que possibilitem a produção de relatórios gerenciais, conforme especificação completa em anexo.

Respeitosamente,

(espaço para assinatura)

[NOME DO SIGNATÁRIO]

[Cargo do Signatário]

Mín. 2 cm

21,0 cm

25.2.7 Tipos de documentos

Variações dos documentos oficiais

Os documentos oficiais podem ser identificados de acordo com algumas possíveis variações:

- [NOME DO EXPEDIENTE] + CIRCULAR: Quando um órgão envia o mesmo expediente para mais de um órgão receptor. A sigla na epígrafe será apenas do órgão remetente.
- [NOME DO EXPEDIENTE] + CONJUNTO: Quando mais de um órgão envia, conjuntamente, o mesmo expediente para um único órgão receptor. As siglas dos órgãos remetentes constarão na epígrafe.
- [NOME DO EXPEDIENTE] + CONJUNTO CIRCULAR: Quando mais de um órgão envia, conjuntamente, o mesmo expediente para mais de um órgão receptor. As siglas dos órgãos remetentes constarão na epígrafe.

Exemplos:

OFÍCIO CIRCULAR Nº 652/2018/MEC

OFÍCIO CONJUNTO Nº 368/2018/SECEX/SAJ

OFÍCIO CONJUNTO CIRCULAR Nº 795/2018/CC/MJ/MRE

Nos expedientes circulares, por haver mais de um receptor, o órgão remetente poderá inserir no rodapé as siglas ou nomes dos órgãos que receberão o expediente.

Exposição de Motivos

Definição e finalidade

Exposição de motivos (EM) é o expediente dirigido ao Presidente da República ou ao Vice- Presidente para:

- propor alguma medida;
- submeter projeto de ato normativo à sua consideração; ou
- informá-lo de determinado assunto.

A exposição de motivos é dirigida ao Presidente da República por um Ministro de Estado. Nos casos em que o assunto tratado envolva mais de um ministério, a exposição de motivos será assinada por todos os ministros envolvidos, sendo, por essa razão, chamada de interministerial.

Independentemente de ser uma EM com apenas um autor ou uma EM interministerial, a sequência numérica das exposições de motivos é única. A numeração começa e termina dentro de um mesmo ano civil.

Forma e estrutura

As exposições de motivos devem, obrigatoriamente:

- apontar, na introdução: o problema que demanda a adoção da medida ou do ato normativo proposto; ou informar ao Presidente da República algum assunto;
- indicar, no desenvolvimento: a razão de aquela medida ou de aquele ato normativo ser o ideal para se solucionar o problema e as eventuais alternativas existentes para equacioná-lo; ou fornecer mais detalhes sobre o assunto informado, quando for esse o caso; e
- na conclusão: novamente, propor a medida a ser tomada ou o ato normativo a ser editado para solucionar o problema; ou apresentar as considerações finais no caso de EMs apenas informativas.

As Exposições de Motivos que encaminham proposições normativas devem seguir o prescrito no Decreto nº 9.191, de 1º de novembro de 2017. Em síntese, elas devem ser instruídas com parecer jurídico e parecer de mérito que permitam a adequada avaliação da proposta.

O atendimento dos requisitos do Decreto nº 9.191, de 2017, nas exposições de motivos que proponham a edição de ato normativo, tem como propósito:

- permitir a adequada reflexão sobre o problema que se busca resolver;
- ensejar avaliação das diversas causas do problema e dos efeitos que podem ter a adoção da medida ou a edição do ato, em consonância com as questões que devem ser analisadas na elaboração de proposições normativas no âmbito do Poder Executivo;
- conferir transparência aos atos propostos;
- resumir os principais aspectos da proposta; e
- evitar a devolução a proposta de ato normativo para complementação ou reformulação da proposta.

A exposição de motivos é a principal modalidade de comunicação dirigida ao Presidente da República pelos ministros. Além disso, pode, em certos casos, ser encaminhada cópia ao Congresso Nacional ou ao Poder Judiciário.

Exemplo de exposição de motivos:

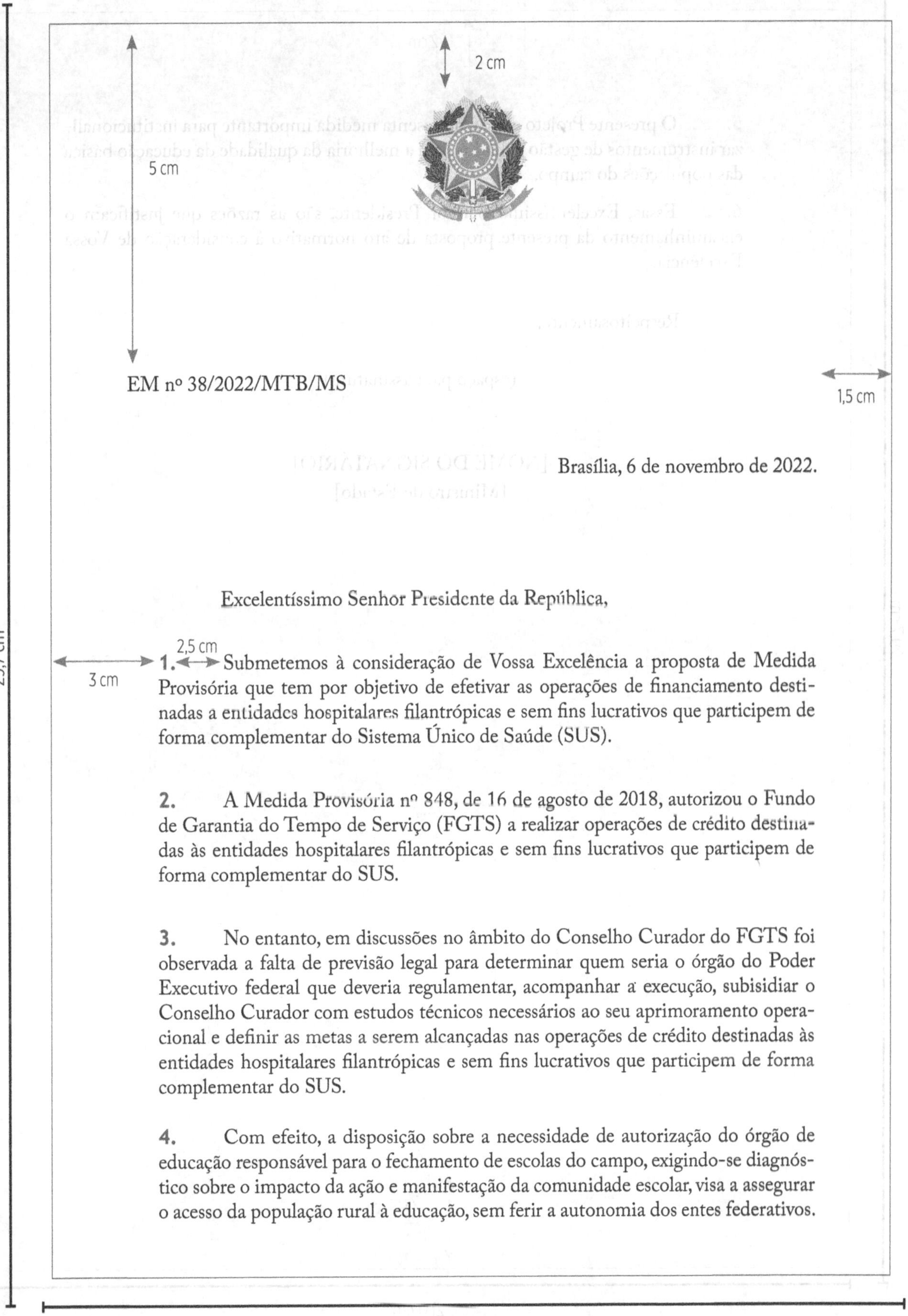

EM nº 38/2022/MTB/MS

Brasília, 6 de novembro de 2022.

Excelentíssimo Senhor Presidente da República,

1. Submetemos à consideração de Vossa Excelência a proposta de Medida Provisória que tem por objetivo de efetivar as operações de financiamento destinadas a entidades hospitalares filantrópicas e sem fins lucrativos que participem de forma complementar do Sistema Único de Saúde (SUS).

2. A Medida Provisória nº 848, de 16 de agosto de 2018, autorizou o Fundo de Garantia do Tempo de Serviço (FGTS) a realizar operações de crédito destinadas às entidades hospitalares filantrópicas e sem fins lucrativos que participem de forma complementar do SUS.

3. No entanto, em discussões no âmbito do Conselho Curador do FGTS foi observada a falta de previsão legal para determinar quem seria o órgão do Poder Executivo federal que deveria regulamentar, acompanhar a execução, subisidiar o Conselho Curador com estudos técnicos necessários ao seu aprimoramento operacional e definir as metas a serem alcançadas nas operações de crédito destinadas às entidades hospitalares filantrópicas e sem fins lucrativos que participem de forma complementar do SUS.

4. Com efeito, a disposição sobre a necessidade de autorização do órgão de educação responsável para o fechamento de escolas do campo, exigindo-se diagnóstico sobre o impacto da ação e manifestação da comunidade escolar, visa a assegurar o acesso da população rural à educação, sem ferir a autonomia dos entes federativos.

2 cm

5. O presente Projeto de Lei representa medida importante para institucionalizar instrumentos de gestão voltados para a melhoria da qualidade da educação básica das populações do campo.

6. Essas, Excelentíssimo Senhor Presidente, são as razões que justificam o encaminhamento da presente proposta de ato normativo à consideração de Vossa Excelência.

Respeitosamente,

(espaço para assinatura)

[NOME DO SIGNATÁRIO]
[Ministro de Estado]

29,7 cm

2 cm

21.0 cm

Sistema de Geração e Tramitação de Documentos Oficiais (Sidof)

O Sistema de Geração e Tramitação de Documentos Oficiais (Sidof) é a ferramenta eletrônica utilizada para a elaboração, a redação, a alteração, o controle, a tramitação, a administração e a gerência das exposições de motivos com as propostas de atos a serem encaminhadas pelos Ministérios à Presidência da República.

Ao se utilizar o Sidof, a assinatura, o nome e o cargo do signatário, apresentados no exemplo do item 6.2.2, são substituídos pela assinatura eletrônica que informa o nome do ministro que assinou a exposição de motivos e do consultor jurídico que assinou o parecer jurídico da Pasta.

Mensagem

Definição e finalidade

A Mensagem é o instrumento de comunicação oficial entre os Chefes dos Poderes Públicos, notadamente as mensagens enviadas pelo Chefe do Poder Executivo ao Poder Legislativo para informar sobre fato da administração pública; para expor o plano de governo por ocasião da abertura de sessão legislativa; para submeter ao Congresso Nacional matérias que dependem de deliberação de suas Casas; para apresentar veto; enfim, fazer comunicações do que seja de interesse dos Poderes Públicos e da Nação.

Minuta de mensagem pode ser encaminhada pelos ministérios à Presidência da República, a cujas assessorias caberá a redação final.

As mensagens mais usuais do Poder Executivo ao Congresso Nacional têm as seguintes finalidades:

- Encaminhamento de proposta de emenda constitucional, de projeto de lei ordinária, de projeto de lei complementar e os que compreendem plano plurianual, diretrizes orçamentárias, orçamentos anuais e créditos adicionais:

Os projetos de lei ordinária ou complementar são enviados em regime normal (Constituição, art. 61) ou de urgência (Constituição, art. 64, §§ 1º a 4º). O projeto pode ser encaminhado sob o regime normal e, mais tarde, ser objeto de nova mensagem, com solicitação de urgência.

Em ambos os casos, a mensagem se dirige aos membros do Congresso Nacional, mas é encaminhada com ofício do Ministro de Estado Chefe da Casa Civil da Presidência da República ao Primeiro-Secretário da Câmara dos Deputados, para que tenha início sua tramitação (Constituição, art. 64, caput).

Quanto aos projetos de lei que compreendem plano plurianual, diretrizes orçamentárias, orçamentos anuais e créditos adicionais, as mensagens de encaminhamento dirigem-se aos membros do Congresso Nacional, e os respectivos ofícios são endereçados ao Primeiro-Secretário do Senado Federal. A razão é que o art. 166 da Constituição impõe a deliberação congressual em sessão conjunta, mais precisamente, "na forma do regimento comum". E, à frente da Mesa do Congresso Nacional, está o Presidente do Senado Federal (Constituição, art. 57, § 5º), que comanda as sessões conjuntas.

- Encaminhamento de medida provisória.

Para dar cumprimento ao disposto no art. 62 da Constituição, o Presidente da República encaminha Mensagem ao Congresso, dirigida a seus Membros, com ofício para o Primeiro- Secretário do Senado Federal, juntando cópia da medida provisória.

- Indicação de autoridades:

As mensagens que submetem ao Senado Federal a indicação de pessoas para ocuparem determinados cargos (magistrados dos tribunais superiores, ministros do Tribunal de Contas da União, presidentes e diretores do Banco Central, Procurador-Geral da República, chefes de missão diplomática, diretores e conselheiros de agências etc.) têm em vista que a Constituição, incisos III e IV do caput do art. 52, atribui àquela Casa do Congresso Nacional competência privativa para aprovar a indicação.

O curriculum vitae do indicado, assinado, com a informação do número de Cadastro de Pessoa Física, acompanha a mensagem.

- Pedido de autorização para o Presidente ou o Vice-Presidente da República se ausentarem do país por mais de 15 dias:

Trata-se de exigência constitucional (Constituição, art. 49, caput, inciso III e art. 83), e a autorização é da competência privativa do Congresso Nacional. O Presidente da República, tradicionalmente, por cortesia, quando a ausência é por prazo inferior a 15 dias, faz uma comunicação a cada Casa do Congresso, enviando-lhes mensagens idênticas.

- Encaminhamento de atos de concessão e de renovação de concessão de emissoras de rádio e TV:

A obrigação de submeter tais atos à apreciação do Congresso Nacional consta no inciso XII do caput do art. 49 da Constituição. Somente produzirão efeitos legais a outorga ou a renovação da concessão após deliberação do Congresso Nacional (Constituição, art. 223, § 3º). Descabe pedir na mensagem a urgência prevista na Constituição, art. 64, uma vez que o § 1º do art. 223 já define o prazo da tramitação. Além do ato de outorga ou renovação, acompanha a mensagem o correspondente processo administrativo.

- Encaminhamento das contas referentes ao exercício anterior:

O Presidente da República tem o prazo de 60 dias após a abertura da sessão legislativa para enviar ao Congresso Nacional as contas referentes ao exercício anterior (Constituição, art. 84, caput, inciso XXIV), para exame e parecer da Comissão Mista permanente (Constituição, art. 166,

> *§ 1º, sob pena de a Câmara dos Deputados realizar a tomada de contas (Constituição, art. 51, caput, inciso II) em procedimento disciplinado no art. 215 do seu Regimento Interno.*

- Mensagem de abertura da sessão legislativa:

Deve conter o plano de governo, exposição sobre a situação do País e a solicitação de providências que julgar necessárias (Constituição, art. 84, inciso XI). O portador da mensagem é o Chefe da Casa Civil da Presidência da República. Esta mensagem difere das demais, porque vai encadernada e é distribuída a todos os congressistas em forma de livro.

- Comunicação de sanção (com restituição de autógrafos):

Esta mensagem é dirigida aos Membros do Congresso Nacional, encaminhada por ofício ao Primeiro-Secretário da Casa onde se originaram os autógrafos. Nela se informa o número que tomou a lei e se restituem dois exemplares dos três autógrafos recebidos, nos quais o Presidente da República terá aposto o despacho de sanção.

- Comunicação de veto:

Dirigida ao Presidente do Senado Federal (Constituição, art. 66, § 1º), a mensagem informa sobre a decisão de vetar, se o veto é parcial, quais as disposições vetadas, e as razões do veto. Seu texto é publicado na íntegra no Diário Oficial da União, ao contrário das demais mensagens, cuja publicação se restringe à notícia do seu envio ao Poder Legislativo.

▷ Outras mensagens remetidas ao Legislativo:

- Apreciação de intervenção federal (Constituição, art. 36, § 2º).
- Encaminhamento de atos internacionais que acarretam encargos ou compromissos gravosos (Constituição, art. 49, caput, inciso I);
- Pedido de estabelecimento de alíquotas aplicáveis às operações e prestações interestaduais e de exportação (Constituição, art. 155, § 2º, inciso IV);
- Proposta de fixação de limites globais para o montante da dívida consolidada (Constituição, art. 52, caput, inciso VI);
- Pedido de autorização para operações financeiras externas (Constituição, art. 52, caput, inciso V);
- Convocação extraordinária do Congresso Nacional (Constituição, art. 57, § 6º);
- Pedido de autorização para exonerar o Procurador-Geral da República (Constituição, art. 52, inciso XI, e art. 128, § 2º);
- Pedido de autorização para declarar guerra e decretar mobilização nacional (Constituição, art. 84, inciso XIX);
- Pedido de autorização ou referendo para celebrar a paz (Constituição, art. 84, inciso XX);
- Justificativa para decretação do estado de defesa ou de sua prorrogação (Constituição, art. 136, § 4º);
- Pedido de autorização para decretar o estado de sítio (Constituição, art. 137);
- Relato das medidas praticadas na vigência do estado de sítio ou de defesa (Constituição, art. 141, parágrafo único);
- Proposta de modificação de projetos de leis que compreendem plano plurianual, diretrizes orçamentárias, orçamentos anuais e créditos adicionais (Constituição, art. 166, § 5º);
- Pedido de autorização para utilizar recursos que ficarem sem despesas correspondentes, em decorrência de veto, emenda ou rejeição do projeto de lei orçamentária anual (Constituição, art. 166, § 8º);
- Pedido de autorização para alienar ou conceder terras públicas com área superior a 2.500 ha (Constituição, art. 188, § 1º).

Forma e estrutura

As mensagens contêm:

- brasão: timbre em relevo branco
- identificação do expediente: MENSAGEM No, alinhada à margem esquerda, no início do texto;
- vocativo: alinhado à margem esquerda, de acordo com o pronome de tratamento e o cargo do destinatário, com o recuo de parágrafo dado ao texto;
- texto: iniciado a 2 cm do vocativo; e
- local e data: posicionados a 2 cm do final do texto, alinhados à margem direita.

A mensagem, como os demais atos assinados pelo Presidente da República, não traz identificação de seu signatário.

Exemplo de mensagem:

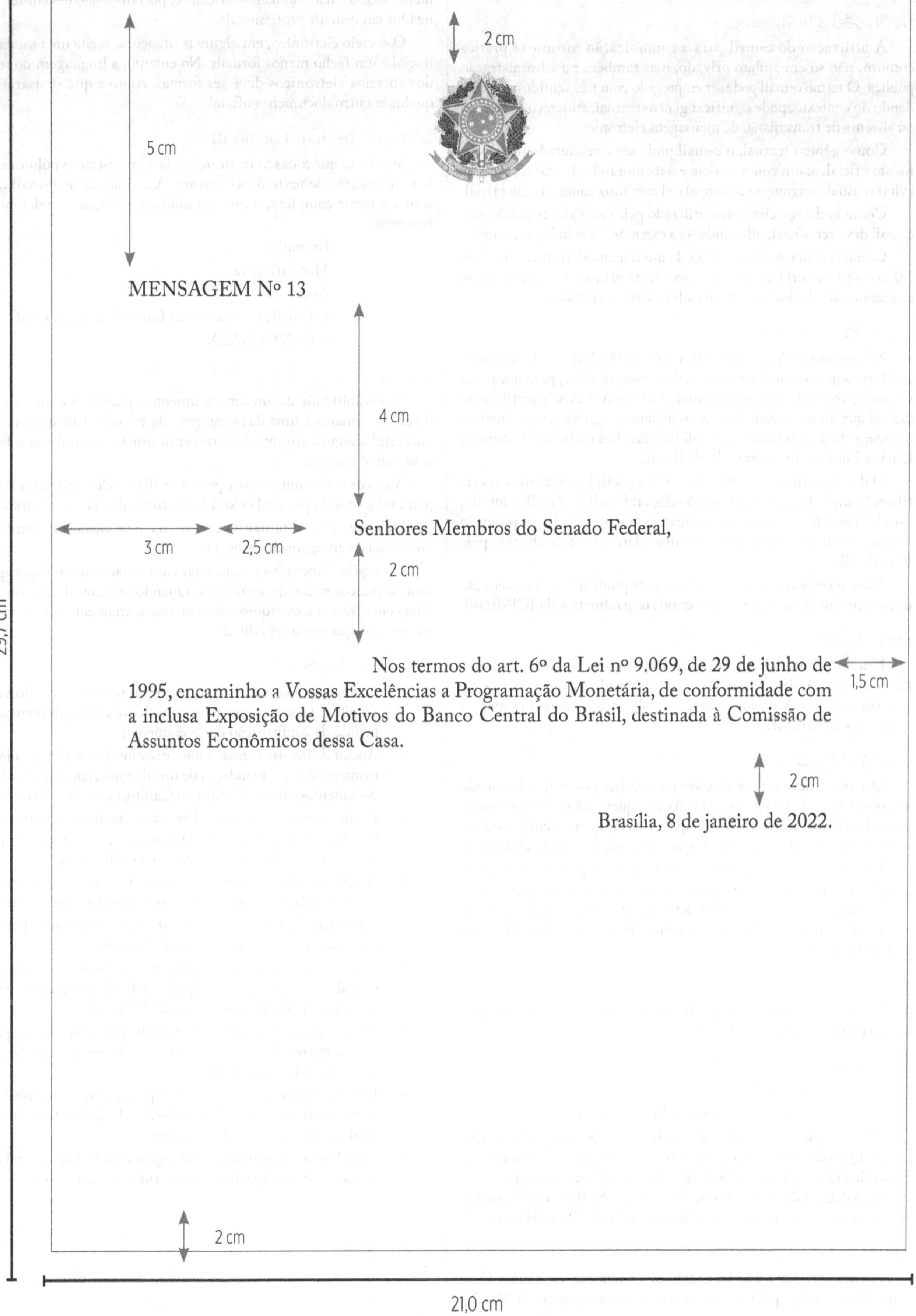
2 cm
5 cm
MENSAGEM Nº 13
4 cm
3 cm
2,5 cm
Senhores Membros do Senado Federal,
2 cm
29,7 cm
Nos termos do art. 6º da Lei nº 9.069, de 29 de junho de 1995, encaminho a Vossas Excelências a Programação Monetária, de conformidade com a inclusa Exposição de Motivos do Banco Central do Brasil, destinada à Comissão de Assuntos Econômicos dessa Casa.
1,5 cm
2 cm
Brasília, 8 de janeiro de 2022.
2 cm
21,0 cm

Correio eletrônico (e-mail)

Definição e finalidade

A utilização do e-mail para a comunicação tornou-se prática comum, não só em âmbito privado, mas também na administração pública. O termo e-mail pode ser empregado com três sentidos. Dependendo do contexto, pode significar gênero textual, endereço eletrônico ou sistema de transmissão de mensagem eletrônica.

Como gênero textual, o e-mail pode ser considerado um documento oficial, assim como o ofício e o memorando. Portanto, deve-se evitar o uso de linguagem incompatível com uma comunicação oficial.

Como endereço eletrônico utilizado pelos servidores públicos, o e-mail deve ser oficial, utilizando-se a extensão ".gov.br", por exemplo.

Como sistema de transmissão de mensagens eletrônicas, por seu baixo custo e celeridade, transformou-se na principal forma de envio e recebimento de documentos na administração pública.

Valor documental

Nos termos da Medida Provisória nº 2.200-2, de 24 de agosto de 2001, para que o e-mail tenha valor documental, isto é, para que possa ser aceito como documento original, é necessário existir certificação digital que ateste a identidade do remetente, segundo os parâmetros de integridade, autenticidade e validade jurídica da Infraestrutura de Chaves Públicas Brasileira – ICP- Brasil.

O destinatário poderá reconhecer como válido o e-mail sem certificação digital ou com certificação digital fora ICP-Brasil; contudo, caso haja questionamento, será obrigatório a repetição do ato por meio documento físico assinado ou por meio eletrônico reconhecido pela ICP-Brasil.

Salvo lei específica, não é dado ao ente público impor a aceitação de documento eletrônico que não atenda os parâmetros da ICP-Brasil.

Forma e estrutura

Um dos atrativos de comunicação por correio eletrônico é sua flexibilidade. Assim, não interessa definir padronização da mensagem comunicada. No entanto, devem-se observar algumas orientações quanto à sua estrutura.

Campo "Assunto"

O assunto deve ser o mais claro e específico possível, relacionado ao conteúdo global da mensagem. Assim, quem irá receber a mensagem identificará rapidamente do que se trata; quem a envia poderá, posteriormente, localizar a mensagem na caixa do correio eletrônico.

Deve-se assegurar que o assunto reflita claramente o conteúdo completo da mensagem para que não pareça, ao receptor, que se trata de mensagem não solicitada/lixo eletrônico. Em vez de "Reunião", um assunto mais preciso seria "Agendamento de reunião sobre a Reforma da Previdência".

Local e data

São desnecessários no corpo da mensagem, uma vez que o próprio sistema apresenta essa informação.

Saudação inicial/vocativo

Exemplos:
Senhor Coordenador, Prezada Senhora,

O texto dos correios eletrônicos deve ser iniciado por uma saudação. Quando endereçado para outras instituições, para receptores desconhecidos ou para particulares, deve-se utilizar o vocativo conforme os demais documentos oficiais, ou seja, "Senhor" ou "Senhora", seguido do cargo respectivo, ou "Prezado Senhor", "Prezada Senhora".

Fecho

Atenciosamente é o fecho padrão em comunicações oficiais. Com o uso do e-mail, popularizou-se o uso de abreviações como "Att.", e de outros fechos, como "Abraços", "Saudações", que, apesar de amplamente usados, não são fechos oficiais e, portanto, não devem ser utilizados em e-mails profissionais.

O correio eletrônico, em algumas situações, aceita uma saudação inicial e um fecho menos formais. No entanto, a linguagem do texto dos correios eletrônicos deve ser formal, como a que se usaria em qualquer outro documento oficial.

Bloco de texto da assinatura

Sugere-se que todas as instituições da administração pública adotem um padrão de texto de assinatura. A assinatura do e-mail deve conter o nome completo, o cargo, a unidade, o órgão e o telefone do remetente.

Exemplo:
Maria da Silva
Assessora
Subchefia para Assuntos Jurídicos da Casa Civil
(61)XXXX-XXXX

Anexos

A possibilidade de anexar documentos, planilhas e imagens de diversos formatos é uma das vantagens do e-mail. A mensagem que encaminha algum arquivo deve trazer informações mínimas sobre o conteúdo do anexo.

Antes de enviar um anexo, é preciso avaliar se ele é realmente indispensável e se seria possível colocá-lo no corpo do correio eletrônico.

Deve-se evitar o tamanho excessivo e o reencaminhamento de anexos nas mensagens de resposta.

Os arquivos anexados devem estar em formatos usuais e que apresentem poucos riscos de segurança. Quando se tratar de documento ainda em discussão, os arquivos devem, necessariamente, ser enviados, em formato que possa ser editado.

Recomendações

- Sempre que necessário, deve-se utilizar recurso de confirmação de leitura. Caso não esteja disponível, deve constar da mensagem pedido de confirmação de recebimento;
- Apesar da imensa lista de fontes disponíveis nos computadores, mantêm-se a recomendação de tipo de fonte, tamanho e cor dos documentos oficiais: Calibri ou Carlito, tamanho 12, cor preta;
- Fundo ou papéis de parede eletrônicos não devem ser utilizados, pois não são apropriados para mensagens profissionais, além de sobrecarregar o tamanho da mensagem eletrônica;
- A mensagem do correio eletrônico deve ser revisada com o mesmo cuidado com que se revisam outros documentos oficiais;
- O texto profissional dispensa manifestações emocionais. Por isso, ícones e emoticons não devem ser utilizados;
- Os textos das mensagens eletrônicas não podem ser redigidos com abreviações como "vc", "pq", usuais das conversas na internet, ou neologismos, como "naum", "eh", "aki";
- Não se deve utilizar texto em caixa alta para destaques de palavras ou trechos da mensagem pois denota agressividade de parte do emissor da comunicação.
- Evite-se o uso de imagens no corpo do e-mail, inclusive das Armas da República Federativa do Brasil e de logotipos do ente público junto ao texto da assinatura.
- Não devem ser remetidas mensagem com tamanho total que possa exceder a capacidade do servidor do destinatário.

REDAÇÃO

1 REDAÇÃO PARA CONCURSOS PÚBLICOS

A questão discursiva (redação) assusta muitos candidatos. Afinal, escrever de acordo com a norma culta da Língua Portuguesa, respeitando as inúmeras regras gramaticais, é tarefa que exige muita atenção. Além disso, é necessário que o candidato apresente bons argumentos dentro de uma estrutura na qual as ideias tenham coesão e façam sentido (coerência). Por isso, é importante que a redação seja estudada e treinada ao longo da preparação para o concurso almejado.

1.1 Por que tenho que me preparar com antecedência para a redação?

Quando a redação (questão discursiva) é solicitada, em geral, é uma etapa eliminatória (se o candidato não alcançar a nota mínima, é eliminado do concurso). Então, por ter peso significativo, podendo colocá-lo na lista de classificação ou tirá-lo dela, merece atenção especial.

Entretanto, não se pode dar início ao estudo para concurso pela redação. É necessário que o aluno tenha conhecimento das regras gramaticais, da estrutura sintática das orações e dos períodos, dos elementos de coesão textual, ou seja, é essencial uma maturidade para, então, produzir um texto. Além do domínio da norma culta, deve-se dedicar à disciplina de Atualidades, que, muitas vezes, já vem prevista no edital. Quem tem conhecimento do assunto se sente mais confortável para escrever.

1.2 Os primeiros passos

Antes de começar a praticar a produção de textos, é importante ler o edital de abertura do concurso (quando já tiver sido publicado; quando não, leia o último) para entender os critérios de avaliação da sua prova discursiva e sobre qual assunto o tema versará.

Veja aguns exemplos:

CONCURSO	EDITAL - PROVA DISCURSIVA	ASSUNTO COBRADO - TEMA	A PROPOSTA
DEPEN - 2015	A prova discursiva valerá 20,00 pontos e consistirá da redação de texto dissertativo, de até 30 linhas, acerca de tema de atualidades, constantes do subitem 22.2 deste edital.	Os assuntos que o tema pode abordar foram disponibilizados no edital. Atualidades: 1 Sistema de justiça criminal. 2 Sistema prisional brasileiro. 3 Políticas públicas de segurança pública e cidadania.	**SEGURANÇA PÚBLICA: POLÍCIA E POLÍTICAS PÚBLICAS** Ao elaborar seu texto, faça o que se pede a seguir. > Disserte a respeito da segurança como condição para o exercício da cidadania. [valor: 25,50 pontos] > Dê exemplos de ação do Estado na luta pela segurança pública. [valor: 25,50 pontos] > Discorra acerca da ausência do poder público e a presença do crime organizado. [valor: 25,00 pontos]
PC-PR - 2018	A Redação, com no mínimo 15 e no máximo 25 linhas, versará sobre um tema da atualidade	Tema da atualidade, ou seja, pode ser cobrado qualquer assunto.	Com base na coletânea e nos conhecimentos sobre o tema, redija um texto dissertativo-argumentativo que coloque em discussão **a importância da correta emissão e decodificação da mensagem, bem como o repasse dessa mensagem ao interlocutor, seja na modalidade escrita ou oral.**
PF-2018 PERITO CRIMINAL	Para o cargo de Perito Criminal Federal, a prova discursiva, de caráter eliminatório e classificatório, valerá 13,00 pontos e consistirá da redação de texto dissertativo, de até 30 linhas, a respeito de temas relacionados aos conhecimentos específicos para cada cargo/área.	O tema tratará das matérias de conhecimentos específicos do cargo, ou seja, será um assunto do conteúdo programático.	Considerando que o texto precedente tem caráter unicamente motivador, redija um texto dissertativo acerca do **impacto da LRF na gestão pública**, abordando, necessariamente, os seguintes aspectos: 1. o processo de planejamento; [valor: 4,10 pontos] 2. as receitas e a renúncia fiscal; [valor: 4,10 pontos] 3. as despesas com pessoal. [valor: 4,20 pontos]
PRF - 2018	A prova discursiva valerá 20,00 pontos e consistirá da redação de texto dissertativo, de até 30 linhas, a respeito de temas relacionados aos objetos de avaliação.	O tema tratará de algum assunto relacionado ao conteúdo programático.	**O COMBATE ÀS INFRAÇÕES DE TRÂNSITO NAS RODOVIAS FEDERAIS BRASILEIRAS** Ao elaborar seu texto, aborde os seguintes aspectos: 1. medidas adotadas pela PRF no combate às infrações; [valor: 7,00 pontos] 2. ações da sociedade que auxiliem no combate às infrações; [valor: 6,00 pontos] 3. atitudes individuais para a diminuição das infrações. [valor: 6,00 pontos]
PM-SP - 2019 - SOLDADO	Prova Dissertativa (Parte II), de caráter eliminatório e classificatório, visa avaliar a capacidade do candidato de produzir uma redação que atenda ao tema e ao gênero/tipo de texto propostos, além de seu domínio da norma culta da língua portuguesa e dos mecanismos de coesão e coerência textual;	Não foi informado o tema nem o tipo de texto (dissertativo, narrativo, descritivo).	A popularização da internet ameaça o poder de influência da televisão?

A partir disso, o aluno deve direcionar a sua leitura para temas da atualidade, para matéria do conteúdo programático (conhecimentos específicos) ou para assunto relacionado ao cargo ou à instituição a que está concorrendo. É crucial que conheça a banca examinadora e que tenha contato com as provas anteriores a fim de observar o perfil das propostas de redação.

Em geral, as bancas de concursos públicos exigem textos dissertativos e apontam qual assunto o tema abordará (atualidades ou conteúdo programático). Quando isso não ocorrer, deve-se levar em consideração o perfil da banca e as provas anteriores para o mesmo cargo.

1.3 Orientações para o texto definitivo

a) Não use a 1ª pessoa do singular: os textos formais exigem a impessoalização da linguagem. Isso significa que, às vezes, é necessário omitir os agentes do discurso e as diversas vozes que compõem um texto. Então, empregue a terceira pessoa do singular ou do plural.

Ex.: **Eu acredito** que a pena de morte deve ser aplicada em casos de crimes hediondos. (Incorreto)

Acredita-se que a pena de morte deve ser aplicada em casos de crimes hediondos. (Correto)

Devemos analisar alguns fatores que contribuem para esse problema. (incorreto)

Alguns fatores que contribuem para esse problema devem ser analisados. (Correto)

Atenção!

A primeira pessoa do plural deve ser um sujeito socialmente considerado, como em "Nós (brasileiros) devemos entender que o voto é uma importante ferramenta para se alcançar uma mudança." Não empregue de forma indiscriminada.

Como impessoalizar a linguagem do texto dissertativo-argumentativo?

▹ **Oculte o agente:**

Para deixar o discurso mais objetivo, prefira por ocultar o agente sempre que possível. Isso pode ser feito por meio de expressões como: é importante, é preciso, é indispensável, é urgente, é crucial, é necessário, já que elas não revelam o agente da ação:

Ex.: É necessário discutir alguns aspectos relacionados a essa temática.

É essencial investir em educação para minimizar tais problemas.

▹ **Indetermine o sujeito:**

Indeterminar o sujeito também é uma estratégia de ocultar o agente da ação verbal. A melhor forma de empregar essa técnica é por meio do pronome indeterminador do sujeito (se).

| Muito **se** tem discutido sobre a redução da maioridade penal.

Acredita-se que a desigualdade social contribui para o aumento da violência.

▹ **Empregue a voz passiva:**

Na voz passiva, o sujeito da oração torna-se paciente, isto é, ele sofre a ação expressa pelo fato verbal. Empregá-la é um recurso que também oculta o agente da ação.

Ex.: Devem ser analisados alguns fatores que contribuem para o aumento da violência.

Medidas devem ser tomadas para a pacificação da sociedade.

a) Jamais se dirija ao leitor: o leitor é o examinador e o candidato não deve estabelecer um diálogo com ele.

b) Não use gírias; clichês, provérbios e citações sem critério. você pode acabar errando o autor da expressão (o que pega muito mal), ou até mesmo usá-la fora de contexto, o que pode direcionar a sua redação para um lado que você não quer. Os ditados populares empobrecem o texto. Os examinadores não gostam de ver o senso comum se repetindo.

| Desde os primórdios da humanidade; fechar com chave de ouro.

a) Evite a construção de períodos longos: pode prejudicar a clareza textual. Além disso, procure escrever na ordem direta.

b) Respeite as margens da folha de redação: não ultrapasse o limite estipulado na folha do texto definitivo.

c) Não use corretivo: se errar alguma palavra, risque (com um traço penas) e prossiga. Não use parênteses nem a palavra "digo".

| A sociadade sociedade deve se conscientizar do seu papel.

a) Evite algarismos, a não ser que se trate de anos, décadas, séculos ou referências a textos legais (artigos, decretos, etc.).

b) A letra deve ser legível: pode ser letra cursiva ou de imprensa. Não se esqueça de fazer a distinção entre maiúscula e minúscula.

c) Cuidado com a separação silábica.

Translineação: é a divisão das palavras no fim da linha. Eva em conta não apenas critérios de correção gramatical, mas também recomendações estilísticas (estética textual).

1) Não se isola sílaba forma apenas por uma vogal;

2) Não se isola elemento cacofônico;

3) Na partição de palavras hifenizadas, recomenda-se repetir o hífen na linha seguinte.

Maria foi secretária, ministra e era muito **a-**
miga do antigo presidente. Quando entrou na dis-
puta eleitoral, todos nós esperávamos que, lançando-
se candidata, facilmente ganharia as eleições.
INADEQUADO

Maria foi secretária, ministra e era muito
amiga do antigo presidente. Quando entrou na **disputa**
eleitoral, todos nós esperávamos que, lançando-
-se candidata, facilmente ganharia as eleições.
ADEQUADO

a) Não use as palavras generalizadoras, afinal sempre há uma exceção, um exemplo contrário ou algo assim.

| "Todos jogam lixo no chão" ou "Ninguém faria isso" ou "Isso jamais vai acontecer, é impossível."

a) Não invente dados estatísticos, pesquisas, mentiras convincentes.

b) Não use a ironia. A ironia é uma figura de linguagem que não deve ser utilizada no texto dissertativo argumentativo. Nele nada deve ficar subentendido. A escrita deve ser sempre clara, sem nada oculto, sem gracinha e de forma argumentativa.

c) Não é uma boa ideia usar palavras rebuscadas. Seu texto pode ficar sem fluência e clareza, dificultando a compreensão do corretor. Lembre-se: linguagem formal não é sinônimo de linguagem complicada.

| Hodiernamente, mister, mormente, dessarte, etc.

a) Evite estrangeirismo: empregar palavras estrangeiras em meio à nossa língua de forma desnecessária. Não é necessário fazer isso se há no português uma palavra correspondente que pode ser usada.

| Ex.: Stress em vez de estresse

b) Não se utilize de pergunta retórica.

Pergunta retórica: é uma interrogação que não tem como objetivo obter uma resposta, mas sim estimular a reflexão do indivíduo sobre determinado assunto.

1.4 Temas e textos motivadores

Os textos motivadores - um grupo de textos apresentados junto à proposta de redação - têm a função de situar o candidato acerca do tema proposto, fornecendo elementos que possam ajudá-lo a refletir sobre o assunto abordado. Tais textos servem para estimular ideias para o desenvolvimento do tema e são úteis por ajudar a manter o foco temático.

O papel dos textos motivadores da prova de redação é o de motivar, inspirar e contextualizar o candidato em relação ao tema proposta.

Esses textos não estão ali por acaso, então devem ser utilizados, e podem evitar que o candidato escreva uma redação genérica. Contudo, não podem ser copiados, pois as provas que contêm cópias terão as linhas desconsideradas e podem, quando em excesso, levar à nota zero.

Então, a intenção não é que o aluno reproduza as informações contidas nos textos motivadores. O que se deseja é que o candidato leia os textos, interprete-os e reelabore-os, interligando-os à sua discussão. Assim sendo, o ideal é retirar de cada texto motivador as ideias principais e que podem ser utilizadas na sua produção escrita.

Leia todos com atenção e não se esqueça de procurar estabelecer uma relação entre eles, ou seja, busque os pontos em comum, e os conecte de uma maneira que defina argumentos consistentes para sua redação. Escreva as principais ideias em forma de tópicos e com as suas palavras.

1.4.1 Tipos de textos motivadores

Os textos motivadores podem ser de vários tipos

▷ Matérias jornalísticas/ Reportagens

Um dos tipos mais comuns de textos motivadores são as matérias jornalísticas. Para que haja maior entendimento sobre elas, análise:

O que acontece?

Com quem acontece?

Em que lugar acontece?

Quando acontece?

De que modo acontece?

Por que acontece?

Para que acontece?

▷ Charges/Tirinhas

As charges ou as tirinhas são uma forma curta e, muitas vezes, descontraída de apresentar informações relevantes para a produção do texto. Repare nelas:

Os personagens;

O ambiente;

O assunto principal;

A linguagem utilizada (formal, informal, com figuras de linguagem ou não, com marcas de regionalismo ou não etc.).

▷ Gráficos

Os gráficos possibilitam uma leitura mais ágil das informações. Ao se deparar com eles, observe o seguinte:

O título;

As informações na horizontal e na vertical;

A forma como os índices foram representados (colunas, fatias etc.);

O uso de cores diferentes (caso haja);

A fonte da qual as informações foram coletadas.

▷ Imagens

Muitas vezes as imagens podem vir sem nenhuma palavra. Se isso ocorrer, note:

O que é a imagem (foto, quadro etc.)?

Quem é o autor dela?

Qual é o assunto principal?

O que está sendo retratado?

Há marcas temporais ou regionais na imagem?

Se o aluno não souber nada sobre a temática apresentada, os textos motivadores podem ser um ótimo suporte. Além dos dados expostos, tais textos também provocam a reflexão sobre outros aspectos do problema e jamais devem ser ignorados.

1.5 Título

O título só é obrigatório se for solicitado nas instruções da prova de redação.

Pode ser que a Banca examinadora deixe o espaço para o título, nesse caso, ele também é obrigatório.

Se puser o título e não for obrigatório (não for exigido), não receberá mais pontos por isso e só terá pontos descontados se contiver algum erro nele.

Caso se esqueça de colocar título quando for obrigatório, a redação não será anulada, mas poderá ter pontos (poucos) descontados.

Dicas:

- Nunca utilize tema como título;
- Não coloque ponto final;
- Não escreva todas as palavras com letra maiúscula;
- Não pule linha depois do título;
- Construa-o quando terminar o texto.

1.6 O texto dissertativo

Dissertar significa expor algum assunto. Dependendo da maneira como o esse assunto seja abordado, a dissertação poder ser **expositiva** ou **argumentativa.**

▷ **Dissertação expositiva: apresenta informações sobre assuntos, expõe, explica, reflete ideias de modo objetivo, imparcial. O autor é o porta-voz de uma opinião, ou seja, a intenção é expor fatos, dados estatísticos, informações científicas, argumentos de autoridades etc. Este tipo de texto pode ter duas abordagens:** Estudo de Caso (em que é apresentada uma solução para a situação hipotética apresentada) e Questão Teórica (em que é preciso apresentar conceitos, normas, regras, diretrizes de um determinado conteúdo).

Vejamos um exemplo do tipo expositivo.

A forma temporária como tratam os vídeos criados reflete outro aspecto característico desses apps. Em oposição à noção de que tudo o que é postado na internet fica registrado para a eternidade (e tem potencial de se transformar em viral), os aplicativos querem passar a sensação de efêmero. Quem não viu a transmissão ao vivo dificilmente terá nova chance. Nisso, eles se assemelham a outro app de sucesso, o Snapchat, serviço de troca de mensagens pelo qual o conteúdo é destruído segundos após ser recebido pelo destinatário.

(VEJA, 2015, p. 98)

▷ **Dissertação argumentativa:** defende uma tese (ideia, ponto de vista) por meio de estratégias argumentativas. Tem a intenção de persuadir (convencer) o interlocutor. Em geral, há o predomínio da linguagem denotativa, de conectores de causa-efeito, de verbos no presente.

Vejamos agora um exemplo do tipo argumentativo.

Fazer pesquisa crítica envolve difíceis decisões de cunho ético e político a fim de que, não importa quais sejam os resultados de nossos estudos, nosso compromisso com os sujeitos pesquisados seja mantido. A questão é complexa por causa das múltiplas realidades dos múltiplos participantes envolvidos na pesquisa naturalística da visa social. Por exemplo, no projeto de pesquisa de referência neste artigo, havia um componente que envolvia a observação participante da sala de aula, isto é, a observação à procura das unidades e elementos significativos para os próprios participantes da situação.

(KLEIMAN, 2001, p. 49)

Quando o texto dissertativo se dedica mais a expor ideias, a fazer que o leitor/ouvinte tome conhecimento de informações ou interpretações dos fatos, tem caráter expositivo e podemos classificá-lo como expositivo. Quando as interpretações expostas pelo texto dissertativo vão mais além nas intenções e buscam explicitamente convencer o leitor/ouvinte sobre a validade dessas explicações, classifica-se o texto como argumentativo (COROA , 2008b, p. 121).

Vale mencionar que, muitas, vezes, nos editais, não fica claro se o texto será expositivo ou argumentativo. Quando isso ocorrer, o candidato deve analisar as provas anteriores para traçar o perfil da banca examinadora. Mas não se preocupe, pois a estrutura de ambos é igual, ou seja, os dois tipos de texto devem conter introdução, desenvolvimento e conclusão. Além disso, no primeiro parágrafo, deve haver a apresentação da ideia central que será desenvolvida.

Veja as propostas a seguir:

Foi recentemente publicado no Americam Journal of Preventive Medicine um estudo com adultos jovens, de 19 a 32 anos de idade, apontando que quanto maior o tempo dispendido em mídias sociais de relacionamento, maior a sensação de solidão das pessoas. Além disso, esse estudo demonstrou também que quanto maior a frequência de uso, maior a sensação de isolamento social.

(Adaptado de: ESCOBAR, Ana. Disponível em: http://g1.globo.com)

Com base nas ideias do texto acima, redija uma dissertação sobre o tema:

Isolamento social na era da comunicação virtual

A partir da proposta apresentada, pode-se inferir que o examinador quer saber o ponto de vista (opinião) do candidato em relação ao assunto. A intenção é que seja apontado o que ele pensa a respeito do tema, e não que ele apresente de forma objetiva informações a fim de esclarecer determinado assunto. Então, resta claro que a dissertação terá caráter argumentativo.

Agora veja a proposta seguinte:

A segurança jurídica tem muita relação com a ideia de respeito à boa-fé. Se a administração adotou determinada interpretação como a correta e a aplicou a casos concretos, não pode depois vir a anular atos anteriores, sob o pretexto de que os mesmos foram praticados com base em errônea interpretação. Se o administrado teve reconhecido determinado direito com base em interpretação adotada em caráter uniforme para toda a administração, é evidente que a sua boa-fé deve ser respeitada. Se a lei deve respeitar o direito adquirido, o ato jurídico perfeito e a coisa julgada, por respeito ao princípio da segurança jurídica, não é admissível que os direitos do administrado fiquem flutuando ao sabor de interpretações jurídicas variáveis no tempo.

Maria Sylvia Zanella Di Pietro. Direito administrativo. p. 85 (com adaptações).

Considerando que o texto apresentado tem caráter estritamente motivador, elabore uma dissertação a respeito dos atos administrativos e da segurança jurídica no direito administrativo brasileiro, abordando, necessariamente, os seguintes aspectos:

1. os elementos de validade do ato administrativo e os critérios para sua convalidação; [valor: 14,00 pontos]

2. distinção entre ato administrativo nulo, anulável e inexistente; [valor: 10,00 pontos]

3. o controle exercido de ofício pela administração pública sobre os seus atos e o dever de agir e de prestar contas. [valor: 14,00 pontos]

Considerando o tema proposto e os tópicos apresentados, pode-se perceber que o candidato deve, necessariamente, produzir um texto expositivo, já que o examinador avaliará o conhecimento técnico dele sobre o assunto, e não o seu ponto de vista, a sua opinião. Para isso, deverá fundamentar suas ideias por meio de leis, doutrina, jurisprudência, citação de uma autoridade no assunto.

1.7 Estrutura do texto dissertativo

Não há dúvida de que todo texto dissertativo (expositivo ou argumentativo) deve ter início, meio e fim, ou seja, introdução, desenvolvimento e conclusão.

- **Introdução:** a importância da introdução é evidente, pois é ela que determina o tom do texto, o encaminhamento do desenvolvimento e sua estrutura. Então, ela deve ser vista como um compromisso que o autor assume com o restante do desenvolvimento. Nela haverá a contextualização do assunto que será desenvolvido ao longo do texto, ou seja, apresentação da ideia que será defendida (argumentação) ou esclarecida (exposição).
- **Desenvolvimento:** é a parte da redação em que há o desenvolvimento da ideia apresentada no primeiro parágrafo. Vai ocorrer a comprovação da tese por meio de argumentos – texto argumentativo – ou a exposição de informações a fim de esclarecer um assunto – texto expositivo.

Estrutura dos parágrafos de desenvolvimento:

Tópico frasal: apresentação da ideia-núcleo que será desenvolvida(introdução);

Comprovação da ideia-núcleo (desenvolvimento);

Fechamento do parágrafo (conclusão).

Jamais construa parágrafos com apenas um período. Os parágrafos de desenvolvimento devem ter, no mínimo, três períodos.

- **Conclusão:** consiste no fechamento das ideias apresentadas. Não podem ser expostos argumentos novos nesse parágrafo. O que ocorre é a retomada da ideia central (tese ou tema) e a apresentação das considerações finais.

2 DISSERTAÇÃO EXPOSITIVA E ARGUMENTATIVA

2.1 Dissertação expositiva

A dissertação expositiva tende à simples exposição de ideias, de informações, de definições e de conceitos, sem necessidade de um forte convencimento do leitor.

Quando o texto dissertativo se dedica mais a expor ideias, a fazer que o leitor/ouvinte tome conhecimento de informações ou interpretações dos fatos, tem caráter expositivo e podemos classificá-lo como expositivo. (COROA , 2008b, p. 121).

2.2 Estrutura do texto dissertativo-expositivo

Na introdução, há a apresentação do tema (parágrafo mais curto). Como não há tese, o candidato deve fazer a apresentação do tema (ideia central do texto).

▹ **Tipos de introdução:**

- **Definição:** tem por objetivo expor uma definição, uma ideia, uma expressão. Para isso, é importante ter como referência os sentidos expostos em dicionários, leis, doutrinas, etc.
- **Paráfrase:** é uma reescritura do tema e dos tópicos apresentados na proposta de redação. Não pode haver alteração de sentido e deve ser respeitada a simetria (paralelismo) sintático e semântico.
- **Citações e estatísticas:** neste tipo de introdução, o candidato traz uma frase (citação) de algum especialista no assunto, ou estatísticas a respeito do tema. Importante tomar cuidado para não trazer citações "vazias", que não sejam relacionadas ao assunto, e também se preocupar em fazer uma análise a respeito das estatísticas trazidas, para que elas não fiquem deslocadas.

▹ No desenvolvimento, há a apresentação de informações sobre assuntos, exposição, explicação de ideias de modo objetivo, fundamentação por meio de leis, citação de autores, exemplos etc. Segundo fulano de tal, ...; Segundo a Lei Tal,..., Conforme entendimento do STF, ... Em outras palavras, há presença de dados polifônicos. Não há opinião do candidato aqui, e sim apresentação do seu conhecimento técnico sobre determinado assunto.

ELEMENTOS COESIVOS PARA INCIAR OS PARÁGRAFOS DE DESENVOLVIMENTO

A primeira delas... A primeira dessas questões ... O primeiro desses pontos ... Em primeiro lugar, ...	→	1º PARÁGRAFO DE DESENVOLVIMENTO
Outra questão importante é... Também é de suma importância ... O segundo dos aspectos ... Além disso, ... Em segundo lugar, ...	→	2º PARÁGRAFO DE DESENVOLVIMENTO
Há de se considerar também, ... Há de se considerar, por último, ... O terceiro dos aspectos, ...	→	3º PARÁGRAFO DE DESENVOLVIMENTO

▹ Na conclusão, ocorrerá a retomada da ideia central.

Tipos de conclusão:

- **Síntese:** consiste em sintetizar as ideias que foram abordadas ao longo da dissertação, confirmando a ideia central que aparece na introdução do texto.
- **Proposta de intervenção:** elaborar uma sugestão para solucionar o problema posto em debate na proposta de redação. Essas sugestões precisam ter três características muito importantes. Em primeiro lugar, é preciso que elas sejam aplicáveis ao tema e ao que foi dito no texto. Além disso, as sugestões precisam ser detalhadas. A proposta bem elaborada deve conter um detalhamento do que fazer, como fazer, os meios e os participantes da proposta. Por último, proposta apresentada deve ser executável, ou seja, possível de ser realizada. Não adianta apresentar soluções utópicas e fantasiosas, pois elas não serão realizadas.
- **Dedução:** trata-se de um processo de raciocínio em que a conclusão é alcançada a partir de um conjunto de premissas abordadas em uma afirmação e que constroem um pensamento lógico. Isso se chama "regras de inferência". O candidato vai explorar nos parágrafos dedicados ao desenvolvimento da dissertação, tudo aquilo que sabe sobre o tema, fazer as devidas relações e, no momento da conclusão, manifestar o que se pode deduzir dessas informações.

ELEMENTOS COESIVOS PARA INCIAR O ÚLTIMO PARÁGRAFO

Por fim, ...

Por último, ...

Finalmente, ...

Em último lugar, ...

2.3 Propostas de dissertação expositiva

PROPOSTA I

A remição de pena, ou seja, o direito do condenado de abreviar o tempo imposto em sua sentença penal, pode ocorrer mediante trabalho, estudo e, de forma mais recente, pela leitura, conforme disciplinado pela Recomendação n.º 44/2013 do CNJ. A remição de pena, prevista na Lei de Execução Penal, está relacionada ao direito constitucional de individualização da pena. Dessa forma, as penas devem ser justas e proporcionais, além de particularizadas, levando-se em conta a aptidão à ressocialização demonstrada pelo apenado por meio do estudo ou do trabalho.

A possibilidade de remir a pena por meio da leitura já é realidade em diversos presídios do país. De acordo com a Recomendação n.º 44/2013 do CNJ, deve ser estimulada a remição pela leitura como forma de atividade complementar, especialmente para apenados aos quais não sejam assegurados os direitos ao trabalho, à educação e à qualificação profissional. Para isso, há necessidade de elaboração de um projeto pela autoridade penitenciária estadual ou federal com vistas à remição pela leitura, assegurando-se, entre outros critérios, a participação voluntária do preso e a existência de um acervo de livros dentro da unidade penitenciária. Segundo a norma, o preso deve ter o prazo de 21 a 30 dias para a leitura de uma obra, apresentando, ao final do período, uma resenha a respeito do assunto, que deverá ser avaliada pela comissão organizadora do projeto. Cada obra lida possibilita a remição de quatro dias de pena, com o limite de doze obras por ano, ou seja, no máximo 48 dias de remição por leitura a cada doze meses.

Internet: <www.cnj.jus.br> (com adaptações).

A Assembleia Legislativa do Ceará aprovou projeto de lei que altera o art. 4.º da Lei n.º 15.718/2014, elaborada conforme recomendação do CNJ. O projeto de lei torna expressa a possibilidade da leitura de livros religiosos proporcionarem a remição da pena em execução penal. Segundo a Secretaria de Administração Penitenciária (SAP), atualmente, no projeto Livro Aberto, são 5.100 detentos que leem mensalmente em 17 unidades prisionais do Ceará. O preso escolhe, a cada mês, uma obra literária dentre os títulos selecionados para a leitura, o que agora poderá incluir livros religiosos. Em seguida, o apenado redigirá relatório de leitura ou resenha — a ser elaborados de forma individual, presencial e em local adequado —, devendo atingir nota igual ou superior a 6,0 para ser aprovado pela Secretaria de Educação do Estado do Ceará (SEDUC). Depois, isso é levado para a vara judicial, para ser avaliada a redução da pena.

Internet: <www.ceara.gov.br> (com adaptações).

É indiscutível que a obra literária tem o poder de reorganizar a nossa visão de mundo, nossa mente e nossos sentimentos, tocando nosso espírito por meio das palavras, que não são apenas a forte presença do nosso código; elas comunicam sempre alguma coisa que nos toca, porque obedece a certa ordem. O caos originário dá lugar à ordem e, por conseguinte, a mensagem pode atuar. Uma boa notícia é que toda obra literária pressupõe essa superação do caos, determinada por um arranjo especial das palavras, fazendo uma proposta de sentido.

Maria Luzineide P. da C. Ribeiro e Maria do Rosário C. Rocha. Olhando pelo avesso: reflexões sobre a remição de pena pela leitura e a escolarização nas prisões brasileiras. In: Fernanda Marsaro dos Santos et al. (Org.). Educação nas prisões. 1.ª ed. Jundiaí: Paco, 2019, p. 203 (com adaptações).

A leitura é um poderoso instrumento de ascensão social, de amadurecimento do ser em relação à sua função dentro de uma complexa sociedade, de absorção da sua cultura ao redor (...) é uma atividade essencial a qualquer área do conhecimento e mais essencial ainda à própria vida do ser humano.

Fernanda M. dos Santos, Gesuína de F. E. Leclerc e Luciano C. Barbosa. Leitura que liberta: uma experiência para remição de pena no Distrito Federal. In: Fernanda Marsaro dos Santos et al. (Org.). Educação nas prisões. 1.ª ed. Jundiaí: Paco, 2019, p. 21.

Considerando que os textos anteriormente apresentados têm caráter unicamente motivador, redija um texto dissertativo abordando os seguintes aspectos acerca da remição de pena pela leitura.

1 A remição de pena pela leitura como forma de ressocialização. [valor: 9,50 pontos]

2 A importância da leitura como forma de reorganização da visão de mundo do detento. [valor: 9,50 pontos]

3 Possibilidades e desafios da implementação de projetos de leitura no sistema prisional brasileiro. [valor: 9,50 pontos]

Padrão de resposta da banca

O candidato deve redigir um texto dissertativo em que aborde os aspectos propostos, acerca da remição de pena pela leitura, de maneira clara e coerente, empregando mecanismos de coesão textual. O candidato deve demonstrar conhecer a atualidade do tema da remição de pena pela leitura como forma de ressocialização, bem como discorrer sobre a importância da leitura como possibilidade de ampliação da visão de mundo do participante do projeto dentro do estabelecimento prisional. Para tanto, pode, por exemplo, mencionar a Jornada da Leitura no Cárcere, evento cuja primeira edição ocorreu em fevereiro de 2020, com apoio do CNJ, a fim de identificar, refletir e disseminar as boas práticas de leitura no sistema carcerário. Por fim, o candidato deve discorrer sobre possibilidades de projetos de leitura que podem ser implementados no sistema penitenciário brasileiro e os desafios para que projetos dessa natureza sejam colocados em prática.

PROPOSTA II

Lei n.º 12.305, de 2 de agosto de 2010

Art. 6.º São princípios da Política Nacional de Resíduos Sólidos:

(...)

VI – a cooperação entre as diferentes esferas do poder público, o setor empresarial e demais segmentos da sociedade;

VII – a responsabilidade compartilhada pelo ciclo de vida dos produtos;

VIII – o reconhecimento do resíduo sólido reutilizável e reciclável como um bem econômico e de valor social, gerador de trabalho e renda e promotor de cidadania;

IX – o respeito às diversidades locais e regionais;

(...).

Internet: <mma.gov.br> (com adaptações).

Média da composição gravimétrica dos resíduos sólidos gerados no Brasil resíduos participação

Resíduos	Participação (%)	Quantidade (t por dia)
Material reciclável	31,9	58.527,40
metais	2,9	5.293,50
aço	2,3	4.213,70
alumínio	0,6	1.079,90
papel, papelão e tetrapak	13,1	23.997,40
plástico total	13,5	24.847,90
plástico firme	8,9	16.399,60
plástico rígido	4,6	8.449,30
vidro	2,4	4.388,60
material orgânico	51.4	94.335,10
outros	16,7	30.618,90
total	100	183.481,50

Internet: <www.politize.com.br> (com adaptações).

À proporção em que aumenta o número de habitantes nas cidades, cresce a geração de lixo. Observa-se que as cidades, cada vez mais, apresentam dificuldades para implantar, ordenar e gerenciar de modo sustentável os resíduos por elas gerados. Nesse contexto, em 12/8/2010, foi instituída a Política Nacional de Resíduos Sólidos (PNRS), pela Lei n.º 12.305/2010, que definiu princípios, objetivos, instrumentos e diretrizes relativos à gestão e ao gerenciamento de resíduos sólidos, incluídos os perigosos, em âmbito nacional.

Entre os conceitos introduzidos está o de responsabilidade compartilhada pelo ciclo de vida dos produtos: "conjunto de atribuições individualizadas e encadeadas dos fabricantes, importadores, distribuidores e comerciantes, dos consumidores e dos titulares dos serviços públicos de limpeza urbana e de manejo dos resíduos sólidos, para minimizar o volume de resíduos sólidos e rejeitos gerados, bem como para reduzir os impactos causados à saúde humana e à qualidade ambiental decorrentes do ciclo de vida dos produtos, nos termos desta Lei". Isso quer dizer que a lei exige que as empresas assumam o retorno de seus produtos descartados e cuidem da adequada destinação ao final de seu ciclo de vida útil.

Internet: <oeco.org.br> (com adaptações).

Cerca de 80% do impacto de um produto na natureza está relacionado ao seu design e a toda a cadeia logística. Assim, torna-se necessário rever os tipos de materiais produzidos e repensar suas formas de produção, para que seu destino final seja o começo de um novo ciclo, e não os aterros sanitários e os oceanos. O principal objetivo da economia circular é acabar com os resíduos, ou seja, não gerar desperdício.

Internet: <positiva.eco.br> (com adaptações).

Considerando que os fragmentos de texto precedentes têm caráter motivador, redija um texto dissertativo sobre o seguinte tema.

O DESCARTE DE RESÍDUOS SÓLIDOS NO BRASIL NO SÉCULO XXI

Ao elaborar seu texto, responda aos seguintes questionamentos.

1. Por que o modelo de descarte de resíduos sólidos predominante até o início do século XXI deve ser substituído? [valor: 9,50 pontos]

2. Em que consistem a economia circular e a responsabilidade compartilhada e de que forma esses novos conceitos podem impactar a economia do país? [valor: 19,00 pontos]

Padrão de resposta da banca

Com relação ao aspecto 1, o candidato pode mencionar que o modelo de descarte de resíduos sólidos predominante até o início do século XXI acarreta as consequências como as mencionadas a seguir:

– para o meio ambiente: nos lixões, os resíduos são depositados a céu aberto, sem tratamento ou controle ambiental, o que contribui para o aumento da poluição; há agravamento do efeito estufa em razão da produção de gás metano e contaminação do lençol freático por meio do chorume que é produzido;

– para a saúde pública: os lixos expostos atraem animais vetores de doenças; os catadores de lixo, nos lixões, ficam expostos ao contato direto com agentes físicos, químicos e biológicos potencialmente nocivos; o sentimento de marginalização dos indivíduos que sobrevivem do descarte alheio é intensificado, o que agrava os problemas sociais existentes;

– para a economia: parte da população marginalizada do mercado formal busca a sobrevivência nos restos produzidos pela sociedade; com isso, prejudica-se a economia que gira em torno do mercado formal e aumentam-se os gastos públicos para a recuperação da saúde das pessoas submetidas a essas condições de insalubridade.

Por essas e por outras razões, o modelo de descarte de resíduos sólidos predominante até o início do século XXI precisa ser substituído por outro, que seja sustentável para o planeta.

Com relação ao aspecto 2, o candidato deve explicitar em que consiste a economia circular e a responsabilidade compartilhada. Pode mencionar, por exemplo, que a economia circular visa ao máximo aproveitamento dos materiais, de forma que se produza o mínimo de resíduos (diferentemente da economia linear, em que algo é produzido, consumido e descartado), e que a responsabilidade compartilhada, que envolve o recolhimento de um produto pela empresa fabricante após o seu ciclo de uso, para que se dê a destinação adequada a ele, favorece o reaproveitamento de materiais e a diminuição da produção de resíduos. Assim, a economia circular e a responsabilidade compartilhada impactam o modo de fabricação de produtos, uma vez que visam cada vez mais ao reaproveitamento dos materiais que já existem e cada vez menos ao emprego de novas matérias-primas, o que se reverte em menos danos ao meio ambiente. A economia circular e a responsabilidade compartilhada impactam, ainda, o modo como um produto é consumido e a valorização de suas características: um produto de vida útil mais longa, fabricado com materiais que podem ser reaproveitados ou que se decompõem mais rapidamente, é mais valorizado, em detrimento daquele que não compartilha dessas características, como o produto gerado sob condição de obsolescência programada, por exemplo.

PROPOSTA III

O Estado, como pessoa jurídica, é um ser intangível. Somente se faz presente no mundo jurídico por meio de seus agentes, pessoas físicas cuja conduta é a ele imputada. O Estado, por si só, não pode causar danos a ninguém. Segundo o direito positivo, o Estado é civilmente responsável pelos danos que seus agentes causarem a terceiros. Sendo-o, incumbe-lhe reparar os prejuízos causados, mediante obrigação de pagar as devidas indenizações.

José dos Santos Carvalho Filho. Manual de direito administrativo. 32.ª ed. São Paulo: Atlas, 2018 (com adaptações).

Considerando que o fragmento de texto anteriormente apresentado tem caráter unicamente motivador, redija um texto dissertativo acerca da responsabilidade civil do Estado, abordando, necessariamente, os seguintes tópicos:

1 a teoria da responsabilidade civil do Estado atualmente aplicada no direito brasileiro; [valor: 9,00 pontos]

2 requisitos da responsabilidade civil; [valor: 20,00 pontos]

3 direito de regresso. [valor: 9,00 pontos]

Padrão de resposta da banca

1 A teoria da responsabilidade civil do Estado aplicada atualmente no direito brasileiro é a teoria da responsabilidade objetiva do Estado. Ela dispensa o fator culpa em relação ao fato danoso, ou seja, a culpa é desconsiderada com pressuposto da responsabilidade. Esta teoria é informada pela teoria do risco administrativo e pela teoria do risco integral. Na primeira, é possível aplicar as causas excludentes da responsabilidade do Estado (culpa da vítima, culpa de terceiros ou força maior). Na segunda, não.

2 Os requisitos da responsabilidade civil do Estado são: a) fato administrativo, que é considerado qualquer conduta, comissiva ou omissiva, legítima ou ilegítima, singular ou coletiva, atribuída ao poder público; b) dano, pois não há responsabilidade sem que haja o dano, seja material, seja moral; e c) nexo causal, pois somente haverá responsabilidade se houver uma relação de causalidade entre o fato administrativo e o dano. Ao lesado cabe demonstrar que o prejuízo sofrido se originou da conduta estatal.

3 O direito de regresso é garantido ao Estado no sentido de dirigir sua pretensão indenizatória contra o agente responsável pelo dano, se ele tiver agido com dolo ou culpa, conforme dispõe o § 6.º do art. 37 da Constituição Federal de 1988: "Art. 37. (...) § 6.º As pessoas jurídicas de direito público e as de direito privado prestadoras de serviços públicos responderão pelos danos que seus agentes, nessa qualidade, causarem a terceiros, assegurado o direito de regresso contra o responsável nos casos de dolo ou culpa".

PROPOSTA IV

Art. 215. O Estado garantirá a todos o pleno exercício dos direitos culturais e acesso às fontes da cultura nacional, e apoiará e incentivará a valorização e a difusão das manifestações culturais. § 1.º O Estado protegerá as manifestações das culturas populares, indígenas e afro-brasileiras, e das de outros grupos participantes do processo civilizatório nacional.

Brasil. Constituição da República Federativa do Brasil. Brasília - DF: Senado Federal, 1988.

Os direitos culturais protegem o potencial que cada pessoa possui — individualmente, em comunidade com outros e como grupo de pessoas — para desenvolver e expressar sua humanidade e visão de mundo, os significados que atribui a sua experiência e a maneira como o faz. Os direitos culturais podem ser considerados como algo que protege o acesso ao patrimônio e aos recursos culturais que permitem a ocorrência desses processos de identificação e de desenvolvimento.

Entrevista com Farida Shaheed, da ONU. In: Revista Observatório Itaú Cultural, n.º 11, jan.-abr./2011 (com adaptações).

Integrar os direitos culturais ao rol de direitos humanos — ou seja, considerá-los direitos inerentes ao ser humano — traz consequências importantes ao tratamento desses direitos, que não podem, por exemplo, sofrer nenhum tipo de distinção de raça, cor, sexo, língua, religião, opinião política, origem social ou nacional ou condição de nascimento ou riqueza. Tais direitos incorporam, ainda, outras características dos direitos humanos: são fundados no respeito pela dignidade e no valor de cada pessoa; são universais, ou seja, são aplicados de forma igual e sem discriminação a todas as pessoas; são inalienáveis, de modo que ninguém pode ser privado de seus direitos humanos (apesar de eles poderem ser limitados em situações específicas); são indivisíveis, inter-relacionados e interdependentes, já que não é suficiente respeitar apenas parte dos direitos humanos; e devem ser vistos como de igual importância entre si.

Nicolas Allen. Os direitos culturais como direitos humanos: breve sistematização de tratados internacionais. Internet: <http://institutodea.com> (com adaptações).

Considerando que os fragmentos de textos apresentados anteriormente têm caráter unicamente motivador, redija um texto dissertativo abordando:

1 a importância da cultura para a formação integral do ser humano; [valor: 14,00 pontos]

2 a relação entre cultura e cidadania; [valor: 12,00 pontos]

3 o dever do Estado de garantir o acesso à cultura bem como incentivar a difusão e preservação das manifestações culturais. [valor: 12,00 pontos]

Padrão de resposta da banca

Espera-se que o candidato seja capaz de apresentar argumentos coerentes e determinantes para a defesa do importante papel das manifestações culturais na formação integral do ser humano, mostrando como a cultura é um meio essencial de enriquecimento da maneira como o sujeito enxerga a si mesmo e ao mundo que o cerca. Também se espera que o candidato seja capaz de relacionar a cultura à cidadania, mostrando, mediante argumentos e exemplos consistentes, que fazer da cultura um aspecto de destaque nas sociedades é relevante para a convivência social e para o pleno exercício dos direitos dos cidadãos. Por fim, espera-se que o candidato seja capaz de discorrer acerca do dever do Estado de garantir o acesso à cultura bem como incentivar a difusão e preservação das manifestações culturais, como forma de assegurar o pleno exercício da cidadania pelo povo.

PROPOSTA V

A Lei n.º 11.705/2008, conhecida como Lei Seca, por reduzir a tolerância com motoristas que dirigem embriagados, colocou o Brasil entre os países com legislação mais severa sobre o tema. No entanto, a atitude dos motoristas pouco mudou nesses dez anos. Um levantamento, por meio da Lei de Acesso à Informação, indicou mais de 1,7 milhão de autuações, com crescimento contínuo desde 2008. O avanço das infrações nos últimos cinco anos ficou acima do aumento da frota de veículos e de pessoas habilitadas: o número de motoristas flagrados bêbados continua crescendo, em vez de diminuir com o endurecimento das punições ao longo desses anos.

Internet: <g1.globo.com> (com adaptações).

Nas estradas federais que cortam o estado de Pernambuco, durante o feriadão de Natal, a PRF registrou cento e três acidentes de trânsito, com cinquenta e dois feridos e sete mortos. Segundo a corporação, seis motoristas foram presos por dirigir bêbados e houve oitenta e sete autuações pela Lei Seca. Os números são parte da Operação Integrada Rodovia, deflagrada pela PRF. Em 2017, foram registrados noventa acidentes. No ano passado, a ação da polícia teve um dia a menos.

Internet: <g1.globo.com> (com adaptações).

Considerando que os fragmentos de texto acima têm caráter unicamente motivador, redija um texto dissertativo acerca do seguinte tema.

O COMBATE ÀS INFRAÇÕES DE TRÂNSITO NAS RODOVIAS FEDERAIS BRASILEIRAS

Ao elaborar seu texto, aborde os seguintes aspectos:

1 medidas adotadas pela PRF no combate às infrações; [valor: 7,00 pontos]

2 ações da sociedade que auxiliem no combate às infrações; [valor: 6,00 pontos]

3 atitudes individuais para a diminuição das infrações. [valor: 6,00 pontos]

Padrão de resposta da banca

Quanto ao desenvolvimento do tema, o candidato deve, a partir dos textos motivadores, abordar o tema e os aspectos propostos, de maneira clara e coerente, empregando os mecanismos de coesão textual. A abordagem dada ao tema pode variar, mas o candidato deve demonstrar conhecer a atualidade do tema das infrações nas rodovias, que vitimam inúmeras pessoas, além dos próprios ilícitos cometidos.

Com relação ao aspecto 1, espera-se que o candidato aborde medidas que podem ser implementadas ou que já são adotadas pela Polícia Rodoviária Federal no combate às infrações nas rodovias, como o aumento de efetivo, a ampliação do uso de equipamentos eletrônicos, o incremento de operações integradas no combate aos ilícitos, as campanhas institucionais, entre outras.

No aspecto 2, espera-se que o candidato aborde ações que podem ser feitas pela sociedade para diminuição das infrações, como campanhas de iniciativa privada para aumento da conscientização da conduta a ser praticada, palestras em entidades privadas com ampla divulgação, envolvimento com escolas públicas e privadas em busca da conscientização da sociedade, entre outras.

No que se refere ao aspecto 3, espera-se que o candidato aborde atitudes que o indivíduo pode realizar para combater as infrações, como a própria conscientização da conduta correta a ser praticada, a participação de atividades educativas de trânsito, o envolvimento em atividades de ajuda a vítimas de trânsito, entre outras.

Observação: foram citadas algumas medidas, ações e atitudes neste padrão de resposta apenas como exemplos.

2.4 Dissertação argumentativa

A dissertação argumentativa tem o objetivo de convencer o leitor sobre uma tese, por meio de fortes articulações lógicas entre os significados.

Quando as interpretações expostas pelo texto dissertativo vão mais além nas intenções e buscam explicitamente convencer o leitor/ouvinte sobre a validade dessas explicações, classifica-se o texto como argumentativo (COROA , 2008b, p. 121).

2.5 Estrutura do texto dissertativo-argumentativo

Na Introdução, deve haver a contextualização do tema. Em seguida, deve ser apresentada a tese que será desenvolvida (ponto de vista). Por fim, podem ser apresentados os argumentos para a defesa dessa opinião (opcional).

Tipos de introdução

- O candidato pode utilizar a definição ou citações e estatísticas, mas deve, em seguida, apresentar a tese (opinião).
- **Roteiro:** tem por objetivo apresentar ao leitor o roteiro que será seguido durante o desenvolvimento do seu texto tese + argumentos); assim, ao citar o roteiro na introdução, o autor deve segui-lo até o final, para que não haja incoerências.
- **Exemplo:** Em virtude da onda de conservadorismo que o Brasil vive na atualidade, tornam-se comuns as discussões sobre direitos coletivos. Nesse cenário, é importante analisar as causas do conservadorismo moderno e os reflexos dele nos direitos da coletividade.
- **Alusão histórica:** representa um tipo de introdução em que um fato passado se relaciona de algum modo a um fato presente, servindo de ponto de reflexão ou ela semelhanças entre eles, ou pelas diferenças. Após a contextualização, deve ser apresentada a tese.
- **Exemplo:** Por ter pecado nos excessos do liberalismo, a Revolução Francesa foi talvez a que mais contribuiu com o surgimento do conservadorismo. Do mesmo modo, no Brasil esse mesmo processo volta a emergir depois de anos de governo liberal no poder.

▷ O desenvolvimento é o parágrafo em que serão desenvolvidos argumentos para comprovar a tese exposta na introdução. Na primeira frase do parágrafo, ou seja, no tópico frasal é apresentada a ideia central do parágrafo (o argumento). Depois do tópico frasal (introdução), há a comprovação dessa ideia (desenvolvimento) e, por fim, o fechamento do parágrafo (conclusão).

Os diversos argumentos deverão ser sustentados com exemplos e provas que os validem, tornando-os indiscutíveis, como:

- Exemplos;
- Enumeração de fatos;
- Causa e efeito;
- Dados estatísticos;
- Citações de autores renomados;
- Depoimentos de personalidades renomadas;
- Alusões históricas.

▷ Na conclusão há a retomada e a reafirmação da tese inicial, já defendida pelos diversos argumentos apresentados no desenvolvimento.

▷ **Retomada da tese:** a melhor forma de fazer isso é parafraseando a sua tese, ou seja, passando exatamente a mesma ideia, mas com outras palavras.

▷ Os mesmos tipos de conclusão do texto expositivo podem ser usados aqui.

2.6 Propostas de dissertação argumentativa

PROPOSTA I

A partir da leitura do Texto Motivador abaixo e com base em seu conhecimento de mundo, escolha um dos temas e desenvolva um texto dissertativo-argumentativo. Seu texto deverá ser produzido em prosa e conter no mínimo 20 e no máximo 30 linhas.

TEMA: O excesso de imagens e sua relação com a realidade

O mundo das imagens

Talvez se possa dizer que o que predomina na mídia mundial é a imagem. Com frequência, as outras "linguagens" aparecem de maneira complementar [...] ou propriamente subordinada à imagem. Tanto assim que a mídia apresenta aspectos e fragmentos das configurações e movimentos da sociedade global como se fosse um vasto espetáculo de videoclipe [...] Ao lado da montagem, colagem, bricolagem, simulacro e virtualidade, muitas vezes combinando tudo isso, a mídia parece priorizar o espetáculo do videoclipe. Tanto é assim que guerras e genocídios parecem festivais pop, departamentos do shopping center global, cenas da Disneylândia mundial. Os mais graves e dramáticos acontecimentos da vida de indivíduos e coletividades aparecem, em geral, como um videoclipe eletrônico informático, desterritorializado entretenimento de todo o mundo.

Fonte: IANNI, Octávio. O mundo do trabalho. In: FREITAS, Marcos Cezar de. (Org.).A reinvenção do futuro. São Paulo: Cortez, 1996. p. 39

PROPOSTA II

A partir da leitura do Texto Motivador abaixo e com base em seu conhecimento de mundo, escolha um dos temas e desenvolva um texto dissertativo-argumentativo. Seu texto deverá ser produzido em prosa e conter no mínimo 20 e no máximo 30 linhas.

Tema: O cuidado com o corpo e com a mente e sua relação com o trabalho

Cuidar do corpo e da mente

Conciliar trabalho, estudo, rotina doméstica e os cuidados com o corpo e a mente pode, à primeira vista, parecer impossível. Por isso, o G1 conversou com especialistas para apontar passos essenciais para quem quer levar uma vida mais equilibrada. Eles concordaram em três pontos: fazer exercícios, comer bem, cuidar da saúde mental e buscar acompanhamento médico.

[...] Faça exercícios físicos. Fazer exercícios é a primeira recomendação. É simples: mexa-se. "Só de você não ser sedentário já está mil pontos à frente da pessoa sedentária", diz o clínico geral e médico de família Alfredo Salim Helito, do Hospital Sírio-Libanês, em São Paulo. "Se você tiver a opção entre ser magro e fazer atividade física, escolha a atividade física. O sedentarismo não pode acompanhar o ser humano", frisa.

Alimente-se bem. A alimentação saudável e equilibrada também é essencial. A alimentação foi outro ponto de consenso entre os especialistas ouvidos pelo G1 como chave para uma vida melhor. E a primeira dica de como nutrir melhor o corpo é: beber água.[...]

Cuide da saúde mental. Terapias, tradicionais ou alternativas, ajudam a melhorar a saúde mental. As intervenções tradicionais — como a psicoterapia ou a psicanálise — podem ajudar a prestar mais atenção às próprias emoções, pensamentos ou padrões de comportamento. Para a psicóloga Gláucia Flores, que atende em Brasília, o momento de buscar ajuda profissional é quando a pessoa percebe que está tendo prejuízos na vida.

"Vamos pensar nossa vida como uma pizza: uma fatia é o trabalho, uma é a família, uma é o casamento, os filhos, o lazer. Quando a gente dá mais importância pra uma do que pra outra, essa balança fica desigual. É importante, sim, que a gente encontre prazer no trabalho, mas também ter outros interesses para também aprender outras coisas", analisa Gláucia.

Vá ao médico. Encontrar um médico de confiança também é essencial. Além de adotar bons hábitos, fazer um acompanhamento médico pelo menos uma vez por ano também é recomendável, explica a clínica geral Sílvia Souto, da Aliança Instituto de Oncologia, em Brasília. Para começar, ela recomenda procurar, primeiro, um médico generalista.

Fonte: https://g1.globo.com/ciencia-e-saude/vivavoce/noticia/2019/02/01/cuidar--do-corpo-e-da-mente-veja-4-passos-paralevar-uma-vida-saudavel-e-equilibrada.ghtml. Adaptado. Acessado em 06/12/19

PROPOSTA III

Motivado pela leitura dos textos seguintes, sem, contudo, copiá-los ou parafraseá-los, redija um texto DISSERTATIVO-ARGUMENTATIVO com, no mínimo, 20 e, no máximo, 30 linhas, em modalidade e limites solicitados.

Tema: DESAFIOS DAS POLÍTICAS DE SEGURANÇA PÚBLICA PARA COMBATER A VIOLÊNCIA NA SOCIEDADE.

TEXTO 1

Constituições Federais e contexto político-institucional

O termo segurança "pública" parece ter sido usado pela primeira vez na Constituição Federal (CF) de 1937. Em outras Constituições, como a de 1934, aparece o termo segurança "interna" para tratar com matérias atinentes ao controle da ordem, fato que irá gerar vários dilemas organizacionais no país e em seu pacto federativo. É interessante constatar que, na CF de 1937, cabia exclusivamente à União a competência de regular a matéria e garantir "o bemestar, a ordem, a tranquilidade e a segurança públicas, quando o exigir a necessidade de uma regulamentação uniforme" (artigo 16, inciso V).

Nota-se aqui uma primeira tensão conceitual e que terá impacto direto nos mandatos e atribuições das polícias brasileiras. A Lei nº 192, de 17 de janeiro de 1936 regulava as atividades das polícias militares e as vinculava às unidades da federação, cabendo à União apenas um papel de supervisão e controle, por meio do Exército. Por essa lei, as polícias militares eram as responsáveis pela segurança "interna", enquanto a CF de 1937 fala de segurança "pública", atividade que formalmente não foi assumida por nenhuma instituição até a CF de 1988. O significativo é que essa lei só foi revogada pelo Decreto-Lei nº 317, de 13 de março de 1967, que regulamentou a CF de 1967 no que tange à atuação das polícias. O conceito criado pela CF de 1937 parece não ter conseguido se institucionalizar e não teve força para mudar, mesmo após o Estado Novo, as estruturas que organizavam as polícias estaduais. E ainda mais emblemático dessa dificuldade é que a CF de 1967 restabeleceu a competência das polícias militares para a "manutenção da ordem e segurança interna nos Estados, nos Territórios e no Distrito Federal" (grifo nosso).

Será somente a CF de 1988 que irá resgatar o conceito de 1937 e trará um capítulo específico sobre segurança "pública", não obstante repetir a CF de 1937 e não definir o significado desse conceito. A CF de 1988, em seu artigo 144, definirá tão somente quais são as instituições públicas encarregadas de prover segurança "pública" (LIMA, 2011). Em suma, nossa atual Constituição não define o que vem a ser segurança pública, apenas delimita quais organizações pertencem a esse campo.

Disponível em: <http://www.scielo.br/pdf/rdgv/v12n1/1808-2432-rdgv-12-10049.pdf> Acesso em: 20 de junho de 2019. Texto adaptado

TEXTO 2

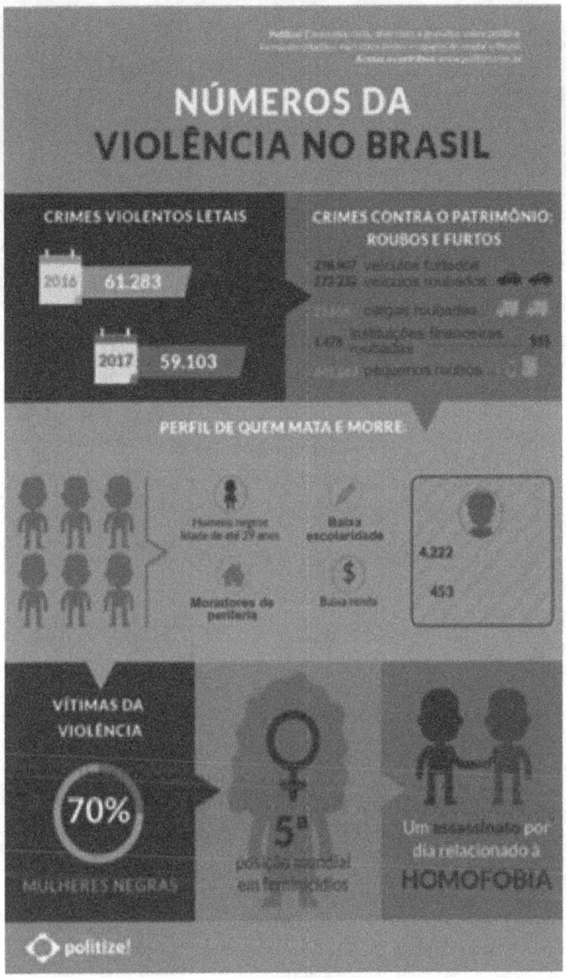

Disponível em: https://www.politize.com.br/seguranca-publica-brasileiraentenda. Acesso em 20 de junho de 2019. Texto adaptado.

PROPOSTA IV

Texto 01

Pela primeira vez, a população deve consumir mais conteúdo midiático na internet do que pela TV, de acordo com relatório da agência de mídia Zenith. Conforme a previsão, já em 2019 as pessoas devem passar mais horas navegando pela internet, fazendo compras, assistindo a filmes, séries e vídeos, conversando ou ouvindo música, do que assistindo à televisão.

("Internet irá ultrapassar TV já em 2019, indica relatório", 18.06.2018. https://epocanegocios.globo.com. Adaptado)

Texto 02

De acordo com estudo divulgado pela empresa Morrison Foster, as pessoas passam, em média, sete horas por dia nas redes sociais. E é exatamente esse o local ocupado pelos influenciadores, que também estão conectados e produzindo conteúdos para seus seguidores a todo tempo. Segundo uma outra pesquisa, publicada pela Sprout Social, 74% dos consumidores guiam suas decisões de compra com base nas redes sociais. Ou seja, o público está atento às opiniões da internet e, principalmente, aos depoimentos de canais influentes e de credibilidade.

("A contribuição dos influenciadores digitais para a decisão de compra". 02.02.2018. https://franpress.com.br. Adaptado)

Texto 03

Nos últimos 10 anos, o tempo médio de consumo domiciliar de televisão passou de 8h18 para 9h17. Um crescimento de 12%. Vale ressaltar que esse foi um período de forte ascensão da internet como plataforma de distribuição de conteúdo. Os conteúdos da TV, além de entreter e informar, também exercem um papel importante na dinâmica social. Eles influenciam a pauta de conversas tanto com material que gera engajamento entre os telespectadores, como com publicidades criativas. O levantamento da Kantar IBOPE Media aponta que 51% das pessoas acham que a propaganda na TV é interessante e proporciona assunto para conversar. E, entre os que acessam a internet enquanto veem TV, 23% comentam nas redes sociais o que assistem – mostrando que a televisão segue marcando presença no dia a dia do brasileiro.

(João Paulo Reis. "Televisão: a abrangência e a influência do meio mais presente na vida dos brasileiros", 24.12.2018. https://observatoriodatelevisao.bol.uol.com.br. Adaptado)

Com base nas informações dos textos e em seus próprios conhecimentos, escreva um texto dissertativo, de acordo com a norma-padrão da língua portuguesa, sobre o tema:

A popularização da internet ameaça o poder de influência da televisão?

PROPOSTA V

Em visita aos Estados Unidos, em 1970, Margaret Thatcher fez o seguinte pronunciamento:

"Uma das razões por que valorizamos indivíduos não é porque sejam todos iguais, mas porque são todos diferentes. Permitamos que nossos filhos cresçam, alguns mais altos que outros, se tiverem neles a capacidade de fazê-lo. Pois devemos construir uma sociedade na qual cada cidadão possa desenvolver plenamente seu potencial, tanto para seu próprio benefício quanto para o da comunidade como um todo."

A premissa crucial que leva a afirmação de Thatcher a parecer quase evidente em si mesma - a suposição de que a "comunidade como um todo" seria adequadamente servida por todo cidadão dedicado a seu "próprio benefício" - acabou por ser admitida como ponto pacífico. Assim, no fim do século passado, tornou-se aceita a noção de que, ao agir egoisticamente, de algum modo as pessoas beneficiariam as outras.

(Adaptado de: ZYGMUNT, Bauman. A riqueza de poucos beneficia todos nós? Rio de Janeiro: Zahar, 2015, p.30)

II

Segundo a ortodoxia econômica, uma boa dose de desigualdade leva a economias mais eficientes e crescimento mais rápido. Isso se dá porque retornos mais altos e impostos menores no topo da escala - segundo afirmam - fomentariam o empreendedorismo e engendrariam um bolo econômico maior.

Assim, terá dado certo a experiência de fomento da desigualdade? Os indícios sugerem que não. A disparidade de riqueza atingiu dimensões extraordinárias, mas sem o progresso econômico prometido.

(Adaptado de: LANSEY, Stewart apud ZYGMUNT, Bauman. A riqueza de poucos beneficia todos nós? Rio de Janeiro: Zahar, 2015, p.24-25)

Considerando os textos acima, escreva uma dissertação argumentativa em que você discuta a seguinte questão:

A realização individual fomentaria maior igualdade social?

2.7 Elementos de coesão

Prioridade, relevância: em primeiro lugar, antes de mais nada, antes de tudo, em princípio, primeiramente, acima de tudo, principalmente, primordialmente, sobretudo.

Tempo: atualmente, hoje, frequentemente, constantemente às vezes, eventualmente, por vezes, ocasionalmente, sempre, raramente, não raro, ao mesmo tempo, simultaneamente, nesse ínterim, enquanto, quando, antes que, depois que, logo que, sempre que, assim que, desde que, todas as vezes que, cada vez que, então, enfim, logo, logo depois, imediatamente, logo após, a princípio, no momento em que, pouco antes, pouco depois, anteriormente, posteriormente, em seguida, afinal, por fim, finalmente, agora.

Semelhança, comparação, conformidade: de acordo com, segundo, conforme, sob o mesmo ponto de vista, tal qual, tanto quanto, como, assim como, como se, bem como, igualmente, da mesma forma, assim também, do mesmo modo, semelhantemente, analogamente, por analogia, de maneira idêntica, de conformidade com.

Condição, hipótese: se, caso, desde que, eventualmente.

Adição, continuação: além disso, demais, ademais, outrossim, ainda mais, por outro lado, também, e, nem, não só ... mas também, não só... como também, não apenas ... como também, não só ... bem como, com, ou (quando não for excludente).

Dúvida: talvez, provavelmente, possivelmente, quiçá, quem sabe, é provável, não é certo, se é que.

Certeza, ênfase: certamente, decerto, por certo, inquestionavelmente, sem dúvida, inegavelmente, com toda a certeza.

Ilustração, esclarecimento: por exemplo, só para ilustrar, só para exemplificar, isto é, quer dizer, em outras palavras, ou por outra, a saber, ou seja, aliás.

Propósito, intenção, finalidade: com o fim de, a fim de, com o propósito de, com a finalidade de, com o intuito de, para que, a fim de que, para.

Resumo, recapitulação, conclusão: em suma, em síntese, em conclusão, enfim, em resumo, portanto, assim, dessa forma, dessa maneira, desse modo, logo, dessa forma, dessa maneira, assim sendo.

Explicação: por consequência, por conseguinte, como resultado, por isso, por causa de, em virtude de, assim, de fato, com efeito, tão (tanto, tamanho)... que, porque, porquanto, pois, já que, uma vez que, visto que, como (= porque), portanto, logo, que (= porque), de tal sorte que, de tal forma que, haja vista.

Contraste, oposição, restrição: pelo contrário, em contraste com, salvo, exceto, menos, mas, contudo, todavia, entretanto, no entanto, embora, apesar de, apesar de que, ainda que, mesmo que, posto que, conquanto, se bem que, por mais que, por menos que, só que, ao passo que, por outro lado, em contrapartida, ao contrário do que se pensa, em compensação.

Contraposição: é possível que... no entanto... É certo que... entretanto... É provável que ... porém...

Sequenciação dos parágrafos: em primeiro lugar ..., em segundo ..., por último ...; por um lado ..., por outro ...; primeiramente, ...,em seguida, ..., finalmente, ...

Enumeração: é preciso considerar que ...; Também não devemos esquecer que ...; Não podemos deixar de lembrar que...

Reafirmação/Retomada: compreende-se, então, que ... É bom acrescentar ainda que ... É interessante reiterar ...

2.8 Critérios de avaliação da banca

Banca Cesgranrio

A Redação será avaliada conforme os critérios a seguir:

- adequação ao tema proposto;
- adequação ao tipo de texto solicitado;
- emprego apropriado de mecanismos de coesão (referenciação, sequenciação e demarcação das partes do texto);
- capacidade de selecionar, organizar e relacionar de forma coerente argumentos pertinentes ao tema proposto; e
- pleno domínio da modalidade escrita da norma-padrão (adequação vocabular, ortografia, morfologia, sintaxe de concordância, de regência e de colocação).

O que achou do conteúdo?

Acesse agora mesmo a nossa plataforma e resgate o código para aprimorar ainda mais a sua preparação.

LÍNGUA INGLESA

1 NUMBERS, PRONOUNS AND DEFINITE AND INDEFINITE ARTICLES

1.1 Cardinal numbers

Os numerais cardinais são usados no nosso dia a dia para expressar diversas funções, dentre elas: informar o número de telefone, expressar endereços e falar sobre preços. Segue abaixo uma lista dos principais numerais cardinais:

0	zero
1	one
2	two
3	three
4	four
5	five
6	six
7	seven
8	eight
9	nine
10	ten
11	eleven
12	twelve
13	thirteen
14	fourteen
15	fifteen
16	sixteen
17	seventeen
18	eighteen
19	nineteen
20	twenty
30	thirty
40	forty
50	fifty
60	sixty
70	seventy
80	eighty
90	ninety
99	ninety nine
100	one hundred/a hundred
200	two hundred
300	three hundred
400	four hundred
500	fifty hundred
600	six hundred
700	seven hundred
800	eight hundred
900	nine hundred
1000	one thousand /a thousand
100000	one hundred thousand
1000000000	one million

Where do you live?
I live in that building, apartment 214.

1.2 Ordinal numbers

Os números ordinais são utilizados para indicar ordem ou hierarquia relativa a uma sequência.

Na Língua Inglesa, a formação dos números ordinais é diferente da formação dos ordinais em Português: apenas o último número é escrito sob a forma ordinal.

Todos os outros números são utilizados sob a forma de números cardinais em Inglês.

1st – First
2nd – Second
3rd – Third
4th- Fourth
23rd - twenty-third
135th - a/one hundred thirty-fifth
1.234th - a/one thousand two hundred thirty-four

1.3 Articles

Artigo é a classe de palavras que se antepõe ao substantivo para definir, limitar ou modificar seu uso. Os artigos dividem-se em **definidos** e **indefinidos**.

A seguir, estudaremos cada um deles.

1.3.1 Definite article

"The" é o artigo definido na Língua Inglesa, e significa *o, a, os, as* e pode ser usado com substantivos contáveis no singular ou plural e com substantivos incontáveis. É utilizado quando queremos sinalizar especificamente a que elemento(s) estamos nos referindo especificamente, ou seja, que se trata de um elemento único. A seguir serão apresentadas situações típicas de seu uso:

- **Antes de substantivos com sentido específico:**
  The water in the world.
- **Antes de numerais ordinais:**
  The 4th of July.
- **Antes de nomes de países no plural ou de países que são união de estados, ilhas etc.:**
  The United States of America
  The Falklands
- **Antes de adjetivos e advérbios no grau superlativo:**
  Mary is **the** most intelligent person of this class.
- **Antes de nomes de ilhas, desertos, montanhas, rios, mares etc.:**
  The Pacific Ocean
  The Saara Desert
- **Antes de nomes de navios, modelos de carros e aviões:**
  The Titanic was enourmous.
- **Antes de nomes de famílias no plural:**
  The Smiths
- **Antes de nomes de instrumentos musicais:**
  He plays **the** guitar very well.

Quando NÃO USAR o artigo definido?

- **Antes de substantivos tomados em sentido genérico:**
  Grape juice is good for you.
- **Antes de nomes próprios no singular (pessoas, cidades etc.):**
  São Paulo is a big city.
  Mike loves coffee.

- **Antes de possessive adjectives:**

  | **His** car is over there.

- **Antes de nomes de profissões (se o nome do profissional for citado):**

  | **Judge** Louis will talk to you later.

- **Antes de palavras que se referem a idiomas, desde que não sejam seguidas do termo "language":**

  | **Portuguese** is interesting.

1.4 Indefinite articles

Os artigos indefinidos em Língua Inglesa na forma do singular são dois: *a* e *an*. Ambos só podem ser empregados com substantivos contáveis.

A é usado antes de palavras que iniciam com som de consoante e AN antes das que iniciam com som de vogal.

| She has **a** doll.
| Look! That's **an** apple tree!

Existem casos em que a pronúncia determina o uso de artigos indefinidos. Observe as seguintes regras:

1.4.1 Usa "A"

- **Antes de palavras que iniciam com H aspirado:**

  | a house, a horse, a homerun

- **Antes de palavras que começam com os sons de eu, ew e u:**

  | **a** European trip, **a** unicorn, **a** useful skill.

1.4.2 Usa "AN"

- **Antes de palavras que iniciam com H não pronunciado (mudo):**

  | **an** hour, **an** heir, **an** honest man.

1.5 Pronouns

São palavras que acompanham os substantivos, podendo substituí-los (direta ou indiretamente), retomá-los ou se referir a eles. Os pronomes são divididos em várias categorias. Neste módulo falaremos dos pronomes pessoais:

1.5.1 Personal pronouns

Os pronomes são termos utilizados para substituir nomes completos ou substantivos em frases. Eles são divididos de acordo com quatro classificações:

- **Quanto ao número:** singular ou plural;
- **Quanto à pessoa:** primeira, segunda ou terceira;
- **Quanto ao gênero:** masculino, feminino ou neutro;
- **Quanto à função que cumprem nas sentenças:** sujeito ou objeto.

Vejamos quais são os pronomes pessoais de acordo com as classificações a seguir:

Pronomes pessoais		Subjet pronouns	Object pronouns
1 ª Pessoa do singular	Eu	I	Me
2 ª Pessoa do singular	Tu/Você	You	You
3 ª Pessoa do singular	Ele Ela Ele/Ela (Neutro)	He She It	Him Her It
1 ª Pessoa do plural	Nós	We	Us
2ª Pessoa do plural	Vós/Vocês	You	You
3ª Pessoa do plural	Eles/Elas	They	Them

- **O elemento neutro representa vocábulos sem gênero na Língua Inglesa, tais como:** objetos, animais, fenômenos da natureza.
- A 2ª pessoa, tanto do singular quanto do plural, possui a mesma forma. Sendo assim, dependemos do contexto para identificá-la.
- A 3ª pessoa do plural é a mesma para o gênero masculino, feminino ou ainda para os elementos neutros.

Agora veremos o uso dos pronomes pessoais em frases. Os verbos (ações) estão sublinhados para que ajudem a identificar a posição do pronome, seja antes (subject pronouns) ou depois (object pronouns).

| **I** live in New York.
| **He** bought a gift for **you**.
| **They** didn't like **it**.
| **He** saw **her** yesterday.
| Boys, **you** don't have to wake up early tomorrow.

1.5.2 Pronomes Pessoais (Reto e Oblíquo)

Os pronomes podem também ser utilizados para criar uma referência a um determinado ser ou objeto, relacionando-o assim com outras pessoas ou objetos no discurso.

Desta maneira, discutiremos a partir de agora estas categorias, tentando entendê-las de maneira mais apropriada como elas funcionam e o que podemos usar para fazermos uma boa interpretação textual considerando o seu domínio.

VERBS	
Subject pronoun	**Object Pronoun**
I (Eu)	Me (me, mim)
You (você, tu)	You (-lhe, -o, -a, -lo, -la, -no, -na, ti a você)
He (Ele)	Him (-lhe, -a, -lo, -no, a ele)
She (Ela)	Her (-lhe, -a, -la,-na, a ela)
It (ele, ela, isto)	It (-lhe, -o, -a , -lo, -no, -la, -na a ele, a ela.)
We (Nós)	Us (-nos, nós)
You (vocês)	You(-lhes, -os, -as, -los, -las, -nos, -nas, a vocês)
They (eles, elas)	Them (-lhes, -os, -as , -los, -nos, -las, -nas a eles, a elas.)

O pronome **it** é específico para animais e seres inanimados. É um pronome neutro, equivale a ele/ela.

Os pronomes **he, she** e **it**, ou seja, os pronomes da terceira pessoa, são que falam sujeitos que não estão presentes no momento da fala.

Note que normalmente o "subject pronoun" antecede o verbo, portanto, na maioria dos casos, ele é um sujeito, enquanto o "object pronoun" é um complemento e surge após ao verbo.

| **I** love that **big house**.

(Note como "big house" equivale, em termos de pronome, a "it".)

| **I** love **her**.

(Perceba que neste exemplo simples nós temos dois sujeitos completamente diferentes, EU e a seguir ELA.)

Fique ligado
O "you" é o pronome equivalente tanto para "você" como para "vocês". O verbo e o contexto é que determinarão se é singular ou plural.

1.5.3 Possessivos (pronomes e adjetivos)

SUBSTANTIVO	
Adjetivo possessivo (Adjective possessive, pedem substantivo)	**Pronome possessivo (possessive pronouns, seguem a um substantivo)**
My (meu(s), minha(s))	Mine (meu(s), minha(s))
Your (seu, sua, teu, tua)	YourS (seu, sua, teu, tua)
His (seu, dele)	His (seu, dele)
Her (sua, dela)	HerS (sua, dela)
Its (seu, sua, disto, deste, desta)	itS (seu, sua, disto, deste, desta)
Our (nosso(s), nossa(s))	OurS(nosso(s), nossa(s))
Your (seus, suas)	YourS (seus, suas)
Their (seus, suas, deles, delas)	TheirS (seus, suas, deles, delas)

O adjetivo possessivo antecede um substantivo, de maneira que este serve de complemento. Já o pronome possessivo não exige complemento, mas irá se referir a um substantivo já mencionado e, portanto, promove uma ligação entre os elementos da sentença analisada, esta ligação será conhecida como relação pronominal.

Perceba que traço distintivo dos pronomes possessivos, que por acaso é um "S", o que sob aspecto algum é um traço de pluralidade, mas sim um indicativo de que o pronome segue ao substantivo. Desta forma, temos uma maneira de distinguir ambos os casos, o que para todos os efeitos, são os mesmos.

> **My** *house is very big!_How about YourS?* (Minha casa é muito grande! E a sua?)

Note que, no primeiro caso, My refere-se a casa, que ainda não foi apresentada, e, no segundo, yours, refere-se ao mesmo objeto, casa, mas nesse caso, ela, a casa, já foi apresentada.

My: adjetivo possessivo referente a minha casa.

Yours: pronome possessivo referente à casa de quem o sujeito está perguntando. (sua)

1.5.4 Pronomes reflexivos

Myself	I	Me	**My**	Mine
Yourself	You	You	**Your**	Yours
Himself	He	**Him**	His	His
Herself	She	**Her**	Her	Hers
Itself	It	**It**	Its	Its
Ourselves	We	Us	**Our**	Ours
Yourselves	You	You	**Your**	Yours
Themselves	They	**Them**	Their	Theirs

Os pronomes reflexivos são responsáveis por apresentarem sujeitos os quais são objetos de suas próprias ações, ou seja, enquanto os pronomes reto e objeto mostram dois sujeitos completamente diferentes, os pronomes reflexivos mostram o mesmo sujeito sofrendo uma determinada ação realizada por si mesmo.

Os sufixos que formam os pronomes reflexivos podem ser –self ou –selves, sendo que –self é um sufixo que indica singularidade e –selves é um sufixo que indica pluralidade, uma das poucas ocasiões em que a segunda pessoa do singular e a segunda pessoa do plural possuem uma diferença clara.

Yourself – singular

Yourselves - plural

> *I hurt **myself** preparing the food.* (Eu machuquei a mim mesmo preparando a comida.)
>
> *They saw **themselves** on the mirror and didn't like it.* (Eles viram eles mesmos no espelho e não gostaram disso.)

O pronome reflexivo em ambos os casos mostra sujeitos os quais sofrem suas próprias ações, neste caso "Hurt" e "Saw".

Fique ligado
Sempre faça a pergunta: quem é? para o substantivo para conhecer o pronome utilizado. Billy loves old cars. Quem é Billy? ELE. A sua resposta indica o pronome buscado.

1.5.5 Pronomes Interrogativos, pronomes relativos e relações pronominais

Anteriormente, falamos sobre os pronomes, sua natureza, quais suas funções em relação ao sujeito ou verbo. Agora, vamos estudar uma classe de pronomes que além de exercer o papel de pronomes interrogativos, desempenham variadas funções no uso da língua. Eles se encontram na tabela a seguir:

WHAT	O quê / Qual? (De forma abrangente)
WHICH	O quê / Qual? (De forma específica)
WHERE	Onde?
WHEN	Quando
WHY	Porque? Por que?
WHO **WHOSE** **WHOM**	Quem? De quem? A quem?
HOW	Quanto / Como?

Cada pronome interrogativo gera um sentido distintivo dentro da sentença analisada, possibilitando um determinado raciocínio para a mesma. Eles são mais fortes que os auxiliares, por exemplo, e devem, quando necessário, iniciar a sentença.

> *Do you like to study?* (Você gosta de estudar?)

Perceba que a pregunta é direta e temos duas respostas possíveis: "Sim" ou "Não".

Agora vejamos o próximo exemplo:

> *When do you like to study?* (Quando você gosta de estudar?)

Repare que, neste caso, temos uma referência temporal inserida na sentença, o **"quando"** muda o valor da questão e propõe um raciocínio que agora já não permite mais um "Sim" ou "Não" como respostas, mas uma construção que guarde relação de tempo.

Which e What são pronomes muito semelhantes em sentido, porém são usados em casos diferentes.

> *Which is you favorite color? Blue or Yellow?*

Nesse caso, "Which" foi utilizado para delimitar um número possível de cores.

What is your favorite color? Já neste exemplo, o universo de cores possíveis não foi delimitado, o que torna possível o uso de "WHAT".

Entretanto, tais pronomes podem não ser usados apenas para construir perguntas, mas para propor conexões em sentenças e/ou construir relações com elementos já apresentados no texto.

A essas conexões damos o nome de relações pronominais e elas podem se construir sob diversas formas:

| *I have recently bought a new house.* **It** *is big, comfortable and safe.*

O pronome "it" negritado após o ponto se refere a quem? Caso você tenha respondido casa, resposta certa. De fato, o pronome "it" foi usado para resgatar a palavra "house" já mencionada anteriormente. Portanto este pronome promove coesão para a sentença. Isso já foi visto anteriormente, e quanto aos outros pronomes? Bem, aqui encontramos os pronomes relativos.

Eles são os mesmos pronomes interrogativos e são usados de forma a conectar também frases de sentidos distintos.

| *Shirley has a new boyfriend. He is a handsome doctor.*

No exemplo acima, já existe uma relação pronominal, sendo que "He" resgata a palavra boyfriend, mas ainda podemos construir essa sentença de uma outra forma eliminando o ponto final da frase.

| *Shirley has a boyfriend WHO is a handsome doctor.*

Nesse caso, o ponto deixou a sentença dando lugar ao "who", o qual conecta a duas frases, promovendo um novo tipo de conexão. Agora o pronome "who" é o elo que conecta ambas as frases e também serve para referência de um elemento mencionado. Assim, Shirley's boyfriend, ou seja ainda, "he".

Normalmente, os pronomes "Who" e "which" são mais utilizados para construir tais relações, e correspondem geralmente a "O qual" "A qual" ou mesmo "cujo", sendo que nesses casos podemos também utilizar o pronome "that" que é um substituto válido para ambos.

WHAT	This is WHAT we saw in the fridge.
WHICH	This is the restaurant WHICH I mentioned.
WHERE	This is WHERE I live.
WHEN	Yesterday was WHEN I saw her at the bank.
WHY	This is WHY I love English.
WHO **WHOSE** **WHOM**	This is the person WHO I love ou This is the person THAT I love. This is the man WHOSE car was stolen. This is the girl to WHOM I was talking yesterday.
HOW	If you knew HOW far I went.

Portanto, percebemos que estes pronomes "amarram" ou mesmo "atam" as orações possibilitando referências, e criando sentidos mais amplos e, por fim, evitando redundância.

"Who" e "which" são equivalentes a "that" e muitas vezes, este pode substituí-los.

Este conteúdo é bastante importante para provas de concurso e afins, pois são essenciais à interpretação textual.

2 SIMPLE PRESENT, POSSESSIVE ADJECTIVES, POSSESSIVE PRONOUNS, GENITIVE CASE

2.1 Simple Present

Utilizamos a forma do presente simples para tratar de ações relacionadas à rotina, a fatos/opiniões ou verdades naturais.

| John has English classes on Mondays.
| Sara loves pizza.
| The moon is our natural satellite.

2.1.1 Forma afirmativa

Na forma afirmativa, é necessário prestar atenção na 3ª pessoa do singular(he/she/it), pois nesse caso os verbos recebem o acréscimo de s/es/ies. Entretanto, quando o sujeito da sentença for I/you/we/they, o verbo principal permanece na forma do infinitivo.

| Tony cooks very well.
| I have an important meeting tomorrow.

Atenção especial para alguns casos:

▹ Acrescentamos ES aos verbos terminados em ss,sh,ch,x,o e z.

| Miss → Misses

▹ Acrescentamos IES aos verbos terminados em y antecedidos de consoante.

| Study → Studies

▹ Acrescentamos S às demais formações, por isso podemos chamar esta forma de regra geral.

| Take → takes
| Play → plays

O verbo **have** é uma exceção. Sua conjugação na 3ª pessoa do singular é **has**.

2.1.2 Forma negativa

Na forma negativa do presente simples, temos a presença de dois auxiliares: do e does. Ambos acompanhados da partícula de negação "not" e seguidos por um verbo na forma do infinitivo. Contudo, é necessário estar atento ao sujeito da frase, pois utilizaremos a forma "Does" com he/she/it, e a forma "Do" com I/you/we/they.

| Jessica does not work on Sundays.
| They do not live in New York.

Lembrando que podemos contrair ambas as formas: *does not (doesn't)* e *do not (don't)*.

2.1.3 Forma interrogativa

Ao estabelecermos perguntas devemos posicionar o verbo auxiliar na frente do sujeito da frase. Vale lembrar que o verbo principal permanece na forma do infinitivo, vejamos:

| Does Jessica work on Sundays?
| Do they live in New York?

3 POSSESSIVE ADJECTIVES X POSSESSIVE PRONOUNS

Os pronomes possessivos adjetivos modificam o substantivo, por isso sempre o antecedem. A concordância nesse caso é sempre feita com o "possuidor" (ao contrário do Português, que se dá com a "coisa possuída").

My name is Peter.
Juliet sent **her** father a letter.

Os pronomes possessivos nunca são usados antes dos substantivos, pois têm como função substituí-los. Esse recurso na maioria dos casos é empregado a fim de evitar repetições.

This brand new car is **yours.**

Possessive adjectives	Possessive pronouns
my (meu, minha)	**mine** [(o) meu, (a) minha]
your (teu, tua, seu, sua)	**yours** [(o) teu, (a) tua, (o) seu, (a) sua]
his (dele)	**his** [(o)/(a) dele]
her (dela)	**hers** [(o)/(a) dela]
its [dele, dela (neutro)]	**its** [(o)/(a) dele, (o)/(a) dela (neutro)]
our (nosso, nossa)	**ours** [(o) nosso, (a) nossa]
your (vosso, vossa, seu, sua, de vocês)	**yours** [(o) vosso, (a) vossa, (o) seu, (a) sua]
their [deles, delas (neutro)]	**theirs** [(o)/(a) deles, (o)/(a) delas (neutro)]

Os *possessive adjectives* acompanham os substantivos aos quais se referem, enquanto que os possessive pronouns substituem os substantivos aos quais se referem.

This is my book. That one is yours.

3.1 Genitive case

Consiste no uso da forma do caso genitivo para indicar que algo pertence ou está associado a alguém ou a algum elemento, por meio de acréscimo de 's (apóstrofo + s) ou simplesmente '(apóstrofo). A ordem estrutural é estabelecida da seguinte forma:

Possuidor 's	
ou	+ "objeto possuído"
Possuidor '	

Jane's sister is very smart.
The boy's room is a mess.

A forma com **'s** é somente usada quando o possuidor é um ser animado, o que abrange: pessoas e animais, além de nomes próprios, parentes em todos os graus, títulos, cargos, funções, profissões, e outros substantivos que só podem se referir a pessoas: criança, menino(a), amigo(a), vizinho(a), colega de escola ou trabalho, etc. No entanto, há algumas exceções para a aplicação de 's em seres inanimados. É o caso de tempo, medidas, lugares com nomes de pessoas, países, corpos celestes.

- **Usamos 'S:** Substantivos no singular não terminados em "S".

  The boy's toy.
  St. Peter's park is near our house.

- Substantivos no plural não terminados em "S".

  The children's toys

- **Usamos ' :** Substantivos no plural terminados em "S".

  The boys' room.

4 PRESENT CONTINUOUS, ADJECTIVES AND ADVERBS

4.1 Present continuous

4.1.1 Uso

O presente contínuo é um tempo verbal usado para indicar ações que estão em progresso no presente; no momento da fala. Ele é empregado para falar sobre situações temporárias, ações contínuas que estão acontecendo ou ainda para indicar futuro.

Jane is watching TV now.

4.1.2 Forma afirmativa

O present continuous é composto por um verbo principal e um verbo auxiliar.

Utiliza-se o verbo to be na forma do presente (is/am/are) como auxiliar e ao verbo principal, é acrescida a terminação –ing(gerúndio).

Ou seja, na construção frasal esse tempo verbal segue o seguinte padrão de formação:

SUJEITO + VERBO TO BE + VERBO COM -ING + COMPLEMENTO

He is playing soccer.
I am talking to Jane now.
They are watching TV.

4.1.3 Forma negativa

Na forma negativa, acrescenta-se o not depois do verbo to be, ou seja, a construção das frases negativas é feita da seguinte forma:

SUJEITO + VERBO TO BE + NOY + VERBO COM -ING + COMPLEMENTO

He is not playing soccer.
I am not Talking to Jane now.
They are not watching TV.

4.1.4 Forma interrogativa

Na forma interrogativa, o verbo auxiliar to be aparece no início da frase. O padrão da estrutura das frases interrogativas é o seguinte:

VERBO TO BE + SUJEITO + VERBO COM -ING + COMPLEMENTO

Is he playing soccer?
Am I sleeping on the couch?
Are they watching TV?

4.1.5 Formação dos verbos no gerúndio (-ing)

Na maioria dos casos, basta acrescentar a forma do *-ing* ao final do verbo (play- playing). Entretanto existem alguns casos que exigem atenção:

Quando o verbo principal termina em *–e* e é precedido de consoante, retira-se a vogal e acrescenta-se o *–ing*.

Dance → Dancing

Quando o verbo termina com *–ie*, troca-se essa terminação por *–y* e acrescenta-se *–ing*. (Die – Dying).

Quando o verbo é monossílabo ou dissílabo e segue o padrão de consoante+vogal+consoante (CVC), duplica-se a última consoante.

Cut → cutting

4.2 Adjetivos

Os adjetivos são a classe gramatical responsável por caracterizar um substantivo. Diferentemente da Língua Portuguesa, em Inglês os adjetivos não flexionam em relação a número ou gênero e sempre são posicionados antes dos substantivos.

Alice has a yellow dress.
Marcos bought an expensive car.

4.2.1 Ordem

Quando em uma sentença utilizamos mais de um adjetivo para descrever algo, é necessário seguir uma ordem em relação à disposição das qualidades citadas, vejamos:

4.2.2 Formação

Muitos adjetivos têm como origem de formação os verbos. Neste caso eles recebem o sufixo -ED ou -ING. Mas o que isso significa?

Nós usamos o particípio presente (que termina com -ing) como um adjetivo para descrever como o sujeito causa o efeito e usamos o particípio passado (terminando com -ed) como um adjetivo para descrever como o sujeito experimenta o efeito.

Verbo "surpreender":
David is **surprising**." (David causes surprise.)
David is **surprised**." (David experiences surprise.)

Vejamos alguns outros exemplos:

Verbo Original	Adjetivo "-ing"	Adjetivo "-ed"
bore	boring	bored
disappoint	disappointing	disappointed
disgust	disgusting	disgusted
embarrass	embarrassing	embarrassed
exhaust	exhausting	exhausted
excite	exciting	excited
interest	interesting	interested
satisfy	satisfying	satisfied
shock	shocking	shocked
surprise	surprising	surprised
tire	tiring	tired

4.3 Advérbios

Os advérbios em Inglês (adverbs) são palavras que modificam o verbo, o adjetivo ou o advérbio.

De acordo com o sentido que apresentam na frase, eles são classificados em: advérbios de tempo.

Modo: actively (ativamente); amiss (erroneamente); badly (mal); boldly (audaciosamente); faithfully (fielmente); fast (rapidamente); fiercely (ferozmente); gladly (alegremente); ill (mal); quickly (rapidamente); purposely (propositadamente); simply (simplesmente).

| She did it so quickly.

Lugar: above (em cima); anywhere (em qualquer parte); around (em redor); bellow (abaixo); everywhere (em toda a parte); far (longe); here (aqui); hither (para cá); near (perto); nowhere (em parte alguma); there (lá); thither (para lá); where (onde); yonder (além).

| There is a gas station near here.

Afirmação: certainly (certamente); evidently (evidentemente); indeed (sem dúvida); obviously (obviamente); surely (certamente); yes (sim).

| He is obviously disappointed with you.

Dúvida: maybe (possivelmente); perchance (porventura); perhaps (talvez); possibly (possivelmente).

| Perhaps he won't come.

Intensidade: completely (completamente); enough (bastante); entirely (inteiramente); equally (igualmente); exactly (exatamente); greatly (grandemente); largely (grandemente); little (pouco); merely (meramente); much (muito); nearly (quase); pretty (bastante); quite (completamente); rather (bastante); slightly (ligeiramente); sufficiently (suficientemente); throughly (completamente); too (demasiadamente); utterly (totalmente); very (muito); wholly (inteiramente).

| I love her so much.

Frequência: daily (diariamente); monthly (mensalmente); occassionally (ocasionalmente); often (frequentemente); yearly (anualmente); rarely (raramente); always (sempre); weekly (semanalmente); never (nunca);.

| I always go out on Fridays.

Tempo: already (já); early (cedo); formerly (outrora); hereafter (doravante); immediately (imediatamente); late (tarde); lately (ultimamente); now (agora); presently (dentro em pouco); shortly (em breve); soon (brevemente); still (ainda); then (então); today (hoje); tomorrow (amanhã); when (quando); yesterday (ontem).

| I have already done the paper.

4.3.1 Formação

Geralmente, as palavras terminadas com o sufixo –ly são advérbios. No entanto, existem exceções, como, por exemplo, os adjetivos: lovely (amável), friendly (amigável), lonely (sozinho) etc.

Alguns advérbios apresentam a forma irregular, ou seja, não mantêm nenhuma relação de proximidade ortográfica com o adjetivo correspondente. É o caso, por exemplo, do adjetivo good (bom) e do advérbio well (bem).

4.3.2 Posição

O posicionamento de um advérbio em uma frase, por norma, segue duas ordens básicas:

ADVERB + VERB + OBJECT (ADVÉRBIO + VERBO + OBJETO)

| He Always comes to class on time.

VERB + OBJECT + ADVERB. (VERBO + OBJETO + ADVÉRBIO)

| He sings very well.

Alguns adjetivos e advérbios possuem a mesma grafia, logo só é possível identificar sua classe gramatical e sentido pela posição ocupada por ele na frase. Vejamos alguns exemplos:

Adjective	Adverb	Adjetivo - Advérbio
Daily	Daily	Diário - Diariamente
Far	Far	Distante - Distantemente
Fast	Fast	Rápido - Rapidamente
Free	Fre	Livre - Livremente
Long	Long	Longo - Longamente
Right	Right	Certo - Certamente

| I've always interested in fast cars. (Adjective)
| You are driving too fast. (Adverb)

5 SIMPLE PAST, PAST CONTINUOUS, THERE TO BE

5.1 Simple past

O passado simples é usado para indicar ações passadas já concluídas, ou seja, para falar de fatos que já aconteceram; que começaram e terminaram no passado.

Para reforçar o uso desse tempo verbal, muitas expressões temporais são utilizadas nas frases, como, por exemplo: yesterday (ontem), the day before yesterday (anteontem), last night (ontem à noite), last year (ano passado) etc.

| Mike visited Maria yesterday.

5.1.1 Forma afirmativa

A forma afirmativa tem como particularidade a presença de um verbo na forma do passado. Sua organização fica estabelecida da seguinte forma:

SUJEITO + VERBO NO PASSADO + COMPLEMENTO

| Mike traveled to Curitiba.
| Jonathan bought a TV last week.

Os verbos na forma do passado são divididos em dois grupos, os verbos regulares e os irregulares.

5.1.2 Regulares

Acrescentamos os sufixos D/ED/IED aos verbos considerados regulares seguindo os seguintes parâmetros:

Aos verbos regulares terminados em *–e*, acrescenta-se somente o *–d* no final do verbo. (Dance→ danced)

Aos verbos terminados em *–y* precedido de consoante, retira-se o *y* e acrescenta-se o *–ied*. (Study → studied)

As terminações restantes são caracterizadas como uma espécie de regra geral, logo acrescentaremos -ed (Watch → watched).

5.1.3 Irregulares

Os verbos irregulares não seguem as regras estabelecidas pela gramática, logo cada um deles possui sua própria forma. Na sequência encontraremos alguns exemplos:

Forma no infinitivo	Forma no passado
Go	Went
Make	Made
Buy	Bought
Have	Had
Put	Put
Send	Sent
Come	Came

5.1.4 Forma Negativa

Para a construção de frases negativas no simple past, o verbo do, flexionado passado, é empregado como verbo auxiliar. O verbo principal não é conjugado no passado, uma vez que o auxiliar já indica o tempo verbal. A construção das frases negativas é feita da seguinte forma:

SUJEITO + DID NOT/ DIDN'T + VERBO NO INFINITIVO + COMPLEMENTO

| Jonas did not come to class yesterday.

5.1.5 Forma interrogativa

Para a construção de perguntas, colocaremos o verbo -do, flexionado no passado, antes do sujeito. A construção das frases é feita da seguinte forma:

DID + SUJEITO + VERBO NO INFINITIVO + COMPLEMENTO

| Did you take the garbage out yesterday?

5.2 Past continuous

5.2.1 Uso

O passado contínuo, basicamente, descreve uma ação que estava ocorrendo em certo período no passado.

| Fred was dancing with his girlfriend.

Podemos tomar como exemplo a forma do present continuous. A diferença entre esses dois tempos está nos auxiliares, pois o presente continuous utiliza a forma do verbo "to be" no presente(is/am/are), enquanto que o past continuous usará a forma do passado do verbo "to be"(was/were).

Forma afirmativa

Para as frases afirmativas no past continuous, organizaremos as sentenças da seguinte forma:

SUJEITO + VERBO TO BE NO SIMPLE PAST + VERBO COM –ING + COMPLEMENTO

| She was going to my house.
| The kids were playing together.

5.2.2 Forma negativa

Para as frases negativas, a única diferença será a presença da partícula de negação "not" após o verbo "to be" na forma do passado. Sua construção será feita da seguinte forma:

SUJEITO + VERBO TO BE NO SIMPLE PAST +NOT + VERBO COM –ING + COMPLEMENTO

| She was not going to my house.
| The kids were not playing together.

Podemos contrair as formas negativas: was not (wasn't), were not (weren't)

5.2.3 Forma interrogativa

Para a construção de perguntas, colocaremos o verbo "to be" na forma do passado antes do sujeito. A construção das frases é feita da seguinte forma:

VERBO "TO BE" NO SIMPLE PAST + SUJEITO + VERBO COM - ING + COMPLEMENTO

Was she going to my house?
Were the kids playing together?

5.3 There To Be

5.3.1 Uso

Usamos o "there to be" para indicar a existência de pessoas, situações e objetos. A expressão tem o mesmo significado que o verbo "haver" (ou "ter" no sentido de existir), em Português. Podemos construir sentenças nas formas do presente, passado e futuro.

There is a book on the table.
There was a car in front of your house.
There will be a party here tomorrow.

5.3.2

Mesmo podendo ser organizado no presente, passado ou futuro, a parte que realmente sofre alterações é o verbo "to be". A construção frasal será basicamente a mesma para todas as formas, o que será diferente são as flexões da forma do verbo "to be", bem como das expressões temporais que podem aparecer.

5.3.3 Afirmações

THERE + VERBO "TO BE" +COMPLEMENTO

There are some children in the backyard.
There were some children in the backyard.
There will be an event tonight.

5.3.4 Negações

THERE + VERBO "TO BE" + COMPLEMENTO

There is not milk in the fridge.
There was not a bag inside the locker last night.
There will not be available seats for you tonight.

5.3.5 Perguntas

Verbo "to be" + sujeito + complemento

Are there bottles of wine on the table?
Was there a car in front of your house last night?
Will there be a person to help me?

Presente: is/am/are.

Passado: was/were.

Futuro: will be.

6 IMPERATIVO, SUBJUNTIVO, QUESTION WORDS, DEMONSTRATIVE PRONOUNS

6.1 Imperativo

6.1.1 Uso

O imperativo é usado pelo falante para dar uma sugestão, uma ordem, um conselho ou uma instrução para que uma determinada ação aconteça.

Call me now!
Do your job, Doug.

6.1.2 Estrutura

Em Inglês, utiliza-se o verbo sem a partícula "to" para montar uma sentença no imperativo, além de não ser necessário informar o sujeito, pois se subentende que este receberá a ordem, a sugestão ou o conselho implicitamente.

6.1.3 Afirmações

VERBO NO INFINITIVO SEM A PARTÍCULA "TO" + COMPLEMENTO

Come with me.
Please, help me!

6.1.4 Negações

DO NOT (DON'T) + VERBO NO INFINITIVO SEM A PARTICULA "TO"= COMPLEMENTO

Don't eat this cake.
Do not hit that button!

6.2 Forma do subjuntivo

6.2.1 Uso

O uso do subjuntivo não é muito comum na linguagem coloquial em Inglês. Entretanto, devido aos verbos e às expressões com os quais ocorre, trata-se de um tempo verbal bastante frequente na linguagem formal.

O subjuntivo é usado para expressar a **importância de algo ou a opinião, o desejo ou a ordem de alguém.**

A forma do subjuntivo é caracterizada pelo uso de verbos no infinitivo. Além disso, ao contrário do subjuntivo em Português, o subjuntivo em Inglês possui a mesma forma tanto no presente como no passado e no futuro.

Alguns verbos que tipicamente ocorrem com o subjuntivo:

- to advise (that) – recomendar
- to agree (that) – concordar, obrigar-se
- to ask (that) – pedir
- to beg (that) – implorar
- to command (that) – determinar
- to decree (that) – decretar, determinar
- to demand (that)– exigir

6.2.2 Estrutura

Presente: The Chairman insists that they keep to schedule.

Passado: The Chairman insisted that they keep to schedule.

Futuro: The Chairman will insist that they keep to schedule.

Deve-se notar que após as expressões em itálico, os verbos sempre permanecem na sua forma original.

6.3 Question Words

6.3.1 Uso

As question words são palavras utilizadas no começo das sentenças com o intuito de realizarmos perguntas específicas, nas quais a resposta esperada vai além de "sim" ou "não". Cada uma delas possui um sentido/uso diferente e pode ser utilizada com qualquer tempo verbal.

Question word	Tradução	Exemplo
What?	Qual/ O quê?	What's your name? What are you doing?
Which?	Qual (opções)?	Which do you prefer? Dark chocolate or white?
Who?	Quem?	Who is Peter?
Whom?	Quem?	Whom did you call?
Whose?	De quem?	Whose car is that?
Why?	Por quê?	Why are you crying
Where?	Onde/ Aonde?	Where does Mark live?
When?	Quando?	When did you come back from England?
How?	Como?	How did you do that?

A forma HOW combinada com outros vocábulos pode ter outros sentidos, vejamos alguns:

- **How much (Quanto custa)**
  | How much is that dress?
- **How many (Quantos)**
  | How many dogs do you have?
- **How old (Quantos anos)**
  | How old are you?
- **How long (Quanto tempo)**
  | How long will it take?
- **How often (Com que frequência)**
  | How often do you go to the movies?

6.4 Demonstrative Pronouns

Os pronomes demonstrativos em Inglês são utilizados para indicar algo (pessoa, lugar ou objeto) e mostrar sua posição no espaço. Isso porque alguns deles são utilizados quando o falante está perto, e outros, quando está longe.

Diferentemente do que ocorre com o Português, os pronomes demonstrativos não variam de gênero. No entanto, há variação de número (singular e plural).

Demonstrative pronoun	Exemplo
This (singular/perto)	This is my sister.
That (singular/longe)	That is my brother
These (plural/perto)	These are my dogs
Those (plural/longe)	Those are my bags

Existem duas classificações existentes levando em consideração os pronomes demonstrativos: quando eles fazem função de substantivo e quando fazem função de adjetivo.

Sujeito: tem a função de substituir o substantivo na frase. Ele surge antes do verbo, ou sozinho na frase, e sua formação é: ***demonstrative pronoun + verb.***

| This is my car.

Adjetivo: tem a função de atribuir qualidade ao substantivo, descrevendo-o. Ele surge antes do nome e sua formação é: ***demonstrative adjective + noun.***

| This car is old.

7 COMPARATIVE ADJECTIVES, SUPERLATIVE ADJECTIVES

7.1 Comparative Adjectives

As comparações em Língua Inglesa podem ser estabelecidas em 3 níveis: igualdade, inferioridade e superioridade. Podemos comparar características envolvendo pessoas, animais, lugares ou experiências.

7.1.1 Comparativo de igualdade

Como o próprio nome sugere, é utilizado para estabelecermos comparações entre substantivos em um parâmetro de equivalência.

A estrutura básica pode ser caracterizada da seguinte forma:

P1+ VERB TO BE + AS+ ADJETIVO + P2

Derick is as tal as Bob.
Denis and Maria are as intelligent as Doug.

7.1.2 Comparativo de inferioridade

É utilizado para estabelecermos comparações entre substantivos em um parâmetro no qual um dos lados é "inferior" ao outro em relação a uma determinada característica.

A estrutura básica pode ser determinada da seguinte forma:

P1 + VERBO TO BE + LESS + ADJETIVO + THAN + P2

Jane is less emotional than Patricia.

7.1.3 Comparativo de superioridade

É utilizado para estabelecermos comparações entre substantivos em um parâmetro no qual um dos lados é "superior" ao outro em relação a uma determinada característica

Ao estabelecermos comparações neste nível, é necessário estar atento ao fato de que o "tamanho" (número de sílabas) do adjetivo/ característica influencia diretamente na construção da frase.

7.1.4 Adjetivos longos

Os adjetivos longos são caracterizados desta forma por possuírem 3 sílabas ou mais. A estrutura básica da sentença com estes vocábulos é:

P1 + VERBO TO BE + MORE+ ADJETIVO + THAN + P2

Marta is more beautiful than Teresa.

7.1.5 Adjetivos curtos

Os adjetivos curtos são caracterizados dessa forma por possuírem até 2 sílabas. Ao elaborarmos as sentenças, deveremos, ao invés de utilizar a palavra more (mais) para destacar superioridade, acrescentar os sufixos R/ER/IER ao final dos adjetivos. Vejamos:

P1 + VERBO TO BE + ADJETIVO COM -ER + THAN + P2

Maria is older than me.
Derick is funnier than Tomas.
Brazil is larger than Argentina.

Vejamos o padrão de formação dos adjetivos curtos:

Para a maior parte dos adjetivos, acrescentamos o sufixo -ER:

tall → taller

Para adjetivos terminados em "e", acrescentamos -R:

nice → nicer

Para adjetivos terminados em "y", acrescentamos -IER:

funny → funnier

Para adjetivos monossílabos terminados em consoante- vogal- consoante (CVC) , dobramos a última consoante e acrescentamos –ER:

big → bigger

7.1.6 Exceções

Existem alguns adjetivos que não seguem o padrão de formação. Eles são chamados de irregulares e possuem sua própria forma. São eles:

Adjetivo	Forma no comparativo de superioridade
Good	Better
Bad	Worse
Far	Farther/Further

7.2 Superlative of superiority

7.2.1 Uso

Usamos o superlativo toda vez que queremos expressar a qualidade de um adjetivo no seu mais alto grau. Não há comparações com outros seres, uma vez que a intenção é intensificar uma determinada característica.

7.2.2 Estrutura

Assim como no comparativo de superioridade, na forma do superlativo de superioridade é necessário diferenciar os adjetivos de acordo com o seu número de sílabas.

7.2.3 Adjetivos longos

Os adjetivos com três ou mais sílabas seguem a seguinte estrutura:

SUJEITO + TO BE + THE MOST + ADJETIVO + COMPLEMENTO

Sandra is the most beautiful girl of our school.

7.2.4 Adjetivos curtos

Os adjetivos curtos possuem até 2 sílabas e para formarmos o superlativo de superioridade é necessário acrescentarmos os sufixos *-est/st/iest* a eles.

A estrutura básica segue a seguinte ordem:

SUJEITO + TO BE + THE + ADJETIVO COM –EST + COMPLEMENTO

My grandfather is the oldest person in my family.

Para a maior parte dos adjetivos acrescentamos o sufixo -EST

Tall → tallest

Para adjetivos terminados em "e" acrescentamos o sufixo -ST

Nice → nicest

Para adjetivos terminados em "y" acrescentamos -IEST:

Funny → funniest

Para adjetivos monossílabos terminados em consoante-vogal- consoante (CVC), dobra-se a última consoante e acrescentamos -EST

Big → biggest

7.2.5 Exceções

Existem alguns adjetivos que não seguem o padrão de formação. Eles são chamados de irregulares e possuem sua própria forma. São eles:

Adjetivo	Forma no comparativo de superioridade
Good	Best
Bad	Wort
Far	Farthes/Furthest

8 QUESTION TAGS, PREPOSIÇÕES DE LUGAR E TEMPO

8.1 Question tags

Question tags são perguntas de confirmação, antecedidas por uma vírgula, posicionadas ao final de sentenças afirmativas ou negativas.

Today is a beautiful day, isn't it?
She doesn't like coffee, does she?

A *question tag* "discordará" obrigatoriamente da primeira declaração da frase. Quando a primeira for afirmativa, a *question tag* será negativa, e vice-versaserá. Para isso devemos levar em consideração o sujeito da frase principal, bem como o tempo verbal, com o intuito de utilizar o auxiliar correto.

Portanto, a estrutura será:

Frase afirmativa, **AUXILIAR COM NEGAÇÃO CONTRAÍDO + SUJEITO**

She loves pizza, **DOESN'T SHE?**
He is sick, **ISN'T HE?**

Frase negativa, **AUXILIAR + SUJEITO?**

Tommy didn't help Marie, **DID HE?**
Monica will not come tomorrow, **WILL SHE?**

Casos de exceção:

Quando a frase começar com a expressão LET'S, o tag será SHALL WE.

Let's dance, shall we?

Quando a frase estiver na forma do IMPERATIVO, o tag será WILL YOU.

Close the door, will you?

Quando a frase, na forma afirmativa, for iniciada com I AM, o tag será AREN'T I.

I am crazy, aren't I?

8.2 Preposições

8.2.1 Preposições de tempo

As preposições de tempo são termos utilizados para indicar alguns momentos relativos ao tempo em que ocorrem. Observe a tabela na sequência e conheça algumas delas:

Preposição	Uso	Exemplo
In	Ano Mês(sozinho) Estações do ano Periodos do dia (exeto noite)	In 1945, the World War II ended. My birthday is in October. We will travel again in the summer. I will see you in the morning.
On	Dias da semana Datas (mês e dia) Feriados (dia)	I have Math classes on Mondays. I was born on March 15 th. Sue will come on Christmas.
At	Horas Feriados (períodos) Noite	I wake up at 7:00 A.M. every day. Juliet will be here at Easter. I'll see you at night.

For	Durante um determinado período de tempo até agora	I have studied French for 2 years.
Before	Antes de um período de tempo passado	I have never visited Chicago before.
Since	Marca o início de uma ação no passado que se estende até o presente	My father has worked here since 2000.
By	No sentido de mais tardar Até um certo tempo	I'll be back by 6 o'clock. By 11 o'clock, i will have read five pages.
Till/Untill	No sentido de quanto tempo algo irá durar	He will not be in Curitiba until Friday.
From	Indica um determinado período de tempo	From now on, we'll be friends.

8.3 Preposições de lugar

As preposições de lugar (ou posição) são utilizadas para indicar o local de determinadas pessoas e/ou objetos no espaço. Observe a tabela na sequência e conheça algumas delas:

Preposição	Uso	Exemplo
On	Sobre alguma superfície Indicar endereços	The book is on the table. I live on the 5th street avenue.
In	Dentro de algo/ algum lugar Países Cidades	Get in the car. She lives in Brazil. She lives in São Paulo.
At	Indica um ponto em algum lugar ou endereço específico	She is at Harvard's Universaty.
Behind	Atrás	The dog is behind the couch.
Between	Entre	The wallet is between the couch and the arm chair.
In front of	Em frente	There is a car in front of your house.
Beside	Ao lado	Your t-shirt is beside the bed.
Among	Entre um grupo	Our house is among the trees.
Over	Acima/sobre	The cat jumped over the dog.
Next to	Próximo	She is next to her brother.
From	Indica origem	She came out of the jungle.
From/to	Indica abrangência de um lugar	She is walking from one side to another.

9 SIMPLE FUTURE, FUTURE WITH BE GOING TO

9.1 Simple future

Simple future (futuro simples) é um tempo verbal usado para expressar ações futuras que irão ocorrer, ou seja, que ainda não aconteceram.

Ele pode indicar uma decisão que está sendo tomada no ato da fala. Além disso, pode expressar um pedido, uma promessa, um aviso, um convite e uma oferta.

| She will travel to New York next year.

Na presença de todas as formas, encontraremos o auxiliar "will" e também um verbo na forma do infinitivo.

9.1.1 Forma afirmativa

Para a formação de frases afirmativas, o simple future apresenta a seguinte construção:

SUJEITO + WILL+ VERBO NO INFINITIVO + COMPLEMENTO

| Bob will help me next time.

9.1.2 Forma negativa

Para a formação de frases negativas, a única diferença será a presença do verbo auxiliar "WILL" seguido da partícula de negação "not", vejamos:

SUJEITO + WILL NOT/ WON'T + VERBO NO INFINITIVO + COMPLEMENTO

| I will not come tomorrow.

9.1.3 Forma interrogativa

Na forma interrogativa ocorre a inversão da posição entre sujeito e auxiliar, vejamos:

WILL+ SUJEITO + VERBO NO INFINITIVO + COMPLEMENTO

| Will you marry me?

9.2 Future with be going to

Usamos o "be going to" para indicar uma ação futura que já está planejada e tem grande chance de acontecer num futuro próximo.

| I'm going to marry Susan next weekend.

O futuro com going to utiliza a forma do verbo "to be" (is/am/are) no presente como auxiliar e o verbo principal fica na forma do infinitivo.

9.2.1 Forma afirmativa

Para construirmos afirmações, encontramos a seguinte estrutura:

SUJEITO + VERBO 'TO BE"+ GOING TO+ VERBO NO INFINITIVO + COMPLEMENTO

| She is going to visit us tomorrow.
| I am going to help you tonight.
| They are going to the movies on the weekend.

9.2.2 Forma negativa

A única diferença no caso das negações é a presença da partícula de negação "not" após o auxiliar, vejamos:

SUJEITO + VERBO "TO BE" + NOT + VERBO NO INFINITIVO + COMPLEMENTO

She is not going to visit us tomorrow.
I am not going to help you tonight.
They are not going to the movies tomorrow.

9.2.3 Forma interrogativa

Ao elaboramos perguntas, devemos inverter a ordem entre sujeito e auxiliar, vejamos:

VERBO "TO BE" + SUJEITO + GOING TO + VERBO NO INFINITIVO + COMPLEMENTO

Is she going to visit us tomorrow?
Am I going to see her again?
Are they going to the movies next weekend?

Em ambos os casos, tanto no simple future, quanto no future with be going to, será comum encontrarmos expressões que remetem ao futuro. Aqui estão as mais utilizadas a título de conhecimento:

Expressão	Significado
Tomorrow	Amanhã
Soon	Em breve
The day after tomorrow	Depois de amanhã
Next week	Próxima semana
Next Month	Próximo mês
Next Weekend	Próximo final de semana
Next Year	Próximo ano
In a few days	Em poucos/alguns dias
In a short time	Em um curto período de tempo

10 MODAL VERBS, NOUNS, QUANTIFIERS, INDEFINETE PRONOUNS

10.1 Modal Verbs

É uma classe especial de auxiliares que possuem características próprias e não seguem algumas regras de gramática comuns para outros verbos.

Can: é utilizado para falarmos de capacidade/habilidade, pedidos de maneira geral ou para tratarmos de permissão de maneira informal.

I can speak French very well.

Could: é utilizado para falarmos, assim como o can, de capacidade/habilidade. Entretanto, a diferença consiste no fato de esse verbo modal trabalhar com ações passadas. Além disso, podemos fazer pedidos de maneira mais educada ou ainda fazer deduções.

My cousin could play the guitar when he was younger.

Should/ ought to: ambos modais têm em comum o fato de lidar com conselhos/sugestões. A diferença entre eles está no quesito formalidade. Apesar de ser pouco utilizada atualmente, a forma ought to é mais rebuscada.

Jane shouldn't work so much.
Jane ought to help her family.

May: é utilizado para falar de permissão de maneira formal ou ainda em relação à possibilidade/probabilidade de algo acontecer(-chance de mais de 50%).

May I take your order sir?

Might: é utilizado também para indicar possibilidade/ probabilidade, entretanto apesar da semelhança de uso em relação ao verbo modal may, a chance de algo acontecer é pequena.

I'm not sure but Denis might not come tonight.

Must: é utilizado para falarmos de obrigações, na forma afirmativa e de proibições na forma negativa. Podemos ainda estabelecer deduções em ambas as formas.

A judge must be fair on a trial.

Would: é utilizado para fazermos pedidos, oferecermos algo de maneira educada ou ainda para tratarmos de situações hipotéticas.

Would you like some tea?
I would love to buy a boat.

Shall: esse verbo modal é mais comum em perguntas ou quando se oferece algo, sugere alguma coisa ou fazemos convites; é considerado bastante formal. Shall só é usado na primeira pessoa do singular (I) e do plural (We).

Shall I open the window?

Cada um dos verbos modais possui suas próprias funções semânticas. Entretanto, ao organizarmos as frases, a forma de construí-las é a mesma para todos.

10.1.1 Forma afirmativa

SUJEITO + VERBO MODAL + VERBO NO INFINITIVO + COMPLEMENTO

Jane can sing very well.

10.1.2 Forma negativa

SUJEITO + VERBO MODAL COM NEGAÇÃO + VERBO NO INFINITIVO + COMPLEMENTO

Jack should not walk alone in the park at night.

10.1.3 Forma interrogativa

VERBO MODAL + SUJEITO + VERBO NO INFINITIVO + COMPLEMENTO

| May I ask you a question?

10.2 Nouns

Os substantivos são as palavras responsáveis por nomear as coisas, pessoas, emoções, etc. Suas classificações e subdivisões são inúmeras, entretanto, focalizaremos dois aspectos em especial: a formação do plural e também a divisão existente entre substantivos contáveis e incontáveis.

10.2.1 Countable and uncountable nouns

Os substantivos são divididos em duas categorias: contáveis e incontáveis. Os contáveis, como o próprio nome sugere, podem ser contados, pois têm forma tanto no singular quanto no plural.

| Cat → cats
| dog dogs
| car → cars
| person → people
| day → days

- Os substantivos incontáveis são aqueles que para serem quantificados exigem uma unidade de medida.

| coffee, bread, music, water, wine, milk, sugar, money etc.

- Para podermos "contá-los", necessitamos de uma "unidade de medida".

| I want a glass of water. (Eu quero um copo d'agua)

- Josh drank a bottle of wine. (Josh bebeu uma garrafa de vinho)

| I will grab a cup of coffee for you. (Eu pegarei uma xícara de café para você)

10.2.2 Plural of nouns

A construção da forma do plural em Língua Inglesa se parece em alguns aspectos com a Língua Portuguesa, entretanto temos regras bem específicas, que veremos a seguir.

Como em Português, a forma geral de se colocar uma palavra no plural consiste em acrescentar o –s:

| Boy → boys
| Book → books

Quando o substantivo terminar em –s, –ss, –ch, –sh, –x, –z e a maioria dos substantivos que terminam em –o, receberá –ES no final:

| Box → boxes
| Hero → heroes

Entretanto, nos substantivos a seguir, acrescenta-se somente –s: photo (foto), radio (rádio), piano (piano), kilo (quilo), video (vídeo), avocado (abacate). Já alguns possuem as duas formas, como mosquito (mosquito) e volcano (vulcão).

Ao terminar em –y precedido por consoante, substitui-se o y por –ies:

| Body → bodies
| City → cities

Alguns substantivos que terminam com –f ou –fe têm esse final trocado por -ves:

| Life → lives
| Wolf →wolves

Alguns substantivos advindos de outro idioma conservam o plural de origem:

| Medium → media

Alguns plurais irregulares:

| Man → men
| Woman → women
| Tooth → teeth
| Person →people
| Mouse → mice
| Child → Children
| Goose → geese

Substantivos com a mesma forma no plural e no singular:

| Fish
| Species

Apesar de terminarem com –s, há alguns substantivos que estão no singular:

| News
| Politics

Outras só existem no plural e concordam com verbos também no plural:

| Clothes
| Savings

10.3 Quantifiers

Quantifiers são palavras usadas quando nos referimos à quantidade de alguma coisa, mas sem especificar essa quantia. Eles podem ser usados com substantivos contáveis e incontáveis.

- Much (muito / incontáveis)

| There isn't much milk left in the fridge.

- Many (muito/ contáveis)

| There are many things I want to tell you.

- A lot of/ lots of

É utilizado para falar de uma grande quantidade, independentemente se o substantivo que está à sua frente é contável ou incontável.

| Jessica told a lot of things about her.
| He has lots of money.

- Few (pequena quantidade/ contáveis)

| I have few friends.

- Little (pequena quantidade/ incontáveis)

| We have little food.

10.4 Indefinite pronouns

Some e any são adjetivos indefinidos utilizados quando não se pode usar a/an, isto é, com os incontáveis e com substantivos no plural.

Some: algum, alguns, alguma, algumas; um pouco de.

Any: algum, alguns, alguma, algumas; qualquer; nenhum, nenhuma.

A possibilidade de uso e o sentido serão afetados dependendo do tipo de frase em que eles forem utilizados.

10.4.1 Some

Tipo de frase	Sentido	Exemplo
Afirmativa	Algum/alguns/ alguma/algumas/ um pouco	I have some friends. I have some money.
Interrogativa (oferecimento/ pedido)		Do you want some?

- Não podemos utilizar essa forma em sentenças negativas.

10.4.2 Any

Tipo de frase	Sentido	Exemplo
Afirmativa	Qualquer	Any person would remind me of her.
Negativa	Nenhum/nenhuma	I don't have any friends.
Interrogativa	Algum/alguma Alguns/algumas	Do you have any idea? Are there any books here?

10.4.3 No

Usa-se no (= adjetivo; nenhum, nenhuma) com verbos na forma afirmativa para dar um sentido negativo à frase. Isso mesmo! O significado da frase indica negação, entretanto a estrutura dela será de afirmação.

> I have no friends.
> There is no butter left.

As formas: some, any e no podem ainda dar origem a outras palavras recebendo os sufixos one/body, thing, where. Essas novas palavras são chamadas pronomes indefinidos. Elas são utilizadas para representar de maneira genérica e indefinida pessoas, coisas ou lugares. Vale frisar que as regras para sua utilização continuam sendo as mesmas de some/any/no.

10.4.4 Some

Someone/ somebody	Alguém	I know someone who can help us. Someone stole my bike.
Something	Alguma coisa	I have something for you. Would you like something to drink?
Somewhere	Algum lugar	There must be a restaurant somewhere near you house.

10.4.5 Any

Anyone / anybody	Qualquer um/Alguém/ ninguém	Anyone could do this. I didn't see anyone here. Did you see anyone here?
Anything	Qualquer coisa/alguma coisa/nada	Anything is possible. I don't want anything. Did you see anything strange?
Anywhere	Qualquer lugar/algum lugar/nenhum lugar	Where are we going to sleep? Anywhere. I can't find my shoes anywhere. Is there anywhere nice to go in theis city

10.4.6 No

No one/nobody	Ninguém	Nobody wants to see me.
Nothing	Nada	There's nothing we can do.
Nowhere	Nenhum lugar	There's nowhere nice to go in this city

11 PRESENT PERFECT, PRESENT PERFECT CONTINUOUS

11.1 Present Perfect

O present perfect é um tempo verbal utilizado para falar sobre eventos que ocorreram em um tempo indefinido do passado e que podem perdurar até hoje ou já terem sido concluídos. Em Português, não temos um tempo correspondente a esse.

> I have lived there for a long time.

As frases no present perfect, independentemente da forma, contarão com a presença dos auxiliares HAVE ou HAS e de um verbo na forma do particípio passado.

O que são verbos no particípio passado ou também chamados de verbos na 3ª coluna?

Os verbos na forma do particípio passado seguem uma lógica parecida com as dos utilizados no simple past, ou seja, verbos regulares recebem o acréscimo de d/ed/ied e verbos irregulares apresentam uma flexão única, que pode ou não ser a mesma do passado simples.

Os verbos regulares continuam os mesmos seguindo as mesmas regras, o que realmente acaba dificultando são os irregulares que em sua maioria ganham uma nova conjugação, vejamos alguns exemplos:

Verbo no infinitivo	Verbo no simple past	Verbo no particípio passado
Go	Went	Gone
Do	Did	Done
Come	Came	Come
Drink	Drank	Drunk
Buy	Bougth	Bought
See	Saw	Seen
Get	Got	Gotten/got

11.1.1 Forma afirmativa

Na forma afirmativa do presente perfeito encontraremos dois auxiliares: have e has seguidos por um verbo na forma do particípio passado. Os auxiliares têm seu uso diferenciado pelo sujeito da frase. Utilizaremos has com a 3ª pessoa do singular (he/she/it). Em contrapartida, quando o sujeito da sentença for I/you/we/they, utilizaremos a forma have.

SUJEITO + AUXILIAR + VERBO NO PARTICÍPIO PASSADO + COMPLEMENTO

> Jonathan has worked here for years.
> I have worked here for years.

Podemos utilizar as formas contraídas 's(has) e 've(have).

11.1.2 Forma negativa

Na forma negativa do presente perfeito teremos os auxiliares have ou has acompanhados da partícula de negação not, seguidos de um verbo no particípio passado.

SUJEITO + AUXILIAR COM NEGAÇÃO + VERBO NO PARTICÍPIO PASSADO + COMPLEMENTO

> I have not lived there for a long time.
> Sara has not arrived on time.

Podemos contrair ambos os auxiliares: have not (haven't) e has not (hasn't).

11.1.3 Forma interrogativa

Ao estabelecermos perguntas no presente perfeito, devemos posicionar os auxiliares à frente do sujeito, que é seguido de um verbo na forma do particípio passado.

AUXILIAR + SUJEITO + VERBO NO PARTICÍPIO PASSADO + COMPLEMENTO

Have you seen Patrick lately?
Has Doug visited Peter?

11.2 Present perfect continuous

O present perfect continuous é usado, basicamente, para enfatizar a continuidade de uma ação que começou no passado e que se prolonga até o presente.

Jane has been watching TV for 2 hours.
Peter and Mike have been playing tennis for 1 hour.

O present perfect continuous utiliza os mesmos auxiliares do present perfect (have e has). O verbo principal aparece na forma do gerúndio (-ing). A seguir veremos as classificações.

11.2.1 Forma afirmativa

SUJEITO + AUXILIAR + BEEN + VERBO COM -ING + COMPLEMENTO

Jessica has been studying for 2 hours.
They have been playing video game for 2 hours.

11.2.2 Forma negativa

Na forma negativa teremos o acréscimo da partícula de negação "not" ao auxiliar.

SUJEITO + AUXILIAR COM NEGAÇÃO + BEEN + VERBO COM -ING + COMPLEMENTO

Jessica has not been studying all day long.
They have not been playing video game for 2 hours.

11.2.3 Forma interrogativa

Na forma interrogativa não podemos nos esquecer de inverter a ordem entre sujeito e auxiliar.

AUXILIAR + SUJEITO+ BEEN + VERBO COM -ING + COMPLEMENTO

Has Jessica been studying all day long?
Have they been playing video game for 2 hours?

12 PAST PERFECT, PAST PERFECT CONTINUOUS

12.1 Past perfect

O past perfect é usado para descrever uma ação que ocorreu no passado, antes de outra ação também passada. Ou seja, de maneira simplista, podemos considerá-lo o "passado do passado".

The film had already started when we got to the cinema.

Convém observar que ambas as ações estão no passado, entretanto, a que está representada pelo past perfect (filme ter começado) acontece antes do que aquela representada pelo simple past (nós temos chegado ao cinema).

O past perfect possui apenas um auxiliar (had), que é acompanhado por um verbo na forma do particípio passado. Vejamos:

12.1.1 Forma afirmativa

SUJEITO + HAD + VERBO NO PARTICÍPIO PASSADO + COMPLEMENTO

She had done her job before the dead line.

Podemos contrair a forma had ('d).

12.1.2 Forma negativa

Na forma negativa o auxiliar vem acompanhado da partícula de negação "not".

SUJEITO + HAD NOT/HADN'T + VERBO NO PARTICÍPIO PASSADO + COMPLEMENTO

Denis hadn't realized that the place was so dangerous.

12.1.3 Forma interrogativa

Na forma interrogativa não podemos nos esquecer de inverter a ordem entre sujeito e auxiliar.

HAD + SUJEITO + VERBO NO PARTICÍPIO PASSADO + COMPLEMENTO

Had she read the book before seeing the movie?

12.2 Past perfect continuous

O past perfect continuous é usado para enfatizar a repetição ou a duração de uma ação no passado anterior à outra ação também no passado.

He had been studying for seven hours so he was tired to go out.

Assim como o past perfect, o past perfect continuous também utiliza como auxiliar a forma do passado do verbo "to have" (*had*). O verbo principal aparece na forma do gerúndio (*-ing*). Vejamos:

12.2.1 Forma afirmativa

SUJEITO + HAD + BEEN + VERBO COM -ING + COMPLEMENTO

I had been saving my money to buy this house.

12.2.2 Forma negativa

Na forma negativa, o auxiliar, vem acompanhado da partícula de negação "not".

SUJEITO + HAD NOT/HADN'T + BEEN + VERBO COM -ING + COMPLEMENTO

> I had not been running for more than fifteen minutes when I felt tired.

12.2.3 Forma interrogativa

Na forma interrogativa não podemos nos esquecer de inverter a posição entre sujeito e auxiliar

HAD + SUJEITO + BEEN + VERBO COM -ING + COMPLEMENTO

> Had he been waiting for her for a long time?

13 PASSIVE VOICE

13.2.1 Uso

Diferentemente da voz ativa, em que a ênfase está em quem praticou a ação, A voz passiva se preocupa em enfatizar o objeto, ou seja, aquele que sofre a ação expressa pelo verbo. Para entender isso vamos comparar sentenças:

> Gina wrote this letter. (Gina escreveu esta carta)
> This letter was written by Gina. (Esta carta foi escrita por Gina)

Repare que no primeiro exemplo, que está na voz ativa, quem faz o papel de sujeito é a pessoa responsável por desempenhar a ação. Em contrapartida no segundo caso o sujeito é a "pessoa" que sofre a ação.

A voz passiva é utilizada como recurso para mudarmos o foco do discurso. É um recurso bastante útil presente em vários gêneros textuais.

As construções na forma da voz passiva são variadas, pois para organizá-las, além de invertermos a posição entre agente e paciente, é necessário estarmos atentos ao tempo verbal da frase.

Cada tempo verbal sofrerá alterações pontuais em sua construção, vejamos:

Tempo na voz ativa	Voz Passiva	Exemplos
Presente simples	are/is + verbo no particípio passado	Voz ativa: Daniel fixies cars. Voz passiva: Cars are fixed by Daniel.
Presente contínuo	is/are + being + verbo no particípio passado	Voz ativa: Daniel is fixing my car. Voz passiva: My car is being fixed by Daniel.
Passado simples	was/were + verbo no particípio passado	Voz ativa: Daniel fixed my car. Voz passiva: My car was fixed by Daniel.
Passado contínuo	was/were + being + verbo no particípio passado	Voz ativa: Daniel was fixing my car. Voz passiva: My car was being fixed by Daniel.
Futuro simples	will be + verbo no particípio passado	Voz ativa: Daniel will fix my car. Voz passiva: My car will be fixed by Daniel.
Presente perfeito	has/have + been + verbo no particípio passado	Voz ativa: Daniel has fixed my car. Voz passiva: My car has been fixed by Daniel
Passado perfeito	had been + verbo no particípio passado	Voz ativa: Daniel had fixed my car. Voz passiva: My car had been fixed by Daniel.
Futuro com o "going to"	am/is/are + going to be + verbo n particípio passado	Voz ativa: Daniel is going to fix my car. Voz passiva: My car is going to be fixed by Daniel.
Verbos modais	Verbo modal + be + verbo no particípio passado	Voz ativa: Daniel must write this paper. Voz passiva: This papper must be written by Daniel

> **Fique ligado**
>
> Quando o sujeito da voz ativa for indeterminado (someone - alguém, people - pessoas), não se coloca o agente da passiva (aquele que sofreu a ação pelo verbo), nem by.

Voz ativa: Someone opened the gate.

Voz passiva: The gate was opened.

Quando o sujeito da voz ativa não for "importante" podemos omiti-lo na forma da voz passiva.

Voz ativa: He called the police officer.

Voz passiva: The police officer was called.

14 GERUND AND INFINITIVE, CONJUNCTIONS

14.1 Gerund X Infinitive

Nesta unidade, falaremos acerca dos usos das formas do gerúndio e do infinitivo.

Primeiramente, vamos lembrar como reconhecer essas formas.

Gerúndio: o gerúndio é representado na Língua Inglesa pelo sufixo -ING acrescentado ao final dos verbos.

working, watching, swimming, etc.

Infinitivo: a forma do presente é o estado básico/original do verbo. Podemos e apresenta-lo utilizando a proposição "to" ou não antes do verbo.

To work / work.

Vejamos as diferenças de uso.

- Quando devemos utilizar a forma do gerúndio? Além dos tempos verbais caracterizados como "continuous", podemos encontrar a forma do gerúndio nas seguintes situações.
  - **Como um substantivo:**

    Swimming is my favorite sport.
    Painting is her favorite hobby.

  - **Após preposições:** segundo a gramática, faz-se necessário a forma do gerúndio após preposições (about, against, at, in, of, for, on, after, before etc.) As preposições podem formar unidades após adjetivos, substantivos ou ainda verbos.

    After watching this episode, I'll do the dishes.
    Before opening the letter, she took a deep breath.
    You can save 10% by booking on the internet.
    They are afraid of losing the match.
    I'm worried about making mistakes.
    What are the chances of finding a taxi?
    I thought about asking her on a date.

  - **Após os verbos:** admit - appreciate - avoid - carry on - consider - contemplate - delay - deny - detest - endure - enjoy - escape - excuse - face - fancy - feel like - finish - forgive - give up - imagine - include - involve - keep - mention - mind - miss - postpone - practice - put off - recommend - resent - resist - risk - suggest - understand – quit

    He admitted being guilty.
    They avoid talking to her.
    I enjoy going out with my friends.

  - **Após determinadas expressões como:** can't stand - can't help - be worth - feel like - it is no good - it is good - it is no use - look forward to

    I can't stand watching soap operas.
    I can't help falling in love with you.
    It was worth listening to her.

Quando devemos utilizar a forma do infinitivo sem o "to"? Além dos casos envolvendo os verbos modais e os auxiliares do e will encontramos a forma do infinitivo sem o "to" nas seguintes situações:

- **Após as expressões had better e would rather:**

  You had better find a job urgently.
  I would rather go home on foot.

- **Após os verbos let e make na seguinte estrutura:** let/make someone do something.

  She makes me feel good.

  Let me stay here with you.

- **Após verbos de percepção (feel, hear, notice, watch, observe, see) que seguem a estrutura:** verb + object + infinitive without to.

  I didn't see you come in.

Quando utilizar o infinitivo com o "to":

- **Como sujeito de uma frase (é uma maneira formal e pouco utilizada):**

  To be or not to be that's the question.

- **Após the first, the second, the third, the last, the only, the next, etc.:**

  I was the first to arrive this morning.

- **Após adjetivos, quando não forem seguidos por preposição e quando um adjetivo ou advérbio estiver acompanhado de too e enough:**

  It is easy to learn any language

  I think my daughter is too young to get married.

- **Após alguns verbos; os mais comuns são:** afford - agree - appear - arrange - ask - attempt - be able - beg - begin - care - choose - consent - continue - dare - decide - expect - fail - forget - go on - happen - hate - have - help - hesitate - hope - intend - invite - learn - like - love - manage - mean - neglect - offer - plan - prefer - prepare - pretend - propose - promise - refuse - regret - remember - seek - seem - start - swear - trouble - try - want - wish

  I want to break free.

  She asked to talk to me.

- **Após expressões derivadas de would:** (would like, would love, would prefer, would hate)

  I would love to go out with my friends.

14.2 Conjunctions

Conjunções são palavras que ligam duas orações ou termos semelhantes, dentro de uma mesma oração. Estudaremos na sequência alguns tipos:

14.2.1 Contrast

Conjunction	Tradução	Exemplo
But	Mas	She works hard, but she doesn't earn much money.
However	Entretanto	This trip is going to be expensive, however, It's going to be fun.
Although/even though/though	Apesar de	Although it was raining, we had fun.
Despite/in spite of	Apesar de	Despite the rain, we went to the beach.
Nevertheless/ nonetheless	Todavia	There are serious problems in our country. Nevertheless, it is a good place to live.
While/whereas	Enquanto	He must be about 60, whereas his wife looks about 30.

14.2.2 Addition

And	e	She is intelligent and beautiful.
Also/too/as well	Também	She is hardworking, as well, he is.
Besides/moreover/futhermore/ in addition to	Além do mais, além disso	She is smart. Besides, she is very Humble

14.2.3 Reason

Because	Porque	We can't stop working because we haven't finished the job yet.
Because of	Por causa de	There were so many people at the shop because of the sale.
Due to	Devido a	She had five days off the work due to illness.
Since/as	Visto que	They are expensive, since is hard to find them.

14.2.4 Result

Therefore/ consequently	Portanto	Jack didn't buy the cake. Therefore, his mother yelled at him.
So	Por isso	We were tired, so we went to bed early.

15 CONDITIONAL SENTENCES, REPORTED SPEECH

15.1 Conditional sentences

As orações condicionais são sentenças que expressam uma condição. Ou seja, quando conversamos com alguém ou escrevemos algo, nós podemos falar/ escrever sobre condições. Elas são divididas em quatro tipos: zero conditional, first conditional, second conditional e third conditional. Vejamos agora cada um desses casos separadamente:

15.1.1 Zero conditional

De modo geral, usamos o zero conditional em Inglês quando estamos nos referindo a fatos que são sempre verdadeiros. Esses fatos podem ser verdades científicas/ naturais ou ainda pode expressar um fato verdadeiro sobre uma pessoa.

If you heat ice, it melts.
If I don't eat well, I get sick.

Observe que tanto o lado que representa a condição (parte com if), quanto o lado do resultado estão no mesmo tempo verbal. Logo, temos a seguinte estrutura:

If you heat ice,	It melts.
Condição	Resultado
Simple present	Simple present

15.1.2 First Conditional

First conditional sentences em Inglês são orações condicionais que indicam possibilidades ou prováveis ações futuras. Ou seja, desde que a condição seja satisfeita, a ação (resultado) acontecerá.

If I go to Paris, I will buy a French guidebook.
If you tell her anything, we will say it's a lie.

Observe que, diferentemente de zero conditional, em first conditional combinamos dois tempos verbais distintos para formarmos a conditional sentence:

If I go to Paris,	I will buy a French guidebook.
Condição	Resultado
Simple Present	Simple Future

15.1.3 Second conditional

Second conditional sentences são usadas para expressar ações ou situações improváveis, hipotéticas ou imaginárias no presente ou no futuro. Podemos dizer que são ações que dificilmente acontecerão.

If I won the lottery, I would buy a castle.
If I lived on a lonely island, I would become a savage.

Observe que a estrutura do second conditional também é composta de dois tempos verbais diferentes:

If I won the lottery,	I would buy a castle.
Condição	Resultado
Simple past	Would + verbo no infinitivo

Caso utilize o verbo "to be" na parte referente à condição, ele deverá ser conjugado no simple past. Entretanto, independentemente do sujeito, você deverá utilizar a forma "were", excepcionalmente neste caso.

If I were you, I would tell her the truth.

15.1.4 Third Conditional

Third conditional representa ações impossíveis de acontecer. Utilizamos essa formação para imaginar um resultado diferente para algo que já aconteceu.

If I had studied for the test, I would have got a better grade.
If I had seen her, I would have talked with her.

Sua estrutura é composta de dois tempos verbais distintos:

15.2 Reported speech

O reported speech representa o discurso indireto em Inglês.

Utilizamos essa forma quando vamos reproduzir a fala de outra pessoa, ou seja, quando vamos reportar o que já foi dito por alguém. Portanto, é muito empregada para narrar histórias e fatos que já aconteceram. Vejamos:

Direct Speech (Discurso Direto): I am not feeling well.
Reported Speech (Discurso Indireto): He said that he wasn't feeling well.

15.2.1

Para que o discurso indireto siga as regras de formação corretas, é importante estar atento aos tempos verbais. Isso porque eles irão mudar, dependendo da utilização feita pelo falante.

Veja a seguir a tabela de formação do reported speech:

Direct Speech	Reported Speech
Present Simple → Bob said "I like your new car". (Eu gosto do seu carro novo.)	Past Simple → He said (that) he liked my new car (Ele disse que gostou do meu carro novo.)
Present Continuous → Sara said "I am getting married". (Eu vou me casar)	Past Continuous → She said (that) she was getting married. (Ela disse que vai se casar.)
Present Perfect → John said " We have bought the tickets." (Nós temos comprado os ingressos.)	Past Perfect → He said (that) they had bought the tickets. (Ele disse que eles tinham comprado os bilhetes.)
Simple Past → Derick said "I missed the train." (Eu perdi o trem.)	Past Perfect → He said (that) he had missed the train. (Ele disse que ele tinha perdido o trem.)
Will → Bob said "I will see you later." (Eu verei você mais tarde.)	Would → He said (that) he would see me later. (Ele disse que ele me veria mais tarde.)
Am/I/Are Going to → Derick said "I am going to join the class." (Eu estou indo me juntar à turma.)	Was/Were Going to → He said he was going to a class. (Ele disse que ele estava inde se juntar à turma.)
Can → John said "I can help Lisa" (Eu posso ajudar Lisa)	Could → He said (that) He could help Lisa (Ele disse que podia ajudar Lisa.)

Além dos tempos verbais, devemos ficar atentos também aos pronomes e às expressões de tempo. Lembre-se: você está adotando o ponto de vista de quem está observando a ação acontecer.

I (eu) → He/She (ele/ela)
We (nós) → They (eles, elas)
Me (mim) → Him/Her (ele/ela)
This (este) → That (aquele)
These (estes) → Those (aqueles)
Here (aqui) → There (lá)

Today (hoje) → Last day (aquele dia) / Yesterday (ontem)

Toninght (hoje à noite) → Last night (noite passada)

Tomorrow (amanhã) → The next day / The following day (o próximo dia/o dia seguinte)

A year ago (um ano atrás) → The year before (no ano anterior)

15.2.2 Estrutura perguntas

Ao transformarmos frases na forma interrogativa, as alterações nos tempos verbais, pronomes e expressões continuam as mesmas. Entretanto, no discurso indireto, as perguntas passam a ser afirmações ou negações. Vejamos:

> **Direct speech:** Bob asked me "Are you going to school tomorrow?"
> **Reported Speech:** Bob asked me if I was going to school the next day.

Outro fator importante é lembrar que existem 2 tipos de perguntas: as perguntas classificadas de "yes or no questions" e aquelas que utilizam pronomes interrogativos. Cada uma delas possui uma forma específica de ser construída.

- Perguntas de sim ou não

SUJEITO + ASKED + (OBJETO) + IF/WHETER + INFORMAÇÃO PERGUNTADA

> Bob asked me "Are you going to school tomorrow?" → Bob asked me if I was going to school the next day.

- Perguntas que utilizam pronomes interrogativos

SUJEITO + ASKED + (OBJETO) + PRONOME INTERROGATIVO+ INFORMAÇÃO PERGUNTADA

> Bob asked me "Where are you going?"
> Bob asked me where I was going.

15.2.3 Frases no Imperativo

As frases no imperativo também merecem destaque, pois apesar de não haver mudança de tempo verbal, sua construção também é feita de maneira peculiar.

15.2.4 Forma afirmativa

SUJEITO + TOLD/ORDERED/ASKED + TO + VERBO NO INFINITIVO + COMPLEMENTO

> Bob "Call me at home!"
> Bob told me to call him at home.

15.2.5 Forma negative

SUJEITO + TOLD/ORDERED/ASKED +NOT TO + VERBO NO INFINITIVO + COMPLEMENTO

> Bob "Don't do this!"
> Bob ordered not to do that.

16 RELATIVE PRONOUNS AND ADVERBS, PHRASAL VERBS

16.1 Relative Pronouns

Os pronomes relativos são utilizados para introduzirem uma oração dependente ou relativa. Os pronomes relativos podem exercer a função de sujeito ou objeto do verbo principal. Lembre-se de que quando o pronome relativo for seguido por um verbo, ele exerce função de sujeito. Caso o pronome relativo for seguido por um substantivo ou pronome, ele exerce função de objeto.

> Josh is the boy who I met last party.
> Susan is the girl whose car was stolen.

Pronome relativo	Faz referência a	Exemplo
Who	Pessoas	Mike is the boy who is sick at the hospital.
Whom (objeto)	Pessoas	The girl whom I saw was tired.
Which	Objetos/animais	This is the book which was on the table yesterday.
Whose	Posse	Mike, whose car was stolen, is sad.
That	Pessoas/objetos/animais	Mike is the boy that is sick at the hospital.

O pronome relativo that pode substituir os pronomes who ou which. Entretanto, não podemos realizar essa substituição quando o pronome relativo estiver entre vírgulas.

> My bike, which is new, is very expensive.

Em Inglês podemos omitir os pronomes relativos (who, which, that) das frases:

> Jack is the boy who I met yesterday.
> Jack is the boy I met yesterday.

Isso só pode acontecer quando o termo que sucede o pronome relativo fizer função de sujeito.

- O pronome relativo whose é sempre seguido de um substantivo e nunca pode ser omitido.
- O pronome relativo também não pode ser omitido quando estiver entre vírgulas.

> Mike, who is my friend, traveled to Europe last month.

16.2 Relative adverbs

Os advérbios relativos são palavras utilizadas para introduzir uma oração subordinada.

Relative adverbs	Faz referência a	Exemplo
When	Tempo	I will Always remember when I saw you for the first time.
Where	Lugar	The hotel where we spent our last vacation is very expensive.
Why	Razão	I don't have to tell you the reason why I came back.

16.3 Phrasal Verbs

Phrasal verbs (verbos frasais) são verbos que vêm acompanhados por preposições ou advérbios. Essa junção acaba resultando em um novo sentido para o verbo, que em muitos casos, não tem nenhuma relação com o sentido original do verbo. Vejamos:

Call (chamar)
Call + in = convidar.
Call + off = cancelar.

Phrasal verbs não podem ser traduzidos literalmente, ou seja, ao pé da letra. Portanto, a melhor forma de aprendê-los é treinando. Eles são tão importantes e constituem uma quantidade de informação semântica enorme, a ponto de existirem muitos dicionários de phrasal verbs.

16.3.1 Classificação

Os phrasal verbs podem ser divididos em dois grupos: aqueles considerados separáveis e os inseparáveis. Vejamos:

Separáveis: representam os verbos que acompanham complementos (objetos). Nesse caso, os verbos exigem a colocação do objeto entre o verbo e a preposição sempre que o objeto for um pronome.

They called up the women.
They called the women up.
They called her up.

Inseparáveis: nesse caso, os verbos são chamados de prepositional verbs (verbos preposicionados) e geralmente não aceitam complemento (objetos). Ou seja, eles não permitem a colocação do objeto entre o verbo e a preposição.

They called on the women.
They called on her.

Os phrasal verbs são muitos, logo seria impossível colocarmos todos nesta unidade. A seguir, disponibilizamos os mais comuns:

Phrasal verb	Tradução	Phrasal verb	Tradução
Blow up	Explodir	Look foward to	Esperar ansiosamente
Call for	Exigir requerer	Look after	Cuidar
Call out	Gritar para	Look for	Procurar
Call back	Retornar a ligação	Look over	Revisar
Get in	Entrar	Make up	Criar, inventar
Get out	Sair	Make into	Transformar
Get up	Levantar-se	Put aside	Guardar, economizar
Get away with	Safar-se	Put on	Vestir
Get over	Superar	Put off	Adiar
Get home	Chegar em casa	Take apart	Desmontar
Give up	Desistir	Take off	Decolar, tirar
Give away	Doar	Take on	Contratar
Give back	Devolver	Take out	Levar para fora
Go after	Ir atrás, perseguir	Take over	Assumir o controle
Go back	Retonar	Turn on	Ligar, acender
Go off	Explodir	Turn off	Desligar, apagar
Go out	Sair	Take down	Derrotar, destruir

17 APÊNDICE

Lista de verbos irregulares em Inglês

Infinitive	Simple past	Past participle	Translation
abide	abode	abode	permanecer, sobreviver
arise	arose	arisen	erguer-se, surgir
awake	awoke	awoken	despertar, acordar
be	was/were	been	ser, estar
bear	bore	born	nascer, produzir
beat	beat	beaten	bater
become	became	become	tornar-se, transformar-se
begin	began	begun	começar
bet	bet	bet	apostar
break	broke	broken	quebrar, romper
bid	bid	bid	fazer uma oferta (apostar)
bind	bound	bound	unir, ligar
bite	bit	bitten	morder
bleed	bled	bled	sangrar
break	broke	broken	quebrar
bring	brought	brought	trazer, executar
build	built	built	construir, fabricar
buy	bought	bought	comprar
catch	caught	caught	pegar
choose	chose	chosen	escolher, preferir
come	came	come	vir, chegar
cost	cost	cost	custar
cut	cut	cut	cortar
do	did	done	fazer, cuidar, funcionar
draw	drew	drawn	desenhar, traçar
drink	drank	drunk	beber
drive	drove	driven	dirigir, guiar
eat	ate	eaten	comer, mastigar
fall	fell	fallen	cair, descer
feed	fed	fed	alimentar, nutrir
feel	felt	felt	sentir, perceber
fight	fought	fought	brigar, lutar
find	found	found	encontrar, descobrir
fly	flew	flown	voar
forbid	forbade	forbidden	proibir, impedir
forget	forgot	forgotten	esquecer
forgive	forgave	forgiven	perdoar, desculpar
freeze	froze	frozen	congelar
get	got	gotten	receber, conseguir, pegar
give	gave	given	dar, entregar
go	went	gone	ir, partir
grow	grew	grown	crescer
have	had	had	ter, possuir
hear	heard	heard	ouvir, escutar
hide	hid	hidden	ocultar, esconder
hit	hit	hit	bater
hold	held	held	segurar
hurt	hurt	hurt	machucar, magoar
keep	kept	kept	manter, guardar
know	knew	known	saber, conhecer
lead	led	led	comandar, guiar
learn	learnt	learnt	aprender, estudar
leave	left	left	sair, deixar, partir
lend	lent	lent	emprestar
lie	lay	lain	deitar
lose	lost	lost	perder, desperdiçar
make	made	made	fazer, criar
mean	meant	meant	pensar, significar
meet	met	met	conhecer, encontrar
pay	paid	paid	pagar, saldar
put	put	put	pôr, colocar

read	read	read	ler, aprender
ride	rode	ridden	andar, passear
ring	rang	rung	tocar (campainha, telefone)
run	ran	run	correr
say	said	said	dizer, contar
see	saw	seen	ver, observar
sell	sold	sold	vender, negociar
send	sent	sent	enviar, mandar
set	set	set	definir, configurar, marcar, ajustar
shake	shook	shaken	sacudir, balançar, tremer
shine	shone	shone	brilhar
shoot	shot	shot	atirar, disparar, fotografar, filmar
show	showed	shown	mostrar
shut	shut	shut	fechar
sing	sang	sung	cantar
sit	sat	sat	sentar

sleep	slept	slept	dormir, descansar
slide	slid	slid	escorregar, deslizar
speak	spoke	spoken	falar, dizer
spend	spent	spent	gastar, passar (férias, feriado)
stand	stood	stood	ficar/estar em pé
steal	stole	stolen	roubar
swear	swore	sworn	jurar
swim	swam	swum	nadar
take	took	taken	pegar, tirar
teach	taught	taught	ensinar
tell	told	told	contar, saber
think	thought	thought	pensar, acreditar
throw	threw	thrown	jogar, arremessar
understand	understood	understood	entender
wake	woke	waked	acordar, despertar
wear	wore	worn	usar, vestir
win	won	won	ganhar, conseguir
write	wrote	written	escrever, anotar

18 LINKING WORDS

Linking words são palavras de ligação, em português, nós as estudamos como locuções, advérbios e conjunções. Chamamo-las de CONECTIVAS, servem para ligar uma ideia a uma frase. Esse é um vocabulário especial e único, vamos estudá-lo nesse capítulo para que você possa se sair bem resolvendo os textos propostos.

Estão presentes em quase tudo na língua Inglesa, conhecendo esse vocabulário você estará à frente de muita gente na hora de executar os textos no concurso!

Either ... or - ou ... ou

Either ... or - nem ... nem

São iguais, mas teremos duas traduções diferentes, por quê?

Quando tivermos uma sentença positiva, por exemplo, teremos que *either ... or* se apresentará como ou ... ou:

Either *you play soccer* **or** *chess.* (Ou você joga futebol ou xadrez.)

Se a sentença for negativa, o mesmo aparecerá como nem... nem:

Jane doesn't sweep **either** *the room* **or** *the bathroom.* (Jane não varre nem a sala nem o banheiro.)

Neither ... nor - nem ... nem. Esse só pode ser usado quando a sentença for positiva, pois ele já é negativo.

Neither *you drink beer* **nor** *wine.* (Você não bebe nem cerveja nem vinho.)

Both ... and - tanto ... quanto. Cuidado com esse *Linking*, ele pode enganar, sabemos que *BOTH* é *ambos*, e *AND* significa e, mas quando usados juntos, teremos a tradução acima, tanto ... quanto.

Both *Josh* **and** *you are working hard.* (Tanto Josh quanto você estão trabalhando arduamente.)

Vamos lembrar de alguns outros *Linkings*, começando pelas explicativas:

As - como- assim

As the wind started blowing harder, the launch was postponed. (Como o vento começou a soprar mais forte, o lançamento foi adiado.)

For - pois, por causa de,

You had to start the work, for it was late. (Você tinha que começar o trabalho, pois estava atrasado.)

Since - já que

Since he hasn't had more time he couldn't finish his work. (Já que ele não teve mais tempo, não pôde terminar seu serviço.)

Because - porque

I am working because I need Money. (Eu estou trabalhando porque eu preciso de dinheiro.)

Alguns ***Linkings*** de acréscimo:

Apart from - além de, exceto, fora

Besides - além de, além disso

Moreover - além de

Furthermore - além disso

In addition - além de, além disso

What's more - além de, além disso

Besides Math, I love English.

In addition to Math I love English.

Apart from Math, I love English.

Alguns concessivos:

Although/ Though - embora

Even though - mesmo embora

In spite of - despite - apesar de, a despeito de

Regardless of - apesar de, independentemente de

Although / though *he is sick, he works hard.*(Embora ele esteja doente, ele trabalha arduamente.)

Alguns ***Linkings*** conclusivos:

Hence - por isso, logo, daí

Thus - por isso

Therefore - portanto

Consequently - consequentemente

Then - então

So - por isso, assim

Thereby - assim, desse modo

They were late, so/consequently/therefore/thus/hence *We went home.* (Eles estavam atrasados, então / por isso, fomos para casa.)

Alguns *Linkings* adversativos. (contraste)

But - mas, porém

However - contudo, entretanto

(and)Yet - (e)contudo, (e)no entanto

Nevertheless - contudo, não obstante, mesmo assim

Nonetheless - contudo, não obstante, mesmo assim

He was not polite, **however/but/and yet/nevertheless**, *he was a good teacher.*

(Ele não era educado, porém/contudo/no entanto, mas ele era um bom professor.)

O próprio termo, *LINKING WORDS*, já traz na tradução, to link= ligar, este tipo de vocabulário é muito importante, vamos ver agora uma lista bem ampla de outros Linking Words para você poder estudar e pesquisar quando estiver estudando e resolvendo as atividades propostas, a técnica mais eficaz consiste em você fazer uma leitura diária, a cada dia de leitura você, vai construir o seu banco de dados, o seu dicionário próprio. A partir disso, você vai começar a entender mais e mais a Língua Inglesa.

List of Linking Words

Em primeiro lugar - *first of all*

Antes de tudo - *in the first place*

Para começar - *to begin with*

Para início de conversa - *to begin with*

Com relação a - *regarding*

No que diz respeito a - *with regard to*

No que tange a - *concerning - considering*

A propósito - *by the way*

Por falar nisso - *speaking of that*

Por sinal - *as a matter of fact - in fact*

Aliás - *by the way - besides*

Pelo contrário - *on the contrary*

Na verdade - *actually*

De acordo com - *according to*

Conforme - *in accordance with*

Segundo - *in accordance with*

Principalmente - *mainly - specially*

Sobretudo - *specially*

Especialmente - *specially*

Porque - *because*

Por causa de - *because - since*

Uma vez que - *since*

Já que - *since - because*

Visto que - *since*

Pois - *because - since*
Em função de - *as a result of - due to*
Em razão de - *as a result of - due to*
Por motivos de - *as a result of - due to*
Em virtude de - *as a result of - due to*
Devido a - *as a result of - due to*
Levando isto em consideração - *taking this into consideration - with this in mind - for this reason*
Por este motivo - *for this reason - that´s why*
Por esta razão - *for this reason - that´s why*
Por isso - *for this reason - that´s why*
Desta forma - *this way*
Assim sendo (sendo assim) - *this way - in doing so*
Nesse sentido - *this way - in doing so*
De maneira (forma) (modo) que - *so that*
Como consequência - *as a result*
Diante do exposto - *in face of*
Frente a - *in view of - in face of*
Tanto é (assim) que - *so much - so that*
A ponto de - *so much - so that*
Com o objetivo de - *in order to (that) - so that*
A fim de - *in order to - so that - in na effort to*
Para que - *in order to - so that - in na effort to*
Para - *in order to - so that - in na effort to*
A partir de agora - *from now on - hence forth*
De agora em diante - *from now on - hence forth*
Daqui para a frente - *form now on - hence forth*
Até agora - *so far - up till now*
Até hoje - *so far - up till now*
Até o momento - *so far - up till now*
Ainda - *Still - ... not ... yet.*
Por enquanto - *For the time being - for some time.*
Nesse meio tempo -*in the meantime*
Enquanto isso - *meanwhile* Enquanto (durante o tempo em que) - *While (during the time)*
Em meio a - *in the midst of*
Em geral - *in general*
Via de regra - *as a rule*
Sempre que - *whenever*
À medida que (o tempo passa) - as (*time goes by*)
Com o passar (decorrer) do tempo - as (*time goes by*)
A quem interessar possa - *to whom it may concern*
Para sua informação - *for your information*
Que eu saiba - *as far as I know - as far as I can tell*
Pelo que eu sei - *as far as I know - as far as I can tell*
Pelo que me consta - *to my knowledge - as far as I know*
Se não me engano - *if I am not wrong - if I remember well*
Se eu não estiver enganado - *if I am not wrong - if I remember well*
Se não me falha a memória - *if I am not wrong - if I remember well*
Na minha opinião - *in my opinion - in my view*
No que se refere a mim - *as far as I'm concerned - as for me*
Quanto a mim - *as far as I´m concerned*
De minha parte - *as for me - as far as I´m concerned*

Do ponto de vista de - *from the standpoint of - from my point of view - based on the assumption that*
Partindo do pressuposto (de) que - *Based on the assumption that*
Sem dúvida - *of course - for sure - defenitely - certainly - without a doubt*
Certamente - *of course - for sure - defenitely - certainly - without a doubt*
Com certeza - *of course - for sure - defenitely - certainly - without a doubt*
Evidentemente - *of course - for sure - defenitely - certainly - without a doubt*
Da mesma forma que - *in the same way that - likewise*
Assim como - *in the same way that - likewise*
Tal como - *in the same way that - likewise*
Através de - *through - by means of - hereby*
Por meio de - *through - by means of - hereby*
Mediante - *hereby - through - hereby*
Por intermédio de - *through - by means of - by way of - hereby*
Se - *if*
Desde que - *as long as - On condition that - Provided (that)*
Enquanto - *while - On condition that - Provided (that)*
Contanto que - *On condition that - Provided (that)*
Mesmo que - *even if*
(Por um lado, ...) Por outro lado - *on (the) one hand, on the other hand*
Em compensação - *Conversely* Ao contrário de - *unlike* Em outras palavras - *In other words*
O que eu quero dizer - *What I'm trying to say*
Quer dizer - *I mean*
Ou seja - *that is*
Por exemplo - *for example - for instance*
Tal (tais) como - *such as*
Por assim dizer - *so to speak - if you will*
Por sua vez - *in his/her/its turn*
Em último caso - *as a last resort*
Na pior das hipóteses - *if worst comes to worst - at worst - in a worst case scenario*
Se acontecer o pior - *if worst comes to worst - at worst - in a worst case scenario*
Na melhor das hipóteses - *at best*
Pelo (ao) menos - *at least - if nothing else*
No mínimo - *at least - if nothing else*
Para não dizer - *if not*
Isso se não for - *if not*
A não ser por (isso) - *apart from (that) - otherwise*
Com exceção de - *except for - aside from (that)*
Afora (isso) - *aside from (that)*
Senão - *if not*
A não ser que - *unless*
A menos que - *unless* Em vez de - *instead of*
Em lugar de - *in place of*
Ao invés de - *instead of*
De preferência - *rather (than)*
De qualquer modo (forma) (maneira) - *anyway*
Seja como for - *in any case*
Seja qual for o motivo - *Whatever the case may be*

Get going. Move forward. Aim High. Plan a takeoff. Don't just sit on the runway and hope someone will come along and push the airplane. It simply won't happen. Change your attitude and gain some altitude. Believe me, you'll love it up here."

Glossary

Get going - continue

Move - mova-se

Forward - para frente

Aim - almeje, mire

High - alto

Plan - planeje

Takeoff - decolagem

Just - só, somente

Sit - sente, sentar

Runway - pista de decolagem

Hope - espere, ter esperança

Someone - alguém

Will come along - aparecerá

Push - empurrar

Airplane - avião

Change - mude

Attitude - atitude

Gain - ganhe

Altitude - altitude

Believe - acredite

Love - amar

Up here - aqui em cima

19 INTERPRETAÇÃO DE TEXTOS

Falar, ler e escrever outra língua requer um pouco de estudo e atenção. A Língua Inglesa, como qualquer outra, é composta por estruturas gramaticais, interpretações de textos e conhecimento de vocabulários. Ao estudar você percebe o quão fácil e interessante ela é, podendo compreender textos, filmes, músicas e conversações.

Aqui, vamos interpretar textos realizados em alguns concursos com o intuito de revisar vocabulário e interpretação assim como algumas perspectivas gramaticais.

Sempre é bom lembrar: toda vez que pegar um texto, faça uma leitura total, procure os rodapés, eles também podem conter informações importantes para você. Leia o texto integralmente.

Para treinar um pouco mais a leitura e a interpretação, serão disponibilizados os textos de forma integral, em inglês, seguido de um glossário. Concentre-se e leia atentamente. Esse vocabulário vai ajudar você a ler e entender melhor o texto. Grife as palavras do vocabulário no texto. Assim, você começa a ter uma ideia de como está sendo usado, fornecendo uma visão ampla e uma interpretação mais aprofundada. Essa técnica deve ser usada para a resolução de textos e exercícios sempre que necessário.

Agora que você sublinhou os vocábulos no texto e conseguiu uma visão geral, colocaremos a tradução do texto, para que você consiga identificar se leu conforme o esperado.

Text 1 – English

A Coup in Paraguay

On June 22, 2012, the Paraguayan Senate invoked a clause in the constitution which authorized it to impeach the president for "poor performance in his duties." The President was Fernando Lugo, who had been elected some three years earlier and whose term was about to end in April 2013. Under the rules, Lugo was limited to a single term of office.

Lugo charged that this was a coup, and if not technically illegal, certainly illegitimate. Almost every Latin American government agreed with this analysis, denouncing the destitution, and cutting relations in various ways with Paraguay.

The removal of Lugo had the negative consequence for those who made the coup of making possible the one thing the Paraguayan Senate had been blocking for years.

Paraguay is a member of the common market Mercosur, along with Brazil, Argentina and Uruguay. Venezuela had applied to join. This required ratification by the legislatures of all five member states. All had long since given their assent except the Paraguayan Senate. After the coup, Mercosur suspended Paraguay, and immediately welcomed Venezuela as a member.

[From: International Herald Tribune 18-7-12] - ESAF - Escola de Administração Fazendária

GLOSSARY

Coup - golpe

To invoke -invocar

Clause - cláusula, artigo

Performance - atuação, execução, cumprimento

Duties - obrigações, deveres

Had been elected - tinha sido eleito

Whose - cujo - pronome relativo

Term - período, prazo, mandato

Illegitimate - ilegítimo
Almost - quase
Removal - remoção, retirada
Blocking - bloqueado, fechado
To apply - candidatar, solicitar, requerer
To join - juntar-se
Assent - consentimento, aprovação
To welcome - acolher, receber, dar as boas-vindas

Texto I - Translation

Um golpe no Paraguai

Em 22 de Junho de 2012, o senado Paraguaio invocou uma cláusula da constituição que autorizou o impeachment do Presidente por uma performance fraca de suas obrigações. O Presidente era Fernando Lugo, que havia sido eleito três anos antes e cujo mandato terminaria em Abril de 2013.

Lugo afirmou que era um golpe de estado e que, se não fosse tecnicamente ilegal, era no mínimo ilegítimo. Quase todos os governos Latino Americanos concordaram com a destituição e cortaram relações de várias maneiras com o Paraguai.

A retirada de Lugo teve consequências negativas para aqueles do senado Paraguaio que durante anos têm feito bloqueios.

Paraguai é um membro do mercado comum MERCOSUL (MERCOSUR- espanhol), junto com Brasil, Argentina, e Uruguai. Venezuela se candidatou a participar. Isto requeria uma modificação na legislatura dos cinco países membros, todos haviam concordado exceto o Senado Paraguaio.

Após o golpe, o Mercosul suspendeu Paraguai, e, imediatamente deu as boas-vindas à Venezuela como membro do mesmo.

No texto vamos perceber o uso do passado simples (a segunda conjugação da lista de verbos), presente perfeito, que tem sua formação a partir de um verbo auxiliar e o particípio do verbo a ser usado, Have + PP1 (indica que uma ação teve seu início mas não mostre seu término), passado perfeito, Had + PP (é usado para descrever uma ação que ocorreu no passado, antes de outra ação também passada).

Text 2 - English

Armenia: prisoner of history

ARMENIA tends to feature in the news because of its problems (history, geography, demography and economics to name but a few). But a new report says not all is doom and gloom. The parliamentary elections in May showed significant improvement. Media coverage was more balanced, and the authorities permitted greater freedom of assembly, expression and movement than in previous years. That bodes well for the future.

The economy is still recovering from the global financial crisis, which saw GDP contract by 14.2% in 2009. In the same period, the construction sector contracted by more than 40%. Remittances from the diaspora dropped by 30%.

That led Forbes magazine to label Armenia the world's second worst performing economy in 2011. Over one-third of the country lives below the poverty line. Complaints of corruption are widespread, and inflation is high.

Low rates of tax collection - 19.3% of GDP, compared with a 40% average in EU countries-limit the government's reach. Cracking down on tax evasion could increase government revenue by over $400 million, says the World Bank. A few, high-profile businessmen dominate the economy.

Their monopolies and oligopolies put a significant brake on business development. Their influence also weakens political will for the kind of reforms that the country sorely needs.

[From The Economist print edition June 24, 012]

Glossary

To tend - tender, inclinar-se
Feature - esboçar, delinear, dar destaque a
Report - relatório
To name but a few - para citar apenas alguns
To say - dizer
Doom and gloom - tristeza e melancolia
The parliamentary elections - as eleições do Parlamento
To show - mostrar
Improvement - melhora
Midia coverage - cobertura da mídia
Balanced - equilibrado
Greater - maior
Freedom - liberdade
Assembly - assembleia, reunião, comício
Expression - expressão, manifestação
Moviment - movimento
Previous - prévio, anterior
Bodes well - ser bom sinal para o futuro
To recover - recuperar
GDP - Gross domestic product - produto interno bruto
To contract - contrair, cair (de acordo com o texto)
In the same period - no mesmo período
Remittances - remessas, dinheiro ou mercadoria enviados
Diaspora - deslocamento, normalmente forçado ou incentivado, de grandes massas populacionais originárias de uma zona determinada para várias áreas de acolhimento distintas.
To label - rotular
Complaints - reclamações
Widespread - espalhada(s)
Crack down - cair, quebrar
Evasion -fuga
Could - poderia
To increase - aumentar
To weaken - enfraquecer
Political will - força política
Sorely - muito, altamente, expressamente, pessimamente, violentamente

Texto 2 – Translation

Armênia: prisioneira da História

A Armênia tende a ser notícia por causa de seus problemas (histórico, geográfico, demográfico, econômico, só para citar alguns deles). Mas um novo relatório diz que nem tudo é tristeza e melancolia. As eleições Parlamentares em maio mostraram uma melhora significante. A cobertura da mídia foi equilibrada e as autoridades deram mais liberdade de expressão e movimento do que nos anos anteriores. Isto foi um bom sinal para o futuro. A economia ainda está se recuperando

1 PP = Particípio

da crise global e viu seu produto interno bruto cair para 14,2 em 2009. O envio de mercadorias e recursos financeiros caiu 30%.

Isto levou a revista Forbes a rotular a Armenia como a segunda pior economia do mundo em 2011. Mais de um terço do país vive abaixo da linha da pobreza. Denúncias e reclamações de corrupção assolam o país e a inflação é alta.

Baixa taxa de arrecadação de impostos 19,3% comparada com 40% dos países da União Europeia, limita o poder do governo. Se Armênios que moram fora do país do país pagassem impostos, poderiam aumentar em $400 milhões, diz o Banco Central, poucos empresários com muito poder dominam a economia.

O monopólio e oligopólio (um sistema que faz parte da economia política que caracteriza um mercado em que existem poucos vendedores para muitos compradores), freia significantemente o desenvolvimento do país.

Sua influência também enfraquece o poder político que poderia fazer as reformas que o país precisa.

Nesse texto, podemos perceber o uso do tempo presente, vários verbos sofreram a flexão da Terceira pessoa, recebendo "S" para indicar que é presente e é terceira pessoa do singular.

Text 3 - English

Brazil's exports

Trade barriers imposed by Argentina on imports in general have resulted in a drop of 16% in Brazil's exports to its neighbor in the first half of this year. Between January and June last year, Brazil sold goods worth US$ 10.43 billion to Argentina. This year, during the same period, the value of goods sold to Argentina is US$ 1.6 billion less.

In spite of the trade barriers, the executive secretary at the Ministry of Development, Industry and Foreign Trade, Alessandro Teixeira, blames the international crisis for the situation. "The cause of these problems is the international crisis. It affects Argentina and it affects us, too," he declared. Teixeira noted that negotiations have improved the relationship with Argentina, that there has been a more positive dialogue.

Brazil's exports to Eastern Europe are down 38% and down 8% to the European Union in the first half. On the other hand, they have risen by over US$ 2 billion to China during the same period.

From: Brazzil Magazine July 2012 [adapted] ESAF

GLOSSARY

Trade - comércio
Barriers - barreiras
To impose - impor
Imports - importações
General - em geral
Have resulted - resultou
Drop - queda
Exports - exportações
Neighbor - vizinho
First - primeiro(a)
Half - metade, meio
Between - entre (preposição)
Last year - ano passado
To sell-sold-sold - vender
Goods - mercadorias, bens
Worth - no valor (de acordo com o texto)
Value - valor
Less - menos
Secretary - secretário(a)
Ministry of Development, Industry and Foreign Trade - Ministério do Desenvolvimento, Indústria e Comércio Exterior
To blame - culpar
Crisis - crise (crises - plural)
To affect - afetar
To declare - declarar
To note - observar
Negotiations - negociações
Have improved - melhoraram
Relationship - relacionamento
There has been - houve
Dialogue - diálogo
Are down - caíram (de acordo com o texto)
On the other hand - por outro lado
To rise - rose - risen - aumentar, subir
During - durante
Same - mesmo
Period – período

Text 3 - Translation

Exportações do Brasil

As barreiras impostas pela Argentina para importações em geral, resultaram numa queda de 16% no que o Brasil exporta para seu vizinho na primeira metade deste ano. Entre janeiro e junho do ano passado, o Brasil vendeu mercadorias no valor de $10.43 bilhões para a Argentina. Este ano, durante o mesmo período, o valor de mercadorias vendidas é de $1,6 bilhões a menos.

Apesar das barreiras o secretário executivo do Ministério do Desenvolvimento, Indústria e Comércio Exterior, Alessandro Teixeira, culpa a crise internacional por essa situação. "A causa desses problemas é a crise internacional. Ela afeta a Argentina e a nós também." Ele declarou. Teixeira observou que as negociações tem melhorado o relacionamento com a Argentina, tem havido um diálogo mais positivo.

Exportações do Brasil para a Europa Oriental estão em baixa de 38% e em 8% para a União Européia na primeira metade do ano. Por outro lado, as exportações aumentaram em mais de $2 bilhões para a China durante o mesmo período.

Dica: Você pode perceber o uso de alguns LINKING WORDS no texto, isso contribui para a interpretação.

Text 4 - English

A thankful of sugar . Has Brazil found the answer to high petrol prices.

While motorists elsewhere fret about high fuel prices, new-car buyers in Brazil can feel smug. They can fill up with petrol, ethanol (alcohol) or any combination of the two. And right now, ethanol is 55% cheaper at the pump in Brazil than regular gasoline.

Brazilians are the beneficiares of an automotive revolution: "Flex-fuel" cars that run readily on ethanol as on regular petrol were introduced in 2003, and have since grabbed nearly two-thirds of the market. In America some 4.5m vehicles can run on blends of up to 85% ethanol, but that fuel is available only in Minnesota. In Brazil ethanol is everywhere, thanks to a thirty-year-old policy of promoting fuel derived from home-grown sugar cane.

Eager for energy independence or lower emissions of greenhouse gasses, other countries are now starting to promote "biofuels". But America and Europe favor their own farmers, who produce fuel-based corn or rapeseed that is mainly used as an additive to conventional petrol and is dirtier and more expensive than Brazil's sugar-based ethanol.

So biofuelled cars may take years to catch on in other markets. Excerpt from The economist. Sep. 25th 2005

GLOSSARY

While - enquanto
Motorist - motorista
Elsewhere - em outra parte
Fret - lamentar, lamúria
High - alto(s)
Fuel - combustível
Price - preço
New-cars buyers - compradores de carros novos
Can - poder
To feel - sentir
Smug - presunçoso, convencido, satisfeito
To fill up - encher o tanque, abastecer
Petrol - gasolina
Etanol - álcool
Cheaper - mais barato
Pump - bomba de gasolina
Beneficiares - beneficiários
Automotive - automotiva
Revolution - revolução
To run - funcionar, correr
Readily - facilmente, sem problemas
To grab - grabbed - grabbed - agarrar, pegar, roubar
Nearly - quase
To introduce - apresentar
Blends - mistura
Available - disponível
Everywhere - todo lugar
Policy - política
Promoting - promoção
Derived - derivado
Home-grown sugar cane - cana de açúcar doméstica
Eager - ávido por, ansioso
Energy - energia
Independence - independência
Lower - mais baixos
Emissions - emissões
Greenhouse - efeito estufa
Countries - países
To start - começar
Biofuel - biocombustível
To favor - favorecer, beneficiar, proteger
Farmers - fazendeiros
Own - próprios
Fuel-based corn - combustível à base de milho
Rapeseed - colza - uma planta da família da Brassicaceae, em seu estado natural é usada na produção de biodísel e outros fins industriais.
Mainly - principalmente
Used as - usado como
Additive - aditivo
Dirtier - mais sujo
More expensive - mais caro
Biofueled cars - carros movidos à biocombustível
May - poder
To take - levar, pegar, tomar
Years - anos
To catch on - popularizar, compreender
Other - outro
Market - mercado
Except - extraído, tirado

Text 4 – Translation

Um agradecimento ao açúcar. O Brasil encontrou a resposta para o alto preço da gasolina

Enquanto motoristas de outras partes do mundo reclamam sobre o alto preço de combustíveis, proprietários de carros novos no Brasil podem se sentir tranquilos. Eles podem encher o tanque com gasolina, etanol ou qualquer mistura dos dois. E agora, etanol está 55% mais barato na bomba de gasolina do que a gasolina.

Brasileiros são os beneficiários de uma revolução automotiva: "flex" (bi-combustível), carros que funcionam tão bem com etanol como gasolina regular, foram apresentados em 2003 e desde então pego quase dois terços do Mercado.

Na América cerca 4.5 milhões de carros funcionam com uma mistura com 85% de etanol, mas esse combustível só está disponível em Minessota. No Brasil, etanol está em todos os lugares, graças a uma política de trinta anos promovendo a cana de açúcar de casa (doméstica)

Ansiosos pela independência de energia ou baixar emissões de gases, outros países estão começando a promover o biocombustível. América e Europa favorecem seus fazendeiros que produzem combustível à base de milho e colza (ver glossário), que é principalmente como aditivo para gasolina convencional e é mais sujo e mais caro que o etanol de cana de açúcar do Brasil.

Então, carros movidos a biocombustível podem levar anos até se popularizarem em outros mercados.

Text 5 - English

Rio+20: reasons to be cheerful

Read the commentaries from Rio+20, and you'd think a global disaster had taken place. The UN multilateral system is said to be in crisis. Pundits and NGOs complain that it was "the greatest failure of collective leadership since the first world war", "a bleak day, a disastrous meeting" and "a massive waste of time and money".

Perspective, please. Reaction after the 1992 Rio summit was uncannily similar. Countries passed then what now seem far-sighted treaties and embedded a slew of aspirations and commitments into international documents - but NGOs and journalists were still distraught. In short, just like Rio 2012, the meeting was said to be a dismal failure of governments to co-operate.

I was pretty downhearted then, too. So when I returned I went to see Richard Sandbrook, a legendary environmental activist who co-founded Friends of the Earth, and profoundly influenced a generation of governments, business leaders and NGOs before he died in 2005. Sandbrook made the point that NGOs always scream blue murder because it is their job to push governments and that UN conferences must disappoint because all views have to be accommodated. Change, he said, does not happen in a few days' intense negotiation. It is a long, muddled, cultural process that cannot come from a UN meeting.. Real change comes from stronger institutions, better public information, promises being kept, the exchange of views, pressure from below, and events that make people see the world differently.

Vast growth in global environmental awareness has taken place in the past 20 years, and is bound to grow in the next 20.

[From The Guardian Poverty Matters blog- adapted]

GLOSSARY

Reason - razão
Cheerful - alegre, animado
To read - ler
Commentaries - comentários
You´d think (you would think) - você pensaria
Global disaster - catástrofe global
Had taken palce - tinha acontecido
Is said to be in crisis - diz estar em crise
Pundits - especialistas, pessoas eruditas
NGO - Non-Governmental Organization - ONG
To complain - reclamar
The greatest - o(a) maior
Failure - falha, erro
Collective - coletivo
Leadership - liderança
Since - desde
First world war - primeira guerra mundial
A bleak day - um dia sombrio, desolador, desanimador
Disastrous - desastroso
Meeting - reunião
Massive waste of time - grande perda de tempo
Perspective - perspectiva, panorama
Reaction - reação
After - após
Summit - reunião, conferencia de cúpula
Uncannily - inexplicável, sinistramente, estranhamente
Countries - países
Passed - passaram
Then - então
To seem - parecer
Far-sighted - prudente
Treaties - tratado
Embedded - embutido
A slew of - uma grande quantidade de
Aspirations - aspirações , ambições
Commitments - compromissos
Distraught - distraído, perturbado
In short - em resumo
Downhearted -desanimado, abatido
Just like - assim como
Dismal - sombrio, escuro, triste, sinistro, total(de acordo com o texto)
Legendary - legendário
Environmental activist - ativista ambiental
Co-founded - co-fundou
Profoundly - profundamente
Influenced - influenciou, influenciado
Leaders - líderes
Before - antes
To die-died - morrer, morreu
Scream- gritar, chorar
Blue - triste, melancólico, deprimido, azul
Murder - assassinato
Job - trabalho
To push - empurrar, pressionar
Must - dever
Disappoint - decepcionar
All - todo(a)(s)
Views - visões, pontos de vista
Accommodated - acomodar, hospedar, prover, fornecer, suprir
Change - mudar, mudança
Happen - acontecer
Few days - poucos dias
Muddled - confuso, atrapalhado
Cultural process - processo cultural
Cannot - não pode
To come - vir
From - de(origem)
Promises being kept - promessas sendo cumpridas
Exchanges - trocas
Pressure - pressão
Bellow - debaixo, em baixo
Growth - crescimento, educação, criação
Awareness - consciência
To take place - acontecer
To be(is) boud to - estar prestes a
To grow - crescer

Text 5 - Translation

Rio + 20 - razões para estar alegre

Leia os comentários do Rio +20, e você pensaria que um desastre global aconteceu. O Sistema multilateral das Nações Unidas diz estar em crise. Experts e ONGs reclamam que aquilo foi o maior desastre de liderança coletiva desde a Primeira Guerra Mundial, um dia sombrio, uma reunião desastrosa e um grande desperdício de tempo e dinheiro.

Reação após o encontro de 1992 foi estranhamente parecida. Países passaram então a tratados mais prudentes e uma série de aspirações e compromissos com documentos internacionais, em resumo, assim como Rio 2012, o encontro foi considerado um fracasso total dos governos cooperarem entre si. Eu fiquei bem desapontado também.

Eu fui ver Richard Sandbrook, um legendário ativista ambiental que co-fundou os Amigos da Terra (Friends of the Earth), e influenciou profundamente governos, empresários e ONGs antes de morrer em 2005.

Sandbrook mostrou o que as ONGs sempre acusam, pois é dever das mesmas fiscalizar governos e que os encontros das Nações Unidas sempre são enganadoras pois a visão é sempre acomodada. Mudança, ele disse, não acontece em poucos dias de negociação intensa. É um processo confuso, cultural e longo que não pode vir de um encontro das Nações Unidas. Mudanças reais vêm de instituições fortes, uma boa informação pública, promessas que são cumpridas, trocas de ideias, pressão que vem do povo e eventos que façam as pessoas verem o mundo diferentemente.

Um grande crescimento da consciência global e ambiental aconteceu nos últimos vinte anos e ainda vai crescer mais nos próximos 20.

Text 6 - English

RIO DE JANEIRO — In a quick and decisive military operation, Brazilian security forces took control of this city's most notorious slum on Sunday, celebrating victory over drug gangs after a weeklong battle.

In the afternoon, the military police raised the flags of Brazil and Rio de Janeiro atop a building on the highest hill in the Alemão shantytown complex, providing a rare moment of happiness and celebration in a decades-long battle to rid this city's violent slums of drug gangs.

An air of calm and relief swept through the neighborhood, as residents opened their windows and began walking the streets. Dozens of children ran from their houses in shorts and bikinis to jump into a swimming pool that used to belong to a gang leader. Residents congregated around televisions in bars and restaurants, cheering for the police as if they were cheering for their favorite soccer teams.

"Now the community is ours," Jovelino Ferreira, a 60-year-old pastor, said, his eyes filling with tears. "This time it will be different. We have to have faith. Many people who didn't deserve have suffered here"

ESAF. Brazilian Forces Claim Victory in Gang Haven

Glossary

To claim - reclamar, reivindicar
Haven - abrigo, refúgio
Quick - rápido
Decisive - decisivo
Military - militar
Operation - operação
Security - segurança
To take control - tomar o controle
Notorious - notória
Slum - favela
Weeklong - durante a semana
Battle - batalha
Raised - levantou, ergueu
Atop - alto, superior, de cima
The highest - o mais alto
Shantytown - favela
Complex - complex
To provide - prover
Rare - raro
Moment - momento
Happiness - felicidade
Decade - década
Relief - alívio
To sweep - swept - swept - varrer
Neighborhood - vizinhança
To open - opened - opened -abrir
To begin - began, begun - começar
To walk - walked - walked - caminhar
Streets - ruas
To run - ran - run - corer
Swimming pool - piscine
Used to belong - costumava pertencer
Gang leader - chefe do tráfico (de acordo com o texto)
Congregated - congregado
Cheering - aplaudindo, torcendo
Soccer - futebol
Eyes - olhos
Filling with tears - cheios de lágrimas
Faith - fé
To deserve - merecer
To suffer - suffered - suffered - sofrer
Here - aqui

Text 6 – Translation

Tropas Brasileiras comemoram vitória na tomada de morro (abrigo das gangues)

Em uma rápida e decisiva operação militar tropas do exército tomaram o controle da maior favela do Rio de Janeiro no Domingo, celebrando vitória após uma semana inteira de batalhas.

Na mesma tarde o exército hasteou as bandeiras do Brasil e do Rio de Janeiro no topo de um prédio no morro mais alto do complexo do Alemão, proporcionando um raro momento de felicidade e celebração em décadas de batalha para livrar a favela das gangues de drogas.

Um ar de calma e alívio soprou pela vizinhança quando os moradores puderam abrir suas janelas e caminhar pelas ruas. Dezenas de crianças saíram de suas casas com shorts e bikinis para pular na piscina que era de um chefe do tráfico, os moradores ficaram em frente de aparelhos de televisões em bares e restaurantes, torcendo para a polícia como se o estivessem fazendo pelo seu time de coração.

"Agora a comunidade é nossa" disse Jovelino Ferreira, um pastor de 60 anos de idade com seus olhos cheios de lágrimas. "Desta vez será diferente, temos que ter fé, muitas pessoas que não mereciam, sofreram aqui."

Text 7 - English

Life and the Movies Joey Potter looked at her friend Dawson Leery and she smiled sadly. "Life isn't like a movie", Dawson, she said. "We can't write happy endings to all our relationships."

Joey was a pretty girl with a long brown hair.

Both Joey and Dawson were nearly sixteen years old. The two teenagers had problems. All teenagers have the same problems - life, love, school work, and parents. It isn't easy to become an adult.

Dawson loved movies himself. Dawson wanted to be a film director. His favorite director was Steve Spielberg. Dawson spent a lot of his free time filming with his video camera. He loved watching videos of great movies from the past.

Most evenings he watched movies with Joey.

"These days, Dawson always wants us to behave like people in movies," Joey thought. And life in the little seaside town of Capeside wasn't like the movies.

Joey looked at the handsome, blond boy who was sitting next to her. She thought about the years of their long friendship. They were best friends…

Glossary

Life - vida
Pretty - bonita
Brown hair - cabelos castanhos

Teenagers - tens - adolescentes

Movie - filme, cinema

To look at - olhar para

To smile - smiled - smiled - sorrir

Sadly - tristemente

To say - said - said - dizer

Can´t - no pode (podemos)

To write - wrote - written - escrever

Happy - feliz

Endings - finais

Relationships - relacionamentos

Both ... and ... - tanto quanto (linking words)

Nearly - quase

To become - tornar-se

To behave - comportar

To think - thought - thought - pensar

Handsome - bonito - adjetivo para dizer que um homem é bonito.

To sit - sat-sat - sentar

Next - próximo

Friendship - amizade

Best-friends - melhores amigos

Text 7 – Translation

Vida e cinema, Joey Potter olhou para seu amigo Dawson Lerry e ela sorriu tristemente.

"A vida não é como o cinema", Dawson, ela disse. "Nós podemos escrever finais felizes para todos os nossos relacionamentos".

Joey era uma menina bonita com longos cabelos castanhos.

Tanto Joey quanto Dawson tinham quase 16 anos. Os dois adolescentes tinham problemas - vida - amor - trabalho de escola e pais. Não é fácil se tornar adulto.

Dawson adorava cinema. Queria ser diretor de cinema, seu diretor preferido era Steve Spilberg. Dawson passava a maior parte do seu tempo livre filmando com sua câmera. Ele adorava assistir a vídeos de filmes antigos (do passado). Na maioria das noites ele assistia a filmes com Joey.

"Nesses dias Dawson sempre queria que nos comportássemos como pessoas em um cinema," Joey pensava. E a vida na pequena cidade praiana de Capeside (se traduzíssemos nomes, cape - cabo ; seide lado), não era como os filmes de cinema.

Joey olhou para o menino loiro e bonitoque estava sentado próximo a ela. Ela lembrou (pensou) nos anos de sua longa amizade. Eles eram melhores amigos ...

Este é, um fragmento de um texto em que não encontramos.

MATEMÁTICA FINANCEIRA

1 PORCENTAGEM E REGIMES DE CAPITALIZAÇÃO

1.1 Porcentagem

A expressão por cento vem do latim per centum, que significa por cento.

Toda a razão que tem para consequente o número 100 denomina-se **razão centesimal**. Alguns exemplos:

$$\frac{2}{100},\frac{15}{100},\frac{25}{100}$$

Podemos representar uma razão centesimal de outras formas:

2/100 = 0,02 = 2% (lê-se "dois por cento")

15/100 = 0,15 = 15% (lê-se "quinze por cento")

25/100 = 0,25 = 25% (lê-se "vinte e cinco por cento")

As expressões 2%, 15% e 25% são chamadas **taxas centesimais** ou **taxas percentuais**.

Porcentagem é o valor obtido ao aplicarmos uma taxa percentual a um determinado valor.

Ex.:

Calcular 10% de 300.

$$\frac{25}{100}\cdot 200=\frac{5000}{100}=50$$

Calcular 25% de 200.

$$\frac{10}{100}\cdot 300=\frac{3000}{100}=30$$

Obs.: a Matemática Financeira está dividida em dois grandes "blocos", os quais chamamos de Regime de Juros Simples e Regime de Juros Compostos.

1.2 Juros Simples

No regime de juros simples, os juros são calculados a cada período, sempre tomando como base de cálculo o capital inicial empregado, não incidindo, portanto, juros sobre os juros acumulados em períodos anteriores, ou seja, não existindo a capitalização dos juros. Apenas o principal é que rende juros.

Fórmulas:

M = C + J

J = C·i·t

M = C (1 +i·t)

Legenda:

M: Montante

C: Capital

J: Juros

i: taxa

t: tempo

Para tornar mais claro o conceito de juros simples, vejamos o seguinte exemplo:

Ex.: No tempo "0" (data focal) foi aplicado um capital de R$ 100,00, no regime dos juros simples, em uma determinada instituição financeira. Hipoteticamente a rentabilidade oferecida foi de 10% a.m. Vejamos, no esquema do fluxo de caixa a seguir, a evolução deste capital:

i = 10% a.m.

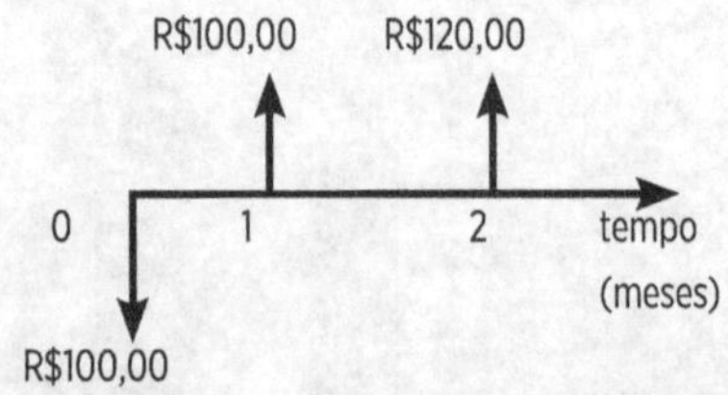

1º mês	2º mês
J = C·i·t J = 100 · 0,1 · 1 J = 10	**J = C·i·t** J = 100 · 0,1 · 1 J = 10
M = C + J M = 100 + 10 M = 110	**M = C + J** M = 110 + 10 M = 120

Convém observar que os Juros produzidos em cada período correspondem sempre a um valor constante, porque a taxa de juros simples incide sempre sobre o Capital inicial (R$ 100,00).

Fique ligado

Nas questões de juros, as taxas de juros e os tempos devem estar expressos pela mesma unidade.

1.3 Juros Compostos

No regime de capitalização composta, os juros relativos a cada período são calculados tomando--se como base o saldo do período imediatamente anterior. Este saldo, por sua vez, já é resultante da incorporação de juros determinados com base no intervalo de tempo a que se refere o período de capitalização, formando um novo montante sobre o qual, então, os juros serão calculados e assim por diante.

Fórmulas:

M = C + J

$M = C\ (1 + i)^t$

Legenda:

M: Montante

C: Capital

J: Juros

i: taxa

t: tempo

Para tornar mais claro o conceito de juros compostos, vejamos o seguinte exemplo:

Ex.: No tempo "0" (data focal) foi aplicado um capital de R$ 100,00, no regime dos juros compostos, em uma determinada instituição financeira. Hipoteticamente a rentabilidade oferecida foi de 10% a.m. Vejamos, no esquema do fluxo de caixa a seguir, a evolução deste capital:

i = 10% a.m.

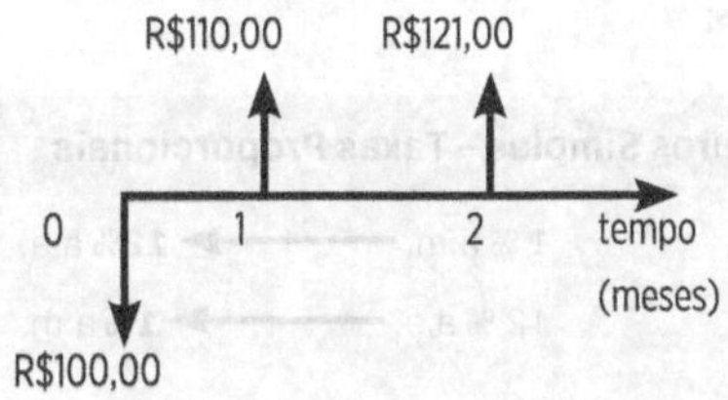

1º mês	2º mês
J = C·i·t J = 100 · 0,1 · 1 J = 10	**J = C·i·t** J = 110 · 0,1 · 1 J = 11
M = C + J M = 100 + 10 M = 110	**M = C + J** M = 110 + 11 M = 121

Comparação entre regime de juros simples e regime de juros compostos

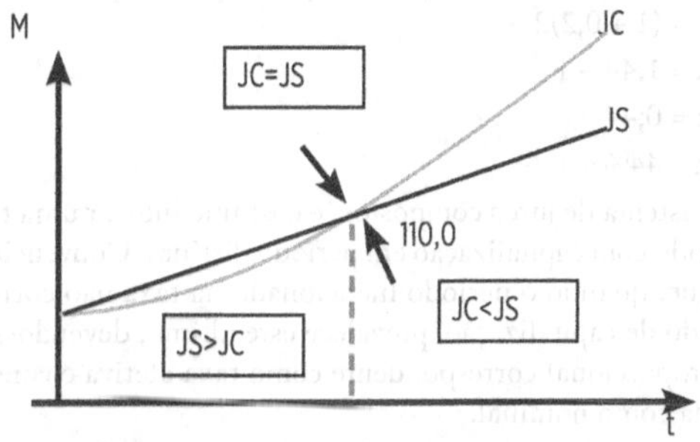

Ao analisar o gráfico acima, podemos concluir:

- Sempre que o prazo da operação for **menor** do que a unidade de tempo da taxa (pagamento quinzenal com taxa de juros mensal), o valor dos juros calculado por **juros simples** resultará em um valor **maior**; e
- Quando o prazo for **maior** do que a unidade de tempo da taxa, os juros calculados pelo regime de **juros compostos** resultarão em um valor **maior**.

Conclusão

Se t = 1, então JC = JS
Se t < 1, então JC < JS
Se t >1, então JC > JS

Observação: Juro exato e juro comercial

Juro exato: é calculado pelo número de dias entre duas datas do calendário.

Juro comercial: consideram-se todos os meses com 30 dias, e o ano, com 360 dias.

1.4 Convenção Linear e Convenção Exponencial

Convenção linear: o capital é aplicado a juros compostos incidindo no período inteiro da capitalização e, a seguir, a juros simples na parte fracionária.

Convenção exponencial: o capital é aplicado a juros compostos todo o período.

> Ex.: Um capital de R$ 5.000,00 é aplicado em 2 meses e 15 dias, a uma taxa de 3% a.m. Usando a convenção linear e exponencial, calcule os montantes:

Dados:
C = R$ 5000,00
t = 2 meses e 15 dias
i = 3% a.m.
M = ?

Cálculo pela convenção linear:

1º Passo:	2º Passo:
Dados: C = R$ 5000,00 t = 2meses i = 3% a.m. M = ?	Dados: C = R$ 5304,5 t = 15 dias = 1/2 mês i = 3% a.m. M = ?
$M = C(1+i)^t$ $M = 5000 \cdot (1{,}03)^2$ M = 5304,5	$M = C(1+i \cdot t)$ $M = 5304{,}5 \cdot (1+0{,}03 \cdot 1/2)$ M @ 5384,07

Cálculo pela convenção exponencial

Dados: C = R$ 5000,00 t = 2meses e 15 dias = 2,5 meses i = 3% a.m. M = ? $M = C(1+i)^t$ $M = 5000 \cdot (1{,}03)^{2,5}$ M @ 5383,48

2 TAXAS DE JUROS

O juro nada mais é do que um coeficiente denominado taxa. Temos duas taxas que são habitualmente utilizadas, a Taxa Unitária e a Taxa Percentual.

Observe o quadro comparativo a seguir:

Taxa percentual	Taxa Unitária
20% a.a.	0,20
5% a.a.	0,05
19% a.a.	0,19

Vejamos agora os tipos de taxas:

2.1 Taxas Proporcionais

Produzem os mesmos juros quando aplicadas no mesmo prazo a juros simples.

Ex.: 6 % ao semestre
Taxa proporcional mensal: 6% ÷ 6 = 1 %
Taxa proporcional anual: 6% . 2 = 12 %

2.2 Taxa Efetiva

É expressa na unidade de tempo que é capitalizada. Representa a verdadeira taxa cobrada.

Ex.: 2% ao mês com capitalização mensal.

Obs.: podemos abreviar as taxas efetivas, omitindo a sua capitalização.

Ex.: 2% ao mês com capitalização mensal = 2% ao mês.

2.3 Taxa Nominal

É expressa em uma unidade de tempo diferente do prazo em que é capitalizada.

Ex.: 12% ao ano capitalizado trimestralmente

2.3.1 Conversão da taxa nominal em taxa efetiva

A conversão da taxa nominal em taxa efetiva é feita ajustando-se o valor da taxa nominal proporcionalmente ao período da capitalização.

Exs.:

24% a.a., cap. mensal (*tx nominal*) → 2% a.m. (*tx efetiva*)

12% a.a., cap. trim (*tx nominal*) → 3% a.t. (*tx efetiva*)

18% a.a., cap. bim (*tx nominal*) → 6% a.b. (*tx efetiva*)

2.4 Taxas Equivalentes

São aquelas que, aplicadas ao mesmo principal durante o mesmo prazo, no regime de JUROS COMPOSTOS, produzem os mesmos montantes.

Obs.: No regime de juros simples, taxas proporcionais serão sempre equivalentes.

Fórmulas:

$i_k = (1 + i)^t - 1$

$i = \sqrt[t]{i_k + 1} - 1$

Legenda:

ik: taxa do período maior

i: taxa do período menor

t: quantidade de períodos

Observações:

Juros Simples – Taxas Proporcionais	
JS	1 % a.m. → **12%** a.a.
	12 % a.a. → **1%** a.m.

Juros Compostos – Taxas Equivalentes	
JC	1 % a.m. → **12,68 %** a.a.
	12 % a.a. → **0.96 %** a.m.

Ex.: Qual a taxa anual de juros compostos equivalente à taxa composta de 20% a.s?
ik = ? % a.a.
i = 20 % a.s.
t = 2
ik = (1 + i)t - 1
ik = (1 + 0,2)2 – 1
ik = 1,44 – 1
ik = 0,44
ik = 44% a.a.

No sistema de juros compostos, é costume indicar uma taxa para um período com capitalização em período distinto. Convencionou-se, então, que, quando o período mencionado na taxa não corresponde ao período de capitalização, prevalece este último, devendo-se tomar a taxa proporcional correspondente como taxa efetiva e considerar a taxa dada como nominal.

2.5 Taxa Média (im)

Suponhamos os capitais C1; C2; C3; ... ; Cn aplicados, respectivamente, às taxas i1; i2; i3; ... ; in pelos prazos t1; t2; t3; ... ; tn. Denominamos de taxa média a média aritmética ponderada das taxas das aplicações, tendo como fatores de ponderação os capitais e os prazos.

$$i_m = \frac{C_1 . i_1 . t_1 + c_2 . i_2 . t_2 + ... C_n . i_n . t_n}{C_1 . t_1 + C_2 . t_2 + C_n . t_n}$$

2.6 Prazo Médio (tm)

Para calcular o prazo médio, observam-se os quatro casos a seguir:

1º Caso: Capitais e taxas iguais.

Nesse caso, o prazo médio é calculado pela média aritmética dos prazos dados.

2º Caso: Capitais diferentes e taxas iguais.

Nesse caso, o prazo médio é calculado pela média aritmética ponderada dos prazos pelos capitais.

3º Caso: Capitais iguais e taxas diferentes.

Nesse caso, o prazo médio é calculado da mesma forma que do caso anterior.

4º Caso: Capitais e taxas diferentes.

Nesse caso, o prazo médio é calculado pela soma dos produtos dos capitais pelo tempo de aplicação e pela sua respectiva taxa dividida pela soma dos produtos do capital por essa referida taxa de aplicação.

2.7 Saldo Médio (Sm)

Suponhamos que temos os saldos S1; S2; S3 durante os prazos t1; t2; t3.

O saldo médio é dado por:

$$S_m = \frac{S_1 t_1 + S_2 t_2 + S_3 t_3}{t_1 + t_2 + t_3}$$

2.8 Taxa Real e Aparente

A inflação provoca sérias consequências nas operações financeiras, como a ilusão monetária de rentabilidade.

Em um contexto inflacionário, a taxa de juros, que é aquela praticada nos contratos, é formada por uma taxa real de juros e por uma taxa de inflação.

Para termos o ganho real de uma operação financeira, devemos calcular a taxa de juros real, usando a expressão:

$$i > r + if$$

Legenda:

i: taxa aparente (nominal)

r: taxa real

if: taxa de inflação

Taxa real: é a taxa efetiva depois de expurgarmos os efeitos da taxa inflacionária.

Taxa aparente: é a taxa em que não foram eliminados os efeitos inflacionários.

Fique ligado

$i > r + if$

A taxa aparente será sempre maior que a soma da taxa real com a taxa inflacionária. Sem inflação, a taxa real e a taxa aparente serão iguais.

Ex.: Certo capital foi aplicado por um ano à taxa de juros de 6,59% a.a. Se, no mesmo período, a inflação foi de 4,5%, qual a taxa real de juros ao ano dessa aplicação?

Dados:

i = 6,59%

if = 4,5%

r = ?

(1+i) = (1+r) . (1+if)

(1+0,0659) = (1+r) . (1+0,045)

1,0659 = (1+r) . (1,045)

1,0659 / 1,045 = 1+r

1,02 = 1+r

1,02 – 1 = r

r = 0,02 = 2%

Portanto, a taxa real de juros foi de 2%.

Ex.: Em um investimento é desejado um rendimento real de 12%. Sabe-se que a inflação projetada para o período é de 6%. Qual deve ser a taxa aparente desse investimento?

Dados:

i = ? %

if = 6%

r = 12%

(1+i) = (1+r) . (1+if)

(1+i) = (1+0,12) . (1+0,06)

(1+i) = (1,12) . (1,06)

(1+i) = 1,1872

i = 1,1872 – 1

i = 0,1872

i = 18,72%

3 DESCONTOS

3.1 Desconto Simples

Conceitualmente, **desconto** é o abatimento que se faz em um título ou uma dívida quando eles são pagos antes do seu vencimento.

Os títulos de crédito mais conhecidos são: **Duplicatas, Letras de Câmbio e Nota Promissória.**

Portanto, Desconto é a diferença entre o Valor Nominal (Bruto) e o Valor Atual (Líquido) de um título de crédito que será resgatado antes do seu vencimento.

$$D = N - A$$

Legenda:

D: Desconto

N: Valor Nominal (Bruto)

A: Valor Atual (Líquido)

3.1.1 Tipos de Descontos

3.1.1.1 Desconto comercial, bancário ou "por fora"

Incide sobre o valor **nominal** de um título de crédito.

$$D_c = n \cdot i \cdot t$$

3.1.1.2 Desconto racional ou "por dentro"

Incide sobre o valor **atual** de um título de crédito.

$$D_r = A \cdot i \cdot t$$

Obs.: também denominado de desconto verdadeiro.

Legenda:

D_c: Desconto Comercial

D_r: Desconto Racional

A: Valor Atual

N: Valor Nominal

i: taxa de juro

t: prazo (tempo)

Fique ligado
O Desconto Comercial é sempre maior que o Desconto Racional.

Ex.: Um título, cujo valor de face é R$ 7.000,00, foi descontado 60 dias antes de seu vencimento, por meio de uma operação de desconto bancário simples, à taxa de desconto de 10% ao mês. Qual o valor atual do título?

Dados:

Valor Nominal (N) = R$ 7.000,00

Tempo (t) = 60 dias = 2 meses

Taxa (i) = 10% a.m.

Valor Atual (A) = ?

Desconto (D) = ?

$\mathbf{D = N \cdot i \cdot t}$

$D = 7000 \cdot 0,1 \cdot 2$

$D = 1400$

Logo, como $D = N - A$

$A = N - D$

$A = 7000 - 1400$

$A = 5600$

Portanto, o Valor Atual (A) é de R$ 5.600,00.

3.2 Desconto Composto

O conceito de desconto no regime composto é o mesmo do estabelecido no regime simples, ou seja, o desconto compreende uma dedução do valor nominal de um título quando este é pago antecipadamente.

$$D = N - A$$

Legenda:

D: Desconto

N: Valor Nominal (Bruto)

A: Valor Atual (Líquido)

3.2.1 Tipos de Descontos

3.2.1.1 Desconto comercial, bancário ou "por fora"

Caracteriza-se pela incidência sucessiva da taxa de desconto sobre o valor nominal do título.

$$A = N(1 - i)^t$$

3.2.1.2 Desconto racional ou "por dentro"

É aquele estabelecido segundo as conhecidas relações do regime de juros compostos.

$$A = \frac{N}{(1 + i)^t}$$

Ex.: Considere um título cujo valor nominal seja de R$ 10.000,00. Calcule o desconto racional composto a ser concedido de um título resgatado 2 meses antes da data de vencimento, a uma taxa de desconto de 10% a.m.

Dados:

Valor Nominal (N) = R$ 10.000,00

Tempo (t) = 2 meses

Taxa (i) = 10% a.m

Desconto Racional Composto (Dr) = ?

$A = N / (1+i)^t$

$A = 10.000 / (1+0,1)^2$

$A = 10.000 / (1,1)^2$

$A = 10.000 / 1,21$

$A = 8264,46$

Logo, como $D = N - A$

$D = 10.000 - 8264,46$

$D = 1735,54$

Quadro resumo das relações entre a taxa de juro e a taxa do desconto comercial

Desconto Simples
Relações entre a taxa de juros e a taxa do desconto comercial
$i = \frac{i_c}{(1 - i_c \cdot t}$

Desconto Simples
Taxa de juro efetiva
$i_f = \dfrac{D_c}{A \cdot t}$

Desconto Composto	
Equivalência entre as taxas dos Dc e Dr	
$i_r = \dfrac{i_c}{1 - i_c}$	$i_c = 1 - \dfrac{1}{1 + i_r}$

Legenda:

D: Desconto

A: Valor Atual

N: Valor Nominal

Dc: Desconto comercial

Dr : Desconto racional

i: taxa de juros

if: taxa de juros efetiva

ic: taxa do desconto comercial

ir: taxa do desconto racional

t: tempo

4 EQUIVALÊNCIA DE CAPITAIS

4.1 Fluxo de Caixa

Ao analisarmos um investimento, precisamos identificar a quantidade de valores investidos e o retorno que tivemos deste investimento. Tudo isso ocorre em diferentes datas. A essas entradas e saídas de valores damos o nome de fluxo de caixa. Podemos fazer a representação do fluxo de caixa de duas maneiras: gráfico ou tabela.

Gráfico: permite uma rápida visualização:

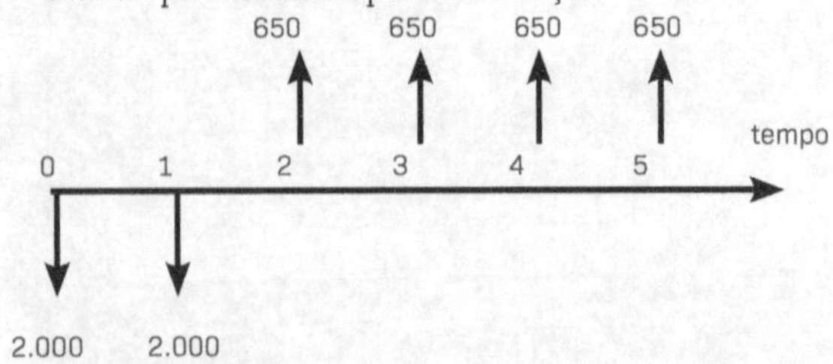

A linha horizontal representa o tempo. As setas para baixo são os valores investidos, ou seja, as saídas. As setas para cima são os retornos do investimento ou as entradas.

Tabela 1:

Mês	Operação	Valor
0	Aplicação	R$ -2.000,00
1	Aplicação	R$ -2.000,00
2	Resgate	R$ 650,00
3	Resgate	R$ 650,00
4	Resgate	R$ 650,00
5	Resgate	R$ 650,00
6	Resgate	R$ 650,00

Valores negativos: são as saídas.

Valores positivos: são as entradas.

Tabela 2:

Período	Valores (R$)
0	20.000,00
1	(4.000,00)
2	30.000,00
2	(2.000,00)
3	(800,00)

Obs.: os valores colocados entre parênteses representam as saídas no fluxo de caixa.

Representação da situação da tabela anterior:

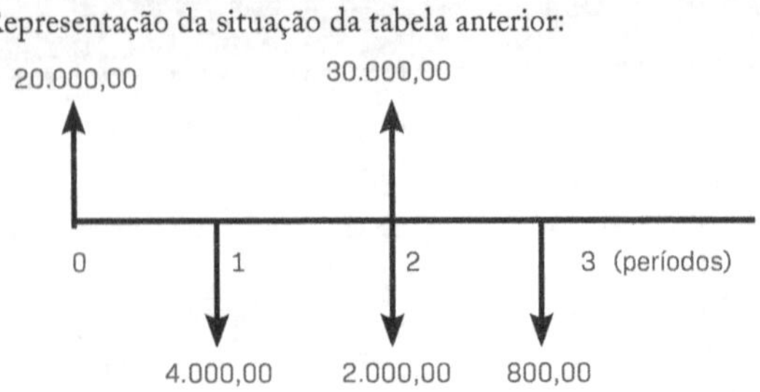

Data focal: a data para onde serão "transportados" os valores de entrada e saída de capital, com o objetivo de uma avaliação, é chamada de data focal. É também conhecida como data de avaliação ou data de referência.

Vejamos um exemplo para esclarecer este "transporte" dos valores:

Ex.: Uma loja possui dois títulos, com as seguintes características:

1º Título: valor nominal de R$ 1.100,00, que vencerá daqui a 1 ano, a uma taxa de juros simples de 10% a.a.

2º Título: valor nominal de R$ 1.200,00, que vencerá em 2 anos, a uma taxa de juros simples de 10% a.a.

Vamos mostrar que existe uma equivalência desses títulos na data focal zero.

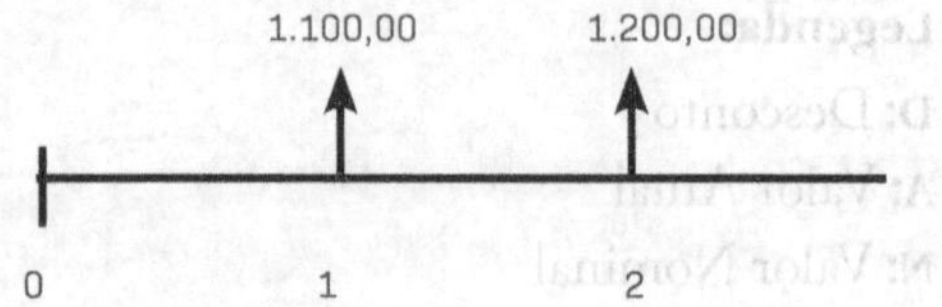

Vejamos, agora, o "transporte" destes títulos para a data focal zero.

1º Título:

Montante (M): R$ 1.100,00

Capital (C): ?

Prazo (t) = 1

Taxa (i) = 10% a.a.

Logo, teremos:

M = C (1+i.t)

1100 = C (1+0,1.1)

1100 = C (1,1)

1100/1,1 = C

C = 1.000,00

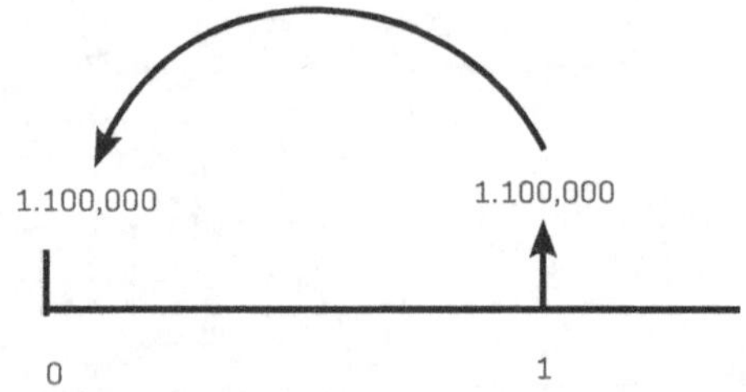

2º Título:

Montante (M): R$ 1.200,00

Capital (C): ?

Prazo (t) = 2

Taxa (i) = 10% a.a.

Logo, teremos:

M = C (1+i.t)

1200 = C (1+0,1.2)

1200 = C (1,2)

1200/1,2 = C

C = 1.000,00

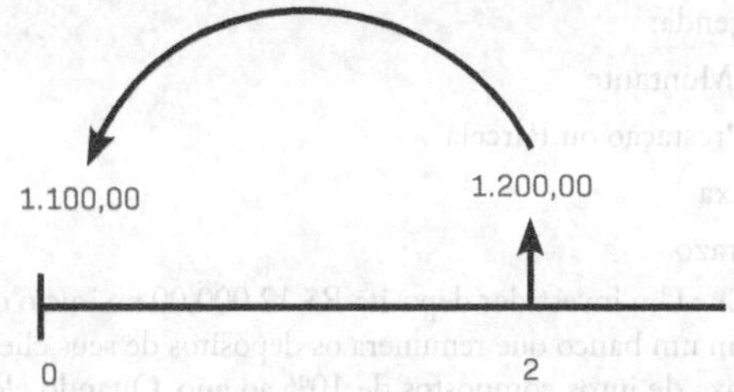

Conclusão: na data focal zero, os dois títulos descontados à mesma taxa são equivalentes.

4.2 Equivalência Financeira (ou de Capitais)

Em algumas operações financeiras, torna-se necessário antecipar ou prorrogar o recebimento ou o pagamento de um título, ou mesmo substituir vários por um único título conforme a necessidade.

Essas operações estão relacionadas à equivalência de valores diferentes referidos a datas diferentes. Porém, ao "transportarmos" para uma data "n" comum a todos, estaremos trabalhando com a equivalência de capitais.

A data "n", para onde são transportados os valores de entrada e saída, é chamada de data focal.

4.2.1 Equivalência de Capitais a Juros Simples

- Para avançar um valor para o futuro multiplicamos por (1+ i.t).
- Para retroceder um valor para o presente dividimos por (1+ i.t).

Ex.: um comerciante tem os seguintes compromissos a pagar:
R$ 3.000,00 daqui a 4 meses; e
R$ 4.600,00 daqui a 9 meses.

O comerciante propõe trocar esses débitos por um pagamento igual, para daqui a 6 meses. Considerando a taxa de juros simples de 5% a.m. e a data focal no 6º mês, calcular o valor do pagamento.

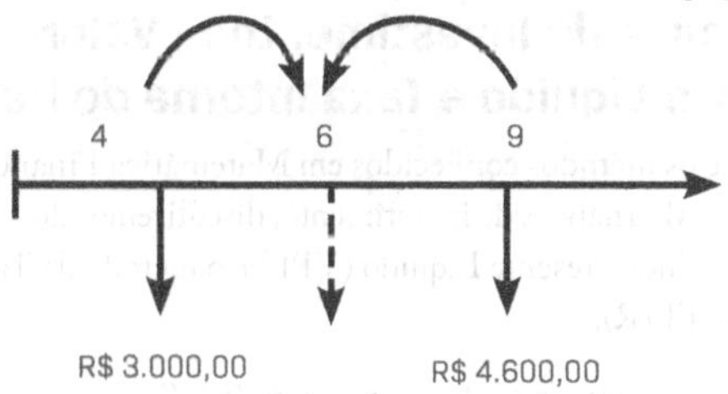

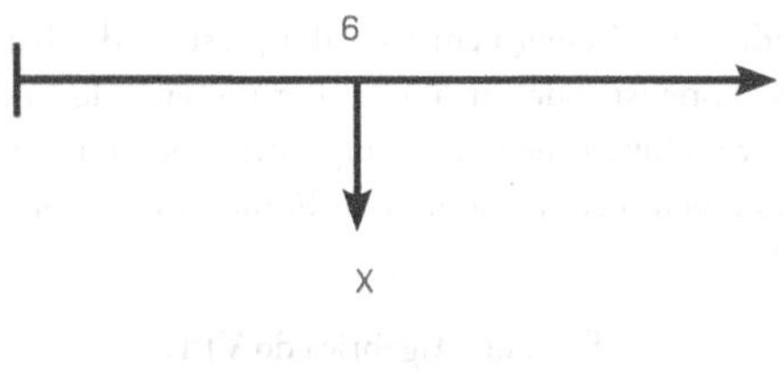

$$X = 3000.(1+i.t) + \frac{4600}{(1 - i \cdot t)}$$

$$X = 3000.(1+0,05.2) + \frac{4600}{(1 + 0,05 \cdot 3)}$$

$$X = 3000.(1,1) + \frac{4600}{(1,15)}$$

$$X = 3300+4000$$

$$X = 7300$$

4.2.2 Equivalência de capitais a juros compostos

- Para avançar um valor para o futuro multiplicamos por (1+ i)t.
- Para retroceder um valor para o presente dividimos por (1+ i)t.

Ex.: Uma dívida é composta de duas parcelas de R$ 2.000,00 cada, com vencimentos daqui a 1 e 4 meses. Desejando-se substituir essas parcelas por um pagamento único daqui a 3 meses, se a taxa de juros é 2% ao mês, o valor desse pagamento único é:

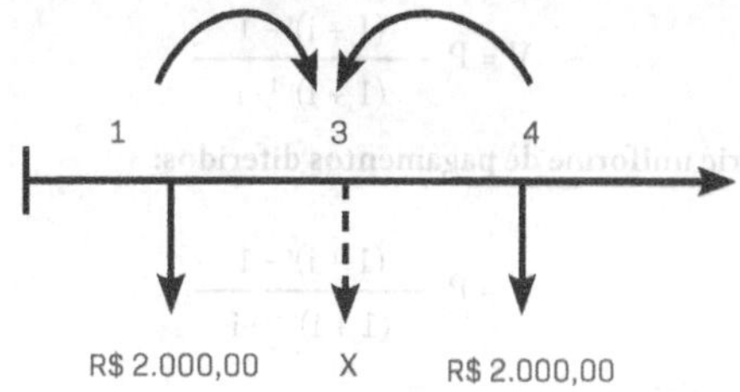

$$X = 2.000,00\,(1+i)t + \frac{2.000,00}{(1+i)^t}$$

$$X = 2.000,00\,(1+0,02)2 + \frac{2.000,00}{(1+0,02)^1}$$

$$X = 2.080,80 + 1.960,78$$

$$X = 4.041,58$$

4.3 Série Uniforme de Pagamentos

Pretendendo constituir um capital, deposita-se periodicamente certo valor em um banco. É o que denominamos capitalização. Por outro lado, pagando periodicamente certo valor, podemos também resgatar uma dívida. É o que denominamos de amortização.

Depósitos ⟶ **Capitalização**

Pagamentos ⟶ Amortização

4.3.1 Classificação das Séries Uniformes

4.3.1.1 Quanto ao prazo (número de prestações)

- **Temporária ou Finita:** quando ocorrem em um determinado período de tempo.
- **Infinita ou Perpetuidade:** quando os pagamentos ou recebimentos duram infinitamente.

4.3.1.2 Quanto ao valor dos recebimentos ou pagamentos

- **Constante ou uniforme:** com todos os pagamentos ou recebimentos com valores iguais.
- **Variável ou não uniforme:** quando os pagamentos ou recebimentos não são de valores iguais.

4.3.1.3 Quanto à forma

- **Antecipadas:** pagamentos efetuados no início de cada período (no ato do negócio).
- **Postecipadas ou imediatas:** pagamentos efetuados no final de cada período (um período após a negociação do negócio).
- **Diferida:** quando houver carência para o pagamento da primeira anuidade.

4.3.1.4 Quanto à periodicidade

- **Periódica:** quando todos os intervalos entre os pagamentos ou recebimentos são iguais.

- **Não periódica:** quando os intervalos não são iguais entre as parcelas.
- **Série uniforme de pagamentos antecipados:**

$$V = P \frac{(1+i)^t - 1}{(1+i)^{t-1} \cdot 1}$$

- **Série uniforme de pagamentos postecipados ou imediatos:**

$$V = P \frac{(1+i)^t - 1}{(1+i)^{t-1} \cdot i}$$

- **Série uniforme de pagamentos diferidos:**

$$V = P \frac{(1+i)^t - 1}{(1+i)^{t+m} \cdot i}$$

Legenda:

V: Valor Financiado

P: Prestação ou Parcela

i: taxa

t: prazo

m: carência

> Ex.: Uma pessoa faz uma compra financiada em 12 prestações mensais e iguais de R$ 210,00. Obtenha o valor financiado, a uma taxa de juros compostos de 4% ao mês, considerando que o financiamento equivale a uma anuidade e que a primeira prestação vence um mês depois de efetuada a compra.

Considere que (1,04)12 = 1,6

Dados:

Prestação (P): R$ 210,00

Prazo (t): 12 meses

Taxa (i): 4% a.m.

Valor Financiado (F): ?

$$V = 210 \cdot \frac{(1+0{,}04)^{12} - 1}{(1+0{,}04)^{12} \cdot 0{,}04}$$

$$V = 210 \cdot \frac{(1{,}04)^{12} - 1}{(1{,}04)^{12} \cdot 0{,}04}$$

$$V = 210 \cdot \frac{1{,}6 - 1}{1{,}06 \cdot 0{,}04}$$

$$V = 210 \cdot \frac{0{,}6}{0{,}064}$$

V = 210 . 9,375

V = 1.968,75

Portanto, o Valor Financiado (F) é de R$ 1.968,75.

4.4 Capitalização

O montante de uma renda unitária e temporária é a soma dos montantes de cada termo, constituído durante o tempo decorrido do seu vencimento ao vencimento do último termo. Portanto, tanto para as séries antecipadas como para as séries postecipadas ou diferidas, vale a seguinte relação:

$$M = P \frac{(1+i)^t - 1}{i}$$

Legenda:

M: Montante

P: Prestação ou Parcela

i: taxa

t: prazo

> Ex.: Um investidor deposita R$ 12.000,00 no início de cada ano em um banco que remunera os depósitos de seus clientes a uma taxa de juros compostos de 10% ao ano. Quando ele realizar o quarto depósito, qual é o valor da soma dos montantes referentes aos depósitos realizados?

Dados:

Valor da Parcela (P) = R$ 12.000,00

Taxa de juros (i) = 10% a.a.

Prazo (t) = 4 anos

Montante (M) = ?

M = P . [(1+i)t - 1]/ . i

M = 12.000 [(1+0,1)4 – 1] / 0,1

M = 12.000 [(1,1)4 – 1] / 0,1

M = 12.000 [1,4641 – 1] / 0,1

M = 12.000 [0,4641] / 0,1

M = 12.000 / . i 4,641

M = 55.692

Portanto, após o quarto depósito, o valor da soma dos Montantes será de R$ 55.692,00.

Fique ligado

Quando depositamos, periodicamente, certa quantia em um banco é o que chamamos de capitalização. Por outro lado, quando pagamos, periodicamente, certa quantia em um banco é o que chamamos de Amortização.

4.5 Análise de Investimentos - Valor Presente Líquido e Taxa Interna de Retorno

Dentre os métodos conhecidos em Matemática Financeira para a avaliação de alternativas de investimento, discutiremos dois métodos: o método do Valor Presente Líquido (VPL) e o método da Taxa Interna de Retorno (TIR).

4.5.1 Valor Presente Líquido (vpl)

É obtido pela diferença entre o valor presente dos benefícios (ou pagamentos) previstos de caixa, e o valor presente do fluxo de caixa inicial (valor do investimento, do empréstimo ou do financiamento); também conhecido como valor atual líquido (VAL) ou método do valor atual.

Fórmula Algébrica do VPL

$$VLP = -P \quad \frac{R^1}{(1+i)^1} + \frac{R^2}{(1+i)^2} + \cdots + \frac{R_n}{(1+i)^n}$$

Em que:

R: representa o valor de entrada (ou saída) de caixa previsto para todo intervalo de tempo;

P: fluxo de caixa verificado no momento zero (momento inicial), podendo ser um investimento, empréstimo ou financiamento;

n: período de tempo; e

i: taxa de juros (real)

Método do VPL	
VPL > 0	Investimento Viável
VPL = 0	Indiferente
VPL < 0	Investimento Inviável

Obs.: Quando se busca decidir entre duas ou mais alternativas de investimento, deve-se dar preferência àquela que apresenta o maior VPL.

Ex.: Uma empresa pretende investir R$ 600.000,00 para ampliação do seu parque industrial. Com o aumento da capacidade de produção, o fluxo de caixa anual será de R$ 200.000,00 por ano durante 3 anos, a uma taxa real anual de 2,7%. Esse projeto será viável ou não?

$$VLP = -P \frac{R^1}{(1+i)^1} + \frac{R^2}{(1+i)^2} + \cdots + \frac{R_n}{(1+i)^n}$$

$$VLP = -600.000 + \frac{200.000}{(1+0{,}027)^1} + \frac{200.000}{(1+0{,}027)^2} + \frac{200.000}{(1+0{,}027)^3}$$

VPL = R$ 31.012,36

VPL > 0, logo o projeto é viável.

4.5.2 Taxa Interna de Retorno (tir)

É a taxa necessária para igualar o valor de um investimento (valor presente) com os seus respectivos retornos futuros ou saldos de caixa. Isto é, a TIR de um fluxo de caixa da operação é a taxa real de juros da operação financeira. Ao ser usada para a análise de investimentos, significa a taxa de retorno de um projeto.

$$VLP = -P \frac{R^1}{(1+i)^1} + \frac{R^2}{(1+i)^2} + \cdots + \frac{R_n}{(1+i)^n}$$

Se VPL = 0, então i será a Taxa Interna de Retorno (TIR).

5 PLANOS OU SISTEMAS DE AMORTIZAÇÃO DE EMPRÉSTIMOS E FINANCIAMENTOS

Representamos, com a seguinte fórmula, a Amortização (A) e o Juro (J) que estão compondo a Prestação (P).

$$P = A + J$$

- **Os principais sistemas de amortização são:** Sistema de Amortização Constante (SAC), Sistema Francês (PRICE) e o Sistema Americano de Amortização (SAA).

Existem alguns termos que são usados no meio econômico/financeiro em relação à amortização, que devem ser conhecidos. São eles:

Credor ou mutuante: é a pessoa que mutua, ou seja, que cede o empréstimo.

Devedor ou mutuário: é aquele que recebe alguma coisa por empréstimo.

IOF: Imposto sobre Operações Financeiras.

Período de carência: corresponde ao período compreendido entre o prazo de utilização e o pagamento da primeira amortização.

Prazo de amortização: é o intervalo de tempo durante o qual são pagas as amortizações.

Parcelas de amortização: correspondem às parcelas de devolução do principal.

Prestação: é a soma da amortização, acrescida de juros e encargos.

5.1 Sistema de Amortização Constante (Sac)

No SAC, a parcela da amortização em cada prestação é constante e os juros serão calculados sobre o saldo devedor.

> Ex.: Uma instituição faz um empréstimo de R$ 3.000,00 para ser quitado pelo SAC em 5 prestações mensais, à taxa de 1% a.m. Construa o quadro de amortização.

Período (n)	Prestação (P)	Juros (J)	Amortização (A)	Saldo Devedor (SD)
0	-	-	-	3.000,00
1	630,00	30,00	600,00	2.400,00
2	624,00	24,00	600,00	1.800,00
3	618,00	18,00	600,00	1.200,00
4	612,00	12,00	600,00	600,00
5	606,00	6,00	600,00	-

Fique ligado

SAC:
> As Prestações são decrescentes.
> A Amortização é constante.
> Os Juros diminuem a cada período (P.A).

Fórmulas:

$$A = \frac{S_D}{n}$$

$$A = 3000/5 = 600$$

$$J1 = SD \cdot i$$

$$J1 = 3000 \cdot 0{,}01 = 30$$

Outras expressões de cálculo do SAC:

$$J = i \cdot M \left[\frac{1 - (t - 1)}{n} \right]$$

$$S_D = M \left[1 - \frac{t}{n} \right]$$

Legenda:
J: Juros
M: Montante
SD: Saldo Devedor
P: Prestação
n: parcela
t: a qual parcela está se referindo
i: taxa
A: Amortização

5.2 Sistema de Amortização Francês (Price)

No Sistema de Amortização Francês, as prestações são iguais e periódicas, de modo que, ao efetuar o último pagamento, a dívida estará quitada.

> Ex.: Uma pessoa jurídica realiza uma dívida no valor de R$ 6.000,00, que deverá ser amortizada pelo método francês, com 5 prestações mensais, à taxa de 2% a.m. Montar a tabela Price.

Período (n)	Prestação (P)	Juros (J)	Amortização (A)	Saldo Devedor (SD)
0	-	-	-	6.000,00
1	1.272,95	120,00	1.152,95	4.847,05
2	1.272,95	96,94	1.176,01	3.671,04
3	1.272,95	73,42	1.199,53	2.471,51
4	1.272,95	49,43	1.223,52	1.247,99
5	1.272,95	24,96	1.247,99	-

Fique ligado

PRICE:
- As Prestações são constantes.
- Os Juros diminuem a cada período.

Fórmulas:

$$P = M \cdot \frac{(1+i)^n - i}{(1+i)^n - 1}$$

$$P = 6000 \cdot \frac{(1+0{,}02)^5 \cdot 0{,}02}{(1+0{,}02)^5 - 1} = 1272{,}95$$

$$J_1 = S_D \cdot i$$

$$J1 = 6000 \,.\, 0{,}02 = 120$$

Outras expressões de cálculo do PRICE:

$$A = M \cdot \frac{(1+i)^{t-1} \cdot i}{(1+i)^n - 1}$$

$$S_D = M \cdot \frac{(1+i)^n - (1+i)^t}{(1+i)^n - 1}$$

Legenda:

J: Juros

M: Montante

SD: Saldo Devedor

P: Prestação

n: parcela

t: a qual parcela está se referindo

i: taxa

A: Amortização

5.2.1 Sistema Americano de Amortização (saa)

Neste sistema de amortização, o principal é restituído por meio de uma parcela única ao fim da operação. Os juros podem ser pagos periodicamente (mais comum) ou capitalizados e pagos juntamente com o principal no fim do prazo.

O devedor pode constituir um fundo de amortização do empréstimo (Sinking Fund), no qual deposita periodicamente as quotas de amortização. Essas quotas, por sua vez, devem render juros, de tal modo que, na data de pagamento do principal, o saldo desse fundo de amortização seja igual ao capital a pagar, liquidando, dessa maneira, totalmente o empréstimo.

Se a taxa de aplicação do Sinking Fund for menor que a taxa à qual o financiamento foi contratado (i), o dispêndio total feito pelo devedor em cada período será maior que a prestação calculada no Sistema Price. Isto é, o custo financeiro do Sistema de Amortização Americano será maior que o custo financeiro do Sistema Price.

Ex.: Um financiamento de R$ 1.000,00 é solicitado pelo Sistema Americano de Amortização à taxa de 18% a.m. para retorno em 4 meses. Admitindo a taxa de captação de poupança igual a 15% a.m. no período do financiamento, elaborar planilhas de desembolso nas condições de se considerar: - Sistema Americano sem formação de Fundo de Amortização; e - Sistema Americano com formação de Fundo de Amortização.

a) Sistema Americano sem formação de Fundo de Amortização.

$$J1 = SD \,.\, i$$

$$J1 = 1000{,}00 \,.\, 0{,}18 = 180{,}00$$

Período (n)	Prestação (P)	Juros (J)	Amortização (A)	Saldo Devedor (S_D)
0	-	-	-	1.000,00
1	180,00	180,00	-	1.000,00
2	180,00	180,00	-	1.000,00
3	180,00	180,00	-	1.000,00
4	1.180,00	180,00	1.000,00	0,00

b) Sistema Americano com formação de Fundo de Amortização.

1º Passo: Cálculo do Fundo de Amortização (Capitalização).

$$P = M \cdot \frac{i}{(1+i)^t - 1}$$

Legenda:

M: Montante

P: Prestação ou Parcela

i: taxa

t: prazo

$$P = 1000 \cdot \frac{0{,}15}{(1{,}15)^4 - 1} = 200{,}26$$

2º Passo: Cálculo do Saldo Devedor.

$$M = P \cdot \frac{(1+i)^t - 1}{i}$$

Legenda:

M: Montante

P:Prestação ou Parcela

i: taxa

t: prazo

Saldo Devedor (SD) após o pagamento da 1ª Parcela:

$$SD_t = M - P \cdot \frac{(1+i)^t - 1}{i}$$

Legenda:

M: Montante

P: Prestação ou Parcela

i : taxa

t: prazo considerado

SD: Saldo Devedor

$$SD_1 = 1000 - 200{,}26 \;\frac{(1{,}15)^1 - 1}{0{,}15}$$

$$SD_1 = 1000 - 200{,}26 = 799{,}74$$

$$SD_2 = 1000 - 200{,}26 \;\frac{(1{,}15)^2 - 1}{0{,}15}$$

$$SD_2 = 1000 - 430{,}56 = 569{,}44$$

$$SD_3 = 1000 - 200,26 \; \frac{(1,15)^3 - 1}{0,15}$$

$$SD_3 = 1000 - 695,41 = 304,59$$

$$SD_4 = 1000 - 200,26 \; \frac{(1,15)^3 - 1}{0,15}$$

$$SD_4 = 1000 - 1000 = 0$$

Período (n)	Prestação (P)	Juros (J)	Amortização (A)	Saldo Devedor (S_D)
0	-	-	-	1.000,00
1	380,26	180,00	200,26	799,74
2	380,26	180,00	200,26	569,44
3	380,26	180,00	200,26	304,59
4	380,26	180,00	200,26	0,00

6 SEQUÊNCIAS NUMÉRICAS

Neste capítulo, conheceremos a formação de uma sequência e também do que trata a P.A. (Progressão Aritmética) e a P.G. (Progressão Geométrica).

6.1 Definições

Sequências: conjunto de elementos organizados de acordo com certo padrão, ou seguindo determinada regra. O conhecimento das sequências é fundamental para a compreensão das progressões.

Progressões: são sequências numéricas com algumas características exclusivas.

Cada elemento das sequências e/ou progressões são denominados termos.

Sequência dos números quadrados perfeitos: (1, 4, 9, 16, 25, 36, 49, 64, 81, 100...).

Sequência dos números primos: (2, 3, 5, 7, 11, 13, 17, 19, 23, 29, 31, 37, 41, 43, 47, 53...).

O que determina a formação na sequência dos números é: an = n².

6.2 Lei de formação de uma sequência

Para determinar uma sequência numérica é preciso uma lei de formação. A lei que define a sequência pode ser a mais variada possível.

A sequência definida pela lei $a_n = n^2 + 1$, com $n \in N$, cujo a_n é o termo que ocupa a n-ésima posição na sequência é: 0, 2, 5, 10, 17, 26... Por esse motivo, a_n é chamado de termo geral da sequência.

6.3 Progressão aritmética (P.A.)

Progressão aritmética é uma sequência numérica em que cada termo, a partir do segundo, é igual ao anterior adicionado a um número fixo, chamado razão da progressão (r).

Quando r > 0, a progressão aritmética é crescente; quando r < 0, decrescente e quando r = 0, constante ou estacionária.

- (2, 5, 8, 11, ...), temos r = 3. Logo, a P.A. é crescente.
- (20, 18, 16, 14, ...), temos r = -2. Logo, a P.A. é decrescente.
- (5, 5, 5, 5, ...), temos r = 0. Logo, a P.A. é constante.

A representação matemática de uma progressão aritmética é: $(a_1, a_2, a_3, \ldots, a_n, a_{n+1}, \ldots)$ na qual:

$$\begin{cases} a_2 = a_1 + r \\ a_3 = a_2 + r \\ a_4 = a_3 + r \\ \vdots \end{cases}$$

Se a razão de uma P.A. é a quantidade que acrescentamos a cada termo para obter o seguinte, podemos dizer que ela é igual à diferença entre qualquer termo, a partir do segundo, e o anterior. Assim, de modo geral, temos:

$$r = a_2 - a_1 = a_3 - a_2 = \ldots = a_{n+1} - a_n$$

Para encontrar um termo específico, a quantidade de termos ou até mesmo a razão de uma P.A., dispomos de uma relação chamada termo geral de uma P.A.: $a_n = a_1 + (n-1)\,r$, onde:

- a_n é o termo geral.
- a_1 é o primeiro termo.
- n é o número de termos.
- r é a razão da P.A.

Propriedades:

P_1. Em toda P.A. finita, a soma de dois termos equidistantes dos extremos é igual à soma dos extremos.

1 3 5 7 9 11

5 + 7 = 12

3 + 9 = 12

1 + 11 = 12

Dois termos são equidistantes quando a distância entre um deles para o primeiro termo da P.A. é igual a distância do outro para o último termo da P.A.

P_2. Uma sequência de três termos é P.A. se o termo médio é igual à média aritmética entre os outros dois, isto é, (a, b, c) é P.A. $\Leftrightarrow b = \frac{a + c}{2}$

Seja a P.A. (2, 4, 6), então, $4 = \frac{2 + 6}{2}$

P_3. Em uma P.A. com número ímpar de termos, o termo médio é a média aritmética entre os extremos.

(3, 6, 9, 12, 15, 18, 21, 24, 27, 30, 33, 36, 39), $21 = \frac{3 + 39}{2}$

P_4. A soma S_n dos n primeiros termos da P.A. $(a_1, a_2, a_3, \ldots a_n)$ é dada por:

$$S_n = \frac{(a_1 + a_n)}{2} \cdot n$$

Calcule a soma dos temos da P.A. (1, 4, 7, 10, 13, 16, 19, 22, 25).

$a_1 = 1$; $a_n = 25$; $n = 9$

$$S_n = \frac{(a_1 + a^n) \cdot n}{2}$$

$$S_n = \frac{(1 + 25) \cdot 9}{2}$$

$$S_n = \frac{(26) \cdot 9}{2}$$

$$S_n = \frac{234}{2}$$

$$S_n = 117$$

6.3.1 Interpolação aritmética

Interpolar significa inserir termos, ou seja, interpolação aritmética é a colocação de termos entre os extremos de uma P.A. Consiste basicamente em descobrir o valor da razão da P.A. e inserir esses termos.

Utiliza-se a fórmula do termo geral para a resolução das questões, em que **n** será igual a **k + 2**, cujo **k** é a quantidade de termos que se quer interpolar.

Insira 5 termos em uma P.A. que começa com 3 e termina com 15.

$a_1 = 3$; $a_n = 15$; $k = 5$ e | (3, 5, 7, 9, 11, 13, 15)

$n = 5 + 2 = 7$

$a_n = a_1 + (n - 1) \cdot r$

$15 = 3 + (7 - 1) \cdot r$

$15 = 3 + 6r$

$6r = 15 - 3$

$6r = 12$

$r = \frac{12}{6}$

$r = 2$

Então, P.A.

6.4 Progressão geométrica (P.G.)

Progressão geométrica é uma sequência de números não nulos em que cada termo, a partir do segundo, é igual ao anterior multiplicado por um número fixo, chamado razão da progressão (q).

A representação matemática de uma progressão geométrica é $(a_1, a_2, a_3,\dots,a_{n-1}, a_n)$, na qual $a_2 = a_1 \cdot q$, $a_3 = a_2 \cdot q,\dots$ etc. De modo geral, escrevemos: $a_{n+1} = a_n \cdot q,\ \forall\ n \in N^*$ e $q \in R$.

Em uma P.G., a razão q é igual ao quociente entre qualquer termo, a partir do segundo, e o anterior.

(4, 8, 16, 32, 64)

$$q = \frac{8}{4} = \frac{16}{8} = \frac{32}{16} = \frac{64}{32} = 2$$

(6,-18,54,-162)

$$q = \frac{186}{6} = \frac{54}{-18} = \frac{-162}{54} = -3$$

Assim, podemos escrever:

$$\frac{a_2}{a_1} = \frac{a_3}{a_2} = \dots = \frac{a_{n+1}}{a_n} = q, \text{ sendo q a razão da P.G.}$$

Podemos classificar uma P.G. como:

Crescente:

Quando $a_1 > 0$ e $q > 1$

(2,6,18,54,...) é uma P.G. crescente com $a_1 = 2$ e $q = 3$

Quando $a_1 < 0$ e $0 < q < 1$

(-40, -20, -10,...) é uma P.G. crescente com $a_1 = -40$ e $q = 1/2$

Decrescente:

Quando $a_1 > 0$ e $0 < q < 1$

(256, 64, 16,...) é uma P.G. decrescente com $a_1 = 256$ e $q = 1/4$

Quando $a_1 < 0$ e $q > 1$

(-2, -10, -50,...) é uma P.G. decrescente com $a_1 = -2$ e $q = 5$

Constante:

Quando q=1

(3, 3, 3, 3, 3,...) é uma P.G. constante com $a_1 = 3$ e $q = 1$

Alternada:

Quando $q < 0$

(2,-6,18,-54) é uma P.G. alternada com $a_1 = 2$ e $q = -3$

A fórmula do termo geral de uma P.G. nos permite encontrar qualquer termo da progressão.

$$a_n = a_1 \cdot q^{n-1}$$

Propriedades:

P_1. Em toda P.G. finita, o produto de dois termos equidistantes dos extremos é igual ao produto dos extremos.

1 3 9 27 81 243

$9 \cdot 27 = 243$

$3 \cdot 81 = 243$

$1 \cdot 243 = 243$

Dois termos são equidistantes quando a distância de um deles para o primeiro termo P.G. é igual a distância do outro para o último termo da P.G.

P_2. Uma sequência de três termos, em que o primeiro é diferente de zero, é uma P.G., e sendo o quadrado do termo médio igual ao produto dos outros dois, isto é, a≠0.

(a, b, c) é P.G. $\Leftrightarrow b^2 = ac$

$(2, 4, 8) \Leftrightarrow 4^2 = 2 \cdot 8 = 16$

P_3. Em uma P.G. com número ímpar de termos, o quadrado do termo médio é igual ao produto dos extremos.

(2, 4, 8, 16, 32, 64, 128, 256, 512), temos que $32^2 = 2 \cdot 512 = 1.024$.

P_4. Soma dos n primeiros termos de uma P.G.: $S_n = \dfrac{a_1(q^n - 1)}{q - 1}$

P_5. Soma dos termos de uma P.G. infinita:

$$S_\infty = \frac{a_1}{q-1}, \text{ se } -1 < q < 1$$

1 q

- $S_\infty = +\infty$, se $q > 1$ e $a_1 > 0$
- $S_\infty = -\infty$, se $q > 1$ e $a_1 < 0$

6.4.1 Interpolação geométrica

Interpolar significa inserir termos, ou seja, interpolação geométrica é a colocação de termos entre os extremos de uma P.G. Consiste basicamente em descobrir o valor da razão da P.G. e inserir esses termos.

Utiliza-se a fórmula do termo geral para a resolução das questões, em que **n** será igual a **p + 2**, cujo **p** é a quantidade de termos que se quer interpolar.

Insira 4 termos em uma P.G. que começa com 2 e termina com 2.048.

$a_1 = 2$; $a_n = 2.048$; $p = 4$ e $n = 4 + 2 = 6$

$a_n = a_1 \cdot q^{(n-1)}$

$2.048 = 2 \cdot q^{(6-1)}$

$2.048 = 2 \cdot q^5$

$q^5 = \dfrac{2.048}{2}$

$q^5 = 1.024\ (1.024 = 4^5)$

$q^5 = 4^5$

$q = 4$

P.G. (2, **8**, **32**, **128**, **512**, 2.048).

6.4.2 Produto dos termos de uma P.G.

Para o cálculo do produto dos termos de uma P.G., usar a seguinte fórmula:

$$P_n = \sqrt{(a_1 \cdot a_n)^n}$$

Qual o produto dos termos da P.G. (5, 10, 20, 40, 80, 160)?

$a_1 = 5$; $a_n = 160$; $n = 6$

$P_n = \sqrt{(a_1 \cdot a_n)^n}$

$P_n = \sqrt{(5 \cdot 160)^6}$

$P_n = (5 \cdot 160)^3$

$P_n = (800)^3$

$P_n = 512.000.000$

7 USO DA HP12C

A calculadora HP12c é um ícone entre profissionais e estudantes de finanças pelo mundo afora. Lançada pela Hewlett-Packard em 1981, esta calculadora programável distingue-se pela sua durabilidade, design clássico e, especialmente, por suas poderosas funções financeiras. Seu layout e operação baseados na notação polonesa reversa (RPN) a tornam única, permitindo cálculos rápidos e eficientes sem a necessidade de parênteses.

Neste artigo, exploraremos os principais recursos, funcionalidades e aplicações da HP12c, desvendando os segredos que fazem desta calculadora um instrumento valioso para análises financeiras, imobiliárias e empresariais.

7.1 Entendendo a Interface HP12c

A HP12c apresenta um teclado numérico, botões de operações matemáticas básicas, teclas de funções financeiras, teclas de porcentagem e de inversão, além de teclas de programação. Diferencia-se de outras calculadoras pela utilização da lógica RPN, que otimiza o processo de cálculo eliminando a necessidade de parênteses para especificar a ordem das operações.

7.2 Conceitos Básicos da Notação RPN

A notação RPN (Reverse Polish Notation) exige uma abordagem diferente da convencional. Neste sistema, você insere primeiro os operandos e, depois, a operação. Por exemplo, para realizar a operação "5 + 4", você pressionaria "5", "ENTER" (para mover o número para a pilha de registros), "4", e então a tecla "+". Este método agiliza diversas operações ao reduzir o número de teclas pressionadas e minimizar erros de entrada.

7.3 Funções Financeiras da HP12c

A HP12c oferece uma variedade de funções financeiras essenciais, incluindo:

- **Valor Presente (PV):** Representa o valor atual de um conjunto de fluxos de caixa futuros.
- **Valor Futuro (FV):** Calcula o montante que um investimento atual valerá no futuro, com base numa taxa de rendimento específica.
- **Pagamento (PMT):** Determina o valor do pagamento periódico necessário para amortizar um empréstimo ou alcançar um objetivo de investimento.
- **Taxa Interna de Retorno (IRR) e Valor Presente Líquido (NPV):** Métodos avançados para avaliar a viabilidade de projetos de investimento.

7.4 Análise de Investimentos e Empréstimos

Com a HP12c, investidores e financistas podem calcular rapidamente os retornos esperados de investimentos, comparar diferentes opções de financiamento e planejar pagamentos de empréstimos. A precisão e a facilidade de uso das funções financeiras tornam a análise de investimentos uma tarefa mais simples e acessível.

7.5 Programação na HP12c

Um dos recursos poderosos da HP12c é sua capacidade de programação. Usuários podem criar programas personalizados para automatizar cálculos repetitivos. Esta funcionalidade economiza tempo em análises complexas e oferece flexibilidade para solucionar problemas específicos do usuário.

7.6 Aplicações Imobiliárias

Profissionais do setor imobiliário encontram na HP12c uma ferramenta indispensável para avaliar investimentos imobiliários, calcular hipotecas, amortizações e retornos de aluguel. A capacidade de avaliar rapidamente a viabilidade financeira das propriedades é crucial nesta indústria.

7.7 Cuidados e Manutenção

Embora a HP12c seja conhecida por sua robustez, alguns cuidados básicos podem prolongar ainda mais sua vida útil. Recomenda-se evitar exposições prolongadas ao sol, não derrubar líquidos sobre a calculadora e substituir as baterias periodicamente para evitar vazamentos.

7.8 A HP12c na Educação

Além de profissionais, estudantes de finanças, contabilidade e áreas correlatas tiram grande proveito das funcionalidades da HP12c. Familiarizar-se com esta ferramenta é uma etapa valiosa no aprendizado de conceitos financeiros aplicados.

7.9 Comunidade e Recursos Online

Existem inúmeras comunidades online e recursos dedicados ao uso da HP12c. Tutoriais em vídeo, fóruns de usuários e guias escritos oferecem suporte abrangente para otimizar o uso da calculadora.

7.10 Legado e Relevância Contínua

Mesmo décadas após seu lançamento, a HP12c permanece em produção, um testemunho de seu design inovador e funcionalidades poderosas. Sua contínua popularidade entre profissionais e estudantes sinaliza a relevância duradoura da HP12c no mundo das finanças.

A calculadora HP12c representa mais do que um simples dispositivo de cálculo; ela é uma ponte entre conceitos financeiros complexos e sua aplicação prática. Seja para análises de investimentos, planejamento financeiro, ou até mesmo cálculos imobiliários, a HP12c oferece as ferramentas necessárias para tomar decisões informadas.

Aprender a dominar essa ferramenta é um investimento valioso para qualquer pessoa envolvida no mundo das finanças.

A HP12c é uma ferramenta poderosa para qualquer profissional do setor financeiro, oferecendo uma gama de funcionalidades que simplificam o cálculo e a análise de dados financeiros.

Sua capacidade de programação, junto com a conveniência de ter ferramentas avançadas de análise financeira em um dispositivo portátil, continua a torná-la uma escolha popular entre os profissionais de finanças.

NOÇÕES DE PROBABILIDADE E ESTATÍSTICA

1 PROBABILIDADE

A que temperatura a água entra em ebulição? Ao soltar uma bola, com que velocidade ela atinge o chão? Ao conhecer certas condições, é perfeitamente possível responder a essas duas perguntas, antes mesmo da realização desses experimentos.

Esses experimentos são denominados determinísticos, pois neles os resultados podem ser previstos.

Considere agora os seguintes experimentos:

- No lançamento de uma moeda, qual a face voltada para cima?
- No lançamento de um dado, que número saiu?
- Uma carta foi retirada de um baralho completo. Que carta é essa?

Mesmo se esses experimentos forem repetidos várias vezes, nas mesmas condições, não poderemos prever o resultado.

Um experimento cujo resultado, mesmo que único, é imprevisível, é denominado experimento aleatório. E é justamente ele que nos interessa neste estudo. Um experimento ou fenômeno aleatório apresenta as seguintes características:

- Pode se repetir várias vezes nas mesmas condições.
- É conhecido o conjunto de todos os resultados possíveis.
- Não se pode prever o resultado.

A teoria da probabilidade surgiu para nos ajudar a medir a chance de ocorrer determinado resultado em um experimento aleatório.

1.1 Definições

Para o cálculo das probabilidades, temos que saber primeiro os três conceitos básicos acerca do tema:

Fique ligado

Maneiras possíveis de se realizar determinado evento (análise combinatória).
≠ (diferente)
Chance de determinado evento ocorrer (probabilidade).

Experimento aleatório: é o experimento em que não é possível garantir o resultado, mesmo que esse seja feito diversas vezes nas mesmas condições.

> **Lançamento de uma moeda**: ao lançar uma moeda os resultados possíveis são cara ou coroa, mas não tem como garantir qual será o resultado desse lançamento.
>
> **Lançamento de um dado**: da mesma forma que a moeda, não temos como garantir qual é o resultado (1, 2, 3, 4, 5 e 6) desse lançamento.

Espaço amostral (Ω) ou (U): é o conjunto de todos os resultados possíveis para um experimento aleatório.

> **Na moeda**: o espaço amostral na moeda é Ω = 2, pois só temos dois resultados possíveis para esse experimento, que é ou cara ou coroa.
>
> **No dado**: o espaço amostral no dado é U = 6, pois temos do 1 ao 6, como resultados possíveis para esse experimento.

Evento: qualquer subconjunto do espaço amostral é chamado evento.

> No lançamento de um dado, por exemplo, em relação à face voltada para cima, podemos ter os eventos:
> **O número par:** {2, 4, 6}.
> **O número ímpar:** {1, 3, 5}.
> **Múltiplo de 8:** { }.

1.2 Fórmula da probabilidade

Considere um experimento aleatório em que para cada um dos n eventos simples, do espaço amostral U, a chance de ocorrência é a mesma. Nesse caso, o cálculo da probabilidade de um evento qualquer dado pela fórmula:

$$P(A) = \frac{n(A)}{n(U)}$$

Na expressão acima, **n (U)** é o número de elementos do espaço amostral **U** e **n (A)**, o número de elementos do evento **A**.

$$P = \frac{\text{evento}}{\text{espaço amostral}}$$

Os valores da probabilidade variam de 0 (0%) a 1 (100%).

Quando a probabilidade é de 0 (0%), diz-se que o evento é impossível.

> Chance de você não passar num concurso.

Quando a probabilidade é de 1 (100%), diz-se que o evento é certo.

> Chance de você passar num concurso.

Qualquer outro valor entre 0 e 1, caracteriza-se como a probabilidade de um evento.

Na probabilidade também se usa o PFC, ou seja, sempre que houver duas ou mais probabilidades ligadas pelo conectivo e elas serão multiplicadas, e quando for pelo ou, elas serão somadas.

1.3 Eventos complementares

Dois eventos são ditos **complementares** quando a chance do evento ocorrer somado à chance de ele não ocorrer sempre dá 1.

$$P(A) + P(\bar{A}) = 1$$

Sendo:

- **P(A)** = a probabilidade do evento ocorrer.
- **P(Ā)** = a probabilidade do evento não ocorrer.

1.4 Casos especiais de probabilidade

A partir de agora,veremos algumas situações típicas da probabilidade, que servem para não perdermos tempo na resolução das questões.

1.4.1 Eventos independentes

Dois ou mais eventos são independentes quando não dependem uns dos outros para acontecer, porém ocorrem simultaneamente. Para calcular a probabilidade de dois ou mais eventos independentes, multiplicar a probabilidade de cada um deles.

> Uma urna tem 30 bolas, sendo 10 vermelhas e 20 azuis. Se sortear 2 bolas, 1 de cada vez e repondo a sorteada na urna, qual será a probabilidade de a primeira ser vermelha e a segunda ser azul?
>
> Sortear uma bola vermelha da urna não depende de uma bola azul ser sorteada e vice-versa, então a probabilidade da bola ser vermelha é $\frac{10}{30}$, e para a bola ser azul a probabilidade é $\frac{20}{30}$. Dessa forma, a probabilidade de a primeira bola ser vermelha e a segunda azul é:

$$P = \frac{20}{30} \cdot \frac{10}{30}$$

$$P = \frac{200}{900}$$

$$P = \frac{2}{9}$$

1.4.2 Probabilidade condicional

É a probabilidade de um evento ocorrer, sabendo que já ocorreu outro, relacionado a esse.

A fórmula para o cálculo dessa probabilidade é:

$$P_{A/B} = \frac{P(A \cap B)}{P_B}$$

$$P = \frac{\text{probabilidade dos eventos simultâneos}}{\text{probabilidade do evento condicional}}$$

1.4.3 Probabilidade da união de dois eventos

Assim como na teoria de conjuntos, faremos a relação com a fórmula do número de elementos da união de dois conjuntos. É importante lembrar o que significa união.

A fórmula para o cálculo dessa probabilidade é:

$$P(A \cup B) = P(A) + P(B) - P(A \cap B)$$

Ao lançar um dado, qual é a probabilidade de obter um número primo ou um número ímpar?

Os números primos no dado são 2, 3 e 5, já os números ímpares no dado são 1, 3 e 5, então os números primos e ímpares são 3 e 5. Ao aplicar a fórmula para o cálculo da probabilidade fica:

$$P_{(A \cup B)} = \frac{3}{6} + \frac{3}{6} - \frac{2}{6}$$

$$P_{(A \cup B)} = \frac{4}{6}$$

$$P_{(A \cup B)} = \frac{2}{3}$$

1.4.4 Probabilidade binomial

Essa probabilidade é a chamada probabilidade estatística e será tratada aqui de forma direta e com o uso da fórmula.

A fórmula para o cálculo dessa probabilidade é:

$$P = C_{n,s} \cdot P^{s}_{sucesso} \cdot P^{f}_{fracasso}$$

Sendo:

- **C** = o combinação.
- **n** = o número de repetições do evento.
- **s** = o número de sucessos desejados.
- **f** = o número de fracassos.

2 AMOSTRAGEM

Amostragem é uma técnica de seleção de uma amostra que possibilita o estudo das características de uma população.

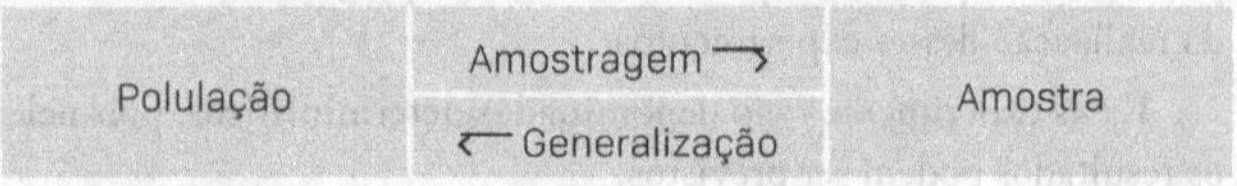

Alguns conceitos importantes:

- População: é o conjunto completo de dados sobre o qual a amostra é selecionada.
- Amostra: é uma parte da população.
- Erro Amostral: é o erro que ocorre na utilização de uma amostra.
- Unidade de amostragem: é cada um dos itens individuais que constituem uma população.
- Estratificação: é o processo de dividir uma população em subpopulações, cada uma sendo um grupo de unidades de amostragem com características semelhantes.

Existem dois métodos para composição de uma amostra:

- Probabilístico: cada elemento da população tem uma probabilidade conhecida de fazer parte da amostra; e
- Não-probabilístico: há uma escolha deliberada dos elementos da amostra.

Métodos Probabilísticos:

- **Amostragem Aleatória Simples:** todos os elementos da população têm a mesma chance de serem selecionados. Atribui-se a cada elemento da população um número distinto. Efetuam-se sucessivos sorteios até completar o tamanho da amostra n. Para realizar o sorteio, utilizar a tábua de números aleatórios. É indicado para populações homogêneas.

  Aplicar um questionário de satisfação sobre os serviços prestados por uma agência bancária em 10 clientes de um banco de dados de 100 pessoas.

- **Amostragem Estratificada:** Consiste em dividir a população em subgrupos mais homogêneos (estratos), de tal forma que haja uma homogeneidade dentro dos estratos e uma heterogeneidade entre os estratos. A definição dos estratos pode ser de acordo com sexo, idade, renda, grau de instrução, etc. Em geral, a retirada das amostras nos estratos é realizada de forma aleatória simples.

  - **Amostragem Estratificada Proporcional: A proporcionalidade do tamanho de cada estrato da população é mantida na amostra.**

    Se um estrato abrange 25% da população, ele também deve abranger 25% da amostra.

  - **Amostragem Estratificada Uniforme**: Selecionamos o mesmo número de elementos em cada estrato. É o processo usual quando se deseja comparar os diversos extratos.

    Número de pessoas que vivem nos domicílios de Curitiba. Dividir os domicílios em níveis socioeconômicos e depois selecionar domicílios em cada nível aleatoriamente (rendas baixa, média, alta).

Baixa → 50%	Baixa	Amostra Proporcional Baixa: 30% de 100: 30 Média: 50 de 100: 50 Alta: 20% de 100:20
Média → 30%	Média	
Alta → 20%	Alta	
↓	↓essa tabela tem que ficar na mesma coluna	

População	Amostra	Amostra Estratificada Uniforme 100/3≅33	
↓	↓		Baixa: 33
1.000.000	100		Média: 33
Habitantes	Habitantes		Alta:33

- **Amostragem por conglomerados**: divide-se uma população em pequenos grupos e sorteia-se um número suficiente desses pequenos grupos (conglomerados), cujos elementos constituirão a amostra. Este esquema amostral é utilizado quando há uma subdivisão da população em grupos que sejam bastante semelhantes entre si, mas com fortes discrepâncias dentro dos grupos, de modo que cada um possa ser uma pequena representação da população de interesse específico.

  | Os bairros de uma cidade, que constituiriam conglomerados de domicílios.

- **Amostragem Sistemática:** Conveniente quando a população está ordenada segundo algum critério como fichas, lista telefônica. A amostragem sistemática somente pode ser retirada se a ordenação da lista não tiver relação com a variável de interesse: imagine que queremos obter uma amostra de idades de uma listagem justamente ordenada desta forma, neste caso a amostragem sistemática não seria apropriada (a não ser que reordenássemos a lista).

  | Em uma produção diária de peças automotivas, podemos, a cada 10 peças produzidas, retirar uma para pertencer a uma amostra da produção de um dia.

  Métodos não probabilísticos:

- **Amostragem por acessibilidade ou por conveniência**: Seleção dos elementos aos quais se tem acesso.

  | Entrevistar os gerentes gerais dos hotéis x e y, pois foram os que autorizaram a entrevista.

- **Amostragem Intencional:** O investigador se dirige intencionalmente a um grupo de elementos dos quais deseja saber opinião.

  | Entrevista com os representantes de turma de um determinado curso, aplicação de questionários com os líderes da comunidade.

- **Amostragem por Quotas:** Amplamente utilizada em pesquisa de mercado e em pesquisa de opinião política, em que tempo e dinheiro são escassos.

3 VARIÂNCIA E DESVIO PADRÃO DA VARIÁVEL ALEATÓRIA

Símbolos para Variância: V(X) = Var (X) = σ2x

Fórmula: V(X) = E (X – μ)2

Fórmula alternativa para o cálculo da Variância: E (X2) – E (X)2

Desvio padrão: σ = √σ2

| **Lançamento de um dado de 6 faces: média (μ = 3,5).**

X	e	e²	P	e² . P
1	(1 - 3,5) = -2,5	$(-2,5)^2$ = 6,25	1/6	6,25 /6
2	(2 - 3,5) = -1,5	$(-1,5)^2$ = 2,25	1/6	2,25 /6
3	(3 - 3,5) = -0,5	$(-0,5)^2$ = 0,25	1/6	0,25 /6
4	(4 - 3,5) = 0,5	$(0,5)^2$ = 0,25	1/6	0,25 /6
5	(5 - 3,5) = 1,5	$(1,5)^2$ = 2,25	1/6	2,25 /6
6	(6 - 3,5) = 2,5	$(2,5)^2$ = 6,25	1/6	6,25 /6
				Σ = 17,5/6

Sendo:

X = valores observados do lançamento de um dado (1,2,3,4,5,6)

e = desvio em relação à média (μ = 3,5)

P = probabilidade de cada face

Portanto, V(X) = 17,5/6 (o quanto os valores estão dispersos em torno da Média/Esperança)

Quadro comparativo

Descritiva	Inferencial
Freq. relativa simples	Probabilidade
Dados em rol/agrupados em classe	Variáveis aleatórias discretas
Variância de um conj. de dados	Variância da variável aleatória
Média	Esperança da variável aleatória
Média dos quadrados dos desvios	Esperança do quadrado dos desvios

Propriedades da Variância:

I) V (k.X) = k2 . V(X)

II) V (X + k) = V (X)

3.1 Coeficiente de variação

$$CV = \sigma / \mu$$

Sendo:

CV : Coeficiente de Variação

σ : Desvio Padrão

μ : Média (Esperança)

4 COVARIÂNCIA

Serve para indicar se duas variáveis têm relação direta ou inversa.

- Relação direta: quando uma variável aumenta, a outra aumenta também.

  | Altura e peso de uma pessoa.

- Relação inversa: quando uma variável aumenta, a outra diminui.

  | Preço e quantidade de um produto no mercado.

É possível também que não exista uma relação entre as duas variáveis.

Cov > 0: relação direta

Cov = 0: relação inversa

Cov < 0: ausência de relação linear

$Cov(X,Y) = E[(X - \mu x) \times (Y - \mu y)]$

$Cov(X,Y) = E(X,Y) - \mu x \, \mu y$

Observações:

I) Se X e Y forem independentes, então Cov (X,Y) = 0.

II) Se Cov (X,Y) = 0, não podemos concluir que são independentes.

Variância da Soma e da Diferença:

I) $V(X + Y) = V(X) + V(Y) + 2Cov(X,Y)$

II) $V(X - Y) = V(X) + V(Y) - 2Cov(X,Y)$

4.1 Densidade de probabilidade

A densidade de probabilidade é igual à probabilidade dividida pela amplitude do intervalo. Análogo à densidade de frequência:

$$dp = p/h$$

Sendo:

dp: densidade de probabilidade

p: probabilidade

h: amplitude do intervalo

| Temperatura de 20 °C entre 20 °C e 30 °C. Vamos calcular a densidade de probabilidade.
| $P(20<X<30) = 20\%$
| Logo,
| $p = 20\%$
| $h = 10$ (entre 20 e 30)
| $dp = p/h$
| $dp = 0{,}2/10$
| $dp = 0{,}02$

4.2 Função densidade de probabilidade

É empregada para cálculo de probabilidade associadas a intervalos. É preciso calcular a área abaixo da curva.

Propriedades:

I) f.d.p ≥ 0.

II) Área total abaixo da f.d.p = 1.

5 MEDIDAS DE FORMA: ASSIMETRIA E CURTOSE

5.1 Assimetria

A medida de assimetria indica o grau de distorção da distribuição em relação à distribuição simétrica. As distribuições podem ser:

- Simétrica: existe um eixo de simetria no gráfico gerado pela tabela de frequência. Esse eixo divide o gráfico em duas partes iguais.

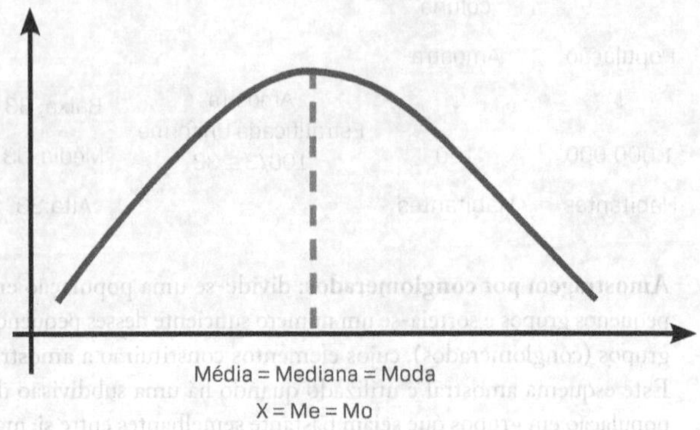

- Assimétrica à direita (ou assimetria positiva): nesse caso, a cauda à direita é mais alongada que a cauda à esquerda.

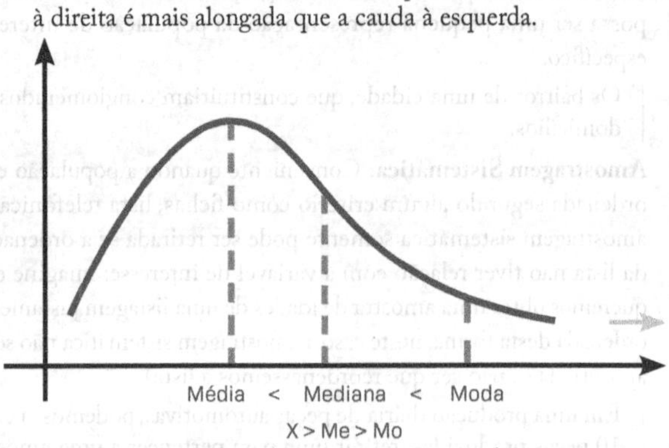

- Assimétrica à esquerda (ou assimetria negativa): nesse caso, a cauda à esquerda é mais alongada que a cauda à direita.

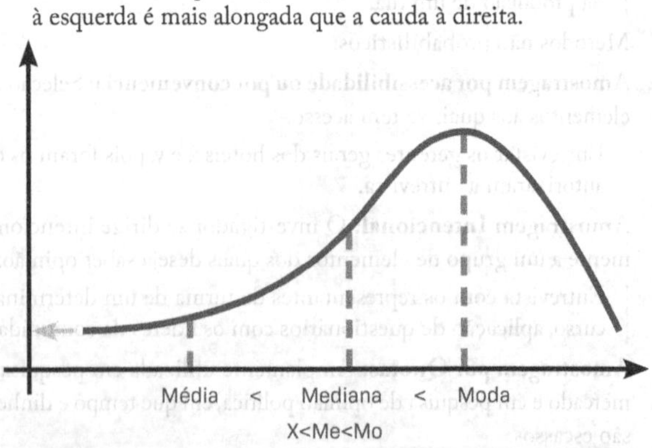

Quadro resumo: tipos de assimetria	
Simétrica	$X = M_e = M_o$
Assimetria positiva	$X > M_e > M_o$
Assimetria negativa	$X < M_e < M_o$

Sendo:

X: Média da Distribuição

Mo: Moda da Distribuição

Me: Mediana da Distribuição

Sempre que os dados tiverem média, mediana e moda iguais, a distribuição será simétrica.

5.1.1 Classificação da distribuição por meio do coeficiente da assimetria de *Pearson*

1º coeficiente: $As = \frac{(X\text{-}Mo)}{S}$

2º coeficiente: $As = \frac{3(X\text{-}Me)}{S}$ → mais usada

Se:

- AS = 0, diz-se que a distribuição é simétrica.
- AS > 0, diz-se que a distribuição é assimétrica positiva ou à direita.
- AS < 0, diz-se que a distribuição é assimétrica negativa ou à esquerda.

Quanto maior é o coeficiente de assimetria de *Pearson*, mais assimétrica é a curva.

Se:

As < 0,15 então, a distribuição é praticamente simétrica.

0,15 < As < 1,00 a distribuição é moderadamente assimétrica.

As > 1 a distribuição é fortemente assimétrica.

Obs.: os valores dos dois coeficientes de assimetria de *Pearson* serão iguais somente quando a distribuição for simétrica.

5.1.2 Coeficiente quartílico de assimetria

$$As = \frac{Q3+Q1-2\cdot Me}{Q3-Q1}$$

Obs.: o coeficiente quartílico de assimetria está sempre compreendido entre -1 e +1.

Sendo:

As: Coeficiente de Assimetria

X: Média da Distribuição

Mo: Moda da Distribuição

Me: Mediana da Distribuição

S: Desvio Padrão da Distribuição

Q1: Primeiro Quartil

Q3: Terceiro Quartil

Um estudo sobre as distribuições dos pesos dos alunos da escola ABC, em que já calculamos os valores de:

X: (59,3 kg)

Mo: (56,8 kg)

S: (9,0 kg)

Calcule o coeficiente de assimetria da distribuição e classifique a distribuição.

$$As = \frac{X-Mo}{S}$$

$$As = \frac{59{,}3-56{,}8}{9{,}0}$$

$$As = 2{,}5/9{,}0 = 0{,}28$$

Portanto, a distribuição é moderadamente assimétrica.

5.2 Curtose (ou achatamento)

A medida de curtose nos indica a forma da curva de distribuição em relação ao seu achatamento, podendo ser:

a) leptocúrtica;

b) mesocúrtica;

c) platicúrtica.

Leptocúrtica: a distribuição é mais pontiaguda que a normal.

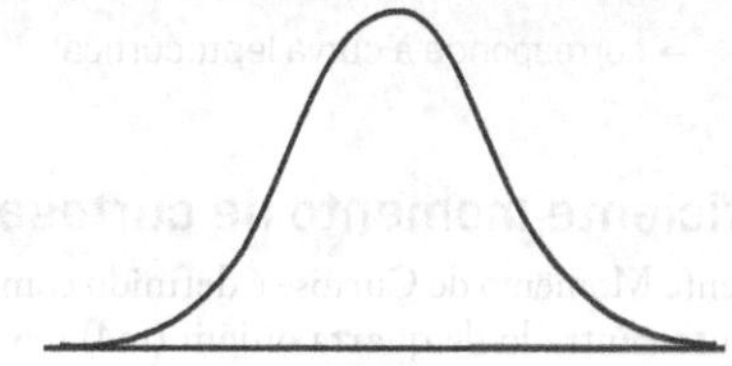

Mesocúrtica: a curva é normal e referencial.

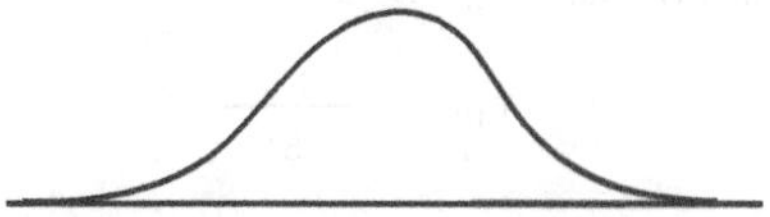

Platicúrtica: a distribuição é mais achatada que a normal.

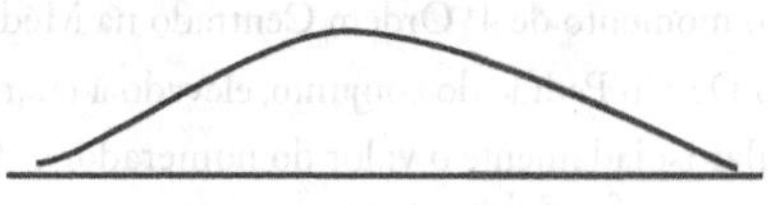

5.2.1 Coeficiente percentílico de curtose (C)

$$C = \frac{Q_3 - Q_1}{2(P_{90} - P_{10})}$$

Outra forma de apresentar o Coeficiente Percentílico de Curtose é:

$$C = \frac{K}{(D9 - D1)}$$

Sendo:

C: Coeficiente de curtose

Q1: Primeiro quartil

Q3: Terceiro quartil

P10: Décimo percentil

P90: Nonagésimo percentil

K: Amplitude semi-interquartílica: (Q3-Q1)/2

D1: Primeiro decil

D9: Nono decil

5.2.2 Classificação do coeficiente percentílico de curtose

Se:

C = 0,263 → corresponde à curva mesocúrtica;

C < 0,263 → corresponde à curva leptocúrtica;

C > 0,263 → corresponde à curva platicúrtica.

Uma curva normal apresenta um coeficiente de curtose de valor C = 0,263. Assim, podemos estabelecer comparações entre as diversas curvas e classificá-las.

Considere o seguinte resultado, relativo à distribuição de frequência:

PROEST

Distribuição	Q_1	Q_3	P_{10}	P_{90}
A	3	15	2	25

Determine o coeficiente de curtose e classifique a distribuição.

$$C_A = \frac{Q_3 - Q_1}{2(P_{90} - P_{10})} = \frac{15 - 3}{2(25 - 2)} = C_A = 0{,}261$$

→ corresponde à curva leptocúrtica

5.2.3 Coeficiente momento de curtose (Cm)

O Coeficiente Momento de Curtose é definido como o quociente entre o momento centrado de quarta ordem (m4) e o quadrado do momento centrado de segunda ordem (variância).

Dado pela fórmula:

$$Cm = \frac{m_4}{S^4}$$

Sendo:

m4: é o momento de 4ª Ordem Centrado na Média Aritmética

S4: é o Desvio Padrão do conjunto, elevado à quarta potência

Ao calcular isoladamente o valor do numerador e depois o valor do denominador, as fórmulas seriam:

Numerador:

$$m_4 = \frac{\Sigma(Xi - \overline{X})^4 \cdot fi}{n}$$

Denominador:

$$S^4 = (S^2)^2 = \left[\frac{\Sigma(Xi - \overline{X})^2 \cdot fi}{n}\right]^2$$

Fica assim:

$$Cm = \frac{\dfrac{\Sigma(Xi - \overline{X})^4 \cdot fi}{n}}{\left[\dfrac{\Sigma(Xi - \overline{X})^2 \cdot fi}{n}\right]^2}$$

Obs.: o valor do coeficiente para a curva normal é 3,00.

Sendo:

Xi = Valores observados

X = Média aritmética (colocar a barrinha em cima do X)

5.2.4 Classificação do coeficiente momento de curtose (Cm)

Portanto:

- Quando Cm ≅ 3,00 → diremos que a distribuição é mesocúrtica.
- Quando Cm < 3,00 → diremos que a distribuição é platicúrtica.
- Quando Cm > 3,00 → diremos que a distribuição é leptocúrtica.

Fique ligado

A quarta potência do desvio padrão é o quadrado da Variância.

6 CORRELAÇÃO LINEAR

A correlação linear é a medida padronizada da relação entre duas variáveis e indica a força e a direção do relacionamento linear entre duas variáveis aleatórias, como:

a) Preço × Demanda;

b) Preço × Oferta;

c) Investimento em Propaganda × Quantidade Vendida;

d) Tempo de Treinamento × Desempenho (Performance);

e) Peso × altura.

Peso × altura

Peso	Altura
80	1, 80
85	1, 83
50	1, 65
70	1, 90
55	1, 60
77	1, 80
85	1, 76
93	1, 86
65	1, 70
60	1, 6

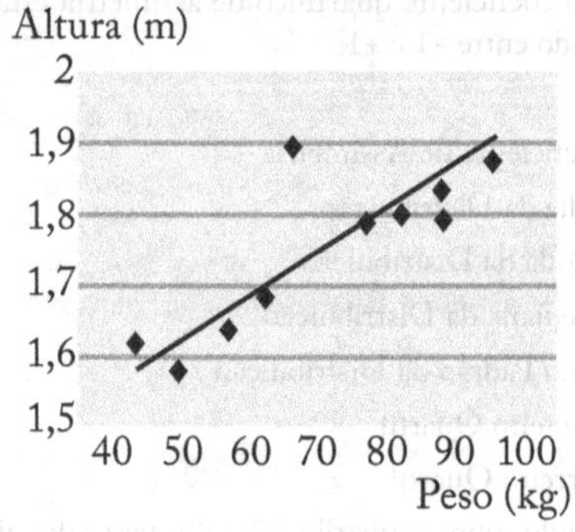

Modelos de gráficos de Dispersão:

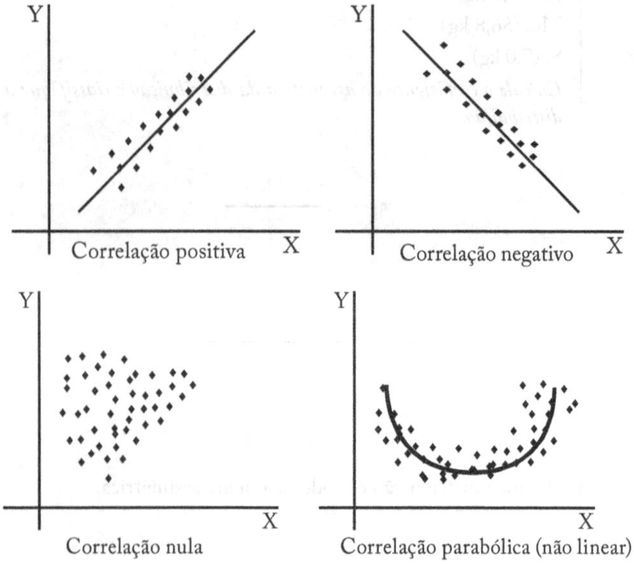

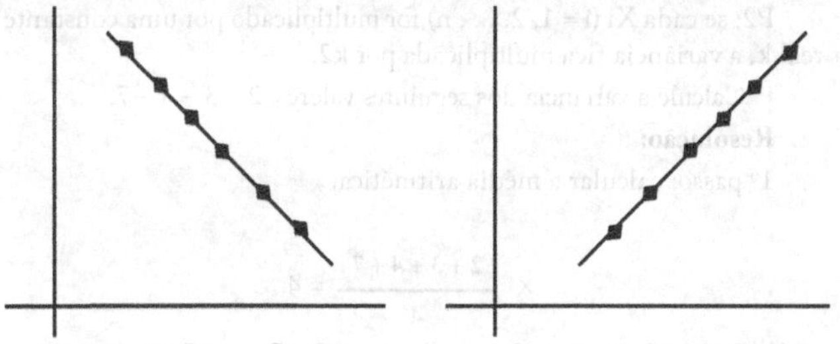

Correlação Linear Perfeita e Negativa (r = -1)   Correlação Linear Perfeita e Positiva (r = 1)

Fórmula para medir a Correlação Linear:

$$r = \frac{\sum (X_i - \bar{X}) \times (Y_i - \bar{Y})}{\sum (X_i - \bar{X})^2 \times \sum (Y_i - \bar{Y})^2}$$

Sendo:

r: Coeficiente de Correlação Linear

O valor de r estar sempre entre 1 e -1, ou seja -1 r 1

Se:

r > 0: Relação linear direta (se r está próximo de 1, há uma forte correlação positiva).

r < 0: Relação linear indireta (se r está próximo a –1, há uma forte correlação negativa).

r = 0: Não há correlação linear (o que não impede que haja outro tipo de relação: exponencial, logarítmica etc.).

I. Propriedades do coeficiente de correlação

- Soma e subtrações nas variáveis não alteram o coeficiente.
- Se multiplicar as variáveis por constantes de mesmo sinal, o coeficiente não se altera.
- Se multiplicar as variáveis por constantes de sinais opostos, o coeficiente troca de sinal.

II. Coeficiente de correlação entre variáveis aleatórias

$$p = \frac{Cov\,(X, Y)}{\sigma_x \times \sigma_y}$$

Sendo:

x: Desvio Padrão (Variável X)

y: Desvio Padrão (Variável Y)

Cov (X,Y): Covariância entre X e Y.

Lembre-se:

$$cov\,(X, Y) = E\,(XY) - E\,(X)\,E\,(Y)$$

Obs.:

- A covariância é chamada de medida de dependência linear entre as duas variáveis aleatórias.
- Variáveis aleatórias cuja covariância é zero são chamadas descorrelacionadas.
- Se X e Y são independentes, então a sua covariância é zero.

7 MEDIDAS DE DISPERSÃO OU DE VARIAÇÃO

As medidas de dispersão ou variabilidade permitem visualizar a maneira como os dados espalham-se (ou concentram-se) em torno do valor central. Essas medidas indicam se um conjunto de dados é homogêneo ou heterogêneo. Como medida de variabilidade, consideremos as seguintes:

- Amplitude total
- Desvio Médio
- Variância
- Desvio padrão
- Coeficiente de variação
- Desvio Interquartílico

7.1 Amplitude total ou range (R)

É a medida estatística de variabilidade ou dispersão mais simples, definida pela diferença entre o maior e o menor valor.

$$AT = X_{máx} - X_{mín}$$

Sendo:

AT: Amplitude total ou Range (R)

Xmáx: o maior valor no conjunto de dados

Xmín: o menor valor no conjunto de dados

Verificar a situação em que foram medidas as idades das pessoas de uma família, sendo elas: 5, 10, 12, 35, 38. Qual é a amplitude das idades nessa família?

AT = Xmáx - Xmín

AT = 38 – 5

AT = 33 anos

Obs.: essa medida de dispersão não leva em consideração os valores intermediários, perdendo a informação de como os dados estão distribuídos. É baseada somente em duas observações, sendo altamente influenciada pelos valores extremos; quanto maior a amplitude, maior será a variabilidade.

7.2 Desvio médio

É uma medida da dispersão dos dados em relação à média de uma sequência; o afastamento em relação a essa média.

Para determinar o Desvio (D) e o Desvio Médio (DM), utilizamos as seguintes fórmulas:

Fórmula para calcular o Desvio (D):

$$D = | Xi - \bar{X} |$$

Fórmula para calcular o Desvio Médio (DM):

$$DM = \frac{\sum | X_i \bar{X} |}{n}$$

Resumindo, o desvio médio corresponde à média dos valores absolutos dos desvios.

Sendo:

D: Desvio

DM: Desvio Médio

Xi: Valores observados

x: Média aritmética

n = Tamanho da amostra

Determine o desvio médio da seguinte série: 3, 5, 7, 8, 10.

1º passo: determinar a Média Aritmética.

$$\bar{X} = \frac{3+7+8+10}{5} = 6,6$$

2º passo: calcular o Desvio (D).
3 - 6,6 = -3,6 = |-3,6| = 3,6
5 - 6,6 = -1,6 = |-1,6| = 1,6
7 - 6,6 = 0,4 = |0,4| = 0,4
8 - 6,6 = 1,4 = |1,4| = 1,4
10 - 6,6 = 3,4 = |3,4| = 3,4
3º passo: calcular o Desvio Médio (DM).
DM = (|-3,6| + |-1,6| + |0,4| + |1,4| + |3,4|) / 5
DM = (3,6 + 1,6 + 0,4 + 1,4 + 3,4) / 5
DM = 2,08

7.3 Variância

É uma medida que expressa um desvio quadrático médio do conjunto de dados, e sua unidade é o quadrado da unidade dos dados.

Notação:

Na amostra, denominamos por S2.

Na população, denominamos por: σ2.

7.3.1 Fórmulas

Variância Populacional

$$\sigma^2 = \frac{\sum_{i=1}^{N} (X_i - \mu)^2}{N}$$

Variância Amostral

$$s^2 = \frac{\sum_{i=1}^{N} (X_i - \bar{X})^2}{n-1}$$

Sendo:
Xi: Valores observados
µ: Média populacional
X: Média amostral
N: Tamanho da população
n: Tamanho da amostra

Há uma fórmula alternativa, que é útil quando o valor da média não é exato, pois não depende da média que pode ter sofrido arredondamento.

Variância = Média dos Quadrados – Quadrado da Média

Variância Populacional

Para dados não agrupados	Para dados ponderados/ agrupados
$\sigma^2 = \frac{\sum x_i^2}{N} - \mu^2$	$\sigma^2 = \frac{\sum f_i x_i^2}{N} - \mu^2$

Variância Amostral

Para dados não agrupados	Para dados ponderados/ agrupados
$s^2 = \frac{\sum x_i^2 - \frac{(\sum x_i)^2}{N}}{n-1}$	$s^2 = \frac{\sum f_i x_i^2 - \frac{(\sum f_i x)^2}{N}}{n-1}$

Propriedades da Variância

P1: se a cada Xi (i = 1, 2, ... , n) for adicionada uma constante real k, a variância não se altera.

P2: se cada Xi (i = 1, 2, ... , n) for multiplicado por uma constante real k, a variância fica multiplicada por k2.

Calcule a variância dos seguintes valores: 2 – 3 – 4 – 7.

Resolução:

1º passo: calcular a média aritmética.

$$\bar{X} = \frac{2+3+4+7}{4} = 4$$

2º passo: subtrair cada valor da média aritmética.
2 – 4 = -2
3 – 4 = -1
4 – 4 = 0
7 – 4 = 3

3º passo: elevar cada valor ao quadrado e somá-los.

$(-2)^2 = 4$
$(-1)^2 = 1$
$(0)^2 = 0$
$(3)^2 = 9$
$\sum = 14$

4º passo: dividir o valor encontrado pela quantidade.
14/4 = 3,5

7.4 Desvio padrão

É ideia de distribuição dos desvios ao redor do valor da média. Para obtermos o desvio padrão, basta que se extraia a raiz quadrada da variância.

Notação:

Na amostra denominamos por: S.

Na população denominamos por: σ.

Fórmulas

População: $\sigma = \sqrt{\sigma^2}$
Amostra: $S = \sqrt{S^2}$

Propriedades do Desvio Padrão

P1: quando adicionamos uma constante a cada elemento de um conjunto de valores, o desvio padrão não se altera.

P2: quando multiplicamos cada elemento de um conjunto de valores por uma constante real k, o desvio padrão fica multiplicado por k.

Considerando o exemplo citado no caso da Variância em que a Variância encontrada foi de 3,5, o cálculo do desvio padrão fica bastante simples, ou seja:
$\sigma = \sqrt{\text{variância}} = \sqrt{3,5} \cong 1,87$

Obs.: para saber se o desvio padrão está alto ou baixo, devemos compará-lo com o valor da média. Quanto maior for o valor do desvio padrão em relação à média, maior será a variação dos dados e mais heterogêneo é o nosso conjunto de observações.

Quadro resumo das propriedades de Soma e Produto

Se tomarmos todos os elementos de um conjunto e os ...

	... somarmos a uma constante	**... multiplicarmos por uma constante**
A nova **média** será	também somada a esta constante	também multiplicada por esta constante
O novo **desvio padrão** será	inalterado	multiplicado pelo módulo desta constante
A nova **variância** será	inalterada	multiplicada pelo quadrado desta constante

O Desvio Padrão é a raiz quadrada da variância, e sua unidade de medida é a mesma que a do conjunto de dados.

$$\sigma = \sqrt{\text{variância}} = \sqrt{\sigma^2}$$

7.5 Coeficiente de variação (CV) ou de dispersão

É uma medida de variabilidade relativa, definida como a razão percentual entre o desvio padrão e a média, e assim sendo uma medida adimensional expressa em percentual. O CV é também conhecido por Dispersão Relativa.

$$CV \; \frac{S}{\overline{x}}$$

Quanto à representatividade em relação à média, podemos dizer que quando o coeficiente de variação (CV) é ou está:

- Menor que 10%: significa que é um ótimo representante da média, pois existe uma pequena dispersão (desvio padrão) dos dados em torno da média.
- Entre 10 e 20%: é um bom representante da média, pois existe uma boa dispersão dos dados em torno da média.
- Entre 20 e 35%: é um razoável representante da média, pois existe uma razoável dispersão dos dados em torno da média.
- Entre 35 e 50%: representa fracamente a média, pois existe uma grande dispersão dos dados em torno da média.
- Acima de 50%: não representa a média, pois existe uma grandíssima dispersão dos dados em torno da média.

1. Calcule o coeficiente de variação (CV) para o seguinte conjunto de dados: 5, 10, 12, 35, 38

$$\overline{x} = \frac{5 + 10 + 12 + 35 + 38}{5} = 20$$

S = 15,31

CV – S/$\overline{X}$ = 15,31/20 = 0,7655 = 76,55%

Conclusão: verifica-se uma grande variação, ou seja, uma alta dispersão dos dados e, assim, a média não seria uma boa representante para estes conjuntos de dados.

2. Para uma distribuição cuja média é 161 cm e o desvio padrão é s = 5,57 cm, calcule o coeficiente de variação:

$$CV = 8/\overline{X} \quad \frac{5,57}{161} \times 100 = \quad 3,459 = 3,5\%$$

7.6 Desvio interquartílico (IQR)

O Desvio Interquartílico (IQR), ou simplesmente Intervalo Quartílico, corresponde à diferença entre o 3º quartil (Q3 = 75%) e o 1º quartil (Q1 = 25%).

$$IQR = Q3 - Q1$$

As características mais importantes são:

- medida simples e fácil de ser calculada;
- mede a distribuição da metade central dos dados, em torno da mediana;
- é uma medida resistente, pois não é afetada pelos extremos;
- não é suficiente para avaliar a variabilidade, pois despreza 50% dos dados (os extremos);
- é utilizada na determinação de outliers (valores atípicos) de uma amostra.

Em Distribuições Simétricas, a distância entre Q1 e Q2 é igual a Q2 e Q3, enquanto em Distribuições Assimétricas essas distâncias são diferentes.

O Intervalo Interquartil é uma medida de dispersão mais robusta para *outliers*, pois não é tão afetada pelos outliers como a média aritmética.

O Desvio ou Amplitude Semi-interquartílica é definido por:

$$\frac{Q3 - Q1}{2}$$

7.7 *Boxplot*

O gráfico *Boxplot* - também conhecido como Diagrama de Caixas ou Diagrama de Extremos e Quartis - nos fornece informações sobre a posição central, dispersão e assimetria da respectiva distribuição de frequências dos dados. Utiliza cinco medidas estatísticas: mínimo, máximo, mediana, primeiro quartil, e terceiro quartil.

O *Boxplot* é a forma gráfica de representar as medidas estatísticas, em um único conjunto de resultados, conforme mostrado a seguir:

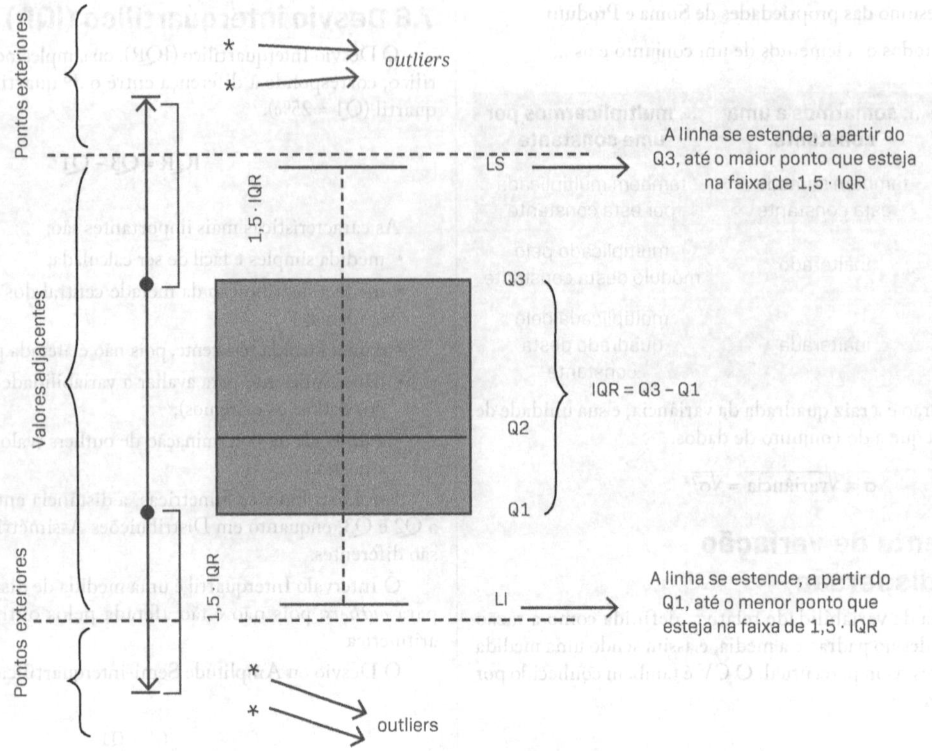

A posição central é dada pela mediana, e a dispersão define-se por desvio interquartílico.

Obs.:

- As posições dos quartis Q1, Q2 e Q3 fornecem evidência sobre o nível de assimetria da distribuição dos dados.
- Os comprimentos das caudas da distribuição são dados pelas linhas que vão do retângulo aos valores atípicos. Estes valores atípicos são chamados de outliers.
- Um outlier pode ser produto de um erro de observação ou de arredondamento. Contudo, as denominações pontos exteriores e outliers são frequentemente usadas. Outros sinônimos: pontos discrepantes, atípicos ou observações fora de lugar.
- A média aritmética é sensível a outliers. Uma única observação pode distorcer a média, ou seja, pode colocar a média longe do centro da distribuição de frequências.
- De modo geral, um ponto será considerado outlier quando estiver fora do intervalo denotado por (LI; LS), em que:

Limite Inferior (LI): Q1 – 1,5.IQR

Limite Superior (LS): Q3 + 1,5.IQR

O gráfico *Boxplot* pode também ter o seguinte aspecto:

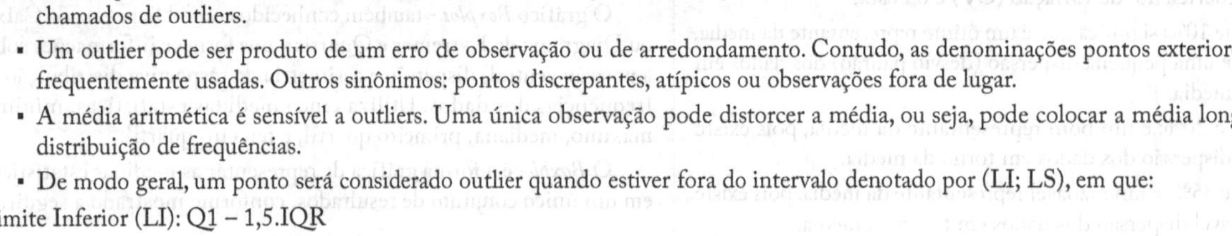

1. Considere a seguinte amostra aleatória de um experimento:

0,5	2,3	4,0	6,4	8,0	9,8	12,0	13,5	15,3

Vamos determinar algumas estatísticas sobre os dados:

Mediana = 8,0

1º quartil (Q1) = (2,3 + 4)/2 = 3,15

3º quartil (Q3) = (12 + 13,5)/2 = 12,75

IQR: Q3 – Q1 = 12,75 – 3,15 = 9,6

Vamos determinar os Limites (LI e LS):

(LI): Q1 – 1,5.IQR = 3,15 – 1,5.(9,6) = -11,25

(LS): Q3 + 1,5.IQR = 12,75+1,5.(9,6) = 27,15

Quaisquer valores fora desse intervalo [-11, 25, 27, 15] são os chamados outliers. Observemos que, nesse caso, não há nenhum.

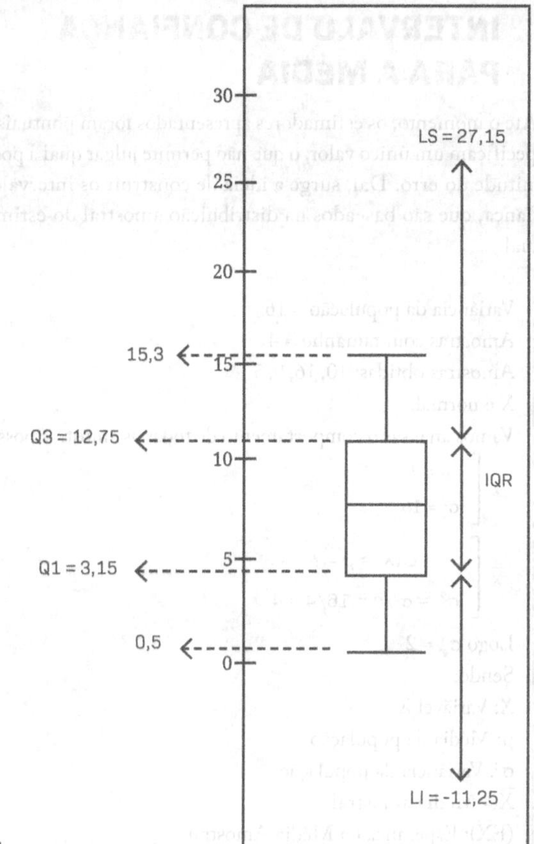

2. O quadro a seguir mostra o número de horas de estudo de 50 alunos de uma determinada escola:

3	3	3	3	3	4	4	4	4	4
4	4	4	4	4	5	5	5	5	5
5	5	5	5	5	5	5	6	6	6
6	6	7	7	7	7	7	8	8	8
8	8	8	9	9	9	9	10	15	17

Vamos determinar algumas estatísticas sobre os dados:
Mediana: 5
1º quartil (Q1) = 4
3º quartil (Q3) = 8
IQR: Q3 – Q1 = 8 – 4 = 4
Vamos determinar os Limites (LI e LS):
(LI): Q1 – 1,5.IQR = 4 – 1,5.(4) = – 2
(LS): Q3 + 1,5.IQR = 8 + 1,5.(4) = 14

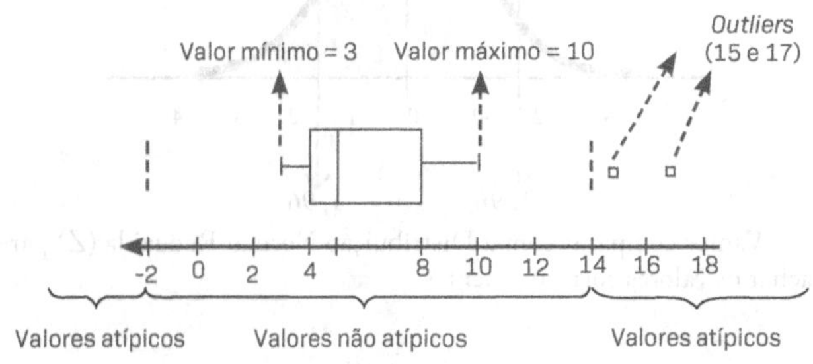

Qualquer observação menor que -2 ou maior que 14 será considerada valor atípico e terá tratamento diferenciado. Observamos os valores e verificamos que não há observação menor que -2. Porém, há duas observações maiores que 14, denominadas *outliers* (15 e 17).

7.8 Esquema dos cinco números

Existe ainda outra representação das cinco medidas estatísticas já mencionadas; é o esquema dos cinco números, conforme mostrado genericamente a seguir:

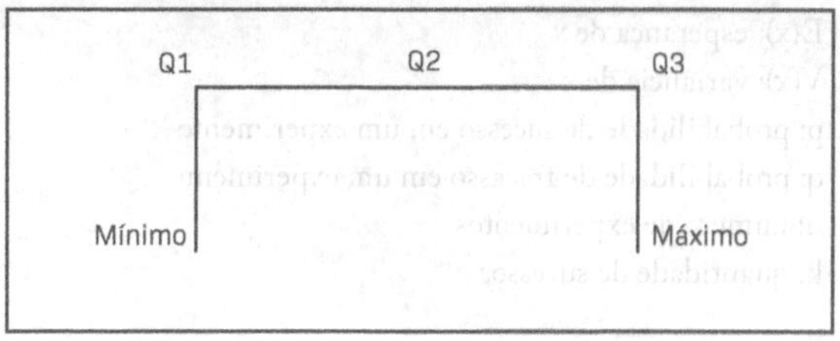

Vejamos um exemplo de representação do esquema dos cinco números:

População das UFs Brasileiras (em 1.000 hab)

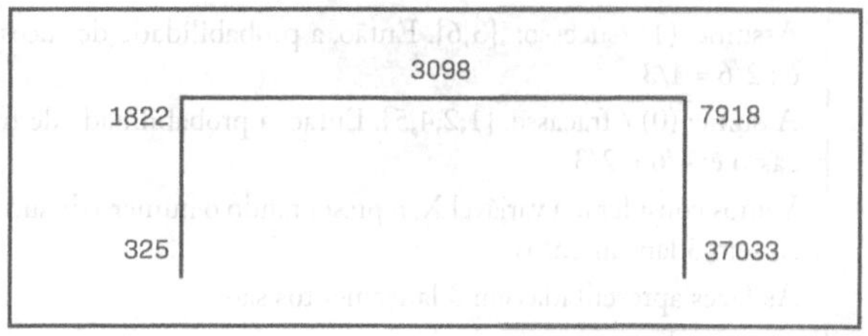

8 DISTRIBUIÇÃO BINOMIAL

É a soma de n variáveis de Bernoulli independentes.

P(x = k) = Cn,k × pk × qn-k

E(x) = n.p

V(x) = n.p.q

Sendo:

E(x): esperança de x

V(x): variância de x

p: probabilidade de sucesso em um experimento

q: probabilidade de fracasso em um experimento

n: número de experimentos

k: quantidade de sucessos

1. Considere um dado de 6 faces e ao lançar, várias vezes, vamos considerar sucesso se sair um número múltiplo de 3 e fracasso, caso isso não ocorra.

Variável (I):

Assume: (1) /sucesso: {3,6}. Então, a probabilidade de sucesso é : 2/6 = 1/3

Assume: (0) / fracasso: {1,2,4,5}. Então, a probabilidade de fracasso é: 4/6 = 2/3

Vamos considerar a variável X, representando o número de sucessos em 3 lançamentos.

As faces apresentadas em 3 lançamentos são:

1º exemplo:

{2, 3, 5}

↙ ↓ ↘

I = 0, I = 1, I = 0 → X = 1

2º exemplo:

{6, 3, 2}

↙ ↓ ↘

I = 1, I = 1, I = 0 → X = 2

Logo, X é o somatório das variáveis I.

X = ΣIi

I: distribuição de Bernoulli

X: distribuição Binomial

2. Vamos calcular, qual a chance de X = 2, ou seja, qual a chance de lançar o dado 3 vezes e obter 2 sucessos.

1ª possibilidade: S S F → 1/3 . 1/3 . 2/3 = $(1/3)^2 . (2/3)^1$

2ª possibilidade: S F S → 1/3 . 2/3 . 1/3 = $(1/3)^2 . (2/3)^1$

3ª possibilidade: F S S → 2/3 . 1/3 . 1/3 = $(1/3)^2 . (2/3)^1$

Logo, o probabilidade de X=2 é:

$3 \cdot (1/3)^2 \cdot (2/3)^1$

↓ ↓ ↓

$C_{n,k}$ p q

Portanto, generalizando temos : $P(x = k) = C_{n,k} \times p^k \times q^{n-k}$

9 INTERVALO DE CONFIANÇA PARA A MÉDIA

Até o momento, os estimadores apresentados foram pontuais, isto é, especificam um único valor, o que não permite julgar qual a possível magnitude do erro. Daí, surge a ideia de construir os intervalos de confiança, que são baseados na distribuição amostral do estimador pontual.

Variância da população = 16

Amostras com tamanho = 4

Amostras obtidas: 10, 16, 9, 5

X é normal.

Vamos analisar o comportamento de todas as amostras possíveis:

$X \begin{cases} \mu = ? \\ \sigma^2 = 16 \end{cases}$

$\overline{X} \begin{cases} E(\overline{X}) = \mu = ? \\ \sigma^2_{\bar{x}} = \sigma^2/n = 16/4 = 4 \end{cases}$

Logo $\sigma_{\bar{x}} = 2$

Sendo:

X: Variável X

μ: Média da população

σ^2: Variância da população

$\overline{X}$ = Média amostral

$(E\overline{X})$: Esperança da Média Amostral

σ^2_x: Variância da média amostral

n: tamanho da amostra.

$\sigma_{\bar{x}}$:Desvio padrão da Amostra

Vamos representar os gráficos:

a) Gráfico da função densidade de probabilidade para $(\overline{X})$:

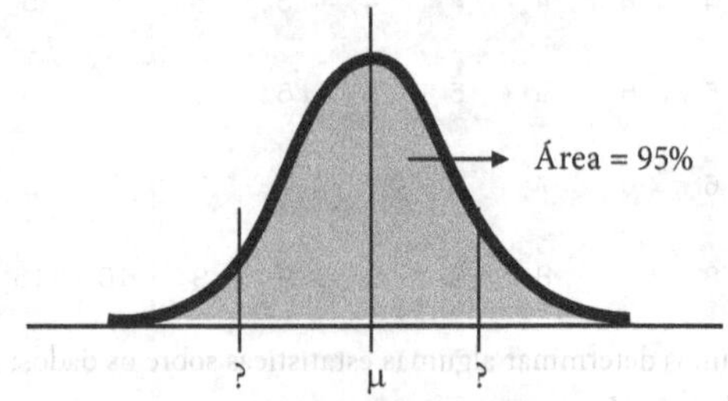

b) Gráfico da função densidade de probabilidade para a Distribuição Normal Reduzida (Z):

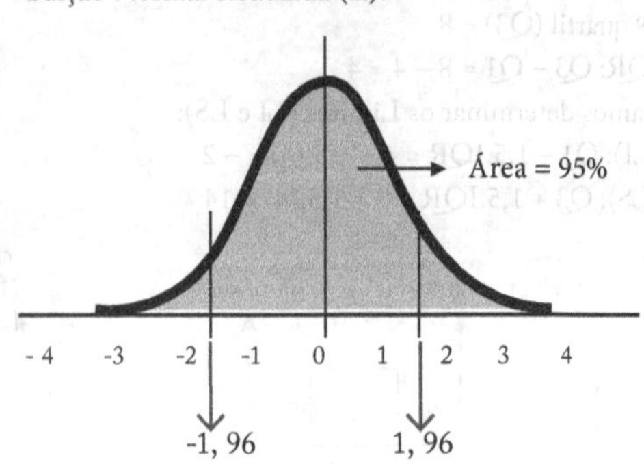

Vamos comparar com a Distribuição Normal Reduzida (Z) para achar os valores correspondentes:

$$Z = \frac{\bar{x} - \mu_x}{\sigma_{\bar{x}}}$$

Logo, quando Z = 1,96, temos:

$$1,96\ \frac{\bar{x}-\mu}{\sigma_{\bar{x}}}$$

$$\bar{X} = \mu + 1,96 \cdot \sigma_{\bar{x}}$$

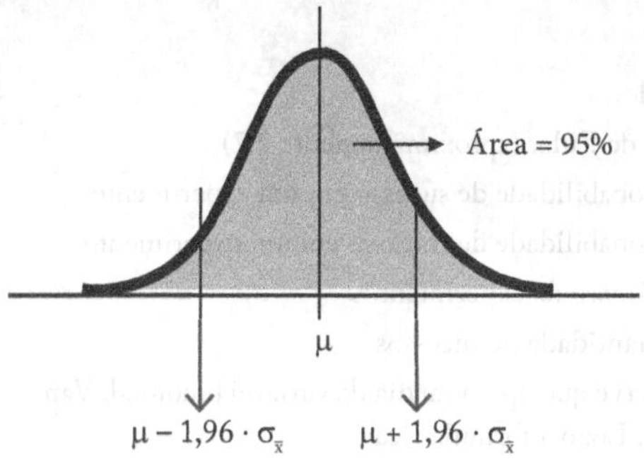

Portanto, a Probabilidade de $\bar{X}$ assume valores entre:

$\mu - 1,96 \cdot \sigma_{\bar{x}} < \bar{X} < \mu + 1,96 \cdot \sigma_{\bar{x}}$

$P(\mu - 1,96 \cdot \sigma_{\bar{x}} < \bar{X} < \mu + 1,96 \cdot \sigma_{\bar{x}}) = 95\%$

Isolando a média da população (μ), temos:

$\bar{X} - 1,96 \cdot \sigma_{\bar{x}} < \mu < \bar{X} + 1,96 \cdot \sigma_{\bar{x}}$

Isso significa que neste intervalo existe uma probabilidade de 95% incluir a média da população μ.

Vamos nos referir a uma Amostra: 10, 16, 9, 5. Agora $\bar{X}$ deixa de ser uma variável aleatória e passa a ser um valor fixo (constante).

$\bar{X} = (11 + 15 + 8 + 6)/4 - 40/4 - 10$

$\sigma_{\bar{x}} = 2$

Vamos encontrar o intervalo de confiança:

$\bar{X} - 1,96 \cdot \sigma_{\bar{x}} < \mu < \bar{X} + 1,96 \cdot \sigma_{\bar{x}}$

$10 - 1,96 \cdot 2 < \mu < 10 + 1,96 \cdot 2$

$6,08 < \mu < 13,92$

Este é o intervalo de confiança para a média amostral. O correto é afirmar que temos uma confiança de 95% de conter a média populacional μ.

Convém lembrar que μ não é uma variável aleatória e sim, um parâmetro. A expressão anterior pode ou não conter o parâmetro μ, mas pelo exposto temos 95% de confiança de que contenha.

Resume-se que:

$\bar{X} \pm Z_0 \times \sigma_{\bar{x}}$

ou

$\bar{X} \pm Z_0 \times \frac{\sigma}{\sqrt{n}}$

Sendo:

Z0: Valor de Z que delimita uma área qualquer. (No exemplo Z = 1,96, delimitando uma área de 95%).

σ: Desvio padrão populacional

n: tamanho da amostra

$\sigma_{\bar{x}}$: Desvio padrão da Amostra

10 FUNÇÃO DISTRIBUIÇÃO DE PROBABILIDADE

Fornece a probabilidade acumulada.

Exemplo: Um lançamento de um dado de 6 faces.

Possíveis resultados:

X	Probabilidade	Prob. acumulada
1	1/6	1/6
2	1/6	2/6
3	1/6	3/6
4	1/6	4/6
5	1/6	5/6
6	1/6	6/6

A função Distribuição de Probabilidade é uma função que corresponde cada valor de X a correspondente Probabilidade Acumulada.

Gráfico representativo:

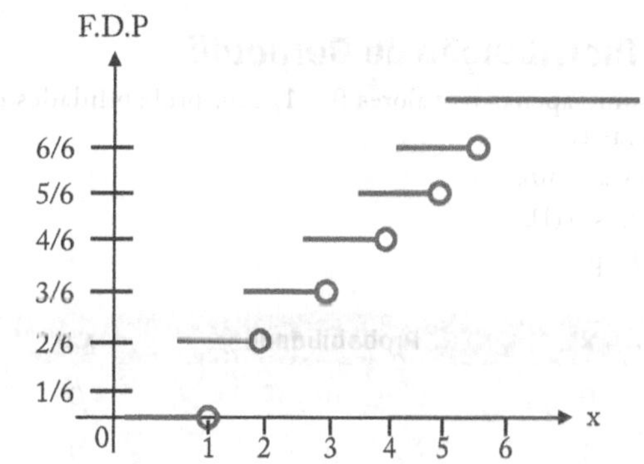

Características da F.D.P:

a) $- \to 0$

b) $+ \to 1$

c) Tem formato de "escada".

Obs.: sempre que o gráfico da Função Distribuição de Probabilidade tem formato de escada é porque a Variável Aleatória original é discreta. Os saltos são os valores que a variável aleatória pode assumir e os incrementos nos dão as probabilidades.

Quadro comparativo:

Descritiva	Inferencial
Densidade de freq. relativa	Densidade de probabilidade
Histograma	Densidade de probabilidade
Freq. relativa acumulada	Distribuição de probabilidade

10.1 Distribuição uniforme discreta

Todos os valores possíveis de x têm a mesma probabilidade.

$$E(x) = \frac{\Sigma xi}{n}$$

E(x) = Esperança (é a média aritmética dos possíveis valores).

Lançamento de um dado de 6 faces.

Possíveis resultados:

X	Probabilidade	Prob. acumulada
1	1/6	1/6
2	1/6	2/6
3	1/6	3/6
4	1/6	4/6
5	1/6	5/6
6	1/6	6/6

$\Sigma(x) = 21/6 = 3{,}5$

Uma urna contém dez bolas, cada uma gravada com um número diferente, de 1 a 10. Uma bola é retirada da urna, aleatoriamente, e X é o número marcado nesta bola. X é uma variável aleatória cujo(a):

Desvio padrão é 10.

Primeiro quartil é 0,25.

Média é 5.

Distribuição de probabilidades é uniforme.

Distribuição de probabilidades é assimétrica.

Média: $\Sigma(x) = (1+2+3+...+9+10)/10 = 55/10 = 5{,}5$.

10.2 Distribuição de *Bernoulli*

Assume apenas os valores 0 e 1, com probabilidades q e p. Considera-se:

q: fracasso (0).

p: sucesso (1).

$E(x) = p$

x	Probabilidade	x.p
0	q	0
1	p	p

$$E(x) = 0+p = p$$

x^2	Probabilidade	$x^2.p$
0	q	0
1	p	p

$E(x^2) = 0+p = p$

Logo, a Variância é encontrada assim:

$V(x) = E(x^2) - [E(x)]^2$

$V(x) = p - p^2$

$V(x) = p\,(1-p)$

$V(x) = p.q$

11 DISTRIBUIÇÃO *POISSON*

Partimos da probabilidade para distribuição binomial. Quando n é muito elevado e p é pequeno, ela tende para:

$$P(x = k) = e^{-np} \frac{x\,(np)^k}{k!}$$

Sendo:

e: nº de Euler (aproximadamente 2,7)

p: probabilidade de sucesso em um experimento

q: probabilidade de fracasso em um experimento

n: número de experimentos

k: quantidade de sucessos

Observe que np é a média da variável binomial. Vamos substituir np por λ. Logo a fórmula fica:

$$P(x = k) = \frac{e^{-\lambda} x\,(\lambda)^k}{k!}$$

Fórmula da probabilidade para distribuição de Poisson

Portanto,

$E(x) = \lambda$

$V(x) = \lambda$

Sendo:

E(x):esperança de x

V(x): variância de x

11.1 Distribuição uniforme contínua

Todos os valores têm mesma função densidade de probabilidade. Se a Variável Aleatória é uniforme no intervalo entre a e b, então:

$$E(x) = (a+b) / 2$$

$$V(x) = (b-a)2 / 12$$

F.D.P

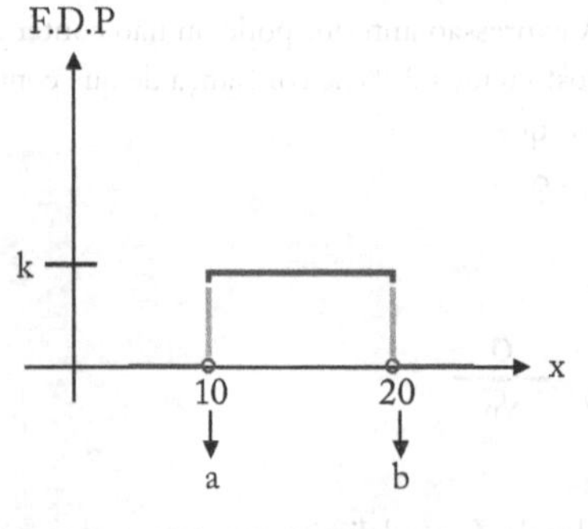

K = 1 / (b-a)

Sendo X uma variável aleatória uniformemente distribuída no intervalo [0,1], determine sua variância.

(A) 1/2

(B) 1/3

(C) 1/4

(D) 1/6

(E) 1/12

$V(x) = (b-a)2 /12$

$V(x) = (1-0)2 /12$

$V(x) = 1/12$

12 TESTE DE HIPÓTESES PARA A MÉDIA

Exemplo: Investigação de fraudes em licitações. Sabe-se que a aquisição de certo produto se dá livre de fraudes, quando o valor tem média de R$ 200,00.

Licitações livres de fraude: média R$ 200,00.

Tipos de testes: Unilateral (unicaudal)

Bilateral (bicaudal)

Ho: $\mu = 200$

Pode-se aceitar ou rejeitar a Ho. Se rejeitar a Ho, temos que analisar a Ha.

Teste Bilateral: Ha: μ 200

Teste Unilateral: Ha > 200

Teste Unilateral: Ha < 200

Teste para a média – Bilateral

Licitações livres de fraude: média R$ 200,00 e variância 120.

Amostra com 30 elementos e média R$ 210,00.

Ho: $\mu = 200$

Ha: μ 200

- Confiança de 95%: $P(196{,}08 < \overline{X} < 203{,}92) = 0{,}95$

Supõe: Ho (verdadeira)

V.A: $\overline{X}$

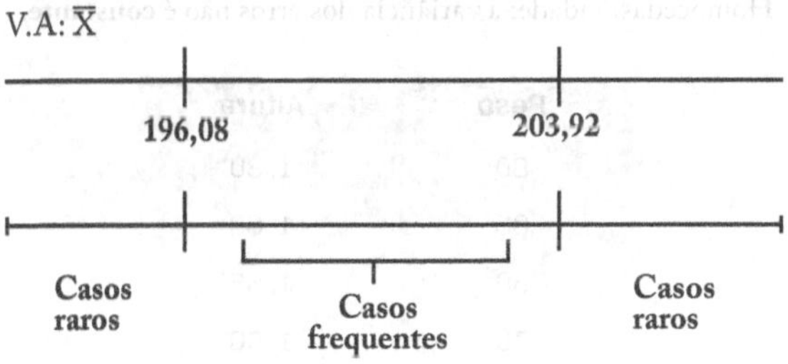

Passos do teste

a) Determinar o valor crítico.

b) Determinar a estatística teste:

$$Z_t = \frac{\overline{x} - \mu_x}{\sigma_{\overline{x}}}$$

c) Comparar estatística teste com valor crítico.

Supor: Ho (verdadeira)

$\mu = 200$

$\sigma^2 = 120$

$$\overline{X} = \left[\begin{array}{l} E(\overline{X}) = \mu = 200 \\ V(\overline{X}) = \sigma^2 / n = 120/30 = 4 \end{array} \right.$$

$\therefore \sigma = 2$

Vamos definir o intervalo que delimita 95% dos casos:

$$Z = \frac{\overline{x} - \mu_x}{\sigma_{\overline{x}}}$$

$\sigma_x \cdot Z + \mu_x = \overline{X}$

$2 \cdot Z + \mu_x = \overline{X}$

$Z = -1{,}96$ $2 \cdot (-1{,}96) + 200 = \overline{X}$ $\overline{X} = 196{,}08$	ou	$Z = 1{,}96$ $2 \cdot (1{,}96) + 200 = \overline{X}$ $\overline{X} = 203{,}92$

Normal Padrão:

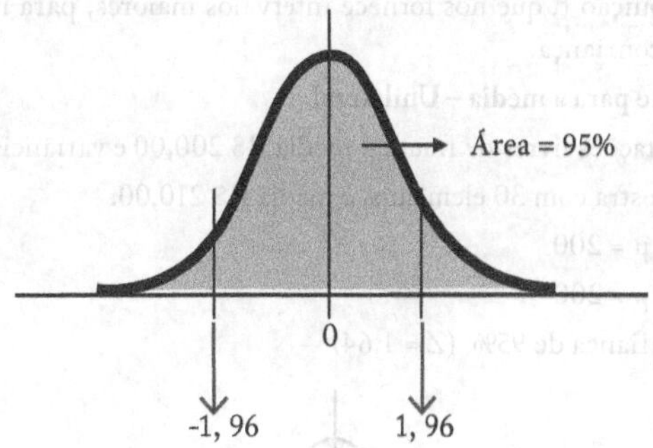

f.d.p ($\overline{X}$):

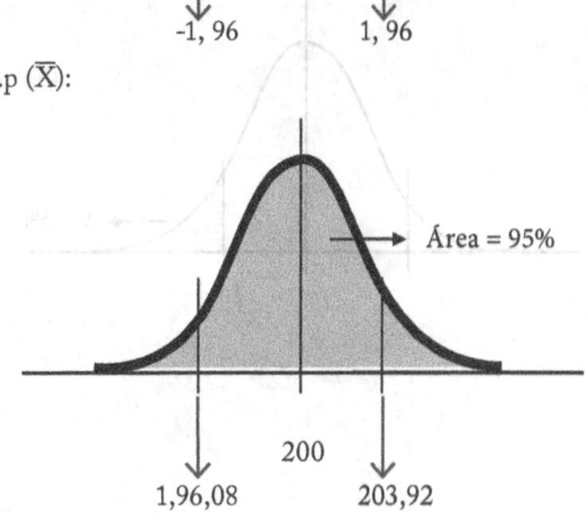

Para variável Z:

Z → - 1,96/1,96

Z → - Para o experimento

$$Z_t = \frac{x - \mu_x}{\sigma_{\overline{x}}}$$

Z_t: Estatística teste

(valor obtido para experimento em questão)

$\overline{X} - 210$

$\mu_x = 200$

$\sigma_{\overline{x}} = 2$

$Z_t - ?$

$$Z_t = \frac{210 - 200}{2}$$

$Z_t = 5$

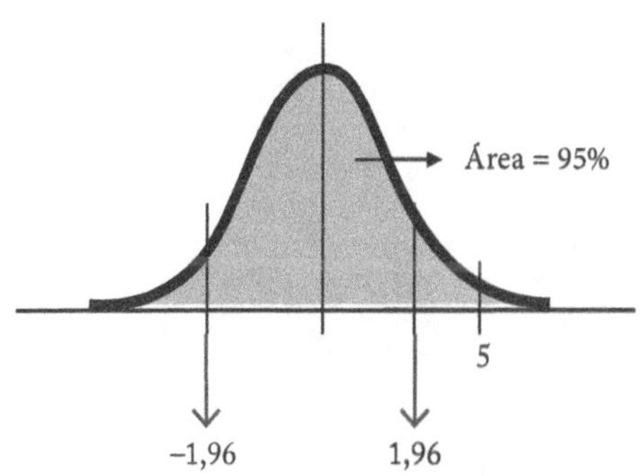

Teste para a média – Variância desconhecida

Licitações livres de fraudes: média R$ 200,00.

Amostra com 30 elementos e média R$ 210,00 e variância 120.

Ho: $\mu = 200$

Ha: μ 200

Confiança de 95%: (t = 2,045)

Obs.: sempre que se desconheça a variância populacional, usa-se a distribuição t, que nos fornece intervalos maiores, para manter a mesma confiança.

Teste para a média – Unilateral

Licitações livres de fraudes: média R$ 200,00 e variância 120.

Amostra com 30 elementos e média R$ 210,00.

Ho: $\mu = 200$

Ha: $\mu > 200$

Confiança de 95%: (Z = 1,64)

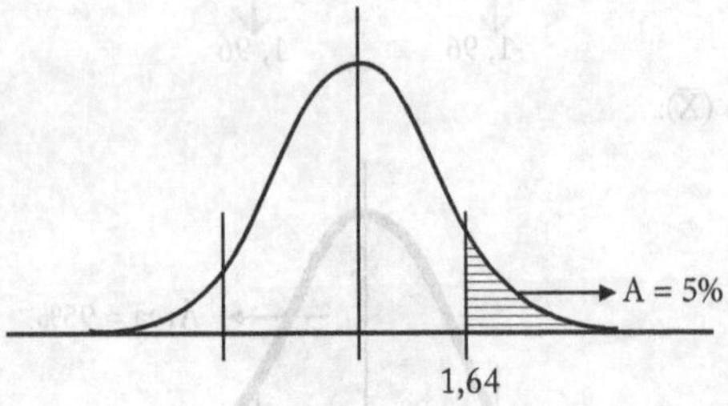

13 REGRESSÃO LINEAR

Na correlação linear, estávamos interessados em ver se duas variáveis X e Y tinham uma relação linear forte ou não. Considere que X e Y tenham uma relação linear forte.

Por meio da regressão linear definimos a melhor reta que descreve esta relação.

13.1.1 Cálculo da reta de regressão

Sejam X e Y duas variáveis. Um modelo de regressão linear que as relaciona é da seguinte forma:

$$Y_i = \alpha + \beta X_i + \varepsilon_i$$

Sendo:
Xi: Variável independente
Yi: Variável dependente
α, β: constantes
ε: variável aleatória (erro em torno da reta)
Pressupostos para εi:
Esperança nula: E(εi) = 0
Os vários ε, são não correlacionados: Cov (εi ; εj) = 0 (para i # j)
Tem sempre variância constante: V(εi) = δ2

Obs.:
Heteroscedasticidade: a variância dos erros não é **constante**.

Homocedasticidade: a variância dos erros não é **constante**.

Peso	Altura
80	1, 80
85	1, 83
50	1, 65
70	1, 90
55	1, 60
77	1, 80
85	1, 78
93	1, 86
65	1, 70
60	1, 65

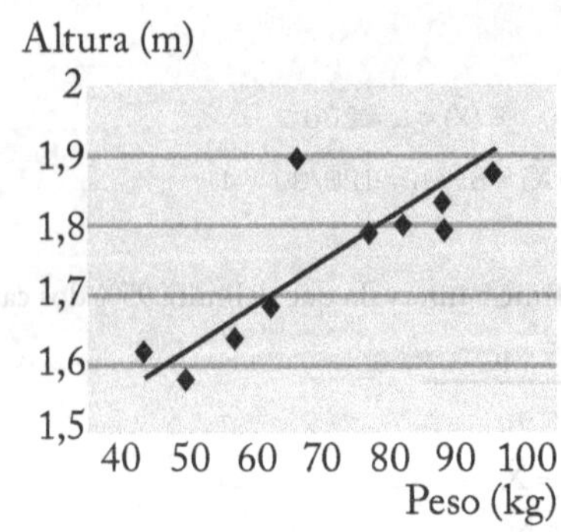

Um método para encontrar a melhor reta de regressão é chamado de métodos de mínimos quadrados.

Equação da Reta de Regressão:

$$\hat{Y}_i - a + bX_i$$

Sendo:

a:	Estimativa de
b:	Estimativa de β.
$\hat{Y}$	Estimativa de Y.

A diferença entre Y e sua estimativa, chamamos desvio (erro). O desvio é dado por:

$$e - Y - \hat{Y}$$

Pelo método de mínimos quadrados, tentamos obter uma reta de tal modo que a soma dos quadrados dos valores (desvio) seja mínima. Os valores de a e b (estimadores de e β), obtidos a partir da consideração de que a soma dos quadrados dos desvios seja mínima, são:

$$b = \frac{\Sigma[(X_i - \overline{X}) \times (Y_i - \overline{Y})]}{\Sigma(X_i - \overline{X})^2}$$

$$a = \overline{Y} - b\overline{X}$$

Modelo de Reta de Regressão Estimada:

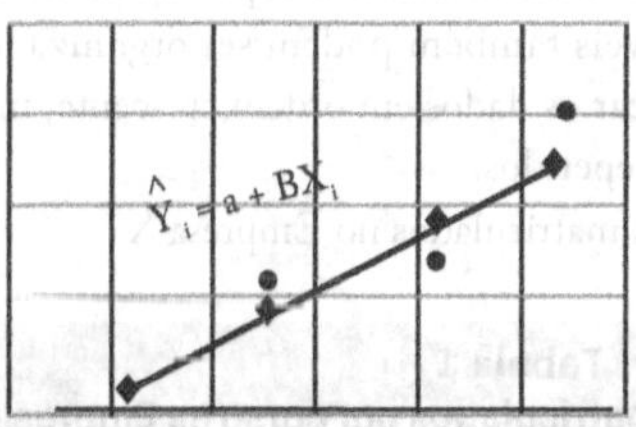

♦ valarores obtidos
● valarores estimados

A reta (estimada) em vermelho é tal que a soma dos quadrados é mínima.

Nos cálculos envolvidos com a regressão linear, utilizaremos algumas igualdades envolvendo somatório. São elas:

$$\sum_{i=1}^{N}[(X_i - \bar{x}) \times (Y_i - \overline{Y})] = \sum_{i=1}^{N}(X_i - Y_i) - n\overline{X}\,\overline{Y}$$

$$\sum_{i=1}^{N}(X_i - \bar{x})^2 = \sum_{i=1}^{N}(X_i^2) - n\overline{X}^2$$

$$\sum_{i=1}^{N}(Y_i - \overline{Y})^2 = \sum_{i=1}^{N}(Y_i^2) - n\overline{Y}^2$$

14 ESTATÍSTICA DESCRITIVA

14.1 Conceitos

14.1.1 Estatística

Compreende os métodos científicos utilizados para coleta, organização, resumo, apresentação e análise, ou descrição, de dados de observação. Também abrange métodos utilizados para tomadas de decisões sob condições de incerteza.

14.1.2 Estatística descritiva

Inclui as técnicas empregadas para coleta e descrição de dados. Também é empregada na análise exploratória de dados.

14.1.3 Estatística inferencial

Utiliza informações incompletas para tomar decisões e tirar conclusões satisfatórias. O alicerce das técnicas de estatística inferencial está no cálculo de probabilidades. As duas técnicas de estatística inferencial são: estimação e teste de hipóteses.

14.1.4 População

Emprega-se para designar um conjunto de indivíduos que possuem pelo menos uma característica, ou atributo, em comum.

14.1.5 Amostra

Refere-se a qualquer subconjunto de uma população. A amostragem é uma das etapas mais importantes na aplicação de métodos estatísticos e envolve aspectos como determinação do tamanho da amostra, metodologia de formação e representatividade da amostra com relação à população.

14.1.6 Variável

É usada para atribuição dos valores correspondentes aos dados observados. É importante ressaltar que os dados em questão não são necessariamente numéricos, uma vez que podem dizer respeito a atributos qualitativos observados na população.

14.1.7 Censo

É um conjunto de dados obtidos de todos os membros da população.

14.1.8 Experimento aleatório

Fenômeno que, quando repetido inúmeras vezes em processos semelhantes, possui resultados imprevisíveis. As variáveis podem ser quantitativas (discreta ou contínua) ou qualitativas (nominal ou ordinal).

Quantitativa discreta: pode assumir apenas alguns valores.

| Número de filhos.

Quantitativa contínua: pode assumir infinitos valores.

| Peso, altura.

Qualitativa nominal: apenas identifica as categorias.

| Gênero (feminino e masculino).

Qualitativa ordinal: podem-se ordenar as categorias.

| Grau de instrução.

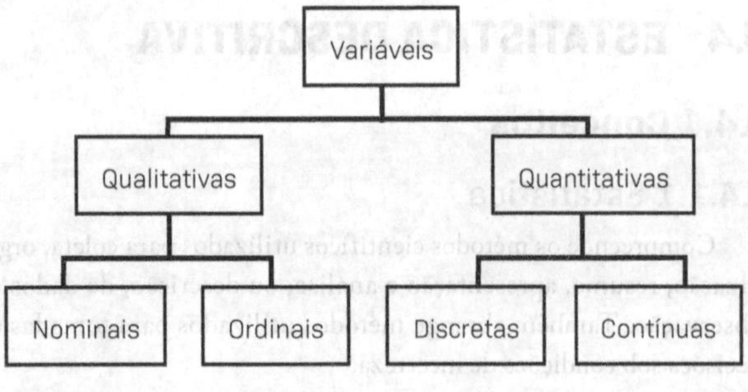

14.2 Apresentação dos dados

A apresentação dos dados pode ocorrer basicamente de três maneiras:

- Isolados.
- Ponderados.
- Agrupados.

Dados Isolados: representam os dados na forma bruta.

| 2, 2, 3, 5, 7, 8, 8, 9

Dados Ponderados: consistem em uma tabela que contém, para cada valor observado, o número de vezes que ele ocorre (frequência), mas não se pode saber a quem corresponde cada valor.

Nota	Frequência
0	2
1	1
1,5	1
2	2
2,5	1
3,5	2
4	3
4,5	3
5	5
5,5	2
6	3
6,5	2
7	3
8	1
8,5	1
Total	**32**

Dados agrupados: apenas para dados quantitativos. É uma tabela que contém divisões da variável em estudo (intervalos), em que é observado o número de vezes que ocorrem os valores contidos nestes intervalos.

Intervalo de Nota	Frequência
0 ⊢ 2	4
2 ⊢ 4	5
4 ⊢ 6	13
6 ⊢ 8	8
8 ⊢ 10	2
Total	32

14.2.1 Dados brutos

Trata-se da designação para um conjunto de dados não ordenados.

| 42, 41, 58, 50, 41, 42, 41, 60, 43, 44, 46, 45, 57, 46, 50, 51, 52, 60, 54, 58.

14.2.2 Rol

É um conjunto de dados ordenados.

| 41, 41, 41, 42, 42, 43, 44, 45, 46, 46, 50, 50, 51, 52, 54, 57, 58, 58, 60, 60.

14.2.3 Tabelas

Servem para organizar e apresentar os dados coletados, por meio das variáveis, no sentido de facilitar a sua interpretação. Os dados obtidos por meio das variáveis também podem ser organizados no ROL, que consiste em colocar os dados em ordem crescente, mesmo que estes sejam ou estejam repetidos.

| Quantidade de alunos matriculados no Empresa X.

Tabela 1
Quantidade de alunos matriculados por curso na Empresa X

Curso	Número de Alunos
Polícia Federal	250
DEPEN	150
INSS	350
Receita Federal	250

Obs.: ROL: 150, 250, 250, 350.

14.2.4 Tabela de frequência

A tabela de frequência serve para organizar dados. A frequência absoluta (F.A) é o valor real do dado e a frequência relativa (F.R) é o valor em porcentagem quando comparado ao total.

| As idades dos alunos de uma sala são: 12, 13, 13, 14, 11, 12, 15, 14, 13, 14, 15, 11, 12, 13, 13, 13, 15, 12, 12, 13. Ao organizar no ROL e na tabela de frequência, como fica?

No ROL fica: 11, 11, 12, 12, 12, 12, 12, 13, 13, 13, 13, 13, 13, 13, 14, 14, 14, 15, 15, 15.

Na tabela, fica:

Tabela 2

Idade	F.A	F.R (%)	Frequência acumulada
11	2	10	2
12	5	25	7
13	7	35	14
14	3	15	17
15	3	15	20
Total	20	100	

14.2.5 Tipos de Frequência

Geralmente, dados isolados são agrupados na forma de tabelas de frequência, que consistem em dados ponderados ou agrupados. Existem quatro tipos de frequência:

- Frequência Absoluta Simples (fi);
- Frequência Relativa Simples (fri);
- Frequência Acumulada (Fi);
- Frequência Acumulada Relativa (Fri).

| 0, 2, 1, 2, 3, 1, 2, 2, 3, 4

x	f_i	f_{ri}	F_i	F_{ri}
0	1	1/10 = 10%	1	10%
1	2	2/10 = 20%	3	30%
2	4	4/10 = 40%	7	70%
3	2	2/10 = 20%	9	90%
4	1	1/10 = 10%	10	100%
Σ	10	1 = 100%	-	-

14.2.6 Gráficos

Servem para representar e apresentar os dados coletados. Os gráficos podem ser em barra, coluna, setores (pizzas), linhas, dentre outros.

Barras

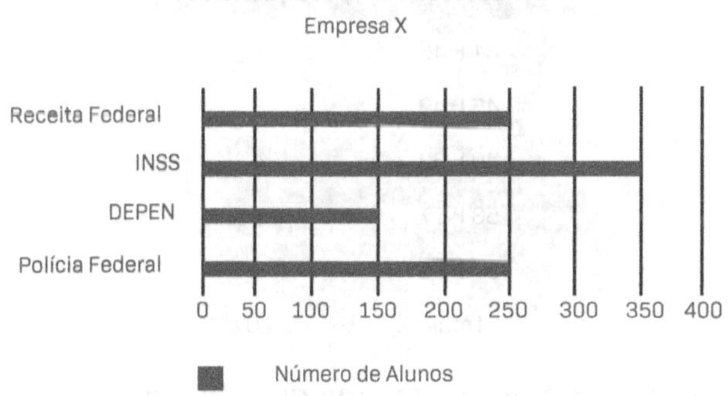

Colunas

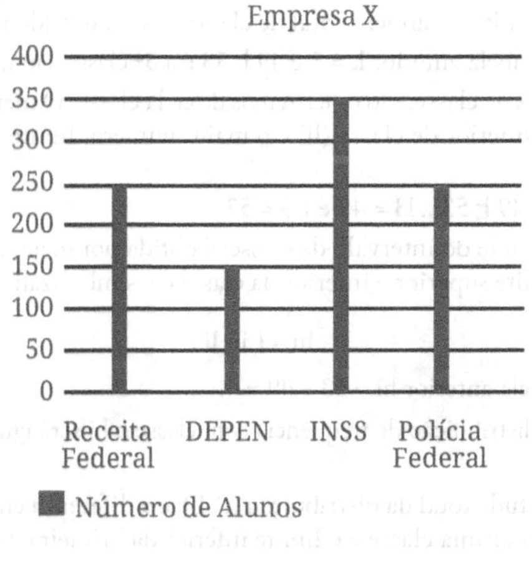

Setores

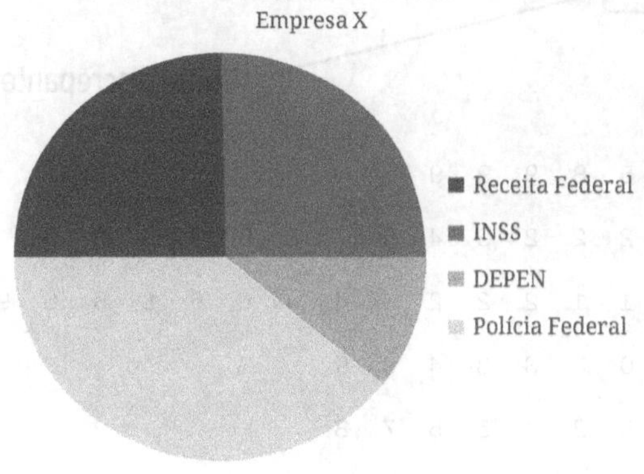

Linhas

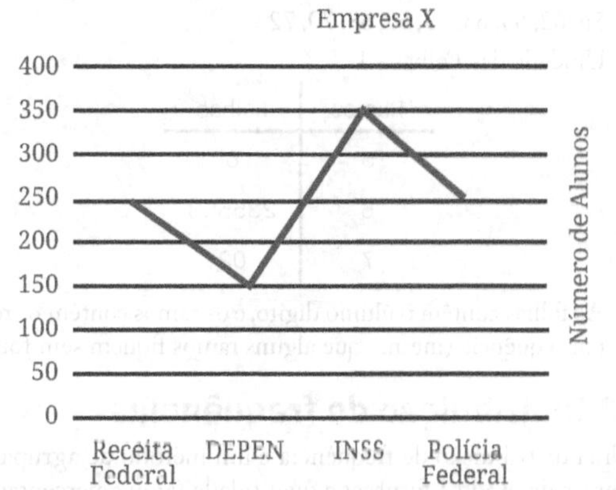

14.2.7 Diagrama de ramos e folhas

Há outra forma de apresentação de dados que tem sido explorada frequentemente em provas: o diagrama de ramos e folhas.

Em um diagrama de ramos e folhas cada número é separado em um ramo e uma folha

Vejamos alguns exemplos:

| 1. Considere a tabela de dados a seguir:

155	159	144	129	105	145	126	116	130	114	122	112	142	126
118	118	108	122	121	109	140	126	119	113	117	118	109	119
139	139	122	78	133	126	123	145	121	134	119	132	133	124
129	112	126	148	147									

Representação dos dados no diagrama de ramos e folhas:

7	8

Chave: 15|5=155

Ponto discrepante

8	
9	
10	5 8 9 9 9
11	2 2 2 3 4 6 7 8 8 8 9 9 9
12	1 1 2 2 2 3 4 4 6 6 6 6 6 9 9
13	0 2 3 3 4 9 9
14	0 2 4 5 5 7 8
15	5 9

2. Construir o diagrama de ramos e folhas dos seguintes dados: 56, 62, 63, 65, 65, 65, 68, 70, 72

Unidade das Folhas - 1

Ramos	Folhas
5	6
6	235558
7	02

As folhas contêm o último dígito, e os ramos contêm os restantes em sequência (mesmo que alguns ramos fiquem sem folhas).

14.3 Distribuição de frequências

Uma distribuição de frequência é um método de agrupar dados em classes de modo a fornecer a quantidade (e/ou a percentagem) de dados em cada classe.

Uma distribuição de frequência (absoluta ou relativa) pode ser apresentada em tabelas ou gráficos.

14.3.1 Intervalo de classe

Os limites de cada classe podem ser definidos de quatro modos distintos, mostrados a seguir:

- Intervalo "exclusive – exclusive": ________
- Intervalo "inclusive – exclusive": |________
- Intervalo "inclusive – inclusive": |________|
- Intervalo "exclusive – inclusive": ________|

14.3.2 Distribuição de frequência (sem intervalos de classe)

É a simples condensação dos dados conforme as repetições de seus valores.

Dados	Frequência
41	3
42	2
43	1
44	1
45	1
46	2
50	2
51	1
52	1
54	1
57	1
58	2
60	2
Total	20

14.3.3 Distribuição de frequência (com intervalos de classe)

Quando o tamanho da amostra é elevado, é racional efetuar o agrupamento dos valores em vários intervalos de classe.

Classes	Frequências
41 ⊢ 45	7
45 ⊢ 49	3
49 ⊢ 53	4
53 ⊢ 57	1
57 ⊢ 61	5
Total	20

14.3.4 Elementos de uma distribuição de frequência (com intervalos de classe)

Classe: corresponde aos intervalos de variação da variável e é simbolizada por i; e o número total de classes é simbolizado por k.

| Na tabela anterior k = 5 e 49 ⊢ 53 é a 3ª classe, em que i = 3.

Limites de classe: são os extremos de cada classe. O menor número é o limite inferior de classe (li) e o maior número, limite superior de classe (Li).

| Em 49 ⊢ 53... l3 = 49 e L3 = 53

Amplitude do intervalo de classe: é obtida por meio da diferença entre o limite superior e inferior da classe e é simbolizada por

$$hi = Li - li$$

| Tabela anterior hi = 53 - 49 = 4.

Obs.: Na distribuição de frequência com classe o hi será igual em todas as classes.

Amplitude total da distribuição (AT): é a diferença entre o limite superior da última classe e o limite inferior da primeira classe.

$$AT = L_{(max)} - l_{(min)}$$

| Na tabela anterior AT = 61 - 41= 20.

Amplitude total da amostra (AA): é a diferença entre o valor máximo e o valor mínimo da amostra (ROL). em que AA = Xmáx - Xmín. Em nosso exemplo, AA = 60 - 41 = 19.

Obs.: AT sempre será maior que AA.

Ponto médio de classe (Xi): é o ponto que divide o intervalo de classe em duas partes iguais. ...

$$Xi = \frac{Li + LI}{2}$$

Sendo:

Li: limite inferior da classe

LI: limite superior da classe

X3: Ponto médio da 3ª classe

| Em 49 ⊢ 53 o ponto médio x3 = (53 + 49)/2 = 51

14.3.5 Representações gráficas

As distribuições de frequências podem ser representadas por meio de três tipos de gráficos, não mutuamente exclusivos.

Histograma

É formado por um conjunto de retângulos justapostos, cujas bases se localizam sobre o eixo horizontal, de tal modo que seus pontos médios coincidam com os pontos médios dos intervalos de classe. A área de um histograma é proporcional à soma das frequências simples ou absolutas.

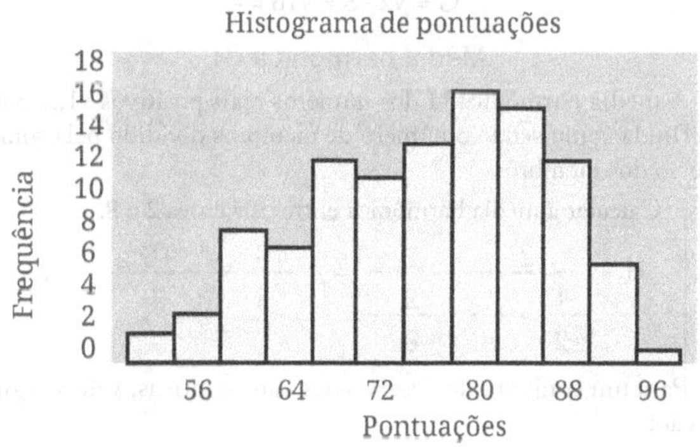

Polígono de frequências

É um gráfico em linha, sendo as frequências marcadas sobre perpendiculares ao eixo horizontal, levantadas pelos pontos médios dos intervalos de classe. Para obter um polígono (linha fechada), devemos completar a figura, ligando os extremos da linha obtida aos pontos médios da classe anterior à primeira, e da posterior à última da distribuição.

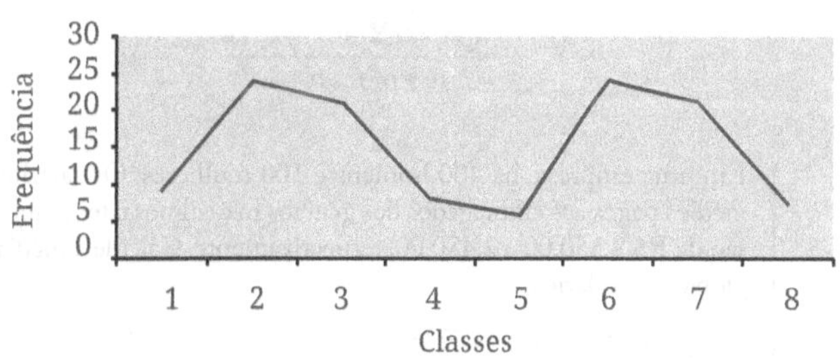

Obs.: é importante notar que tanto o histograma quanto o polígono de frequência indicam a frequência absoluta de cada classe.

Curva de frequências

Enquanto o polígono de frequência nos dá a imagem real do fenômeno estudado, a curva de frequência nos dá a imagem tendencial. O polimento (geometricamente, corresponde à eliminação dos vértices da linha poligonal) de um polígono de frequência nos mostra o que seria tal polígono com um número maior de dados em amostras mais amplas.

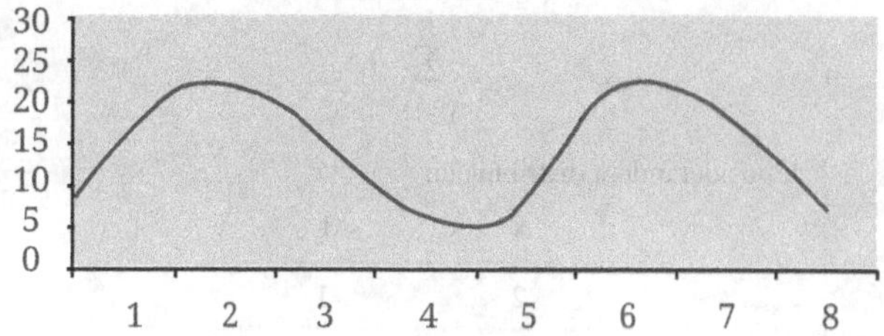

14.4 Medidas de tendência central ou de posição

São medidas utilizadas principalmente para a descrição de dados. As principais medidas de posição são a média aritmética, a mediana e a moda.

O esquema a seguir resume a classificação das Medidas de Tendência Central ou de Posição:

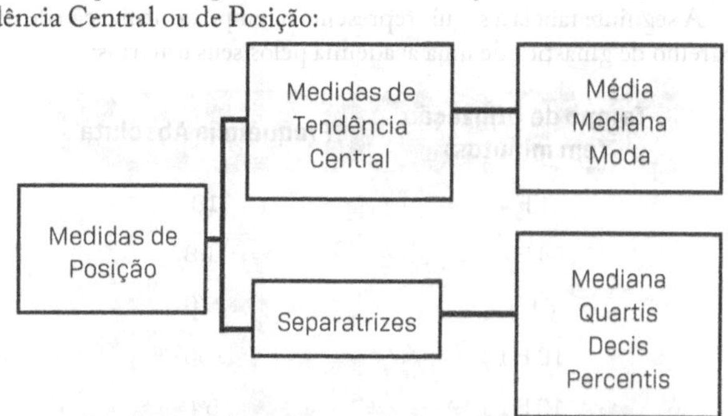

Na sequência, calcularemos as medidas de tendência central ou de posição para três possibilidades a seguir:

- para dados não agrupados;
- para dados agrupados sem intervalos de classes;
- para dados agrupados com intervalos de classes.

14.4.1 Média aritmética (x)

Para Dados Não Agrupados

Seja um conjunto de dados {x1 , x2 , ... , xn }.

A média aritmética, ou simplesmente média, é dada por:

$$\overline{x} = \frac{\sum_{i=1}^{n} x_i}{n}$$

| Seja o conjunto {2, 4, 3, 5, 6, 2, 5}.

| Então, a média aritmética é:

$$\overline{x} = \frac{2+4+3+5+6+2+5}{7} = 3{,}8571$$

Obs.: a notação x é empregada para representar a média de uma amostra de valores. A média da população costuma ser representada pela letra grega μ (mi).

Para dados agrupados sem intervalos de classes

Para dados agrupados em distribuições de frequências, calcula-se a média ponderada, sendo que a frequência observada para cada valor é o peso dele, então a média aritmética é dada por:

$$\overline{x} = \frac{\sum_{i=1}^{k} x_i f_i}{\sum_{i=1}^{k} f_i}$$

Considerando a distribuição:

x	f_i
2	1
4	3
5	2

$$\overline{x} = \frac{2 \cdot 1 + 4 \cdot 3 + 5 \cdot 2}{1 + 3 + 2} = \frac{2 + 12 + 10}{6} = 4$$

Para dados agrupados com intervalos de classes

A seguinte tabela a seguir representa o tempo de utilização de um aparelho de ginástica de uma academia pelos seus usuários:

Tempo de Utilização (em minutos)	Frequência Absoluta
1 ⊢ 4	18
4 ⊢ 7	108
7 ⊢ 10	270
10 ⊢ 13	150
13 ⊢ 16	54
Total	600

Seja x_i o ponto médio de um determinado intervalo.

Tempo de Utilização (em minutos)	Ponto Médio	Frequência Absoluta	Frequência Relativa
1 ⊢ 4	2,5	18	18/600 = 0,03
4 ⊢ 7	5,5	108	108/600 = 0,18
7 ⊢ 10	8,5	207	270/600 = 0,45
10 ⊢ 13	11,5	150	150/600 = 0,25
13 ⊢ 16	14,5	54	54/600 = 0,09

O tempo médio de utilização do aparelho é dado por:

$$\overline{x} = \frac{18 \cdot 2{,}5 + 108 \cdot 5{,}5 + 270 \cdot 11{,}5 + 54 \cdot 14{,}5}{600}$$

$\overline{x}$ = 9,07 minutos (aproximadamente)

Propriedades da média aritmética

P1: se a cada xi (i = 1, 2, ..., n) adicionarmos uma constante real k, a média aritmética fica adicionada de k unidades.

P2: se multiplicarmos cada xi (i = 1, 2, ..., n) por uma constante real k, a média aritmética fica multiplicada por k.

Outros Tipos de Média

Podemos definir outros tipos de média de um conjunto de dados, como:

- Média aritmética ponderada;
- Média geométrica;
- Média harmônica;
- Média das médias.

Média aritmética ponderada

A média aritmética ponderada é calculada por meio do somatório das multiplicações entre valores e as frequências desses valores divididas pelo somatório dessas frequências.

Notas de um aluno.

Nota	Peso
7,0	1
6,0	2
8,0	3
7,5	4

A média ponderada é:

$$\frac{7{,}0 \cdot 1 + 6{,}0 \cdot 2 + 8{,}0 \cdot 3 + 7{,}5 \cdot 4}{1 + 2 + 3 + 4} = \frac{73}{10} = 7{,}3$$

Média geométrica (G)

A média geométrica é definida como n-ésima raiz (em que n é a quantidade de termos) da multiplicação dos termos.

Calcular a média geométrica entre os valores 2 e 8.

$$G = \sqrt{2 \cdot 8} = \sqrt{16} = 4$$

Média harmônica (H)

A média harmônica H dos números reais positivos x1,…,xn > 0 é definida como sendo o número de membros dividido pela soma do inverso dos membros.

Calcular a média harmônica entre os valores 2 e 8.

$$H = \frac{2}{\frac{1}{2} + \frac{1}{8}} \quad \frac{2}{\frac{5}{8}} \quad 2 \cdot \frac{8}{5} \quad \frac{16}{5} = 3{,}2$$

Para um conjunto de observações não negativas, vale a seguinte relação:

$$\overline{X} \geq G \geq H$$

Média das médias (média global)

Sejam os conjuntos A com valores, B com valores, ..., e K com valores. Se A tem média, B tem média , ..., e K tem média, então a média do conjunto maior, que é formado pela reunião de todos os elementos dos conjuntos A, B, ..., K em um único conjunto, é dada por:

$$\overline{x} = \frac{n_A\overline{x}_A + n_A\overline{x}_A + \ldots n_K X_K}{n_A + n_B + \ldots n_K}$$

Em uma empresa, há 400 homens e 100 mulheres. Os salários médios pagos aos empregados dos gêneros masculinos e femininos são de R$ 2.550,00 e 2.480,00, respectivamente. Calcule a média global dos salários.

$$\overline{x} = \frac{n_H\overline{x}_H + n_M\overline{x}_M}{n_H + n_M}$$

$$\overline{x} = \frac{400 \times 2550 + 100 \times 2480}{400 + 100} = 2536$$

14.4.2 Mediana (Me)

É uma medida de tendência central que indica exatamente o valor central de uma amostra de dados.

Obs.:

- os valores da amostra devem ser colocados em ordem crescente;
- se a quantidade de valores da amostra for ímpar, a mediana é o valor central da amostra;
- se a quantidade de valores da amostra for par, é preciso tirar a média dos valores centrais para calcular a mediana.

Para Dados Não Agrupados

1.

3 - 4 - 9 - 6 - 3 - 8 - 2 - 4 - 5 - 6

M_e = 2 - 3 - 3 - 4 - **4** - **5** - 6 - 6 - 8 – 9

$$M_e = \frac{4+5}{2} = \frac{9}{2} = \mathbf{4{,}5}$$

2.

4 - 5 - 7 - 2 – 9

M_e = 2 - 4 - **5** - 7 – 9

M_e = **5**

Para dados agrupados sem intervalos de classes

O valor que divide a distribuição de frequências em 2 grupos com mesmo número de elementos estará na posição dada por:

$$\frac{\Sigma f_i}{2}$$

Neste caso é preciso identificar a frequência acumulada imediatamente superior à metade da soma das frequências:

1. Calcule a Mediana da seguinte distribuição:

x_i	f_i	F_i
0	2	2
1	6	8
2	10	18
3	12	30
4	4	34
	$\Sigma = 34$	

Temos que:

$$\frac{\Sigma f_i}{2} = \frac{34}{2} = 17$$

Neste caso, a frequência acumulada é imediatamente superior à metade da soma das frequências.

X_i	f_i	F_i
0	2	2
1	6	8
2 ⇐	10	(18)
3	12	30
4	4	34
	$\Sigma = 34$	

Logo,

$M_e = 2$

2. Calcule a Mediana da seguinte distribuição:

X_i	f_i	F_i
12	1	1
14	2	3
15	1	4
16	2	6
17	1	7
20	1	8
	$\Sigma = 8$	

Temos que:

$$\frac{\Sigma f_i}{2} = \frac{8}{2} = 4$$

Neste caso, a mediana será a média aritmética entre o valor da variável correspondente a essa frequência acumulada e o seguinte.

X_i	f_i	F_i
12	1	1
14	2	3
15	1	(4) ⇐
16	2	(6)
17	1	7
20	1	8
	$\Sigma = 8$	

Logo,

$$Me = \frac{15+16}{2}$$

Me = 15,5

Para dados agrupados com intervalos de classes

Neste caso, devemos seguir os seguintes passos:

- determinar as frequências acumuladas;
- calcular Σfi/2;
- marcar a classe correspondente à frequência acumulada imediatamente à Σfi/2 (classe mediana) e, em seguida, aplicar a seguinte fórmula:

$$M_e = L_i + h \cdot \frac{\Sigma f_i/2 - F_{(ant)}}{f}$$

Sendo:

Li: limite inferior da classe mediana;

F(ant): frequência acumulada da classe anterior à classe mediana;

f: frequência acumulada da classe anterior à classe mediana;

h: amplitude do intervalo da classe mediana.

Calcule a Mediana da seguinte distribuição:

P R O E S T

Classes	f_i
150 ⊢154	4
154 ⊢158	9
158 ⊢162	11
162 ⊢166	8
166 ⊢170	5
170 ⊢174	3
	$\sum = 40$

1º passo: determinar as frequências acumuladas.

Classes	f_i	F_i
150 ⊢154	4	14
154 ⊢158	9	13
158 ⊢162	11	24
162 ⊢166	8	32
166 ⊢170	5	37
170 ⊢174	3	40
	$\sum = 40$	

frequência acumulada

2º passo: calcular $\frac{\sum f_i}{2}$

$$\frac{\sum f_i}{2} = \frac{40}{2} = 20$$

3º passo:

h=4 $F_{(ant)}$

Classes	f_i	F_i
150 ⊢154	4	14
154 ⊢158	9	13
158 ⊢162	11	24
162 ⊢166	8	32
166 ⊢170	5	37
170 ⊢174	3	40
	$\sum = 40$	

classe mediana

Li f

Logo,

$$Me = Li + h \cdot \frac{\Sigma fi/2 - F_{(ant)}}{f}$$

$$Me = 158 + 4 \cdot \frac{20 - 13}{11}$$

Me = 158 + 2,54

Me = 160,54

Propriedades da mediana

P1: a mediana não depende de todos os valores observados; além disso não sofre influência de valores extremos.

P: não pode ser aplicada a variáveis nominais.

P3: adequado quando os dados apresentam grande variabilidade ou distribuição assimétrica, além de valores extremos indefinidos (Exemplo: maior do que...).

14.4.3 Moda (Mo)

A moda de uma série de valores é o valor de maior frequência absoluta, ou seja, o valor que aparece o maior número de vezes na distribuição.

Para dados não agrupados

1.

6 - 9 - 12 - 9 - 4 - 5 – 9

$M_o = 9$

2.

12 - 13 - 19 - 13 - 14 - 12 – 16

M_o = 12 e 13 (Bimodal)

3.

4 - 29 - 15 - 13 - 18

Mo = Não há moda (Amodal), pois não existe valor mais presente.

Fique ligado

Pode haver mais de uma moda em um conjunto de valores. Se houver apenas uma moda, a distribuição é dita Unimodal; se houver duas, é Bimodal; se houver três é Trimodal, e assim sucessivamente.

Para dados agrupados sem intervalos de classes

Consideremos a seguinte distribuição:

x	f_1
2	1
4	3
5	2

O valor de frequência máxima é o 4.

Logo, $M_o = 4$.

Para dados agrupados com intervalos de classes

Neste caso, a classe que apresenta a maior frequência é denominada classe modal. Se os dados de uma variável quantitativa estão dispostos em uma tabela agrupada em classe, e não há acesso aos dados originais, é possível encontrar a Moda por vários procedimentos. São eles:

- Moda Bruta
- Moda de Pearson
- Moda Czuber
- Moda Kink

Vejamos os exemplos a seguir.

Cálculo da Moda Bruta: método mais simples; consiste em tomar como Moda o ponto médio da classe modal.

Determine a Moda Bruta da seguinte distribuição:

Altura	f_i
155 ⊢165	3
165 ⊢175	18
175 ⊢185	11
185 ⊢195	9

Altura	f_i	X_i
155 ⊢165	3	160
165 ⊢175	18	170
175 ⊢185	11	180
185 ⊢195	9	190

classe modal

$$M_o: \frac{165 + 175}{2} = 170$$

Cálculo da Moda de Pearson, Czuber e King: para o cálculo da Moda de Pearson, Czuber e King utilizaremos as seguintes fórmulas:

- Moda de Pearson:

$$M_o = 3 \cdot M_e - 2\overline{x}$$

- Moda de Czuber:

$$M_o = L_i + h \cdot \frac{F_{max} - F_{ant}}{2F_{max} - (F_{ant} + F_{post})}$$

- Moda King:

$$M_o = L_i + h \cdot \frac{F_{post}}{F_{ant} + F_{post}}$$

Sendo:

M_o = Moda
M_e = Mediana
x = Média
Li = Limite inferior da classe modal
h = Intervalo da classe modal
$F_{máx}$ = Frequência da classe modal
F_{ant} = Frequência da classe anterior à classe modal;
F_{post} = Frequência da Classe Posterior à classe modal.

Esses três procedimentos são aproximações; a Moda real seria obtida a partir dos dados brutos.

Calcule a Moda de Pearson, King e Czuber, da tabela a seguir:

Classes	f_i
0 ⊢10	1
10 ⊢20	3
20 ⊢30	6
30 ⊢40	2

- **Obs.:** vamos determinar a classe modal:

Classes	f_i
0 ⊢10	1
10 ⊢20	3
20 ⊢30	6
30 ⊢40	2

classe modal

Moda de Pearson

Classes	f_i
0 ⊢10	1
10 ⊢20	3
20 ⊢30	6
30 ⊢40	2

1º passo: determinar a Mediana (Me).

Classes	f_i	F_i
0 ⊢10	1	1
10 ⊢20	3	4
20 ⊢30	6	10
30 ⊢40	2	12
		-

Freq. Acumulada

$$M_e = L_i + h \cdot \frac{\Sigma F_i - F_{(ant)}}{f}$$

$$M_e = 20 + 10 \cdot \frac{12/2 - 4}{6}$$

$M_e = 23{,}33$

2º passo: calcular a Média.

Classes	f_i	X_i
0 ⊢10	1	5
10 ⊢20	3	15
20 ⊢30	6	25
30 ⊢40	2	35
	Σ = 12	

X_i = Ponto médio

$$\overline{X} = \frac{1 \cdot 5 + 3 \cdot 15 + 6 \cdot 25 + 2 \cdot 35}{12} = \frac{270}{12} = 22{,}5$$

3º passo: aplicar a fórmula.

$M_e = 3 \cdot M_e - 2\overline{x}$
$M_e = 3 \cdot 23{,}33 - 2\,(22{,}5) = 25$

Moda King

Classes	f_i
0 ⊢10	1
10 ⊢20	3
20 ⊢30	6
30 ⊢40	2

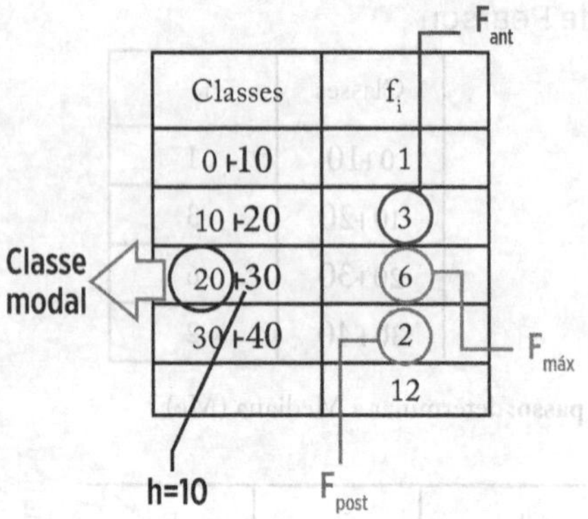

$$M_o = L_i + h \cdot \frac{F_{post}}{F_{ant} + F_{post}}$$

$$M_o = 20 + 10 \cdot \frac{2}{3 + 2}$$

$$M_o = 24$$

Moda Czuber

Classes	f_i
0 ⊢10	1
10 ⊢20	3
20 ⊢30	6
30 ⊢40	2

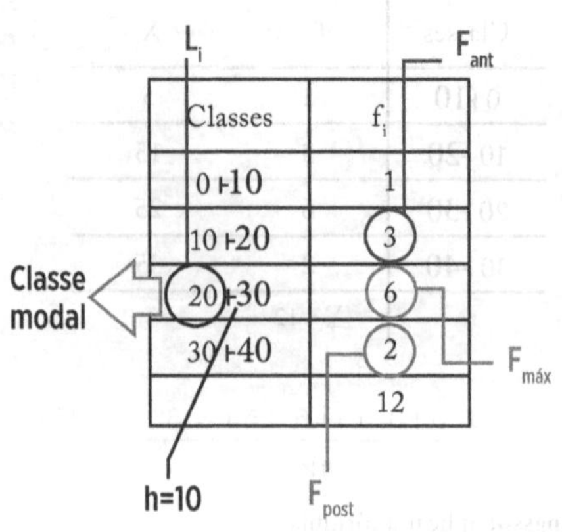

$$M_o = L_i + h \cdot \frac{F_{max} - F_{ant}}{2 \cdot F_{max} - (F_{ant} + F_{post})}$$

$$M_o = 20 + 10 \cdot \frac{6 - 3}{2(6) - (3 + 2)}$$

$$M_o = 24{,}29$$

A Moda é o ponto de maior probabilidade. Ao contrário da Média e da Mediana, a Moda tem de ser um valor existente no conjunto de dados.

Quando todos os dados de uma série estatística são iguais, a média, a mediana e a moda coincidirão com este valor e, portanto, qualquer uma delas representará bem a série.

14.4.4 Separatrizes

As separatrizes são os valores que dividem as séries em partes iguais. As principais medidas separatrizes são: a mediana (já estudada) e os quartis, os decis e os percentis.

Quartis

Chamamos de quartis os valores que dividem a distribuição em 4 partes iguais e podem ser obtidos da seguinte maneira:

1º quartil (Q1): valor que tem 25% dos dados à sua esquerda e o restante (75%) à direita.

2º quartil (Q2): valor que tem 50% dos dados de cada lado, coincide com a mediana.

3º quartil (Q3): valor que tem 75% dos dados à sua esquerda e 25% à direita.

Fórmulas

1º quartil	P = 0,25 · (n+1)
2º quartil	P = 0,50 · (n+1)
3º quartil	P = 0,75 · (n+1)

Sendo:

n – nº de dados

1. Calcule os quartis da série: {5, 2, 6, 9, 10, 13, 15}.

O primeiro passo a ser dado é o da ordenação (crescente ou decrescente) dos valores: {2, 5, 6, 9, 10, 13, 15}.

Se n for ímpar, a Mediana é o valor central do rol: 4º número.

O valor que divide a série acima em duas partes iguais é igual a 9, logo a Md = 9 que será = Q2.

Temos agora {2, 5, 6} e {10, 13, 15} como sendo os dois grupos de valores iguais. Para o cálculo do primeiro quartil e do terceiro quartil, basta calcular as medianas de cada uma das partes.

Em {2, 5, 6} a mediana é 5, ou seja: Q1 = 5 e

Em {10, 13, 15 } a mediana é 13, ou seja:

Q3 = 13

2. Encontre os quartis da série:
{1, 1, 2, 3, 5, 5, 6, 7, 9, 9, 10, 13}

Q2 = (5+6)/2 = 5,5

5,5

↓

{1, 1, 2, 3, 5, 5, 6, 7, 9, 9, 10, 13}

{1, 1, 2, 3, 5, 5}   {6, 7, 9, 9, 10, 13}

Q1 = {1, 1, 2, 3, 5, 5}   Q3 = {6, 7, 9, 9, 10, 13}

Q1 = (2+3)/2=2,5   Q3 = (9+9)/2=9

Portanto, os quartis encontrados foram:

Q1= 2,5

Q2 = 5,5

Q3 = 9

Decis

Chamamos de decis os valores que dividem uma série em 10 partes iguais. Portanto, temos nove decis; o primeiro tem 10% dos dados à sua esquerda, e 90% à sua direita; o segundo tem 20% dos dados à sua esquerda, e 80% à sua direita, e assim por diante, até o nono decil, que tem 90% dos dados à sua esquerda, e 10% à sua direita.

Fórmulas

1º decil	$P = 0{,}10 \cdot (n+1)$
2º decil	$P = 0{,}20 \cdot (n+1)$
3º decil	$P = 0{,}30 \cdot (n+1)$
4º decil	$P = 0{,}40 \cdot (n+1)$
5º decil	$P = 0{,}50 \cdot (n+1)$
6º decil	$P = 0{,}60 \cdot (n+1)$
7º decil	$P = 0{,}70 \cdot (n+1)$
8º decil	$P = 0{,}80 \cdot (n+1)$
9º decil	$P = 0{,}90 \cdot (n+1)$

Sendo:

n: nº de dados

Percentis

Chamamos de percentis os 99 valores que separam uma série em 100 partes iguais. O cálculo dos percentis está relacionado com a percentagem. No quadro a seguir são mostrados alguns percentis.

Fórmulas

4º percentil (P_4)	$P = 0{,}04 \cdot (n+1)$
12º percentil (P_{12})	$P = 0{,}12 \cdot (n+1)$
20º percentil (P_{50})	$P = 0{,}20 \cdot (n+1)$

Sendo:

n: nº de dados

Cálculos das separatrizes para dados agrupados com intervalos de classes

Para determinar os quartis, utilizaremos as seguintes fórmulas:

$$Q1 = Li + h \cdot \frac{1 \cdot \Sigma fi / 4 - F_{(ant)}}{f}$$

$$Q2 = Li + h \cdot \frac{2 \cdot \Sigma fi / 4 - F_{(ant)}}{f}$$

$$Q3 = Li + h \cdot \frac{3 \cdot \Sigma fi / 4 - F_{(ant)}}{f}$$

Sendo:

Li = Limite inferior da classe quartílica

h = Intervalo de classe

f = Frequência simples da classe quartílica

F(ant) = Frequência acumulada da classe anterior à classe quartílica

As expressões Σ fi/4, fi/4 e fi/4 servem também para determinar a Classe Quartílica.

Consideremos a seguinte distribuição de frequências em classe:

Classes	f_i
150 ⊢ 154	4
154 ⊢ 158	9
158 ⊢ 162	11
162 ⊢ 166	8
166 ⊢ 170	5
170 ⊢ 174	3
	Σ = 40

Vamos determinar a Frequência acumulada:

Classes	f_i	F_i
150 ⊢ 154	4	4
154 ⊢ 158	9	13
158 ⊢ 162	11	24
162 ⊢ 166	8	32
166 ⊢ 170	5	37
170 ⊢ 174	3	40
	Σ = 40	

Freq. acumulada

Vamos calcular o Q1, Q2 e Q3:

1º quartil (Q1):

$$Q1 = Li + h \cdot \frac{1 \cdot \Sigma fi / 4 - F_{(ant)}}{f}$$

1º passo: determinar a classe quartílica para o Q1:

Σ fi/4 = 1. 40/4 = 10

Classes	f_i	F_i
150 ⊢ 154	4	4
154 ⊢ 158	9	13
158 ⊢ 162	11	24
162 ⊢ 166	8	32
166 ⊢ 170	5	37
170 ⊢ 174	3	40
	Σ = 40	

Frequência acumulada anterior à classe quartílica

classe quartílica

Logo,

$$Q1 = 154 + 4 \cdot \frac{1 \cdot \Sigma fi / 4 - F_{(ant)}}{f}$$

Q1 = 156,66...

2º Quartil (Q2):

$$Q2 = Li + h \cdot \frac{2 \cdot \Sigma fi / 4 - F_{(ant)}}{f}$$

1º passo: determinar a classe quartílica para o Q2:

$\Sigma fi/4 = 2 . 40/4 = 20$

Classes	f_i	F_i
150 ⊢154	4	4
154 ⊢158	9	13
158 ⊢162	11	24
162⊢ 166	8	32
166 ⊢170	5	37
170⊢174	3	40
	Σ = 40	

Frequência acumulada anterior à classe quartílica (13)

classe quartílica (158 ⊢162)

$$Q2 = 158 + 4 \cdot \frac{(20 - 13)}{11}$$

$$Q2 = 160{,}5454...$$

3º Quartil (Q3):

$$Q3 = Li + h \cdot \frac{3 \cdot \Sigma fi / 4 - F_{(ant)}}{f}$$

1º passo: determinar a classe quartílica para o Q3:

$\Sigma fi/4 = 3 . 40/4 = 30$

Classes	f_i	F_i
150 ⊢154	4	4
154 ⊢158	9	13
158 ⊢162	11	24
162⊢ 166	8	32
166 ⊢170	5	37
170⊢174	3	40
	Σ = 40	

Frequência acumulada anterior à classe quartílica (24)

classe quartílica (162⊢ 166)

$$Q2 = 162 + 4 \cdot \frac{(30 - 24)}{8}$$

$$Q3 = 165$$

Analogamente, para calcular os Decis e os Percentis de uma distribuição, adaptamos as fórmulas utilizadas anteriormente para o cálculo dos Quartis, conforme o disposto a seguir:

Para os Decis:

$$Dn = Li + h \cdot \frac{n \cdot \Sigma fi / 10 - F_{(ant)}}{2}$$

Para os Percentis:

$$P_n = Li + h \cdot \frac{n \cdot \Sigma fi / 100 - F_{(ant)}}{f}$$

Consideremos a seguinte distribuição de frequências em classe:

Classes	f_i
150 ⊢154	4
154 ⊢158	9
158 ⊢162	11
162⊢ 166	8
166 ⊢170	5
170⊢174	3
	Σ = 40

Determine o 1º decil (D1) e o 90º percentil (P90).

1º decil (D1):

1º passo: determinar a classe quartílica para o Q1:

$\Sigma fi/10 = 1. 40/10 = 4$

Classes	f_i	F_i
150 ⊢154	4	4
154 ⊢158	9	13
158 ⊢162	11	24
162⊢ 166	8	32
166 ⊢170	5	37
170⊢174	3	40
	Σ = 40	

$$D_n = Li + h \cdot \frac{n \cdot \Sigma fi / 10 - F_{(ant)}}{f}$$

$$D_n = 150 + 4 \cdot \frac{[4 - 0]}{4}$$

$$D_n = 154$$

90º percentil (P90):

1º passo: determinar a classe quartílica para o Q1:

$\Sigma fi/100 = 90. 40/100 = 36$

$$P_n = Li + h \cdot \frac{n \cdot \Sigma fi / 100 - F_{(ant)}}{f}$$

$$P_{90} = 166 + 4 \cdot \frac{(90 \cdot 40/100 - 32)}{5}$$

$$D_n = 169{,}2$$

No caso da Mediana, vimos que ela divide o conjunto em duas metades. Já o Quartil, separa o conjunto em quatro partes iguais; o Decil, em dez partes e, finalmente, o Centil (ou Percentil), em cem partes iguais. Observemos esta relação visual entre as separatrizes:

```
!------------------!------------------!
                   Md
!---------!---------!---------!---------!
          Q1        Q2        Q3
!---!---!---!---!---!---!---!---!---!---!
    D1  D2  D3  D4  D5  D6  D7  D8  D9
!---!---!---!---!---!---!---!---!---!---!
    C10 C20 C30 C40 C50 C60 C70 C80 C90
```

Concluímos que:

$$Md = Q2 = D5 = C50$$

15 INTERVALO DE CONFIANÇA PARA A PROPORÇÃO

Antes de estudarmos o intervalo de confiança para a proporção, vamos ver como se comporta a proporção amostral através do seguinte exemplo:

> Lançar 3 vezes o dado e calcular a proporção de casos múltiplos de 3.
>
> Vamos considerar a seguinte amostra em particular:
>
> $(2, 3, 5) \rightarrow \hat{p} - 1/3$
>
> $\hat{p}$: proporção amostral.

Tivemos um único caso favorável. Logo, neste caso, a proporção amostral é de 1/3.

Se considerar todas as possíveis amostras, então a proporção amostral varia. Se ela varia e para cada possível valor tem-se uma probabilidade, isto é uma variável aleatória. Portanto, vamos calcular a sua média e variância:

a) Cálculo da Esperança da $\hat{p}$:

$\hat{p}$	$\hat{p}^2$	$\hat{p} \times p$
0	64/216	0
1/3	96/216	96/648
2/3	48/216	96/648
3/3	8/216	24/648
Total	1	216/648

$$E(\hat{p}) = 216/648 = 1/3$$

b) Cálculo da Variância da $\hat{p}$

$\hat{p}$	$\hat{p}$	p	$\hat{p} \times p$
0	0	64/216	0
1/3	1/9	96/216	96/1944
2/3	4/9	48/216	192/1944
3/3	9/9	8/216	74/1944
----	Toral	1	360/1944

$E(\hat{p}^2)$: esperança do quadrado da proporção amostral.

Agora, vamos terminar de calcular a Variância:

$$V(\hat{p}) = E(\hat{p}^2) - E(\hat{p})^2$$

$$V(\hat{p}) = 40/216 - (1/3)^2 = 2/27$$

Resultado (expressões):

$$E(\hat{p}) = p$$

$$V(\hat{p}) = p \cdot q/n$$

Sendo:

$E(\hat{p})$: Esperança da proporção amostral

$V(\hat{p})$: Variância da proporção amostral

p: proporção de sucesso na população

q: proporção de fracasso

n: tamanho da amostra

No exemplo fica assim:

$$E(\hat{p}) = p = 1/3$$

$$V(\hat{p}) = (1/3 \,.\, 2/3)/3 = 2/27$$

Intervalo de confiança para a proporção

$$\bar{x} \pm Z_o \times \sigma_{\bar{x}}$$

$$\hat{p} \pm Z_o \times \sigma_{\hat{p}}$$

Ou

$$\hat{p} \pm Z_o \times \sqrt{p \cdot q / n}$$

16 ESTIMADORES

Obtida uma amostra, muitas vezes desejamos usá-la para produzir alguma característica específica, por exemplo a média da amostra. Dos resultados obtidos da amostra podemos usar para generalizar para a população (estimativa). Para isto, usamos os estimadores.

Existem dois processos para inferir estatisticamente:

a) Estimação pontual: obter um valor (que constitua a melhor aproximação).

A média da amostra é R$ 1.000,00, com isso espera-se que a média da população também seja R$ 1.000,00.

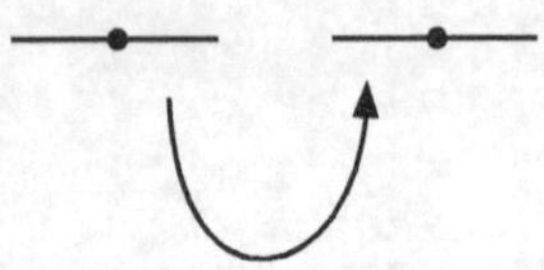

b) Estimação por intervalos: obter um conjunto de valores (no qual seja provável que o parâmetro da população se encontre). Nesta caso, o intervalo obtido é também chamado Intervalo de Confiança.

Na população a média deve estar entre R$ 900,00 e R$ 1.100,00.

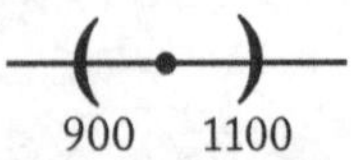

Estatística é uma característica da amostra.
Parâmetro é uma característica da população.
Principais Características dos Estimadores:
a) Nãoviciados (não tendencioso)
b) Máxima verossimilhança
c) Mínimos quadrados
d) Variância mínima
Estimadores pontuais:
- Média amostral é estimador para a Média Populacional:

$\bar{x}$ estima μ
↙ ↘
média amostral **média populacional**

Obs.: a média amostral é uma estimador nãoviciado.
- Proporção amostral é estimador para proporção populacional:

$\hat{p}$ estima p
↙ ↘
proporção amostral **proporção populacional**

- Variância amostral estima variância populacional:

S2 estima σ^2
↙ ↘
Variância amostral **Variância populacional**

Obs.:

a) Se usar n-1 no denominador: não viciado.

b) Se usar n no denominador e a distribuição for normal: máxima verossimilhança.

Fórmula da Variância Amostral:

$$S^2 = \frac{\Sigma (X_i - \bar{X})^2}{n-1} \rightarrow \textbf{Não viciado}$$

$$S^2 = \frac{\Sigma (X_i - \bar{X})^2}{n} \rightarrow \textbf{Máxima Verossimilhança}$$

Ou seja, para a Variância não coincidem os estimadores. O estimador que tem a propriedade de não viciado não é o mesmo que tem a máxima verossimilhança.

Considere uma amostra aleatória simples de n unidades extraída de uma população na qual a característica, X, estudada tem distribuição normal com média μ e variância σ2, ambas desconhecidas, mas finitas. Considere, ainda, as estatísticas média da amostra,
$\bar{X} = 1/n \cdot \Sigma X_i$
e variância da amostra:
$S^2 = 1/n \cdot \Sigma (X_i - \bar{X})^2$
Então, é correto afirmar que:
a) $\bar{X}$ e S2 são, ambos, não tendenciosos para a estimação da média e da variância da população, respectivamente.
b) $\bar{X}$ é não tendencioso, mas é S2 tendencioso para a estimação da média e da variância da população, respectivamente.
c) $\bar{X}$ é tendencioso, mas S2 é não tendencioso para a estimação da média e da variância da população, respectivamente.
d) $\bar{X}$ e S2 são, ambos, tendenciosos para a estimação da média e da variância da população, respectivamente.
e)$\bar{X}$ e S2 são, ambos, não tendenciosos para a estimação da média e da variância da população, mas apenas é consistente.
GABARITO B.

17 AMPLITUDE DO INTERVALO E ERRO MÁXIMO COMETIDO

(tamanho da amostra)

Introdução: uma pesquisa eleitoral, em que se tem 30% de preferência em uma possível votação, com 2% de variação.

Observação: existe como, antes de iniciar uma pesquisa, definir um erro máximo (amplitude). Para que essa amplitude seja obedecida, temos que calcular o tamanho da amostra.

Vamos, antes, lembrar sobre o intervalo de confiança:

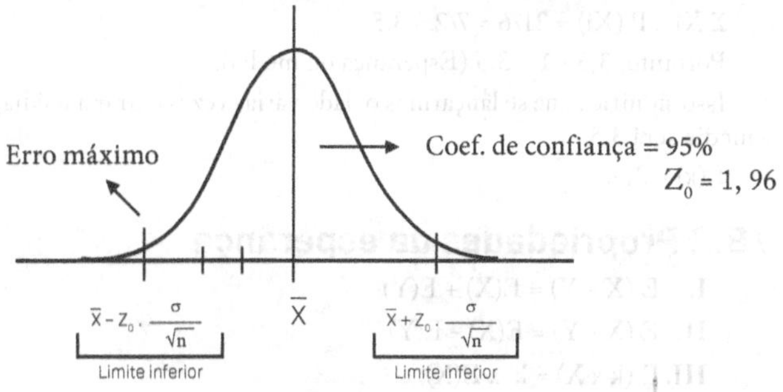

a) o erro máximo, neste caso, é se a média populacional estiver em um dos limites (inferior ou superior).

b) considerando o nível de confiança apresentado, o erro máximo cometido é a metade da amplitude do intervalo.

Como calcular a amplitude do intervalo:

Maior valor:

$$\bar{X} + Z_0 \cdot \frac{\sigma}{\sqrt{n}}$$

Menor valor:

$$\bar{X} - Z_0 \cdot \frac{\sigma}{\sqrt{n}}$$

Amplitude do intervalo = Maior valor – Menor valor

$$\text{Amplitude do intervalo} = \bar{X} + Z_0 \cdot \frac{\sigma}{\sqrt{n}} - \left[\bar{X} - Z_0 \cdot \frac{\sigma}{\sqrt{n}}\right]$$

$$\text{Amplitude do intervalo} = 2 \cdot Z_0 \cdot \frac{\sigma}{\sqrt{n}}$$

Logo, como o erro máximo é a metade da amplitude do intervalo, temos que:

$$\text{Erro máximo} = \frac{\text{Amplitude do intervalo}}{2}$$

$$\text{Erro máximo} = \frac{2 \cdot Z_0 \cdot \frac{\sigma}{\sqrt{n}}}{2}$$

$$\text{Erro máximo} = Z_0 \cdot \frac{\sigma}{\sqrt{n}}$$

Obs.: se fosse diante da proporção amostral, o raciocínio seria análogo:

$$\text{Erro máximo} = Z_0 \sqrt{\frac{p \cdot q}{n}}$$

18 VARIÁVEIS ALEATÓRIAS

A cada possível valor de x, associamos uma probabilidade (função densidade de probabilidade).

1. O ponteiro de um relógio indica os segundos (1, 2, 3, 4, 5, ...). Observa-se que varia de uma forma determinística. Sabemos qual é o próximo valor!

2. O dado de 6 faces (2, 3, 3, 4, 5, 6, ...). Observa-se que varia de forma aleatória, ou seja, não conseguimos determinar ou prever qual é o próximo valor. Neste caso podemos associar para cada face possível uma probabilidade.

Vejamos:

Face nº 1: 1/6

Face nº 2: 1/6

Face nº 3: 1/6

Face nº 4: 1/6

Face nº 5: 1/6

Face nº 6: 1/6

Isto é possível porque neste caso a variável x é discreta. Podemos afirmar que a variável é discreta (assume valores em um conjunto enumerável de valores).

3. Medição da temperatura de uma estufa (intervalo: 20 °C a 30 °C)

1ª Medição: 20,1 °C

2ª Medição: 22,1 °C

3ª Medição: 22,01 °C

4ª Medição: 22,432 °C

Assume qualquer valor em um intervalo real, são infinitos valores. Neste caso a variável é contínua.

Qual seria a probabilidade de em uma medição apresentar um valor de 26 °C?

1 / infinito valores possíveis = 0. Não faz sentido falar em probabilidade de um determinado valor, pois sempre será nulo. Vamos usar a função densidade de probabilidade neste caso.

Variáveis quantitativas:

- Discretas (conjunto enumerável de pontos). Exemplo: lançamento de uma dado de 6 faces. São fruto de uma contagem.
- Contínuas (qualquer valor em um intervalor real). Exemplo: Medição da temperatura. Assume qualquer valor em um intervalo real, são infinitos valores.

Quadro paralelo entre a estatística descritiva e inferencial:

Descritiva	Inferencial
Freq. relativa simples	Probabilidade
Dados em rol/agrupados por valor	Variáveis aleatórias discretas
Dados em classe	Variáveis aleatórias contínuas

18.1 Esperança para variáveis aleatórias discretas

É a média da variável aleatória.

Simbologia para a esperança:

$E(x) = \mu x$

Fórmula de cálculo: $E(x) = \Sigma Xi \times P(Xi)$

Exemplo: um lançamento de um dado de 6 faces.

Possíveis resultados:

X	P (probabilidade)	X.P
1	1/6	1/6
2	1/6	2/6
3	1/6	3/6
4	1/6	4/6
5	1/6	5/6
6	1/6	6/6
	Σ = 1	Σ = 21/6

$\Sigma Xi \times P(Xi) = 21/6 = 7/2 = 3{,}5$

Portanto, 3,5 / 1 = 3,5 (Esperança ou média).

Isso significa que se lançarmos o dado várias vezes e tirar a média, a média será 3,5.

$E(x) = 3{,}5$.

18.2 Propriedades da esperança

I. $E(X + Y) = E(X) + E(Y)$

II. $E(X - Y) = E(X) - E(Y)$

III. $E(k \times X) = k \times E(X)$

IV. $E(k) = k$

V. Se X e Y forem eventos independentes, então: $E(XY) = E(X) \times E(Y)$

VI. Se $E(XY) = E(X) \times E(Y)$ não podemos concluir que são independentes.

19 DISTRIBUIÇÃO DA MÉDIA AMOSTRAL

Vamos considerar a média amostral como uma variável aleatória. Para isso vamos considerar o seguinte exemplo:

Observar o resultado de um tetraedro duas vezes.

1 e 1	1 e 2	1 e 3	1 e 4
2 e 1	2 e 2	2 e 3	2 e 4
3 e 1	3 e 2	3 e 3	3 e 4
4 e 1	4 e 2	4 e 3	4 e 4

Vamos considerar a seguinte amostra de todos os possíveis resultados do lançamento de um tetraedro 2 vezes:

$$(2,4) - \overline{X} = (2+4)/2 = 3$$

Para esta amostra a média ($\overline{X}$) é igual a 3.

Média amostral: é a média da amostra.

Vamos considerar X o resultado de cada face do tetraedro e calcular a sua média e variância:

Média: E(X) = (1+2+3+4) / 4

E(X) = 10/4 = **2,5**

Variância: V(X)

X	X²	p	X².p
1	1	¼ = 0,25	0,25
2	4	¼ - 0,25	1
3	9	¼ = 0,25	2,25
4	16	¼ = 0,25	4
--	Total	1	7,5

V(X) = E (X2) – E(X)2

V(X) = 7,5 – 2,52 = 1,25

Vamos calcular a média de todas as amostras possíveis (16 possibilidades):

Amostra	$\overline{X}$	Amostra	$\overline{X}$
1 e 1	1	3 e 1	2
1 e 2	1,5	3 e 2	2,5
1 e 3	2	3 e 3	3
1 e 4	2,5	3 e 4	3,5
2 e 1	1,5	4 e 1	2,5
2 e 2	2	4 e 2	3
2 e 3	2,5	4 e 3	3,5
2 e 4	3	4 e 4	4

Vamos agora nos referir a todas as médias possíveis e considerar com se fosse uma variável aleatória. Podemos, então, calcular a média e variância de $\overline{X}$.

I) Cálculo da E(X) de $\overline{X}$:

$\overline{X}$	p	$\overline{X}$.p
1	1/16	1/16
1,5	2/16	3/16
2	3/16	6/16
2,5	4/16	10/16
3	3/16	9/16
3,5	2/16	7/16
4	1/16	4/16
Total	1	40/16

E(X) = 40/16 = 2,5

Observação importante: A Esperança da média amostral é igual a média da população μ.

E(X) = μ

E(X) = esperança da média amostral

μ = média da população

II) Cálculo da V(X) de $\overline{X}$:

$\overline{X}$	$\overline{X}^2$	p	$\overline{X}^2$.p
1	1	1/16	1/16
1,5	2,25	2/16	4,5/16
2	4	3/16	12/16
2,5	6,25	4/16	25/16
3	9	3/16	27/16
3,5	12,25	2/16	24,5/16
4	16	1/16	16/16
----	Total	1	110/16

$E(\overline{X}^2) = 110/16 = 6,875$

$V(\overline{X}) = E(\overline{X}^2) - \mu^2$

$V(\overline{X}) = 6,875 - 2,5^2$

$V(\overline{X}) = 0,625$

Observe que:

$V(\overline{X}) = 1,25/2 = V(X)/2$

Então,

σ2x = V(X) = σ2/n

Sendo:

n: tamanho da amostra

V(X): Variância de X

σ2x: Variância da média amostral

σ2: variância da população

Conclusão: A média amostral pode ser vista como uma variável aleatória quando consideramos todas as amostras possíveis.

Sendo algo que varia ela tem uma Esperança E(X) que coincide com a Esperança da população:

E(X) = μ

Ainda, sendo algo que varia ela tem uma Variância V(X) que pode ser calculada da seguinte forma:

$$\sigma^2_x = V(X) = \sigma^2/n$$

20 TESTE DE HIPÓTESES

2 moedas:
- moeda honesta
- moeda viciada: P(coroa) = 2/3

Escolhe-se uma moeda e lança-se 3 vezes:

Critério adotado:
- 3 coroas: viciada
- 0, 1, 2 coroas: honesta

Hipóteses:

- Ho: P(coroa) = ½ { moeda honesta

- $H_A = H_1$: P(coroa) = 2/3 { moeda viciada

Vamos supor que ao lançar a moeda, obtemos 3 coroas. Portanto, com o critério de decisão, dizemos que a moeda é viciada.

1º caso (3 coroas): rejeitar a Ho

Chance de isso ocorrer = $C_{n,k} \cdot p^k \cdot q^{n-k}$

$C_{3,3} \cdot (0{,}5)^3 \cdot 0{,}5^0 = 1/8$ (chance de erro)

2º caso (2 coroas): Aceito a Ho

Chance de isso ocorrer = $C_{n,k} \cdot p^k \cdot q^{n-k}$

$C_{3,0} \cdot (2/3)^0 \cdot (1/3)^0 +$	$C_{3,1} \cdot 2/3 \cdot (1/3)^2 +$	$C_{3,1} \cdot (2/3)^2 \cdot (1/3)^1$
0 coroa	1 coroa	2 coroa

Resumo (tabela):

	Aceitar a Ho	Rejeitar a Ho
Ho verdadeira		Erro de tipo I
Ho Falsa	Erro de tipo II	(1 - β)

Nomes especiais:

- P(erro I) = nível de significância = α
- P(erro II) = β
- Poder do teste: 1 – β

21 DISTRIBUIÇÃO DE QUI-QUADRADO

Corresponde à soma dos quadrados de n variáveis normais reduzidas e independentes entre si.

Trata-se da distribuição de Qui-Quadrado com n graus de liberdade.

| Exemplo: $(Z_1)^2 + (Z_2)^2 + (Z_3)^2 + (Z_4)^2 = X^2$

Neste caso, temos uma Distribuição de Qui-Quadrado com 4 grau de liberdade.

Sendo:

Z: Símbolo da Normal Reduzida

X²: Símbolo da Distribuição de Qui-Quadrado

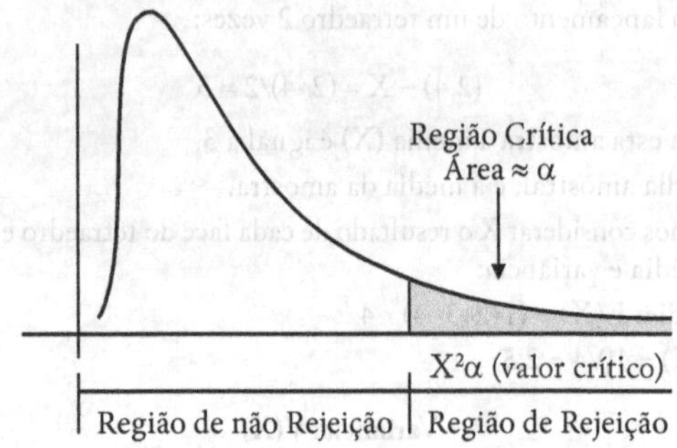

Obs.: se o número de graus de liberdade for alto, mais se aproxima de uma Distribuição Normal (mais simétrico).

21.1 Utilização da distribuição do qui-quadrado

Distribuição de Qui-quadrado e Variância:

$$\frac{(n-1) \cdot S^2}{\delta^2}$$

Sendo:

S2: Variância Amostral

δ2: Variância Populacional

n: tamanho da amostra

Tem distribuição de Qui-quadrado com n–1 graus de liberdade.

Usado para estudos sobre Variância.

21.2 Teste de qui-quadrado para proporções

Estatística Teste:

$$X^2 = \sum \frac{(0-e)^2}{e}$$

Sendo:

X²: Qui-Quadrado

e: Valor Esperado

o: Valor Observado

Número de graus de liberdade: número de células que podemos preencher livremente sem alterar os totais.

22 DISTRIBUIÇÃO NORMAL

A Distribuição Normal é uma função de densidade contínua simétrica, em formato de sino, com média e variância representadas pelas letras gregas μ e σ^2, respectivamente. Tanto a mediana, como a moda, coincidem com sua média. É padronizada quando a média é nula e desvio padrão é unitário (Z).

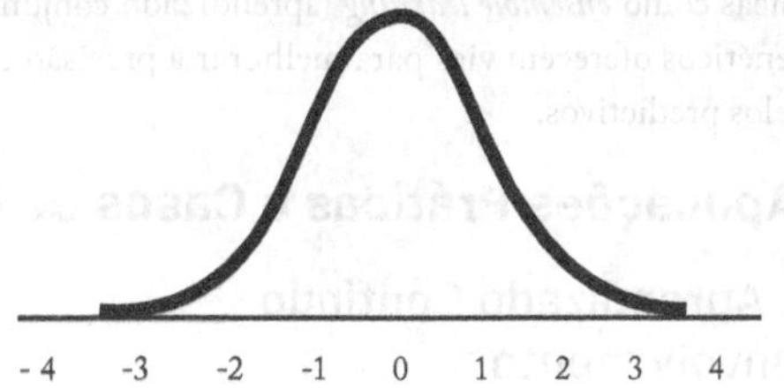

Existem vários tipos de variável normal:

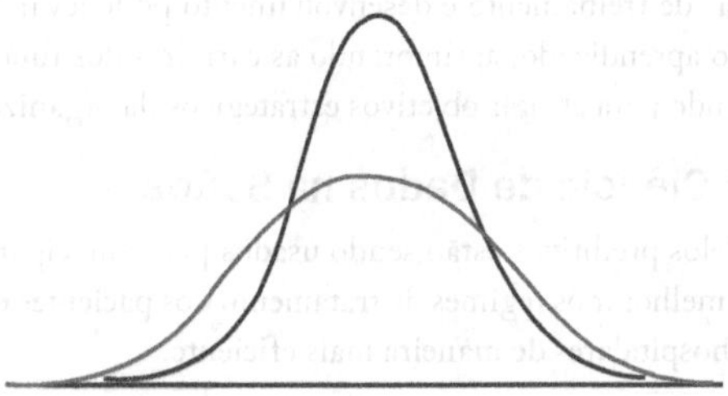

- A curva em vermelho tem maior dispersão (desvio padrão grande).
- A curva em azul tem menor dispersão (desvio padrão pequeno)

Observe ainda o gráfico a seguir:

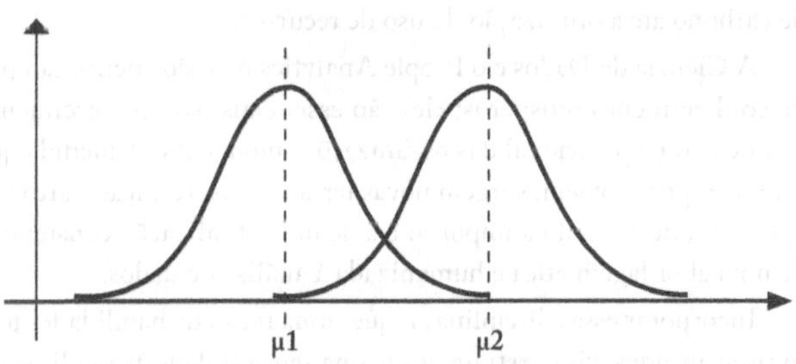

Vamos analisar agora o gráfico de uma Distribuição Normal Padronizada ou Reduzida:

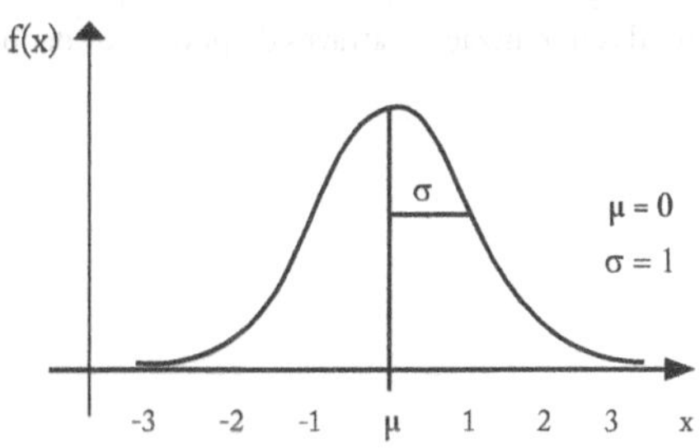

Sendo:

μ: Média

σ: Desvio Padrão

Z: Símbolo para Distribuição Normal

É a mais comum em provas e a tabela é fornecida em função deste padrão, ou seja, é padronizada quando a média é nula e desvio padrão é unitário. O símbolo para esta distribuição normal Z.

Vamos entender a aplicação, por meio dos seguintes exemplos:

	k	P (0 Z k)
1.	0,3	0,15

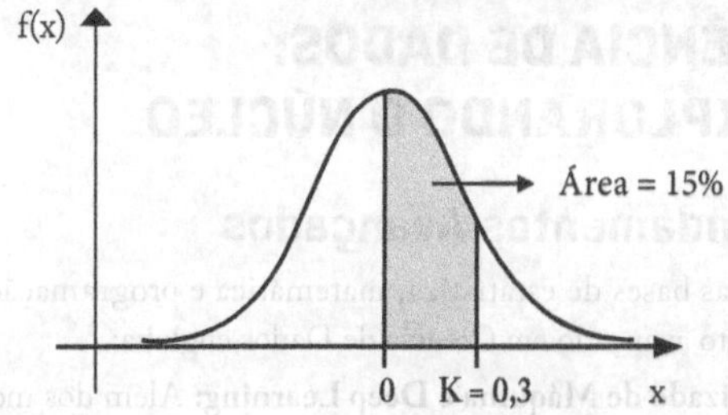

Isso significa que a chance da Variável Z estar entre 0 e k (k=0,3) é de 15%.

	k	P (Z k)
2.	2	0,028

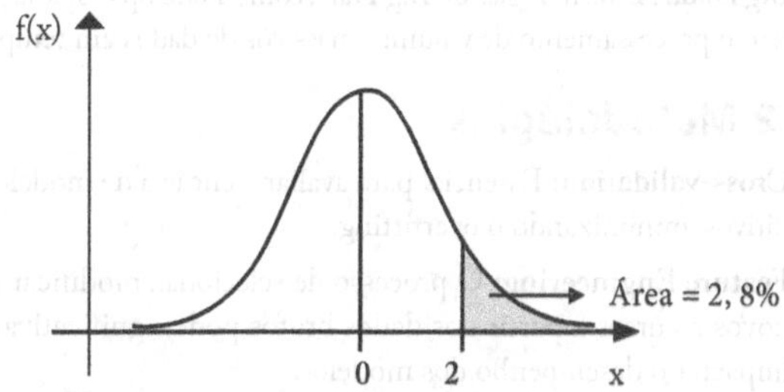

Isso significa que a chance da Variável Z ser maior que 2 é de 2,8%.

A Distribuição Normal Padronizada é um caso particular da Distribuição Normal. A Distribuição Normal não padronizada pode ser convertida em Distribuição Normal Padronizada, usando a seguinte relação:

Distribuição Normal	→	Distribuição Normal Reduzida
	Converter	

$$Z = \frac{X - \mu_x}{\sigma_x}$$

Sendo:

Z: Distribuição normal reduzida

x: Variável Normal x

μ_x: Média de x

σ_x: Desvio Padrão de x

O resultado será exatamente uma distribuição normal reduzida.

Fique ligado

Importante! Valores mais conhecidos para Distribuição Normal Padrão!

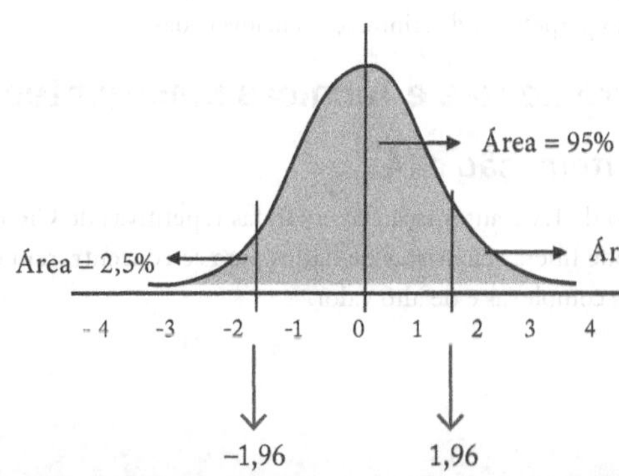

P R O E S T

23 CIÊNCIA DE DADOS: EXPLORANDO O NÚCLEO

23.1 Fundamentos Avançados

Além das bases de estatística, matemática e programação, um conhecimento avançado em Ciência de Dados engloba:

- **Aprendizado de Máquina e Deep Learning:** Além dos modelos preditivos básicos, a capacidade de implementar redes neurais e algoritmos de deep learning pode revelar insights mais profundos a partir dos dados.
- **Processamento de Linguagem Natural (PLN):** Ferramenta vital para analisar dados textuais, desde feedbacks de clientes até documentos legais.
- **Big Data:** As tecnologias de Big Data, como Hadoop e Spark, permitem o processamento de volumes massivos de dados em tempo real.

23.2 Metodologias

- **Cross-validation:** Essencial para avaliar a eficácia de modelos preditivos, minimizando o overfitting.
- **Feature Engineering:** O processo de selecionar, modificar e criar novos recursos a partir dos dados brutos pode significativamente impactar o desempenho dos modelos.

24 PEOPLE ANALYTICS: PROFUNDIDADE ESTRATÉGICA

24.1 Análise Preditiva

A capacidade de prever tendências futuras, como a probabilidade de rotatividade de funcionários ou o sucesso potencial de candidatos a empregos, torna o People Analytics uma ferramenta estratégica para os RHs.

24.2 Cultura Data-Driven nas Organizações

Fomentar uma cultura que embasa decisões em dados analíticos exige:

- **Liderança Informada por Dados:** Gestores devem liderar pelo exemplo, integrando insights de dados em suas decisões.
- **Capacitação:** Treinar equipes nas ferramentas e no pensamento analítico garante que a organização possa interpretar e agir sobre os dados coletados.

24.3 Desafios Éticos e de Privacidade

People Analytics eleva preocupações sobre:

- **Consentimento e Transparência:** Como os dados dos funcionários são coletados e utilizados?
- **Viés Algorítmico:** A necessidade de garantir que os modelos analíticos não perpetuem discriminações inadvertidas.

24.4 Ferramentas e Técnicas Emergentes

24.4.1 Automação e IA

A adoção de IA e automação para tarefas repetitivas de Ciência de Dados pode liberar cientistas de dados para se concentrarem em análises mais complexas e de alto valor.

24.4.2 Visualização de Dados Avançada

Ferramentas como D3.js oferecem personalização avançada para visualizações interativas, capazes de comunicar insights complexos de maneira intuitiva.

24.4.3 Modelagem Avançada

Técnicas como *ensemble learning* (aprendizado conjunto) e algoritmos genéticos oferecem vias para melhorar a precisão e eficiência dos modelos predictivos.

24.5 Aplicações Práticas e Casos de Uso

24.5.1 Aprendizado Contínuo e Desenvolvimento

Em People Analytics, o monitoramento contínuo da eficácia dos programas de treinamento e desenvolvimento pode levar à personalização do aprendizado, aprimorando as carreiras dos funcionários e contribuindo para atingir objetivos estratégicos da organização.

24.5.2 Ciência de Dados na Saúde

Modelos preditivos estão sendo usados para antecipar surtos de doenças, melhorar os regimes de tratamento dos pacientes e gerenciar recursos hospitalares de maneira mais eficiente.

24.5.3 Sustentabilidade e Ciência de Dados

Organizações estão cada vez mais usando a Ciência de Dados para monitorar e melhorar sua sustentabilidade, desde a redução de emissões de carbono até a otimização do uso de recursos.

A Ciência de Dados e o People Analytics não são apenas campos de conhecimento prósperos; eles são essenciais para o crescimento estratégico e operacional das organizações modernas. À medida que estes campos evoluem, surgem novas ferramentas, técnicas e áreas de aplicação, destacando a importância de uma atualização constante e de uma abordagem ética e humanizada à análise de dados.

Incorporar essas disciplinas requer uma fusão de habilidades técnicas avançadas, visão estratégica e uma sensibilidade às implicações éticas do trabalho com dados. Para profissionais e aspirantes a carreiras nestas áreas, isso significa uma oportunidade sem precedentes para moldar o futuro das organizações através do poder dos dados.

COMPORTAMENTOS ÉTICOS E *COMPLIANCE*

1 CRIME DE LAVAGEM DE DINHEIRO

1.1 Conceito

A lavagem de dinheiro é uma prática que consiste em esconder a origem ilícita de bens e ativos financeiros. Ou seja, é um crime financeiro relacionado à atividade de dar uma aparência lícita para os recursos oriundos de atividades ilícitas

1.1.1 Etapas

Normalmente, as 3 etapas do crime de lavagem de dinheiro são:

- Colocação;
- Ocultação;
- Integração.

Colocação

A colocação é a primeira das fases da lavagem de dinheiro. Ela consiste em inserir o dinheiro ilícito na economia formal, ou seja, em empresas lícitas. Desse modo, a etapa colocação pode ser realizada de diversas formas, tais como:

- Contratos em casa ou corretora de câmbio;
- Aplicações em bancos;
- Envolvimento em jogos.

Tipicamente a colocação é feita em quantias pequenas e separadas para esconder o volume dos recursos. Assim, ao dividir as operações, se dificulta para investigadores rastrearem os recursos.

Além disso, a COAF só monitora as transações financeiras a partir de R$ 10 mil, então a tendência é que quantias grandes sejam divididas em pequenas partes.

Ocultação

Em segundo lugar, após a colocação se tem início a fase de ocultação. Na fase de ocultação busca-se transacionar o recurso o maior número de vezes possível. Além disso, não só este passo dificulta rastrear o dinheiro, como dá um caráter lícito para os recursos. Muitas vezes, nessa fase os criminosos se utilizam de paraísos fiscais.

Portanto, nesta fase é comum uma ampla movimentação dos recursos. Como, por exemplo, transferências entre diversas contas. E a entrada e saída do dinheiro em diversas empresas.

Integração

Após a fase da ocultação, o recurso já aparenta ser lícito, muito embora seja de origem ilícita.

Portanto, a fase de integração é a última fase, e consiste em que o dinheiro insere definitivamente na economia formal e com uma origem aparentemente lícita. Isto é, para constatar a origem ilícita do recurso seria necessário retroagir inúmeras operações.

Na fase de integração são tipicamente feitos investimentos, como a aquisição de empresas, aproveitando-se do fato do que o dinheiro aparenta ser lícito.

Etapa 1: Colocação
Depósitos dos recursos ilícitos em contas bancárias para integrar o sistema econômico
Etapa 2: Ocultação
Quebra de evidências por meio de transferências entre pessoas físicas, jurídicas ou ainda contas fantasmas
Etapa 3: Integração
O capital incorpora facilmente o sistema econômico, adquirindo documentação legal

1.2 Lei nº 9.613/1998 - Lei de lavagem de capitais

1.2.1 Crimes de "lavagem" ou ocultação de bens, direitos e valores

Art. 1º Ocultar ou dissimular a natureza, origem, localização, disposição, movimentação ou propriedade de bens, direitos ou valores provenientes, direta ou indiretamente, de infração penal.

Pena: reclusão, de 3 (três) a 10 (dez) anos, e multa.

§ 1º Incorre na mesma pena quem, para ocultar ou dissimular a utilização de bens, direitos ou valores provenientes de infração penal:

I - os converte em ativos lícitos;

II - os adquire, recebe, troca, negocia, dá ou recebe em garantia, guarda, tem em depósito, movimenta ou transfere;

III - importa ou exporta bens com valores não correspondentes aos verdadeiros.

§ 2º Incorre, ainda, na mesma pena quem:

I - utiliza, na atividade econômica ou financeira, bens, direitos ou valores provenientes de infração penal;

II - participa de grupo, associação ou escritório tendo conhecimento de que sua atividade principal ou secundária é dirigida à prática de crimes previstos nesta Lei.

§ 6º Para a apuração do crime de que trata este artigo, admite-se a utilização da ação controlada e da infiltração de agentes.

1.2.2 Pessoas sujeitas ao mecanismo de controle

Art. 9º Sujeitam-se às obrigações referidas nos arts. 10 e 11 as pessoas físicas e jurídicas que tenham, em caráter permanente ou eventual, como atividade principal ou acessória, cumulativamente ou não:

I - A captação, intermediação e aplicação de recursos financeiros de terceiros, em moeda nacional ou estrangeira;

II – a compra e venda de moeda estrangeira ou ouro como ativo financeiro ou instrumento cambial;

III - a custódia, emissão, distribuição, liquidação, negociação, intermediação ou administração de títulos ou valores mobiliários.

Parágrafo único. Sujeitam-se às mesmas obrigações:

I – as bolsas de valores, as bolsas de mercadorias ou futuros e os sistemas de negociação do mercado de balcão organizado;

II - as seguradoras, as corretoras de seguros e as entidades de previdência complementar ou de capitalização;

III - as administradoras de cartões de credenciamento ou cartões de crédito, bem como as administradoras de consórcios para aquisição de bens ou serviços;

IV - as administradoras ou empresas que se utilizem de cartão ou qualquer outro meio eletrônico, magnético ou equivalente, que permita a transferência de fundos;

V - As empresas de arrendamento mercantil (leasing), as empresas de fomento comercial (factoring) e as Empresas Simples de Crédito (ESC);

VI - as sociedades que, mediante sorteio, método assemelhado, exploração de loterias, inclusive de apostas de quota fixa, ou outras sistemáticas de captação de apostas com pagamento de prêmios, realizem distribuição de dinheiro, de bens móveis, de bens imóveis e de outras mercadorias ou serviços, bem como concedam descontos na sua aquisição ou contratação;

VII - as filiais ou representações de entes estrangeiros que exerçam no Brasil qualquer das atividades listadas neste artigo, ainda que de forma eventual;

VIII - as demais entidades cujo funcionamento dependa de autorização de órgão regulador dos mercados financeiro, de câmbio, de capitais e de seguros;

IX - as pessoas físicas ou jurídicas, nacionais ou estrangeiras, que operem no Brasil como agentes, dirigentes, procuradoras, comissionárias ou por qualquer forma representem interesses de ente estrangeiro que exerça qualquer das atividades referidas neste artigo;

X - as pessoas físicas ou jurídicas que exerçam atividades de promoção imobiliária ou compra e venda de imóveis;

XI - as pessoas físicas ou jurídicas que comercializem joias, pedras e metais preciosos, objetos de arte e antiguidades.

XII - as pessoas físicas ou jurídicas que comercializem bens de luxo ou de alto valor, intermedeiem a sua comercialização ou exerçam atividades que envolvam grande volume de recursos em espécie;

XIII - as juntas comerciais e os registros públicos;

XIV - as pessoas físicas ou jurídicas que prestem, mesmo que eventualmente, serviços de assessoria, consultoria, contadoria, auditoria, aconselhamento ou assistência, de qualquer natureza, em operações:

a) de compra e venda de imóveis, estabelecimentos comerciais ou industriais ou participações societárias de qualquer natureza;

b) de gestão de fundos, valores mobiliários ou outros ativos;

c) de abertura ou gestão de contas bancárias, de poupança, investimento ou de valores mobiliários;

d) de criação, exploração ou gestão de sociedades de qualquer natureza, fundações, fundos fiduciários ou estruturas análogas;

e) financeiras, societárias ou imobiliárias; e

f) de alienação ou aquisição de direitos sobre contratos relacionados a atividades desportivas ou artísticas profissionais;

XV - Pessoas físicas ou jurídicas que atuem na promoção, intermediação, comercialização, agenciamento ou negociação de direitos de transferência de atletas, artistas ou feiras, exposições ou eventos similares;

XVI - as empresas de transporte e guarda de valores;

XVII - as pessoas físicas ou jurídicas que comercializem bens de alto valor de origem rural ou animal ou intermedeiem a sua comercialização; e

XVIII - as dependências no exterior das entidades mencionadas neste artigo, por meio de sua matriz no Brasil, relativamente a residentes no País.

1.2.3 Identificação dos clientes e manutenção de registros

***Art. 10** As pessoas referidas no art. 9º:*

I - Identificarão seus clientes e manterão cadastro atualizado, nos termos de instruções emanadas das autoridades competentes;

II - manterão registro de toda transação em moeda nacional ou estrangeira, títulos e valores mobiliários, títulos de crédito, metais, ou qualquer ativo passível de ser convertido em dinheiro, que ultrapassar limite fixado pela autoridade competente e nos termos de instruções por esta expedidas;

III - deverão adotar políticas, procedimentos e controles internos, compatíveis com seu porte e volume de operações, que lhes permitam atender ao disposto neste artigo e no art. 11, na forma disciplinada pelos órgãos competentes;

IV - Deverão cadastrar-se e manter seu cadastro atualizado no órgão regulador ou fiscalizador e, na falta deste, no Conselho de Controle de Atividades Financeiras (Coaf), na forma e condições por eles estabelecidas;

V - Deverão atender às requisições formuladas pelo Coaf na periodicidade, forma e condições por ele estabelecidas, cabendo-lhe preservar, nos termos da lei, o sigilo das informações prestadas.

Art. 10A. O Banco Central manterá registro centralizado formando o cadastro geral de correntistas e clientes de instituições financeiras, bem como de seus procuradores.

1.2.4 Comunicação de operações financeiras

***Art. 11** As pessoas referidas no art. 9º:*

I - Dispensarão especial atenção às operações que, nos termos de instruções emanadas das autoridades competentes, possam constituir-se em sérios indícios dos crimes previstos nesta Lei, ou com eles relacionar-se;

II - Deverão comunicar ao Coaf, abstendo-se de dar ciência de tal ato a qualquer pessoa, inclusive àquela à qual se refira a informação, no prazo de 24 (vinte e quatro) horas, a proposta ou realização:

a) de todas as transações referidas no inciso II do art. 10, acompanhadas da identificação de que trata o inciso I do mencionado artigo; e

b) das operações referidas no inciso I;

III - deverão comunicar ao órgão regulador ou fiscalizador da sua atividade ou, na sua falta, ao Coaf, na periodicidade, forma e condições por eles estabelecidas, a não ocorrência de propostas, transações ou operações passíveis de serem comunicadas nos termos do inciso II.

***Art. 11-A.** As transferências internacionais e os saques em espécie deverão ser previamente comunicados à instituição financeira, nos termos, limites, prazos e condições fixados pelo Banco Central do Brasil.*

1.2.5 Conselho de controle de atividades financeiras

***Art. 14** É criado, no âmbito do Ministério da Fazenda, o Conselho de Controle de Atividades Financeiras - COAF, com a finalidade de disciplinar, aplicar penas administrativas, receber, examinar e identificar as ocorrências suspeitas de atividades ilícitas previstas nesta Lei, sem prejuízo da competência de outros órgãos e entidades.*

§ 1º As instruções referidas no art. 10 destinadas às pessoas mencionadas no art. 9º, para as quais não exista órgão próprio fiscalizador ou regulador, serão expedidas pelo COAF, competindo-lhe, para esses casos, a definição das pessoas abrangidas e a aplicação das sanções enumeradas no art. 12.

§ 2º O COAF deverá, ainda, coordenar e propor mecanismos de cooperação e de troca de informações que viabilizem ações rápidas e eficientes no combate à ocultação ou dissimulação de bens, direitos e valores.

§ 3o O COAF poderá requerer aos órgãos da Administração Pública as informações cadastrais bancárias e financeiras de pessoas envolvidas em atividades suspeitas.

***Art. 15** O COAF comunicará às autoridades competentes para a instauração dos procedimentos cabíveis, quando concluir pela existência de crimes previstos nesta Lei, de fundados indícios de sua prática, ou de qualquer outro ilícito.*

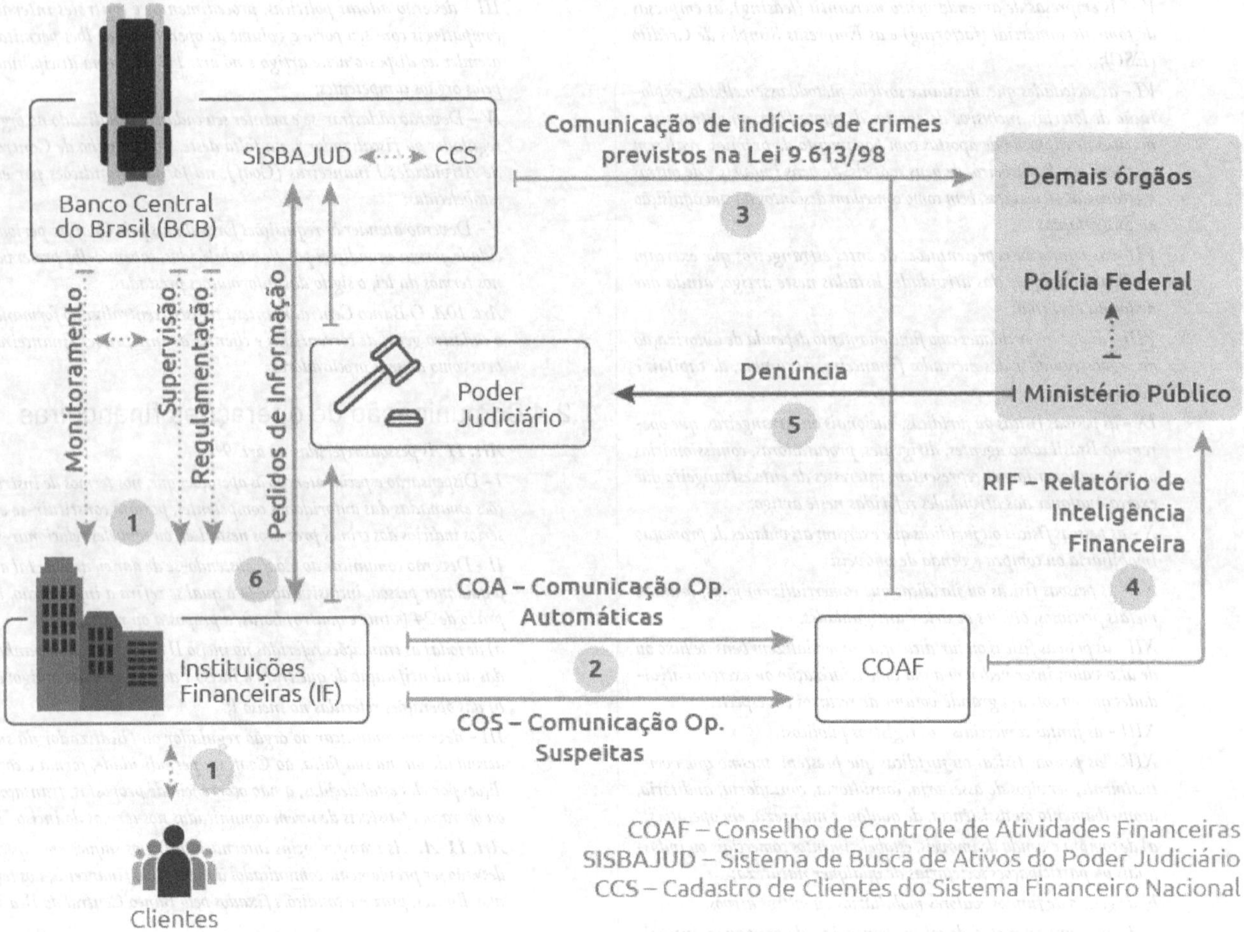

1.3 BCB - Circular nº 3.978/2020

Dispõe sobre a política, os procedimentos e os controles internos a serem adotados pelas instituições autorizadas a funcionar pelo Banco Central do Brasil visando à prevenção da utilização do sistema financeiro para a prática dos crimes de "lavagem" ou ocultação de bens, direitos e valores, de que trata a Lei nº 9.613/1998, e de financiamento do terrorismo, previsto na Lei nº 13.260/2016.

1.3.1 Objeto e do âmbito de aplicação

Art. 1º Esta Circular dispõe sobre a política, os procedimentos e os controles internos a serem adotados pelas instituições autorizadas a funcionar pelo Banco Central do Brasil visando à prevenção da utilização do sistema financeiro para a prática dos crimes de "lavagem" ou ocultação de bens, direitos e valores, de que trata a Lei nº 9.613, de 3 de março de 1998, e de financiamento do terrorismo, previsto na Lei nº 13.260, de 16 de março de 2016.

***Parágrafo único.** Para os fins desta Circular, os crimes referidos no caput serão denominados genericamente "lavagem de dinheiro" e "financiamento do terrorismo".*

1.3.2 Política de prevenção à lavagem de dinheiro e ao financiamento do terrorismo

Art. 2º As instituições mencionadas no art. 1º devem implementar e manter política formulada com base em princípios e diretrizes que busquem prevenir a sua utilização para as práticas de lavagem de dinheiro e de financiamento do terrorismo.

Parágrafo único. A política de que trata o caput deve ser compatível com os perfis de risco:

I - dos clientes;

II - da instituição;

III - das operações, transações, produtos e serviços; e

IV - dos funcionários, parceiros e prestadores de serviços terceirizados.

Art. 4º Admite-se a adoção de política de prevenção à lavagem de dinheiro e ao financiamento do terrorismo única por conglomerado prudencial e por sistema cooperativo de crédito.

1.3.3 Avaliação interna de risco

Art. 10 As instituições referidas no art. 1º devem realizar avaliação interna com o objetivo de identificar e mensurar o risco de utilização de seus produtos e serviços na prática da lavagem de dinheiro e do financiamento do terrorismo.

§ 1º Para identificação do risco de que trata o caput, a avaliação interna deve considerar, no mínimo, os perfis de risco:

I - dos clientes;

II - da instituição, incluindo o modelo de negócio e a área geográfica de atuação;

III - das operações, transações, produtos e serviços, abrangendo todos os canais de distribuição e a utilização de novas tecnologias; e

IV - das atividades exercidas pelos funcionários, parceiros e prestadores de serviços terceirizados.

§ 2º O risco identificado deve ser avaliado quanto à sua probabilidade de

ocorrência e à magnitude dos impactos financeiro, jurídico, reputacional e socioambiental para a instituição.

1.3.4 Identificação dos clientes

***Art. 16** As instituições referidas no art. 1º devem adotar procedimentos de identificação que permitam verificar e validar a identidade do cliente.*

§ 1º Os procedimentos referidos no caput devem incluir a obtenção, a verificação e a validação da autenticidade de informações de identificação do cliente, inclusive, se necessário, mediante confrontação dessas informações com as disponíveis em bancos de dados de caráter público e privado.

§ 2º No processo de identificação do cliente devem ser coletados, no mínimo:

I - o nome completo e o número de registro no Cadastro de Pessoas Físicas (CPF), no caso de pessoa natural; e

II - a firma ou denominação social e o número de registro no Cadastro Nacional da Pessoa Jurídica (CNPJ), no caso de pessoa jurídica.

§ 3º No caso de cliente pessoa natural residente no exterior desobrigada de inscrição no CPF, na forma definida pela Secretaria da Receita Federal do Brasil, admite -se a utilização de documento de viagem na forma da Lei, devendo ser coletados, no mínimo, o país emissor, o número e o tipo do documento.

§ 4º No caso de cliente pessoa jurídica com domicílio ou sede no exterior desobrigada de inscrição no CNPJ, na forma definida pela Secretaria da Receita Federal do Brasil, as instituições devem coletar, no mínimo, o nome da empresa, o endereço da sede e o número de identificação ou de registro da empresa no respectivo país de origem.

***Art. 17** As informações referidas no art. 16 devem ser mantidas atualizadas*

1.3.5 Qualificação como pessoa exposta politicamente

***Art. 27** As instituições mencionadas no art. 1º devem implementar procedimentos que permitam qualificar seus clientes como pessoa exposta politicamente.*

§ 1º Consideram-se pessoas expostas politicamente:

I - os detentores de mandatos eletivos dos Poderes Executivo e Legislativo da União;

II - os ocupantes de cargo, no Poder Executivo da União, de:

a) Ministro de Estado ou equiparado;

b) Natureza Especial ou equivalente;

c) presidente, vice-presidente e diretor, ou equivalentes, de entidades da administração pública indireta; e

d) Grupo Direção e Assessoramento Superiores (DAS), nível 6, ou equivalente;

III - os membros do Conselho Nacional de Justiça, do Supremo Tribunal Federal, dos Tribunais Superiores, dos Tribunais Regionais Federais, dos Tribunais Regionais do Trabalho, dos Tribunais Regionais Eleitorais, do Conselho Superior da Justiça do Trabalho e do Conselho da Justiça Federal;

IV - os membros do Conselho Nacional do Ministério Público, o Procurador-Geral da República, o Vice-Procurador-Geral da República, o Procurador-Geral do Trabalho, o Procurador-Geral da Justiça Militar, os Subprocuradores-Gerais da República e os Procuradores-gerais de Justiça dos Estados e do Distrito Federal;

V - os membros do Tribunal de Contas da União, o Procurador-Geral e os

Subprocuradores-Gerais do Ministério Público junto ao Tribunal de Contas da União;

VI - os presidentes e os tesoureiros nacionais, ou equivalentes, de partidos políticos;

VII - os Governadores e os Secretários de Estado e do Distrito Federal, os

Deputados Estaduais e Distritais, os presidentes, ou equivalentes, de entidades da administração pública indireta estadual e distrital e os presidentes de Tribunais de Justiça, Tribunais Militares,

Tribunais de Contas ou equivalentes dos Estados e do Distrito Federal; e

VIII - os Prefeitos, os Vereadores, os Secretários Municipais, os presidentes, ou equivalentes, de entidades da administração pública indireta municipal e os Presidentes de Tribunais de Contas ou equivalentes dos Municípios.

§ 2º São também consideradas expostas politicamente as pessoas que, no exterior, sejam:

I - chefes de estado ou de governo;

II - políticos de escalões superiores;

III - ocupantes de cargos governamentais de escalões superiores;

IV - oficiais-generais e membros de escalões superiores do Poder Judiciário;

V - executivos de escalões superiores de empresas públicas; ou

VI - dirigentes de partidos políticos.

§ 3º São também consideradas pessoas expostas politicamente os dirigentes de escalões superiores de entidades de direito internacional público ou privado.

1.3.6 Registro das operações em espécie

***Art. 33** No caso de operações com utilização de recursos em espécie de valor individual superior a R$2.000,00 (dois mil reais), as instituições referidas no art. 1º devem incluir no registro, além das informações previstas nos arts. 28 e 30, o nome e o respectivo número de inscrição no CPF do portador dos recursos.*

***Parágrafo único.** Nas operações de que trata o caput, realizadas por empresa de transporte de valores devidamente autorizada e registrada na autoridade competente, nos termos da legislação em vigor, considera-se essa empresa como a portadora dos recursos, a qual será identificada por meio do registro do número de inscrição no CNPJ e da firma ou*

denominação social.

***Art. 34** No caso de operações de depósito ou aporte em espécie de valor individual igual ou superior a R$50.000,00 (cinquenta mil reais), as instituições referidas no art. 1º devem incluir no registro, além das informações previstas nos arts. 28 e 30:*

I - o nome e o respectivo número de inscrição no CPF ou no CNPJ, conforme o caso, do proprietário dos recursos;

II - o nome e o respectivo número de inscrição no CPF do portador dos recursos; e

III - a origem dos recursos depositados ou aportados.

Parágrafo único. Na hipótese de recusa do cliente ou do portador dos recursos em prestar a informação referida no inciso III do caput, a instituição deve registrar o fato e utilizar essa informação nos procedimentos de monitoramento, seleção e análise de que tratam os art. 38 a 47.

1.3.7 Procedimentos de comunicação ao COAF

Comunicação de operações e situações suspeitas

***Art. 48** As instituições referidas no art. 1º devem comunicar ao Coaf as operações ou situações suspeitas de lavagem de dinheiro e de financiamento do terrorismo.*

ÉTICOM

1.3.8 Comunicação de operações em espécie

Art. 49 As instituições mencionadas no art. 1º devem comunicar ao Coaf:

I - as operações de depósito ou aporte em espécie ou saque em espécie de valor igual ou superior a R$50.000,00 (cinquenta mil reais);

II - as operações relativas a pagamentos, recebimentos e transferências de recursos, por meio de qualquer instrumento, contra pagamento em espécie, de valor igual ou superior a R$50.000,00 (cinquenta mil reais); e

III - a solicitação de provisionamento de saques em espécie de valor igual ou superior a R$50.000,00 (cinquenta mil reais) de que trata o art. 36.

***Parágrafo único.** A comunicação mencionada no caput deve ser realizada até o dia útil seguinte ao da ocorrência da operação ou do provisionamento*

1.4 Carta circular nº 4.001/2020

Divulga relação de operações e situações que podem configurar indícios de ocorrência dos crimes de "lavagem" ou ocultação de bens, direitos e valores, de que trata a Lei nº 9.613/1998, e de financiamento ao terrorismo, previstos na Lei nº 13.260/2016, passíveis de comunicação ao Conselho de Controle de Atividades Financeiras (Coaf).

***Art. 1º** As operações ou as situações descritas a seguir exemplificam a ocorrência de indícios de suspeita para fins dos procedimentos de monitoramento e seleção previstos na Circular nº 3.978, de 23 de janeiro de 2020:*

I - situações relacionadas com operações em espécie em moeda nacional com a utilização de contas de depósitos ou de contas de pagamento:

a) depósitos, aportes, saques, pedidos de provisionamento para saque ou qualquer outro instrumento de transferência de recursos em espécie, que apresentem atipicidade em relação à atividade econômica do cliente ou incompatibilidade com a sua capacidade financeira;

b) movimentações em espécie realizadas por clientes cujas atividades possuam como característica a utilização de outros instrumentos de transferência de recursos, tais como cheques, cartões de débito ou crédito;

c) aumentos substanciais no volume de depósitos ou aportes em espécie de qualquer pessoa natural ou jurídica, sem causa aparente, nos casos em que tais depósitos ou aportes forem posteriormente transferidos, dentro de curto período de tempo, a destino não relacionado com o cliente;

d) fragmentação de depósitos ou outro instrumento de transferência de recurso em espécie, inclusive boleto de pagamento, de forma a dissimular o valor total da movimentação;

e) fragmentação de saques em espécie, a fim de burlar limites regulatórios de reportes;

f) depósitos ou aportes de grandes valores em espécie, de forma parcelada, principalmente nos mesmos caixas ou terminais de autoatendimento próximos, destinados a uma única conta ou a várias contas em municípios ou agências distintas;

g) depósitos ou aportes em espécie em contas de clientes que exerçam atividade comercial relacionada com negociação de bens de luxo ou de alto valor, tais como obras de arte, imóveis, barcos, joias, automóveis ou aeronaves;

h) saques em espécie de conta que receba diversos depósitos por transferência eletrônica de várias origens em curto período de tempo;

i) depósitos ou aportes em espécie com cédulas úmidas, malcheirosas, mofadas, ou com aspecto de que foram armazenadas em local impróprio ou ainda que apresentem marcas, símbolos ou selos desconhecidos, empacotadas em maços desorganizados e não uniformes;

j) depósitos, aportes ou troca de grandes quantidades de cédulas de pequeno valor, por pessoa natural ou jurídica, cuja atividade ou negócio não tenha como característica recebimentos de grandes quantias de recursos em espécie;

k) saques no período de cinco dias úteis em valores inferiores aos limites estabelecidos, de forma a dissimular o valor total da operação e evitar comunicações de operações em espécie;

l) dois ou mais saques em espécie no caixa no mesmo dia, com indícios de tentativa de burla para evitar a identificação do sacador;

m) dois ou mais depósitos em terminais de autoatendimento em espécie, no período de cinco dias úteis, com indícios de tentativa de burla para evitar a identificação do depositante;

n) depósitos em espécie relevantes em contas de servidores públicos e de qualquer tipo de Pessoas Expostas Politicamente (PEP), conforme elencados no art. 27 da Circular nº 3.978, de 2020, bem como seu representante, familiar ou estreito colaborador;

II - situações relacionadas com operações em espécie e cartões pré-pagos em moeda estrangeira e cheques de viagem:

a) movimentações de moeda estrangeira em espécie ou de cheques de viagem denominados em moeda estrangeira, que apresentem atipicidade em relação à atividade econômica do cliente ou incompatibilidade com a sua capacidade financeira;

b) negociações de moeda estrangeira em espécie ou de cheques de viagem denominados em moeda estrangeira, que não apresentem compatibilidade com a natureza declarada da operação;

c) negociações de moeda estrangeira em espécie ou de cheques de viagem denominados em moeda estrangeira, realizadas por diferentes pessoas naturais, não relacionadas entre si, que informem o mesmo endereço residencial, telefone de contato ou possuam o mesmo representante legal;

d) negociações envolvendo taxas de câmbio com variação significativa em relação às praticadas pelo mercado;

e) negociações de moeda estrangeira em espécie envolvendo cédulas úmidas, malcheirosas, mofadas, ou com aspecto de terem sido armazenadas em local impróprio, ou ainda que apresentem marcas, símbolos ou selos desconhecidos, empacotadas em maços desorganizados e não uniformes;

f) negociações de moeda estrangeira em espécie ou troca de grandes quantidades de cédulas de pequeno valor, realizadas por pessoa natural ou jurídica, cuja atividade ou negócio não tenha como característica o recebimento desse tipo de recurso;

g) utilização, carga ou recarga de cartão pré-pago em valor não compatível com a capacidade financeira, atividade ou perfil do cliente;

h) utilização de diversas fontes de recursos para carga e recarga de cartões pré-pagos;

i) carga e recarga de cartões pré-pagos seguidas imediatamente por saques em caixas eletrônicos;

XVII - situações relacionadas com operações realizadas em municípios localizados em regiões de risco:

a) operação atípica em municípios localizados em regiões de fronteira;

b) operação atípica em municípios localizados em regiões de extração mineral;

c) operação atípica em municípios localizados em outras regiões de risco.

2 ÉTICA E MORAL

2.1 Ética

A ética é o conjunto de valores que compõem o modo particular de ser do indivíduo, é a reflexão à respeito da moral vigente e das interações humanas de modo geral.

Racionalizando as normas sociais, os valores éticos são estruturantes ou desestruturantes da moral e comumente chamados de "princípios", um código de conduta pessoal.

2.2 Moral

A palavra originou-se do latim: mores, que significa costumes. Normas morais são regras básicas coletivas para as escolhas do indivíduo em seu cotidiano, a partir das quais é possível julgar uma ação.

A moral é um conjunto de regras específico que determina o que é certo e errado e assegura a boa convivência em uma sociedade.

A moral varia de acordo com os diversos fatores que determinam uma comunidade, como localização geográfica, tempo histórico, religião e ideologia dominante, entre outros; portanto, há uma enorme pluralidade de códigos morais hoje e no passado.

2.2.1 Princípios e valores

Os princípios dão base para a formação dos valores.

Enquanto princípios são pressupostos universais que definem regras essenciais que beneficiam um sistema maior que é a humanidade, valores são regras individuais que orientam, como bússolas internas as relações, as decisões e as ações.

2.2.2 Virtude

A virtude é um traço de caráter que é valorizado socialmente.

A virtude, tem origem na Grécia com a palavra areté, que também pode ser traduzida como excelência.

Virtude, segundo Aristóteles, é uma disposição adquirida de fazer o bem.

2.3 Ética empresarial

A ética empresarial são os valores e princípios morais que a empresa transmite para a sociedade. É a sua imagem corporativa perante todas as pessoas que ela tem contato, como seus funcionários, fornecedores, clientes e concorrentes.

Uma empresa que consolida sua ética empresarial perante todos, tem uma tendência maior de atrair clientes, melhores colaboradores e investidores.

Uma empresa ética se preocupa com o relacionamento de seus funcionários, fazendo com que tenham também boas atitudes e valores positivos para que haja o máximo de cooperação entre eles gerando não só um ambiente melhor, mas também um acréscimo na produtividade e lucro da empresa.

2.4 Ética profissional

De forma simplificada, ética profissional nada mais é do que todo o conceito moral e cultura social que foram considerados aceitáveis dentro do universo corporativo. No ambiente colaborativo a cultura organizacional envolve o respeito às normas de conduta, à área de trabalho e às demais pessoas que o integram.

Existe, ainda, um outro ponto de vista sobre a ética profissional. Estamos falando sobre as posturas individuais que definem como cada empregado lida com as relações de trabalho e com sua própria profissão, agindo conforme seus princípios, o que pode dar ou não ênfase às características de uma conduta ética.

3 A GESTÃO DA ÉTICA NAS EMPRESAS PÚBLICAS E PRIVADAS

3.1 Gestão

Por meio do Sistema de Gestão da Ética, são implementados valores e regras éticas a serem respeitadas pelas altas autoridades das empresas públicas/privadas e por todos os empregados públicos/privados, ou por todos aqueles que, de qualquer maneira, atuem no nome ou promovam os interesses da empresa.

3.1.1 Fatores

- Sobrevivência;
- Aumentar a lucratividade;
- Credibilidade;
- Manutenção (ou melhoria) de uma boa imagem;
- Competitividade;
- Melhoria do ambiente de trabalho;
- Aumento da produtividade;
- Concorrência;
- Pressão social e dos consumidores; etc.

A gestão deve ser baseada em qualificação, recompensas e punições, evitando moralismo, sendo coerente, confiando e apoiando as pessoas, orientando em casos de dúvidas, permitindo condições favoráveis, inclusive incentivando ações que promovam as práticas éticas e, principalmente, envolver o máximo de pessoas no programa.

3.2 Responsabilidade social das empresas

A responsabilidade social das organizações é toda e qualquer ação por elas praticadas que possa contribuir para a melhoria da qualidade de vida da sociedade.

As organizações buscam constantemente se adequar ao cenário atual de acordo com o ambiente em que atuam e estão cientes de que boa parte do seu patrimônio depende de uma boa imagem reputacional aliada a boas práticas de responsabilidade social e a preocupação com todos os envolvidos – os stakeholders – e como a empresa projeta sua imagem para os mesmos.

3.3 Accountability

É um termo em inglês utilizado para se referir a um conjunto de práticas utilizadas pelos gestores para prestar contas e se responsabilizar pelas suas ações. Não existe uma tradução literal desse conceito para o português. Porém, pesquisadores e autores que estudam o tema dizem que o termo pode ser utilizado como sinônimo de responsabilização, prestação de contas, controle, fiscalização e transparência.

No caso específico da transparência, ela pode ser vista como um valor fim, que quando observada conscientemente, ajuda a combater a corrupção e a melhorar a governança.

Esta por sua vez, requer a necessidade de estabelecer cadeias de accountability, observando assim, a gestão participativa, o acesso à informação, o respeito pelos direitos e garantias e a sustentabilidade ambiental.

3.4 Assédio moral

É toda e qualquer conduta que caracteriza comportamento abusivo, frequente e intencional, através de atitudes, gestos, palavras ou escritos que possam ferir a integridade física ou psíquica de uma pessoa, vindo a pôr em risco o seu emprego ou degradando o seu ambiente de trabalho.

3.5 Compliance

É um termo genérico que está relacionado à necessidade de conformidade em sentido amplo em todas as operações da empresa, focando em prevenção de fraudes, lavagem de dinheiro e adoção de medidas anticorrupção, em diversas esferas as quais serão mais detalhadas a seguir.

3.6 Ética nas empresas públicas

A palavra república deriva de um termo em latim, que traduzindo significa "uma coisa pública", portanto, algo que é comum, de todos. A Gestão da Ética envolve compromisso institucional, adoção dos normativos éticos, elaboração do plano de trabalho, organização e funcionamento das comissões de ética, infraestrutura, educação para ética, divulgação interna e externa sobre normas de conduta, monitoramento, avaliação, apuração e aplicação de penalidade, no caso de infração ética.

4 CÓDIGO DE ÉTICA DA CAIXA ECONÔMICA FEDERAL

4.1 Objetivo

Sistematizar os valores éticos que devem nortear a condução dos negócios da CAIXA Conglomerado, orientar as ações e o relacionamento com os interlocutores internos e externos.

O Código expressa o sentimento ético dos empregados e dirigentes, e contempla os valores:

- Respeito;
- Honestidade;
- Compromisso;
- Transparência;
- Responsabilidade.

Devem observância ao Código de Ética da CAIXA todos os empregados, colaboradores, dirigentes, membros estatutários e representantes em órgãos estatutários de empresas de que participe.

4.2 Propósito, visão e valores

4.2.1 Propósito

Ser o banco de todos os brasileiros.

4.2.2 Visão

Ser o maior parceiro dos brasileiros, reconhecido pela capacidade de transformação, com eficiência e rentabilidade.

4.2.3 Valores

- Meritocracia;
- Foco no cliente;
- Responsabilidade socioambiental;
- Integridade;
- Ética.

4.3 Valores do código de ética da caixa

4.3.1 Respeito

As pessoas na CAIXA são tratadas com ética, justiça, respeito, cortesia, igualdade e dignidade.

Exigimos de empregados, colaboradores, dirigentes, membros estatutários e representantes em órgãos estatutários de empresas de que participe, absoluto respeito pelo ser humano, pelo bem público, pela sociedade e pelo meio ambiente.

Repudiamos todas as atitudes de preconceitos relacionadas à origem, raça, gênero, cor, idade, religião, credo, classe social, incapacidade física e quaisquer outras formas de discriminação.

Respeitamos e valorizamos nossos clientes e seus direitos de consumidores, com a prestação de informações corretas, cumprimento dos prazos acordados e oferecimento de alternativa para satisfação de suas necessidades de negócios com a CAIXA.

Preservamos a dignidade de empregados, colaboradores, dirigentes, membros estatutários e representantes em órgãos estatutários de empresas de que participe, em qualquer circunstância, com a determinação de eliminar situações de provocação e constrangimento no ambiente de trabalho que diminuam o seu amor próprio e a sua integridade moral.

4.3.2 Honestidade

No exercício profissional, os interesses da CAIXA estão em 1º lugar nas mentes dos nossos empregados, colaboradores, dirigentes, membros estatutários e representantes em órgãos estatutários de empresas de que participe, em detrimento de interesses pessoais, de grupos ou de terceiros, de forma a resguardar a lisura dos seus processos e de sua imagem.

Gerimos com honestidade nossos negócios, os recursos da sociedade e dos fundos e programas que administramos, oferecendo oportunidades iguais nas transações e relações de emprego.

Não admitimos qualquer relacionamento ou prática desleal de comportamento que resulte em conflito de interesses e que estejam em desacordo com o mais alto padrão ético.

Não admitimos práticas que fragilizem a imagem da CAIXA e comprometam o seu corpo funcional.

Condenamos a solicitação de doações, contribuições de bens materiais ou valores a parceiros comerciais ou institucionais em nome da CAIXA, sob qualquer pretexto.

4.3.3 Compromisso

Os empregados, colaboradores, dirigentes, membros estatutários e representantes em órgãos estatutários de empresas de que participe, estão comprometidos com a uniformidade de procedimentos e com o mais elevado padrão ético no exercício de suas atribuições profissionais.

Temos compromisso permanente com o cumprimento das leis, das normas e dos regulamentos internos e externos que regem a nossa Instituição.

Pautamos nosso relacionamento com clientes, fornecedores, correspondentes, coligadas, controladas, patrocinadas, associações e entidades de classe dentro dos princípios deste Código de Ética.

Prestamos orientações e informações corretas aos nossos clientes para que tomem decisões conscientes em seus negócios.

Preservamos o sigilo e a segurança das informações.

Incentivamos a participação voluntária em atividades sociais destinadas a resgatar a cidadania do povo brasileiro.

4.3.4 Transparência

As relações da CAIXA com os segmentos da sociedade são pautadas no princípio da transparência e na adoção de critérios técnicos.

Aos nossos clientes, parceiros comerciais, fornecedores e à mídia dispensamos tratamento equânime na disponibilidade de informações claras e tempestivas, por meio de fontes autorizadas e no estrito cumprimento dos normativos a que estamos subordinados.

Oferecemos aos nossos empregados oportunidades de ascensão profissional, com critérios claros e do conhecimento de todos.

4.3.5 Responsabilidade

Devemos pautar nossas ações nos preceitos e valores éticos deste Código, de forma a resguardar a CAIXA de ações e atitudes inadequadas à sua missão e imagem e a não prejudicar ou comprometer, direta ou indiretamente, empregados, colaboradores, dirigentes, membros estatutários e representantes em órgãos estatutários de empresas de que participe.

Zelamos pela proteção do patrimônio público, com a adequada utilização das informações, dos bens, equipamentos e demais recursos colocados à nossa disposição para a gestão eficaz dos nossos negócios.

Buscamos a preservação ambiental nos projetos dos quais participamos, por entendermos que a vida depende diretamente da qualidade do meio ambiente.

Garantimos proteção contra qualquer forma de represália ou discriminação profissional a quem denunciar as violações a este Código, como forma de preservar os valores da CAIXA.

5 CÓDIGO DE CONDUTA DA CAIXA ECONÔMICA FEDERAL

5.1 Objetivo

Nortear o comportamento dos agentes públicos na execução das atividades administrativas e negócios realizados em nome da CAIXA, em suas dependências ou fora delas;

Resguardar a imagem institucional e a reputação dos agentes públicos, cujas condutas estejam de acordo com as normas estabelecidas neste Código e nos demais normativos;

Servir como instrumento de consulta destinado a possibilitar o prévio e pronto esclarecimento de dúvidas quanto à conduta ética exigida.

5.2 Disposições preliminares

5.2.1 Aplicação

Todos os agentes públicos, inclusive em atuação no conglomerado e na FUNCEF, fundos por ela administrados

Devem ser observadas as disposições contidas neste normativo, sem prejuízo da aplicação do disposto no Código de Ética Profissional do Servidor Público Civil do Poder Executivo Federal e, quando for o caso, o Código de Conduta da Alta Administração Federal.

No exercício das atribuições profissionais, a conduta deve ser pautada:

- Ética;
- Respeito;
- Honestidade;
- Compromisso;
- Transparência e;
- Responsabilidade.

As condutas devem levar em consideração não somente o legal e o ilegal, o justo e o injusto, o conveniente e o inconveniente, o oportuno e o inoportuno, mas principalmente o honesto e o desonesto, tendo como fim o bem comum.

Fique ligado

O exercício profissional na CAIXA é equiparado à função pública.

5.3 Conflito de interesses

É a situação gerada pelo confronto entre interesses da CAIXA, inclusive quando atuando por mandato de terceiros, diverso do mandato de fundos de investimento/carteiras administradas, e interesse pessoal, que possa comprometer o interesse coletivo ou influenciar de maneira imprópria o desempenho da função pública.

Ocorre sempre que interesses pessoais influenciam ou possam influenciar, direta ou indiretamente, nas análises e decisões tomadas quando do exercício das atividades na CAIXA ou na sua representação.

Configura conflito de interesses na relação de trabalho com a CAIXA:

- Divulgar ou fazer uso de informação privilegiada;
- Exercer atividade que implique a prestação de serviços ou a manutenção de relação de negócio com pessoa física ou jurídica, que tenha interesse em decisão do agente público ou de colegiado do qual este participe;
- Exercer, direta ou indiretamente, atividade que, em razão da sua natureza, seja incompatível com as atribuições do cargo ou emprego;
- Atuar, ainda que informalmente, como procurador, consultor, assessor ou intermediário de interesses privados nos órgãos ou entidades da administração pública direta ou indireta de qualquer dos Poderes da União, dos Estados, do Distrito Federal e dos Municípios;
- Praticar ato em benefício de interesse de pessoa jurídica de que participe o agente público, seu cônjuge, companheiro ou parentes, consanguíneos ou afins, em linha reta ou colateral, até o terceiro grau, e que possa ser por ele beneficiada ou influir em seus atos de gestão;
- Receber presente de quem tenha interesse em decisão do agente público ou de colegiado do qual este participe fora dos limites e condições estabelecidos em regulamento;
- Prestar serviços, ainda que eventuais, a empresa cuja atividade seja controlada, fiscalizada ou regulada pelo ente ao qual o agente público está vinculado.

5.4 Uso, divulgação e sigilo de informações

São de uso exclusivo e de propriedade da CAIXA as informações, programas, modelos, documentos e metodologias, desenvolvidos ou em uso pela instituição, mesmo que o agente público tenha participado de seu desenvolvimento.

É dever do agente público:

- Guardar sigilo sobre dados, informações e operações da CAIXA, de seus clientes, de empresas coligadas ou subsidiárias, de prestadores de serviços e de fornecedores, ou de empresa/entidade que participe enquanto representante da CAIXA.
- **Fornecer informações, nos casos legais e de determinação judicial, antecedido de orientação da área jurídica da CAIXA;**
- **Não fazer uso de informações privilegiadas obtidas no âmbito interno de seu serviço ou enquanto representante em fundos, órgãos estatutários, conselhos e comitês, em benefício próprio, de parentes, de amigos ou de terceiros**
- **Não veicular junto à imprensa ou disponibilização à terceiros de informação sigilosa, privilegiada, de ato ou fato relevante concernente à CAIXA.**
- **Não disseminar informações difamatórias;**
- **Não permitir o acesso de terceiros a sistemas de informações, operações e bancos de dados de responsabilidade e/ou propriedade da CAIXA, salvo se expressamente autorizado pelo gestor competente;**
- **Não utilizar informações privilegiadas a que tenha acesso para obter vantagens para si ou para terceiros, em especial nas negociações dos títulos de valores mobiliários emitidos pela CAIXA, sendo responsável por evitar, no âmbito da sua atuação, que os investidores sejam prejudicados pela prática de insider trading.**

5.5 Redes sociais

É vedado ao agente público:

- Publicar nas redes sociais qualquer assunto ofensivo à imagem da CAIXA e à imagem/reputação de seus agentes públicos;
- Utilizar nas redes sociais as logomarcas da CAIXA;
- Comentar/compartilhar nas redes sociais quaisquer assuntos de caráter restrito ou sigiloso relativo à CAIXA;
- Publicar/compartilhar nas redes sociais rotinas de trabalho na CAIXA e do funcionamento das unidades da CAIXA;
- Publicar nas redes sociais fotos e imagens do interior das unidades da CAIXA que fragilizem a segurança e exponham informações
- Manifestar-se em nome da CAIXA nas redes sociais, salvo nas condições previstas em norma.

5.6 Brindes e presentes

É vedado ao agente público, em razão de suas atribuições, aceitar favores, comissões, gratificações, vantagens financeiras ou materiais, doações, brindes ou presentes de qualquer natureza, para si ou para outras pessoas, oferecidos de forma direta ou indireta, resultantes ou não de relacionamentos com a CAIXA e que influenciam em decisões, facilitação de negócios, beneficiamento de terceiros, ou causar prejuízo de imagem à Empresa.

- Incluem-se como itens vedados: convites de caráter pessoal para viagens, hospedagens e outras atrações;
- As vedações previstas nos itens acima se aplicam igualmente ao cônjuge, companheiro ou parente por consanguinidade ou afinidade, em linha reta ou colateral até terceiro grau.

Não se considera presente, para os fins deste Código de Conduta, aquilo que:

- Represente prêmio em dinheiro ou bens concedidos por entidade acadêmica, científica ou cultural, em reconhecimento por sua contribuição de caráter intelectual;
- Represente prêmio concedido em razão de concurso de acesso público a trabalho de natureza acadêmica, científica, tecnológica ou cultural;
- Seja bolsa de estudo vinculada ao aperfeiçoamento profissional ou técnico, desde que o patrocinador não tenha interesse em decisão que possa ser tomada pelo agente público, em razão do cargo que ocupa;
- Seja prêmio recebido da CAIXA ou de suas empresas coligadas, subsidiárias e parceiras como reconhecimento ao desempenho para obtenção de resultados empresariais, desde que previamente estabelecido em campanha de incentivo e que seja aprovada nas instâncias decisórias da CAIXA.

É permitida a aceitação de brindes, como tal entendidos aqueles que:

- Não tenham valor comercial;
- Sejam distribuídos por entidades de qualquer natureza a título de cortesia, propaganda, divulgação habitual ou por ocasião de eventos especiais ou datas comemorativas de caráter histórico ou cultural, e que não ultrapassem o valor definido em Resolução da CEP ou outra autoridade;
- Cuja periodicidade de distribuição não seja inferior a 12 meses;
- Que sejam de caráter geral e, portanto, não se destinem a agraciar exclusivamente determinado agente público.

5.7 Corrupção, suborno, assédio

É dever do agente público, no que couber:

- Pautar o relacionamento com órgãos, entidades e empresas na observação dos princípios da legalidade, impessoalidade, moralidade, publicidade e eficiência, assegurando ampla transparência de informação à sociedade;
- Jamais atrair clientes, ou manter os atuais, mediante o oferecimento de benefícios não permitidos pelos normativos vigentes;
- Denunciar, por meio dos canais disponibilizados pela CAIXA, quaisquer atos contrários ao interesse público, a esse Código e ao Código de Ética da CAIXA.

É vedado ao agente público:

- Adotar práticas de corrupção e a lavagem de dinheiro;
- Oferecer ou receber suborno, inclusive em relacionamentos internacionais, mesmo que a prática não seja vedada no país onde se desenvolve o relacionamento comercial;
- Praticar qualquer tipo de assédio, mediante conduta verbal ou física de humilhação, coação ou ameaça;
- Pleitear, solicitar, provocar, sugerir ou receber qualquer tipo de ajuda financeira, gratificação, prêmio, comissão, doação ou vantagem de qualquer espécie, para si, familiares ou qualquer pessoa, para o cumprimento da sua missão ou para influenciar outro empregador para o mesmo fim.
- Receber transporte, hospedagem, refeições ou quaisquer favores de particulares, inclusive de clientes, fornecedores ou prestadores de serviços, de forma a permitir situação que possa gerar dúvida sobre a sua probidade ou honorabilidade;

5.8 Assédio moral e sexual

É vedado ao agente público praticar condutas associadas a discriminação e ao assédio moral, tais como:

- Ameaçar subordinados, de forma constante e injustificada de demissão, de transferência ou destituição de função gratificada;
- Impor condições e regras de trabalho personalizadas, diferentes das que são estabelecidas para outros empregados e daquelas instituídas pela CAIXA, com o objetivo de prejudicar empregado, dirigente ou colaborador;
- Dar causa, incentivar, não se opor e não denunciar quaisquer situações de humilhação, intimidação, discriminação, exposição ao ridículo, hostilidade ou constrangimento na presença de outros ou de forma privada;
- Utilizar-se de palavras ou gestos grosseiros e inadequados, comentários maliciosos, insultos preconceituosos ou discriminatórios, apelidos pejorativos, bullying e piadas inoportunas;
- Comportar-se de forma a desestabilizar emocional e profissionalmente qualquer pessoa, utilizando-se de acusações, ofensas, gritos e/ou humilhações públicas;
- Segregar empregado ou colaborador no ambiente de trabalho, mediante isolamento físico para que não haja comunicação com os demais colegas e/ou omitir-se de adotar comunicação direta;
- Impor punições vexatórias a empregados e colaboradores;
- Retirar a autonomia do empregado e/ou colaborador, reiteradamente, contrariando as competências e tarefas normativamente atribuídas ao exercício do cargo ou função;
- Sobrecarregar o empregado e/ou colaborador com novas tarefas ou retirar o trabalho que habitualmente competia a ele executar sem justo motivo institucional comunicado, provocando a sensação de inutilidade e de incompetência;
- Ironizar e/ou expor de forma vexatória as opiniões do empregado e/ou colaborador;
- Delegar tarefas impossíveis de serem cumpridas ou determinar prazos manifestamente incompatíveis para a finalização de um trabalho;
- Omitir ou manipular informações necessárias, de forma recorrente, deixando de repassá-las com a devida antecedência para que o colaborador realize suas atividades;
- Realizar vigilância excessiva sobre os empregados e/ou colaboradores em seu ambiente de trabalho;
- Utilizar-se de gestos ou palavras, escritas ou faladas, de caráter sexual ou de duplo sentido;
- Interagir por meio de conversas indesejáveis e ofensivas sobre temas íntimos;
- Insistir em convites amorosos indesejados;
- Enviar mensagens, por qualquer meio, ou até mesmo realizar ligações, como meio de intimidação, com teor sexual para pessoa com quem mantem apenas relação de trabalho;
- Fazer referências à sexualidade, orientação sexual, identidade de gênero ou corpo de qualquer pessoa, bem como observações obscenas, brincadeiras, provocações sexuais ou convites insistentes e/ou impertinentes e não desejados
- Adotar comportamento de cunho sexual, com efeito de desestabilizar a atuação laboral de empregado, colaborador ou cliente, mediante situação ofensiva, de intimidação e/ou humilhação.

6 SEGURANÇA DA INFORMAÇÃO

A Segurança da Informação é um ponto crucial para muitas bancas examinadoras de concurso público e, também, de interesse da instituição que irá receber os aprovados. Afinal, ao ser aprovado, o candidato fará parte do quadro de funcionários de uma instituição pública que possui uma intranet e sistemas sobre os quais há necessidade de manter uma boa política de segurança.

Segundo o Comitê Gestor de internet no Brasil (CGI), para um sistema ser classificado como seguro, ele deve atentar a três requisitos básicos: confidencialidade, integridade e disponibilidade.

Faz-se necessário que sejam atendidos alguns requisitos mínimos para uma segurança do microcomputador, que dependem tanto de recursos tecnológicos como de bom senso e discernimento por parte dos usuários.

Para manter um computador com o mínimo de segurança deve-se:

- Manter o **sistema operacional sempre atualizado**, pois a maioria dos malwares exploram as vulnerabilidades do SO.
- Possuir um sistema **antivírus** e manter tanto o aplicativo quanto as assinaturas de vírus[1] atualizadas.
- Manter o Firewall sempre ativo.
- Para se proteger contra os spywares também é indicada a instalação de um antispyware. Atualmente, a maioria dos antivírus já possui esse recurso integrado a eles.

6.1 Princípios básicos da segurança da informação

Os Princípios Básicos de Segurança em Tecnologia da Informação (TI) incluem os processos que devem ser garantidos para manter um sistema de informações seguro. Podemos destacar quatro conceitos como principais:

6.1.1 Disponibilidade

Deve garantir que os serviços ou recursos que forem necessários para uma tarefa, principalmente relacionados ao próprio processo de segurança, estejam sempre disponíveis. Um bom exemplo é na situação de entrega da declaração de imposto de renda, em que o serviço deve suportar a alta demanda que possa surgir sem afetar o usuário.

Podemos estreitar esse princípio sobre a garantia de que as chaves públicas do processo de Certificação Digital (estes conceitos são abordados na seção sobre Certificados Digitais) estejam sempre disponíveis para quem precisar delas.

6.1.2 Integridade

A Integridade garante a **não alteração** de uma informação/dado tanto no armazenamento quanto durante a troca dessas informações por algum meio. Com o princípio da integridade, verificamos se, durante o tráfego de uma informação, ela não foi alterada por alguém ou mesmo por falhas do processo de transmissão. No armazenamento ela garante que o dado não foi corrompido.

O processo que protege a integridade consiste na geração de um código de cerca de 20 caracteres, o **código HASH**, também conhecido como **resumo** de um dado; um exemplo é o MD5. O processo é realizado em uma via única, em que, a partir de um dado, gera-se o resumo dele. Porém, a partir do resumo, não é possível gerar o dado novamente.

Para verificar se houve alteração em um arquivo, deve-se comparar dois códigos HASH: um gerado por quem disponibiliza o dado e outro por quem o recebe. Se uma vírgula for alterada, os códigos gerados ficam completamente diferentes e é possível que dois dados diferentes gerem o mesmo HASH, mas é uma possibilidade ínfima.

6.1.3 Confidencialidade

O princípio da Confidencialidade é a garantia de que há sigilo sobre uma informação, de forma que o processo deve garantir que um dado não seja acessado por pessoas diferentes daquelas às quais ele se destina.

Para garantir a confidencialidade, utilizamos processo de criptografia de informações.

6.1.4 Autenticidade

A Autenticidade garante o autor de uma informação, ou seja, por meio dela podemos confirmar se uma mensagem é de autoria de quem diz.

Assim como a confidencialidade, a autenticidade é garantida por meio de criptografia.

6.2 Criptografia

A criptografia é a arte ou ciência de escrever em códigos, quer dizer, transformar um texto em algo ilegível de forma que possa ser armazenado ou enviado por um canal de comunicação. Assim, se alguém interceptá-lo, não conseguirá entender o que está escrito e o destinatário, ao receber a informação, deve fazer o processo inverso: decifrar o dado, para que consiga lê-lo.

Há dois principais métodos de criptografia: a de chave simétrica e a de chaves assimétricas.

6.2.1 Criptografia de chave simétrica

Uma chave de criptografia é uma informação a partir da qual seja possível transcrever uma mensagem criptografada.

A de chave simétrica é também conhecida como criptografia de chave única, em que a mesma chave é usada tanto para codificar uma mensagem quanto para decifrá-la. Um bom exemplo desse modelo é a criptografia maçônica.

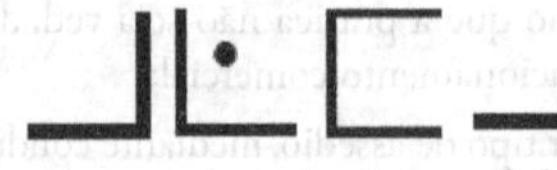

A informação apresentada está criptografada. Para decifrar o que ela diz, precisamos da chave de criptografia que, na simétrica, é a mesma usada para gerar a mensagem. A seguir, temos a chave que abre a mensagem.

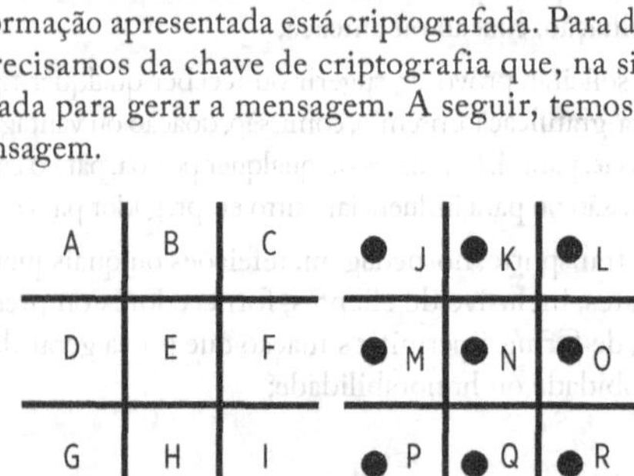

1 Assinatura de vírus: é uma sequência de caracteres que identifica a presença do vírus em um arquivo.

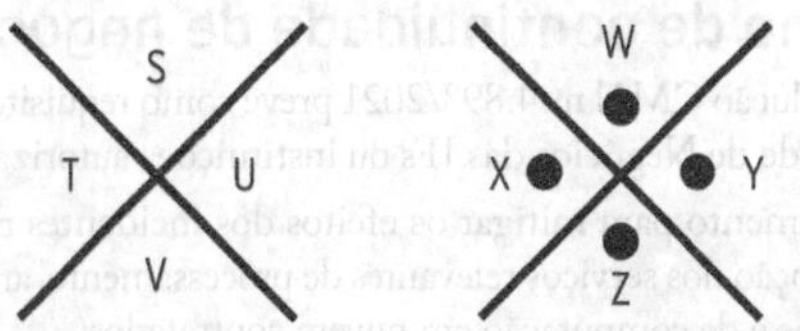

Ao substituirmos os símbolos pelas letras correspondentes, obtemos a palavra ALFA.

6.2.2 Criptografia de chaves assimétricas

Na criptografia de chaves assimétricas, em vez de uma chave como na simétrica, são usadas duas chaves que são diferentes entre si. Elas são chamadas de **Chave Pública** e a outra de **Chave Privada,** por conta da característica de cada uma.

A Chave Pública é uma informação (código) que fica disponível em um servidor de Chaves Públicas na internet, para quem precisar dela, enquanto a Chave Privada é um código que somente o dono deve conhecer.

O par de Chaves é único e correspondente, ou seja, uma mensagem/dado cifrada pela chave pública de um usuário só pode ser aberta pela chave privada do mesmo usuário. E o inverso também, uma mensagem cifrada com a chave privada de um usuário só pode ser descriptografada pela chave pública dele próprio.

6.2.3 Certificado digital

Um certificado digital é um documento eletrônico assinado digitalmente e cumpre o papel de associar um usuário a uma chave pública, pode ser comparado ao CPF ou CNPJ para empresas.

Ele também apresenta junto com a chave pública algumas informações essenciais como:

- Nome do dono da chave pública;
- Prazo de validade do certificado, que varia de 1 a 3 anos dependendo da classe contratada;
- Um número de série, critério de correspondência para identificar o usuário;
- E, juntamente, o certificado possui a assinatura da entidade de certificação, para comprovar sua validade.

Para adquirir um certificado digital, o usuário ou entidade deve procurar uma Autoridade Certificadora (AC), é a responsável por criar o par de Chaves de um usuário, ou uma Autoridade de Registro (AR), que é um intermediário entre o usuário e uma AC. Cabe a AR a responsabilidade de verificar os dados do usuário e encaminhar o pedido do certificado para a AC, entretanto, o usuário também pode se dirigir direto à AC. A Caixa Econômica Federal é a única instituição financeira que é uma AC.

6.2.4 Assinatura digital

Uma Assinatura Digital é um procedimento similar a uma assinatura de um documento impresso. Quando assinamos um contrato, normalmente ele possui mais de uma página, rubricamos2 todas elas exceto a última, pois a assinatura precisa ser completa. A rubrica não prova que o documento foi lido, mas sim para que aquela folha não seja substituída. Além disso, é preciso recorrer a um cartório para reconhecer e certificar a assinatura na última página.

Esse procedimento realizado no papel, juntamente com as garantias, foi adaptado para o mundo digital, afinal, papel ocupa espaço.

Quando falamos sobre a rubrica garantir a não alteração de um documento, citamos o princípio da Integridade. Portando, uma Assinatura Digital deve garantir também esse princípio, enquanto a certificação de quem assinou é o princípio da Autenticidade, que também deve ser garantido pela Assinatura Digital. Ou seja, garante os princípios da Autenticidade e da Integridade.

2 Rubrica: assinatura abreviada.

6.3 Ataques

Nem todos os ataques são realizados por malwares, atualmente existem duas práticas muito comuns utilizadas pelos criminosos cibernéticos para obter dados do usuário e realizar invasões.

6.3.1 Phishing

Phishing é uma expressão derivada do termo "pescar" em inglês, pois o que esse tipo de ataque faz é induzir o usuário a informar seus dados pessoais por meio de páginas da internet ou e-mails falsos.

Podemos identificar a página do tipo Phishing pelo endereço do site na barra de endereços do navegador, porque a página de phishing possui um endereço parecido, mas ligeiramente diferente do que o endereço desejado. Por exemplo, você certamente já deve ter visto ou ouvido falar de alguém que teve sua conta do Facebook3 hackeada4; esse ataque procede a partir de um recado que o usuário recebe em sua conta.

Imagine o seguinte cenário: um usuário está navegando no site www.facebook.com.br, conectado em sua conta e clica no recado que normalmente traz um anúncio chamativo como "veja as fotos/vídeos do fim de semana passado", "cara, olha o que vc aprontou no fds", entre outros tantos. Quando clicado, uma nova aba ou janela é carregada no navegador, apenas como uma distração para o usuário, pois, enquanto ele fica vendo a nova aba carregar, a anterior muda, ligeiramente, para um endereço do gênero www.facebooks.com.br ou www.facebooki.com.br e mostra uma página idêntica à página de login de usuário do Facebook.

Sem perceber, ao clicar no recado, acabou saindo de sua conta e redigita seu usuário e senha novamente e é redirecionado novamente para sua conta, porém, o usuário em nenhum momento havia saído. A página de login que lhe foi mostrada era uma página falsa que capturou suas informações de login; cerca de dois dias depois o perfil invadido começa a enviar propagandas para os amigos e o mesmo recado etc., até o usuário não conseguir mais entrar na conta.

6.3.2 Pharming

O Pharming é uma evolução do Phishing, uma forma de deixar este mais difícil de ser identificado. O Pharming, na maioria das questões, é cobrado com relação aos seus sinônimos: DNS Poisoning, Cache Poisoning, sequestro de DNS, sequestro de Cache, Envenenamento de DNS e Envenenamento de Cache.

6.3.3 Negação de serviço (DoS e DDoS)

Um ataque de negação de serviço se dá quando um servidor ou serviço recebe mais solicitações do que é capaz de suprir.

- **DoS** (Denial of Service) é um ataque individual, geralmente com o intuito de tornar um serviço inoperante para o usuário.
- **DDoS** (Distributed Denial of Service) é um ataque realizado em massa. Utiliza-se de vários computadores contaminados com um malware que dispara solicitações de acesso a determinados serviços ou sites, derrubando o serviço. Muitas vezes, enquanto o servidor tenta suprir a demanda, ele se torna vulnerável a inserções de códigos maliciosos. Um grupo intitulado Anonymous realizou vários ataques de DDoS em sites de governos em protesto às suas ações, por exemplo, em retaliação à censura do WikiLeaks5e do The Pirate Bay.6

3 Facebook: mídia social, definida erroneamente como rede social, assim como as demais.

4 Hackear: termo utilizado como sinônimo para invasão ou roubo.

5 WikiLeaks: portal com postagens de fontes anônimas com documentos, fotos e informações confidenciais, vazadas de governos ou empresas, sobre assuntos sensíveis.

6 The Pirate Bay: um dos maiores portais de compartilhamento, *peer to peer*.

É
T
I
C
O
M

7 RESOLUÇÃO CMN Nº 4.893/2021 - SEGURANÇA CIBERNÉTICA

A Resolução nº 4.893/2021 do Bacen, publicada em 26 de fevereiro de 2021, define sobre a Política de Segurança Cibernética e sobre os requisitos para a contratação de serviços de processamento e armazenamento de dados e de computação em nuvem a serem observados pelas instituições autorizadas a funcionar pelo Banco Central do Brasil.

Fique ligado

A resolução não se aplica às instituições de pagamento.

A Política de Segurança Cibernética deve ser estruturada de modo a ser compatível com:

- Porte da empresa,
- Perfil de risco;
- Modelo de negócio da instituição;
- Natureza das operações;
- Complexidade dos produtos e/ou serviços;
- Atividades e processos da organização;
- Sensibilidade dos dados e das informações sob responsabilidade da instituição.

A implementação da política de segurança cibernética deve contemplar os mecanismos para disseminação da cultura de segurança cibernética na instituição, que inclui a implementação de programas de capacitação e de avaliação periódica de pessoal, prestação de informações aos clientes e usuários sobre precauções na utilização de produtos e serviços financeiros, além do comprometimento da alta administração com a melhoria contínua dos procedimentos relacionados com a segurança cibernética.

É admitida a adoção de política de segurança cibernética única por:

- Conglomerado prudencial;
- Sistema cooperativo de crédito.

7.1 Procedimentos e controles mínimos

Os procedimentos e os controles citado acima devem abranger, no mínimo:

- Autenticação;
- Criptografia;
- Prevenção e a detecção de intrusão;
- Prevenção de vazamento de informações;
- Realização periódica de testes e varreduras para detecção de vulnerabilidades;
- Proteção contra softwares maliciosos;
- Estabelecimento de mecanismos de rastreabilidade;
- Controles de acesso e de segmentação da rede de computadores; e
- Manutenção de cópias de segurança dos dados e das informações.

7.2 Gerenciamento de crise

As instituições financeiras e demais instituições autorizadas pelo BACEN (aqui chamadas de "IFs ou instituições autorizadas") devem estabelecer e documentar os critérios que configurem uma situação de crise.

- Realização periódica de testes e varreduras para detecção de vulnerabilidades;
- Proteção contra softwares maliciosos;
- Estabelecimento de mecanismos de rastreabilidade;
- Controles de acesso e de segmentação da rede de computadores; e
- Manutenção de cópias de segurança dos dados e das informações.

7.3 Plano de continuidade de negócios

A Resolução CMN nº 4.893/2021 prevê como requisitos do Plano de Continuidade de Negócios das IFs ou instituições autorizadas (art. 20):

- O tratamento para mitigar os efeitos dos incidentes relevantes e da interrupção dos serviços relevantes de processamento, armazenamento de dados e de computação em nuvem contratados;
- O prazo pro reinício ou normalização das atividades ou das atividades ou dos serviços relevantes interrompidos;
- A comunicação tempestiva ao BC das ocorrências de incidentes relevantes que configurem situação de crise e as providências para o reinício das suas atividades.

Requisitos obrigatórios na contratação de serviços relevantes de processamento, armazenamento de dados e de computação em nuvem:

- Indicação dos países e da região em cada país onde os serviços poderão ser prestados e os dados poderão ser armazenados, processados e gerenciados;
- Políticas, estratégias e estruturas para gerenciamento de riscos que contemplem a contratação no País ou no exterior;
- Práticas de governança e procedimentos que assegurem a verificação de capacidade da empresa e aderência às exigências da IF ou instituição autorizada e da regulamentação em vigor antes da contratação, considerando:
- dos dados.
- A IF ou Criticidade de serviço; e

Sensibilidade instituição autorizada como responsável pela confiabilidade, integridade, disponibilidade dos serviços contratados

Obrigação de notificar a subcontratação de serviços relevantes para a IF ou instituição autorizada

Comunicação ao BACEN da contratação ou atualização contratual de serviços relevantes. Essa comunicação deve ser realizada em até 10 dias após a contratação dos serviços ou atualização contratual

7.4 Serviços prestados no exterior

A contratação de serviços relevantes de processamento, armazenamento de dados e de computação em nuvem prestados no exterior, é necessário que haja a observância:

- Existência de convênio para troca de informações entre o Banco Central do Brasil e às autoridades supervisoras dos países onde os serviços poderão ser prestados;
- Instituição contratante deve assegurar que a prestação dos serviços não cause prejuízos ao seu regular funcionamento nem embaraço à atuação do Banco Central do Brasil;
- A instituição contratante deve definir, previamente à contratação, os países e as regiões em cada país onde os serviços poderão ser prestados e os dados poderão ser armazenados, processados e gerenciados; e
- A instituição contratante deve prever alternativas para a continuidade dos negócios, no caso de impossibilidade de manutenção ou extinção do contrato de prestação de serviços.

Fique ligado

Caso não haja o convênio, a instituição contratante deverá solicitar autorização do Banco Central do Brasil para a contratação do serviço, em até 60 dias antes da contratação. Este prazo é também válido em caso de alterações contratuais que impliquem modificação de informações.

Obs: os requisidos citados não se aplicam à contratação de sistemas operados por câmeras, por prestadores de serviço de compensação e de liquidação ou por entidades que exerçam atividades de registro ou de depósito centralizado.

8 PRINCÍPIOS FUNDAMENTAIS DA ADMINISTRAÇÃO PÚBLICA

Neste momento, o objetivo é conhecer o rol de princípios fundamentais que norteiam e orientam toda a atividade administrativa do Estado, bem como toda a atuação da Administração Pública Direta e indireta.

Tais princípios são de observância obrigatória para toda a Administração Pública, quer da União, dos estados, do Distrito Federal, quer dos municípios. São considerados expressos, pois estão descritos expressamente no *caput* do art. 37 da Constituição Federal de 1988.

> *Art. 37 A Administração Pública Direta e indireta de qualquer dos Poderes da União, dos Estados, do Distrito Federal e dos Municípios obedecerá aos princípios de legalidade, impessoalidade, moralidade, publicidade e eficiência e, também, ao seguinte. (Ver CF/1988)*

8.1 Classificação

Os princípios da Administração Pública são classificados como princípios explícitos (expressos) e implícitos.

É importante apontar que não existe relação de subordinação e de hierarquia entre os princípios expressos e os implícitos; na verdade, essa relação não existe entre nenhum princípio.

Isso quer dizer que, em um aparente conflito entre os princípios, um não exclui o outro, pois deve o administrador público observar ambos ao mesmo tempo, devendo nortear sua decisão na obediência de todos os princípios fundamentais pertinentes ao caso em concreto.

Como exemplo, não pode o administrador público deixar de observar o princípio da legalidade para buscar uma atuação mais eficiente (de acordo com o princípio da eficiência), devendo ele, na colisão entre os dois princípios, observar a lei e ainda buscar a eficiência conforme os meios que lhes seja possível.

Os **princípios explícitos** ou expressos são aqueles que estão descritos no *caput* do art. 37 da CF/1988. São eles:

- Legalidade;
- Impessoalidade;
- Moralidade;
- Publicidade;
- Eficiência.

Os **princípios implícitos** são aqueles que não estão descritos no *caput* do art. 37 da Constituição Federal. São eles:

- Supremacia do interesse público;
- Indisponibilidade do interesse público;
- Motivação;
- Razoabilidade;
- Proporcionalidade;
- Autotutela;
- Continuidade dos serviços públicos;
- Segurança jurídica, entre outros.

A seguir, analisaremos as características dos princípios fundamentais da Administração Pública que mais aparecem nas provas de concurso público.

8.2 Princípios explícitos da Administração Pública

8.2.1 Princípio da legalidade

O princípio da legalidade está previsto em dois lugares distintos na Constituição Federal. Em primeiro plano, no art. 5º, inciso II: *ninguém será obrigado a fazer ou deixar de fazer alguma coisa senão em virtude de lei.* O princípio da legalidade regula a vida dos particulares e, ao particular, é facultado fazer tudo que a lei não proíbe; é o chamado princípio da autonomia da vontade. Essa regra não deve ser aplicada à Administração Pública.

Em segundo plano, o art. 37, *caput* do texto Constitucional, determina que a Administração Pública somente pode fazer aquilo que a lei determina ou autoriza. Assim, em caso de omissão legislativa (falta de lei), a Administração Pública está proibida de agir.

Nesse segundo caso, a lei deve ser entendida em sentido amplo, o que significa que a Administração Pública deve obedecer aos mandamentos constitucionais, às leis formais e materiais (leis complementares, leis delegadas, leis ordinárias, medidas provisórias) e também às normas infralegais (decretos, resoluções, portarias, entre outros), e não somente a lei em sentido estrito.

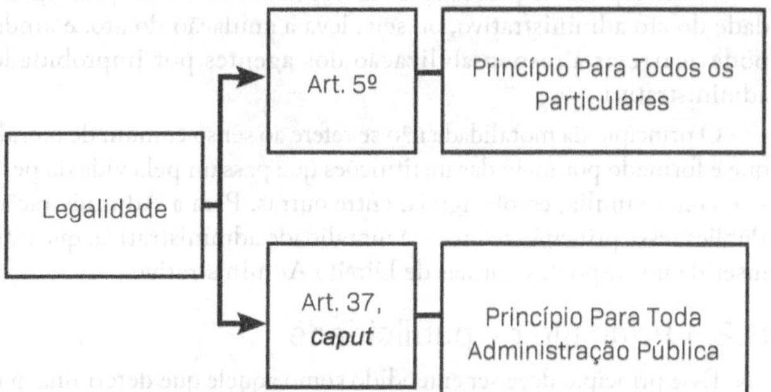

8.2.2 Princípio da impessoalidade

O princípio da impessoalidade determina que todas as ações da Administração Pública devem ser revestidas de finalidade pública. Além disso, como segunda vertente, proíbe a promoção pessoal do agente público, como determina o art. 37, § 1º da Constituição Federal de 1988:

> ***Art. 37, § 1º** A publicidade dos atos, programas, obras, serviços e campanhas dos órgãos públicos deverá ter caráter educativo, informativo ou de orientação social, dela não podendo constar nomes, símbolos ou imagens que caracterizem promoção pessoal de autoridades ou servidores públicos.*

O princípio da impessoalidade é tratado sob dois prismas, a saber:

- Como determinante da finalidade de toda atuação administrativa (também chamado de princípio da **finalidade**, considerado constitucional implícito, inserido no princípio expresso da impessoalidade).
- Como vedação a que o agente público se promova à custa das realizações da Administração Pública (vedação à promoção pessoal do administrador público pelos serviços, obras e outras realizações efetuadas pela Administração Pública).

É pelo princípio da impessoalidade que dizemos que o agente público age em imputação à pessoa jurídica a que está ligado, ou seja, pelo princípio da impessoalidade as ações do agente público são determinadas como se o próprio Estado estivesse agindo.

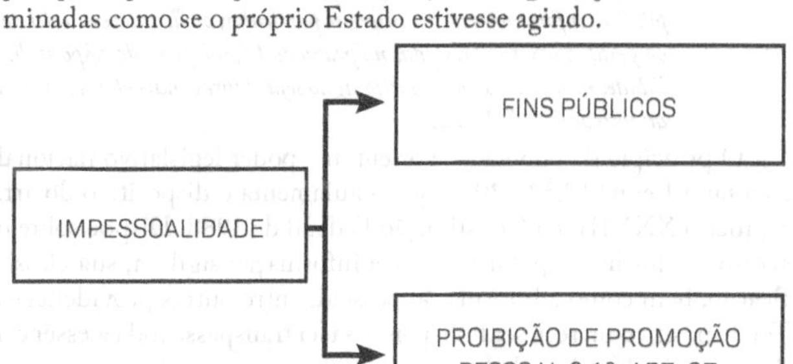

8.2.3 Princípio da moralidade

O princípio da moralidade é um complemento ao da legalidade, pois nem tudo que é legal é moral. Dessa forma, o Estado impõe a sua administração a atuação segundo a lei e também segundo a moral administrativa. Tal princípio traz para o agente público o dever de probidade. Esse dever é sinônimo de atuação com ética, decoro, honestidade e boa-fé.

O princípio da moralidade determina que o agente deva sempre trabalhar com ética e em respeito aos princípios morais da Administração Pública. O princípio está intimamente ligado ao dever de probidade (honestidade) e sua não observação acarreta a aplicação do art. 37, § 4º da Constituição Federal de 1988 e a Lei nº 8.429/1992 (Lei de Improbidade Administrativa).

> ***Art. 37, § 4º*** *Os atos de improbidade administrativa importarão a suspensão dos direitos políticos, a perda da função pública, a indisponibilidade dos bens e o ressarcimento ao erário, na forma e gradação previstas em lei, sem prejuízo da ação penal cabível.*

O desrespeito ao princípio da moralidade afeta a própria legalidade do ato administrativo, ou seja, leva a anulação do ato, e ainda pode acarretar a responsabilização dos agentes por improbidade administrativa.

O princípio da moralidade não se refere ao senso comum de moral, que é formado por meio das instituições que passam pela vida da pessoa, como família, escola, igreja, entre outras. Para a Administração Pública, esse princípio refere-se à moralidade administrativa, que está inserida no corpo das normas de Direito Administrativo.

8.2.4 Princípio da publicidade

Esse princípio deve ser entendido como aquele que determina que os atos da Administração sejam claros quanto à sua procedência. Por esse motivo, em regra, os atos devem ser publicados em diário oficial e, além disso, a Administração deve tornar o fato acessível (público). Tornar público é, além de publicar em diário oficial, apresentar os atos na internet, pois esse meio, hoje, é o que deixa todas as informações acessíveis.

O princípio da publicidade apresenta dupla acepção em face do sistema constitucional vigente:

- Exigência de publicação em órgão oficial como requisito de eficácia dos atos administrativos que devam produzir efeitos externos e dos atos que impliquem ônus para o patrimônio público.

Essa regra não é absoluta, pois, em defesa da intimidade e também do Estado, alguns atos públicos não precisam ser publicados:

> ***Art. 5º, X, CF/1988*** *São invioláveis a intimidade, a vida privada, a honra e a imagem das pessoas, assegurado o direito a indenização pelo dano material ou moral decorrente de sua violação.*
>
> ***Art. 5º, XXXIII, CF/1988*** *Todos têm direito a receber dos órgãos públicos informações de seu interesse particular, ou de interesse coletivo ou geral, que serão prestadas no prazo da lei, sob pena de responsabilidade, ressalvadas aquelas cujo sigilo seja imprescindível à segurança da sociedade e do Estado.*

Assim, o ato que tiver em seu conteúdo uma informação sigilosa ou relativa à intimidade da pessoa tem de ser resguardado no devido sigilo.

- Exigência de transparência da atuação administrativa:

> ***Art. 5º, XXXIII, CF/1988*** *Todos têm direito a receber dos órgãos públicos informações de seu interesse particular, ou de interesse coletivo ou geral, que serão prestadas no prazo da lei, sob pena de responsabilidade, ressalvadas aquelas cujo sigilo seja imprescindível à segurança da sociedade e do Estado.*

O princípio da publicidade orientou o poder legislativo nacional a editar a Lei nº 12.527/2011, que regulamenta o dispositivo do art. 5º, inciso XXXIII, da Constituição Federal de 1988. Dispõe sobre o acesso à informação pública, sobre a informação sigilosa, sua classificação, bem como a informação pessoal, entre outras providências. Tal dispositivo merece ser lido, pois essa lei transpassa toda a essência do princípio da publicidade.

Podemos inclusive afirmar que esse princípio foi materializado em lei após a edição da Lei nº 12.527/2011. Veja a seguir a redação do art. 3º dessa lei:

> ***Art. 3º*** *Os procedimentos previstos nesta Lei destinam-se a assegurar o direito fundamental de acesso à informação e devem ser executados em conformidade com os princípios básicos da Administração Pública e com as seguintes diretrizes:*
>
> *I - Observância da publicidade como preceito geral e do sigilo como exceção;*
>
> *II - Divulgação de informações de interesse público, independentemente de solicitações;*
>
> *III - Utilização de meios de comunicação viabilizados pela tecnologia da informação;*
>
> *IV - Fomento ao desenvolvimento da cultura de transparência na Administração Pública;*
>
> *V - Desenvolvimento do controle social da Administração Pública.*

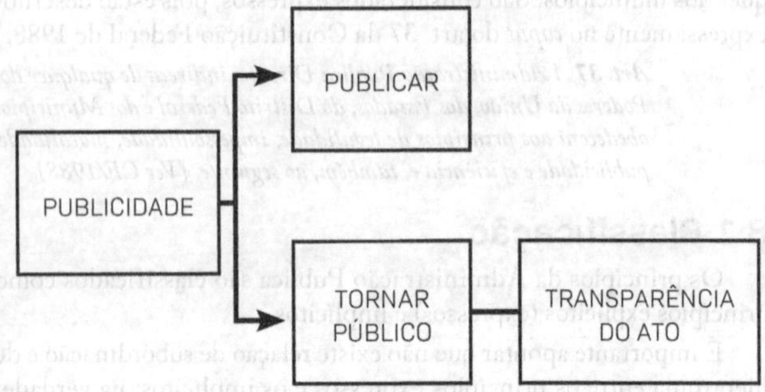

8.2.5 Princípio da eficiência

O princípio da eficiência foi o último a ser inserido no bojo do texto constitucional. Esse princípio foi incluído com a Emenda Constitucional nº 19/1998), e apresenta dois aspectos principais:

- Relativamente à forma de atuação do agente público, espera-se o melhor desempenho possível de suas atribuições, a fim de obter os melhores resultados.
- Quanto ao modo de organizar, estruturar e disciplinar a Administração Pública, exigiu-se que esse seja o mais racional possível, no intuito de alcançar melhores resultados na prestação dos serviços públicos.

> ***Art. 37, § 8º, CF/1988*** *A autonomia gerencial, orçamentária e financeira dos órgãos e entidades da Administração Direta e indireta poderá ser ampliada mediante contrato, a ser firmado entre seus administradores e o poder público, que tenha por objeto a fixação de metas de desempenho para o órgão ou entidade, cabendo à lei dispor sobre.*

O princípio da eficiência orienta a atuação da Administração Pública de forma que essa busque o melhor custo-benefício no exercício de suas atividades, ou seja, os serviços públicos devem ser prestados com adequação às necessidades da sociedade que o custeia.

A atuação da Administração Pública tem que ser eficiente, o que acarreta ao agente público o dever de agir com presteza, esforço, rapidez e rendimento funcional. Seu descumprimento poderá acarretar a perda do seu cargo por baixa produtividade apurada em procedimento da avaliação periódica de desempenho, tanto antes da aquisição da estabilidade, como também após.

9 LEI COMPLEMENTAR Nº 105/2001 - SIGILO BANCÁRIO

O Sigilo Bancário é a obrigação de qualquer instituição financeira de guardar todas as informações e dados dos seus clientes. Além das informações sobre operações bancárias, saldos e investimentos, todos os clientes tem o direito de terem guardados suas informações financeiras, patrimoniais e fiscais. Ou seja, também é garantida a privacidade das movimentações, propriedades, bens e impostos de cada pessoa.

Os bancos não podem informar ou divulgar as informações de seus clientes, mas a lei permite o intercâmbio de algumas informações.

9.1 Não violação do sigilo bancário

- Troca de informações entre instituições financeiras, para fins cadastrais, inclusive por intermédio de centrais de risco.
- Fornecimento de informações constantes de cadastro de emitentes de cheques sem provisão de fundos e de devedores inadimplentes, a entidades de proteção ao crédito.
- A comunicação, às autoridades competentes, da prática de ilícitos penais ou administrativos, os quais abrange o fornecimento de informações sobre operações que envolvam recursos provenientes de qualquer prática criminosa.
- Revelação de informações sigilosas quando houver o consentimento expresso dos interessados titulares de tais dados.
- O fornecimento de dados financeiros e de pagamentos relativos a operações de crédito e obrigações de pagamento adimplidas ou em andamento de pessoas naturais ou jurídicas, a gestores de bancos de dados, para formação de histórico de crédito

São considerados instituições financeiras, para efeitos da lei do sigilo bancário:

- Os bancos de qualquer espécie;
- Distribuidoras de valores mobiliários;
- Corretoras de câmbio e de valores mobiliários;
- Sociedades de crédito, financiamento e investimentos;
- Sociedades de crédito imobiliário;
- Administradoras de cartões de crédito;
- Sociedades de arrendamento mercantil;
- Administradoras de mercado de balcão organizado;
- Cooperativas de crédito;
- Associações de poupança e empréstimo;
- Bolsas de valores e de mercadorias e futuros;
- Entidades de liquidação e compensação;
- Outras sociedades que, em razão da natureza de suas operações, assim venham a ser consideradas pelo Conselho Monetário Nacional

Entre as informações protegidas por sigilo estão o pratrimônio, a renda, movimentações financeiras, débitos, contratos, relacionamentos comerciais e valores de compra e venda de bens, por exemplo.

A permuta de dados entre bancos para fins cadastrais, assim como a comunicação da suposta ocorrência de crimes às autoridades e a publicidade de informações com o consentimento dos interessados não são consideradas violação ao sigilo.

9.2 Como funciona a quebra de sigilo bancário

A quebra de sigilo bancário só pode ser feita com uma ordem judicial, atuação de uma Comissão Parlamentar de Inquérito (sendo que estas solicitações deverão ser previamente aprovadas pelo Plenário da Câmara dos Deputados, do Senado Federal, ou do plenário de suas respectivas comissões parlamentares de inquérito) ou do Fisco.

Isso só acontece quando há uma investigação sobre a origem do patrimônio de alguém ou para descobrir o destino e origem de transações financeiras.

9.3 Fisco e o sigilo bancário

É possível que as autoridades tributárias (fiscais), sejam elas municipais, estaduais ou federais, possam examinar documentos, livros e registros de instituições financeiras, inclusive os referentes a contas de depósitos e aplicações financeiras.

- Sua prática apenas será permitida quando houver processo administrativo instaurado ou procedimento fiscal em curso, além de que tais exames sejam considerados indispensáveis pela autoridade administrativa competente. Pode-se perceber que não é necessário, neste caso, autorização judicial;
- Apesar de as autoridades tributárias possuírem o poder de acessar informações de instituições financeiras, tais dados deverão ser mantidos em sigilo, não sendo permitida a sua divulgação, salvo nos casos expressamente permitidos;
- A lei brasileira aborda que a quebra de sigilo pode ser feita quando há indícios de crimes ou práticas ilegais.

Fique ligado
BC e CVM também deverão preservar o sigilo bancário das pessoas.

Entretanto, este sigilo não será aplicado quando for necessário ao Banco Central realizar:

- Suas funções de fiscalização;
- Apuração, a qualquer tempo, de ilícitos praticados por controladores, administradores, membros de conselhos estatutários, gerentes, mandatários e prepostos de instituições financeiras.

De maneira similar, poderá a Comissão de Valores Mobiliários, quando se tratar de fiscalização de operações e serviços no mercado de valores mobiliários, inclusive nas instituições financeiras que sejam companhias abertas, ter acesso aos dados bancários.

É possível ao BACEN E A CVM, em suas áreas de competência, firmar convênios com outros órgãos públicos fiscalizadores de instituições financeiras, objetivando a realização de fiscalizações conjuntas, observadas as suas respectivas competências, bem como com bancos centrais ou entidades fiscalizadoras de outros países, com o intuito de realizar a fiscalização de filiais e subsidiárias de instituições financeiras estrangeiras, em funcionamento no Brasil e de filiais e subsidiárias, no exterior, de instituições financeiras brasileiras.

> ***Art. 10** A quebra de sigilo, fora das hipóteses autorizadas nesta Lei Complementar, constitui crime e sujeita os responsáveis à pena de reclusão, de um a quatro anos, e multa, aplicando-se, no que couber, o Código Penal, sem prejuízo de outras sanções cabíveis.*
>
> *Parágrafo único. Incorre nas mesmas penas quem omitir, retardar injustificadamente ou prestar falsamente as informações requeridas nos termos desta Lei Complementar.*
>
> ***Art. 11** O servidor público que utilizar ou viabilizar a utilização de qualquer informação obtida em decorrência da quebra de sigilo de que trata esta Lei Complementar responde pessoal e diretamente pelos danos decorrentes, sem prejuízo da responsabilidade objetiva da entidade pública, quando comprovado que o servidor agiu de acordo com orientação oficial.*

10 LEI Nº 12.846/2013

Dispõe sobre a responsabilização administrativa e civil de pessoas jurídicas pela prática de atos contra a administração pública, nacional ou estrangeira, e dá outras providências

10.1 Disposições gerais

Art. 1º Esta Lei dispõe sobre a responsabilização objetiva administrativa e civil de pessoas jurídicas pela prática de atos contra a administração pública, nacional ou estrangeira.

Parágrafo único. *Aplica-se o disposto nesta Lei às sociedades empresárias e às sociedades simples, personificadas ou não, independentemente da forma de organização ou modelo societário adotado, bem como a quaisquer fundações, associações de entidades ou pessoas, ou sociedades estrangeiras, que tenham sede, filial ou representação no território brasileiro, constituídas de fato ou de direito, ainda que temporariamente.*

Art. 2º As pessoas jurídicas serão responsabilizadas objetivamente, nos âmbitos administrativo e civil, pelos atos lesivos previstos nesta Lei praticados em seu interesse ou benefício, exclusivo ou não.

Art. 3º A responsabilização da pessoa jurídica não exclui a responsabilidade individual de seus dirigentes ou administradores ou de qualquer pessoa natural, autora, coautora ou partícipe do ato ilícito.

§ 1º A pessoa jurídica será responsabilizada independentemente da responsabilização individual das pessoas naturais referidas no caput

§ 2º Os dirigentes ou administradores somente serão responsabilizados por atos ilícitos na medida da sua culpabilidade.

10.2 Atos lesivos à administração pública nacional ou estrangeira

Art. 5º Constituem atos lesivos à administração pública, nacional ou estrangeira, para os fins desta Lei, todos aqueles praticados pelas pessoas jurídicas mencionadas no parágrafo único do art. 1º, que atentem contra o patrimônio público nacional ou estrangeiro, contra princípios da administração pública ou contra os compromissos internacionais assumidos pelo Brasil, assim definidos:

I - prometer, oferecer ou dar, direta ou indiretamente, vantagem indevida a agente público, ou a terceira pessoa a ele relacionada;

II - comprovadamente, financiar, custear, patrocinar ou de qualquer modo subvencionar a prática dos atos ilícitos previstos nesta Lei;

III - comprovadamente, utilizar-se de interposta pessoa física ou jurídica para ocultar ou dissimular seus reais interesses ou a identidade dos beneficiários dos atos praticados;

IV - no tocante a licitações e contratos:

a) frustrar ou fraudar, mediante ajuste, combinação ou qualquer outro expediente, o caráter competitivo de procedimento licitatório público;

b) impedir, perturbar ou fraudar a realização de qualquer ato de procedimento licitatório público;

c) afastar ou procurar afastar licitante, por meio de fraude ou oferecimento de vantagem de qualquer tipo;

d) fraudar licitação pública ou contrato dela decorrente;

e) criar, de modo fraudulento ou irregular, pessoa jurídica para participar de licitação pública ou celebrar contrato administrativo;

f) obter vantagem ou benefício indevido, de modo fraudulento, de modificações ou prorrogações de contratos celebrados com a administração pública, sem autorização em lei, no ato convocatório da licitação pública ou nos respectivos instrumentos contratuais; ou

g) manipular ou fraudar o equilíbrio econômico-financeiro dos contratos celebrados com a administração pública;

V - dificultar atividade de investigação ou fiscalização de órgãos, entidades ou agentes públicos, ou intervir em sua atuação, inclusive no âmbito das agências reguladoras e dos órgãos de fiscalização do sistema financeiro nacional.

§ 1º Considera-se administração pública estrangeira os órgãos e entidades estatais ou representações diplomáticas de país estrangeiro, de qualquer nível ou esfera de governo, bem como as pessoas jurídicas controladas, direta ou indiretamente, pelo poder público de país estrangeiro.

10.3 Responsabilização administrativa

Art. 6º Na esfera administrativa, serão aplicadas às pessoas jurídicas consideradas responsáveis pelos atos lesivos previstos nesta Lei as seguintes sanções:

I - multa, no valor de 0,1% (um décimo por cento) a 20% (vinte por cento) do faturamento bruto do último exercício anterior ao da instauração do processo administrativo, excluídos os tributos, a qual nunca será inferior à vantagem auferida, quando for possível sua estimação; e

II - publicação extraordinária da decisão condenatória.

§ 3º A aplicação das sanções previstas neste artigo não exclui, em qualquer hipótese, a obrigação da reparação integral do dano causado.

§ 4º Na hipótese do inciso I do caput , caso não seja possível utilizar o critério do valor do faturamento bruto da pessoa jurídica, a multa será de R$ 6.000,00 (seis mil reais) a R$ 60.000.000,00 (sessenta milhões de reais).

10.4 Acordo de leniência

Art. 16 A autoridade máxima de cada órgão ou entidade pública poderá celebrar acordo de leniência com as pessoas jurídicas responsáveis pela prática dos atos previstos nesta Lei que colaborem efetivamente com as investigações e o processo administrativo, sendo que dessa colaboração resulte:

I - a identificação dos demais envolvidos na infração, quando couber; e

II - a obtenção célere de informações e documentos que comprovem o ilícito sob apuração.

§2º A celebração do acordo de leniência isentará a pessoa jurídica das sanções previstas no inciso II do art. 6º e no inciso IV do art. 19 e reduzirá em até 2/3 (dois terços) o valor da multa aplicável.

§ 3º O acordo de leniência não exime a pessoa jurídica da obrigação de reparar integralmente o dano causado.

§ 10. A Controladoria-Geral da União - CGU é o órgão competente para celebrar os acordos de leniência no âmbito do Poder Executivo federal, bem como no caso de atos lesivos praticados contra a administração pública estrangeira.

11 POLÍTICA DE RESPONSABILIDADE SOCIOAMBIENTAL DA CEF

É um conjunto de diretrizes que orienta a atuação da CAIXA e das empresas que compõem o seu Conglomerado Prudencial, bem como de seus empregados, dirigentes, conselheiros, parceiros, estagiários, aprendizes e prestadores, no que couber.

As diretrizes incorporam a responsabilidade social, ambiental e climática na estratégia, gestão, negócios, produtos, serviços, processos, operações, atividades e no relacionamento com as partes interessadas, no intuito de promover a sustentabilidade e o desenvolvimento sustentável.

Perspectivas da Sustentabilidade

- Ambiental
  - Práticas que visam reduzir o impacto do homem no meio ambiente, como forma de garantir o futuro das próximas gerações
- Social
  - Práticas que visam melhorar as condições de vida da população de forma sustentável
- Econômica
  - Práticas que visam o desenvolvimento econômico do país, preservando o meio ambiente e garantindo a manutenção dos recursos naturais
- Cultural
  - Práticas que visam reconhecer e considerar a diversidade dos costumes e tradições dos povos

11.1 Principais pilares

- Gestão de riscos sociais, ambientais e climáticos;
- Gestão de práticas administrativas e da cadeia de fornecimento para a governança;
- Divulgação e reporte de informações;
- Promoção do desenvolvimento sustentável;
- Relacionamento e engajamento com partes interessadas.

11.2 Responsabilidade Social, Ambiental e Climática - RSAC

Consiste em modelo de gestão e realização de negócios da empresa, que incorpora:

- Considerações sociais (respeito, proteção, promoção de direitos e garantias fundamentais e de interesse comum);
- Ambientais (preservação e reparação do meio ambiente, incluindo sua recuperação);
- Climáticas (contribuições institucionais para uma economia de baixo carbono – redução/compensação – e redução dos impactos ocasionados por intempéries e alterações ambientais de longo prazo) em seus processos decisórios, bem como a responsabilidade pelos impactos de suas decisões e atividades na sociedade e no meio ambiente.

Visando garantir que:

- Ocorra o desenvolvimento sustentável, prezando pelo respeito ao meio ambiente, pela proteção e conservação dos ecossistemas, dos recursos hídricos, da biodiversidade e da adaptação às mudanças climáticas do País;
- As estratégias sejam direcionadas a estimular a adesão das partes interessadas a boas práticas sociais, ambientais e climáticas, além da legislação inerente ao tema;
- A atuação seja pautada na redução das desigualdades sociais e erradicação da pobreza, com foco em disponibilizar acesso a oportunidades de desenvolvimento socioeconômico para grupos e/ou indivíduos em situação de vulnerabilidade;
- A promoção da cidadania e do acesso a serviços financeiros impulsionem a inclusão socioeconômica e financeira da população, por meio do fomento à bancarização, da oferta de produtos adequados às suas necessidades e do estímulo à educação financeira para o consumo responsável e consciente.

11.3 Promoção da acessibilidade

Atua para que suas dependências, informações, comunicações, sistemas, tecnologias, produtos e serviços sejam acessíveis a toda sociedade em igualdade de oportunidades, prezando pela segurança e autonomia.

Pontos importantes:

- Incentivo ao voluntariado;
- Repúdio à Violação de Direitos e Garantias Fundamentais e a Atos Lesivos a Interesse Comum.

12 LEI Nº 13.709/2018 – LEI GERAL DE PROTEÇÃO DE DADOS PESSOAIS (LGPD)

12.1 A era dos direitos

Vivemos em uma era dos direitos, onde todo mundo tem direito a tudo. Na verdade, esse direito a "tudo" está garantido na nossa Constituição Federal de 1988, mas nos dias de hoje as pessoas passaram a ter mais consciência disso e passaram a usar e a exigir seus direitos. Esses direitos estão expressos no artigo 5º da Constituição Federal, no título II, onde trata dos Direitos e Garantias Fundamentais – Capítulo I Direitos e Deveres Individuais e Coletivos.

Vamos relembrar alguns desses direitos e deveres individuais e coletivos.

> *Art. 5º, IV – é livre a manifestação do pensamento, sendo vedado o anonimato;*
>
> *V – é assegurado o direito de resposta, proporcional ao agravo, além da indenização por dano material, moral ou à imagem;*
>
> *IX – é livre a expressão da atividade intelectual, artística, científica e de comunicação, independentemente de censura ou licença;*
>
> *XIV – é assegurado a todos o acesso à informação e resguardado o sigilo da fonte, quando necessário ao exercício profissional.*

A Constituição Federal estabelece expressamente alguns direitos com relação à manifestação do pensamento, expressão intelectual e acesso à informação. Acontece que vivemos em um mundo, praticamente, virtual, onde nossa relação com as pessoas passou a ser virtual. A utilização das redes sociais, como Instagram TikTok, Facebook, Twitter é a forma como as pessoas se apresentam e mostram suas vidas e tudo que querem compartilhar.

Quando uma foto, vídeo ou mensagem "cai" na rede, em poucos minutos muitas pessoas recebem a informação e já ficam sabendo. E isso não é só com a rede social. Você já recebeu ou recebe ligações de telemarketing? Você conhece alguém, ou já aconteceu com você, de tentarem passar um golpe em você? Usar seu nome e sua foto e se passar por você em outro número de telefone para pedir dinheiro?

Nossa vida está totalmente exposta, praticamente, acabou aquela vida tranquila e sigilosa, em que as únicas pessoas que sabiam sobre sua vida eram aquelas que conviviam com você. Hoje, uma pessoa lá nos Estados Unidos ou Europa, pode ter acesso as suas fotos, e mesmo que fale o mesmo idioma, ela vê uma foto e recebe alguma informação.

Quantas vezes você abriu o Instagram e ficou sabendo de um "escândalo" com uma pessoa famosa ou uma pessoa famosa brigando pelo sigilo da sua vida? Não é difícil não ver isso.

Pois bem, entendendo essa contextualização conseguimos entender a importância da Lei de Proteção de Dados Pessoais. Por causa da globalização, menos temos nossos dados protegidos. Todas as vezes que entro em um site e quero me cadastrar em alguma coisa "gratuita", seja para ter acesso a alguma aula ou um e-book, surge um questionário que tenho que preencher meus dados, inclusive o CPF, mas se eu não colocar o CPF e o telefone, não consigo finalizar o cadastro para ter acesso aquele "documento".

Eu sempre me pergunto, por que eles precisam do meu CPF? Eu consigo um CPF algo muito pessoal e que não deveria ser exigido em todo lugar. Até porque, assim que eu preencho e coloco meu CPF, eu tenho a consciência de que aquele meu dado estará na Rede de Internet e qualquer pessoa pode pegar, qualquer pessoa não, mas os Hacker que existem por aí. Qual é o golpe do momento? Clonar a conta do Instagram. Se eles conseguem fazer isso, imagina pegar o CPF de uma pessoa e usar para fazer comprar, "sujar" o nome da pessoa, entre outros.

- Mas porque é necessário ter uma legislação específica para proteção dos dados pessoais?

Como concurseiro, você conhece o direito administrativo e sabe que a administração pública só pode fazer ou deixar de fazer o que está previsto em lei, certo? Então, se uma pessoa se sentir que seus dados foram violados e recorrer ao poder judiciário para resolver, como o juiz vai defender ou ter um argumento a favor da pessoa se não existe uma lei que assegura a proteção dos dados pessoais?

É muito complexo, né? Uma coisa que parece simples, envolve tantas áreas de conhecimento. Agora, vamos falar especificamente da Lei nº 13.709/2018.

12.2 Disposições preliminares

Vamos iniciar pelo primeiro artigo da lei, que colocarei na íntegra.

> *Art. 1º Esta Lei dispõe sobre o tratamento de dados pessoais, inclusive nos meios digitais, por pessoa natural ou por pessoa jurídica de direito público ou privado, com o objetivo de proteger os direitos fundamentais de liberdade e de privacidade e o livre desenvolvimento da personalidade da pessoa natural. – Lei nº 13.709/2018*

As normas constantes nessa lei têm abrangência em todo o território brasileiro e os entes federados (União, Estados, Distrito Federal e Município) devem segui-las. O respeito às normas estabelecidas na legislação, tem como fundamento os seguintes pontos:

- O respeito à privacidade;
- A autodeterminação informativa;
- A liberdade de expressão, de informação, de comunicação e de opinião;
- A inviolabilidade da intimidade, da honra e da imagem;
- O desenvolvimento econômico e tecnológico e a inovação;
- A livre iniciativa, a livre concorrência e a defesa do consumidor;
- Os direitos humanos, o livre desenvolvimento da personalidade, a dignidade e o exercício da cidadania pelas pessoas naturais.

Tudo que está na lei aplica-se a qualquer operação de tratamento realizado por pessoa física ou jurídica de direito público ou privado, independendo do meio utilizado, independente do País de origem da pessoa ou de onde está localizado o dado. Entretanto, deve ser observado os seguintes pontos:

- A operação de tratamento seja realizada no território nacional;
- A atividade de tratamento tenha por objetivo a oferta ou o fornecimento de bens ou serviços ou o tratamento de dados de indivíduos localizados no território nacional;
- Os dados pessoais, objeto do tratamento, tenham sido coletados no território nacional.

> *§ 1º Consideram-se coletados no território nacional os dados pessoais cujo titular nele se encontre no momento da coleta.*
>
> *§ 2º Excetua-se do disposto no inciso I deste artigo o tratamento de dados previsto no inciso IV do caput do art. 4º desta Lei.*

- Então, essa lei se aplica a todo tipo de dado pessoal?

Não, existem alguns dados que estão fora da proteção dessa lei, esses dados são:

- Realizado por pessoa natural para fins exclusivamente particulares e não econômicos;
- Realizado para fins exclusivamente:
  - Jornalístico e artísticos;

- Acadêmicos, aplicando-se a esta hipótese os arts. 7º e 11 desta Lei;

▷ Realizado para fins exclusivos de:

- Segurança pública;
- Defesa nacional;
- Segurança do Estado;
- Atividades de investigação e repressão de infrações penais;
- Provenientes de fora do território nacional e que não sejam objeto de comunicação, uso compartilhado de dados com agentes de tratamento brasileiros ou objeto de transferência internacional de dados com outro país que não o de proveniência, desde que o país de proveniência proporcione grau de proteção de dados pessoais adequado ao previsto nesta Lei.

> *§ 1º O tratamento de dados pessoais previsto no inciso III será regido por legislação específica, que deverá prever medidas proporcionais e estritamente necessárias ao atendimento do interesse público, observados o devido processo legal, os princípios gerais de proteção e os direitos do titular previstos nesta Lei.*

Os dados referentes à segurança pública, defesa nacional, segurança do Estado e atividades de investigação e repressão de infrações penais será protegida por uma legislação específica que estabelecerá as medidas necessárias ao atendimento do interesse público. Qual o entendimento disso? A utilização de dados pessoais para situações de segurança pública, defesa nacional, segurança do Estado ou atividade de investigação e repressão de infrações penais será conduzido por uma lei específica.

É proibido o tratamento de dados pessoais para fins exclusivos de segurança pública, defesa nacional, segurança do Estado ou atividade de investigação e repressão de infrações penais por pessoa de direito privado. Só será permitido em procedimentos sob tutela de pessoa jurídica de direito público, sendo objeto de informação específica à autoridade nacional.

Em nenhum caso a totalidade dos dados pessoais de banco de dados de segurança pública, defesa nacional, segurança do Estado ou atividade de investigação e repressão de infrações penais por pessoa de direito privado. A exceção aplica-se a pessoa jurídica que possua capital integralmente constituído pelo poder público.

Alguns termos que são usados nessa legislação possuem definições e que são importantes, para padronizar o entendimento do assunto abordado. Alguns dos termos são:

> ***Art. 5º**, I - dado pessoal: informação relacionada a pessoa natural identificada ou identificável;*
>
> *II - dado pessoal sensível: dado pessoal sobre origem racial ou étnica, convicção religiosa, opinião política, filiação a sindicato ou a organização de caráter religioso, filosófico ou político, dado referente à saúde ou à vida sexual, dado genético ou biométrico, quando vinculado a uma pessoa natural;*
>
> *IV - banco de dados: conjunto estruturado de dados pessoais, estabelecido em um ou em vários locais, em suporte eletrônico ou físico;*
>
> *V - titular: pessoa natural a quem se referem os dados pessoais que são objeto de tratamento;*
>
> *IX - agentes de tratamento: o controlador e o operador; X - tratamento: toda operação realizada com dados pessoais, como as que se referem a coleta, produção, recepção, classificação, utilização, acesso, reprodução, transmissão, distribuição, processamento, arquivamento, armazenamento, eliminação, avaliação ou controle da informação, modificação, comunicação, transferência, difusão ou extração;*
>
> *XVI - uso compartilhado de dados: comunicação, difusão, transferência internacional, interconexão de dados pessoais ou tratamento compartilhado de bancos de dados pessoais por órgãos e entidades públicos no cumprimento de suas competências legais, ou entre esses e entes privados, reciprocamente, com autorização específica, para uma ou mais modalidades de tratamento permitidas por esses entes públicos, ou entre entes privados;*
>
> *XIX - autoridade nacional: órgão da administração pública responsável por zelar, implementar e fiscalizar o cumprimento desta Lei em todo o território nacional. - Lei nº 13.709/2018*

12.3 Tratamento de dado pessoal

O tratamento de dados consiste em toda e qualquer operação realizada com os dados de uma pessoa.

Tratamento: toda operação realizada com dados pessoais; como as que se referem a:

▷ Acesso: possibilidade de comunicar-se com um dispositivo, meio de armazenamento, unidade de rede, memória, registro, arquivo etc., visando receber, fornecer, ou eliminar dados.

▷ Armazenamento: ação ou resultado de manter ou conservar em repositório um dado.

▷ Arquivamento: ato ou efeito de manter registrado um dado embora já tenha perdido a validade ou esgotada a sua vigência.

▷ Avaliação: ato ou efeito de calcular valor sobre um ou mais dados.

▷ Classificação: maneira de ordenar os dados conforme algum critério estabelecido.

▷ Coleta: recolhimento de dados com finalidade específica.

▷ Comunicação: transmitir informações pertinentes a políticas de ação sobre os dados.

▷ Controle: ação ou poder de regular, determinar ou monitorar as ações sobre o dado.

▷ Difusão: ato ou efeito de divulgação, propagação, multiplicação dos dados.

▷ Distribuição: ato ou efeito de dispor de dados de acordo com algum critério estabelecido.

▷ Eliminação: ato ou efeito de excluir ou destruir dado do repositório.

▷ Extração: ato de copiar ou retirar dados do repositório em que se encontrava.

▷ Modificação: ato ou efeito de alteração do dado.

▷ Processamento: ato ou efeito de processar dados.

▷ Produção: criação de bens e de serviços a partir do tratamento de dados.

▷ Recepção: ato de receber os dados ao final da transmissão.

▷ Reprodução: cópia de dado preexistente obtido por meio de qualquer processo.

▷ Transferência: mudança de dados de uma área de armazenamento para outra, ou para terceiro.

▷ Transmissão: movimentação de dados entre dois pontos por meio de dispositivos elétricos, eletrônicos, telegráficos, telefônicos, radioelétricos, pneumáticos etc.

▷ Utilização: ato ou efeito do aproveitamento dos dados.

Princípios que devem ser respeitados nas atividades de tratamento de dados pessoais:

▷ Finalidade: realização do tratamento para propósitos legítimos, específicos, explícitos e informados ao titular, sem possibilidade de tratamento posterior de forma incompatível com essas finalidades;

▷ Adequação: compatibilidade do tratamento com as finalidades informadas ao titular, de acordo com o contexto do tratamento;

- Necessidade: limitação do tratamento ao mínimo necessário para a realização de suas finalidades, com abrangência dos dados pertinentes, proporcionais e não excessivos em relação às finalidades do tratamento de dados;
- Livre acesso: garantia, aos titulares, de consulta facilitada e gratuita sobre a forma e a duração do tratamento, bem como sobre a integralidade de seus dados pessoais;
- Qualidade dos dados: garantia, aos titulares, de exatidão, clareza, relevância e atualização dos dados, de acordo com a necessidade e para o cumprimento da finalidade de seu tratamento;
- Transparência: garantia, aos titulares, de informações claras, precisas e facilmente acessíveis sobre a realização do tratamento e os respectivos agentes de tratamento, observados os segredos comercial e industrial;
- Segurança: utilização de medidas técnicas e administrativas aptas a proteger os dados pessoais de acessos não autorizados e de situações acidentais ou ilícitas de destruição, perda, alteração, comunicação ou difusão;
- Prevenção: adoção de medidas para prevenir a ocorrência de danos em virtude do tratamento de dados pessoais;
- Não discriminação: impossibilidade de realização do tratamento para fins discriminatórios ilícitos ou abusivos;
- Responsabilização e prestação de contas: demonstração, pelo agente, da adoção de medidas eficazes e capazes de comprovar a observância e o cumprimento das normas de proteção de dados pessoais e, inclusive, da eficácia dessas medidas.

Veja quantos pressupostos importantes temos quando o assunto é o tratamento dos dados pessoais? Você, como futuro servidor, tem que se atentar para todos esses princípios e normas estabelecidas por essa legislação. Agindo dentro da lei, obedecendo todos os aspectos, você está protegido, ou seja, ninguém poderá ir contra você, pois estará amparado pela legislação. Essa é a importância de conhecer a lei e aplicá-la na íntegra.

12.3.1 Requisitos para o tratamento de dados pessoais

A utilização dos dados pessoais só poderá ser usado nas seguintes hipóteses:

- Mediante o fornecimento de consentimento pelo titular;
- Para o cumprimento de obrigação legal ou regulatória pelo controlador;
- pela administração pública, para o tratamento e uso compartilhado de dados necessários à execução de políticas públicas previstas em leis e regulamentos ou respaldadas em contratos, convênios ou instrumentos congêneres;
- Para a realização de estudos por órgão de pesquisa, garantida, sempre que possível, a anonimização dos dados pessoais;
- Quando necessário para a execução de contrato ou de procedimentos preliminares relacionados a contrato do qual seja parte o titular, a pedido do titular dos dados;
- Para o exercício regular de direitos em processo judicial, administrativo ou arbitral, esse último nos termos da Lei nº 9.307, de 23 de setembro de 1996 (Lei de Arbitragem);
- Para a proteção da vida ou da incolumidade física do titular ou de terceiros;
- Para a tutela da saúde, exclusivamente, em procedimento realizado por profissionais de saúde, serviços de saúde ou autoridade sanitária;
- Quando necessário para atender aos interesses legítimos do controlador ou de terceiros, exceto no caso de prevalecerem direitos e liberdades fundamentais do titular que exijam a proteção dos dados pessoais;
- Para a proteção do crédito, inclusive quanto ao disposto na legislação pertinente.

12.3.2 Como fica o tratamento de dados pessoais que são de acesso público?

Neste caso, o tratamento de dados pessoais deve ter como fim, a boa-fé e o interesse público que justifique tal utilização. Quando o uso de dados pessoais for de acesso público, fica indispensável a exigência do termo de consentimento para os dados que se tornam públicos pela manifestação do titular. A dispensa do termo de consentimento não desobriga das demais obrigações previstas em lei.

O consentimento deve ser feito por escrito ou por meio que manifesta a vontade do titular do dado pessoal. Caso seja escrito, necessita de uma cláusula destacada das demais cláusulas contratuais e citar a finalidade, e as autorizações genéricas para o tratamento de dados pessoais serão anuladas.

> ***§ 6º*** *Em caso de alteração de informação referida nos incisos I, II, III ou V do art. 9º desta Lei, o controlador deverá informar ao titular, com destaque de forma específica do teor das alterações, podendo o titular, nos casos em que o seu consentimento é exigido, revogá-lo caso discorde da alteração.*

O titular do dado pessoal tem o direito de ter acesso as informações sobre o tratamento de seus dados, como forma de atender o princípio do livre acesso das seguintes situações:

- Finalidade específica do tratamento;
- Forma e duração do tratamento, observados os segredos comercial e industrial;
- Identificação do controlador;
- Informações de contato do controlador;
- Informações acerca do uso compartilhado de dados pelo controlador e a finalidade;
- Responsabilidades dos agentes que realizarão o tratamento;
- Direitos do titular, com menção explícita aos direitos contidos no art. 18 desta Lei.

> ***Art. 9, § 1º*** *Na hipótese em que o consentimento é requerido, esse será considerado nulo caso as informações fornecidas ao titular tenham conteúdo enganoso ou abusivo ou não tenham sido apresentadas previamente com transparência, de forma clara e inequívoca. § 2º Na hipótese em que o consentimento é requerido, se houver mudanças da finalidade para o tratamento de dados pessoais não compatíveis com o consentimento original, o controlador deverá informar previamente o titular sobre as mudanças de finalidade, podendo o titular revogar o consentimento, caso discorde das alterações.*

O verdadeiro interesse do controlado só será comprovado para tratamento de dados pessoais se as finalidades forem legítimas e considerarem situações tangíveis e sem excluir:

- Apoio e promoção de atividades do controlador;
- Proteção, em relação ao titular, do exercício regular de seus direitos ou prestação de serviços que o beneficiem, respeitadas as legítimas expectativas dele e os direitos e liberdades fundamentais, nos termos desta Lei.

12.3.3 Tratamento de dados pessoais sensíveis

A utilização de dados pessoais sensíveis só pode ser feita, se ocorrer em alguma das seguintes hipóteses:

- Quando o titular ou seu responsável legal consentir, de forma específica e destacada, para finalidades específicas;
- Sem fornecimento de consentimento do titular, nas hipóteses em que for indispensável para:
  - Cumprimento de obrigação legal ou regulatória pelo controlador;
  - Tratamento compartilhado de dados necessários à execução, pela administração pública, de políticas públicas previstas em leis ou regulamentos;
  - Realização de estudos por órgão de pesquisa, garantida, sempre que possível, a anonimização dos dados pessoais sensíveis;
  - Exercício regular de direitos, inclusive em contrato e em processo judicial, administrativo e arbitral;
  - Proteção da vida ou da incolumidade física do titular ou de terceiros;
  - Tutela da saúde, exclusivamente, em procedimento realizado por profissionais de saúde, serviços de saúde ou autoridade sanitária;
  - Garantia da prevenção à fraude e à segurança do titular, nos processos de identificação e autenticação de cadastro em sistemas eletrônicos, resguardados os direitos mencionados no art. 9º desta Lei e exceto no caso de prevalecerem direitos e liberdades fundamentais do titular que exijam a proteção dos dados pessoais.

> ***Art. 11**, § 3º A comunicação ou o uso compartilhado de dados pessoais sensíveis entre controladores com objetivo de obter vantagem econômica poderá ser objeto de vedação ou de regulamentação por parte da autoridade nacional, ouvidos os órgãos setoriais do Poder Público, no âmbito de suas competências.*
>
> *§ 4º É vedada a comunicação ou o uso compartilhado entre controladores de dados pessoais sensíveis referentes à saúde com objetivo de obter vantagem econômica, exceto nas hipóteses relativas a prestação de serviços de saúde, de assistência farmacêutica e de assistência à saúde, desde que observado o § 5º deste artigo, incluídos os serviços auxiliares de diagnose e terapia, em benefício dos interesses dos titulares de dados, e para permitir:*
>
> *I - a portabilidade de dados quando solicitada pelo titular; ou*
>
> *II - as transações financeiras e administrativas resultantes do uso e da prestação dos serviços de que trata este parágrafo.*

Importante ler o trecho que fala sobre a realização de estudo em saúde pública.

> ***Art. 13** Na realização de estudos em saúde pública, os órgãos de pesquisa poderão ter acesso a bases de dados pessoais, que serão tratados exclusivamente dentro do órgão e estritamente para a finalidade de realização de estudos e pesquisas e mantidos em ambiente controlado e seguro, conforme práticas de segurança previstas em regulamento específico e que incluam, sempre que possível, a anonimização ou pseudonimização dos dados, bem como considerem os devidos padrões éticos relacionados a estudos e pesquisas.*
>
> *§ 1º A divulgação dos resultados ou de qualquer excerto do estudo ou da pesquisa de que trata o caput deste artigo em nenhuma hipótese poderá revelar dados pessoais.*
>
> *§ 2º O órgão de pesquisa será o responsável pela segurança da informação prevista no caput deste artigo, não permitida, em circunstância alguma, a transferência dos dados a terceiro. § 3º O acesso aos dados de que trata este artigo será objeto de regulamentação por parte da autoridade nacional e das autoridades da área de saúde e sanitárias, no âmbito de suas competências.*

12.3.4 Tratamento de dados pessoais de criança e de adolescentes

Os dados pessoais de crianças e adolescentes podem ser usados quando o interesse for dos mesmos, com um consentimento específico por um dos pais ou pelo responsável legal. O controlador tem que manter pública a informação sobre os tipos de dados coletados, como estão sendo usados e os procedimentos realizados.

O tratamento de dados pessoais sem consentimento dos pais, só será permitida se forem usada uma única vez e sem armazenamento. Para a proteção dos dados, em nenhuma hipótese os dados podem ser repassados a terceiros sem a autorização dos pais ou responsável legal. Todas as informações relacionadas ao tratamento de dados pessoais de crianças e adolescentes precisa ser informada de forma simples, clara e acessível, respeitando as características físico-motoras, perceptivas, sensoriais, intelectuais e mentais do usuário, utilizando os recursos audiovisuais quando necessário, para assegurar as informações necessárias aos pais ou responsáveis legais.

12.3.5 Término do tratamento de dados

Será considerada encerrada a utilização de dados pessoais, nas seguintes hipóteses:

- Verificação de que a finalidade foi alcançada ou de que os dados deixaram de ser necessários ou pertinentes ao alcance da finalidade específica almejada;
- Fim do período de tratamento;
- Comunicação do titular, inclusive no exercício de seu direito de revogação do consentimento;
- Determinação da autoridade nacional, quando houver violação ao disposto nesta Lei.

Após a conclusão do tratamento de dados, as informações pessoais serão excluídas, no âmbito e nos limites técnicos das atividades. Os dados só serão conservados quando possuírem as seguintes finalidades:

- Cumprimento de obrigação legal ou regulatória pelo controlador;
- Estudo por órgão de pesquisa, garantida, sempre que possível, a anonimização dos dados pessoais;
- Transferência a terceiro, desde que respeitados os requisitos de tratamento de dados dispostos nesta Lei;
- Uso exclusivo do controlador, vedado seu acesso por terceiro, e desde que anonimizados os dados.

12.4 Direito do titular

Titular é a pessoa que possui o dado pessoal, e em meio a tantas situações de uso de dados pessoais, não podemos esquecer dos direitos que são conferidos a quem pertence esses dados. Ao titular é assegurada a titularidade de seus dados pessoais e garantidos os direitos fundamentais de liberdade, intimidade e privacidade.

Além desses direitos, o titular tem permissão para obter a relação de dados que estão sendo usados, a qualquer momento e por intermédio de requisição que aborda os seguintes aspectos:

- Confirmação da existência de tratamento;
- Acesso aos dados;
- Correção de dados incompletos, inexatos ou desatualizados;
- Anonimização, bloqueio ou eliminação de dados desnecessários, excessivos ou tratados em desconformidade com o disposto nesta Lei;

- Portabilidade dos dados a outro fornecedor de serviço ou produto, mediante requisição expressa, de acordo com a regulamentação da autoridade nacional, observados os segredos comercial e industrial;
- Eliminação dos dados pessoais tratados com o consentimento do titular, exceto nas hipóteses previstas no art. 16 desta Lei;
- Informação das entidades públicas e privadas com as quais o controlador realizou uso compartilhado de dados;
- Informação sobre a possibilidade de não fornecer consentimento e sobre as consequências da negativa;
- Revogação do consentimento, nos termos do § 5º do art. 8º desta Lei.

Para confirmar a existência ou acesso aos dados pessoais, o titular precisa fazer uma requisição, em uma destas formas:

- Em formato simplificado, imediatamente;
- Por meio de declaração clara e completa, que indique a origem dos dados, a inexistência de registro, os critérios utilizados e a finalidade do tratamento, observados os segredos comercial e industrial, fornecida no prazo de até 15 (quinze) dias, contado da data do requerimento do titular.

> ***Art. 19**, § 1º Os dados pessoais serão armazenados em formato que favoreça o exercício do direito de acesso. § 2º As informações e os dados poderão ser fornecidos, a critério do titular: I - por meio eletrônico, seguro e idôneo para esse fim; ou II - sob forma impressa.*
>
> ***Art. 20** O titular dos dados tem direito a solicitar a revisão de decisões tomadas unicamente com base em tratamento automatizado de dados pessoais que afetem seus interesses, incluídas as decisões destinadas a definir o seu perfil pessoal, profissional, de consumo e de crédito ou os aspectos de sua personalidade. – Lei nº 13.709/2018*

Sempre que for solicitado pelo titular, o controlador de dados pessoais tem a obrigatoriedade de passar as informações de forma clara e adequada, respeitando os critérios e os procedimentos usados na decisão automatizada, ponderando os segredos comerciais e industriais.

Os dados pessoais não podem ser usados para prejudicar o titular.

12.4.1 Regras

Caso uma pessoa jurídica de direito público faça o tratamento de dados pessoais, essa ação tem que ser executada buscando o interesse público, persecução do interesse público e com objetivos de cumprir com as competências legais do serviço público, desde que:

- Sejam informadas as hipóteses em que, no exercício de suas competências, realizam o tratamento de dados pessoais, fornecendo informações claras e atualizadas sobre a previsão legal, a finalidade, os procedimentos e as práticas utilizadas para a execução dessas atividades, em veículos de fácil acesso, preferencialmente em seus sítios eletrônicos;
- Seja indicado um encarregado quando realizarem operações de tratamento de dados pessoais, nos termos do art. 39 desta Lei;

As empresas públicas e as sociedades de economia mista, que atuarem em regime de concorrência, terão o mesmo tratamento que estão sujeitas as pessoas jurídicas de direito privado. O tratamento será igual aos órgãos e entidades do Poder público, quando suas atividades estiverem envolvidas na preparação e execução das políticas públicas.

Tratamento de dados pessoais por empresas públicas e sociedades de economia mista:

- Atuação em regime de concorrência: tratamento dispensado às pessoas jurídicas de direito privado.
- Atuação envolvida em políticas públicas: tratamento dispensado aos órgãos e às entidades do Poder Público.

O Poder Público poderá compartilhar dados pessoais, apenas se atender a alvo específico: executar as políticas públicas e as atribuições legais dos Órgãos e entidades públicas, sempre obedecendo os princípios de proteção de dados pessoais.

É vedado ao Poder Público mover qualquer dado para as entidades privadas, exceto nas condições de:

- Em casos de execução descentralizada de atividade pública que exija a transferência, exclusivamente para esse fim específico e determinado, observado o disposto na Lei nº 12.527, de 18 de novembro de 2011 (Lei de Acesso à Informação);
- Nos casos em que os dados forem acessíveis publicamente;
- Quando houver previsão legal ou a transferência for respaldada em contratos, convênios ou instrumentos congêneres;
- Na hipótese de a transferência dos dados objetivar exclusivamente a prevenção de fraudes e irregularidades, ou proteger e resguardar a segurança e a integridade do titular dos dados, desde que vedado o tratamento para outras finalidades.

Existe alguma situação em que o Poder Público pode compartilhar dados pessoais com pessoa de direito privado?

Sim, porém a comunicação e o compartilhamento, obrigatoriamente, têm que ser informados à autoridade nacional e o titular dos dados tem que autorizar. As exceções a essa regra acontecem quando:

- Nas hipóteses de dispensa de consentimento previstas nesta Lei;
- Nos casos de uso compartilhado de dados, em que será dada publicidade nos termos do inciso I do caput do art. 23 desta Lei;
- Nas exceções referentes ao compartilhamento de dados pelo Poder Público.

12.4.2 Responsabilidades

Transferência Internacional de dados, é permitida? Só é permitida quando acontece alguma das seguintes circunstâncias:

- Para países ou organismos internacionais que proporcionem grau de proteção de dados pessoais adequado ao previsto nesta Lei;
- Quando o controlador oferecer e comprovar garantias de cumprimento dos princípios, dos direitos do titular e do regime de proteção de dados previstos nesta Lei, na forma de:
  - Cláusulas contratuais específicas para determinada transferência;
  - Cláusulas-padrão contratuais;
  - Normas corporativas globais;
  - Selos, certificados e códigos de conduta regularmente emitidos;
- Quando a transferência for necessária para a cooperação jurídica internacional entre órgãos públicos de inteligência, de investigação e de persecução, de acordo com os instrumentos de direito internacional;
- Quando a transferência for necessária para a proteção da vida ou da incolumidade física do titular ou de terceiros;
- Quando a autoridade nacional autorizar a transferência;
- Quando a transferência resultar em compromisso assumido em acordo de cooperação internacional;
- Quando a transferência for necessária para a execução de política pública ou atribuição legal do serviço público, sendo dada publicidade nos termos do inciso I do caput do art. 23 desta Lei;
- Quando o titular tiver fornecido o seu consentimento específico e em destaque para a transferência, com informação prévia sobre o caráter internacional da operação, distinguindo claramente de outras finalidades;
- Quando necessário para atender as hipóteses

Os dados de países estrangeiros possuem alguma proteção? Sim, mas a autoridade nacional irá avaliar. Para essa avaliação, a autoridade verifica se os dados estão obedecendo os seguintes fatos:

- As normas gerais e setoriais da legislação em vigor no país de destino ou no organismo internacional;
- A natureza dos dados;
- A observância dos princípios gerais de proteção de dados pessoais e direitos dos titulares previstos nesta Lei;
- A adoção de medidas de segurança previstas em regulamento;
- A existência de garantias judiciais e institucionais para o respeito aos direitos de proteção de dados pessoais;
- Outras circunstâncias específicas relativas à transferência.

A autoridade nacional tem a atribuição de verificar as cláusulas específicas para uma determinada transferência, normas corporativas globais ou selos, certificados e códigos de conduta quando o controlador oferecer e comprovar garantias de cumprimento dos princípios, dos direitos do titular e do regime de proteção de dados.

Os requisitos, condições e garantias mínimas para a transferência dos direitos, são considerados na avaliação do conteúdo de cláusulas-padrão contratuais. Em algumas situações da análise contratual, a autoridade nacional pode solicitar outros outras informações adicionais, quando necessário.

12.5 Controlador e operador

Quem é o controlador e o operador? Quais suas funções? Ou qual a definição, de acordo com a legislação, de controlador e operador?

> ***Art. 5º**, VI controlador: pessoa natural ou jurídica, de direito público ou privado, a quem competem as decisões referentes ao tratamento de dados pessoais;*
>
> *VII - operador: pessoa natural ou jurídica, de direito público ou privado, que realiza o tratamento de dados pessoais em nome do controlador.*

Em todas as ações e atividades realizadas de tratamento de dados pessoais, o controlador e operador são obrigados a manter o registro, principalmente quando se tratar de interesse próprio. A autoridade nacional tem competência para determinar que o controlador faça relatórios de impacto à proteção de dados pessoais, inclusive dos dados sensíveis. Neste relatório deve conter as operações de tratamento de dados. O operador faz aquilo que o controlador orienta.

> ***Art. 38**, parágrafo único. o relatório deverá conter, no mínimo, a descrição dos tipos de dados coletados, a metodologia utilizada para a coleta e para a garantia da segurança das informações e a análise do controlador com relação a medidas, salvaguardas e mecanismos de mitigação de risco adotados.*

Requisitos mínimos que deve conter no relatório:

- Descrição do tipo de dado coletado;
- Metodologia usada na coleta;
- Garantia de segurança das informações;
- Análise do controlador.

12.6 Encarregado pelo tratamento de dados pessoais

Quem indica a pessoa que será o encarregado, é o controlador. Após a escolha, as informações do encarregado serão disponibilizadas publicamente, de forma objetiva e clara, no endereço eletrônico do controlador.

São funções do encarregado:

- Aceitar reclamações e comunicações dos titulares, prestar esclarecimentos e adotar providências;
- Receber comunicações da autoridade nacional e adotar providências;
- Orientar os funcionários e os contratados da entidade a respeito das práticas a serem tomadas em relação à proteção de dados pessoais;
- Executar as demais atribuições determinadas pelo controlador ou estabelecidas em normas complementares.

Qualquer tipo de violação contra à legislação de proteção de dados pessoais pelo controlador ou operador, como por exemplo causar dano patrimonial a outrem, dano moral, dano individual ou coletivo, esses são obrigados a reparar o mal.

Garantia de efetivação de indenização ao titular:

- O operador responde solidariamente pelos danos causados pelo tratamento quando descumprir as obrigações da legislação de proteção de dados ou quando não tiver seguido as instruções lícitas do controlador, hipótese em que o operador equipara-se ao controlador, salvo nos casos de exclusão previstos no art. 43 desta Lei;
- Os controladores que estiverem diretamente envolvidos no tratamento do qual decorreram danos ao titular dos dados respondem solidariamente, salvo nos casos de exclusão.

12.7 Segurança e sigilo de dados

Os responsáveis pelos tratamentos de dados pessoais precisam adotar medidas de segurança, técnicas e administrativas adequadas para proteger os dados pessoais de acesso não autorizado, ou de situações acidentais ou ilícitas de destruição, perda, alteração, comunicação ou qualquer tratamento inadequado ou ilícito. A autoridade nacional pode determinar padrões mínimos para garantir a aplicação das medidas de segurança de dados pessoais, fundamentando-se na natureza das informações tratadas, as características específicas do tratamento e o estado atual da tecnologia, principalmente quando se tratar de dados pessoais sensíveis.

> ***Art. 48** O controlador deverá comunicar à autoridade nacional e ao titular a ocorrência de incidente de segurança que possa acarretar risco ou dano relevante aos titulares.*

Essa comunicação tem que respeitar um prazo razoável e conter, no mínimo, as seguintes informações:

- A descrição da natureza dos dados pessoais afetados;
- As informações sobre os titulares envolvidos;
- A indicação das medidas técnicas e de segurança utilizadas para a proteção dos dados, observados os segredos comercial e industrial;
- Os riscos relacionados ao incidente;
- Os motivos da demora, no caso de a comunicação não ter sido imediata;
- As medidas que foram ou que serão adotadas para reverter ou mitigar os efeitos do prejuízo.

O grau de gravidade do incidente é verificado pela autoridade nacional, e este pode exigir que o controlador adote providências, tais como:

- Ampla divulgação do fato em meios de comunicação;
- Medidas para reverter ou mitigar os efeitos do incidente.

> ***Art. 49** Os sistemas utilizados para o tratamento de dados pessoais devem ser estruturados de forma a atender aos requisitos de segurança, aos padrões de boas práticas e de governança e aos princípios gerais previstos nesta Lei e às demais normas regulamentares.*

13 RESOLUÇÃO CVM Nº 50/2021 - PREVENÇÃO À LAVAGEM DE DINHEIRO

13.1 Âmbito, definições e finalidade

São disciplinados pela presente Resolução:

- o estabelecimento da política de prevenção à lavagem de dinheiro, ao financiamento do terrorismo e ao financiamento da proliferação de armas de destruição em massa – PLD/FTP, da avaliação interna de risco e de regras, procedimentos e controles internos;
- a identificação e o cadastro de clientes, assim como as diligências contínuas visando à coleta de informações suplementares e, em especial, à identificação de seus respectivos beneficiários finais;
- o monitoramento, a análise e a comunicação das operações e situações mencionadas nesta Resolução;
- o registro de operações e manutenção de arquivos; e
- a efetivação, no âmbito do mercado de valores mobiliários:
  - das medidas visando à indisponibilidade de bens, direitos e valores em decorrência de resoluções do Conselho de Segurança das Nações Unidas – CSNU; e
  - de demandas de cooperação jurídica internacional advindas de outras jurisdições em conformidade com a legislação nacional vigente, e demais previsões legais.

Para fins da presente Resolução, considera-se:

- alta administração: órgão decisório máximo ou indivíduos integrantes da administração, responsável pela condução de seus assuntos estratégicos conforme previsto na política de PLD/FTP;
- autoridade central estrangeira: órgão, entidade ou agente público de jurisdição estrangeira responsável, conforme a sua legislação própria ou acordos internacionais, por centralizar a interlocução com outras jurisdições sobre a adoção de medidas de cooperação em matéria de prevenção e combate, ao terrorismo, ao financiamento do terrorismo e ao financiamento da proliferação de armas de destruição em massa;
- beneficiário final: pessoa natural ou pessoas naturais que, em conjunto, possuam, controlem ou influenciem significativamente, direta ou indiretamente, um cliente em nome do qual uma transação esteja sendo conduzida ou dela se beneficie;
- cadastro: registro, em meio físico ou eletrônico, das informações e dos documentos de identificação de clientes com os quais a instituição mantém relacionamento direto em função da prestação de serviços no mercado de valores mobiliários;
- cliente: investidor que mantém relacionamento comercial direto com as pessoas mencionadas no art. 3º desta Resolução;
- cliente ativo: o cliente que nos últimos 12 (doze) meses tenha:
  - efetuado movimentação, em sua conta-corrente ou em sua posição de custódia;
  - realizado operação no mercado de valores mobiliários; ou
  - apresentado saldo em sua posição de custódia;
- entidade autorreguladora: entidade responsável pela autorregulação dos mercados organizados de que trata a regulamentação que disciplina os mercados regulamentados de valores mobiliários;
- entidade operadora de infraestrutura do mercado financeiro: entidade que realiza, cumulativa ou isoladamente, o processamento e a liquidação de operações, o registro e o depósito centralizado de valores mobiliários;
- influência significativa: situação em que uma pessoa natural, seja o controlador ou não, exerça influência de fato nas decisões ou seja titular de mais de 25% (vinte e cinco por cento) do capital social das pessoas jurídicas ou do patrimônio líquido dos fundos de investimento e demais entidades nos casos de que tratam os incisos II a V do art. 1º do Anexo B, sem prejuízo da utilização de cadastro simplificado de que trata o Anexo C;
- investidor: pessoa natural ou jurídica, fundo ou veículo de investimento coletivo ou o investidor não residente em nome do qual são efetuadas operações com valores mobiliários;
- participante: pessoa jurídica, fundo ou veículo de investimento a quem uma entidade administradora de mercado organizado tenha concedido autorização para atuar nos ambientes ou sistemas de negociação ou de registro de operações dos mercados por ela administrados; e.
- trust ou veículo assemelhado: qualquer ente despersonalizado constituído por ativos mantidos sob titularidade fiduciária e reunidos em patrimônio de afetação, segregado do patrimônio geral do titular.

Fique Ligado

Equivalem ao beneficiário final, para fins da presente norma, os seus prepostos, procuradores ou representantes legais.

Sujeitam-se às obrigações previstas nesta Resolução, no limite de suas atribuições:

- as pessoas naturais ou jurídicas que prestem no mercado de valores mobiliários, em caráter permanente ou eventual, os serviços relacionados à distribuição, custódia, intermediação, ou administração de carteiras;
- entidades administradoras de mercados organizados e as entidades operadoras de infraestrutura do mercado financeiro;
- as demais pessoas referidas em regulamentação específica que prestem serviços no mercado de valores mobiliários, incluindo:
  - os escrituradores;
  - os consultores de valores mobiliários;
  - as agências de classificação de risco;
  - os representantes de investidores não residentes; e
  - as companhias securitizadoras; e
- os auditores independentes no âmbito do mercado de valores mobiliários.

A presente Resolução não se aplica aos analistas de valores mobiliários e às companhias abertas, desde que não exerçam outras atividades abrangidas pelos incisos I a IV do caput.

As instituições integrantes do sistema de distribuição de valores mobiliários devem submeter os assessores de investimento e demais prepostos a elas vinculados à sua respectiva política de PLD/FTP, bem como às regras, procedimentos e controles internos estabelecidas nos termos da presente Resolução.

O disposto no § 2º não exime a responsabilidade das instituições integrantes do sistema de distribuição de valores mobiliários pelo cumprimento dos comandos previstos nesta Resolução.

13.2 Política de PLD/FTP, avaliação interna de risco e regras, procedimentos e controles internos

13.2.1 Política de Prevenção à Lavagem de Dinheiro, ao Financiamento do Terrorismo e ao Financiamento da Proliferação de Armas de Destruição em Massa

As pessoas jurídicas mencionadas nos incisos I a III do art. 3º desta Resolução devem elaborar e implementar política de PLD/FTP contendo, no mínimo:

- a governança relacionada ao cumprimento das obrigações de que trata esta Resolução, incluindo a descrição circunstanciada de como estão estruturados os órgãos da alta administração, quando aplicável, assim como a definição dos papéis e a atribuição de responsabilidades dos integrantes de cada nível hierárquico da instituição no tocante à elaboração e implementação do processo de abordagem baseada em risco, com especial ênfase para as rotinas previstas nos arts. 17, 18, 20, 21, 22 e 23 desta Resolução;
- a descrição da metodologia para tratamento e mitigação dos riscos identificados, a qual deve amparar os parâmetros estabelecidos na avaliação interna de risco, contemplando o detalhamento das diretrizes:
  - que fundamentaram a abordagem baseada em risco adotada;
  - para continuamente conhecer:

    os clientes ativos, incluindo procedimentos de verificação, coleta, validação e atualização de informações cadastrais, bem como demais diligências aplicáveis, de acordo com os arts. 11 e 17; e

    os funcionários e os prestadores de serviços relevantes;
  - utilizadas para nortear as diligências visando à identificação do beneficiário final do respectivo cliente, conforme os incisos III e IX e o parágrafo único do art. 2º, arts. 13 a 15 e inciso IV do art. 17;
  - de monitoramento e possível detecção das atipicidades, conforme inciso III do art. 17 e art. 20, bem como a especificação de outras situações de monitoramento reforçado; e
  - acerca dos critérios utilizados para a obtenção dos indicadores de efetividade da abordagem baseada em risco utilizada para fins de PLD/FTP;
- definição dos critérios e periodicidade para atualização dos cadastros dos clientes ativos, de acordo com o art. 11, observando-se o intervalo máximo de 5 (cinco) anos;
- se for o caso, a descrição das rotinas que visem pautar as diligências de que tratam os §§ 2º e 3º do art. 1º do Anexo C; e
- as ações que envolvam a identificação das contrapartes das operações realizadas nos ambientes de registro, quando aplicável.

A política a que se refere o caput deve ser:

- documentada;
- aprovada pela alta administração; e
- mantida atualizada.

As pessoas mencionadas nos incisos I e III do art. 3º que pertençam a um mesmo conglomerado financeiro devem estabelecer na política de PLD/FTP mecanismos de intercâmbio de informações entre suas áreas de controles internos para assegurar o cumprimento de suas obrigações previstas neste artigo, considerando a relevância do risco identificado em cada caso, em sua avaliação interna de risco.

O intercâmbio de informações referido no § 2º pode contemplar, sempre que aplicável e necessário, informações sobre o perfil do cliente detidas por sociedades sujeitas à regulamentação específica que dispõe sobre o dever de verificação da adequação dos produtos, serviços e operações ao perfil do cliente.

A política de PLD/FTP elaborada e implementada pelos auditores independentes deve abranger, no mínimo, o conteúdo definido em regulamentação específica emitida pelo Conselho Federal de Contabilidade – CFC.

13.2.2 Avaliação Interna de Risco

As pessoas mencionadas nos incisos I a III do art. 3º desta Resolução devem, no limite de suas atribuições, identificar, analisar, compreender e mitigar os riscos de lavagem de dinheiro, do financiamento do terrorismo e do financiamento da proliferação de armas de destruição em massa – LD/FTP, inerentes às suas atividades desempenhadas no mercado de valores mobiliários, adotando uma abordagem baseada em risco para garantir que as medidas de prevenção e mitigação sejam proporcionais aos riscos identificados e assegurar o cumprimento desta Resolução, devendo:

- elencar todos os produtos oferecidos, serviços prestados, respectivos canais de distribuição e ambientes de negociação e registro em que atuem, segmentando-os minimamente em baixo, médio e alto risco de LD/FTP; e
- classificar os respectivos clientes por grau de risco de LD/FTP, segmentando-os minimamente em baixo, médio e alto risco.

Para fins do disposto no caput deste artigo, devem ser levadas em consideração, dentre outros fatores:

- o tipo de cliente e sua natureza jurídica, a sua atividade, a sua localização geográfica, os produtos, serviços, operações e canais de distribuição por ele utilizados, bem como outros parâmetros de risco adotados no relacionamento com os seus clientes;
- o relacionamento com outras pessoas previstas no art. 3º, considerando, inclusive, as políticas de PLD/FTP de tais pessoas; e
- a contraparte das operações realizadas em nome de seu cliente, no caso de operações realizadas em ambientes de registro.

Os riscos de LD/FTP inerentes às seguintes categorias de clientes devem considerar as suas respectivas peculiaridades e características, assim como ser objeto de tratamento específico dentro da política de PLD/FTP e do processo periódico da avaliação interna de risco:

- pessoas expostas politicamente, bem como com seus familiares, estreitos colaboradores e pessoas jurídicas de que participem, nos termos do Anexo A; e
- organizações sem fins lucrativos, nos termos da legislação específica.

As pessoas mencionadas nos incisos I a III do art. 3º desta Resolução que não têm relacionamento direto com o investidor devem identificar, analisar, compreender e mitigar os riscos de LD/FTP inerentes às suas atividades desempenhadas, considerando os parâmetros estabelecidos nos §§ 1º e 2º do art. 17.

O diretor de que trata o caput do art. 8º deve elaborar relatório relativo à avaliação interna de risco de LD/FTP, a ser encaminhado para os órgãos da alta administração especificados na política de PLD/FTP, até o último dia útil do mês de abril, contendo além das informações requeridas nos incisos I e II do art. 5º, o que segue:

- identificação e análise das situações de risco de LD/FTP, considerando as respectivas ameaças, vulnerabilidades e consequências;

- se for o caso, análise da atuação dos prepostos, assessores de investimento ou prestadores de serviços relevantes contratados, bem como a descrição da governança e dos deveres associados à manutenção do cadastro simplificado, nos termos do Anexo C;
- tabela relativa ao ano anterior, contendo:
  - o número consolidado das operações e situações atípicas detectadas, segregadas por cada hipótese, nos termos do art. 20;
  - o número de análises realizadas, conforme disposto no art. 21;
  - o número de comunicações de operações suspeitas reportadas para o Conselho de Controle de Atividades Financeiras – COAF, conforme disposto no art. 22; e
  - a data do reporte da declaração negativa, se for o caso, conforme disposto no art. 23;
- as medidas adotadas para o atendimento do disposto nas alíneas "b" e "c" do inciso II do art. 4º;
- a apresentação dos indicadores de efetividade nos termos definidos na política de PLD/FTP, incluindo a tempestividade acerca das atividades de detecção, análise e comunicação de operações ou situações atípicas; e
- a apresentação, se for o caso, de recomendações visando mitigar os riscos identificados do exercício anterior que ainda não foram devidamente tratados, contendo:
  - possíveis alterações nas diretrizes previstas na política de PLD/FTP de que trata o art. 4º;
  - aprimoramento das regras, procedimentos e controles internos referidos no art. 7º, com o estabelecimento de cronogramas de saneamento;
- a indicação da efetividade das recomendações adotadas referidas no inciso VI em relação ao relatório respectivamente anterior, de acordo com a metodologia de que trata o inciso II do art. 4º, registrando de forma individualizada os resultados.

O relatório referido no caput deve:

- ser elaborado anualmente até o último dia útil do mês de abril e seu conteúdo deve se referir ao ano anterior à data de entrega;
- ficar disponível para a CVM e, se for o caso, para a entidade autorreguladora, na sede da instituição.

O relatório de que trata o caput pode ser único ou compor relatório abrangente de supervisão de regras, procedimentos e controles internos de implementação e cumprimento de políticas exigido pela regulamentação da CVM, observada a compatibilidade dos prazos de entrega, conforme aplicável.

13.2.3 Regras, Procedimentos e Controles Internos

As pessoas jurídicas mencionadas nos incisos I a III do art. 3º desta Resolução devem:

- adotar e implementar regras, procedimentos e controles internos consistentes com o seu porte, bem como com o volume, complexidade e tipo das atividades que desempenham no mercado de valores mobiliários de forma a viabilizar a fiel observância das disposições desta Resolução, contemplando, inclusive:
  - a análise prévia para efeitos de mitigação de riscos de LD/FTP de novas tecnologias, serviços e produtos; e
  - a seleção e o monitoramento de administradores, funcionários, assessores de investimento e prestadores de serviços relevantes contratados, com o objetivo de garantir padrões elevados de seus quadros; e
  - a forma pela qual o diretor responsável a que se refere o art. 8º acessará as informações necessárias para o devido gerenciamento de riscos de PLD/FTP; e
- manter programa de treinamento contínuo para administradores, funcionários, assessores de investimento e prestadores de serviços relevantes contratados, destinado inclusive a divulgar a sua política de PLD/FTP, assim como as respectivas regras, procedimentos e controles internos.

As regras, os procedimentos e os controles internos de que trata este artigo devem:

- ser escritos;
- ser passíveis de verificação; e
- estar disponíveis para consulta da CVM, das entidades administradoras dos mercados organizados e das entidades operadoras de infraestrutura de mercado em que a pessoa obrigada atue como participante e da entidade autorreguladora, se for o caso.

As regras, procedimentos e controles internos de que trata este artigo devem prever que os administradores, funcionários, assessores de investimento e prestadores de serviços relevantes contratados, se for o caso, das pessoas jurídicas mencionadas nos incisos I a III do art. 3º devem reportar, no limite de suas atribuições, para a sua área responsável pelos controles internos as propostas ou ocorrências das operações ou situações previstas no art. 20.

O programa de treinamento a que se refere o inciso II deve ser realizado utilizando-se linguagem clara, acessível e ser compatível com as funções desempenhadas e com a sensibilidade das informações a que têm acesso aqueles que participam do programa.

São considerados descumprimento do disposto nos incisos I e II do caput não apenas a inexistência ou insuficiência das regras, procedimentos e controles internos ali referidos, como também a sua não implementação ou a implementação inadequada para os fins previstos nesta Resolução.

Os auditores independentes devem observar os limites, os procedimentos e a conformidade requerida na execução de uma auditoria de demonstrações contábeis ou revisão de informações contábeis intermediárias, segundo regulamentação específica emitida pelo CFC e as normas emanadas pela CVM.

13.3 Responsabilidades

13.3.1 Responsabilidade do Diretor

As pessoas jurídicas mencionadas nos incisos I a III do art. 3º desta Resolução devem indicar um diretor estatutário, responsável pelo cumprimento das normas estabelecidas por esta Resolução, em especial, pela implementação e manutenção da respectiva política de PLD/FTP compatível com a natureza, o porte, a complexidade, a estrutura, o perfil de risco e o modelo de negócio da instituição, de forma a assegurar o efetivo gerenciamento dos riscos de LD/FTP apontados.

A nomeação ou a substituição do diretor estatutário a que se refere o caput deve ser informada à CVM e, quando for o caso, às entidades administradoras dos mercados organizados, entidades operadoras de infraestrutura do mercado financeiro e à entidade autorreguladora com as quais as pessoas mencionadas nos incisos I e III do art. 3º se relacionem, no prazo de 7 (sete) dias úteis, contados da sua investidura.

A nomeação ou a substituição do diretor estatutário a que se refere o caput deve ser informada à CVM pelas pessoas mencionadas no inciso II do art. 3º no prazo de 7 (sete) dias úteis, contados da sua investidura.

Na hipótese de impedimento do diretor de que trata o caput por prazo superior a 30 (trinta) dias, o substituto deve assumir a referida responsabilidade, devendo a CVM ser comunicada no prazo de 7 (sete) dias úteis a contar da sua ocorrência.

A função a que se refere o caput pode ser desempenhada em conjunto com outras funções na instituição, desde que não impliquem possíveis conflitos de interesses, principalmente com as áreas de negócios da instituição.

No caso de conglomerado financeiro, admite-se a indicação do diretor previsto no caput deste artigo para todo o conglomerado.

O diretor de que trata o caput deve agir com probidade, boa fé e ética profissional, empregando, no exercício de suas funções, todo cuidado e diligência esperados dos profissionais em sua posição.

Caso as pessoas referidas nos incisos I a III no art. 3º tenham auditoria interna em sua estrutura funcional, suas análises e avaliações acerca da adequação e efetividade das regras, procedimentos e controles internos da instituição devem ficar disponíveis para a CVM.

13.3.2 Responsabilidade dos Órgãos da Alta Administração

Sem prejuízo da responsabilidade do diretor de que trata o caput do art. 8º, os órgãos da alta administração, conforme especificados na política de PLD/FTP, são responsáveis pela aprovação e adequação da respectiva política, da avaliação interna de risco, assim como das regras, dos procedimentos e dos controles internos de que tratam os arts. 4º a 7º.

13.3.3 Responsabilidade do Auditor Independente Pessoa Natural e do Representante do Auditor Independente Pessoa Jurídica

O auditor independente pessoa natural e o representante do auditor independente pessoa jurídica indicado nos termos da regulamentação específica que dispõe sobre o registro e o exercício da atividade de auditoria independente no âmbito do mercado de valores mobiliários são os responsáveis pelo cumprimento das normas estabelecidas por esta Resolução relativamente aos auditores independentes.

13.4 Processo de identificação dos clientes

13.4.1 Cadastro e Identificação de Beneficiário Final

As pessoas mencionadas nos incisos I a III do art. 3º desta Resolução que tenham relacionamento direto com o investidor devem identificá-lo, manter seu cadastro atualizado de acordo com o conteúdo indicado nos Anexos B e C e nos termos da alínea "b", inciso II do art. 4º.

As pessoas mencionadas nos incisos I a III do art. 3º devem continuamente difundir perante seus clientes a importância da manutenção de seus dados cadastrais atualizados, disponibilizando canais para que esses investidores e seus representantes, conforme o caso, comuniquem quaisquer atualizações, observado o disposto no inciso II do art. 2º do Anexo B.

As entidades administradoras de mercados organizados e as entidades operadoras de infraestrutura do mercado financeiro que não tenham relacionamento direto com os investidores devem utilizar as informações cadastrais dos participantes para fins de aplicação deste artigo à política de PLD/FTP.

As pessoas mencionadas nos incisos I a III do art. 3º não devem aceitar ordens de movimentação de contas de clientes que estejam com os cadastros desatualizados, exceto nas hipóteses de pedidos de encerramento de conta ou de alienação ou resgate de ativos.

É permitida a adoção de sistemas alternativos de cadastro, inclusive por meio eletrônico, desde que as soluções adotadas satisfaçam os objetivos das normas vigentes e os procedimentos sejam passíveis de verificação.

Fique Ligado

A assinatura do cliente ou de seu procurador no cadastro pode ser efetuada por meio digital, ou, no caso de sistemas eletrônicos, suprida por outros mecanismos, desde que os procedimentos adotados permitam confirmar com precisão a identificação do cliente.

As informações cadastrais relativas a clientes classificados nos incisos II a V do art. 1º do Anexo B devem abranger as pessoas naturais autorizadas a representá-los, todos seus controladores, diretos e indiretos, e as pessoas naturais que sobre eles tenham influência significativa, até alcançar a pessoa natural caracterizada como beneficiário final ou qualquer das entidades mencionadas no § 2º.

As pessoas mencionadas nos incisos I a III do art. 3º devem definir, de acordo com sua política de PLD/FTP, o percentual de participação mínimo que caracteriza o controle direto ou indireto, observado que, exclusivamente para fins de cumprimento do caput, o percentual não pode ser superior a 25% (vinte e cinco por cento) da participação.

Excetua-se do disposto no caput no que se refere à obrigação de identificação da pessoa natural caracterizada como beneficiário final:

- a pessoa jurídica constituída como companhia aberta no Brasil;
- fundos e clubes de investimento nacionais registrados, desde que:
  - não seja fundo exclusivo;
  - obtenham recursos de investidores com o propósito de atribuir o desenvolvimento e a gestão de uma carteira de investimento a um gestor qualificado que deve ter plena discricionariedade na representação e na tomada de decisão junto às entidades investidas, não sendo obrigado a consultar os cotistas para essas decisões e tampouco indicar os cotistas ou partes a eles ligadas para atuar nas entidades investidas; e
  - seja informado o número do CPF/MF ou de inscrição no Cadastro Nacional de Pessoa Jurídica – CNPJ de todos os cotistas para a Receita Federal do Brasil na forma definida em regulamentação específica daquele órgão;
- instituições financeiras e demais entidades autorizadas a funcionar pelo Banco Central do Brasil;
- seguradoras, entidades abertas e fechadas de previdência complementar e de regimes próprios de previdência social;
- os investidores não residentes classificados como:
  - bancos centrais, governos ou entidades governamentais, assim como fundos soberanos ou companhias de investimento controladas por fundos soberanos e similares;
  - organismos multilaterais;
  - companhias abertas ou equivalentes;
  - instituições financeiras ou similares, agindo por conta própria
  - administradores de carteiras, agindo por conta própria;
  - seguradoras e entidades de previdência; e

ÉTICO M

▪ fundos ou veículos de investimento coletivo, desde que, cumulativamente:

o número de cotistas seja igual ou superior a 100 (cem) e nenhum deles tenha influência significativa; e

a administração da carteira de ativos seja feita de forma discricionária por administrador profissional sujeito à regulação de órgão regulador que tenha celebrado com a CVM acordo de cooperação mútua, nos termos dispostos no inciso III do § 3º.

O enquadramento de algum investidor no rol do inciso V do § 2º não isenta as pessoas mencionadas nos incisos I a III do art. 3º de cumprir as demais obrigações previstas nesta Resolução, naquilo que for aplicável, em especial, a condução das demais diligências previstas nos arts. 17 e 18, devendo também ser observado se a respectiva jurisdição de origem:

- está classificada por organismos internacionais, em especial o Grupo de Ação Financeira contra a Lavagem de Dinheiro e o Financiamento do Terrorismo – GAFI, como não cooperante ou com deficiências estratégicas, em relação à prevenção à lavagem de dinheiro, ao financiamento do terrorismo e ao financiamento da proliferação de armas de destruição em massa;
- integra alguma lista de sanções ou restrições emanadas pelo CSNU; e
- possui órgão regulador do mercado de capitais, em especial, que tenha celebrado com a CVM acordo de cooperação mútua que permita o intercâmbio de informações financeiras de investidores, ou seja signatário do memorando multilateral de entendimento da Organização Internacional das Comissões de Valores – OICV/IOSCO.

As pessoas mencionadas nos incisos I a III do art. 3º também devem verificar, para efeitos do inciso V do § 2º, e sem prejuízo do inciso III do § 3º, se o respectivo cliente em sua jurisdição de origem é regulado e fiscalizado por autoridade governamental competente

Adicionalmente, para os investidores classificados na alínea "c" do inciso V do § 2º, a respectiva dispensa somente se aplica se na jurisdição da sua respectiva sede vigore lei ou regulamentação que exija a divulgação pública e periódica de acionistas relevantes pessoas naturais.

Nas situações previstas no § 2º, as pessoas listadas nos incisos I a III do art. 3º devem informar no cadastro quem são as pessoas naturais representantes dos clientes perante seus órgãos reguladores.

Os auditores independentes devem identificar seus clientes e respectivos beneficiários finais, na forma dos procedimentos definidos pela regulamentação específica emitida pelo CFC.

Nas situações em que for necessária a condução de diligências visando à identificação do beneficiário final de entes constituídos sob a forma de trust ou veículo assemelhado, também devem ser envidados e evidenciados esforços para identificar:

- a pessoa que instituiu o trust ou veículo assemelhado (settlor);
- o supervisor do veículo de investimento, se houver (protector);
- o administrador ou gestor do veículo de investimento (curador ou trustee); e
- o beneficiário do trust, seja uma ou mais pessoas naturais ou jurídicas.

Fique Ligado

Para fins desta Resolução, equipara-se ao curador ou trustee a pessoa que não for settlor ou protector, mas que tenha influência significativa nas decisões de investimento do trust ou veículo assemelhado.

As pessoas a que se referem os incisos I a III do art. 3º que tenham relacionamento direto com o investidor devem, de forma consistente com sua política de PLD/FTP, avaliação interna de risco e demais regras, procedimentos e controles internos, dispensar especial atenção às situações em que não seja possível identificar o beneficiário final, observado o disposto no § 2º do art. 13, bem como em que as diligências previstas na seção II do Capítulo IV não possam ser concluídas.

Nos casos descritos no caput, as pessoas lá mencionadas devem adotar os seguintes procedimentos:

- monitoramento reforçado, mediante a adoção de procedimentos mais rigorosos para a seleção de operações ou situações atípicas, nos termos do art. 20, independentemente da classificação de risco desse investidor;
- análise mais criteriosa com vistas à verificação da necessidade das comunicações de que tratam os arts. 22 e 27, na hipótese de detecção de outros sinais de alerta, nos termos do inciso I do § 1º deste artigo e do art. 21;
- avaliação do diretor responsável de que trata o caput do art. 8º, passível de verificação, quanto ao interesse no início ou manutenção do relacionamento com o investidor.

Em relação aos investidores, as entidades administradoras de mercados organizados e as entidades operadoras de infraestrutura do mercado financeiro adotarão as medidas previstas neste artigo com base nas informações recebidas dos participantes, observada a regulamentação em vigor.

13.4.2 Diligências Devidas Relativas ao Processo de Conhecimento dos Clientes

Diligências Devidas pelas Pessoas de que Tratam os Incisos I a III do art. 3º

As pessoas mencionadas no caput do art. 11 devem adotar continuamente regras, procedimentos e controles internos, de acordo com diretrizes prévia e expressamente estabelecidos na política a que se refere o art. 4º, para:

- validar as informações cadastrais de seus clientes e mantê-las atualizadas, nos termos da alínea "b", inciso II do art. 4º, ou a qualquer momento, caso surjam novas informações relevantes;
- aplicar e evidenciar procedimentos de verificação das informações cadastrais proporcionais ao risco de utilização de seus produtos, serviços e canais de distribuição para a lavagem de dinheiro, o financiamento do terrorismo e o financiamento da proliferação de armas de destruição em massa;
- monitorar as operações e situações de forma a permanentemente conhecer os seus clientes ativos;
- adotar as diligências devidas para a identificação do beneficiário final;
- classificar os clientes ativos por grau de risco de LD/FTP, conforme disposto no inciso II do art. 5º, e acompanhar a evolução do relacionamento da instituição com eles, de forma a rever tempestivamente a respectiva classificação, se cabível;
- quanto aos clientes ativos qualificados no § 2º do art. 5º:
  - monitorar continuamente e de maneira diferenciada a relação de negócio;
  - acompanhar de maneira diferenciada as propostas de início de relacionamento; e
  - identificar clientes que, após o início do relacionamento com a instituição, passem a se enquadrar nesse rol, ou para os quais se constate que já tinham essa qualidade no início do relacionamento com a instituição;

- nas situações de maior risco de LD/FTP envolvendo clientes ativos:
  - envidar esforços adicionais para identificar a origem dos recursos envolvidos nas referidas operações; e
  - acompanhar de maneira mais rigorosa a evolução do seu relacionamento com eles, descrevendo as eventuais medidas adotadas na avaliação interna de risco, conforme Seção II do Capítulo II; e
- identificar possíveis clientes e respectivos beneficiários finais que detenham bens, valores e direitos de posse ou propriedade, bem como de todos os demais direitos, reais ou pessoais, de titularidade, direta ou indireta, e que estejam relacionados com as situações previstas nos arts. 27 e 28.

As pessoas mencionadas nos incisos I e III do art. 3º que não têm relacionamento direto com os investidores devem, no limite de suas atribuições:

- considerar, para fins da abordagem baseada em risco de LD/FTP, a política de PLD/FTP e as respectivas regras, procedimentos e controles internos de outras pessoas mencionadas nos mesmos incisos com quem se relacionem;
- buscar a implementação de mecanismos de intercâmbio de informações com as áreas de controles internos das instituições mencionadas no inciso I que tenham tal relacionamento direto, observados eventuais regimes de sigilo ou restrição de acesso previstos na legislação;
- monitorar continuamente as operações realizadas em nome desses investidores, considerando as operações ou situações que não dependam da posse dos dados cadastrais, nem tampouco da identificação do beneficiário final, assim como, quando cabível, adotar as providências previstas nos arts. 21 e 22; e
- avaliar a pertinência e a oportunidade de solicitar informações adicionais às pessoas mencionadas nos incisos I e III do art. 3º que tenham relacionamento direto com os investidores, por meio dos mecanismos de intercâmbio a que se refere o inciso II, caso aplicáveis, em observância às diretrizes estabelecidas na política de PLD/FTP e à avaliação interna de risco.

Em relação aos investidores, as entidades administradoras de mercados organizados e as entidades operadoras de infraestrutura do mercado financeiro devem adotar as medidas previstas neste artigo com base nas informações recebidas dos participantes, observada a regulamentação em vigor.

As pessoas mencionadas nos incisos I e III do art. 3º somente devem iniciar qualquer relação de negócio ou dar prosseguimento a relação já existente com o cliente ou prestador de serviço relevante se observadas as providências estabelecidas neste Capítulo.

As pessoas mencionadas nos incisos I e III do art. 3º devem, de forma passível de verificação, compreender e, quando apropriado, empreender esforços para obter informações adicionais a respeito do propósito da relação de negócio mantida pelo cliente ou, se for o caso, por procurador legalmente constituído, com a instituição.

Diligências Devidas pelos Auditores Independentes

Os auditores independentes devem adotar, continuamente, regras, de acordo com os procedimentos prévia e expressamente estabelecidos nas políticas a que se refere o § 4º do art. 4º, para:

- confirmar as informações cadastrais de seus clientes, bem como dos beneficiários finais, e manter atualizado o respectivo cadastro;
- dedicar especial atenção às propostas de início de relacionamento;
- dedicar especial atenção às operações societárias, ou de qualquer outra natureza, de seus clientes e respectivos beneficiários finais, identificadas durante a execução dos trabalhos de auditoria, que possam estar associadas à lavagem de dinheiro, ao financiamento do terrorismo e ao financiamento da proliferação de armas de destruição em massa; e
- identificar, sempre que possível e em conformidade com os procedimentos de auditoria executados, os respectivos beneficiários finais de operações societárias, ou de qualquer outra natureza, que possam estar associadas à lavagem de dinheiro, ao financiamento do terrorismo e ao financiamento da proliferação de armas de destruição em massa.

13.5 Monitoramento, análise e comunicação das operações e situações suspeitas

13.5.1 Monitoramento de Operações

Para fins do disposto no inciso I do art. 11, da Lei nº 9.613, de 1998, as pessoas mencionadas nos incisos I a IV do art. 3º devem, no limite de suas atribuições, monitorar continuamente todas as operações e situações, bem como observar as seguintes atipicidades, que podem, após detecção e respectiva análise, configurar indícios de LD/FTP:

- situações derivadas do processo de identificação do cliente, conforme Capítulo IV, tais como:
  - situações em que não seja possível manter atualizadas as informações cadastrais de seus clientes;
  - situações em que não seja possível identificar o beneficiário final;
  - situações em que as diligências previstas na seção II do Capítulo IV não possam ser concluídas;
  - no caso de clientes classificados no inciso I do art. 1º do Anexo B, operações cujos valores se afigurem incompatíveis com a ocupação profissional, os rendimentos ou a situação patrimonial ou financeira de qualquer das partes envolvidas, tomando-se por base as informações cadastrais respectivas; e
  - no caso de clientes classificados nos incisos II a V do art. 1º do Anexo B, incompatibilidade da atividade econômica, do objeto social ou do faturamento informados com o padrão operacional apresentado por clientes com o mesmo perfil;
- situações relacionadas com operações cursadas no mercado de valores mobiliários, tais como:
  - realizadas entre as mesmas partes ou em benefício das mesmas partes, nas quais haja seguidos ganhos ou perdas no que se refere a algum dos envolvidos;
  - que evidenciem oscilação significativa em relação ao volume ou frequência de negócios de qualquer das partes envolvidas;
  - cujos desdobramentos contemplem características que possam constituir artifício para burla da identificação dos efetivos envolvidos e beneficiários respectivos;
  - d) cujas características e desdobramentos evidenciem atuação, de forma contumaz, em nome de terceiros;
  - que evidenciem mudança repentina e objetivamente injustificada relativamente às modalidades operacionais usualmente utilizadas pelos envolvidos;
  - cujo grau de complexidade e risco se afigurem incompatíveis com:

o perfil do cliente ou de seu representante, nos termos da regulamentação específica que dispõe sobre o dever de verificação da adequação dos produtos, serviços e operações ao perfil do cliente; e

com o porte e o objeto social do cliente;

  - realizadas com a aparente finalidade de gerar perda ou ganho para as quais falte, objetivamente, fundamento econômico ou legal;

- transferências privadas de recursos e de valores mobiliários sem motivação aparente, tais como:

entre contas-correntes de investidores perante o intermediário;

de titularidade de valores mobiliários sem movimentação financeira; e

de valores mobiliários fora do ambiente de mercado organizado;

- depósitos ou transferências realizadas por terceiros, para a liquidação de operações de cliente, ou para prestação de garantia em operações nos mercados de liquidação futura;
- pagamentos a terceiros, sob qualquer forma, por conta de liquidação de operações ou resgates de valores depositados em garantia, registrados em nome do cliente; e
- operações realizadas fora de preço de mercado;

▹ operações e situações relacionadas a pessoas suspeitas de envolvimento com atos terroristas, com o financiamento do terrorismo, ou com o financiamento da proliferação de armas de destruição em massa, tais como aquelas que envolvam:

- ativos alcançados por sanções impostas pelas resoluções do CSNU de que trata a Lei nº 13.810, de 8 de março de 2019;
- ativos alcançados por requerimento de medida de indisponibilidade oriundo de autoridade central estrangeira de que se venha a ter conhecimento;
- a realização de negócios, qualquer que seja o valor, por pessoas que tenham cometido ou intentado cometer atos terroristas, ou deles participado ou facilitado o seu cometimento, conforme o disposto na Lei nº 13.260, 16 de março de 2016;
- valores mobiliários pertencentes ou controlados, direta ou indiretamente, por pessoas que tenham cometido ou intentado cometer atos terroristas, ou deles participado ou facilitado o seu cometimento, conforme o disposto na Lei nº 13.260, de 2016; e
- movimentação passível de ser associada ao financiamento do terrorismo ou ao financiamento da proliferação de armas de destruição em massa, conforme o disposto nas Leis nº 13.260, de 2016, e 13.810, de 8 de março de 2019; e

▹ operações com a participação de pessoas naturais, pessoas jurídicas ou outras entidades que residam, tenham sede ou sejam constituídas em países, jurisdições, dependências ou locais:

- que não aplicam ou aplicam insuficientemente as recomendações do GAFI, conforme listas emanadas por aquele organismo; e
- com tributação favorecida e submetidos a regimes fiscais privilegiados, conforme normas emanadas pela Receita Federal do Brasil; e

▹ outras hipóteses que, a critério das pessoas mencionadas no caput deste artigo, configurem indícios de LD/FTP, cujas notificações deverão ser acompanhadas de breve descrição da possível irregularidade, de acordo com o § 1º do art. 22.

As operações ou situações mencionadas no caput compreendem as seguintes:

▹ aquelas objeto de negociação ou registro envolvendo valores mobiliários, independentemente de seu valor ou da classificação de risco de LD/FTP do investidor;

▹ eventos não usuais identificados no âmbito da condução das diligências e respectivo monitoramento que possam estar associados com operações e situações que envolvam alto risco de LD/FTP; e

▹ societárias ou de qualquer natureza identificadas e avaliadas pelos auditores independentes no transcorrer dos trabalhos de auditoria de demonstrações contábeis e de revisão de informações contábeis intermediárias, pelo prazo de duração destes trabalhos, e nos limites e na forma definidos pela regulamentação específica emitida pelo CFC e pelas normas emanadas da CVM.

O monitoramento deve contemplar as operações e situações que aparentem estar relacionadas com outras operações e situações conexas ou que integrem um mesmo grupo de operações.

Em relação aos investidores, as entidades administradoras de mercados organizados e as entidades operadoras de infraestrutura do mercado financeiro devem adotar as medidas previstas neste artigo com base nas informações recebidas dos participantes, observada a regulamentação em vigor.

Para fins do enquadramento das situações descritas nas alíneas "c", "d" e "e" do inciso III, assim como na alínea "b" do inciso IV do caput, as pessoas mencionadas no art. 3º devem verificar se as informações disponíveis atendem os padrões mínimos estabelecidos na política de PLD/FTP que ensejem a comunicação de que trata o art. 22.

13.5.2 Análise de Operações

As pessoas mencionadas nos incisos I a IV do art. 3º devem estabelecer um procedimento regular e tempestivo de análise das operações e situações detectadas nos termos do art. 20, individualmente ou em conjunto, com o objetivo de, no limite de suas atribuições, identificar aquelas que configurem indícios de LD/FTP.

A análise deve observar os parâmetros previstos na política de PLD/FTP e na avaliação interna de risco, bem como observar, no que couber, as respectivas regras, procedimentos e controles internos, conforme os arts. 4º a 7º desta Resolução.

13.5.3 Comunicação de Operações

As pessoas mencionadas nos incisos I a IV do art. 3º desta Resolução devem, em conformidade com o disposto nesta seção e mediante análise fundamentada, comunicar ao COAF todas as situações e operações detectadas, ou propostas de operações que possam constituir-se em sérios indícios de LD/FTP.

As comunicações referidas no caput devem conter minimamente:

▹ a data do início de relacionamento do comunicante com a pessoa autora ou envolvida na operação ou situação;

▹ a explicação fundamentada dos sinais de alerta identificados;

▹ a descrição e o detalhamento das características das operações realizadas;

▹ a apresentação das informações obtidas por meio das diligências previstas no art. 17, que qualifiquem os envolvidos, inclusive informando tratar-se, ou não, de pessoas expostas politicamente, e que detalhem o comportamento da pessoa comunicada; e

▹ a conclusão da análise, incluindo o relato fundamentado que caracterize os sinais de alerta identificados como uma situação suspeita a ser comunicada para o COAF, contendo minimamente as informações definidas nos demais incisos deste parágrafo.

As pessoas mencionadas no caput devem abster-se de dar ciência de tal ato a qualquer pessoa, inclusive àquela a qual se refira a informação.

A comunicação de que trata o caput deve ser efetuada no prazo de 24 (vinte e quatro) horas a contar da conclusão da análise que caracterizou a atipicidade da operação, respectiva proposta, ou mesmo da situação atípica detectada, como uma suspeição a ser comunicada para o COAF.

As comunicações de boa-fé não acarretam, nos termos da lei, responsabilidade civil ou administrativa às pessoas referidas no caput deste artigo.

As pessoas mencionadas nos incisos I a IV do art. 3º desta Resolução devem comunicar à CVM, se for o caso, a não ocorrência, no ano civil anterior, de situações, operações ou propostas de operações passíveis de serem comunicadas.

Fique Ligado

A comunicação de que trata o caput deve ser realizada anualmente, até o último dia útil do mês de abril, por meio dos mecanismos estabelecidos no convênio celebrado entre a CVM e o COAF.

Para fins do disposto no inciso I do art. 11 da Lei nº 9.613, de 1998, os auditores independentes devem realizar o monitoramento, a análise e a comunicação de que trata este Capítulo considerando, no mínimo, a aplicação dos procedimentos previstos em regulamentação específica emitida pelo CFC.

13.6 Registro de operações e manutenção de arquivos

As pessoas mencionadas nos incisos I a III do art. 3º devem manter registro de toda operação envolvendo valores mobiliários, independentemente de seu valor, de forma a permitir:

- a verificação da movimentação financeira de cada cliente, consoante a política de PLD/FTP, a avaliação interna de risco e as respectivas regras, procedimentos e controles internos, conforme arts. 4º a 7º desta Resolução, assim como em face das informações obtidas no processo de identificação dos clientes previsto no Capítulo IV desta Resolução, considerando em especial:
  - os valores pagos a título de liquidação de operações;
  - os valores ou ativos depositados a título de garantia, em operações nos mercados de liquidação futura; e
  - as transferências de valores mobiliários para a conta de custódia do cliente; e
- as tempestivas análises e comunicações às quais se referem os arts. 21 a 23.

As pessoas mencionadas nos incisos I a III do art. 3º devem manter à disposição da CVM, durante o período mínimo de 5 (cinco) anos, toda documentação relacionada às obrigações previstas nos Capítulos II a V e VII.

A documentação referida no caput deve necessariamente contemplar, mas não se limitar, as conclusões que fundamentaram a decisão de efetuar, ou não, as comunicações de que trata os arts. 22 e 23.

Em se tratando do disposto nos Capítulos IV, V e VII, o prazo a que se refere o caput passa a contar, conforme o caso, a partir do cadastro ou da última atualização cadastral, ou da detecção da situação atípica, podendo esse prazo ser sucessivamente estendido por determinação da CVM.

Os documentos e informações a que se refere este artigo, assim como os registros de que trata o art. 25, podem ser guardados em meios físico ou eletrônico.

As imagens digitalizadas são admitidas em substituição aos documentos originais, desde que o processo seja realizado de acordo com a lei que dispõe sobre elaboração e o arquivamento de documentos públicos e privados em meios eletromagnéticos, e com o decreto que estabelece a técnica e os requisitos para a digitalização desses documentos.

O documento de origem pode ser descartado após sua digitalização, exceto se apresentar danos materiais que prejudiquem sua legibilidade.

Os sistemas eletrônicos de que trata o § 3º devem:

- possibilitar o acesso imediato das pessoas mencionadas no art. 3º aos documentos e informações a que se refere este artigo; e
- utilizar tecnologia capaz de cumprir integralmente com o disposto na presente Resolução a respeito de cadastro de clientes.

13.7 Cumprimento de sanções impostas por resoluções do CSNU

As pessoas mencionadas nos incisos I a IV do art. 3º devem cumprir, imediatamente e sem aviso prévio aos sancionados, as medidas estabelecidas nas resoluções sancionatórias do CSNU ou as designações de seus comitês de sanções que determinem a indisponibilidade de ativos, de quaisquer valores, de titularidade, direta ou indireta, de pessoas naturais, de pessoas jurídicas ou de entidades, nos termos da Lei nº 13.810, de 2019, sem prejuízo do dever de cumprir determinações judiciais de indisponibilidade também previstas na referida lei.

As pessoas mencionadas nos incisos I a IV do art. 3º devem ainda informar, sem demora, ao Ministério da Justiça e Segurança Pública (MJSP) e à CVM, a existência de pessoas e ativos sujeitos às determinações de indisponibilidade referidas no caput a que deixaram de dar o imediato cumprimento, justificando as razões para tanto.

A indisponibilidade de que trata o caput refere-se à proibição de transferir, converter, trasladar, disponibilizar ativos ou deles dispor, direta ou indiretamente, incidindo inclusive sobre os juros e outros frutos civis e rendimentos decorrentes do contrato, conforme o previsto no inciso II do art. 2º e no § 2º do art. 31 da Lei nº 13.810, de 2019.

As pessoas mencionadas nos incisos I a IV do art. 3º devem adotar os procedimentos abaixo, sem que para tanto seja necessária a comunicação da CVM de que trata o inciso I do art. 10 da Lei nº 13.810, de 2019:

- monitorar, direta e permanentemente, as determinações de indisponibilidade referidas no caput, bem como eventuais informações a serem observadas para o seu adequado atendimento, inclusive o eventual levantamento total ou parcial de tais determinações em relação a pessoas, entidades ou ativos, visando ao cumprimento imediato do quanto determinado, acompanhando para tanto, sem prejuízo da adoção de outras providências de monitoramento, as informações divulgadas na página do CSNU na rede mundial de computadores; e
- comunicar imediatamente a indisponibilidade de ativos e as tentativas de sua transferência relacionadas às pessoas naturais, às pessoas jurídicas ou às entidades sancionadas por resolução do CSNU ou por designações de seus comitês de sanções, nos termos do art. 11 da Lei nº 13.810, de 2019:
  - à CVM;
  - ao MJSP;
  - ao COAF; e
- manter sob verificação a existência ou o surgimento, em seu âmbito, de ativos alcançados pelas determinações de indisponibilidade de que trata o caput, para efeito de pôr tais ativos imediatamente, tão logo detectados, sob o regime de indisponibilidade previsto no inciso II do art. 2º e no § 2º do art. 31 da Lei nº 13.810, de 2019.

As pessoas mencionadas nos incisos I a IV do art. 3º devem proceder ao imediato levantamento da indisponibilidade de ativos de que trata o caput, nas hipóteses de exclusão de pessoas, entidades ou ativos das correspondentes listas do CSNU ou de seus comitês de sanções.

O cumprimento das obrigações de que trata o Capítulo VII não devem se submeter aos parâmetros da abordagem baseada em risco de LD/FTP.

Para o fim de assegurar o fiel cumprimento do disposto no art. 27, as pessoas mencionadas nos incisos I a IV do art. 3º devem, no limite de suas atribuições, adequar suas regras, procedimentos e controles internos no tocante a todas as relações de negócio já existentes, ou que venham a ser posteriormente iniciadas em seu âmbito, quanto às quais possam ser identificadas como interessadas pessoas físicas, pessoas jurídicas ou entidades alcançadas pelas determinações de indisponibilidade de que trata o art. 27.

13.8 Disposições finais

Podem ser consideradas graves para efeito do disposto na Lei nº 9.613, de 1998, as infrações relacionadas aos arts. 4º a 6º e 17 a 28 desta Resolução.

Ficam revogadas:

- a Instrução CVM nº 617, de 5 de dezembro de 2019; e
- a Nota Explicativa à Instrução CVM nº 617, de 5 de dezembro de 2019.

Esta Resolução entra em vigor em 1º dia de outubro de 2021.

CONHECIMENTOS BANCÁRIOS

1 ESTRUTURA DO SISTEMA FINANCEIRO NACIONAL

1.1 Sistema Financeiro Nacional - SFN

O Sistema Financeiro Nacional, é um conjunto de órgãos que regulamenta, fiscaliza e executa as operações necessárias à circulação da moeda e do crédito na economia. Tem o importante papel de fazer a intermediação de recursos entre os agentes econômicos superavitários e os deficitários de recursos, tendo como resultado um crescimento da atividade produtiva.

Sua estabilidade é fundamental para a própria segurança das relações entre os agentes econômicos.

Transferir recursos dos agentes econômicos (pessoas, empresas, governo) superavitários para os deficitários.	SFN	
	Superavitários São aqueles capazes de gastar em consumos e investimentos menos do que a renda auferida, formando um excedente de poupança.	**Deficitário** São aqueles que assumem uma posição de tomadores de mercado, isto é, que gastem em investimentos e consumo de valores mais altos que suas rendas.

1.1.1 Subsistema normativo

Possuem a função de determinar as regras gerais para o bom funcionamento do Sistema Financeiro Nacional (SFN).

São eles: Conselho Monetário Nacional (CMN), Conselho Nacional de Seguros Privados (CNSP) e Conselho Nacional de Previdência Complementar (CNPC).

1.1.2 Entidades supervisoras

Estão subordinadas aos órgãos normativos e atuam de modo que os cidadãos e os integrantes do sistema financeiro sigam as regras definidas pelos órgãos normativos.

São elas: Banco Central do Brasil (BACEN), Comissão de Valores Mobiliários (CVM, Superintendência de Seguros Privados (SUSEP) e Superintendência de Previdência Complementar (PREVIC).

SFN		
	Mercado de Moeda, Crédito, Capitais e Câmbio	Conselho Monetário Nacional
	Seguros, Previdência Complementar aberta, Capitalização e Resseguros	Conselho Nacional de Seguros Privados
	Previdência Complementar Fechada	Conselho nacional de Previdência Complementar

SISTEMA FINANCEIRO NACIONAL - SFN				
Mercados	Moeda, Crédito e Câmbio	Capitais	Seguro, Previdência Aberta, Capitalização e Resseguro	Previdência Fechada (Fundo de Pensão)
Normativos	Conselho Monetário Nacional (CMN)	Conselho Monetário Nacional (CMN)	Conselho Nacional de Seguros Privados (CNPC)	Conselho Nacional de Seguros Privados (CNPC)
Supervisores	Banco Central do Brasil (BCB)	Banco Central do Brasil (BCB) e Comissão de Valores Mobiliários - CVM	Superintendência de Seguros Privados (SUSEP)	Superintendência Nacional de Previdência Complementar (PREVIC)

O mercado de capitais possui dois supervisores (supervisão compartilhada): o BC e a CVM § 1º do art. 3º da Lei nº 6.385/1976.

1.1.3 Órgãos recursais

Existem três órgãos recursais que são responsáveis por julgar os recursos interpostos, oriundos de penalidades administrativas aplicadas pelos supervisores do Sistema Financeiro Nacional (SFN).

Subsistema Recursal		
Conselho de Recursos do SFN (CRSFN)	Conselho de Recursos do Sistema nacional de Seguros Privados (CRSNSP)	Câmara de Recursos da Previdência Complementar

1.1.4 Subsistema de intermediação

O Subsistema de intermediação é composto pelas instituições bancárias e não bancárias e que atuam com operações de intermediação financeira, composto: Instituições financeiras bancárias, Instituições financeiras não bancárias, Sistema Brasileiro de Poupança e Empréstimo, Instituições Auxiliares e Instituições não Financeiras.

	Moeda, crédito, capitais e câmbio			**Seguros privados**	**Previdência fechada**
Órgãos normativos	CMN Conselho Monetário Nacional			CNSP Conselho Nacional de Seguros Privados	CNPC Conselho Nacional de Previdência Complementar
Supervisores	BCB Banco Central do Brasil		CVM Comissão de Valores Mobiliários	SUSEP Superintendência de Seguros Privados	PREVIC Superintendência Nacional de Previdência Complementar
Operadores	Bancos e caixas econômicas	Administradoras de consórcio	Bolsa de Valores	Seguradoras e Resseguradoras	Entidades fechadas de previdência complementar (fundos de pensão)
	Cooperativas de Crédito	Corretoras e Distribuidoras*	Bolsa de mercadorias e futuros	Entidades abertas de previdência	
	Instituições de pagamento**	Demais instituições não bancárias		Sociedades de capitalização	

* Dependendo de suas atividades corretoras e distribuidoras também são fiscalizadas pela CVM.

** As instituições de pagamento não se compõem no SFN, mas são reguladas e fiscalizadas pelo BCB, conforme diretrizes estabelecidas pelo CMN.

1.2 Conselho Monetário Nacional - CMN

O Conselho Monetário Nacional (CMN) foi criado pela Lei nº 4.595/1964.

1.2.1 Composição do CMN

- Ministro de Estado da Fazenda (presidente do Conselho);
- Ministro de Estado do Planejamento e Orçamento;
- Presidente do Banco Central do Brasil.

1.2.2 Características

- Possui função exclusivamente normativa, ou seja, atua na fixação e estabelecimento de diretrizes, regulamentação, regulação e disciplina do SFN;
- Fixar diretrizes e as normas da política cambial;
- Regulamentar as operações de câmbio;
- Controlar a paridade da moeda e o equilíbrio do Balanço de Pagamentos;
- Regulamentar as taxas de juros;
- Regular a constituição e o funcionamento das instituições financeiras;
- Fixar índices de encaixe, capital mínimo e normas de contabilização;
- Acionar medidas de prevenção ou correção de desequilíbrios;
- Disciplinar o crédito e orientar na aplicação dos recursos;
- Regular as operações de redesconto e as operações no mercado aberto;
- Estabelecer as metas de inflação.

Reúne-se mensalmente.

1.2.3 Comissões consultivas

Assessoram em assuntos tais como:

- De Normas e Organização do Sistema Financeiro;
- De Mercado de Valores Mobiliários e de Futuros;
- De Crédito Rural;
- DE Crédito Industrial;
- De Crédito Habitacional, e para Saneamento e Infraestrutura Urbana;
- De Endividamento Público;
- De Política Monetária e Cambial.

A Comissão Técnica da Moeda e do Crédito (Comoc) foi criada para regulamentar a Medida Provisória nº 542/1994, que depois seria convertida na Lei nº 9.069/1995 - a lei que instituiu o Plano Real. Nos termos do art. 10 da referida lei, compete à Comissão Técnica da Moeda e do Crédito:

> *I - Propor a regulamentação das matérias tratadas na presente Lei, de competência do Conselho Monetário Nacional;*
>
> *II - Manifestar-se, na forma prevista em seu regimento interno, previamente, sobre as matérias de competência do Conselho Monetário Nacional, especialmente aquelas constantes da Lei nº 4.595, de 31 de dezembro de 1964;*
>
> *III - outras atribuições que lhe forem cometidas pelo Conselho Monetário Nacional.*

1.3 Comissão Técnica da Moeda e do Crédito - COMOC

Indica os pontos positivos e negativos da política de crédito e monetário para facilitar as tomadas de decisão do Conselho.

1.3.1 Membros da COMOC

A composição atual da COMOC (passou por modificações em 2023) é:

- Presidente e quatro Diretores do Banco Central do Brasil;
- Presidente da Comissão de Valores Mobiliários;
- Secretário-Executivo do Ministério do Planejamento e Orçamento
- Secretário-Executivo e Secretários do Tesouro Nacional, de Reformas Econômicas e de Política Econômica do Ministério da Fazenda.

3 grupos – Entidades do SNF

- 1 – Normativas: Conselho Monetário Nacional, Conselho Nacional de Seguros Privados e Conselho Nacional de Previdência Complementar.
- 2 – Banco Central do Brasil, Comissão de Valores Mobiliários, Superintendência de Seguros privados e Superintendência Nacional de Previdência Complementar.
- 3 – Operadoras: Bancos, administradoras de consórcio, cooperativas de crédito, corretoras, seguradoras e resseguradoras, empresas de previdência, bolsa de valores e outras.

1.4 Conselho Nacional de Seguros Privados - CNSP

O Conselho Nacional de Seguros Privados - CNSP é órgão responsável por fixar as diretrizes e normas da política de seguros privados. É composto pelo Ministro da Fazenda (Presidente), representante do Ministério da Justiça, representante do Ministério da Previdência Social, Superintendente da Superintendência de Seguros Privados, representante do Banco Central do Brasil e representante da Comissão de Valores Mobiliários.

Dentre as funções do CNSP estão:

- Regular a constituição, organização, funcionamento e fiscalização dos que exercem atividades subordinadas ao SNSP, bem como a aplicação das penalidades previstas;
- Fixar as características gerais dos contratos de seguro, previdência privada aberta, capitalização e resseguro;
- estabelecer as diretrizes gerais das operações de resseguro;
- Prescrever os critérios de constituição das Sociedades Seguradoras, de Capitalização, Entidades de Previdência Privada Aberta e Resseguradores, com fixação dos limites legais e técnicos das respectivas operações e disciplinar a corretagem de seguros e a profissão de corretor.

1.5 Conselho Nacional de Previdência Complementar - CNPC

O Conselho Nacional de Previdência Complementar – CNPC, nova denominação do então Conselho de Gestão da Previdência Complementar (CGPC), tem por função de regular o regime de previdência complementar operado pelas entidades fechadas de previdência complementar.

Sua organização e funcionamento estão presentes no Decreto nº 7.123/2010, bem como em seu Regimento Interno, Portaria MPS nº 132/2011.

O CNPC é presidido pelo representante do Ministério da Fazenda e composto por representantes da Superintendência Nacional de Previdência Complementar - Previc, da Secretaria de Políticas de Previdência Complementar - SPPC, da Casa Civil da Presidência da República, dos Ministérios da Fazenda e do Planejamento, Orçamento e Gestão, das entidades fechadas de previdência complementar, dos patrocinadores e instituidores de planos de benefícios das entidades fechadas de previdência complementar e dos participantes e assistidos de planos de benefícios das referidas entidades.

Como estrutura de Conselho, o CNPC tem o papel de considerar todas as partes sob o guarda-chuva da Previdência Complementar, com o objetivo de garantir a eficácia dos produtos ofertados.

Fique Ligado
Cabe à Secretaria de Política Econômica - SPE, nos termos do Decreto nº 9.003/2017, formular e avaliar medidas para o desenvolvimento dos mercados de previdência complementar e também, conforme Portaria MF nº 330/2017, analisar e propor votos e resoluções do Conselho Nacional de Previdência Complementar – CNPC, órgão regulador do setor de previdência complementar fechada (fundos de pensão).

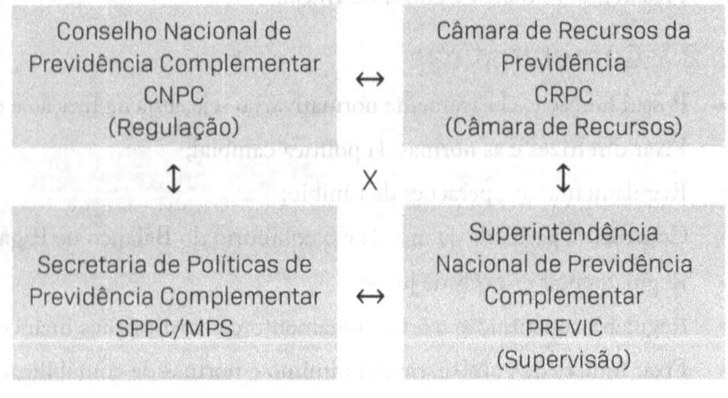

1.6 Banco Central Do Brasil - BCB

O Banco Central do Brasil, autarquia federal, ligada ao Ministério da Fazenda, integrante do SFN, foi criado em 31/12/64, com a promulgação da Lei nº 4.595/1964.

Fique Ligado

Autarquia: serviço autônomo, criado por lei, com personalidade jurídica, patrimônio e receita próprios, para executar atividades típicas da Administração Pública, que requeiram, para seu melhor funcionamento, gestão administrativa e financeira descentralizada.

Antes da criação do Banco Central, o papel de autoridade monetária era desempenhado pela Superintendência da Moeda e do Crédito - SUMOC, pelo Banco do Brasil – BB e pelo Tesouro Nacional.

1.6.1 Missão institucional do Banco Central do Brasil (BCB)

Garantir a estabilidade do poder de compra da moeda, zelar por um sistema financeiro sólido, eficiente e competitivo, e fomentar o bem estar econômico da sociedade.

É o agente executivo das decisões do CMN e de Supervisão do SFN.

1.6.2 Atribuições

- Banco dos bancos (emprestador de última instância);
- Emissor de papel moeda e metálica nas condições e limites autorizados pelo CMN;
- Supervisor do SFN;
- Agente de fiscalização das instituições financeiras, punindo-as quando necessário;
- Banco que aplica intervenção e na liquidação extrajudicial de instituições financeiras;
- Banco executor da política monetária, cambial e creditícia;
- Fiel depositário: dos depósitos voluntários e compulsórios dos ban cos comerciais;
- Fiel depositário das reservas internacionais;
- Implementa a política de metas de inflação.

Além de fiscalizar o SFN, o BACEN é responsável também por fiscalizar o mercado de capitais junto com a Comissão de Valores Mobiliários (CVM).

Mesmo com a instituição da CVM por meio da Lei nº 6.385/1976, parte do mercado de capitais, que envolve basicamente os títulos públicos, continuam sob a supervisão do BCB, conforme já constava na Lei nº 4.728/1965. (Lei nº 6.385/1976, art. 3º, § 1º).

As principais funções do Banco Central

A principal missão do BCB assegurar o poder de compra da moeda nacional e garantir um Sistema Financeiro Nacional (SFN) sólido e efeciente. Além disso:

- Administrar a liquidez da economia;
- Formar reservas internacionais sólidas e a níveis saudáveis;
- Incentivar a formação de poupança;
- Promover a qualidade e aperfeiçoamento constante do Sistema Financeiro Nacional.

1.6.3 Autonomia do Banco Central

Durante a presidência de Jair Bolsonaro foi sancionado a autonomia do Banco Central. A medida visa sinalizar ao mercado comprometimento com a agenda econômica. A lei aprovada define a estabilidade de preços como objetivo fundamental do banco, que deve "suavizar as flutuações do nível de atividade econômica e fomentar o pleno emprego".

Características:

- Mandato fixo para presidente e diretores do Banco Central;
- Irremovibilidade (a não ser a pedido, doença incapacitante ou que conste de previsão legal);
- Mandato não coincidente com o do presidente da República.;
- 1 presidente e oito diretores;
- Presidente da República indica os nomes, que serão sabatinados pelo Senado;
- Decisão colegiada.

O presidente do BC deverá apresentar, no Senado Federal, em arguição pública, no primeiro e no segundo semestres de cada ano, relatório de inflação e relatório de estabilidade financeira, explicando as decisões tomadas no semestre anterior.

Publicação de comunicados e atas das reuniões do Comitê de Política Monetária (Copom) e do Comitê de Estabilidade Financeira (Comef).

Realização de audiências públicas para prestação de contas a autoridades e à sociedade.

O Banco Central, que antes era vinculado ao Ministério da Fazenda, passou a ser autarquia de natureza especial, caracterizada pela ausência de vinculação a Ministério, de tutela ou de subordinação hierárquica, pela autonomia técnica, operacional, administrativa e financeira.

1.7 Comitê de Política Monetária - COPOM

O Comitê de Política Monetária (Copom) é o órgão do Banco Central, formado pelo seu Presidente e diretores, que define, a cada 45 dias, a taxa básica de juros da economia – a Selic.

Esta taxa básica também é denominada de Taxa Selic Meta ou meta da taxa Selic.

O Copom toma suas decisões a cada reunião, conforme:

- As expectativas de inflação;
- Contas públicas;
- O balanço de riscos;
- A atividade econômica;
- Cenário Externo.

O BC define a taxa Selic visando o cumprimento da meta para a inflação.

O que o CUPOM considera em suas decisões

- Inflação;
- Contas públicas;
- Atividade econômica;
- Cenário externo.

Entenda como funciona a reunião do Copom

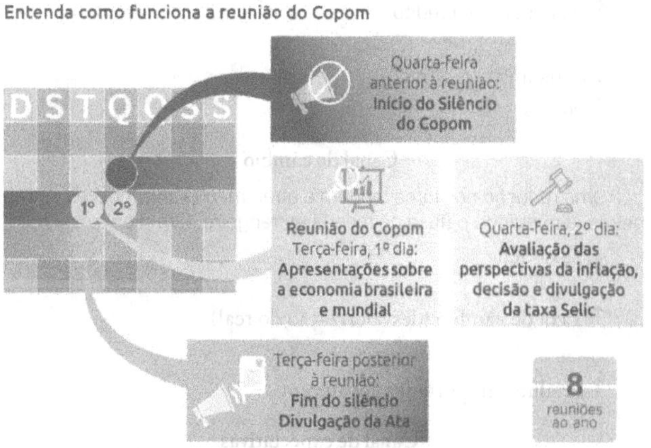

A ata de reunião do COPOM visa de forma transparente e clara, informar aos mercados o embasamento das decisões sobre a taxa de juros, de forma a garantir a confiabilidade sobre a condução da política monetária. Uma vez definida a taxa Selic, o Banco Central atua diariamente por meio de operações de mercado aberto – comprando e vendendo títulos públicos federais – para manter a taxa de juros próxima ao valor definido na reunião.

A taxa de juros Selic é a referência para os demais juros da economia. Trata-se da taxa média cobrada em negociações com títulos emitidos pelo Tesouro Nacional, registradas diariamente no Sistema Especial de Liquidação e de Custódia (Selic).

1.7.1 Importância da taxa básica de juros (Selic)

Os mecanismos de transmissão da política monetária são os canais por meio dos quais mudanças na taxa Selic (que é o principal instrumento de política monetária à disposição do Banco Central (BC) afetam o comportamento de outras variáveis econômicas, principalmente preços e produto.

A política monetária afeta os preços da economia por meio:

- Da decisão entre consumo e investimento das famílias e empresas;
- Da taxa de câmbio;
- Do preço dos ativos;
- Do crédito; e
- Das expectativas.

Canais de transmissão da política monetária

↑ Tendência de aumento ↓ Tendência de queda

Canal de investimento e consumo

A Selic é referência para as demais taxas de juros da economia.

↓ Taxa Selic

⇓

↓ Juros na economia

⇓

↓ Juros reais

↑ Consumo e investimentos

↓ Poupança

↑ Preços

Canal de crédito

A Selic é referência para o custo dos bancos.

↓ Taxa Selic

⇓

Bancos tendem a reduzir as taxas de empréstimos

⇓

↑ Demanda por crédito

⇓

↓ Consumo

↑ Preços

Canal de câmbio

Uma redução nos juros tendem a atrair menos investidores estrangeiros, diminuindo o fluxo de moeda estrangeira para o país.

↓ Taxa Selic

⇓

↑ Taxa de câmbio (desvalorização do real)

⇓

↑ Produtos importados encarecem

Canal de expectativas

As taxas de juros influenciam as expectativas de famílias e empresas sobre a atividade econômica e inflação.

↓ Taxa Selic

⇓

↑ Expectativa de recuperação da atividade

⇓

↑ Expectativa de aumento dos preços

Canal de riqueza

A redução nos juros aumenta o valor presente de alguns ativos, inclusive aqueles utilizados como garantia em empréstimos por famílias ou firmas.

↓ Taxa de juros diminui

⇓

↑ Sobe valor de bens (casa, títulos, carros)

↑ Cresce riqueza das pessoas

↑ Aumentam os gastos das famílias e das empresas

1.8 Comissão de Valores Mobiliários - CVM

É uma autarquia vinculada ao poder executivo (Ministério da Fazenda), que age sob orientação do CMN.

É administrada por um presidente e quatro diretores, todos nomeados pelo Presidente da República.

Tem por finalidade básica a normatização e o controle do mercado de valores mobiliários, representado principalmente por ações, partes beneficiárias e debêntures, *commercial papers*, e outros títulos emitidos pelas sociedades anônimas e autorizados pelo Conselho Monetário Nacional.

1.8.1 Funções básicas da CVM

- Incentivar a poupança no mercado acionário;
- Estimular o funcionamento das bolsas de valores e das instituições operadoras do mercado acionário;
- Assegurar a lisura nas operações de compra/venda de valores mobiliários;
- Promover a expansão dos negócios do mercado acionário;
- Proteger os direitos dos investidores no mercado acionário.

1.8.2 Disciplina as seguintes matérias

- Registro de companhias abertas;
- Registro de distribuições de valores mobiliários;
- Credenciamento de auditores independentes e administradores de carteiras de valores mobiliários;
- Organização, funcionamento e operações das bolsas de valores e de mercadorias e de futuros;
- Negociação e intermediação no mercado de valores mobiliários;
- Suspensão ou cancelamento de registros, credenciamentos ou autorizações;
- Suspensão de emissão, distribuição ou negociação de determinado valor mobiliário ou decretar recesso de bolsa de valores;
- A CVM tem poderes para disciplinar, normatizar e fiscalizar a atuação dos diversos integrantes do mercado;
- A lei atribui à CVM competência para apurar, julgar e punir irregularidades eventualmente cometidas no mercado;
- O Colegiado tem poderes para julgar e punir o faltoso, que vão desde a simples advertência até a inabilitação para o exercício de atividades no mercado.

1.8.3 Mercado de capitais

O mercado de capitais visa atender as necessidades de investimento de longo prazo das empresas.

Nele atuam os Bancos de Investimento, Corretoras, Bolas de Valores, Mercados de Balcão.

1.8.4 O que a CVM não fiscaliza?

A CVM não fiscaliza:

- Títulos Públicos, que fica na responsabilidade do Tesouro Nacional;
- Companhias Fechadas;
- Conta Corrente, Poupança, CDB e outros produtos bancários, que ficam na alçada do Banco Central;
- Fundos de Pensão;
- Questões relativas à forma de tributação, informe de rendimentos, imposto devido, que você deve procurar a Receita Federal do Brasil;
- Seguros, Títulos de Capitalização e produtos de previdência complementar aberta (famosa Previdência Privada) que ficam à cargo da SUSEP.

1.8.5 A importância da CVM

A Comissão tem a função de garantir que investir no país seja seguro e transparente.

Não só para o grande investidor, mas para os cidadãos em geral terem a percepção de que seu patrimônio investido está amparado por normas e critérios legais. Essa garantia é um estímulo para investimentos.

Outro estímulo é à concorrência entre bancos, sendo também uma consequência direta da atuação da Comissão de Valores Mobiliários. Isso porque ao fiscalizar e proteger as pessoas que investem, a CVM estimula as instituições a melhorarem sua eficiência em captar novos clientes, e sobretudo, em oferecer serviços melhores.

1.9 Superintendência de Seguros Privados - SUSEP

A SUSEP é o órgão responsável pelo controle e fiscalização dos mercados de seguro, previdência privada aberta, capitalização e resseguro. Trata-se de uma autarquia vinculada ao Ministério da Fazenda, criada pelo Decreto-lei nº 73/1966 que atua com o intuito de organizar e desenvolver os mercados de seguros e capitalização do país, garantindo sua estabilidade e segurança.

1.9.1 Funções

- Fiscalizar as empresas do setor de seguros e capitalização em sua constituição, organização e funcionamento;
- Proteger a poupança captada por meio das operações de dos mercados supervisionados,
- Observar a liquidez e solvência das empresas que integram o mercado;
- Combater práticas abusivas das empresas e defender os consumidores;
- Promover a estabilidade e o aperfeiçoamento dos mercados supervisionados, assegurando o seu funcionamento e expansão.
- Disciplinar e acompanhar os investimentos daquelas entidades, em especial os efetuados em bens garantidores de provisões técnicas;
- Cumprir e fazer cumprir as deliberações do CNSP e exercer as atividades que por este forem delegadas;
- Prover os serviços de Secretaria Executiva do CNSP.

Macroprocessos			
Regulação dos mercados	Identificação e formulação de Diretrizes		Normatização dos Mercados
Supervisão dos Mercados	Organização dos Mercados	Monitoramento e Fiscalização dos Mercados	Saneamento dos Mercados

CMN Conselho Monetário Nacional					**CNSP Conselho Nacional de Seguros Privados**
Banco Central do Brasil				Comissão de Valores Mobiliários	Susep
Banco	Cooperativas de crédito	DTVM/ CTVM	Demais instituições financeiras	Bolsa de valores	Seguradoras e resseguradoras
					Entidade Aberta de Previdência Complementar

1.10 Superintendência de Previdência Complementar - PREVIC

A Superintendência Nacional de Previdência Complementar é a responsável por fiscalizar e supervisionar todas as atividades das Entidades Fechadas de Previdência Privada (EFPC). A EFPC, também chamada de fundos de pensão, são as entidades que ofertam planos de previdência privada fechada para associações e empresas.

Criada em 2009, com o objetivo de fortalecer o sistema de previdência privada brasileiro, a superintendência é uma autarquia especial, ligada ao Ministério da Previdência Social.

Portanto, ela possui capital próprio e autonomia administrativa e financeira.

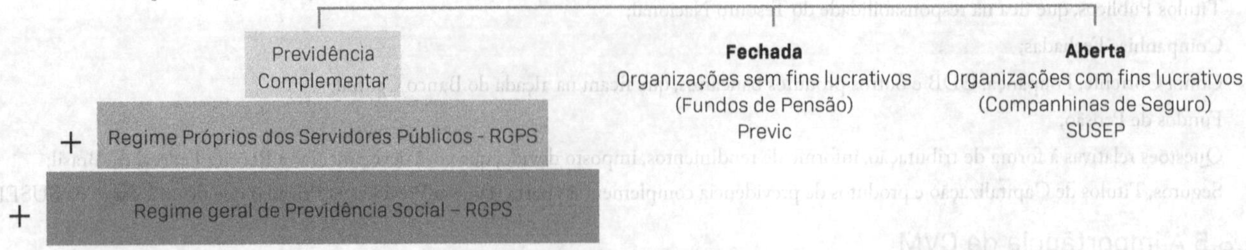

- Independente de contrato de trabalho;
- Participação voluntária;
- Estabelecida pelo empregador aos seus empregados, ou por associações profissionais/sindicatos para seus membros afiliados;
- Regime de capitalização;
- Gestão privada, sem finalidade lucrativa (Entidades de previdência complementar fechada – EFPC).

1.10.1 Funções de estado

- **Regular – Orientar – Disciplinar**
  - Determina padrões de segurança para proteger a solvência dos planos de previdência;
  - Garantir transparência para os participantes e assistidos;
  - Supervisionar para proteger os interesses dos participantes e assistidos.

1.10.2 Principais atribuições da Previc

As principais competências da Previc, segundo o Decreto nº 8.992/2017, são:

- Proceder à fiscalização das atividades das entidades fechadas de previdência complementar e das suas operações;
- Apurar e julgar as infrações e aplicar as penalidades cabíveis;
- Expedir instruções e estabelecer procedimentos para a aplicação das normas relativas à sua área de competência;
- Autorizar a constituição e o funcionamento das entidades fechadas de previdência complementar e a aplicação dos respectivos estatutos e dos regulamentos de planos de benefícios; as operações de fusão, cisão, incorporação ou qualquer outra forma de reorganização societária, relativas às entidades fechadas de previdência complementar; a celebração de convênios e termos de adesão por patrocinadores e instituidores e as retiradas de patrocinadores e instituidores; e as transferências de patrocínio, grupos de participantes e assistidos, planos de benefícios e reservas entre entidades fechadas de previdência complementar;
- Harmonizar as atividades das entidades fechadas de previdência complementar com as normas e as políticas estabelecidas para o segmento;
- Decretar intervenção e liquidação extrajudicial das entidades fechadas de previdência complementar e nomear interventor ou liquidante, nos termos da lei;
- Nomear administrador especial de plano de benefícios específico, podendo atribuir-lhe poderes de intervenção e liquidação extrajudicial, na forma da lei;
- Promover a mediação e a conciliação entre entidades fechadas de previdência complementar e entre as entidades e seus participantes, assistidos, patrocinadores ou instituidores, bem como dirimir os litígios que lhe forem submetidos na forma da Lei nº 9.307/1996;
- Enviar relatório anual de suas atividades ao Ministério da Fazenda e, por seu intermédio, ao Presidente da República e ao Congresso Nacional; e adotar as providências necessárias ao cumprimento de seus objetivos.

1.10.3 Governança pública

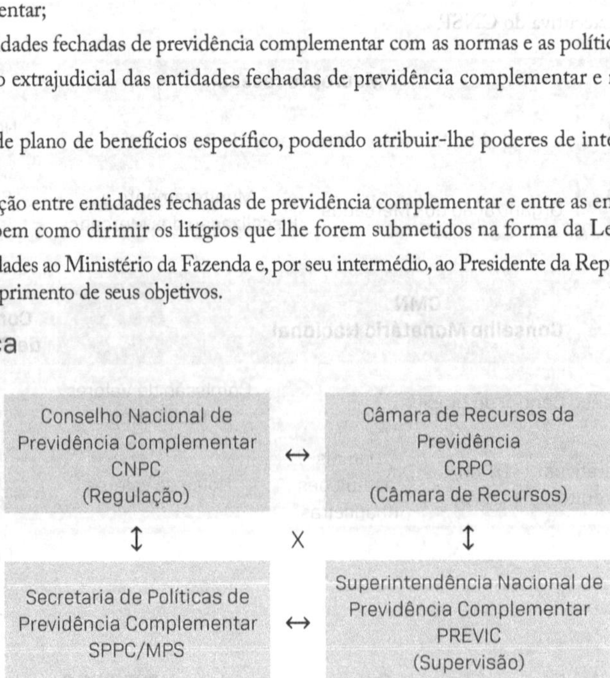

1.11 Instituições auxiliares

1.11.1 Banco do Brasil

O Banco do Brasil consiste na primeira instituição financeira do Brasil, criado pelo Rei D. João VI no ano de 1808, tinha o objetivo de financiar a abertura de empresas manufatureiras na época do Brasil colônia. O BB é uma S/A, Múltipla, Pública, de capital aberto, onde o Governo Federal é o acionista majoritário, portanto é uma Sociedade de Economia Mista, onde existe capital público e privado, juntos. É o principal executor da política oficial de crédito rural.

- Agente Financeiro do Governo Federal: executor da política financeira e creditícia;
- Banco comercial: Mantêm contas correntes, poupança, concede créditos de curto prazo, realiza operações de desconto e outros papéis peculiares aos bancos comerciais;
- Banco de Investimento e Desenvolvimento: nas modalidades de crédito de médio e longo prazos. Sob esse aspecto, pode financiar diversas atividades sejam elas rurais, comerciais, industriais e de serviços, executando o papel de Banco de Investimento e atender regionalmente as necessidades creditícias, atuando como Banco de Desenvolvimento.

1.11.2 Caixa Econômica Federal - CEF

A Caixa Econômica Federal, criada em 1.861, está regulada pelo Decreto-Lei nº 759/1969, como empresa pública vinculada ao Ministério da Fazenda. Trata-se de instituição assemelhada aos bancos comerciais, podendo captar depósitos à vista, realizar operações ativas e efetuar prestação de serviços.

Uma característica distintiva da Caixa é que ela prioriza a concessão de empréstimos e financiamentos a programas e projetos nas áreas de assistência social, saúde, educação, trabalho, transportes urbanos e esporte.

Pode operar com crédito direto ao consumidor, financiando bens de consumo duráveis, emprestar sob garantia de penhor industrial e caução de títulos, bem como tem o monopólio do empréstimo sob penhor de bens pessoais e sob consignação e tem o monopólio da venda de bilhetes de loteria federal.

Além de centralizar o recolhimento e posterior aplicação de todos os recursos oriundos do Fundo de Garantia do Tempo de Serviço (FGTS), integra o Sistema Brasileiro de Poupança e Empréstimo (SBPE) e o Sistema Financeiro da Habitação (SFH).

Atualmente, não há no Brasil caixas econômicas estaduais.

Fique ligado

A CEF é a instituição financeira responsável pela operacionalização das políticas de do Governo Federal para habitação popular e saneamento básico.

- Bancária, sendo também Banco Múltiplo;
- Captação e administração de recursos da poupança, para aplicação em empréstimos vinculados, principalmente na habitação;
- Administração de loterias e de fundos, dentre os quais se destaca o FGTS;
- Penhor.

1.11.3 BNDES

Empresa pública vinculada ao ministério da Economia, com personalidade jurídica de direito privado e patrimônio próprio, é o principal instrumento de médio e longo prazo de execução da política de financiamento do governo federal.

Objetivo: reequipar e fomentar empresas de interesse ao desenvolvimento do país.

- Atua através de agentes financeiros, pagando uma comissão chamada *del credere*.

Esses agentes são corresponsáveis na liquidação da dívida junto ao BNDES. Financiamento de longo prazo para micro, pequenas e médias empresas.

- Investimentos em todos os segmentos da economia;
- Apoio à agricultura, indústria, infraestrutura e comércio e serviços e inclui as dimensões social, regional e ambiental;
- Os financiamentos são feitos com recursos próprios, empréstimos e doações de entidades nacionais e estrangeiras e de organismos internacionais, como o BID;
- Também recebe recursos do PIS e PASEP;
- Linhas de investimentos sociais: educação, saúde, agricultura familiar, saneamento básico e transporte;
- Aquisição de equipamentos e exportação;
- Atua no fortalecimento da estrutura de capital das empresas privadas e destina financiamentos não reembolsáveis para projetos sociais.

1.12 Conselho de Recursos do Sistema Financeiro Nacional - CRSFN

O Conselho de Recursos do Sistema Financeiro Nacional (CRSFN), órgão integrante da estrutura básica do Ministério da Fazenda, tem por finalidade o julgamento, em segunda e última instância administrativa, dos recursos em processos administrativos sancionadores originários do Banco Central do Brasil (Bacen), da Comissão de Valores Mobiliários (CVM), da Secretaria da Receita Federal do Brasil (RFB) — relativos a registro especial de exportador — e da Superintendência de Seguros Privados (Susep) ou do Conselho de Controle de Atividades Financeiras (COAF) — relativos a lavagem de dinheiro.

Fique ligado

O CRSFN não é necessariamente uma instituição normativa. No entanto, ela serve de instancia recursal de decisões tomadas por órgãos normativos do SFN e, por isto, compõe o subsistema normativo.

O CRSFN é um órgão paritário, integrante da estrutura do Ministério da Fazenda.

Os conselheiros titulares e suplentes são designados pelo Ministro de Estado da Fazenda, com mandato de três anos, renovável por igual período por até duas vezes, devendo ter competência reconhecida e conhecimentos especializados nas matérias de competência do CRSFN.

O CRSFN é constituído por dezesseis conselheiros, sendo oito membros (quatro titulares e respectivos suplentes) indicados pelo Governo e oito (quatro titulares e respectivos suplentes) indicados por entidades representativas dos mercados financeiro e de capitais.

A Portaria nº 6.995/2022, em vigor desde 1 de dezembro de 2022, estabelece a distribuição de assentos entre as entidades representativas dos mercados financeiro e de capitais no Conselho de Recursos do

Sistema Financeiro Nacional - CRSFN, a indicação e seleção de seus conselheiros, e sobre a organização e funcionamento do Comitê de Avaliação e Seleção de Conselheiros do CRSFN - CAS-CRSFN.

A regra de transição da composição do CRSFN é indicada abaixo:

Governo	
Indicação de membro titular	**Número de conselheiros**
Ministério da Fazenda (MF)	4 (sendo 2 titulares e 2 suplentes)
Comissão de Valores Mobiliárioss (CVM)	2 (sendo 1 titular e 1 suplente)
Banco Central do Brasil (BACEN)	2 (sendo 1 titular e 1 suplente)

Entidade atual (ao fim do mandato)	Previsão Encerramento de mandato		Será substituída por	Indicada por
FEBRABAN (titular)	MAIO/2023	→	Processo seletivo	Segmento Bancário
ANBIMA (titular)	ABRIL/2025	→	OCB* (titular)	
OCB (titular)	AGOSTO/2024	→	Processo seletivo	Cooperativas
ABAC (suplente)	MAIO/2025	→	Processo seletivo	Câmbio e bancos com carteira de câmbio
ABRASCA (titular)	OUTUBRO/2024	→	Processo seletivo	Companhinas abertas e emissoras de valores mobiliários
IBRACON (suplente)	OUTUBRO/2024	→	Processo seletivo	Auditoria e governança corporativa
ANCORD (titular)	JULHO/2025	→	Processo seletivo	Distribuição de valores mobiliários
AMEC (suplente)	OUTUBRO/2024	→	Processo seletivo	Investimento e mercado de capitais

Atuam junto ao CRSFN procuradores da Procuradoria Geral da Fazenda Nacional (PGFN), designados pelo Procurador-Geral, com a finalidade de zelar pela fiel observância da legislação aplicável, de modo que opinam sobre recursos, comparecem às sessões de julgamento e reuniões técnicas, bem como assessoram juridicamente a presidente do Conselho.

Preside o CRSFN um dos conselheiros indicados pelo Ministério da Fazenda.

O Vice-presidente do Conselho é designado pelo Ministro de Estado da Fazenda dentre os conselheiros indicados pelas entidades privadas representativas dos mercados financeiro e de capitais

1.13 Conselho de Recursos do Sistema Nacional de Seguros Privados de Previdência Aberta e de Capitalização - CRSNSP

Compete ao CRSNSP o julgamento dos recursos das decisões condenatórias impostas pela Susep em processos administrativos sancionadores:

É integrado por dez Conselheiros titulares e oito suplentes, de reconhecida competência e possuidores de conhecimentos especializados nas matérias submetidas à jurisdição do Conselho.

O Conselho é formado por cinco conselheiros indicados pelo setor público e por cinco conselheiros indicados pelas entidades representantes dos mercados regulados pela SUSEP.

Compete ao CRSNSP o julgamento dos recursos das decisões condenatórias impostas pela Susep em processos administrativos sancionadores

É integrado por dez Conselheiros titulares e oito suplentes, de reconhecida competência e possuidores de conhecimentos especializados nas matérias submetidas à jurisdição do Conselho.

O Conselho é formado por cinco conselheiros indicados pelo setor público e por cinco conselheiros indicados pelas entidades representantes dos mercados regulados pela SUSEP.

Integrantes do Conselho	
Setor Público	**Entidades de classe representantes dos mercados reguladores pela SUSEP**
Um indicado pelo Ministério da Fazenda	Um indicado pela Federação Nacional de Seguros Gerais - FENSEG
Um indicado pelo Ministério da Fazenda	Um indicado pela Federação Nacional dos Corretores de Seguros Privados e de Capitalização - FENACOR
Um indicado pelo Ministério da Fazenda	Um indicado pela Federação Nacional de Previdência Privada e Vida - FENAPREVI
Um indicado pela Superintendência de Seguros Privados - SUSEP	Um indicado pela Federação Nacional de Capitalização - FENACAP
Um indicado pela Superintendência de Seguros Privados - SUSEP	Um indicado pela Federação Nacional das Empresas de Resseguros - FENABER

Tanto os conselheiros titulares quanto seus respectivos suplentes são nomeados pelo Ministro de Estado da Fazenda, com mandato de três anos, podendo ser reconduzidos até duas vezes consecutivas.

Com a atribuição de zelar pela fiel observância das leis, dos decretos, dos regulamentos e dos demais atos normativos, o Procurador-Geral da Fazenda Nacional designa procuradores da Fazenda Nacional para atuarem junto ao Conselho.

1.14 Câmara de Recursos da Previdência Complementar - CRPC

A Câmara de Recursos da Previdência Complementar é um órgão colegiado integrante da estrutura do atual Ministério da Previdência Social com competências para apreciar e julgar os recursos interpostos contra decisões da Diretoria Colegiada da Superintendência Nacional de Previdência Complementar (Previc), referentes a autos de infração e aos lançamentos tributários da Taxa de Fiscalização e Controle da Previdência Complementar (Tafic).

A CRPC é integrada por quatro servidores titulares de cargos de provimento efetivo, com exercício no atual Ministério da Previdência Social, na Previc ou no Instituto Nacional do Seguro Social (INSS),um representante das entidades fechadas de previdência complementar, um representante dos patrocinadores e instituidores de planos de benefícios das entidades fechadas de previdência complementar e, um representante dos participantes e assistidos de planos de benefícios dessas entidades fechadas de previdência complementar.

Estrutura	
Representação	**Número de Conselheiros**
Servidores Federais Titulares de Cargo Efetivo	8 (sendo 4 titulares e 4 suplentes)
Entidades Fechadas de Previdência Complementar	2 (sendo 1 titular e 1 suplente)
Patrocinadores e Instituidores de Planos de Benefícios das Entidades Fechadas de Previdência Complementar	2 (sendo 1 titular e 1 suplente)
Participantes e Assistidos de Planos de Benefícios das Entidades Fechadas de Previdência Complementar	2 (sendo 1 titular e 1 suplente)

1.15 Instituições operadoras

1.15.1 Bancos comerciais

Banco nada mais é do que uma instituição financeira que exerce a função de intermediar capital entre agentes superavitários e agentes deficitários.

Em outras palavras, um banco capta recursos de quem os obtém de maneira abundante (agentes superavitários), pagando uma certa taxa de juros, e busca transferir esse capital para quem, naquele momento, necessita do mesmo por algum motivo (agentes deficitários), cobrando por isso uma taxa de juros acima daquela a qual o dinheiro foi captado.

- Os bancos comerciais são, de uma maneira geral, praticamente a base do sistema monetário nacional;
- Atuando de maneira significativa, essas instituições são intermediários financeiros que recebem recursos de quem os possui em abundância, normalmente através de depósitos à vista, a prazo (CDB) e/ou prestações de serviços, com cobranças de tarifas;
- Feito isso, os bancos comerciais distribuem esse capital que levantam na forma de crédito seletivo de curto e médio prazo, geralmente para comércios, industrias, prestadores de serviços e pessoas físicas.

Fique ligado
Deve ser constituído sob a forma de sociedade anônima e na sua denominação social deve constar a expressão "Banco" (Resolução CMN nº 2.099/1994).

- Captação de recursos através do depósito à vista (conta corrente);
- Captação de recursos através de depósitos a prazo: CDB, Letra Financeira;
- Aplicação de recursos através de desconto de títulos;
- Abertura de crédito simples em conta corrente: cheque especial;
- Operações de crédito rural, câmbio e comércio internacional;
- Prestação de serviços: cobrança bancária, arrecadação de tarifas e tributos públicos, etc.

1.15.2 Bancos de investimentos

São instituições que realizam operações de fusões e aquisições, administrando recursos de terceiros e que fornecem crédito de médio e longo prazo para empresas (pessoa jurídica).

- Captação de recursos através de depósito a prazo;
- Administração de fundos de investimentos;
- Abertura de capital e subscrição de novas ações de uma empresa (IPO e *underwriting*);
- Conceder empréstimo para fins de capital de giro;
- Financiamento de capital de capital fixo;
- A subscrição ou aquisição de títulos e valores mobiliários;
- A distribuição de valores mobiliários
- Os depósitos interfinanceiros;
- Repasses de empréstimos externos.

Atuando dessa forma, normalmente os bancos de investimentos administram fundos de investimentos, realizam aberturas de capital de bolsa de valores (IPO), fornecem capital de giro e/ou, ainda, capital fixo (projetos).

A grande diferença entre bancos comerciais e de investimentos é que a primeira procura captar recursos à vista ou a prazo, ao passo que o segundo não pode captar recursos através de depósito à vista, e sim somente a prazo.

Ainda, os bancos comerciais costumam apresentar muitos clientes de pequeno e médio porte, tanto pessoas físicas quanto jurídicas. Já os bancos de investimentos normalmente possuem poucos e grandes clientes de caráter pessoa jurídica.

1.15.3 Bancos de desenvolvimento

Os bancos de desenvolvimento são instituições financeiras controladas pelos governos estaduais, e têm como objetivo precípuo proporcionar o suprimento oportuno e adequado dos recursos necessários ao financiamento, a médio e a longo prazos, de programas e projetos que visem a promover o desenvolvimento econômico e social do respectivo Estado.

As operações passivas são depósitos a prazo, empréstimos externos, emissão ou endosso de cédulas hipotecárias, emissão de cédulas pignoratícias de debêntures e de Títulos de Desenvolvimento Econômico. As operações ativas são empréstimos e financiamentos, dirigidos prioritariamente ao setor privado.

- Devem ser constituídos sob a forma de sociedade anônima, com sede na capital do Estado que detiver seu controle acionário, devendo adotar, obrigatória e privativamente, em sua denominação social, a expressão "Banco de Desenvolvimento", seguida do nome do Estado em que tenha sede (Resolução CMN nº 394/1976);
- Estão autorizados a financiar projetos de desenvolvimento fora da região que fazem parte tão somente se o empreendimento visar benefícios de interesse comum, ou seja, que atenda também a sua região.

Entre suas funções estão:

- Impulsionar o desenvolvimento econômico e social do País/Região/Estado;
- Fortalecer o setor empresarial;
- Atenuar os desequilíbrios regionais, criando novos polos de produção;
- Promover o desenvolvimento integrado das atividades agrícolas, industriais e de serviço

1.15.4 Caixas econômicas

Caixas econômicas são empresas públicas que exercem atividades típicas de banco comercial, com prioridade institucional para concessão de empréstimos e financiamentos de programas e projetos de natureza social.

Atualmente, a única instituição desse segmento em atividade é a Caixa Econômica Federal (CEF), vinculada ao Ministério da Fazenda.

A CEF:

- Integra o Sistema Brasileiro de Poupança e Empréstimo (SBPE);
- É gestora dos recursos do Fundo de Garantia por Tempo de Serviço (FGTS) e de outros fundos do Sistema Financeiro de Habitação (SFH).
- Responsável pelo Programa de Integração Social (PIS) e pelo Seguro-Desemprego;
- Detém o monopólio de venda da loteria federal.
- A CEF prioriza a concessão de empréstimos e financiamentos de programas e projetos nas áreas de assistência social, saúde, educação, trabalho e esporte.

Pode operar com:

- Crédito direto ao consumidor,
- Emprestar sob garantia de penhor industrial e caução de títulos;
- Monopólio do empréstimo sob penhor de bens pessoais e sob consignação;
- Monopólio da venda de bilhetes de loteria federal;
- Centralização do recolhimento e posterior aplicação de todos os recursos oriundos do Fundo de Garantia do Tempo de Serviço (FGTS).

Fique ligado

Atualmente, não há no Brasil caixas econômicas estaduais.

A CEF é a instituição financeira responsável pela operacionalização das políticas de do Governo Federal para habitação popular e saneamento

1.15.5 Cooperativas de crédito

Cooperativa de crédito é uma instituição financeira formada pela associação de pessoas para prestar serviços financeiros exclusivamente aos seus associados.

Os cooperados são ao mesmo tempo donos e usuários da cooperativa, participando de sua gestão e usufruindo de seus produtos e serviços.

Serviços disponíveis:

- Conta corrente;
- Aplicações financeiras;
- Cartão de crédito;
- Empréstimos e financiamentos.

Os associados têm poder igual de voto independentemente da sua cota de participação no capital social da cooperativa. O cooperativismo não visa lucros, os direitos e deveres de todos são iguais e a adesão é livre e voluntária.

O resultado positivo da cooperativa é conhecido como sobra e é repartido entre os cooperados em proporção com as operações que cada associado realiza com a cooperativa.

O cooperado está sujeito a participar do rateio de eventuais perdas, em ambos os casos na proporção dos serviços usufruídos.

As cooperativas de crédito são autorizadas e supervisionadas pelo Banco Central.

1.15.6 Política nacional de cooperativismo

A Política Nacional de Cooperativismo, definida pela Lei nº 5.764/1971, instituiu o regime jurídico das sociedades cooperativas, suas características, definiu os princípios do cooperativismo e os seguintes tipos de cooperativas:

- Singulares: são as constituídas pelo número mínimo de vinte pessoas, sendo permitida a admissão de pessoas jurídicas que tenham por objeto atividades econômicas correlatas às de pessoa física, ou, ainda, aquelas sem fins lucrativos;
- Centrais ou federações de cooperativas: são as constituídas de, no mínimo, três singulares filiadas;
- Confederações de cooperativas centrais: são as constituídas por pelo menos três cooperativas centrais ou federações de cooperativas, da mesma ou de diferentes modalidades;

1.15.7 Banco cooperativo

A Resolução do Conselho Monetário Nacional (CMN) nº 2.788/2000 autorizou a constituição de bancos cooperativos mediante controle acionário de cooperativas centrais.

Objetivo:

- Acesso aos produtos e serviços bancários não disponíveis às cooperativas de crédito;
- Acesso aos créditos oficiais, à reserva bancária e ao mercado interfinanceiro.

Fique ligado

Os bancos cooperativos subordinam-se à legislação e à regulamentação aplicáveis aos bancos comerciais e aos bancos múltiplos em geral.

Algumas diferenças entre as cooperativas de crédito e os bancos:

- Bancos:
  - Depósitos Garantidos pelo FGC;
  - Possui clientes;
  - Objetivo de lucro;
  - Administradores escolhidos pelo controladores;
  - Menor percepção de risco.
- Cooperativas de Crédito:
  - Depósitos garantidos por fundo garantidor próprio, FGCoop;
  - Somente opera com os próprios associados;
  - Por não terem finalidade lucrativa, eventuais sobras retornam para os associados que operam com a cooperativa, proporcionalmente às operações realizadas;
  - Administradores eleitos pelos assosiados, tendo cada associado um voto nas assembléis gerais;
  - Maior percepção de risco.
  - **Fundo garantidor do cooperativismo de crédito (FGCoop)**

O FGCoop garante os depósitos em cooperativas singulares de crédito captadoras de depósitos e nos bancos cooperativos.

Fique ligado

O valor garantido é de até R$ 250.000,00 (duzentos e cinquenta mil reais), por instituição por cliente.

1.15.8 Sociedades de crédito, financiamento e investimento - SCFI

As sociedades de crédito, financiamento e investimento, são instituições financeiras privadas que têm como objetivo básico a realização de financiamento para a aquisição de bens, serviços e capital de giro.

Devem ser constituídas sob a forma de sociedade anônima e na sua denominação social deve constar a expressão “Crédito, Financiamento e Investimento”.

1.15.9 Captação de recursos

Aceite e colocação de Letras de Câmbio - LC (Resolução CMN nº 45/1966) e Recibos de Depósitos Bancários – RDB (Resolução CMN nº 3.454/2007).

Podem, também, as financeiras, realizar repasses de recursos governamentais, financiarem profissionais autônomos legalmente habilitados e conceder crédito pessoal.

Fique ligado
Não podem manter contas correntes.

As sociedades financeiras podem ser classificadas como:

- Independentes, quando atuam sem nenhuma vinculação com outras instituições financeiras;
- Ligadas a conglomerados financeiros;
- Ligadas a grandes estabelecimentos comerciais; e
- Ligadas a grandes grupos industriais, como montadoras de veículos, por exemplo. As empresas conhecidas por promotoras de vendas não são instituições financeiras.

1.15.10 Sociedades de Arrendamento Mercantil - SAM

Sociedade de arrendamento mercantil (SAM) realiza arrendamento de bens móveis e imóveis adquiridos por ela, segundo as especificações da arrendatária (cliente), para fins de uso próprio desta.

Assim, os contratantes deste serviço podem usufruir de determinado bem sem serem proprietários dele.

Características:

- Fiscalizadas pelo Banco Central do Brasil;
- Não são consideradas instituições financeiras, mas sim entidades equiparadas a instituições financeiras;
- Os contratos de arrendamento mercantil, oferecem a opção de compra do bem por parte do arrendatário ao final do contrato. Existe ainda a possibilidade de renovar o contrato por um período adicional ou de devolver o bem ao final do contrato.
- ***Leasing* financeiro**: se assemelha a uma operação de financiamento, por abranger a quase totalidade do valor do bem, o cliente quase sempre opta pela compra do bem ao final do contrato;
- ***Leasing* operacional**: possui prazo mais curto e similaridade com uma locação, e é mais utilizado quando o cliente não pretende, pelo menos em princípio, adquirir o bem, pois só o necessita temporariamente ou deseja trocá-lo por um modelo mais moderno assim que possível.

Quadro resumo

	Leasing financeiro	*Leasing* operacional
Prazo mínimo de duração do *leasing*	2 anos para bens com vida útil < 5 anos 3 anos para bens com vida útil > 5 anos	90 dias
Valor Residual Garantido VRG*	Permitido	Não permitido
Opção de compra	Pactuado no início do contrato, normalmente igual ao VRG	Conforme valor de mercado
Manutenção do bem	Por conta do arrendatário (cliente)	Por conta do arrendatário ou arrendadora
Pagamentos	Total de pagamentos incluindo o VRG, deverá garantir à arrendadora o retorno financeiro da aplicação, incluindo juros sobre o recurso empregado para aquisição do bem	O somatório de todos os pagamentos devidos no contrato não pode exceder 90% do valor do bem arrendado

* Valor pré-fixado no contrato para exercer a opção de compra

Constituídas sob a forma de sociedade anônima, devendo constar obrigatoriamente na sua denominação social a expressão "Arrendamento Mercantil".

Além de recursos próprios, as SAM podem aplicar em suas atividades os provenientes de:

- Empréstimos contraídos no exterior;
- Empréstimos e financiamentos de instituições financeiras nacionais, inclusive de repasses de recursos externos;
- Instituições financeiras oficiais, destinados a repasses de programas específicos;
- Colocação de debêntures de emissão pública ou particular e de notas promissórias destinadas à oferta pública;
- Cessão de contratos de arrendamento mercantil, bem como dos direitos creditórios deles decorrentes; e
- Depósitos interfinanceiros, nos termos da regulamentação em vigor.

Fique ligado
O *leaseback* é uma forma de leasing, ou arrendamento mercantil, conhecida como "leasing de retorno". Nele, a empresa vende um ativo operacional de alto valor (geralmente um imóvel) e o aluga de volta.

Desta forma consegue obter recursos para o caixa do negócio e ainda utilizar o bem em questão.

Assim, para caracterizar o é preciso que o vendedor também seja o locatário do bem a ser envolvido na operação.

Este tipo de operação também é chamado de "*sale and leaseback*". Porém, apesar do *sale* & *leaseback* ter natureza financeira, ainda é uma operação imobiliária.

1.15.11 Administradoras de consórcios

Consórcio é a reunião de pessoas naturais e jurídicas em grupo, com prazo de duração e número de cotas previamente determinados, promovida por administradora de consórcio, com a finalidade de propiciar a seus integrantes, de forma isonômica, a aquisição de bens ou serviços, por meio de autofinanciamento.

A administradora de consórcios é a pessoa jurídica prestadora de serviços com objeto social principal voltado à administração de grupos de consórcio, constituída sob a forma de sociedade limitada ou sociedade anônima.

- A adesão se dá mediante assinatura de contrato de participação;
- Nesse contrato, devem estar previstos os direitos e os deveres das partes, tais como a descrição do bem a que o contrato está referenciado e seu respectivo preço (que será adotado como referência para o valor do crédito e para o cálculo das parcelas mensais do consorciado);
- No contrato deve haver, ainda, as condições para concorrer à contemplação por sorteio, bem como as regras da contemplação por lance.

Fique ligado

O interesse do grupo de consórcio prevalece sobre o interesse individual do consorciado.

Os grupos de consórcio caracterizam-se como sociedade não personificada com patrimônio próprio, o qual não deve ser confundido com o patrimônio dos demais grupos nem com o da administradora.

O Banco Central (BC) é responsável pela normatização, autorização, supervisão e controle das atividades do sistema de consórcios.

As questões inerentes às relações de consumo entre clientes e usuários das instituições financeiras e das administradoras de consórcio estão sujeitas ao Código de Defesa do Consumidor, cabendo aos órgãos integrantes do Sistema Nacional de Defesa do Consumidor (SNDC) fazer a mediação dessas questões.

As administradoras de consórcio devem remeter periodicamente ao BC informações contábeis e não-contábeis sobre as operações de consórcio.

- Contemplação no consórcio:
  - A contemplação é atribuição de crédito ao consorciado para aquisição de bem ou serviço;
  - A contemplação podem acontecer por meio de sorteios ou lances;
  - A contemplação por lance somente pode ocorrer depois de efetuadas as contemplações por sorteio ou se estas não forem realizadas por insuficiência de recursos do grupo de consórcio;
  - Uma vez contemplado, o consorciado terá a faculdade de escolher o fornecedor e o bem desde que respeitada a categoria em que o contrato estiver referenciado;
  - O fato de a administradora eventualmente ser vinculada a alguma concessionária, revenda ou montadora de bens não pode restringir a liberdade de escolha do consorciado.

1.15.12 Sociedades corretoras e distribuidoras de títulos e valores mobiliários

São constituídas sob a forma de sociedade anônima ou por quotas de responsabilidade limitada.

A corretoras de títulos e valores mobiliários (CTVM) e a distribuidora de títulos e valores mobiliários (DTVM) atuam nos mercados financeiro e de capitais e no mercado cambial intermediando a negociação de títulos e valores mobiliários entre investidores e tomadores de recursos.

Com a Decisão Conjunta nº17/2009, que autorizou as distribuidoras a operar diretamente nos ambientes e sistemas de negociação dos mercados organizados de bolsa de valores, eliminou-se a principal diferença entre as corretoras e as distribuidoras de títulos e valores mobiliários, que hoje podem realizar praticamente as mesmas operações.

Principais atividades das corretoras e distribuidoras de títulos e valores mobiliários:

- Comprar e vender títulos e valores mobiliários por conta própria e de terceiros;
- Operar em bolsas de mercadorias e de futuros por conta própria e de terceiros;
- Intermediar a oferta pública e distribuição de títulos e valores mobiliários no mercado;
- Operar em bolsas de valores;
- Administrar carteiras e custodiar de títulos e valores mobiliários;
- Subscrever emissões de títulos e valores mobiliários no mercado;
- Exercer funções de agente fiduciário;
- Instituir, organizar e administrar fundos e clubes de investimento;
- Intermediar operações de compra e venda de moeda estrangeira, além de outras operações no mercado de câmbio;
- Praticar operações de compra e venda de metais preciosos, no mercado físico, por conta própria e de terceiros;
- Realizar operações compromissadas;
- Praticar operações de conta margem.
- Prestar serviços de intermediação e de assessoria ou assistência técnica, em operações e atividades nos mercados financeiro e de capitais.

Fique ligado

São supervisionadas tanto pelo Banco Central quanto pela Comissão de Valores Mobiliários.

1.15.13 Instituições de pagamento

Instituição de pagamento (IP) é a pessoa jurídica que viabiliza serviços de compra e venda e de movimentação de recursos, no âmbito de um arranjo de pagamento, sem a possibilidade de conceder empréstimos e financiamentos a seus clientes.

As instituições de pagamento possibilitam ao cidadão realizar pagamentos independentemente de relacionamentos com bancos e outras instituições financeiras.

Serviços de pagamento prestados:

- Aporte ou saque de recursos mantidos em conta de pagamento;
- Gerir conta de pagamento;
- Executar ou facilitar instrução de pagamento;
- Emitir e credenciar a aceitação de instrumento de pagamento;
- Executar remessa de fundos;
- Converter moeda física ou escritural em moeda eletrônica, ou vice-versa; - credenciar a aceitação ou gerir o uso de moeda eletrônica.

Fique ligado

Serviços de pagamento são prestados não só por IPs, mas também por instituições financeiras, especialmente bancos, financeiras e cooperativas de crédito.

Nesse tipo de transação, é necessário haver:

- Uma instituição de pagamento ou uma instituição financeira que tenham aderido a um arranjo de pagamento;
- O instrumento de pagamento, que é o dispositivo utilizado para comprar produtos/serviços ou para transferir recursos, como o cartão de débito ou de crédito, o boleto ou o telefone celular;
- O instituidor do arranjo de pagamento, que é a pessoa jurídica responsável pela criação e organização do arranjo, como as bandeiras de cartão de crédito.

Os arranjos de pagamento criados pelo instituidor, que são as regras e procedimentos que disciplinam a prestação de serviços de pagamento ao público; entre estas regras estão:

- Os prazos de liquidação;
- As condições para uma instituição de pagamento ou financeira aderir ao arranjo;
- As regras de segurança para proteger consumidores e lojistas de riscos, fraudes, clonagem de cartões etc.

Todos os envolvidos no pagamento devem aderir e aceitar as regras do arranjo (emissores dos instrumentos de pagamento e credenciadores desses instrumentos).

A conta de pagamento, que é o registro individualizado das transações (transferências, pagamento de contas e de compras, saques e aportes).

Instituições de pagamento não são instituições financeiras, portanto não podem realizar atividades privativas destas instituições, como empréstimos e financiamentos.

Fique ligado
Estão sujeitas à supervisão do Banco Central.

Devem constituir-se como sociedade empresária limitada ou anônima.

Tipos de instituições de pagamento		
Emissor de moeda eletrônica	Gerencia conta de pagamento do tipo pré-paga, na qual os recursos devem ser depositados previamente.	Exemplo: emissores de cartões pré-pagos em moeda nacional.
Emissor de instrumento de pagamento pós-pago	Gerencia conta de pagamento do tipo pós-paga, na qual os recursos são depositados para pagar dívidas previamente assumidas.	Exemplo: instituições emissoras de cartão de crédito (o cartão de crédito é o instrumento de pagamento)
Credenciador	Habilita estabelecimentos comerciais para aceitação de instrumento de pagamento de usuários finais.	Exemplo: fornecedor de maquininhas de recebimento de cartões pelos lojistas.
Iniciador de transação de pagamento	Inicia transação de pagamento ordenada pelo usuário final, porém não gerencia conta de pagamento, nem detém em momento algum os fundos de transações iniciadas.	Exemplo: instituição que possibilita que o cliente efetue pagamentos ou transferências precienciais ou na internet, sem a utilização de cartão e sem ter que acessar diretamente o ambiente da instituição onde o cliente tem conta.
Uma mesma instituição de pagamento pode atuar em mais de uma modalidade		

Como funciona um arranjo de pagamento de cartões?

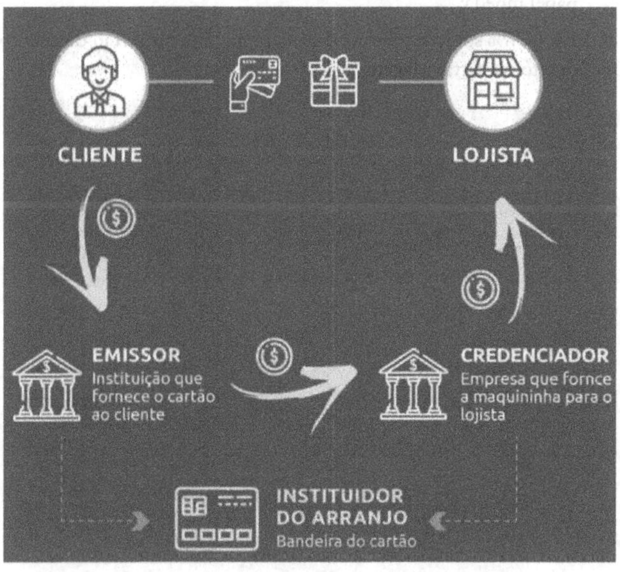

1.15.14 Sociedades de crédito imobiliário

As sociedades de crédito imobiliário são instituições financeiras criadas pela Lei nº 4.380/1964, para atuar no financiamento habitacional.

Operações passivas

As sociedades de crédito imobiliário podem empregar em suas atividades, além de recursos próprios, os provenientes de:

- Depósitos de poupança;
- Letras hipotecárias;
- Letras imobiliárias;
- Repasses e refinanciamentos contraídos no País, inclusive provenientes de fundos nacionais;
- Empréstimos e financiamentos contraídos no exterior, inclusive os provenientes de repasses e refinanciamentos de recursos externos;
- Depósitos interfinanceiros, nos termos da regulamentação em vigor;
- Outras formas de captação de recursos autorizadas pelo BC.

Operações ativas

- Financiamento para construção de habitações;
- Abertura de crédito para compra ou construção de casa própria;
- Financiamento de capital de giro a empresas incorporadoras;
- Produtoras e distribuidoras de material de construção.

Devem ser constituídas sob a forma de sociedade anônima, adotando obrigatoriamente em sua denominação social a expressão "Crédito Imobiliário". (Resolução CMN nº 2.735/2000).

As SCI são instituições participantes do Sistema Brasileiro de Poupança e Empréstimos (SBPE), estando sujeitas, enquanto instituições financeiras, às normas e à fiscalização do Banco Central.

A emissão de letras imobiliárias é prerrogativa das SCI.

As letras imobiliárias são lastreadas pelo conjunto de habitações financiadas pelo sistema e pelo ativo das SCI, gozando de preferência sobre todos os demais créditos contra elas.

Em bancos múltiplos, existem carteiras de crédito imobiliário cujo funcionamento e fiscalização assemelha-se ao das SCI.

Os instrumentos de captação das SCI são garantidos dentro de limites fixados pelo FGC – Fundo Garantidor de Crédito.

1.15.15 Associações de Poupança e Empréstimo - APE

APEs atuam na formação de poupança e no financiamento da casa própria. Associação de Poupança e Empréstimo (APE) é uma instituição criada para facilitar aos associados a aquisição da casa própria e captar, incentivar e disseminar a poupança. Os depositantes tornam-se associados da instituição.

Os associados podem participar da APE de duas formas básicas:

- Ao adquirir financiamento imobiliário;
- Ao depositar seu dinheiro para formar poupança.

Operações ativas

Basicamente, direcionadas ao mercado imobiliário, inclusive ao Sistema Financeiro de Habitação – SFH.

Operações passivas

- Depósitos de poupança;
- letras hipotecárias;

- Repasses e refinanciamentos contraídos no País;
- Empréstimos e financiamentos contraídos no exterior;
- Letras de crédito imobiliário;
- Letra financeira;
- Depósitos interfinanceiros.

A APE compõe o Sistema Brasileiro de Poupança e Empréstimo (SBPE) e o Sistema Financeiro de Habitação, atua sob a forma de sociedade civil, sendo supervisionada pelo Banco Central.

Fique ligado

As APEs têm âmbito de atuação regional. Contudo, a única APE em pleno funcionamento no Brasil hoje, a Poupex, tem a particularidade de atuar em âmbito nacional. Ela é gerida pela Fundação Habitacional do Exército (FHE).

1.15.16 Sociedade de fomento mercantil

Factoring (fomento mercantil) é uma atividade comercial caracterizada pela aquisição de direitos creditórios, por um valor à vista e mediante taxas de juros e de serviços, de contas a receber a prazo. Ela possibilita liquidez financeira imediata para micro e pequenas empresas, e não deve ser confundida com a operação praticada pelos bancos.

Operação

Suprimento de recursos: a empresa-cliente poderá ceder à de factoring, no todo ou em parte, direitos (créditos) decorrentes de contratos de venda de produtos (venda mercantil), excluídas as transações de consumo.

Características

- Não é instituição financeira;
- Não é fiscalizada pelo BACEN ou CVM;
- Somente operam com pessoas jurídicas.

Personagens

- Sacador (aquele que vende seus ativos);
- *Factoring* (aquela que compra os títulos, mediante deságio.

Tipos de serviço oferecido pela factoring

- **Transação com duplicatas**: envolve a compra de duplicatas a vencer e cheques pré-datados;
- ***Maturity***: consiste na assunção de todo e qualquer crédito do sacador pela *factoring*, assumindo com isto, todos os riscos;
- ***Over-Advanced:*** adiantamento feito pela *factoring* para o sacador comprar mercadorias e insumos;
- ***Trustee***: a *factoring* assume a administração financeira e o gerenciamento das atividades produtivas do sacador, ou seja, ela é uma prestadora de serviços de administração financeira.

1.16 Corretoras de câmbio

As corretoras de câmbio atuam, exclusivamente, no mercado de câmbio, intermediando operações entre clientes e bancos ou comprando e vendendo moedas estrangeiras de/para seus clientes, diretamente ou através de correspondentes cambiais (empresas contratadas por instituições financeiras e demais instituições autorizadas pelo Banco Central para a prestação de serviços de atendimento no mercado de câmbio).

Também podem comprar ou vender moedas estrangeiras de/para outras instituições autorizadas a operarem no mercado de câmbio.

1.16.1 Características

Constituídas sob a forma de sociedade anônima ou por quotas de responsabilidade limitada, devendo constar na sua denominação social a expressão "Corretora de Câmbio".

Objeto social exclusivo a intermediação em operações de câmbio e a prática de operações no mercado de câmbio de taxas flutuantes.

São supervisionadas pelo Banco Central do Brasil (Resolução CMN nº 1.770/1990).

Conhecidas por sua expressiva atuação na compra e venda de moeda estrangeira em espécie, as corretoras de câmbio também realizam outros tipos de operações de câmbio, a exemplo de ingresso e remessa de valores do/para o exterior e operações relativas a importação e exportação de clientes.

As operações de câmbio realizadas pelas corretoras de câmbio são limitadas ao valor de US$ 300 mil ou o seu equivalente em outras moedas.

Fique ligado

A diferença com relação aos bancos que operam em câmbio é que estes, além de atuarem sem limites de valor, podem realizar outras modalidades de operação como financiamentos a exportações e importações, adiantamentos sobre contratos de câmbio e operações no mercado futuro de dólar em bolsa de valores.

Essas casas obtêm lucro por meio do spread sobre a taxa de câmbio, ou seja, uma margem de lucro em cima da cotação das moedas.

1.16.2 Operações

- Comprar moedas em espécie para viajar;
- Investir em moedas estrangeiras, por exemplo, comprando dólares;
- Enviar dinheiro para o exterior.

1.16.3 Taxas e IOF

- Pode cobrar uma taxa administrativa e deve cobrar IOF;
- A margem própria é o chamado câmbio turismo.

O IOF (Imposto sobre Operações Financeiras) é um tributo obrigatório e que incide de acordo com o tipo de compra. Ele pode ser:

- De 1,1% sobre o valor total comprado de moedas estrangeiras em papel moeda;
- De 6,38% sobre o valor total da compra feita no cartão de crédito, débito ou cartão viagem.

2 MERCADO FINANCEIRO

Mercado financeiro é o ambiente em que são feitas as negociações de ativos, como ações, títulos, mercadorias e linhas de crédito. O mercado financeiro possui dois lados em uma operação: o investidor e o tomador de dinheiro.

O investidor é a pessoa ou empresa que empresta dinheiro e espera receber lucro por isso (em dinheiro ou participação em um negócio ou um bem). Por sua vez, o tomador de dinheiro é a pessoa física ou jurídica que pega o valor emprestado e paga juros na hora de devolver.

Os bancos, corretoras, financeiras, securitizadoras, a própria bolsa de valores e demais entidades reguladoras e fiscalizadoras viabilizam as negociações.

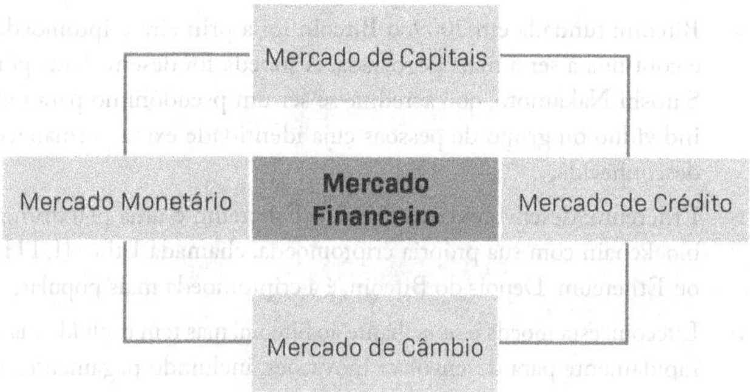

2.1 Principais mercados financeiros

2.1.1 Mercado de câmbio

É onde se negocia as trocas de moedas estrangeiras. As operações são feitas por intermediação de instituições financeiras autorizadas (bancárias ou não bancárias). Este mercado é administrado, fiscalizado e controlado pelo Banco Central do Brasil que atua através de políticas cambiais para controlar as operações de câmbio e da taxa de câmbio.

Corresponde à compra e venda de moeda estrangeira.

Além disso, há os investimentos como os fundos cambiais e os minicontratos de câmbio.

2.1.2 Mercado monetário

É um ambiente para operações de curtíssimo prazo, de menos de 24 horas. O principal objetivo dele é garantir a oferta de dinheiro para pessoas e empresas. Os agentes deste mercado são apenas instituições financeiras e o Banco Central.

Para ter dinheiro em caixa, os bancos fazem empréstimos entre si diariamente. Eles usam títulos do Tesouro Direto ou títulos privados (Certificados de Depósito Interfinanceiro, o CDI) como garantia das operações. A taxa média de juros quando a garantia é feita com títulos privados é conhecida como CDI. Essa taxa virou um indicador financeiro de referência de rentabilidade em alguns investimentos em renda fixa.

O Banco Central do Brasil atua neste mercado praticando a conhecida Política Monetária principalmente via 3 instrumentos: depósito compulsório, redescontos e operações no mercado aberto (*Open Market*).

2.1.3 Mercado de crédito

Ocorre através de instituições financeiras e não financeiras, visando atender necessidades de indivíduos e empresas que precisam de recursos para consumo ou capital de giro, realizando transações de curto e médio prazo. Ou seja, é onde há operações de empréstimos e financiamentos, também conhecidos como mercado bancário. O Banco Central do Brasil é o principal órgão responsável por controlar, normatizar e fiscalizar este mercado.

Pessoas físicas e empresas operam nesse mercado em busca de empréstimos ou financiamentos. Opções como o cartão de crédito e cheque especial também estão neste mercado. Quem busca este mercado tem o interesse em se capitalizar. Seja uma pessoa, uma empresa ou o próprio governo.

2.1.4 Mercado de capitais

O mercado de capitais também é conhecido como mercado de ações. Diferentemente do mercado de crédito, onde a troca é apenas o dinheiro, aqui o interesse é pelos ativos.

Visando o médio e longo prazo para empresas é onde ocorrem operações de compra e venda de títulos e valores mobiliários entre empresas, investidores e intermediários. Proporciona liquidez aos títulos de emissão de empresas e viabiliza o processo de capitalização.

Os principais títulos emitidos são as ações (representando o capital da empresa) e os empréstimos (debêntures, bônus de subscrição e "*commercial pappers*"). O mercado de capitais ainda permite outros tipos de operações abrangendo negociações com direitos e recibos de subscrição, certificados de depósitos de ações, aluguéis, derivativos e mais.

O investidor pode ter uma participação na sociedade de uma empresa ou receber parte do lucro dela. Ele pode ainda ganhar com a valorização das ações quando vendê-las.

Os ativos são as ações das empresas, títulos de dívida e derivativos.

A Bolsa de Valores é o atuante mais visível deste mercado tendo a CVM (Comissão de Valores Mobiliários) como órgão responsável pelo controle, normatização e fiscalização.

2.1.5 Mercado futuro

O mercado futuro faz parte do mercado de capitais e representa as negociações de compra e venda que serão feitas no futuro. Não existe troca de mercadoria aqui, apenas o direito sobre a variação do preço. Ou seja, se investe em contratos e minicontratos acreditando no aumento ou na redução do preço do produto daqui um tempo.

Os produtos, no caso, são:

- Commodities (gado e itens agrícolas);
- Moedas estrangeiras, como o dólar americano;
- Índices (como o Ibovespa, da bolsa de valores brasileira).

Classificação dos mercados financeiros com base nas necessidades dos clientes

Critério	Características e tipos de operações
De crédito	Supre as necessidades de crédito de curto e médio prazos; por exemplo, capital de giro para empresas e consumo para as famílias.
De capitais	Supre as necessidades de financiamento de longo prazo; por exemplo, investimentos para empresas e aquisição de bens duráveis para as famílias.
Monetário	Supre as necessidades do governo de fazer política monetária e dos agentes e intermediários de caixa. Nesse segmento são realizadas operações de curto e curtíssimo prazo e sua liquidez é regulada pelas autoridades monetárias.
Cambial	Supre as necessidades quanto à realização das operações de compra e venda de moeda estrangeira.

3 MOEDA E POLÍTICA MONETÁRIA

3.1 Moeda e funções

Em termos econômicos, moeda é tudo aquilo que é geralmente aceito para liquidar as transações, isto é, para pagar pelos bens e serviços e para quitar obrigações, ou seja, de acordo com esta definição, qualquer coisa pode ser moeda, desde que aceita como forma de pagamento.

Ela é considerada o instrumento básico para que se possa operar no mercado.

3.1.1 Características essenciais da moeda

- Indestrutibilidade e inalterabilidade das suas características físicas;
- Homogeneidade de duas unidades equivalentes de moeda;
- Divisibilidade;
- Transferibilidade (sem registro da propriedade anterior); e,
- Facilidade de manuseio e transporte.

Moeda fiduciária: A moeda fiduciária atual surgiu da evolução do papel-moeda. Trata-se de notas e moedas emitidas pelo Banco Central e não lastreadas ou conversíveis em ouro e prata.

Moeda bancária (moeda invisível ou moeda escritural): São os depósitos a vista nos bancos comerciais

3.1.2 Dinheiro de "plástico"

- Cartão de débito;
- Cartão de crédito;
- Cartão pré-pago;
- Cartão de benefícios (Ex.: alimentação, refeição, etc.).
- Cartão de valor acumulado (Ex.: transporte).

3.2 As três funções da moeda

- Mecanismo de troca: tudo que é aceito como pagamento
- Unidade de contagem: ajuda a comparar o valor relativo dos bens e serviços
- Reserva de valor: maneira que temos de guardar nossa riqueza para uso posterior

3.3 Liquidez

É a facilidade que um ativo qualquer pode ser transformado em moeda.

3.4 Criptomoeda

Criptomoeda é um sistema de pagamento digital que não depende de bancos para verificar e confirmar transações. É um sistema ponto a ponto que permite a qualquer pessoa enviar e receber pagamentos de qualquer lugar.

Em vez do dinheiro físico transportado e trocado no mundo real, os pagamentos em criptomoeda existem unicamente como valores digitais em um banco de dados online que documenta as transações específicas. Ao transferir fundos de criptomoeda, as transações são registradas em um livro contábil público. A criptomoeda é armazenada em carteiras digitais.

A criptomoeda tem esse nome porque usa o recurso de criptografia para verificar as transações. Isso significa que uma codificação avançada está envolvida no armazenamento e na transmissão de dados de criptomoeda entre as carteiras e os livros contábeis públicos. O objetivo da criptografia é oferecer segurança e proteção.

A primeira criptomoeda foi o Bitcoin,criada em 2009 e ainda hoje a mais conhecida.

3.4.1 Funcionamento

As criptomoedas são executadas em um livro público distribuído chamado blockchain, um registro de todas as transações atualizadas e mantidas pelos detentores das moedas. Unidades de criptomoedas são **criadas por meio de um processo chamado mineração,** que envolve o uso de potência de computação para resolver problemas matemáticos complicados que geram moedas. Os usuários também podem comprar moedas com as corretoras, depois armazená-las e gastá-las usando carteiras criptográficas.

Há milhares de criptomoedas no mundo. Entre as mais conhecidas, estão:

- Bitcoin: fundada em 2009, o Bitcoin foi a primeira criptomoeda e continua a ser a mais negociada. A moeda foi desenvolvida por Satoshi Nakamoto, que acredita-se ser um pseudônimo para um indivíduo ou grupo de pessoas cuja identidade exata permanece desconhecida;
- Ethereum: desenvolvida em 2015, o Ethereum é uma plataforma blockchain com sua própria criptomoeda, chamada Ether (ETH) ou Ethereum. Depois do Bitcoin, é a criptomoeda mais popular;
- Litecoin: esta moeda é semelhante ao bitcoin, mas tem evoluído mais rapidamente para desenvolver inovações, incluindo pagamentos e processos mais rápidos para permitir mais transações
- Ripple: o Ripple é um sistema de livros distribuídos fundado em 2012. O Ripple pode ser usado para rastrear diferentes tipos de transações, não apenas criptomoedas. A empresa por trás da moeda trabalhou em cooperação com vários bancos e instituições financeiras.

As criptomoedas não-bitcoin são coletivamente conhecidas como "altcoins" para distingui-las da original.

3.4.2 Características

- Moeda fiduciária;
- Sem lastro;
- Sem curso forçado.

3.5 Oferta e demanda por moeda

3.5.1 Oferta de moeda - criação de moeda

Oferta primária

- Estado – autoridade monetária (Banco Central);
- Fiduciária;
- Sem lastro;
- Cunho forçado.

Oferta secundária

Quando um banco faz um empréstimo a oferta de moeda aumenta. Quando um banco reserva apenas uma fração dos seus depósitos, ele cria moeda! Esta moeda é denomina escritural. A criação de moeda através de empréstimos não cria novas riquezas, mas permite que bancos cobrem e ganhem juros várias vezes sobre a mesma quantidade de riquezas.

Quando um banco empresta dinheiro, essa quantia normalmente é depositada de volta no mesmo banco ou mesmo em outro banco, criando assim mais depósitos e mais reservas que poderão ser novamente emprestadas.

O multiplicador de moeda é a quantidade de dinheiro gerada pelo sistema bancário com cada real em reserva

Exemplo: Banco A

Ativo		Passivo	
Reserva	$10	Depósitos	$100
Empréstimo	$90		
	$100		$100

O MULTIPLICADOR DE MOEDA

Ativo		Passivo	
Reserva	$10	Depósitos	$100
Empréstimo	$90		
	$100		$100

Ativo		Passivo	
Reserva	$9	Depósitos	$90
	$81		
	$90		$90

Total de Oferta de Moeda: $190 !!!!

O multiplicador de moeda é a quantidade de moeda gerada pelos bancos após cada operação de empréstimo

Depósito Original:	$100
Segundo Banco:	$90 (=0,9 x 100)
Terceiro Banco:	$81 (=0,9 x 90)
Quarto Banco:	$72,9 (=0,9 x 81)

Etc...

Total de Oferta de Moeda: $1.000,00.

3.5.2 O que determina o tamanho do multiplicador?

O multiplicador da moeda (M) é o "inverso" da taxa de reserva:

Se a reserva (R) é de 20%, então o multiplicador é igual a 5

$$M = \frac{1}{R} = 1 / 0.2 = 5$$

3.5.3 Demanda por moeda

Existem três razões fundamentais que levam as pessoas a demandarem e reterem moeda em seu poder:

- Demanda de moeda para transações;
- Demanda de moeda por precaução;
- Demanda de moeda para especulação.

3.5.4 Demanda de moeda para transações

Como os recebimentos e pagamentos não são sincronizados, as pessoas precisam reter moeda para pagar suas despesas (depende da renda).

3.5.5 Demanda de moeda por precaução

Refere-se àquela parte da renda das pessoas retida para fazer frente a imprevistos.

3.5.6 Demanda de moeda para especulação

Sob uma expectativa generalizada de alta na taxa de juros ou de uma queda equivalente no preço dos títulos, no futuro, a retenção de saldos monetários para fins especulativos tende a se elevar; caso contrário, a retenção de moeda devida a esse motivo tende a diminuir (depende, de maneira inversa, da taxa de juros).

3.6 Política monetária convencional

3.6.1 Instrumentos básicos

- Oferta de moeda;
- Taxa de juros;
- Recolhimento compulsório;
- Redesconto;
- Compra e venda de títulos.

3.6.2 Objetivos da política monetária

- Alto nível de emprego;
- Crescimento econômico;
- Estabilidade de preços;
- Estabilidade da taxa de juros;
- Estabilidade dos mercados financeiros;
- Estabilidade no mercado de câmbio.

Aumenta a Liquidez

EXPANSIONISTA (EXPANSIVA)	INSTRUMENTO	CONTRACIONISTA (RESTRITIVA)
(-)	Taxa de Redesconto	(+)
(-)	Taxa de compulsório	(+)
Governo Recompra Títulos Públicos	Mercado Aberto (Open Market) Títulos Públicos	Governo Vende Títulos Públicos
Objetivo: (+) Produto (-) Desemprego		Objetivo: (-) Inflação
Risco DA>OA ↑ Preços		Risco: (-) Produto (+) Desemprego

Reduz a Liquidez

- **Círculo Virtuoso** - Política Monetária Expansionista:

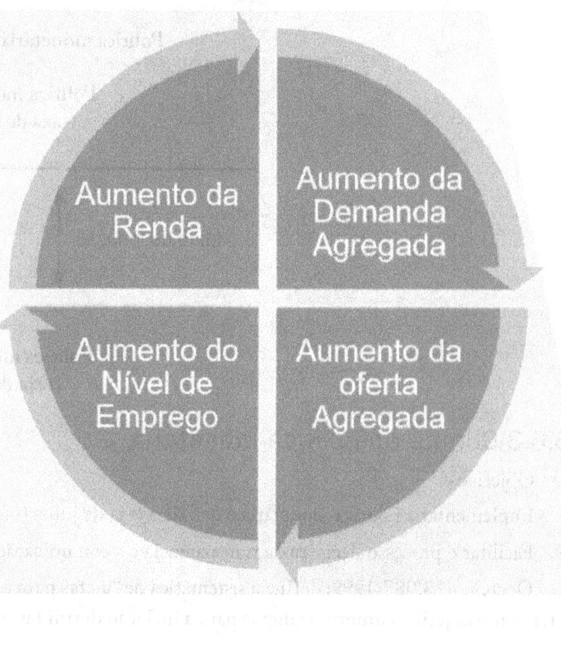

- **Círculo Vicioso** - Política Monetária Contracionista:

	Política Monetária Expansionista	Política Monetária Constracionista	Explicação Resumida
Selic	↓	↑	**Aumento da Selic** estimula os bancos a emprestarem ao governo, o que reduz a liquidez no mercado para emprestar aos clientes. Assim, os juros sobem, configurando **Política Contracionista**
Open-Market	↓	↑	Aumento da oferta de títulos reduz a liquidez no mercado (bancos gastam comprando títulos do BC). Assim, os juros sobem, configurando **Política Contracionista**
Taxa de Redesconto	↓	↑	Aumento da taxa de Redesconto cria dificuldade na operação fora do mercado interbancário. Assim, os bancos tendem a selecionar melhor os clientes e aumentam os juros, configurando **Política Contracionista**
Depósitos Compulsórios	↓	↑	Aumento do Compulsório reduz a oferta monetária dos bancos. Assim, os bancos aumentam os juros, configurando **Política Contracionista**

Política monetária e o regime de metas de inflação

Política monetária "contracionista"
(taxa de juros básica aumenta)

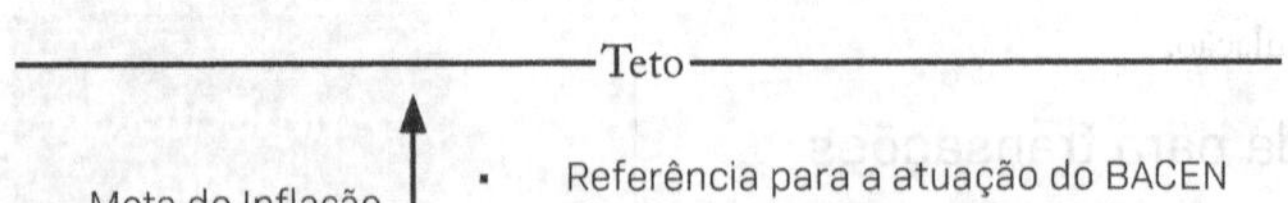

Política monetária "expansionista"
(taxa de juros básica reduz)

3.6.3 Comitê de política monetária

Objetivos:

- Implementar a política monetária e definir a taxa de juros (meta para a Selic);
- Facilitar o processo decisório, a transparência e a comunicação com o público em geral.

Decreto nº 3.088/1999: define a sistemática de "metas para a inflação" como diretriz de política monetária — decisões do Copom passaram a ter como objetivo cumprir as metas para a inflação definidas pelo CMN.

3.7 Políticas monetárias não-convencionais

Uma política monetária não convencional é aquela que utiliza mecanismos inusitados para reativar a economia e manter a estabilidade econômico-financeira. A política monetária não convencional ou não padronizada são esses mecanismos incomuns. Eles são frequentemente usados em tempos de crise profunda, quando a política monetária convencional não é suficiente.

Inicialmente, o banco central modifica parâmetros básicos como taxas de juros. Se isso não tiver efeito sobre a economia, recorra a políticas mais agressivas. Para além dos objetivos da política monetária em geral, a política monetária não convencional persegue os seus próprios. Seus objetivos são:

- Forneça ou drene liquidez com mecanismos mais poderosos;
- Manter o bom funcionamento dos mercados financeiros.

3.7.1 Instrumentos não convencionais de política monetária

Operações de ajuste

O objetivo principal das operações de ajuste fino é o controle das taxas de juros no caso de variações acidentais de liquidez. Em outras palavras, diante de mudanças inesperadas na liquidez, as operações de ajuste fino atuam.

Embora estejam entre os instrumentos básicos usados por um banco central, seu uso é relegado a momentos em que algo não está certo. Portanto, embora pudéssemos classificá-los como parte das medidas convencionais, eles se encaixam melhor dentro das não convencionais.

Operações estruturais

As operações estruturais são utilizadas pelo banco central para ajustar sua posição em relação ao setor financeiro. Podem ser regulares ou não, conforme a demanda da economia. Para isso, o banco central realiza operações simples, opera com swaps de moeda e compra ou vende dívida no mercado soberano de renda fixa.

Flexibilização quantitativa (*quantitative easing*)

As medidas de afrouxamento quantitativo são mais agressivas do que as anteriores. Quando as taxas de juros já estão no mínimo, as operações de mercado aberto têm pouco efeito. A intenção é, portanto, flexibilizar a política monetária. Na realidade, a flexibilização quantitativa é uma extensão dos dois tipos anteriores de operação.

Quando se aplica a flexibilização quantitativa, o que acontece é que tanto as operações de ajuste fino quanto as estruturais (mesmo as da política monetária convencional) tornam-se mais flexíveis. Aplicam-se maturidades mais longas, com taxa de juros mais baixa, com maior frequência e, em geral, com melhores condições. As operações são realizadas em mercados de dívida não soberana e soberana.

Qualitative easing

Operações twist - busca reduzir a taxa de juros de longo-prazo dos títulos públicos sendo, portanto, uma estratégia de atuação baseada na alteração da estrutura a termo da taxa de juros, conferindo maior liquidez aos títulos de longo-prazo.

Substituição de títulos de maturidade longa por títulos mais curtos alterando, desta forma, o prêmio de liquidez dos títulos longos e, consequentemente, as condições financeiras da economia, de modo a induzir a realocação em investimentos mais produtivos.

Programa de compra de ativos

Permite à autoridade monetária adquirir diferentes tipos de ativos nos mercados financeiros. Desta forma, os preços desses ativos sobem e, por conseguinte, as taxas de juro do mercado diminuem. Tudo isto apoia a economia, tornando o crédito mais barato para as pessoas, as empresas e as administrações públicas.

Permite também que os mutuários reembolsem as suas dívidas com mais facilidade. Tal ajuda a manter o crédito, o consumo e o investimento.

Taxas de juros negativas

As taxas de juros são, sem dúvida, um instrumento convencional de política monetária. No entanto, quando as facilidades permanentes estão abaixo de zero, é considerada uma medida de política monetária não convencional.

Em suma, quando o tradicional não é suficiente, o banco central modifica os instrumentos existentes e cria novos, se necessário. Tudo para atingir os objetivos de controlar a inflação, aumentar o crescimento, reduzir o desemprego e melhorar o balanço de pagamentos.

Orientação futura (*forward guidance*)

Esse mecanismo é um instrumento de gerenciamento de expectativas. Os bancos centrais usam suas coletivas de imprensa e declarações públicas para orientar os investidores.

Quando você faz declarações como: "Esperamos aumentar as taxas de juros nos próximos meses", você está fazendo uma declaração de intenção. Isso abala os mercados e os investidores agem em conformidade. Um banco central pode efetuar efeitos no mercado, mesmo sem usar instrumentos monetários.

Outra forma é como uma simples previsão macroeconômica, seguida de possíveis ações de política monetária para contornar efeitos indesejáveis. Esta ferramenta já foi (e ainda é) utilizada também pelo Banco Central norte-americano (Fed) e pelos Bancos Centrais da Inglaterra, Japão e Europa.

A ideia é justamente influenciar o mercado. O país comunica o intuito de manter as taxas de juros baixas a fim de melhorar a oferta de crédito e, com isso, estimular o crescimento da economia.

3.8 Taxa Selic

A Selic é a taxa básica de juros da economia. É o principal instrumento de política monetária utilizado pelo Banco Central (BC) para controlar a inflação. Ela influencia todas as taxas de juros do país, como as taxas de juros dos empréstimos, dos financiamentos e das aplicações financeiras. A taxa Selic-over refere-se à taxa de juros apurada nas operações de empréstimos de um dia entre as instituições financeiras que utilizam títulos públicos federais como garantia.

O BC opera no mercado de títulos públicos para que a taxa Selic efetiva esteja em linha com a meta da Selic definida na reunião do Comitê de Política Monetária do BC (Copom). O nome da taxa Selic vem da sigla do Sistema Especial de Liquidação e de Custódia. Tal sistema é uma infraestrutura do mercado financeiro administrada pelo BC. Nele são transacionados títulos públicos federais.

A taxa média ajustada dos financiamentos diários apurados nesse sistema corresponde à taxa Selic.

▷ Efeitos de mudanças na Selic:

- Quando o Banco Central altera a meta para taxa Selic, a rentabilidade dos títulos indexados a ela também se altera e, com isso, o custo de captação dos bancos muda;
- Uma redução da taxa Selic, por exemplo, diminui o custo de captação dos bancos, que tendem a emprestar com juros menores.

Como funciona na prática

▷ Quando sobe:

- Os juros cobrados nos financiamentos, empréstimos e cartões de crédito ficam mais altos;
- Isso desestimula o consumo e favorece a queda da inflação

▷ Quando cai:

- Tomar dinheiro emprestado fica cada vez mais barato, já que os juros cobrados nessas operações ficam menores;
- Isso estimula o comercio.

3.9 Operações compromissadas

Segundo o glossário do Banco Central, operações compromissadas são operações de venda (ou compra) de títulos com compromisso de recompra (ou revenda) dos mesmos títulos em uma data futura, anterior ou igual à data de vencimento dos títulos.

São operações de curto prazo remuneradas ao preço de venda acrescida dos juros pactuados nos leilões. Os títulos negociados são considerados garantias dessas operações, sendo custodiados no Sistema Especial de Liquidação e Custódia (Selic), para o caso de títulos federais

Portanto, as operações compromissadas expressam a gestão da liquidez da economia exercida pelo BCB, estando separada da gestão da dívida pública em mercado administrada pelo Tesouro Nacional.

Juros pagos com uso das compromissadas

Com alta da Selic, custo dessas operações mais que dobrou em 2022 (em R$ bi)

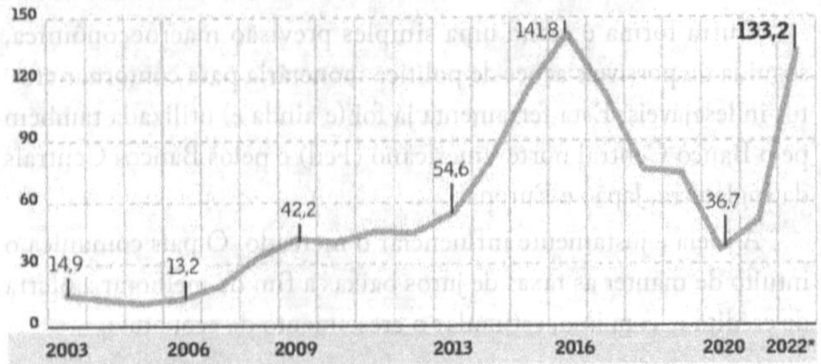

Fonte: TCU e Banco Central. *Último dado divulgado pelo BC

Em 2006, elas representavam 3,2% do PIB e, em abril de 2020, atingiram 17,7%. Esse crescimento expressivo teve como um dos determinantes a compra de reservas cambiais a partir de 2006. No Brasil, as operações compromissadas feitas pelo Banco Central são incluídas no cômputo da dívida pública, seja no tradicional conceito de Dívida Líquida do Setor Público (DLSP), seja no agora mais utilizado conceito de Dívida Bruta do Governo Geral (DBGG).

Essas operações são como um empréstimo que o Banco Central toma junto ao mercado e, como tal, requer o pagamento de juros. Assim, enquanto os outros fatores elevam ou reduzem o saldo das compromissadas por conta dos fluxos de novas operações feitas ou desfeitas, os juros incidem diretamente sobre o saldo resultante dos fluxos.

Já o tamanho dos juros devidos depende da Selic, taxa que remunera as compromissadas, e do saldo dessas operações, resultante dos fluxos de operações passadas e dos próprios juros incorporados ao saldo, já que se trata de juros compostos (juros sobre juros).

3.10 Depósitos remunerados

Governo Federal enviou ao Congresso Nacional, Projeto de Lei nº 9.248/2017, que autoriza o Banco Central (BC) a acolher depósitos voluntários a prazo de instituições financeiras. A medida aprovada (foram autorizados pela Lei nº 14.185/2021 e regulamentados pelo Banco Central em agosto de 2021) permitirá que as instituições financeiras realizem os depósitos em suas respectivas contas no BC. Eles serão remunerados e com prazo mínimo de um dia útil.

Hoje o BC administra a quantidade de dinheiro no sistema bancário por meio da venda com compromisso de recompra dos títulos públicos de sua carteira, as chamadas 'operações compromissadas'. Com os depósitos voluntários, o BC ganha maior autonomia, uma vez que deixa de depender exclusivamente dessas operações para regular a liquidez bancária e, consequentemente, manter a taxa básica de juros (Selic) próxima da meta fixada pelo CMN.

Bancos centrais de reconhecida reputação técnica, como o Federal Reserve Bank dos Estados Unidos, o Banco da Inglaterra e o Banco Central Europeu, contam com depósitos remunerados entre seus instrumentos de administração da liquidez. Os depósitos voluntários têm diversas características favoráveis, como efetividade na absorção de recursos livres no sistema bancário, simplicidade, baixo custo operacional e fácil entendimento pelos agentes financeiros.

Fique ligado

Os depósitos voluntários não significam o abandono das operações compromissadas com títulos de emissão do Tesouro Nacional. Elas continuarão a ser o principal instrumento utilizado pelo Banco Central na gestão da liquidez.

A ideia é que essa diversificação possa reduzir o uso das operações compromissadas.

O problema das operações compromissadas, é que, como o BC não pode emitir títulos próprios, usa os do Tesouro Nacional. A emissão de títulos para esse fim entra na soma da dívida pública – mesmo que o governo não esteja, na prática, arrecadando nada.

Assim, uma ferramenta de política monetária acaba tendo impacto fiscal.

3.11 Relacionamento entre tesouro e Banco Central

No Brasil, o controle da liquidez em mercado é feito por meio de operações compromissadas, o que gera necessidade de o BC manter carteira de títulos públicos federais em tamanho suficiente para lastro dessas operações;

A Lei nº 10.179/2001 autoriza o TN a aportar títulos públicos ao BC, sem contrapartida financeira, sempre que o banco necessitar para condução da política monetária:

▷ Efeito 1: aumento da DBGG (conceito do FMI): mais encargos para a dívida pública, sem relação com política fiscal;

▷ Efeito 2: aumento do capital do BC: PL do BC > 2% do PIB.

Balancete do BC

Ativo	Passivo
Reservas internacionais	Base monetária (BM)
Empréstimos ao setor privado (E1)	Emprestimo junto ao setor privado (E2)
Títulos do tesouro nacional (T)	Operações compromissadas
Outros ativos	Reservas bancárias compulsórias
	Conta única do tesouro
	Outros passivos
	Patrimônio líquido (PL)

→ **Novo desenho**
Operações compromissadas
+
Depósitos voluntários remunerados

3.12 Taxas de juros de curto prazo e a curva de juros

3.12.1 Taxas de juros

As taxas de juros de curto prazo são aquelas associadas a investimentos que maturam rapidamente; já as taxas de juros de longo prazo dizem respeito a aplicações financeiras com vencimento mais longo. Não há uma definição exata para os períodos correspondentes a curto e longo prazo. Mas essas taxas estão ligadas.

3.12.2 Curva de juros

A curva de juros, conhecida também como curva a termo, serve para expressar o comportamento dos juros ao longo de um determinado tempo. Portanto, a curva de juros é uma função matemática que indica como eles variam no decorrer de um empréstimo ou de uma aplicação financeira na renda fixa.

O principal objetivo da curva a termo é atuar como ferramenta de projeção. Na prática, essa relação mostra como o mercado precifica o risco. Em geral, investimentos de curto prazo apresentam juros menores para o investidor, do que investimentos de longo prazo.

Ou seja, quanto maior for os juros, maior será o retorno no longo prazo. Dessa forma, o padrão teórico é que o gráfico da curva de juros seja composto por uma linha crescente. Contudo, quando essa linha apresenta inversões, ou seja, a taxa de juros a longo prazo está abaixo da taxa de curto prazo, o gráfico padrão se distorce. Dessa forma, o mercado a entende como um sinal de recessão corrente ou futura.

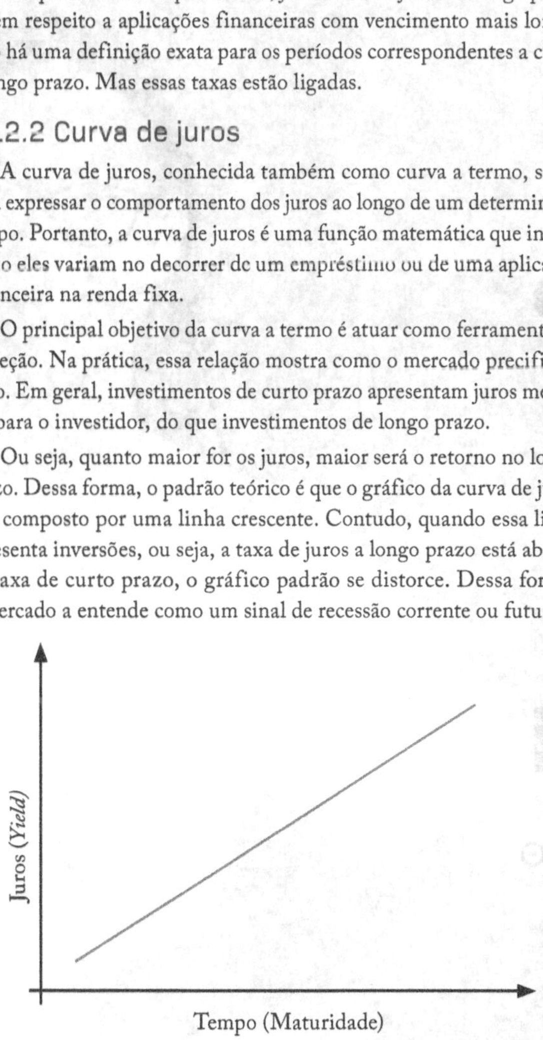

3.12.3 Tipos de curva de juros

Existem alguns tipos de curva de juros, sendo as mais conhecidas a curva normal, fortemente inclinada, curva flat, curva plana e a curva de juros invertida.

Curva normal

A curva normal, é uma curva ascendente representando normalmente uma pequena pressão inflacionária com o tempo.

Curva fortemente inclinada

Já a curva fortemente inclinada, pode representar que a economia está entrando em um período de forte crescimento, ou então que o governo está com dificuldade de financiar o seu déficit de longo prazo.

Curva flat

A curva flat, também conhecida como curva plana, costuma acontecer quando as taxas de longo prazo estão muito iguais às taxas de curto prazo. Esse tipo de curva mostra um cenário de incertezas, pois os agentes não sabem se a economia poderá ser de inflação ou recessão no futuro.

Curva plana

A curva plana também poderá ser um indicador de transição, visto que para uma curva se inverte ela terá que passar pelo estado "plana".

Curva invertida

Por fim, a curva invertida representa o pior cenário, pois nesse caso os juros futuros são menores do que o presente. Isso pode ser uma antecipação de uma recessão que está por vir.

Curva de juros invertida

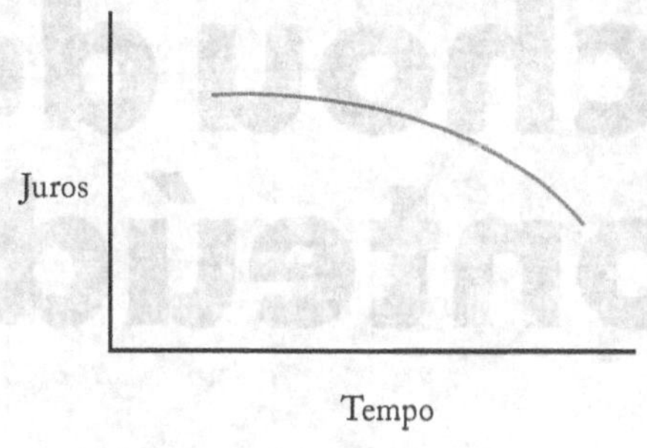

3.12.4 Juros nominais e reais

Juro nominal: a taxa de juros nominais é aquela divulgada pelas instituições financeiras quando você faz um investimento ou assume uma dívida sem considerar os efeitos da inflação.

Juro real: a taxa de juros reais são os juros nominais já com a inflação descontada.

De maneira simplificada: taxa de juro real = taxa de juro nominal – taxa da inflação.

A fórmula para fazer este cálculo é:

$$\text{Juro real} = \left[\frac{1 + \frac{\text{Juro nominal}}{100}}{1 + \frac{\text{Inflação}}{100}} - 1\right] \times 100$$

Fique ligado

Exemplo: O banco divulgou que a rentabilidade de um determinado investimento foi de 10% de juros no ano. Este são os juros nominais. A inflação no mesmo período foi de 6%. Com estas duas informações (juro nominal e inflação) podemos calcular os juros reais, que são os juros recebidos acima da inflação.

Juros Nominais: 10/100 = 0,10

Inflação: 6/100 = 0,06

Como você viu logo acima, primeiro dividimos 10% e 6% por 100 para encontrar 0,10 e 0,06 e depois substituir na fórmula:

Juros Reais = (1 + 0,10) / (1 + 0,06) – 1

Juros Reais = (1,10 / 1,06) – 1

Juros Reais = 1,03773 – 1

Juros Reais = 0,03773

Agora multiplicamos 0,03773 por 100 para encontrar a taxa:

Juros Reais = 3,773%.

4 ORÇAMENTO PÚBLICO

Instrumento pelo qual o governo estima as receitas e fixa as despesas para poder controlar as finanças públicas e executar as ações governamentais, ensejando o objetivo estatal do bem comum.

No modelo brasileiro, compreende a elaboração e execução de três leis – o plano plurianual (PPA), as diretrizes orçamentárias (LDO) e o orçamento anual (LOA) – que, em conjunto, materializam o planejamento e a execução das políticas públicas federais.

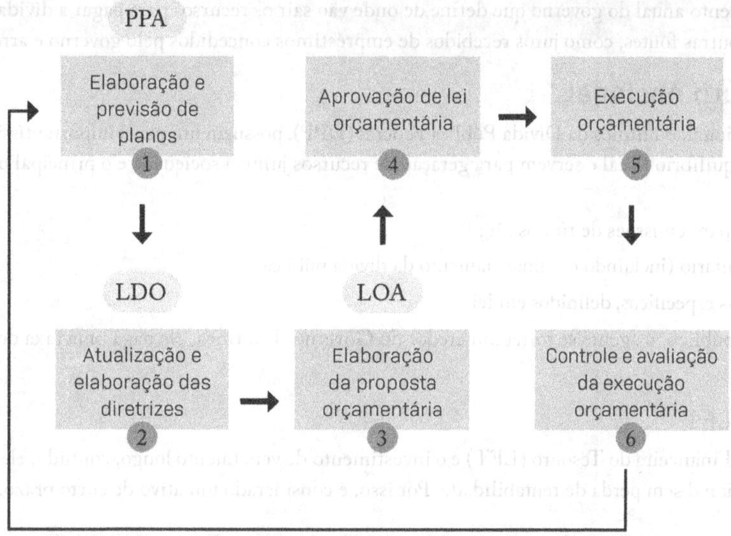

Quando o Governo não consegue arrecadar verba suficiente para fazer frente às despesas, ou seja, quando gasta mais do que arrecadou, ocorre o déficit orçamentário. Ocorrendo o déficit orçamentário, o Governo precisa captar recursos (verbas) para financiar estas despesas cujas receitas não foram suficientes.

Portanto, dívida pública é a dívida contraída pelo Governo para financiar o déficit orçamentário, inclusive o refinanciamento da própria dívida pública, que é a contratação de um novo empréstimo para quitar o anterior.

A seguir, estão indicados os prazos para a elaboração dos instrumentos orçamentários, segundo a CF:

PRAZOS LOA-LDO-PPA

Prazos	LPA	LDO	PPA
Para o Executivo enviar o projeto de lei ao Legislativo	31 de agosto	15 de abril	31 de agosto
Para o Legislativo devolver o projeto ao Executivo	15 de dezembro	30 de junho	15 de dezembro

4.1 Captação de recursos

A captação de recursos pode ocorrer através da emissão de títulos públicos ou pela assinatura de contratos.

Títulos públicos federais são instrumentos financeiros de renda fixa emitidos pelo Governo Federal vendidos em oferta pública (leilão) ou diretamente a quem queira comprar. A dívida pública contraída pelo Governo através dos títulos públicos é denominada de dívida mobiliária.

O mercado de títulos públicos é denominado Mercado Aberto (*open market*) e aqui também se busca o controle do nível de liquidez da economia que tem efeitos indiretos sobre:

- O nível do PIB;
- A inflação;
- O desemprego;
- Taxa de câmbio, etc.

4.2 Classificação da dívida

Tem-se a Dívida Pública Federal Interna quando as transações (títulos públicos ou contratos) ocorrem com a moeda corrente em circulação no país (o Real), e a Dívida Pública Federal Externa quando as transações ocorrem em moeda estrangeira, geralmente o dólar norte-americano.

Qual o custo da dívida pública federal?

Quando o governo capta recursos para cobrir o déficit do orçamento, ele se compromete a pagar esses valores acrescidos de juros aos seus credores – instituições e pessoas físicas que compram títulos públicos. Esses juros são o custo da dívida pública.

O custo é alto quando:

- O país tem uma dívida muito grande, o que se traduz em uma grande quantidade de juros a serem pagos; ou
- Quando as taxas de juros são muito altas.

De acordo com o Tesouro Nacional, a maior parte da dívida pública que vence é paga com uma nova dívida – processo chamado de refinanciamento ou rolagem da dívida. Em outras palavras, o governo vende títulos públicos e usa o dinheiro para pagar os títulos que estão vencendo, trocando uma dívida velha por uma nova.

De forma geral, é o orçamento anual do governo que define de onde vão sair os recursos para pagar a dívida pública – se por meio de refinanciamento ou por meio de outras fontes, como juros recebidos de empréstimos concedidos pelo governo e arrecadação

4.3 Títulos do tesouro nacional

Os títulos do Tesouro Nacional, ou títulos da Dívida Pública Federal (DPF), possuem um papel importantíssimo no mercado e no Governo. Eles são um instrumento de equilíbrio fiscal e servem para geração de recursos junto à sociedade e o principal objetivo é financiar as despesas públicas.

As duas principais razões para emissões de títulos são:

- Financiar o déficit orçamentário (incluindo o refinanciamento da dívida pública);
- Realizar operações para fins específicos, definidos em lei.

Ao investir em um título público, o agente se torna um credor do Governo. Em troca, ele paga uma taxa de juros que pode ser fixa, indexada ou híbrida.

4.3.1 Tesouro Selic - LFT

O Tesouro Selic ou Letra Financeira do Tesouro (LFT) é o investimento de vencimento longo, contudo, ele pode ser revendido a qualquer momento para o Tesouro Nacional sem perda de rentabilidade. Por isso, é considerado um ativo de curto prazo.

Fique ligado

A sua rentabilidade é pós-fixada e varia de acordo com a Selic.

4.3.2 Tesouro prefixado - LTN

O Tesouro Prefixado ou Letra do Tesouro Nacional é um título da dívida pública que tem uma taxa fixa de rendimento. Ou seja, o agente sabe desde o início da aplicação qual será a sua rentabilidade. A sua taxa não varia sobre nenhum índice, como acontece no Tesouro Selic.

4.3.3 Tesouro prefixado com juros semestrais - NTN-F

Esse título é mais recomendado para os agentes que querem receber os rendimentos constantemente em sua conta, para complementar sua renda. O Tesouro Prefixado com Juros Semestrais paga cupons de juros a cada seis meses.

Os pagamentos semestrais, nesse caso, representam uma antecipação da rentabilidade contratada. Os cupons pagos possuem incidência do Imposto de Renda. Então, conforme o tempo passar, o agente pagará menos impostos.

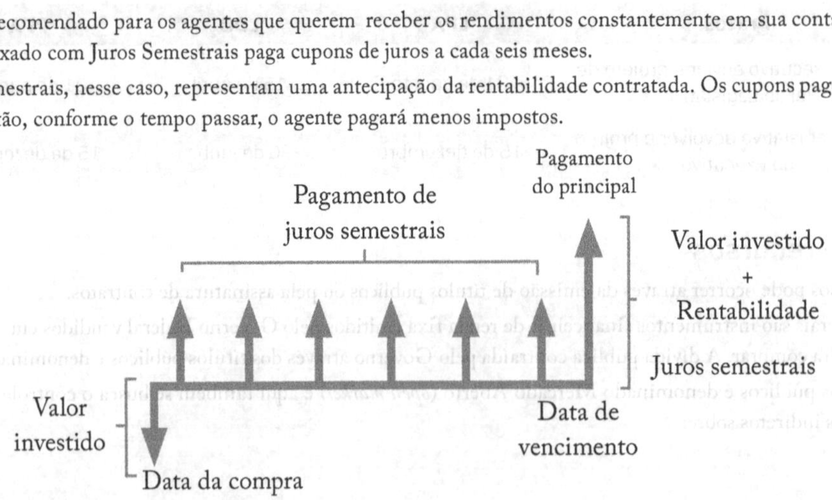

4.3.4 Tesouro IPCA+ (NTN-B PRINC)

O Tesouro IPCA+ mistura dois tipos de rentabilidade: uma indexada à inflação e outra prefixada.

Ele também é um investimento de longo prazo e é recomendado para quem deseja manter o poder de compra por longos anos.

Ao investir neste título, o agente tem a garantia de que receberá uma rentabilidade superior à inflação.

4.3.5 Tesouro IPCA+ com juros semestrais (NTN-B)

Semelhante ao Tesouro IPCA+ principal, este título paga cupons semestrais, como o Tesouro Prefixado com Juros Semestrais. Ele também é recomendado para quem quer ter uma rentabilidade, acima da inflação, e complementar a sua renda.

4.3.6 Tesouro renda+(NTN-B1)

É um título pós-fixado cuja rentabilidade é composta por dois fatores: uma taxa anual pactuada no momento da compra; e a variação do Índice Nacional de Preços ao Consumidor Amplo (IPCA1).

Além disso, possui a particularidade de não pagar seu principal em uma única parcela na data de vencimento. Nesse caso, o principal é pago em 240 (duzentos e quarenta) parcelas (amortizações) mensais que se iniciam na "data de conversão" e terminam de ser pagas (240 meses depois) na data de vencimento.

A rentabilidade é dada pela taxa anual de juros mais a variação do indexador até o vencimento.

A Figura 1 abaixo ilustra o fluxo de pagamentos do Tesouro Renda+(NTN-B1):

Figura 1 – Diagrama do fluxo do Tesouro RendaA+

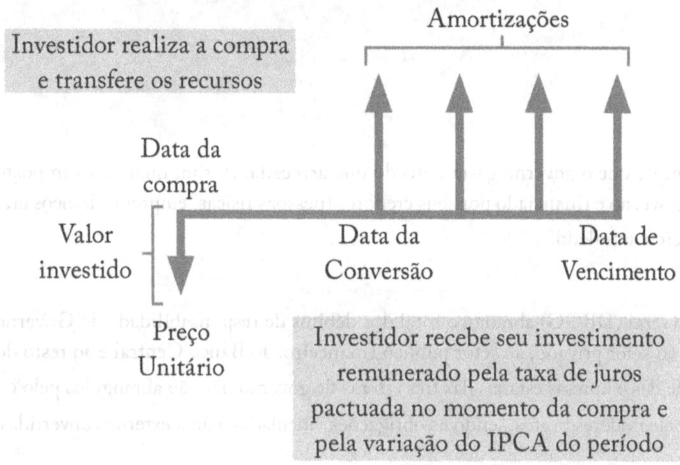

Orçamento Federal Previsto para 2023 (PLOA 2023) = R$ 5,031 TRILHÕES

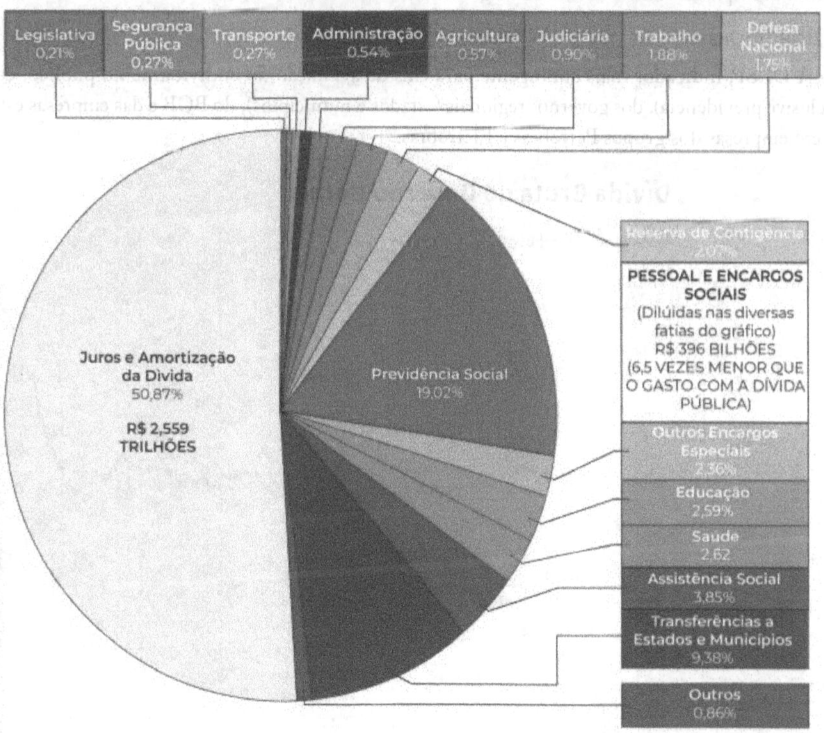

OUTROS	% GASTO PREVISTO
Essencial à Justiça	0,1896
Ciência e Tecnologia	0,1890
Relações Exteriores	0,0881
Comérfio e Serviços	0,0795
Gestão Ambiental	0,0743
Comunicações	0,0662
Indústria	0,0368
Organização Agrária	0,0326
Energia	0,0282
Urbanismo	0,0253
Cultura	0,0225
Direitos da Cidadania	0,0190
Desporto e Lazer	0,0039
Saneamento	0,0004
Habitação	0,0000
TOTAL:	0,8552

Fonte: SIOP - Painel do Orçamento Federal. Elaboração: Auditoria Cidadã da Divida

Consulta em 1/9/2022. Orçamento Fiscal e da Seguridade Social, Gráfico por Função, com exceção da Função "Encargos Especiais", que foi desmembrada em "Juros e Amortizações da Divida" (GND 2 e 6); "Transferências a Estados e Municípios" (Programa 0903), e "Outros Encargos Especiais (o restante da Função), que representam principalmente o pagamento de sentenças judiciais e concessão de financiamentos.

4.4 Dívida pública

4.4.1 Déficit

O orçamento do governo é composto por receitas públicas e por despesas públicas. As receitas públicas são provenientes de impostos, taxas e contribuições de melhorias. Já as despesas públicas estão relacionadas aos gastos com a manutenção da máquina pública e com gastos sociais (escolas, hospitais, saneamento básico, etc.), entre outros exemplos.

Quando as despesas públicas são maiores do que a receita pública em um determinado período (por exemplo, um ano), tem-se um déficit orçamentário. Quando um governo está em déficit (e essa foi uma situação muito comum, no mundo todo, desde meados da década de 1930, quando a teoria econômica passou a pregar uma intervenção mais ativa do governo na economia), ele precisa se financiar de alguma forma.

Existem três alternativas para o financiamento do déficit do governo, que são:

- O aumento dos impostos;
- A emissão monetária; e
- O endividamento.

4.4.2 Dívida

A dívida surge e aumenta sempre que o governo gasta mais do que arrecada. Assim, quando os impostos e demais receitas não são suficientes para cobrir as despesas, o governo é financiado por seus credores (pessoas físicas, empresas, bancos etc.), dando origem à dívida pública.

Dívida é o somatório do déficit acumulado.

Dívida bruta

A Dívida Bruta do Governo Geral (DBGG) abrange o total dos débitos de responsabilidade do Governo Federal, dos governos estaduais e dos governos municipais, junto ao setor privado, ao setor público financeiro, ao Banco Central e ao resto do mundo.

- Os débitos de responsabilidade das empresas estatais das três esferas de governo não são abrangidos pelo conceito;
- Os débitos são considerados pelos valores brutos, sendo as obrigações vinculadas à área externa convertidas para reais pela taxa de câmbio de final de período (compra);
- No caso do Banco Central, são incluídas apenas as operações compromissadas realizadas com títulos públicos.

Essas operações são incluídas porque apresentam estreita relação com a dívida do Tesouro Nacional, e sua inclusão na DBGG permite melhor acompanhar a situação fiscal do governo.

Dívida líquida

A DLSP, indicador mais abrangente para fins de avaliação do endividamento público, considera ativos e passivos do Governo Federal (inclusive previdência), dos governos regionais (estados e municípios), do BCB e das empresas estatais não financeiras dos três níveis de governo, exceto empresas dos grupos Petrobras e Eletrobras.

4.4.3 Dívida mobiliária ou contratual

A dívida pública pode ser mobiliária ou contratual:

- **Mobiliária** é a dívida decorrente da emissão de títulos públicos, como os do Tesouro Direto;
- **Contratual** é a dívida decorrente de convênios com órgãos internacionais, como o Banco Interamericano de Desenvolvimento (BID) e o Banco Mundial (Bird).

4.4.4 Dívida interna e externa

Dívida Pública Federal pode ser classificada como interna ou externa. Quando os pagamentos e recebimentos são realizados na moeda corrente em circulação no país, no caso brasileiro o real, a dívida é chamada de **interna**.

Por sua vez, quando tais fluxos financeiros ocorrem em moeda estrangeira, usualmente o dólar norte-americano, a dívida é classificada como externa. Atualmente, toda a Dívida Pública Federal em circulação no mercado nacional é paga em real e captada por meio da emissão de títulos públicos, sendo por essa razão definida como Dívida Pública Mobiliária Federal interna (DPMFi).

Já a Dívida Pública Federal existente no mercado internacional é paga em outras moedas que não o real e tem sido captada tanto por meio da emissão de títulos quanto por contratos, sendo por isso definida como Dívida Pública Federal **externa** (DPFe).

C O N B A N

5 MERCADO DE CAPITAIS

5.1 Sociedade anônima

Sociedade Anônima, ou S/A, é uma natureza jurídica que tem como principal característica a divisão por ações.

Isso quer dizer que a participação e a responsabilidade de cada sócio, chamados de acionistas, está totalmente vinculada e limitada as ações que adquirir.

A Sociedade Anônima é regulamentada pela Lei nº 6.404/1976, a qual também é conhecida como Lei das Sociedades Anônimas.

5.1.1 Características

- Capital social: o capital social de uma S.A deve ser providenciado pelos participantes da sociedade. Esses podem contribuir com valores em espécie, e também bens móveis ou imóveis;
- Separação de patrimônio: em uma Sociedade Anônima o patrimônio pessoal dos sócios fica separado do patrimônio da empresa. Isso quer dizer que, em caso de dívidas e/ou falências, seus bens não entram como parte do pagamento;
- Acionistas com responsabilidade limitada: na S.A as responsabilidades dos acionistas é limitada ao total de suas ações. Ou seja, eles se responsabilizam apenas pelo correspondente ao montante das ações que lhe pertencem;
- Acessibilidade de capital livre: outra importante característica desse tipo de sociedade empresarial é que as ações podem ser transmitidas a qualquer pessoa. Isso acontece porque, na S.A, é mais importante a entrada de capital do que a qualidade do acionista. Por conta disso, não se torna relevante quem é a pessoa por trás da ação adquirida.
- Perfil mercantil: uma empresa cuja natureza jurídica é a Sociedade Anônima sempre será mercantil, portanto, passível de falência e de recuperação judicial.

5.1.2 Tipos de sociedade anônima

Uma Sociedade Anônima é uma empresa com fins lucrativos que pode ser de dois tipos: com capital aberto ou com capital fechado.

Sociedade anônima de capital aberto

Esse tipo de S.A se caracteriza pela permissão de negociação de suas ações junto ao mercado de valores mobiliários, a exemplo da Bolsa de Valores.

No entanto, é preciso ter autorização da CVM, Conselho de Valores Mobiliários.

Fique ligado

Possibilidade de captar recursos de investidores por meio da oferta de valores mobiliários, que podem ser as próprias ações, debêntures, entre outros títulos de crédito.

Sociedade anônima de capital fechado

Por sua vez, a Sociedade Anônima de Capital Fechado não permite a negociação de suas ações.

Assim, caso a empresa S.A queira captar investidores, precisa fazer isso de maneira privada, ou seja, sem abrir para o mercado de valores mobiliários.

5.1.3 Funcionamento de uma sociedade anônima

Diz respeito à divisão do seu capital social, aos direitos dos acionistas e às suas participações.

Podem:

- Fazer a fiscalização da gestão da empresa;
- Participar dos lucros;
- Participar da divisão de bens, caso seja vendida;
- Adquirir outros valores mobiliários de forma preferencial;
- Retirar-se da empresa a qualquer tempo.

5.1.4 Tipos de acionistas

- Acionista majoritário: detentor da maior parte das ações ordinárias (ao menos, 50%);
- Acionista minoritário: detentor de menos ações;
- Acionista controlador: pessoa, grupo de pessoas ou empresa, definida por votação, que tem como responsabilidade o controle do negócio.

5.1.5 Órgãos

- Assembleia geral: responsável por reunir os acionistas para tomadas de decisões importantes para o futuro do negócio, a Assembleia Geral é o órgão com maior poder dentro de uma S.A;
- Conselho de administração: formado por, pelo menos, 3 membros escolhidos pela Assembleia Geral, o Conselho de Administração tem a função de aconselhar a diretoria em tomadas de decisões.

É importante destacar que os membros escolhidos têm prazo de gestão pré-estabelecido e, caso a empresa não tenha acionistas suficientes para essa formação, o conselho se torna opcional.

- Diretoria: composta por, no mínimo, dois diretores escolhidos pelo Conselho de Administração, caso tenha, ou pela Assembleia Geral, a função desse órgão é administrar e representar a empresa legalmente. Os diretores não precisam, obrigatoriamente, ser acionistas da empresa que vão administrar.
- Conselho fiscal: podendo ser formado por 3 a 5 membros, acionistas ou não, e eleitos pela Assembleia Geral, a função do Conselho Fiscal é assessorar esse órgão. Seu papel consiste em analisar as contas apresentadas, fiscalizar as atividades dos administradores, fazer o acompanhamento da gestão do negócio e votar em assuntos pertinentes à administração da empresa.

5.2 Bolsa de valores

A bolsa de valores é um ambiente de negociação no qual investidores podem comprar ou vender seus títulos emitidos por empresas, sejam elas com capitais públicos, mistos ou privados. Esse processo é intermediado com auxílio de correspondentes de negociações através de corretoras.

O objetivo principal é configurar um ambiente seguro e organizado para essas negociações. Dessa forma, garantir que os investidores recebam as ações compradas de maneira eficiente e segura e que as transações sejam rápidas e práticas.

5.2.1 Mercado primário

A partir do IPO (*Initial Public Offering*, em inglês; Oferta Pública Inicial, em português) da empresa, as ações começam a ser negociadas, e o investidores fazem ofertas de compra e venda.

Esse movimento configura o mercado primário, que ajuda a delimitar uma relação de oferta e demanda pelos títulos e serve para capitalizar a firma e ofertar uma nova possibilidade de alocação da poupança.

5.2.2 Mercado secundário

O mercado secundário ocorre após a emissão primária. Trata-se da compra e venda de títulos entre os agentes de mercado (não há capitalização para a firma)

A regulação de mercado é feita para que seja possível negociar os ativos de forma segura e sem riscos para o investidor. O órgão responsável por essa atuação no Brasil é a CVM, a Comissão de Valores Mobiliários.

Fique ligado

Há, um mecanismo existente nas bolsas de valores do mundo todo chamado circuit breaker. Esse mecanismo é acionado caso ocorram quedas bruscas no preço dos ativos, evitando assim uma volatilidade maior. Dessa forma, o mercado fica sem negociar por um tempo e volta depois, de forma que seja possível que o mercado consiga precificar melhor os ativos.

5.3 Mercado de balcão

É o ambiente que permite a realização de operações que não estão registradas na Bolsa de Valores. Isso não quer dizer, no entanto, que não haja controle ou fiscalização sobre essas transações. O segmento depende da organização e administração de instituições participantes desse mercado.

Características:

- Inexistência de um espaço físico de negociação;
- Flexibilidade quanto aos registros das transações;
- Possibilidade de negociação de ativos que não estão habilitados para negociação em Bolsa.

5.3.1 Mercado de balcão organizado

O Mercado de Balcão organizado no Brasil se deu com a criação da SOMA (Sociedade Operadora de Mercado de Ativos – adquirida pela B3). A partir do lançamento desse sistema, títulos que eram negociados fora da Bolsa de Valores, ou seja, de forma descentralizada no balcão não organizado, começaram a ser registrados.

Isso trouxe mais segurança a quem investe, sobretudo, na transferência de ativos. Para as empresas, essa é uma forma de acessar o Mercado de Ações sem que haja necessidade de cumprir com todas as exigências e custos da Bolsa de Valores.

As negociações no Mercado de Balcão organizado são realizadas pelas corretoras de valores, distribuidoras de valores e bancos de investimento, por meio eletrônico ou telefônico.

5.3.2 Mercado de balcão não organizado

É um ambiente de negociação sem qualquer registro sobre as operações, que ainda está disponível para quem investe.

Sua principal característica é que suas transações são efetivadas entre agentes de mercado sem lançá-las em um sistema.

- Favorece a negociação de ativos que não encontram liquidez na Bolsa ou no Mercado de Balcão organizado;
- As instituições habilitadas para operar ativos no Mercado de Balcão não organizado são corretoras de valores, distribuidoras de valores e bancos de investimento;
- As negociações são feitas entre esses intermediários, por telefone;
- Como não há registro das operações, a transparência quanto aos preços e volume de transações é menor.

5.3.3 Tipos de ativos (principais)

- **Ações, debêntures e outros títulos e valores mobiliários emitidos por companhias abertas;**
- **Cotas em Fundos de Investimentos;**
- **Carteiras de investimento referenciadas em ativos negociados no balcão organizado;**
- **Outros títulos e valores mobiliários autorizados pela CVM e pelo conselho de administração da Bolsa.**

5.4 Sociedades corretoras e distribuidoras de títulos e valores mobiliários

Corretora e distribuidora de títulos e valores mobiliários são intermediadoras nos mercados financeiro, cambial e de capitais, negociando títulos, entre investidores e tomadores de recursos. São Instituições autorizadas a funcionar pelo Banco Central do Brasil e constituídas sob as formas de Sociedade Anônima ou sociedade por quotas de responsabilidade Limitada.

Tem como objetivo intermediar operações com títulos e valores mobiliários.

Fique ligado

Por exemplo: papéis de Renda Fixa, Ações, Debêntures, certificados de incentivos fiscais e, ainda, atuarem no mercado de Commodities, na compra e venda de Ouro e intermediação em Bolsa de Mercadorias.

5.4.1 Diferença entre corretoras e distribuidoras

Com a Decisão Conjunta nº 17/2009, autorizou as distribuidoras a operarem diretamente nos ambientes e sistemas de negociação dos mercados organizados de bolsa de valores, eliminou-se a principal diferença entre as corretoras e as distribuidoras de títulos e valores mobiliários, que hoje podem realizar praticamente as mesmas operações.

Até 2009 as SDTVM não podiam atuar em bolsa de valores e, quando o faziam, operavam por meio de uma Corretora de Valores

Principais atividades das corretoras e distribuidoras de títulos e valores mobiliários:

- Comprar e vender títulos e valores mobiliários por conta própria e de terceiros;
- Operar em bolsas de mercadorias e de futuros por conta própria e de terceiros;
- Intermediar a oferta pública e distribuição de títulos e valores mobiliários no mercado;
- Operar em bolsas de valores;
- Administrar carteiras e custodiar de títulos e valores mobiliários;
- Subscrever emissões de títulos e valores mobiliários no mercado;
- Exercer funções de agente fiduciário;
- Instituir, organizar e administrar fundos e clubes de investimento;
- Intermediar operações de compra e venda de moeda estrangeira, além de outras operações no mercado de câmbio;
- Praticar operações de compra e venda de metais preciosos, no mercado físico, por conta própria e de terceiros;
- Realizar operações compromissadas;
- Praticar operações de conta margem;
- Prestar serviços de intermediação e de assessoria ou assistência técnica, em operações e atividades nos mercados financeiro e de capitais.

O Conselho Monetário Nacional (CMN), por meio da Resolução nº 4.871/2020, procedeu a alteração do Regulamento anexo à Resolução nº 1.120/1986 e do Regulamento anexo à Resolução nº 1.655/1989, que disciplinam sobre a constituição, a organização e o funcionamento, respectivamente, das sociedades distribuidoras de títulos e valores mobiliários e das sociedades corretoras de títulos e valores mobiliários.

O Conselho Monetário Nacional (CMN) autorizou as sociedades corretoras e distribuidoras de títulos e valores mobiliários (SCTVM e SDTVM) a atuarem como emissoras de moeda eletrônica. Essas instituições poderão prestar o serviço de pagamento a seus clientes a desde janeiro de 2021. Com isso, as SCTVM e SDTVM deverão optar entre a manutenção das atuais contas de registro ou a utilização de contas de pagamento.

Mesmo com a mudança, os recursos mantidos nas contas que não estiverem comprometidos com a liquidação das operações em nome dos clientes deverão ser aplicados em títulos públicos federais ou mantidos como disponibilidades pelas sociedades de intermediação.

- Ao migrarem para as contas de pagamento, as corretoras e distribuidoras ofertarão mais serviços, como o pagamento de boletos;
- Além disso, os recursos mantidos em contas de pagamento constituem patrimônio separado, enquanto aos recursos nas atuais contas de registro não podem ser agregado qualquer serviço adicional;
- Se optarem por continuar com as contas de registro, as SCTVM e SDTVM deverão informar aos clientes que esses recursos não constituem patrimônio separado dos recursos próprios da instituição.

5.5 Ações

Ação representa a menor "fração" do capital social de uma empresa, ou seja, a unidade do capital nas sociedades anônimas. Quem adquire estas "frações" é chamado de acionista que vai ter uma certa participação na empresa, correspondente a quantas destas "frações" ele detiver.

5.5.1 Tipos de ações

Ordinárias (ON)

- Proporciona participação nos resultados econômicos de uma empresa;
- Garantem o direito a voto nas assembleias aos acionistas;
- Não oferece direito preferencial a dividendos;
- Empresas que abrem seu capital deverão ter no mínimo 50% de suas ações sendo do tipo ON;
- Conversibilidade em ações preferenciais.

Preferenciais (PN)

- Oferece a seu detentor prioridades no recebimento de dividendos; e/ou no caso de dissolução da empresa, reembolso de capital;
- Não concede direito a voto em assembleia;
- Podem existir em uma mesma empresa mais de um tipo de ações PN (PNA, PNB, etc.);
- Recebem 10% a mais de dividendos em relação às ordinárias;
- Caso a companhia fique 3 anos sem distribuir dividendos passa a ter direito a voto.

5.5.2 Quanto à forma (circulação)

- Nominativas: é aquela que só existe se for registrada com o nome do seu titular;
- Escriturais: Ações escriturais são aquelas que não possuem um documento individual que certifique sua existência, sendo representadas apenas por um registro em uma conta de depósito;

Ou seja, ao contrário de um título físico, as ações escriturais não demandam a emissão de um certificado.

- Ao Portador (extintas em 1990);
- Físicas (raramente hoje em dia).

5.5.3 Direitos de uma ação

Bonificações

É o recebimento livre de um número de ações entregues pela empresa de maneira proporcional à quantidade possuída pelo acionista. Consiste na incorporação de reservas de lucros e na transferência de uma conta de patrimônio líquido para capital, que pode ser feita através da emissão de novas ações ou aumento do valor nominal. Sendo assim, normalmente ocorre quando há aumento de capital na empresa.

Direito de retirada

Direito do acionista de se retirar de uma companhia, mediante o reembolso do valor de suas ações (normalmente o reembolso é com base no valor contábil da ação, que difere do valor d mercado), quando for acionista dissidente de deliberação de assembleia que aprovar determinadas matérias definidas na legislação pertinente.

Direito de subscrição

É o direito do acionista de adquirir novas ações em quantia proporcional às ações já possuídas, por um preço pré-determinado (preço de emissão) e em certo período. Com isso, o investidor permanece com o mesmo capital da empresa.

Bônus de subscrição

São de raríssima emissão. O conceito é o mesmo do direito de subscrição, ou seja, os bônus são títulos negociáveis que uma empresa emite quando há aumento de capital e dão direito à subscrição pelo preço de emissão, porém, juridicamente é diferente da subscrição e ocorre no longo prazo.

Direito de voto

Direito exercido pelo acionista nas deliberações das assembleias da companhia. Normalmente conferido aos proprietários de ações ordinárias.

Dividendos

Valor distribuído aos acionistas, em dinheiro. No Brasil, equivalente em pelo menos 25% do lucro líquido na proporção da quantidade de ações possuídas. Normalmente, é resultado dos lucros obtidos por uma empresa, no exercício corrente ou em exercícios passados. Como os dividendos correspondem a parte do lucro líquido da empresa, estão isentos do imposto de renda.

Desdobramento (*split*)

Também conhecido como split, é o aumento do número de ações possuídas pelo acionista. Não altera o valor do capital da empresa, mas modifica o valor individual das ações. Tem por objetivo dar mais liquidez às ações.

Por exemplo, se possuímos 1 ação, valendo R$ 50,00, após o desdobramento na proporção de 1:2, teremos 2 ações, valendo R$ 25,00, cada.

Grupamento (*inplit*)

Processo inverso ao split. É a condensação do capital em um número menor de ações, aumentando o valor patrimonial de cada ação. Por exemplo, em um grupamento na proporção de 10:1, cada 10 ações possuídas (normalmente de baixo valor), você terá 1 ação, aumentando o valor da ação proporcionalmente.

5.5.4 Juros sobre o capital próprio

É a remuneração do capital do acionista pela taxa de juros em dinheiro. A remuneração está sujeita à retenção de imposto de renda na fonte.

Taxas e tributações do investimento em ações:

- Caso as vendas de ações sejam inferiores a R$ 20.000,00 em um mês, ainda que se tenha obtido lucro na operação, este não será tributado no Imposto de Renda.

Ou seja: o lucro é isento.

- Para operações de maior valor, a alíquota sobre a valorização é de 15% – considerada baixa em comparação com outros investimentos em renda fixa.

5.5.5 Vantagens e desvantagens das ONs e das PNs

De acordo com a Lei das Sociedades Anônimas, os detentores minoritários de ONs têm direito a participação no "*tag along*" recebendo pelo menos 80% do valor pago ao controlador, em caso de venda da empresa (esse valor pode chegar a 100% de acordo com o estatuto dela).

As ONs, porém, são ações de maior risco. Isso porque em caso de liquidação, os acionistas ordinários são preteridos em relação tanto aos credores quanto aos acionistas prioritários.

Os acionistas PNs não possuem direito ao "*tag along*". A única maneira de alterar essa desvantagem, sem ser por definição prévia da empresa, é no caso dela não pagar seus dividendos por três anos seguidos, porque então seus acionistas preferenciais adquirem poder de voto

Após a Lei das Sociedades Anônimas, as regras mudaram para abertura de ações. Antes era possível emitir até 2/3 de ações como PN, hoje só é permitida a emissão de uma PN para cada ON. Empresas com capital aberto antes da Lei das Sociedades Anônimas ainda estão sujeitas a lei anterior.

5.6 *Commercial paper*

A Nota Promissória Comercial, conhecida internacionalmente como *commercial paper*, é um título de dívida que confere ao seu detentor um direito de crédito contra a empresa emissora.

Assim como as debêntures, é um instrumento que pode ser emitido por qualquer empresa sociedade por ações (S.A.), não financeira, de capital fechado ou aberto.

Quando emitida por empresas S.A. de capital fechado possui prazo de até 180 dias e quando emitida pelas S.A. de capital aberto possui prazo máximo de 360 dias.

Fique ligado

Lembre-se que as debêntures são títulos com praticamente as mesmas características, porém com prazos superiores a 360 dias.

Os recursos emprestados pelo investidor são pagos nos prazos, condições e garantias predeterminados na emissão da nota promissória comercial.

A remuneração pode ser pré-fixada ou pós-fixada. O mais comum é a remuneração pós-fixada, indexada ao Certificado de Depósito Interbancário (CDI) ou IPCA+juros, definidos na contratação.

Do ponto de vista das empresas, esse instrumento é interessante para o financiamento ágil do capital de giro. As empresas conseguem estruturar uma operação de captação em cerca de quinze dias.

Outra vantagem diz respeito a não incidência de IOF, o que diminui o custo da captação.

Já do ponto de vista do investidor, a taxa de retorno é normalmente maior do que a percebida nos investimentos tradicionais dos bancos.

Em relação à tributação, as notas promissórias possuem incidência de imposto de renda (IR) regressivo sobre os rendimentos auferidos.

A alíquota de IR é de 22,5% para operações com prazo de até 180 dias, 20% para operações de 181 dias até 360 dias, 17,5% para operações de 361 dias até 720 dias e 15% para operações de prazo superior a 720 dias. O imposto de renda é retido na fonte no resgate.

As notas promissórias podem ser compradas e vendidas nos mercados organizados, por meio de corretoras de valores autorizadas. Se o investidor optar pela venda do título antes do vencimento, poderá aliená-lo no mercado secundário, porém sem qualquer garantia de rentabilidade, pois estará sujeito às condições de liquidez, oferta e demanda naquele momento.

Fique ligado

O commercial paper representa um valor mobiliário, assim, a empresa deve estar registrada na Comissão de Valores Mobiliários, a CVM.

5.6.1 Empresas que não podem emitir

Não há restrição quanto ao porte.

Entretanto, não podem ser de cunho financeiro, como por exemplo:

- Bancos;
- Corretoras;
- Empresas de *leasing*;
- Sociedades distribuidoras de valores mobiliários;
- Sociedades corretoras e demais instituições financeiras.

5.6.2 Regulação

O *commercial paper* é regulamentado pela Lei nº 6.385/1976, que criou a CVM e disciplinou o mercado de capitais no Brasil.

A instrução CVM nº 566/2015, estabelece as normas e os procedimentos para emissão de *commercial papers*.

Em resumo, a instrução define os parâmetros sobre os prazos de emissão, características das informações contidas no prospecto de emissão, atuação dos agentes financeiros participantes, etc.

5.7 Debêntures

A debênture é um valor mobiliário emitido por sociedades por ações, representativo de dívida, que assegura a seus detentores o direito de crédito contra a companhia emissora. Consiste em um instrumento de captação de recursos no mercado de capitais, que as empresas utilizam para financiar seus projetos.

Ao disponibilizar seus recursos para serem utilizados pela empresa, o comprador (ou debenturista, debenturista proprietário, titular de debênture, como é chamado) faz jus a uma remuneração. A forma de correção do valor do título, ou seja, sua remuneração, é dada por uma taxa de juros, que poderá ser pré-fixada ou pós-fixada.

Têm características de emissão, remuneração, garantias e negociação secundária, similares a outros títulos de dívida, como os títulos públicos ou aqueles emitidos por instituições financeiras, como os CDBs, os RDBs, etc. As duas principais diferenças em relação aos demais títulos estão associadas a aspectos de liquidez – as debêntures são títulos de baixa liquidez em negociações secundárias – e aspectos relacionados ao prazo – seu prazo de emissão é longo, ou seja, superior a três anos, podendo chegar até 15 ou 20 anos.

Legalmente, por representar um empréstimo, a debênture é configurada por um contrato de mútuo pactuado pela companhia emissora e os compradores. Esse contrato é denominado escritura da debênture, sendo registrado em cartório e contendo todas as informações sobre direitos e obrigações das partes na operação de empréstimo.

Por se tratar de uma operação envolvendo a captação de recursos de terceiros via emissão de título, a companhia emissora deve estabelecer, na escritura da debênture, se ela tem ou não garantia. Portanto, existem debêntures emitidas com garantia e sem garantia.

As debêntures com garantias podem ser:

- Com garantia **real**: quando a empresa oferece um ou mais ativos como garantia, caso não efetue o pagamento, o ativo pode ser vendido. Neste caso, os ativos não podem ser alienados pela empresa sem a aprovação dos debenturistas. A garantia real é vinculada à debênture;
- Com garantia **flutuante**: quando a empresa oferece um ou mais ativos como garantia, porém eles podem ser alienados pela empresa sem a necessidade de aprovação pelos debenturistas. Nesse caso, outro ativo deve ser colocado como garantia em substituição ao vendido.

Com relação às debêntures emitidas sem garantia, temos:

- **Debêntures quirografárias**: aquelas cujo montante total de emissão não pode ultrapassar o valor do capital social da empresa;
- **Debêntures subordinadas:** aquelas cujo montante total de emissão não tem limite estabelecido.

No caso de a empresa possuir debêntures quirografárias e subordinadas e não honrar seus compromissos financeiros, as quirografárias têm preferência de recebimento em relação às subordinadas.

Por fim, as debêntures podem ser simples; quando preveem apenas o pagamento do principal acrescido de juros ou conversíveis; quando podem ser convertidas em ações da empresa ou de empresas coligadas, por regras definidas na escritura de emissão.

5.7.1 Conversibilidade

É a possibilidade de as debêntures serem convertidas em ações, podendo ser classificadas como:

- **Simples:** não podem ser convertidas em ações da companhia emissora;
- **Conversíveis:** possuem cláusula permitindo que sejam convertidas em ações ao término de prazo determinado ou a qualquer tempo, conforme estabelecido na escritura de emissão.

5.7.2 Principais tipos de debêntures

Há diversos modelos de debêntures no mercado brasileiro.

- **Debêntures simples:** é o modelo mais encontrado.

Possui um prazo de vencimento longo, que varia entre 2 e 10 anos, e possibilita ao investidor o direito de receber, em dinheiro, a quantia investida acrescida de juros acumulados durante o período.

- **Debêntures conversíveis:** diferente do modelo simples, após o vencimento de uma debênture conversível, o investidor consegue resgatar o valor em ações, passando de credor a acionista da empresa;
- **Debêntures permutáveis:** em vez de receber dinheiro ou ações da empresa emissora, o debenturista pode converter o valor em ações de outras companhias;
- **Debêntures incentivadas:** este modelo conta com isenção de imposto de renda, podendo proporcionar maior margem de rendimento.

É exclusivo para empresas envolvidas em projetos de infraestrutura com impactos econômicos e/ou socioambientais positivos e que, por isso, contam com o incentivo tributário.

5.7.3 Emissão

O procedimento para emissão de uma debênture é realizado nas seguintes etapas:

- Aprovação em Assembleia Geral de Acionistas ou pelo Conselho de Administração da empresa sobre a emissão de debêntures;
- Contratação de instituição financeira para coordenar o processo de oferta pública de debêntures;
- Envio da documentação sobre a emissão para o órgão regulador do mercado de capitais, no caso, a Comissão de Valores Mobiliários (CVM) para aprovação;
- Contratação de uma empresa de classificação de risco para estabelecer o *rating* (grau de risco) das debêntures;
- Divulgação da operação aos participantes do mercado de capitais pela publicação do prospecto de emissão;
- Liquidação financeira da operação e definição do agente fiduciário responsável pelos interesses dos debenturistas junto à empresa.

Após finalização do processo, as debêntures passam a fazer parte do estoque de valores mobiliários em circulação e podem ser negociadas no mercado secundário pelos investidores.

5.7.4 Taxas e impostos sobre o rendimento

Os investimentos em debêntures, em geral, envolvem as seguintes taxas: de administração, cobradas por bancos e corretoras, IOF (Imposto sobre Operações Financeiras) e Imposto de Renda. O IOF incide apenas sobre os resgates feitos antes de completar um mês, em uma alíquota regressiva que vai de 100% a 3% sobre a rentabilidade.

Já o Imposto de Renda (que, como explicamos, não é cobrado no caso das debêntures incentivadas) varia entre 22,5% e 15% sobre a rentabilidade, de acordo com o tempo de investimento, como mostrado na tabela abaixo:

Até 180 dias (6 meses)	22,5%
De 181 a 360 dias (de 6 meses a 1 ano)	20%
De 361 a 720 dias (de 1 a 2 anos)	17,5%
Acima de 721 dias (acima de 2 anos)	15%

5.7.5 Derivativos

Derivativos são um instrumento financeiro que tem o preço "derivado" do preço de um ativo, de uma taxa de referência ou até de um índice de mercado. Existem derivativos de ativos físicos, como soja, café ou outro, mas também de ativos financeiros, como ações, taxas de juros ou moedas. Quem negocia um contrato futuro de dólar, por exemplo, não opera o dólar em si, mas um contrato baseado no seu valor no mercado à vista.

São quatro os tipos mais comuns de derivativos:

- Contratos a termo;
- Contratos futuro;
- Opções;
- *Swaps*.

5.7.6 Contratos a termo

Quem compra um contrato a termo se compromete a comprar uma mercadoria ou um ativo financeiro, em uma quantidade determinada, por um preço que está estabelecido desde o momento da negociação, para liquidação em uma data no futuro (também definida desde o início). Já para quem vende um contrato a termo, o compromisso é o contrário: de vender esse mesmo ativo.

Esses instrumentos podem ser negociados na bolsa, mas também no mercado de balcão.

5.7.7 Contratos futuros

A definição de um contrato futuro é bastante parecida com a de um contrato a termo: representa o compromisso de comprar ou vender um ativo por um determinado preço em uma data no futuro. A principal diferença está no formato da liquidação. No caso dos contratos a termo, a liquidação da operação ocorre somente na data de vencimento do papel. Já no caso dos contratos futuros, existe o chamado ajuste diário.

Por conta desse mecanismo, todos os contratos futuros que os investidores mantêm são avaliados diariamente a partir de um preço de referência, chamado de preço de ajuste diário.

Com isso, na prática, as operações são ajustadas todos os dias de acordo com as expectativas do mercado para o preço futuro do ativo de referência do contrato.

O preço de ajuste diário leva em conta o preço médio das operações feitas com o papel no mercado futuro no período da tarde. A diferença — positiva ou negativa — entre os preços de ajuste diário de um pregão para o outro é apurada. E o investidor que tiver posições em aberto precisa pagar essa diferença (se ela for negativa), ou então receberá o valor na sua conta (se ela for positiva).

Outra diferença entre eles e os contratos a termo é o fato de serem negociados apenas em Bolsas.

5.7.8 Opções

As opções são o direito de comprar ou de vender um ativo por um preço fixo numa data futura. Para comprar uma opção, é preciso pagar um valor a quem vendeu — chamado de prêmio. Não se trata do preço do ativo em si, mas sim um valor pago para ter a possibilidade de comprar ou vender o ativo mais tarde.

No mercado brasileiro, as mais conhecidas são as opções sobre ações — mas podem existir opções de outros tipos também. O que há em comum é que esses ativos de referência são negociados de forma transparente em pregão.

Quem compra uma opção é chamado de titular. Ele sempre tem o direito de exercer a opção – ou seja, de comprar ou vender o ativo na data do vencimento pelo preço acordado desde o início. Porém, não é obrigado a fazer isso. Pode simplesmente escolher deixar a opção vencer, sem maiores consequências além da perda do valor que pagou como prêmio por ela.

Já o vendedor de uma opção, também chamado lançador, sempre tem a obrigação do exercício caso quem comprou deseje realizá-lo. Pense nas opções de compra de ações da Petrobras, por exemplo. Se, na data do vencimento, o titular delas quiser exercer seu direito de comprar ações da Petrobras pelo preço acordado, o lançador é obrigado a arrumar os papéis correspondentes para vender a ele.

5.7.9 Swaps

Um contrato de *swap* é um acordo em que dois investidores negociam a troca de rentabilidade entre dois ativos. Na prática, eles trocam de fluxo de caixa entre si, tendo como ponto de partida a rentabilidade de um dos ativos em comparação com a do outro. O objetivo é reduzir os riscos e aumentar a previsibilidade para quem está envolvido na operação.

Pense em um contrato de swap de ouro contra Ibovespa, principal índice de ações do mercado brasileiro. Se na data de vencimento do contrato o ouro tiver uma valorização abaixo da variação do Ibovespa, quem comprou Ibovespa e vendeu ouro receberá a diferença de rentabilidade

Já se o retorno do ouro for superior à variação do Ibovespa, ganha a diferença quem comprou ouro e vendeu Ibovespa. As negociações podem ser realizadas tanto no mercado de balcão quanto em Bolsas. No Brasil, a B3 possui um mercado de derivativos bastante desenvolvido.

5.7.10 Liquidação

A liquidação, no mercado de derivativos ela pode ocorrer de duas formas. Quando a liquidação é física, é preciso realizar a entrega do ativo em negociação na data do vencimento. É mais comum no mercado agropecuário — e mesmo nesse segmento, muitas vezes o investidor não tem interesse na soja, no milho ou no café em si.

A outra forma de liquidação é a financeira, que é feita por diferença. Nesse caso, no dia do vencimento do derivativo, é registrada uma venda para o comprador original e uma compra para o vendedor original.

O mercado de derivativos funciona principalmente:

- Para proteger financeiramente empresas ou pessoas que operam na Bolsa de Valores;
- Para especulação e alavancagem, a fim de potencializar os lucros de quem faz operações de *trading*.

5.8 Formas de negociação dos contratos

No Brasil, existem basicamente três tipos de negociação para os ativos disponíveis no mercado de capitais. São eles:

- Mercado à vista;
- Mercado a termo;
- Mercado futuro;

5.8.1 Mercado à vista

Aqui, como o próprio nome sugere, a negociação ocorre de uma vez só. Ou seja, o comprador paga pela sua aquisição no mesmo momento, de acordo com as condições de preço estabelecidas pelos vendedores no mercado. Isto é, o desembolso financeiro ocorre no mesmo momento da operação.

O mercado à vista ocorre de forma online e depende das leis de oferta e demanda. Caso exista um preço comum entre compradores e vendedores, a negociação acontece.

5.8.2 Mercado a termo

Ao contrário do mercado à vista, aqui a negociação ocorre no dia que você compra ou vende os seus papéis, mas a operação financeira ocorre apenas em data futura.

A postergação do pagamento gera uma taxa de juros, que é muito próxima da Taxa Selic, a taxa básica de juros do Brasil. No entanto, para o vendedor o risco é baixo, pois a B3 exige uma garantia da parte compradora e, em caso de eventuais problemas, garante a negociação.

O prazo de pagamento pode variar bastante, entre 16 e 999 dias. No entanto, os contratos podem ser antecipados, sem necessariamente chegar até a data de vencimento.

5.8.3 Mercado futuro

O mercado futuro, como o nome indica, representa uma negociação com ativos para a data posterior. O funcionamento é similar ao mercado a termo, mas há uma diferença importante: o comprador pode vender a sua obrigação a outro investidor ao trabalhar com contratos futuros — essa possibilidade inexiste na negociação a termo.

Ao optar pelo mercado futuro, a negociação define uma quantidade de ações, uma data futura e um valor para a realização da operação entre dois investidores. É comum, por exemplo, entre commodities. Como há uma exposição dos produtores agrícolas ao dólar, eles podem fixar a negociação do câmbio americano para evitar grandes sustos nos seus resultados.

A previsibilidade é importante — e os contratos futuros permitem isso. Vale mencionar que, no mercado futuro, não há a entrega real dos ativos envolvidos. Esses contratos são feitos para aproveitar a oscilação dos preços, que ocorre diariamente no mercado financeiro.

TERMO X FUTURO

	Mercado Futuro	Mercado a Termo
Objetivo	Proteção contra variações nos preços. Liquidação por fechamento de posição.	Proteção contra variações nos preços. Visa o recebimento / entrega do produto contratado.
Negociabilidade	Podem ser negociados antes do vencimento	Não são negociados
Responsabilidade	Câmara de Compensação	Partes Contratantes
Quantidade	Estabelecida pela Bolsa	Estabelecida pelas partes
Local Negociação	Bolsa de Futuros	Balcão - "*Over the Counter*"
Garantias	Garantias pré-definidas	Facultativo
Vencimentos	Estabelecidos pela Bolsa de Futuros	Negociado pelas partes
Participantes	Qualquer pessoa física ou jurídica	Produtores e consumidores
Ajustes	Diários	No vencimento
Var. de Preços	Diárias	Não muda o valor do contrato

6 MERCADO DE CÂMBIO

Incluem-se no mercado de câmbio brasileiro as operações relativas aos recebimentos, pagamentos e transferências do e para o exterior mediante a utilização de cartões de uso internacional e de empresas facilitadoras de pagamentos internacionais, bem como as operações referentes às transferências financeiras postais internacionais, inclusive mediante vales postais e reembolsos postais internacionais.

O BACEN é responsável por regulamentar e fiscalizar o Mercado de Câmbio.

6.1 Instituições autorizadas a atuarem no mercado de câmbio

6.1.1 Todas as operações sem restrições

- Bancos Comerciais;
- Bancos de Investimento;
- Bancos Múltiplos;
- Bancos de Câmbio;
- Caixa Econômica Federal.

6.1.2 Somente operações específicas autorizadas pelo Banco Central

- Bancos de desenvolvimento;
- Agências de fomento;
- Sociedades de crédito, financiamento e investimento – Financeira.

6.1.3 Limitados ao valor de U$ 100 mil em operações de câmbio relativo à exportação ou importação

- Sociedades corretoras de títulos e valores mobiliários – STVM;
- Sociedades distribuidoras de títulos e valores mobiliários – SDTVM;
- Sociedades corretoras de câmbio.

6.1.4 Instituições que podem operar mediante convênio com instituição autorizada

- Pessoas jurídicas em geral para negociar a realização de transferências unilaterais (Ex.: manutenção de residentes; doações; aposentadorias e pensões; indenizações e multas; e patrimônio);
- Pessoas jurídicas cadastradas no Ministério do Turismo como prestadores de serviços turísticos remunerados, para realização de operações de compra e de venda de moeda estrangeira em espécie, cheques ou cheques de viagem;
- Instituições financeiras e demais instituições autorizadas a funcionar pelo Banco Central do Brasil, não autorizadas a operar no mercado de câmbio, para realização de transferências unilaterais e compra e venda de moeda estrangeira em espécie, cheques ou cheques de viagem.

Fique ligado

Lotéricas através de convênio realizado com a CEF.

A realização desses convênios não depende de autorização do Banco Central.

A responsabilidade pelas operações de câmbio perante o Banco Central é das instituições autorizadas e o valor de cada operação de câmbio está limitado a US$ 3 mil ou seu equivalente em outras moedas.

A Empresa Brasileira de Correios e Telégrafos – ECT também é autorizada pelo Banco Central a realizar operações com vales postais internacionais, emissivos e receptivos, destinadas a atender compromissos relacionados a operações específicas definidas pelo Banco Central, observando o limite de U$ 50 mil para recebimento de exportações e importações.

Para que os Correios e as lotéricas possam operar com câmbio, terão de fazer contratos com as instituições financeiras. A autoridade monetária salienta que os clientes terão de levar um documento, no qual conste o CPF, e preencher um formulário para a aquisição dos dólares. Ao fim do processo, receberão um recibo da operação

6.1.5 Liquidação dos contratos

A liquidação de contrato de câmbio ocorre quando da entrega de ambas as moedas, nacional e estrangeira, objeto da contratação ou de títulos que as representem.

- **Liquidação pronta:** em até D + 2: A liquidação pronta é obrigatória nos seguintes casos:
  - Operações de câmbio simplificado de exportação ou de importação;
  - Compras ou vendas de moeda estrangeira em espécie ou em cheques de viagem;
  - Compra ou venda de ouro – instrumento cambial.
- **Liquidação Futura:** a operação de câmbio (compra ou venda) para liquidação futura é a operação a ser liquidada em prazo superior a dois dias úteis e conforme limites estabelecidos pela regulamentação cambial.

6.2 Mercado primário x mercado secundário

- **Primário**: a operação de mercado primário implica entrada ou saída efetiva de moeda estrangeira do País. Esse é o caso das operações realizadas com exportadores, importadores, viajantes, etc.
- **Secundário**: também denominado mercado interbancário, a moeda estrangeira é negociada entre as instituições integrantes do sistema financeiro e simplesmente migra do ativo de uma instituição autorizada a operar no mercado de câmbio para o de outra, igualmente autorizada.

6.3 Regimes cambiais

O câmbio é uma operação financeira caracterizada pela troca da moeda de um país pela moeda de um outro. É um elemento do sistema monetário internacional, com o objetivo de facilitar as transações entre países.

6.3.1 Câmbio fixo

Como o nome sugere, trata-se de um regime cambial que define um valor fixo para a moeda. Ou seja, o governo estabelece que o câmbio estará ancorado a uma moeda estrangeira e que existirá uma paridade pré-estabelecida.

Vantagem:

- Previsibilidade: uma taxa de câmbio fixa fornece estabilidade cambial (por isso, é considerada como uma medida anti-inflacionária). Como os investidores estrangeiros sabem quanto vale a moeda, os negócios do país tendem a tornarem-se atraentes;
- Dessa maneira, os investidores não precisam preocupar-se em proteger-se de oscilações violentas no valor da moeda, pois estão protegendo seu risco cambial.

Desvantagem: BC arca com ônus da manutenção da paridade.

6.3.2 Câmbio flutuante

O câmbio flutuante é determinado através da relação entre oferta e demanda, isto é, o governo deixa as moedas oscilarem livremente – podendo fazer, quando necessário, pequenas intervenções pontuais (comprando ou vendendo papel/moeda). É o tipo de política cambial adotado atualmente pelo nosso país.

Perceba que diferentemente do câmbio fixo e da banda cambial, o câmbio flutuante é o regime cambial que mais reflete a realidade do valor de uma moeda, uma vez que ele não trata de um valor artificial. Como o governo interfere muito pouco nas variações da moeda, toda vez que o câmbio dispara, ele toma outras medidas para controle inflacionário (como mudanças na taxa Selic), não havendo a necessidade de intervenção no câmbio artificialmente.

Vantagem: dentre os pontos positivos está o fato de que o governo não precisa gastar reservas para manter as cotações. Isto é, ele não precisa artificializar a diferença cambial.

Desvantagem: imprevisibilidade:

Como neste tipo de regime cambial as moedas mudam de valor diariamente, o câmbio flutuante traz um certo elemento de incerteza no comércio, o que pode ser um aspecto negativo. Além disso, como desvantagem temos ainda que taxas de câmbio flutuantes são altamente voláteis.

6.4 Banda cambial

A banda cambial é o regime cambial no qual a autoridade monetária do país (no Brasil é o Banco Central) define os limites de flutuação da moeda. Assim como no câmbio fixo, a banda cambial também é um instrumento artificial de câmbio.

Toda vez que as taxas de câmbio saírem dos limites de valor mínimo e máximo estabelecidos, o Banco Central precisa intervir. Nesse caso, sua atuação será a de comprar ou vender a moeda estrangeira.

Por exemplo, suponha que o Bacen tenha determinado que os limites mínimos e máximos de variação do dólar sejam, respectivamente, de R$ 3,70 e R$ 4,10. Sempre que o valor da moeda chegar a R$ 3,70, o Banco Central terá que comprar dólares para que o preço não caia. Por outro lado, quando a moeda atingir o valor máximo, o Bacen terá que vendê-la.

Isso significa que o governo terá que gastar ou aumentar a reserva internacional a fim de atender às oscilações mínima e máxima definidas.

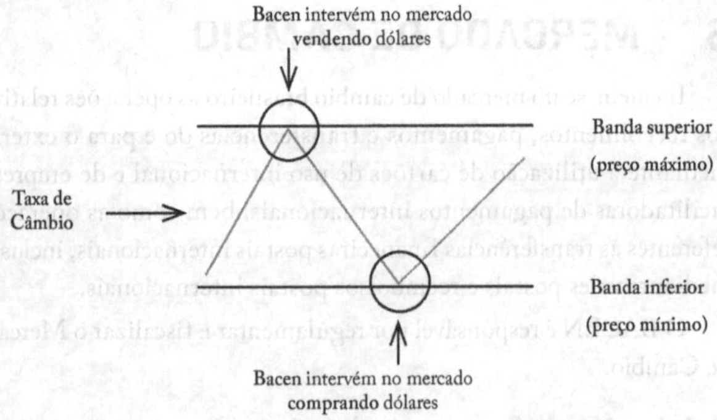

6.4.1 Vantagem

Como na banda cambial os limites de variação da moeda são previamente definidos, uma de suas vantagens é a previsibilidade da medida ao mercado financeiro. Além disso, as oscilações da moeda são periodicamente revistas conforme a situação econômica interna e externa.

6.4.2 Desvantagem

Como ponto negativo deste aspecto cambial está o fato de que a medida é artificial, o que significa que pode significar prejuízos a alguns agentes econômicos.

6.5 Câmbio

O câmbio é uma operação financeira caracterizada pela troca da moeda de um país pela moeda de um outro. É um elemento do sistema monetário internacional, com o objetivo de facilitar as transações entre países.

6.5.1 Taxa de câmbio nominal

É aquela expressa em moeda corrente, sem levar em consideração o fenômeno da inflação.

6.5.2 Taxa de câmbio real

No cômputo da taxa de câmbio real, temos de levar em conta tanto a inflação interna quanto a inflação externa, isto é, a inflação do país cuja moeda estamos considerando no cálculo da taxa de câmbio (inflação dos Estados Unidos, se estivermos calculando a taxa de câmbio da moeda doméstica em relação ao dólar americano).

Julga-se mais correto considerar a taxa de câmbio em seu conceito real.

Logo, podemos definir a taxa de câmbio real como:

$$E = \frac{e \cdot P^*}{P}$$

Onde:

E = taxa de câmbio real
e = taxa de câmbio nominal
P* = índice de preços do país estrangeiro
P = índice de preços no mercado nacional

Taxa de Câmbio	
Cotação do Incerto	Cotação do Certo
Método direto	Método indireto
Brasil (Real)	Euro Dólar
Cotação do Incerto: A taxa de câmbio é o preço da moeda estrangeira, expresso em moeda nacional	
Cotação do Certo: A taxa de câmbio é o preço da moeda nacional expresso em moeda estrangeira	

6.5.3 Impactos do câmbio apreciado

Câmbio apreciado

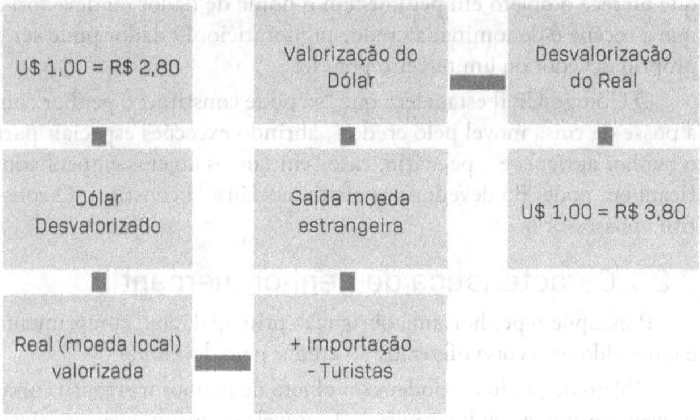

Câmbio depreciado

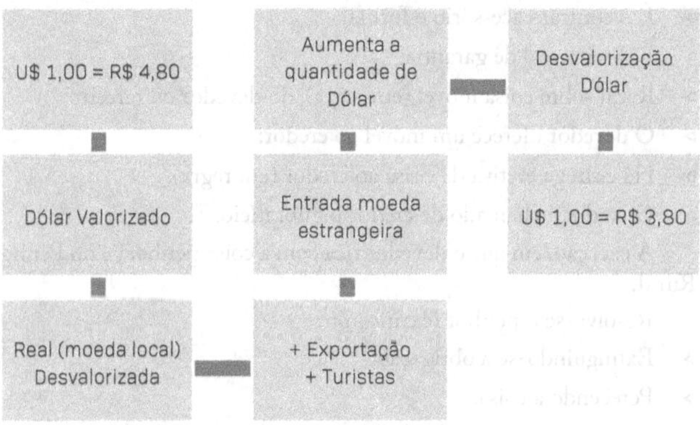

Aumento da taxa real de câmbio	Diminuição da taxa real de câmbio
Desvalorização real da moeda nacional	Valorização real da moeda nacional
Os produtos nacionais ficam mais baratos	Os produtos nacionais ficam mais caros
As expostações aumentam	As expostações diminuem
Os produtos estrangeiros ficam mais caros	Os produtos estrangeiros ficam mais baratos
As importações diminuem	As importações aumentam
O saldo da balança comercial aumenta	O saldo da balança comercial diminui

6.6 Diferencial de juros

A diferença entre a taxa interna e externa (ajustada ao risco) determinam a razão entre a taxa de câmbio vigente atualmente nos mercados à vista (spot) e a termo (para entrega no futuro, o chamado mercado futuro). Hoje, os países desenvolvidos são considerados financeiramente integrados. A integração financeira, entretanto, só foi obtida nas últimas décadas.

Para os mercados emergentes, as restrições aos fluxos internacionais de capitais só começaram a ser retiradas no início da década de 1990. Entretanto, apesar da crescente integração financeira, não se pode dizer que haja entre esses países uma perfeita mobilidade de capitais.

6.7 Prêmio de risco

É um valor adicional de retorno, calculado pela diferença entre os rendimentos de títulos públicos de um país e os rendimentos de outro investimento mais seguro.

6.8 Fluxo de capitais e seus impactos sobre as taxas de câmbio

Via de regra e considerando um mercado livre de capitais, quando há juros internos>juros externos – ajustado, pelo prêmio de risco – observamos entrada líquida de divisas, temos, então, as seguintes consequências:

- US$ entrada>saída
- US$ O>D
- Desvalorização do dólar
- Valorização do real
- Reduz exportações
- Aumenta importações
- Ajuda a controlar a inflação

— Ceteris Paribus

Via de regra e considerando um mercado livre de capitais, quando há juros internos<juros externos – ajustado, pelo prêmio de risco – observamos saída líquida de divisas, temos, então, as seguintes consequências:

- US$ entrada<saída
- US$ O<D
- Valorização do dólar
- Desvalorização do real
- Aumenta exportações
- Reduz importações
- Ajuda a aumentar o produto
- Redução do desemprego

— Ceteris Paribus

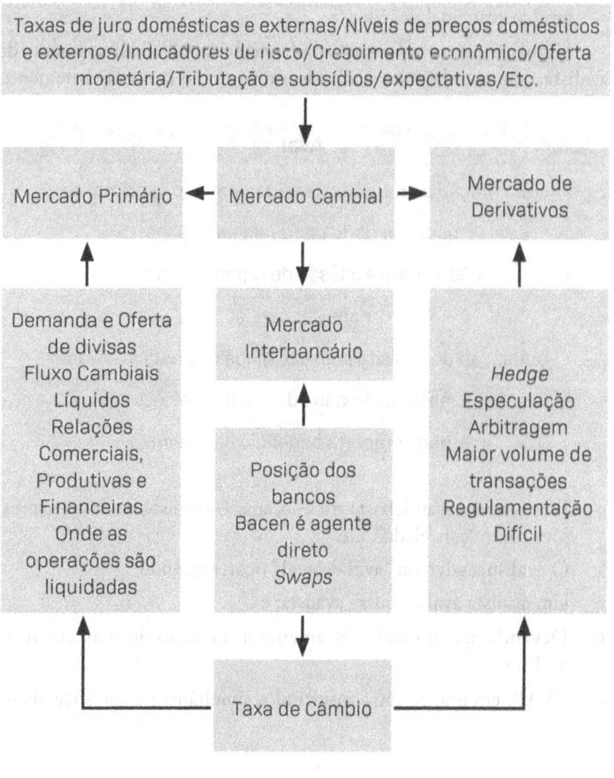

7 GARANTIAS DO SISTEMA FINANCEIRO NACIONAL

7.1 Aval

Aval é a declaração cambial por meio da qual uma pessoa (avalista), se torna responsável pelo pagamento de um título de crédito nas mesmas condições de seu avalizado. Dito de outra forma o aval por conceito é uma garantia pessoal autônoma e solidária (independente) destinada a garantir títulos de crédito.

Exige a outorga conjugal, exceto para o regime de casamento de separação total de bens, conforme disposto no art. nº 1.647, III, do Código Civil.

De acordo com o parágrafo único do art. 897 do Código Civil, é vedado o aval parcial exceto se for previsto na legislação especial, como ocorre com o cheque, a nota promissória e a letra de câmbio.

A Lei nº 7.357/1985 (Lei do Cheque), em seu art. 29, menciona que: *O pagamento do cheque pode ser garantido, no todo ou em parte, por aval prestado por terceiro, exceto o sacado, ou mesmo por signatário do título.* O avalista responde pelo total da dívida aí compreendido o principal mais os acréscimos legais (juros, correção monetária, etc..).

Em se tratando de aval em título, é suficiente a simples assinatura do avalista que pode ser dado no verso ou no anverso do próprio título (art. 898 do Código Civil).

Fique ligado
Para todos os efeitos considera-se não escrito o aval cancelado.

No caso de o avalista honrar com o pagamento do título, tem o avalista ação de regresso contra o seu avalizado e demais coobrigados anteriores (§ 1º do art. 899 do Código Civil).

> ***Art. 898.*** *O aval deve ser dado no verso ou no anverso do próprio título.*

- Também no aval, a garantia de cumprimento de uma obrigação baseia-se na confiança do avalista;
- O aval só é prestado em títulos de crédito, onde o avalista é sempre um "co-principal devedor ";

Significa que o credor tanto poderá cobrar o título diretamente do avalista, como também do avalizado, ou de ambos concomitantemente.

Aval
Tem função de garantia de pagamento no vencimento
pode ser dado por qualquer pessoa
não admite exclusão de reponsabilidade
pode ser parcial
obrigação do avalista subsiste ainda que nula avalizada
avalista que paga adquire direito novo
não comporta benefício de ordem

- Para cancelar o aval, basta riscá-lo, apagá-lo ou sobrescrever expressões como "cancelado", etc.

O aval sucessivo ou "aval de aval" ocorre quando:

- Um avalista avaliza outro avalista; e
- Devendo ser indicada claramente a intenção de avalizar outro avalista.
- AVAIS em branco são considerados simultâneos e não sucessivos.

7.2 Penhor mercantil

É o contrato segundo o qual uma pessoa dá a outra coisa móvel em segurança e garantia do cumprimento de obrigação comercial. A pessoa que oferece o objeto em penhor tem o nome de dador ou devedor; a que a recebe é denominada credor pignoratício. O dador pode ser o próprio devedor ou um terceiro por ele.

O Código Civil estabelece que "só pode constituir o penhor com a posse da coisa móvel pelo credor", abrindo exceções especiais para o penhor agrícola e o pecuário, casos em que os objetos empenhados ficam em poder do devedor por efeito da cláusula constitui. O constituo possessório.

7.2.1 Característica do penhor mercantil

Pressupõe o penhor uma obrigação principal, cujo cumprimento é garantido pela coisa oferecida ao credor pelo devedor.

Objeto do penhor – podem ser objeto de penhor mercantil coisas móveis, corpóreas ou incorpóreas, fungíveis ou infungíveis, passíveis de alienação.

No que diz respeito ao penhor podemos resumir assim:

- É o contrato acessório e formal;
- É direito real de garantia;
- Recai sobre coisa móvel (em regra), do devedor ou terceiro;
- O devedor oferece um móvel ao credor;
- Há entrega efetiva da coisa ao credor (em regra);
- O credor é chamado de credor pignoratício.

A exceção, em que o devedor fica com a coisa penhora é no Penhor Rural.

Resolve-se o penhor (extinção):

- Extinguindo-se a obrigação;
- Perecendo a coisa;
- Renunciando o credor;
- Dando-se a adjudicação judicial, a remissão ou a venda
- Amigável do penhor, se a permitir expressamente o contrato, ou for autorizada pelo devedor, ou pelo credor;
- Confundindo-se na mesma pessoa as qualidades de credor e dono da coisa;
- Dando-se a adjudicação judicial, a remissão ou a venda
- Do penhor, autorizada pelo credor.

7.3 Fiança

É um contrato por meio do qual alguém, chamado fiador, garante o cumprimento da obrigação (contrato) do devedor. É um contrato acessório, sendo constituído de forma subordinada à existência de um contrato principal. Só existe até o limite estabelecido e somente pode ser cobrado caso o devedor não pague a dívida afiançada.

Na fiança há três figuras distintas:

- Fiador – aquele que se obriga a cumprir a obrigação, caso o devedor não o faça;
- Afiançado – é o devedor principal da obrigação originária da fiança;
- Beneficiário – o credor.

Quando o fiador for pessoa física casada, a fiança só é válida com a participação dos dois cônjuges.

- Trata-se de garantia acessória. É uma obrigação subsidiária, pois, devido ao seu caráter acessório, o fiador só se obrigará se o devedor principal ou afiançado não cumprir a prestação devida, a menos que se tenha estipulado solidariedade;
- É dado somente em contratos – nunca em cambiais. É retratável, ou seja, o fiador poderá exonerar-se da obrigação a todo tempo se a fiança tiver duração ilimitada, mas ficará obrigado por todos os efeitos da fiança, anteriores ao ato amigável ou à sentença que o exonerar;

- É nula sem outorga do cônjuge (ou consorte). O credor pode exigir outro fiador em caso de morte do primeiro;
- O contrato entre credor e fiador e prescinde da presença do devedor; nem depende da aceitação do devedor. Goza do "benefício de ordem", ou seja, antes de ser cobrada a dívida do fiador, deve ser cobrada do devedor.

A fiança possui as seguintes características:

- Fiança conjunta – quando prestada conjuntamente por mais de uma pessoa em garantia de um só débito;
- Fiança comum – é a normal, gozando de todas as regalias da fiança
- Fiança solidária – é aquela em que o fiador abre mão de alguns benefícios, como o benefício de ordem, da subsidiariedade etc.;
- Fiança excessiva – é aquela cujo débito real é menor que o valor afiançado. Ela se restringe ao valor do débito real;
- Fiança geral – é aquela que abrange o principal mais acessórios;
- Fiança limitada – garante até o limite avençado;
- Se a fiança for dada para uma parte do débito, não se estenderá ao restante;
- Fiança legal – oriunda da lei. Ex.: aquela exigida para que o tutor possa exercer a Função;
- A fiança é retratável, desde que por escrito e antes de qualquer vencimento da obrigação ou execução;
- Sub-fiança é a fiança que garante outra fiança;
- A fiança poderá ser tanto por prazo determinado (normal) como por prazo indeterminado – exceção (deve ser expresso).
- SE o fiador se tornar insolvente ou incapaz, poderá o credor exigir que seja substituído.

Fiança
É de Direito Comum
Ato jurídico unilateral
Qualquer tipo de crédito
Obrigação líquida ou ilíquida
Pode ser dada por meio de instrumento à parte (carta de...)
É obrigação perante pessoa determinada
É uma garantia acessória e segue a sorte do principal
Nula a obrigação principal, nula a fiança
fiador que paga, sub-roga-se nos direitos do afiançador
comporta benefício de ordem

Fique ligado
Garantias reais - aquelas em que o cumprimento de determinada obrigação é garantido por meio de um bem móvel (Ex.: penhor), imóvel (Ex.: hipoteca) ou anticrese; Garantias fidejussórias são aquelas prestadas por pessoas, e não por bens. No caso de descumprimento de determinada obrigação, a satisfação do débito será garantida por uma terceira pessoa.

7.4 Alienação fiduciária

Alienação fiduciária se trata da transferência de bens como garantia para realizar o pagamento de uma dívida, a partir de um acordo estabelecido entre o credor e o devedor. Quando colocada em prática a alienação fiduciária o credor toma para si o bem acordado como garantia, por vias jurídicas. A alienação Fiduciária faz com que o credor tenha maior segurança com relação ao pagamento do devedor.

No Brasil esse tipo de transação é comum como meio para financiar um veículo. Quando vai financiar um veículo o cliente assina um contrato com o banco ou financiadora, ele coloca como garantia o próprio veículo e passa a ter dívidas com essa instituição.

Segundo os trâmites do contrato, o carro se torna propriedade do cliente apenas quando o veículo é totalmente quitado. Até que a última parcela seja paga, o veículo é propriedade do banco ou financeira, podendo ocorrer assim a busca e apreensão, em caso de atraso de parcela.

Quando feita uma alienação fiduciária e o devedor não cumpre com suas obrigações, o credor pode tomar para si o bem alienado, porém não pode ficar com o bem, deve vende-lo ou leiloa-lo para que a operação seja finalizada. E a finalidade principal é garantir o pagamento do devedor.

7.4.1 Resumo

Consiste a alienação fiduciária em garantia na operação em que, recebendo alguém financiamento para aquisição de bem móvel durável, ou imóvel (Lei nº 9.514/1997), aliena esse bem ao financiador, em garantia do pagamento da dívida contraída.

Características

- É um contrato acessório e formal;
- Recai sobre bens móveis ou imóveis, o mútuo, ou o parcelamento de débitos previdenciários;
- Garantia real sui generis, porque não exerce sobre coisa alheia, mas sobre coisa própria, ou seja, o bem garantidor é do próprio credor (propriedade limitada);
- Trata se de uma propriedade limitada, que só serve para os fins previstos na lei; e resolúvel, pois retorna automaticamente para o devedor fiduciante, no momento em que for paga a última prestação;
- Caso não haja a satisfação da dívida no prazo contratual, abrem-se ao credor as seguintes alternativas:
- Venda extrajudicial – promovida pelo credor fiduciário, independentemente de o bem estar em sua posse direta;
- Ação de busca e apreensão – pela qual o credor fiduciário visa obter a posse direta do bem para vende-lo, movida contra o devedor fiduciário ou contra quem quer que detenha a coisa;
- Ação de execução – para penhora e alienação judicial de bens do devedor fiduciante, não incluído nestas o bem dado em garantia fiduciária por pertencer ao credor;
- Ação de depósito – para obter a restituição do bem, sob pena de prisão do depositário (infiel depositário), não sendo entregue a coisa ou seu equivalente em dinheiro.

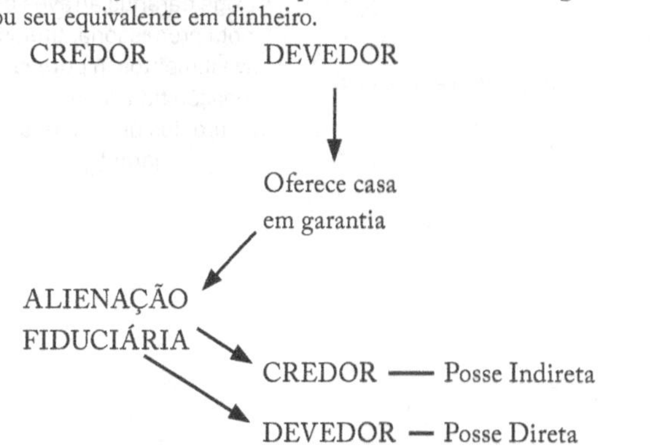

7.5 Hipoteca

É o direito real de garantia que recai sobre os bens imóveis, devendo especificar os bens sobre que incidir a ser registrado no registro de imóveis, para que valha contra terceiros que, eventualmente, pretendam adquirir o imóvel.

Conforme disposição do art. 1.473 do Código Civil, podem ser objeto de hipoteca:

I - Os imóveis e os acessórios dos imóveis conjuntamente com eles;

II - O domínio direto;

III - O domínio útil;

IV. As estradas de ferro;

V - Os recursos naturais a que se refere o art. 1.230, independentemente do solo onde se acham;

VI - Os navios; e

VII - As aeronaves.

O proprietário do imóvel hipotecado pode constituir outra hipoteca sobre ele, mediante novo título, em favor do mesmo ou de outro credor. Salvo o caso de insolvência do devedor, o credor da segunda hipoteca, embora vencida, não poderá executar o imóvel antes de vencida a primeira.

7.6 Fiança bancária

Trata-se da fiança prestada por pessoa jurídica, no caso, uma instituição financeira, é um contrato por meio do qual o banco (fiador) garante o cumprimento da obrigação de seu cliente (o afiançado), junto a um credor em favor do qual a obrigação deve ser cumprida.

As Cartas de Fiança Bancária têm prazo determinado de vigência e, para sua concessão, os bancos exigem garantias (nota promissória, caução de títulos de renda fixa ou de duplicatas).

A carta de fiança, é o documento que, conforme o art. 819 do Código Civil, comprova essa garantia dada pela instituição. Nesse sentido, o instrumento pode ser utilizado em contratos para os quais seja exigida uma segurança, mas também em execuções judiciais, tal qual no cumprimento de uma sentença condenatória em uma ação de responsabilidade civil.

Além disso, é previsto na Lei de Execuções Fiscais, podendo garantir o pagamento de débitos.

	Fiança Bancária
Partes Envolvidas	Banco (fiador) + Afinanciado (contratado) + Credor (contratante)
Como funciona no caso de descumprimento de contrato	O fiador não tenta negociar a execução do contrato, apenas arca com os custos envolvidos
Prazos de vigência	A carta de fiança normalmente é adquirida por 360 dias, podendo haver possibilidade de renovação
Garantias para emissão	Exige garantia através de nota promissória, títulos, investimentos, hipoteca ou alienação fiduciária, além de seguro dos bens dados em garantia

8 PRODUTOS E SERVIÇOS BANCÁRIOS: PROGRAMAS SOCIAIS E BENEFÍCIOS DO TRABALHADOR

8.1 PETI

O Programa de Erradicação do Trabalho Infantil (PETI), é um programa de transferência direta de renda, que tem como objetivo proteger crianças e adolescentes, menores de 16 anos, contra qualquer forma de trabalho, garantindo que frequentem a escola e atividades socioeducativas.

Para isso, o programa oferece auxílio financeiro, pago mensalmente pela CAIXA, à mãe ou responsável legal do menor. O PETI é destinado a famílias onde foi verificada a existência de crianças e adolescentes de até 16 anos trabalhando.

Fique ligado

Trabalho Infantil

Segundo o Plano Nacional de Prevenção e Erradicação do Trabalho Infantil e Proteção ao Trabalhador Adolescente, são consideradas trabalho infantil as diversas atividades econômicas ou atividades de sobrevivência realizadas por crianças ou adolescentes em idade inferior a 16 anos, exceto na condição de aprendiz, a partir dos 14 anos, sejam elas remuneradas ou não, com ou sem finalidade de lucro.

- Além de pagar mensalmente um auxílio em dinheiro, o programa oferece ações socioeducativas e promove a manutenção da criança na escola;
- A CAIXA atua como agente operador do programa PETI e a origem dos recursos para pagamento é da União.

8.1.1 Inscrição

- Pode ser feita pela própria família, caso possua um ou mais filhos com idade inferior a 16 anos que esteja em situação de trabalho infantil, exceto o jovem aprendiz;
- É preciso, ainda, que a família receba, no máximo, até meio salário mínimo vigente por pessoa.

8.1.2 Valores

- O valor da bolsa paga às famílias variam de acordo com a região de residência e a quantidade de habitantes do município;

  Sendo assim:
- Quem reside em área rural ou urbana em município com menos de 250 mil habitantes, o benefício é de R$25 por criança;
- Quem reside em área urbana, seja município, capital ou região metropolitana, com mais de 250 mil habitantes, o valor é de R$40 por criança.

As famílias podem permanecer recebendo a bolsa PETI por, no máximo, quatro anos, contados a partir da data de inserção em programas e projetos de geração de renda e trabalho.

Além disso, a permanência no Programa de Erradicação do Trabalho Infantil está sujeita ao cumprimento dos seguintes critérios:

- Todos os filhos menores de 16 anos devem ser retirados de atividades laborais;
- A família deve participar das atividades socioeducativas e programas de qualificação profissional e geração de trabalho;
- As crianças e adolescentes devem ter, pelo menos, 85% de frequência na escola, bem como participar das atividades da jornada ampliada.

8.2 FIES

O Novo FIES foi instituído pela Lei nº 13.530/2017, para concessão de financiamento à estudantes de cursos superiores, não gratuitos, e com avaliação positiva nos processos conduzidos pelo Ministério da Educação, custeados pelo Fundo de Financiamento Estudantil.

A CAIXA atua no Novo FIES como agente único, responsável pelos papéis de Agente Operador, Agente Financeiro e Gestor de Fundos Garantidores. O Novo FIES possibilita juros zero a quem mais precisa e uma escala de financiamento que varia conforme a renda familiar do candidato.

O programa foi dividido em três diferentes modalidades. A modalidade I, direcionada aos que possuem renda de até 03 salários mínimos, será operada com exclusividade pela CAIXA.

8.2.1 Juros e tarifas

- Para quem possui renda familiar de até 1,5 salários mínimos, poderá ter direito a juros zero;
- Prazo de carência: na modalidade I do Novo FIES, o financiamento será pago após o término do curso, respeitando o limite da renda do beneficiário.

8.3 Seguro defeso (ou pescador artesanal)

O seguro-desemprego do pescador artesanal é uma assistência financeira temporária concedida aos pescadores profissionais artesanais que, durante o período de defeso (aquele em que os animais protegidos normalmente se reproduzem), são obrigados a paralisar a atividade para preservação da espécie e sustentabilidade da atividade pesqueira na região.

Para ter direito, o trabalhador deve comprovar que exerce a pesca, do pescado protegido, de maneira ininterrupta, seja sozinho ou em regime de economia familiar.

O pescador que preencher os seguintes requisitos:

- Exercer esta atividade de forma ininterrupta (individualmente ou em regime de economia familiar);
- Ter registro ativo há pelo menos um ano no Registro Geral de Pesca (RGP), do Ministério da Agricultura, Pecuária e Abastecimento (MAPA), na condição de pescador profissional artesanal;
- Ser segurado especial, na categoria de pescador profissional artesanal;
- Comercializar a sua produção à pessoa física ou jurídica, comprovando contribuição previdenciária, nos últimos 12 meses imediatamente anteriores ao requerimento do benefício ou desde o último período de defeso até o início do período atual, o que for menor;
- Não estar em gozo de nenhum benefício de prestação continuada da Assistência Social ou da Previdência Social, exceto auxílio-acidente e pensão por morte; e
- Não ter vínculo de emprego ou outra relação de trabalho ou fonte de renda diversa da decorrente da atividade pesqueira.

Fique ligado

No ato da concessão do benefício, o crédito será gerado automaticamente e disponibilizado na Caixa Econômica Federal.

8.4 Bolsa família

É um programa de transferência direta de renda, direcionado às famílias em situação de pobreza e de extrema pobreza em todo o País, de modo que consigam superar a situação de vulnerabilidade e pobreza.

O programa busca garantir a essas famílias o direito à alimentação e o acesso à educação e à saúde.

A CAIXA atua como agente operador do programa Bolsa Família, e a origem dos recursos para pagamento é da União.

8.4.1 Objetivos do programa

- Combater a fome e promover a segurança alimentar e nutricional;
- Combater a pobreza e outras formas de privação das famílias;
- Promover o acesso à rede de serviços públicos, em especial, saúde, educação, segurança alimentar e assistência social.

O programa teve reajustes e em 2023 passou a transferir no mínimo R$600 mensais para cada grupo familiar. Há também adicionais, conforme a formação da família, o que pode elevar a até R$900 o valor por beneficiário. O Bolsa Família agora prevê estes acréscimos:

- R$150 por criança de até 6 anos;
- R$50 por criança ou adolescente entre 7 e 18 anos incompletos;
- R$50 por gestante.

8.4.2 Quem tem direito ao bolsa família 2023

- Quem já recebia o antigo Auxílio Brasil automaticamente faz parte do Bolsa Família 2023 – se ainda estiver dentro das condições do programa;
- Para ter direito ao benefício, é preciso estar inscrito no Cadastro Único e ter renda de até R$218 por pessoa da família.

8.4.3 Contrapartidas

- As crianças e os adolescentes entre 6 e 17 anos devem frequentar a escola;
- Acompanhamento da saúde de gestantes e mulheres que estiverem amamentando;
- As crianças devem ter a vacinação em dia.

8.5 Cartão do cidadão

O Cartão do Cidadão facilita o acesso aos serviços dos benefícios sociais e trabalhistas e pode ser usado em todos os canais de pagamento autorizados pela CAIXA, presentes pelo país.

8.5.1 Quem tem direito?

O Cartão do Cidadão é para aquele, que possui benefícios trabalhistas e/ou sociais disponíveis para saque, como FGTS, Abono Salarial, Seguro-Desemprego e Bolsa Família, e não possui conta na CAIXA.

Se o cidadão possui conta individual, como Poupança e/ou Conta Corrente, na CAIXA, poderá ter seu benefício creditado diretamente na conta, não sendo necessária a emissão do Cartão do Cidadão.

Fique ligado

A emissão do Cartão do Cidadão está condicionada à existência de benefícios disponíveis.

8.6 Cartões de débito

Os cartões de débito são emitidos por instituições bancárias, a fim de permitir a movimentação da conta corrente a partir da realização de operações de compra (débitos).

8.6.1 Vantagens

- Reduzem os custos operacionais dos bancos;
- Garantem o recebimento de recursos ao fornecedor dos bens transacionados, pois as compras com cartão de débito são autorizadas mediante a existência de fundos na conta do consumidor;
- Crédito na conta do vendedor geralmente no dia útil seguinte à data da compra.

A emissão de cartão de débito é considerada serviço essencial, portanto, não pode haver cobrança de tarifa para que o cartão de débito seja emitido.

8.7 Cartão de crédito

É um meio de pagamento, utilizado em compras a crédito.

Sua principal característica possibilita comprar agora, através de cartão eletrônico, e pagar no futuro através de um boleto bancário.

- Em geral, a empresa emissora do cartão se associa a um banco ou outra instituição financeira, responsável pelo financiamento do crédito aberto para os titulares dos cartões;
- Outra característica relevante do cartão de crédito é a possibilidade de contratação de um limite de crédito;
- À medida que o consumidor vai efetuando compras, o limite disponível se reduz; à medida que o cliente vai liquidando as dívidas, o limite se recompõe, possibilitando novas aquisições;
- Quando a dívida é extinta, o detentor do cartão volta a ter o limite inicial total, podendo utilizar sempre que desejar.

8.7.1 Modalidades de cartão: básica e diferenciado

- O cartão de crédito básico está associado exclusivamente ao pagamento de compras, contas ou serviços;
- O preço da anuidade para sua utilização deve ser o menor preço cobrado pela emissora entre todos os cartões por ela oferecidos;
- As instituições financeiras estão obrigadas a oferecer o cartão básico, que pode ser nacional e/ou internacional;
- Esse cartão não pode ser associado a programas de benefícios e/ ou recompensas;
- Já o cartão diferenciado é modalidade que permite a vinculação com determinado programa de recompensas ou benefícios.

As instituições financeiras emissoras estão autorizadas pelo Banco Central a cobrar as seguintes tarifas sobre os cartões de crédito básicos e diferenciados:

- Anuidade;
- Para emissão de 2ª via do cartão;
- Para retirada em espécie na função saque;
- No uso do cartão para pagamento de contas; e
- No caso de pedido de avaliação emergencial do limite de crédito.

Fique ligado

A fatura do cartão de crédito pode ou não ser totalmente quitada.

8.7.2 Rotativo e juros

Instituições são proibidas de praticar duas taxas diferentes e terão que cobrar os juros do rotativo regular, tanto para o cliente que pagou o mínimo da fatura quanto para aquele que não pagou nada.

- No caso dos inadimplentes (que pagaram menos que o mínimo ou não pagaram a fatura), as instituições vão poder cobrar multa (2%, paga uma única vez) e juros de mora (limitado a 1% ao mês);
- Os clientes só podem pagar o valor mínimo da fatura e usar o rotativo por um mês;
- No mês seguinte, são obrigados a pagar a fatura total, ou seja, não podem continuar pagando apenas o valor mínimo;
- No caso das pessoas que não conseguem quitar o valor total após entrarem no rotativo, os bancos são obrigados a parcelar o valor em uma linha de crédito diferente do cartão, com juros mais baixos.

8.7.3 Agentes

- A empresa emissora que, concedendo-o ao comprador e pagando o fornecedor, realiza o intermédio da operação e facilita a compra e venda;
- O titular do crédito (consumidor, titular do cartão) pessoa credenciada pela empresa emissora, mediante o pagamento de taxa anual, que adquire bens ou serviços do fornecedor; e
- O fornecedor que, filiado à empresa emissora, vende produtos ou mercadorias, ou presta serviços ao usuário, recebendo daquela o respectivo valor".

A empresa emissora (administradora) emite, em favor do consumidor, um cartão de crédito que lhe permite pagar suas contas numa rede de estabelecimentos afiliados.

O pagamento ao fornecedor, realizado pela instituição emissora, pode ser feito antes ou depois do pagamento da fatura do cartão pelo consumidor.

8.8 Crédito direto ao consumidor

O Crédito Direto ao Consumidor (CDC) é um tipo de financiamento conferido ao consumidor para a aquisição de bens duráveis, de serviços, ou mesmo sem um propósito específico.

Em regra, esse financiamento é oferecido por bancos, por financeiras e por lojas de departamento os quais emprestam valores para o consumo de itens que não contam com financiamentos específicos. Esse é o caso de eletrodomésticos e de veículos.

8.8.1 Incidência

- Juros;
- IOF (Imposto sobre Operações Financeiras).

Assim, em razão dos juros, das possíveis taxas de financiamento e do IOF o valor pago pelo empréstimo será maior do que o valor do bem financiado.

8.9 Crédito rural

O crédito rural financia o custeio de despesas normais dos ciclos produtivos, investimento em bens ou serviços, comercialização e industrialização.

Fique ligado

Todos os anos, os bancos têm que destinar 30% dos depósitos à vista, 60% dos depósitos em poupança rural e 35% das captações com LCA para aplicar em operações de crédito rural.

O Conselho Monetário Nacional (CMN) estabelece subdirecionamentos para cada segmento rural de acordo com o perfil do produtor.

Visa a aumentar a produtividade dos recursos à vista no setor e gerar renda na agricultura familiar. O Banco Central (BC) é o órgão responsável por gerir o Sistema Nacional de Crédito Rural (SNCR), conjunto de instituições financeiras que concedem os financiamentos rurais. O SNCR visa o desenvolvimento agropecuário no país.

- De onde vem o dinheiro?
  - População rural;
  - Depósitos à vista;
  - LCA;
  - Fontes fiscais: BNDES e fundos constitucionais;
  - Instituições financeiras (próprios).
- Quem oferece?
  - Instituições financeiras autirizadas a operar em Crédito Rural.
- Beneficiários?
  - Produtores rurais (famílias e empresas);
  - Cooperativa de produtores rurais;
  - Agentes envolvidos com pesquisa e outros serviços agropecuários
  - Serviços de escoamento da produção.

8.9.1 Finalidades de crédito

São quatro as finalidades de crédito que podem ser solicitadas (tanto por pessoas físicas quanto jurídicas):

- Créditos de custeio: se destinam a cobrir despesas habituais dos ciclos produtivos, da compra de insumos à fase de colheita;
- Créditos de investimento: são aplicados em bens ou serviços, cujos benefícios ocorrem nos períodos vindouros. Ex.: a aquisição de trator;
- Créditos de comercialização: para viabilizar ao produtor rural ou às suas cooperativas os recursos necessários à comercialização de seus produtos no mercado;
- Créditos de industrialização: para agregar valor à produção e gerar mais renda aos seus beneficiários (produtores individuais ou cooperativas).

8.9.2 Programa Nacional de Fortalecimento da Agricultura Familiar (Pronaf)

O empreendedor familiar rural é aquele que pratica atividades no meio rural, atendendo simultaneamente aos seguintes requisitos:

- Não detenha área maior do que quatro módulos fiscais;
- Utilize predominantemente mão de obra da própria família nas atividades econômicas do seu estabelecimento ou empreendimento;
- Tenha percentual mínimo da renda familiar originada de atividades econômicas do seu estabelecimento ou empreendimento; e dirija seu estabelecimento ou empreendimento com sua família.

Pescadores artesanais que explorem a atividade como autônomos, silvicultores que promovam o manejo sustentável de florestas nativas ou exóticas, quilombolas e indígenas também podem ser tomadores de crédito.

A iniciativa financia ações que gerem renda aos agricultores familiares e assentados da reforma agrária.

- Os recursos do Pronaf podem ser disponibilizados de forma individual ou coletiva;
- As taxas efetivas de juros variam entre 2,5% ao ano (para o cultivo de arroz, feijão, mandioca, tomate, cebola, batata inglesa e trigo, entre outros) a 5,5% ao ano (para a aquisição de animais destinados a recria e engorda e outras culturas e criações).

8.9.3 Plano safra

O Plano Safra 23/24 é um programa do Governo Federal que visa apoiar o setor agropecuário, oferecendo linhas de crédito, incentivos e políticas agrícolas para os produtores rurais, desde os agricultores familiares até os mega produtores.

- Investimento;
- Custeio;
- Comercialização; e
- Industrialização.

Pronaf
Crédito agrícola para ajudar com as despesas de sua agricultura familiar
Pronamp
Linhas de crédito rural para incentivar o desenvolvimento do agronegócio de médio porte
PCA
Linhas de crédito para produtores rurais que desejam ampliar seus armazéns agrícolas

8.10 Poupança/capitalização

Caderneta de poupança é uma conta bancária orientada para pessoas com a capacidade de juntar dinheiro de forma periódica e que podem ser abertas e mantidas com pouco capital.

Criada há mais de um século, ainda pelo Imperador D. Pedro II, para atender especialmente as camadas mais pobres, a poupança tem uma história que se confunde com a Caixa Econômica Federal.

Lá em 1861, em janeiro, por meio de um decreto do imperador, que foi instituída a Caixa Econômica Federal e Monte de Socorro, em que a caderneta de poupança foi uma de suas duas modalidades. Quando foi criada e durante muito tempo, a poupança era muito utilizada justamente porque não havia a possibilidade de diversificar a carteira de investimentos.

- A remuneração é mensal e não incide imposto de renda sobre pessoas físicas e jurídicas sem fins lucrativos;
- O ciclo da remuneração para P.F. e P.J. SEM FINS LUCRATIVOS é de 28 dias;
- PJ COM FINS LUCRATIVOS: remuneração trimestral e paga IR;
- A remuneração dos depósitos de poupança é calculada sobre o menor saldo de cada período de rendimento.

O período de rendimento é o mês corrido, a partir da data de aniversário da conta de depósito de poupança, para os depósitos de pessoas físicas e de entidades sem fins lucrativos.

Para os demais depósitos, o período de rendimento é o trimestre corrido, também contado a partir da data de aniversário da conta.

Podem captar através de poupança somente as Instituições Financeiras que fazem parte do Sistema Brasileiro de Poupança e Empréstimo (SBPE):

- Caixa Econômica Federal – CEF;
- Sociedade de Crédito Imobiliário – SCI;
- Associações de Poupança e Empréstimos – APE;
- Bancos Múltiplos com carteira de SCI.

OBS: As Companhias Hipotecárias não podem captar através de Poupança.

Garantias: Aplicações em cadernetas de poupança estão cobertas pelo Fundo Garantidor de Crédito – FGC até o limite vigente que atualmente é de R$ 250.000,00.

- Poupanças da CEF são 100% cobertas pelo governo federal.

8.10.1 Rendimento

Selic acima de 8,5%	Selic abaixo de 8,5%
=	=
Poupança 0,5% ao mês + TR	Poupança 70% Selic + TR

- Possui total liquidez, porém com perda de rentabilidade.
- Remunera sobre o menor saldo do período.

Riscos

Risco de Crédito
Se o banco quebrar, o investidor só tem a garantia de receber de volta até R$ 250 mil.
Baixa rentabilidade
Não é incomum que o retorno da poupança fique abaixo da inflação.
Ruim no curto prazo
Se o dinheiro ficar aplicado por menos de 30 dias, a poupança não pagará o rendimento.

Vantagens

Liquidez diária
O investidor pode sacar o dinheiro a qualquer momento.
Isenção de IR e IOF
Não há tributos incidentes sobre os ganhos da caderneta.
Ausência de taxas
Os bancos não cobram nada do poupador.

8.11 Títulos de capitalização

O título de capitalização é um título de crédito regulamentado pela SUSEP (Superintendência de Seguros Privados), adquirido num prazo determinado, com a finalidade de guardar dinheiro e participar de sorteios de prêmios

Quando o consumidor opta por comprar um título, existem 3 formas de pagamento: pagamento único (PU), pagamento mensal (PM) e o pagamento periódico (PP).

Neste valor são descontados o custeio do prêmio e as despesas administrativas das empresas habilitadas para a capitalização.

Além disso, esta quantia de dinheiro também possui uma correção pela Taxa Referencial ou então por um índice de inflação. Esta situação é definida no ato da compra do título de capitalização.

8.11.1 Rentabilidade

O título sofre todo mês uma atualização no seu valor, em geral pela TR (mesma taxa utilizada na caderneta de poupança) e também por uma taxa de juros definida no ato da compra, que pode ser uma taxa variável. Esta taxa de juros precisa ser de, no mínimo, 20% da taxa mensal aplicada à Poupança.

O que muitos não sabem é que apenas uma quantia do valor pago mensalmente é rentabilizado (cota de capitalização).

O restante deste dinheiro é dividido entre a cota de sorteio e uma espécie de taxa administrativa. Portanto, não é todo o dinheiro mensal que rende 0,5% mais a TR.

8.11.2 Prazo

Também existem 3 prazos envolvidos nos títulos de capitalização:

- Prazo de pagamento: equivale ao período que o comprador se comprometeu a realizar o pagamento do título;
- Prazo de vigência: neste prazo, precisa ser especificado o período de início e fim da aplicação. Este prazo pode ser igual ou maior que o prazo de pagamento;
- Prazo de Carência: este prazo constitui o período mínimo que o comprador precisa deixar o seu dinheiro aplicado. Caso o investidor queira resgatar este dinheiro antes do prazo, pode ser aplicada uma multa de até 10% do capital investido.

8.11.3 Modalidades

- Tradicional: Restituição do valor total ao final do prazo;
- Compra-programada: opção por recebimento de bem ou serviço definido na contratação; (Ex.: carnê do baú)
- Popular: participação do titular em sorteios (cessão de resgate a alguma instituição);
- Incentivo: vinculado a um evento promocional de caráter comercial.

O Período mínimo de vigência varia conforme a modalidade do título de capitalização:

- Nos casos das modalidades Popular e Tradicional, o prazo mínimo de vigência é de 12 meses;
- Nos casos das modalidades Instrumento de garantia e Compra programada, é de 6 meses;
- E nos casos de Incentivo e Filantropia Premiável, o prazo mínimo de vigência é de 60 dias.

8.11.4 Sorteios

O consumidor que adquire um título de capitalização precisa ser sorteado até o prazo de vigência para ter uma boa rentabilidade. Caso o portador não tenha essa sorte, o rendimento do título não conseguirá superar o da poupança.

8.11.5 Resgate do título de capitalização

- Resgate antecipado: ao solicitar o resgate do título antes do prazo final de vigência, o cliente resgatará somente parte do valor aplicado.
- Resgate Parcial: o cliente poderá solicitar o resgate de uma parcela do valor guardado. Este tipo de resgate não é muito encontrado para os títulos de capitalização.

Quando há essa opção, existem algumas regras em relação ao valor mínimo e o valor máximo que precisa permanecer guardado.

- Resgate no final do prazo: quando completa o prazo de vigência do título e você resgata o valor guardado, corrigido pela TR ou por um índice da inflação.

8.12 Previdência

O Regime de Previdência Complementar - RPC tem o objetivo de oferecer uma proteção a mais ao trabalhador durante a aposentadoria. É, portanto, uma segurança previdenciária adicional àquela oferecida pela previdência pública, para os quais as contribuições dos trabalhadores são obrigatórias.

A adesão ao RPC é facultativa e desvinculada da previdência pública (Regime Geral de Previdência Social - RGPS ou Regime Próprio de Previdência Social - RPPS).

Características:

- Regime de capitalização (o benefício de aposentadoria será pago com base nas reservas acumuladas individualmente ao longo dos anos de contribuição);
- Composto por dois segmentos: o aberto, operado pelas Entidades Abertas de Previdência Complementar – EAPC e Seguradoras do ramo Vida, e o fechado, operado pelas Entidades Fechadas de Previdência Complementar – EFPC.

8.12.1 Entidades Fechadas de Previdência Complementar - EFPC

Popularmente conhecidas como Fundos de Pensão, administram planos de benefícios de previdência privada para indivíduos que possuam vínculo empregatício ou associativo com empresas, órgãos públicos, sindicatos e/ou associações representativas.

- Atuam sob a forma de fundações de direito privado ou de sociedade civil;
- Não possuem fins lucrativos;
- Supervisionadas pela PREVIC;

São criados por empresas (patrocinadores) para seus empregados (participantes), ou por pessoas jurídicas de caráter profissional, classista ou setorial (instituidores) para seus associados (participantes).

- Os dois termos — patrocinadora e instituidora — fazem referência ao modo como os planos funcionam;
- No primeiro caso, a empresa contribui para a previdência complementar dos funcionários;
- No segundo, a associação não tem a obrigação de contribuir.

Para que as atividades dos Fundos de Pensão sejam realizadas de acordo com os ditames legais e fiscalização exigidas, foram instituídos quatro órgãos.

São eles:

- A Subsecretaria de Políticas do Regime de Previdência Complementar – SPPC, órgão Do Ministério da Fazenda, responsável pela promoção de Políticas Públicas no âmbito das EFPCs;
- O CNPC, órgão colegiado responsável pela regulação das atividades e operações dos Fundos de Pensão;
- A PREVIC, autarquia especial vinculada ao Ministério da Fazenda responsável pela aprovação, acompanhamento, supervisão e fiscalização das atividades das EFPCs; e
- A Câmara de Recursos da Previdência Complementar – CRPC, órgão colegiado de última instância recursal do segmento para os processos administrativos instaurados pela Previc.

Importante destacar que uma EFPC é autônoma em relação aos patrocinadores ou instituidores. Ou seja, possui personalidade jurídica própria e seu patrimônio não se mistura com o dos patrocinadores ou instituidores, sendo segregado por plano de previdência privada.

8.12.2 Entidades abertas de previdência complementar

Os planos ofertados pelas EAPC e pelas sociedades seguradoras são comercializados para quaisquer consumidores individuais pessoas físicas (participantes individuais) ou para funcionários de empresas que contrataram esse benefício para seus colaboradores, sindicatos, entidades de classe, associações etc. (participantes coletivos).

Os participantes coletivos podem ter como contratantes desses planos averbadores (sem participação no custeio) ou instituidores (com participação no custeio).

Características:

- São constituídas como sociedades anônimas e, portanto, exercem suas atividades com fins lucrativos;
- É oferecido por bancos, entidades e/ou seguradoras.

Para que as atividades das EAPC sejam realizadas em conformidade com os normativos legais, existem órgãos, para assegurar maior confiabilidade:

- Secretaria de Política Econômica – SPE, órgão singular que possui, dentre suas atribuições, fomentar a inovação e modernização dos mercados de crédito, capitais, seguros e previdência complementar;
- Superintendência de Seguros Privados – Susep, autarquia que fiscaliza e regulariza as empresas de seguro, de previdência complementar aberta, capitalização e resseguros no Brasil;
- Conselho Nacional de Seguros Privados – CNSP, órgão responsável por fixar as diretrizes e normas da política de seguros privados no Brasil, além de, entre outras funções, regular a constituição, organização, funcionamento e fiscalização dos que exercem atividades subordinadas ao Sistema Nacional de Seguros Privados (SNSP) e fixar as características gerais dos contratos de seguro, previdência privada aberta, capitalização e resseguro;
- Conselho de Recursos do Sistema Nacional de Seguros Privados, de Previdência Aberta e de Capitalização – CRSNSP, órgão colegiado de segundo grau do Segmento Aberto de Previdência Complementar cuja finalidade é julgar, em última instância administrativa, os recursos contra as sanções aplicadas à EAPC pela Susep.

8.12.3 Fases da previdência complementar e portabilidade

Período de Diferimento (acumulação): corresponde ao período compreendido entre a data do início do plano, em que são efetivadas as contribuições e acumulados os juros, até a data contratualmente prevista para início do pagamento do benefício.

- Nessa fase o participante do plano deve optar pelo tipo de renda mensal que deseja quando se aposentar.

Pagamento do Benefício (renda):corresponde ao período em que o assistido fará jus ao pagamento do benefício, sob a forma de renda, podendo ser vitalício ou temporário.

8.12.4 Portabilidade

Instituto que faculta ao participante transferir os recursos financeiros, correspondente ao seu direito acumulado, para outro plano de benefícios de caráter previdenciário operado por entidade de previdência complementar ou sociedade seguradora autorizada a operar o referido plano.

8.12.5 Forma de estruturação do benefício

- Benefício Definido, no ato da contratação é estabelecido um valor pré-definido de benefício, porém atualmente é pouco usual;
- Contribuição Definida, define-se um valor que se deseja receber no final do contrato, e as contribuições são calculadas com base na projeção do benefício desejado;
- Contribuição Variável, é um misto das duas formas anteriores, na qual durante o acumulo de recurso, utiliza-se a forma CD e na fase de renda, ou seja, no pagamento, utiliza-se a fase BD.

Formas de estruturação de Benefícios

- Benefício Definido (BD)
  - O valor do benefício de aposentadoria é definido no momento da contratação do plano e o valor da contribuição é calculado e ajustado periodicamente para que seja suficiente para garantir o pagamento do benefício no futuro. Esta modalidade de plano praticamente não é mais oferecida atualmente.
- Contribuição Definida (CD)
  - O valor da contribuição é definido no ato da contratação do plano e o benefício que será recebido na aposentadoria varia em função da quantia acumulada, do tempo de acumulação e rentabilidade dos investimentos dos planos.
- Contribuição Variável (CV)
  - Este tipo de plano é um misto das características das modalidades de Contribuição Definida (na fase de acumulação) e de Benefício Definido (na fase de recebimento de benefícios).

8.13 PGBL e VGBL

PGBL - Plano Gerador de Benefício Livre. São planos de previdência complementar aberta, com cobertura por sobrevivência, que proporcionam ao participante, após o período de acumulação (pagamento de contribuições), o recebimento de benefício, que pode ser concedido na forma de pagamento único ou de renda. Possuem benefício tributário, pois permitem o abatimento de até 12% da renda tributável da base de cálculo do Imposto de Renda, observadas as condições estabelecidas. No resgate e recebimento dos benefícios, o Imposto de Renda incide sobre todo o valor pago.

VGBL – Vida Gerador de Benefício Livre. São seguros de pessoas, com cobertura por sobrevivência, que proporcionam ao segurado, após o período de acumulação (pagamento de contribuições), o recebimento de benefício, que pode ser concedido na forma de pagamento único ou de renda. Não possibilitam abatimento das contribuições (prêmios) da renda tributável, mas, no resgate e recebimento de benefícios, o imposto de renda incide somente sobre os rendimentos. Indicado para o participante que utiliza o modelo simplificado de declaração de ajuste anual do imposto de renda pessoa física ou que deseja investir mais do que 12% da renda bruta anual tributável.

	PGBL	VGBL
Na aplicação	Permitir deduzir da base de cálculo do IR até 12% da Renda Bruta Tributável anual	Não permite Dedução do IR
Durante a aplicação	Não há tributação sobre os ganhos financeiros	
	Ocorre incidência de IR sobre os valores Totais	Ocorre incidência de IR sobre os Rendimentos
No resgate	Tributação Progressiva Compensável no resgate (independente do valor) passa a ter antecipação de 15% a ser ajustada na Declaração de Ajuste Anual de IR	Tributação Regressiva Definitiva no regaste ou recebimento de renda a tributação começa com alíquota de 35% com redução de 5 % a cada 2 anos ao longo do tempo

8.14 Consórcio

Consórcio é a modalidade de compra baseada na união de pessoas - físicas ou jurídicas - em grupos, com a finalidade de formar poupança para a aquisição de bens móveis, imóveis ou serviços. A formação desses grupos é feita por uma Administradora de Consórcios , autorizada e fiscalizada pelo Banco Central do Brasil.

- Nesse sistema, o valor do bem ou serviço é diluído em um prazo predeterminado, e todos os integrantes do grupo contribuem ao longo desse período;
- Mensalmente (ou conforme estipulado em contrato), a administradora os contempla, por sorteio ou lance, com o crédito no valor do bem ou do serviço contratado, até que todos sejam atendidos;
- A adesão de um consorciado a um grupo de consórcio se dá mediante assinatura de contrato de participação.

Nesse contrato, devem estar previstos:

- Os direitos e os deveres das partes;
- A descrição do bem a que o contrato está referenciado;
- O preço do bem (que será adotado como referência para o valor do crédito e para o cálculo das parcelas mensais do consorciado);
- As condições para concorrer à contemplação por sorteio;
- As regras da contemplação por lance.

Fique ligado

O interesse do grupo de consórcio prevalece sobre o interesse individual do consorciado.

Os grupos de consórcio caracterizam-se como sociedade não personificada com patrimônio próprio, o qual não deve ser confundido com o patrimônio dos demais grupos nem com o da administradora.

8.14.1 Contemplação

A contemplação é atribuição de crédito ao consorciado para a aquisição de bem ou serviço.

As contemplações podem ocorrer por meio de:

- Sorteios; ou
- Lances.

A contemplação por lance somente pode ocorrer:

- Depois de efetuadas as contemplações por sorteio; ou
- Se estas não forem realizadas por insuficiência de recursos do grupo de consórcio;
- Uma vez contemplado, o consorciado terá a faculdade de escolher o fornecedor e o bem desde que respeitada a categoria em que o contrato estiver referenciado.

8.14.2 Regulação e fiscalização

Banco Central: normatização, autorização, supervisão e controle das atividades do sistema de consórcios, e solidez das administradoras e cumprimento da regulamentação específica.

As questões inerentes às relações de consumo entre clientes e usuários das instituições financeiras e das administradoras de consórcio estão sujeitas ao Código de Defesa do Consumidor, cabendo aos órgãos integrantes do Sistema Nacional de Defesa do Consumidor (SNDC) fazer a mediação dessas questões.

Consórcio

- Taxa de administração
    - A taxa é diluída nas parcelas
    - Você planeja quando vai receber o bem, pagando menos
    - Sem entrada
    - Parcelas menores
    - não é dívida

8.15 Investimentos

Um investimento, em termos econômicos, é capital que se aplica com o intuito de obter rendimentos a prazo. Os produtos financeiros se dividem em dois tipos: os de renda fixa e os de renda variável.

Investir é diferente de poupar.

- Poupar tem relação com guardar dinheiro e, geralmente, exige disciplina e mudanças nos hábitos financeiros, como o corte de gastos supérfluos, por exemplo. (Com isso, o objetivo é que, no fim do mês, as entradas de dinheiro sejam maiores do que as saídas).
- Investir, por sua vez, não é somente juntar dinheiro, mas aplicá-lo para que haja uma remuneração no futuro.

8.15.1 Renda fixa

- A renda fixa é a aplicação em que você sabe como sua remuneração será calculada no momento do aporte;
- Isso acontece porque esses tipos de produtos têm datas de vencimento preestabelecidas e um indexador de rentabilidade, que pode ser uma taxa de juros específica, a taxa Selic ou o IPCA;
- Na renda fixa, o investidor empresta dinheiro para o governo ou uma instituição financeira. Em troca, ela devolverá esse valor com juros.

Rentabilidade

Pode ser prefixada e pós-fixada.

- Na primeira opção, a sua remuneração é fixa. Um exemplo: se for acordado que o investidor receberá 5% de juros anuais, essa porcentagem se mantém até a data de vencimento do título.;
- Na modalidade pós-fixada, a rentabilidade é atrelada a um indexador, que pode ser a Selic, o CDI ou o IPCA.

Risco

- Os títulos bancários de renda fixa têm cobertura do Fundo Garantidor de Crédito;
- O FGC garante até o limite de R$250 mil, por conjunto de depósitos e investimentos em cada instituição ou conglomerado, limitado ao teto de R$1 milhão, a cada 4 anos, por CPF ou CNPJ.

Tipos de renda fixa

Títulos públicos

O IOF somente é cobrado caso o dinheiro fique aplicado por menos de 30 dias, já o Imposto de Renda segue a regra regressiva, ou seja: quanto mais tempo o dinheiro ficar aplicado, menor será a alíquota — ela começa em 22,5% para 180 dias e vai até 15% para rendimentos acima de 720 dias.

Títulos privados

Nesse grupo, eles são separados em duas categorias: os títulos bancários e os corporativos. Os bancários, como o nome indica, são emitidos pelos bancos.

São eles:

- Certificado de Depósito Bancário (CDB);
- Letra de Crédito Imobiliário (LCI);
- Letra de Crédito do Agronegócio (LCA);
- Recibo de Depósito Bancário (RDB);

- Letra Imobiliária Garantida (LIG). Os títulos corporativos de renda fixa são emitidos por empresas privadas, para que elas possam investir e financiar em seus projetos.
- Debêntures;
- Debêntures incentivadas (projetos de infraestrutura para utilidade pública);
- Certificado de Recebíveis Imobiliários (CRA);
- Certificado de Recebíveis do Agronegócio (CRA);
- Fundos de crédito privado.

Fique ligado

Índices e indexadores:

CDI: tende a se aproximar da Selic e é utilizado como referência de rentabilidade;

IPCA: mede a inflação e mostra a variação dos preços para os consumidores. Para que haja ganho real, é preciso superar o IPCA

8.15.2 Renda variável

A renda variável, como o nome indica, não prevê os rendimentos no momento da aplicação, ou seja, o investidor não saberá quanto receberá no futuro, e pode inclusive perder dinheiro.

Isso acontece porque esses produtos estão atrelados a ativos que apresentam muitas oscilações, já que são precificados basicamente de acordo com a lei da oferta e da demanda.

Rentabilidade

- A rentabilidade no longo prazo tende a ser maior, porque há mais riscos envolvidos.
- Ao mesmo tempo, no curto prazo, o investidor pode acabar com prejuízo, porque trata-se de um mercado volátil, no qual os preços oscilam todos os dias e são fortemente impactados pelo humor dos investidores.

Riscos

- Risco de crédito;
- Risco de mercado (ele envolve as oscilações na oferta e demanda e isso muda os indicadores atrelados ao investimento, como preço das ações e as taxas de juros);
- Esse é um risco que não pode ser previsto;
- Não há garantias de desempenho positivo.

Volatilidade

- A volatilidade são as oscilações dos investimentos. Quando mais alterações ele sofre, mais volátil ele é. Essa é uma característica da renda variável e muito falada na Bolsa de Valores.
- Via de regra, quanto mais volatilidade uma aplicação apresenta, maiores são os riscos. Na renda fixa isso não é muito expressivo e raramente afeta os seus rendimentos

Liquidez

A liquidez é a velocidade na qual o investidor consegue transformar o seu investimento em dinheiro.

No momento do resgate dos seus rendimentos, a liquidez é mensurada por meio do prazo que o dinheiro cai na sua conta. Por exemplo, aplicações D+1 (valor disponível na conta um dia útil após o pedido) têm mais liquidez do que aquelas D+17.

Quanto ao tempo, um ativo de curto prazo tem mais liquidez do que aqueles de longo prazo, porém a rentabilidade do longo prazo é maior.

Tipos de renda variável

- Ações;
- Fundos de ações;
- Fundo de renda variável;
- Derivativos;
- Contratos futuros;
- Câmbio;
- Mercado de opções;
- Commodities;
- Fundos imobiliários;
- Produtos agrícolas;
- Exchange Traded Fund, ou fundos de índice (ETF).

No que diz respeito aos indicadores, o Índice Ibovespa é o mais relevante. (é utilizado como representação média das ações de maior negociação na Bolsa de Valores)

Veja um comparativo das principais diferenças entre renda fixa e renda variável:

Renda fixa	Renda variável
Maior previsibilidade de retorno	Impossível prever a rentabilidade
Baixa esposição a risco	Maior exposição a riscos
Aplicação mais simples	Investimentos mais complexos
Potencial de retorno menor	Potencial de retorno maior

8.16 Documentos básicos

Os bancos podem abrir três tipos de contas: contas de depósitos à vista, contas de depósitos a prazo e contas salário.

- Conta de depósito à vista: guarda de recursos prontamente disponíveis
- Conta de depósitos a prazo: fornece remuneração e os prazos variados para saque.

Fique ligado

Os depósitos a prazo podem, em geral, ser sacados prontamente, mas não usufruem da remuneração devida quando o saque é feito fora do vencimento.

As contas salário: são um tipo especial de conta de registro e controle de fluxo de recursos, destinada a receber salários, proventos, soldos, vencimentos, aposentadorias, pensões e similares.

A "conta salário" não admite outro tipo de depósito além dos créditos da entidade pagadora e não é movimentável por cheques.

- A abertura e a manutenção de conta de depósito pressupõem contrato firmado entre as partes – instituição financeira e cliente;
- Desta forma, trata-se de ato voluntário. O banco não é obrigado a abrir ou manter conta de depósito para o cidadão;
- Este, por sua vez, pode escolher a instituição que lhe apresente as condições mais adequadas para firmar tal contrato.

Para abertura de conta de depósito, é necessário preencher a ficha proposta de abertura de conta com a qualificação do depositante e apresentar os originais dos seguintes documentos:

8.16.1 Pessoa física

- Nome completo
- Filiação
- Nacionalidade
- Data e local do nascimento
- Sexo
- Estado civil
- Nome do cônjuge, se casado
- Profissão
- Documento de identificação (tipo, número, data de emissão e órgão expedidor)
- Número de inscrição no Cadastro de Pessoas Físicas – CPF

8.16.2 Pessoa jurídica

- Razão social
- Atividade principal
- Forma e data de constituição
- Documentos, contendo as informações referidas acima, que qualifiquem e autorizem os representantes, mandatários ou prepostos a movimentar a conta
- Número de inscrição no Cadastro Nacional de Pessoa Jurídica – CNPJ e atos constitutivos, devidamente registrados, na forma da lei, na autoridade competente

Além dos referidos documentos, a ficha proposta deve conter também:

- Endereços residencial e comercial completos
- Número do telefone e código DDD;
- Fontes de referência consultadas;
- Data da abertura da conta e respectivo número;
- Assinatura do depositante

8.16.3 Regras complementares

Se a conta de depósitos for titulada por menor ou por pessoa incapaz, além de sua qualificação, também deverá ser identificado o responsável que o assistir (para correntista entre 16 e 18 anos) ou o representar (para correntista menor de 16 anos).

A ficha-proposta relativa à conta de depósitos à vista deverá conter cláusulas sobre:

- Saldo exigido para manutenção da conta;
- Condições estipuladas para fornecimento de talonário de cheques;
- Obrigatoriedade de comunicação, devidamente formalizada pelo depositante, sobre qualquer alteração nos dados cadastrais e nos documentos referidos;
- Inclusão do nome do depositante no Cadastro de Emitentes de Cheques sem Fundos (CCF);
- Procedimentos a serem observados com vistas ao encerramento da conta de depósitos.

8.16.4 Vedações e faculdades regem as regras de abertura e movimentação de contas

Proibida a abertura de conta sob nome abreviado ou de qualquer forma alterado, inclusive mediante supressão de parte ou partes do nome do depositante.

Vedado o fornecimento de talonário de cheques ao depositante enquanto não verificadas as informações constantes da ficha-proposta ou quando, a qualquer tempo, forem constatadas irregularidades nos dados de identificação do depositante ou de seu procurador

Vedada a estipulação de cláusulas na ficha-proposta que, em qualquer hipótese, impeçam ou criem limitações à sustação de pagamento de cheques (não se aplica à cobrança de tarifas, desde que previstas na ficha proposta)

Proibido o fornecimento de talonário de cheques ao depositante enquanto figurar no CCF

Facultada à instituição financeira a abertura, manutenção ou encerramento de conta de depósitos à vista cujo titular figure ou tenha figurado no Cadastro de Emitentes de Cheques sem Fundos (CCF)

8.16.5 Capacidade e incapacidade civil

As pessoas físicas, podem dividir-se em capazes e incapazes. As capazes podem praticar os atos e negócios jurídicos sem o auxílio ou a intervenção de outra pessoa.

Já as incapazes não podem praticar atos e negócios jurídicos a não ser com o auxílio ou a intervenção de mais alguém.

Assim, a impossibilidade de a pessoa física agir de maneira independente a contextualiza como incapaz.

Fique ligado

A regra geral é a capacidade das pessoas físicas. Para que um homem ou mulher seja considerado incapaz, é necessária expressa previsão legal. Desta forma, a prática de atos pelo incapaz é mediata, ou seja, é indireta (exige a participação de terceiro para se concretizar).

8.16.6 Tipos de incapacidade

Absoluta

Considera-se o incapaz sem nenhuma condição para decidir se determinado ato ou negócio jurídico lhe aproveita. Sua opinião é juridicamente irrelevante e a vontade do sujeito de direito será formada exclusivamente pela manifestação exteriorizada por outrem (o representante).

São absolutamente incapazes:

- Homens e mulheres com menos de 16 anos de idade;
- Os que, por enfermidade ou deficiência mental, não tiverem discernimento necessário para a prática de atos da vida civil (o mentalmente enfermo só perde a capacidade se a enfermidade o houver privado do discernimento necessário para a prática dos atos civis. Caso conserve essa faculdade, a doença não é causa para a interdição).
- Os que não puderem exprimir sua vontade, temporária ou permanentemente.

Relativa

Se reconhece no incapaz alguma aptidão psíquico-física para decidir sobre o que lhe interessa. Sua opinião é relevante para o direito e sem sua vontade ou contra ela o negócio jurídico não se constitui. Precisará, contudo, do auxílio juridicamente indispensável de outra pessoa (o assistente). São relativamente incapazes:

- Homens e mulheres com mais de 16 e menos de 18 anos de idade;
- Os ébrios habituais e os viciados em tóxicos;
- Os que, por deficiência mental, têm reduzido discernimento e os excepcionais sem desenvolvimento mental completo;
- Os pródigos: Pródigo é a pessoa que gasta sem os critérios normalmente encontráveis em pessoas de mesma condição moral, cultural e econômica. (É o perdulário, que dilapida o próprio patrimônio realizando despesas fúteis, porque lhe faltam freios emocionais ou morais).

8.17 Seguros

Dá-se o nome de seguro a todo contrato pelo qual uma das partes (denominado segurador) se obriga a indenizar a outra (denominado segurado) em caso da ocorrência de determinado sinistro, em troca do recebimento de um prêmio de seguro.

- No Brasil, todos os seguros são regulados e fiscalizados pela SUSEP (Superintendência de Seguros Privados).

8.17.1 Condicionantes

- É proibido comercialização de seguros sem a presença de um corretor;
- O corretor precisa ter o seu registro junto a FUNSEG;
- Antes de fazer o seguro é necessário o cliente preencher a proposta de seguro. Documento esse que é encaminhado para seguradora no qual irá decidir se quer ou não fazer o seguro;
- Se ela aceitar, é emitida a apólice, documento que constam as informações do seguro, toda apólice é registrada na Susep;
- O valor que o cliente paga para seguradora, o que se chama de prêmio.

Fique ligado

Não confunda com o valor que se recebe em caso de sinistro que se chama indenização.
Sinistro só recebe essa definição quando o risco está coberto na apólice.
Assim podemos afirmar que sempre que houver sinistro em um seguro, a seguradora é obrigada a indenizar o segurado.
Em um seguro de vida, podemos ou não eleger os beneficiários. Quando não elegemos são os herdeiros legais quem tem direito a indenização.
Franquia: nos seguros de carros e casa (quando o sinistro é de vidros, mármores, etc.) geralmente as seguradoras exigem franquias, que nada mais é que a parte do prejuízo que fica de responsabilidade do segurado em caso de sinistro.
É proibido a realização de mais de um seguro cobrindo o mesmo objeto ou interesse, salvo nos casos de seguros de pessoas.
As operações de seguro são tributadas. IOF incide sobre quase todas as operações de seguro, a grande exceção fica por conta das operações de Seguro Rural, que gozam de isenção tributária irrestrita, de quaisquer impostos ou tributos federais.

8.17.2 Resseguradores

- **Resseguradores**: Entidades, constituídas sob a forma de sociedades anônimas, que têm por objeto exclusivo a realização de operações de Resseguro: operação de transferência de riscos de uma cedente para um ressegurador.
- **Retrocessão**: operação de transferência de riscos de resseguro de resseguradores, para resseguradores ou de resseguradores para sociedades seguradoras locais.

Segurado inicial

Indústria, comércio, serviços
Apólices

Transferência dos riscos ao segurador direto
↓

Segurado direto

Companhia cedente
Assume riscos do segurado

Transferência dos riscos ao ressegurador
↓

Ressegurador

Assume os riscos do segurador direto

8.17.3 Classificação dos resseguradores

Ressegurador local: sediado no País constituído sob a forma de sociedade anônima, tendo por objeto exclusivo a realização de operações de resseguro e retrocessão.

Ressegurador admitido: sediado no exterior, com escritório de representação no País, que, atendendo às exigências previstas na legislação das atividades de resseguro e retrocessão, tenha sido cadastrado como tal junto a SUSEP para realizar operações de resseguro e retrocessão.

Ressegurador eventual: empresa resseguradora estrangeira sediada no exterior sem escritório de representação no País que, atendendo às exigências previstas na legislação das atividades de resseguro e retrocessão, tenha sido cadastrado como tal junto a SUSEP para realizar operações de resseguro e retrocessão.

Corretoras de seguros:

- Corretagem: intermediação entre o adquirente do seguro e o tomador do capital.
- Comissão: remuneração pela corretagem.

Características do(a) Corretor(a):

- Pode ser pessoa física ou jurídica;
- Só pode operar se tiver autorização da SUSEP;
- Não pode ter vínculo, nem dependência econômica com o segurado (pessoa física ou jurídica), ou com a sociedade seguradora, seus sócios e diretores.

Fique ligado

Não é possível fazer um seguro sem a intermediação de um corretor ou uma corretora de seguros.

9 DINÂMICA DO MERCADO

9.1 Operações no mercado interbancário

Interbancário é o termo utilizado para identificar o mercado em que são feiras operações de um banco para outro.

- O Banco Central atua nesse mercado para regular a quantidade de dinheiro do sistema financeiro que são operados entre os bancos;
- Para isso, ele toma ou empresta recursos a uma determinada taxa de juros, agindo como uma espécie de fiel da balança, em que se utiliza desse importante mecanismo, para ditar o ritmo em que a economia deverá seguir, influenciando inclusive, no controle da inflação;
- Todos os bancos são obrigados a fechar seu caixa no positivo diariamente. Para isso, utiliza-se de artifícios que visam "balancear" a quantidade de dinheiros e determinar qual deles precisa de mais ou menos para não ficar no negativo;
- Com base em um índice conhecido como "Índice de Basileia", é possível saber quanto cada um precisará na ocasião e utilizar o CDI - Certificado de Depósito Interbancário, para empréstimos de curto prazo.

O CDI é conhecido como o CDB dos bancos e muito utilizado como índice referencial, em que diversos títulos de renda fixa, o utilizam como base para compor a rentabilidade.

Fique ligado

A taxa CDI por sua vez, é calculada pela B3 com base na média das operações de empréstimo, feitas pelos bancos.

Resumindo:

- Depósito Interfinanceiro – DI;
- Títulos emitidos entre instituições financeiras > empréstimos no mercado interbancário;
- Função: transferir recursos de uma instituição financeira para outra.

9.1.1 Taxas over

Taxas que remuneram empréstimos de um dia (base de 252 dias úteis).

- Taxas CDI – operações do mercado interbancário;
- Taxa Selic – operações do mercado de títulos públicos.

Fique ligado

Se esses empréstimos forem realizados com títulos públicos sendo oferecidos como garantia, por lei, eles devem ser pagos no dia seguinte. Assim, o banco fica com o dinheiro emprestado apenas de um dia para o outro, o que caracteriza a denominação overnight — que traduzido do inglês seria algo como "durante a noite" — dada a esse tipo de empréstimo.

9.1.2 CDI e Selic

O risco soberano, isto é, o risco de o governo dar calote nas suas dívidas, é considerado menor do que o risco privado — risco das empresas e instituições privadas não pagarem suas dívidas.

Dessa forma, teoricamente, emprestar dinheiro ao governo deveria ser o investimento com o menor rendimento, considerando ser menor o risco.

Levando em conta a taxa SELIC (risco soberano) e a taxa DI (risco privado), era de se esperar que a taxa DI fosse maior que a taxa SELIC.

Todavia, a taxa DI costuma ser igual ou inferior à taxa SELIC.

Esse comportamento inesperado pode ser explicado por algumas razões como:

- Os bancos são remunerados pela taxa SELIC, mas remuneram seus clientes pela taxa DI, havendo um interesse deles de manter o DI mais baixo;
- A metodologia de cálculo da taxa DI diz que, caso algumas condições não sejam atingidas, a taxa DI do dia será igual à taxa SELIC divulgada para o mesmo dia.
- Assim, se compararmos ambas as taxas ao longo do tempo, veremos que elas têm uma tendência de manter-se igual ou com a taxa DI abaixo da taxa SELIC.

9.2 Operações de tesouraria

A tesouraria é o setor de uma empresa responsável pela entrada e saída de recursos financeiros, mantendo a organização dos gastos e dos rendimentos.

- No caso de instituições financeiras, o trabalho desse setor inclui a negociação e controle de aplicações de recursos financeiros;
- Sendo assim, a tesouraria de banco fica responsável por analisar a rentabilidade destas aplicações, para realocá-las se for o caso;
- Por fim, é preciso ainda acompanhar as flutuações de câmbio.

Tesouraria em Bancos

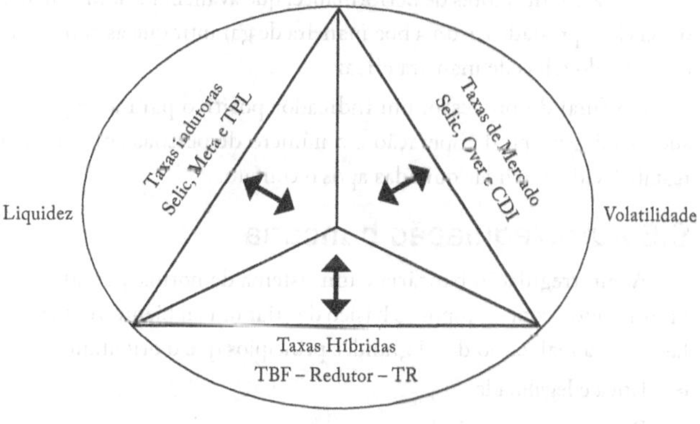

Tesouraria Bancária Estratégica

9.3 Varejo bancário

Refere-se à divisão de um banco que lida diretamente com clientes de varejo. Também conhecido como banco de consumo ou banca pessoal, é o rosto visível do banco para o público em geral, com sucursais bancárias localizadas em abundância na maioria das grandes cidades.

Os bancos que se concentram exclusivamente na clientela de varejo são relativamente poucos, porém, representam uma fonte de clientes extremamente importante para a maioria dos bancos.

A banca de varejo engloba uma grande variedade de produtos e serviços, incluindo:

- Conta corrente e poupança;
- Empréstimos e financiamentos;
- Cartões de crédito;
- Aplicações financeiras (investimentos), etc.

Os clientes de serviços bancários de varejo também podem receber os seguintes serviços, geralmente através de outra divisão ou afiliada do banco:

- Corretagem de ações (desconto e serviço completo);
- Seguro;
- Private banking, etc.

9.4 Operação de cobrança

As operações de cobrança são realizadas em razão de um valor devido pelo consumidor. Em resumo, elas são usadas para cobrar ou renegociar uma dívida específica, e por isso são mais complexas. Nesses casos, o profissional responsável pelo contato com o cliente deve apresentar uma oportunidade interessante de regularização.

É importante lembrar que uma campanha de cobrança pode ter motivação judicial, pois trata-se de um aviso amistoso antes que a quantia seja protestada na Justiça.

9.4.1 Recuperação de crédito

A recuperação de crédito é diferente da operação de cobrança porque o seu foco não é exatamente liquidar uma dívida.

Esse tipo de ação é normalmente voltado a consumidores endividados que já foram inseridos em cadastros negativos de órgãos como a Boa Vista SCPC e, por esse motivo, perderam o direito ao crediário em uma instituição financeira.

O intuito aqui é ajudar o inadimplente a liquidar as dívidas e regularizar sua situação para voltar a ter acesso a financiamentos e outras modalidades de crédito.

No final das contas, o objetivo da empresa é receber o dinheiro que cada cliente lhe deve.

Utilizar indicadores de performance, que avaliem periodicamente os serviços prestados, é uma boa maneira de garantir que as cobranças estão sendo feitas de maneira eficaz.

No final do processo, um indicador positivo para averiguar o sucesso desse tipo de operação é o número de pessoas com crédito restabelecido e dívidas quitadas após o contato.

9.5 Autorregulação bancária

A autorregulação bancária é um sistema de normas, criado pelo próprio setor, com o propósito básico de criar um ambiente ainda mais favorável à realização dos 4 grandes princípios que o orientam:

- Ética e legalidade;
- Respeito ao consumidor;
- Comunicação eficiente;
- Melhoria contínua.

Nesse Sistema, os bancos estabelecem uma série de compromissos de conduta que, em conjunto com as diversas outras normas aplicáveis às suas atividades, contribuirão para que o mercado funcione de forma ainda mais eficaz, clara e transparente, em benefício não só do próprio setor, mas de todos os envolvidos nesse processo: os consumidores e a sociedade, como um todo.

- **O que é?**
  - A autorregulação Bancária é um sistema de normas criado em 2008, pelas próprias instituições financeiras com compromissos de conduta estabelecidos para que o mercado atue de forma ainda mais eficaz, clara e transparente, em benefício do consumo e da sociedade.
- **Adesão**
  - A adesão ao SARB é voluntária pelas instituições financeiras, que se comprometem a cumprir todos os normativos existentes.
- **Objetivo**
  - A proposta central do Sistema, é firmar um compromisso efetivo dos bancos com seus consumidores, reconhecendo que é oportuno ir além do estritamente legal.

9.5.1 Bancos e consumidores

O propósito maior do Sistema de Autorregulação Bancária é promover a melhoria contínua da qualidade do relacionamento entre os bancos signatários do Sistema e os consumidores pessoa física.

9.5.2 Avaliação dos bancos

No caso da autorregulação da Febraban, o monitoramento das condutas dos bancos, é feito pela Diretoria de Autorregulação - criada pelo próprio Código de Autorregulação Bancária.

Para cumprir essa sua missão, a Diretoria de Autorregulação trabalhará com os seguintes procedimentos:

- **Relatórios de Conformidade**: documento que cada banco signatário do Sistema deverá preencher, a cada semestre, indicando e demonstrando seus pontos de adequação, bem como as ações que esteja tomando, ou que virá a tomar, para completa adequação de quaisquer condutas que, de alguma forma, apresentem qualquer desajuste, em relação ao disposto nas normas do Sistema;
- **Relatório de Ouvidoria:** os bancos signatários deverão enviar à Diretoria de Autorregulação, ainda, os mesmos relatórios de Ouvidoria que remetem ao Banco Central do Brasil;
- **Central de Atendimento:** no portal do Sistema de Autorregulação Bancária, está acessível à população um sistema para registro de ocorrências que os consumidores identifiquem como em desajuste com as normas da Autorregulação.

Esse sistema, que não se volta ao tratamento ou solução de problemas individuais, tem por finalidade específica propiciar um monitoramento amplo do mercado, por parte da Diretoria de Autorregulação, no sentido de avaliar o efetivo cumprimento das normas do Sistema, sob a perspectiva do público.

Fique ligado

Limitação: As normas de autorregulação NÃO podem se sobrepor à legislação vigente, devendo harmonizarem-se com ela.

10 LEI Nº 7.998/1990 - PROGRAMA DESEMPREGO E ABONO SALARIAL

10.1 Seguro-desemprego

É um benefício que oferece auxílio em dinheiro por um período determinado. Ele é pago de três a cinco parcelas de forma contínua ou alternada, de acordo com o tempo trabalhado. A CAIXA atua como Agente Pagador do Seguro-Desemprego, cujos recursos são custeados pelo FAT.

10.1.1 Beneficiários

- Trabalhador formal e doméstico, em virtude da dispensa sem justa causa, inclusive dispensa indireta;
- Trabalhador formal com contrato de trabalho suspenso em virtude de participação em curso ou programa de qualificação profissional oferecido pelo empregador;
- Pescador profissional durante o período do defeso;
- Trabalhador resgatado da condição semelhante à de escravo.

10.2 Solicitação do benefício

- Superintendências Regionais do Trabalho e Emprego (SRTE);
- Secretaria Especial da Previdência e Trabalho (SEPRT);
- Sistema Nacional de Emprego (SINE) e outros postos credenciados pelo Ministério do Trabalho e Emprego;
- Portal Gov.br;
- Aplicativo Carteira de Trabalho Digital;
- Superintendências Regionais do Trabalho.

10.3 Saque

É creditado automaticamente na conta informada quando do requerimento, seja na CAIXA ou em outra Instituição Financeira.

Para o beneficiário que não tiver indicado conta para crédito do benefício quando do requerimento, será selecionada conta CAIXA de forma automática, desde que a conta seja individual, independentemente de autorização prévia.

O pagamento do SDE também pode ocorrer por meio de crédito em conta Poupança Social Digital.

Caso o beneficiário não possua conta CAIXA e atenda às condições, será aberta conta Poupança Social Digital de forma automática, sem a necessidade de apresentação de documentos ou comparecimento às agências e sem custos.

Na impossibilidade de efetuar o crédito em conta, o benefício será disponibilizado para pagamento nos canais:

- Unidade Lotérica;
- Correspondente CAIXA Aqui;
- Autoatendimento da CAIXA, mediante uso do Cartão Social, com senha cadastrada;
- Agências da CAIXA.

Vez da solicitação	Mín. de meses de trabalho para ter direito a receber o benefício	Tempo de trabalho necessário	Quantidade de parcelas do benefício
1ª solicitação	12 meses nos últimos 18 meses antes da dispensa	12 a 23 meses	4
		24 meses ou mais	5
2ª solicitação	9 meses nos últimos 12 meses antes da dispensa	9 a 11 meses	3
		12 a 23 meses	4
		24 meses ou mais	5
3ª solicitação	6 meses antes da dispensa	6 a 11 meses	3
		12 a 23 meses	4
		24 meses ou mais	5

10.4 Abono salarial

Instituído pela Lei nº 7.998/1990, o Abono Salarial equivale ao valor de, no máximo, um salário-mínimo a ser pago conforme calendário anual estabelecido pelo CODEFAT aos trabalhadores que satisfaçam os requisitos previstos em lei.

- A CAIXA atua como Agente Pagador do Abono Salarial;
- A origem dos recursos para pagamento é do FAT - Fundo de Amparo ao Trabalhador.

Para ter direito, o trabalhador precisa:

- Estar cadastrado no PIS/PASEP há pelo menos cinco anos;
- Ter recebido remuneração mensal média de até dois salários-mínimos durante o ano base;
- Ter exercido atividade remunerada para Pessoa Jurídica, durante pelo menos 30 dias, consecutivos ou não, no ano-base considerado para apuração;
- Ter seus dados informados pelo empregador (Pessoa Jurídica) corretamente na Relação Anual de Informações Sociais (RAIS)/eSocial.

Fique ligado

Com a Lei nº13.134/2015, o Abono Salarial passou a ter valor proporcional ao tempo de serviço do trabalhador no ano-base em questão. O cálculo do valor do benefício corresponde ao número de meses trabalhados no ano-base multiplicado por 1/12 do valor do salário-mínimo vigente na data do pagamento.

O trabalhador deverá ter trabalhado no mínimo 30 dias com carteira assinada por empresa no ano-base, requisito para ter o direito ao Abono Salarial, e cada mês trabalhado equivale a 1/12 de salário-mínimo no valor do benefício, sendo que o período igual ou superior a 15 dias contará como mês integral.

10.4.1 Pagamento

- Por crédito em conta CAIXA, quando o trabalhador possui conta corrente ou poupança ou Conta Digital;
- Por crédito pelo CAIXA Tem, em conta poupança social digital, aberta automaticamente pela CAIXA;
- Nos caixas eletrônicos, nas Casas Lotéricas e nos Correspondentes CAIXA Aqui utilizando o Cartão Social e senha;
- Em agência da CAIXA, apresentando um documento oficial de identificação.

10.5 Pasep

Pago no Banco do Brasil.

11 LEI COMPLEMENTAR Nº 7/1970 - PIS

Institui o Programa de Integração Social, e dá outras providências.

Art. 1º É instituído, na forma prevista nesta Lei, o Programa de Integração Social, destinado a promover a integração do empregado na vida e no desenvolvimento das empresas.

Art. 2º O Programa de que trata o artigo anterior será executado mediante Fundo de Participação, constituído por depósitos efetuados pelas empresas na Caixa Econômica Federal.

Fique ligado

Com a publicação da CF/88, a sua destinação constitucional passou a ser para custear o programa de seguro-desemprego e o abono do PIS.

Art. 10 As obrigações das empresas, decorrentes desta Lei, são de caráter exclusivamente fiscal, não gerando direitos de natureza trabalhista nem incidência de qualquer contribuição previdenciária em relação a quaisquer prestações devidas, por lei ou por sentença judicial, ao empregado

***Parágrafo único.** As importâncias incorporadas ao Fundo não se classificam como rendimento do trabalho, para qualquer efeito da legislação trabalhista, de Previdência Social ou Fiscal e não se incorporam aos salários ou gratificações, nem estão sujeitas ao imposto sobre a renda e proventos de qualquer natureza.*

Os valores depositados referentes ao Programa de Integração Social, distribuído pelas empresas aos empregados cadastrados no programa entre 1971 até 04/10/1988, estão disponíveis para saque uma vez iniciado o calendário de Pagamento do Abono Salarial e dos rendimentos, independente do mês de nascimento do titular, desde que se atenda a um dos motivos previstos em Lei.

Os dispositivos determinados pela lei são os seguintes:

- Todos os beneficiários, de acordo com a Lei nº 13.932/2019 que alterou a LC nº 26/1975 (entre outras). Dentre outras questões relativas a outros programas, tratou sobre a movimentação das contas do PIS/PASEP e sobre a devolução de recursos ao FAT;
- Aposentadoria;
- Idade igual ou superior a 60 anos;
- Invalidez do participante ou dependente;
- Transferência para reserva remunerada ou reforma (no caso de militar);
- Idoso e/ou portador de deficiência alcançado pelo Benefício da Prestação Continuada;
- Câncer do participante ou dependente;
- AIDS do participante ou dependente
- Doenças listadas na Portaria Interministerial MPAS/MS nº 2.998/2001 (participante ou dependente);
- Morte do participante (situação em que o saldo da conta será pago aos dependentes ou sucessores do titular);
- Os eventos 27 (construção ou reforma de moradia) e 43 (casamento, que também permitiam o **saque das Cotas, foram extintos a partir da Lei Complementar nº 26/1975 e da Constituição de 1988, respectivamente**.

12 LEI Nº 8.036/1990 - FGTS

Dispõe sobre o Fundo de Garantia do Tempo de Serviço, e dá outras providências.

***Art. 20** A conta vinculada do trabalhador no FGTS poderá ser movimentada nas seguintes situações:*

I - despedida sem justa causa, inclusive a indireta, de culpa recíproca e de força maior;

I-A - extinção do contrato de trabalho prevista no art. 484-A da Consolidação das Leis do Trabalho (CLT), aprovada pelo Decreto-Lei no 5.452, de 1o de maio de 1943;

II - extinção total da empresa, fechamento de quaisquer de seus estabelecimentos, filiais ou agências, supressão de parte de suas atividades, declaração de nulidade do contrato de trabalho nas condições do art. 19-A, ou ainda falecimento do empregador individual sempre que qualquer dessas ocorrências implique rescisão de contrato de trabalho, comprovada por declaração escrita da empresa, suprida, quando for o caso, por decisão judicial transitada em julgado;

III - aposentadoria concedida pela Previdência Social;

IV - falecimento do trabalhador, sendo o saldo pago a seus dependentes, para esse fim habilitados perante a Previdência Social, segundo o critério adotado para a concessão de pensões por morte. Na falta de dependentes, farão jus ao recebimento do saldo da conta vinculada os seus sucessores previstos na lei civil, indicados em alvará judicial, expedido a requerimento do interessado, independente de inventário ou arrolamento;

V - pagamento de parte das prestações decorrentes de financiamento habitacional concedido no âmbito do Sistema Financeiro da Habitação (SFH), desde que:

a) o mutuário conte com o mínimo de 3 (três) anos de trabalho sob o regime do FGTS, na mesma empresa ou em empresas diferentes;

b) o valor bloqueado seja utilizado, no mínimo, durante o prazo de 12 (doze) meses;

c) o valor do abatimento atinja, no máximo, 80 (oitenta) por cento do montante da prestação;

VI - liquidação ou amortização extraordinária do saldo devedor de financiamento imobiliário, observadas as condições estabelecidas pelo Conselho Curador, dentre elas a de que o financiamento seja concedido no âmbito do SFH e haja interstício mínimo de 2 (dois) anos para cada movimentação;

VII – pagamento total ou parcial do preço de aquisição de moradia própria, ou lote urbanizado de interesse social não construído, observadas as seguintes condições:)

a) o mutuário deverá contar com o mínimo de 3 (três) anos de trabalho sob o regime do FGTS, na mesma empresa ou empresas diferentes;

b) seja a operação financiável nas condições vigentes para o SFH;

VIII - quando o trabalhador permanecer três anos ininterruptos fora do regime do FGTS;

IX - extinção normal do contrato a termo, inclusive o dos trabalhadores temporários regidos pela Lei nº 6.019, de 3 de janeiro de 1974;

X - suspensão total do trabalho avulso por período igual ou superior a 90 (noventa) dias, comprovada por declaração do sindicato representativo da categoria profissional.

XI - quando o trabalhador ou qualquer de seus dependentes for acometido de neoplasia maligna.

XII - aplicação em quotas de Fundos Mútuos de Privatização, regidos pela Lei nº 6.385, de 7 de dezembro de 1976, permitida a utilização máxima de 50 % (cinquenta por cento) do saldo existente e disponível em sua conta vinculada do Fundo de Garantia do Tempo de Serviço, na data em que exercer a opção.

XIII - quando o trabalhador ou qualquer de seus dependentes for portador do vírus HIV;

XIV - quando o trabalhador ou qualquer de seus dependentes estiver em estágio terminal, em razão de doença grave, nos termos do regulamento;

XV - quando o trabalhador tiver idade igual ou superior a setenta anos.

XVI - necessidade pessoal, cuja urgência e gravidade decorra de desastre natural, conforme disposto em regulamento, observadas as seguintes condições:

a) o trabalhador deverá ser residente em áreas comprovadamente atingidas de Município ou do Distrito Federal em situação de emergência ou em estado de calamidade pública, formalmente reconhecidos pelo Governo Federal;

b) a solicitação de movimentação da conta vinculada será admitida até 90 (noventa) dias após a publicação do ato de reconhecimento, pelo Governo Federal, da situação de emergência ou de estado de calamidade pública; e

c) o valor máximo do saque da conta vinculada será definido na forma do regulamento.

XVII - integralização de cotas do FI-FGTS, respeitado o disposto na alínea i do inciso XIII do art. 5º desta Lei, permitida a utilização máxima de 30% (trinta por cento) do saldo existente e disponível na data em que exercer a opção.

XVIII - quando o trabalhador com deficiência, por prescrição, necessite adquirir órtese ou prótese para promoção de acessibilidade e de inclusão social.

XIX - pagamento total ou parcial do preço de aquisição de imóveis da União inscritos em regime de ocupação ou aforamento, a que se referem o art. 4o da Lei no 13.240, de 30 de dezembro de 2015, e o art. 16-A da Lei no 9.636, de 15 de maio de 1998, respectivamente, observadas as seguintes condições:

a) o mutuário deverá contar com o mínimo de três anos de trabalho sob o regime do FGTS, na mesma empresa ou em empresas diferentes;

b) seja a operação financiável nas condições vigentes para o Sistema Financeiro da Habitação (SFH) ou ainda por intermédio de parcelamento efetuado pela Secretaria do Patrimônio da União (SPU), mediante a contratação da Caixa Econômica Federal como agente financeiro dos contratos de parcelamento;

c) sejam observadas as demais regras e condições estabelecidas para uso do FGTS;

XX - Anualmente, no mês de aniversário do trabalhador, por meio da aplicação dos valores constantes do Anexo desta Lei, observado o disposto no art. 20-D desta Lei;

XXI - a qualquer tempo, quando seu saldo for inferior a R$ 80,00 (oitenta reais) e não houver ocorrido depósitos ou saques por, no mínimo, 1 (um) ano, exceto na hipótese prevista no inciso I do § 5º do art. 13 desta Lei;

XXII - quando o trabalhador ou qualquer de seus dependentes for, nos termos do regulamento, pessoa com doença rara, consideradas doenças raras aquelas assim reconhecidas pelo Ministério da Saúde, que apresentará, em seu sítio na internet, a relação atualizada dessas doenças.

12.1 Certificado de regularidade do FGTS

A regularidade para com o FGTS é uma situação apurada pela CAIXA, atestada mediante emissão do Certificado de Regularidade do FGTS – CRF.

Para estar regular perante o FGTS, o empregador deve estar em dia:

- Com as obrigações para com o FGTS, considerando os aspectos: financeiro, cadastral e operacional;
- Com o pagamento das contribuições sociais instituídas pela Lei Complementar nº 110/2001; e
- Com o pagamento de empréstimos lastreados com recursos do FGTS.

Além do cumprimento das obrigações com os trabalhadores, a regularidade é condição obrigatória para participação em licitações públicas e demais situações previstas nas Leis nº 8.036/1990 e 9.012/1995.

Fique ligado

A CAIXA possibilita consulta on-line da situação da empresa perante o Fundo de Garantia do Tempo de Serviço – FGTS.

12.2 GRFGTS - Guia de Recolhimento do FGTS

A GRFGTS é a guia de recolhimento do FGTS, gerada pela CAIXA, com base nas informações prestadas pelo empregador via eSocial. Ela substitui a GRF (Guia Recolhimento FGTS) e a GRRF (Guia Recolhimento Rescisório FGTS), guias utilizadas anteriores à vigência do eSocial.

A GRF – Guia de recolhimento do FGTS é destinada aos:

- Trabalhadores geridos pela CLT que firmaram contrato de trabalho a partir de 05/10/1988;
- Trabalhadores rurais;
- Trabalhadores intermitentes (Lei nº 13.467/2017 - Reforma Trabalhista);
- Trabalhadores temporários;
- Trabalhadores avulsos;
- Safreiros (operários rurais, que trabalham apenas no período de colheita);
- Atletas profissionais (jogadores de futebol, vôlei, etc.);
- Diretor não-empregado poderá ser equiparado aos demais trabalhadores sujeitos ao regime do FGTS; e
- Menores Aprendizes Contrato verde e amarelo.

Valor do Depósito:

- O depósito equivale a 8% do valor do salário pago ou devido ao trabalhador, cujo contrato é regido pela CLT;
- Em casos específicos, o percentual pode ser diferente, como por exemplo nos contratos de menores aprendizes, com percentual de 2%.

Data de Vencimento:

- O depósito deve ser efetuado até o dia 7 do mês seguinte ao da competência relativa ao recolhimento.

13 PESSOA FÍSICA E PESSOA JURÍDICA

13.1 Pessoa física

Capacidade e Incapacidade são elementos da personalidade, ou seja, com base no artigo 1 do Código Civil, todas as pessoas possuem capacidade de direito, todos são capazes de adquirir direitos e gozar deles, todavia existem pessoas que não podem exercer os seus direitos e os atos da vida civil devido a algum motivo em específico, sendo que para isso é necessário a capacidade de fato (exercício do direito), que é aquela que pode ser exercida pessoalmente ao que tange os atos da vida civil.

São absolutamente incapazes os menores de 16 anos; os que, por enfermidade ou deficiência mental, não tiverem o necessário discernimento para a prática dos atos da vida civil e os que mesmo por causa transitória, não puderem exprimir sua vontade (art. 3º do Novo Código Civil Brasileiro).

São relativamente incapazes a certos atos, ou à maneira de os exercer: os maiores de 16 e menores de 18 anos; os ébrios habituais, os viciados em tóxicos, e os que, por deficiência mental, tenham o discernimento reduzido; os ébrios habituais, os viciados em tóxico, e os que, por deficiência mental, tenham o discernimento reduzido; os excepcionais, sem desenvolvimento mental completo e os pródigos, devendo a capacidade dos índios ser regulada por legislação especial. (art. 4º do Novo Código Civil Brasileiro).

Os menores de 16 anos (absolutamente incapazes) são representados e os entre 16 e 18 anos (relativamente incapazes) são assistidos pelos seus pais, tutores ou curadores. Na representação, o pai ou o tutor pratica o ato jurídico sozinho, em nome do menor, ou pelo menor; na assistência, o responsável coloca-se ao lado do menor, auxiliando-o na prática do ato jurídico e integrando-lhe a capacidade.

Pródigo é o que esbanja a sua fortuna. Sua interdição limita-se à esfera patrimonial (artigos: 4º, IV; 1.767, V e 1.782 do Novo Código Civil Brasileiro).

As deficiências físicas ou doenças não influem na capacidade civil, salvo se impedirem a manifestação ou transmissão da vontade.

O mudo e o surdo podem manifestar-se por escrito, por sinais, por intérprete ou por procurador. Estes e os cegos só não podem intervir em atos que dependem diretamente dos sentidos que lhes faltam. Da mesma forma, a idade avançada, por si só, não é causa de incapacidade.

Capacidade e incapacidade civil

- Capacidade
  - **Capacidade de direito:** Possibilidade de direito, porém nem toda pessoa tem aptidão para exercer seus direitos.

+

  - **Capadidade de fato:** Aptidão para exercer os atos da vida civil.

=

Capacidade plena

- Incapacidade civil

Quando se limita legal ou judicialmente o exercício da vida civil a um indivíduo.

  - Absoluta: a quem falta capacidade de fato (esteja impossibilitado de exercer os atos da vida civil
    - menores de 16
  - Relativa: incapazes a certos atos ou à maneira que os exercer.
    - Maiores de 16 e menores de 18 anos
    - Ébrios habitualmente e viciados
    - Os que não puderem exprimir sua vontade
    - Os pródigos
- Suprimento da incapacidade absoluta

  Necessita ser representado por pessoa com capacidade plena
  - Pais, tutores (menor) e curadores (adulto)
- Suprimento da incapacidade relativa

  Deve ser assistido por pessoa com capacidade plena.

13.2 Pessoa jurídica

Pessoas jurídicas são entidades a que a lei empresta personalidade, isto e, são seres que atuam na vida jurídica, com personalidade diversa da dos indivíduos que os compõem, capazes de serem sujeitos de direitos e obrigações na ordem civil.

- De acordo com a sua estrutura:
  - As que têm como elemento adjacente o homem, isto é, as que se compõem pela reunião de pessoas, tais como as associações e as sociedades;
  - As que se constituem em torno de um patrimônio destinado a um fim, isto é, as fundações.
- De acordo com sua órbita de atuação: as pessoas podem ser de direito externo (as várias Nações, a Santa Sé, a Organização das Nações Unidas) ou interno (a União, os Estados, o Distrito Federal e cada um dos Municípios legalmente constituídos); e de direito privado (as sociedades civis, religiosas, pias, morais, científicas ou literárias, as associações de utilidade pública, as fundações e, ainda, as sociedades mercantis).
  - Dentre as pessoas jurídicas de Direito privado, podemos distinguir as associações, isto e, agrupamentos de indivíduos sem fim lucrativo, como os clubes desportivos, os centros culturais, as entidades pias, etc.; e, de outro, as sociedades, isto é, os agrupamentos individuais com escopo de lucro.

Requisitos para a existência legal das pessoas jurídicas.

A existência, perante a lei, das pessoas jurídicas de direito privado começa com a inscrição dos seus contratos, atos constitutivos, estudos ou compromissos em seu registro público peculiar.

- A denominação fundo social (quando houver), os fins e a sede da associação, ou fundação, bem como o tempo de sua duração;
- O modo por que se administra e representa a sociedade, ativa e passivamente, judicial e extrajudicialmente;
- Se os estatutos, contrato ou o compromisso são reformáveis no tocante à administração, e de que modo;
- Se os membros respondem ou não, subsidiariamente, uns pelos outros, pelas obrigações sociais;
- As condições de extinção das pessoas jurídicas, e o destino de seu patrimônio, nesse caso;
- Os nomes dos fundadores, ou instituidores, e dos membros da diretoria provisória ou definitiva, com indicação da nacionalidade, estado civil ou profissão de cada um, bem como o nome e residência do apresentante dos exemplares.

No momento em que a pessoa jurídica registra seu contrato constitutivo, adquire personalidade, isto e, capacidade para ser titular de direito. Naturalmente ela só pode ser titular daqueles direitos compatíveis com a sua condição de pessoa fictícia, ou seja, os patrimônios. Não se lhe admitem os direitos personalísticos.

Para exercer tais direitos, a pessoa jurídica recorre a pessoas físicas que a representam, ou seja, por quem os respectivos estatutos designarem ou, não os designando, pelos seus diretores.

13.3 Representação e domicílio

13.3.1 Representação

Para exercer seus direitos e cumprir suas obrigações as pessoas jurídicas, designa nos atos constitutivos (contratos sociais ou estatutos), quem as representa.

Da mesma forma as pessoas naturais podem fazer-se apresentar por outra pessoa natural (pessoa física) através de um instrumento chamado PROCURAÇÃO.

13.3.2 Domicílio

Domicílio-civil da pessoa natural é o lugar onde ela estabelece sua residência com animo definitivo.

O conceito de domicílio se distingue do de residência. Este representa uma relação de fato entre uma pessoa e um lugar, envolvendo a ideia de habitação, enquanto o de domicílio compreende o de residência, acrescido do ânimo de aí fazer o centro de sua atividade jurídica.

Domicílio da pessoa jurídica de Direito Público:

- O domicílio da União e o Distrito Federal; dos Estados, as respectivas Capitais; e dos Municípios, o lugar onde funciona a Administração Municipal.
- Das demais pessoas jurídicas, o lugar onde funcionarem as respectivas diretorias e administrações, ou onde elegeram domicílio especial, nos seus estatutos ou atos constitutivos.

Domicílio da pessoa jurídica estrangeira:

Se a administração e diretoria tiver sede no estrangeiro, haver-se-á por domicílio da pessoa-jurídica, no tocante as obrigações contraídas por cada uma das suas agencias, o lugar do estabelecimento, sito no Brasil, a que ela responder.

14 SISTEMA DE PAGAMENTOS BRASILEIRO

14.1 SPB

O Sistema de Pagamentos Brasileiro corresponde a um conjunto de regras, procedimentos e operações financeiras e de valores mobiliários vigentes no Brasil e possibilita a movimentação de recursos entre os agentes econômicos do território nacional, em moeda nacional ou estrangeira.

Sua viabilização ocorre através da Conta de Reservas Bancárias, que representa a movimentação de recursos das financeiras junto ao BC.

14.1.1 Função

- Atualmente, a função desse Sistema é facilitar a transferência de recursos entre as instituições financeiras, sejam eles em moeda nacional ou moedas estrangeiras. Isso porque toda a estrutura visa a redução do prazo entre transferências de recursos de maneira transparente e segura.
- Além disso, o SPB também é responsável por processar e liquidar pagamentos para pessoas físicas e jurídicas, como transações com cartões de crédito, por exemplo.

14.1.2 Economia de mercado

Agente pagador

↓

Agente recebedor

A movimentação de fundos em decorrência dos atos produzidos pelo movimento da economia requer a integração dos procedimentos, regras, instrumentos e sistemas operacionais, aqui denominados de "sistemas de pagamentos".

Portanto, é por intermédio desse sistema que é operacionalizado a maior parte dos produtos bancários mais comuns oferecidos pelos bancos comerciais.

Outras operações financeiras de responsabilidade do Sistema de Pagamentos Bancário são:

- Transferências (TED e DOC);
- Emissão e saque de cheques;
- Depósitos;
- Pagamento de títulos;
- Operações na Bolsa de Valores.

Para isso, o SPB conta com um gerenciamento de riscos executado pelas câmaras de liquidação (*clearing houses*), que atuam como intermediadoras em operações bilaterais ou multilaterais, base instituída pela Lei nº 10.214/2001.

Fique ligado

O SPI é o Sistema de Pagamento Instantâneo foi criado, e é operado, pelo Banco Central para realização das movimentações decorrentes do PIX. Ele é equivalente ao SPB, Sistema de Pagamento Brasileiro, porém, exclusivo para os pagamentos instantâneos.

14.2 Funcionamento

O órgão responsável pelo SPB é o Banco Central (BC).

- Define as normas,
- Estabelece processos,
- Arregimenta as instituições operadoras, sejam elas públicas ou privadas. (Isto ocorre porque a movimentação da moeda, e consequentemente os pagamentos, está diretamente ligada ao papel que o BC exerce enquanto autoridade monetária).

Com essa estruturação, ocorre uma ampla automatização dos processos (já que a maioria dos títulos ser escriturais) além de uma liquidação em tempo recorde.

14.3 Função do Banco Central no sistema de pagamentos

- Zelar pelo bom funcionamento e pela integridade do sistema financeiro;
- Manter elevado e eficiente o nível de supervisão bancária;
- Aprimorar constantemente os mecanismos de administração de riscos;
- Manter ativo e eficiente o sistema de pagamentos implementado, como forma de exercer melhor controle sobre a gerência de liquidez do mercado de reservas.

Além do BC, o funcionamento do SPB também depende de outras instituições, que asseguram a efetuação das transações financeiras oferecendo a estrutura necessária para executá-las.

Essas instituições compõem o que chamamos de Infraestruturas do Mercado Financeiro (IMF).

As IMFs estão condicionadas à autorização e supervisão do BC, bem como seguem normas do Conselho Monetário Nacional (CMN) e da Comissão de Valores Mobiliários (CVM), conforme o campo de atuação de cada instituição.

O SPB é formado por inúmeras entidades financeiras. Além do Banco Central, as principais são:

- **Instituições financeiras:** é qualquer instituição que seja mediadora entre um cliente e serviços financeiros;
- **Câmara de Ações e Renda Fixa Privada (antiga CBLC):** faz a custódia e intermedeia as ações e valores mobiliários negociados no mercado brasileiro, garantindo que eles estejam em segurança caso a corretora declare falência. Também é o órgão responsável pela liquidação e operação das transações realizadas na Bolsa;
- **Central de Custódia e de Liquidação Financeira de Títulos Privados (CETIP):** regulamentada pela CVM e fiscalizada pelo BACEN, a CETIP é uma central depositária – ou seja, ela mantém a custódia das ações para que possam ser negociadas em mercados organizados - Ela também possibilita que os ativos sejam negociados, registrados e liquidados e, desde 2017, juntou-se à BM&F Bovespa;
- **Sistema Especial de Liquidação e Custódia (SELIC):** sistema responsável por liquidar, em tempo real, operações com títulos públicos federais;
- **Câmara Interbancária de Pagamentos (CIP):** associação civil sem fins lucrativos, a CIP controla e processa todo o volume de transações financeiras realizadas no país, compensando e liquidando pagamentos em tempo real. Além disso, oferece serviços financeiros variados, como sistema de transação de boletos e transferência eletrônica de fundos.

14.4 Sistema de Transferência de Reservas – STR

Sistema de transferência de fundos com liquidação bruta em tempo real (LBTR) operado pelo BACEN, que funciona com base em ordens de crédito, isto é, somente o titular da conta a ser debitada pode emitir a ordem de transferência de fundos.

Fique ligado

Liquidação de operações interbancárias realizadas nos mercados monetário, cambial e de capitais, incluindo a liquidação de resultados líquidos apurados em sistemas de compensação e liquidação operados por terceiros.

Instituições de pagamentos x Instituições financeiras

As instituições de pagamento são instituições não financeiras que executam serviços de pagamento sem precisar manter relacionamento com bancos. Seu rol de serviços pode incluir:

- Depósito/saque;
- Execução de remessa de fundos;
- Gestão de contas de pagamento;
- Conversão de moeda física em eletrônica e vice-versa;
- Credenciamento de instrumentos de pagamento;
- Emissão de instrumento de pagamento;
- Execução de instrução de pagamento.

Já instituições financeiras intermediam, além dos serviços de pagamentos, outros, como concessão de crédito, investimento e poupança.

A transferência de fundos no STR é irrevogável, isto é, só é possível "desfazer" uma transação por meio de outra transação no sentido contrário. Além disso, para garantir a solidez do sistema, no STR não há possibilidade de lançamentos a descoberto (não se admite saldo negativo).

O STR, regulamentado pela Resolução BCB nº 105/2021, é um sistema que faz liquidação bruta em tempo real (LBTR), ou seja, que processa e liquida transação por transação.

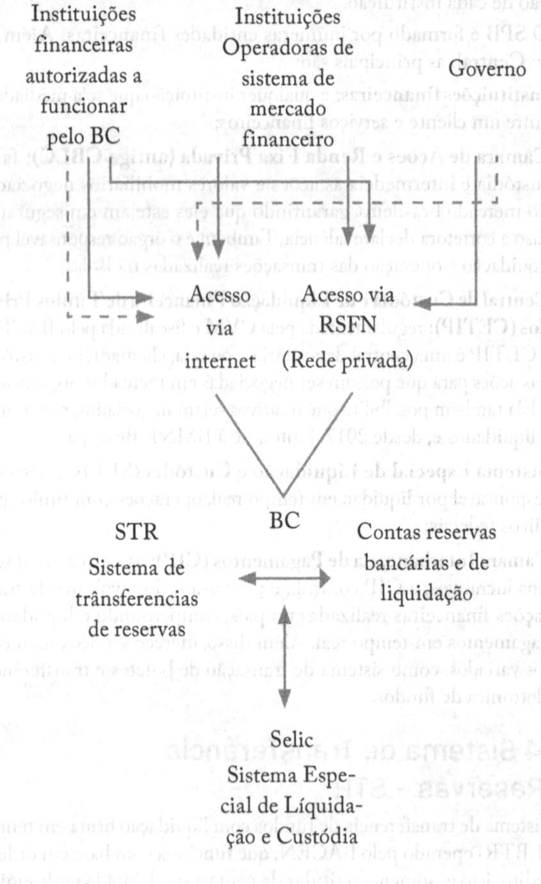

15 PLANEJAMENTO ESTRATÉGICO

15.1 Processo de Planejamento

Maximiano descreve o planejamento como o processo de tomar *decisões para o futuro*. De forma mais completa, Chiavenato diz que *planejar é definir os objetivos e escolher antecipadamente o melhor curso de ação para alcançá-los*.

Para Felipe Sobral e Alketa Peci, o planejamento tem a dupla atribuição de definir o *que* deve ser feito – objetivos – e *como* deve ser feito – planos:

Planejamento	
Concepção de planos	Definição dos objetivos
Guias que integram e coordenam as atividades da organização de forma a alcançar esses objetivos	Resultados, propósitos, intenções ou estados futuros que as organizações preteden alcaçar

Na lição de Chiavenato (2006), o planejamento pode ser considerado como um processo constituído de uma série sequencial de seis passos:

01. Definição dos objetivos: o primeiro passo do planejamento é o estabelecimento dos objetivos que se pretende alcançar, ou seja, os objetivos da organização devem orientar todos os principais planos, servindo de base os objetivos departamentais. Os objetivos devem especificar resultados desejados e os pontos finais a que se pretende chegar, para se conhecer quais os passos intermediários para chegar lá.

02. Verificação da situação atual em relação aos objetivos: simultaneamente à definição dos objetivos, deve-se avaliar a situação atual em contraposição aos objetivos desejados, verificar onde se está e o que precisa ser feito.

03. Desenvolver premissas quanto às condições futuras: premissas constituem os ambientes esperados dos planos em operação. Como a organização opera em ambientes complexos. Trata-se de gerar cenários alternativos para os estados futuros das ações, analisando o que pode ajudar ou prejudicar o progresso em relação aos objetivos.

04. Analisar as alternativas de ação: o quarto passo do planejamento é a busca e análise dos cursos alternativos de ação. Trata-se de relacionar e avaliar as ações que devem ser empreendidas.

05. Escolher um curso de ação entre as várias alternativas: o quinto passo é selecionar o curso de ação adequada para alcançar os objetivos propostos. Trata-se de uma tomada de decisão, em que se escolhe uma alternativa e se abandona as demais. A alternativa escolhida se transforma em um plano para alcance dos objetivos.

06. Implementar o plano e avaliar os resultados: fazer aquilo que o plano determina e avaliar cuidadosamente os resultados para assegurar o alcance dos objetivos, seguir por meio do que foi planejado e empreender as ações corretivas à medida que se tornarem necessárias.

15.2 Níveis de Planejamento

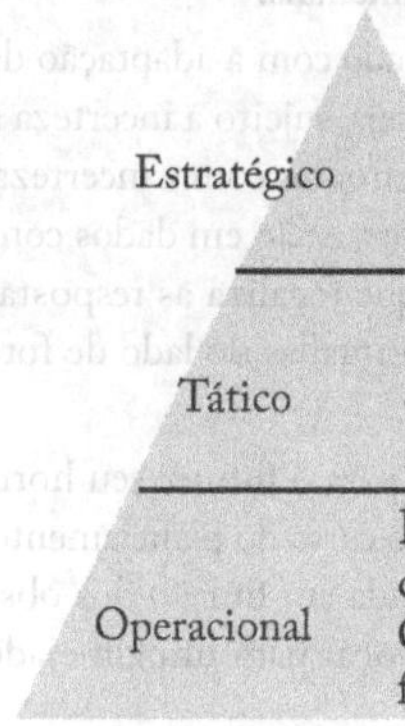

Nível	
Estratégico	Amplo e genérico - menor grau de detalhamento. Impacta em toda a organização. Determina objetivos e diretrizes institucionais. Longo Prazo - maior nível de incerteza.
Tático	Desdobramento das estratégias em cada unidade. Aproxima/intrega o estratégico com o operacional. Grau de detalhamento um pouco maior - diminui incertezas. Médio Prazo
Operacional	Desdobramento dos planos táticos em atividades. Máximo detalhamento - maior precisão. Curto prazo - menor risco. "O que" e "Como" fazer - procedimentos, cronogramas.

Planos Estratégicos	Definem a missão, o futuro e as formas de atuar no ambiente (produtos e serviços, clientes e mercados, vantagens competitivas), bem como os objetivos de longo prazo.
Planos Funcionais ou Administrativos	Definem os objetivos e curso de açãodas áreas funcionais (marketing, finanças, oprações, recursos humanos) para realizar os planos estratégicos.
Planos operacionais	Definem atividades, recursos e formas de controle necessários para realizar os cursos de ação escolhidos.

O planejamento estratégico é insuficiente de forma isolada para que as organizações alcancem vantagem competitiva, sendo necessário o desenvolvimento e a implantação dos planejamentos táticos e operacionais de forma integrada e alinhada.

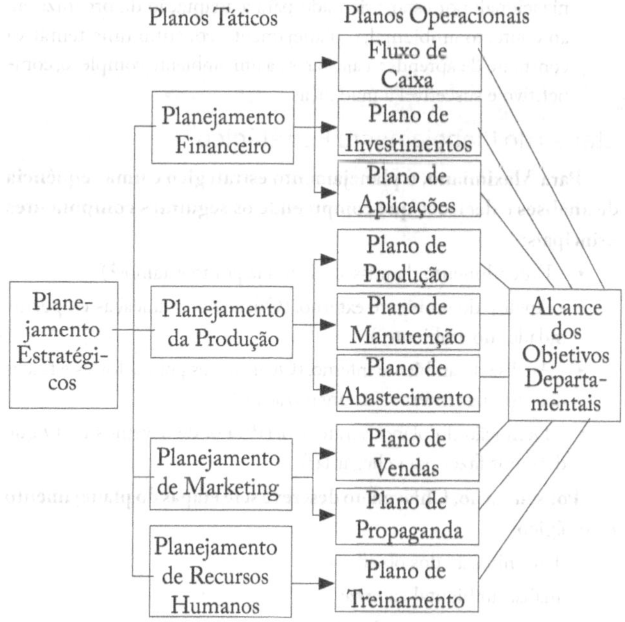

15.2.1 Planejamento Estratégico

O ambiente cheio de incertezas em que estão inseridas as organizações faz com que elas busquem se adaptar constantemente. E, nesse sentido, uma ferramenta indispensável é o planejamento estratégico, que proporciona flexibilidade na gestão das organizações com técnicas e processos administrativos.

No entanto, Matos e Chiavenato (1999) lecionam que o planejamento estratégico apresenta cinco características fundamentais:

- O planejamento estratégico está relacionado com a adaptação da organização a um ambiente mutável: ou seja, sujeito à incerteza a respeito dos eventos ambientais. Por se defrontar com a incerteza, tem suas decisões baseadas em julgamentos, e não em dados concretos. Reflete uma orientação externa que focaliza as respostas adequadas às forças e pressões que estão situadas do lado de fora da organização.
- O planejamento estratégico é orientado para o futuro: seu horizonte de tempo é o longo prazo. Durante o curso do planejamento, a consideração dos problemas atuais é dada em função dos obstáculos e barreiras que eles possam provocar para um almejado lugar no futuro.
- O planejamento estratégico é compreensivo: ele envolve a organização como uma totalidade, abarcando todos os seus recursos, no sentido de obter efeitos sinergéticos de todas as capacidades e potencialidades da organização. A resposta estratégica da organização envolve um comportamento global, compreensivo e sistêmico. A participação das pessoas é fundamental nesse aspecto, pois o planejamento estratégico não deve ficar apenas no papel, mas na cabeça e no coração de todos os envolvidos. São eles que o realizam e o fazem acontecer.
- O planejamento estratégico é um processo de construção de consenso: devido à diversidade dos interesses e necessidades dos parceiros envolvidos, o planejamento deve oferecer um meio de atender a todos na direção futura que melhor convenha para que a organização possa alcançar seus objetivos. Para isso, é preciso aceitação ampla e irrestrita para que o planejamento estratégico possa ser realizado, por meio dessas pessoas, em todos os níveis da organização.
- O planejamento estratégico é uma forma de aprendizagem organizacional: por estar orientado para a adaptação da organização ao contexto ambiental, o planejamento constitui uma tentativa constante de aprender a ajustar-se a um ambiente complexo, competitivo e suscetível a mudanças.

Etapas do Planejamento Estratégico

Para Maximiano, o planejamento estratégico é uma sequência de análises e decisões que compreende os seguintes componentes principais:

- - Entendimento da missão. (Em que ponto estamos?)
- - Análise do ambiente externo. (Quais são as ameaças e oportunidades do ambiente?)
- - Análise do ambiente interno. (Quais são os pontos fortes e fracos dos sistemas internos da organização?)
- - Definição do plano estratégico. (Para onde devemos ir? O que devemos fazer para chegar lá?)

Por seu turno, Chiavenato descreve sete etapas do planejamento estratégico:

- determinação dos objetivos;
- análise ambiental externa;
- análise organizacional interna;
- formulação de alternativas;
- elaboração do planejamento;
- implementação e execução;
- avaliação dos resultados.

Ademais, Djalma Rebouças de Oliveira dispõe que o planejamento estratégico compõe-se por quatro fases básicas:

Fase I – Diagnóstico estratégico – também denominada auditoria de posição, deve-se determinar "como se está". As pessoas representativas devem analisar os aspectos inerentes à realidade interna e externa da empresa. Essa fase pode ser dividida em cinco etapas básicas: (a) identificação da visão; (b) identificação dos valores; (c) análise externa; (d) análise interna; e (e) análise dos concorrentes.

Fase II – Missão da empresa – nesse momento, deve ser estabelecida a razão de ser da empresa, bem como o seu posicionamento estratégico. Essa fase divide-se em cinco etapas: (a) estabelecimento da missão da empresa; (b) estabelecimento dos propósitos atuais e potenciais; (c) estruturação e debate de cenários; (d) estabelecimento da postura estratégica; e (e) estabelecimento das macroestratégias e macropolíticas.

Fase III – Instrumentos prescritivos e quantitativos – nessa fase, deve-se estabelecer "de onde se quer chegar" e de "como chegar à situação que se deseja". Assim, pode-se dividi-la em dois instrumentos perfeitamente interligados: (a) instrumentos prescritivos (explicitação do que deve ser feito pela empresa); e (b) instrumentos quantitativos (projeções econômico-financeiras do planejamento orçamentário).

Fase IV – Controle e avaliação – deve verificar "como a empresa está indo" para a situação desejada.

15.2.2 Missão, Visão, Valores, Questões e Objetivos

A **missão significa a razão de ser da empresa.** A missão deve expressar o motivo da existência da organização e o que ela faz. Trata-se do propósito fundamental ou razão de existir de uma organização, independentemente de ser pública ou privada. É um referencial para as ações desempenhadas pela instituição.

Por outro lado, **a visão representa o consenso dos membros da organização sobre o futuro que se deseja.** Na hora de definir a visão, deve-se olhar para o futuro e identificar a forma como a organização deve ser vista por colaboradores, clientes, fornecedores e a sociedade em geral.

Por sua vez, os **valores são princípios, crenças, normas e padrões** que devem orientar o comportamento das pessoas na organização.

> Ex.: Profissionalismo, Equidade, Ética e Transparência.

Por fim, os **objetivos são resultados que a empresa pretende alcançar; enquanto as metas são os desdobramentos dos objetivos.** As estratégias representam o caminho a ser seguido para alcançar os objetivos.

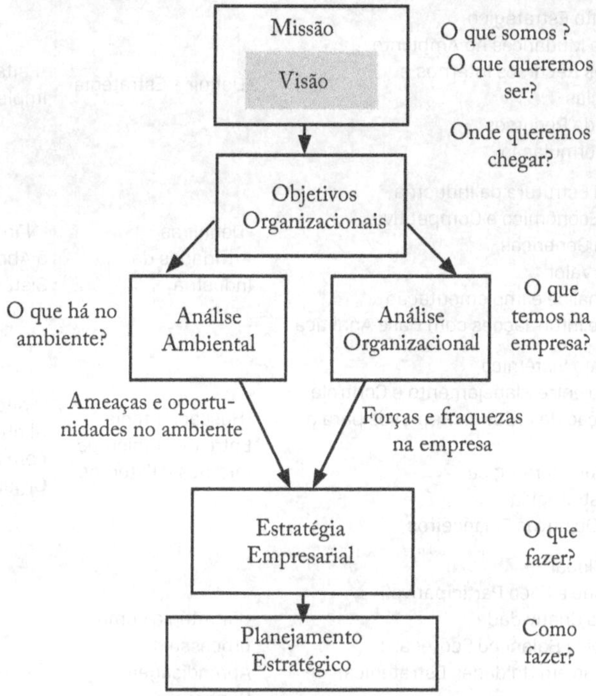

15.2.3 Evolução do Pensamento Estratégico

O pensamento estratégico vem evoluindo com o passar do tempo, sendo manifestado por meio de várias correntes. Moysés Filho et al. (2003, p. 15-30) descrevem as fases de evolução do pensamento estratégico empresarial, desde 1950 até os dias de hoje, por meio de seis escolas que se sucedem e se complementam no decorrer do tempo.

A primeira fase é correspondente **à Escola do Planejamento Financeiro**, segundo a qual a alta administração aprovava um orçamento visando apenas ao controle financeiro do desempenho.

A segunda fase, caracterizada pela **Escola do Planejamento a Longo Prazo**, baseava-se na projeção do futuro por meio da elaboração de cenários na premissa de que o futuro seria estimado pela projeção de indicadores passados e atuais, podendo ser melhorados a longo prazo pela intervenção ativa no presente.

A terceira fase, chamada de **Escola do Planejamento Estratégico**, caracterizou-se por se basear principalmente na análise das forças-fraquezas internas e das oportunidades-ameaças do ambiente, calçada na premissa de que as estratégias eficazes derivam de um processo de pensamento rigidamente formado, dando ênfase ao planejamento.

Já a quarta escola, definida com**o Escola da Administração Estratégica**, embora aceitasse a maioria das premissas desenvolvidas anteriormente, concentrou sua abordagem no argumento de que a implantação das estratégias era tão importante quanto a sua formulação, focando consequentemente a abordagem prescritiva do pensamento estratégico.

Na quinta fase, **Escola da Gestão Estratégica**, a abordagem sistêmica foi inserida a todo o processo, em que além do ato de planejar estrategicamente, era também necessário organizar, dirigir e coordenar estrategicamente, proporcionando, com isso, uma abordagem mais integrada e menos centralizada.

A sexta escola, chamada de **Gestão Estratégica Competitiva**, é descrita como uma tendência do pensamento estratégico contemporâneo. Esta Escola tem como premissa básica a ideia de que a estratégia deve assumir a forma de um processo de aprendizado ao longo do tempo, integrando oito características básicas: Atuação Global; Proatividade e Foco Participativo; Incentivo à Criatividade; Controle pelo Balanced Scorecard; Organização em Unidades Estratégicas de Negócios; Ênfase em Alianças Responsabilidade Social Aprendizagem Contínua.

Evolução do Pensamento Estratégico

Escola de Pensamento	Caracteristicas Principais	Sistemas de Valores	Problemas	Predominância
Planejamento Financeiro	- Orçamento Anual - Controle Financeiro -Administração por objetivos (APO)	-Cumprir o Orçamento	-Promover a Miopia	Década de 1950
Planejamento a longo prazo	-Projeção de Tendências -Análise de Lacunas - Estudos de Cenários	-Projetar o Futuro	-Não prever descontinuidades	Década de 1960

C O N B A N

Planejamento estratégico	-Pensamento Estratégico -Analise de Mudanças no Ambiente -Analise dos Recursos internos e Competências - Alocação de Recursos - Foco na Formulação	-Definir a Estratégia	-Falta de Foco na Implementação	Década de 1970
Administração Estratégica	-Analise da Estrutura da Industria -Contexto Econômico e Competitivo -Estratégia Genéricas -Cadeia de Valor -Foco na análise e Implementação -Pesquisa e Informações com Base Analítica	-Definir as Atividades da Industria	-Não Desenvolver a Abordagem Sistêmica	Década de 1980
Gestão Estratégica	-Pensamento Sistêmico -Integração entre Planejamento e Controle -Coordenação de todos os Recursos para o Objetivo -Organização Estratégica -Direção Estratégica -Foco nos Objetivos Financeiros	-Buscar Sintonia Entre os Ambientes Internos e Externos	-Falta de Alinhamento com a Filosofia Organizacional	Década de 1990
Gestão Estratégica Competitiva	-Atuação Global -Proatividade e Foco Participativo -Incentivo à Criatividade -Controle pelo Balanced Scorecard -Organização em Unidades Estratégicas de Negócios -Enfase em Alianças -Responsabilidade Social -Aprendisagem Continua	-Estratégia como processo de Aprendisagem Continua e Integrada	--------------	Início do Século XXI

15.2.4 Análise SWOT

A técnica SWOT surgiu da tentativa de correção do planejamento corporativo, conhecido na época como planejamento estratégico malsucedido (Chiavenato 2000).

O planejamento estratégico, segundo Chiavenato (2000), é um método pelo qual uma organização deseja implantar uma determinada estratégia de negócios, crescimento e desenvolvimento almejando os objetivos propostos. Para Philip KOTLER (1975), o conceito de planejamento estratégico é um método gerencial pelo qual uma corporação estabelece sua direção a ser seguida, considerando a maximização da interação com o ambiente interno e externo. A direção estabelecida pela corporação deve considerar o âmbito de atuação, políticas funcionais, macropolíticas, estratégias funcionais, filosofia de atuação, macroestratégia, macro-objetivos e objetivos funcionais.

Segundo Andrade, et al. (2008),

*"A sigla S.W.O.T., deriva da língua inglesa e traduz-se: **sthreats** (forças), **Weaknesses** (fraquezas), **Opportunities** (oportunidades) e **Sthreats** (ameaças). Esta análise procura avaliar os pontos fortes e pontos fracos no ambiente interno da organização e as oportunidades e as ameaças no ambiente externo." (Andrade, et al. 2008).*

- S – Sthreats: Pontos fortes (Forças) – Descreve os pontos fortes da empresa que estão sob influência do próprio administrador;
- W – Weaknesses: Pontos fracos (Fraquezas) – Competências que estão sob influência do administrador, mas por algum motivo atrapalham ou não geram vantagem competitiva;
- O - Opportunities: oportunidades – Forças externas à empresa, influenciando positivamente, porém não estão sob controle do administrador.
- T - Threats: ameaças – Forças externas à empresa, que tendem a pesar negativamente nos negócios da empresa.

As Forças e Fraquezas são fatores que estão caracterizados como internos de criação ou de destruição de valores. Estes valores podem ser ativos, habilidades ou recursos financeiros e humanos que uma organização possui a disposição em relação aos seus concorrentes (Value Based Management, 2011).

Já as Oportunidades e as Ameaças são consideradas como fatores externos de criação ou de destruição de valores, não controlados pela empresa. Estes valores podem ser fatores demográficos, políticos, sociais, legais e Tecnológicos. (Value Based Management, 2011).

A análise SWOT é uma técnica que sintetiza os principais fatores internos e externos das organizações empresariais e sua capacidade estratégica de influenciar uma tendência de causar maior impacto no desenvolvimento da estratégia (Johnson, et al. 2007). O objetivo desta ferramenta "(...) é identificar o grau em que as forças e fraquezas atuais são relevantes para, e capazes de, lidar com as ameaças ou capitalizar as oportunidades no ambiente empresarial." (JOHNSON, et al. 2007).

Há várias vantagens na utilização desta técnica, dentre elas estão:

- Auxiliar a empresa a identificar o que a torna mais efetiva (forças), aumentando a confiança nas ações a serem tomadas, indicando um caminho mais seguro para sua ação no mercado.
- Planejar ações de correção e ajuste, identificando os pontos de melhoria da empresa (fraquezas).
- Usufruir das oportunidades identificadas.

- Diminuir os riscos referentes às ameaças identificadas.
- Alcance de um maior grau de conhecimento diante do negócio, ambiente e do nicho de mercado da empresa.
- Domínio do Problema.

A Análise SWOT ou Matriz SWOT, pode ser adotada por uma organização, unidade ou até mesmo por uma equipe favorecendo uma série de objetivos do projeto, podendo esta ser utilizada para avaliar um produto ou marca; uma terceirização de uma função de negócios; uma parceria ou aquisição. Além de que, quando bem aplicada pode trazer **benefícios** para o desenvolvimento de uma negociação, a aplicação de uma tecnologia específica ou uma fonte de alimentação especial.

- Neutralidade Aplicação: a análise SWOT é realizada por meio da identificação de um objetivo/problema, sendo assim deve se realizar uma sessão de Brainstorming utilizada para identificar os fatores internos e externos que são favoráveis e desfavoráveis para a realização deste objetivo. Permanecendo este mesmo critério para análise com finalidade de apoio ao planejamento estratégico, análise de oportunidades, análise competitiva, desenvolvimento de negócios ou processos de desenvolvimento de produtos.
- Análise Multinível: consiste em informações valiosas sobre as chances de seu objetivo, podendo ser fornecidas por meio da visualização de cada um dos quatro elementos das forças de análise SWOT (Forças, Fraquezas, Oportunidades e Ameaças), de forma independente ou em combinação.
- Integração de Dados: a análise SWOT propõe que as informações quantitativas e qualitativas a partir de um número de fontes devem ser combinadas, facilitando o acesso a uma gama de dados de múltiplas fontes, a fim de melhorar a comunicação, o nível de planejamento e tomada de decisões da empresa, auxiliando na coordenação de suas operações.
- Simplicidade: esse método de análise não requer habilidades técnicas nem treinamento. Sendo assim, ela pode ser realizada por qualquer pessoa com domínio e competência de realização sobre o negócio, ou setor em que ela opera. O processo envolve uma sessão de Brainstorming, em que serão discutidas as quatro dimensões de análise SWOT, como resultado, as crenças individuais de cada participante, os conhecimentos e os julgamentos são agregados em uma avaliação coletiva assegurada pelo grupo como um todo, com a finalidade de chegar a acordo/ solução.
- Custo: por meio da simplicidade de realização do método SWOT, a empresa pode escolher um membro da equipe em vez de contratar um consultor externo, reduzindo assim o custo de investimento. Além disso, pode ser realizado em um curto período de tempo já que o membro da empresa que irá realizar este método de análise já possui conhecimento sobre o negócio e a conduta da empresa.

As Desvantagens em Não Utilizar a Matriz SWOT

A MATRIZ SWOT é uma ferramenta que proporciona para as empresas a facilidade de poder identificar quais são seus pontos fortes e fracos, quais são suas oportunidades e ameaças. Com a sua implantação, pode trazer a capacidade de a empresa conseguir enxergar as características principais da empresa de um modo mais específico, profundo e detalhado.

Com a identificação dessas características, traz a facilidade de se fazer ou implantar melhorias em seu processo produtivo, e também aumenta sua vantagem competitiva no mercado. O importante é que as empresas se adequem a essa ferramenta, pois ela traz pode trazer um benefício qualitativo, e pode também agregar valor para a empresa e torna a empresa mais competitiva do ponto de vista da concorrência.

Empresas que não a implantam possuem grande dificuldade de identificar os pontos a serem melhorados, e quais são seus aspectos que podem lhe proporcionar oportunidades de melhoria? Não implantar a MATRIZ SWOT traz como consequência a baixa vantagem competitiva no mercado.

Empresas que optam por não a implantar podem conseguir sucesso, mas não com a mesma forma repentina e ágil de empresas que a implantam.

ESQUEMAS

Ambiente interno (variáveis controláveis):
Pontos fortes (Strengths) - são competências, fatores ou características internas positivas que a organização possui – Ex.: funcionários capacitados; e
Pontos fracos (Weaknesses) - são deficiências, fatores ou características internas negativas que prejudicam o desempenho e o cumprimento da missão organizacional – Ex.: funcionários não capacitados.
Ambiente externo (variáveis não controláveis):
Oportunidades (Opportunities) - as oportunidades são as forças externas à organização que influenciam positivamente no cumprimento da missão, mas que não temos controle sobre elas – Ex.: mercado internacional em expansão; e
Ameaças (Threats) - são aspectos externos à organização que impactam negativamente no desempenho e no cumprimento da missão – Ex.: governo cria um novo imposto.

Forças	Fraquezas
- Boa imagem - Qualidade do produto - Baixo custo - Parcerias - Distribuição - Liderança de mercado - Competência Tecnologia própria	- Falta de direção e estratégia - Pouco investimento em inovação - Linha de produtos muito reduzida - Distribuição limitada - Custos Altos - Problemas operacionais internos - Falta de experiência da administração - Falta de formação dos funcionários
Oportunidades	**Ameaças**
- Rápido crescimento de mercado -Abertura aos mercados estrangeiros - Empresa rival enfrenta dificuldade - Encontrados novos usos do produto - Novas tecnologias - Mudanças demográficas - Novos métodos de distribuição - Diminuição da regulamentação	- Receção - Nova tecnologia - Mudanças demográficas - Empresas rivais adaptam novas estratégias - Barreiras ao comércio exterior - Desempenho negativos das empresas associadas - Aumento da regulamentação

Graus de interação	Comportamento	Consequências
Negativo ↓ [Dinossauro]	- Não reage - Não adaptativo - Não inovativo	Sobrevivência curto prazo ↓ [extinção]
Neutro ↓ [camaleão]	- Reagente - Adaptativo	Sobrevivência longo prazo ↓ [estagnação]
Positivo ↓ [homo sapiens]	- Reagente - Adaptativo - Inovativo	Sobrevivência longo prazo ↓ [desenvolvimento]

O cruzamento entre os quatro pontos da análise SWOT gera uma moldura em que a organização pode desenvolver suas estratégias e melhor aproveitar suas vantagens competitivas. Vamos utilizar, para essa demonstração, a nomenclatura FOFA:

FOFA		AMBIENTE INTERNO	
		Forças (S)	Fraquezas (W)
AMBIENTE EXTERNO	Oportunidades (O)	SO (máx.-máx.)- ALAVANCAGEM	WO (min.-máx.)- LIMITAÇÕES
		Tirar o máximo partido dos pontos fortes para aproveitar o máximo das oportunidades.	Minimizar ou superar os efeitos negativos dos pontos fracos e aproveitar oportunidades.
	Ameaças (T)	ST (máx. - min.)- VULNERABILIDADE	WT(min. - min.)- PROBLEMAS
		Tirar o máximo partido dos pontos fortes para minimizar efeitos das ameaças detectadas.	Minimizar ou ultrapassar pontos fracos e fazer face às ameaças.

Tipos de Estratégias

O executivo poderá escolher determinado tipo de estratégia que seja o mais adequado, tendo em vista a sua capacitação e o objetivo estabelecido. Entretanto, deverá estar ciente de que a escolha poderá nortear o seu desenvolvimento por um período de tempo que poderá ser longo.

As estratégias podem ser estabelecidas de acordo com a situação da empresa: podem estar voltadas à sobrevivência, à manutenção, ao crescimento ou ao desenvolvimento, conforme postura estratégica da empresa.

A combinação de estratégias deve ser feita de forma que aproveite todas as oportunidades possíveis, e utilizando a estratégia certa no memento certo.

Estratégia de Sobrevivência

Este tipo de estratégia deve ser adotado pela empresa quando não existir outra alternativa para ela, ou seja, apenas quando o ambiente e a empresa estão em situação inadequada com muitas dificuldades ou quando apresentam péssimas perspectivas (alto índice de pontos fracos internos e ameaças externas). Em qualquer outra situação, quando a empresa adota esta estratégia como precaução, as consequências podem ser desastrosas, pois numa postura de sobrevivência, normalmente a primeira decisão do executivo é parar os investimentos e reduzir, ao máximo, as despesas.

A sobrevivência pode ser uma situação adequada como condição mínima para atingir outros objetivos mais tangíveis no futuro, como lucros maiores, vendas incrementadas, maior participação no mercado, etc., mas não como um objetivo único da empresa, ou seja, estar numa situação de "sobreviver por sobreviver".

Os tipos que se enquadram na situação de estratégia de sobrevivência são:

- Redução de custos: utilizada normalmente em período de recessão, que consiste na redução de todos os custos possíveis para que a empresa possa subsistir.
- Desinvestimento: quando as empresas encontram-se em conflito com linhas de produtos que deixam de ser interessantes, portanto, é melhor desinvestir do que comprometer toda a empresa.

Se nenhuma estratégia básica de sobrevivência der certo, o executivo penderá para a adoção da estratégia de - Liquidação de negócio: estratégia usada em último caso, quando não existe outra saída, a não ser fechar o negócio.

Estratégia de Manutenção

Neste caso, a empresa identifica um ambiente com predominância de ameaças; entretanto, ela possui uma série de pontos fortes (disponibilidade financeira, recursos humanos, tecnologia etc.) acumulados ao longo dos anos, que possibilitam ao administrador, além de querer continuar sobrevivendo, também manter a sua posição conquistada até o momento. Para tanto, deverá sedimentar e usufruir ao máximo os seus pontos fortes, tendo em vista, inclusive, minimizar os seus pontos fracos, tentando ainda, maximizar os pontos fracos e minimizar os pontos fortes dos concorrentes.

A estratégia de manutenção é uma postura preferível quando a empresa está enfrentando ou espera encontrar dificuldades, e a partir dessa situação prefere tomar uma atitude defensiva diante das ameaças.

A estratégia de manutenção pode apresentar três situações:

- Estratégia de estabilidade: procura, principalmente, a manutenção de um estado de equilíbrio ameaçado, ou ainda, o seu retorno em caso de sua perda.
- Estratégia de especialização: a empresa busca conquistar ou manter a liderança no mercado por meio da concentração dos esforços de expansão numa única ou em poucas atividades da relação produto/mercado. Sua vantagem é a redução dos custos unitários, e a desvantagem é a vulnerabilidade pela alta dependência de poucas modalidades de fornecimento de produção e vendas.
- Estratégia de nicho: a empresa procura dominar um segmento de mercado que ela atua, concentrando o seu esforço e recursos em preservar algumas vantagens competitivas. Pode ficar entendido que este tipo de empresa tem um ambiente ecológico bem restrito, não procura expandir-se geograficamente e segue a estratégia do menor risco, executando-se aquele que é inerente a quem se encontra num só segmento. Assim a empresa dedica-se a um único produto, mercado ou tecnologia, pois não há interesse em desviar os seus recursos para outras atenções.

Estratégia de Crescimento

Nesta situação, o ambiente está proporcionando situações favoráveis que podem transformar-se em oportunidades, quando efetivamente é usufruída a situação favorável pela empresa. Normalmente, o executivo procura, nesta situação, lançar novos produtos, aumentar o volume de vendas etc.

Algumas das estratégias inerentes à postura de crescimento são:

- Estratégia de inovação: a empresa procura antecipar-se aos concorrentes por meio de frequentes desenvolvimentos e lançamentos de novos produtos e serviços; portanto, a empresa deve ter acesso rápido e direto a todas as informações necessárias num mercado de rápida evolução tecnológica.

- Estratégia de joint venture: trata-se de uma estratégia usada para entrar em novo mercado onde duas empresas se associam para produzir um produto. Normalmente, uma empresa entra no negócio com capital e a outra com a tecnologia necessária.
- Estratégia de internacionalização: a empresa estende suas atividades para fora do seu país de origem. Embora o processo seja lento e arriscado, esta estratégia pode ser muito interessante para empresas de grande porte, pela atual evolução de sistemas, como logísticos e comunicação.
- Estratégia de expansão: o processo de expansão das empresas deve ser muito bem planejado, pois caso contrário, elas podem ser absorvidas pelo Governo ou outras empresas nacionais ou multinacionais. Muitas vezes, a não expansão na hora certa pode provocar uma perda de mercado, de modo que a única providência da empresa perante esta situação seja a venda ou a associação com empresas de maior porte.

A decisão em investir na expansão é mais comum que na diversificação, pois esta última envolve uma mudança mais radical dos produtos, e dos seus usos atuais, enquanto a expansão aproveita uma situação de sinergia potencial muito forte.

Estratégia de Desenvolvimento

Neste caso, a predominância na situação da empresa é de pontos fortes e de oportunidades. Diante disso, o executivo deve procurar desenvolver a sua empresa por meio de duas direções: podem-se procurar novos mercados e clientes ou então, novas tecnologias diferentes daquelas que a empresa domina. A combinação destas permite ao executivo construir novos negócios no mercado.

- Desenvolvimento de mercado: ocorre quando a empresa procura maiores vendas, levando seus produtos a novos mercados.
- Desenvolvimento de produto ou serviços: ocorre quando a empresa procura maiores vendas mediante o desenvolvimento de melhores produtos e/ou serviços para seus mercados atuais. Este desenvolvimento pode ocorrer por meio de novas características do produto/serviço; variações de qualidade; ou diferentes modelos e tamanhos (proliferação de produtos).
- Desenvolvimento financeiro: união de duas ou mais empresas por meio da associação ou fusão, para a formação de uma nova empresa. Isto ocorre quando uma empresa apresenta poucos recursos financeiros e muitas oportunidades; enquanto a outra empresa tem um quadro totalmente ao contrário; e ambas buscam a união para o fortalecimento em ambos os aspectos.
- Desenvolvimento de capacidades: ocorre quando a associação é realizada entre uma empresa com ponto fraco em tecnologia e alto índice de oportunidades usufruídas e/ou potenciais, e outra empresa com ponto forte em tecnologia, mas com baixo nível de oportunidades ambientais.
- Desenvolvimento de estabilidade: corresponde a uma associação ou fusão de empresas que procuram tornar as suas evoluções uniformes, principalmente quanto ao aspecto mercadológico.

Entretanto a estratégia mais forte do desenvolvimento de uma empresa corresponde à diversificação, que é dividida em dois modelos:

- Diversificação horizontal: por meio desta estratégia, a empresa concentra o seu capital, pela compra ou associação com empresas similares. A empresa atua em ambiente econômico que lhe é familiar, porque os consumidores são do mesmo tipo. O potencial de ganhos de sinergia neste tipo de diversificação é baixo, com exceção da sinergia comercial, uma vez que os mesmos canais de distribuição são usados.
- Diversificação vertical: ocorre quando a empresa passa a produzir novo produto ou serviço, que se acha entre o seu mercado de matérias-primas e o consumidor final do produto que já se fabrica.
- Diversificação concêntrica: diversificação da linha de produtos, com o aproveitamento da mesma tecnologia ou força de vendas, oferecendo-se uma quantidade maior de produtos no mesmo mercado. A empresa pode ter ganhos substanciais em termos de flexibilidade.
- Diversificação conglomerada: consiste na diversificação de negócios em que a empresa não aproveitará a mesma tecnologia ou força de vendas.
- Diversificação interna: corresponde a uma situação em que a diversificação da empresa é, basicamente, gerada pelos fatores internos, e sofre menos influência dos fatores externos.
- Diversificação mista: trata-se de uma situação em que a empresa apresenta mais que um tipo anterior de diversificação ao mesmo tempo.

Diagnóstico		Interno	Interno
		Pontos Fracos	Pontos Forte
		Postura Estratégica de Sobrevivência	Postura Estratégica de Manutenção
EXTERNO	PREDOMINÂNCIA DE AMEAÇAS	Redução de Custos	Estabilidade
		Desinvestimento	Nicho
		Liquidação do Negocio	Especialização
		Postura Estratégica de Crescimento	Postura Estratégica de Desenvolvimento
	PREDOMINÂNCIA DE OPORTUNIDADES	Inovação	de Mercado
		Internacionalização	de Produção
		Joint Venture	Financeiro
		Expansão	de Capacidades
			de Estabilidade
			Diversificação

Resumo dos tipos básicos de estratégias:

Análise competitiva e estratégias genéricas de Michael Porter

Michael Porter desenvolveu um modelo de cinco forças competitivas. Esses fatores são os seguintes:

Ameaça de Novos Entrantes – Alto investimento necessário e economias de escala são alguns dos fatores que podem dificultar a entrada de um novo competidor em um mercado. Naturalmente, é mais difícil abrir uma nova indústria aeronáutica do que uma nova loja de roupas. Dessa forma, as empresas que estão em setores com altas barreiras à entrada sofrem menos competição dos que as que estão em mercados com baixas barreiras de entrada.

Poder de Negociação dos Clientes – Quanto mais informados estão os clientes, mais eles normalmente podem exigir das empresas qualidade, preço e serviços. Os clientes são poderosos quando são poucos, ou compram em grande quantidade, quando os custos de trocar de fornecedor são baixos, quando eles conhecem as estruturas de custos das empresas e quando podem deixar de consumir os produtos ou fabricá-los internamente.

Poder de Negociação dos Fornecedores – Muitos dos fatores que podem deixar os clientes fortes podem deixar os fornecedores poderosos se forem invertidos. Os fornecedores são fortes: quando são poucos e/ou dominam o mercado; quando o custo de trocar de fornecedor é alto; quando os clientes são pouco importantes; e quando podem se tornar competidores, ou seja, passar a concorrer no mercado do cliente.

Ameaça de Produtos Substitutos – Um produto é substituto quando satisfaz a mesma necessidade dos clientes (exemplo: manteiga e margarina). Se existem muitos produtos que podem substituir o produto que sua empresa fornece, a posição estratégica é difícil e o setor será menos atraente e lucrativo.

Rivalidade entre os Concorrentes – Se existem muitos concorrentes em um mercado e se a força deles é semelhante, pode ocorrer uma guerra de preços, levando a uma queda na atratividade do setor. Outros fatores que levam a isso são: custos fixos elevados, que podem levar as empresas a buscar operar com capacidade total, e uma grande barreira de saída, como instalações caras, de difícil venda, maquinário específico e altas indenizações, que podem levar empresas a continuar investindo e operando em mercados com lucratividades baixas.

Rivalidade entre Concorrentes Avalia a competitividade do mercado, levando em conta aspectos como: -Quantidade de concorrentes -Diferenciação dos produtos -Diversidade dos concorrentes -Marketing Share de cada concorrente -Poder/financeiro dos concorrentes	
Novos Entrantes Avalia a dificuldade de novas empresas entrarem no mesmo Mercado, observando: -Necessidade de Capital para iniciar o negócio -Custos de mudança -Acesso aos canais de distribuição -Khow, How, patentes -Custos e tempo para regulamentação	**Compradores** Avalia o seu poder de negociação sobre os fornecedores, observando: -Volume de compras -Custo de mudança de fornecedor -Produtos substitutos -Quantidade de fornecedores
Substitutos Analisa a possibilidadede produtos substitutos através de: -Propensão do comprador -Relação/rendimento -Custos de mudança para o comprador	**Fornecedores** Avalia o poder de negociação dos fornecedores, levando em conta aspectos como: -Quantidade de fornecedores -Custo para mudanças de fornecedor

A partir das características de cada um dos fatores acima, as empresas podem tomar uma das **três estratégicas genéricas propostas por Porter: liderança em custo, diferenciação e foco (também chamado enfoque ou estratégia de nicho)**.

Liderança em custos – Nessa estratégia, a empresa busca ser a mais eficiente na produção de produtos e serviços em seu mercado, de modo que tenha vantagem competitiva em relação aos seus concorrentes. Pode-se alcançar isso com: economias de escala, acesso a matérias-primas mais baratas, entre outras. Essa posição de custo mais baixo que seus concorrentes permite uma série de vantagens, como operar com lucratividade quando seus concorrentes estão perdendo dinheiro, por exemplo.

Diferenciação – Uma empresa também pode ter vantagens competitivas tendo produtos com características únicas na percepção de seus clientes, que lhe possibilitem cobrar um preço mais alto sem perder sua clientela. Um exemplo atual é a Apple. Essa empresa, com seus produtos inovadores, como o iPhone e o iPad, tem conquistado uma maior lealdade de seus clientes e maior lucratividade. A diferenciação pode ocorrer na qualidade do produto, no atendimento, no estilo do produto, na marca etc.

Foco ou Enfoque – Também é chamada de estratégia de nicho. Nessa situação, a empresa foca seus esforços em um mercado pequeno (seja geográfico, produto ou clientela) de modo a conseguir uma vantagem específica naquele mercado, que não tenha como conseguir em todo o mercado (a Ferrari buscou essa estratégia com o foco em carros de alto desempenho, pois era pequena para concorrer no mercado de automóveis populares, muito maior, antes de ser comprada pela Fiat).

Em síntese, Porter identificou cinco forças competitivas que devem ser analisadas pelas empresas para que escolham uma de suas três estratégias genéricas.

Matriz *Ansoff*

Um dos fatores mais importantes para o sucesso de uma organização ou de qualquer outro negócio é a análise estratégica do mercado. Igor *Ansoff*, professor e consultor russo, desenvolveu em 1965, uma ferramenta de análise e de definição dos problemas estratégicos.

A matriz de produtos e mercados de *Ansoff* tem como foco principal mostrar a expansão de produtos e mercados visando criar oportunidades de crescimento para as empresas. Um administrador pode usar essa matriz no momento em que estiver mapeando o portfólio da sua organização. Neste momento, será analisada a receita criada pelos produtos existentes, de modo a compará-la com a receita que a organização pretende alcançar. A matriz permite estruturar e definir a estratégia para esse crescimento.

A matriz *Ansoff* é um quadrante composto por duas dimensões: produtos e mercados. Do lado direito, encontram-se os produtos novos; e do esquerdo, os existentes. Essa combinação forma quatro estratégias para o crescimento e o desenvolvimento da empresa. Essas estratégias são: o desenvolvimento do mercado, a penetração no mercado, a diversificação e o desenvolvimento do produto.

A definição desse quadro mostra em qual mercado sua organização deseja atuar.

Desenvolvimento do mercado	No desenvolvimento de mercado, a empresa deseja vender seus produtos existentes em um mercado novo. Essa estratégia de desenvolvimento de mercado deve analisar os mercados parecidos com o seu, e pensar na expansão de seus negócios. Essa expansão deve analisar alguns fatores como localização geográfica e idade. Imaginemos uma loja de camisas on-line que vende apenas em um Estado. Ela pode expandir suas vendas para outras unidades federativas, incluindo outros serviços de entrega. Se o público-alvo dessa loja for composto por homens de uma determinada faixa etária, ela pode aumentar esse público ao incluir outras idades.
Penetração de mercado	A penetração de mercado visa vender os produtos existentes em um mercado existente, ou seja, pretende-se desenvolver uma estratégia para aumentar sua presença onde ela já atua. Essa estratégia pode ser feita por meio de liquidações, fidelização de clientes, promoções, entre outras ações.
Diversificação	A diversificação é uma estratégia que objetiva criar produtos, para atuar em novos mercados. Essa estratégia busca a inovação que inevitavelmente proporciona riscos, pois a empresa está entrando em um campo desconhecido. Logo, não tem muito como fugir desse fator. Criar uma estratégia para crescer e desenvolver nesse mercado é inerente a uma organização na maioria das vezes.
Desenvolvimento do produto	Essa estratégia sugere o desenvolvimento de novos produtos em mercados existentes. Isso pode ser feito por meio de aperfeiçoamento do produto e de melhorias tecnológicas. Um bom exemplo é a ação de empresas de refrigerantes que incluem em seu MIX de sucos e refrigerantes, versões diet e light.

		Produtos	
		Existentes	**Novos**
Mercados	**Existentes**	Penetração de Mercado	Desenvolvimento de produtos
	Novos	Desenvolvimento de Mercado	Diversificação

Construção de Cenários

Para Godet (apud MARCIAL E GRUMBACH, 2008, p. 47), cenário é *"o conjunto formado pela descrição coerente de uma situação futura e pelo encaminhamento dos acontecimentos que permitem passar da situação de origem à situação futura"*.

A importância de se trabalhar com cenários, conforme menciona Valdez (2007), é que eles permitem "estimular a imaginação, reduzir as incoerências, criar uma linguagem comum e permitir a reflexão". Já Franco (2007) informa que *"a existência de mais de uma solução é condição básica para a tomada de decisão e uma das bases do planejamento estratégico"*.

No tocante à atividade de planejamento estratégico, Cortez (2007) anota dois tipos de enfoques que explicam os estudos referentes ao futuro: **a abordagem projetiva e a prospectiva.**

Segundo esse autor, a **abordagem projetiva** se refere a cenário único. É a abordagem clássica. Para os seguidores dessa linha de pensamento, as forças que atuaram no passado até o presente serão as mesmas que atuarão no presente até o futuro. Com esse raciocínio, acreditam poder prever o que ocorrerá. Naturalmente, a previsão clássica não considera o ambiente macro, tendo somente a visão parcial do problema.

A figura a seguir apresenta de maneira simples esta abordagem:

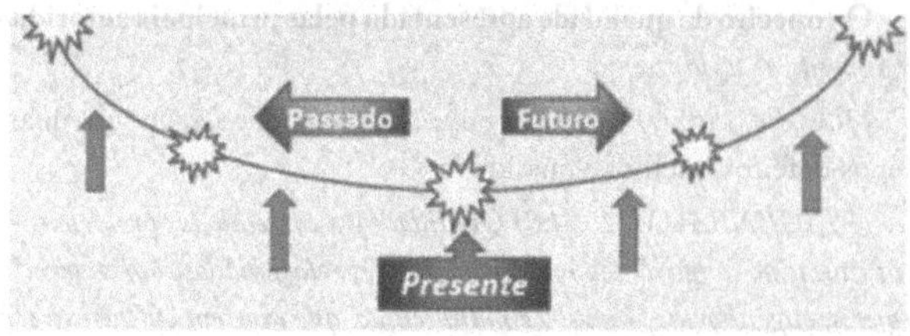

Figura 1 – Abordagem Projetiva

Pelo entendimento de Santos (2004), a abordagem prospectiva trata de vários cenários prováveis de ocorrer no futuro, dentro de um horizonte de tempo determinado. A abordagem prospectiva indica que as forças que atuaram no passado até o presente não necessariamente serão as mesmas que atuarão até o futuro. Desta forma, não existirá somente um só cenário.

A figura 2 exemplifica o raciocínio prospectivo:

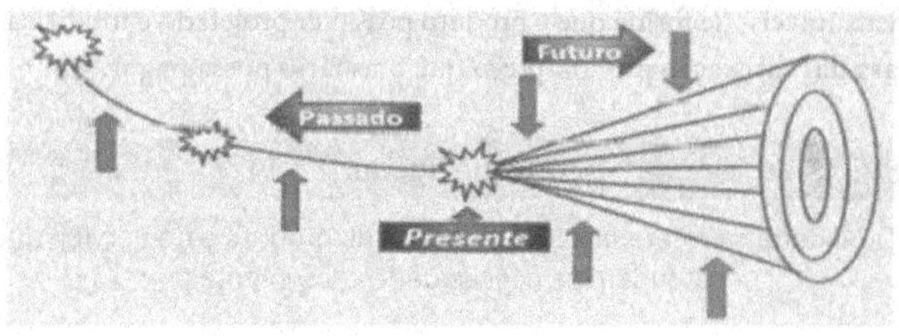

Figura 2 – Abordagem Prospectiva

O que se percebe é a criação de um cone (cone de futuro), em que o passado e o presente são conhecidos, sendo este último o vértice e os diversos caminhos até sua base os cenários que poderão vir a ocorrer.

A lógica dessa abordagem, segundo Marcial (2008), é no sentido de que, conhecendo os diversos caminhos, o homem pode influir na constituição de um futuro melhor. Isso requer que se considere o ambiente como um todo, levando em consideração as variáveis econômicas, ambientais, políticas, tecnológicas, entre outras, bem como os diversos agentes, clientes, governo, concorrentes etc. Perceber a intensidade dessas forças e, se possível, interferir para obter o melhor resultado é o propósito maior da análise prospectiva.

16 GESTÃO DA QUALIDADE

"Qualidade" é hoje uma palavra-chave muito difundida nas empresas: fácil de falar e difícil de fazer. Ao mesmo tempo, existe pouco entendimento do que vem a ser qualidade.

A definição da qualidade possui uma extrema diversidade de interpretação, dada por diversos autores, que procuram dar uma definição simples para que seja assimilável a todos os níveis das organizações: precisa, para não gerar interpretações duvidosas; e abrangente, para mostrar sua importância em todas as suas atividades produtivas.

O conceito de qualidade apresentado pelas principais autorida*des da área são as seguintes:*

(JURAN, 1992:9) Qualidade é ausência de deficiências, ou seja, quanto menos defeitos, melhor a qualidade.

(FEIGENBAUM, 1994:8) Qualidade é a correção dos problemas e de suas causas ao longo de toda a série de fatores relacionados com marketing, projetos, engenharia, produção e manutenção, que exercem influência sobre a satisfação do usuário.

(CROSBY, 1986:31) Qualidade é a conformidade do produto às suas especificações. As necessidades devem ser especificadas, e a qualidade é possível quando essas especificações são obedecidas sem ocorrência de defeito.

(DEMING, 1993:56) Qualidade é tudo aquilo que melhora o produto do ponto de vista do cliente. Deming associa qualidade à impressão do cliente, portanto não é estática. A dificuldade em definir qualidade está na renovação das necessidades futuras do usuário em características mensuráveis, de forma que o produto possa ser projetado e modificado para dar satisfação por um preço que o usuário possa pagar.

Fique ligado

Qualidade se refere às características do produto e do serviço que atendem às necessidades dos clientes.

(ISHIKAWA, 1993: 43) Qualidade é desenvolver, projetar, produzir e comercializar um produto de qualidade que é mais econômico, mais útil e sempre satisfatório para o consumidor.

16.1 Os Períodos ou Eras da Qualidade

A gestão da qualidade é um tema dinâmico, que foi se modificando ao longo do tempo, fruto de sua interação com a sociedade. Logo, assim como a sociedade, a gestão da qualidade evoluiu, buscando atender aos anseios da população. Nesse contexto, vejamos as classificações para os diversos períodos ou eras da qualidade:

01. Inspeção: a garantia da qualidade era certificada por meio do controle em massa de 100% dos produtos, ocorrendo o controle por amostragens em casos muito específicos, sem uma estruturação adequada. Essa técnica era possível, pois a maioria dos produtores era composta por artesãos, e as empresas não tinham uma grande capacidade de produção. Nesse período, o controle da qualidade limitava-se à inspeção e às atividades restritas, como contagem, classificação pela qualidade e reparos.

02. Controle estatístico da qualidade: surgiu em meados de 1931, tendo como referência Walter Andrew Shewhart, que deu um caráter científico à prática da busca da qualidade. Nesse período, o controle da qualidade no processo produtivo passa ao correr mediante procedimentos estatísticos, utilizando mecanismos como a amostragem. Porém, assim como na era da inspeção, a qualidade ainda era pensada de forma sistêmica, com envolvimento de todos.

03. Garantia da qualidade: surge após a II Guerra Mundial, tendo como referência William Edwards Deming e Joseph M. Juran. A proposta passa a ser por uma preocupação com a qualidade desde o projeto de desenvolvimento, envolvendo todos os funcionários, de todos os níveis hierárquicos, além de fornecedores e clientes. A ideia é manter e aperfeiçoar as técnicas clássicas da qualidade.

04. Gestão estratégica da qualidade (gestão da Qualidade Total): nas últimas duas décadas, a qualidade passa a ser uma preocupação estratégica da organização, incorporando e ampliando as propostas que surgiram nos anos 50. Contudo, nesse momento, a preocupação com a qualidade envolve todos os pontos do negócio, sendo fator elementar na manutenção das atividades da empresa.

EVOLUÇÃO DO CONCEITO DE QUALIDADE

FASE	CONCEITO	EIXO
inspeção	Conforme especificações	Produto
Controle da qualidade	Conforme especificações	Processo
Garantia da qualidade	Adequação ao uso	Prevenção
Qualidade Total	Satisfação do cliente	Pessoas

16.2 Principais Teóricos e Suas Contribuições Para a Gestão da Qualidade

16.2.1 W. Edwards Deming

O estudo da qualidade tornou-se mais evidente a partir das ideias do americano William Edwards Deming no começo do século XX. Apesar de ter nascido nos EUA, Deming não conseguiu fazer sua proposta ser difundida naquele país, pois os norte-americanos vendiam tudo o que produziam, logo não sentiam os efeitos da falta de qualidade de seus produtos. Contudo, o Japão era um país quase destruído em decorrência da II Guerra Mundial, assim acolheu e difundiu as ideias de Deming, tornando-se, em pouco tempo, referência em qualidade e tecnologia.

Somente a partir dos anos 70-80 é que os Estados Unidos passaram a dar importância aos escritos da qualidade de Deming, fruto da alta competitividade dos produtos japoneses.

Ele baseava sua abordagem no uso de técnicas estatísticas, em que o principal objetivo era reduzir custos e aumentar a produtividade e a qualidade. Com efeito, Deming apresentou quatorze princípios, ou pontos, para a gestão, que descrevem o caminho para a Qualidade Total. São eles:

Quatorze Princí da Qualidade de Deming

Criar uma constância de propósitos de aperfeiçoamento do produto e do serviço, a fim de torná-los competitivos, perpetuá-los no mercado e gerar empregos.

Adotar a nova filosofia. Vivemos numa nova era econômica. A administração ocidental deve despertar deve despertar para o desafio, conscientizar-se de suas responsabilidades e assumir a liderança em direção á transformação.
Acabar com a depêndencia de inspeção para a obtenção da qualidade. Eliminar a necessidade da inspeção em massa, priorizando a internelização da qualidade do produto.
Acabar com a prática do negócio compensador baseado apenas no preço. Em vez disso, minimizar o custo total. Insistir na ideia de um único fornecedor para cada item, desenvolvendo relacionamento duradouros, calcados na qualidade e na confiança.
Aperfeiçoar continuamente todo o processo de planejamento, produção e serviço, com o objetivo de aumentar a qualidade e a produtividade e, consequentemente, reduzir os custos.
Fornecer treinamento no local de trabalho.
Adotar e estabeler a liderança. O objetivo da liderança é ajudar as pessoas a realizar um trabalho melhor. Assim como a liderança dos trabalhadores, a liderança empresarial necessita de uma completa reformulação.
Eliminar o medo.
Quebrar barreiras entre departamentos. Os colaboradores dos setores de pesquisa, projetos, vendas, compras ou produção devem trabalhar em equipe, tornando-se capazes de antecipar problemas que possam sugir durante a produção ou durante a utilização dos produtos ou serviços
Eliminar slogans, exortações e metas dirigidas aos empregados.
Eliminar padrões atificiais (cotas numéricas) para o chão de fábrica, a administração por objetivos (APO) e a administração atráves de números e metas numéricas.
Remover barreiras que despojem as pessoas de orgulho no trabalho. A atenção dos supervisores deve voltar-se para a qualidade e não para os números. Remover as barreiras que usurpam dos colaboradores das áreas administrativas e de planejamento/ engenharia o justo direito de orgulhar-se do produto de seu trabalho. Isso significa a abolição das avaliações de desempenho ou mérito e da administra por objetivos ou por números
Estabelecer um programa rigoroso de educação e autoaperfeiçoamento para todo o pessoal.
Colocar todos da empresa para trabalhar de modo a realizar a transformação. A transformação é tarefa de todos.

Método PDCA

- Método de controle de processos desenvolvido pelo americano Shewhart, na década de 30 e divulgado por Deming no Japão, como uma das ferramentas da qualidade, que visa à melhoria contínua (Kaizen) dos processos de trabalho.
- O método PDCA é utilizado nas organizações para gerenciar os processos internos de forma a garantir o alcance das metas estabelecidas, usando as informações como fator de direcionamento das decisões.

Ciclo PDCA de Melhoria Contínua

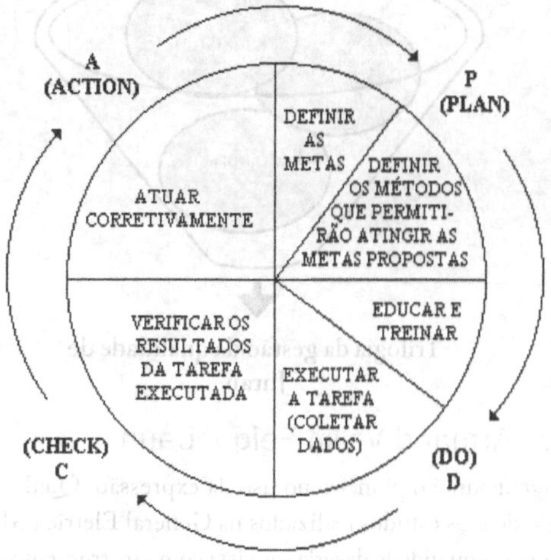

- P (Plan – planejar): definir o que se quer, estabelecer metas para manter e para melhorar e métodos para alcançar as metas (itens de controle do processo).
- D (Do – executar): tomar a iniciativa, educar e treinar e fazer conforme o planejado, registrando as informações.
- C (Check– verificar): monitorar e medir a execução (a partir dos registros) com o planejado.
- A (Action – agir): tomar ações corretivas (ou de melhoria) para resultados não alcançados, para melhorar o desempenho do processo e retomar o modelo PDCA.

16.2.2 Joseph M. Juran

Conforme apresentamos acima, a qualidade, conforme o conceito proposto por Joseph Moses Juran, é a adequação à finalidade e ao uso. Essa definição está alinhada à perspectiva da qualidade baseada no usuário em que um produto de qualidade é aquele que atende aos padrões e às preferências do usuário.

Juran foi o primeiro a aplicar os conceitos de qualidade à estratégia empresarial, em vez de meramente associá-la à estatística ou aos métodos de controle total da qualidade. Juntamente com Deming, foi um dos principais responsáveis pelo movimento da qualidade no Japão.

Nessa linha, propôs uma trilogia que compõe os pontos fundamentais para a gestão da qualidade: planejamento, controle e melhoria.

- Planejamento: é a preparação para encontrar as metas de qualidade em que serão identificados os consumidores e suas necessidades;
- Controle: é usado para evitar ou corrigir eventos indesejáveis ou inesperados, conferindo estabilidade e consistência. É o processo de encontro das metas de qualidade estabelecidas durante as operações; e
- Melhoria: processo de melhoria contínua da qualidade por meio de mudanças planejadas, previstas e controladas.

CONBAN

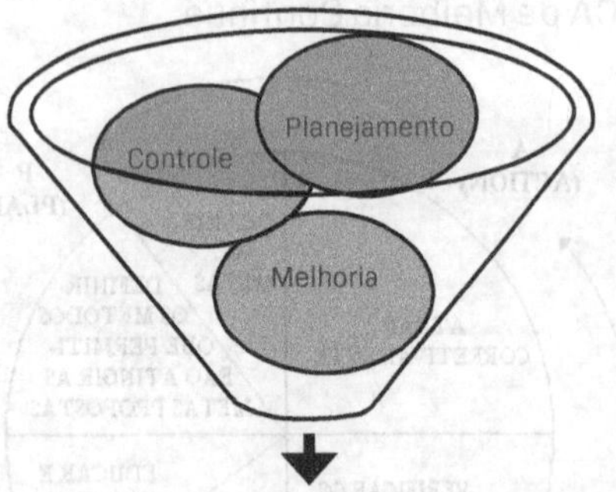

Trilogia da gestão da qualidade de Juran

16.2.3 Armand Vallin Feigenbaun

Feigenbaun é o pioneiro no uso da expressão Qualidade Total, por meio de seus estudos realizados na General Eletric (GE). Em sua abordagem, a qualidade deveria ser vista como instrumento estratégico pelo qual todos os trabalhadores devem ser responsáveis. A qualidade é uma filosofia de gestão e um compromisso de excelência. Este autor enumerou quatro características essenciais em um sistema organizacional provido de Qualidade Total:

01. Os processos de **aperfeiçoamento da qualidade são contínuos.**

02. Todo o esforço é **documentado**, de sorte que as pessoas da organização possam visualizar onde, como, por que e quando suas atividades afetam a qualidade.

03. **Tanto a gerência como as demais pessoas** abraçam a ideia de desempenharem suas atividades com qualidade. e

04. Aperfeiçoamento técnico e planejamento para **oferecer inovações** que sustentem positivamente a relação cliente/organização.

Por fim, destaca-se que Feigenbaun foi a primeira pessoa a realizar estudos sobre os custos da qualidade, demonstrando os custos envolvidos na garantia ou na falta de qualidade nas organizações (custos da prevenção, da avaliação, de falhas internas e de falhas externas).

16.2.4 Philip B. Crosby

Para Crosby a qualidade significa a conformidade com as especificações, de acordo com as necessidades dos clientes. Seus estudos relacionam-se com os conceitos de —zero defeito e de —fazer certo desde a primeira vez.

Este autor afirma que a insatisfação com o serviço ou produto final de uma organização constitui um — problema de qualidade. Esse problema, porém, é apenas um sintoma do que está ocorrendo no interior da organização. Assim, ele traçou o — perfil da organização problema.

Para ele, a prevenção é muito mais eficaz do que as técnicas não preventivas, como inspeção, teste e controle da qualidade. Além disso, traçou, assim como fez Deming, 14 passos para a melhoria da qualidade, que devem ser encarados como um processo perseguido continuamente.

16.2.5 Outros "Gurus da Qualidade"

Além dos autores mencionados acima, podemos destacar:

- **Walter Shewart**, que inseriu as técnicas de controle estatístico da qualidade e criou algumas ferramentas de qualidade como o ciclo PDCA e o gráfico de controle; e
- **Kaoru Ishikawa**, é conhecido como o "Pai do Controle ou Gestão da Qualidade Total" (TQC) japonês, desenvolveu o diagrama de causa e efeito (diagrama de Espinha de Peixe ou diagrama de Ishikawa) e os círculos de qualidade – formados por pequenos grupos de funcionários responsáveis por conduzir e democratizar o controle de qualidade na organização.

16.3 Qualidade Total

Após passarmos por toda essa evolução da qualidade, podemos falar da qualidade nos dias atuais. Chiavenato (2011, p. 549) faz um importante resumo das definições de importantes cientistas do mundo da qualidade. Vejamos:

A Qualidade Total é uma decorrência da aplicação da melhoria contínua. A palavra qualidade tem vários significados. Qualidade é o atendimento das exigências do cliente. Para Deming, a qualidade deve ter como objetivo as necessidades dos usuários, presentes e futuras. Para Juran, representa a adequação à finalidade e ao uso. Para Crosby, é a conformidade com as exigências. Feigenbaum diz que ela é o total das características de um produto ou serviço referentes a marketing, engenharia, manufatura e manutenção, pelas quais o produto ou serviço, quando em uso, atenderá às expectativas do cliente.

Ainda nesse sentido, a norma ISO 9000 define qualidade como – a totalidade de características de um ente (organização, produto, processos etc.) que lhe confere a capacidade de satisfazer às necessidades implícitas dos cidadãos.

Percebe-se que o conceito de Qualidade Total implica o atendimento às necessidades do cliente. Contudo, vai além, pois com a incorporação de práticas de qualidade, a organização deverá diminuir os custos de produção, fruto da eliminação do desperdício. Com isso, aumenta-se a eficiência e, por fim, os lucros da empresa.

Ademais, a **gestão da Qualidade Total** (*Total Quality Management* –TQM) atribui às pessoas, e não somente aos gerentes e dirigentes, a responsabilidade pelo alcance dos padrões de qualidade. Nessa linha, cada pessoa da instituição deve exercer o controle de qualidade do produto. Com isso, as práticas de controle de qualidade ocorrem de maneira descentralizada e coletiva, ao contrário do controle burocrático que é rígido, unitário e centralizador.

Devemos destacar que, na Qualidade Total, deve ocorrer uma preocupação não somente com a satisfação dos clientes externos, mas também dos clientes internos. Para explicar melhor esse conceito, devemos entender os clientes externos como os clientes finais de um processo, ou seja, as pessoas ou organizações que devem ser atendidas ao final do processo.

Os clientes internos, por sua vez, são aquelas pessoas que participam do processo produtivo e dependem de um insumo realizado por outro servidor.

Dessa forma, a Qualidade Total, além de envolver a participação de todos na gestão da qualidade, preocupa-se com o atendimento das demandas dos clientes internos e externos.

Podemos mencionar, também, os mandamentos da melhoria contínua:

01. total satisfação dos clientes;

02. gerência participativa;

03. constância de propósitos;

04. aperfeiçoamento contínuo;

05. desenvolvimento de recursos humanos;

06. delegação;

07. garantia da qualidade;

08. não aceitação de erros;

09. gerência de processos; e

10. disseminação de informações.

Convém lembrar, é claro, que a **satisfação dos clientes** é considerada como princípio central da gestão da Qualidade Total.

Para encerrar o assunto, apresentaremos os princípios da gestão da qualidade constantes da NBR ISO 9004:200, que foram desenvolvidos para serem utilizados pela Alta Direção a fim de dirigir a organização à melhoria de desempenho.

a) **foco no cliente:** organizações dependem de seus clientes e, portanto, convém que entendam as necessidades atuais e futuras do cliente, atendam aos requisitos e procurem exceder as suas expectativas;

b) **liderança:** líderes estabelecem a unidade de propósitos e o rumo da organização. Convém que eles criem e mantenham um ambiente interno no qual as pessoas possam estar totalmente envolvidas no propósito de atingir os objetivos da organização;

c) **envolvimento de pessoas:** pessoas de todos os níveis são a essência de uma organização, e seu total envolvimento possibilita que as suas habilidades sejam usadas para o benefício da organização;

d) **abordagem de processo:** um resultado desejado é alcançado mais eficientemente quando as atividades e os recursos relacionados são gerenciados como um processo;

e) **abordagem sistêmica para a gestão:** identificar, entender e gerenciar os processos inter-relacionados, como um sistema, contribui para a eficácia e eficiência da organização no sentido desta atingir seus objetivos;

f) **melhoria contínua:** convém que a melhoria contínua do desempenho global da organização seja seu objetivo permanente;

g) **abordagem factual para tomada de decisões:** decisões eficazes são baseadas na análise de dados e de informações; e

h) **benefícios mútuos nas relações com os fornecedores:** uma organização e seus fornecedores são interdependentes, e uma relação de benefícios mútuos aumenta a capacidade de ambos em agregar valor.

Segundo a NBR, o uso com sucesso dos oito princípios de gestão por uma organização resultará em benefícios para as partes interessadas, tais como melhoria no retorno financeiro, criação de valores aumento de estabilidade.

16.4 Melhoria Contínua

A melhoria contínua deriva da filosofia japonesa do kaizen (kai-mudança; zen – bom), significando um aprimoramento contínuo e gradual na maneira como as coisas são feitas na organização, envolvendo a participação de todos os membros. Nesse contexto, vejamos os ensinamentos de Chiavenato (2012, p. 272):

A melhoria contínua é uma técnica de mudança organizacional suave e ininterrupta centrada nas atividades em grupo das pessoas. Visa à qualidade dos produtos e serviços dentro de programas em longo prazo, que privilegiam a melhoria gradual e o passo a passo por meio da intensiva colaboração e participação das pessoas. Trata-se de uma abordagem incremental e participativa para obter excelência na qualidade dos produtos e serviços a partir das pessoas.

Por meio dessa filosofia, as mudanças não ocorrem de forma abrupta, mas aos poucos, de forma incremental, prevendo que os funcionários melhorem suas atividades dia após dia. Nesse contexto, o aprimoramento organizacional deve ser contínuo e gradual. Com efeito, a consequência desse aprimoramento poderá ser vista pelo aumento da qualidade dos produtos e serviços oferecidos, aumento da eficiência, eliminação de custos, aumento da satisfação dos clientes etc. Ademais, a filosofia do kaizen foi pioneira ao destacar a importância das pessoas e das equipes com sua participação e conhecimentos.

16.5 Qualidade na Administração Pública

- **Em 1991: Collor** lançou o **Programa Brasileiro da Qualidade e Produtividade (PBQP)**, para dinamizar a indústria brasileira diante da abertura comercial. Lançou o **Subprograma Qualidade e Produtividade do Serviço Público – PQSP**, voltado para o cidadão e para a melhoria da qualidade dos serviços públicos. Tinha foco interno, voltado para Técnicas e Ferramentas.
- **Em 1996: FHC** lançou o **Programa de Qualidade e Participação da Administração Pública – QPAP** - que visava à satisfação do cliente com o envolvimento de todos os servidores. O foco era interno e externo, voltado para a Gestão e Resultados.
- **Em 1999:** com a formulação do PPA 2000-2003, houve a transformação em **Programa de Qualidade no Serviço Público – PQSP**, com o objetivo de trazer satisfação ao cidadão. Tinha o foco externo, voltado para a satisfação do cidadão.
- **Em 2005:** foi instituído o **Programa Nacional de Gestão Pública e Desburocratização – GesPública**, por meio do Decreto nº 5.378, resultado da fusão do **programa de Qualidade no Serviço Público e o Programa Nacional de Desburocratização**, sob a coordenação do MPOG.

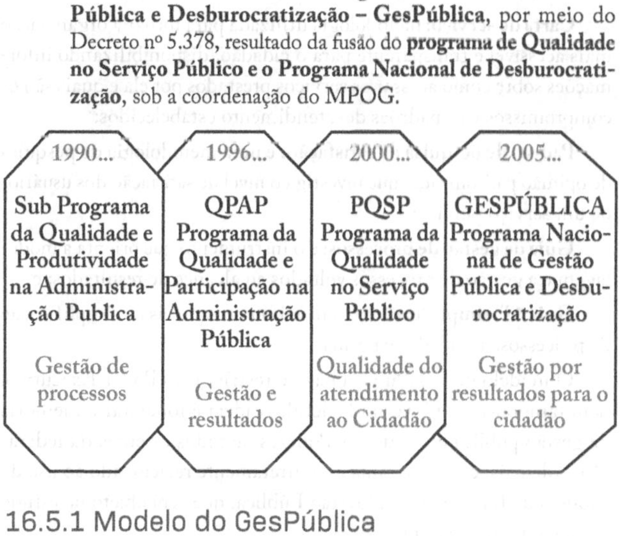

16.5.1 Modelo do GesPública

O Programa Nacional de Gestão Pública e Desburocratização (GesPública) foi instituído em 2005, por meio do Decreto nº 5.378/2005. Este programa tem como principais características: ser essencialmente público, ser contemporâneo, estar voltado para a disposição de resultados para a sociedade e ser federativo.

A missão do Programa é promover a excelência em gestão pública. O Art. 1º do Decreto nº 5.378/2005 prevê que a finalidade do GesPública é contribuir para a melhoria da qualidade dos serviços públicos prestados aos cidadãos e para o aumento da competitividade do País. Já o Art. 3º traz os seus objetivos:

I. eliminar o déficit institucional, visando ao integral atendimento das competências constitucionais do Poder Executivo Federal;

II. promover a governança, aumentando a capacidade de formulação, implementação e avaliação das políticas públicas;

III. promover a eficiência, por meio de melhor aproveitamento dos recursos, relativamente aos resultados da ação pública;

IV. assegurar a eficácia e efetividade da ação governamental, promovendo a adequação entre meios, ações, impactos e resultados; e

V. promover a gestão democrática, participativa, transparente e ética.

O quadro a seguir resume a missão, finalidade e objetivos do Programa:

GESPÚBLICA		
	MISSÃO	Promover a excelência em gestão pública
	FINALIDADE	Melhorar a qualidade dos serviços públicos ao cidadão
		Aumentar a competitividade do país
		Eliminar o déficit Institucional
		Melhorar a governança
		Aumentar a eficiência
		Assegurar a eficácia e a efetividade da ação governamental
		Promover uma gestão democrática

Gespública: missão, finalidades e objetivos. (Fonte: Paludo, 2013, p.207)

Com efeito, Augustinho Paludo resume de forma brilhante as ferramentas disponibilizadas pelo GesPública:

Autoavaliação: verifica o grau de aderência dos processos gerenciais de um ente público em relação ao Modelo/Critérios de Excelência em Gestão Pública;

Carta de serviço: metodologia utilizada para tornar a organização mais acessível e transparente para o cidadão, disponibilizando informações sobre como acessar os serviços prestados por ela e quais são os compromissos e os padrões de atendimento estabelecidos;

Padrão de pesquisa de satisfação: é uma metodologia de pesquisa de opinião padronizada, que investiga o nível de satisfação dos usuários de um serviço público;

Guia de gestão de processos: é o instrumento que orienta a modelagem e a gestão de processos voltados ao alcance de resultados; e

Guia "d" simplificação: é o instrumento que visa à simplificação de processos, atividades e normas.

O modelo do GesPública não se restringe ao Poder Executivo, nem tampouco ao Governo Federal. A ideia é fomentar a melhoria da gestão pública em todos os Poderes de todos os entes da federação. Ademais, esse Programa está diretamente relacionado ao uso do Modelo de Excelência em Gestão Pública, que será objeto de estudo do nosso tópico seguinte.

16.5.2 Modelo de Excelência em Gestão Pública (MEGP)

O Modelo de Excelência em Gestão Pública (MEGP) foi concebido a partir da premissa de que a Administração Pública tem que ser excelente sem deixar de considerar as particularidades inerentes à sua natureza pública.

Nesse contexto, o MEGP tem como base os princípios constitucionais da Administração Pública e como pilares os fundamentos da excelência gerencial. Os fundamentos da excelência são conceitos que definem o entendimento contemporâneo de uma gestão de excelência na Administração Pública e que, orientados pelos princípios constitucionais, compõem a estrutura de sustentação do MEGP. Ou seja, os princípios constitucionais representam a orientação dos fundamentos que, por sua vez, são os pilares do Modelo.

Juntos, os princípios constitucionais e os fundamentos sustentam o MEGP, indicam os valores e diretrizes estruturais que devem balizar o funcionamento do sistema de gestão das organizações públicas e definem o que se entende, hoje, por excelência em gestão pública.

Os princípios constitucionais são apresentados no Art. 37 da Constituição Federal de 1988. Juntos eles formam o famoso LIMPE (Legalidade, Impessoalidade, Moralidade, Publicidade e Eficiência). No contexto do MEGP, para a gestão pública ser excelente, ela deve ser legal, impessoal, moral, pública e eficiente.

- Legalidade: estrita obediência à lei; nenhum resultado poderá ser considerado bom, nenhuma gestão poderá ser reconhecida como de excelência à revelia da lei.
- Impessoalidade: não fazer acepção de pessoas. O tratamento diferenciado restringe-se apenas aos casos previstos em lei. A cortesia, a rapidez no atendimento, a confiabilidade e o conforto são requisitos de um serviço público de qualidade e devem ser agregados a todos os usuários indistintamente. Em se tratando de organização pública, todos os seus usuários são preferenciais, são pessoas muito importantes.
- Moralidade: pautar a gestão pública por um código moral. Não se trata de ética (no sentido de princípios individuais, de foro íntimo), mas de princípios morais de aceitação pública.
- Publicidade: ser transparente, dar publicidade aos fatos e aos dados. Essa é uma forma eficaz de indução do controle social.
- Eficiência: fazer o que precisa ser feito com o máximo de qualidade ao menor custo possível. Não se trata de redução de custo de qualquer maneira, mas de buscar a melhor relação entre qualidade do serviço e qualidade do gasto.

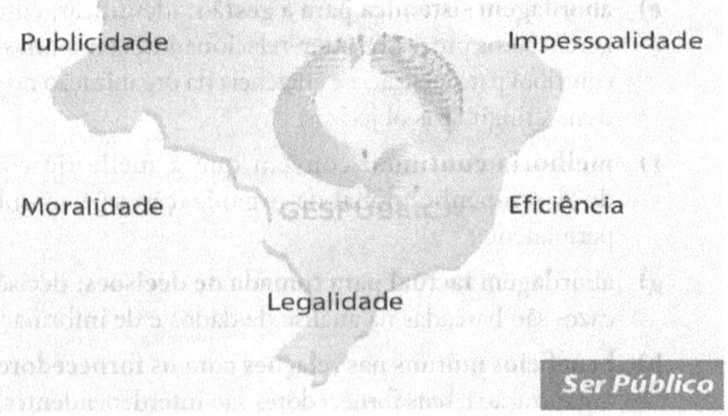

O MEGP está alicerçado em fundamentos próprios da gestão de excelência contemporânea e condicionado aos princípios constitucionais próprios da natureza pública das organizações. Esses fundamentos e princípios constitucionais, juntos, definem o que se entende hoje por excelência em gestão pública. Vejamos quais são os fundamentos do Modelo:

- Pensamento sistêmico - entendimento das relações de interdependência entre os diversos componentes de uma organização, bem como entre a organização e o ambiente externo, com foco na sociedade.
- Aprendizado organizacional - busca contínua e alcance de novos patamares de conhecimento, individuais e coletivos, por meio da

percepção, reflexão, avaliação e compartilhamento de informações e experiências.

- Cultura da inovação - promoção de um ambiente favorável à criatividade, à experimentação e à implementação de novas ideias que possam gerar um diferencial para a atuação da organização.
- Liderança e constância de propósitos - a liderança é o elemento promotor da gestão, responsável pela orientação, estímulo e comprometimento para o alcance e melhoria dos resultados organizacionais e deve atuar de forma aberta, democrática, inspiradora e motivadora das pessoas, visando ao desenvolvimento da cultura da excelência, à promoção de relações de qualidade e à proteção do interesse público. É exercida pela alta administração, entendida como o mais alto nível gerencial e assessoria da organização.
- Orientação por processos e informações - compreensão e segmentação do conjunto das atividades e processos da organização que agreguem valor para as partes interessadas, sendo que a tomada de decisões e a execução de ações devem ter como base a medição e análise do desempenho, levando-se em consideração as informações disponíveis.
- Visão de futuro - Indica o rumo de uma organização e a constância de propósitos que a mantém nesse rumo. Está diretamente relacionada à capacidade de estabelecer um estado futuro desejado que dê coerência ao processo decisório e que permita à organização antecipar-se às necessidades e expectativas dos cidadãos e da sociedade. Inclui, também, a compreensão dos fatores externos que afetam a organização com o objetivo de gerenciar seu impacto na sociedade.
- Geração de valor - alcance de resultados consistentes, assegurando o aumento de valor tangível e intangível de forma sustentada para todas as partes interessadas.
- Comprometimento com as pessoas - estabelecimento de relações com as pessoas, criando condições de melhoria da qualidade nas relações de trabalho, para que elas se realizem profissional e humanamente, maximizando seu desempenho por meio do comprometimento, de oportunidade para desenvolver competências e de empreender, com incentivo e reconhecimento.
- Foco no cidadão e na sociedade - direcionamento das ações públicas para atender e regular, continuamente, as necessidades dos cidadãos e da sociedade, na condição de sujeitos de direitos, beneficiários dos serviços públicos e destinatários da ação decorrente do poder de Estado exercido pelas organizações públicas.
- Desenvolvimento de parcerias - desenvolvimento de atividades conjuntamente com outras organizações com objetivos específicos comuns, buscando o pleno uso das suas competências complementares para desenvolver sinergias.
- Responsabilidade social - atuação voltada para assegurar às pessoas a condição de cidadania com garantia de acesso aos bens e serviços essenciais, e ao mesmo tempo tendo também como um dos princípios gerenciais a preservação da biodiversidade e dos ecossistemas naturais, potencializando a capacidade das gerações futuras de atender suas próprias necessidades.
- Controle social - atuação que se define pela participação das partes interessadas no planejamento, acompanhamento e avaliação das atividades da Administração Pública e na execução das políticas e dos programas públicos.
- Gestão participativa - estilo de gestão que determina uma atitude gerencial da alta administração que busque o máximo de cooperação das pessoas, reconhecendo a capacidade e o potencial diferenciado de cada um e harmonizando os interesses individuais e coletivos, a fim de conseguir a sinergia das equipes de trabalho.

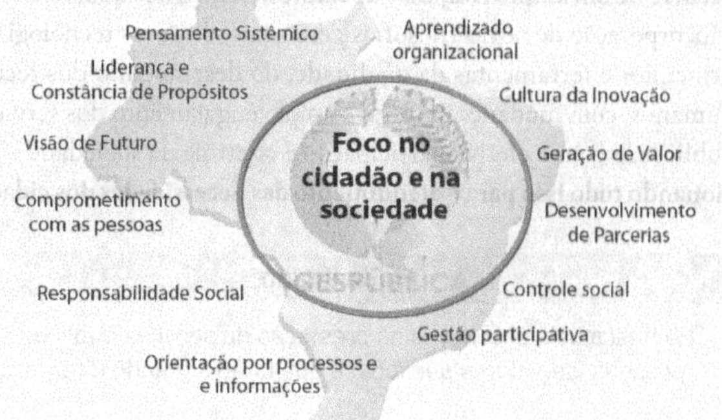

Ser Contemporâneo

O GesPública desdobrou o Modelo de Excelência em Gestão Pública em três instrumentos de avaliação, com a finalidade de facilitar o processo de avaliação continuada da gestão. Os três instrumentos sugerem um caminho progressivo do processo de autoavaliação, conforme mostra o quadro a seguir.

Excelência em Serviços Públicos

A questão da excelência em serviços públicos está atrelada às melhorias acumuladas no decorrer do processo de modernização, à utilização de ferramentas da qualidade, à situação orçamentária financeira do Estado para custeio da prestação dos serviços e ao padrão de relacionamento entre o Estado e a sociedade.

Fique ligado

Atenção 1: Os conceitos, técnicas e ferramentas da qualidade são utilizados para obter a excelência na gestão de produtos e serviços.

Atenção 2: No conceito da qualidade, a excelência no serviço público é tida como a satisfação das expectativas e necessidades do cidadão.

A excelência na prestação de serviços públicos corresponde ao grau máximo/ótimo dos serviços prestados – quase impossível de ser atingido –, no entanto, advoga-se ser possível e **atribui-se aos programas de qualidade a missão de atingir essa excelência**. A excelência corresponde a uma visão existente na Administração Pública, segundo a qual ao utilizar ferramentas e técnicas da qualidade para promover melhorias contínuas relacionadas aos serviços oferecidos ao cidadão – o que inclui o treinamento e a motivação dos servidores – estar-se-á caminhando rumo à excelência.

Não são leis, normas ou técnicas que caracterizam uma gestão pública como de excelência; **são valores** essenciais, que precisam ser internalizados por todas as pessoas das organizações públicas, que definirão a gestão de uma organização como excelente.

A qualidade é uma filosofia de gestão e um compromisso com a excelência (...) baseada na orientação para o cliente (Valéria Moreira, 2008).

A Excelência em uma organização depende fundamentalmente de sua capacidade de perseguir seus propósitos em completa harmonia com seu ecossistema (PNQ, 2011).

A cultura organizacional deve ser de inovação, de aprendizado e de comprometimento com o atendimento eficiente (e de qualidade) das necessidades e demandas dos cidadãos. Incorporar as necessidades dos cidadãos como sendo as da própria organização e disseminar isso dentro da organização como meta contínua a ser alcançada pode levar as entidades públicas a um grau muito próximo da excelência pretendida.

Pode-se afirmar que a conquista da excelência nos serviços públicos **decorre de um amplo conjunto de fatores**, muitos dos quais associados à incorporação de novas filosofias gerenciais, de novas tecnologias, de princípios e ferramentas da qualidade, do desempenho dos recursos humanos, com mudança cultural e amplo engajamento dos servidores públicos, e com a efetiva participação e controle da sociedade – **direcionando tudo isso para o atendimento das necessidades dos cidadãos.**

Fique ligado

Na busca pela excelência na prestação de serviços públicos, as pessoas (servidores públicos) é que farão a grande diferença.

De acordo com Philip Kotler (2000), existem fatores determinantes da qualidade/excelência dos serviços: **confiabilidade:** prestar o serviço exatamente como foi prometido; **capacidade de resposta:** prontidão para ajudar os clientes e prestar os serviços dentro do prazo estabelecido; **segurança:** transmitir confiança aos clientes, além de conhecimento, cortesia e capacidade; **empatia:** compreender o cliente e dar-lhe atenção individualizada; **itens tangíveis:** referem-se à boa aparência que devem ter as instalações físicas, equipamentos e servidores.

É importante ter em mente que prestar serviços de excelência/qualidade é um grande passo, mas a excelência exige mais: é preciso monitorar continuamente a opinião dos clientes sobre a qualidade dos serviços prestados, para saber se continuam satisfeitos. Nesse sentido, segundo Geoff Dinsdale e Brian Marson (2000),

As pesquisas são uma ferramenta poderosa para se identificar e reduzir as lacunas entre as expectativas dos usuários com relação aos serviços e sua satisfação com os mesmos (...) Se as pesquisas fazem as perguntas certas, os resultados podem informar aos gestores o que eles precisam fazer para melhorar o serviço aos seus usuários especificamente, e/ou para os cidadãos em geral.

Para que os serviços sejam de excelência, é necessário que – ente público e servidor – criem uma cultura de excelência na prestação de serviços e no atendimento aos cidadãos – o que deixa claro que mudanças continuam sendo necessárias para readequar a atuação pública direcionada ao atendimento do usuário-cidadão. Isso representa um desafio que abrange:

- A gestão pública – novos modelos de gestão baseados na inovação, no incentivo e na flexibilidade (reorganizar a administração e os recursos disponíveis, otimizando-os).
- As condições de trabalho – os dirigentes públicos devem propiciar um ambiente de trabalho adequado, que contribua para motivar os servidores a prestarem serviços e atendimentos de excelência.
- Os recursos humanos – além de capacitação contínua, deve ser criada uma nova cultura de atendimento ao cidadão e de comprometimento com a prestação dos serviços públicos de excelência.
- As novas tecnologias – devem ser amplamente utilizadas para a melhoria dos processos de trabalho e de comunicação – para fazer mais e melhor, com menor custo –, sem comprometer a excelência.
- Os conceitos e ferramentas da qualidade – a implantação de conceitos e ferramentas da qualidade para melhorar o atendimento e a prestação dos serviços, com vistas a alcançar a excelência.
- A comunicação com o usuário-cidadão – criação de novos canais que possibilitem a troca de informações e o conhecimento das expectativas, reclamações e necessidades dos clientes-usuários.
- Controle por resultados – necessariamente, avaliar a atuação administrativa em face dos resultados alcançados, e do nível de satisfação dos usuários quanto aos serviços prestados.

A avaliação dos serviços trará para a administração o feedback necessário à manutenção ou ao aperfeiçoamento dos serviços. Alguns requisitos foram identificados para avaliar se os serviços têm qualidade: facilidade de acesso ao serviço; utilidade das visitas aos locais de atendimento – quanto menor o número de visitas para obter o serviço, maior o nível de qualidade; tempo utilizado para o atendimento completo do serviço: horas, dias ou meses; a correspondência entre o produto final do serviço e a satisfação da necessidade do cliente; a divulgação de informações sobre os serviços; e a atenção às reclamações dos usuários.

Destaque-se ainda que a excelência em serviços no conceito de Qualidade Total é mais ampla, pois inclui também os clientes internos, como funcionários e administradores. Para Karl Albrecht (1992), a Qualidade Total na prestação de serviços é uma situação na qual uma organização fornece qualidade e serviços superiores a seus clientes, proprietários e funcionários.

Em síntese, para que os serviços prestados sejam excelentes, toda a gestão deve estar orientada para a busca da excelência – tanto no discurso, quanto nas ações.

O Modelo de Excelência da FNQ

O modelo de excelência em gestão da FNQ – Fundação Nacional da Qualidade – **consiste na representação de um sistema gerencial constituído por diversos fundamentos e critérios**, que orientam a adoção de práticas de gestão nas organizações públicas e privadas, com a finalidade de levar as organizações brasileiras a padrões de desempenho reconhecidos pela sociedade e à excelência em sua gestão.

A FNQ definiu os fundamentos e os critérios de excelência em gestão, **tendo como referência organizações de excelência em nível mundial**. Esses critérios incorporam conceitos e técnicas utilizados na administração das atuais organizações de sucesso: organizações de classe mundial, líderes em seus segmentos.

Os fundamentos de excelência, segundo o Caderno FNQ (2011), são os seguintes:

- Pensamento sistêmico. Entendimento das relações de interdependência entre os diversos componentes de uma organização, bem como entre a organização e o ambiente externo.
- Aprendizado organizacional. Busca o alcance de um novo patamar de conhecimento para a organização por meio de percepção, reflexão, avaliação e compartilhamento de experiências.
- Cultura de inovação. Promoção de um ambiente favorável à criatividade, experimentação e implementação de novas ideias que possam gerar um diferencial competitivo para a organização.
- Liderança e constância de propósitos. Atuação de forma aberta, democrática, inspiradora e motivadora das pessoas, visando ao desenvolvimento da cultura da excelência, à promoção de relações de qualidade e à proteção dos interesses das partes interessadas.
- Orientação por processos e informações. Compreensão e segmentação do conjunto das atividades e processos da organização que agreguem valor para as partes interessadas, sendo que a tomada de decisões e execução de ações deve ter como base a medição e análise do desempenho, levando-se em consideração as informações disponíveis, além de incluir os riscos identificados.
- Visão de futuro. Compreensão dos fatores que afetam a organização, seu ecossistema e o ambiente externo no curto e no longo prazo, visando à sua perenização.
- Geração de valor. Alcance de resultados consistentes, assegurando a perenidade da organização pelo aumento de valores tangível e intangível, de forma sustentada para todas as partes interessadas.

- Valorização das pessoas. Estabelecimento de relações com as pessoas, criando condições para que elas se realizem profissional e humanamente, maximizando seu desempenho por meio de comprometimento, desenvolvimento de competências e espaço para empreender.
- Conhecimento sobre o cliente e o mercado. Conhecimento e entendimento do cliente e do mercado, visando à criação de valor de forma sustentada para o cliente e, consequentemente, gerando mais competitividade nos mercados.
- Desenvolvimento de parcerias. Desenvolvimento de atividades em conjunto com outras organizações, a partir da plena utilização das competências essenciais de cada uma, objetivando benefícios para ambas as partes.
- Responsabilidade social. Atuação que se define pela relação ética e transparente da organização com todos os públicos com os quais se relaciona, estando voltada para o desenvolvimento sustentável da sociedade, preservando recursos ambientais e culturais para gerações futuras; respeitando a diversidade e promovendo a redução das desigualdades sociais como parte integrante da estratégia da organização.

A partir dos fundamentos, foram constituídos oito critérios de excelência, que permitem às organizações medirem seus esforços no sentido de avaliar se estão ou não sendo excelentes, ou, ao menos, caminhando rumo à excelência. O Caderno da FNQ (2011) **apresenta os seguintes critérios de excelência:**

- Liderança. Examina o sistema de liderança da organização e o comprometimento pessoal dos membros da Direção no estabelecimento, disseminação e atualização de valores e princípios organizacionais que promovam a cultura da excelência, considerando as necessidades de todas as partes interessadas. Também examina como é implementada a governança, como é analisado o desempenho da organização e como são implementadas as práticas voltadas para assegurar a consolidação do aprendizado organizacional.
- Estratégias e planos. Examina, em detalhe, o processo de formulação das estratégias, enfatizando a análise do setor de atuação, do macroambiente e do modelo de negócio da organização. Também examina o processo de implementação das estratégias, incluindo a definição de indicadores, o desdobramento das metas e planos para todos os setores da organização e o acompanhamento dos ambientes internos e externos.
- Clientes. Examina como a organização identifica, analisa e compreende as necessidades e expectativas dos clientes e dos mercados; divulga seus produtos, marcas e ações de melhoria; e estreita seu relacionamento com os clientes. Também examina como a organização mede e intensifica a satisfação e a fidelidade dos clientes em relação a seus produtos e marcas, bem como avalia a insatisfação.
- Sociedade. Examina como a organização contribui para o desenvolvimento econômico, social e ambiental de forma sustentável – por meio da minimização dos impactos negativos potenciais de seus produtos e operações na sociedade –, e como interage com a sociedade de forma ética e transparente.
- Informações e conhecimento. Examina a gestão e a utilização das informações da organização e de informações comparativas pertinentes, bem como a gestão de seus ativos intangíveis.
- Pessoas. Examina como são proporcionadas as condições para o desenvolvimento e utilização plena do potencial das pessoas que compõem a força de trabalho, em consonância com as estratégias organizacionais. Também examina os esforços para criar e manter um ambiente de trabalho e um clima organizacional que conduzam à excelência do desempenho, à plena participação e ao crescimento das pessoas.
- Processos. Examina como a organização identifica os processos de agregação de valor; e identifica, gerencia, analisa e melhora os processos principais do negócio e os processos de apoio. Também examina como a organização gerencia o relacionamento com os fornecedores e conduz a sua gestão financeira, visando à sustentabilidade econômica do negócio.
- Resultados. Examina os resultados da organização, abrangendo os aspectos econômico-financeiros e os relativos aos clientes e mercados, sociedade, pessoas, processos principais do negócio e de apoio, assim como os relativos ao relacionamento com os fornecedores.

Modelo de Excelência em Gestão Pública (MEGP)

Com efeito, o Modelo de Excelência em Gestão Pública é a representação de um sistema gerencial constituído de oito partes integradas, que orientam a adoção de práticas de excelência em gestão com a finalidade de levar as organizações públicas brasileiras a padrões elevados de desempenho e de excelência em gestão. A figura a seguir representa graficamente o MEGP, destacando a relação entre as suas partes.

Representação do Modelo de Excelência em Gestão Pública

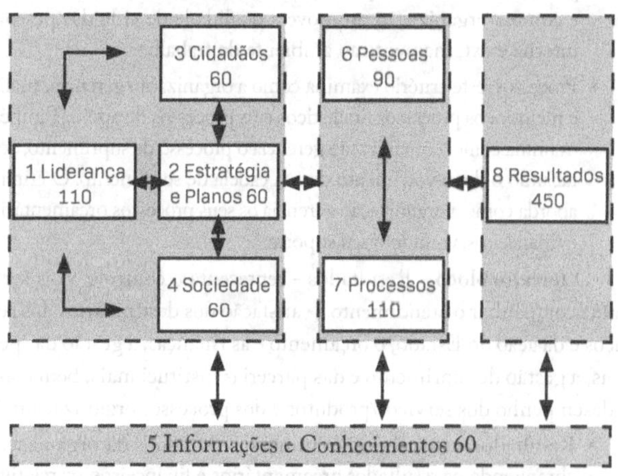

O primeiro bloco– Liderança, Estratégias e Planos, Cidadãos e Sociedade - pode ser denominado de planejamento. Por meio da liderança forte da alta administração, que focaliza as necessidades dos cidadãos-usuários, os serviços, os produtos e os processos são planejados conforme os recursos disponíveis, para melhor atender a esse conjunto de necessidades.

- Liderança: este critério examina a governança pública e a governabilidade da organização, incluindo aspectos relativos à transparência, equidade, prestação de contas e responsabilidade corporativa. Também examina como é exercida a liderança, incluindo temas como mudança cultural e implementação do sistema de gestão da organização. O critério aborda a análise do desempenho da organização, enfatizando a comparação com o desempenho de outras organizações e a avaliação do êxito das estratégias.
- Estratégias e Planos: este critério examina como a organização, a partir de sua visão de futuro, da análise dos ambientes interno e externo e da sua missão institucional, formula suas estratégias, desdobra-as em planos de ação de curto e longo prazos e acompanha a sua implementação, visando ao atendimento de sua missão e à satisfação das partes interessadas.
- Cidadãos: este critério examina como a organização, no cumprimento das suas competências institucionais, identifica os cidadãos usuários dos seus serviços e produtos, conhece suas necessidades e avalia a sua capacidade de atendê-las, antecipando-se a elas. Aborda também como ocorre a divulgação de seus serviços, produtos e ações

CONBAN

para fortalecer sua imagem institucional e como a organização estreita o relacionamento com seus cidadãos-usuários, medindo a sua satisfação e implementando e promovendo ações de melhoria.

- Sociedade: este critério examina como a organização aborda suas responsabilidades perante a sociedade e as comunidades diretamente afetadas pelos seus processos, serviços e produtos e como estimula a cidadania. Examina, também, como a organização atua em relação às políticas públicas do seu setor e como estimula o controle social de suas atividades pela Sociedade e o comportamento ético.

O **segundo bloco** - Pessoas e Processos - representa a execução do planejamento. Nesse espaço, concretizam-se as ações que transformam objetivos e metas em resultados. São as pessoas, capacitadas e motivadas, que operam esses processos e fazem com que cada um deles produza os resultados esperados.

- Pessoas: este critério examina os sistemas de trabalho da organização, incluindo a organização do trabalho, a estrutura de cargos, os processos relativos à seleção e contratação de pessoas, assim como a gestão do desempenho de pessoas e equipes. Também examina os processos relativos à capacitação e ao desenvolvimento das pessoas e como a organização promove a qualidade de vida das pessoas, interna e externamente ao ambiente de trabalho.
- Processos: este critério examina como a organização gerencia, analisa e melhora os processos finalísticos e os processos de apoio. Também examina como a organização gerencia o processo de suprimento, destacando o desenvolvimento da sua cadeia de suprimento. O critério aborda como a organização gerencia os seus processos orçamentários e financeiros, visando o seu suporte.

O **terceiro bloco** - Resultados - representa o controle, pois serve para acompanhar o atendimento à satisfação dos destinatários dos serviços e da ação do Estado, o orçamento e as finanças, a gestão das pessoas, a gestão de suprimento e das parcerias institucionais, bem como o desempenho dos serviços/produtos e dos processos organizacionais.

- Resultados: este critério examina os resultados da organização, abrangendo os resultados orçamentários e financeiros, os relativos aos cidadãos-usuários, à sociedade, às pessoas, aos processos finalísticos e processos de apoio, assim como os relativos ao suprimento. A avaliação dos resultados inclui a análise da tendência e do nível atual de desempenho, pela verificação do atendimento dos níveis de expectativa das partes interessadas e pela comparação com o desempenho de outras organizações.

O quarto bloco - Informações e Conhecimento - representa a inteligência da organização. Nesse bloco, são processados e avaliados os dados e os fatos da organização (internos) e aqueles provenientes do ambiente (externos), que não estão sob seu controle direto, mas, de alguma forma, influenciam o seu desempenho. Esse bloco dá à organização a capacidade de corrigir ou melhorar suas práticas de gestão e, consequentemente, seu desempenho.

- Informações e Conhecimento: este critério examina a gestão das informações, incluindo a obtenção de informações comparativas pertinentes. Também examina como a organização identifica, desenvolve, mantém e protege os seus conhecimentos. Assim, para efeito de avaliação da gestão pública, as oito partes do Modelo de Excelência em Gestão Pública foram transformadas em Critérios para Avaliação da Gestão Pública; a esses critérios foram incorporados referenciais de excelência (requisitos) a partir dos quais a organização pública pode implementar ciclos contínuos de avaliação e melhoria de sua gestão.Apenas para ilustração, observaremos a figura a seguir com as respectivas pontuações máximas do MEGP, destacando os critérios e itens de avaliação.

Critério e Itens de Avaliação

	Critérios e Itens	Pontos
1	Liderança	110
	1.1 Governança pública e governabilidade	40
	1.2 Sistema de Liderança	40
	1.3 Analise de Desempenho da Organização	30
2	Estratégia e Planos	60
	2.1 Formulação das Estratégias	30
	2.2 Implementação das Estratégias	30
3	Cidadãos	60
	3.1 Imagem e conhecimento mútuo	30
	3.2 Relacionamento com os cidadãos-usuários	30
4	Sociedade	60
	4.1 Atuação Socioambiental	20
	4.2 Ética e controle social	20
	4.3 Politica públicas	20
5	Informações e Conhecimento	60
	5.1 Informações da Organização	20
	5.2 Informações Comparativas	20
	5.3 Gestão do Conhecimento	20
6	Pessoas	90
	6.1 Sistema de Trabalho	30
	6.2 Capacitação e Desenvolvimento	30
	6.3 Qualidade de Vida	30
7	Precessos	110
	7.1 Processos finalisticos e processos de apoio	50
	7.2 Processos de suprimento	30
	7.3 Processos orçamentário e financeiros	30

	Resultados	450
8	8.1 Resultado relativo aos cidadão-usuarios	100
	8.2 Resultado relativos à sociedade	100
	8.3 Resultados orçamentários e financeiros	60
	8.4 Resultados relativos às pessoas	60
	8.5 Resultados relativos aos processos de suprimento	30
	8.6 Resultado dos processos finalísticos e dos processos de apoio	100
	Total de Pontos	**100**

QUADRO RESUMO

MEGP (GESPÚBLICA)		FNQ
Fundamentos	**Princípios Cponstitucionais**	**Fundamentos**
Pensamento sistêmico		Pensamento sistêmico
Aprendizado Organizacional		Aprendizado Organizacional
Cultura da Organização		Cultura da Organização
Liderança e constância de propósitos		Liderança e constância de propósitos
Orientação por processos e informações		Orientação por processos e informações
Visão de futuro		Visão de futuro
Geração de Valor		Geração de Valor
Valorização das pessoas		Valorização das pessoas
Foco no cidadão e na sociedade		Foco no cidadão e na sociedade
Desenvolvimento de parcerias		Desenvolvimento de parcerias
Responsabilidade Social		Responsabilidade Social
Controle Social		
Gestão parcipativa		
	Legalidade	
	Impessoabilidade	
	Moralidade	
	Publicidade	
	Eficiência	

16.6 Ferramentas da Qualidade

São recursos utilizados que identificam e melhoram a qualidade dos produtos, serviços e processos. As ferramentas não servem unicamente para solucionar problemas, elas devem também fazer parte de um processo de planejamento para alcançar objetivos.

As ferramentas básicas da qualidade que serão descritas a seguir têm como objetivo demonstrar a aplicação de cada uma delas, os pré-requisitos para a construção, como fazer e relação entre cada ferramenta.

Segundo Williams (1995), as ferramentas devem ser usadas para controlar a variabilidade, que é a quantidade de diferença em relação a um padrão, sendo que a finalidade das ferramentas é eliminar ou reduzir a variação em produto e serviço.

Para manter os processos estáveis e com um nível de variação mínimo, usam-se duas estratégias:

i) Padronização dos processos da empresa.

j) Controlar a variabilidade dos processos envolvendo as ferramentas adequadas, visando à sua redução.

Os objetivos das ferramentas da qualidade, segundo Oliveira (1995), são:

a) Facilitar a visualização e entendimento dos problemas.

b) Sintetizar o conhecimento e as conclusões.

c) Desenvolver a criatividade.

d) Permitir o conhecimento do processo.

e) Fornecer elementos para o monitoramento dos processos.

Para analisar a variabilidade nos processos, podemos utilizar várias ferramentas, sendo que as citadas a seguir não são as únicas, mas são as mais utilizadas.

Folha de verificação

A folha de verificação é uma das sete ferramentas da qualidade e é considerada a mais simples das ferramentas. Apresenta uma maneira de organizar e apresentar os dados em forma de um quadro, tabela ou planilha, facilitando desta forma a coleta e análise dos dados.

A utilização da folha de verificação economiza tempo, eliminando o trabalho de desenhar figuras ou escrever números repetitivos, não comprometendo a análise dos dados.

A seguir, apresentamos um exemplo de folha de verificação utilizada no levantamento da produção mensal de uma fábrica de biscoitos. Esta folha de verificação é capaz de proporcionar evidência objetiva para análises de eventuais problemas envolvendo a produção de diferentes biscoitos.

	Semana				
Produto	**1**	**2**	**3**	**4**	**Total**
Waffer	100	80	50	40	270
Recheado	50	70	80	100	300
Salgado	50	50	55	45	200
Leite	80	85	79	82	326
Maisena	47	48	50	49	194

De acordo com o exemplo acima, podemos perceber que a produção do biscoito tipo waffer vem diminuindo semana a semana, o que pode ou não ser indício de um problema. Portanto, a folha de verificação tem grande aplicação para levantamento e verificação de dados e fatos.

Na administração da qualidade, não é possível tomar decisões acertadas ou propor planos de melhoria com base apenas em suposições e argumentos que não estejam fundamentados em fatos e dados. Por exemplo, quando um funcionário comenta que o serviço de entrega está ruim, não é possível saber se isso é fato ou opinião, não suportados por qualquer evidência objetiva. Mas, se o funcionário informa que, de acordo com levantamento realizado, das 1500 entregas feitas no mês de setembro, foram registradas 50 reclamações de clientes, o que significa que para cada 30 entregas, uma entrega apresentou problema, ele está comprovando um fato para que uma decisão seja tomada. Mas, para dispor desses dados, é necessário que eles tenham sido coletados. Daí a importância das folhas de verificação: elas possibilitam a coleta dos dados e a sua disponibilidade (são evidências objetivas) para análise e solução de eventuais problemas.

Sobre os fatos é que devem se basear as decisões empresariais, levando-se em conta a melhoria da qualidade de produtos, processos produtivos e serviços. As opiniões devem ser motivadoras e capazes de proporcionar as evidências objetivas nas quais as decisões precisam se apoiar.

Gráfico de Pareto (método 80/20 – prioriza problemas)

O diagrama ou gráfico de Pareto é assim definido no Japão segundo Karatsuand Ikeda (1985: 25): "É um diagrama que apresenta os itens e a classe na ordem dos números de ocorrências, apresentando a soma total acumulada." Nos permite visualizar diversos elementos de um problema auxiliando na determinação da sua prioridade.

É representado por barras dispostas em ordem decrescente, com a causa principal vista do lado esquerdo do diagrama, e as causas menores são mostradas em ordem decrescente ao lado direito. Cada barra representa uma causa exibindo a relevante causa com a contribuição de cada uma em relação à total.

É uma das ferramentas mais eficientes para encontrar problemas. Para traçar o diagrama, ele deve ser repetido várias vezes para cada um dos problemas levantados, tomando os itens prioritários como problemas novos.

O diagrama de Pareto descreve as causas que ocorrem na natureza e no comportamento humanos, podendo assim ser uma poderosa ferramenta para focalizar esforços pessoais em problemas, e tem maior potencial de retorno.

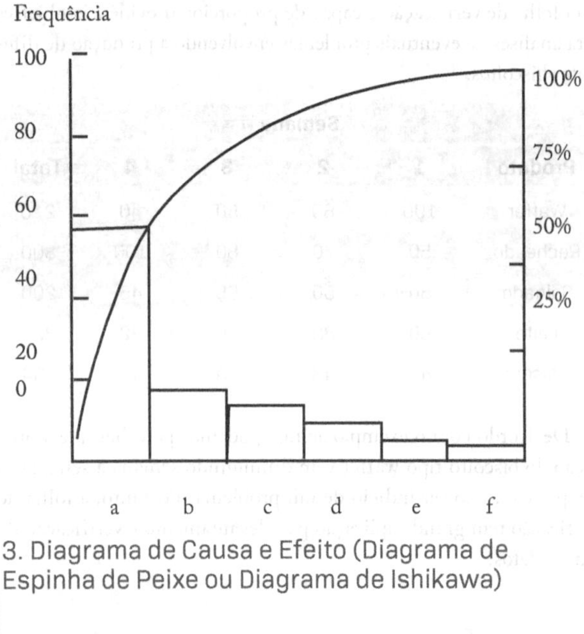

3. Diagrama de Causa e Efeito (Diagrama de Espinha de Peixe ou Diagrama de Ishikawa)

É uma representação gráfica que permite a organização das informações possibilitando a identificação das possíveis causas de um determinado problema ou efeito. OLIVEIRA (1995: 29).

Mostra-nos as causas principais de uma ação, as quais dirigem para as subcausas, levando ao resultado final. Foi desenvolvido em 1943 por Ishikawa na Universidade de Tóquio. Ele usou isto para explicar como vários fatores poderiam ser comuns entre si e estar relacionados.

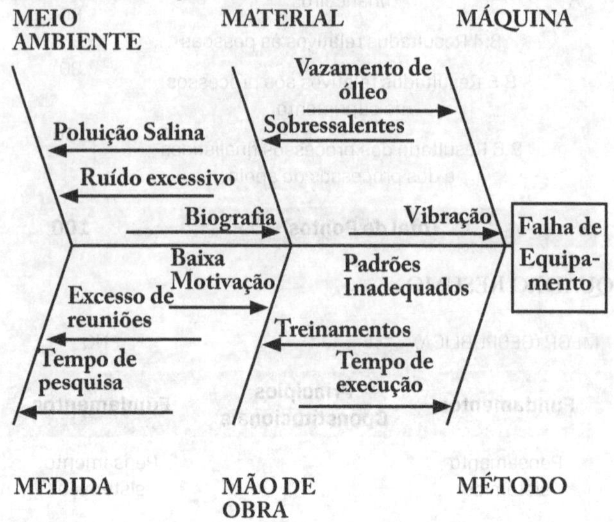

4. Histograma

São gráficos de barras que mostram a variação sobre uma faixa específica, JURAN (1989). O histograma foi desenvolvido por Guerry em 1833 para descrever sua análise de dados sobre crime. Desde então, os histogramas têm sido aplicados para descrever os dados nas mais diversas áreas.

É uma ferramenta que nos possibilita conhecer as características de um processo ou um lote de produto permitindo uma visão geral da variação de um conjunto de dados. ROSALES (1994:52).

A maneira como esses dados se distribuem contribui de uma forma decisiva na identificação dos dados. Eles descrevem a frequência com que variam os processos e a forma de distribuição dos dados como um todo. PALADINI (1994).

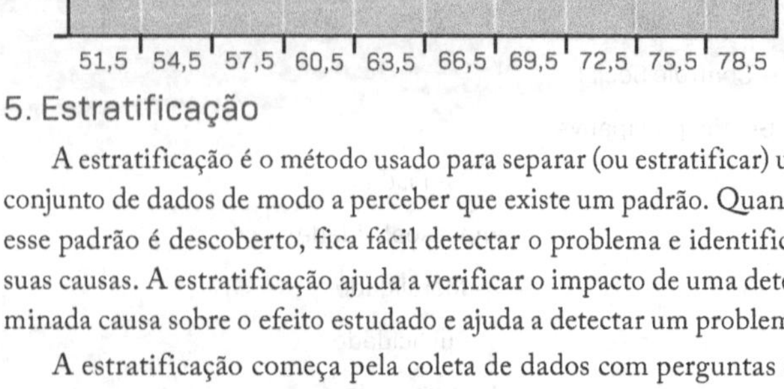

5. Estratificação

A estratificação é o método usado para separar (ou estratificar) um conjunto de dados de modo a perceber que existe um padrão. Quando esse padrão é descoberto, fica fácil detectar o problema e identificar suas causas. A estratificação ajuda a verificar o impacto de uma determinada causa sobre o efeito estudado e ajuda a detectar um problema.

A estratificação começa pela coleta de dados com perguntas do tipo: os turnos de trabalho diferentes podem ser responsáveis por diferenças nos resultados?; os erros cometidos por empregados novos são diferentes dos erros cometidos por empregados mais experientes?; a produção às segundas-feiras é muito diferente da dos outros dias da semana? etc.

Quando a coleta de dados termina, devem-se procurar, primeiramente, padrões relacionados com o tempo ou a sequência, verificando se há diferenças sistemáticas entre os dados coletados. No caso de perguntas como as exemplificadas, devem-se analisar as diferenças entre dias da semana, turnos, operadores etc.

Um exemplo comum de estratificação é o das pesquisas realizadas por institutos de pesquisa que aparecem nos jornais diariamente. Em época de eleições, por exemplo, os dados da pesquisa podem ser estratificados por região de origem, sexo, faixa etária, escolaridade ou classe socioeconômica do eleitor.

6. Gráfico de Controle

Os gráficos de controle servem para medirmos a variabilidade de um processo. Por meio da determinação de limites mínimos e máximos de "tolerância", podemos analisar o comportamento de um processo específico.

No caso a seguir, teríamos o número de defeitos em um processo Y em cada mês. Sempre que o processo mostrar um comportamento atípico, como nos meses de fevereiro e setembro, por exemplo, devemos analisar o funcionamento do processo com mais rigor.

Defeitos no processo Y

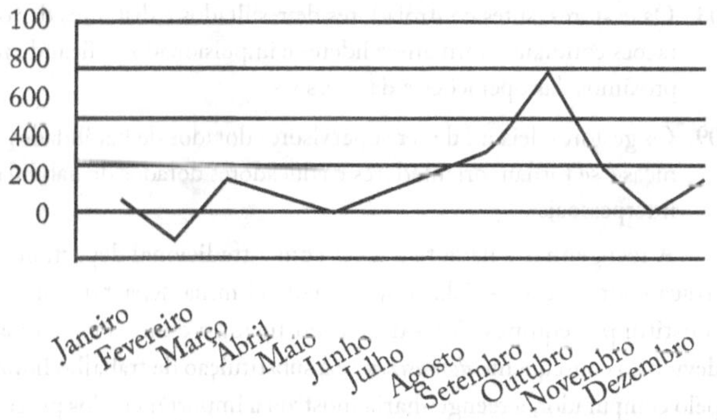

Defeitos no processo Y

Portanto, esse gráfico nos mostra se existe algum fator influenciando de modo especial a qualidade. Quando os valores estiverem dentro da faixa entre o limite inferior e o limite superior, poderíamos dizer que o processo está "sob controle".

Gráfico de dispersão

Os **Diagramas de dispersão** ou **Gráficos de Dispersão** são representações de duas ou mais variáveis que são organizadas em um gráfico, uma em função da outra.

O **diagrama de dispersão** é também utilizado como ferramenta de qualidade. Um método gráfico de análise que permite verificar a existência ou não de relação entre duas variáveis de natureza quantitativa, ou seja, variáveis que podem ser medidas ou contadas, tais como: sinergia, horas de treinamento, intenções, número de horas em ação, jornada, intensidades, velocidade, tamanho do lote, pressão, temperatura etc.

Nesta forma, o diagrama de dispersão é usado para se verificar uma possível relação de causa e efeito. Isto não prova que uma variável afeta a outra, mas torna claro se a relação existe e em que intensidade. Na prática, muitas vezes, temos a necessidade de estudar a relação de correspondência entre duas variáveis.

Idade	Peso	Altura	Idade	Peso	Altura
17	50	1,50	37	52	1,55
18	55	1,58	41	95	1,90
20	72	1,62	28	62	1,65
25	62	1,65	19	79	1,82
17	70	1,71	46	85	1,82
38	83	1,72	74	79	1,90
54	80	1,78	58	85	1,90
64	72	1,80	60	89	2,00

Enxugamento (*downsizing*)

A Qualidade Total representa uma revolução na gestão da entidade, porque os antigos Departamentos de Controle de Qualidade (DCQ) e os sistemas formais de controle é que detinham e centralizavam totalmente essa responsabilidade. A Qualidade Total provocou o enxugamento (*downsizing*) dos DCQs e sua descentralização para o nível operacional. O downsizing promove redução de níveis hierárquicos e enxugamento organizacional para reduzir as operações ao essencial (*core business*) do negócio e transferir o acidental para terceiros que saibam fazê-lo melhor e mais barato (terceirização). O enxugamento substitui a antiga cultura baseada na desconfiança - que alimentava um contingente excessivo de comandos e de controles - para uma nova cultura que incentiva a iniciativa das pessoas. O policiamento externo é substituído pelo comprometimento e autonomia das pessoas, além do investimento em treinamento para melhorar a produtividade.

Terceirização (*outsourcing*)

A terceirização ocorre quando uma operação interna da organização é transferida para outra organização que consiga fazê-la melhor e de forma mais barata. As organizações transferem para outras organizações atividades como malotes, limpeza e manutenção de escritórios e fábricas, serviços de expedição, guarda e vigilância, refeitórios etc. Por essa razão, empresas de consultoria em contabilidade, auditoria, advocacia, engenharia, relações públicas, propaganda etc., representam antigos departamentos ou unidades organizacionais terceirizados para reduzir a estrutura organizacional e dotar a organização de maior agilidade e flexibilidade. A terceirização representa uma transformação de custos fixos em custos variáveis. Na prática, uma simplificação da estrutura e do processo decisório das organizações e uma focalização maior no core business e nos aspectos essenciais do negócio.

Redução do tempo do ciclo de produção

O tempo de ciclo refere-se às etapas seguidas para completar um processo, como ensinar o programa a uma classe, fabricar um carro ou atender um cliente. A simplificação de ciclos de trabalho, a queda de barreiras entre as etapas do trabalho e entre departamentos envolvidos e a remoção de etapas improdutivas no processo permite que a Qualidade Total seja bem-sucedida. O ciclo operacional da organização torna-se mais rápido e o giro do capital mais ainda. A redução do ciclo operacional permite a competição pelo tempo, o atendimento mais rápido do cliente, etapas de produção mais encadeadas entre si, queda de barreiras e obstáculos intermediários. Os conceitos de fábrica enxuta e just in time (JIT) são baseados no ciclo de tempo reduzido.

11.Reengenharia

A reengenharia foi uma reação ao colossal abismo existente entre as mudanças ambientais velozes e intensas e a total inabilidade das organizações em ajustar-se a essas mudanças. Para reduzir a enorme distância entre a velocidade das mudanças ambientais e a permanência das organizações tratou-se de aplicar um remédio forte e amargo. Reengenharia significa fazer uma nova engenharia da estrutura organizacional. Representa uma reconstrução, e não simplesmente uma reforma total ou parcial da empresa. Não se trata de fazer reparos rápidos ou mudanças cosméticas na engenharia atual, mas de fazer um desenho organizacional totalmente novo e diferente. A reengenharia se baseia nos processos empresariais e considera que eles é que devem fundamentar o formato organizacional. Não se pretende melhorar os processos já existentes, mas a sua total substituição por processos inteiramente novos. Nem se pretende automatizar os processos já existentes. Isso seria o mesmo que sofisticar aquilo que é ineficiente ou buscar uma forma ineficiente de fazer as coisas erradas. Nada de pavimentar estradas tortuosas, que continuam tortas apesar de aparentemente novas, mas construir novas estradas modernas e totalmente remodeladas. A reengenharia não se confunde com a melhoria contínua: pretende criar um processo inteiramente novo e baseado na TI, e não o aperfeiçoamento gradativo e lento do processo atual.

Para alguns autores, a reengenharia é o reprojeto dos processos de trabalho e a implementação de novos projetos, enquanto para outros é o repensar fundamental e a reestruturação radical dos processos empresariais visando alcançar enormes melhorias no desempenho de custos, qualidade, atendimento e velocidade. A reengenharia se fundamenta em quatro palavras-chave:

01. Fundamental. Busca reduzir a organização ao essencial e fundamental. As questões: por que fazemos o que fazemos? E por que fazemos dessa maneira?

02. Radical. Impõe uma renovação radical, desconsiderando as estruturas e os procedimentos atuais para inventar novas maneiras de fazer o trabalho.

03. Drástica. A reengenharia joga fora tudo o que existe atualmente na empresa. Destrói o antigo e busca sua substituição por algo inteiramente novo. Não aproveita nada do que existe!

04. Processos. A reengenharia reorienta o foco para os processos, e não mais para as tarefas ou serviços nem para pessoas ou para a estrutura organizacional. Busca entender o "quê" e o "porquê" e não o "como" do processo.

A reengenharia está preocupada em fazer cada vez mais com cada vez menos. Seus três componentes são: pessoas, TI e processos. Na verdade, a reengenharia focaliza os processos organizacionais. Um processo é o conjunto de atividades com uma ou mais entradas e que cria uma saída de valor para o cliente. As organizações estão mais voltadas para tarefas, serviços, pessoas ou estruturas, mas não para os seus processos. Ninguém gerencia processos. Na realidade, as organizações são constituídas de vários processos fragmentados que atravessam os departamentos funcionais separados como se fossem diferentes feudos. Melhorar apenas tais processos não resolve. A solução é focalizar a empresa nos seus processos e não nos seus órgãos. Daí, virar o velho e tradicional organograma de cabeça para baixo. Ou jogá-lo fora. A reengenharia trata de processos.

A reengenharia de processos direciona as características organizacionais para os processos. Suas consequências para a organização são:

01. Os departamentos tendem a desaparecer e ceder lugar a equipes orientadas para os processos e para os clientes. A tradicional departamentalização por funções é substituída por redes de equipes de processos. A orientação interna para funções especializadas dos órgãos cede lugar para uma orientação voltada para os processos e clientes.

02. A estrutura organizacional hierarquizada, alta e alongada passa a ser nivelada, achatada e horizontalizada. É o enxugamento (downsizing) da organização para transformá-la de centralizadora e rígida em flexível, maleável e descentralizadora.

03. A atividade também muda: as tarefas simples, repetitivas, rotineiras, fragmentadas e especializadas, com ênfase no isolamento individual passam a basear-se em equipes com trabalhos multidimensionais e com ênfase na responsabilidade grupal, solidária e coletiva.

04. Os papéis das pessoas deixam de ser moldados por regras e regulamentos internos para a plena autonomia, liberdade e responsabilidade.

05. A preparação e o desenvolvimento das pessoas deixam de ser feitos por meio do treinamento específico, com ênfase na posição e no cargo ocupado, para se constituir em uma educação integral e com ênfase na formação da pessoa e nas suas habilidades pessoais.

06. As medidas de avaliação do desempenho humano deixam de se concentrar na atividade passada e passam a avaliar os resultados alcançados, a contribuição efetiva e o valor criado à organização e ao cliente.

07. Os valores sociais, antes protetores e visando à subordinação das pessoas às suas chefias, agora passam a ser produtivos, visando à orientação das pessoas para o cliente, seja ele interno ou externo.

08. Os gestores, antes controladores de resultados e distantes das operações cotidianas, tornam-se líderes e impulsionadores ficando mais próximos das operações e das pessoas.

09. Os gestores deixam de ser supervisores dotados de habilidades técnicas e se tornam orientadores e educadores dotados de habilidades interpessoais.

A reengenharia nada tem a ver com a tradicional departamentalização por processos. Ela simplesmente elimina departamentos e os substitui por equipes. Apesar de estar ligada a demissões em massa devido ao consequente *downsizing* e à substituição de trabalho humano pelo computador, a reengenharia mostrou a importância dos processos horizontais das organizações e do seu tratamento racional.

Benchmarking

O *benchmarking* foi introduzido em 1979 pela Xerox, como um *processo contínuo de avaliar produtos, serviços e práticas dos concorrentes mais fortes e daquelas empresas que são reconhecidas como líderes empresariais*. Spendolini acrescenta que o *benchmarking* é um processo contínuo e sistemático de pesquisa para avaliar produtos, serviços, processos de trabalho de empresas ou organizações que são reconhecidas como representantes das melhores práticas, com o propósito de aprimoramento organizacional. Isso permite comparações de processos e práticas administrativas entre empresas para identificar o "melhor do melhor" e alcançar um nível de superioridade ou vantagem competitiva. O benchmarking encoraja as organizações a pesquisar os fatores-chave que influenciam a produtividade e a qualidade. Essa visualização pode ser aplicada a qualquer função como produção, vendas, recursos humanos, engenharia, pesquisa e desenvolvimento, distribuição etc., o que produz melhores resultados quando implementado na empresa como um todo.

O benchmarking visa desenvolver a habilidade dos administradores de visualizar no mercado as melhores práticas administrativas das empresas consideradas excelentes (benchmarks) em certos aspectos, comparar as mesmas práticas vigentes na empresa focalizada, avaliar a situação e identificar as oportunidades de mudanças dentro da organização. A meta é definir objetivos de gestão e legitimá-los por meio de comparações externas. A comparação costuma ser um saudável método didático, pois desperta para as ações que as empresas excelentes estão desenvolvendo e que servem de lição e de exemplo, de guia e de orientação para as empresas menos inspiradas.

O *benchmarking* exige três objetivos que a organização precisa definir:

01. Conhecer suas operações e avaliar seus pontos fortes e fracos. Para tanto, deve documentar os passos e práticas dos processos de trabalho, definir medidas de desempenho e diagnosticar suas fragilidades.

02. Localizar e conhecer os concorrentes ou organizações líderes do mercado, para poder diferenciar as habilidades, conhecendo seus pontos fortes e fracos e compará-los com os próprios pontos fortes e fracos.

03. Incorporar o melhor do melhor adotando os pontos fortes dos concorrentes e, se possível, excedendo-os e ultrapassando-os.

O *benchmarking* é constituído de 15 estágios, todos eles focalizados no objetivo de comparar competitividade.

A principal barreira à adoção do benchmarking reside em convencer os administradores de que seus desempenhos podem ser melhorados e excedidos. Isso requer uma paciente abordagem e apresentação de evidências de melhores métodos utilizados por outras organizações. O *benchmarking* requer consenso e comprometimento das pessoas. Seu principal benefício é a competitividade, pois ajuda a desenvolver um esquema de como a operação pode sofrer mudanças para atingir um desempenho superior e excelente.

Job Enrichment e *Job Enlargement*

O desenho contingencial de cargos é dinâmico e privilegia a mudança em função do desenvolvimento pessoal do ocupante. Em outros termos, permite a adaptação do cargo ao potencial de desenvolvimento pessoal do ocupante. Essa adaptação contínua é feita pelo enriquecimento de cargos. Enriquecimento de cargos significa a reorganização e ampliação do cargo para proporcionar adequação ao ocupante no sentido de aumentar a satisfação intrínseca, por meio do acréscimo de variedade, autonomia, significado das tarefas, identidade com as tarefas e retroação. Segundo a teoria dos dois fatores de Herzberg, o enriquecimento de cargos constitui a maneira de obter satisfação intrínseca por meio do cargo. É que o cargo é pequeno demais para o espírito de muitas pessoas. Em outras palavras, os cargos não são suficientemente grandes para a maioria das pessoas e precisam ser redimensionados. O enriquecimento do cargo — ou ampliação do cargo - torna-se a maneira prática e viável para a adequação permanente do cargo ao crescimento profissional do ocupante. Consiste em aumentar de maneira deliberada e gradativa os objetivos, responsabilidades e desafios das tarefas do cargo para ajustá-los às características progressivas do ocupante. O enriquecimento do cargo pode ser lateral ou horizontal (carga lateral com a adição de novas responsabilidades do mesmo nível) ou vertical (carga vertical com adição de novas responsabilidades mais elevadas).

A adequação do cargo ao ocupante melhora o relacionamento entre as pessoas e o seu trabalho, incluindo novas oportunidades de iniciar outras mudanças na organização e na cultura organizacional e de melhorar a qualidade de vida no trabalho. O que se espera do enriquecimento de cargos é não apenas uma melhoria das condições de trabalho, mas, sobretudo, um aumento da produtividade e redução das taxas de rotatividade e de absenteísmo do pessoal. Uma experiência desse tipo introduz um novo conceito de cultura e clima organizacional, tanto na fábrica como no escritório: reeducação da gerência e da chefia, descentralização da gestão de pessoas, delegação de responsabilidades, maiores oportunidades de participação etc. O enriquecimento de cargos oferece as seguintes vantagens:

01. Elevada motivação intrínseca do trabalho.

02. Desempenho de alta qualidade no trabalho.

03. Elevada satisfação com o trabalho.

04. Redução de faltas (absenteísmo) e de desligamentos (rotatividade).

As pessoas que executam trabalhos interessantes e desafiadores estão mais satisfeitas com eles do que as que executam tarefas repetitivas e rotineiras. Os resultados do trabalho aumentam quando estão presentes três estados psicológicos críticos nas pessoas que o executam, a saber:

01. Quando a pessoa encara o seu trabalho como significativo ou de valor.

02. Quando a pessoa se sente responsável pelos resultados do trabalho.

03. Quando a pessoa conhece os resultados que obtém fazendo o trabalho.

14. *Brainstorming*

Brainstorming, ou técnica da tempestade cerebral, traz à lembrança chuvas e trovoadas (ideias e sugestões) seguidas de bonança e tranquilidade (solução). É uma técnica utilizada para gerar ideias criativas que possam resolver problemas da organização. É feita em sessões que duram de 10 a 15 minutos e envolve um número de participantes - não maior que 15 - que se reúnem ao redor de uma mesa para dizer palavras que veem à mente quando se emite uma palavra-base. Isso permite gerar tantas ideias quanto for possível. Os participantes são estimulados a produzir, sem qualquer crítica nem censura, o maior número de ideias sobre determinado assunto ou problema.

Em uma primeira etapa, o brainstonning visa obter a máxima quantidade possível de contribuições em forma de ideias e que constituirão o material de trabalho para a segunda etapa, em que se selecionam as ideias mais promissoras. A primeira etapa chama-se geração de ideias e pode ser feita de modo estruturado (um participante de cada vez em sequência) ou não estruturado (cada um fala a sua ideia quando quiser e sem nenhuma sequência). O modo estruturado permite a obtenção da participação de todos. As ideias são anotadas em um quadro, sem nenhuma preocupação de interpretar o que o participante quis dizer. Na segunda etapa, as ideias serão discutidas e reorganizadas para verificar quais são as que têm possibilidade de aplicação e de gerar soluções para o problema em foco. O brainstorming é uma técnica que se baseia em quatro princípios básicos:

01. Quanto maior o número de ideias, maior a probabilidade de boas ideias.

02. Quanto mais extravagante ou menos convencional a ideia, melhor.

03. Quanto maior a participação das pessoas, maiores as possibilidades de contribuição, qualidade, acerto e implementação.

04. Quanto menor o senso crítico e a censura íntima, mais criativas e inovadoras serão as ideias.

O *brainstorming* elimina totalmente qualquer tipo de regra ou limitação, mas se assenta nos seguintes aspectos:

01. É proibida a crítica de qualquer pessoa sobre as ideias alheias.

02. Deve ser encorajada a livre criação de ideias.

03. Quanto mais ideias surgirem, melhor.

04. Deve ser encorajada a combinação ou modificação de ideias.

Histogramas

Histograma é uma representação gráfica da distribuição de frequências de massa de medições; é normalmente um gráfico de barras verticais.

Fluxograma

Fluxograma é um tipo de diagrama, e pode ser entendido como uma representação esquemática de um processo, muitas vezes feito por meio de gráficos que ilustram de forma descomplicada a transição de informações entre os elementos que o compõem. Podemos entendê-lo, na prática, como a documentação dos passos necessários para a execução de um processo qualquer. É uma das sete ferramentas da qualidade. É muito utilizada em fábricas e indústrias para a organização de produtos e processos.

Matriz GUT

É uma ferramenta muito importante para a gestão de problemas dentro de uma empresa, e mostra-se bastante eficaz, apesar da simplicidade no desenvolvimento e manutenção. Ela está ligada, geralmente, à Matriz SWOT e à sua análise dos ambientes interno e externo da empresa, onde analisa a prioridade de resolução de um problema, que pode estar dentro ou fora da empresa.

A grande vantagem em se utilizar a Matriz GUT é que ela auxilia o gestor a avaliar de forma quantitativa os problemas da empresa, tornando possível priorizar as ações corretivas e preventivas para o extermínio total ou parcial do problema.

Para montar a Matriz GUT, é necessário listar todos os problemas relacionados às atividades realizadas no departamento, na empresa ou até mesmo nos processos, por exemplo. Em seguida são atribuídas notas para cada problema listado, dentro dos três aspectos principais que serão analisados: Gravidade, Urgência e Tendência.

As notas devem ser atribuídas seguindo a seguinte escala crescente: nota 5, para os maiores valores, e 1, para os menores valores.

Gravidade: representa o impacto do problema analisado caso ele venha a acontecer. É analisado sobre alguns aspectos, como: tarefas, pessoas, resultados, processos, organizações etc., analisando sempre seus efeitos a médio e longo prazo, caso o problema em questão não seja resolvido.

Urgência: representa o prazo, o tempo disponível ou necessário para resolver um determinado problema analisado. Quanto maior a urgência, menor será o tempo disponível para resolver esse problema. É recomendado que seja feita a seguinte pergunta: "A resolução deste problema pode esperar ou deve ser realizada imediatamente?".

Tendência: representa o potencial de crescimento do problema, a probabilidade de o problema se tornar maior com o passar do tempo. É a avaliação da tendência de crescimento, redução ou desaparecimento do problema. Recomenda-se fazer a seguinte pergunta: "Se eu não resolver esse problema agora, ele vai piorar pouco a pouco ou vai piorar bruscamente?".

Após definir e listar os problemas e dar uma nota a cada um deles, é necessário somar os valores de cada um dos aspectos: Gravidade, Urgência e Tendência, para então obtermos aqueles problemas que serão nossas prioridades. Aqueles que apresentarem um valor maior de prioridade serão os que deveremos enfrentar primeiro, uma vez que serão os mais graves, urgentes e com maior tendência a se tornarem piores.

5W2H

O **5W2H,** basicamente, é um checklist de determinadas atividades que precisam ser desenvolvidas com o máximo de clareza possível por parte dos colaboradores da empresa.

Ele funciona como um mapeamento destas atividades, no qual ficará estabelecido o que será feito, quem fará o quê, em qual período de tempo, em qual área da empresa e todos os motivos pelos quais esta atividade deve ser feita.

Esta ferramenta é extremamente útil para as empresas, uma vez que elimina por completo qualquer dúvida que possa surgir sobre um processo ou sua atividade. Em um meio ágil e competitivo, como é o ambiente corporativo, a ausência de dúvidas agiliza e muito as atividades a serem desenvolvidas por colaboradores de setores ou áreas diferentes. Afinal, um erro na transmissão de informações pode acarretar diversos prejuízos a uma empresa. Por isso, é preciso ficar atento a essas questões decisivas, e o **5W2H** é excelente neste quesito!

Por que 5W2H?

O nome desta ferramenta foi assim estabelecido por juntar as primeiras letras dos nomes (em inglês) das diretrizes utilizadas neste processo. Abaixo é possível ver cada uma delas e o que elas representam:

5W					2H	
What	Why	Where	When	Who	How	Howmuch
O que será feito (etapas)	Por que será feito (justificativa)	Onde será feito (local)	Quando será feito (tempo)	Por quem será feito (responsabilidade)	Como será feito (método)	Quanto custará fazer (custo)

Há ainda outros 2 tipos de nomenclatura para esta ferramenta, o **5W1H** (em que se exclui o "H" referente ao "How much") e o mais recente **5W3H** (em que se inclui o "H" referente ao "How many", ou Quantos). Todas elas podem ser utilizadas perfeitamente, dependendo da necessidade do gestor, respeitando sempre as características individuais, e todas já foram cobradas em prova.

Deming e Juran são, frequentemente, considerados os Pais da Qualidade. Joseph Juran (1904-2008) é considerado o primeiro a aplicar os princípios da qualidade à estratégia empresarial. Juran ficou famoso por definir que a qualidade deve se basear sempre em três etapas: planejamento, controle e melhoria. Estas etapas são conhecidas como Trilogia Juran. Deming estabeleceu 14 princípios, que veremos a seguir.

17 ESTATUTO SOCIAL DA CAIXA ECONÔMICA FEDERAL – CEF

17.1 Descrição da empresa

17.1.1 Razão Social e Natureza Jurídica

A Caixa Econômica Federal, doravante denominada CEF, é uma instituição financeira sob a forma de empresa pública, dotada de personalidade jurídica de direito privado, com patrimônio próprio e autonomia administrativa, vinculada ao Ministério da Economia, regida por este Estatuto, pela Lei nº 4.595, de 31 de dezembro de 1964, Lei nº 6.404, de 15 de dezembro de 1976, Lei nº 13.303, de 30 de junho de 2016, Decreto nº 8.945, de 27 de dezembro de 2016, e demais legislações aplicáveis.

A CEF adota como nome fantasia a denominação CAIXA.

17.1.2 Sede e Representação Geográfica

A CEF tem sede e foro em Brasília, Distrito Federal, e pode criar e suprimir filiais, agências, escritórios, representações ou quaisquer outros estabelecimentos no País e no exterior.

17.1.3 Prazo de Duração

O prazo de duração da CEF é indeterminado.

17.1.4 Objeto Social e Vedações

A CEF tem por objeto social:

- receber depósitos, a qualquer título, inclusive os garantidos pela União, em especial os de economia popular, com o propósito de incentivar a população brasileira nos hábitos da poupança e fomentar o crédito em todas as regiões do País;
- prestar serviços bancários de qualquer natureza, por meio de operações ativas, passivas e acessórias, inclusive de intermediação e suprimento financeiro, sob suas múltiplas formas, e o exercício de quaisquer atividades facultadas às instituições integrantes do Sistema Financeiro Nacional;
- administrar e prestar os serviços das loterias federais, nos termos da legislação específica;
- exercer o monopólio das operações de penhor civil, em caráter permanente e contínuo;
- realizar quaisquer operações, serviços e atividades negociais nos mercados financeiros e de capitais, internos ou externos;
- administrar fundos e programas delegados pelo Governo Federal ou concedidos mediante contrato ou convênio firmado com outros entes e entidades da federação, observadas a sua estrutura e natureza de instituição financeira, bem como a sua capacidade de executar políticas públicas;
- realizar operações relacionadas à emissão e à administração de cartões, inclusive os cartões relacionados ao Programa de Alimentação do Trabalhador - PAT, nas modalidades alimentação e refeição;
- realizar operações de câmbio;
- realizar operações de corretagem de seguros e de valores mobiliários, arrendamento residencial e mercantil, inclusive sob a forma de leasing;
- atuar como agente financeiro dos programas oficiais de habitação, saneamento e infraestrutura, como principal órgão de execução da política habitacional e de saneamento do Governo Federal, e operar como sociedade de crédito imobiliário para promover o acesso à moradia, especialmente para a população de menor renda;
- atuar como agente operador e principal agente financeiro do Fundo de Garantia do Tempo de Serviço - FGTS;
- prestar serviços e conceder empréstimos e financiamentos de natureza social, de acordo com a política do Governo Federal, observadas as condições de retorno, que deverão, no mínimo, ressarcir os custos operacionais, de captação e de capital alocado;
- manter linhas de crédito específicas às microempresas e às empresas de pequeno porte;
- prestar serviços de custódia de valores mobiliários;
- prestar serviços de assessoria, consultoria, administração e gerenciamento de atividades econômicas, de políticas públicas, de previdência e de outras matérias relacionadas a sua área de atuação, diretamente ou mediante convênio ou consórcio com órgãos, entidades ou empresas;
- atuar na exploração de mercado e banco digitais voltados para seus fins comerciais e institucionais;
- atuar em projetos e programas de cooperação técnica internacional para auxiliar na solução de problemas sociais e econômicos; e
- realizar, na forma fixada pelo Conselho Diretor e aprovada pelo Conselho de Administração da CEF, aplicações não reembolsáveis ou parcialmente reembolsáveis destinadas especificamente a apoiar projetos e investimentos de caráter socioambiental, que se enquadrem em seus programas e ações, que beneficiem prioritariamente a população de baixa renda, e principalmente nas áreas de habitação de interesse social, saneamento ambiental, gestão ambiental, geração de trabalho e renda, saúde, educação, desportos, cultura, justiça, segurança pública, alimentação, desenvolvimentos institucional, urbano e rural, e outras vinculadas ao desenvolvimento sustentável.

No desempenho de seus objetivos, a CEF opera ainda no recebimento de depósitos:

- judiciais, na forma da lei; e
- de disponibilidades de caixa dos órgãos ou entidades do Poder Público e das empresas por ele controladas, observada a legislação pertinente.

A CEF poderá, para a consecução do seu objeto social, constituir subsidiárias, assumir o controle acionário e/ou participar do capital de outras empresas, relacionadas ao seu objeto social, nos termos da Constituição da República e da legislação aplicável.

A CEF é instituição integrante do Sistema Financeiro Nacional e auxiliar da execução de políticas do Governo Federal, e sujeita-se às normas e decisões dos órgãos competentes e à fiscalização do Banco Central do Brasil.

À CEF é vedado, além das proibições fixadas em lei:

- realizar operações com garantia exclusiva de ações de outras instituições financeiras;
- realizar operações, prestar serviços ou transferir recursos a suas partes relacionadas em desacordo com o conteúdo da política definida em âmbito interno; e
- participar do capital de outras sociedades não relacionadas ao seu objeto social.

A vedação do inciso III do caput não alcança as participações societárias, no Brasil ou no exterior, em:

- sociedades das quais a CEF participe na data da aprovação do presente Estatuto; e
- sociedades em que a participação decorra de amparo em dispositivo legal ou de operações de renegociação ou recuperação de créditos, tais como dação em pagamento, arrematação ou adjudicação judicial e conversão de debêntures em ações.

C O N B A N

17.1.5 Interesse Público

A CEF poderá ter suas atividades, sempre que consentâneas com seu objeto social, orientadas pelo controlador, de modo a contribuir para o interesse público que justificou sua criação.

No exercício da prerrogativa de que trata o caput, o controlador único somente poderá orientar a CEF a assumir obrigações ou responsabilidades, incluindo a realização de projetos de investimento e assunção de custos e/ou resultados operacionais específicos, em condições diversas às de qualquer outra sociedade do setor privado que atue no mesmo mercado, quando:

- estiver definida em lei ou regulamento, bem como prevista em contrato, convênio ou ajuste celebrado com o ente público competente para estabelecê-la, observada a ampla publicidade desses instrumentos; e
- tiver seu custo e receitas discriminados e divulgados de forma transparente, inclusive no plano contábil.

Para fins de atendimento ao inciso II do § 1° deste artigo, a administração da CEF deverá:

- evidenciar as obrigações ou responsabilidades assumidas em notas específicas das demonstrações contábeis de encerramento do exercício; e
- descrevê-las em tópico específico do Relatório de Administração.

Quando orientada pela União nos termos do caput deste artigo, a CEF somente assumirá obrigações ou responsabilidades que se adequem ao disposto nos incisos I e II do § 1° deste artigo, sendo que, nesta hipótese, a União compensará, a cada exercício social, a CEF pela diferença entre as condições de mercado e o resultado operacional ou retorno econômico da obrigação assumida, desde que a compensação não esteja ocorrendo por outros meios.

A CEF explicitará, por meio da Carta Anual, o exercício das prerrogativas de que tratam os parágrafos acima, assim como seus compromissos de consecução de objetivos de políticas públicas, em atendimento ao interesse coletivo ou ao imperativo de segurança que justificaram sua criação, com a definição clara dos recursos a serem empregados para esse fim e dos impactos econômico- financeiros da consecução desses objetivos, subscrita pelos membros do Conselho de Administração, tal qual previsto no artigo 13, inciso I, do Decreto nº 8.945, de 27 de dezembro de 2016.

A atuação prevista no inciso XVII do artigo 4º deverá ocorrer em colaboração com o órgão ou entidade da União e organismos internacionais ou multilaterais de crédito, competentes para coordenar a cooperação técnica internacional.

17.1.6 Capital Social

O capital social da CEF é de R$ 68.000.000.000,00 (sessenta e oito bilhões de reais), totalmente subscrito e integralizado pela União.

A modificação do capital social será realizada mediante deliberação da Assembleia Geral, após aprovação das propostas pelo Conselho de Administração, ouvidos o Conselho Diretor e o Conselho Fiscal e atendidas as disposições do art. 85.

O capital social poderá ser aumentado, após aprovação pela Assembleia Geral, até o limite do capital autorizado previsto no art. 9º, independentemente de alteração estatutária.

17.1.7 Capital Autorizado

O capital autorizado da CEF é de R$ 100.000.000.000,00 (cem bilhões de reais).

A Assembleia Geral, constituída pelo controlador da CEF, é o órgão com poderes para deliberar sobre todos os negócios relativos ao seu objeto, nos termos da Lei e deste Estatuto.

17.2 Assembleia Geral

17.2.1 Caracterização

As Assembleias Gerais realizar-se-ão:

- ordinariamente, uma vez por ano, nos quatro primeiros meses seguintes ao encerramento de cada exercício social, para deliberação das matérias previstas em lei; e
- extraordinariamente, sempre que os interesses sociais, a legislação ou as disposições deste Estatuto exigirem.

17.2.2 Composição

A Assembleia Geral é composta pelo controlador único da CEF, a União.

Os trabalhos da Assembleia Geral serão dirigidos pelo Presidente do Conselho de Administração da CEF ou pelo substituto que este vier a designar, que escolherá o secretário da Assembleia Geral.

17.2.3 Convocação

Ressalvadas as exceções previstas na Lei nº 6.404, de 15 de dezembro de 1976, as Assembleias Gerais serão convocadas pelo Presidente do Conselho de Administração ou por seu substituto que esse vier a designar, ou ainda, nas hipóteses admitidas em lei, pelo Conselho Diretor, pelo Conselho Fiscal ou pela União.

17.2.4 Instalação e Deliberação

A Assembleia Geral será instalada com a presença do controlador da CEF.

As Assembleias Gerais tratarão exclusivamente do objeto previsto nos editais de convocação, não se admitindo a inclusão de assuntos gerais na pauta da Assembleia.

17.2.5 Competências

A Assembleia Geral, além das matérias previstas na Lei nº 6.404, de 15 de dezembro de 1976, e no Decreto nº 1.091, de 21 de março de 1994, reunir-se-á para deliberar sobre alienação, no todo ou em parte, de participações societárias diretas da CEF.

17.3 Regras gerais da administração da CEF

17.3.1 Órgãos Estatutários

A CEF terá Assembleia Geral e os seguintes órgãos estatutários:

- Conselho de Administração;
- Diretoria Executiva, com até 38 (trinta e oito) membros, sendo composta pelo Presidente da CEF, por até 12 Vice-Presidentes e até 25 Diretores Executivos, que se organizam em Conselho Diretor, Conselho de Administração e Gestão de Ativos de Terceiros e Conselho de Fundos Governamentais e Loterias;
- Conselho Fiscal;
- Comitê de Auditoria;
- Comitê de Pessoas, Elegibilidade, Sucessão e Remuneração; e
- Comitê Independente de Riscos.

A CEF será administrada pelo Conselho de Administração e pela Diretoria Executiva, de acordo com as atribuições e poderes conferidos pela legislação aplicável e pelo presente Estatuto.

Observadas as normas legais relativas à administração pública indireta, os administradores deverão orientar a execução das atividades da CEF com observância dos princípios e das melhores práticas adotados e formulados por instituições e fóruns nacionais e internacionais que sejam referência no tema da governança corporativa.

O Presidente da CEF será nomeado e destituído, ad nutum, pelo Presidente da República.

A escolha dos Vice-Presidentes e Diretores Executivos decorrerá de processo de seleção interno, que poderá contar com o apoio de consultoria especializada em recrutamento, sendo aprovada pelo Conselho de Administração, ouvido o Comitê de Pessoas, Elegibilidade, Sucessão e Remuneração, conforme diretrizes da correspondente política de seleção interna e sucessão da CEF.

Os Diretores Executivos serão selecionados dentre os empregados da CEF, observando-se o seguinte:

- o Diretor Executivo responsável pela Área Jurídica deverá ser titular do cargo de advogado da ativa do quadro permanente da CEF e deter notório domínio técnico, a ser comprovado por formação acadêmica, experiência profissional ou outros quesitos julgados relevantes pelo Conselho de Administração; e
- o Diretor Executivo responsável pela Auditoria Interna terá sua nomeação, designação, exoneração ou dispensa sujeita à aprovação do Conselho de Administração e submetida à posterior aprovação da Controladoria-Geral da União - CGU, conforme regulamento específico e observada a legislação pertinente.

Os Diretores Executivos responsáveis pelas Áreas Jurídica e de Auditoria Interna são vinculados, respectivamente, à Presidência da CEF e ao Conselho de Administração.

17.3.2 Requisitos e Vedações para Administradores

Os administradores da CEF, inclusive os conselheiros representantes dos empregados, deverão atender aos requisitos obrigatórios e observar as vedações legais para o exercício de suas atividades, em especial os previstos nas Leis nº 6.404, de 15 de dezembro de 1976, e nº 13.303, de 30 de junho de 2016, e no Decreto nº 8.945, de 27 de dezembro de 2016.

A política correspondente à seleção interna e sucessão para administradores da CEF deverá contemplar requisitos adicionais àqueles previstos em lei, conforme definição do Comitê de Pessoas, Elegibilidade, Sucessão e Remuneração.

O Conselho de Administração fará recomendação não vinculante de novos membros desse Colegiado e perfis para aprovação da Assembleia Geral, sempre relacionadas aos resultados do processo de avaliação e às diretrizes da política de indicação e do plano de sucessão da CEF.

Sem prejuízo dos requisitos, vedações e impedimentos constantes neste Estatuto Social, os requisitos legais quanto à experiência profissional poderão ser dispensados no caso de indicação de empregado da CEF para os cargos do Conselho de Administração e de seus Órgãos de Assessoramento, do Conselho Diretor, do Conselho de Administração e Gestão de Ativos de Terceiros, do Conselho de Fundos Governamentais e de Loterias, ou como membro de comitê, desde que atendidos os seguintes quesitos mínimos:

- tenha ingressado na CEF por meio de concurso público de provas ou de provas e títulos;
- tenha mais de 10 (dez) anos de trabalho efetivo na CEF; e
- tenha exercício cargo na gestão superior da CEF, comprovando sua capacidade para assumir as responsabilidades dos cargos de que trata o caput.

Para o exercício do cargo de Presidente, Vice-Presidentes e Diretores Executivos, os candidatos deverão ter exercido, isolada ou cumulativamente, nos últimos dez anos, os seguintes cargos:

- gerenciais em instituições integrantes do Sistema Financeiro Nacional, por, no mínimo, dois anos;
- gerenciais na área financeira em outras entidades detentoras de patrimônio líquido não inferior a um quarto dos limites mínimos de capital realizado e patrimônio líquido da CEF, por no mínimo quatro anos; e/ou
- relevantes em órgãos ou entidades da Administração Pública, por no mínimo 2 (dois) anos.

O exercício dos cargos de Presidente, de Vice-Presidente e de Diretores Executivos requer dedicação integral, vedado a qualquer de seus integrantes, sob pena de perda do cargo, o exercício de atividades em outras sociedades com fim lucrativo, exceto:

- em sociedades de que a CEF participe, direta ou indiretamente, sendo certo de que as atividades remuneradas de que tratam esse inciso não poderão ser em número superior a 2 (duas); e
- em outras sociedades, com autorização prévia e expressa do Conselho de Administração, observada a regulamentação em vigor.

Sem prejuízo das normas da legislação aplicável, a CEF deve observar ainda as seguintes condições para a caracterização da reputação ilibada do indicado para cargos nos órgãos estatutários:

- não possuir pendências comerciais ou financeiras objeto de protesto ou de inclusão em cadastros oficiais de inadimplentes;
- não possuir inabilitação de órgão de controle interno ou externo para o exercício de cargo em comissão ou função de confiança no âmbito da Administração Pública;
- não possuir falta grave relacionada ao descumprimento do Código de Ética, do Código de Conduta ou outros normativos internos, quando aplicável; e
- não ter sofrido pena de demissão em decorrência de processo disciplinar no âmbito de qualquer sociedade subsidiária, controlada ou coligada da CEF ou não ter sofrido penalidade trabalhista ou administrativa em outra pessoa jurídica de direito público ou privado nos últimos 3 (três) anos em decorrência de apurações internas, quando aplicável.

Fica autorizada a apresentação de esclarecimentos à CEF sobre as hipóteses acima, que deverão ser avaliados pelo Comitê de Pessoas, Elegibilidade, Sucessão e Remuneração.

17.3.3 Verificação dos Requisitos e Vedações para Administradores

Os requisitos e as vedações exigíveis para os administradores deverão ser respeitados em todas as nomeações e eleições realizadas, inclusive em caso de recondução.

Os requisitos deverão ser comprovados documentalmente, na forma exigida pelo formulário padronizado, nos moldes previstos em lei, aprovado pela Secretaria de Coordenação e Governança das Empresas Estatais – SEST, e disponibilizado no sítio eletrônico da CEF.

A ausência dos documentos referidos no parágrafo anterior do caput importará em rejeição do formulário pelo Comitê de Pessoas, Elegibilidade, Sucessão e Remuneração da CEF.

O Comitê de Pessoas, Elegibilidade, Sucessão e Remuneração da CEF deverá verificar se os requisitos e vedações estão atendidos, por meio da análise da autodeclaração apresentada pelo indicado, nos moldes do formulário padronizado previsto em lei, e sua respectiva documentação, nos termos do artigo 20 deste Estatuto.

17.3.4 Posse e Recondução

Os membros do Conselho de Administração e da Diretoria Executiva serão investidos em seus cargos, mediante assinatura de termo de posse no livro de atas do respectivo colegiado, no prazo máximo de até trinta dias, contados a partir da eleição ou nomeação, nos termos dos respectivos regimentos internos.

O termo de posse deverá conter, sob pena de nulidade:

- a indicação de, pelo menos, um domicílio no qual o administrador receberá citações e intimações em processos administrativos e judiciais relativos a atos de sua gestão, as quais se reputarão cumpridas mediante entrega no domicílio indicado, cuja modificação somente será válida após comunicação por escrito à CEF.

O termo de posse contemplará a sujeição do administrador ao Código de Ética, de Conduta e às políticas da CEF.

É condição para investidura em cargo de Diretoria da CEF a assunção de compromisso com metas e resultados específicos a serem alcançados, que deverá ser aprovado pelo Conselho de Administração, a quem incumbe fiscalizar seu cumprimento.

Antes de entrar no exercício da função e ao deixar o cargo, os membros dos órgãos estatutários deverão apresentar à CEF, que zelará pelo sigilo legal, Declaração de Ajuste Anual do Imposto de Renda Pessoa Física e das respectivas retificações apresentadas à Receita Federal do Brasil ou autorização de acesso às informações nela contidas.

No caso dos Diretores, a declaração anual de bens e rendas também deve ser apresentada à Comissão de Ética Pública da Presidência da República – CEP/PR.

Os membros do Conselho Fiscal serão investidos em seus cargos independentemente da assinatura de termo de posse, desde a data da respectiva eleição ou nomeação.

Os membros do Comitê de Auditoria serão investidos em seus cargos mediante assinatura do termo de posse, desde a data da respectiva eleição.

17.3.5 Perda do Cargo para Administradores, Conselho Fiscal, Comitê de Auditoria e demais Comitês de Assessoramento

Além dos casos previstos em lei, dar-se-á vacância do cargo quando:

- o membro dos Conselhos de Administração ou Fiscal ou dos Comitês de Assessoramento deixar de comparecer a duas reuniões consecutivas ou três intercaladas, nas últimas doze reuniões, sem justificativa; e
- o membro da Diretoria Executiva se afastar do exercício do cargo por mais de trinta dias consecutivos, salvo em caso de licença, inclusive férias, ou nos casos autorizados pelo Conselho de Administração.

17.3.6 Remuneração

A remuneração dos membros dos órgãos estatutários e, quando aplicável, dos demais Comitês de Assessoramento, será fixada anualmente em Assembleia Geral, nos termos da legislação vigente, sendo vedado o pagamento de qualquer forma de remuneração por ela não prevista.

A CEF divulgará toda e qualquer remuneração dos membros do Conselho de Administração, do Presidente, dos Vice-Presidentes, dos Diretores, dos membros dos Comitês estatutários remunerados e dos membros do Conselho Fiscal.

Os membros dos Conselhos de Administração e Fiscal e do Comitê de Auditoria e dos demais órgãos estatutários terão ressarcidas suas despesas de locomoção e estada necessárias ao desempenho da função, sempre que residentes fora da cidade em que for realizada a reunião.

A remuneração mensal devida aos membros dos Conselhos de Administração e Fiscal da CEF não excederá a dez por cento da remuneração mensal média dos Diretores da CEF, sendo vedado o pagamento de participação, de qualquer espécie, nos lucros da CEF.

A remuneração dos membros do Comitê de Auditoria será fixada em Assembleia Geral em montante não inferior à remuneração dos conselheiros fiscais.

O programa de remuneração variável dos administradores deverá considerar, inclusive, metas associadas ao cumprimento das recomendações da auditoria interna.

17.3.7 Treinamento

Os administradores e os conselheiros fiscais, inclusive o representante de empregados, devem participar, na posse e anualmente, de treinamentos específicos disponibilizados direta ou indiretamente pela CEF, conforme disposições da Lei nº 13.303, de 30 de junho de 2016, e do Decreto nº 8.945, de 27 de dezembro de 2016.

Fique Ligado

É vedada a recondução do administrador ou do conselheiro fiscal que não participar de nenhum treinamento anual disponibilizado pela CEF nos últimos dois anos.

17.3.8 Código de Conduta

A CEF dispõe de Código de Conduta e Integridade, elaborado e divulgado na forma da Lei nº 13.303, de 30 de junho de 2016, e do Decreto nº 8.945, de 27 de dezembro de 2016.

17.3.9 Conflito de Interesses

Nas reuniões dos órgãos colegiados, anteriormente à deliberação, o membro que esteja em conflito com a matéria em discussão, ou possua interesse particular em relação a ela, deverá declarar seu impedimento, retirando-se da reunião.

Caso não o faça, qualquer outra pessoa poderá suscitar o conflito, em tendo ciência, devendo o órgão colegiado deliberar sobre a questão conforme seu Regimento Interno e legislação aplicável.

17.3.10 Defesa Judicial e Administrativa

Os administradores e os conselheiros fiscais são responsáveis, na forma da lei, pelos prejuízos ou danos causados no exercício de suas atribuições.

A CEF, por intermédio de sua consultoria jurídica ou mediante advogado especialmente contratado, deverá assegurar aos integrantes e ex-integrantes da Diretoria Executiva e dos Conselhos de Administração e Fiscal a defesa em processos judiciais e administrativos contra eles instaurados, pela prática de atos no exercício do cargo ou função, nos casos em que não houver incompatibilidade com os interesses da CEF.

A forma da defesa em processos judiciais e administrativos será definida pelo Conselho de Administração.

Na defesa em processos judiciais e administrativos assegurada pela CEF na forma dos §§ 1º e 2º deste artigo, caso o beneficiário da defesa seja condenado, em decisão judicial transitada em julgado, com fundamento em violação de lei ou deste Estatuto, ou em decorrência de ato culposo ou doloso, deverá ressarcir à CEF todos os custos e despesas decorrentes da defesa feita pela CEF, além de eventuais prejuízos causados.

Fica assegurado aos administradores e ex-administradores, conselheiros e ex-conselheiros fiscais, membros e ex-membros do Comitê de Auditoria, e àqueles que figuram no polo passivo de processo judicial ou administrativo em decorrência de atos que tenham praticado no exercício de competência originária ou delegada, o conhecimento de informações e documentos constantes de registros ou de banco de dados da CEF indispensáveis à sua defesa.

17.3.11 Seguro de Responsabilidade

A CEF poderá manter contrato de seguro de responsabilidade civil permanente em favor de integrantes e ex-integrantes do Conselho de Administração, da Diretoria Executiva, do Conselho Fiscal, dos Comitês Estatutários, bem como aos empregados que legalmente atuem por delegação de seus administradores, na forma e extensão definidas pelo Conselho de Administração, para cobertura das despesas processuais e honorários advocatícios de processos judiciais e administrativos instaurados em face deles, relativos às suas atribuições junto à CEF. § 1º Os contratos de indenidade não abarcarão:

- atos praticados fora do exercício das atribuições ou poderes de seus signatários;
- atos com má-fé, dolo, culpa grave ou fraude;
- atos praticados em interesse próprio ou de terceiros, em detrimento do interesse social da CEF;
- indenizações decorrentes de ação social prevista no artigo 159 da Lei nº 6.404, de 15 de dezembro de 1976 ou ressarcimento de prejuízos de que trata o artigo 11, § 5º, II da Lei nº 6.385, de 07 de dezembro de 1976; e
- demais casos previstos no contrato de indenidade.

O seguro de responsabilidade civil deverá abarcar, ainda, os custos necessários à defesa do beneficiário, tais como honorários advocatícios e despesas processuais.

Em caso de comprovação arbitral, judicial, ou administrativa, mediante decisão final irrecorrível, da prática de ato com má-fé, dolo, ou culpa grave pelo beneficiário das disposições acima, fica este responsável pela devolução dos valores que lhe tenham sido adiantados.

A contratação da apólice do seguro de responsabilidade civil de que trata o artigo 30, a critério da CEF, contemplará, no mínimo, o pagamento e/ou reembolso de custas judiciais e extrajudiciais, despesas processuais, honorários advocatícios e condenações judiciais e administrativas decorrentes da referida responsabilidade civil.

17.3.12 Quarentena para Diretoria

Os membros da Diretoria Executiva ficam impedidos do exercício de atividades que configurem conflito de interesse, observados a forma e o prazo estabelecidos na legislação pertinente.

Após o exercício da gestão, o ex-membro da Diretoria Executiva que estiver em situação de impedimento poderá receber compensação que compreenderá esse período, no valor equivalente ao honorário mensal da função que ocupava, observados os §§ 2º e 3º deste artigo.

Não terá direito à remuneração compensatória o ex-membro da Diretoria Executiva que retornar, antes do término do período de impedimento, ao desempenho da função que ocupava na Administração pública ou privada.

A configuração da situação de impedimento dependerá de prévia manifestação da Comissão de Ética Pública da Presidência da República – CEP/PR.

17.3.13 Conselho de Administração

Caracterização

O Conselho de Administração é o órgão de deliberação estratégica e colegiada da CEF e deve exercer suas atribuições considerando os interesses de longo prazo da CEF, os impactos decorrentes de suas atividades na sociedade e no meio ambiente e os deveres fiduciários de seus membros, em alinhamento ao disposto em lei.

Composição

O Conselho de Administração será composto por oito conselheiros, eleitos pela Assembleia Geral, a saber:

- seis conselheiros indicados pelo Ministro de Estado da Economia, dentre eles incluídos os membros independentes;
- o Presidente da CEF, como membro nato, que não poderá assumir a Presidência do Conselho de Administração, mesmo que interinamente; e
- um conselheiro representante dos empregados na forma da Lei nº 12.353, de 28 de dezembro de 2010.

O Presidente do Conselho de Administração e seu substituto serão escolhidos na primeira reunião do Órgão que ocorrer após a eleição de seus membros, devendo o Presidente ser um dos membros indicados pelo Ministro de Estado da Economia.

O Presidente da CEF não poderá ocupar o cargo de Presidente do Conselho de Administração, mesmo que temporariamente.

O Conselho de Administração deve ser composto, no mínimo, por 25% (vinte e cinco por cento) de membros independentes, nos termos da legislação societária, sendo que os critérios de independência deverão respeitar os termos do artigo 22, § 1º da Lei nº 13.303, de 30 de junho de 2016 e do artigo 36, § 1º do Decreto nº 8.945, de 27 de dezembro de 2016.

Quando, em decorrência da observância do percentual acima mencionado, resultar número fracionário de conselheiros, proceder-se-á ao arredondamento para o número inteiro:

- imediatamente superior, quando a fração for igual ou superior a 0,5 (cinco décimos); ou
- imediatamente inferior, quando a fração for inferior a 0,5 (cinco décimos).

O Comitê de Pessoas, Elegibilidade Sucessão e Remuneração deverá verificar o enquadramento dos indicados a conselheiros independentes por meio da análise da autodeclaração apresentada e respectivos documentos, nos moldes do formulário padronizado.

Prazo de Gestão

O Conselho de Administração terá prazo de gestão unificado de dois anos, permitidas, no máximo, três reconduções consecutivas.

No prazo do caput serão considerados os períodos anteriores de gestão ocorridos há menos de dois anos.

Atingido o limite a que se refere o parágrafo anterior do caput, o retorno de membro do Conselho de Administração para mesma empresa só poderá ocorrer após decorrido período equivalente a um prazo de gestão.

O prazo de gestão dos membros do Conselho de Administração prorrogar-se-á até a efetiva investidura de membros novos.

O conselheiro que completar o prazo de gestão do substituído poderá ser reconduzido, observado o prazo máximo, nos termos do caput.

Vacância e Substituição

Em caso de vacância no curso da gestão de conselheiro, o substituto será nomeado pelos conselheiros remanescentes e servirá até a primeira assembleia geral subsequente.

Caso ocorra a vacância da maioria dos cargos, será convocada assembleia geral para proceder a nova eleição.

Para o Conselho de Administração proceder à nomeação de membros para o Colegiado na forma do caput, deverão ser verificados pelo Comitê de Pessoas, Elegibilidade, Sucessão e Remuneração os mesmos requisitos de elegibilidade exigidos para eleição em assembleia geral da CEF.

A função de conselheiro de Administração é pessoal e não se admite substituto temporário ou suplente, inclusive para representante dos empregados.

No caso de ausências ou impedimentos eventuais de qualquer membro do Conselho, o Colegiado deliberará com os remanescentes.

Reunião

O Conselho de Administração reunir-se-á, com a presença da maioria absoluta dos seus membros, ordinariamente, uma vez por mês, e extraordinariamente, sempre que necessário.

O Conselho de Administração será convocado por seu Presidente ou pela maioria dos membros do Colegiado.

As reuniões do Conselho devem, em regra, ser presenciais, admitindo-se a reunião virtual ou a participação de membro por tele ou videoconferência, mediante justificativa aprovada pelo Colegiado.

São legitimados a subscrever e apresentar propostas para deliberação do Conselho de Administração:

- seus próprios membros; e
- os Vice-Presidentes da CEF, mediante delegação do Presidente da CEF.

As deliberações serão tomadas pelo voto da maioria dos membros presentes, e serão registrada no livro de atas, podendo ser lavradas de forma sumária.

Nas deliberações colegiadas do Conselho de Administração, o Presidente terá o voto de desempate, além do voto pessoal.

Em caso de decisão não unânime, a justificativa do voto divergente será registrada, a critério do respectivo membro, observado que se exime de responsabilidade o conselheiro dissidente que faça consignar sua divergência em ata de reunião ou, não sendo possível, dela dê ciência imediata e por escrito ao Conselho de Administração.

A pauta da reunião e a respectiva documentação serão distribuídas com antecedência mínima de 5 (cinco) dias úteis, salvo nas hipóteses devidamente justificadas pela CEF e acatadas pelo Colegiado.

As atas do Conselho de Administração devem ser redigidas com clareza e registrar as decisões tomadas, as pessoas presentes, os votos divergentes e as abstenções de voto.

Competências

Compete ao Conselho de Administração:

- aprovar a orientação geral dos negócios da CEF e de suas controladas, estratégia corporativa, plano de investimentos, plano de capital, orçamento geral da CEF, incluindo a aprovação e alteração do orçamento anual da CEF e de suas controladas, bem como os planos de negócios, estratégico e de investimentos, e a determinação das metas e estratégias de negócios para o período subsequente, que deverão ser apresentados pela Diretoria Executiva, zelando por sua boa execução;
- atuar, por meio de seu Presidente, como organismo de interlocução entre a CEF e seu controlador;
- aprovar a indicação, que lhe cabe, dos administradores das subsidiárias, seguindo as diretrizes da política de indicação e do plano de sucessão da CEF;
- monitorar a gestão e cumprimento das metas e resultados específicos a serem alcançados pelos membros da Diretoria Executiva da CEF, examinar a qualquer tempo os livros e documentos da CEF, bem como solicitar informações sobre contratos celebrados ou em via de celebração ou sobre quaisquer outros atos;
- orientar os votos do representante da CEF nas assembleias de empresas subsidiárias, controladas ou coligadas, por proposta do Conselho Diretor da CEF, nos termos da lei, estatutos e acordos de acionistas, se houver, para:
  - distribuição de resultados sob a forma de dividendos ou pagamento de juros sobre capital próprio;
  - modificação do capital social; e
  - cisão, fusão ou incorporação das referidas empresas;
- monitorar a cada quatro anos, ou quando necessário, o alinhamento estratégico, operacional e financeiro das participações da CEF ao seu objeto social, devendo, a partir dessa avaliação, recomendar a sua manutenção, a transferência total ou parcial de suas atividades para outra estrutura da Administração Pública ou o desinvestimento da participação;
- aprovar e revisar as políticas, o Código de Conduta e Integridade, e o Código de Ética da CEF;
- discutir, deliberar e monitorar práticas de governança corporativa da CEF e relacionamento com partes interessadas;
- determinar a implantação e supervisionar os sistemas de gestão de riscos e de controle interno estabelecidos para a prevenção e mitigação dos principais riscos a que está exposta a CEF, inclusive os riscos relacionados à integridade das informações contábeis e financeiras e os relacionados à ocorrência de corrupção e fraude;
- autorizar e homologar a contratação de auditores independentes, bem como a renovação e a rescisão dos respectivos contratos;
- deliberar, previamente, sobre as propostas a serem submetidas à decisão da Assembleia Geral;
- aprovar, monitorar e revisar um plano de sucessão não vinculante dos membros do Conselho de Administração e da Diretoria Executiva, cuja elaboração deve ser coordenada pelo Presidente do Conselho de Administração;
- autorizar a constituição de subsidiárias integrais, controladas, bem assim a aquisição de participações minoritárias, sempre com vistas ao cumprimento de atividades de seu objeto social, nos termos da lei e deste Estatuto;
- eleger e destituir os Vice-Presidentes e os Diretores Executivos da CEF, fixando-lhes as atribuições, que deverão ser escolhidos a partir de proposta encaminhada pelo Comitê de Pessoas, Elegibilidade, Sucessão e Remuneração;
- promover, anualmente, a análise do atendimento das metas e resultados na execução do plano de negócios e estratégia de longo prazo, sob pena de omissão, devendo publicar suas conclusões e informá-las ao Congresso Nacional e ao Tribunal de Contas, ressalvadas as informações de natureza sigilosa, nos termos da lei;

- aprovar:
  - seu Regimento Interno, do Comitê de Auditoria e dos demais Comitês de Assessoramento a ele subordinados;
  - proposta orçamentária da CEF e dos fundos e programas sociais por ela administrados ou operados e não subordinados a gestores externos, em consonância com a política econômicofinanceira do Governo Federal, com exceção dos programas e fundos sociais administrados ou operacionalizados pela Vice- Presidência responsável pela administração ou operacionalização das loterias federais e dos fundos instituídos pelo Governo Federal;
  - demonstrações financeiras da CEF, ao menos trimestralmente, e dos fundos sociais e programas por ela administrados ou operados, sem prejuízo de atuação do Conselho Fiscal, com exceção dos programas e fundos sociais administrados ou operacionalizados pela Vice-Presidência responsável pela administração ou operacionalização das loterias federais e dos fundos instituídos pelo Governo Federal, incluindo o FGTS;
  - regulamento de licitações e contratos da CEF;
  - sistema de gerenciamento de riscos e de controles internos e suas revisões periódicas;
  - a inclusão de matérias no instrumento de convocação para a Assembleia Geral, não se admitindo a rubrica "assuntos gerais";
  - definição dos assuntos e valores para alçada decisória do próprio Conselho de Administração, dos Conselhos Diretor, de Fundos Governamentais e Loterias e de Administração e Gestão de Ativos de Terceiros;
  - captação por meio de instrumentos elegíveis ao capital principal ou complementar;
  - participação dos empregados nos lucros da CEF, por proposta do Conselho Diretor, respeitadas as orientações e diretrizes da SEST e demais normas aplicáveis; e
  - criação de Comitês de Assessoramento ao Conselho de Administração, estatutários ou não estatutários, para aprofundamento dos estudos de assuntos estratégicos, de forma a garantir que a decisão a ser tomada pelo Colegiado seja tecnicamente bem fundamentada;
- deliberar sobre as seguintes matérias a serem submetidas à aprovação da Assembleia Geral:
  - prestação de contas anual, de forma segregada, dos investimentos e custos das áreas de negócios da CEF, destacando especialmente os custos sociais e públicos assumidos pela CEF e relacionados a programas e serviços sob sua gestão;
  - alienação, no todo ou em parte, de ações de propriedade da CEF em empresas controladas; subscrição ou renúncia a direito de subscrição de ações ou debêntures conversíveis em ações em empresas controladas; venda de debêntures conversíveis em ações de titularidade e de emissão de empresas controladas;
  - cisão, fusão ou incorporação de empresas controladas pela CEF;
  - permuta de ações ou outros valores mobiliários representativos da participação da CEF no capital de empresas controladas;
  - pagamento de dividendos e juros sobre o capital próprio; f)modificação do capital da CEF;
  - atos da CEF consistentes em firmar acordos de acionistas ou renunciar a direitos neles previstos, ou, ainda, em assumir compromissos de natureza societária, referentes ao disposto no artigo 118 da Lei nº 6.404, de 15 de dezembro de 1976, com relação às empresas em que detém participação; e
  - dispêndios globais, destinação do resultado líquido, distribuição e aplicação dos lucros apurados, constituição de fundos de reservas e provisões e a absorção de eventuais prejuízos com as reservas de lucros;
- estabelecer a política de remuneração de administradores da CEF e respectivas subsidiárias e supervisionar o planejamento, operacionalização, controle e revisão desta política;
- aprovar as diretrizes e parâmetros para fins de remuneração global dos membros dos órgãos estatutários das empresas subsidiárias integrais ou controladas e que deverão ser observados pela CEF, nas votações das Assembleias Gerais das referidas empresas, nos termos da lei;
- aprovar as nomeações e destituições do(s) titular(es) responsável(is) pela Auditoria Interna, e submetê-las à aprovação da Controladoria-Geral da União;
- estabelecer as áreas de atuação dos Vice-Presidentes e dos Diretores Executivos, observados os limites deste Estatuto;
- aprovar a criação, instalação e supressão de Superintendências Nacionais e outras unidades hierarquicamente superiores;
- comunicar ao Banco Central do Brasil a nomeação e exoneração do Presidente da CEF;
- designar o Vice-Presidente que substituirá o Presidente da CEF nos seus impedimentos;
- atribuir formalmente a responsabilidade pelas áreas de conformidade e gerenciamento de riscos a membros da Diretoria Executiva;
- aprovar a designação e dispensa do Ouvidor, do Corregedor e dos titulares máximos, não estatutários, das áreas de compliance, conformidade, controle interno e gestão de riscos da CEF, observada a legislação vigente;
- aprovar a indicação, nomeação e substituição dos representantes da CEF nos Conselhos Deliberativo e Fiscal e na Diretoria Executiva da entidade de previdência privada por ela patrocinada, mediante proposta do Presidente da CEF;
- avaliar os relatórios anuais relacionados ao sistema de gerenciamento de riscos e controles internos da CEF;
- XIX - manifestar-se sobre o relatório da administração e as contas da Diretoria Executiva;
- eleger e destituir os membros dos Comitês de Assessoramento ao Conselho de Administração, estatutários ou não estatutários;
- aprovar o plano de trabalho anual do Comitê de Auditoria e o orçamento destinado a cobrir as despesas necessárias à sua implementação;
- aprovar proposta de criação, instalação e supressão de agências, filiais, representações e escritórios no exterior;
- avaliar os Diretores e membros de comitês estatutários da CEF, nos termos do inciso III do artigo 13 da Lei 13.303, de 30 de junho de 2016, com o apoio metodológico e procedimental do Comitê de Pessoas, Elegibilidade, Sucessão e Remuneração;
- solicitar a realização de auditoria interna periódica sobre as atividades da entidade fechada de previdência complementar que administra plano de benefício patrocinado pela CEF;
- manifestar-se sobre o relatório resultante da auditoria interna sobre as atividades da entidade patrocinada de previdência complementar, para posterior envio à Superintendência Nacional de Previdência Complementar - PREVIC;
- fiscalizar a entidade de previdência, incluída a convocação e membros da Diretoria Executiva da CEF que tenham a atribuição de acompanhar a referida entidade, para prestar esclarecimentos e apresentar os resultados anuais;
- identificar a existência de ativos não de uso próprio da CEF e avaliar a necessidade de mantê- los;

- aprovar o orçamento anual e a estrutura funcional da Auditoria Interna;
- conceder afastamento e licença ao Presidente da CEF, inclusive a título de férias;
- aprovar o regulamento de pessoal, bem como quantitativo de pessoal próprio e de cargos em comissão, acordos coletivos de trabalho, quantitativo máximo de pessoal próprio, plano de cargos e salários, programa de participação dos empregados nos lucros ou resultados, programas de desligamento de empregados e políticas de gestão de pessoas da CEF, respeitadas as orientações e diretrizes da SEST e da Comissão Interministerial de Governança Corporativa e de Administração de Participações Societárias da União - CGPAR;
- aprovar o patrocínio a plano de benefícios e a adesão a entidade fechada de previdência complementar;
- julgar e determinar a aplicação de penalidades e sanções decorrentes de processos administrativos e disciplinares, descumprimento do Código de Conduta da Alta Administração Federal ou Código de Conduta dos Empregados e Dirigentes da CEF, envolvendo membros da Diretoria Executiva e dos Comitês vinculados ao Conselho de Administração, observada a legislação vigente;
- XLIII- aprovar e divulgar a Carta Anual com explicitação dos compromissos de consecução de objetivos de políticas públicas e governança corporativa, na forma prevista na Lei nº 13.303, de 30 de junho de 2016;
- aprovar as atribuições para os membros da Diretoria Executiva não previstas neste Estatuto Social;
- aprovar o Plano Anual de Atividades de Auditoria Interna - PAINT e o Relatório Anual das Atividades de Auditoria Interna - RAINT, sem a presença do Presidente da CEF, ao menos uma vez por ano em sessão executiva;
- propor à Assembleia Geral a remuneração dos administradores e dos membros dos demais órgãos estatutários da CEF;
- executar e monitorar a remuneração de que trata o inciso XLVI deste artigo, inclusive a participação nos lucros e resultados, dentro dos limites aprovados pela Assembleia Geral;
- aprovar os níveis de apetite por riscos da instituição na Declaração de Apetite por Riscos e revisá-los, com o auxílio do Comitê Independente de Riscos, do Conselho Diretor e do Vice-Presidente designado para a função de gerenciamento de riscos;
- realizar a autoavaliação anual de seu desempenho;
- manifestar-se previamente sobre atos ou contratos relativos à sua alçada decisória já fixados nos termos do inciso XVI, alínea "g";
- autorizar a alienação de bens do ativo não circulante, a constituição de ônus reais e a prestação de garantias a obrigações de terceiros; e
- exercer as demais atribuições atinentes ao seu poder de fiscalização, convocar a Assembleia Geral e deliberar sobre as omissões deste Estatuto, em conformidade com o disposto na Lei nº 6.404, de 15 de dezembro de 1976.

O monitoramento de que trata o inciso IV deste artigo poderá ser exercida isoladamente pelos conselheiros, que terão acesso aos livros e papéis da CEF, e poderão requisitar aos membros do Conselho Diretor as informações que considerem necessárias ao desempenho de suas funções.

Os resultados decorrentes da fiscalização de que trata o § 1º deste artigo serão submetidas à deliberação do Conselho de Administração.

O Conselho de Administração deverá publicar anualmente o resultado da autoavaliação de desempenho dos seus membros no Relatório Anual.

Competências do Presidente do Conselho de Administração

Compete ao Presidente do Conselho de Administração:

- presidir as reuniões do órgão, observando o cumprimento deste Estatuto Social e do respectivo Regimento Interno;
- interagir com o Ministério Supervisor e demais representantes do controlador, no sentido de esclarecer a orientação geral dos negócios, assim como questões relacionadas ao interesse público a ser perseguido pela CEF, observado o disposto no artigo 89 da Lei nº 13.303/2016; e
- estabelecer os canais e processos para interação entre o controlador e o Conselho de Administração, especialmente no que tange às questões de estratégia, governança, remuneração, sucessão e formação do Conselho de Administração, observado o disposto no artigo 89 da Lei nº 13.303/2016.

17.3.14 Diretoria Executiva

Caracterização

A Diretoria Executiva é órgão colegiado executivo de administração e responsável pela gestão e representação, cabendo-lhe assegurar o funcionamento regular da CEF em conformidade com a orientação geral traçada pelo Conselho de Administração.

Prazo de Gestão

O prazo de gestão dos membros da Diretoria Executiva da CEF será unificado e de dois anos, sendo permitidas, no máximo, três reconduções consecutivas.

Atingido o limite a que se refere o caput, o retorno de membro da Diretoria Executiva para a empresa só poderá ocorrer após decorrido período equivalente a um prazo de gestão.

No prazo a que se refere o caput serão considerados os períodos anteriores de gestão ocorridos há menos de dois anos e a transferência de Diretor para outra Diretoria da CEF.

O prazo de gestão dos membros da Diretoria Executiva prorrogar-se-á até a efetiva investidura dos novos membros eleitos.

Licença, Vacância e Substituição

Em caso de vacância, ausências ou impedimentos eventuais de qualquer membro da Diretoria Executiva, o Presidente da CEF designará o substituto dentre os membros daquele próprio Órgão.

Os membros da Diretoria Executiva farão jus, anualmente, a trinta dias de licença-remunerada a título de férias que podem ser acumulados até o máximo de dois períodos, sendo vedada sua conversão em espécie e indenização.

Os Diretores Executivos das áreas Jurídica, Riscos e Segregadas serão substituídos por empregados da unidade em grau de hierarquia imediatamente inferior, designados pelo Presidente ou pelo Vice-Presidente de vinculação.

O Diretor Executivo responsável pela área de Auditoria será substituído por empregado da unidade em grau de hierarquia imediatamente inferior, designado pelo Conselho de Administração.

Os empregados que substituem os Diretores Executivos devem atender a todos os requisitos e não incidir nos impedimentos e vedações aplicáveis aos administradores, nos termos da lei e deste Estatuto, sujeito à análise do Comitê de Pessoas, Elegibilidade, Sucessão e Remuneração.

Não haverá acréscimo de remuneração nos casos em que o Diretor Executivo acumular suas funções com as de outro Diretor Executivo.

Em caso de vacância, ausência ou impedimentos eventuais do Presidente da CEF, o Conselho de Administração designará o seu substituto.

17.3.15 Conselho Diretor

O Conselho Diretor é órgão colegiado responsável pela gestão e representação da CEF

Composição

O Conselho Diretor é composto pelo Presidente da CEF, que o presidirá, e pelos VicePresidentes, exceto os de áreas segregadas.

Reunião

O Conselho Diretor se reunirá ordinariamente uma vez por semana, e extraordinariamente sempre que necessário.

O Conselho Diretor será convocado pelo Presidente da CEF ou pela maioria dos membros do Colegiado.

As reuniões do Conselho Diretor devem, em regra, ser presenciais, admitindo-se a reunião virtual ou a participação de membro por tele ou videoconferência, mediante justificativa aprovada pelo Colegiado.

As deliberações serão tomadas pelo voto da maioria simples dos membros presentes e serão registradas no livro de atas, podendo ser lavradas de forma sumária.

A pauta da reunião e a respectiva documentação serão distribuídas com antecedência mínima de cinco dias úteis, salvo nas hipóteses devidamente justificadas pela CEF e acatadas pelo Colegiado.

As atas da Diretoria Executiva devem ser redigidas com clareza e registrar as decisões tomadas, as pessoas presentes, os votos divergentes e as abstenções de voto.

Em caso de decisão não unânime, a justificativa do voto divergente será registrada, a critério do respectivo membro, observado que se exime de responsabilidade o conselheiro dissidente que faça consignar sua divergência em ata de reunião ou, não sendo possível, dela dê ciência imediata e por escrito ao Conselho Diretor.

Competências

Além das competências definidas em lei, são atribuições do Conselho Diretor, respeitadas as diretrizes fixadas pelo Conselho de Administração:

- gerir as atividades da CEF e avaliar os seus resultados;
- apresentar, até a última reunião ordinária do Conselho de Administração do ano anterior, a quem compete sua aprovação:
  - o plano de negócios para o exercício anual seguinte; e
  - a estratégia de longo prazo atualizada com análise de riscos e oportunidades para, no mínimo, os próximos cinco anos;
- promover a elaboração, em cada exercício, do relatório da administração, contendo informações e comentários sobre a organização, desempenho financeiro, fatores de risco material, eventos significativos, relações com as partes interessadas, efeitos das orientações do controlador e demais assuntos, assim como promover, a cada exercício, a elaboração das demonstrações financeiras, submetendo essas últimas à auditoria independente, aos Conselhos de Administração e Fiscal e ao Comitê de Auditoria;
- aprovar os Regimentos Internos:
  - do próprio Órgão;
  - da Comissão de Ética;
  - dos Comitês não estatutários não vinculados ao Conselho de Administração; e
  - dos Comitês criados e vinculados ao Conselho Diretor;
- submeter, instruir e preparar os assuntos, em seu âmbito de atuação, que dependam de deliberação do Conselho de Administração, manifestando-se previamente quando não houver conflito de interesses;
- cumprir e fazer cumprir este Estatuto, as deliberações da Assembleia Geral e do Conselho de Administração, bem como avaliar as recomendações do Conselho Fiscal;
- deliberar sobre as seguintes matérias a serem submetidas à aprovação do Conselho de Administração;
  - proposta de instituição e revisão das políticas de atuação da CEF, o modelo de gestão, as estratégias e os limites de gerenciamento de riscos e de capital, de liquidez e o orçamento geral da CEF;
  - propostas orçamentárias e respectivos acompanhamentos trimestrais de execução, à exceção da área de Auditoria Interna, de destinação do resultado líquido, de pagamento de dividendos e de juros sobre o capital próprio, de modificação de capital, de constituição de reservas e de absorção de eventuais prejuízos com as reservas de lucros da CEF e dos programas e fundos sociais por ela administrados ou operacionalizados e não subordinados a gestores externos, com exceção dos programas e fundos sociais administrados ou operacionalizados pela Vice-Presidência responsável pela administração ou operacionalização das loterias federais e dos fundos instituídos pelo Governo Federal, incluído o FGTS;
  - demonstrações financeiras trimestrais da CEF e dos programas e fundos sociais por ela operados ou administrados, com exceção dos programas e fundos sociais administrados ou operacionalizados pela Vice-Presidência responsável pela administração ou operacionalização das loterias federais e dos fundos instituídos pelo Governo Federal, incluído o FGTS, submetendo-as, além do Conselho de Administração conforme inciso V do caput, à auditoria independente e ao Comitê de Auditoria e ao Conselho Fiscal, este com as exceções descritas no art. 66 deste Estatuto;
  - prestação de contas anual de forma segregada, dos investimentos e custos das áreas de negócios da CEF, destacando especialmente os custos sociais e públicos assumidos pela empresa e relacionados a programas e serviços delegados pelo Governo Federal;
  - regulamento de licitações e contratos, nos termos da Lei;
  - sistema de controles internos e suas revisões periódicas, apresentando anualmente os relatórios de situação ao Conselho de Administração;
  - proposta de orientação de Voto do representante nos órgãos de administração de empresas subsidiárias, controladas ou coligadas da CEF, nos termos da lei, estatutos e acordos de acionistas, se houver, para: distribuição de resultados sob a forma de dividendos ou pagamento de juros sobre capital próprio; cisão, fusão ou incorporação;
  - proposta de constituição de subsidiárias e a aquisição de participações acionárias minoritárias para cumprir o objeto social da CEF, nos termos da lei e deste Estatuto;
  - proposta de emissão de quaisquer outros títulos ou valores mobiliários, no País ou no exterior; e
  - proposta de medidas para aperfeiçoar e revisar o sistema de governança corporativa da CEF;
- monitorar a sustentabilidade dos negócios, os riscos estratégicos e respectivas medidas de mitigação, elaborando relatórios gerenciais com indicadores de gestão;
- autorizar, facultada a outorga destes poderes com limitação expressa, a:
  - alienação de bens do ativo permanente, com exceção das participações acionárias em empresas controladas, com opinamento do Conselho Fiscal nos casos de alienação ou oneração de bens

C O N B A N

imóveis de uso próprio, exceto quando se tratar de penhora em ações judiciais;
- constituição de ônus reais;
- prestação de garantias a obrigações de terceiros;
- renúncia de direitos; e
- transação ou redução do valor de créditos em negociação;

- distribuir e aplicar os lucros apurados, na forma da deliberação do Conselho de Administração, observada a legislação vigente;
- decidir sobre planos de cargos, carreiras, salários, vantagens e benefícios, criação de empregos, quadro de pessoal e suas alterações, observada a legislação vigente e este Estatuto;
- aprovar a designação e a dispensa dos titulares de Superintendências Nacionais, mediante proposta do Presidente da CEF;
- aprovar os critérios de seleção ao processo de indicação dos conselhos e órgãos de administração de empresas e instituições de que a CEF participe ou tenha direito de indicar representante;
- aprovar a indicação de membros para integrar os conselhos e órgãos de administração de empresas coligadas, por proposta do Presidente da CEF;
- decidir sobre a criação, instalação e supressão de agências, escritórios, representações, dependências, filiais e outros pontos de atendimento no País;
- aprovar a estrutura organizacional da CEF e a distribuição interna das atividades administrativas, exceto aquelas relativas a áreas segregadas, observadas as áreas de atuação estabelecidas pelo Conselho de Administração;
- aprovar, sem prejuízo das competências do Conselho de Administração, em relação às empresas de cujo capital a CEF participe sem deter o controle, os seguintes atos societários:
  - alienação, no todo ou em parte, de ações de propriedade da CEF nas empresas; subscrição ou renúncia a direito de subscrição de ações ou debêntures conversíveis em ações nas empresas; venda de debêntures conversíveis em ações de titularidade e de emissão das empresas;
  - cisão, fusão ou incorporação das empresas;
  - permuta de ações ou outros valores mobiliários representativos da participação da CEF no capital das sociedades; e
  - atos consistentes em firmar acordos de acionistas ou renunciar a direitos neles previstos ou, ainda, assumir quaisquer compromissos de natureza societária referentes ao disposto na legislação aplicável;
- aprovar a cessão de empregados da CEF a suas subsidiárias integrais e a outros órgãos da Administração Pública, quando caracterize ônus para a CEF;
- comunicar formalmente ao auditor independente e ao Comitê de Auditoria a existência ou evidência de situações cuja ocorrência importe notificação aos órgãos fiscalizadores, no prazo de vinte e quatro horas da identificação;
- solicitar à entidade fechada de previdência complementar a apresentação de plano de ação para correção de possíveis irregularidades encontradas quando da realização da auditoria interna periódica, fazendo o devido acompanhamento e sua implementação, devendo ser dado conhecimento aos Conselhos Deliberativo e Fiscal da referida entidade, bem como ao Conselho de Administração da CEF;
- fornecer orientação e assessoramento técnico aos membros indicados pela CEF aos Conselhos Deliberativo e Fiscal da entidade fechada de previdência complementar;
- autorizar a CEF a firmar termos, convênios ou acordos operacionais com sua(s) subsidiária(s) integral(is) para fins de compartilhamento de custos, estruturas, políticas e mecanismos de divulgação nos termos da lei, inclusive extensivo à entidade fechada de previdência complementar que administra plano de benefício que patrocina;
- criar Comitês que sejam integrados por membros da Diretoria Executiva, conforme seu âmbito de atuação, fixando-lhes atribuições deliberativas e/ou opinativas, de forma a garantir que a decisão a ser tomada pelo Conselho seja tecnicamente bem qualificada; e
- colocar, à disposição dos outros órgãos estatutários, pessoal qualificado para secretariá-los e prestar-lhes o apoio técnico necessário.

A subscrição e a apresentação de propostas para o exercício de competência do Conselho Diretor caberá ao Presidente e aos Vice-Presidentes que o compõem.

Ao Conselho Diretor é facultada a outorga, com limitação expressa, dos poderes de constituição de ônus reais, prestação de garantias a obrigações de terceiros, renúncia de direitos, transação ou redução do valor de créditos em negociação.

O Conselho Diretor, para melhor desempenho de suas funções e maior agilidade no processo decisório, poderá constituir comitês integrados por membros da Diretoria Executiva, delegando-lhes competências e alçadas específicas, observadas as disposições legais, dando ciência ao Conselho de Administração da CEF sobre a constituição desses colegiados.

17.3.16 Conselhos Segregados da Diretoria Executiva

Caracterização

Os Conselhos Segregados da Diretoria Executiva são órgãos deliberativos, vinculados ao Conselho de Administração, responsáveis pela administração e gestão de ativos de terceiros e pela administração e operacionalização das loterias e dos fundos instituídos pelo Governo Federal, incluído o FGTS, cabendo, respectivamente, ao Conselho de Administração e Gestão de Ativos de Terceiros e ao Conselho de Fundos Governamentais e Loterias, nos termos da lei, das normas em vigor, e deste Estatuto.

São consideradas áreas segregadas as Vice-Presidências, e suas unidades vinculadas, responsáveis pela administração e gestão de ativos de terceiros e pela administração e operacionalização das loterias e dos fundos instituídos pelo Governo Federal, incluído o FGTS.

As atividades das áreas de atuação das Vice-Presidências de que trata o caput serão desenvolvidas conforme as diretrizes estabelecidas pelos Conselhos de Administração, de Administração e Gestão de Ativos de Terceiros e de Fundos Governamentais e Loterias.

Os Vice-Presidentes e Diretores Executivos da área de administração e gestão de ativos de terceiros devem ser habilitados perante a Comissão de Valores Mobiliários - CVM.

É vedado aos membros da Diretoria Executiva não vinculados ao Conselho de Administração e Gestão de Ativos de Terceiros e ao Conselho de Fundos Governamentais e Loterias, e àqueles responsáveis pela administração de recursos próprios da CEF, intervir na condução das áreas segregadas, observados os termos das disposições legais e deste Estatuto.

Os membros da Diretoria Executiva vinculados ao Conselho Diretor respondem solidariamente apenas pelas atividades sob a sua administração, assim como a mesma solidariedade apenas existirá entre aqueles vinculados ao Conselho de Administração e Gestão de Ativos de Terceiros e ao Conselho de Fundos Governamentais e Loterias, observados o regime de segregação de atividades definido neste Estatuto.

Competências Comuns

Compete ao Conselho de Administração e Gestão de Ativos de Terceiros e ao Conselho de Fundos Governamentais e Loterias:

- fixar a orientação dos negócios e serviços e estabelecer diretrizes para atuação da Vice- Presidência que lhe é vinculada;
- aprovar as políticas de atuação da Vice-Presidência que lhe é vinculada, a serem submetidas à deliberação do Conselho de Administração;
- aprovar a estratégia de negócio no âmbito de atuação da Vice-Presidência que lhe é vinculada;
- monitorar, anualmente, a avaliação da estratégia de negócio da Vice-Presidência que lhe é vinculada;
- aprovar alçadas no seu âmbito da atuação, inclusive para contratação de bens e serviços, quando não estiverem contempladas nas competências de outras Vice-Presidências da CEF;
- aprovar, previamente ao Conselho de Administração, o plano estratégico institucional especificamente no que tange aos aspectos relativos ao negócio sob gestão da Vice-Presidência que lhe é vinculada;
- monitorar as estratégias e os resultados da distribuição de produtos da Vice-Presidência;
- analisar e demandar às áreas competentes a contratação de serviços e consultorias, observados os regimes de alçadas;
- aprovar, previamente ao Conselho de Administração, o relatório de gestão da CEF especificamente no que tange aos temas sob gestão da Vice-Presidência que lhe é vinculada;
- apresentar o plano de negócios da Vice-Presidência que lhe é vinculada para o exercício anual seguinte, a fim de compor o plano de negócios da CEF, em linha com os prazos legais;
- deliberar sobre a proposta de seu Regimento Interno e dos comitês por ele criados e diretamente vinculados; e
- aprovar a estrutura das unidades da Vice-Presidência que lhe é vinculada, observadas as áreas de atuação estabelecidas pelo Conselho de Administração.

17.3.17 Conselho de Administração e Gestão de Ativos de Terceiros

Caracterização

O Conselho de Administração e Gestão de Ativos de Terceiros é órgão colegiado deliberativo, responsável pela gestão e representação da CEF quanto à administração e gestão de ativos de terceiros.

Composição

O Conselho de Administração e Gestão de Ativos de Terceiros é composto pelos seguintes membros:

- Presidente da CEF, que o presidirá;
- Vice-Presidente designado para a administração e gestão de ativos de terceiros;
- Vice-Presidente designado para as funções de controles internos e gestão de riscos; e
- Vice-Presidente designado para a gestão de distribuição de produtos e serviços.

Reunião

O Conselho de Administração e Gestão de Ativos de Terceiros reunir-se-á, ordinariamente, uma vez por bimestre e, extraordinariamente, sempre que necessário.

A subscrição e a apresentação de propostas para o exercício de competência do Conselho de Administração e Gestão de Ativos de Terceiros caberá ao Presidente e aos Vice-Presidentes que o compõem.

As reuniões do Conselho devem, em regra, ser presenciais, admitindo-se a reunião virtual ou a participação de membro por tele ou videoconferência.

As deliberações serão tomadas pelo voto da maioria dos membros presentes e serão registradas no livro de atas, podendo ser lavradas de forma sumária.

Nas deliberações colegiadas do Conselho de Administração e Gestão de Ativos de Terceiros, o Presidente terá o voto de desempate, além do voto pessoal.

Em caso de decisão não unânime, a justificativa do voto divergente será registrada, a critério do respectivo membro, observado que se exime de responsabilidade o conselheiro dissidente que faça consignar sua divergência em ata de reunião ou, não sendo possível, dela dê ciência imediata e por escrito ao Conselho de Administração e Gestão de Ativos de Terceiros.

Competências Específicas

Compete ao Conselho de Administração e Gestão de Ativos de Terceiros:

- aprovar as propostas de investimento, reestruturação e Desinvestimento para o Fundo de Investimento do Fundo Garantidor por Tempo de Serviço – FI-FGTS – e carteiras administradas com recursos do FGTS;
- opinar, quando solicitado pelo Conselho de Administração da CEF, sobre questões relevantes sobre o mercado de fundos de investimento, carteiras administradas e a atuação da Vice-Presidência responsável pela administração e gestão de ativos de terceiros;
- avaliar e monitorar a regularização dos apontamentos e planos de ação das auditorias internas, com grau de relevância alta e extrema e do relatório de controles internos anuais, relativas à atuação da Vice-Presidência responsável pela administração e gestão de ativos de terceiros;
- monitorar, anualmente, a carteira de investimentos do FI-FGTS e das carteiras administradas do FGTS; e
- aprovar a indicação de representantes a serem nomeados pelos fundos de investimento e carteiras administradas da Vice-Presidência Fundos de Investimento nos conselhos das empresas investidas.

17.3.18 Conselho de Fundos Governamentais e Loterias

Caracterização

O Conselho de Fundos Governamentais e Loterias é órgão colegiado responsável pela gestão e representação da CEF quanto à administração e operacionalização das loterias federais e dos fundos instituídos pelo Governo Federal, incluído o FGTS.

Composição

O Conselho de Fundos Governamentais e Loterias é composto pelos seguintes membros:

- Presidente da CEF, que o presidirá;
- Vice-Presidente designado para a administração e operacionalização das loterias federais e dos fundos instituídos pelo Governo Federal, incluído o FGTS;
- Vice-Presidente designado para as funções de controles internos e gestão de riscos; e

- Vice-Presidente designado para a gestão de distribuição de produtos e serviços.

Reunião

O Conselho de Fundos Governamentais e Loterias reunir-se-á, ordinariamente, uma vez por bimestre e, extraordinariamente, sempre que necessário.

A subscrição e a apresentação de propostas para o exercício de competência do Conselho de Fundos Governamentais e Loterias caberá ao Presidente e aos Vice-Presidentes que o compõem.

As reuniões do Colegiado devem ser presenciais, admitindo-se a reunião virtual ou a participação de membro por tele ou videoconferência, mediante justificativa aprovada pelo Colegiado.

As deliberações serão tomadas pelo voto da maioria dos membros presentes e serão registradas no livro de atas, podendo ser lavradas de forma sumária.

Nas deliberações colegiadas do Conselho de Fundos Governamentais e Loterias, o Presidente terá o voto de desempate, além do voto pessoal.

Em caso de decisão não unânime, a justificativa do voto divergente será registrada, a critério do respectivo membro, observado que se exime de responsabilidade o conselheiro dissidente que faça consignar sua divergência em ata de reunião ou, não sendo possível, dela dê ciência imediata e por escrito ao Conselho de Fundos Governamentais e Loterias.

Competências Específicas

Compete ao Conselho de Fundos Governamentais e Loterias:

- opinar, quando solicitado pelo Conselho de Administração, sobre questões relativas aos negócios e serviços da Vice-Presidência responsável pela administração e operacionalização das loterias federais e dos fundos instituídos pelo Governo Federal, incluído o FGTS;
- examinar os relatórios de auditorias interna e externa relativas aos negócios e serviços da Vice- Presidência responsável pela administração ou operacionalização das loterias federais e dos fundos instituídos pelo Governo Federal, incluído o FGTS;
- aprovar as proposta orçamentária e respectivos acompanhamentos de execução dos fundos e programas administrados ou operacionalizados pela Vice-Presidência responsável pela administração ou operacionalização das loterias federais e dos fundos instituídos pelo Governo Federal, incluído o FGTS, que não possuam colegiado específico de aprovação;
- aprovar as demonstrações financeiras trimestrais dos programas e fundos sociais, incluído o FGTS, administrados e operacionalizados pela Vice-Presidência responsável pela administração ou operacionalização das loterias federais e dos fundos instituídos pelo Governo Federal, incluído o FGTS; e
- aprovar as operações e renegociações de crédito do FGTS e demais operações de fundos de Governo, respeitado o limite de alçada estabelecido.

17.3.19 Atribuições Individuais dos Membros da Diretoria Executiva

Presidente

Sem prejuízo das demais atribuições da Diretoria Executiva, compete especificamente ao Presidente da CEF:

- dirigir, supervisionar, coordenar e controlar as atividades e a política da CEF;
- coordenar as atividades dos membros da Diretoria Executiva;
- representar a CEF em juízo e fora dele, podendo, para tanto, constituir procuradores ad negotia e ad judicia, especificando os atos que poderão praticar nos respectivos instrumentos do mandato;
- apresentar ao Banco Central do Brasil as matérias que dependam de sua audiência ou de deliberação do Conselho Monetário Nacional, podendo delegar para seu substituto ou outro Vice- Presidente da CEF;
- expedir atos de gestão de pessoal, a exemplo de admissão, designação, promoção, transferência e dispensa de empregados;
- conceder afastamento e licenças aos demais membros da Diretoria Executiva, inclusive a título de férias;
- designar os substitutos dos membros da Diretoria Executiva, exceto o Diretor Executivo responsável pela Área de Auditoria;
- convocar e presidir as reuniões do Conselho Diretor, do Conselho de Administração e Gestão de Ativos de Terceiros e do Conselho de Fundos Governamentais e Loterias;
- conduzir as atividades vinculadas a governança e estratégia em seu âmbito de atuação;
- manter o Conselho de Administração e o Conselho Fiscal informados das atividades da CEF;
- propor ao Conselho de Administração o nome dos Diretores Executivos para eleição e destituição, devendo estar alinhado ao processo de seleção interna a primeira hipótese; e
- exercer outras atribuições que lhe forem fixadas pelo Conselho de Administração.

O Presidente da CEF poderá delegar suas atribuições a seu substituto ou a outro membro da Diretoria Executiva, nos termos da legislação vigente e deste Estatuto.

Vice-Presidentes

São atribuições dos Vice Presidentes da CEF:

- gerir as atividades da sua área de atuação;
- participar das reuniões dos Conselhos vinculados à Diretoria Executiva, respeitadas as regras legais e normativas quanto à segregação de atividades, contribuindo para a definição do Plano Estratégico a ser seguido pela CEF e relatando os assuntos da sua respectiva área de atuação;
- cumprir e fazer cumprir a orientação geral dos negócios da CEF estabelecida pelo Conselho de Administração na gestão de sua área específica de atuação; e
- supervisionar a atuação dos Diretores Executivos responsáveis pelas atividades da sua área de atuação.

As demais atribuições e poderes dos Vice-Presidentes serão estabelecidas no Regimento Interno de cada Colegiado vinculado, ou em normas e/ou códigos de conduta internos.

Diretores Executivos

São atribuições dos Diretores Executivos:

- administrar, supervisionar e coordenar as atividades da Diretoria Executiva e unidades sob sua responsabilidade, na busca dos resultados estabelecidos pelos órgãos de administração para a CEF;
- participar das reuniões dos Conselhos para os quais forem designados, respeitadas as regras legais e normativas quanto à segregação de atividades, auxiliando estrategicamente os demais administradores da CEF em sua área de atuação; e

- cumprir e fazer cumprir a orientação geral dos negócios da CEF estabelecida pelo Conselho de Administração na gestão de sua área específica de atuação.

Compete ao Diretor responsável pela Área Jurídica representar judicialmente a CEF e prestar assessoria e consultoria jurídica aos órgãos estatutários de administração e Conselho Fiscal, no âmbito das respectivas competências e nos termos da lei e deste Estatuto.

As demais atribuições e poderes dos Diretores Executivos serão estabelecidas no Regimento Interno de cada Colegiado vinculado ou em normas e/ou códigos de conduta internos.

17.3.20 Conselho Fiscal

Caracterização

O Conselho Fiscal é órgão permanente de fiscalização, de atuação colegiada e individual.

Além das normas previstas na Lei nº 13.303, de 30 de junho de 2016, e sua regulamentação, aplicam-se aos membros do Conselho Fiscal da CEF as disposições para esse Colegiado previstas na Lei nº 6.404, de 15 de dezembro de 1976, inclusive aquelas relativas a seus poderes, deveres e responsabilidades, a requisitos e impedimentos para investidura e a remuneração.

Composição

O Conselho Fiscal será composto por três membros efetivos e respectivos suplentes, sendo:

- dois indicados pelo Ministro de Estado da Economia; e
- um indicado pelo Ministro de Estado da Economia, como representante do Tesouro Nacional, que deverá ser servidor público com vínculo permanente com a Administração Pública.

Os membros do Conselho Fiscal serão eleitos pela Assembleia Geral.

Prazo de Atuação

O prazo de atuação dos membros do Conselho Fiscal será de dois anos, permitidas, no máximo, duas reconduções consecutivas.

Atingido o limite a que se refere o caput, o retorno de membro do Conselho Fiscal só poderá ser efetuado após decorrido prazo equivalente a um prazo de atuação.

No prazo a que se refere o caput serão considerados os períodos anteriores de atuação ocorridos há menos de dois anos.

Na primeira reunião após a eleição, os membros do Conselho Fiscal:

- assinarão o termo de adesão aos Códigos de Conduta e Integridade e de Ética e às políticas da CEF; e
- escolherão o seu Presidente, ao qual caberá dar cumprimento às deliberações do Órgão, com registro no livro de atas e pareceres do Conselho Fiscal.

Requisitos

Os membros do Conselho Fiscal deverão atender aos requisitos obrigatórios e observar as vedações para exercício das suas atividades determinados pela Lei nº 13.303, de 30 de junho de 2016, pelo Decreto nº 8.945, de 27 de dezembro de 2016, e por demais normas que regulamentem a matéria.

O Comitê de Pessoas, Elegibilidade, Sucessão e Remuneração deverá opinar sobre a observância dos requisitos e vedações para investidura dos membros.

Vacância e Substituição Eventual

Os membros do Conselho Fiscal serão substituídos em suas ausências ou impedimentos eventuais pelos respectivos suplentes até a posse do novo titular.

Na hipótese de vacância, o suplente assume até a realização da primeira Assembleia Geral para a eleição de novo membro.

Reunião

O Conselho Fiscal se reunirá ordinariamente uma vez a cada mês e, extraordinariamente, sempre que necessário.

O Conselho Fiscal será convocado por seu Presidente ou pela maioria dos membros do Colegiado.

As reuniões do Conselho devem, em regra, ser presenciais, admitindo-se a reunião virtual ou a participação de membro por tele ou videoconferência, mediante justificativa aprovada pelo Colegiado.

As deliberações serão tomadas pelo voto da maioria dos membros presentes e serão registradas no livro de atas, podendo ser lavradas de forma sumária.

Em caso de decisão não unânime, a justificativa do voto divergente será registrada, a critério do respectivo membro, observado que se exime de responsabilidade o conselheiro fiscal dissidente que faça consignar sua divergência em ata de reunião ou, não sendo possível, dela dê ciência imediata e por escrito ao Conselho Fiscal.

A pauta da reunião e a respectiva documentação serão distribuídas com antecedência mínima de cinco dias úteis, salvo nas hipóteses devidamente justificadas pela CEF e acatadas pelo Colegiado.

As atas do Conselho Fiscal devem ser redigidas com clareza e registrar as decisões tomadas, as pessoas presentes, os votos divergentes e as abstenções de voto.

Competências

Compete ao Conselho Fiscal, sem prejuízo de outras competências previstas na legislação e em seu Regimento Interno:

- opinar sobre o resultado da prestação de contas anual da CEF e dos programas e fundos sociais operados e administrados pela CEF, fazendo constar do seu parecer as informações complementares necessárias ou úteis, com exceção dos programas e fundos sociais administrados ou operacionalizados pela Vice-Presidência responsável pela administração ou operacionalização das loterias federais e dos fundos instituídos pelo Governo Federal, incluído o FGTS;
- analisar, ao menos trimestralmente, os balancetes e demais demonstrativos contábeis da CEF e dos programas e fundos sociais operados ou administrados pela CEF, com exceção dos programas e fundos sociais administrados ou operacionalizados pela Vice-Presidência responsável pela administração ou operacionalização das loterias federais e dos fundos instituídos pelo Governo Federal, incluído o FGTS;
- examinar o relatório anual da administração, as demonstrações financeiras semestrais e anuais da CEF e as de encerramento do exercício social dos programas e fundos sociais operados ou administrados pela CEF, manifestando sua opinião, inclusive sobre a situação econômico-financeira da CEF, com exceção dos programas e fundos sociais administrados ou operacionalizados pela Vice-Presidência responsável pela administração ou operacionalização das loterias federais e dos fundos instituídos pelo Governo Federal, incluído o FGTS;
- manifestar-se sobre alienação ou oneração, exceto penhora em ações judiciais, de bens imóveis de uso próprio;
- opinar sobre as propostas:

CONBAN

- orçamentárias da CEF e dos programas e fundos sociais operados ou administrados pela CEF, com exceção dos programas e fundos sociais administrados ou operacionalizados pela Vice-Presidência responsável pela administração ou operacionalização das loterias federais e dos fundos instituídos pelo Governo Federal, incluído o FGTS;
- de destinação do resultado líquido;
- de pagamento de dividendos e juros sobre o capital próprio;
- de modificação de capital;
- de constituição de fundos, reservas e provisões;
- de absorção de eventuais prejuízos com as reservas de lucros;
- de planos de investimento ou orçamento de capital; e
- transformação, incorporação, fusão ou cisão;

▷ avaliar os relatórios anuais relacionados com os sistemas de controles internos da CEF;

▷ apreciar os resultados dos trabalhos produzidos pelas auditorias externa e interna, relacionados com a avaliação dos processos de gestão de crédito, de análise de mercado e de deferimento de operações da CEF e respectivos programas e fundos sociais operados ou administrados pela CEF; VIII

▷ - fiscalizar, por qualquer de seus membros, os atos dos administradores e verificar o cumprimento dos seus deveres legais e estatutários;

▷ denunciar, por qualquer de seus membros, aos órgãos de administração e, se estes não adotarem as providências necessárias para a proteção dos interesses da CEF, à Assembleia Geral, os erros, fraudes ou crimes que descobrirem, e sugerir providências;

▷ convocar a Assembleia Geral Ordinária, se os órgãos de administração retardarem por mais de um mês essa convocação, e a Extraordinária, sempre que ocorrerem motivos graves ou urgentes;

▷ fornecer, sempre que solicitadas, informações sobre matéria de sua competência à União, na qualidade de seu controlador único;

▷ examinar o Plano Anual de Atividades de Auditoria Interna - PAINT e o Relatório Anual das Atividades de Auditoria Interna - RAINT;

▷ assistir às reuniões do Conselho de Administração ou do Conselho Diretor em que se deliberar sobre assuntos que ensejam parecer do Conselho Fiscal;

▷ aprovar seu Regimento Interno e seu plano de trabalho anual;

▷ realizar a autoavaliação anual de seu desempenho;

▷ acompanhar a execução patrimonial, financeira e orçamentária, podendo examinar livros, quaisquer outros documentos e requisitar informações;

▷ fiscalizar o cumprimento do limite de participação da CEF no custeio dos benefícios de assistência à saúde e de previdência complementar;

▷ exercer essas atribuições durante a eventual liquidação da CEF; e

▷ exercer as demais atribuições atinentes ao seu poder de fiscalização, consoante à legislação vigente.

17.3.21 Comitê de Auditoria

Caracterização

O Comitê de Auditoria é o órgão de assessoramento ao Conselho de Administração, ao qual se reportará diretamente, auxiliando este, entre outros, no monitoramento da qualidade das demonstrações financeiras, dos controles internos, da conformidade, do gerenciamento de riscos e das auditorias interna e independente.

O Comitê de Auditoria também poderá exercer, por deliberação do Conselho de Administração, suas atribuições e responsabilidades junto às sociedades controladas pela CEF, que adotarem o regime de Comitê de Auditoria único.

O Comitê de Auditoria terá autonomia operacional e dotação orçamentária, anual ou por projeto, dentro de limites aprovados pelo Conselho de Administração, para conduzir ou determinar a realização de consultas, avaliações e investigações dentro do escopo de suas atividades, inclusive com a contratação e utilização de especialistas independentes.

Composição

O Comitê de Auditoria Estatutário, eleito e destituído pelo Conselho de Administração, será integrado por quatro membros, em sua maioria independentes.

Os membros do Comitê de Auditoria devem ter experiência profissional ou formação acadêmica compatível com o cargo, preferencialmente na área de contabilidade, auditoria ou no setor de atuação da CEF, sendo que pelo menos 1 (um) membro deve ter reconhecida experiência profissional em assuntos de contabilidade societária e ao menos 1 (um) deve ser conselheiro independente da CEF.

Os membros do Comitê de Auditoria, em sua primeira reunião, elegerão seu Presidente, que deverá ser membro independente do Conselho de Administração, a quem caberá dar cumprimento às deliberações do Órgão, com registro no livro de atas.

São condições mínimas para integrar o Comitê de Auditoria as estabelecidas no artigo 25 da Lei nº 13.303, de 30 de junho de 2016, e no artigo 39 do Decreto n º 8.945, de 27 de dezembro de 2016, além das demais normas aplicáveis.

O Conselho de Administração poderá convidar membros do Comitê de Auditoria para assistir às suas reuniões.

O Comitê de Pessoas, Elegibilidade, Sucessão e Remuneração deverá opinar sobre a observância dos requisitos e vedações para os membros.

É indelegável o cargo de integrante do Comitê de Auditoria e não se admite substituto temporário ou suplente.

Mandato

O mandato dos membros do Comitê de Auditoria será de três anos, não coincidente para cada membro, permitida uma única reeleição.

O anterior ocupante do cargo só será nomeado novamente se já contar três anos sem ocupar o cargo de membro do Comitê de Auditoria da CEF.

Os membros do Comitê de Auditoria poderão ser destituídos pelo voto justificado pela maioria absoluta dos membros do Conselho de Administração.

Vacância e Substituição

No caso de vacância de membro do Comitê de Auditoria, o Conselho de Administração elegerá novo membro.

No caso de ausências ou impedimentos eventuais de qualquer membro do Comitê, este deliberará com os remanescentes.

Reunião

O Comitê de Auditoria deverá realizar pelo menos quatro reuniões mensais.

O Comitê deverá apreciar as informações contábeis antes da sua divulgação.

A CEF deverá divulgar as atas de reuniões do Comitê de Auditoria.

Na hipótese de o Conselho de Administração considerar que a divulgação da ata possa pôr em risco interesse legítimo da CEF, apenas o seu extrato será divulgado.

A restrição de que trata o parágrafo anterior não será oponível aos órgãos de controle, que terão total e irrestrito acesso ao conteúdo das atas do Comitê de Auditoria, observada a transferência de sigilo.

Competências

Compete ao Comitê de Auditoria, sem prejuízo de outras competências previstas na legislação e em seu Regimento Interno:

- opinar sobre a contratação, a renovação de contrato e a destituição de auditor independente, observada a legislação específica;
- supervisionar as atividades dos auditores independentes, avaliar sua independência, a qualidade dos serviços prestados e a adequação de tais serviços às necessidades da CEF;
- supervisionar as atividades desenvolvidas nas áreas de controle interno, de auditoria interna e de elaboração das demonstrações financeiras da CEF;
- monitorar a qualidade e a integridade dos mecanismos de controle interno, das demonstrações financeiras e das informações e medições divulgadas pela CEF;
- avaliar e monitorar, em seu âmbito de atuação, sem prejuízo das atribuições do Comitê Independente de Riscos, exposições de risco da CEF, podendo requerer, entre outras, informações detalhadas sobre políticas e procedimentos referentes a:
    - remuneração da administração;
    - utilização de ativos da CEF; e
    - gastos incorridos em nome da CEF;
- avaliar e monitorar, em conjunto com a administração e a área de auditoria interna, a adequação das transações e o fiel cumprimento com partes relacionadas aos critérios estabelecidos na Política de Transações com Partes Relacionadas e sua divulgação;
- elaborar relatório anual com informações sobre as atividades, os resultados, as conclusões e suas recomendações, registrando, se houver, as divergências significativas entre administração, auditoria independente e o próprio Comitê de Auditoria em relação às demonstrações financeiras;
- avaliar a razoabilidade dos parâmetros em que se fundamentam os cálculos atuariais e o resultado atuarial dos planos de benefícios mantidos pelo fundo de pensão vinculados à entidade fechada de previdência complementar patrocinada pela CEF;
- avaliar o cumprimento, pela administração da CEF, das recomendações feitas pelos auditores independentes ou internos;
- verificar, por ocasião das reuniões previstas no artigo 79, o cumprimento de suas próprias recomendações pela Diretoria Executiva da CEF;
- reunir-se com o Conselho Fiscal e o Conselho de Administração, por solicitação destes, para discutir acerca de políticas, práticas e procedimentos identificados no âmbito das suas respectivas competências;
- comunicar ao Banco Central do Brasil e ao Conselho de Administração, na forma e nos prazos estabelecidos pelas normas específicas, a existência ou evidência de erro ou fraude, nos termos deste artigo;
- elaborar e encaminhar para deliberação do Conselho de Administração, até o final do terceiro trimestre, proposta de plano de trabalho para o ano subsequente;
- acompanhar a elaboração e a implementação do Plano Anual de Atividades de Auditoria Interna - PAINT;
- auxiliar o Conselho de Administração nas providências a serem adotadas em relação a desvios e atos ilícitos praticados por dirigentes e empregados da CEF, bem como nas apurações de infrações e violações aos Códigos de Ética e de Conduta e às rupturas de conduta anticorrupção e concorrencial;
- avaliar a efetividade da Diretoria Executiva responsável pela condução da gestão da integridade, bem como da Ouvidoria e da Corregedoria da CEF e seus relatórios de atividades; e
- analisar e manifestar-se, a pedido do próprio Conselho de Administração, sobre situações de potencial conflito de interesses entre os conselheiros e sociedades integrantes do Conglomerado CEF, em especial sobre situações decorrentes de atividades externas desenvolvidas pelos conselheiros, tais como a participação de membros do Conselho ou da Diretoria em órgãos estatutários de outras sociedades civis, não participantes do Conglomerado CEF.

Ao menos um dos membros do Comitê de Auditoria deverá participar das reuniões do Conselho de Administração que tratem das demonstrações contábeis periódicas, da contratação do auditor independente e do Plano Anual de Atividades de Auditoria Interna – PAINT.

O Comitê de Auditoria deverá possuir meios para receber denúncias, inclusive sigilosas, internas e externas à CEF, em matérias relacionadas ao escopo de suas atividades.

17.3.22 Comitê de Pessoas, Elegibilidade, Sucessão e Remuneração

Caracterização

A CEF dispõe de Comitê de Pessoas, Elegibilidade, Sucessão e Remuneração, que assessora o Conselho de Administração nos processos de indicação, de avaliação, de sucessão, de remuneração e de elegibilidade dos administradores, conselheiros fiscais e demais membros de órgãos estatutários.

Composição

O Comitê de Pessoas, Elegibilidade, Sucessão e Remuneração será integrado por quatro membros, integrantes do Conselho de Administração, sem remuneração adicional, ou por membros externos remunerados, observados os artigos 156 e 165 da Lei nº 6.404, de 15 de dezembro de 1976.

O Comitê de Pessoas, Elegibilidade, Sucessão e Remuneração deverá ter, no mínimo, dois membros escolhidos dentre os conselheiros de Administração independente.

Os membros que não são integrantes do Conselho de Administração serão membros externos.

O anterior ocupante do cargo só será nomeado novamente se já contar três anos sem ocupar o cargo de membro do Comitê de Pessoas, Elegibilidade, Sucessão e Remuneração.

O Presidente do Comitê e seu substituto serão escolhidos pelo Conselho de Administração dentre os membros que sejam conselheiros independentes.

Eleição e Mandato

Os membros do Comitê de Pessoas, Elegibilidade, Sucessão e Remuneração serão escolhidos e nomeados serão escolhidos e nomeados pelo Conselho de Administração, entre os quais o Presidente e seu substituto, com mandato de três anos, não coincidente para cada membro, permitida uma única recondução, e só poderão ser destituídos, neste período, mediante decisão motivada da maioria dos membros do referido Órgão de Administração.

Vacância e Substituição

No caso de vacância de membro do Comitê, o Conselho de Administração selecionará e elegerá o substituto para completar o mandato do membro anterior.

Competências

Compete ao Comitê de Pessoas, Elegibilidade, Sucessão e Remuneração, sem prejuízo de outras competências previstas na legislação e em seu Regimento Interno:

- verificar a conformidade e opinar, de modo a auxiliar a União e a CEF, na indicação e eleição de conselheiros de administração e conselheiros fiscais, sobre o preenchimento dos requisitos e a ausência de impedimentos e vedações para as respectivas eleições;
- verificar a conformidade e opinar, de modo a auxiliar os membros do Conselho de Administração na indicação e eleição dos Diretores Executivos da CEF, e de suas subsidiárias, controladas e coligadas, sobre o preenchimento dos requisitos e a ausência de impedimentos e vedações para as respectivas eleições;
- verificar a conformidade e opinar, de modo a auxiliar os membros do Conselho de Administração na indicação e eleição dos membros dos Comitês vinculados ao Conselho de Administração, sobre o preenchimento dos requisitos e a ausência de impedimentos e vedações para as respectivas eleições;
- verificar a conformidade do processo de avaliação e dos treinamentos dos administradores e conselheiros fiscais da CEF;
- auxiliar o Conselho de Administração na elaboração e no acompanhamento do plano de sucessão de administradores;
- auxiliar o Conselho de Administração na avaliação das propostas relativas à política e gestão de pessoal e no seu acompanhamento;
- auxiliar o Conselho de Administração na elaboração da proposta de remuneração dos administradores para submissão à Assembleia Geral;
- analisar a política de remuneração dos administradores da CEF em relação às práticas de mercado, para identificar discrepâncias significativas em relação a empresas congêneres, propondo os ajustes necessários;
- elaborar, com periodicidade anual, no prazo de noventa dias, relativamente à data-base de 31 de dezembro, o Relatório do Comitê de Pessoas, Elegibilidade, Sucessão e Remuneração, nos termos da legislação específica;
- identificar, avaliar e propor ao Conselho de Administração candidatos para ocupar Vice-Presidência, que atendam ao perfil técnico exigido para o cargo, devendo se utilizar de processo seletivo que considere os empregados da CEF, preferencialmente, ou atores externos;
- recomendar candidatos para ocupar a função de membro de Comitê subordinado ao Conselho de Administração, que atendam ao perfil técnico exigido para o cargo, com base em análise curricular;
- verificar a conformidade do processo de avaliação dos conselheiros de administração, dos conselheiros fiscais, do Presidente, dos Vice-Presidentes e dos Diretores da CEF;
- prestar apoio metodológico e procedimental e assessorar o Conselho de Administração da CEF na avaliação de desempenho de que trata o Estatuto da CEF;
- assessorar o Conselho de Administração da CEF em assuntos relacionados à indicação de dirigentes;
- promover e acompanhar a adoção de práticas de governança corporativa relativas à remuneração e à sucessão para o Conglomerado CEF, propondo atualizações e melhorias quando necessário;
- verificar a conformidade do processo de avaliação dos conselheiros de administração, dos conselheiros fiscais, do Presidente, dos Vice-Presidentes e dos Diretores da CEF;
- prestar apoio metodológico e procedimental e assessorar o Conselho de Administração da CEF na avaliação de desempenho de que trata o Estatuto da CEF;
- assessorar o Conselho de Administração da CEF em assuntos relacionados à indicação de dirigentes; e
- promover e acompanhar a adoção de práticas de governança corporativa relativas à remuneração e à sucessão para o Conglomerado CEF, propondo atualizações e melhorias quando necessário.

O Comitê deverá se manifestar no prazo máximo de 8 (oito) dias úteis, a partir do recebimento de formulário padronizado da entidade da Administração Pública responsável pelas indicações, sob pena de aprovação tácita e responsabilização de seus membros caso se comprove o descumprimento de algum requisito.

As manifestações do Comitê serão deliberadas por maioria simples de votos com registro em ata, que deverá ser lavrada na forma de sumário dos fatos ocorridos, incluindo dissidências e protestos, e conter a transcrição apenas das deliberações tomadas.

A manifestação do Comitê será encaminhada ao Conselho de Administração, que deverá incluir, na proposta da administração para a realização da Assembleia Geral que tenha na ordem do dia a eleição de membros do conselho de administração e do conselho fiscal, sua manifestação acerca do enquadramento dos indicados aos requisitos e vedações legais, regulamentares e estatutários, à luz da autodeclaração e documentos apresentados pelo indicado e da manifestação do Comitê.

O mesmo procedimento descrito no § 3º acima deverá ser observado na eleição de Diretores e membros do Comitê de Auditoria, sendo que a manifestação do Conselho de Administração deverá constar da ata da reunião que tiver como ordem do dia a eleição dos membros desses Órgãos.

As atas das reuniões do Conselho de Administração em que se deliberar sobre os assuntos acima mencionados deverão ser divulgadas.

Na hipótese de o Comitê considerar que a divulgação da ata possa pôr em risco interesse legítimo da CEF, apenas o seu extrato será divulgado.

A restrição de que trata o parágrafo anterior do caput não será oponível aos órgãos de controle, que terão total e irrestrito acesso ao conteúdo das atas do Comitê de Pessoas, Elegibilidade, Sucessão e Remuneração, observada a transferência de sigilo.

O Comitê poderá contratar consultoria especializada em recrutamento de executivos, zelando pela integridade e confidencialidade do resultado, contudo, o trabalho dos consultores externos não exime o Comitê de suas responsabilidades.

O Comitê deverá iniciar processo seletivo de que trata o inciso X deste artigo, quando o cargo de Vice-Presidente estiver ocupado interinamente por tempo superior a seis meses, ou a qualquer tempo, sob demanda do Conselho de Administração.

17.3.23 Comitê Independente de Riscos

Caracterização

O Comitê Independente de Riscos é órgão colegiado estatutário que se reporta ao Conselho de Administração da CEF, com independência em relação aos demais órgãos, submete-se à regulamentação do Conselho Monetário Nacional e tem a finalidade de assessorar o Conselho de Administração nas questões relacionadas à gestão de riscos e de capital.

As demais disposições relativas à instalação, deliberação, remuneração, requisitos, impedimentos e vedações estão previstos neste Estatuto, na legislação e em normas vigentes, sem prejuízo às competências do Conselho de Administração e dos demais órgãos de controle e fiscalização da CEF, além daquelas contidas no Regimento Interno do Comitê.

Composição

O Comitê funciona de forma permanente e será integrado por três membros, escolhidos e nomeados pelo Conselho de Administração, com as seguintes regras:

- um membro será escolhido dentre os conselheiros de administração da CEF;
- dois membros serão externos;
- ser graduado em curso superior;
- possuir comprovados conhecimentos e experiência nas áreas de atuação do Comitê;
- não deter o controle da Instituição e não participar das decisões em nível executivo da CEF ou de quaisquer de suas entidades ligadas;
- não ser e não ter sido, nos últimos seis meses, dirigente responsável pelo gerenciamento de riscos da CEF ou membro do Comitê de Auditoria;
- não ser e não ter sido empregado da CEF nos últimos seis meses;
- não ser cônjuge, ou parente em linha reta, em linha colateral ou por afinidade, até o segundo grau, das pessoas referidas no inciso anterior;
- não figurar como autor de ação judicial contra a CEF ou quaisquer de suas entidades ligadas;
- não exercer influência significativa sobre a CEF ou sobre quaisquer de suas entidades ligadas; e
- não receber da CEF qualquer outro tipo de remuneração que não decorra do exercício da função de integrante do Comitê.

Mandato

O Comitê terá mandato de dois anos, renováveis por igual período, admitidas até três reconduções, obedecidas, além da legislação aplicável, os requisitos, impedimentos e vedações neste Estatuto.

Os membros do Comitê só poderão ser destituídos mediante decisão motivada da maioria absoluta dos membros do Conselho de Administração, observado o Estatuto da CEF e a legislação aplicável.

O Presidente do Comitê Independente de Riscos será escolhido pelo Conselho de Administração da CEF, dentre os conselheiros membros do Comitê.

O anterior ocupante do cargo só será nomeado novamente se já contar três anos sem ocupar o cargo de membro do Comitê.

Vacância e Substituição

No caso de vacância e/ou substituição de membro do Comitê Independente de Riscos, o Conselho de Administração escolherá e elegerá o substituto para completar o mandato do membro anterior.

Competências

Compete ao Comitê Independente de Riscos, sem prejuízo de outras competências legais, além de outras atribuições previstas em seu Regimento Interno:

- assessorar o Conselho de Administração na gestão de riscos e de capital, proporcionando ao Colegiado uma visão abrangente e integrada dos riscos e seus impactos;
- avaliar propostas da Declaração de Apetite a Riscos e do Plano de Capital, bem como das correspondentes revisões;
- avaliar os níveis de apetite por riscos fixados na Declaração de Apetite a Riscos e as estratégias para o seu gerenciamento, considerando os riscos individualmente e de forma integrada;
- monitorar e avaliar as propostas oriundas do Conselho Diretor da CEF relacionadas com a estratégia corporativa, a definição dos seus riscos materiais, o apetite ao risco, o Plano de Capital, os requerimentos de Basiléia e outros assuntos relevantes, com uma perspectiva analítica de médio e longo prazo;
- avaliar o grau de aderência dos processos da estrutura de gerenciamento de riscos às políticas estabelecidas;
- supervisionar a observância, pelo Conselho Diretor, dos termos da Declaração de Apetite a Riscos;
- supervisionar o cumprimento das políticas relacionadas à gestão de riscos e de capital;
- avaliar o grau de aderência dos processos da estrutura de gerenciamento de riscos e de capital às políticas estabelecidas;
- supervisionar a atuação e o desempenho do Vice-Presidente de Riscos;
- avaliar e reportar ao Conselho de Administração relatórios que tratem de processos de gestão de riscos e de capital;
- propor, com periodicidade mínima anual, recomendações ao Conselho de Administração sobre:
  - fixação e revisão dos níveis de apetite por riscos da CEF na Declaração de Apetite a Riscos;
  - as políticas, as estratégias e os limites de gerenciamento de riscos e de capital;
  - o programa de testes de estresse, conforme legislação vigente;
  - as políticas e as estratégias para a gestão de continuidade de negócios;
  - o plano de contingência de liquidez;
  - o plano de recuperação; e
  - o plano de capital e o plano de contingência de capital;
- elaborar, com periodicidade anual, no prazo de noventa dias, relativamente à data-base de 31 de dezembro, documento denominado "Relatório do Comitê Independente de Riscos", contendo, no mínimo, as seguintes informações:
  - descrição de sua composição;
  - relato das atividades exercidas no período;
  - avaliação anual de seu próprio desempenho;
  - execução do seu Plano de Trabalho;
  - principais medidas adotadas para garantir o cumprimento das políticas relacionadas à gestão de riscos e de capital; e

- descrição das modificações nas políticas relacionadas à gestão de riscos e de capital realizadas no período e suas implicações para a CEF e suas partes interessadas;

- elaborar e encaminhar para deliberação do Conselho de Administração, até o final do terceiro trimestre, proposta de plano de trabalho para o ano subsequente.

17.4 Exercício social, demonstrações financeiras, lucros, reservas, dividendos e juros sobre o capital próprio

17.4.1 Exercício Social

O exercício social da CEF coincidirá com o ano civil e obedecerá, quanto às demonstrações financeiras aos preceitos deste Estatuto e da legislação pertinente.

17.4.2 Destinação do Lucro

A CEF deverá elaborar demonstrações financeiras ao final de cada trimestre e divulgá-las em sítio eletrônico, conforme as regras de escrituração e elaboração de demonstrações financeiras contidas na Lei nº 6.404, de 15 de dezembro de 1976, assim como as normas do Conselho Monetário Nacional, do Banco Central do Brasil e da Comissão de Valores Mobiliários, inclusive a obrigatoriedade de auditoria independente por auditor registrado naquela autarquia, e balanços intermediários em qualquer data ou período, para fins de antecipação de pagamento de dividendos e juros sobre o capital próprio, observadas, ainda, as prescrições deste Estatuto.

Outras demonstrações financeiras trimestrais, intermediárias ou extraordinárias serão preparadas, caso necessárias ou exigidas por legislação específica.

Ao fim de cada exercício social, a Diretoria Executiva fará elaborar, com base na Lei nº 6.404, e 15 de dezembro de 1976 e nas normas da Comissão de Valores Mobiliários – CVM, e na escrituração contábil, as demonstrações financeiras aplicáveis às empresas de capital aberto, discriminando com clareza a situação do patrimônio da CEF e as mutações ocorridas no exercício.

Após a absorção de eventuais prejuízos acumulados e deduzida a provisão para imposto de renda e contribuição social sobre o lucro líquido, o Conselho de Administração fixará a destinação dos resultados, para fins de aprovação da Assembleia Geral, observados os limites e as condições exigidos por lei, e na ordem a saber:

- cinco por cento para constituição da reserva legal, destinada a assegurar a integridade do capital, observados os limites estipulados em lei;
- constituição, se for o caso, de Reserva de Contingência, de Reservas de Lucros a Realizar e de Reserva de Incentivos Fiscais;
- pagamento de dividendos, observado o disposto no artigo 86 deste Estatuto;
- reserva de retenção de lucros; e
- reservas estatutárias, assim consideradas:
  - reserva de loterias, destinada à incorporação ao capital da CEF, conforme deliberação do Conselho de Administração, constituída por cem por cento do resultado das loterias, apurado na forma da legislação pertinente.
  - reserva de margem operacional, destinada à manutenção do desenvolvimento das operações ativas da CEF, a ser constituída mediante justificativa do percentual considerado de até cem por cento do saldo do lucro líquido após a destinação prevista nos incisos I a V do § 3º deste artigo, até o limite de oitenta por cento do capital social; e
  - reserva para equalização de dividendos, destinada a assegurar recursos para o pagamento de dividendos, constituída pela parcela de até vinte e cinco por cento do saldo do lucro líquido após a destinação prevista nos incisos de I a V do § 3º deste artigo, até o limite de vinte por cento do capital social.

O saldo das reservas de lucros, exceto as para contingências, de incentivos fiscais e de lucros a realizar, não poderá ultrapassar o capital social.

Caso o saldo das reservas de lucros referido no § 4º ultrapasse o valor do capital social, o Conselho de Administração deliberará sobre aplicação do excesso na modificação do capital da CEF ou na distribuição de dividendos.

O montante referente à reserva de loterias, que tenha sido realizado no exercício anterior, constituirá, na forma do disposto na legislação pertinente, objeto de proposta de modificação do capital da CEF.

17.4.3 Dividendos e Juros Sobre o Capital Próprio

À União é assegurado recebimento de dividendo mínimo e obrigatório equivalente a 25% (vinte e cinco por cento) do lucro líquido ajustado, como definido em lei e neste Estatuto.

Para efeito do pagamento da remuneração de que trata o caput, poderá ser computado o valor creditado a título de juros sobre o capital próprio.

Os valores dos dividendos e dos juros, a título de remuneração sobre capital próprio, sofrerão incidência de encargos financeiros equivalentes à taxa do Sistema Especial de Liquidação e de Custódia - Selic, a partir do encerramento do exercício social até o dia do efetivo recolhimento ou pagamento, sem prejuízo da incidência de juros moratórios quando esse recolhimento ou pagamento não se verificar na data fixada em lei ou assembleia geral, devendo ser considerada como a taxa diária, para a atualização desse valor durante os cinco dias úteis anteriores à data do pagamento ou recolhimento, a mesma taxa SELIC divulgada no quinto dia útil que antecede o dia da efetiva quitação da obrigação.

Após levantado o balanço relativo ao primeiro semestre, poderá ser deliberado pelo Conselho de Administração, por proposta do Conselho Diretor, o pagamento de dividendo e juros sobre o capital próprio, a título de adiantamento por conta do dividendo do exercício, e, na forma da lei, no mínimo, vinte e cinco por cento do lucro líquido até então apurado, observadas as exceções e deduções previstas no caput e § 3º do artigo 85.

Os valores antecipados, a título de dividendos ou juros sobre o capital próprio, serão corrigidos pela taxa do Sistema Especial de Liquidação e de Custódia – Selic, desde a data do efetivo pagamento até o encerramento do respectivo exercício social.

A proposta sobre a destinação do lucro do exercício, após análise conclusiva dos órgãos internos da CEF, será submetida à aprovação da Assembleia Geral.

O dividendo deverá ser pago, salvo deliberação em contrário da Assembleia Geral, no prazo de 60 dias da data em que for declarado e, em qualquer caso, dentro do exercício social.

A CEF fará constar, em nota explicativa às suas demonstrações financeiras, os valores, na data da elaboração, da maior e menor remuneração pagas a seus empregados e administradores, computadas as vantagens e benefícios efetivamente percebidos, e o salário médio de seus empregados e dirigentes.

17.5 Unidades internas de governança corporativa

17.5.1 Descrição

A CEF terá auditoria interna, área de conformidade e gestão de riscos e ouvidoria.

O Conselho de Administração estabelecerá Política de Seleção para os titulares dessas unidades, com assessoramento do Comitê de Pessoas, Elegibilidade, Sucessão e Remuneração.

17.5.2 Auditoria Interna

A Auditoria Interna da CEF vincula-se diretamente ao Conselho de Administração e se sujeita à orientação normativa e supervisão técnica do Sistema de Controle Interno do Poder Executivo.

Compete à área de Auditoria Interna, sem prejuízo de outras competências previstas na legislação e em seu regulamento interno:

- executar as atividades de auditoria de natureza contábil, financeira, orçamentária, administrativa, patrimonial e operacional da CEF;
- propor as medidas preventivas e corretivas dos desvios detectados;
- verificar o cumprimento e a implementação pela CEF das recomendações ou determinações da Controladoria-Geral da União - CGU, do Tribunal de Contas da União - TCU e do Conselho Fiscal;
- outras atividades correlatas definidas pelo Conselho de Administração; e
- avaliar a adequação do controle interno, a efetividade do gerenciamento dos riscos e dos processos de governança corporativa e a confiabilidade do processo de coleta, mensuração, classificação, acumulação, registro e divulgação de eventos e transações, visando ao preparo de demonstrações financeiras.

Serão enviados relatórios trimestrais ao Comitê de Auditoria sobre as atividades desenvolvidas pela área de auditoria interna.

17.5.3 Áreas de Conformidade e Gerenciamento de Riscos

As áreas de Conformidade e de Gerenciamento de Riscos ficarão sob a supervisão direta do Vice-Presidente Riscos, vinculado à Presidência da CEF, e podendo ter outras competências na forma da lei, normas e deste Estatuto.

A gestão da integridade será conduzida pelo Diretor Executivo responsável pela área de Controles Internos.

O Vice-Presidente designado para as áreas descritas no caput responderá perante o Banco Central do Brasil pelo acompanhamento, supervisão e cumprimento de normas, processos e controles relativos à estrutura de gerenciamento de riscos e de capital.

As unidades responsáveis pela formulação de políticas e gestão de risco de crédito devem ser segregadas das unidades de negociação e da unidade executora da atividade de auditoria interna.

As áreas de Conformidade e de Gerenciamento de Riscos reportar-se-ão diretamente ao Conselho de Administração em situações em que se suspeite do envolvimento do Presidente da CEF em irregularidades ou quando este se furtar à obrigação de adotar medidas necessárias em relação à situação a ele relatada.

Às áreas de Conformidade e de Gerenciamento de Riscos competem:

- propor políticas de conformidade e gerenciamento de riscos para a CEF, as quais deverão ser periodicamente revisadas e aprovadas pelo Conselho de Administração, e comunicá-las a todo o corpo funcional da organização;
- verificar a aderência da estrutura organizacional e dos processos, produtos e serviços da CEF às leis, normativos, políticas e diretrizes internas e demais regulamentos aplicáveis;
- comunicar à Diretoria Executiva, aos Conselhos de Administração e Fiscal e ao Comitê de Auditoria a ocorrência de ato ou conduta em desacordo com as normas aplicáveis à CEF;
- verificar a aplicação adequada do princípio da segregação de funções, de forma que seja evitada a ocorrência de fraudes;
- verificar o cumprimento do Código de Conduta e Integridade, conforme artigo 18 do Decreto nº 8.945, de 27 de dezembro de 2016, bem como promover treinamentos periódicos aos empregados e dirigentes da CEF sobre o tema;
- coordenar os processos de identificação, classificação e avaliação dos riscos a que está sujeita a CEF;
- coordenar a elaboração e monitorar os planos de ação para mitigação dos riscos identificados, verificando continuamente a adequação e a eficácia da gestão de riscos;
- estabelecer planos de contingência para os principais processos de trabalho da organização;
- elaborar relatórios periódicos de suas atividades, submetendo-os aos Comitês vinculados à Diretoria Executiva, aos Conselhos de Administração e Fiscal e ao Comitê de Auditoria;
- disseminar a importância da Conformidade e do Gerenciamento de Riscos, bem como a responsabilidade de cada área da CEF nestes aspectos; e
- outras atividades correlatas definidas pelo Vice-Presidente ao qual se vincula.

17.5.4 Ouvidoria

A CEF disporá em sua estrutura organizacional de uma Ouvidoria, que se vincula ao Conselho de Administração, ao qual deverá se reportar diretamente, com a atribuição de assegurar a estrita observância das normas legais e regulamentares relativas aos direitos do consumidor e de atuar como canal de comunicação entre a CEF e os clientes e usuários de seus produtos e serviços, inclusive na mediação de conflitos, nos termos da lei, deste Estatuto e regulamento interno.

O Ouvidor da CEF será designado por meio de escolha do Conselho de Administração, a partir de lista tríplice elaborada pelo Presidente da CEF, conforme regulamento específico, observada a legislação pertinente.

A função de Ouvidor da CEF será desempenhada por empregado(a) que compõe o quadro de pessoal próprio da CEF.

O tempo de duração máximo do mandato de Ouvidor da CEF é de 36 (trinta e seis) meses de permanência, prorrogável por igual período pelo Conselho de Administração, observada a legislação pertinente.

Finda a prorrogação referida no § 3º do caput, é permitida a prorrogação da designação do Ouvidor por mais 365 (trezentos e sessenta e cinco) dias, se houver excepcional autorização pelo Conselho de Administração, nos termos da legislação vigente.

O Ouvidor da CEF que for destituído do cargo, inclusive a pedido, só poderá voltar a ocupar a mesma função na empresa após o interstício de 36 (trinta e seis) meses.

A atuação da Ouvidoria será pautada pela transparência, independência, imparcialidade e isenção, sendo dotada de condições adequadas para o seu efetivo funcionamento.

A Ouvidoria terá assegurado o acesso às informações necessárias para a sua atuação, podendo, para tanto, requisitar informações e documentos, observada a legislação relativa ao sigilo bancário.

Compete à Ouvidoria, sem prejuízo de outras competências legais:

- receber, e examinar sugestões e reclamações, visando melhorar o atendimento da CEF em relação a demandas de investidores, empregados, fornecedores, clientes, usuários e sociedade em geral;
- receber e examinar denúncias internas e externas, inclusive sigilosas, relativas às atividades da CEF;
- prestar esclarecimentos aos interessados acerca do andamento das demandas, informando o prazo previsto para resposta final, na forma de legislação vigente;
- encaminhar resposta conclusiva para as demandas no prazo de lei;
- manter o Conselho de Administração informado sobre os problemas e deficiências detectadas no cumprimento de suas atribuições e sobre o resultado das medidas adotadas pelos administradores para solucioná-los;
- elaborar e encaminhar à auditoria interna, ao Comitê de Auditoria e ao Conselho de Administração, ao final de cada semestre, relatório quantitativo e qualitativo acerca da atuação da
- Ouvidoria no cumprimento de suas atribuições;
- informar a respeito das atividades da Ouvidoria, conforme periodicidade exigida em lei, ao Conselho de Administração; e
- outras atividades correlatas definidas pelo Conselho de Administração.

A Ouvidoria da CEF deverá dar encaminhamento aos procedimentos necessários para a solução dos problemas suscitados, e fornecer meios suficientes para os interessados acompanharem as providências adotadas.

O Ouvidor responderá perante o Banco Central do Brasil pelo acompanhamento e supervisão das atividades afetas à Ouvidoria, sendo-lhe permitido exercer outras atividades na CEF, exceto a de responsável pela administração de áreas segregadas.

17.6 Pessoal

17.6.1 Regras Gerais

Os empregados estarão sujeitos ao regime jurídico da Consolidação das Leis do Trabalho – CLT, à legislação complementar e aos regulamentos internos da CEF.

A admissão de empregados será realizada mediante prévia aprovação em concurso público de provas ou de provas e títulos.

Os requisitos para o provimento de cargos, exercício de funções e respectivos salários, serão fixados em plano de cargos e salários e plano de funções.

Os cargos em comissão de livre nomeação e exoneração, aprovados pelo Conselho de Administração nos termos deste Estatuto, serão submetidos, nos termos da lei, à aprovação da Secretaria de Coordenação e Governança das Empresas Estatais – SEST, que fixará, também, o limite de seu quantitativo.

A participação da CEF no custeio dos benefícios de assistência à saúde será limitada ao percentual de 6,5% (seis e meio por cento) das folhas de pagamento e proventos, excluídos os valores referentes ao Regime Geral de Previdência Social – RGPS;

O cálculo estabelecido no § 4º deste artigo deverá levar em consideração os gastos com o custeio da assistência à saúde dos aposentados e pensionistas e o valor de sua respectiva folha de proventos, exceto os valores referentes ao RGPS.

Para efeito do cálculo estabelecido no caput deste parágrafo consideram-se:

- benefício de assistência à saúde: oferta de plano de assistência à saúde por autogestão ou adquirido no mercado, reembolso de despesas, auxílio saúde ou qualquer outra modalidade de fornecimento de benefícios;
- custeio de benefícios de assistência à saúde: valores gastos pela CEF para custear o benefício de assistência à saúde dos seus empregados, inclusive para aqueles que possuam o benefício no pós- emprego, incluídos os custos administrativos e tributários;
- folha de pagamento: corresponde à soma das verbas salariais pagas no ano pela CEF aos seus empregados, incluído o salário-condição e os encargos sociais e excluídos os valores pagos a título de diárias, de conversão em espécie de direitos, de indenização, de reembolsos, de auxílios e demais verbas de caráter não salarial e o salário in natura; e
- folha de proventos: corresponde à soma dos valores recebidos pelos aposentados e pensionistas a título de renda anual de aposentadoria ou pensão, pagos pela CEF e pela entidade fechada de previdência complementar que decorreu do contrato de trabalho com a empresa estatal, excluídos os valores recebidos do RGPS, estes últimos, independentemente da fonte pagadora.

Até o exercício de 2020, o valor do custeio de benefícios de assistência à saúde deverá estar adequado ao limite estabelecido no § 4º, após esse período, a CEF não poderá arcar com custeio superior a esse limite.

17.6.2 Corregedoria

A CEF contará em sua estrutura organizacional com uma área responsável pela correição das atividades funcionais e da conduta dos seus empregados e membros dos órgãos estatutários, inclusive de forma preventiva e pedagógica, com sugestões de melhoria das atividades e processos de trabalhos.

A atuação da área de Corregedoria será pautada pela transparência, independência técnica, imparcialidade e isenção, sendo dotada de condições adequadas para o seu efetivo funcionamento, nos termos da lei e deste Estatuto.

A área de Corregedoria terá assegurado o acesso às informações necessárias para a sua atuação, podendo, para tanto, requisitar informações e documentos para o exclusivo exercício de suas atividades nos termos da lei e deste Estatuto.

A pretensão disciplinar decorrente da atividade de correição será exercida nos termos deste Estatuto e das normas internas da CEF.

CONHECIMENTOS DE TECNOLOGIA DA INFORMAÇÃO E COMUNICAÇÃO

1 MICROSOFT WORD 365

O Microsoft 365 é uma assinatura que possui os recursos mais colaborativos e atualizados em uma experiência integrada e perfeita, como os do Office que possui o Word, o PowerPoint e o Excel. Possui ainda armazenamento *on-line* extra e recursos conectados à nuvem que permitem editar arquivos em tempo real entre várias pessoas, além de sempre ter correções e atualizações de segurança mais recentes e suporte técnico contínuo, sem nenhum custo extra. É possível pagar a assinatura mensalmente ou anualmente, e o plano Microsoft 365 *Family* permite compartilhar a assinatura com até seis pessoas da família e usar seus aplicativos em vários PCs, Macs, tablets e telefones.

1.1 Extensões

Até a versão 2003, os documentos eram salvos no formato ".doc". A partir da versão 2007, os documentos são salvos na versão ".docx". O padrão do Word 2019 continua com a extensão .docx "DOCX", mas podemos salvar arquivos nos formatos .odt (Writer), PDF,.doc, .rtf, entre outros.

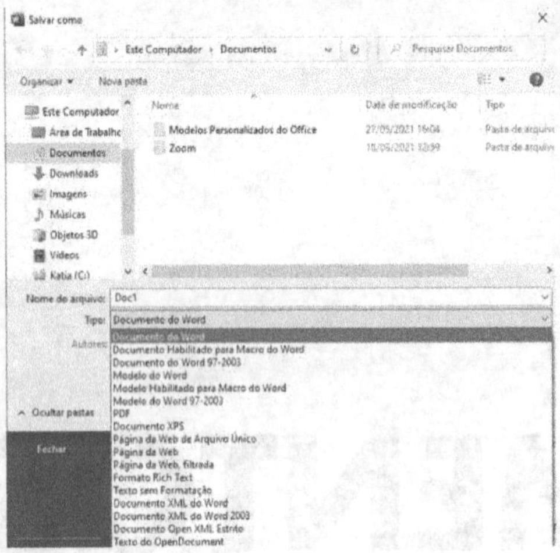

O Office 2019 é, também, vendido como uma compra única, o que significa tem um custo único e inicial para obter os aplicativos do Office para um computador. Compras únicas estão disponíveis para PCs e Macs. No entanto, não há opções de *upgrade*, o que significa que, caso seja necessário fazer um upgrade para a próxima versão principal, precisará comprá-la pelo preço integral.

Preste atenção a esses detalhes como extensão de arquivos, pois eles caem com frequência em provas de concurso.

Você poderá salvar os arquivos em uma versão anterior do Microsoft Office selecionando na lista "Salvar como", na caixa de diálogo. Por exemplo, é possível salvar o documento do Word 2013 (.docx) como um documento 97-2003 (.doc).

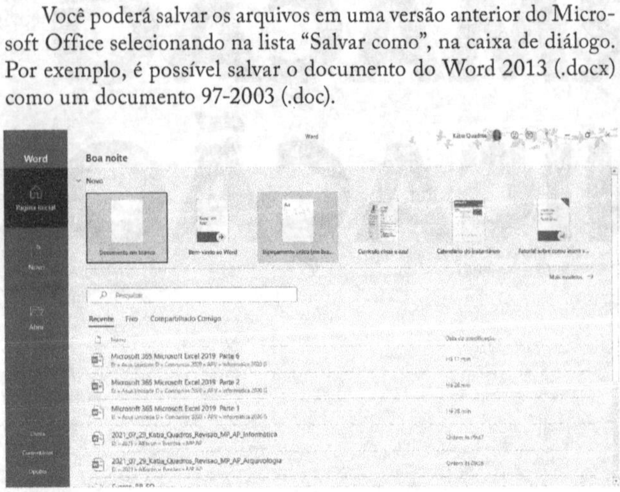

- **Barra de título:** em um novo documento, ela apresenta como título "Documento1". Quando o documento for salvo, ele apresentará o nome do documento nesta mesma barra.
- **Barra de acesso rápido:** é personalizável e contém um conjunto de comandos independentes da guia exibida no momento na "Faixa de opções".

- **Menu arquivo:** possui comandos básicos, que incluem – embora não estejam limitados a – Abrir, Salvar e Imprimir.

Note as entradas da coluna da esquerda, que, na prática, funciona como um painel. Elas prestam os clássicos serviços auxiliares de um menu "Arquivo" convencional, ou seja, Salvar, Salvar como, Abrir e Fechar o arquivo de trabalho.

Outras conhecidas como Novo: cria um arquivo e permite escolher entre centenas de modelos (*templates*) oferecidos.

- **Imprimir:** refere-se à impressão do documento.

Ao clicar em Imprimir, abrirá um menu dropdown, que mostra a impressora selecionada no momento. Um clique na lista suspensa mostrará outras impressoras disponíveis.

É possível imprimir tudo ou parte de um documento. As opções para escolher qual parte imprimir podem ser encontradas na guia "Imprimir", no modo de exibição do Microsoft Office *Backstage*. Em "Configurações", clique em Imprimir "Todas as páginas" para ver essas opções.

Quando há a necessidade de imprimir páginas alternadas no Word, é preciso digitar no formulário o intervalo desejado, como ˜Páginas: 3-6;8˜, em que "-"(aspas) significam "até" e ";" ou "e".

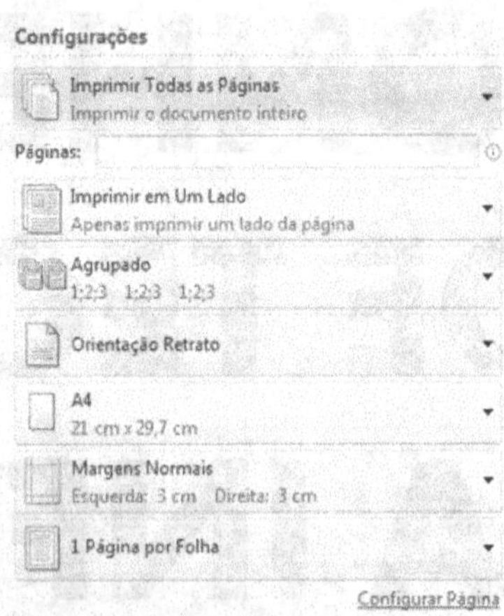

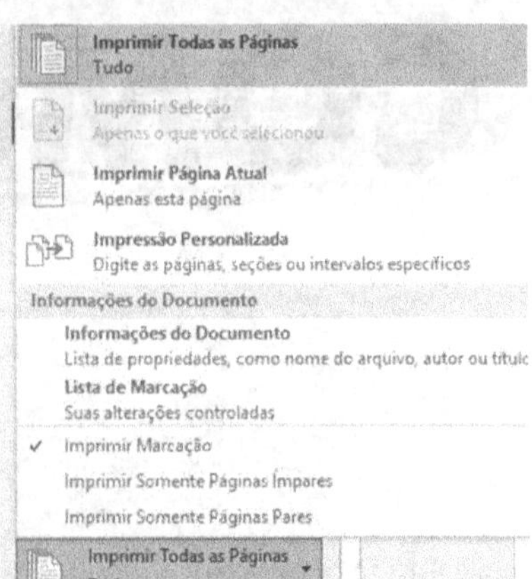

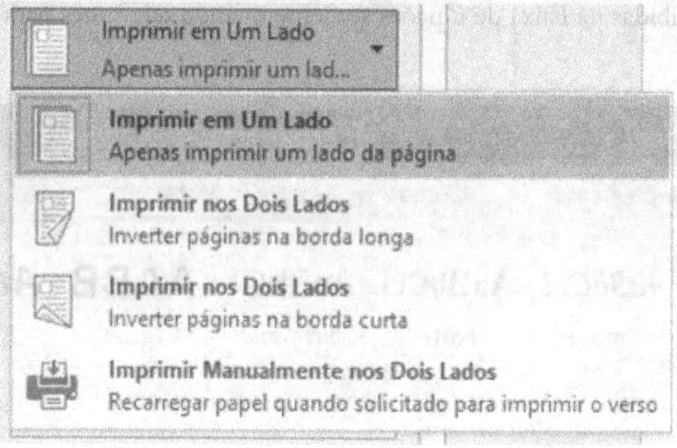

Ainda na opção "Imprimir", é possível visualizar como será feita impressão ao lado da lista de opções.

- **Arquivo/Opções:** esse comando traz muitas funcionalidades de configuração que estavam no menu Ferramentas do Word 2003.

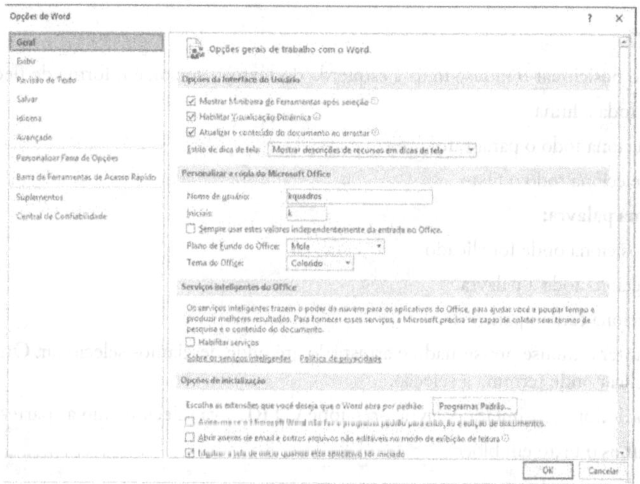

- **Autocorreção:** é possível corrigir automaticamente o arquivo, ou seja, o Word faz uma análise do documento e consegue resolver problemas como palavras duplicadas ou sem acento, ou mesmo o uso acidental da tecla Caps Lock.

A diferença trazida na versão 2013 é poder abrir documentos PDF e editá-los. Basta clicar em "Abrir" e escolher o arquivo. A seguinte mensagem é exibida pelo word:

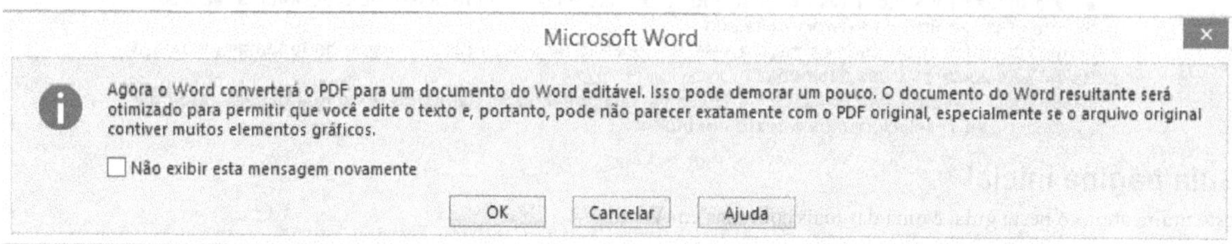

- **Abas ou guias:** todos os comandos e funcionalidades do Word 2013 estão dispostos em Guias. As Guias são divididas por Grupos de ferramentas. Alguns grupos possuem um pequeno botão na sua direita inferior que dão acesso a janelas de diálogo.

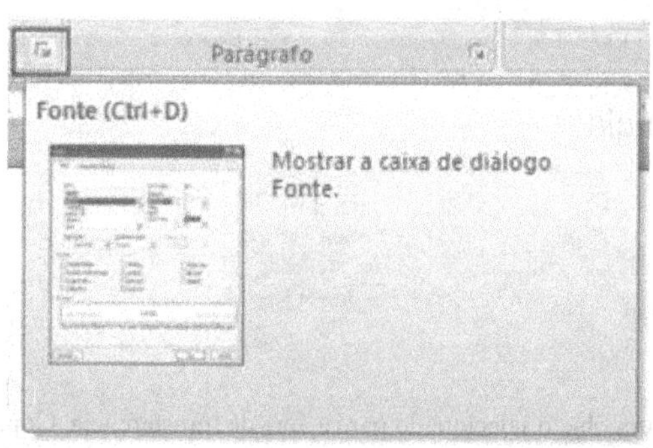

- **Guias contextuais:** essas guias são exibidas na Faixa de Opções somente quando relevantes para a tarefa atual, como formatar uma tabela ou uma imagem.

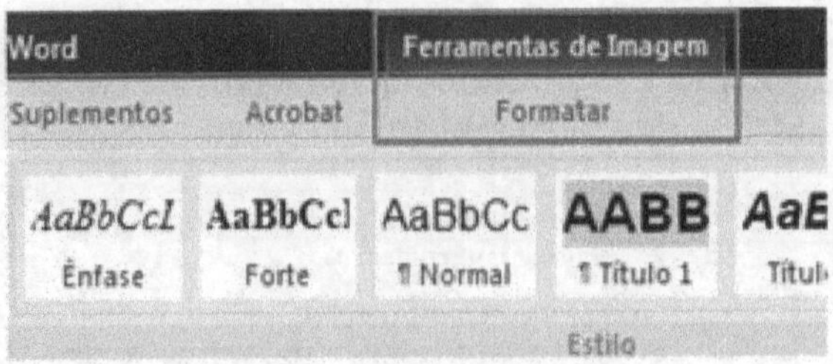

- **Barra de status:** contém informações sobre o documento, modos de exibição e zoom.

1.2 Selecionando texto

Selecionando pelo mouse: ao posicionar o mouse mais à esquerda do texto, o cursor, em forma de flecha branca, aponta para a direita:

- Ao dar um clique, ele seleciona toda a linha.
- Ao dar um duplo clique, ele seleciona todo o parágrafo.
- Ao dar um triplo cliquem, ele seleciona todo o texto.

Com o cursor no meio de uma palavra:

- Ao dar um clique, o cursor se posiciona onde foi clicado.
- Ao dar um duplo clique, ele seleciona toda a palavra.
- Ao dar um triplo clique ele seleciona todo o parágrafo.

É possível também clicar, manter o mouse pressionado e arrastá-lo até onde desejamos selecionar. Ou, ainda, clicar onde começa a seleção, pressionar a tecla SHIFT e clicar onde termina a seleção.

- Selecionar palavras alternadas: selecione a primeira palavra, pressione CTRL e vá selecionando as partes do texto que deseja modificar.

Pressionando ALT, selecionamos o texto em bloco:

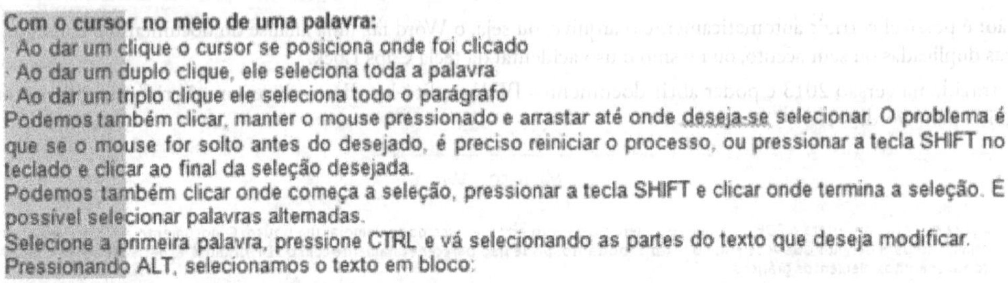
Com o cursor no meio de uma palavra:
· Ao dar um clique o cursor se posiciona onde foi clicado
· Ao dar um duplo clique, ele seleciona toda a palavra
· Ao dar um triplo clique ele seleciona todo o parágrafo
Podemos também clicar, manter o mouse pressionado e arrastar até onde deseja-se selecionar. O problema é que se o mouse for solto antes do desejado, é preciso reiniciar o processo, ou pressionar a tecla SHIFT no teclado e clicar ao final da seleção desejada.
Podemos também clicar onde começa a seleção, pressionar a tecla SHIFT e clicar onde termina a seleção. É possível selecionar palavras alternadas.
Selecione a primeira palavra, pressione CTRL e vá selecionando as partes do texto que deseja modificar.
Pressionando ALT, selecionamos o texto em bloco:

1.3 Guia página inicial

Preste muita atenção nesta guia: é uma das mais cobradas em Word.

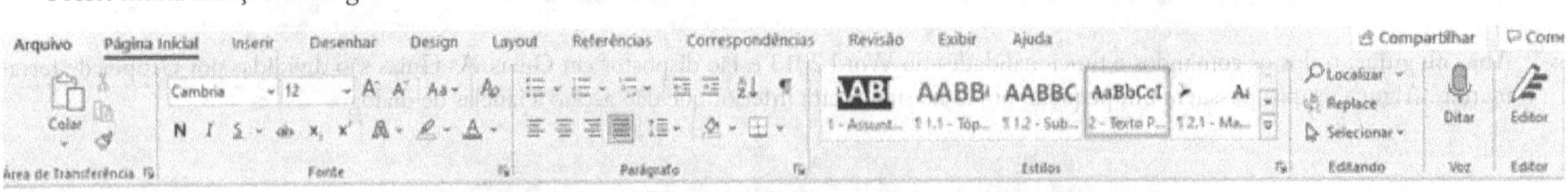

1.3.1 Grupo área de transferência

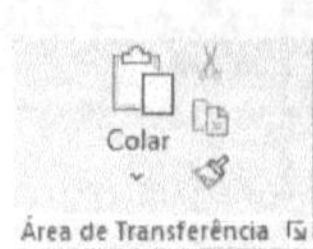

1.3.2 Copiar, Recortar e Colar

Copiar e Recortar enviam um texto ou um objeto selecionado para a área de transferência. Copiar permite que o texto ou objeto selecionado fique no local de origem também, e Recortar faz o contrário: o texto ou objeto selecionado é retirado do local de origem. Colar busca o que está na área de transferência.

Podem-se utilizar as teclas de atalho CTRL + C (copiar), CTRL + X (Recortar) e CTRL + V (Colar), ou o primeiro grupo na Guia Página Inicial.

1.3.3 Opções de colagem

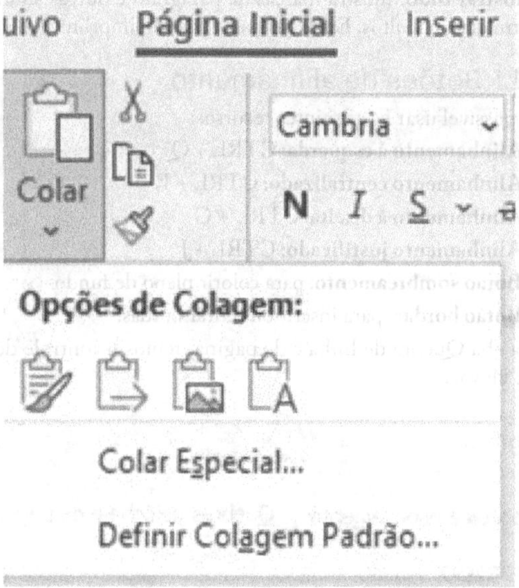

- **Manter formatação original**: preserva a aparência do texto original.
- **Mesclar formatação**: altera a formatação para que ela corresponda ao texto ao redor.
- **Imagem:** cola imagem.
- **Manter somente texto**: remove toda a formatação original do texto. Se você usar a opção Manter Somente Texto para colar conteúdo que inclui imagens e uma tabela, as imagens serão omitidas do conteúdo colado, e a tabela será convertida em uma série de parágrafos.

1.3.4 Colar especial

- **CTRL + ALT + V:** cola um texto ou objeto, que esteja na área de transferência, sem formatação, no formato RTF ou no formato HTML.

1.3.5 Área de Transferência

- **CTRL + CC – Importante:** abre o painel de tarefa Área de Transferência. Você pode armazenar até 24 itens na área de transferência.

Para abrir o painel, clique no botão ou use o atalho CTRL + CC, que deve estar configurado em Opções da Área de Transferência.

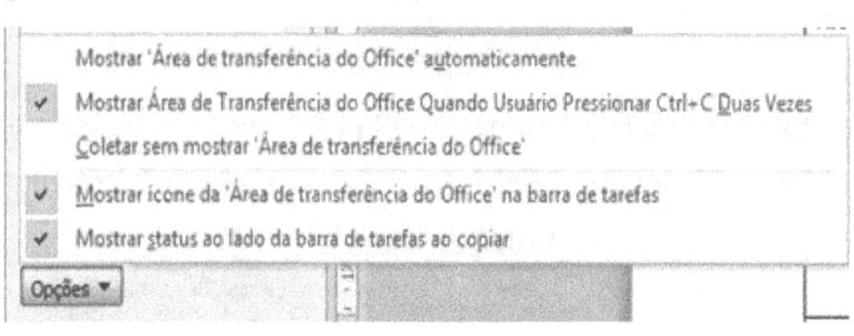

A Área de Transferência é uma área de armazenamento temporário de informações onde o que foi copiado ou movido de um lugar fica armazenado temporariamente. É possível selecionar o texto ou os elementos gráficos e, em seguida, usar os comandos Recortar ou Copiar para mover a seleção para a Área de Transferência, onde ela será armazenada até que o comando Colar seja acionado para inseri-la em algum outro lugar.

Quando são acionados o "Cortar" (CTRL + X) ou o "Copiar" (CTRL + C) de um elemento, este é conservado temporariamente na área de transferência.

1.3.6 Pincel de formatação

Este comando é amplamente cobrado em provas. Ele copia a formatação (fonte, cor, tamanho etc.) de um texto para aplicá-la a outro.

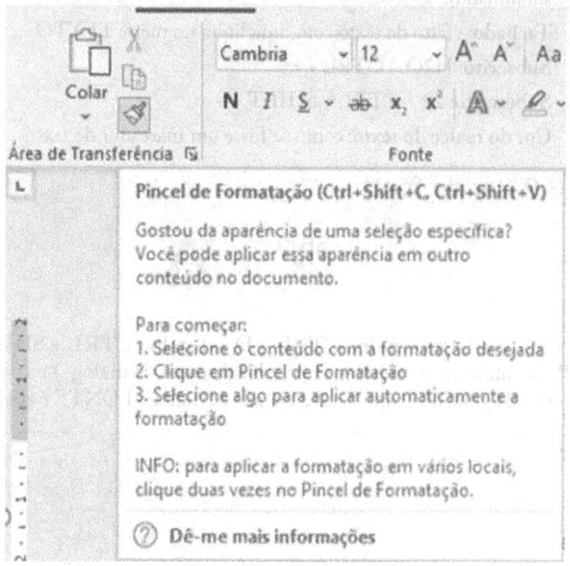

1.3.7 Fonte

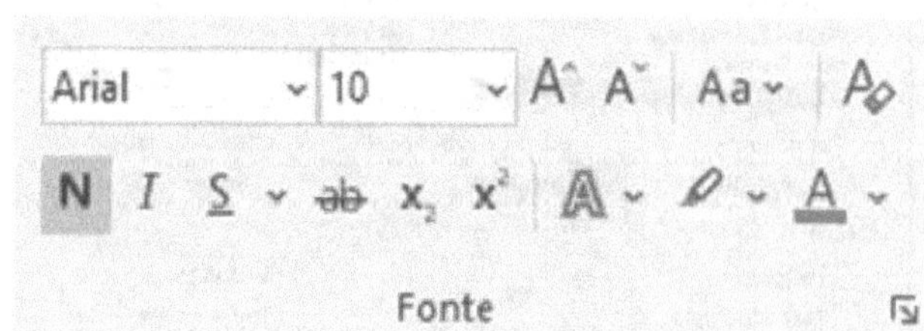

Para usar esse recurso, é possível usar os seguintes atalhos:

- **Abrir caixa de diálogo:** CTRL + D ou CTRL + SHIFT + P
- **Tipo e tamanho da fonte:** aumentar (CTRL + >) e Diminuir (CTRL + <)

1.3.8 Maiúsculas e minúsculas

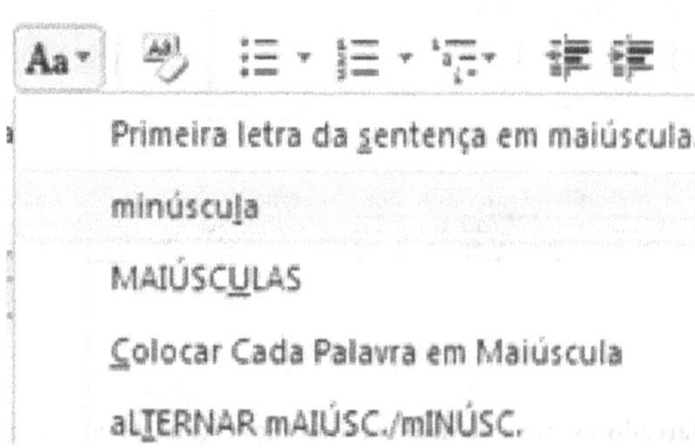

Para usar esse recurso, é possível usar os seguintes atalhos:

- **Abrir caixa de diálogo:** CTRL + SHIFT + A.

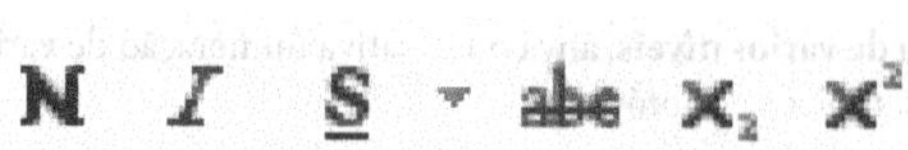

- **Negrito**: CTRL + N
- **Itálico**: CTRL + I
- **Sublinhado**: CTRL + S (na seta ao lado do botão há opções de sublinhado).
- **Tachado**: efeito de texto com uma linha no meio: TEXTO
- **Subscrito**: H2O – CTRL + =
- **Sobescrito**: 22 – CTRL + SHIFT + +
- **Cor do realce do texto:** como se fosse um marcador de textos.

1.3.9 Cor da fonte

Ao pressionar o atalho CTRL + D, ou atalho CTRL + SHIFT + P ou ainda clicar no botão (Iniciador de caixa de diálogo) na parte inferior da guia, no grupo Fonte, a janela de diálogo FONTE é aberta.

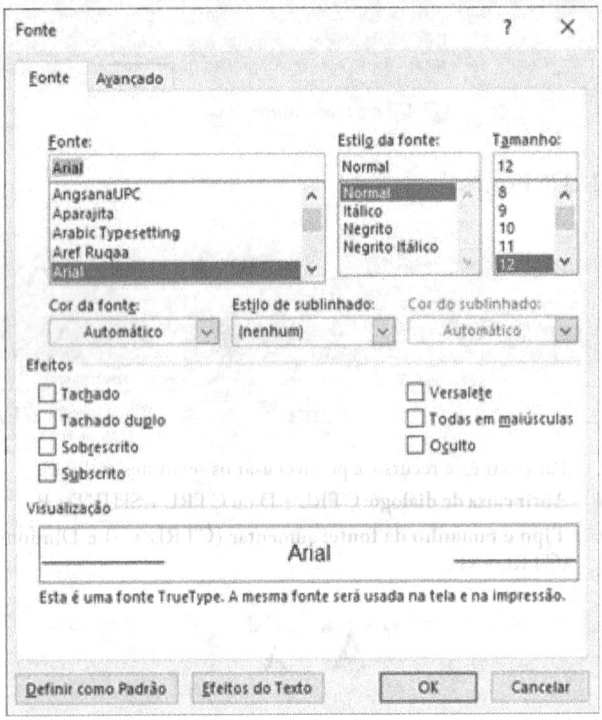

1.3.10 Parágrafo

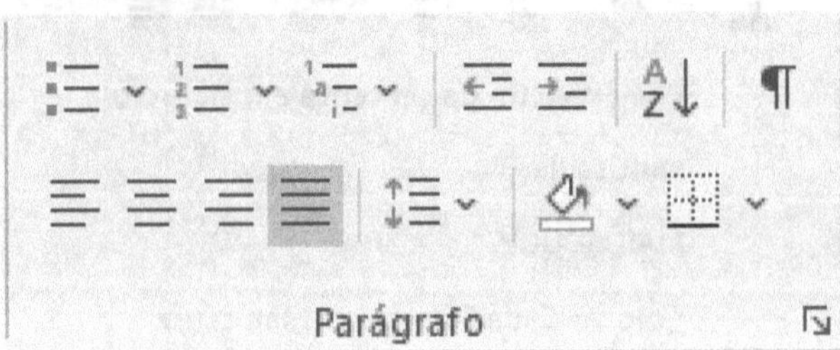

- **Marcadores**: ativa ou desativa marcadores (bullets points)
- **Numeração:** ativa ou desativa numeração, que pode ser com algarismos romanos, arábicos ou mesmo com letras maiúsculas e minúsculas.
- **Lista de vários níveis**: ativa ou desativa numeração de vários níveis, estilo tópicos e subtópicos.
- **Classificar:** abre caixa de diálogo onde podemos ordenar em ordem crescente ou decrescente os parágrafos do texto.
- **Mostrar tudo**: mostra marcas de parágrafo e outros símbolos de formatação ocultos. Esses símbolos não são imprimíveis.

1.3.11 Botões de alinhamento

É possível usar os seguintes recursos:

- **Alinhamento à esquerda:** CTRL + Q
- **Alinhamento centralizado:** CTRL + E
- **Alinhamento à direita:** CTRL + G
- **Alinhamento justificado:** CTRL + J
- **Botão sombreamento:** para colorir plano de fundo.
- **Botão bordas**: para inserir ou retirar bordas.

Na aba Quebra de linha e de página, temos o controle de linhas órfãs e viúvas.

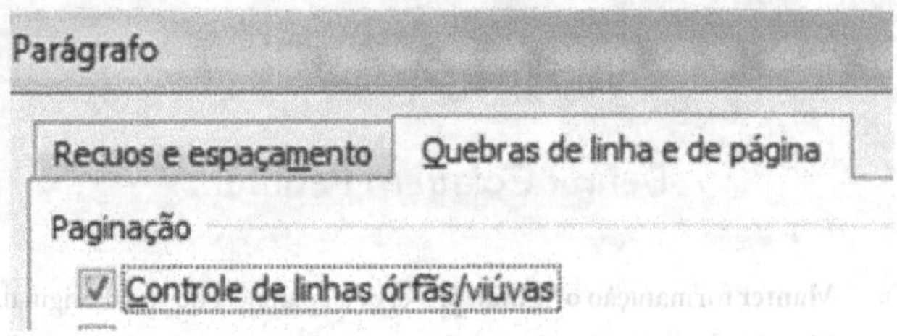

- **Linhas órfãs:** são as primeiras linhas dos parágrafos que têm as linhas subsequentes passadas para outra página.
- **Linhas viúvas:** são as linhas que ficam sozinhas em outra página, com o restante do parágrafo na página anterior.

1.3.12 Estilos

É possível fazer a maioria das alterações no texto pelo grupo Fonte, mas é trabalhoso. Uma maneira de fazer todas as alterações com um único comando é por meio dos estilos. Estilos é um conjunto de formatações predefinido, onde é possível fazer várias formatações em um texto com apenas um clique no botão do estilo escolhido.

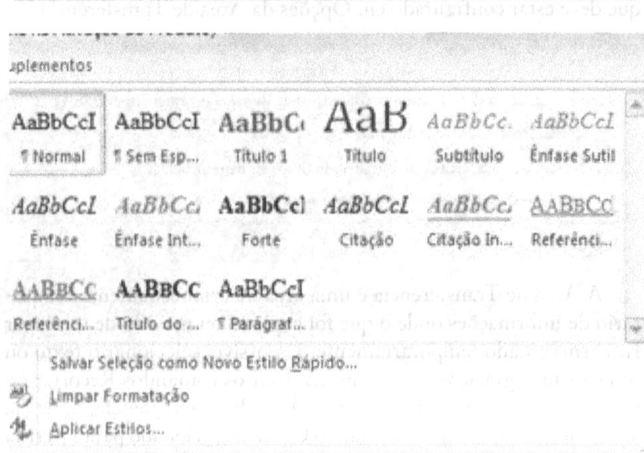

1.3.13 Editando

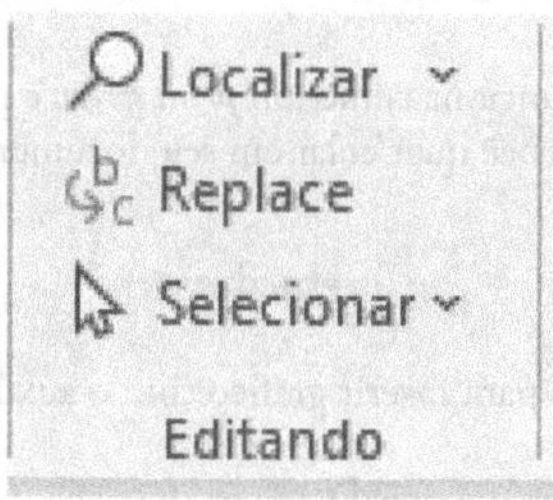

- **Localizar:** abre o painel de navegação para que se digite um texto para ser procurado no Word.
- **Localização avançada:** abre caixa de diálogo com opções avançadas para procurar um texto.
- **Ir Para:** permite ir para determinada página, tabela, gráfico, entre outros.
- **Substituir:** usado para substituir palavras em um texto. Você pode substituir uma palavra ou todas em uma única operação.
- **Selecionar:** seleciona textos ou objetos no documento.

1.4 Inserir

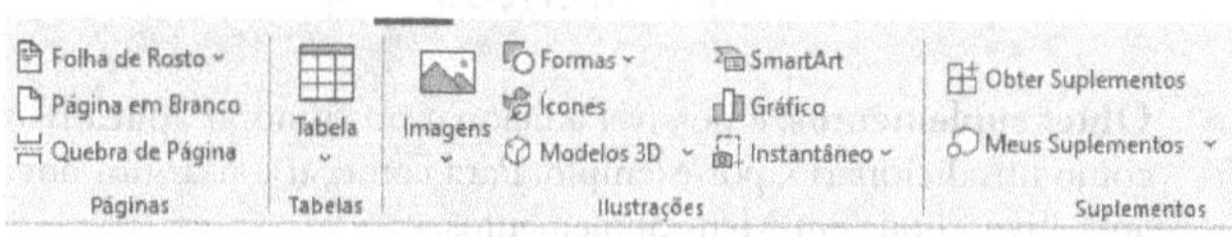

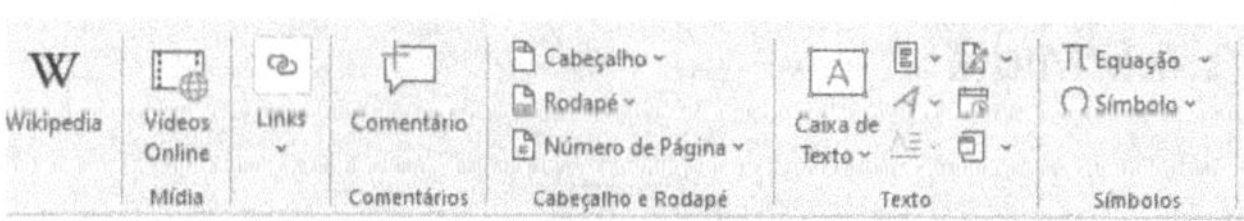

1.4.1 Páginas

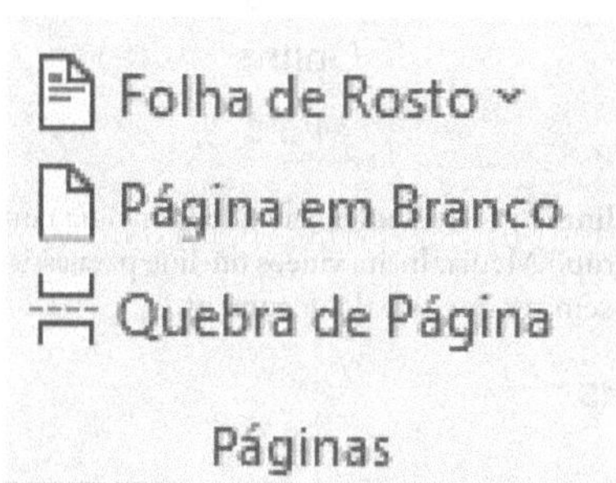

- **Folha de rosto:** insere uma folha de rosto já formatada ao documento.
- **Página em branco**: insere uma página em branco onde está o cursor.
- **Quebra de página:** insere uma quebra de página levando o texto para outra página.

1.4.2 Tabelas

Com o botão "Tabela", temos as funções Inserir Tabela, Desenhar Tabela, Converter Texto em Tabela, Inserir Planilha do Excel e Tabelas Rápidas. Quando o cursor é colocado dentro da tabela ou seleciona alguma área, aparece a guia de ferramentas de tabela, juntamente com o grupo Design e Layout.

Na guia Design é onde terão as opções para tratar as cores de sombreamento, bordas, linhas de cabeçalho da tabela. Na guia Layout, é possível trabalhar com inúmeras funcionalidades, como o botão Selecionar:

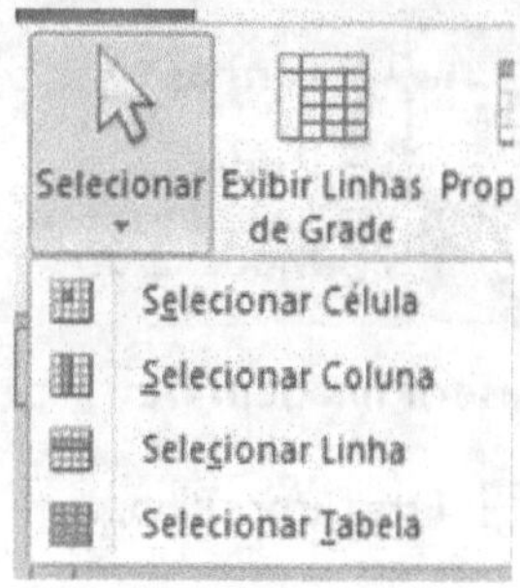

Ainda nesse grupo, há o botão "Exibir linhas de grade" e "Propriedades". Clicando em Propriedades, abrir, uma caixa de diálogo para configurar alinhamento, disposição do texto, especificar a altura da linha, largura da coluna ou célula será disposta na tela.

No grupo "Linhas e colunas", temos as opões de excluir células, colunas, linhas ou tabela, inserir linhas acima e abaixo e colunas esquerda e à direita.

No grupo Mesclar estão os botões para Mesclar células, Dividir células e Dividir Tabela.

Há, ainda alguns outros recursos presentes. São eles:

- **Tamanho da célula:** especifica a altura da linha e a largura da coluna. Há também os botões "Distribuir linhas" e "Distribuir colunas", que faz com que todas as linhas e colunas com as mesmas medidas.
- **Alinhamento:** alinhar parte superior à esquerda, alinhar parte superior no centro, alinhar parte superior à direita, centralizar à esquerda, centralizar, centralizar à direita, alinhar parte Inferior à esquerda, alinhar parte Inferior no centro, alinhar parte Inferior à direita. Depois, temos o botão de Direção do Texto e Margens da célula.
- **Classificar:** coloca o texto selecionado em ordem alfabética ou classifica dados numéricos.
- **Converter em texto:** muito importante para as provas. Possibilita converter uma tabela em um texto. É possível também converter texto em tabela, mas, para isso, é preciso clicar na Guia Inserir, no botão Tabela/Converter Texto em Tabela.
- **Movimentação na tabela:** movimente-se na tabela por meio das teclas setas, TAB, ou clicando com o mouse. A tecla ENTER não passará o cursor para outra célula da tabela, mas deixará a linha mais larga, logo, não é utilizada para a movimentação. **Contudo, preste atenção:** caso a tabela esteja no início de um documento, sem linha nenhuma anterior a ela (em branco ou não), posicionando o cursor na primeira célula da tabela e teclando ENTER, o Word criará uma linha em branco antes da tabela, movendo-a para baixo.

Dica: ao pressionar a tecla TAB, se o cursor estiver na última célula da tabela, será adicionada uma nova linha na tabela.

1.4.3 Ilustrações

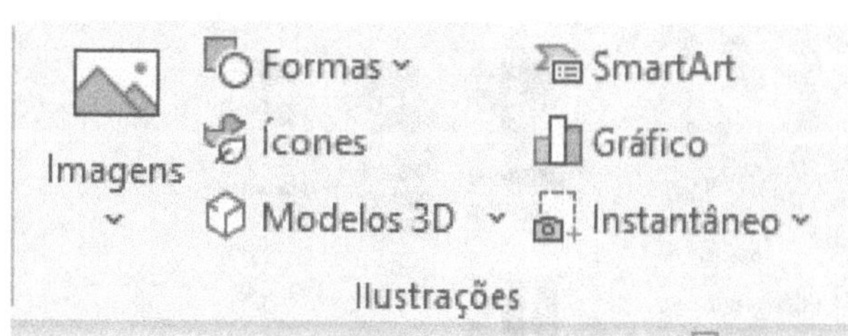

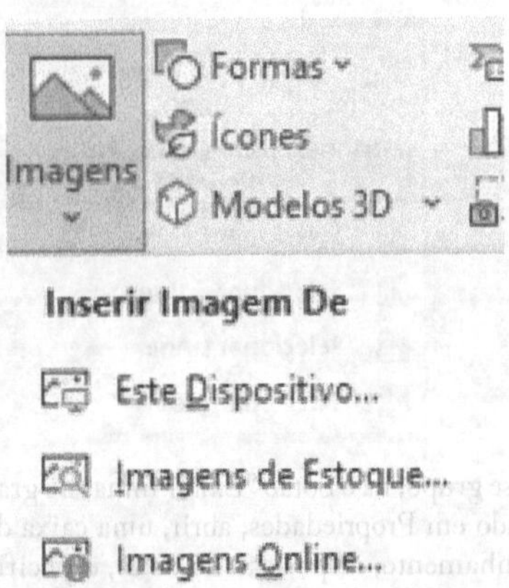

- **Opções de layout de uma imagem:** ao selecionar uma imagem, surge um botão, e, ao clicar nele, abre um menu com opções de Layout, no qual é possível escolher a maneira como seu objeto interage com o texto. Abre, ainda, lista com opção de formas para inserir no documento. Veja exemplos:

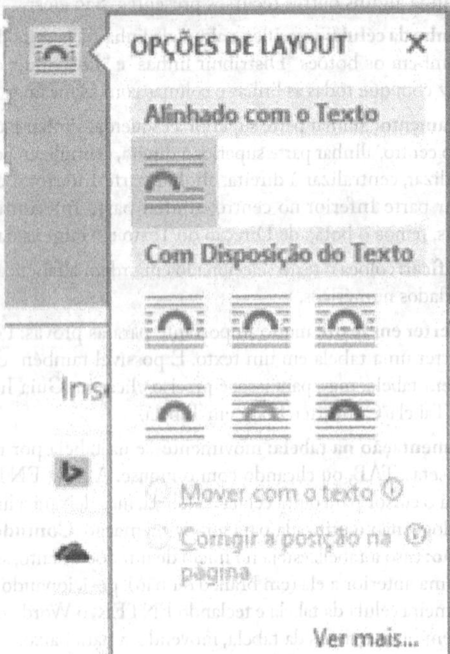

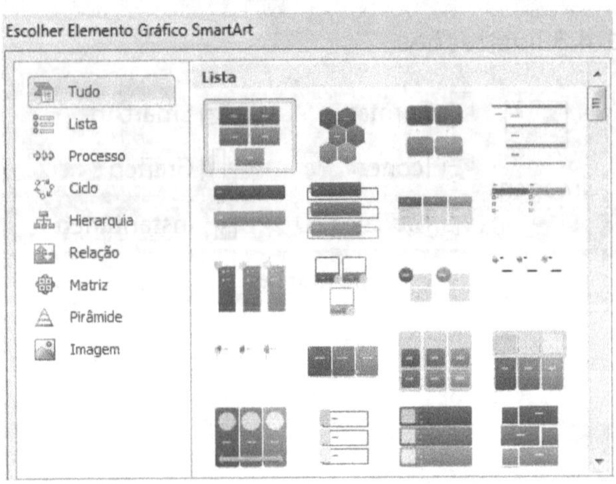

Abre caixa de diálogo para escolher um elemento gráfico como Fluxogramas, Organogramas, entre outros. Veja os tipos na imagem abaixo:

- **Instantâneo:** funciona como um *print screen* e possibilita selecionar a imagem que você quer colar em seu documento.

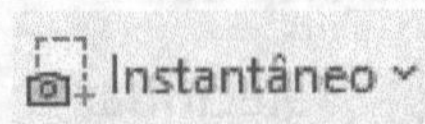

- **Gráfico:** botão para inserir gráfico com o auxílio do Excel.

1.4.4 Suplementos

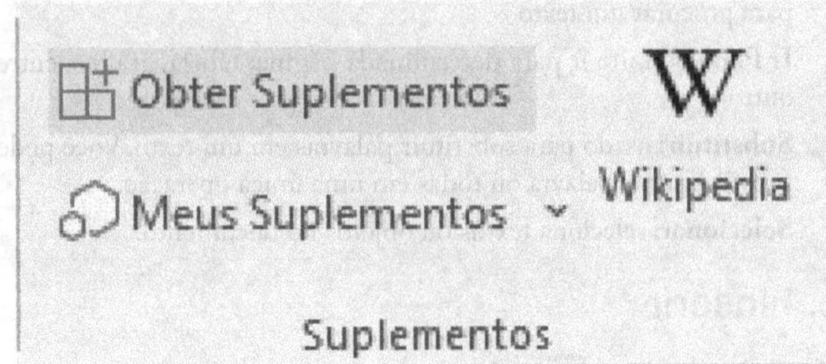

- **Obter suplementos:** é possível adicionar ou comprar aplicativos, como um dicionário, por exemplo. Para começar a usar um novo aplicativo, clique em Meus Suplementos.

1.4.5 Mídia

- **Vídeo online:** é possível adicionar vídeos on-line também. Para isso, acesse o grupo Média. Insira vídeos on-line para assistir diretamente no Word sem ter que sair do documento.

1.4.6 Links

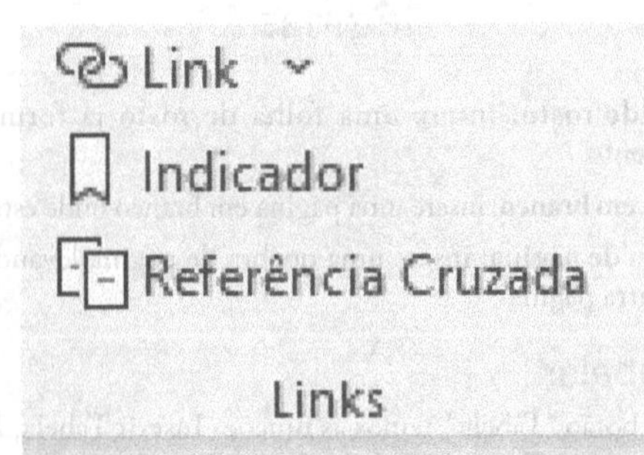

- Hiperlink: permite criar *links* para o mesmo documento ou outros documentos ou sites da internet.
- **Indicador:** cria um nome para um ponto específico do documento.
- **Referência cruzada:** permite criar *links* para redirecionar para uma figura ou tabela, por exemplo.

1.4.7 Cabeçalho e rodapé

Na Guia Contextual, podemos trabalhar com o Cabeçalho e Rodapé. Podemos inserir Número de Páginas, Data e Hora, Imagens, assim como inserir cabeçalhos e/ou rodapés diferentes em páginas pares e ímpares ou somente na primeira página.

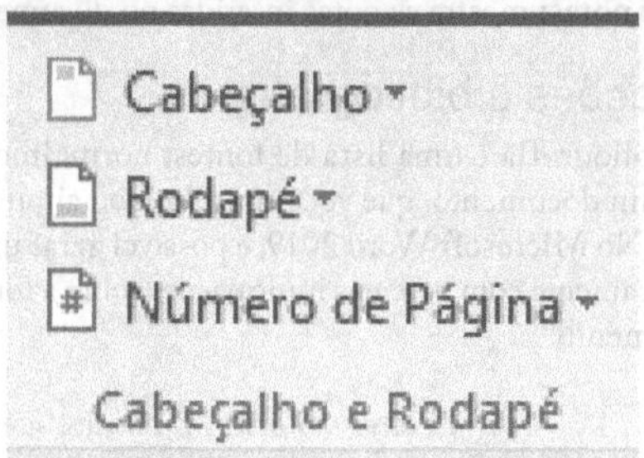

- **Navegação**: permite alternar entre Cabeçalho e Rodapé.
- **Fechar:** temos apenas o botão para sair do modo de edição do Cabeçalho e Rodapé.

1.4.8 Texto

- **Caixa e texto:** insere uma caixa de texto pré-formatada no documento.
- **Explorar partes rápidas:** insere trechos de conteúdo reutilizáveis, como data ou uma assinatura.
- **WordArt:** insere um texto decorativo no documento.
- **Capitular:** cria uma letra maiúscula, grande, no início do parágrafo.
- **Adicionar uma linha de assinatura:** insere uma linha de assinatura para identificar quem vai assinar.
- **Data e hora:** inserir Data e hora atual no documento.
- **Objeto:** para aplicar um objeto ou texto inserido de outro arquivo no seu documento

1.4.9 Grupo símbolos

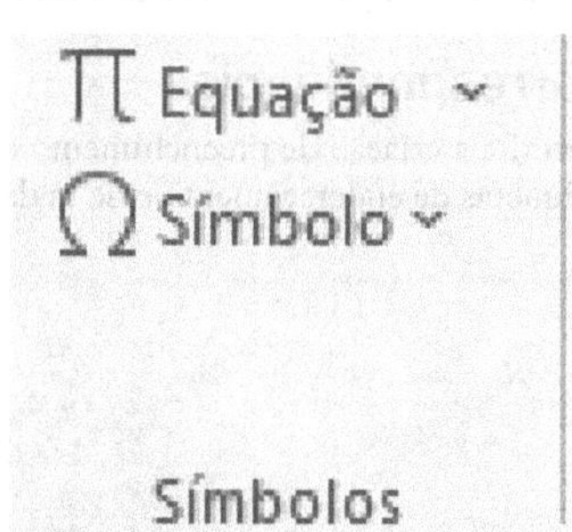

- **Equação:** permite inserir equações matemáticas ou desenvolver suas próprias equações usando uma biblioteca de símbolos matemáticos.
- **Símbolo:** utilizado para inserir símbolos que não constam no teclado, como símbolos de copyright, símbolo de marca registrada e outros.

1.5 Guia Design

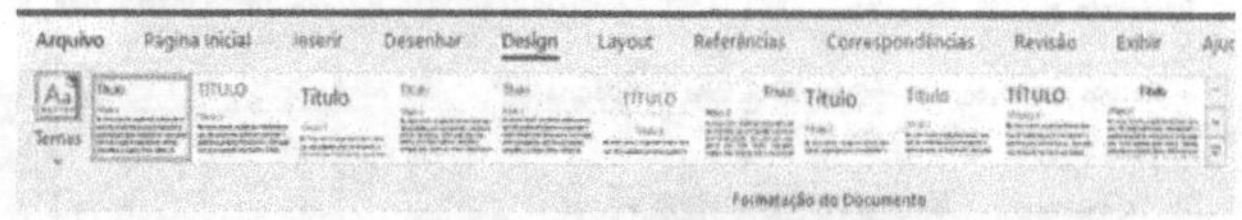

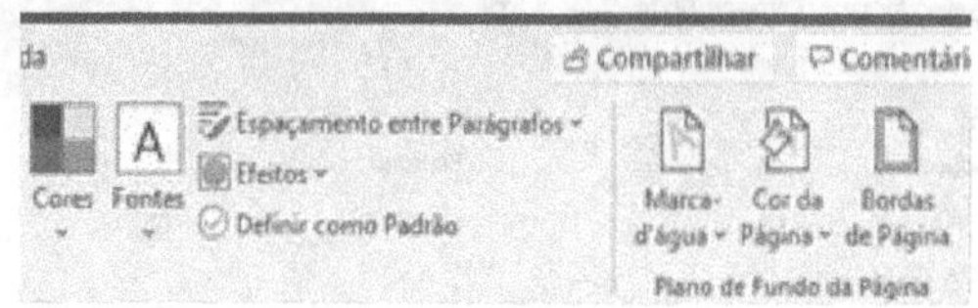

- **Temas:** botões para alterar o design geral do documento inteiro, incluindo cores, fontes e efeitos.

1.6 Guia Layout

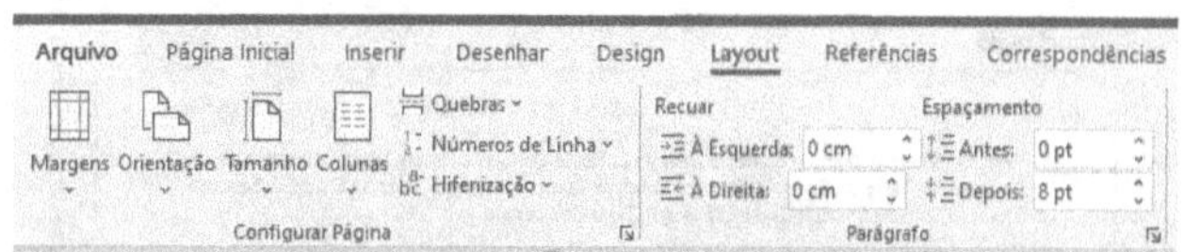

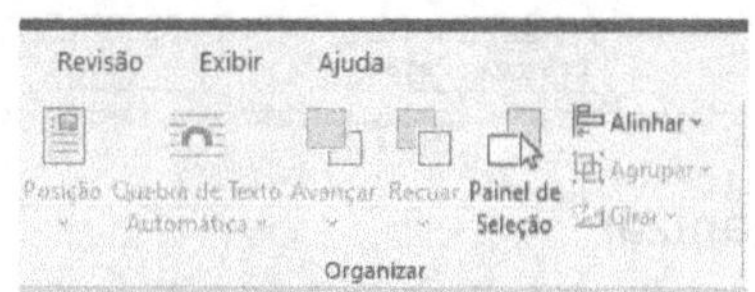

Botões para definir margens, orientação do papel (retrato ou paisagem) e tamanho do papel.

Em Margens personalizadas (acessível ao clicar no botão Margens), há uma caixa de diálogo

"Configurar Página, igual a velha conhecida do Office 2003, lembra? Lá temos configurações como margens, orientação do papel, layout entre outras.

- **Colunas:** para formatar o documento em colunas, com ou sem linha entre elas.
- **Quebras:** para adicionar páginas, seção ou quebras de colunas ao documento.
- **Número de linha:** para adicionar número de linhas à margem lateral de cada linha do documento.
- **Hifenização**: permite o word quebrar linhas entre as sílabas das palavras.
- **Configuração de página:** esse botão abre a caixa de diálogo Configurar Página.

1.6.1 Grupo Parágrafo

Permite configurações de Recuo do parágrafo e espaçamento entre linhas. Preste atenção aos botões dessas funcionalidades.

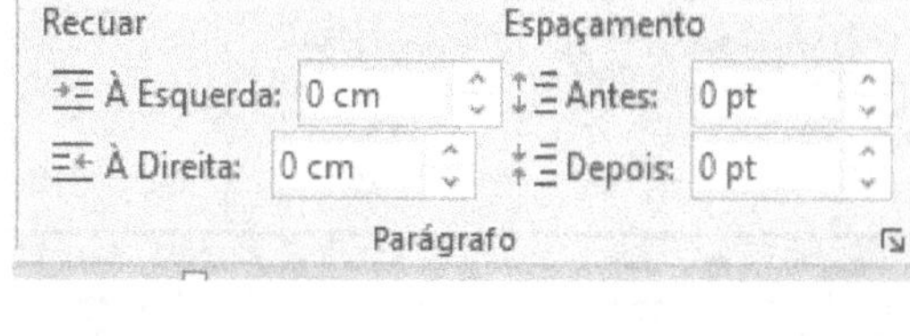

- **Parágrafo:** abre a caixa de diálogo parágrafo.

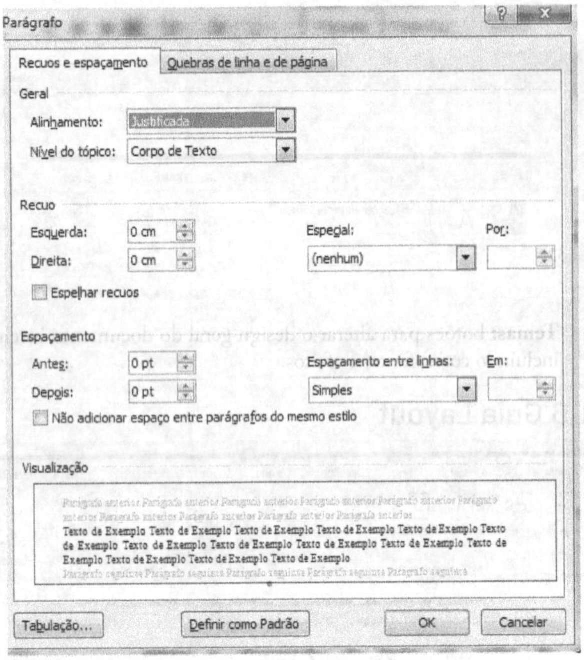

1.6.2 Organizar

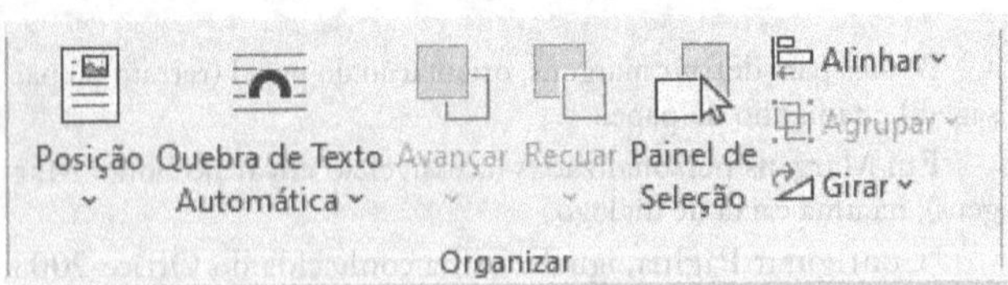

- **Posição:** configura o alinhamento da imagem no documento.
- **Quebra de texto automática:** altera a disposição do texto ao redor do objeto selecionado.
- **Avançar:** trará o objeto selecionado para a frente para que menos objetos fiquem à frente dele.
- **Recuar:** enviará o objeto selecionado para trás para que ele fique oculto atrás dos objetos à frente dele.
- **Painel de seleção:** mostra Painel de Seleção.
- **Alinhar:** alinhará o objeto selecionado em relação às margens.
- **Agrupar:** para agrupar objetos de forma que sejam tratados como um único.
- **Girar:** girar ou inverter o objeto selecionado.

1.7 Guia Referências

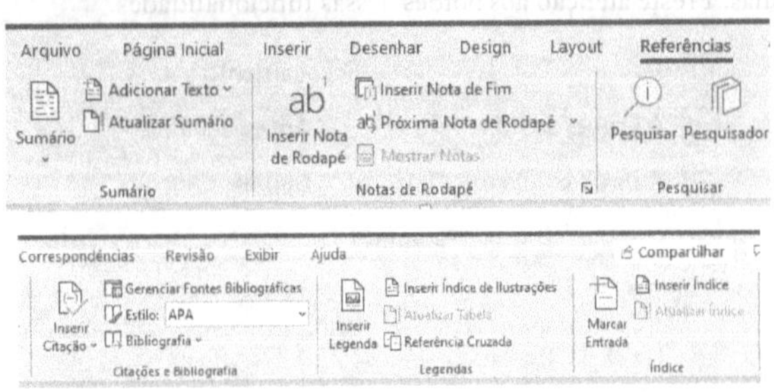

- **Sumário:** permite criar e editar um sumário para o documento ativo. Para isso acesse a guia Referências/Grupo Sumário/ Botão Sumário e escolha o tipo de sumário desejado.
- **Inserir nota de rodapé:** adiciona uma nota de rodapé. Para isso cursor após a palavra ou texto que deseje acrescentar na Nota de rodapé.
- **Inserir nota de fim:** adiciona uma nota de fim ao documento.
- **Próxima nota de rodapé:** útil para navegar até a próxima nota de rodapé do documento.
- **Mostrar notas:** mostra as notas inseridas no documento.

1.7.1 Citações e bibliografia

Uma bibliografia é uma lista de fontes, normalmente colocada no final de um documento, que você consultou ou citou na criação do documento. No Microsoft Word 2019, é possível gerar uma bibliografia automaticamente com base nas informações sobre a fonte fornecidas para o documento.

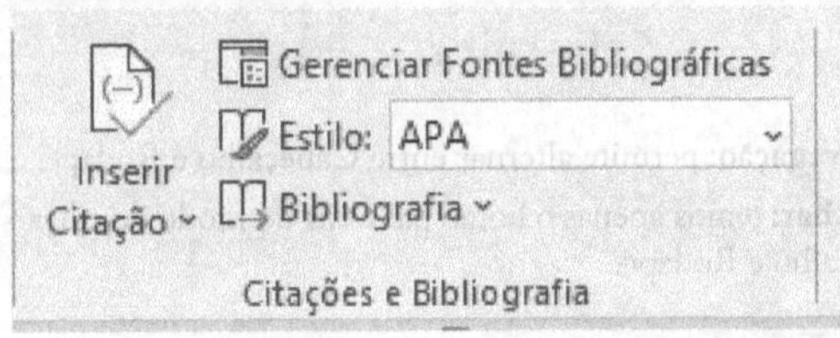

Toda vez que é criada é uma nova fonte (referência), as informações sobre são salvas no seu computador, para que você possa localizar e usar qualquer fonte que criou.

1.7.2 Legendas

Utilizado para inserir e gerenciar legendas de imagens.

1.7.3 Índice

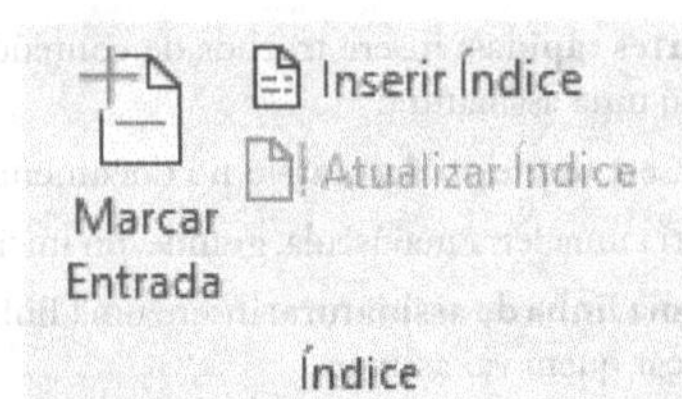

Perceba que Guia Referências oferece funcionalidades referentes a edição de um livro ou produção de uma monografia ou um TCC. Basta dar uma olhada: sumário, citações, bibliografias.

A Guia Página Inicial é utilizada principalmente para a formatação do documento, a Guia Inserir para inserir elementos e assim por diante.

1.8 Guia Correspondências

Essa guia permite a criação de preenchimento envelopes de correspondência, etiquetas de endereçamento e de mala direta.

1.9 Revisão

Esta aba é destinada à revisão textual, por exemplo, verificação de ortografia, substituição por sinônimos, ajuste de idioma, tradução, entre outros.

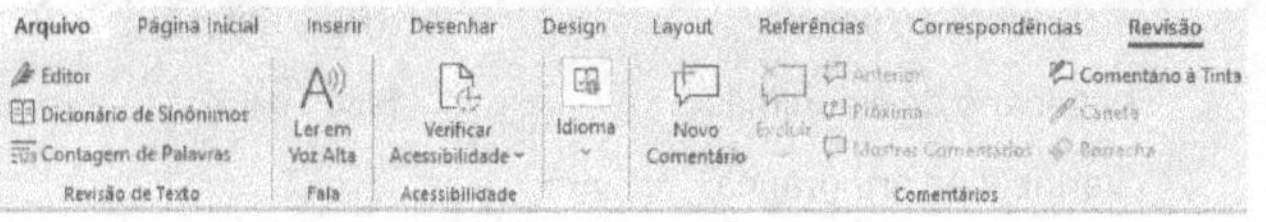

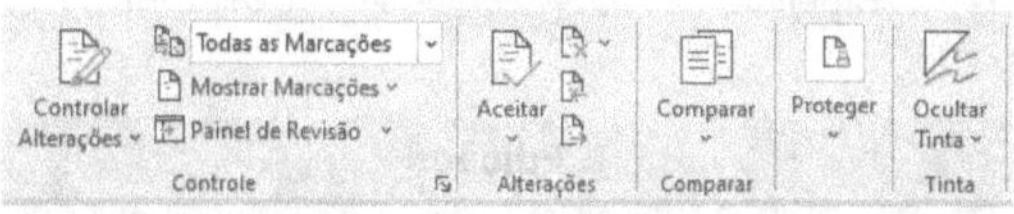

1.9.1 Revisão de texto

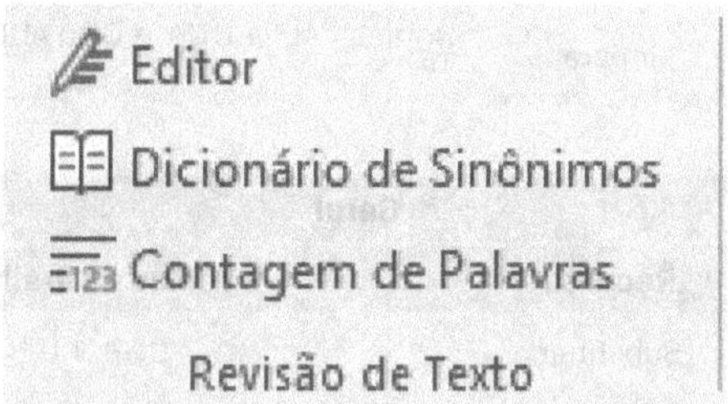

- **Editor/Ortografia e gramática:** inicia a correção ortográfica e gramatical do documento.
- **Dicionário de sinônimos:** sugere outras palavras com significado semelhante ao da palavra selecionada
- **Contagem de palavras:** para saber o número de palavras, caracteres, parágrafos e linhas no documento.

1.9.2 Idioma

Você pode traduzir texto escrito em outro idioma, como frases ou parágrafos e palavras individuais (com o Minitradutor), ou pode traduzir o arquivo inteiro.

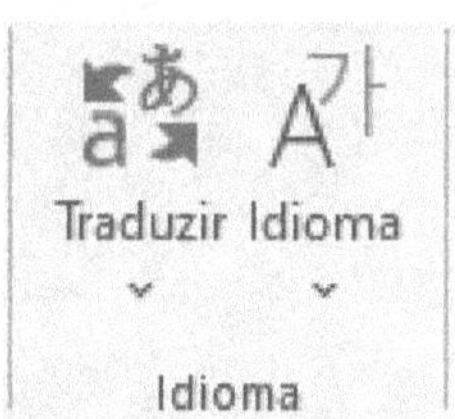

Se esta for a primeira utilização dos serviços de tradução, é preciso clicar em OK para instalar os dicionários bilíngues e habilitar o serviço de tradução no painel Pesquisa. Também é possível ver quais dicionários bilíngues e serviços de tradução automática foram habilitados, basta clicar no link Opções de tradução no painel Pesquisa.

1.10 Exibir

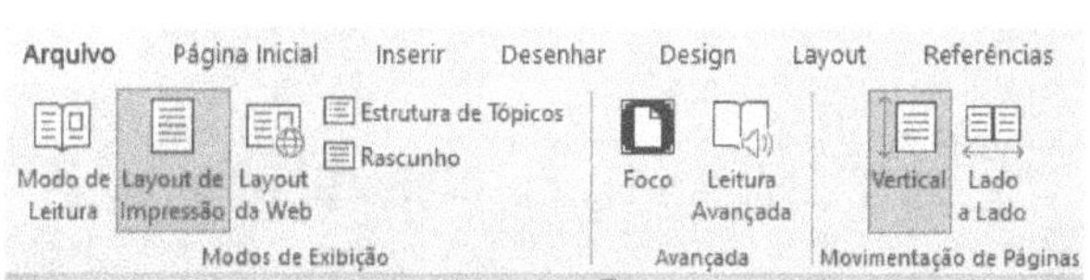

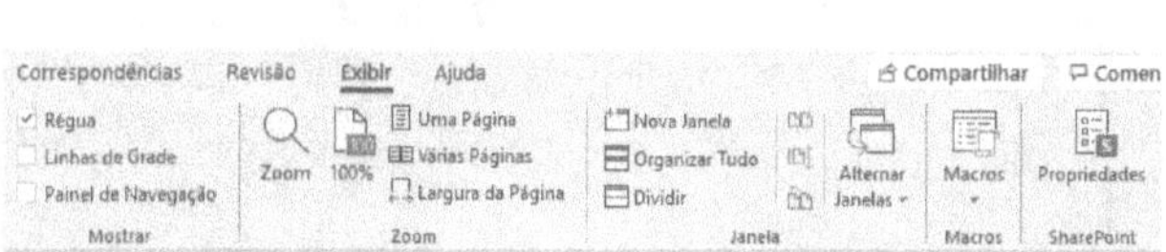

- **Modo de Leitura:** oculta as barras do documento, facilitando a leitura em tela.
- **Layout de impressão:** formato atual do documento - como ficará na folha impressa-. Esse modo de exibição é útil para editar cabeçalhos e rodapés, para ajustar margens e para trabalhar com colunas e objetos de desenho.
- **Layout da web: aproxima** o documento de uma visualização na internet. Esse formato existe, pois muitos usuários postam textos produzidos no Word em sites e blogs.
- **Estrutura de tópicos:** permite visualizar seu documento em tópicos, o formato terá melhor compreensão quando trabalharmos com marcadores.
- **Rascunho**: é o formato bruto, permite aplicar diversos recursos de produção de texto, porém não visualiza como impressão nem outro tipo de meio.

1.10.1 Janela

- **Nova janela:** abre o documento em uma nova janela.
- **Organizar tudo:** organiza as janelas abertas.
- **Dividir:** divide a janela de modo que fica com dupla barra de rolagem, dupla régua. Ideal para trabalhar com cabeçalhos de textos.

1.11 Barra de Status

A barra de status, que é uma área horizontal na parte inferior da janela do documento no Microsoft Word, fornece informações sobre o estado atual do que está sendo exibido na janela e quaisquer outras informações contextuais.

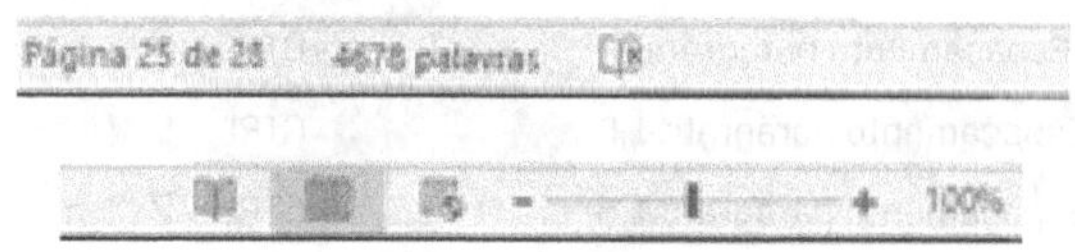

- **Número da página:** mostra o número da página atual e o número de páginas no documento.
- **Palavras:** mostra o número de palavras do documento e quando um texto for selecionado, mostra também o número de palavras que estão selecionadas.

Esta opção, mostra o status da verificação de ortografia e gramática. Quando o Word faz a verificação de erros, uma caneta animada aparece sobre o livro. Se nenhum erro for encontrado, será exibida uma marca de seleção. Se um erro for encontrado, será exibido um "X". Para corrigir o erro, clique duas vezes nesse ícone.

1.12 Visualização do Documento

É possível alterar a forma de visualização do documento. No rodapé, a direta da tela tem o controle de Zoom. Anterior a este controle de zoom temos os botões de forma de visualização de seu documento, que podem também ser acessados pela Aba Exibição, conforme já estudamos.

TEC INF

1.13 Atalhos

Arquivo	
Recurso	**Teclas de atalho**
Novo documento	CTRL + O
Abrir	CTRL + A
Salvar	CTRL + B
Salvar como	F12
Imprimir	CTRL + P
Visualizar impressão	CTRL + F2
Fechar	CTRL + W ou CTRL + F4
Sair	ALT + F4
Desfazer	CTRL + Z

Parágrafo	
Recurso	**Teclas de atalho**
Alinhar à esquerda	CTRL + Q
Centralizar	CTRL + E
Alinhar à direita	CTRL + G
Justificar	CTRL + J
Espaçamento parágrafo 1	CTRL + 1
Espaçamento parágrafo 1,5	CTRL + 5
Espaçamento parágrafo 1,5	CTRL + 2

Fonte	
Recurso	**Teclas de atalho**
Fonte	CTRL + D ou CTRL + SHIFT + P
Aumentar fonte	CTRL + SHIFT + >
Diminuir fonte	CTRL + SHIFT + <
Negrito	CTRL + N
Itálico	CTRL + I
Sublinhado	CTRL + S
Duplo sublinhado	CTRL + SHIFT + D
Maiúscula e minúscula	SHIFT + F3
Todas maiúsculas	CTRL + SHIFT + A
Realce	CTRL + ALT + H
Sobrescrito	CTRL + SHIFT + +
Subscrito	CTRL + =

Outros	
Recurso	**Teclas de atalho**
Ajuda	F1
Quebra de página	CTRL + Enter
Dicionário de sinônimos	SHIFT + F7
Verificação ortográfica	F7
Hipelink	CTRL + K

Edição	
Recurso	**Teclas de atalho**
Localizar	CTRL + L
Ir para	ALT + CTRL + G ou ALT + CTRL + F5

Geral	
Recurso	**Teclas de atalho**
Substituir	CTRL + U
Selecionar tudo	CTRL + T

2 MICROSOFT EXCEL 365

O Microsoft 365 é uma assinatura que inclui os recursos mais colaborativos e atualizados em uma experiência integrada e perfeita, pois inclui os aplicativos robustos de trabalho do Office, como Word, PowerPoint e Excel. Com ele, também é possível também obter armazenamento on-line extra e recursos conectados à nuvem que permitem colaborar com arquivos em tempo real.

O objetivo da assinatura é disponibilizar os recursos, correções e atualizações de segurança mais recentes, além de suporte técnico contínuo, sem nenhum custo extra. É possível optar por pagar a assinatura mensal ou anual, e o plano Microsoft 365 Family permite compartilhar a assinatura com até seis pessoas e usar os aplicativos em vários PCs, Macs, tablets e telefones.

Há também a possibilidade de adquirir o Office 2019 como uma compra única, o que significa pagar um custo único e inicial para obter os aplicativos do Office para um computador. Compras únicas estão disponíveis para PCs e Macs. No entanto, não há opções de upgrade

Segundo a Microsoft, o Excel: é um programa de planilhas do sistema Microsoft Office. Pode ser usado para criar e formatar pastas de trabalho (um conjunto de planilhas), para analisar dados e tomar decisões de negócios mais bem informadas. Especificamente, o Excel é muito utilizado para acompanhar dados, criar modelos de análise de dados, criar fórmulas para fazer cálculos desses dados, organizar dinamicamente de várias maneiras e apresentá-los em diversos tipos de gráficos profissionais.

2.1 Características do Excel

- **Planilha eletrônica:** sistema composto de 1.048.576 linhas e 16.384 colunas.
- **Pastas de trabalho abertas:** limitado pela memória disponível e pelos recursos do sistema (o padrão é 1 planilha).
- **Intervalo de zoom:** 10%a 400% por cento.
- **Extensão:** .xlsx
- **Trabalhando com pastas de trabalho:** cada pasta de trabalho do MS-Excel **consiste em um documento com uma ou mais planilhas,** ou seja, uma pasta no sentido literal, contendo diversos documentos.

2.2 Interface

A interface do Excel segue o padrão dos aplicativos Office, com ABAS, botão Office, controle de Zoom na direita etc. O que muda são alguns grupos e botões exclusivos do Excel e as guias de planilha no rodapé.

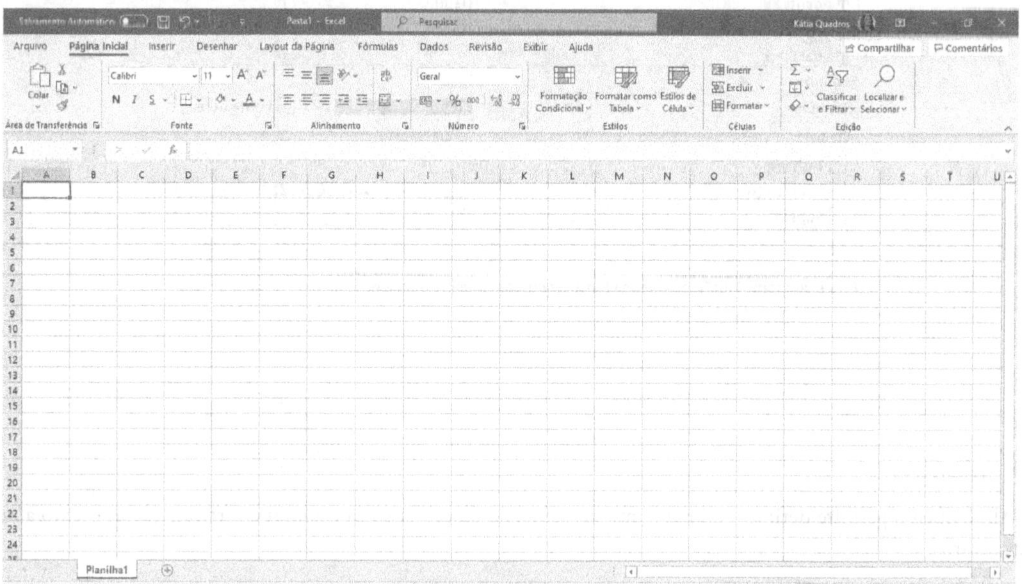

As linhas são identificadas por números e as colunas por letras. Desse modo, a junção de uma coluna e uma linha tem como resultado uma célula.

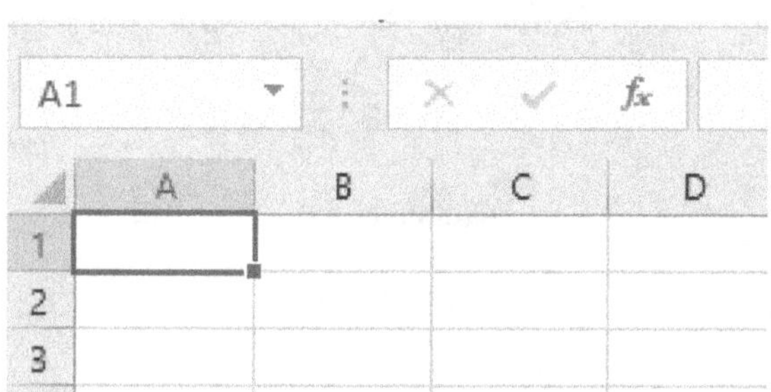

Na imagem mostrada, temos a célula A1 selecionada e podemos perceber uma caixa logo acima com o endereço da célula. Esta é a Caixa de Nome.

Ao lado temos a Barra de Fórmulas com os botões cancelar, inserir e inserir função.

2.3 Seleção de células

Se caso seja necessário selecionar mais de uma célula, basta manter pressionado o mouse e arrastar selecionando as células em sequência. Também, para selecionar células em sequência, clique na primeira célula, selecionando-a e em seguida pressione a tecla SHIFT e clique na última célula da sequência desejada.

Se precisar selecionar células alternadamente, clique sobre a primeira célula a ser selecionada, pressione CTRL e vá clicando nas que você quer selecionar. É possível também selecionar usando a combinação das setas do teclado com a tecla SHIFT.

2.4 Página Inicial

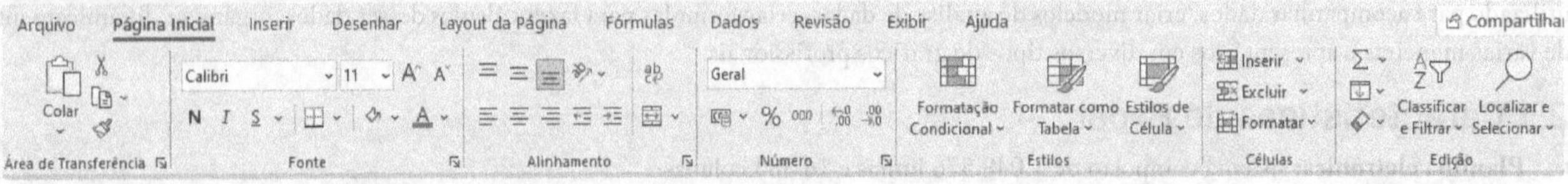

Nessa guia, temos recursos para a formatação das células. Nela é possível encontrar o grupo Fonte, que permite alterar a fonte a ser utilizada, o tamanho, aplicar negrito, itálico e sublinhado, linhas de grade, cor de preenchimento e cor de fonte. Ao clicar na faixa "Fonte", será mostrada a janela, conforme a imagem a seguir:

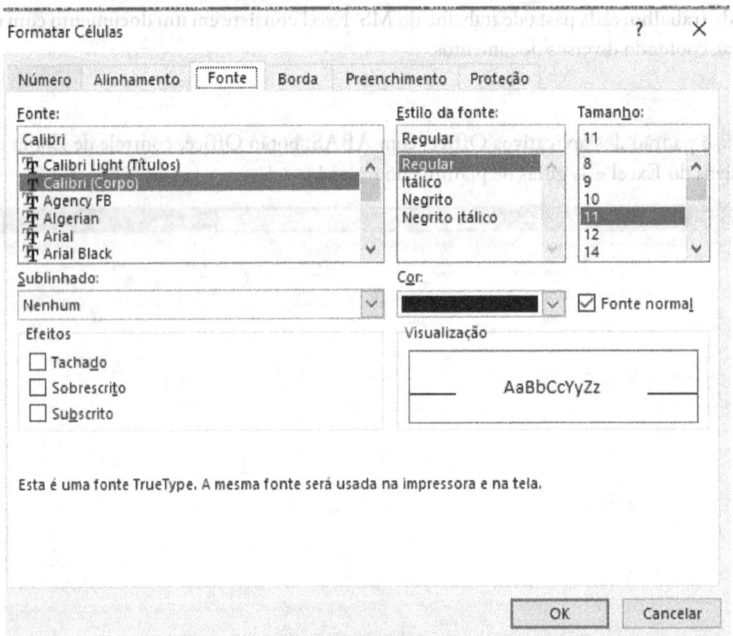

2.4.1 Alinhamento

O grupo Alinhamento permite definir o alinhamento do conteúdo da célula na horizontal e vertical, quebrar texto automaticamente, mesclar e centralizar.

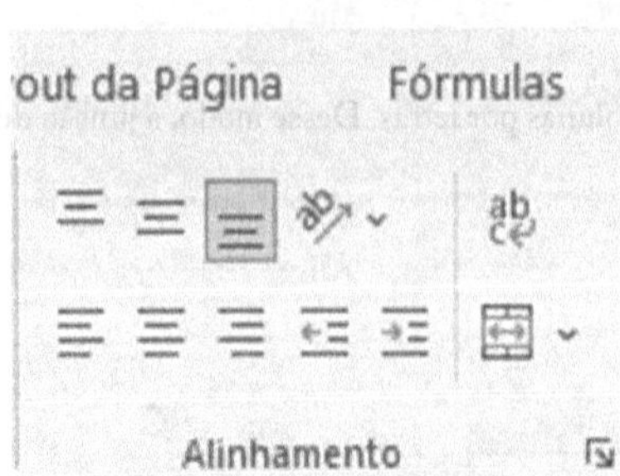

- **Botão Orientação:** permite girar o texto.

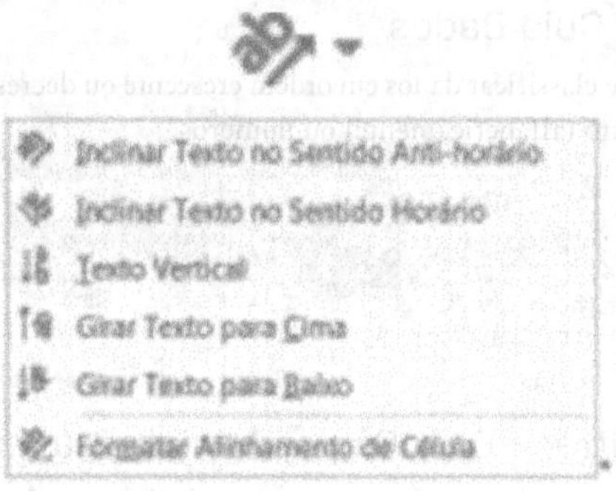

- **Mesclar e Centralizar:** torna duas ou mais células selecionadas em uma, centralizando o conteúdo da célula.
- **Mesclar através:** mescla somente em linha.
- **Mesclar célula:** apenas mescla sem centralizar.
- **Desfazer mesclagem de células:** desfaz a mesclagem das células.

2.4.2 Número

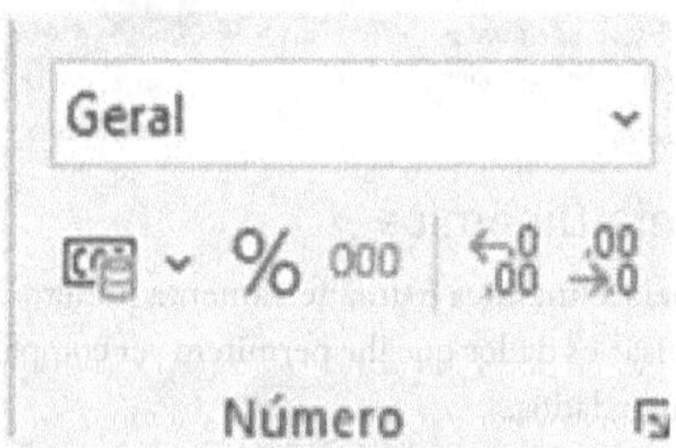

O grupo Número permite que se formatem os números de suas células. Ele dividido em categorias e dentro de cada categoria, possui exemplos de utilização e algumas personalizações, por exemplo, na categoria Moeda em que é possível definir o símbolo a ser usado e o número de casas decimais.

Formato de número de contabilização: Para formatar como moeda. Ex: R$ 40,00.

Separador de Milhares: Para formatar com duas casas decimais.

Aumentar e Diminuir casas decimais.

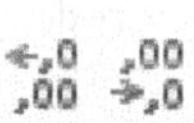

2.5 Formatação condicional

2.5.1 Página Inicial

Com essa funcionalidade podemos criar regras para evidenciar textos ou valores através de formatação de fonte ou preenchimento/ sombreamento da célula, por exemplo. Podemos selecionar uma planilha inteira e definir uma regra, por exemplo, que números negativos ficarão automaticamente com fonte na cor vermelho e efeito negrito.

Tudo o que for digitado nestas células com valor negativo, ficarão na cor vermelho e efeito negrito.

2.6 Validação de dados – Guia dados

Use a validação de dados para restringir o tipo de dados ou os valores que os usuários inserem em células.

2.6.1 Texto para Colunas

Pegue o texto em uma ou mais células e divida-o em várias células usando o Assistente para Converter Texto em Colunas.

2.6.2 Remover Duplicatas

Quando você usa o recurso Remover Duplicatas, os dados duplicados são permanentemente excluídos.

2.6.3 Obter Dados

O principal benefício da conexão com dados externos é que você pode analisar periodicamente esses dados no Microsoft Office Excel sem copiar repetidamente os dados, que é uma operação que pode ser demorada e propensa a erros. Depois de se conectar a dados externos, você também pode atualizar automaticamente (ou atualizar) sua Excel de trabalho da fonte de dados original sempre que a fonte de dados for atualizada com novas informações.

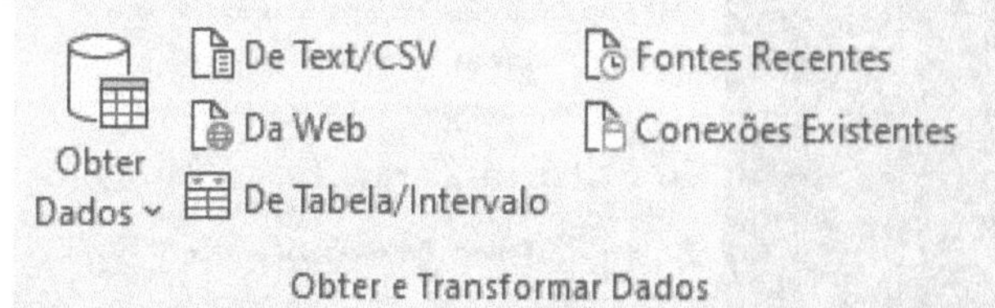

2.6.4 Atingir Meta

Se você conhece o resultado que deseja obter de uma fórmula, mas não tem certeza sobre o valor de entrada necessário para chegar a esse resultado, use o recurso Atingir Meta.

Por exemplo, suponha que você precise pedir algum dinheiro emprestado. Você sabe quanto dinheiro quer, quanto tempo deseja usar para pagar o empréstimo e quanto pode pagar a cada mês. Você pode usar o recurso Atingir Meta para determinar qual taxa de juros você precisará garantir para atingir seu objetivo de empréstimo.

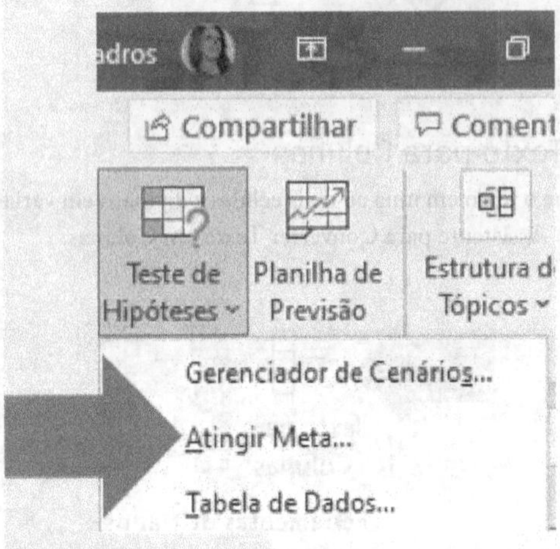

2.6.5 Impressão – Guia Arquivo

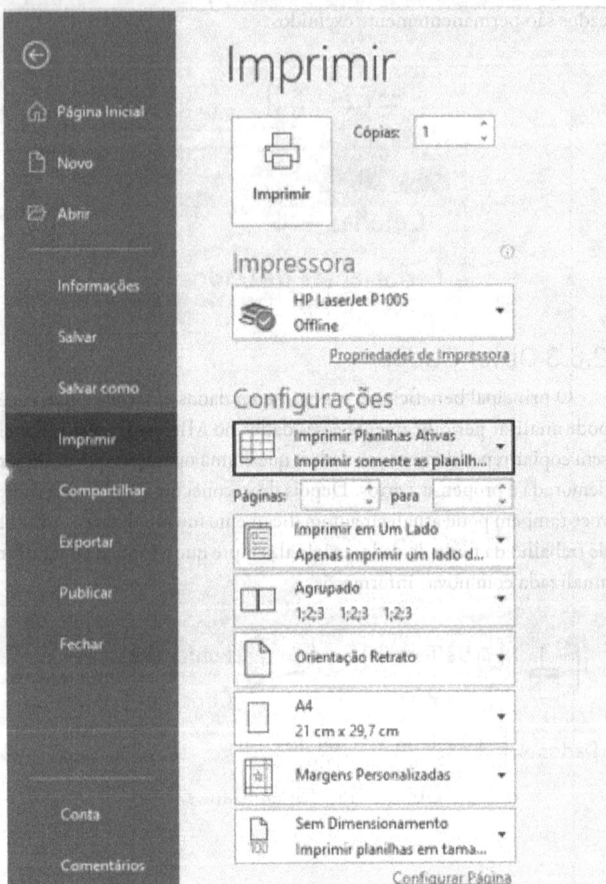

2.6.6 Classificar - Guia Página Inicial e Guia Dados

Permite classificar dados em ordem crescente ou decrescente. Pode ser com texto (alfabeticamente) ou números.

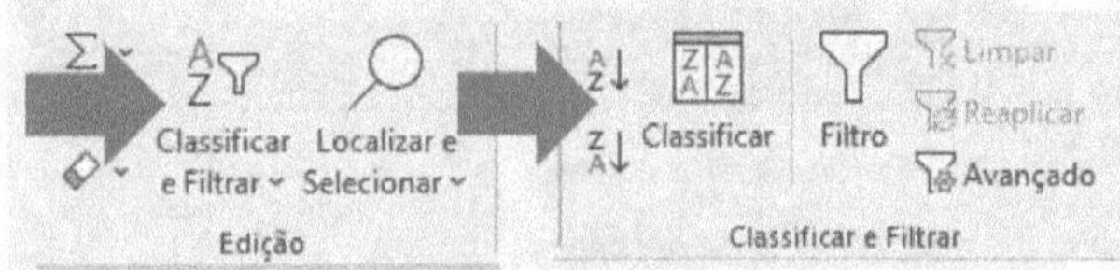

2.6.7 Filtrar – Guia Página Inicial e Guia dados

Organiza os dados para que seja mais fácil analisá-los. Por exemplo: Se tenho uma planilha com Homens e Mulheres, posso filtrar para que apareçam apenas as Mulheres. Perceba que as informações referentes aos Homens não são excluídas, apenas ficam ocultas, facilitando analisar apenas as informações referentes às mulheres.

Também posso filtrar por valores, pedindo para ocultar valores inferiores a R$ 1.000,00, por exemplo.

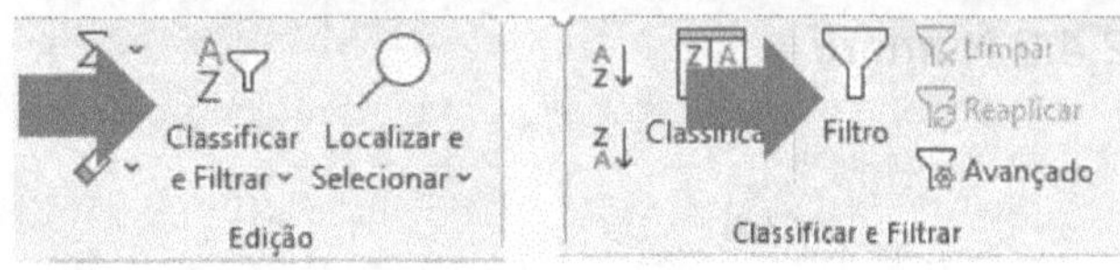

2.6.8 Tabela Dinâmica

Uma Tabela Dinâmica é uma ferramenta poderosa para calcular, resumir e analisar os dados que lhe permitem ver comparações, padrões e tendências nos dados.

Criar uma tabela dinâmica

- Selecione as células a partir das quais você deseja criar uma Tabela Dinâmica.
- Observação: seus dados não devem ter linhas ou colunas vazias. Deve haver apenas uma única linha de título.
- Selecione Inserir > Tabela Dinâmica.
- Em Escolha os dados que você deseja analisar, selecione Selecionar uma tabela ou intervalo.
- Em Tabela/Intervalo, verifique o intervalo de células.
- Em Escolha onde deseja que o relatório da Tabela Dinâmica seja posicionado, selecione Nova Planilha para posicionar a Tabela Dinâmica em uma nova planilha, ou escolha Planilha Existente e selecione o local em que deseja exibir a Tabela Dinâmica.
- Selecione OK.

2.6.9 Rastrear Precedentes e Dependentes - Guia Fórmulas

- **Células precedentes**: células que são referidas por uma fórmula em outra célula. Por exemplo, se a célula D10 contiver a fórmula =B5, a célula B5 será um precedente para a célula D10.
- **Células dependentes**: essas células contêm fórmulas que se referem a outras células. Por exemplo, se a célula D10 contiver a fórmula =B5, a célula D10 é dependente da célula B5.

2.6.10 Guia Fórmula

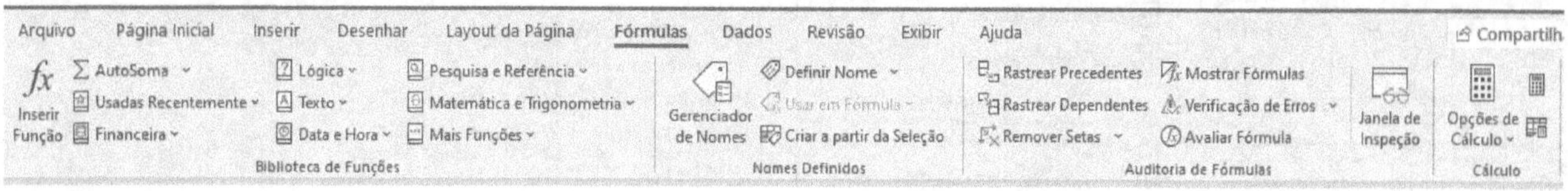

2.6.11 Transpor

Se tiver uma planilha com dados em colunas que você precisa girar para reorganizar em linhas, use o recurso Transpor. Com ele, você pode alternar rapidamente dados de colunas para linhas ou vice-versa.

Por exemplo, se seus dados se parecem com isso, com Regiões de Vendas nos títulos de coluna e Trimestres no lado esquerdo:

Vendas por região	Europa	Ásia	América do Norte
1º trim.	21.704.714	8.774.099	12.094.215
2º trim.	17.987.034	12.214.447	10.873.099
3º trim.	19.485.029	14.356.879	15.689.543
4º trim.	22.567.894	15.763.492	17.456.723

O recurso Transpor reorganizará a tabela de forma que os Trimestres sejam exibidos nos títulos de coluna e as Regiões de Vendas possam ser vistas à esquerda, assim:

Vendas por região	1º trim.	2º trim.	3º trim.	4º trim.
Europa	21.704.714	17.987.034	19.485.029	22.567.894
Ásia	8.774.099	12.214.447	14.356.879	15.763.492
América do Norte	12.094.215	10.873.099	15.689.543	17.456.723

2.6.12 Congelar Painéis

Quando você congela painéis, o Excel mantém linhas ou colunas específicas visíveis durante a rolagem na planilha. Por exemplo, se a primeira linha da planilha contiver rótulos, será possível congelá-la para garantir que os rótulos das colunas permaneçam visíveis enquanto você rola para baixo na planilha.

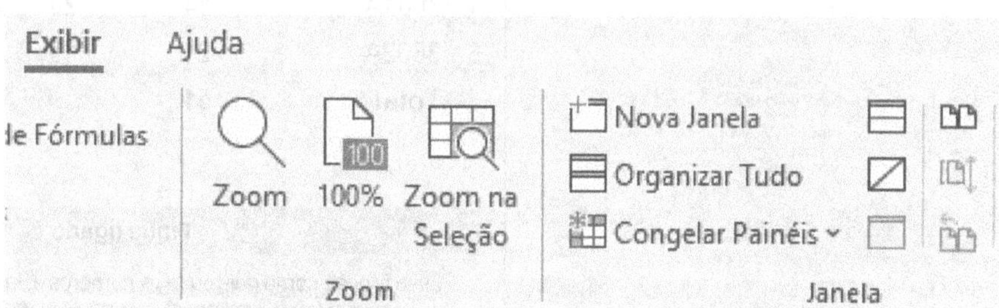

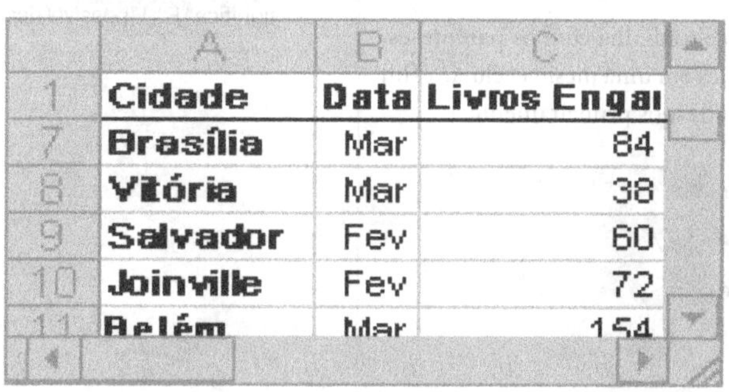

2.6.13 Dividir

- **Dividir**: Ao dividir divide painéis, o Excel cria duas ou quatro áreas separadas da planilha que podem ser roladas individualmente, enquanto as linhas e colunas da área não rolada permanecem visíveis.

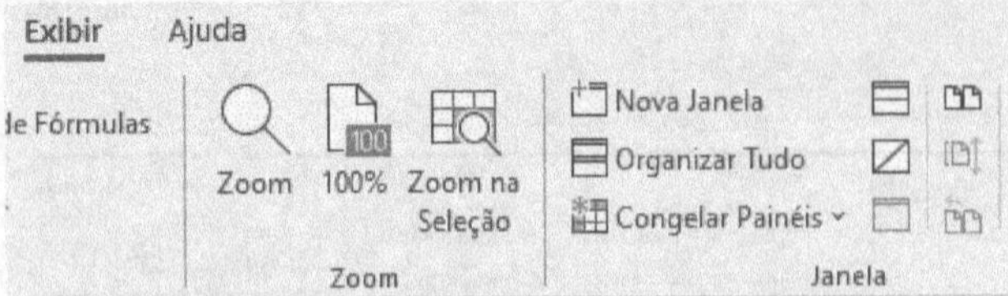

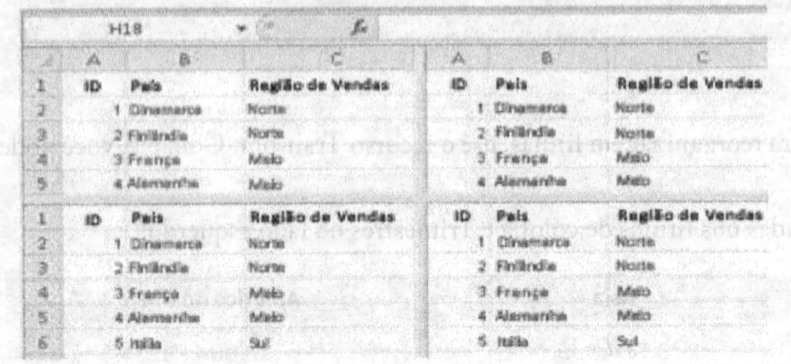

2.6.14 Utilização de fórmulas

A planilha do Excel reconhece um cálculo ou fórmula quando se inicializa a célula com o sinal de igual (=). E, além do sinal de = uma fórmula também pode ser precedida por: + (mais) ou - (menos).

Assim, é possível, por exemplo, somar em uma célula C3, o valor de uma célula A3 mais o valor de uma célula B3, como também, pode-se multiplicar, dividir, subtrair ou inserir outras fórmulas.

2.6.15 Operadores

OPERADOR ARITMÉTICO	SIGNIFICADO	EXEMPLO
+ (sinal de mais)	Adição	3+3
– (sinal de menos)	Subtração Negação	3–1 –1
* (asterisco)	Multiplicação	3*3
/ (sinal de divisão)	Divisão	3/3
% (sinal de porcentagem)	Porcentagem	20%
^ (acento circunflexo)	Exponenciação	3^2

OPERADOR DE COMPARAÇÃO	SIGNIFICADO	EXEMPLO
= (sinal de igual)	Igual a	A1=B1
> (sinal de maior que)	Maior que	A1>B1
< (sinal de menor que)	Menor que	A1<B1
>= (sinal de maior ou igual a)	Maior ou igual a	A1>B1
<= (sinal de menor ou igual a)	Menor ou igual a	A1<B1
<> (sinal de diferente de)	Diferente de	A1<>B1

OPERADOR DE TEXTO	SIGNIFICADO	EXEMPLO
& (E comercial)	Conecta, ou concatena, dois valores para produzir um valor de texto contínuo	("North"&"wind")

É importante ressaltar que o Excel trabalha com os parênteses, quando se pretende fazer vários cálculos em uma mesma célula, a fim de priorizar aqueles que devem ser realizados primeiramente.

1ª prioridade - % e ^
2ª prioridade - * e /
3ª prioridade - + e -

O valor médio do intervalo B1:B10 na planilha denominada Marketing na mesma pasta de trabalho.

Nome da planilha | Referência à célula ou ao intervalo de células na planilha

=MÉDIA(Marketing!B1:B10)

Separa a referência de planilha da referência de célula

PARA SE REFERIR A	USE
A célula na coluna A e linha 10	A10
O intervalo de células na coluna A e linhas 10 a 20	A10:A20
O intervalo de células na linha 15 e colunas B até E	B15:E15
Todas as células na linha 5	5:5
Todas as células nas linhas 5 a 10	5:10
Todas as células na coluna H	H:H
Todas as células nas colunas H a J	H:J
O intervalo de células nas colunas A a E e linhas 10 a 20	A10:E20

Observe que o nome da planilha e um ponto de exclamação (!) precedem a referência de intervalo.

2.7 Funções

Funções são fórmulas predefinidas que efetuam cálculos usando valores específicos, denominados argumentos, em uma determinada ordem ou estrutura. As funções podem ser usadas para executar cálculos simples ou complexos.

2.7.1 SOMA

=SOMA(arg1;arg2;...;arg30)
=soma(a1:a5)
=soma(a1:a5;5)
=soma(a3;5;c1:c20)

B6 | f_x =SOMA(B3:B5)

	A	B	C	D	E
1					
2	**Turma**	**Meninos**	**Meninas**	**Total**	
3	2504B	16	17		
4	7001A	14	20		
5	3602A	21	19		
6	**Total**	51			
7					

Fique ligado

Essa função soma dois ou mais números. É importante notar que a referência: (dois pontos) significa "ATÉ" e a referência ; (ponto e vírgula) significa "E". É possível usar os dois sinais numa mesma função.

2.7.2 MÉDIA

=MÉDIA(arg1;arg2;...;arg30)
=média(a1:a5)
=média(a1:a5;6)
=média(a3;2;c1:c10)

B6 | f_x =MÉDIA(B3:B5)

	A	B	C	D	E
1					
2	**Turma**	**Meninos**	**Meninas**	**Total**	
3	2504B	16	17		
4	7001A	14	20		
5	3602A	21	19		
6	**Total**	17			
7					

Fique ligado

A função MÉDIA soma os argumentos e divide pelo número de argumentos somados.
Por exemplo: MÉDIA(a1:a5)
A média, nesse exemplo, será a soma de a1, a2, a3, a4 e a5 dividido por 5.

2.7.3 MÁXIMO

Mostra o maior valor no intervalo.

=MÁXIMO(arg1;arg2;...arg30)
=máximo(c1:c10)
=máximo(c1:c10;3)

B6 | f_x =MÁXIMO(B3:B5)

	A	B	C	D	E
1					
2	**Turma**	**Meninos**	**Meninas**	**Total**	
3	2504B	16	17		
4	7001A	14	20		
5	3602A	21	19		
6	**Total**	21			
7					

2.7.4 MÍNIMO

Mostra o menor valor no intervalo.

=MÍNIMO(arg1;arg2;...arg30)
=mínimo(c1:c10)
=mínimo(c1:c10;3)

B6 | f_x =MÍNIMO(B3:B5)

	A	B	C	D	E
1					
2	**Turma**	**Meninos**	**Meninas**	**Total**	
3	2504B	16	17		
4	7001A	14	20		
5	3602A	21	19		
6	**Total**	14			
7					

2.7.5 MAIOR

Você pode usar esta função para selecionar um valor de acordo com a sua posição relativa. Por exemplo, você pode usar MAIOR para obter o primeiro, o segundo e o terceiro resultado e assim por diante.

Neste caso, o EXCEL deve mostrar o terceiro maior valor encontrado no intervalo A1:C3. O número 3 após o ";" é que indica essa posição.

=MAIOR(a1:c3;3)

C5 | f_x =MAIOR(A1:C3;3)

	A	B	C	D	E
1	2	3	5		
2	4	7	1		
3	6	8	0		
4					
5			6		
6					

2.7.6 MENOR

Você pode usar esta função para selecionar um valor de acordo com a sua posição relativa. Por exemplo, você pode usar MENOR para obter o primeiro, segundo e terceiro resultados para obter o primeiro, o segundo e o terceiro resultado e assim por diante.

=MENOR(a1:c3;3)

Neste caso quero que o EXCEL mostre o terceiro menor valor encontrado no intervalo A1:C3.

C5 | f_x =MENOR(A1:C3;3)

	A	B	C	D	E
1	2	3	5		
2	4	7	1		
3	6	8	0		
4					
5			2		
6					

2.7.7 CONT.SE

Realiza a contagem de todas as células de um intervalo que satisfazem uma determinada condição.

=CONT.SE(intervalo;condição)
=cont.se(c3:c8;">=2")
=cont.se(c3:c8;a2)

f_x =CONT.SE(C3:C8;C4)

C	D	E	F
5			
5			
25			
2			

Perceba que no exemplo queremos que o Excel conte o número de células que contenham o valor referido em C4 (condição), ou seja, o valor 5. As células que o Excel deve procurar e contar esse valor são as células C3 até C8 (intervalo). Nesse caso temos o resultado 2.

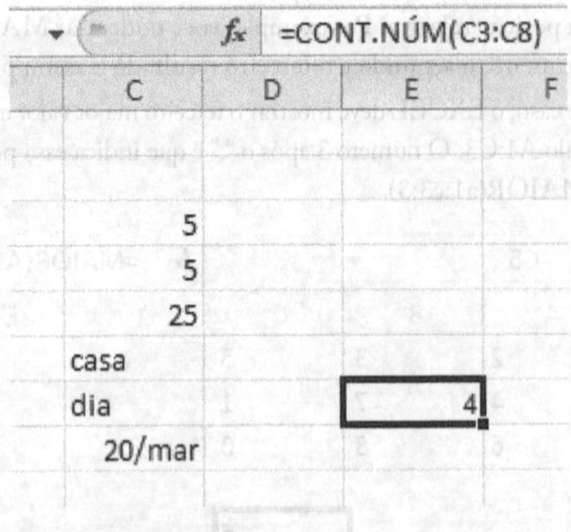

2.7.8 CONT.NÚM

Conta quantas células contêm números.

| =CONT.NÚM(intervalo)

2.7.9 CONT.VALORES

Conta o número de células que não estão vazias em um intervalo.

| =CONT.VALORES(intervalo)

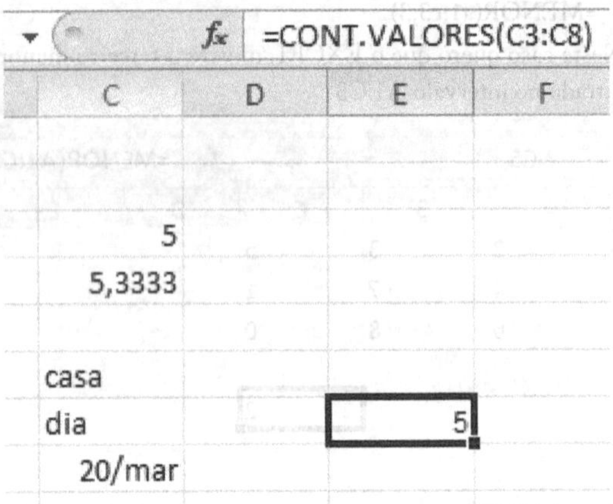

2.7.10 CONCATENAR

A função **CONCATENAR** agrupa cadeias de texto. Os itens agrupados podem ser texto, números, referências de células ou uma combinação desses itens. Por exemplo, se sua planilha contiver o nome de uma pessoa na célula A1 e o sobrenome da pessoa na célula B1, você poderá combinar os dois valores em outra célula usando a seguinte fórmula:

=CONCATENAR(A1;" ";B1)

O segundo argumento neste exemplo (" ") é um caractere de espaço. É preciso especificar quaisquer espaços ou pontuação que você deseja que sejam exibidos nos resultados como um argumento entre aspas.

Você também pode usar o caractere & para concatenar:

=CONCATENAR(A2&B2&" -"&C2&"anos")

ou

=A2&" "&B2&" - "&C2&" "&"anos"

ou ainda

=CONCATENAR(A2&" ";B2;"-"&C2&"anos")

Todas as formas estão corretas.

No exemplo abaixo, o examinador pediu que na célula C4 aparecesse o nome que está em A2, mais o sobrenome que está em B2 e a idade que está em C3, com devidos espaços e a palavra anos.

Os espaços e a palavra anos estão entre aspas, pois não são conteúdo de nenhuma célula e são textos. Textos devem ficar entre aspas nas fórmulas do Excel.

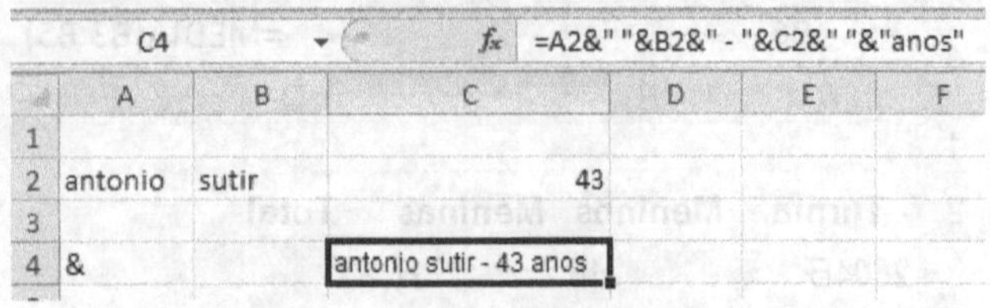

Podemos usar a função **CONCATENAR**:

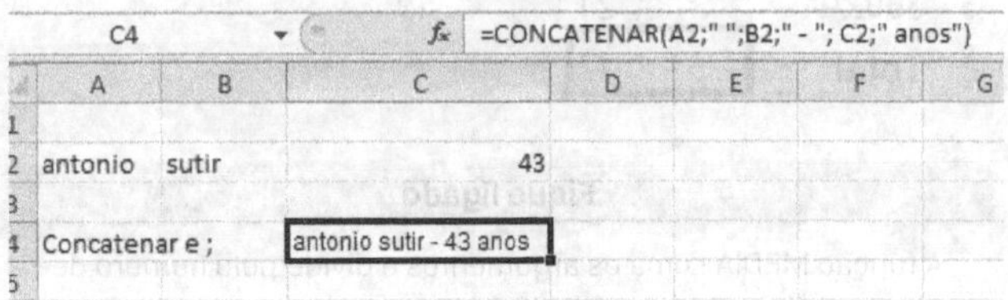

Podemos usar a função **CONCATENAR** e o operador de texto &:

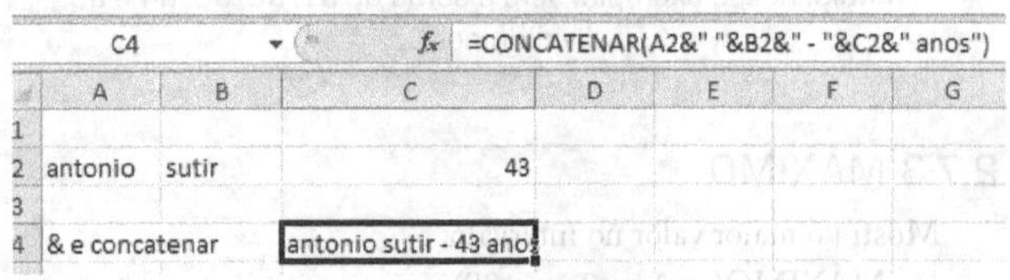

Podemos usar a função **CONCATENAR**, o operador de texto & e;.

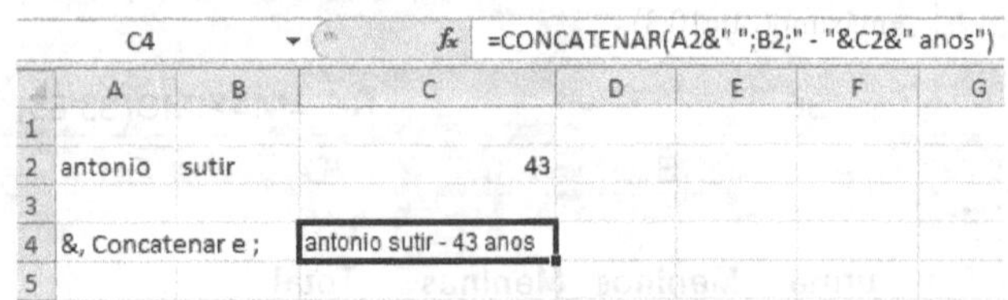

2.7.11 E

TODOS os argumentos devem ser verdadeiros.

=E(E2>=7;F2>=75)

Então, temos a função E e as condições separadas por ";".

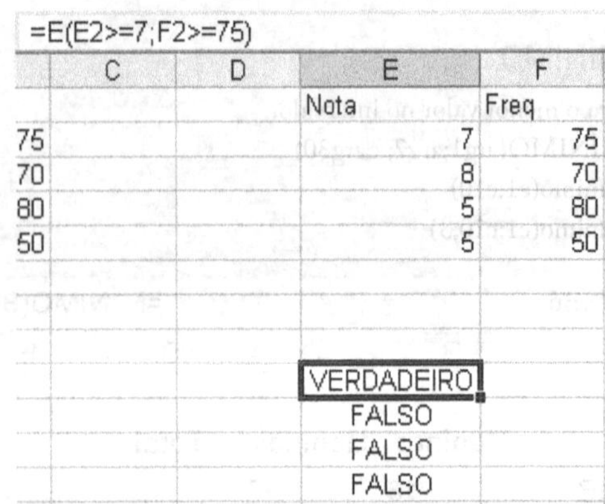

2.7.12 OU

Apenas um dos argumentos precisa ser verdadeiro.

=OU(E2>=7;F2>=75)

Então, temos a função OU e as condições separadas por ";".

=OU(E2>=7;F2>=75)

C	D	E	F	G
		Nota	Freq	
75		7	75	
70		8	70	
80		5	80	
50		5	50	
		VERDADEIRO		
		VERDADEIRO		
		VERDADEIRO		
		FALSO		

2.7.13 SOMASE

| =SOMASE(intervalo;condição)
| =SOMASE(c1:c10;">5")

Nesse caso, o Excel realizará a soma apenas das células no intervalo C1 até C10 que contenham valores maiores que 5. Outros números são ignorados. Realiza a soma de todos os valores de um intervalo que satisfazem uma determinada condição.

A função SOMASE pode assumir a seguinte sintaxe:

| SOMASE(intervalo, critérios, [intervalo_soma])

fx =SOMASE(C1:C10;">5")

C	D	E
3		
3		
3		
3		
3		
3		
33		
3		
8		
4		
41		

Uma planilha do Microsoft Excel apresenta os valores a seguir.

	A	B
1	23	5
2	12	8
3	32	7
4	17	9
5	11	3
6		

Assinale a alternativa que apresenta, corretamente, o resultado gerado pela fórmula =SOMASE(A1:A5; ">15";B1:B5).

a) 0

b) 21

c) 32

d) 72

e) 95

Veja o resultado diretamente em uma planilha do Excel:

A7 fx =SOMASE(A1:A5; ">15";B1:B5)

	A	B	C	D	E	F	G
1	23	5					
2	12	8					
3	32	7					
4	17	9					
5	11	3					
6							
7	21						
8							

Agora vamos entender este resultado!

| =SOMASE(A1:A5; ">15";B1:B5)

A função Somase, neste caso em que tenho o intervalo da soma definido, irá fazer com que o Excel selecione o intervalo indicado: A1:A5, obedeça a condição que é: >15, mas some os valores que constam nas células correspondentes: B1:B5.

Então o Excel irá somar os valores 5, 7 e 9, pois esses valores estão no intervalo B1:B5 e correspondem aos valores 23, 32 e 17 que estão no intervalo A1:A5 e que obedecem a condição: ser >5.

2.7.14 MÉDIASE

=MÉDIASE(B2:B5;"<23000")

Retorna a média (média aritmética) de todas as células em um intervalo que satisfazem um determinado critério.

2.7.15 SE

Retorna valores diferentes dependendo do resultado de uma expressão.

É usada para testar condições, ou seja, se a condição especificada equivaler à verdadeira e a outra se equivaler a falsa.

=SE(teste_lógico;valor_se_verdadeiro;valor_se_falso)

Fique ligado

O "SE" funciona como todos os "SEs" da nossa vida: SE chover não vou à praia, SE eu tiver dinheiro vou à festa, SE eu tiver média final igual ou maior que 7,0 sou aprovado no colégio. Sim, SE você estudar com certeza vai passar no concurso! É lógica pura!

No exemplo a seguir temos um boletim escolar, em que o aluno que tiver nota igual ou maior a 7,0 será aprovado, senão será reprovado.

G7 fx =SE(F7>=7;"Aprovado";"Reprovado")

	F	G	H	I	J	K	L
1	de médi						
2							
3							
4							
5							
6	Média	Situação					
7	8,0	Aprovado					
8	7,0	Aprovado					
9	3,8	Reprovado					
10	8,5	Aprovado					
11	7,5	Aprovado					
12	7,8	Aprovado					
13	8,8	Aprovado					
14							

Vamos entender:

=SE -> aqui tenho a função

A função SE é uma pergunta com duas possíveis respostas: SIM ou NÃO:

F7>=7 -> Aqui tenho a pergunta: F7 é igual ou maior a 7?

Ao verificar a célula F7, ela contém a média 8,0. Logo, 8,0 é maior que 7, então, a resposta da pergunta anterior é SIM. Ao responder SIM à pergunta (condição), o Excel mostra a resposta especificada na função

TEC INF

que está logo após o ";", neste caso a palavra "Aprovado". Ao responder NÃO à pergunta, o Excel mostra a segunda resposta especificada na função, após o ";", neste caso a palavra "Reprovado".

2.8 Aninhar uma função dentro de outra função

As funções aninhadas usam uma função como um dos argumentos de outra função.

A fórmula a seguir soma um conjunto de números (G2:G5) somente se a média de outro conjunto de números (F2:F5) for maior que 50. Caso contrário, ela retorna 0. Analise também a planilha.

G9

	F	G
1	5	5
2	2	2
3	2	2
4	2	2
5	2	2
6		

=SE(MÉDIA(F2:F5)>50;SOMA(G2:G5);0)

As funções MÉDIA e SOMA são aninhadas na função SE.

Como resolver essa função? **Por partes!**

Primeiro devemos lembrar que a função Se é uma pergunta que pode ter apenas dois tipos de resposta: Ou SIM, ou NÃO. E que a pergunta está antes do primeiro ";". Caso a resposta seja SIM o EXCEL retornará o que estiver entre os dois ";". Caso a resposta seja NÃO o EXCEL retornará o que estiver após o segundo ";".

Vamos em busca da pergunta:

=SE(MÉDIA(F2:F5)>50;SOMA(G2:G5);0)

A pergunta é: MÉDIA(F2:F5)>50

Na planilha fornecida devemos observar os valores e calcular a Média:

Média(F2:F5) => (2 + 2 + 2 + 2)/4 = 2

A média é 2.

A pergunta é: 2>50?

A resposta é NÃO.

Então o EXCEL retornará o que está após o segundo ";" que é 0 (zero).

2.8.1 SE Aninhado

A função SE nos permite definir apenas 2 valores de retorno, porém muitas vezes precisamos de 3, 4 ou mais valores de retorno. Nestes casos utilizamos a função SE Aninhado.

Revisão de Texto | Idioma | Comentários

C3 =SE(B3=0;A3*A10;SE(B3=1;A3*A11;SE(B3>=2;0)))

	A	B	C	D	E	F	G	H	I
1	Salario	Faltas	Gratificação	Total					
2									
3	1280	0	128	1408					
4									
5									
6									
7									
8									
9	Gratificação	Faltas							
10	10%	0							
11	5%	1							
12	0%	2 ou mais							
13									
14									
15									

Nesse exemplo temos uma empresa e sua folha de pagamentos. A empresa oferece gratificação aos funcionários que não faltam ou faltam apenas uma vez.

Dessa forma a pergunta que faço para começar a desenvolver a função é: Se o funcionário não faltar quanto ele recebe de gratificação? Basta olhar na célula A10 onde tenho o valor da gratificação que é de 10% sobre o salário. Então veja:

- Se o funcionário não faltar recebe salário acrescido de 10% de gratificação.
- Se o funcionário faltar apenas 1 vez ele recebe salário acrescido de 5% de gratificação.
- Se o funcionário faltar 2 ou mais vezes, recebe apenas o salário.

Agora é colocar essas regras na função. Perceber que o número de faltas está na célula B3, o salário na A3 e as regras para Gratificação nas células A9:B12. Certo?

Feito isso, vamos à função:

=SE(B3=0;A3*A10;SE(B3=1;A3*A11;SE(B3>=2;0)))

Ou seja: SE(B3 {número de faltas} =0;A3 {Salário}) *A10 {Valor da Gratificação}) ;SE {Senão, caso não atenda a condição anterior}(B3 {número de faltas} =1;A3 {Salário}) *A11{Valor da Gratificação});-SE(B3 {número de faltas}) >=2;0 {Não recebe nada de gratificação})))

Obs.: O texto em vermelho entre chaves refere-se a comentários sobre dados da função. Não fazem parte da função.

Ainda podemos escrever a função dessa forma:

=SE(B3=0;A3*A10;SE(B3=1;A3*A11;0))

Nesse caso, não desenvolvemos o último SE. Colocamos um ";" que se comporta como um SENÃO. Ou seja, se não forem satisfeitas as condições dos SEs anteriores o Excel fará o que houver após este último ";".

2.8.2 SES

A função SES verifica se uma ou mais condições são satisfeitas e retorna um valor que corresponde à primeira condição VERDADEIRO. A função SES pode ser usada como substituta de várias instruções SE aninhadas, além de ser muito mais fácil de ser lida quando condições múltiplas são usadas.

=SES(F2=1;D2;F2=2;D3;F2=3;D4;F2=4;D5;F2=5;D6;F2=6;-D7;F2=7;D8)

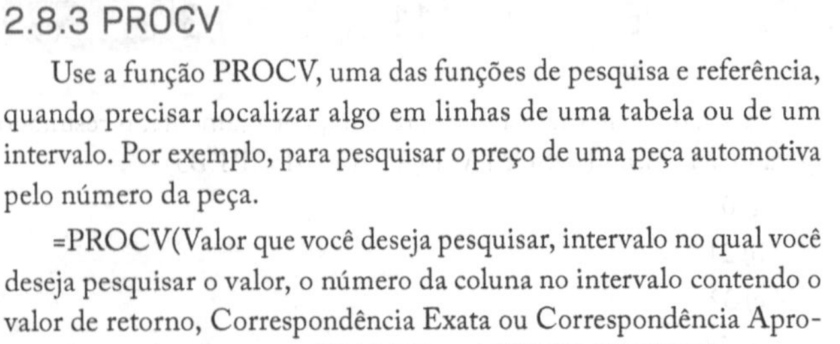

2.8.3 PROCV

Use a função PROCV, uma das funções de pesquisa e referência, quando precisar localizar algo em linhas de uma tabela ou de um intervalo. Por exemplo, para pesquisar o preço de uma peça automotiva pelo número da peça.

=PROCV(Valor que você deseja pesquisar, intervalo no qual você deseja pesquisar o valor, o número da coluna no intervalo contendo o valor de retorno, Correspondência Exata ou Correspondência Aproximada – indicado como 0/FALSO ou 1/VERDADEIRO).

D14 =PROCV(D13;B2:E11;3;FALSO)

	A	B	C	D	E
1	ID do fornecedor	Número da peça	Nome da peça	Preço da peça	Status
2	SP301	A001	Bomba d'água	R$ 68,39	Em estoque
3	SP302	A002	Alternador	R$ 380,73	Em estoque
4	SP303	A003	Filtro de ar	R$ 15,40	Em estoque
5	SP304	A004	Rolamento de roc	R$ 35,16	Em estoque
6	SP305	A005	Silenciador	R$ 160,23	Em estoque
7	SP306	A006	Bandeja de óleo	R$ 101,89	Indisponível
8	SP307	A007	Pastilhas de freio	R$ 65,99	Em estoque
9	SP308	A008	Discos de freio	R$ 85,73	Indisponível
10	SP309	A009	Farol	R$ 35,19	Em estoque
11	SP310	A010	Cabo de freio	R$ 15,49	Em estoque
12					
13		Número da peça		A008	
14		Preço da peça		R$ 85,73	5

- D13 é o valor_procurado ou o valor que você deseja pesquisar.
- B2 a E11 (realçados em amarelo na tabela) é a matriz_tabela ou o intervalo onde o valor de pesquisa está localizado.
- 3 é o núm_índice_coluna ou o número de coluna na matriz_tabela que contém o valor de retorno. Neste exemplo, a terceira coluna da matriz de tabela é Preço da Peça, portanto, o resultado da fórmula será um valor da coluna Preço da Peça.
- FALSO é o intervalo_pesquisa, portanto, o valor de retorno será uma correspondência exata.
- O resultado da fórmula PROCV é 85,73, o preço dos Rotores de freio.

Há quatro informações que serão necessárias para criar a sintaxe da função PROCV:

- O valor que você deseja pesquisar, também chamado valor de pesquisa.
- O intervalo onde o valor de pesquisa está localizado. Lembre-se de que o valor de pesquisa deve estar sempre na primeira coluna no intervalo para que a função PROCV funcione corretamente. Por exemplo, se o valor de pesquisa estiver na célula C2, o intervalo deve começar com C.
- O número da coluna no intervalo que contém o valor de retorno. Por exemplo, se você especificar B2:D11 como o intervalo, deverá contar B como a primeira coluna, C como a segunda e assim por diante.
- Se preferir, você pode especificar VERDADEIRO se quiser uma correspondência aproximada ou FALSO se quiser que uma correspondência exata do valor de retorno. Se você não especificar nada, o valor padrão será sempre VERDADEIRO ou correspondência aproximada.

2.8.4 VF

=VF(taxa,nper,pgto,[vp],[tipo])

Retorna o valor futuro de um investimento de acordo com os pagamentos periódicos e constantes e com uma taxa de juros constante.

| **=VF(2%;10;38,96)**

A sintaxe da função VF tem os seguintes argumentos:

- **Taxa**: obrigatório. A taxa de juros por período.
- **Nper**: obrigatório. O número total de períodos de pagamento em uma anuidade.
- **Pgto**: obrigatório. O pagamento feito a cada período; não pode mudar durante a vigência da anuidade. Geralmente, pgto contém o capital e os juros e nenhuma outra tarifa ou taxas. Se pgto for omitido, você deverá incluir o argumento vp.
- **Vp**: opcional. O valor presente ou a soma total correspondente ao valor presente de uma série de pagamentos futuros. Se vp for omitido, será considerado 0 (zero) e a inclusão do argumento pgto será obrigatória.
- **Tipo**: opcional. O número 0 ou 1 e indica as datas de vencimento dos pagamentos. Se tipo for omitido, será considerado 0.

B7 =VF(2%;10;-38,96)

	A	B	C
1	Taxa de Juros	Taxa	2%
2	Número de Parcelas	Nper	10
3	Valor Parcela Inicial	Pgto	38,96
4	Pagamento de cada Período		
5	que é a parcela inicial		
6			
7		R$ 426,60	
8			

2.8.5 VP

=VP(taxa, nper, pgto, [vf], [tipo])

Retorna o valor presente de um investimento. O valor presente é o valor total correspondente ao valor atual de uma série de pagamentos futuros. Por exemplo, quando você toma uma quantia de dinheiro emprestada, a quantia do empréstimo é o valor presente para o concessor do empréstimo.

=VP(2%;10;38,96)

A sintaxe da função VP tem os seguintes argumentos:

- **Taxa**: necessário. A taxa de juros por período. Por exemplo, se você tiver um empréstimo para um automóvel com taxa de juros de 10% ano e fizer pagamentos mensais, sua taxa de juros mensal será de 10%/12 ou 0,83%. Você deverá inserir 10%/12 ou 0,83%, ou 0,0083, na fórmula como taxa.
- **Nper**: necessário. O número total de períodos de pagamento em uma anuidade. Por exemplo, se você fizer um empréstimo de carro de quatro anos e fizer pagamentos mensais, seu empréstimo terá 4*12 (ou 48) períodos. Você deverá inserir 48 na fórmula para nper.
- **Pgto**: necessário. O pagamento feito em cada período. Geralmente, pgto inclui o principal e os juros e nenhuma outra taxa ou tributo. Por exemplo, os pagamentos mensais de **R$** 10.000 de um empréstimo de quatro anos para um carro serão de **R$** 263,33. Você deverá inserir -263,33 na fórmula como pgto. Se pgto for omitido, você deverá incluir o argumento vf.
- **Vf**: opcional. O valor futuro, ou o saldo, que você deseja obter depois do último pagamento. Se vf for omitido, será considerado 0 (o valor futuro de um empréstimo, por exemplo, é 0). Por exemplo, se você deseja economizar **R$** 50.000 para pagar um projeto em 18 anos, então o valor futuro será de **R$** 50.000. Você poderia então fazer uma estimativa na taxa de juros e concluir quanto economizaria por mês. Se vf for omitido, você deverá incluir o argumento pgto.
- **Tipo**: opcional. O número 0 ou 1 e indica as datas de vencimento.

B7 =VF(2%;10;-38,96)

	A	B	C
1	Taxa de Juros	Taxa	2%
2	Número de Parcelas	Nper	10
3	Valor Parcela Inicial	Pgto	38,96
4	Pagamento de cada Período		
5	que é a parcela inicial		
6			
7		R$ 426,60	
8			

2.8.6 NPER

=NPER(taxa;pgto;vp;vf;tipo)

Retorna o número de períodos para investimento de acordo com pagamentos constantes e periódicos e uma taxa de juros constante.

=NPER(2%;10;350)

A sintaxe da função NPER tem os seguintes argumentos:

- **Taxa:** é a taxa de juros por período.
- **Pgto:** é o pagamento feito em cada período; não pode mudar durante a vigência da anuidade. Geralmente, pgto contém o capital e os juros, mas nenhuma outra tarifa ou taxas.
- **Vp:** é o valor presente ou atual de uma série de pagamentos futuros.
- **Vf:** é o valor futuro, ou o saldo, que você deseja obter depois do último pagamento. Se vf for omitido, será considerado 0 (o valor futuro de um empréstimo, por exemplo, é 0).
- **Tipo:** é o número 0 ou 1 e indica as datas de vencimento.

2.8.7 Taxa

=TAXA(nper, pgto, vp, [vf], [tipo], [estimativa])

Retorna a taxa de juros por período de uma anuidade.

=TAXA(10;-38,96;426,65)

A sintaxe da função TAXA tem os seguintes argumentos:

- **Nper**: obrigatório. O número total de períodos de pagamento em uma anuidade.
- **Pgto**: obrigatório. O pagamento feito em cada período e não pode mudar durante a vigência da anuidade. Geralmente, pgto inclui o principal e os juros e nenhuma outra taxa ou tributo. Se pgto for omitido, você deverá incluir o argumento vf.
- **Vp: obrigatório.** O valor presente — o valor total correspondente ao valor atual de uma série de pagamentos futuros.
- **Vf**: opcional. O valor futuro, ou o saldo, que você deseja obter depois do último pagamento. Se vf for omitido, será considerado 0 (o valor futuro de um empréstimo, por exemplo, é 0).

Tipo: opcional. O número 0 ou 1 e indica as datas de vencimento.

2.8.8 PGTO

=PGTO(taxa, nper, vp, [fv], [tipo])

Retorna o pagamento periódico de uma anuidade de acordo com pagamentos constantes e com uma taxa de juros constante.

=PGTO(2%;36;350)

A sintaxe da função PGTO tem os seguintes argumentos:

- **Taxa:** obrigatório. A taxa de juros para o empréstimo.
- **Nper:** obrigatório. O número total de pagamentos pelo empréstimo.
- **Vp:** obrigatório. O valor presente, ou a quantia total agora equivalente a uma série de pagamentos futuros; também conhecido como principal.
- **Vf:** opcional. O valor futuro, ou o saldo, que você deseja obter após o último pagamento. Se vf for omitido, será considerado 0 (zero), ou seja, o valor futuro de um empréstimo é 0.
- **Tipo:** opcional. O número 0 (zero) ou 1 e indica o vencimento dos pagamentos.

2.8.9 ABS

=ABS(núm)

Retorna o valor absoluto de um número.

=ABS(-4)

2.8.10 AGORA

Retorna a data e hora.

=AGORA()

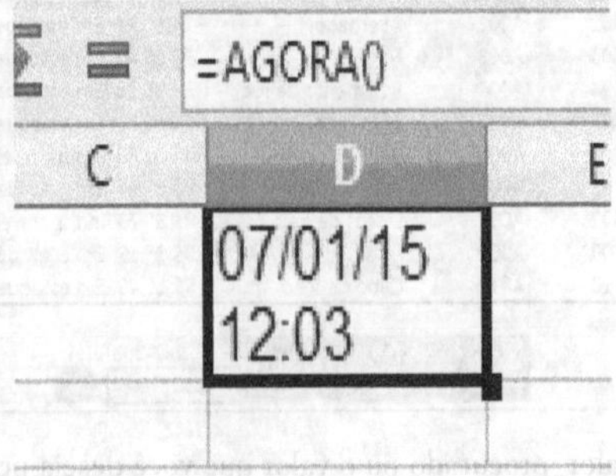

HOJE

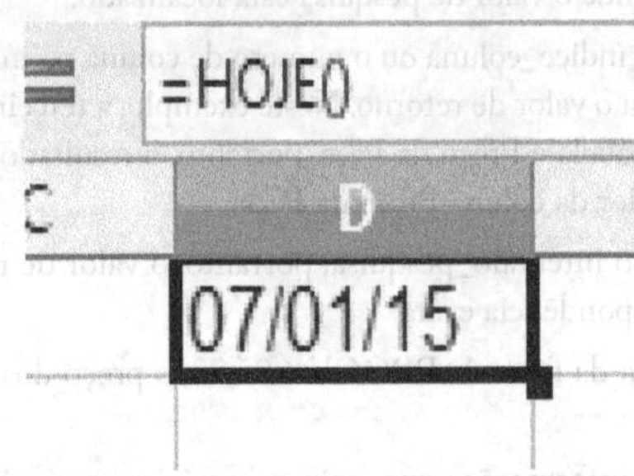

Retorna a data atual.

=HOJE()

2.8.11 DIA DA SEMANA

Fornece o dia da semana a que uma data corresponde. O Excel nos dará como resultado um número que equivale a um dia da semana. Por padrão o n.1 corresponde ao domingo.

=DIA.DA.SEMANA(data ou célula que contém a data)

=DIA.DA.SEMANA("10/11/1975")

=DIA.DA.SEMANA(B6)

2.8.12 DIAS360

Com esta função teremos o número de dias que há entre uma data inicial e uma data final.

=DIAS360(datainicial;datafinal)

=DIAS360("10/11/1975";"10/12/1975")

=DIAS360(A1;A2)

2.8.13 MULT

A função MULT multiplica todos os números especificados como argumentos e retorna o produto. Por exemplo, se as células A1 e A2 contiverem números, você poderá usar a fórmula =MULT(A1;A2) para multiplicar esses dois números juntos. A mesma operação também pode ser realizada usando o operador matemático de multiplicação (*); por exemplo, =A1 * A2.

A função MULT é útil quando você precisa multiplicar várias células ao mesmo tempo. Por exemplo, a fórmula =MULT(A1:A3;-C1:C3) equivale a =A1 * A2 * A3 * C1 * C2 * C3.

2.8.14 MOD

Retorna o resto de uma divisão.

Sintaxe: (Valor a ser dividido; divisor)

Exemplo:

=MOD(10;3)

O resultado retornado pelo Excel será 1.

2.8.15 ESCOLHER

Use núm_índice para retornar um valor da lista de argumentos de valor. Use ESCOLHER para selecionar um valor entre 254 valores que se baseie no número de índice.

=ESCOLHER(3;A1;A2;A3;A4;A5;A6;A7)

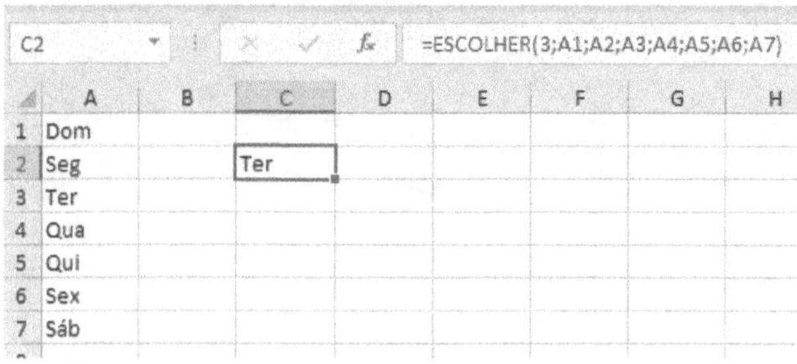

2.8.16 CORRESP

A função CORRESP procura um item especificado em um intervalo de células e retorna à posição relativa desse item no intervalo. Por exemplo, se o intervalo A1:A3 contiver os valores 5, 25 e 38, a fórmula =CORRESP(25,A1:A3,0) retornará o número 2, porque 25 é o segundo item no intervalo.

=CORRESP(25;A1:A3)

2.8.17 TRUNCAR E INT

TRUNCAR e INT são semelhantes pois ambos retornam inteiros.

TRUNCAR remove a parte fracionária do número.

INT arredonda números para baixo até o inteiro mais próximo com base no valor da parte fracionária do número.

INT e TRUNCAR são diferentes apenas ao usar números negativos: TRUNCAR(-4.3) retorna -4, mas INT(-4.3) retorna -5 pois -5 é o número mais baixo.

2.8.18 ARRED

A função ARRED arredonda um número para um número especificado de dígitos. Por exemplo, se a célula A1 contiver 23,7825 e você quiser arredondar esse valor para duas casas decimais, poderá usar a seguinte fórmula:

=ARRED(A1;2)

O resultado dessa função é 23,78

2.8.19 PRI.MAIUSCULA

Coloca em maiúscula a primeira letra e todas as outras letras que seguem um caractere que não seja uma letra em uma cadeia de texto. Converte todas as outras letras da cadeia de texto em letras minúsculas.

PRI.MAIÚSCULA(texto)

2.8.20 MAIÚSCULA

Converte o texto em maiúsculas.

MAIÚSCULA(texto)

2.9 Recursos automatizados do Excel

2.9.1 Autopreenchimento

Este recurso é utilizado para digitar sequências de texto ou números.

Perceba na imagem abaixo que há uma célula qualquer selecionada e que em seu canto direito inferior existe um pequeno quadradinho. É nele que vamos clicar e manter pressionado o mouse para utilizar este recurso. Esta é a alça de preenchimento.

Como exemplo, digite na célula A1 a palavra **Janeiro**. Posicione a seta do mouse sobre a Alça de Preenchimento. Ela irá se transformar em uma cruz. Clique com o botão esquerdo do mouse e arraste a cruz até a célula E1. Ao chegar na coluna E, libere o botão do mouse. O Autopreenchimento reconhece letras maiúsculas e minúsculas, datas, dias de semana, sequências como Mês 1 etc.

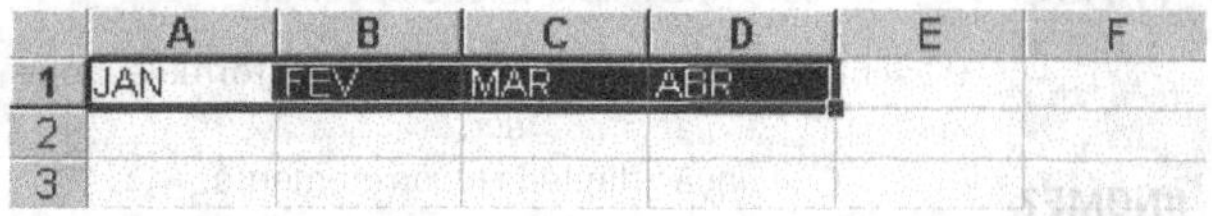

2.10 Endereço absoluto e endereço relativo

Um recurso presente em qualquer planilha é o endereçamento ou referenciamento relativo. Dá-se o nome de referenciamento relativo ao fato de que quando se atribui, por exemplo, "=A2 + 1", na célula "a5" e se copia a fórmula para a célula "A6", esta irá referenciar o valor "=A3 + 1" (observe o incremento na fórmula). O mesmo pode ser feito através da Alça de Preenchimento, que copia a fórmula, mas a incrementa conforme você arrasta no sentido Linha ou Coluna.

Nem sempre este é o comportamento desejável. Veja o exemplo:

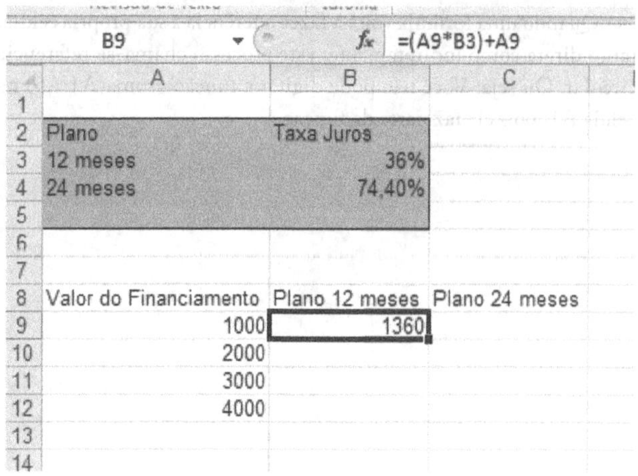

Na imagem, temos uma planilha do Excel com dados de uma empresa que empresta dinheiro, ou seja, trabalha com financiamento.

Se a pessoa emprestar qualquer valor dentre os oferecidos poderá pagar em 12 parcelas sob o juro de 36% ou em 24 parcelas sob o juro de 74,40%.

Então, trabalhamos nessa empresa, criamos a planilha com os dados especificados e que um cliente empresta R$ 1.000,00, então calculamos os juros conforme as especificações: =(A9*B3) + A9. Até aqui tudo certo!

Digamos que um segundo cliente empreste R$ 2.000,00 e para sermos mais rápidos e eficientes, apenas copiamos a fórmula da célula B9 para a B10, ou a arrastamos pela alça de preenchimento. Nesse caso, teremos um erro! Pois ao fazermos isso a função será incrementada e ficará assim: =(A10*B4) + A10, cobrando juros de 74,40% em vez de 36%.

Para lidar com esta situação precisamos fixar, ancorar a fórmula inserindo um $ em frente a especificação de Linha e/ou Coluna que desejamos fixar, que não queremos que seja alterada: =(A9*$B$3) + A9.

Dessa forma, quando copiarmos a função para outras células, a célula B3 não irá incrementar.

Em um endereço, quando se fixa a coluna e a linha simultaneamente, estamos perante um endereço absoluto.

Se a célula A3 tiver a fórmula =$A$1*A2, ao copiar a fórmula para as células B3 e C3 terão respectivamente as fórmulas:

=$A$1*B2 e =$A$1*C2.

2.11 Erros do Excel

	Significado
#DIV/0!	A função ou fórmula está efetuando uma divisão por zero.
#N/DN	Não existe valor disponível.
#NOME?	O Excel não reconhece um dos itens da fórmula. Pode ser: Função digitada incorretamente. Inclusão do texto sem aspas. Omissão de pontos que especifiquem intervalos de valores e outros.
#NULO	Interseção de valores que não se referenciam.
#NUM!	Algum número da fórmula está incorreto.
#REF!	Referência inválida na fórmula.
#VALOR!	Argumento inserido de forma errada na fórmula ou função.

2.11.1 Referência circular

Quando uma fórmula volta a fazer referência à sua própria célula, tanto direta como indiretamente, este processo chama-se referência circular. Ou seja: Você não pode digitar a função =soma(A1:A3) na célula A1, pois ela faz parte da função.

3 MICROSOFT POWERPOINT 365

O PowerPoint 365 é um aplicativo visual e gráfico, usado principalmente para criar apresentações. Com ele, você pode criar, visualizar e mostrar apresentações de slides que combinam texto, formas, imagens, gráficos, animações, tabelas e vídeos.

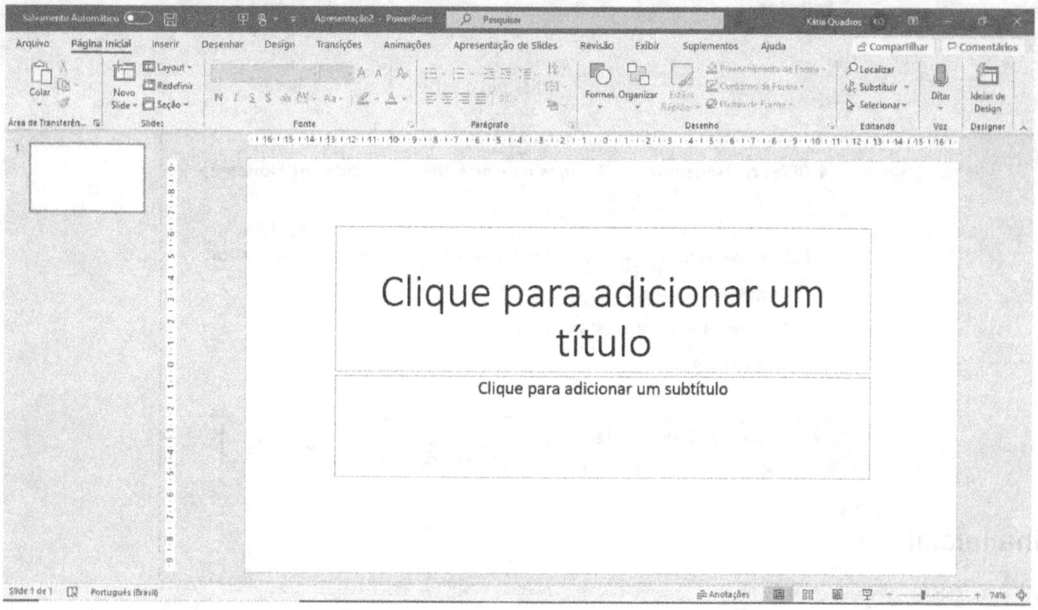

A parte principal do PowerPoint é a janela localizada à direita do aplicativo, em que é exibido o primeiro slide como padrão, perceba que este slide apresenta uma estrutura para inserção de conteúdo por meio de textos, imagens etc.

Principais extensões de arquivos:

- .pptx – extensão padrão.
- .ppsx – extensão de apresentação de slides.
- .potx – extensão modelo de arquivo.
- .odp – salva, abre, edita arquivos do LibreOffice Impress.

3.1 Arquivo

A Guia ou Menu Arquivo contém funcionalidades como Salvar, Salvar Como, Abrir, Fechar e que se comportam da mesma maneira conforme estudamos no Editor de Textos Microsoft Word 2019.

3.2 Imprimir

Na opção Imprimir, vamos trabalhar com Slides ao invés de páginas. Vamos escolher entre Imprimir Todos os Slides, Imprimir Seleção, Imprimir Slide Atual ou Imprimir um Intervalo Personalizado de Slides.

Em Folhetos, você poderá escolher o número de Slides em cada página.

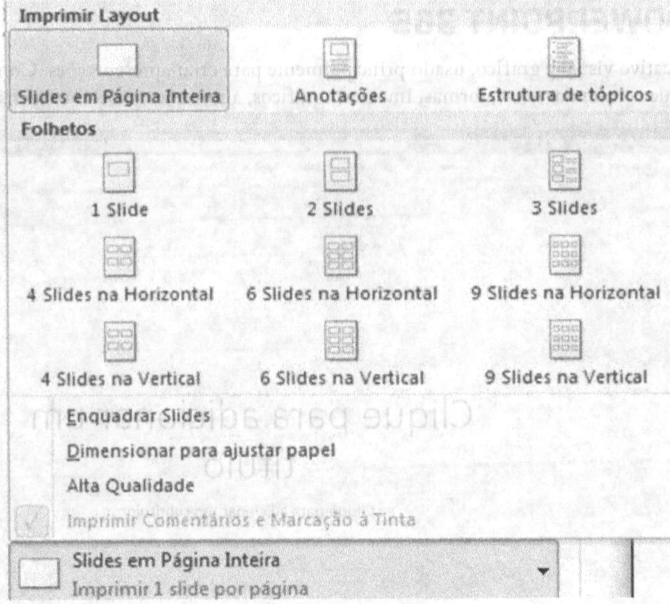

3.3 Página Inicial

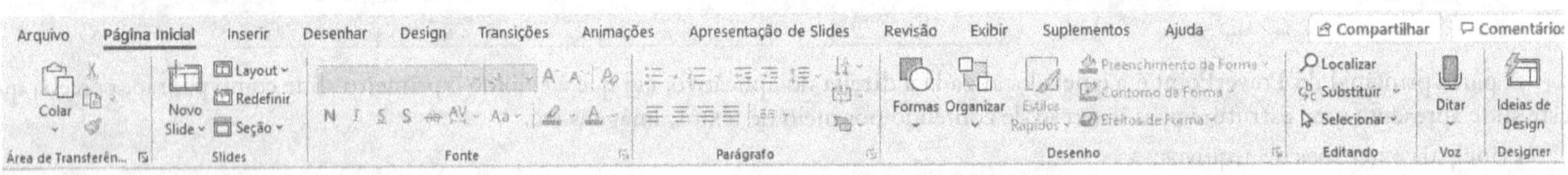

Na Guia Inicial, temos os seguintes grupos de ferramentas: Área de Transferência, Slides, Fonte, Parágrafo, Desenho e Edição.

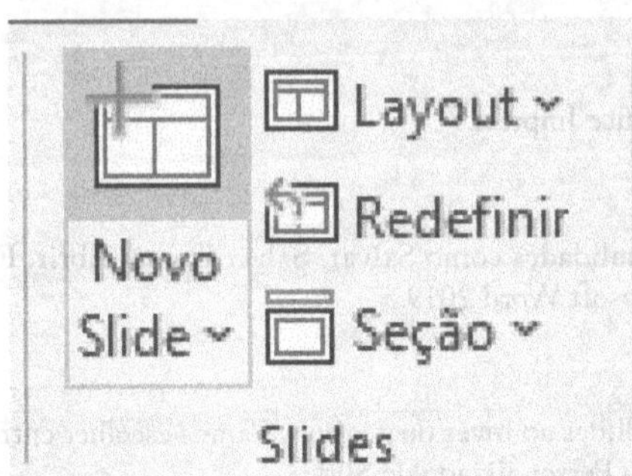

O Grupo **Slides** permite gerenciar o layout das apresentações e a inserção de novos slides personalizados. Com o botão Novo Slide, podemos inserir Novo Slide ou duplicar um slide existente.

3.4 Inserir

Aqui, temos os seguintes grupos de ferramentas: Novo Slide, Tabelas, Imagens, Ilustrações, Aplicativos, Links, Comentários, Texto, Símbolos e Mídia.

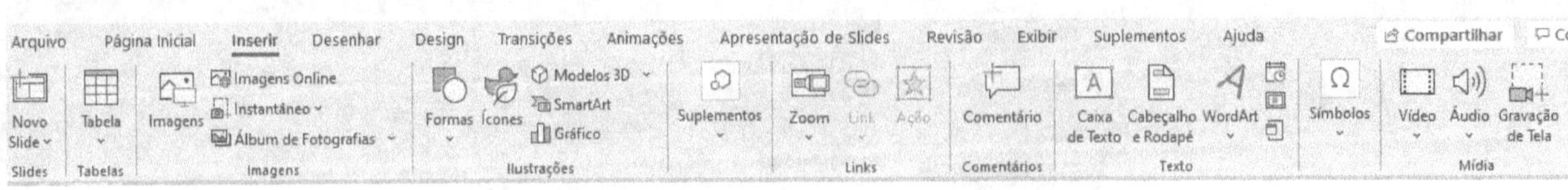

3.4.1 Álbum de Fotografias

No Grupo Imagens, temos Álbum de Fotografias. O Microsoft PowerPoint cria uma apresentação quando você usa o recurso Álbum de Fotografias. Qualquer apresentação que esteja aberta no momento no PowerPoint não será afetada por essa tarefa.

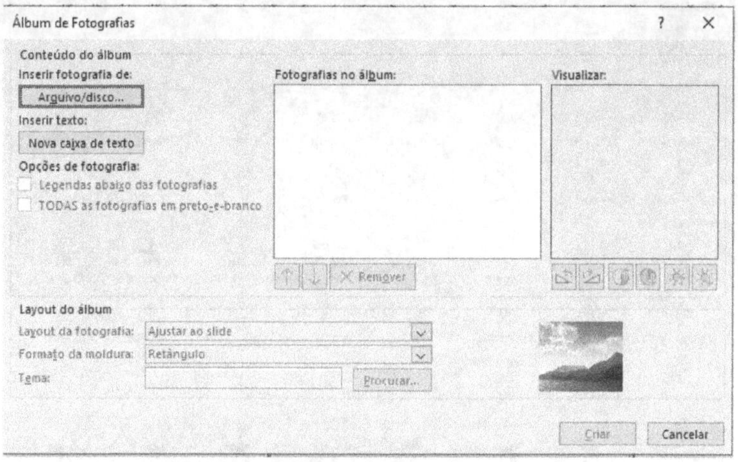

No menu Inserir, aponte para Imagem e clique em Novo álbum de fotografias.

Na caixa de diálogo Álbum de fotografias, adicione as fotos que devem aparecer no seu álbum de fotografias.

No Grupo Ilustrações / Formas temos uma funcionalidade importante: **Botões de Ação.** Um botão de ação consiste em um botão já existente que você pode inserir na sua apresentação e para o qual pode definir hiperlinks. Os botões de ação contêm formas, como setas para direita e para esquerda e símbolos de fácil compreensão referentes às ações de ir para o próximo, anterior, primeiro e último slide, além de executarem filmes ou sons.

Preste atenção ao Botão SmartArt, que permite inserir organogramas, fluxogramas e outros tipos de gráficos, conforme estudamos no Word 2019.

No grupo de ferramentas Texto temos Caixa de Texto, Cabeçalho e Rodapé, WordArt, Data e Hora, Número do Slide e Objetos.

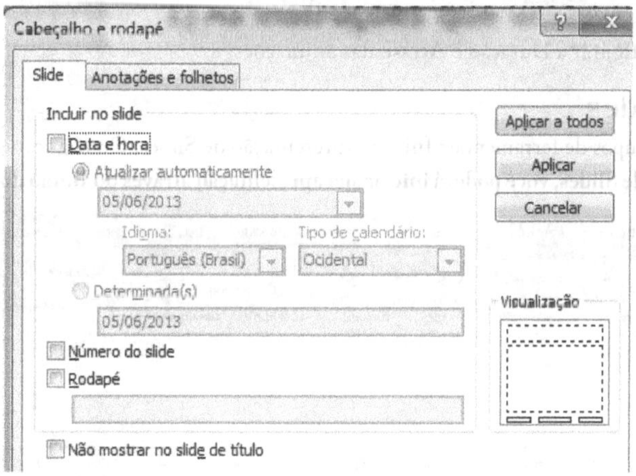

3.5 Transições

Nesta guia, configuramos o efeito durante a transição de um slide para o outro.

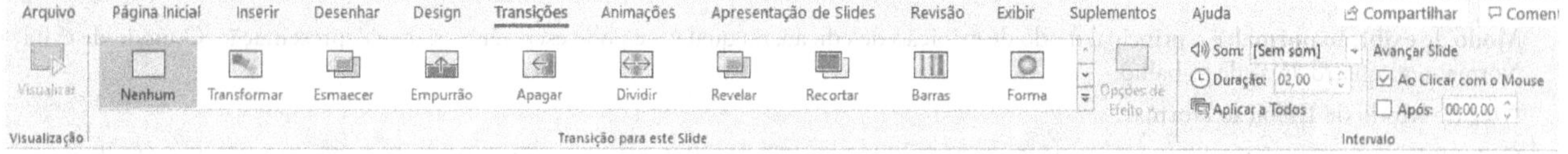

3.6 Animações

Na guia Animações, você irá escolher animações para textos e objetos das apresentações em slides.

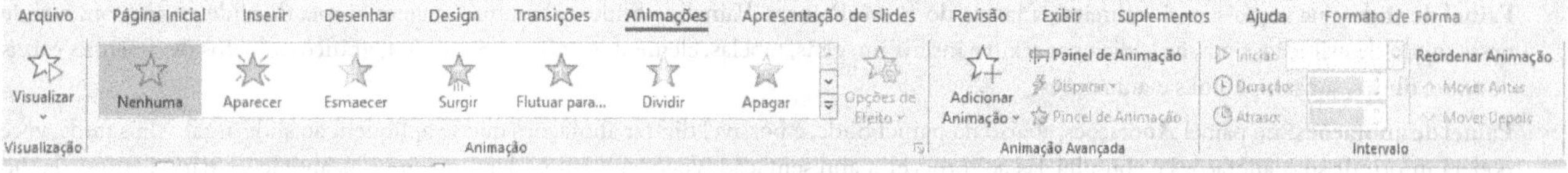

No grupo Animação, você seleciona a animação desejada para se aplicar ao texto ou objeto, bastando, para isso, selecionar o texto ou objeto desejado, escolher a animação e aplicar as configurações de intervalo, por exemplo, o tempo de duração do efeito animado.

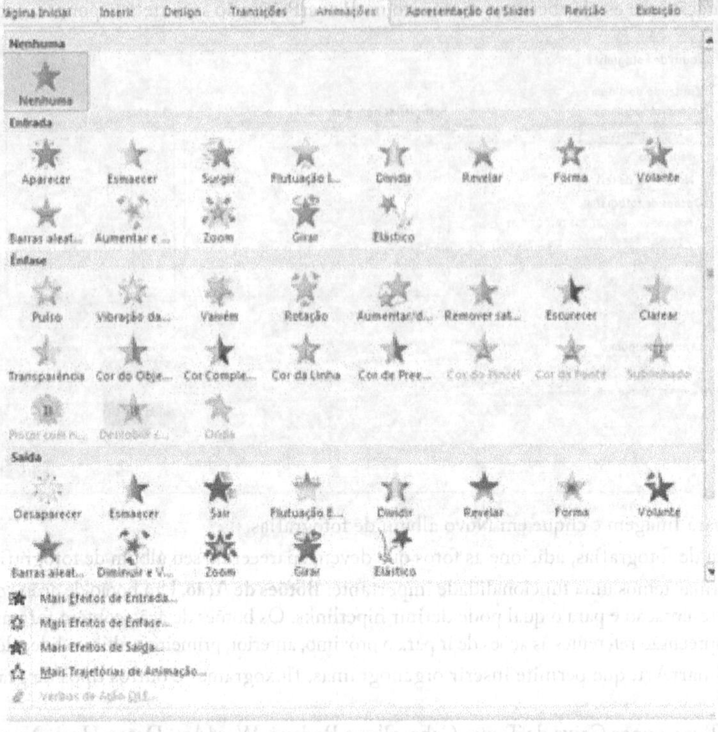

No grupo Animação Avançada, temos o botão Adicionar Animação, Painel de Animação, Disparar e Pincel de Animação que copia a animação de um objeto para outro.

No grupo Intervalo, você irá configurar a Duração e Atraso das animações.

3.7 Apresentação de slides

Esta guia contém os seguintes grupos de ferramentas: Iniciar Apresentação de Slides, Configurar e Monitores.

No grupo **Iniciar Apresentação de Slides, você poderá iniciar sua apresentação através do Botão do Começo, ou do Botão do Slide Atual.**

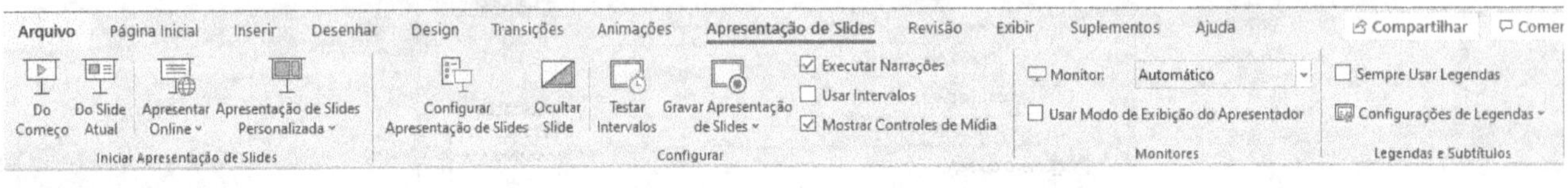

3.8 Guia Exibir

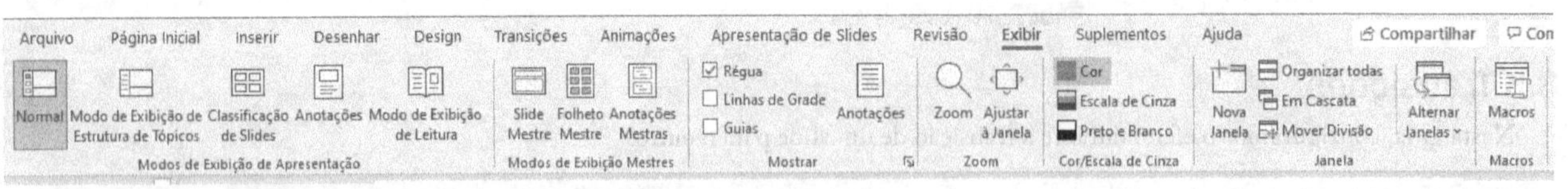

- **Modo de exibição normal:** é o principal modo de exibição de edição, no qual você pode escrever e criar sua apresentação. O modo de exibição Normal tem quatro áreas de trabalho:

  Área do Modo de Exibição Normal:
- **Guia slides:** exiba os slides da sua apresentação na forma de imagens em miniatura enquanto realiza a edição. As miniaturas facilitam a navegação pela apresentação e permitem que você veja os efeitos de qualquer alteração no design. Aqui também é possível reorganizar, adicionar ou excluir slides com facilidade.
- **Guia estrutura de tópicos:** a guia Estrutura de Tópicos mostra o texto do slide na forma de uma estrutura de tópicos.
- **Painel de slides:** na seção superior direita da janela do PowerPoint, o Painel de Slide exibe uma imagem ampla do slide atual. Com o slide nesse modo de exibição, é possível adicionar texto e inserir imagens, tabelas, elementos gráficos SmartArt, gráficos, objetos de desenho, caixas de texto, filmes, sons, hiperlinks e animações.
- **Painel de anotações:** no painel Anotações, abaixo do painel Slide, é possível digitar anotações que se apliquem ao slide atual. Mais tarde, você poderá imprimir suas anotações e consultá-las ao fornecer a apresentação. Você também poderá imprimir as anotações para distribuí-las ao público ou incluir as anotações em uma apresentação que enviar para o público ou publicar em uma página da web.

3.8.1 Classificação de slides

O modo de exibição Classificação de Slides mostra os slides em forma de miniaturas.

- **Anotações:** é possível digitar anotações que se apliquem ao slide atual.
- **Modos de exibição mestres:** tem a função de alterar o design e layout dos slides por meio dos próprios slides, folhetos ou anotações. Esta guia possui as funções Slide Mestre, Folheto Mestre, Anotações Mestras e podem ser utilizadas separadamente. Um slide mestre é o slide principal em uma hierarquia de slides que armazena informações sobre o tema e os layouts dos slides de uma apresentação, incluindo o plano de fundo, a cor, as fontes, os efeitos, os tamanhos dos espaços reservados e o posicionamento. Como os slides mestres afetam a aparência de toda a apresentação, ao criar e editar um slide mestre ou os layouts correspondentes, você trabalha no modo de exibição Slide Mestre.
- **Usar vários slides mestres (cada um com um tema diferente) em uma apresentação:** para que a sua apresentação contenha dois ou mais estilos ou temas diferentes (como planos de fundo, cores, fontes e efeitos), você precisa inserir um slide mestre para cada tema.
- **Prática recomendada para criar e trabalhar com slides mestres:** o ideal é criar um slide mestre antes de começar a criar slides individuais, e não depois. Quando você cria o slide mestre primeiro, todos os slides adicionados à apresentação são baseados nesse slide mestre e nos layouts associados. Quando começar a fazer alterações, faça-as no slide mestre.

4 REDES DE COMPUTADORES

Dois computadores conectados entre si já caracterizam uma rede. Contudo, ela normalmente é composta por diversificados dispositivos como: celulares, smartphones, tablets, computadores, servidores, impressoras, roteadores, switches, hubs, modens etc. e, devido à essa grande variedade de dispositivos, o nome genérico HOST é atribuído aos dispositivos conectados na rede.

Todo host possui um endereço que o identifica na rede, que é o endereço IP. Mas também cada peça possui um número único de fábrica que o identifica, o MAC Address.

4.1 Paradigma de comunicação

Paradigma é um padrão a ser seguido e, no caso das redes, é o modelo Cliente/Servidor. Nesse modelo, o usuário é o cliente que envia uma solicitação ao servidor; ao receber a solicitação, o servidor a analisa e, se é de sua competência, provê a informação/dado.

4.2 Dispositivos de rede

Os dispositivos de rede são citados até mesmo em provas cujo conteúdo programático não cita a matéria de hardware. E na maioria das vezes em que aparecem questões sobre o assunto, se questiona em relação à finalidade de cada dispositivo na rede, portanto, nesta seção são descritos alguns dos principais dispositivos de rede:

Modem	Modulador/demulador | Responsável por converter o sinal analógico da linha telefônica em um sinal digital para o computador e vice-versa.
Hub	Conecta vários dispositivos em rede, mas não oferece muita segurança, pois envia as informações para todos na rede.
Switch	É um dispositivo que permite interligar vários dispositivos de forma mais inteligente que o Hub, pois no switch os dados são direcionados aos destinos corretos.
Roteador	Um roteador já trabalha no nível de rede; em um mesmo roteador podemos definir várias redes diferentes. Ele também cria uma rota para os dados.
Access Point	Um Ponto de Acesso opera de forma similar a um Switch, só que em redes sem fio.
Backbone	É a estrutura principal dentro de uma rede, na internet é a espinha dorsal que a suporta, ou seja, as principais ligações internacionais.

4.3 Topologia de rede

Topologia diz respeito à estrutura de organização dos dispositivos em uma rede.

4.3.1 Barramento

Na Topologia de Barramento, todos os dispositivos estão conectados no mesmo canal de comunicação, o que torna o tráfego de dados mais lento e, se o barramento se rompe, pode isolar parte da rede.

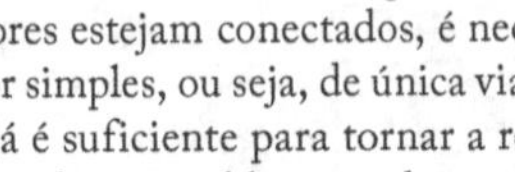

4.3.2 Anel

A estrutura em Anel conecta um dispositivo no outro; para que todos os computadores estejam conectados, é necessário que estejam ligados. Se o anel for simples, ou seja, de única via de dados, um computador desligado já é suficiente para tornar a rede inoperante para algum outro computador; o problema pode ser resolvido em partes, utilizando o anel duplo, trafegando dados em duas direções da rede, porém, se dois pontos forem desconectados, pode-se chegar à situação de duas redes isoladas.

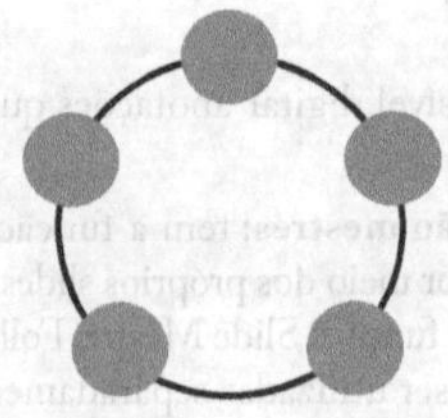

4.3.3 Estrela

Uma rede organizada em forma de estrela possui um nó centralizador. Esse modelo é um dos mais utilizados, pois um nó pode estar desconectado sem interferir no resto da rede, porém, o centro é o ponto crítico.

4.3.4 Estrela estendida

A Estrela Estendida é utilizada em situações como em uma universidade multicampi, em que um nó central é a conexão principal, a partir da qual se conecta com a internet, enquanto os outros *campi* possuem centrais secundárias como conexão entre seus computadores. A estrutura entre o nó principal e as centrais secundárias é o que chamamos de Backbone dessa rede.

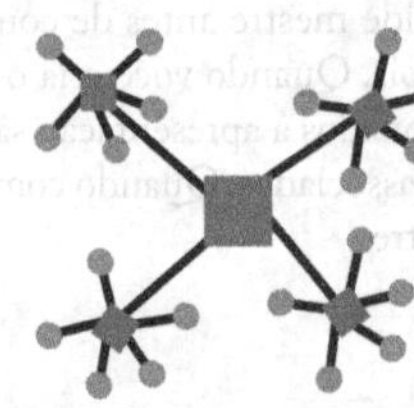

4.3.5 Malha

A conexão em malha é o modelo da internet, em que encontramos vários nós principais, mas também várias ligações entre diversos nós.

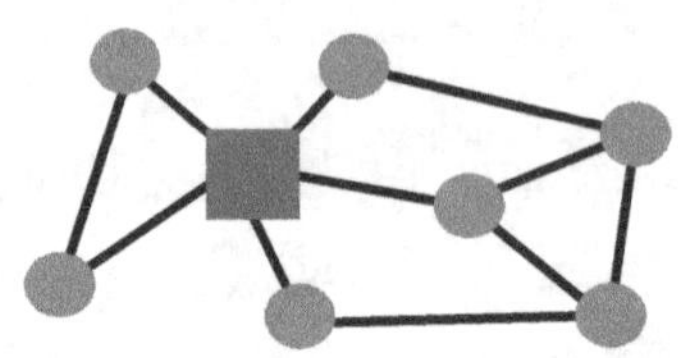

4.3.6 Pilhas de protocolos

Também colocadas pelas bancas examinadoras como modelos, as pilhas de protocolos definem um conjunto de protocolos e em quais camadas de rede devem operar.

Neste tópico temos dois tipos de questões que podem ser associados na prova. Questões que fazem relação com os tipos de redes e questões que tratam da finalidade dos principais protocolos utilizados em uma navegação na internet.

As pilhas de protocolos são:

TCP/IP	OSI

O modelo TCP/IP é o **padrão utilizado nas redes**. Mas, em redes privadas, mesmo o TCP/IP sendo padrão, pode ser implantado o modelo OSI.

Como o modelo TCP/IP é o padrão na seção seguinte são destacados os principais protocolos de navegação.

4.3.7 Principais protocolos

Um protocolo é uma regra de comunicação em redes, portanto, a transferência de arquivos, mesmo entre computadores de uma mesma rede, utiliza um protocolo como forma de padronizar o entendimento entre os dois.

HTTP

HTTP (Hyper Text Transport Protocol): é o protocolo de transferência de hipertexto. É o mais utilizado pelo usuário em uma navegação pela internet. Hipertexto consiste em um arquivo no formato HTML (HyperText Markup Language) - Linguagem de Marcação de Hipertexto.

HTML: é um arquivo que pode ser gerado por qualquer editor de texto, pois, quando é aberto no Bloco de Notas ou Wordpad, ele apresenta apenas informações de texto. No entanto, quando é aberto pelo navegador, este interpreta o código em HTML e monta o conteúdo Multimídia na página. Entende-se por conteúdo multimídia: textos, áudio, vídeos e imagens.

HTTPS

HTTPS **(Hyper Text Transport Protocol Secure)**, também conhecido como HTTP Seguro, é um protocolo que tem como diferença entre o HTTP apenas a segurança que oferece, pois, assim como o HTTP, serve para visualizar o conteúdo multimídia.

O que se questiona em relação a sua segurança é como ela é feita. O protocolo HTTPS utiliza o processo de Criptografia para manter sigilo sobre os dados transferidos entre o usuário e o servidor, para isso, são utilizados os protocolos TLS ou SSL.

Um detalhe muito importante é o de saber identificar se a navegação está sendo realizada por meio do protocolo HTTP ou pelo protocolo HTTPS. A forma mais confiável é observar a barra de endereços do navegador:

Firefox 10.02

IE 9

Google Chrome

Logo no início da barra, observamos a indicação do protocolo HTTPS, que, sempre que estiver em uso, deverá aparecer. Porém, deve-se ter muita atenção, pois, quando é utilizado o HTTP, alguns navegadores atuais têm omitido a informação no começo da barra de endereços.

Outra informação que nos ajuda a verificar se o acesso é por meio de uma conexão segura é o símbolo do cadeado fechado.

FTP

FTP (File Transport Protocol) é o protocolo de transferência de arquivos utilizado quando um usuário realiza download ou upload de um arquivo na rede.

O protocolo FTP tem como diferencial o fato de operar sobre duas portas: uma para tráfego dos dados e outra para autenticação e controle.

4.4 Firewall

O firewall pode ser software, hardware ou ambos. Ele é o responsável por **monitorar as portas da rede/computador,** permitindo ou negando a passagem dos dados na rede, seja na entrada ou saída.

É o monitor que fica na porta olhando para uma lista na qual contém as regras que um dado tem de cumprir para passar por ela. Essa lista são os protocolos, por exemplo, o Firewall monitorando a porta 80, relativa ao protocolo HTTP, o qual só trabalha com conteúdo multimídia. Então, se um arquivo .EXE tentar passar pela porta 80, ele deve ser barrado; essa é a função do Firewall.

4.5 Tipos de redes

Podemos classificar as redes de acordo com sua finalidade; neste tópico expõe-se a diferença entre as redes: internet × intranet × extranet.

4.5.1 internet

É a rede das redes, também conhecida como rede mundial de computadores.

Muitas provas citam o sinônimo WWW (World Wide Web) para internet, ou por vezes apenas web. Ela é definida como uma **rede pública** a qual todos com computador e servidor de acesso podem conectar-se.

4.5.2 intranet

É uma rede empresarial, também chamada de rede corporativa. Tem como principal característica ser uma **rede privada,** portanto, possui controle de acesso, o qual é restrito somente a pessoas autorizadas.

Uma intranet geralmente é constituída com o intuito de compartilhar recursos entre os funcionários de uma empresa, de maneira que pessoas externas não tenham acesso a eles. Os recursos compartilhados podem ser: impressoras, arquivos, sistemas, entre outros.

4.5.3 Extranet

É quando parte de uma intranet é disponibilizada por meio da internet. Também dizemos que extranet é quando duas empresas com suas distintas intranets possuem um sistema comum que acessam apenas parte de cada uma das intranets.

4.5.4 VPN

VPN é uma forma de criar uma intranet entre localizações geograficamente distantes, com um custo mais baixo do que ligar cabos entre os pontos. Para isso, emprega-se o processo de criptografia nos dados antes de enviá-los por meio da internet e, quando o dado chega na outra sede, passa pelo processo de descriptografia. Dessa maneira, quem está navegando na internet não tem acesso às informações da empresa, que continuam restritas; esse processo também é chamado tunelamento.

4.6 Padrões de infraestrutura

São padrões que definem como deve ser organizada e quais critérios precisam ser seguidos para montar uma estrutura de rede de acordo com os padrões estabelecidos pelo Instituto de Engenheiros Eletricistas e Eletrônicos (IEEE).

O padrão Ethernet define as regras para uma infraestrutura cabeada, como tipos de cabos que devem ser utilizados, distância máxima, tipos e quantidade de dispositivos, entre outras. Já o padrão 802.11 define as regras para uma estrutura wi-fi, ou seja, para a rede sem fio.

4.7 Correio eletrônico

O serviço de e-mail é outro ponto bastante cobrado nos concursos públicos. Em essência, o que se pede é se o concursando sabe sobre as diferentes formas de se trabalhar com ele.

O e-mail é uma forma de comunicação assíncrona, ou seja, no momento do envio apenas o emissor precisa estar conectado.

4.7.1 Formas de acesso

Podemos ler e escrever e-mail utilizando duas formas diferentes. O webmail ganhou mais espaço no mercado e se tornou majoritário no ramo de e-mails, mas muitas empresas utilizam ainda os clientes de e-mail.

Webmail

O webmail é uma interface de acesso para o e-mail via Browser (navegador de internet), ou seja, uma forma de visualizar o e-mail via uma página de web. Diante disso, é possível destacar que usamos os protocolos HTTP ou HTTPS para visualizar páginas da internet. Dessa forma, ao acessar sites de e-mail como Gmail, Hotmail, Yahoo! e Outlook, fazemos uso desses protocolos, sendo o HTTPS o mais usado atualmente pelos grandes serviços de e-mail, pois confere ao usuário maior segurança no acesso.

Dizemos que o webmail é uma forma de ler e escrever e-mails, dificilmente citado como forma de enviar e receber, uma vez que quem realmente envia é o servidor e não o computador do usuário.

Quando um e-mail é enviado, ele parte diretamente do servidor no qual o remetente possui conta para o servidor do serviço de e-mail do destinatário.

Cliente de e-mail

Um cliente de e-mail é um programa específico para enviar e receber mensagens de e-mail e que é, necessariamente, instalado no computador do usuário. Como exemplo temos: o Microsoft Outlook, o Mozilla Thunderbird, o Outlook Express, e o Windows Live Mail.

Os programas clientes de e-mail usam protocolos específicos para envio e recebimento das mensagens de e-mail.

Protocolos utilizados pelos clientes de e-mail

Para o envio, um cliente de e-mail utiliza o protocolo SMTP (Simple Mail Transport Protocol – Protocolo de transporte de mensagens simples). Como todo protocolo, o SMTP também opera sobre uma porta específica, que pode ser citada como sendo a porta 25, correspondente ao padrão, mas atualmente ela foi bloqueada para uso dos usuários, vindo a ser substituída pela 587.

Com isso, em questões de Certo e Errado, apenas a 587 é a correta, quando abordado sobre o usuário, pois entre servidores a 25 ainda é utilizada. Já nas questões de múltipla escolha, vale o princípio da menos errada, ou seja, se não tiver a 587, a 25 responde à questão.

Mesmo que a mensagem de e-mail possua arquivos anexos a ela, envia-se por SMTP; assim o protocolo FTP não é utilizado.

Já para o recebimento, o usuário pode optar em utilizar o protocolo POP ou o protocolo IMAP, contudo, deve ser observada a diferença entre os dois, pois essa diferença é ponto para muitas questões.

O protocolo POP tem por característica baixar as mensagens de e-mail para o computador do usuário, mas por padrão, ao baixá-las, elas são apagadas do servidor. Portanto, as mensagens que um usuário está lendo estão, necessariamente, em seu computador.

Por outro lado, se o usuário desejar, ele pode configurar o protocolo de forma que sejam mantidas cópias das mensagens no servidor, no entanto, a que o usuário está lendo, efetivamente, está em seu computador. Sobre essa característica são citadas questões relacionando à configuração a uma espécie de backup das mensagens de e-mail.

Atualmente o protocolo POP encontra-se na versão 3; dessa forma ele pode aparecer nos textos de questão como POP3, não afetando a compreensão dela. Uma vez que o usuário necessita conectar na internet apenas para baixar as mensagens, é possível que ele se desconecte da internet e mesmo assim leia seus e-mails. E, uma vez configurado o SMTP, também é possível redigir as respostas off-line, sendo necessário, no entanto, conectar-se novamente para que as mensagens possam ser enviadas.

Ao invés de utilizar o POP, o usuário pode optar em fazer uso do protocolo IMAP, que é para acesso a mensagens de e-mail, as quais, por sua vez, residem no servidor de e-mails. Portanto, se faz necessário estar conectado à internet para poder ler o e-mail por meio do protocolo IMAP.

Spam

Spam é uma prática que tem como finalidade divulgar propagandas por e-mail, ou mesmo utilizar-se de e-mails que chamem a atenção do usuário e o incentivem a encaminhar para inúmeros outros contatos, para que, com isso, levantem uma lista de contatos que pode ser vendida na internet ou mesmo utilizada para encaminhar mais propagandas.

Geralmente um spammer utiliza-se de e-mail com temas como: filantropia, hoax (boatos), lendas urbanas, ou mesmo assuntos polêmicos.

4.8 URL (Uniform Resource Locator)

É um endereço que identifica um site, um serviço, ou mesmo um endereço de e-mail. A seguir, temos um exemplo de URL; observe que podemos dividi-la em várias partes.

4.8.1 Domínio

É o nome registrado de um site para que possa ser acessado por meio da internet. Assim como a URL, um domínio também pode ser dividido em três partes.

site.com.br

O .br indica que esse site está registrado no conjunto de domínios do Brasil, que é administrado e regulamentado pelo Registro.Br, componente do Comitê Gestor de internet no Brasil (CGI).

O Registro.Br define várias normas em relação à criação de um domínio, como o tamanho máximo de 26 caracteres, a limitação para apenas letras e números e recentemente a opção de criar domínios com letras acentuadas e o caractere **ç**.

Também compete ao Registro.Br a normatização da segunda parte do domínio, representado na figura pelo **.com**. Essa informação diz respeito ao ramo de atividade a que se destina o domínio, mas não nos garante qual a real finalidade do site. A última parte, por fim, é o próprio nome do site que se deseja registrar.

4.8.2 Protocolo IP

Cada equipamento na rede ganha o nome genérico de Host, o qual deve possuir um endereço para que seja localizado na rede. Esse é o endereço IP.

O protocolo IP é o responsável por trabalhar com essa informação, para tanto, um endereço IP possui versões: IPv4 e IPv6.

Um IP também é um endereço, portanto, pode ser inserido diretamente na barra de endereços de um navegador.

O IPv4 é composto por até quatro grupos de três dígitos que atingem valor máximo de 255 cada grupo, suportando, no máximo, cerca de 4 bilhões (4.294.967.296) de endereços.

O IPv6 é uma proposta que está gradativamente substituindo o IPv4, justamente pela pouca quantidade de endereço que ele oferece. O IPv6 é organizado em 8 grupos de 4 dígitos hexadecimais, suportando cerca de 3,4 × 1038, aproximadamente 3,6 undecilhões de endereços IP.

| 0123:4567:89AB:CDEF:1011:1314:5B6C:88CC

4.8.3 DNS (Domain Name System)

O Domain Name System (em português, Sistema de Nomes de Domínios) é o responsável por traduzir (resolver por meio de consultas aos servidores Raiz da internet) um domínio para o endereço IP do servidor que hospeda (armazena) o site desejado. Esse processo ocorre em questão de segundos e obedece a uma estrutura hierárquica.

4.9 Navegadores

Navegadores são programas que permitem acesso às páginas da internet, são muitas vezes citados em provas pelo termo em inglês Browser. Como exemplo, temos: internet Explorer, Mozilla Firefox e Google Chrome. Também são cobrados os conceitos dos tipos de dados de navegação que estão relacionados aos navegadores.

4.9.1 Cache

É um armazenamento temporário. No caso dos navegadores, trata-se de uma pasta onde são armazenados os conteúdos multimídias como imagens, vídeos, áudio e inclusive textos, para que, no segundo momento em que o mesmo conteúdo for acessado, ele possa ser mostrado ao usuário mais rapidamente.

4.9.2 Cookies

São pequenas informações que alguns sites armazenam no computador do usuário. Exemplos de informações armazenadas nos cookies: senhas, obviamente que são armazenadas criptografadas; também são muito utilizados em sites de compras, para armazenar o carrinho de compras.

4.9.3 Dados de formulários

Quando preenchemos um formulário, os navegadores oferecem opção para armazenar os dados digitados em cada campo, assim, quando necessário preencher o mesmo formulário ou ainda outro formulário com campos de mesmo nome, o navegador sugere os dados já usados a fim de autocompletar o preenchimento do campo.

4.10 Conceitos relacionados à internet

Nesta seção são apresentados alguns conceitos, tecnologias e ferramentas relacionadas à internet que são cobrados nas provas dos concursos.

4.10.1 Motores de busca

Os Motores de Busca são normalmente conhecidos por buscadores. Dentre os principais estão Google, Bing (MSN) e Yahoo!.

É importante observar que, nos navegadores atuais, os motores de busca são integrados, com isso podemos definir qual se deseja utilizar, por exemplo: o Google Chrome e o Mozilla Firefox utilizam como motor de busca padrão o Google, já o internet Explorer utiliza o Bing. Essa informação é relevante, pois é possível nesses navegadores digitar os termos buscados diretamente na barra de endereços, ao invés de acessar previamente o site do motor de busca.

Busca avançada

Os motores de busca oferecem alguns recursos para otimizar a busca, como operadores lógicos, também conhecidos como operadores booleanos[1]. Dentre eles podemos destacar a negação (-). Ao realizar uma busca na qual se deseja encontrar resultados que sejam relacionados a determinado assunto, porém os termos usados são comuns a outro, podemos utilizar o sinal de menos precedendo o termo do assunto irrelevante, como o exemplo de uma questão que já caiu em prova: realizar a busca por leite e cão, contudo, se for inserido apenas estes termos na busca, muitos resultados serão relacionados a gatos e leite. Para que as páginas que contenham a palavra gato não sejam exibidas na lista de páginas encontradas, basta digitar o sinal de menos (-) antes da palavra gato (sem espaço entre o sinal e a palavra), assim a pesquisa a ser inserida no buscador fica **Cão Leite -Gato**.

1 Em referência à lógica de Boole, ou seja, a lógica que você estuda para o concurso.

Também é possível realizar a busca por uma frase exata, assim, somente serão listados os sites que contenham exatamente a mesma expressão. Para isso, basta digitar a frase desejada entre aspas duplas.

- Busca por/em domínio específico: para buscar sites que possuam determinado termo em seu nome de domínio, basta inserir o texto site: seguido da palavra desejada, lembrando que não deve haver espaço entre site: e o termo desejado. De forma similar, também pode-se utilizar **inurl: termo** para buscar sites que possuam o termo na URL.

Quando o domínio já é conhecido, é possível realizar a busca por determinado termo apenas nas páginas do domínio. Para tanto, deve-se digitar **site:Dominiodosite termo.**

- **Calculadora**: é possível, ainda, utilizar o Google como uma calculadora, bastando digitar a expressão algébrica que se deseja resolver como 2 + 2 e, como resultado da "pesquisa", é apresentado o resultado da operação.
- **Operador**: quando não se sabe exatamente qual é a palavra para completar uma expressão, pode-se completar a lacuna com um asterisco, assim o motor de busca irá entender que naquele espaço pode ser qualquer palavra.
- **Busca por tipo de arquivo:** podemos refinar as buscas a resultados que consistam apenas em determinado formato de arquivo. Para tanto, podemos utilizar o operador filetype: assim, para buscar determinado tema, mas que seja em PDF, por exemplo, pode-se digitar **filetype: pdf tema.**

Tipos de busca

Os principais motores de busca permitem realizar as buscas de forma orientada a conteúdos gerais da web, como refinar a busca para exibir apenas imagens, vídeos ou mapas relacionados aos termos digitados.

4.10.2 Chat

Um chat é normalmente citado como um bate-papo em tempo real; é a forma de comunicação em que ambos os interlocutores estão conectados (on-line) simultaneamente. Muitos chats operam com salas de bate-papo. Um chat pode ser em um site específico como o chat do UOL. Conversas pelo MSN ou Facebook podem ser consideradas como chat, desde que ambos os interlocutores estejam conectados.

4.10.3 Fórum

Também conhecidos como Listas de Discussão, os fóruns funcionam como debates sobre determinados assuntos. Em um fórum não é necessário que os envolvidos estejam conectados para receberem os comentários, pois estes ficam disponíveis para acesso futuro pelo usuário ou mesmo por pessoas que não estejam cadastradas no fórum, contudo, existem muitos fóruns fechados, nos quais só se entra por convite ou mediante aquisição. A maioria deles vincula o e-mail dos envolvidos a uma discussão, alertando-os assim, caso um novo comentário seja acrescentado.

4.10.4 Moodle

O Moodle é uma ferramenta fortemente utilizada pelo setor público, e privado, para dar suporte ao Ensino a Distância (EAD).

5 SISTEMAS DE INFORMAÇÃO

Os sistemas de informação (SI) utilizam hardware, software, redes de telecomunicações, técnicas de administração de dados computadorizadas e outras formas de tecnologia de informação (TI) para transformar recursos de dados em uma variedade de produtos de informação para consumidores e profissionais de negócios.

Um sistema é um grupo de componentes inter-relacionados que trabalham juntos visando à uma meta comum, recebendo insumos e produzindo resultados em um processo organizado de transformação.

Os conceitos de sistemas são subjacentes ao campo dos SI. Entendê-los irá ajudá-lo a compreender muitos outros preceitos na tecnologia, aplicações, desenvolvimento e administração dos sistemas de informação.

Os conceitos de sistemas o ajudam a entender:

- **Tecnologia:** as redes de computadores são sistemas de componentes de processamento de informações.
- **Aplicações:** os usos das redes de computadores pelas empresas são, na verdade, SI empresariais interconectados.
- **Desenvolvimento:** o desenvolvimento de maneiras de utilizar as redes de computadores nos negócios inclui o projeto dos componentes básicos dos SI.
- **Administração:** a administração da informática enfatiza a qualidade, o valor para o negócio e a segurança dos SI de uma organização.

Um sistema possui três componentes ou funções básicas em interação:

- **Entrada:** envolve a captação e reunião de elementos que entram no sistema.
- **Processamento:** são processos de transformação que convertem insumo (entrada) em produto.
- **Saída:** transferência de elementos produzidos na transformação até seu destino.

5.1 Feedback e controle

Os dois conceitos adicionais do conceito de sistema (entrada, processamento e saída) incluem o feedback e o controle.

Um sistema dotado de componentes de feedback e controle às vezes é chamado de sistema cibernético, ou seja, um sistema automonitorado, autorregulado.

- **Feedback:** são dados sobre o desempenho de um sistema.
- **Controle:** envolve monitoração e avaliação do feedback para determinar se um sistema está se dirigindo para a realização de sua meta. A função de controle faz os ajustes necessários aos componentes de entrada e processamento de um sistema para garantir que seja alcançada a produção adequada.

5.2 Outras características dos sistemas

Um sistema não existe em um vácuo; na verdade, ele existe e funciona em um ambiente que contém outros sistemas.

- **Subsistema:** sistema componente de um sistema maior, que, por sua vez, é seu ambiente.
- **Fronteira de sistema:** um sistema se separa de seu ambiente e de outros sistemas por meio de suas fronteiras de sistema.
- **Interface:** vários sistemas podem compartilhar o mesmo ambiente. Alguns desses sistemas podem ser conectados entre si por meio de um limite compartilhado ou interface.
- **Sistema aberto:** um sistema que interage com outros sistemas em seu ambiente é chamado de um sistema aberto (conectado com seu ambiente pela troca de entrada e saída).
- **Sistema adaptável:** um sistema que tem a capacidade de transformar a si mesmo ou seu ambiente a fim de sobreviver é chamado de um sistema adaptável.

5.2.1 Dimensões de um sistema de informação

- **Dimensão humana:** sem a ação humana, o equipamento é inútil (dimensão mais importante).
- **Dimensão tecnológica:** hardware, software, rede, internet.
- **Dimensão organizacional:** desenvolver um novo produto, preencher um pedido ou contratar um novo funcionário são exemplos de processos organizacionais.

5.2.2 Componentes de um sistema de informação

Um SI depende dos recursos de pessoal, hardware, software e redes para executar atividades de entrada, processamento, saída, armazenamento e controle que convertem recursos de dados em produtos de informação.

O modelo de sistemas de informação destaca os cinco conceitos principais que podem ser aplicados a todos os tipos de sistemas de informação.

5.2.3 Recursos dos SI

- Humanos.
- Hardware.
- Software.
- Dados.
- Rede.

5.2.4 Recursos humanos

São necessárias pessoas para a operação de todos os sistemas de informação. Esses recursos incluem os usuários finais e os especialistas em SI.

- **Usuários finais:** pessoas que usam um SI ou a informação que ele produz.
- **Especialistas em SI**: são pessoas que desenvolvem e operam sistemas de informação.
- **Analistas de sistemas:** projetam SI com base nas demandas dos usuários finais.
- **Desenvolvedores de software**: criam programas de computadores seguindo as especificações dos analistas de sistemas.
- **Operadores do sistema:** monitoram e operam grandes redes e sistemas de computadores. Incluem todos os dispositivos físicos e equipamentos utilizados no processamento de informações.
- **Máquinas:** dispositivos físicos (periféricos, computadores).
- **Mídia:** todos os objetos tangíveis nos quais são registrados dados (papel, discos).

5.2.5 Recursos de hardware

São exemplos de hardware em SI computadorizados:

- **Sistemas de computadores:** consistem em unidades de processamento central contendo microprocessadores e uma multiplicidade de dispositivos periféricos interconectados.

- **Periféricos de computador:** são dispositivos, como teclado ou mouse, para a entrada de dados e de comandos; tela de vídeo ou impressora, para a saída de informação; e discos magnéticos ou ópticos para armazenamento de recursos de dados.

5.2.6 Recursos de software

Incluem todos os conjuntos de instruções de processamento da informação.

- **Programas:** conjunto de instruções que fazem com que o computador execute uma tarefa.
- **Procedimentos:** conjunto de instruções utilizadas por pessoas para finalizar uma tarefa.

São exemplos de recursos de software:

- **Software de sistema:** um programa de SI, que controla e apoia as operações de um sistema de computador.
- **Software aplicativo:** programas que dirigem o processamento para determinado uso do computador pelo usuário final.
- **Procedimentos:** são instruções operacionais para as pessoas que utilizarão um SI.

5.2.7 Recursos de dados

Devem ser efetivamente administrados para beneficiar todos os usuários finais de uma organização.

Os recursos de dados são transformados, por atividades de processamento de informação, em uma diversidade de produtos de informação para os usuários finais.

Os recursos de dados dos SI normalmente são organizados em:

- **Bancos de dados:** são coleções de registros e arquivos logicamente relacionados. Um banco de dados incorpora muitos registros anteriormente armazenados em arquivos separados, para que uma fonte comum de registros de dados sirva muitas aplicações.
- **Bases de conhecimento:** guardam conhecimento em uma multiplicidade de formas, como fatos, regras e inferência sobre vários assuntos.

5.2.8 Dados × informações

- **Dados:** são fatos ou observações crus, normalmente sobre fenômenos físicos ou transações de negócios. Mais especificamente, os dados são medidas objetivas dos atributos (características) de entidades como pessoas, lugares, coisas e eventos.
- **Informações:** são dados processados que foram colocados em um contexto significativo e útil para um usuário final. Os dados são submetidos a um processo em que:
  - Sua forma é agregada, manipulada e organizada;
  - Seu conteúdo é analisado e avaliado;
  - São colocados em um contexto adequado a um usuário humano.

5.3 Recursos de rede

Redes de telecomunicações como internet, intranets e extranets tornaram-se essenciais ao sucesso de operações de todos os tipos de organizações e de seus SI baseados no computador.

Essas redes consistem em computadores, processadores de comunicações e outros dispositivos interconectados por mídia de comunicações e controlados por software de comunicações. O conceito de recursos de rede enfatiza que as redes de comunicações são um componente de recurso fundamental de todos os SI.

Os recursos de rede incluem:

- **Mídia de comunicações:** cabo de par trançado, cabo coaxial, cabo de fibra ótica, sistemas de micro-ondas e sistemas de satélite de comunicações.
- **Suporte de rede:** recursos de dados, pessoas, hardware e software que apoiam diretamente a operação e uso de uma rede de comunicações.

5.3.1 Entrada de recursos de dados

Os dados sobre transações comerciais e outros eventos devem ser capturados e preparados para processamento pela atividade de entrada. A entrada normalmente assume a forma de atividades de registro de dados, como gravar e editar.

Uma vez registrados, os dados podem ser transferidos para uma mídia que pode ser lida por máquina, como um disco magnético, por exemplo, até serem requisitados para processamento.

5.3.2 Papéis das aplicações de si na empresa

Os sistemas de informação desempenham três papéis vitais em qualquer tipo de organização, ou seja, eles apoiam em uma organização:

- As operações e processos da empresa;
- A tomada de decisão de empregados e gerentes;
- As estratégias para a vantagem competitiva.

5.4 Sistema de apoio à decisão (DSS)

São sistemas de computadores em nível gerencial de uma organização, que combinam dados e modelos analíticos sofisticados.

Esses sistemas possuem interface amigável para apoiar tomada de decisão. Os DSSs estão sob controle do usuário desde o princípio até a implementação final e uso diário.

Um DSS frequentemente é isolado dos outros sistemas da organização.

5.4.1 Capacidades do DSS

Um DSS deve fornecer capacidades para responder a questões e alcançar decisões. Capacidades principais que caracterizam os DSSs: representações, operações, ajudas de memória e ajudas de controle.

- **Representações:** conceitualização de informações usadas na tomada de decisão, como gráficos, tabelas, listas, relatórios e símbolos para operações de controle.
- **Operações:** manipulações de dados matemáticos e lógicos, como colher informações, gerar listas, preparar relatórios, atribuir riscos e valores, gerar estatísticas e simular alternativas.
- **Ajudas de memória:** cisões/bases de dados, bibliotecas, ligações entre visões/bases e bibliotecas e outras capacidades para refazer e atualizar a memória.
- **Ajudas de controle:** capacidades que permitem ao usuário controle das atividades do DSS. Inclui funcionalidades, como diversidade de menus e *help*, que permitem que o usuário controle as representações, operações e memórias.

5.4.2 Pessoas envolvidas com DSS

- **Profissionais/desenvolvedores:** constroem as bases de dados, bases de modelos e linguagens de controle.
- **Usuários finais/gerentes:** os DSSs devem fornecer meios para que os usuários finais controlem a sessão. Eles devem ser capazes de encontrar dados relevantes, escolher e operar modelos relevantes e controlar operações sem intervenção profissional.
- **Especialistas:** devem estar disponíveis para consulta, treinamento, conselhos e apoio, mas as sessões devem ser dirigidas pelos usuários finais.

TEC INF

5.4.3 Base de dados DSS

Coleção de dados, atuais ou históricos, obtidos por meio de várias aplicações ou grupos, organizados para fácil acesso. Contém dados extraídos de base de dados relevantes (internas e externas) e armazenados especificamente para uso do DSS.

A maioria dos DSS não tem acesso direto ao banco de dado organizacional por três razões:

- A organização quer proteger os dados de alterações acidentais ou inapropriadas;
- O processo de busca em grandes bases de dados é vagaroso e dispendioso;
- Os DSSs não criam nem atualizam dados da base de dados DSS.

5.4.4 Base de modelos

- É uma coleção de modelos analíticos e matemáticos que são facilmente acessíveis aos usuários DSS. Um **modelo** é uma representação abstrata que ilustra os componentes ou relacionamentos de um fenômeno.
- Um modelo pode ser:
  - Um modelo físico (como um modelo de avião);
  - Um modelo matemático (como uma equação);
  - Um modelo verbal (como uma descrição de um procedimento para descrever um pedido).

Cada DSS é construído para um conjunto específico de propósitos e, dependendo desses propósitos, terá a sua disposição diferentes coleções de modelos.

Os modelos mais comuns disponíveis na base de modelos são bibliotecas de modelos estatísticos, usualmente contendo: média; mediana; desvio padrão.

- **Modelos estatísticos:** podem ajudar a estabelecer relacionamentos, como vendas de produtos por idade, renda e outros fatores.
- **Modelos de otimização:** (usando programação linear) determinam alocação de recursos ótima para maximizar ou minimizar variáveis específicas, como custo ou tempo.
- **Modelos de previsão:** são frequentemente usados para prever vendas. Usuário desse tipo de modelo fornece uma série de dados históricos para projetar condições futuras e vendas, que podem resultar dessas condições. O usuário pode, então, variar essas condições futuras para determinar como elas podem afetar as vendas. Frequentemente, usa-se esse modelo para prever as ações dos competidores
- **Modelos de análise de sensibilidade:** mais usados, realizam questões "o que se", repetidamente.
- **Tipos:**
  - **Análise de sensibilidade "para frente":** usada para determinar as consequências de alterações em um ou mais fatores. Por exemplo: o que aconteceria se "elevássemos o preço em 5% ou aumentássemos o orçamento de publicidade em R$ 100.000"?
  - **Análise de sensibilidade "para trás":** usada para buscar objetivos. Por exemplo: se quero vender um milhão de unidades de um produto no próximo ano, em quanto devo reduzir o preço do produto?

5.4.5 Sistema de software DSS

- Um DSS permite fácil interação dos usuários com a base de dados e a base de modelos.
- Um DSS gerencia a criação, o armazenamento e a recuperação dos modelos na base de modelos, e integra-os com os dados na base de dados DSS.
- Um DSS fornece uma interface amigável com o usuário, que é flexível, fácil de usar e que apoia o diálogo com o DSS.

5.4.6 Interface do DSS

- Usuários do DSS geralmente são executivos, com estilos de trabalho e preferências individuais bem desenvolvidos. Frequentemente, eles têm pouca ou nenhuma experiência com computador e nenhuma paciência para aprender a usar ferramentas complexas.
- A interface deve ser relativamente intuitiva.

5.4.7 Técnicas computacionais de apoio ao DSS

- Inteligência artificial.
- Redes neurais.
- Agentes inteligentes.
- Algoritmos genéticos.
- Sistemas especialistas.

6 VISÃO GERAL SOBRE SISTEMAS DE SUPORTE À DECISÃO E INTELIGÊNCIA DE NEGÓCIO

6.1 Sistemas de Informação

Stari e Reinolds (2011) o descrevem como sendo:

"um conjunto de elementos ou componentes inter-relacionados que coleta (entrada), manipula (processo), armazena e dissemina dados (saída) e informações e fornece uma reação corretiva (mecanismo de realimentação), para alcançar um objetivo [...].

O mecanismo de realimentação é o componente que ajuda as organizações a alcançar seus objetivos, como aumentar os lucros ou melhorar os serviços ao cliente".

Entropia: a entropia é definida como sendo uma forma de medir o grau médio de incerteza a respeito de fontes de informação, o que consequentemente permite a quantificação da informação presente que flui no sistema. Todo sistema sofre deterioração, desatualização.

Entropia negativa: Há a necessidade de continuidade de desenvolvimento. O sistema precisa ser atualizado. Desenvolver forças contrárias a entropia.

Homeostase: Equilíbrio do sistema. Softwares estáveis. Sistemas multitarefas, multiprocessamento. Capaz de executar tarefas complexas.

Trata-se então de uma propriedade autorreguladora de um sistema ou organismo que permite manter o estado de equilíbrio de suas variáveis essenciais ou de seu meio ambiente.

Homeorrese: Recuperação de falhas. Arquivos reinstalados. Reinicialização do sistema. Journaling.

6.1.1 Fundamentos de Sistemas de Informações

Os sistemas de informação (SI) utilizam hardware, software, redes de telecomunicações, técnicas de administração de dados computadorizadas e outras formas de tecnologia de informação (TI) para transformarem recursos de dados em uma variedade de produtos de informação para consumidores e profissionais de negócios.

O que é um sistema?

O que é um sistema e quando ele se aplica ao conceito de um sistema de informação?

Um sistema é um grupo de componentes inter-relacionados que trabalham juntos rumo a uma meta comum, recebendo insumos e produzindo resultados em um processo organizado de transformação.

Os conceitos de sistemas são subjacentes ao campo dos sistemas de informação. Entendê-los irá ajudá-lo a compreender muitos outros conceitos na tecnologia, aplicações, desenvolvimento e administração dos sistemas de informação.

Os conceitos de sistemas o ajudam a entender:

Tecnologia: Que as redes de computadores são sistemas de componentes de processamento de informações.

Aplicações: Que os usos das redes de computadores pelas empresas são, na verdade, sistemas de informação empresarial interconectados.

Desenvolvimento: Que o desenvolvimento de maneiras de utilizar as redes de computadores nos negócios inclui o projeto dos componentes básicos dos sistemas de informação.

Administração: Que a administração da informática enfatiza a qualidade, valor para o negócio e a segurança dos sistemas de informação de uma organização.

Um sistema possui três componentes ou funções básicos em interação:

Entrada - envolve a captação e reunião de elementos que entram no sistema;

Processamento - processos de transformação que convertem insumo (entrada) em produto;

Saída - transferência de elementos produzidos na transformação até seu destino final.

Feedback e Controle:

Os dois conceitos adicionais do conceito de sistema (entrada, processamento e saída) incluem o feedback e o controle.

Um sistema dotado de componentes de feedback e controle às vezes é chamado de um sistema cibernético, ou seja, um sistema automonitorado, auto-regulado.

Feedback - são dados sobre o desempenho de um sistema.

Controle - envolve monitoração e avaliação do feedback para determinar se um sistema está se dirigindo para a realização de sua meta.

- em seguida, a função de controle faz os ajustes necessários aos componentes de entrada e processamento de um sistema para garantir que seja alcançada a produção adequada.

6.1.2 Outras Características dos Sistemas

Um sistema não existe em um vácuo; na verdade, ele existe e funciona em um ambiente que contém outros sistemas.

Subsistema: Sistema que é um componente de um sistema maior que, por sua vez, é seu ambiente.

Fronteira de Sistema: Um sistema se separa de seu ambiente e de outros sistemas por meio de suas fronteiras de sistema.

Interface: Vários sistemas podem compartilhar o mesmo ambiente. Alguns desses sistemas podem ser conectados entre si por meio de um limite compartilhado, ou interface.

Sistema Aberto: Um sistema que interage com outros sistemas em seu ambiente é chamado de um sistema aberto (conectado com seu ambiente pela troca de entrada e saída).

Sistema Adaptável: Um sistema que tem a capacidade de transformar a si mesmo ou seu ambiente a fim de sobreviver é chamado de um sistema adaptável.

6.1.3 Dimensões de um Sistema de Informação

Dimensão Humana - Sem ação humana o equipamento é inútil (Dimensão mais importante).

Dimensão tecnológica - Hardware, software, rede, internet.

Dimensão organizacional - Desenvolver um novo produto, preencher um pedido ou contratar um novo funcionário são exemplos de processos organizacionais.

6.1.4 Componentes de um Sistema de Informação

Um SI depende dos recursos de pessoal, hardware, software e redes, para executar atividades de entrada, processamento, saída, armazenamento e controle que convertem recursos de dados em produtos de informação.

O modelo de sistemas de informação destaca os cinco conceitos principais que podem ser aplicados a todos os tipos de sistemas de informação:

Recursos dos Sistemas de Informação

- Recursos humanos
- Recursos de hardware
- Recursos de software
- Recursos de dados
- Recursos de rede

Recursos do Sistema de informação
Humanos
Dados
Hardware
Redes
Software

▹ RECURSOS HUMANOS

São necessárias pessoas para a operação de todos os sistemas de informação. Esses recursos incluem os usuários finais e os especialistas em SI.

Usuários finais - pessoas que usam um SI ou a informação que ele produz.

Especialistas em SI - são pessoas que desenvolvem e operam sistemas de informação.

Analistas de Sistemas – projetam SI com base nas demandas dos usuários finais.

Desenvolvedores de Software – criam programas de computador seguindo as especificações dos analistas de sistemas.

Operadores do sistema – monitoram e operam grandes redes e sistemas de computadores.

Incluem todos os dispositivos físicos e equipamentos utilizados no processamento de informações.

Máquinas - dispositivos físicos (periféricos, computadores)

Mídia - todos os objetos tangíveis nos quais são registrados dados (papel, discos)

Exemplos de hardware em sistemas de informação computadorizados são:

Sistemas de computadores – consistem em unidades de processamento central contendo microprocessadores e uma multiplicidade de dispositivos periféricos interconectados.

Periféricos de computador – são dispositivos, como um teclado ou um mouse, para a entrada de dados e de comandos, uma tela de vídeo ou impressora, para a saída de informação, e discos magnéticos ou ópticos para armazenamento de recursos de dados.

▹ RECURSOS DE SOFTWARE

Incluem todos os conjuntos de instruções de processamento da informação.

Programas- conjunto de instruções que fazem com que o computador execute uma certa tarefa.

Procedimentos - conjunto de instruções utilizadas por pessoas para finalizar uma tarefa.

Exemplos de recursos de software são:

Software de sistema – por exemplo, um programa de sistema operacional, que controla e apoia as operações de um sistema de computador.

Software aplicativo - programas que dirigem o processamento para um determinado uso do computador pelo usuário final.

Procedimentos – são instruções operacionais para as pessoas que utilizarão um SI.

▹ RECURSOS DE DADOS

Devem ser efetivamente administrados para beneficiar todos os usuários finais de uma organização.

Os recursos de dados são transformados por atividades de processamento de informação em uma diversidade de produtos de informação para os usuários finais.

Os recursos de dados dos sistemas de informação normalmente são organizados em:

Bancos de dados - uma coleção de registros e arquivos logicamente relacionados. Um banco de dados incorpora muitos registros anteriormente armazenados em arquivos separados para que uma fonte comum de registros de dados sirva muitas aplicações.

Bases de conhecimento - que guardam conhecimento em uma multiplicidade de formas como fatos, regras e inferência sobre vários assuntos.

Dados X Informações

Dados: - são fatos ou observações crus, normalmente sobre fenômenos físicos ou transações de negócios. Mais especificamente, os dados são medidas objetivas dos atributos (características) de entidades como pessoas, lugares, coisas e eventos.

Informações: - são dados processados que foram colocados em um contexto significativo e útil para um usuário final. Os dados são submetidos a um processo onde:

Sua forma é agregada, manipulada e organizada

Seu conteúdo é analisado e avaliado

São colocados em um contexto adequado a um usuário humano.

▹ RECURSOS DE REDE

Redes de telecomunicações como a Internet, intranets e extranets tornaram-se essenciais ao sucesso de operações de todos os tipos de organizações e de seus SI baseados no computador.

Essas redes consistem em computadores, processadores de comunicações e outros dispositivos interconectados por mídia de comunicações e controlados por software de comunicações. O conceito de recursos de rede enfatiza que as redes de comunicações são um componente de recurso fundamental de todos os SI.

Os recursos de rede incluem:

Mídia de comunicações (cabo de par trançado, cabo coaxial, cabo de fibra ótica, sistemas de microondas e sistemas de satélite de comunicações).

Suporte de rede (recursos de dados, pessoas, hardware e software que apoiam diretamente a operação e uso de uma rede de comunicações).

Entrada de Recursos de Dados

Os dados sobre transações comerciais e outros eventos devem ser capturados e preparados para processamento pela atividade de entrada. A entrada normalmente assume a forma de atividades de registro de dados como gravar e editar.

Uma vez registrados, os dados podem ser transferidos para uma mídia que pode ser lida por máquina, como um disco magnético, por exemplo, até serem requisitados para processamento.

6.2 Os Papéis Fundamentais das Aplicações de si na Empresa

Os sistemas de informação desempenham três papéis vitais em qualquer tipo de organização. Ou seja, eles apoiam em uma organização:

- As operações e processos da empresa
- A tomada de decisão de empregados e gerentes
- As estratégias para a vantagem competitiva

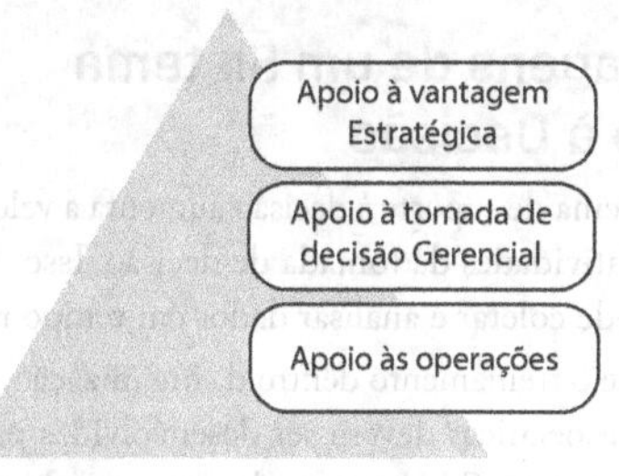

6.2.1 Seis Principais Tipos de Sistemas de Informação

▹ Nível estratégico
- ESS (Sistemas de Suporte Executivo)

▹ Nível administrativo/gerencial
- MIS (Sistemas de Informações Gerenciais)
- DSS (Sistemas de Suporte à Decisão)

▹ Nível de conhecimento
- KWS (Sistemas de Trabalho do Conhecimento)
- OAS (Sistemas de Automação de Escritório)

▹ Nível operacional
- TPS (Sistemas de Processamento de Transações)

Sistema de Apoio à Decisão

▹ Nível administrativo/gerencial
- MIS (Sistemas de Informações Gerenciais)
- DSS (Sistemas de Suporte à Decisão)

6.2.2 Sistema de Apoio à Decisão - DSS

- São sistemas de computador a nível gerencial de uma organização combinam dados e modelos analíticos sofisticados
- Possuem interface amigável para apoiar tomada de decisão
- DSSs estão sob controle do usuário desde o princípio até a implementação final e uso diário.
- DSS frequentemente é isolado dos outros sistemas da organização.

▹ **CAPACIDADES DO DSS**

Um DSS deve fornecer capacidades para responder questões e alcançar decisões.

Capacidades principais que caracterizam os DSS:

- Representações
- Operações
- Ajudas de Memória
- Ajudas de Controle

1) REPRESENTAÇÕES

Conceitualização de informações usadas na tomada de decisão, tais como gráficos, tabelas, listas, relatórios e símbolos para operações de controle.

2) OPERAÇÕES

Manipulações de dados matemática e lógica, tais como colher informações, gerar listas, preparar relatórios, atribuir riscos e valores, gerar estatísticas e simular alternativas.

3) AJUDAS DE MEMÓRIA

Visões/bases de dados, bibliotecas, ligações entre visões/bases e bibliotecas e outras capacidades para refazer e atualizar a memória.

4) AJUDAS DE CONTROLE

Capacidades que permitem ao usuário controle das atividades do DSS. Inclui funcionalidades, tais como diversidade de menus e help, que permitem que o usuário controle as representações, operações e memórias.

▹ **PESSOAS ENVOLVIDAS COM DSS**

Profissionais/Desenvolvedores: são necessários para construir as bases de dados, bases de modelos e linguagens de controle.

Usuários finais/Gerentes: DSS devem fornecer meios para que os usuários finais controlem a sessão. Eles devem ser capazes de encontrar dados relevantes, escolher e operar modelos relevantes e controlar operações sem intervenção profissional.

Especialistas: devem estar disponíveis para consulta, treinamento, conselhos e apoio, mas as sessões devem ser dirigidas pelos usuários finais.

SAD, que também são conhecidos como "Decision Support Systems" (DSS), possuem funções específicas, não vinculadas aos sistemas existentes, que permitem buscar informações nas bases de dados existentes e delas retirar subsídios para o processo de tomada de decisão.

A necessidade dos SADs surgiu na década de 70, em decorrência de diversos fatores, como:

- a competição cada vez maior entre as organizações;
- necessidade de informações rápidas para auxiliar no processo de tomada de decisão;
- disponibilidade de tecnologias de hardware e software para armazenar e buscar rapidamente as informações; dentre outros.

SAD começam a ser desenvolvidos na organização a partir dos estágios de controle e integração no modelo proposto por Richard Nolan, segundo seu livro Management Accounting and Controlo of Data Processing, em que a evolução da informática numa organização ocorre em seis estágios:

- **Iniciação**: resistência ao uso da informática e desenvolvimento superficial com a tecnologia;
- **Contágio**: automatização de atividades sem se preocupar com o aprendizado;
- **Controle**: crescente uso de SI, exigência de recursos de informática;
- **Integração**: atender necessidades à nível gerencial em que as informações são de melhor qualidade e se exige maior integração entre elas;
- **Administração** de dados: organização dos dados em termos de sistemas que interessam à organização, de forma a se evitar redundâncias;
- **Maturidade**: informação como patrimônio da empresa.

Os profissionais envolvidos:

- Desenvolvedores
- Usuários finais
- Especialistas

Os desenvolvedores são responsáveis por construir as bases de dados, bases de modelos e linguagens de controle.

Os usuários finais são capazes de encontrar dados relevantes, escolher e operar modelos relevantes e controlar operações sem intervenção profissional.

Os especialistas devem estar disponíveis para consulta, treinamento, conselhos e apoio.

Assim, o sistema de software do DSS gerencia as bases de dados DSS, as bases de modelos e interfaces dos usuários.

O sistema de software DSS permite a fácil interação entre os usuários e as bases de dado e de modelos; além disso, são gerenciadores da criação, do armazenamento e da recuperação dos modelos na base de modelos e os integra com os dados na base de dados DSS.

Um sistema de suporte à decisão (SAD) é um sistema de informação que auxilia uma empresa nas atividades de tomada de decisão que requerem julgamento, determinação e uma sequência de ações.

O sistema de informação auxilia a gestão de nível médio e alto de uma organização, analisando grandes volumes de dados não estruturados e acumulando informações que podem ajudar a resolver problemas e auxiliar na tomada de decisões.

Um DSS pode ser movido por humanos, automatizado ou uma combinação de ambos.

Um sistema de apoio à decisão produz relatórios de informações detalhados, reunindo e analisando dados.

Portanto, um SAD é diferente de um aplicativo de operações normais, cujo objetivo é coletar dados e não analisá-los.

Uma das principais aplicações de um DSS em uma organização é a geração de relatórios em tempo real.

6.3 Componentes de um Sistema de Apoio à Decisão

Os três componentes principais de uma estrutura DSS são:

01. Sistema de gerenciamento de modelo

02. Interface do usuário

03. Base de Conhecimento

Sistema de gerenciamento de modelo

O sistema de gerenciamento de modelos S = armazena modelos que os gerentes podem usar em suas tomadas de decisão. Os modelos são usados na tomada de decisões quanto à saúde financeira da organização e na previsão de demanda por um bem ou serviço.

Interface do usuário

A interface do usuário inclui ferramentas que ajudam o usuário final de um DSS a navegar pelo sistema.

Base de Conhecimento

A base de conhecimento inclui informações de fontes internas (informações coletadas em um sistema de processo de transação) e fontes externas (jornais e bancos de dados online).

6.4 Técnicas Computacionais de Apoio

Orientado para a comunicação: permite às empresas apoiar tarefas que exigem mais de uma pessoa para trabalhar na tarefa. Inclui ferramentas integradas, como Microsoft SharePoint Workspace e Google Docs.

Orientado por modelos: permite o acesso e o gerenciamento de modelos financeiros, organizacionais e estatísticos. Os dados são coletados e os parâmetros são determinados usando as informações fornecidas pelos usuários. A informação é criada em um modelo de tomada de decisão para analisar situações.

Orientado para o conhecimento: fornece soluções factuais e especializadas para situações usando fatos armazenados, procedimentos, regras ou estruturas de tomada de decisão interativas como fluxogramas.

Os fluxogramas são ótimos para descrever processos de negócios de forma concisa, sem comprometer a estrutura e os detalhes.

Orientado a documentos: gerencia informações não estruturadas em diferentes formatos eletrônicos.

Orientado por dados: ajuda as empresas a armazenar e analisar dados internos e externos.

6.5 Vantagens de um Sistema de Apoio à Decisão

- Um sistema de suporte à decisão aumenta a velocidade e a eficiência das atividades de tomada de decisão. Isso é possível, pois um DSS pode coletar e analisar dados em tempo real.
- Promove o treinamento dentro da organização, uma vez que habilidades específicas devem ser desenvolvidas para implementar e administrar um SAD dentro de uma organização.
- Ele automatiza processos gerenciais monótonos, o que significa que mais do tempo do gerente pode ser gasto na tomada de decisões
- Melhora a comunicação interpessoal. A comunicação é definida como a transferência de informações para produzir maior compreensão. Pode ser feito de forma vocal (por meio de trocas verbais), por meio de mídia escrita (livros, sites e revistas), visualmente (usando gráficos, tabelas e mapas) ou não verbalmente dentro da organização.

6.6 Desvantagens de um Sistema de Apoio à Decisão

- O custo para desenvolver e implementar um DSS é um grande investimento de capital, o que o torna menos acessível para organizações menores.
- Uma empresa pode desenvolver uma dependência de um SAD, pois ele está integrado aos processos de tomada de decisão diários para melhorar a eficiência e a velocidade. No entanto, os gerentes tendem a confiar demais no sistema, o que tira o aspecto da subjetividade da tomada de decisão.
- Um SAD pode levar à sobrecarga de informações porque um sistema de informações tende a considerar todos os aspectos de um problema. Isso cria um dilema para os usuários finais, pois eles ficam com várias opções.
- A implementação de um DSS pode causar medo e reação dos funcionários de nível inferior. É porque muitos deles não se sentem confortáveis com as novas tecnologias e têm medo de perder seus empregos para a tecnologia.

6.7 Exemplos de Empresas que usam DSS

Restaurante

Atualmente o DSS está sendo usado por restaurantes fast food para determinar melhores locais para criação de novos restaurantes buscando maior lucro, em que se levara em conta dados de renda da população, tipo de cidade, comportamento de atividade comercial, que pode variar de acordo com o usuário do DSS, pois ele pode desejar levar em conta outros fatores como por exemplo, dados de criminalidade.

Exemplos de restaurantes que utilizam DSS desta forma temos: McDonald's, pizzaria Domino's, Starbucks e Wendy's.

Banco

Itaú, HSBC e Bank of America que utilizam um software que, dentre outras funcionalidades, serve como suporte para realizar processamento de dados e simulações rapidamente, para facilitar a tomada de decisão.

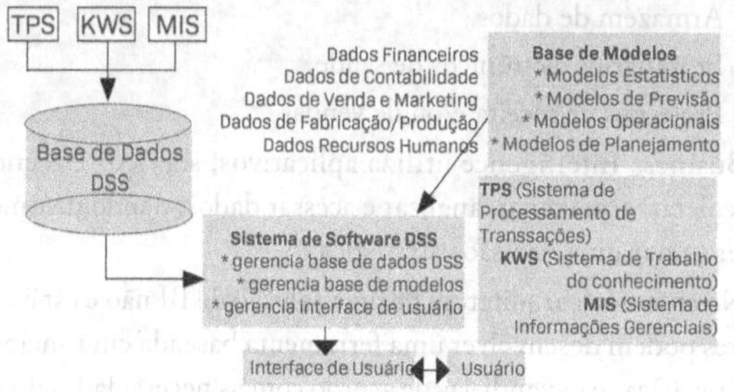

▹ **BASE DE DADOS DSS**

Coleção de dados, atuais ou históricos, obtidos de várias aplicações ou grupos, organizados para fácil acesso.

Contém dados que foram extraídos de base de dados relevantes (internas e externas) e armazenados especificamente para uso do DSS.

Maioria dos DSS não tem acesso direto à BD Organizacional por duas razões:

04. organização quer proteger os dados de alterações acidentais ou inapropriadas.

05. processo de busca em grandes bases de dados é vagaroso e dispendioso.

DSS não criam nem atualizam dados da Base de Dados DSS

▹ **BASE DE MODELOS**

Coleção de modelos analíticos e matemáticos que são facilmente acessíveis aos usuários DSS.

Um MODELO é uma representação abstrata que ilustra os componentes ou relacionamentos de um fenômeno.

Um modelo pode ser:

- um modelo físico (como um modelo de avião)
- um modelo matemático (como uma equação)
- um modelo verbal (como uma descrição
- de um procedimento para descrever um pedido)

Cada DSS é construído para um conjunto específico de propósitos e, dependendo desses propósitos, terá a sua disposição diferentes coleções de modelos.

Modelos mais comuns disponíveis na Base de Modelos são bibliotecas de modelos estatísticos, usualmente contendo:

- média
- mediana
- desvio padrão

▹ **MODELOS ESTATÍSTICOS:** podem ajudar a estabelecer relacionamentos, tais como vendas de produtos por idade, renda e outros fatores.

▹ **MODELOS DE OTIMIZAÇÃO:** (usando programação linear) determinam alocação de recursos ótima para maximizar ou minimizar variáveis específicas, tais como custo ou tempo.

▹ **MODELOS DE PREVISÃO:** são frequentemente usados para prever vendas.

▹ Usuário desse tipo de modelo fornece uma série de dados históricos para projetar condições futuras e as vendas que podem resultar dessas condições.

▹ Usuário pode então variar essas condições futuras para determinar como elas podem afetar as vendas.

▹ Frequentemente usa-se esse modelo para prever as ações dos competidores

▹ **MODELOS DE ANÁLISE DE SENSIBILIDADE:** mais usados e realizam questões "o-que se", repetidamente.

▹ **TIPOS:**

Análise de sensibilidade "para frente"

Análise de sensibilidade "para trás"

ANÁLISE DE SENSIBILIDADE "PARA FRENTE"

Usado para determinar as consequências de alterações em um ou mais fatores.

Exemplo

O que aconteceria se "elevássemos o preço em 5% ou aumentássemos o orçamento de publicidade em $100.000"?

ANÁLISE DE SENSIBILIDADE "PARA TRÁS"

Usado para buscar objetivos.

Exemplo

Se quero vender um milhão de unidades de um produto no próximo ano, em quanto devo reduzir o preço do produto?

▹ **SISTEMA DE SOFTWARE DSS**

- DSS permite fácil interação dos usuários com a base de dados e a base de modelos.
- DSS gerencia a criação, armazenamento e recuperação dos modelos na base de modelos e integra-os com os dados na base de dados DSS.
- DSS fornece uma interface amigável com o usuário que é flexível, fácil de usar e que apoia o diálogo com o DSS.

▹ **INTERFACE DO DSS**

- Usuários do DSS geralmente são executivos.
- com estilos de trabalho e preferências individuais bem desenvolvidos.
- frequentemente têm pouca ou nenhuma experiência com computador e nenhuma paciência para aprender a usar ferramentas complexas.
- a interface deve ser relativamente intuitiva.

▹ **TÉCNICAS COMPUTACIONAIS DE APOIO AO DSS**

- Inteligência Artificial
- Redes Neurais
- Agentes Inteligentes
- Algoritmos Genéticos
- Sistemas Especialistas

Fonte: Universidade de São Paulo
Prof. Elisa Yumi Nakagawa

6.8 DSS está Relacionado com:

- Data warehousing
- Ferramentas OLAP
- Datamining
- Ferramentas de Business Intelligence (BI)
- Ferramentas BAM
- Ferramentas de modelagem Analítica e de previsões
- Sistemas CRM

6.9 Bi - Business Intelligence

Inteligência de negócios refere-se ao processo de coleta, organização, análise, compartilhamento e monitoramento de informações que oferecem suporte a gestão de negócios.

É um conjunto de técnicas e ferramentas para auxiliar na transformação de dados brutos em informações significativas e úteis a fim de analisar o negócio.

As tecnologias BI são capazes de suportar uma grande quantidade de dados desestruturados para ajudar a identificar, desenvolver, e até mesmo criar uma nova oportunidade de estratégia de negócios.

O objetivo do BI é permitir uma fácil interpretação do grande volume de dados. Identificando novas oportunidades e implementando uma estratégia efetiva baseada nos dados, também pode promover negócios com vantagem competitiva no mercado e estabilidade a longo prazo.

- Focado na coleta, transformação e disponibilização de dados estruturados para a tomada de decisões;
- Analisa o que já existe, definindo as melhores hipóteses;
- Ideal para quando já se conhece as perguntas;
- Mais específico, voltado apenas para negócios.

O BI pode ser usado para ajudar na decisão de uma grande variedade de negócios, variando do **operacional** ao **estratégico**.

- Decisões de **operações** básicas incluem posição do produto e atribuição de preços.
- Decisões de **estratégia** de negócios abrangem prioridades, objetivos e direções do mais amplo nível.

Em todos os casos, o BI é mais efetivo quando combinado a dados procedentes do mercado em que uma companhia opera dados externos com dados de fontes internas da companhia para os negócios, como dados financeiros ou operacionais.

Quando os dados externos e internos são combinados, podem fornecer um cenário mais completo.

Inteligência empresarial também pode ser definida como a Atividade de Inteligência aplicada à atividade econômica com a identificação de forças e fraquezas da companhia e o monitoramento dos stakeholders para antecipação de ameaças à organização e melhor aproveitamento das oportunidades de negócios.

Stakeholders significa público estratégico e descreve todas as pessoas ou «grupo de interesse» que são impactados pelas ações de um empreendimento, projeto, empresa ou negócio.

6.10 DSS x Business Intelligence (BI)

DSS é um subconjunto de Business Intelligence (BI) e ajuda a sua organização a tomar decisões de negócios baseadas em um grande volume de dados.

Esse sistema pode ser usado no gerenciamento, nas operações e no planejamento de uma empresa.

Apesar de serem semelhantes, DSS não é o mesmo que BI, uma vez que um Sistema de Suporte à Decisão vai ser desenvolvido apenas para resolver um problema específico. Alguns exemplos são:

- Uma instituição financeira pode verificar a qual crédito um cliente ainda tem direito, se ele solicitar mais.
- Uma empresa de engenharia pode saber se os custos de um projeto o tornam competitivo.
- Uma unidade de saúde pode avaliar riscos de doenças e elaborar laudos de pacientes.

Tudo isso é possível, porque o DSS vai combinar dados específicos de fontes diversas:

- Dados brutos.
- Documentos.
- Conhecimento de líderes/Modelos de negócios.
- Armazém de dados.
- Prontuários eletrônicos de saúde.
- Projeções de receita e/ou de vendas.

Business Intelligence utiliza aplicativos, serviços e tecnologias para coletar, armazenar, analisar e acessar dados, dando insumos para o líder tomar uma decisão estratégica.

No entanto, a arquitetura de uma solução de BI não é estável e provedores podem desenvolver uma ferramenta baseada em funcionalidades específicas e expandi-las de acordo com as necessidades do cliente.

Independentemente da demanda, aplicações de BI vão oferecer a habilidade de evoluir os dados em melhores relacionamentos com os clientes, novas oportunidades de negócios e antecipação de demandas e dores dos consumidores.

Enquanto isso, uma solução DSS **vai resolver** — ou fornecer opções para resolver — **um determinado problema.** O processo de decisão é estruturado de maneira hierárquica. O gestor insere vários parâmetros e o DSS avalia essencialmente o impacto relativo de seguir um caminho ao invés de outro.

6.11 Ferramentas DSS

Ferramentas DSS fornecem informações valiosas para o processo decisório, permitindo corrigir falhas e potencializar táticas que já estão dando certo.

6.11.1 Pesquisas Automatizadas

Realizar pesquisas pode ajudar a conhecer melhor o seu público, o mercado em que a sua empresa atua ou até mesmo os seus funcionários e os processos internos. Com a ajuda da tecnologia, você pode elaborar pesquisas e obter dados confiáveis e que orientarão as suas estratégias de negócio.

6.11.2 Método FCA

O método FCA, sigla para Fato-Causa-Ação, é utilizado para identificar a causa principal de determinado problema. Essa ferramenta ajuda a prevenir riscos e permite que o gestor tenha um conhecimento mais aprofundado sobre o funcionamento de seus processos.

Fato - É o problema em si. Por exemplo: A taxa de churn aumentou 13% no último trimestre.

Causa - São os fatores que ocasionaram o problema. Por exemplo: A taxa de churn aumentou porque os clientes não estão satisfeitos com o atendimento.

Ação - É o que deverá ser feito para solucionar o problema. Por exemplo: Para diminuir a taxa de churn, pode-se investir em treinamentos para a equipe de atendimento.

* Churn (rate) é a taxa que mede a rotatividade dos clientes de uma empresa.

6.11.3 Análise de Pareto

A Análise de Pareto é feita sobre um gráfico de colunas que indica e ordena a frequência de determinadas ocorrências. A ideia é a seguinte: 80% das consequências advêm de 20% das causas.

O objetivo é identificar os problemas que são, de fato, prejudiciais para a empresa e listá-los em ordem de importância. Assim, é possível concentrar os esforços nos mais graves e solucioná-los de maneira mais eficiente.

A Análise de Pareto funciona assim:

- Faça uma lista com os problemas que a sua empresa enfrenta e suas respectivas causas, bem como a frequência com que eles acontecem.
- Coloque os problemas listados em ordem decrescente de gravidade; ou seja, do mais grave (ou frequente) para o menos grave.
- Faça o cálculo da porcentagem dos problemas.
- Divida o total de causas de cada problema pelo total das causas listadas e multiplique o resultado por 100.
- Por fim, crie um gráfico com os dados obtidos: as causas do problema no eixo "x" (horizontal) e a frequência no eixo "y" (vertical).

6.11.4 Matriz de Decisão

A matriz de decisão funciona como uma análise de critério que visa identificar pontos fortes e fracos de cada objetivo. Sua aplicação é bem simples. Veja:

- Monte uma tabela com 5 colunas.
- Na primeira coluna, liste as principais ideias que você tem para o seu negócio.
- Nas colunas seguintes, coloque os seguintes critérios de avaliação: Impacto, Lucro, Visão e Esforço.
- Para cada ideia, determine uma pontuação de 1 a 5 em cada um dos critérios.
- Faça a soma dos critérios Impacto, Lucro e Visão de cada ideia e depois subtraia o resultado pela pontuação do critério Esforço.
- No final, a ideia com maior pontuação receberá dedicação prioritária.

6.11.5 Matriz GUT

A Matriz GUT é uma ferramenta que ajuda o gestor a priorizar determinados processos. Ela classifica os problemas em 3 categorias: Gravidade, Urgência e Tendência.

Problema	Gravidade	Urgência	Tendência	GxUxT	Classificação
"Atraso na entrega de mercadorias"	5	5	5	125	1º
"Atraso na entrega do fornecedor"	5	4	4	80	4º
"Baixo lodice de recompra entre clientes"	3	3	4	36	4º
Baixa taxa de conversão de landing pages	3	4	2	24	5º
"Falta de controle de estoque"	4	5	5	100	2º
Falta de planejamento de marketing digital	5	4	3	60	3º

A cada problema listado, atribui-se uma pontuação de 1 a 5 indicando o grau de prioridade. A Matriz GUT é muito fácil de utilizar e os resultados são bem eficazes.

6.11.6 Matriz de Eisenhower

Utilizada para priorizar tarefas.

A ideia é dispor todas as tarefas em 4 quadrantes divididos em dois eixos: Importância e Urgência.

Cada quadrante terá um comando: Fazer agora, Agendar, Delegar ou Eliminar.

Fazer agora	Agendar
Delegar	Eliminar

7 CLOUD COMPUTING

Cloud Computing ou Computação em Nuvem é o nome usual para identificar o paradigma de computação em que as infraestruturas, serviços e aplicações ficam nas redes, principalmente na internet. No entanto, também pode ser empregado para distinguir serviços de processamento dos serviços de armazenamento.

Pode-se dizer que o cloud computing é uma forma de evolução do conceito de **mainframes**, que são supercomputadores usados, normalmente, em redes privadas (intranets) e são responsáveis pelo trabalho pesado de processamento de informações. De forma geral, quando se emprega o uso de mainframes, associa-se o uso de thin clients pelos usuários, ou seja, terminais burros, apenas pontas para interação do usuário, pois os dados coletados e apresentados a ele são processados e armazenados nos mainframes.

O cloud computing é uma ideia similar ao feito com uso de computadores (servidores) localizados na internet, otimizando assim seu uso em vez de manter supercomputadores dentro das empresa.

A figura abaixo ilustra um serviço em que os dados são processados na nuvem e os resultados são exibidos no computador do usuário.

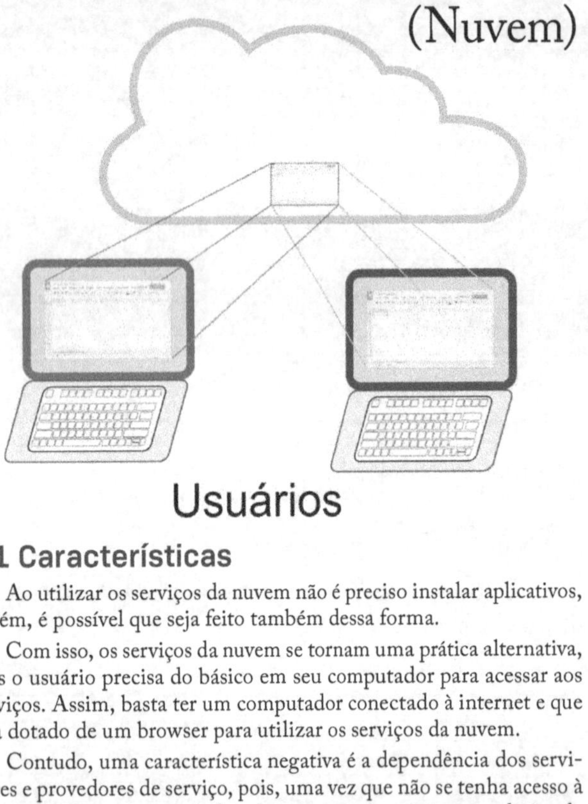

7.1 Características

Ao utilizar os serviços da nuvem não é preciso instalar aplicativos, porém, é possível que seja feito também dessa forma.

Com isso, os serviços da nuvem se tornam uma prática alternativa, pois o usuário precisa do básico em seu computador para acessar aos serviços. Assim, basta ter um computador conectado à internet e que seja dotado de um browser para utilizar os serviços da nuvem.

Contudo, uma característica negativa é a dependência dos servidores e provedores de serviço, pois, uma vez que não se tenha acesso à internet ou o serviço esteja fora do ar, o usuário não tem condições de utilizar os serviços da nuvem, salvo exceção do modelo "on premise".

É importante observar que, dentre os pré-requisitos básicos, o sistema operacional não foi citado, porque os serviços da nuvem independem do sistema instalado, pois, normalmente, são serviços que utilizam protocolos de navegação como HTTP e HTTPS, dentre outros.

Assim, como também não dependem de hardware específico para funcionar, podem inclusive ser citadas como multiplataforma, tanto no sentido de diferentes hardwares como no de diferentes sistemas operacionais. É comum usar serviços da nuvem também em tablets e smartphones, além dos computadores pessoais.

Outra característica dos serviços em nuvem diz respeito à segurança dos dados, em que o usuário não precisa se preocupar em fazer backups, controlar a segurança ou ter que realizar manutenção, pois essas são atribuições do fornecedor do serviço contratado.

A cloud computing também oferece praticidade no compartilhamento de informações, além de eximir o usuário de ter conhecimento sobre como funciona o serviço, possibilitando utilizá-lo sem preocupações.

Com todos esses detalhes, pode-se ainda destacar que a nuvem possibilita iniciar um trabalho em um computador e dar continuidade em outro computador.

7.1.1 Processamento na nuvem

É o processamento realmente dito nos termos de Cloud Computing, em que os dados são processados na nuvem.

É bastante comum hoje nos aparelhos celulares, smartphones e tablets, em aplicações como o "talk to text" (fale para escrever). Lembre-se de que a instalação não é obrigatória, mas pode ser feita. Nos aparelhos em que o usuário pode simplesmente pronunciar próximo a eles o texto que deseja escrever, o recurso usado precisa que o aparelho esteja conectado à internet para poder funcionar.

Isso ocorre porque os aparelhos atuais, por mais que possuam alta tecnologia e capacidade de processamento, ainda não são suficientes para processar dados como identificação de texto em falas. Com isso, a alternativa é usar servidores localizados na internet (nuvem) que recebem o áudio que os aparelhos gravam e processam a informação, oferecendo ao usuário o resultado na forma de texto.

Outro exemplo são os serviços do Google e da Microsoft, conhecidos, respectivamente, como Google Docs e Microsoft WebApps. Mas atenção às nomenclaturas, pois Google Drive/Disco ou Skydrive/OneDrive são serviços de outra natureza.

No Google Docs WebApps, o usuário encontra recursos como editores de texto, planilhas, apresentação, formulários e desenhos on-line usando a computação em nuvem. Ao utilizar esses serviços, o usuário não precisa possuir em seu computador editores similares, uma vez que basta executar o navegador de internet e nele acessar o site do serviço; ao logar, terá acesso aos recursos.

7.1.2 Armazenamento na nuvem

Já o armazenamento na nuvem, em inglês Cloud Storage, identifica os serviços que têm por característica armazenar os dados do usuário, de modo que, para acessá-los, seja necessário apenas um dispositivo (computador, smartphone ou tablet) conectado à internet e que possua um browser. Com a ascensão desse tipo de serviço, pode-se apostar na queda da venda de dispositivos para transporte de dados como os Pendrives.

São exemplos citados nas provas o Google Drive/Disco, o Microsoft Skydrive, atualmente chamado de OneDrive, o Dropbox, Mega, Minus e Copy. A maioria deles oferece contas gratuitas com limite de armazenamento, a fim de demonstrar seus serviços. Mas, caso o usuário deseje e/ou precise de mais espaço de armazenamento, ele pode adquirir mediante a assinatura.

A grande maioria dos serviços de Storage possui uma aplicação (opcional) que o usuário pode instalar em vários dispositivos, com o intuito de manter seus dados sincronizados. Ao instalar o aplicativo, ele criará uma pasta no dispositivo que estará em sincronia com a pasta on-line do usuário. Desse modo, todo arquivo salvo na referida pasta, automaticamente (quando conectado à internet) será enviado para a pasta on-line.

O Google Drive oferece gratuitamente aos usuários 15 GB de espaço, no entanto, ele é compartilhado com a caixa de entrada de e-mails.

O One Drive também oferece 15 GB, mas inicialmente são 7 GB; para ganhar mais, o usuário deve enviar convites.

O Dropbox inicialmente oferece 2 GB gratuitos, mas, por meio de convites, o usuário pode ter até 18 GB; recebendo um convite, o usuário ganha 500 MB.

Já o Copy oferece inicialmente 20 GB gratuitos e, a cada convite enviado e recebido, o usuário ganha mais 5 GB de espaço.

8 SHADOW BANKING (SISTEMAS DE BANCOS-SOMBRA)

O shadow banking, ou "sistema de bancos-sombra", é um conjunto de operações e intermediários financeiros que fornecem crédito em todo o sistema financeiro global de forma "informal". Ou seja, são as atividades paralelas ao sistema bancário, em queinstituições ou agentes realizam financiamentos sem nenhuma regulação.

Entre os principais intermediários não-regulamentados que podem fazer parte do *shadow banking* estão:

- bancos de investimento;
- fundos de hedge;
- operações com derivativos e títulos securitizados;
- fundos do mercado monetário;
- companhias de seguros;
- fundos de capital privado;
- fundos de direitos creditórios;
- factorings e fomentadoras mercantis;
- empréstimos descentralizados (peer-to-peer lending).
-

9 MARKETPLACE

Marketplace é uma espécie de shopping center virtual. É considerado vantajoso para o consumidor, pois reúne diversas marcas e lojas em um só lugar, facilitando a procura pelo melhor produto e pelo melhor preço.

Nos últimos anos, grandes lojas – como Americanas, Shoptime, Mercado Livre e Magazine Luiza – abriram seus espaços virtuais para outros comerciantes, para que estes divulguem e vendam seus produtos, em troca de uma porcentagem sobre os seus lucros.

O site da loja "oficial" é a porta de entrada e, uma vez gerando confiança ao consumidor, ganha-se credibilidade no mercado. Com isso, subentende-se que todos os produtos nele comercializados são de confiança e qualidade. Dessa forma, o investimento em divulgação ou na abertura de uma e-commerce é menor, mas consegue gerar aumento nas vendas.

Fazer parte desse tipo de negócio, no entanto, pode ter suas desvantagens, uma vez que a marca e a loja terão menos relevância na venda, pois é o nome do site que terá mais evidência. Além disso, mostra uma dependência de uma marca maior. Se um marketplace decidir encerrar suas atividades, todas as marcas envolvidas perderão seu canal de venda. O aumento de taxas, porcentagens sobre vendas ou comissões também podem pesar. Se uma loja funciona somente por meio desse canal, ela será obrigada a se enquadrar nessa situação, como a variação e aumento de custos.

10 MOBILE BANK

Por meio Mobile banking refere-se à disposição e vantagem dos serviços da operação bancária e financeiros com a ajuda dos dispositivos móveis da telecomunicação. Mobile bank são ferramentas que disponibilizam alguns serviços tipicamente bancários por meio de dispositivos móveis, como um celular.

11 OPEN BANKING

Open Banking (banco aberto), sistema bancário aberto ou partilhamento de dados bancários pessoais, é um termo da área de serviços financeiros, relativo a um conjunto de regras sobre o uso e compartilhamento de dados e informações financeiras entre instituições, que consiste em:

- uso de I.P.A.s (Interface de Programação de Aplicações) abertas, que permitem a outros desenvolvedores a criação de aplicações e serviços à volta de uma instituição financeira;
- mais opções de transparência financeira para os correntistas, de dados abertos a dados privativos (por exemplo, os correntistas poderão aprovar que instituições terceiras tenham acesso a seus dados bancários e, com isso, pode-se concentrar toda a gestão das finanças num único aplicativo, site ou plataforma);
- uso da técnica de código aberto para alcançar os objtivos supracitados;
- o banco aberto, como conceito, poderia ser considerado uma subespécie do conceito de inovação aberta. Ele está ligado a mudanças nas atitudes em relação à questão da propriedade de dados, tratada por regulamentos, como o Regulamento Geral sobre a Proteção de Dados (RGPD), e conceitos como o movimento Dados Abertos.

11.1 Implementação do Open Banking no Brasil

O Banco Central do Brasil (BCB) deu início ao processo de implementação do Open Banking no País com objetivo de aumentar a eficiência e a competição no Sistema Financeiro Nacional (SFN), mediante a promoção de ambiente de negócio mais inclusivo e competitivo, de modo a preservar sua segurança e a proteção dos consumidores, além de abrir espaço para a atuação de novas empresas do setor.

Publicado em abril de 2019, o Comunicado nº 33.455 estabelece as principais diretrizes que orientarão a proposta de regulamentação do modelo a ser adotado no Brasil.

Em linha com a recém-aprovada Lei de Proteção de Dados Pessoais, o Open Banking parte do princípio de que os dados bancários pertencem aos clientes e não às instituições financeiras. Assim, desde que autorizadas pelo correntista, as instituições financeiras compartilharão dados, produtos e serviços com outras instituições, por meio de abertura e integração de plataformas e infraestruturas de tecnologia, de forma segura, ágil e conveniente.

Os requisitos estabelecidos pelo Banco Central indicam que deverão ser compartilhadas, inicialmente, as seguintes informações e serviços:[1]

I - dados relativos aos produtos e serviços oferecidos pelas instituições participantes (localização de pontos de atendimento, características de produtos, termos e condições contratuais e custos financeiros, entre outros);

II - dados cadastrais dos clientes (nome, filiação, endereço, entre outros);

III - dados transacionais dos clientes (dados relativos a contas de depósito, a operações de crédito, a demais produtos e serviços contratados pelos clientes, entre outros); e

IV - serviços de pagamento (inicialização de pagamento, transferências de fundos, pagamentos de produtos e serviços, entre outros).

Como funciona?

Por meio do Open Banking, clientes bancários poderiam, visualizar em um único aplicativo o extrato consolidado de todas as suas contas bancárias e investimentos. Também será possível, pelo mesmo aplicativo, realizar uma transferência de recursos ou um pagamento, sem a necessidade de acessar diretamente o site ou aplicativo do banco.

11.2 Computação cognitiva no setor bancário

A computação cognitiva (CC) é a utilização da inteligência computacional (IC) para auxiliar na tomada de decisão humana, caracterizada por capacidades não-supervisionadas de aprendizado e interação em tempo real. Amparada na IA e no processamento de sinais, os sistemas de CC abrangem aprendizado de máquina (learning machine), inferência automatizada, processamento de linguagem natural e reconhecimento de fala, visão computacional (reconhecimento de objetos).

Características gerais

O termo diz respeito a hardware ou software inspirado no cérebro humano (um traço de computação natural característico da IC) para suporte à tomada de decisão realizada por humanos. Nesse sentido, a CC se aproxima especialmente da cognição humana, sendo modelada pelo comportamento humano a partir de estímulos potencialmente também utilizados por humanos (processamento de espectro audível e visível). As aplicações reúnem análise de dados com interfaces adaptativas de usuário (adaptive user interface, AUI) para especialização em audiências e contextos, e buscam afetividade e influência por projeto (design).

Algumas características de CCs

- Adaptação: aprendizado on-line com dados (de sensores) e modelos (objetivo, requisitos), potencialmente em tempo real.
- Interatividade: conforto e facilidade para o usuário. Podem interagir com sensores e outros dispositivos, serviços em nuvem e outras pessoas.
- Iteratividade e persistência: podem iterativamente realizar buscas perante interação com o usuário ou outro sistema.
- Considera contexto: identificam e extraem elementos contextuais, como significado, sintaxe, tempo, localização etc., potencialmente via dados ligados à web semância. Podem recorrer a múltiplas fontes de informação, incluindo estruturada (Resource Description Framework - RDF) e não estruturada (input visual/luz e auditivo/som, texto e hipertexto).

onte - «IBM Research: Cognitive Computing»,

1 Disponível em: https://www.in.gov.br/en/web/dou/-/comunicado-n%C2%BA-33.455-de-24-de-abril-de-2019-85378506. Acesso em: 22 jul. 2021.

12 FINTECHS DE CRÉDITO E BANCOS DIGITAIS

O ingresso de novas instituições financeiras no Sistema Financeiro Nacional (SFN) tem o potencial de trazer uma contribuição positiva à economia. "Há a expectativa de que as fintechs de crédito e os bancos digitais aumentem a concorrência no sistema, por meio da expansão da oferta de produtos e serviços devido ao uso de recursos tecnológicos mais avançados e especializados. Adicionalmente, espera-se que elas estimulem as instituições tradicionais a aprimorarem seus processos de funcionamento e a se estabelecerem em novos nichos de negócio e segmentos de mercado."[1] Também é esperado que eventuais parcerias e compartilhamento de atividades e custos com as instituições tradicionais proporcionem ganhos à sociedade.

12.1 Fintechs de crédito

As Sociedades de Crédito Direto (SCDs) e as Sociedades de Empréstimo entre Pessoas (SEPs) compõem o primeiro tipo de licenciamento no SFN específico para os modelos de negócio com base em tecnologia inovadora e atuação exclusivamente digital. Antes da prerrogativa de integrarem o sistema financeiro por meio de autorização específica, muitas fintechs de crédito atuavam como correspondentes de instituições financeiras, mas com características diferenciadas em termos de tecnologia, experiência proporcionada ao cliente e relacionamento contratual com o parceiro.

"Atualmente, algumas fintechs ainda funcionam sob esse modelo de negócio, presumindo-se que o consideram mais vantajoso em termos de custos de funcionamento e gestão de riscos.

As normas para autorização e funcionamento das SCDs e SEPs apresentam diversas inovações em relação às demais instituições financeiras, dentre as quais destacam-se:

I. limite mínimo de R$ 1 milhão de capital social e patrimônio líquido, valor sensivelmente mais baixo do que o exigido das demais instituições autorizadas a funcionar pelo BCB;
II. possibilidade de participação direta de fundos de investimento no grupo de controle;
III. processo de autorização mais simples, com proposta de negócio no formato de Justificativa Fundamentada e dispensa de entrevista técnica e inspeção pré-operacional, sendo a autorização concedida simultaneamente para se constituir e entrar em funcionamento;
IV. opção pelo enquadramento no segmento S5 (enquadramento inicial de cada instituição em funcionamento, nos termos do artigo 10 da Resolução nº 4.553, de 30 de janeiro de 2017), que possui regime de regulação mais simplificado e menos oneroso dentre os cinco níveis admitidos às instituições financeiras."[2]

12.2 Bancos digitais

O processo de digitalização dos serviços bancários surgiu da necessidade de desburocratização dos processos dos grandes bancos, o que resultou no aprimoramento da experiência do cliente, que teve acesso a mais segurança, transparência e agilidade em suas operações. Para lidar com esse movimento de digitalização bancária, os bancos têm buscado o desenvolvimento de capacidades organizacionais internas ou parcerias com empresas de tecnologia. "O fenômeno da digitalização bancária engloba, em menor ou maior grau, todas as instituições financeiras, incluindo os maiores conglomerados bancários, que já estão em processo de migração integral para o ambiente digital e têm estimulado a migração dos clientes para esse canal de atendimento."[3]

Atualmente, não há regime de autorização e funcionamento específico para bancos digitais, que devem se enquadrar às normas aplicáveis aos demais bancos para fins de autorização. No entanto, segundo informações do Banco Central, algumas instituições financeiras vêm adotando modelos de negócio exclusivamente digitais, optando pela não abertura de agências ou postos de atendimento físicos. Normalmente, esses bancos oferecem abertura de conta simplificada, dispensa ou valor mais baixo de tarifas, maior transparência, melhor experiência do cliente e integração com outros serviços financeiros de natureza complementar ou até serviços não financeiros. Essa estratégia tem sido adotada tanto por grupos empresariais novos, adquirindo uma instituição financeira já autorizada ou entrando com o processo de autorização de uma nova instituição financeira, quanto por conglomerados financeiros já consolidados, que visam a uma maior inserção nesse nicho de mercado de negócio digital.

Os bancos digitais chegaram para disputar um lugar no mercado de serviços bancários, com forte apelo mercadológico com base em promessa de baixos custos de tarifas e serviços e acesso simplificado. Mas ainda encontram dificuldades para oferecer preços competitivos em determinados serviços, como o saque em terminais de autoatendimento, em razão do acesso diferenciado a estruturas de mercado controladas por outros bancos.

1 Disponível em: https://www.bcb.gov.br/conteudo/relatorioinflacao/EstudosEspeciais/EE089_Fintechs_de_credito_e_bancos_digitais.pdf. Acesso em: 22 jul. 2021.

2 Disponível em: https://www.bcb.gov.br/conteudo/relatorioinflacao/EstudosEspeciais/EE089_Fintechs_de_credito_e_bancos_digitais.pdf. Acesso em: 22 jul. 2021.

3 Disponível em: https://www.bcb.gov.br/conteudo/relatorioinflacao/EstudosEspeciais/EE089_Fintechs_de_credito_e_bancos_digitais.pdf. Acesso em: 22 jul. 2021.

13 CRIPTOMOEDAS

Criptomoeda é um tipo de dinheiro – como outras moedas com as quais convivemos cotidianamente – com a diferença de ser totalmente digital. Ela não é emitida por nenhum governo (como é o caso do real ou do dólar, por exemplo).

Ulrich (2014) faz uma analogia bem simples: "O que o e-mail fez com a informação, o Bitcoin fará com o dinheiro"[1]. Antes da internet, as pessoas dependiam dos Correios para enviar uma mensagem a quem estivesse em outro lugar. Era preciso um intermediário para entregá-la fisicamente – algo inimaginável para quem tem acesso a e-mail e outros serviços de mensageria.

Algo semelhante acontecerá com as moedas virtuais no futuro. "Com o Bitcoin", você pode transferir fundos de A para B em qualquer parte do mundo sem jamais precisar confiar em um terceiro para essa simples tarefa", explica Ulrich.

Embora o Bitcoin seja a moeda digital mais conhecida, o conceito de criptomoeda é anterior a ele. Segundo o site Bitcoin.org, as criptomoedas foram descritas pela primeira vez em 1998 por Wei Dai, que sugeriu usar a criptografia para controlar a emissão e as transações realizadas com um novo tipo de dinheiro. Isso dispensaria a necessidade da existência de uma autoridade central, como acontece com as moedas convencionais.

Para que servem?

As criptomoedas podem ser usadas com as mesmas finalidades do dinheiro físico em si. As três principais funções são:

I. servir como meio de troca, facilitando as transações comerciais;
II. reserva de valor, para a preservação do poder de compra no futuro;
III. e ainda como unidade de conta, quando os produtos são precificados e o cálculo econômico é realizado em função dela.

Na visão de Ulrich, "moedas como o Bitcoin ainda não adquiriram o status de unidade de conta, em função da grande volatilidade a que seus preços estão sujeitos por enquanto".

13.1 O que é mineração?

Para entender o que é mineração, é preciso saber que as moedas digitais representam um código complexo que não pode ser alterado. As transações realizadas com elas são protegidas por criptografia.

Como não há uma autoridade central que acompanhe tais transações, elas precisam ser registradas e validadas uma a uma por um grupo de pessoas, que usam seus computadores para gravá-las no chamado blockchain.

O blockchain é um enorme registro de transações. Segundo Ulrich (2014), trata-se de um "banco de dados público onde consta o histórico de todas as operações realizadas com cada unidade de Bitcoin". Cada nova transação – uma transferência entre duas pessoas, por exemplo – é verificada, para assegurar que os mesmos Bitcoins não tenham sido previamente usados por outra pessoa.

Quem registra as transações no blockchain são os chamados mineradores. Eles oferecem a capacidade de processamento dos seus computadores para realizar esses registros e conferir as operações feitas com as moedas; em troca, são remunerados com novas unidades delas. Bitcoins são criados conforme os milhares de computadores que formam essa rede conseguem resolver problemas matemáticos complexos que verificam a validade das transações incluídas no blockchain.

A mineração representa a criação de novas unidades de alguns tipos de moedas digitais. Se mais computadores passam a ser usados para aumentar a capacidade de processamento voltada à mineração, os problemas matemáticos que precisam ser resolvidos se tornam mais difíceis. Isso acontece exatamente para limitar o processo de mineração.

"O Bitcoin foi projetado de modo a reproduzir a extração de ouro ou outro metal precioso da Terra: somente um número limitado e previamente conhecido de bitcoins poderá ser minerado", explica Ulrich (2014).

Como funciona a variação de preço?

Basicamente, o preço das moedas digitais varia segundo a lei da oferta e da demanda. Nas épocas em que as criptomoedas ganham mais atenção, é normal que elas sejam mais procuradas pelos investidores, o que amplia o volume de compras – e, consequentemente, os preços tendem a subir.

"Há somente um número limitado de Bitcoins em circulação e novos são criados em uma taxa previsível e decrescente, o que significa que a demanda deva seguir este nível para manter seu preço estável", explica o site Bitcoin.org.

Por ser um mercado ainda limitado, poucas operações com criptomoedas são capazes de causar impacto relevante nas cotações. Em um período de apenas três meses em 2017, por exemplo, o preço do Bitcoin saltou de cerca de US$ 4.370 para US$ 13.800. Pouco mais de um ano depois, já havia recuado novamente para US$ 3.500. Em 2020, o bitcoin foi um dos investimentos que mais se valorizaram , saltando de US$ 7.300 para US$ 29.433, uma alta de 303%. Já em 2021, ocorreu um acumulado de com apenas 0,59% e caiu abaixo de 30 mil dólares, mostrando preocupações aos investidores. As cotações, como se vê, podem ser bastante voláteis.

13.2 Principais criptomoedas

Existe uma variedade de outros tipos, com características distintas. Conheça as principais criptomoedas disponíveis no mercado.

Bitcoin

Bitcoin (BTC) é a mais conhecida das moedas digitais. É o primeiro sistema de pagamentos global totalmente descentralizado. Foi desenhado em 2008, em meio à crise financeira global iniciada no mercado norte-americano de hipotecas, com o objetivo de substituir o dinheiro de papel, além de eliminar a necessidade da presença de bancos para intermediar operações financeiras.

A primeira especificação do Bitcoin foi publicada em um artigo assinado por Satoshi Nakamoto, pseudônimo de um programador (ou grupo de programadores) até hoje não identificado. Ele desenvolveu a lógica de funcionamento do blockchain, sistema que possibilitou a existência do Bitcoin.

No artigo, Nakamoto estabeleceu que haverá no máximo 21 milhões de Bitcoins em circulação. Estima-se que a última moeda será minerada no ano de 2140.

1 ULRICH, F. Bitcoin: a moeda na era digital. São Paulo: LVM, 2014.

Bitcoin Cash

O Bitcoin Cash (BCH) é uma nova versão do Bitcoin original, criada em agosto de 2017. Ela foi desenvolvida em uma tentativa de aperfeiçoar a primeira moeda, que conta com taxas consideradas elevadas e demanda muito tempo de processamento de cada operação.

"O BCH possui limite de tamanho de bloco de 8 MB, bem maior que o de 1 MB do Bitcoin original. Com isso, as confirmações das transações podem acontecer de maneira mais rápida e também com taxas mais baixas. Isso garante a ela uma escala ainda maior que a da sua predecessora."[2]

Quem tinha Bitcoins recebeu em suas carteiras a mesma quantidade de Bitcoin Cash quando esta foi criada. As regras de funcionamento são semelhantes às do ativo original, também com um limite de 21 milhões de moedas.

Ethereum

Existem algumas semelhanças, mas também diferenças, entre o Bitcoin e o Ethereum (ETH). A moeda digital original, na verdade, chamava-se Ether. Em 2016, no entanto, um hacker encontrou uma falha no sistema e, a partir dela, conseguiu roubar o equivalente a US$ 50 milhões em Ether. Diante de dúvidas sobre o que seria do futuro da moeda, a comunidade que a mantinha optou por criar uma nova rede.

O Ether original passou a ser chamado de Ethereum Classic, e a moeda que começou a circular na nova rede ganhou o nome de Ethereum. Com o apoio da comunidade, ela vale mais do que a sua primeira versão.

"Originalmente, o Ether não foi criado para ser uma moeda digital como o Bitcoin. A ideia era que se tornasse um ativo para recompensar os desenvolvedores pelo uso da plataforma Ethereum em seus projetos. Trata-se de uma plataforma descentralizada utilizada para executar "contratos inteligentes", que são operações realizadas automaticamente quando certas condições são cumpridas."[3]

O blockchain também é a base para a validação das transações com Ethereum, para garantir a segurança e ainda evitar fraudes. Assim como no caso do Bitcoin, a criação de novas moedas também se baseia no processo de mineração. Hoje, o Ethereum está entre as criptomoedas mais negociadas do mundo.

Tether

O Tether (USDT), lançado em 2014 por uma empresa de mesmo nome, é uma stablecoin (classe diferenciada dentre os tipos de moeda digital a qual tem como objetivo primário oferecer menor volatilidade de preços por ser atrelada a um, ou mais ativos de reserva), porque tem lastro em uma moeda física. A proposta dessa criptomoeda é manter paridade com o dólar americano. Ou seja, para cada Tether emitido é preciso haver um dólar equivalente em caixa.

Desde a sua criação, no entanto, especialistas questionam a paridade, já que a empresa não oferecia transparência sobre como fazia para segui-la. "Em 2019, foi anunciado que nem todo Tether está realmente lastreado em um dólar. Segundo a empresa, 100% deles são garantidos, mas não apenas por moeda tradicional, como também por equivalentes de caixa e outros ativos ou recebíveis de empréstimos feitos pela Tether a terceiros."[4]

A característica do Tether é ser uma moeda estável, que representa moedas físicas no mundo digital. Devido à menor volatilidade, ele se tornou uma boa opção para realizar transferências entre sistemas e com diferentes criptomoedas. Assim, investidores se protegem das variações de preço de outros ativos e evitam o risco de ter perdas significativas durante essas operações.

O Tether é predominantemente negociado na Bitfinex, uma grande bolsa de criptomoedas, que tem acionistas e executivos em comum com a Tether (a empresa controladora da moeda). Embora possua algumas vantagens em relação a outros ativos digitais, já esteve envolvido em grandes polêmicas.

Ripple

O Ripple (XRP) é um protocolo de pagamento distribuído criado em 2011, e a moeda desse sistema é a XRP. Uma característica da plataforma Ripple é suportar na sua rede outros tokens representando moedas tradicionais e até outros bens. A ideia é que o sistema permita realizar pagamentos seguros e instantâneos.

O Ripple foi criado em 2012. "Não se trata apenas de uma moeda, mas de um sistema em que qualquer moeda – incluindo a criptomoeda mais conhecida, o Bitcoin – possa ser negociada. Em certa medida, o funcionamento Ripple se assemelha em algum grau ao dos bancos, por aceitar vários ativos e facilitar a realização das transações."[5]

Justamente por isso, o Ripple vai na contramão do discurso sobre as moedas digitais em geral, que têm como ideal a não dependência do sistema financeiro tradicional para realizar operações. Outra característica diferente do sistema é que não há um processo de mineração, como no caso do Bitcoin e do Ethereum.

Litecoin

O Litecoin (LTC) foi criado em 2011 e tem muitas características semelhantes ao Bitcoin. A principal diferença está no processo de mineração, que busca reduzir o tempo necessário para confirmar transações feitas com a moeda. A intenção é de que seja mais fácil para qualquer pessoa participar do processo de criação de novos Litecoins.

Por conta do processamento mais rápido de transações, o LTC é considerado uma alternativa melhor para a realização de operações no dia a dia. O Bitcoin, por sua vez, funcionaria melhor como uma reserva de valor. O Litecoin foi projetado para produzir mais unidades, com um limite de 84 milhões de moedas, contra 21 milhões do Bitcoin.

2 Disponível em: Fonte - https://www.infomoney.com.br/guias/criptomoedas/. Acesso em: 22 jul. 2021.

3 Disponível em: Fonte - https://www.infomoney.com.br/guias/criptomoedas/. Acesso em: 22 jul. 2021.

4 Disponível em: Fonte - https://www.infomoney.com.br/guias/criptomoedas/. Acesso em: 22 jul. 2021.

5 Disponível em: Fonte - https://www.infomoney.com.br/guias/criptomoedas/. Acesso em: 22 jul. 2021.

14 PIX

Pix é o pagamento instantâneo brasileiro. Criado pelo Banco Central, esse meio de pagamento permite que os recursos sejam transferidos entre contas em poucos segundos, a qualquer hora ou dia. É prático, rápido e seguro. O Pix pode ser realizado a partir de uma conta corrente, conta poupança ou conta de pagamento pré-paga.

Além de aumentar a velocidade em que pagamentos ou transferências são feitos e recebidos, o Pix tem o potencial de:[1]

- alavancar a competitividade e a eficiência do mercado;
- baixar o custo, aumentar a segurança e aprimorar a experiência dos clientes;
- incentivar a eletronização do mercado de pagamentos de varejo;
- promover a inclusão financeira; e
- preencher uma série de lacunas existentes na cesta de instrumentos de pagamentos disponíveis atualmente à população.

14.1 Diferença entre Pix e outros meios de transferência e de pagamento

O Pix foi um método criado para ser um meio de pagamento bastante amplo. As formas de pagamento e as transferências bancárias mais conhecidas eram os TED, DOC, cartão, boleto etc. e agora poderá ser feito com o Pix, simplesmente com o uso do aparelho celular.

As transferências tradicionais no Brasil são entre contas da mesma instituição (transferência simples) ou entre contas de instituições diferentes (TED e DOC). O Pix é mais uma opção disponível à população que convive com os tipos tradicionais. “A diferença é que, com o Pix, não é necessário saber onde a outra pessoa tem conta. Você realiza a transferência a partir, por exemplo, de um telefone na sua lista de contatos, usando a Chave Pix. Outra diferença é que o Pix não tem limite de horário, nem de dia da semana e os recursos são disponibilizados ao recebedor em poucos segundos. O Pix funciona 24 horas, 7 dias por semana, entre quaisquer bancos, de banco para fintech, de fintech para instituição de pagamento, entre outros.”[2]

As transações de pagamento por meio de boleto exigem a leitura de código de barras, enquanto o Pix pode fazer a leitura de um QR Code. A diferença é que, no Pix, a liquidação é em tempo real; o pagador e o recebedor são notificados a respeito da conclusão da transação e o pagamento pode ser feito em qualquer dia e horário.

As transações de pagamento utilizando cartão de débito exigem uso de maquininhas ou instrumento similar. Com Pix, as transações podem ser iniciadas por meio do telefone celular, sem a necessidade de qualquer outro instrumento.

1 Disponível em: https://www.gov.br/pt-br/noticias/financas-impostos-e-gestao-publica/2020/11/pix-e-lancado-oficialmente-e-esta-disponivel-para-todos-os-clientes-das-734-instituicoes-cadastradas. Acesso em: 22 jul. 2021.

2 Disponível em: https://www.bcb.gov.br/estabilidadefinanceira/pix. Acesso em: 22 jul. 2021.

15 NOÇÕES DE GESTÃO DE PESSOAS

15.1 Escola das Relações Humanas

A Escola das Relações Humanas surgiu como oposição à Teoria Clássica da Administração, surgida na década de 1920. Essa escola, desde sua origem, apresentou como principal objetivo estabelecer uma relação de humanização nas empresas, pois o elemento humano tem suma importância nas relações de produção. Tal pensamento era inovador, visto que em propostas anteriores, como o Taylorismo e o Fordismo, a figura humana era controlada como máquina.

15.1.1 Taylorismo - A Racionalização da Produção

Também conhecido como Administração Científica, o Taylorismo é um sistema de organização industrial criado pelo engenheiro mecânico e economista norte-americano, Frederick Winslow Taylor, no final do século XIX. A principal característica desse sistema é a organização e divisão de tarefas dentro de uma empresa com o objetivo de obter o máximo de rendimento e eficiência com o mínimo de tempo e atividade, ou seja, Taylor tenta otimizar resultados respondendo à seguinte pergunta: como aumentar o consumo e o lucro diminuindo o tempo de produção e o custo?

As respostas são:

- Divisão das tarefas de trabalho dentro de uma empresa;
- Especialização do trabalhador;
- Treinamento e preparação dos trabalhadores de acordo com as aptidões apresentadas;
- Análise dos processos produtivos dentro de uma empresa com o objetivo de otimização do trabalho;
- Adoção de métodos para diminuir a fadiga e os problemas de saúde dos trabalhadores;
- Implantação de melhorias nas condições e nos ambientes de trabalho;
- Uso de métodos padronizados para reduzir custos e aumentar a produtividade;
- Criação de sistemas de incentivos e recompensas salariais para motivar os trabalhadores e aumentar a produtividade;
- Uso de supervisão humana especializada para controlar o processo produtivo;
- Disciplina na distribuição de atribuições e responsabilidades;
- Uso de métodos de trabalho que já foram testados e planejados para eliminar o improviso.

15.1.2 Fordismo

A melhor maneira de definir o Fordismo é entender que ele foi uma aplicação prática do Taylorismo. Funciona assim: Taylor pensa, mas é Ford que aplica. Isso mesmo, Ford ganhou dinheiro com a ideia de Taylor.

A principal característica do Fordismo é a **fabricação em massa**, baseada numa linha de montagem. Assim, temos uma redução significativa dos custos de produção, o que barateia o produto e possibilita a venda para o maior número possível de consumidores. Dentro desse sistema de produção, uma esteira rolante conduzia ao produto, no caso da Ford, os automóveis. Cada funcionário executava uma pequena etapa. Assim, os funcionários não precisavam sair do seu local de trabalho, o que resultava em uma maior velocidade de produção. Também não era necessária a utilização de mão de obra muito capacitada, pois cada trabalhador executava apenas uma pequena tarefa, todo dia, dentro de uma etapa de produção. Isso gerava um barateamento no processo produtivo.

O declínio do Fordismo pode ser observado a partir dos anos 70, quando foi substituído pelo Toyotismo.

Daí a necessidade daquilo que chamamos de humanização. O homem, a partir de então, passa a ser visto como um todo. O homem apresenta necessidades físicas, psicológicas e sociais. Tais necessidades passaram a interessar à organização, já que se compreendeu que o elemento humano é o capital mais precioso dentro de uma organização empresarial. Satisfação no trabalho, interação entre as pessoas, relações pessoais, interpessoais e sociais, aspectos relacionados à motivação, entre outros, acabam traçando os rumos das pesquisas na área de relações humanas.

15.1.3 Pirâmide de Maslow X Necessidades do Trabalhador

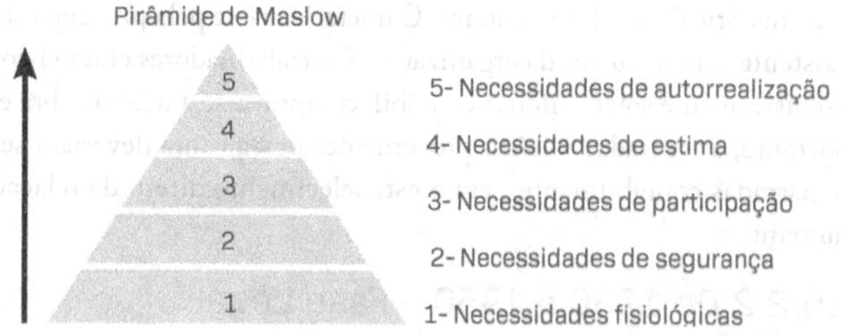

Alguns estudos também relacionaram a Maslow, as necessidades do indivíduo dentro das organizações:

Necessidades Biológicas e Fisiológicas

As empresas devem oferecer salários justos, horários adequados e intervalos de descanso.

Necessidades de Segurança

As empresas devem deixar claro para seus funcionários que estão dentro das normas de segurança e de trabalho; e oferecer benefícios, como seguro de vida, planos de saúde e de aposentadoria.

Necessidades de Participação

Mostrar aos colaboradores, por meio de projetos e palestras em grupo, a necessidade do trabalho em equipe e a importância das relações interpessoais.

Necessidades de Estima

Reconhecer o trabalho e o esforço dos colaboradores por meio de elogios, promoções e premiações, não propriamente financeiras.

Necessidades de Autorrealização

Viabilizar ideias dos funcionários, fazer com que estes participem das tomadas de decisões relacionadas ao seu trabalho; promover cursos de atualização e oferecer oportunidades dentro da empresa.

O autor Antônio Carlos Gil em sua obra Gestão de Pessoas: um enfoque profissional apresenta a seguinte definição:

É o ramo especializado da Ciência da Administração que envolve todas as ações que têm por objetivo a integração do colaborador no contexto da organização e no aumento de sua produtividade.

Para o autor Chivenato, gestão de pessoas: É o conjunto de decisões integradas sobre as relações de emprego que influenciam a eficácia dos funcionários e das organizações .

Segundo Merras: É o conjunto de políticas e práticas necessárias para conduzir os aspectos da posição gerencial relacionados com as pessoas, incluindo recrutamento, seleção, treinamento, recompensas e avaliação de desempenho.

15.2 Histórico da Gestão de Pessoas (GEP)

A evolução da GEP está atrelada à história da Administração, conforme já mencionamos. Usando como base fundamental as Escolas Administrativas, podemos observar o enfoque dado, em cada período, aos recursos humanos dentro da visão organizacional, assim distribuída:

15.2.1 Até 1930 - Fase Contábil

Período constituído por contexto histórico conturbado, marcado pela ênfase na alternância política entre São Paulo e Minas Gerais, no período conhecido como República do café-com-leite. Nessa época, a questão social era considerada caso de polícia. Não havia ainda uma legislação trabalhista e as condições do trabalho eram extremamente precárias. Essa fase é pioneira na gestão pessoal e, também, chamada de "pré-histórica" por alguns autores. Caracterizava-se pela preocupação existente com os custos da organização. Os trabalhadores eram vistos exclusivamente sob o enfoque contábil: comprava-se a mão de obra e, portanto, as entradas e saídas provenientes dessa conta deveriam ser registradas contabilmente, sem o estabelecimento direto da relação humana.

15.2.2 De 1930 a 1950 - Fase Legal

Com as transformações políticas a partir da Revolução de 1930 e da Era Vargas, também observamos mudanças no setor de gestão pessoal. Registramos o aparecimento da função de chefe de pessoal, profissional cuja preocupação estava centrada no acompanhamento e na manutenção das recém criadas leis trabalhistas da era getulista. As leis trabalhistas já estavam presentes na Constituição de 1934 e incluíam, entre outras coisas; descanso semanal remunerado, jornada de trabalho, férias, salário mínimo, etc. O poder até então, unicamente, centrado na figura dos feitores (chefes de produção) sobre os empregados, passou para as mãos do chefe de pessoal pelo domínio exercido sobre as regras e normas jurídicas, impostas pela CLT de 01 de maio de 1943.

15.2.3 De 1950 a 1965 - Fase Tecnicista

Período marcado pelo populismo político e pelo desenvolvimentismo econômico. A abertura da economia brasileira ao capital estrangeiro foi significativa nesse período. Uma industrialização intensa ampliou a mão de obra e as necessidades de emprego. Na Fase Tecnicista foi implantado no Brasil o modelo americano de gestão de recursos humanos e isso alavancou a função de RH ao status orgânico de gerência. Os empresários incluíram nos organogramas a figura do gerente de relações industriais. Isso representou, para as organizações e para os trabalhadores, um grande avanço na qualidade das relações entre capital e trabalho. Foi nessa fase que a área de RH passou a operacionalizar serviços como os de treinamento, recrutamento e seleção, cargos e salários, higiene e segurança, entre outros.

15.2.4 De 1965 a 1985 - Fase Administrativa ou Sindicalista

Enfrentamos nesse contexto a fase da República Militar, em que ações populares eram vistas como uma "ameaça à ordem nacional". A Fase Administrativa criou um marco histórico nas relações entre capital e trabalho, uma vez que parte das conquistas é produto das lutas empreendidas pelos próprios trabalhadores. Implementou-se o movimento sindical denominado 'novo sindicalismo'. Nessa fase, registrou-se nova mudança significativa na denominação e na responsabilidade do até aqui gerente de relações industriais. O cargo passou a ser chamado como gerente de recursos humanos. Pretendia-se, com essa mudança, transferir a ênfase em procedimentos burocráticos e puramente operacionais para responsabilidades de ordem mais humanísticas, voltadas para os indivíduos e suas relações com os sindicatos, a sociedade, etc.

15.2.5 Posterior a 1985 - Fase Estratégica

A redemocratização do Brasil e as mudanças oriundas da Constituição de 1988 foram o fundamento dessa fase, demarcada operacionalmente pela introdução dos primeiros programas de planejamento estratégico de RH, atrelado ao planejamento central das organizações. Nessa fase é que se registraram as primeiras preocupações de longo prazo, por parte da direção das empresas, em relação aos trabalhadores. Iniciou-se uma nova alavancagem organizacional do cargo de gerente de recursos humanos, que, de posição gerencial, de terceiro escalão, em nível ainda tático, passou a ser reconhecido como diretoria, em nível estratégico nas organizações.

As etapas evolutivas da área de RH, podem ser sintetizadas em quatro, a saber:

- Administração de Pessoal;
- Relações Industriais;
- Administração de Recursos Humanos;
- Gestão de Pessoas.
- Podemos concluir que a Gestão de Pessoas surge da necessidade de conciliar os elementos humanos e operacionais dentro de uma visão estratégica do setor empresarial que se divide em:
- Provisão de Recursos Humanos;
- Aplicação de Recursos Humanos;
- Desenvolvimento de Recursos Humanos;
- Manutenção de Recursos Humanos;
- Monitoração de Recursos Humanos;

Processo de Provisão

Consiste em abastecer a empresa com uma mão de obra que seja qualificada. É uma referência ao **recrutamento** e **seleção pessoal**.

Planejamento de Recursos Humanos

Processo que diz respeito à decisão relativa aos recursos humanos, necessários para alcançar os objetivos organizacionais dentro de um tempo determinado. É uma visão sobre a necessidade da força de trabalho e dos talentos humanos para realizar a ação organizacional futura. O Planejamento Estratégico do RH é parte integrante do Planejamento Estratégico da Organização e deve ter como objetivo o alcance das metas e a inclusão das necessidades individuais.

Recrutamento

É o conjunto de técnicas e procedimentos que visa a atrair candidatos potencialmente qualificados e capazes de ocupar cargos dentro da organização. O recrutamento é feito a partir das necessidades presentes e futuras de Recursos Humanos da organização.

Seleção de Pessoal

É a escolha dos candidatos recrutados que melhor se ajustam ao cargo em aberto. O objetivo essencial da seleção de pessoal é **escolher** e **classificar** os candidatos adequados às necessidades da organização.

Processo de Aplicação

Consiste na análise e na descrição de cargos e na avaliação de desempenho.

Clima Organizacional

É o modo como se desenvolve a conciliação entre a expectativa e a realidade dentro do ambiente de trabalho. Há um impacto do clima organizacional sobre a motivação, o desempenho e a satisfação no trabalho, pois é ele que cria certos tipos de expectativas, cujas consequências são decorrentes de diferentes ações. As pessoas esperam certas recompensas e satisfações. Assim, o clima organizacional é o conjunto de fatores que interferem na satisfação ou no descontentamento no trabalho. É o conjunto de variáveis que busca identificar os aspectos que precisam ser melhorados, em busca da satisfação e do bem-estar dos colaboradores.

Educação Corporativa

É a prática coordenada de gestão de pessoas e de gestão do conhecimento, tendo como orientação a estratégia de longo prazo de uma organização.

Tecnologia em RH

É a otimização da gestão e dos custos de serviço por empregado; diminui a relação de dependência entre o empregado e os Recursos Humanos; dá mais autonomia aos empregados, que se tornam responsáveis pelo uso e benefício que obtêm dos sistemas e reduz os custos das tarefas administrativas.

Objetivos Organizacionais	Objetivos Individuais
Crescimento sustentado	Melhores salários
Lucratividade	Melhores benefícios
Produtividade	Estabilidade/segurança no emprego
Qualidade dos produtos/ serviços	Qualidade de vida
Novos mercados	Oportunidades de crescimento
Novos clientes	Liberdade de atuação
Competitividade	Lazer
Imagem no mercado	Reconhecimento e valorização

As organizações necessitam de pessoas para realizarem suas funções. Assim, com o crescimento da empresa, aumenta também a necessidade de recursos humanos que possam gerir os recursos materiais, financeiros e tecnológicos, com eficiência e eficácia.

Com isso, as pessoas passam a ser um diferencial na empresa, ou seja, constroem a competência básica da empresa em um cenário empresarial instável, globalizado e fortemente concorrencial.

15.3 As Pessoas como Parceiras da Organização

Dentro das organizações, todo processo produtivo de uma participação conjunta de diversos parceiros, que contribuam com algum recurso.

Os fornecedores contribuem com matérias-primas, insumos básicos, serviços e tecnologias. Os acionistas e investidores contribuem com capital e investimentos que permitem o aporte financeiro para a aquisição de recursos. Os empregados contribuem com seus conhecimentos, capacidades e habilidades, proporcionando decisões e ações que dinamizam a organização. Os clientes e consumidores contribuem, a dquirindo seus bens ou serviços colocados no mercado.

Mas, a relação não consiste numa unilateralidade, pois cada um dos parceiros tem alguma expectativa de retorno que sirva como estímulo para continuar seu investimento.

As pessoas devem ser visualizadas como parceiras das organizações, pois constituem parte integrante do capital intelectual. As organizações bem sucedidas se deram conta disso e tratam seus funcionários como parceiros do negócio e fornecedores de competências, e não mais como simples empregados contratados.

Nesse sentido, a gestão de pessoas é um ramo muito sensível e instável, pois vários fatores influenciam para que alcancem seus objetivos. Entre esses fatores, podemos destacar:

- Políticas organizacionais;
- Contexto ambiental;
- Tecnologia empregada;
- Formas de gestão.

No cenário do mundo globalizado, as instituições estão atuando de forma estratégica. Assim, um processo produtivo é realizado com o auxílio de vários colaboradores, os quais auxiliam com algum recurso. Nesse cenário, são os principais parceiros das empresas os ***stakeholders***.

15.3.1 Stakeholders

São as pessoas que afetam ou são afetadas de alguma forma pelas políticas das empresas. Também são considerados como públicos estratégicos, já que, de modo indireto ou direto, influenciam fortemente nos resultados das organizações. Podem estar divididos em dois grandes grupos: Diretos e Indiretos.

Diretos

São as pessoas que possuem uma relação direta com a organização, como: acionistas, clientes, fornecedores e funcionários.

Stakeholders Diretos	Relação de Troca com a Organização	
	Entregam	Esperam
Acionistas	Recursos financeiros (em forma de ações, empréstimos ou financiamentos)	Lucros para a Organização. Que a organização obtenha lucros
Fornecedores	Matéria - prima para a organização	Retorno financeiro e possibilidade de novos negócios
Empregados	Força de trabalho, esforço, conhecimento	Incentivos como remuneração e benefícios
Clientes	Dinheiro	Produtos de qualidade por um preço justo

Indiretos

Possuem significância mais indireta na empresa, como o governo a mídia e a sociedade.

T E C I N F

Stakeholders Indiretos	Relação de Troca com a Organização	
	Entregam	Esperam Receber
Governo	Incentivos para que a organização se instale na cidade ou país (incentivos fiscais, doação de terrenos).	Os impostos pagos pelas organizações e o desenvolvimento da cidade ou país, já que as organizações geram emprego e desenvolvimento nos locais onde se instalam.
Mídia	Propaganda, que ajuda a organização a ser bem vista pelos seus clientes.	Pagamento por serviço prestado.
Sociedade	Os clientes, os empregados e os fornecedores.	Não apenas a obtenção de lucros, mas o desenvolvimento da sociedade.

Há três fatores que indicam a importância dos *Stakeholders* para a organização:

- **Urgência**: quando se necessita Fique ligado imediata, pois sua necessidade é sensível ao tempo.
- **Poder:** quando, pela força ou poder coercitivo, se impõe em relação à organização.
- **Legitimidade:** quando o relacionamento é pautado ou protegido por leis ou normas legítimas.

15.3.2 Aspectos Fundamentais

Alguns aspectos são fundamentais para a gestão de pessoas:

Pessoas como Seres Humanos

Reconhecer que as pessoas não são meramente recursos da empresa, mas são seres dotados de inteligência, personalidade, histórias particulares diferenciadas e possuidores de conhecimento e de capacidade adequada para a gestão dos demais recursos da organização. Isso implica no rompimento com a visão taylorista/fordista na qual as pessoas devem apenas reproduzir aquilo que lhes é ordenado. É perceptível a capacidade das pessoas em auxiliar, constantemente no processo de desenvolvimento da empresa.

Pessoas como Elementos Impulsionadores

Num cenário globalizado de constantes transformações, as pessoas geram a competitividade, já que dinamizam a organização, não sendo apenas agentes passivos e estáticos, mas agentes envolvidos no processo.

Pessoas como Parceiros da Organização

As pessoas movimentam e levam a empresa ao sucesso, pois são parceiras das organizações. Investindo nelas, há sempre um retorno.

Pessoas como Talento

As pessoas são seres repletos de talentos e competências e, com isso, levam a organização ao sucesso. Visto que uma organização não pode ser formada apenas de máquinas e tecnologia, há sempre necessidade de alguém que as opere.

Pessoas como Capital

As pessoas são o principal ativo organizacional, já que agregam conhecimento e inteligência à organização.

15.3.3 Objetivos

Os objetivos da Gestão de Pessoas são amplos, mas devem contribuir sempre para a eficácia organizacional por meio das seguintes ações:

- Corroborar para que a organização alcance sua missão e seus objetivos;
- Proporcionar maior competitividade à organização, otimizando a capacidade produtiva das pessoas para melhorar o atendimento aos parceiros;
- Propiciar pessoas bem treinadas e motivadas à organização, começando por manter um projeto de capacitação contínuo e o reconhecimento dos esforços depreendidos. Recompensar quem desempenha bem seu papel, não apenas com remuneração;
- Propiciar a satisfação e aumentar a autoavaliação, pois hoje as pessoas satisfeitas no trabalho são necessariamente mais produtivas, pois, com pessoas felizes, a organização ruma para o sucesso;
- Desenvolver a qualidade de vida no trabalho, já que a confiança nas organizações é fundamental para que a produtividade das pessoas seja maximizada. Devido a isso, as empresas estão investindo em programas para melhorar a qualidade e o ambiente de trabalho, visando à satisfação das necessidades individuais e proporcionando um local atraente e satisfatório para os trabalhadores;
- Ficar atendo às mudanças e adaptar-se a elas, contribuindo para o sucesso da organização;
- Trabalhar com princípios e valores éticos e responsabilidade social;
- Desenvolver uma equipe e uma empresa. Para isso, não basta cuidar das pessoas, é necessário levar em consideração a organização do trabalho e o estilo de gestão.

15.3.4 Processos Organizacionais

A Gestão de Pessoas utiliza seis processos básicos:

- **Processos de agregar pessoas:** são os processos utilizados para incluir novas pessoas na empresa. Podem ser também denominados de processos de provisão ou suprimento de pessoas. Incluem as funções de recrutamento e seleção de pessoas.
- **Processos de aplicar pessoas:** são os processos utilizados para desenhar as atividades que as pessoas irão realizar na empresa, assim como, de orientar e acompanhar seu desempenho. Incluem as funções de desenho de cargos e de avaliação de desempenho.
- **Processos de recompensar pessoas:** são os processos utilizados para incentivar as pessoas e satisfazer suas necessidades individuais. Incluem as funções de remuneração e benefícios.
- **Processos de desenvolver pessoas:** são os processos utilizados para capacitar e incrementar o desenvolvimento profissional e pessoal. Incluem as funções de treinamento e de desenvolvimento.
- **Processos de manter pessoas:** são os processos utilizados para criar condições ambientais e psicológicas satisfatórias para as atividades das pessoas. Incluem as funções de higiene e segurança no trabalho, assim como de relações trabalhistas.
- **Processos de monitorar pessoas:** são os processos utilizados para acompanhar e controlar as atividades das pessoas e verificar os resultados. Incluem as funções de banco de dados e sistemas de informações gerenciais.

16 LIDERANÇA

A força de trabalho e o seu poder é o principal efeito da liderança, já que esta dá ritmo e energia ao trabalho desenvolvido que move uma organização.

Liderar

É conectar os empregados ao seu negócio.

É obter e manter empregados que ajam e trabalhem como proprietários.

Liderança

É a arte de fazer com que os outros tenham vontade de fazer algo que você está convencido de que deve ser feito.

É a arte de mobilizar os outros a batalhar por aspirações compartilhadas.

É a arte de obter resultados desejados, acordados e esperados por meio de empregados engajados.

Líder

É o portador da autoridade legitimada, ou seja, aquele em quem se reconhecem motivos para ser ouvido, acatado e seguido. *(Benedito Milioni)*

As empresas vêm buscando líderes e não apenas gerentes. Assim, uma característica marcante entre os líderes é a naturalidade de trabalhar em equipe, já que eles não podem agir sozinhos. Existem quatro competência comuns aos líderes:

- ***Fique ligado:*** o líder desperta a Fique ligado e consegue o comprometimento de sua equipe, pois seus membros passam a querer participar dessa visão e alcançar os objetivos propostos pela liderança.
- ***Significado:*** os líderes possuem grande habilidade para a comunicação. Assim, conseguem passar de forma clara e concisa as informações para a sua equipe.
- ***Confiança:*** o líder inspira confiança, pois tem objetivos e propósitos consistentes.
- ***Conhecimento pessoal:*** os líderes sabem explorar seus pontos fortes e, ao mesmo tempo, buscam melhorar seus pontos fracos.

Em quaisquer definições de liderança, sempre haverá uma ou duas palavras, no máximo, que, se retiradas, mudam o significado de liderança para gerência ou chefia. Vejamos:

Gerenciar

É colocar para trabalhar os empregados no seu negócio.

É obter e manter empregados que ajam e trabalhem como empregados.

Gerência

É a arte de fazer com que os outros façam algo que você está convencido de que deva ser feito.

É a arte de mobilizar os outros a batalhar.

É a arte de obter resultados desejados, acordados e esperados por meio de empregados.

Diferenças entre Gerente e Líder	
Gerente	**Líder**
Administra	Inova
Prioriza as tarefas	Prioriza as pessoas
Prevê curto prazo	Estabelece longo prazo
Exerce o controle	Inspira a confiança
É eficiente	É eficaz

16.1 Tipos de Liderança

16.1.1 Liderança Formal

Quando é conferida por alguém da organização, ou seja, a organização designa alguém para liderar, o que os torna gestores. Assim, nem todo gestor é um líder.

16.1.2 Liderança Informal

São pessoas que não possuem o poder formal para liderar, porém lideram. Elas surgem normalmente dentro de um grupo sem serem designadas pela organização.

Gestor	Líder
Liderança baseada em leis impostas pela organização, fixa poder de comando.	Liderança baseada na confiança que os liderados têm nas qualidades de líder.
Os subordinados obedecem a autoridade imposta pela empresa, e não o gestor.	Os seguidores concordam com as ideias e visões que o líder possui.
Utiliza-se do poder coercitivo das regras da organização para forçar a obediência.	O poder vem da massa que o segue.

16.1.3 Liderança Autocrática

Baseia-se numa relação de submissão, já que o líder tem uma postura dominadora e agressiva, não dando liberdade alguma a seus subordinados.

16.1.4 Liderança Democrática

Consiste em uma liderança participativa, ou seja, o líder consegue motivar os liderados a participarem das decisões, pois possui caráter comunicativo. Esse tipo de liderança pode ser subdividido em duas subcategorias:

- **Consultivo:** ele pede a opinião dos liderados, porém, toma a decisão final sozinho.
- **Participativo:** ouve a opinião dos liderados, fazendo com que as decisões sejam tomadas pelo grupo, sendo orientadas pelo líder, mas decididas em coletivo.

16.1.5 Liderança Liberal

Esse tipo de liderança é caracterizada, basicamente, pela ausência de líderes, já que o próprio grupo é quem toma as decisões.

16.1.6 Liderança Orientada pelas Tarefas

A preocupação central desse tipo de liderança é com a tarefa e não com a equipe que a executa. Assim, acaba se tornando uma liderança preocupada demasiadamente com tarefas, metas e objetivos a serem cumpridos.

16.1.7 Liderança Orientada para as Pessoas

O foco está na equipe de trabalho, O processo administrativo deve tornar o ambiente de trabalho confortável para as pessoas.

16.1.8 Liderança Diretiva

Esse tipo de liderança esclarece as atividades e o que ele espera de seus subordinados, além de organizar as diretrizes, metas e objetivos de maneira clara.

16.1.9 Liderança Apoiadora

É o líder que se mostra sensível às necessidades e expectativas das pessoas que compõem a sua equipe.

16.1.10 Liderança Orientada para a Conquista

Esse tipo de liderança impõe metas e objetivos desafiadores e espera de seus liderados que demonstrem desempenho máximo.

Liderança Carismática

É exercida pelo líder consegue obter a confiança de seus liderados, atribuindo a ele características de herói. Um líder carismático deve:

- Possuir visão;
- Dispor-se a correr riscos para alcançar essa visão;
- Ser sensível às necessidades de seus liderados;
- Ter comportamento diferente do comum.

Um líder não necessita nascer carismático; ele pode desenvolver um carisma se seguir três etapas, a saber:

- Visão otimista consiste em desenvolver uma aura de carisma, tendo sempre uma visão otimista e demonstrando isso com linguagem corporal. É aquela que utiliza paixão em tudo o que faz.
- Criação de confiança em seus liderados para segui-lo.
- Potencial - consegue extrair potencial de seus liderados.

16.1.11 Liderança Visionária

Segundo Robbins, a liderança visionária é a habilidade para criar e articular uma visão do futuro, realista, digna de crédito e atraente, que cresce a partir do presente e o aperfeiçoa.

17 DESENVOLVIMENTO DE PESSOAS

O desenvolvimento de pessoas está mais relacionado com a educação e com a orientação para o futuro do que com o treinamento. Afirmamos ser ele um projeto a longo prazo que visa à manutenção pessoal na organização. **Educação é o processo de desenvolvimento relacionado com a formação da personalidade e da melhoria da capacidade para compreender e interpretar o conhecimento.** O desenvolvimento está voltado para o crescimento do empregado numa progressão geométrica, que leva em consideração o interesse pessoal no crescimento organizacional, visando à carreira futura, mais do que ao cargo atual.

Vejamos como Chiavenato diferencia desenvolvimento, treinamento e educação:

Desenvolvimento de RH: *é o conjunto de experiências organizadas de aprendizagem (intencionais e propositais) proporcionadas pela organização, dentro de um específico período de tempo, para oferecer a oportunidade de melhoria no desempenho e/ou crescimento humano. Inclui três áreas de atividades: treinamento, educação e desenvolvimento.*

Desenvolvimento Pessoal: *são as experiências não necessariamente relacionadas com o cargo atual, mas que proporcionam oportunidades para o desenvolvimento e o crescimento profissional.*

Treinamento: *são experiências organizadas de aprendizagem centradas na posição atual da organização. O treinamento deve aumentar a possibilidade de o funcionário desempenhar melhor suas atuais responsabilidades.*

Educação: *são as experiências de aprendizagem que preparam a pessoa para enfrentar futuros deveres na organização.*

▷ Podemos apontar alguns métodos de desenvolvimento de pessoas no cargo atual:

Rotação de cargos: entende-se como a movimentação das pessoas em vários cargos na organização com o objetivo de expandir suas habilidades, conhecimentos e capacidades. Permite expor as pessoas a um grau de complexidade crescente, estimulando novas ideias e aumentando experiências. Característica comum dos modelos de produção pós década de 70 do século XX, quando foi introduzido o sistema toyotista de produção.

Posições de assessoria: alocar, por exemplo, uma pessoa com alto potencial para trabalhar como assessor de um gerente de alto desempenho, para que o empregado possa realizar diferentes tarefas sob a supervisão de um gerente apoiador que estimule a manutenção das aptidões funcionais e o desenvolvimento de novas habilidades dentro do ambiente de trabalho, proporcionando o crescimento do empregado.

Aprendizagem prática: o treinando é designado para realizar um trabalho de tempo integral para analisar e resolver problemas em certos projetos ou outros departamentos. Em alguns casos podem ser criadas equipes que colaborem mutuamente.

Atribuição de comissões: dar oportunidades para que o empregado participe de comissões especiais de trabalho, observando discussões, posturas, capacidade gerencial e compartilhando a tomada de decisão.

Participação em cursos e seminários externos: é uma forma tradicional de desenvolvimento, na qual o empregado pode adquirir novas habilidades e conhecimentos. Pode ser realizado presencialmente ou à distância, variando conforme a intenção e a disponibilidade do grupo.

Exercícios de simulação: exercícios de simulação incluem dramatizações (*role playing*), jogos de empresas, estudos de caso, etc.

Treinamento fora da empresa (*outdoor*): são treinamentos realizados por consultoria especializada, cujo foco primário é ressaltar a importância do trabalho em equipe e a força que esse tipo de trabalho tem no mundo globalizado contemporâneo.

Centros de desenvolvimento interno: são centros localizados na empresa, destinados a expor os gerentes e empregados a exercícios realísticos para desenvolver e melhorar as habilidades pessoais. É o caso das universidades corporativas.

Ainda no quesito Desenvolvimento de Pessoas, podemos citar os métodos de desenvolvimento de pessoas fora do cargo. São dois: **Tutoria e Aconselhamento.**

17.1 Tutoria

É assistência dada aos empregados escolhidos para ascender dentro da empresa. Dá-se o nome a este processo de *mentoring/coaching*. Um gerente da organização exerce um papel ativo na condução do empregado aspirante a um posto mais elevado. Ele guia, aconselha, faz críticas e sugestões, dá suporte profissional e político.

Mentoring	Coaching
Relação entre o protetor e o protegido	Relação entre o líder e o subordinado
Foco no longo prazo e no futuro	Foco no curto prazo e no cotidiano
Estilo de desenvolvimento na carreira	Estilo de liderança e supervisão
Orientação profissional por alguma pessoa da organização	Condução ativa da pessoa pelo supervisor imediato
Impulso na carreira futura	Impulso no trabalho atual

17.1.1 As Quatro Etapas do Processo de Coaching

Primeira Etapa: sem dúvida é a mais crítica, afinal, consiste na construção de uma parceria sólida e consciente, que garanta alto nível de confiança e maturidade entre o *coach* e o cliente, em que ambas as partes possam assumir e cumprir todas as responsabilidades acordadas. Precisa de uma avaliação coerente e racional para o estabelecimento de laços sólidos.

Segunda Etapa: diz respeito ao que o cliente **deseja** realizar: a sua visão de futuro. O *coach* deve estimular o cliente a sonhar e, ao "vender" esses sonhos, deixar sempre clara a possibilidade viável de realizá-los.

Terceira Etapa: consiste na análise da "bagagem de mão", ou seja, a trajetória de realização de ambos. É o estabelecimento de uma reciprocidade baseada na quebra da barreira de resistência, estabelecida naturalmente pelos seres humanos. É muito importante que *coach* e cliente se conheçam bem, para que explorem com competência os talentos um do outro. **Envolve realização da síntese da história de vida de ambos - valores, atitudes, padrões de comportamento, pontos fortes e fracos (competências), resultados (sucessos e fracassos). Deve ser feita tomando como referência o projeto que o cliente quer realizar e não deve ser uma sessão de avaliação do cliente. O objetivo é avaliar o que será usado e o que será descartado.**

Quarta Etapa ou Plano de Ação: conhecendo melhor o cliente, o *coach* pode ajudá-lo a identificar os gaps (GAPS é um termo em inglês que significa um distanciamento, afastamento, separação, uma lacuna ou um vácuo) entre sua visão, situação e competências atuais. O *coach* deverá observar se essa distância não está muito além do que se pode cumprir, pois isso só causaria ansiedade.

17.1.2 Princípios do Coaching

- Todos os seres humanos sonham com a possibilidade de se satisfazerem e merecem a oportunidade de o fazer da melhor forma possível.
- As pessoas criam a sua própria experiência de vida e um *coach* pode ajudá-las a criar a que realmente querem.
- A compreensão intelectual não é suficiente. Uma mudança requer uma ação.
- O fracasso é algo que não existe. Se a pessoa não consegue o que quer, ela encontra outra maneira. Fracasso é apenas uma maneira, a curto prazo, de dizer que não se conseguiu alcançar o que queria ainda.
- Todas as pessoas têm todos os recursos necessários ou então pode criá-los. Não existe ninguém que não tenha esses recursos. O cliente tem as respostas; o *coach*, as perguntas.
- Um *coach* trabalha para aumentar a quantidade de escolhas na vida do cliente.
- O *coaching* é uma parceria sinérgica e equitativa.

17.2 Aconselhamento

É um método semelhante ao da abordagem da tutoria. Mas, no aconselhamento, o gerente responsável atua no eventual surgimento de problemas. **Quando o empregado apresenta um comportamento e desempenho inconsistentes, o gerente deve intervir e identificar o problema.** O papel de conselheiro exige grande capacidade auditiva (de ouvir) e persuasiva (de persuadir).

No entanto, alguns teóricos discordam da abordagem de Chiavenato e indicam que o aconselhamento (*counseling*) é, essencialmente, exercido por um psicólogo qualificado para atividades terapêuticas.

Vejamos abaixo, as diferenças no conceito entre *mentoring*, *coaching* e *counseling* (aconselhamento):[1]

17.2.1 Modelos de Apoio

Coaching

O que é?

Processo para avaliar e orientar o desenvolvimento contínuo das competências de uma pessoa ou equipe, que serão utilizadas na realização de metas e objetivos.

Quem oferece?

Profissional especializado e credenciado, de fora ou de dentro da empresa.

Quem utiliza?

Pessoa ou equipe que precise desenvolver suas habilidades e competências para a realização de suas metas e objetivos.

Para que serve?

Promover mudanças de comportamento para atingir novo objetivo, auxiliando o desenvolvimento das próprias competências, para a realização de metas/ objetivos.

Quanto dura? Como é aplicado?

Em reuniões semanais, em média de 10 semanas. Pode ser aplicado individualmente ou em grupo.

Coaching de Skills & Competências

O que é?

Focado em um projeto atual de *coachee* ou equipe. Pode ser um método, estratégia ou comportamento relacionado ao sucesso de um projeto.

Quem oferece?

Profissional especializado e credenciado, de fora ou de dentro da empresa.

Quem utiliza?

Pessoa ou equipe que busque desenvolver competência na qual sente carência de desempenho e/ou para alcançar uma meta específica.

Para que serve?

Promover mudanças de comportamento e desenvolver competências para atingir um objetivo.

Quanto dura? Como é aplicado?

Curta duração, vinculada ao alcance do propósito preestabelecido.

Coaching de Performance

O que é?

Foco na efetividade do *coachee* ou equipe no cargo ou papel atual.

Quem oferece?

Profissional especializado e credenciado, de fora ou de dentro da empresa.

Quem utiliza?

Pessoa ou equipe que busque melhorar no contexto profissional ou pessoal

Para que serve?

Melhoria de desempenho profissional ou pessoal.

Quanto dura? Como é aplicado?

Duração pode ser de alguns meses.

Coaching de Desenvolvimento

O que é?

Foco em desafios de cargo futuro ou no futuro da carreira.

Quem oferece?

Profissional especializado e credenciado, de fora ou de dentro da empresa.

Quem utiliza?

Pessoa que busque chances de promoção ou oportunidade de carreira.

Para que serve?

Desenvolver e/ou adquirir competência para alcançar objetivo de carreira

Quanto dura? Como é aplicado?

Duração vinculada ao alcance do propósito pré-estabelecido. Pode ser de vários meses a 1 ano

Coaching para Negócios (Sounding Board)

O que é?

Foco em competências que gerem melhores resultados de negócios e em macro-situações diretivas e estratégicas. Não é focado em habilidades específicas e relaciona-se mais à administração.

Quem oferece?

Necessariamente um profissional de fora, especializado, credenciado e experiente na gestão de empresas.

Quem utiliza?

Dirigente líder de empresa ou de instituição.

Para que serve?

1 Extraído de http://drh-talent.com/site/coaching-2/

Oportunidade do líder discutir situações e competências que não seriam possíveis discutir com alguém de seu meio.

Quanto dura? Como é aplicado?

A duração pode ser de vários anos, de formatos mais flexíveis e encontros mais esporádicos.

Coaching de Vida ou de Carreira

O que é?

Motivar o *coachee* a ser o melhor que pode como ser humano, indo além dos limites que se impôs, com foco no equilíbrio, no bem-estar e na qualidade de vida.

Quem oferece?

Preferencialmente um profissional especializado e credenciado, de fora da empresa, mais vivido e experiente.

Quem utiliza?

Pessoa que se encontre em fase de transição de vida e/ou carreira.

Pessoa que sinta que pode/deve ter uma vida melhor, mas não sabe o que fazer.

Para que serve?

Motivar o *coachee* a ir além dos seus limites e ser o melhor que pode como ser humano, para realizar o seu potencial total na vida.

Quanto dura? Como é aplicado?

Duração vinculada ao alcance do propósito pré-estabelecido.

Consulting

O que é?

Apoio especializado para diagnóstico e solução de problemas empresariais.

Quem oferece?

Consultor especializado, geralmente de fora da empresa.

Quem utiliza?

Empresa e/ou departamento da empresa.

Para que serve?

Diagnosticar problemas e oferecer soluções.

Quanto dura? Como é aplicado?

Pontual. Em forma de projeto, com prazo predeterminado, correspondente ao cronograma acordado.

Mentoring

O que é?

Orientação de caráter amplo, que aguça a visão aponta caminhos e cria diretrizes para o assessorado.

Quem oferece?

Normalmente uma pessoa mais experiente, que pode ser de dentro ou fora da empresa e que conhece o ambiente em que ele e/ou o assessorado atuam.

Quem utiliza?

Profissional em fase inicial de transformação ou de desenvolvimento de carreira.

Para que serve?

O mentor, passando suas experiências e conhecimentos, facilita, apoia e direciona o crescimento profissional do assessorado.

Quanto dura? Como é aplicado?

Em reuniões pré-programadas ou quando o mentor e /ou assessorado sentirem necessidade, durante a fase de desenvolvimento profissional.

Counseling

O que é?

Aconselhamento para ajudar a resolver evento pontual, de carreira ou emocional que o assessorado não tenha condições de definir ou necessite de apoio.

Quem oferece?

Profissional especializado, geralmente de fora da empresa. Usualmente são praticados por psicólogo ou assistente social.

Quem utiliza?

Pessoa, em geral do topo da empresa, que necessitar, tomar decisões importantes de vida ou de trabalho.

Para que serve?

Mapear a situação e sugerir rotas, em aconselhamento de carreira ou para problemas emocionais de executivos.

Quanto dura? Como é aplicado?

De forma pontual e com duração enquanto a decisão está sendo tomada.

17.3 A Gestão de Pessoas com Base em Competências

A forma de gerir pessoas sofreu grandes transformações ao longo dos últimos anos. Dentre as principais, citam-se:

Alteração no perfil das pessoas exigido pelas empresas. Ao perfil obediente e disciplinado, prefere-se um perfil autônomo e empreendedor. A mudança no padrão de exigência gerou a necessidade de uma cultura organizacional que estimulasse e apoiasse a iniciativa individual, a criatividade e a busca autônoma de resultados para a empresa ou o negócio.

Deslocamento do foco da gestão de pessoas por meio do controle para o foco por meio do desenvolvimento. A marca dos sistemas tradicionais de gestão de pessoas, inspirada no paradigma fordista e taylorista de administração, é o controle das pessoas. Segundo esse paradigma, os indivíduos são controláveis, portanto, espera-se deles uma postura passiva. Hoje, há uma grande pressão para que a gestão de pessoas seja orientada para a ideia de desenvolvimento mútuo. A empresa, ao se desenvolver, desenvolve as pessoas, e estas, ao se desenvolverem, fazem o mesmo com a organização. A pessoa é vista como a gestora de sua relação com a empresa, bem como do seu desenvolvimento profissional.

Maior participação das pessoas no sucesso do negócio ou da empresa. O comprometimento integral dos indivíduos com a organização ou negócio mobiliza não somente os músculos e parte da inteligência, mas todo o seu potencial criador, sua intuição, sua capacidade de interpretar o contexto e de agir sobre ele, gerando vantagens competitivas únicas. As pessoas são depositárias do patrimônio intelectual da empresa, bem como da capacidade e da agilidade de resposta da organização aos estímulos do ambiente e, ainda, da capacidade de visualização e exploração de oportunidades de negócios.

17.3.1 Conceitos de Competências

O entendimento do que faz a diferença entre funcionário com desempenho padrão e o com desempenho excepcional é a base do conceito de Competências. Segundo o dicionário Aurélio da Língua Portuguesa competência é:

Qualidade de quem é capaz de apreciar e resolver certo assunto, fazer determinada coisa; capacidade, habilidade, aptidão, idoneidade.

Conhecimento aplicado e orientado para melhorar o desempenho do indivíduo, da equipe e da organização. Deve ser certificável, isto é, medida segundo certos padrões.

Um agrupamento de conhecimentos, habilidades e atitudes correlacionados, que afeta parte considerável da atividade de alguém, que se relaciona com o desempenho, que pode ser medido segundo padrões preestabelecidos, e que pode ser melhorado por meio de treinamento e desenvolvimento (Scott B. Parry – The quest for competences. Training, July 1996).

Para Maria Tereza Fleury (2000), Competência significa Saber agir de maneira responsável (...) implica mobilizar, integrar, transferir conhecimentos, recursos, habilidades, que agreguem valor econômico à organização e valor social ao indivíduo.

Há uma relação íntima entre as competências organizacionais e as individuais, de modo que, o estabelecimento das competências individuais deve estar vinculado à reflexão sobre as competências organizacionais, uma vez que há uma influência mútua entre elas.

Após a publicação do Artigo *The Core Competences of the Corporation* (As Competências Essenciais das Organizações), por C. K. Prahalad e Gary Hamel, na década de 90, a Competência passou a ser compreendida por muitas pessoas e por alguns teóricos da Administração como um conjunto de **C**onhecimentos, **H**abilidades e **A**titudes, necessários para que a pessoa desenvolva suas atribuições e responsabilidades.

17.3.2 Classificação das Competências

▹ **Alguns autores as classificam como:**

Competências Genéricas: competências que são necessárias/desejáveis em qualquer área ou processo em que o profissional atua. Exemplo: interrelacionamento pessoal, conhecimentos em informática, comprometimento com a qualidade, trabalho em equipe, autodesenvolvimento, planejamento, comunicação etc.

Competências Específicas: competências que estão diretamente relacionadas a determinada área ou processo. Exemplo: negociações sindicais, atendimento ao cliente, idiomas, administração de projetos, seleção, desenvolvimento de sistemas, análise de fluxo de caixa etc.

▹ **Outros as denominam como:**

Competências Técnicas: conhecimentos necessários para a execução do processo, diretamente relacionadas à formação profissional. Exemplo: conhecimentos de informática, gerenciamento de qualidade, pesquisa, sistema de telecomunicações.

Competências de Gestão: competências de natureza administrativa, vinculadas à prestação de serviços ou ao fornecimento de produtos. Exemplo: planejamento, gerenciamento de contratos, organização, cumprimento de metas etc.

Competências Interpessoais: competências que envolvem o relacionamento entre pessoas no ambiente de trabalho. Exemplo: liderança, comunicação, senso de equipe, delegação etc.

Competências Intelectuais: Competências que abrangem as características pessoais, os processos cognitivos e emocionais, necessários à tomada de decisões e solução de problemas. Exemplo: raciocínio lógico, criatividade, objetividade, capacidade de síntese, capacidade analítica etc.

17.4 Desenvolvimento Organizacional

Segundo Chiavenato, Desenvolvimento Organizacional é um esforço de longo prazo, apoiado pela alta direção, no sentido de melhorar os processos de resolução de problemas e de renovação organizacional, particularmente através de um eficaz e colaborativo diagnóstico e administração da cultura organizacional - com ênfase especial nas equipes formais de trabalho, equipes temporárias e cultura intergrupal - com a assistência de um consultor-facilitador e a utilização da teoria e tecnologia das ciências do comportamento, incluindo ação e pesquisa.

▹ **Outras definições:**

DO é a aplicação dos conhecimentos das ciências comportamentais num esforço a longo prazo para melhorar a capacidade da organização, de modo que permite confrontar-se com as mudanças no ambiente externo aumentando suas habilidades para solução de problemas.

DO é um conjunto de intervenções planejadas de mudança, construído a partir de valores humanísticos e democráticos que procuram incrementar a eficácia organizacional e o bem-estar dos funcionários.

17.4.1 Pressupostos do DO

- A constante e rápida mutação do ambiente.
- A necessidade contínua de adaptação.
- A interação entre a organização e o ambiente.
- Uma organização sensível e flexível, tendo capacidade e versatilidade de redistribuir rapidamente seus recursos, de maneira a maximizar a sua aplicação.
- A interação entre indivíduo e organização. O DO parte de uma filosofia acerca do homem: o ser humano tem aptidões para a produtividade, que podem permanecer inativas se o ambiente em que ele vive e trabalha é hostil.
- Os objetivos individuais e os objetivos organizacionais. É plenamente possível o esforço no sentido de se conseguir que as metas dos indivíduos se integrem com os objetivos da organização, num plano em que o significado do trabalho seja realmente estimulante e gratificante.
- Há mudança organizacional deve ser planejada.
- A necessidade de participação e comprometimento.
- O incremento da eficácia organizacional e do bem-estar da organização dependem de uma correta compreensão e aplicação dos conhecimentos acerca da natureza humana.
- Um objetivo essencial das organizações é o de melhorar a qualidade de vida. Não basta as meras alterações estruturais ou funcionais (alterações de rotinas e procedimentos). É preciso considerar que os métodos científicos que visam a melhorar a eficiência organizacional.

▹ **O DO utiliza um processo dinâmico composto de três fases distintas:**

- **Diagnóstico**. A partir da pesquisa sobre a situação atual. Geralmente, o diagnóstico é uma percepção a respeito da necessidade de mudança na organização ou em parte dela. O diagnóstico deve ser obtido por meio de entrevistas com as pessoas ou grupos envolvidos.
- **Intervenção.** Uma ação para alterar a situação atual. Geralmente, a intervenção é definida e planejada por meio de *workshops* e discussões entre as pessoas e os grupos envolvidos para determinar as ações e os rumos adequados para a mudança.
- **Reforço.** Um esforço para estabilizar e manter a nova situação, por meio de retroação. Geralmente, o reforço é obtido em reuniões e avaliações periódicas que servem de retroinformação a respeito da mudança alcançada.

17.4.2 Técnicas de DO

▷ Segundo Chiavenato, as principais técnicas de DO são:

Treinamento da sensitividade ou treinamento da sensibilidade: constitui a técnica mais antiga e ampla de DO. Consiste em reunir grupos chamados ***T-groups*** (grupos de treinamento) e que são orientados por um líder treinado para aumentar a sensibilidade quanto às suas habilidades e dificuldades de relacionamento interpessoal. O resultado consiste em maior criatividade (menos temor dos outros e menos posição de defesa), menor hostilidade quanto aos outros (devido à melhor compreensão dos outros) e maior sensitividade às influências sociais e psicológicas sobre o comportamento em trabalho. Isso favorece a flexibilidade do comportamento das pessoas em relação aos outros. Em geral, é aplicada de cima para baixo, começando na cúpula da organização e descendo até os níveis mais baixos.

Análise Transacional (AT): é uma técnica que visa ao autodiagnóstico das relações interpessoais. As relações interpessoais ocorrem por meio de transações. Uma transação significa qualquer forma de comunicação, mensagem ou de relação com os demais. A AT é uma técnica destinada a indivíduos e não a grupos, pois se concentra nos estilos e conteúdos das comunicações entre as pessoas. Ela ensina as pessoas a enviar mensagens que sejam claras e ágeis e a dar respostas que sejam naturais e razoáveis. O objetivo é reduzir os hábitos destrutivos de comunicação – os chamados "jogos" – nos quais a intenção ou o significado das comunicações fica obscuro ou distorcido. A AT assemelha-se a uma terapia psicológica para melhorar o relacionamento interpessoal, permitindo a cada indivíduo autodiagnosticar sua inter-relação com os outros para modificá-la e melhorá-la gradativamente.

Desenvolvimento de equipes: é uma técnica de alteração comportamental na qual várias pessoas, de vários níveis e áreas da organização, se reúnem sob a coordenação de um consultor ou líder e criticam-se mutuamente, procurando um ponto de encontro em que a colaboração seja mais frutífera, eliminando-se as barreiras interpessoais de comunicação pelo esclarecimento e compreensão de suas causas. Ao final, a equipe autoavalia o seu comportamento a partir de determinadas variáveis. A ideia básica é construir equipes por meio da abertura de mentalidade e de ação das pessoas. No trabalho em equipe são eliminadas as diferenças hierárquicas e os interesses específicos de cada departamento ou especialidade, proporcionando uma predisposição sadia para a interação e, consequentemente, para a criatividade e inovação.

Consultoria de procedimentos: é uma técnica em que cada equipe é coordenada por um consultor, cuja atuação varia enormemente. A coordenação permite certas intervenções para tornar a equipe mais sensível aos seus processos internos de estabelecer metas e objetivos, de participação, sentimentos, liderança, tomada de decisões, confiança e criatividade. O consultor trabalha com os membros da equipe para ajudá-los a compreender a dinâmica de suas relações de trabalho em situações de grupo e auxiliá-los a desenvolver o diagnóstico de barreiras e as habilidades de solução de problemas para fortalecer o senso de unidade entre seus membros, incrementar as relações interpessoais, melhorar o cumprimento das tarefas e aumentar a sua eficácia.

Reunião de confrontação: É uma técnica de alteração comportamental com a ajuda de um consultor interno ou externo (denominado terceira parte). Dois grupos antagônicos em conflito (desconfiança recíproca, discordância, antagonismo, hostilidade etc.) podem ser tratados por meio de uma reunião de confrontação que dura um dia, na qual cada grupo se autoavalia, bem como avalia o comportamento do outro, como se fosse colocado diante de um espelho. Nessa reunião, cada grupo apresenta ao outro os resultados das avaliações e é interrogado no que se refere a suas percepções. Segue-se uma discussão, inicialmente acalorada, tendendo a uma posição de compreensão e de entendimento recíprocos quanto ao comportamento das partes envolvidas. O consultor facilita a confrontação, com total isenção de ânimo, ponderando as críticas, moderando os trabalhos, orientando a discussão para a solução construtiva do conflito e eliminando as barreiras intergrupais. A reunião de confrontação é uma técnica de enfoque socioterapêutico para melhorar a saúde da organização, incrementando as comunicações e as relações entre diferentes departamentos ou equipes, além de planejar ações corretivas ou profiláticas.

Retroação de dados (*feedback* de dados): É uma técnica de mudança de comportamento que parte do princípio de que, quanto mais dados cognitivos o indivíduo recebe, tanto maior será a sua possibilidade de organizar os dados e agir criativamente. A retroação de dados proporciona aprendizagem de novos dados a respeito de si mesmo, dos outros, dos processos grupais ou da dinâmica de toda a organização – dados que nem sempre são levados em consideração. A retroação refere-se às atividades e processos que refletem e espelham a maneira pela qual uma pessoa é percebida ou visualizada pelas demais pessoas. Requer intensa comunicação e um fluxo adequado de informação dentro da organização para atualizar os membros e permitir que eles próprios possam conscientizar-se das mudanças e explorar as oportunidades que geralmente se encontram encobertas dentro da organização. As técnicas de DO são geralmente aplicadas em uma sequência. O ponto de partida é a melhora inicial da sensibilidade intrapessoal das pessoas para posteriormente melhorar e incentivar os seus relacionamentos interpessoais. A seguir, inicia-se a formação e o desenvolvimento de equipes com técnicas intragrupais, às quais se seguem as técnicas intergrupais necessárias para integrar equipes entre si e, mais adiante, as técnicas intraorganizacionais para definir os objetivos organizacionais a serem alcançados, mediante o trabalho conjunto e coordenado das diferentes equipes envolvidas.

17.5 Motivação

Primeiramente, quando falamos em motivação, temos que desvincular do conceito coloquial, já que estamos falando de uma área da gestão de pessoas. Motivação é a vontade de dispor de um grande esforço em prol das metas da organização. Dessa forma, deve-se levar em consideração que se trata de pessoas que possuem vontades internas ou externas, que precisam ser estimuladas para que alcancem o sucesso desejado.

17.5.1 Comprometimento

As pessoas, quando entram em uma organização para trabalharem, trazem consigo anseios e objetivos individuais e esperam que a organização atenda. Quando essa expectativa é correspondida, aumenta a possibilidade do funcionário se comprometer com a tarefa que lhe foi atribuída pela organização.

Dessa forma, quanto ao comprometimento psicológico que os funcionários possuem com a organização, podemos subdividir em três espécies:

Comprometimento afetivo: é caracterizado pela identificação que o colaborador tem com a organização, já que o mesmo internalizou os valores e os objetivos organizacionais. Dessa forma, os comportamentos são orientados visando à permanência na instituição e baseiam-se na percepção de coerência entre as posturas adotadas pela organização e as suas particulares.

Comprometimento instrumental: essa forma de comprometimento está baseada na troca estabelecida entre a organização (recompensas financeiras) e o trabalhador (força de trabalho).

Comprometimento normativo: baseia-se na percepção por parte do funcionário de uma obrigação em permanecer na organização, decorrente de um reconhecimento que já tenha recebido e da obrigação legal/moral.

Quadro Resumo	
Forma de Comprometimento	Característica
Afetivo	Funcionários permanecem na organização porque querem.
Instrumental	Os colaboradores continuam na organização porque precisam (visam à remuneração).
Normativo	Os funcionários permanecem na organização porque se sentem, de alguma maneira, obrigados.

17.5.2 Teorias da Motivação

Há muito tempo, são realizadas pesquisas sobre a motivação. Assim, as teorias foram agrupadas conforme a época em que foram produzidas, divididas então em:

- Teorias de motivação de conteúdo estático;
- Teorias do processo de motivação;
- Teorias baseadas no ambiente.

17.5.3 Motivação de Conteúdo Estático

Teoria das Necessidades de Maslow

Nessa teoria, Abraham Maslow pesquisou a relação entre as necessidades dos seres humanos e as suas motivações para realizarem alguns feitos. Assim, ele constatou que a motivação seria uma forma de buscarmos a satisfação das necessidade que se mostram dominantes em dado momento.

Dessa forma, foram agrupadas as necessidades humanas em cinco categorias:

- **Necessidades fisiológicas:** têm uma força maior, já que representam as necessidades básicas humanas para a sobrevivência, como: alimento, vestuário e moradia.
- **Necessidades de segurança:** englobam as necessidades de evitar o perigo físico, como a conservação do emprego ou da propriedade.
- **Necessidades de participação:** como o ser humano é um ser social, existe a necessidade de participar de um grupo e por ele ser aceito.
- **Necessidades de estima:** refletem o desejo que temos de não apenas participarmos de um grupo, mas também sermos reconhecidos e respeitados pelos outros.
- **Necessidades de autorrealização:** é o desejo de desenvolver suas potencialidades, tonar-se aquilo que é capaz de ser.

Teoria de Erc de Clayton Alderfer

Essa teoria foi desenvolvida a partir da teoria de Maslow, porém Alderfer reduziu as categorias de necessidades humanas em:

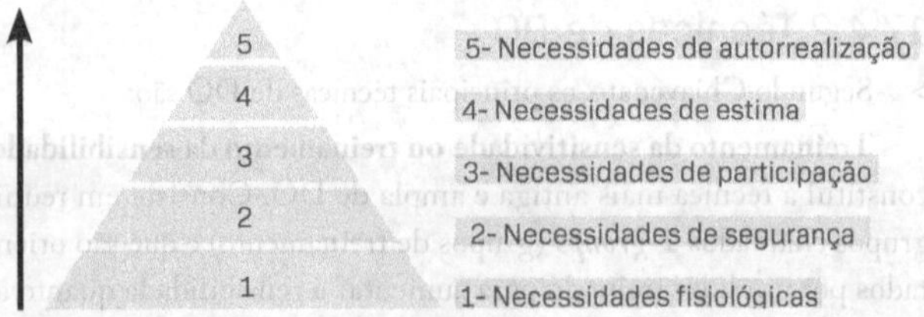

Existência: corresponde aos dois primeiros níveis, isto é, as necessidades fisiológicas e as de segurança;

Relacionamento: correspondente ao terceiro e ao quarto níveis, isto é, necessidade de participação e estima;

Crescimento: corresponde à necessidade de autorrealização.

Fique ligado
Maslow considera que: necessidades satisfeitas não motivam; as pessoas podem ser afetadas por vários níveis de necessidades ao mesmo tempo; os níveis mais baixos são prioridades, pois as pessoas buscam a sua satisfação primeiro. Necessidades primárias: são a base da pirâmide e constituem necessidades fisiológicas e de segurança. Necessidades Secundárias: é o topo da pirâmide, são as necessidades de estima, participação e autorrealização.

Teoria das Necessidades Aprendidas

Essa teoria foi desenvolvida por McCelland. Ele acreditava que as necessidades são aprendidas e estão diretamente ligadas à cultura. Assim, ele subdividiu as necessidades em três graus diferentes:

Necessidade de afiliação: é o desejo de participar da sociedade e de ter uma interação social;

Necessidade de poder: as pessoas têm a necessidade de ter autoridade ou poder, o que pode ser:

- **Positivo:** efeito de persuasão, inspirador;
- **Negativo:** efeito de submissão, dominação;

Necessidade de realização: é o desejo de ter responsabilidades para resolver problemas, realizar-se correndo riscos e alcançando metas.

Teoria dos Dois Fatores de Herzberg

Herzberg conclui em suas pesquisas que as necessidades humanas se dividem em duas categorias, independentes entre si:

Aspectos Higiênicos (também conhecidos como extrínsecos): fazem parte do ambiente em que estamos inseridos. Pode-se destacar: modelo de gestão, condições de trabalho, relações interpessoais e remuneração.

Aspectos Motivadores (também conhecidos como intrínsecos): estão relacionados ao trabalho. Pode-se destacar: realização, reconhecimento, trabalhos desafiadores, crescimento, responsabilidade e o próprio trabalho.

17.5.4 Teorias do Processo de Motivação

Teoria da Expectativa de Victor Vroom

Victor Vroom foi um psicólogo que observou a motivação como decorrente dos objetivos e das expectativas em relação a esses objetivos. Assim, ele criou uma fórmula para a motivação:

Valência: é a importância que o resultado alcançado tem para a pessoa.

Instrumentalidade: esta relacionada ao esforço que a pessoa está disposta a empreender para alcançar esse objetivo.

Expectativa: é a probabilidade que o desprendimento do esforço tem de realmente alcançar o objetivo.

Teoria do Estabelecimento de Metas de Edwin Locke

Essa teoria sugere que a motivação do funcionário advém da definição, pelos gestores, de metas e objetivos claros a serem perseguidos pelos colaboradores. Assim, o conhecimento da meta a ser alcançada ajuda a manter o foco no objetivo e a canaliza as energias para que esse objetivo seja alcançado de maneira satisfatória.

Teoria da Avaliação Cognitiva de Deci

Como a motivação é um motorzinho que move as pessoas em prol de um determinado objetivo, o autor observou que a motivação provém de fontes intrínsecas, extrínsecas ou mesmo, da falta de motivação.

Intrínsecas: relacionada à satisfação e ao prazer;

Extrínsecas: relacionada à pela inserção e ao reconhecimento social, podendo ser de:

Aspecto controlador: quando se sente pressionado a obter os resultados preestabelecidos, sentindo-se ameaçado e, consequentemente, diminuindo a sua motivação intrínseca.

Aspectos informais: provêm de informações que permitem a própria pessoa avaliar seu desempenho naquilo que está realizando.

17.5.5 Motivação Baseada no Ambiente

Teoria do Condicionamento e Reforço Operantes de Skinner

Skinner baseou a sua teoria em experiências realizadas com ratos em laboratório, nas quais, para cada objetivo alcançado, os animais recebiam uma recompensa e o êxito aumentava quanto mais reforçado era o esforço. Ele afirma que a recompensa tem o poder de estimular e de aumentar as chances de alcançar os objetivos.

Skinner dividiu esse comportamento em:

Reforço positivo: quando há um benefício pela manutenção do comportamento por parte do funcionário. Por exemplo: bater as metas.

Reforço negativo: quando se recompensa o funcionário pela realização de um malefício.

Punição: quando se pune um funcionário pelo cometimento de um comportamento considerado como sendo um malefício. Por exemplo: chegar assiduamente atrasado, então, desconta-se uma porcentagem de sua remuneração.

Extinção: retirada de um benefício.

Teoria da Comparação Social de Festinger

Esta teoria defende que as pessoas buscam constantemente, melhorar a imagem que têm de si mesmas e dos grupos dos quais participam. Assim, o foco está em ser diferente, mas socialmente aceito.

Teoria da Equidade de Adams

Esta teoria deriva da teoria da comparação social, porém aqui o psicólogo Stacy Adams constata que as pessoas avaliam a relação esforço-recompensa que conseguem obter e comparam com aquela alcançada por outros trabalhadores.

Assim, cria-se o sentimento de equidade, ou seja de, igualdade de oportunidades, já que as pessoas esperam receber recompensas iguais para esforços iguais. Quando há uma desigualdade gera-se uma tensão visando a reestabelecer o equilíbrio.

Teoria X e Teoria Y

Basicamente, essas teorias tratam de dois perfis de personalidade e de comportamento de funcionários - aspectos que, muitas vezes, os próprios indivíduos não percebem que possuem. Em uma das teorias, o funcionário é relaxado, preguiçoso e gosta pouco de trabalhar. Já na outra, o funcionário gosta e busca as responsabilidades dentro da empresa. Adiante, comentaremos, detalhadamente, cada uma delas.

Douglas McGregor desenvolveu essas duas teorias visando uma análise dos fatores motivacionais relacionados ao trabalho.

Teoria X

Essa teoria possui uma visão negativa do ser humano, já que os gestores tem que ter posturas impositivas e coercitivas com os seus subordinados. Dessa forma, essa teoria visa a demonstrar que é impossível associar prazer e trabalho e que, para que os subordinados produzam, o gerente deve ser autocrático.

Baseia-se nas seguintes concepções sobre a natureza humana:

O ser humano é indolente e preguiçoso por natureza e procura evitar ao máximo o trabalho. Dessa forma, tem como características:

Não possuir ambição, já que não gosta de assumir responsabilidades e prefere ser dirigido para se sentir mais seguro.

Ser naturalmente egocêntrico, ou seja, colocar os seus interesses pessoais acima dos objetivos da empresa.

Ser resistente a mudanças e evitar correr risco, pois procura sempre a forma mais segura.

Não ser capaz de autodisciplina e autocontrole; por isso, precisa ser controlado e dirigido.

A administração baseada nessa teoria passa a observar:

- Organização dos recursos da empresa.
- Direção dos esforços.
- Punição, recompensa e coação às pessoas.
- Incentivos econômicos.

Baseada nessas concepções, a Teoria X desenvolve um estilo de direção em que o controle da energia humana é direcionado, unicamente, ao alcance dos objetivos empresarias.

Teoria Y

Já a teoria Y procura ver o ser humano de uma maneira mais positiva, ou seja, o gerente pode utilizar modelos participativos de gerência, deixando que os subordinados encontrem seus próprios caminhos para a motivação e encontrem prazer no trabalho.

Baseia-se nas seguintes concepções sobre a natureza humana:

O trabalho pode ser fonte de prazer e de satisfação para o ser humano, quando é realizado de forma voluntária, ou pode ter caráter punitivo, quando é desagradável e evitado pelas pessoas.

As pessoas possuem capacidade de assumir responsabilidades, ter autodireção e autocontrole. Dessa forma, o controle, a punição e a ameaça não se tornam a única forma de obter dedicação e alcançar os objetivos, como é afirmado na Teoria X.

Nessa teoria é amplamente incentivado a imaginação e a criatividade para a resolução de problemas.

17.6 Evolução da Forma de Ver as Pessoas nas Organizações

Como o pensamento administrativo e a forma como as organizações se relacionam com seus empregados evoluiu, também evoluiu a forma como as pessoas são vistas perante à organização:

Homem econômico racional: o homem era considerado passivo, um indivíduo sobre o qual a organização deveria exercer o comando total.

Homem social: a necessidade de relacionamento e afiliação (participar e sentir-se parte do grupo) começou a ser percebida pela organização.

Homem que se renova com as necessidades: a organização passou a aceitar que existe auto-motivação e autocontrole por parte de seus colaboradores.

Homem complexo: está inserido em um contexto moderno, onde a organização passou a olhar seus funcionários como pessoas diferentes e individuais, dotadas de características próprias, qualidades e competências, mas também defeitos.

18 ISO/IEC ISO/IEC 27001 E 27002

A gestão de segurança da informação é um conjunto de práticas destinadas a manter a confidencialidade, integridade, e disponibilidade das informações. Em um ambiente cada vez mais digital, onde a informação se torna um dos ativos mais valiosos de uma organização, a sua proteção contra ameaças e vulnerabilidades é crucial. Para auxiliar as organizações na implementação eficaz de um sistema de gestão de segurança da informação (SGSI), as normas NBR ISO/IEC 27001 e 27002 foram desenvolvidas, constituindo um framework de boas práticas à escala global.

18.1 NBR ISO/IEC 27001

A ISO/IEC 27001 é uma norma internacional que fornece os requisitos para um sistema de gestão de segurança da informação (SGSI). Esta norma é projetada para ajudar as organizações a estabelecer e manter um sistema que garanta a segurança das suas informações de maneira sistemática e constante. A ISO 27001 é aplicável a qualquer organização, independentemente do seu tamanho ou tipo, e abrange todos os tipos de informações, sejam elas eletrônicas, impressas ou de qualquer outra forma.

A implementação da ISO 27001 implica na adoção de um processo de gestão de riscos que identifica, avalia e trata riscos de segurança da informação relevantes para a organização. São estabelecidos controles de segurança, definidos a partir de um anexo da norma, conhecido como Anexo A, que lista 114 controles divididos em 14 domínios, abrangendo aspectos de segurança física, segurança em telecomunicações, gestão de incidentes, entre outros.

18.2 NBR ISO/IEC 27002

A ISO/IEC 27002 funciona como um guia de melhores práticas para a implementação dos controles de segurança da informação mencionados no Anexo A da ISO 27001. Esta norma oferece mais detalhes sobre as práticas de segurança, apresentando diretrizes e princípios gerais para iniciar, implementar, manter e melhorar a gestão da segurança da informação.

A ISO 27002 é mais focada em recomendações e diretrizes, sem estabelecer requisitos específicos como a ISO 27001. Assim, enquanto a ISO 27001 é usada para a certificação de um SGSI, a ISO 27002 é utilizada como um guia para a implementação e manutenção desses sistemas.

18.3 Importância e Benefícios

A adoção das normas ISO 27001 e 27002 traz uma série de benefícios para as organizações, tais como:

- Mitigação de Riscos: A identificação e gestão proativa de riscos de segurança da informação podem prevenir incidentes de segurança e vazamento de dados.
- Conformidade Regulatória: Auxilia as organizações a cumprirem com requisitos legais, regulamentares e contratuais relacionados à segurança da informação.
- Confiança: A certificação ISO 27001 pode aumentar a confiança entre a organização, seus clientes e partes interessadas, evidenciando o comprometimento com a segurança da informação.
- Melhoria Contínua: O ciclo PDCA (Plan-Do-Check-Act) promovido pela ISO 27001 incentiva a melhoria contínua do SGSI.

18.4 Implementação

A implementação das normas ISO 27001 e 27002 exige um compromisso significativo por parte da organização, incluindo a alocação de recursos e a participação ativa de todos os níveis da organização. O processo geralmente começa com a definição de um escopo de aplicação do SGSI e a realização de uma análise de riscos. Em seguida, deve-se definir uma política de segurança da informação, selecionar e implementar os controles adequados e realizar treinamentos e conscientização para os funcionários.

Em resumo, as normas NBR ISO/IEC 27001 e 27002 são fundamentais para estabelecer, implementar, operar, monitorar, revisar, manter e melhorar um SGSI, contribuindo significativamente para a proteção dos ativos de informação das organizações.

18.5 NBR ISO/IEC 27001: Sistema de Gestão de Segurança da Informação (SGSI)

18.5.1 Objetivos e Estrutura

A NBR ISO/IEC 27001 tem como objetivo principal fornecer um modelo para o estabelecimento, implementação, operação, monitoramento, revisão, manutenção e melhoria de um Sistema de Gestão de Segurança da Informação (SGSI). Essa norma é estruturada em torno de um processo de gestão de riscos, que permite às organizações identificar, avaliar e tratar riscos de segurança da informação de acordo com suas necessidades específicas.

18.5.2 Ciclo PDCA

A ISO 27001 adota o modelo PDCA (Plan-Do-Check-Act) para gerenciamento contínuo e melhoria do SGSI. Esse modelo facilita a abordagem de gestão de riscos de forma dinâmica e adaptável, essencial em um ambiente tecnológico em constante mudança.

- Plan (Planejar): Estabelece o SGSI, incluindo a definição de políticas, objetivos, processos e procedimentos relevantes à gestão de riscos e à segurança da informação.
- Do (Fazer): Implementação e operação do SGSI conforme planejado.
- Check (Verificar): Monitoramento e revisão do desempenho e eficácia do SGSI.
- Act (Agir): Ações para melhorar continuamente o SGSI com base nos feedbacks e análises realizadas.

O Anexo A da ISO 27001 é fundamental, pois lista um conjunto de 114 controles de segurança, categorizados em 14 domínios, que abrangem aspectos como gestão de ativos, controle de acessos, operações de segurança, segurança em comunicações, aquisição, desenvolvimento e manutenção de sistemas, entre outros.

18.6 NBR ISO/IEC 27002: Diretrizes e Melhores Práticas

18.6.1 Orientação para Implementação de Controles

Enquanto a ISO 27001 fornece os requisitos para o SGSI, a ISO/IEC 27002 atua como uma diretriz de melhores práticas para a implementação dos controles de segurança da informação listados no Anexo A da ISO 27001. Cada controle é detalhado com diretrizes que ajudam as organizações a interpretar e aplicar os controles de forma eficaz.

18.6.2 Estratégia de Segurança da Informação

A norma ISO/IEC 27002 oferece um guia para a estruturação de uma estratégia de segurança da informação que seja abrangente e adaptada às necessidades específicas de cada organização. Ela enfatiza a importância do entendimento contextualizado dos riscos de segurança, alinhando os controles de segurança com os objetivos de negócio da organização.

18.7 Implementação e Desafios

A implementação eficaz das normas ISO 27001 e 27002 envolve vários desafios, incluindo:

- Comprometimento da Liderança: O sucesso da implementação do SGSI requer compromisso e apoio contínuos da alta direção.
- Cultura de Segurança: A criação de uma cultura de segurança da informação na organização é fundamental, onde todos os membros estão conscientes e engajados na proteção dos ativos de informação.
- Gestão de Riscos: Uma abordagem sistemática para a gestão de riscos é essencial, exigindo avaliações de riscos regulares e medidas para mitigá-los de forma eficiente.
- Recursos: Disponibilizar os recursos necessários, tanto humanos quanto técnicos, é crucial para a implementação e manutenção do SGSI.

A aderência às normas NBR ISO/IEC 27001 e 27002 oferece várias vantagens para as organizações, incluindo proteção reforçada dos ativos de informação, melhoria na gestão de riscos, conformidade com exigências legais e regulamentares, e aumento da confiança junto a clientes e outras partes interessadas.

Implementar um SGSI conforme a ISO 27001, com a orientação da ISO 27002, permite às organizações enfrentarem os desafios da segurança da informação com uma abordagem estruturada e baseada em melhores práticas internacionais. Desse modo, as organizações conseguem não apenas proteger seus valiosos ativos de informação mas também reforçar sua reputação e obter vantagens competitivas no mercado.

ATENDIMENTO BANCÁRIO

1 NOÇÕES DE ADMINISTRAÇÃO DE VENDAS E TÉCNICAS DE VENDAS

O processo de vendas inicia-se antes mesmo de as partes se encontrarem e continua após a separação delas. Dessa forma, a negociação constitui-se de várias etapas, dentre elas: planejamento, execução e controle de negociação, sabendo que elas auxiliam na sistematização do processo de venda.

Em linhas gerais, a noção de negociação pode ser definida como o artifício de procurar um contrato aceitável para os envolvidos. Se a entendermos como um processo, facilmente concluiremos que ela se dá em um determinado espaço do tempo, vinculado ao passado, ao presente e ao futuro. Por isso, identificaremos os elementos mais importantes da negociação, como o planejamento (oferece a quem negocia uma perspectiva mais evidente do panorama); a execução, que é dividida em partes menores, faz com que o negociador focalize forças de grau e natureza adequados a cada instante, evitando desperdícios de força de trabalho; por fim, o controle que é realizado de maneira metódica e auxilia na construção de bases da credibilidade por meio de instauração dos acordos, ou, quando feito de forma analítica, concretiza o autodesenvolvimento durável, por meio do aprendizado adquirido em cada negociação.

1.1 Elementos Mais Importantes da Negociação

Planejamento → Execução → Controle

São sete etapas para o processo de negociação:

- Preparação.
- Abertura.
- Exploração.
- Apresentação.
- Clarificação ou manejo das objeções.
- Fechamento.
- Avaliação.

Para facilitar, podemos dividi-las da seguinte forma:

Avaliação	→	Preparação
Execução/ Venda	→	Abertura Exploração Apresentação Clarificação ou manejo das objeções Fechamento
Controle	→	Avaliação

1.1.1 Elementos mais Importantes do Processo de Vendas

Pré-venda → Venda → Pós-venda

São sete as etapas para o processo de vendas, segundo Kotler:

- Prospecção ou qualificação.
- Pré-abordagem.
- Abordagem.
- Demonstração do produto ou serviço.
- Superação das objeções.
- Fechamento.
- Acompanhamento ou avaliação.

Dividindo as etapas:

Pré-venda	→	Prospecção ou qualificação
Venda propriamente dita	→	Pré-abordagem Abordagem Demonstração do produto Superação das objeções Fechamento
Pós-venda	→	Acompanhamento ou avaliação

Planejamento ou Pré-Venda - Preparação para Vendas

A sistemática relacionada ao Planejamento de Vendas compreende um rol de passos específicos que devem ser observados para que se obtenha o melhor resultado no momento em que o plano de vendas for implementado.

Esse plano deve possuir uma relação coerente com a realidade do mercado e da empresa, precisa ser arrojado e desafiador, todavia deve ser possível de ser realizado.

O Plano de Vendas resulta da análise de várias estratégias menores construídas com base em nichos de mercado que se deseja atingir. A análise é fundamental para o planejamento de vendas, pois é com base nela que as decisões posteriores serão tomadas.

Para estabelecer um plano de vendas é necessário:

- Identificar os possíveis consumidores de determinado produto.
- Determinar a organização e a distribuição dos produtos e dos serviços.
- Oferecer suporte pós-venda.
- Estabelecer planos de pagamento a serem oferecidos.
- Identificar materiais de marketing específicos e seus custos.
- Conhecer os produtos.
- Estabelecer argumentos sobre objeções que possam ser apresentadas pelos clientes.
- Definição de margem negocial (objetivo ideal, ou seja, o que objetiva conseguir; e objetivo real, aquilo que é possível conseguir).
- Planejar concessões no caso de haver resistência do cliente.

Encontra-se na fase do planejamento a etapa de prospecção ou qualificação, detalhada abaixo:

1.1.2 Prospecção ou Qualificação → Identificar os clientes potenciais

Nessa etapa é importante que o vendedor busque alternativas para captar e identificar novos clientes em potencial. Ações como solicitar indicação de nomes aos clientes, visitar empresas, entre outras.

Após receber as indicações, os vendedores deverão fazer uma pré-análise dos clientes, avaliando aspectos como situação financeira, volume de negócios, antes de decidir visitá-lo.

Depois de realizado o planejamento, o passo posterior é a execução, também identificado com o termo venda contendo as etapas pré-abordagem e abordagem.

1.1.3 Venda Propriamente Dita

Pré-abordagem → Verificar as necessidades dos clientes potenciais

O vendedor terá que identificar as necessidades dos clientes, os desejos, quem é o responsável pela decisão de compra, estabelecendo objetivos de visitas, que podem ser obter informações sobre o cliente ou concretizar uma venda imediata.

Outro aspecto a ser avaliado é o melhor momento e a melhor forma de se fazer a **abordagem**, quer seja por uma ligação ou uma visita pessoal, pois os clientes têm compromissos e nem sempre estão disponíveis para um atendimento.

Abordagem → Ouvir o cliente, fazer perguntas e iniciar a apresentação do produto

A abordagem é uma das fases fundamentais, porque aqui se inicia o contato com o cliente, sendo importante para um bom início de relacionamento uma ótima "primeira impressão", conversar sobre assuntos amenos, sempre explorando as preferências e costumes do cliente. A partir desse diálogo o vendedor irá mapear os principais produtos que se encaixam no perfil daquele comprador. Orienta-se a tomar alguns cuidados, como não falar muito alto, chamar o cliente pelo nome, evitar críticas a outras pessoas ou entidades; é fundamental sempre ser cortês e prometer o que pode cumprir.

Nessa ambientação toda, deve-se fazer a percepção da reação do cliente, bem como os sinais que indicam o nível de interesse e satisfação na conversa. Por exemplo, se o vendedor fez toda a explanação acerca do produto e o cliente fez perguntas, comparou taxas, anotou tópicos, significa que ele ficou interessado e o vendedor está no caminho certo.

O vendedor deve atentar-se ao modo de se vestir, ser cortês, simpático, aspectos estudados em atendimento. Na matéria de venda, o vendedor deverá ser ouvinte e prestar atenção às informações repassadas pelo cliente durante a conversa; é o momento de fazer questionamentos, perguntas buscando aproximação com o cliente e compreender o que ele mais necessita.

Uma técnica relevante nessa etapa é o modo como efetuar as perguntas, sendo importante diferenciar entre as perguntas abertas e as perguntas fechadas.

Perguntas Fechadas

São aquelas que geralmente induzem o cliente a responder "sim" ou "não", e permitem um direcionamento mais exato àquilo que o cliente precisa É o tipo de pergunta ideal para se fazer àquele cliente mais fechado, mais calado.

Perguntas Abertas

São as perguntas mais indicadas para a ampliação do diálogo, permitindo ao cliente expressar sua opinião, seus ensejos e necessidades. Um exemplo seria perguntar ao cliente como vão os negócios em sua empresa (em caso de cliente pessoa jurídica) ou como vão os preliminares para aquela viagem que ele vai fazer. Só nesse curto diálogo o vendedor já consegue descobrir várias necessidades do cliente, por isso é fundamentar deixar o comprador se expressar e ouvi-lo atentamente.

Apresentação e Demonstração → Apresentar o produto destacando suas vantagens e benefícios

Nessa fase, o vendedor apresentará o produto ao cliente seguindo a fórmula AIDA (Kotler): Atenção (obter atenção do cliente); Interesse (captar o interesse); Desejo (despertar o desejo) e Ação (levar o cliente a agir adquirindo o produto). Na apresentação, o vendedor deverá destacar vantagens e benefícios do produto, buscando satisfazer as necessidades do cliente. A demonstração pode ser auxiliada com apresentação de folhetos, livretos, slides, amostras de produtos, entre outros.

Durante a demonstração, o vendedor pode usar cinco estratégias de influência, segundo Kotler:

Legitimidade: enfatizar características da empresa, como experiência, reputação.

Conhecimento especializado: o vendedor é especialista no produto ou serviço, conhecendo cada detalhe, e também conhece as necessidades do cliente.

Poder de referência: o vendedor aproveita-se das características, dos interesses e dos conhecimentos comuns dos clientes.

Agrado: o vendedor concede agrados ao cliente como convite para almoço, brindes, para fortalecer o relacionamento.

Zelo pela impressão: o vendedor procura causar a boa impressão no cliente.

Superação das Objeções → Sanar as dúvidas e superar a resistência da compra

Durante a apresentação, os clientes costumam colocar objeções quando solicitado o fechamento do negócio. Essas objeções podem ser psicológicas ou lógicas. A resistência psicológica é a preferência por marcas estabelecidas, apatia, relutância em ceder a uma argumentação. A resistência lógica é a objeção por preço, prazo de entrega ou algumas características do produto.

Para superar as objeções o vendedor deve questionar o cliente de modo a descobrir a origem da dúvida e procurar saná-la da melhor forma possível.

Fechamento → Concretização do negócio

O vendedor deve partir para o fechamento do negócio, e pode se utilizar de algumas ações para auxiliá-lo nesse processo, como solicitar o pedido, condicionar uma venda a uma concessão (um benefício que será avaliado para o cliente), partir para a próxima etapa já verificando a melhor data para pagamento.

É importante ressaltar que jamais devem ser utilizados quaisquer métodos ou truques para ludibriar o cliente para acelerar a venda do produto. Nesta etapa é importante reforçar os benefícios do produto e finalizar com frases do tipo: "Vamos aproveitar para fazer a adesão/simulação/contratação?". Há várias maneiras de se fazer o fechamento, como o fechamento por antecipação, em que o vendedor já pula para a etapa seguinte, como se a venda já estivesse concluída, emitindo perguntas como: "Vamos ligar para o corretor agendando a vistoria em seu veículo?".

Existe ainda o fechamento condicionado, utilizado quando o cliente exige condições especiais para adquirir o produto, portanto, deve-se obter um compromisso de compra com o cliente, por exemplo: "Se conseguirmos um desconto de 15% na cotação, podemos contratar o seguro do seu automóvel?".

Outra forma de fechar um negócio seria por meio do fechamento direto, na qual o próprio vendedor deve solicitar o fechamento, oferecendo a oportunidade para o cliente comprar o produto. Por exemplo, pergunte ao cliente qual é o melhor dia para pagamento das parcelas do seguro de automóvel, se no final ou começo do mês.

A última etapa da venda é a conclusão do negócio, entretanto, não basta apenas vender o produto ao cliente, é necessário conquistar a lealdade e fidelidade desse comprador, prestando uma assistência pós-venda. Pequenos gestos auxiliam nesse acompanhamento, como um telefonema de agradecimento, um convite a voltar para futuras negociações e o agradecimento pela preferência. O papel do vendedor não se restringe a apenas vender os produtos e atingir metas, mas sim conquistar os clientes, tornando-os fiéis, pois a reputação da empresa e um cliente satisfeito é uma das melhores formas de marketing.

1.1.4 Pós-venda

Acompanhamento (Follow-up) e Manutenção → Assegura a satisfação e busca a fidelização do cliente

Última etapa do processo de venda, o acompanhamento nada mais é do que a tentativa de o vendedor assegurar a satisfação do cliente e também a prospecção de novas vendas. É um contato após a concretização do negócio, em que o vendedor avalia o grau de satisfação do cliente feito por meio de uma visita pessoal, uma ligação. Além de o vendedor manter um relacionamento ativo com o cliente evitando o esquecimento ou perdê-lo para o concorrente.

1.2 Metas

Afinal, como definir as metas e até que ponto são positivas dentro da empresa? As metas foram instituídas com base em reproduções de anseios próprios ou de terceiros. Quando queremos comprar algo novo, por exemplo, delineamos um objetivo, seja ele acumular dinheiro ou obter alguma outra fonte de renda, tudo para alcançar o objetivo.

As metas podem causar alguns efeitos indesejáveis aos gerenciadores de vendas, por exemplo, criar concorrências internas, deixando essa competição refletir no atendimento ao cliente. Outra dificuldade encontrada em empresas que colocam muitas metas é o conflito entre os objetivos. Muitas vezes o cumprimento de uma meta acaba colidindo com outra, tornando-se algo impraticável, portanto a descrição ideal de meta seria aquela que traz a maior produção plausível dentro das particularizações e normas da empresa com uma relação custo-benefício imaginado.

No ambiente bancário, as metas influenciam abertamente na qualidade dos produtos e serviços comercializados. Como consequência tem-se o desperdício dos recursos financeiros, de tempo, de pessoas, sem mencionar o desgaste emocional sofrido pelos funcionários.

1.3 Técnicas de Vendas

A melhor maneira para ter sucesso na negociação é fazer um bom planejamento e ter um bom preparo, ou seja, elaborar um plano de ação aumenta as possibilidades de um negócio bem-sucedido.

Para uma venda de sucesso, devemos, primeiramente, elaborar uma estratégia, sempre objetivando o mérito a ser conquistado. Para colocar essa estratégia em prática, precisamos das técnicas ou táticas negociais, que são ações empregadas para completar as estratégias. Esse planejamento estratégico é feito em uma das etapas de pré-venda e são utilizados três elementos de referência: poder, tempo e informação, que abaixo serão explanados.

Há vários fatores que influenciam a negociação, dentre os principais destacamos **Poder**, **Tempo** e **Informação**.

A variável **Poder** está ligada aos poderes pessoais e aos circunstanciais (cargo, função) e por meio desse fator podemos mudar a realidade e alcançar os objetivos almejados. A forma mais correta de utilizar essa variável é dentro dos limites, ou seja, basear-se em informações sólidas e ter autoconfiança de forma a realizar acordos satisfatórios entre as partes. É importante ressaltar que, para que alguém mude, é necessário que a influência por ele sofrida seja maior que sua capacidade de resistência.

Os poderes pessoais são aqueles inerentes ao indivíduo, e podem dividir-se em: **poder da moralidade, poder da atitude, poder da persistência e poder da capacidade persuasiva.**

No que tange aos poderes circunstanciais, podemos defini-los como aqueles que focam na situação, sofrendo influência do meio: poder do especialista (conhecer o objeto de negociação e com quem se negocia), poder de posição (ocupar determinado cargo ou função), poder de precedente (basear-se em fatos pretéritos para argumentar na negociação), poder de conhecer as necessidades (perceber as exigências do cliente) e poder de barganha (exercer influência para chegar ao objetivo).

Outro fator há de ser levado em consideração. É o fator **Tempo**. Durante uma negociação essa variável deve ser levada em consideração, pois é válido falar em tempo limite e observar que as concessões são feitas geralmente próximas do tempo-limite, ou seja, quando o cliente está quase indo embora sem levar o produto o negociador faz uma concessão e resgata a possibilidade de negócio. Nem sempre é o ideal, pois quanto mais próximo do fim, maior é a pressão e tensão, e o acordo pode não ser satisfatório. Portanto, o vendedor até pode precipitar o desfecho da negociação e, adiá-lo para outra data, sempre tomando os devidos cuidados para não perder a venda.

Devemos ainda atentar para a variável **Informação**, que está intimamente ligada ao poder de conhecer o produto e o cliente para uma negociação bem-sucedida e com resultado acertado. Deve-se colher informações antes de iniciar a negociação, principalmente das necessidades do seu cliente, e se não for possível uma prévia pesquisa, ouça o cliente com atenção.

Por meio das técnicas de venda bem aplicadas, podem-se eliminar obstáculos e dificuldades encontrados no processo de negociação. E esses elementos que dificultam o processo de negociação são denominados de **objeções** e **impasses**, que muitas vezes são sanados com **concessões** pela parte do vendedor. Vamos explicar um a um esses elementos.

Objeções

As objeções podem ocorrer geralmente por desconfiança, desvantagens ou por falta de conhecimento do produto e do negociador. Dessa forma, é necessário que o vendedor atente para a origem dessa objeção para melhor tratá-la: basta ouvir o que o cliente pensa a respeito. As mais comuns são:

Objeção por desconfiança: ocorre quando o cliente não acredita no produto, no negociador ou na própria empresa. O vendedor deve apresentar autoconfiança e provas sólidas sobre seus argumentos, como cartilhas e folhetos da própria empresa.

Objeções por desvantagens: geralmente acontece quando o cliente percebe uma certa desvantagem no produto ou no serviço oferecido, geralmente ocorre quando o vendedor não consegue identificar corretamente as necessidades do cliente ou se esqueceu de ressaltar um benefício. Nesse caso o vendedor deve contra-argumentar, expondo outros benefícios.

Objeção por desconhecimento: ocorre quando o cliente é desconhecedor do produto. Para resolver esse problema basta prestar todos os esclarecimentos para eliminar as dúvidas, explicando de forma clara e objetiva os benefícios do produto.

Objeção circunstancial: acontece quando a negociação não é concretizada devido a circunstâncias como falta de tempo, condição financeira não atende aos requisitos etc. A solução para esse caso é agendar outra data com o cliente.

▹ **Dicas para dirimir objeções:**

- Não interromper o cliente.
- Não discutir.
- Não rir da forma como o cliente se expressa.
- Ouvir o cliente com atenção.
- Transformar as objeções a seu favor, convertendo-as em pontos de venda.

1.3.1 Impasses

Durante o processo de negociação pode haver conflitos, que são originados das divergências na interação vendedor-cliente e geralmente ocorrem por falta de empatia entre as partes. Não se pode simplesmente largar a negociação por haver um impasse, existem alternativas para superar esse obstáculo, por exemplo:

- Dar uma pausa na negociação, marcar outra data.
- Chamar outro negociador para assumir seu lugar, como um gerente.
- Tentar alterar as condições, se possível, dilatar prazos, oferecer outras vantagens.
- Esteja sempre bem-humorado e sorridente, não demonstre tanta preocupação e afobamento em fechar o negócio.

Concessões

Diante desses obstáculos nem sempre se consegue contorná-los com as técnicas listadas anteriormente, então, deve-se tomar uma atitude mais decisiva: a concessão. Mas, afinal, o que é concessão?

Entende-se por concessão o processo, dentro da negociação, de ceder às exigências da outra parte. Lembre-se: perder um pouco é essencial para quem quer ganhar muito! O vendedor pode abrir mão do acessório para preservar o que é essencial no negócio e também para conquistar um bom cliente. Algumas dicas de como fazer as concessões de forma correta:

- **Deixe o cliente apresentar sugestões de negociação:** "E se não tivesse essa taxa...?"
- Evite conceder coisas que a parte não tenha solicitado, para o cliente não achar que o vendedor é muito flexível, e que tudo o que ele solicitar você concederá.
- Se fizer uma concessão inadequada, volte atrás de forma discreta e educada.

1.3.2 Dicas para um Bom Negociador

- Competência.
- Confiança.
- Critério.
- Comunicação.

O que um cliente espera do atendimento bancário?

- Cortesia.
- Segurança.
- Confiabilidade.
- Facilidade de acesso.
- Prontidão.

Em suma, o cliente quer produtos e serviços que correspondam à sua necessidade e um tratamento adequado, a fim de que se sinta valorizado e respeitado.

O vendedor deve:

- Ter boa apresentação.
- Bom humor.
- Boa postura.
- Empatia.
- Saber ouvir o cliente.
- Ter disposição.
- Ser cortês.
- Ser eficiente.
- Ser honesto e sincero.
- Comunicar-se bem.
- Assumir compromisso com o cliente.

1.3.3 Motivação

A chave para a realização de vendas é a motivação. Para que os trabalhadores se sintam motivados a desempenhar as suas tarefas é preciso que se dê constante atenção a fatores como reconhecimento, responsabilidade e desenvolvimento individual, além da definição adequada da tarefa em si.

A teoria de Maslow tem sido utilizada para auxiliar a compreensão do fenômeno da motivação pessoal. Abraham Maslow definiu uma hierarquia e necessidades que devem ser satisfeitas para que o indivíduo possua vontade de atingir a autorrealização. Em uma breve descrição, pode-se resumir da seguinte maneira:

Necessidades fisiológicas: o abrigo, o sono, a excreção, a fome, a sede etc.

Necessidades de segurança: desde a segurança em casa até o nível de estabilidade no ambiente de trabalho.

Necessidades sociais: aceitação no grupo em que vive, amor, amizade etc.

Necessidades de estima: reconhecimentos pelos membros do grupo de que faz parte.

Necessidade de autorrealização: em que o indivíduo se torna aquilo que deseja ser.

Ao passo que essas necessidades vão sendo satisfeitas, o indivíduo possui motivação para buscar mais altos níveis de realização.

Claramente, a empresa deve buscar alternativas para motivar seus vendedores, para que haja sempre um retorno positivo de seu trabalho. Uma das formas de motivação para vendas é a criação de grupos internos, que competem entre si por prêmios dados àqueles que tiverem melhor desempenho.

Dentre as teorias da motivação, existe a chamada teoria X e Y, de Douglas McGregor, que, numa primeira visão, sugere que os gerentes devem coagir, controlar e ameaçar os funcionários a fim de motivá-los e, numa segunda visão, acredita que as pessoas são capazes de ser responsáveis, não necessitam ser constrangidas ou controladas para ter um bom desempenho no trabalho.

Para a motivação, contemporaneamente muito se tem falado sobre *coaching*, técnica que visa a despertar o espírito de liderança e, por extensão, a capacidade de motivar as pessoas.

1.4 Os Quatro "Ps": Produto, Preço, Praça e Promoção

Esse é um assunto interessante e importante para quem trabalha com o setor de vendas. Na verdade, são fundamentos que auxiliam o profissional a desempenhar suas funções.

1.4.1 Produto

Convencionou-se chamar "produto" tudo aquilo que se pode oferecer e que, de alguma maneira, possa satisfazer necessidades ou anseios de um mercado. Qualquer tipo de serviço ou bem, marca, embalagem pode ser identificado como produto. Evidentemente não há apenas produtos físicos, eles podem também ser caracterizados como serviços, ambientes, organizações, conceitos etc.

É preciso entender que, quando se compra algum bem, também há a agregação de serviços e ideias a esse produto. Uma imagem de artista famoso, uma canção, um serviço qualquer pode estar anexo a esse produto. Um belo exemplo é a imagem dos atores que costuma ser utilizadas em propagandas de instituições bancárias. A ideia de confiabilidade do famoso passa ao produto imediatamente quando se opera a propaganda.

Antes de qualquer coisa, o produto deve ser aquilo que é desejado pelo consumidor, encaixar-se dentro das expectativas do público-alvo e, claro, satisfazer a necessidade do comprador.

Na criação de um produto, é importante ressaltar cinco itens fundamentais:

O produto real (também chamado de produto esperado): aquilo que o consumidor geralmente está buscando.

O produto ampliado: no geral, é o oferecimento de serviços e ou qualquer tipo de benefício adicional.

O produto básico: efetivamente aquilo que o comprador adquire.

O produto potencial: qualquer tipo de implemento que o produto pode sofrer durante o seu processo evolutivo provável.

O benefício-núcleo: é o melhoramento elementar que é comprado pelo consumidor.

O produto é o mais importante dos elementos do mix de marketing, pois as decisões administrativas acerca dele são as mais relevantes para a política empresarial.

1.4.2 Preço

A soma de dinheiro que se cobra por um produto ou por um serviço é denominada como **preço**. Quando o consumidor compra determinado produto, ele paga um determinado preço, que é acordado na venda, e recebe os benefícios cabíveis. Há, porém, outras variáveis embutidas no preço de um produto: a rentabilidade, por exemplo. Quando se determina o preço de um produto, é preciso ter em vista que sua colocação no mercado visa ao lucro, por isso, no estabelecimento do plano de marketing, a definição do preço de um produto pode significar o sucesso da estratégia adotada.

Para que haja competitividade de um produto, é necessário que seu preço seja razoável, ou seja, nem tão alto que faça o consumidor perder a vontade de comprar; nem tão baixo que signifique prejuízo para quem o produz, quer seja pelo custo de produção, quer seja pela depreciação do produto no mercado. Em suma o produto não pode ser superestimado por seu preço, tampouco ser subestimado com um preço tão baixo, que o cliente pense haver algum problema com o bem adquirido.

É importante levar em conta, para a definição do preço, se a compra será realizada e qual é a escala possível dessa compra; se haverá lucratividade nessa comercialização; se há possibilidade de mudança no preço do produto para se adequar com rapidez ao mercado. Finalmente, pode-se entender que o preço adequado a um produto é aquele que satisfaz o cliente, pois não se sente enganado, e gera dividendos para a empresa.

1.4.3 Praça

A praça compreende aquilo que se identifica também como o ponto de venda ou ainda o chamado canal de distribuição de determinado produto. A praça pode ser uma rede que executa a logística a fim de fazer o produto chegar a seu usuário final. A noção de acessibilidade é importantíssima para a identificação da praça.

O cliente deve poder adquirir o produto da maneira que lhe for mais conveniente, por isso é mister que a praça abarque canais eficientes de distribuição. Como variável, a praça representa parte significativa no processo decisório da empresa em seu planejamento de marketing.

Dentre as várias formas de distribuição, podemos citar:

Direta: em que o produtor fornece diretamente o seu produto ao consumidor ou presta seu serviço diretamente ao consumidor.

Por exemplo, o feirante que vende pastéis ou o dentista.

Indireta: em que o produto é levado ao consumidor por um distribuidor. Um exemplo comum é o mercado, que dificilmente produz todos os produtos que comercializa, necessitando de fornecedores para abastecer seu comércio.

1.4.4 Promoção

PROMOÇÃO → São as ações de marketing aplicadas em organizações de serviços que oferecem incentivos e vantagens para determinado grupo de clientes, com a finalidade de incentivar a experimentação.

Há cinco elementos relevantes na determinação da promoção: promoção de vendas, propaganda, força de vendas, relações públicas, publicidade e marketing direto.

PROMOÇÃO		
Promoção de Vendas	→	Concurso, Prêmios, Cupons, Brindes.
Propaganda	→	Informação ao cliente
	→	Trabalho dos Vendedores
Relações Públicas	→	Obras de Caridade Doações
Publicidade	→	Atividades Veiculadas sem Custo
Marketing Direto	→	Comunicação por Correio, Fax, Telefone

Promoção de vendas: realizada por meio de concursos, prêmios, cupons, descontos pós-compras, amostras grátis, pacotes de preços promocionais, entre outros elementos que visam a estimular a atenção, o consumo e a realização da transação por parte do cliente. Os sorteios relacionados ao consumo de algum produto podem ser citados como exemplos.

Afirma Kotler que a promoção de vendas consiste de um conjunto diversificado de ferramentas de incentivo, em sua maioria a curto prazo, que visa a estimular a compra mais rápida e/ou em maior volume de produtos/serviços específicos por consumidores ou comerciantes.

Propaganda: utilizada para informar o cliente e ativar nele a necessidade de realizar a compra. Segundo Kotler, a propaganda é qualquer forma paga de apresentação impessoal e de promoção de ideias, bens ou serviços por um patrocinador identificado.

Objetivos da propaganda:

- **Informar:** comunicar ao mercado sobre um novo produto; sugerir novos usos para um produto; explicar como o produto funciona.
- **Persuadir:** desenvolver preferência de marca, encorajar a mudança para a marca, persuadir compradores a adquirir o produto.
- **Lembrar:** lembrar os compradores que o produto pode ser necessário em breve, e onde comprar o produto.

Força de vendas: relacionada ao trabalho dos vendedores, durante o processo de venda pessoal. Deve-se fidelizar o cliente por meio de um contato interativo com o consumidor. A venda pessoal é o que une a empresa e os clientes. O vendedor é a ferramenta que, em muitos casos, se torna a própria estrutura para o cliente, sendo um mecanismo de divulgação e estratégia. Por isso, a empresa deve definir cuidadosamente os objetivos específicos que esperam atingir com sua força de trabalho. São tarefas desempenhadas pelos colaboradores: prospecção (buscam os clientes potenciais), comunicação (informam sobre os produtos e serviços disponibilizados aos clientes), coleta de informações (realizam as pesquisas de mercado e reúnem informações em relatórios de visitas), entre outras.

Relações Públicas: consistem em impactar o consumidor por meio de estratégias como obras de caridade, históricos da empresa, eventos, notícias, publicações, palestras em que a empresa participa e desenvolve.

"Envolve uma variedade de programas destinados a promover e/ou proteger a imagem de uma empresa ou seus produtos", afirma Kotler.

Publicidade: é o tipo de comunicação que não é financiada, ou seja, que não é paga para ser veiculada. Exposição por razão da boa qualidade ou do destaque do produto são exemplos de boa publicidade.

A publicidade significa em português "tornar público", a qual designa qualquer mensagem impressa ou difundida e todas as técnicas associadas, cujo objetivo seja o de divulgar e conquistar, com fins comerciais, uma ideia, um produto ou serviço, uma marca ou uma organização junto de um determinado grupo de potenciais clientes, isto é, o mercado-alvo. Utiliza como meio de divulgação a televisão, o rádio, o cinema, os jornais, as revistas, os painéis publicitários, a internet e o e-mail marketing.

Marketing direto: é o conjunto de atividades de comunicação impessoal, sem intermediários, entre a empresa e o cliente, via correio, fax, telefone, internet ou outros meios de comunicação, com foco em obter uma resposta imediata do cliente e a concretização da venda do produto ou serviço.

Segundo Kotler, marketing direto é um sistema interativo que usa uma ou mais mídias de propaganda para obter resposta e/ou transação mensurável em qualquer localização.

Os principais canais de marketing direto tradicionais são:

- **Marketing por mala direta:** é oferta, anúncio, sugestão ou outras ações que são enviados diretamente ao endereço do cliente. É um meio que permite alta seletividade do público-alvo; é direcionada, flexível e modernizada.
- **Marketing de catálogo:** Kotler define como a situação em que as empresas enviam um ou mais catálogos de produtos a clientes potenciais selecionados que possuem alta probabilidade de fazer pedido.
- **Telemarketing:** usado em marketing de bens de consumo, como em marketing de bens industriais, o telemarketing vem crescendo e atingindo mercado diferenciados, obtendo-se resposta imediata e reduzindo os custos empresariais. Muito do sucesso do telemarketing é devido ao treinamento eficiente dos colaboradores e da estratégia adequada a cada empresa. Está sendo muito criticado devido ao abuso praticado pelas empresas com ligações em horários inadequados, insistência desnecessária, ocorrendo prejuízos. Portanto, a estratégia deve ser bem planejada para um bom resultado.
- **Marketing on-line:** é o estabelecimento do contato direto com o cliente via internet. Destacam-se os canais de marketing on-line, como canais comerciais que são os serviços de informações e marketing acessados por assinantes; internet para facilitar a comunicação por meio de e-mail, sites para tirar dúvidas.

Tome muito cuidado para compreender que os quatro "Ps" são variáveis a serem consideradas no mix de marketing. As questões buscarão testar seu conhecimento a respeito desse tópico, portanto, fique alerta!

Muito embora a maior parte das questões aborde a teoria dos 4 "Ps", hoje já se fala em 8 "Ps": pesquisa, promoção, personalização, planejamento, publicação, propagação e precisão.

1.5 Vantagem Competitiva

Entende-se por vantagem competitiva a vantagem que uma empresa pode possuir em relação àquelas que são suas concorrentes, usualmente ratificada pela análise do desempenho financeiro superior ao dos demais concorrentes.

Em linhas gerais, a vantagem competitiva é aquilo que demonstra a superioridade da estratégia de mercado adotada pela empresa em relação às demais que figuram no mercado.

Para que um produto ou serviço possua vantagem competitiva relevante, é necessário haver algumas características:

- Ser difícil de imitar.
- Ser algo único.
- Ser algo que possua sustentabilidade.
- Ser algo superior a qualquer tipo de competição.
- Ser facilmente aplicável a múltiplas situações.

É possível buscar a vantagem competitiva com medidas do tipo: foco específico no consumidor; maior qualidade do produto; grande distribuição; possuir um custo não elevado etc.

Apesar de haver muitos estudos a respeito do assunto, a melhor vantagem competitiva é possuir uma empresa ágil, que é antenada às mudanças do mercado.

- ▷ Liderança em custo, quando a empresa consegue ter uma boa gestão de despesas, possibilitando um custo inferior que as suas concorrentes.
- ▷ Enfoque em um segmento de produtos e serviços ou mercado buscando atender de maneira mais eficiente, conseguindo satisfazer as necessidades de seus clientes/público-alvo.

Devem ser enfocadas as ações de *Market-share*, que têm o objetivo de medir o crescimento, a aceitação de produtos e serviços, bem como, avaliar sua força e as dificuldades da empresa. *Market-share* significa a fatia que aquela empresa tem no seu segmento.

As empresas também devem sempre estar atentas às concorrentes de setor (mesma categoria de produtos e serviços) e concorrentes de mercado (atendem as mesmas necessidades dos consumidores de formas diferentes).

Em marketing, temos a prática do *Bechmarking*, que se divide em competitivo (realizando comparações com as empresas líderes de mercado) e funcional (compara boas gestões, processos similares).

1.6 Noções de Imaterialidade ou Intangibilidade, Inseparabilidade e Variabilidade dos Produtos Bancários

Sabe-se que atualmente o setor bancário é o responsável pelos maiores lucros líquidos no Brasil, uma vez que é o setor "movimentador" da economia, pois injeta no mercado grande capital, seja por meio de crédito direto e pessoal aos seus clientes ou apoiando o desenvolvimento nacional sustentável.

O lucro dos bancos advém, geralmente, de juros, taxas e custos pela comercialização dos serviços.

Dessa forma, percebe-se que o fator lucrativo dos bancos está lastreado não na comercialização de produtos tangíveis e estocáveis, mas sim nos serviços prestados pelas instituições bancárias. Portanto, o marketing dessas empresas deve ser diferenciado e voltado para a Intangibilidade, Inseparabilidade e Variabilidades dos seus "produtos", que abaixo serão explicados.

Devido a isso, o processo de venda deixa de ser uma mera troca entre comprador e vendedor, pois a natureza dos produtos exige que o vendedor explore situações de vida do comprador, estabelecendo uma estreita relação humana. Por exemplo, na venda de um seguro de vida, o segurado deve deixar claro para o vendedor quem serão os responsáveis por receber o "prêmio" em casos de falecimento do titular do seguro. Só nessa conversa o vendedor já consegue estar a par de vários detalhes da vida pessoal de seu cliente.

Por isso, o marketing bancário é diferente, pois, como não se tem o produto palpável, aliás, o produto bancário não é material e palpável, deve-se investir em outros direcionamentos de marketing, como o contato pessoal e recursos físicos do ambiente, como a decoração e *layout*. Deve-se levar em consideração também a qualificação do funcionário atendente, bem como os treinamentos realizados e o preparo do funcionário. Importante ressaltar também o grande investimento direcionado a novas tecnologias para melhorar o relacionamento com seus clientes e superar a concorrência.

É em razão disso que o marketing de relacionamento surge como outro aspecto de importância relevante nesse setor, pois fará com que compradores e vendedores parceiros estabeleçam laços de confiança. Se as necessidades do comprador forem atendidas, conclui-se que poderá haver estabelecimento de um relacionamento que pode render ótimos frutos, o que fará com que o comprador fique satisfeito e haja uma fidelização desse cliente para essa instituição, se a venda for realizada corretamente.

Os serviços detêm uma quantidade de características que os costuma distinguir dos produtos, a saber:

- **Intangibilidade:** diferentemente dos produtos, os serviços não podem ser experimentados antes de o comprador os adquirir.
- **Inseparabilidade:** os serviços são vendidos e consumidos de forma simultânea, não podendo ser separados da pessoa que a oferece.
- **Variabilidade:** por depender de quem o executa, em razão da inseparabilidade e do alto nível de abarcamento, os serviços não podem ser prestados de forma homogênea.

Cada serviço é singular, com alguma variação de qualidade.

1.7 Manejo de Carteira de Pessoa Física e de Pessoa Jurídica

No que tange ao manejo de pessoa física e jurídica, entende-se que a forma ideal de tratamento para esses clientes deve ser a diferenciada, uma vez que os produtos a serem destinados às pessoas físicas não serão os mesmos a serem direcionados para clientes administradores e proprietários de empresas.

Enquanto um cliente pessoa física precisa de um crédito pessoal rápido para pintar sua casa, o cliente pessoa jurídica precisará de um crédito que lhe proporcione uma melhora do capital de giro ou um empréstimo que lhe forneça dinheiro para investimento em equipamentos.

A mesma regra se aplica aos investimentos e aos seguros, pois para um cliente pessoa física devemos oferecer um seguro de automóvel, enquanto para a pessoa jurídica podemos oferecer um seguro da frota de veículos, quando houver.

1.8 Marketing de Relacionamento

Define-se por marketing de relacionamento o processo de assegurar a satisfação e a fidelização contínua daqueles que foram ou que são consumidores da empresa, ou seja, assegurar a satisfação dos clientes.

Para que isso ocorra, é necessário conhecer o perfil dos clientes, fazer um controle de qualidade do atendimento, para perceber como um cliente é ouvido e respondido.

Há diversas ferramentas que podem ser utilizadas para atingir os objetivos intentados pelo marketing relacional. Como exemplo, pode-se citar a criação de uma página informativa na internet com mecanismos de análise de satisfação do cliente.

1.8.1 Marketing de Relacionamento

Logo, o marketing de relacionamento cria relações duradouras, de longo prazo, que diminuem os custos. Sai muito mais caro para as empresas conquistar novos clientes. Para uma empresa será bem mais fácil (e com menor custo) vender um produto novo para um cliente antigo, que já conhece a empresa, a qualidade dos seus produtos, o atendimento etc.

Para bem desenvolver este relacionamento, a empresa precisa conhecer as necessidades, metas, capacidade do grupo que busca atingir.

Portanto, é necessário às empresas:

- Buscar todas as informações sobre comportamento de consumo e transações que foram realizadas são importantes para a análise de qual é a melhor maneira de atender, satisfazer e fidelizar.
- Buscar a comunicação, utilizando-se de todos os meios (telefone, internet, correspondência, ferramentas do marketing direto).
- Utilizar a tecnologia a seu favor. Estamos na era digital, utilizar estas ferramentas pode fazer a diferença.
- Individualização e personalização na comunicação.
- Força de vendas capacitada para apresentar uma boa imagem da empresa. Se faz necessário utilizar técnicas de endomarketing, capacitando e criando um bom relacionamento com os colaboradores da empresa.
- Ter atenção aos serviços de atendimento ao consumidor, ouvindo as demandas para melhorar seus serviços e produtos.

Quando abordamos o relacionamento do cliente com a empresa, podemos dividi-los em clientes:

Potenciais (prospect): a empresa deve analisar entre o "público em geral" quais são os potenciais clientes, ou seja, aqueles cujo perfil se enquadra com o que a empresa busca.

Defensores: clientes que defendem a empresa, indicam a outros, que confiam plenamente na empresa.

Experimentadores: são os potenciais que já tiveram contato com a empresa e agora experimentam produtos/serviços.

Compradores: já experimentaram, gostaram e estão voltando a fazer negócios.

Eventuais: este cliente gostou da sua experiência, ficou satisfeito e compra da empresa. Porém, analisa constantemente e, qualquer falha, irá para a concorrente.

Regular: o cliente regular é aquele que compra há um bom tempo e confia na empresa.

As características mais sensíveis do marketing relacional são:

Personalização: tratar o cliente de uma maneira não mecânica, valendo-se até mesmo de mensagens distintas para cada consumidor.

Memorização: qualquer ação deve ser registrada, identificando-se características, preferências, particularidades as atividades mantidas com o cliente.

Interatividade: o cliente pode interagir com a empresa, quer seja como receptor, quer seja como emissor das comunicações.

Receptividade: a empresa deve buscar ouvir mais o cliente. Aliás, ele deve ser quem decide se quer manter o relacionamento com a empresa e como o fará.

Prestar orientação ao cliente: focalizando suas necessidades.

O marketing de relacionamento serve como um termômetro para a empresa decidir quais ações podem gerar maior impacto nas vendas.

1.8.2 Criação de Estratégias

Em linhas gerais, há que se construir uma tática de negócios, visando à construção de relações permanentes entre uma empresa e seus clientes. O objetivo deve ser melhorar o desempenho da organização para com seus clientes, o que permite atingir a sustentabilidade dos resultados.

A definição da estratégia deve levar em conta o perfil do cliente, a fim de identificar seus anseios, os produtos que melhor se adequam ao perfil desse consumidor, bem como a identificar serviços oferecidos e seus agregados, buscando o melhor equilíbrio entre custo/benefício.

Isso é crucial para a empresa adquirir vantagem competitiva em relação aos seus concorrentes. Há destaque ainda para a tentativa de manter os clientes pelo sentimento de confiança, segurança, credibilidade que deve ser passada pela organização. Um atendimento ágil e motivado é a chave para conquistar esses objetivos.

Uma poderosa ferramenta para consultar a satisfação do cliente ou mesmo ofertar produtos ao cliente é o telemarketing. Ele é o canal de marketing direto aplicado em organizações de serviços que utilizam tecnologia de telecomunicação de forma planejada, estruturada e controlada, para estabelecer contatos de comunicação, serviços de apoio e venda de produtos diretamente a clientes finais ou intermediários da organização.

Satisfação do Cliente

O pós-marketing serve de ferramenta para mensurar a satisfação do cliente. Essa etapa é importante para que a empresa receba o *feedback* em relação aos produtos e serviços oferecidos, com a finalidade de identificar os melhores posicionamentos para eventuais alterações e melhorias.

As técnicas que são utilizadas para mensurar a satisfação dos clientes deixam mais claro qual é o valor percebido pelo consumidor em relação àquilo que é ofertado pela empresa.

Ao passo que se desenvolve o marketing relacional, a empresa pode começar a apostar em produtos e serviços de ordem mais personalizada, o que permite o desenvolvimento e a implementação de novos produtos e serviços no mercado.

1.8.3 Interação entre Vendedor e Cliente

Nesse ponto vamos estudar os principais aspectos do relacionamento entre a empresa e o cliente no momento da venda.

Qualidade no Atendimento

O diferencial em relação à concorrência é a qualidade no atendimento ao cliente. Para que a empresa busque excelência no atendimento, é preciso:

- Que o profissional entenda que sua imagem se identifica com a da empresa.
- Que o profissional se comprometa com o trabalho da empresa.
- Que o profissional não tenha um histórico de trabalho ruim (demitido várias vezes, viciado em drogas etc.).
- Que o profissional entenda que seu papel é fazer a empresa progredir e não regredir.
- Que o profissional seja proativo em suas funções, buscando integrar-se com a sistemática da empresa.

Algumas empresas, visando a compreender como seus funcionários estão desempenhando as funções de atendimento, se valem da chamada **compra misteriosa**, a qual é a **técnica de pesquisa** de compreensão da satisfação dos clientes, em que a empresa contrata pesquisadores para utilizarem seus serviços, pesquisadores estes que não serão identificados pelos atendentes de marketing. Com os resultados obtidos por esse processo, a empresa pode decidir como tomar as medidas necessárias para melhorar seu atendimento e conseguir melhor satisfação dos clientes.

Os bancos aderiram às técnicas de vendas para enfrentar a enorme concorrência hoje existente. Os gerentes de vendas estão diretamente ligados ao público. São eles que fazem que os produtos bancários tenham penetração no mercado. Com as técnicas de vendas, caminham em paralelo o marketing de relacionamento, a motivação para vendas, as relações com clientes, o planejamento de vendas e outros tantos mecanismos que têm o objetivo de aumentar as vendas dos produtos bancários, reter clientes (satisfeitos com os serviços do banco) e, consequentemente, gerar mais lucro para o banco.

O especialista em marketing tem a função de levar o produto ao mercado, preocupando-se com a imagem e a credibilidade da instituição perante os consumidores.

Valor Percebido pelo Cliente

Pode-se entender como valor percebido pelo cliente a imagem que ele possui da empresa. Geralmente, a frase do senso comum que diz "a primeira impressão é a que fica" faz sentido nesse aspecto, portanto, a empresa deve zelar para que o valor percebido seja, em seu conjunto (produtos e serviços), positivo.

Eis algumas estratégias para melhorar o valor percebido pelo cliente:

Comunicação eficaz: a empresa precisa falar com o consumidor.

Setor de ouvidoria eficiente: para que consiga resolver os anseios do cliente.

Acessibilidade: basicamente consiste na facilidade de obter algum serviço. Como exemplo é possível imaginar a quantidade de caixas eletrônicos em um banco.

Atendimento às solicitações dos clientes: buscando minimizar quaisquer insatisfações que possam ocorrer.

Os autores de marketing definem valor de diversas formas. Ainda, o valor total entregue ao cliente é o comparativo que faz entre benefícios e os custos, ou seja, a razão entre o que o cliente paga e o que recebe.

Assim, podemos esquematizar pontos que devem ser observados para o valor percebido pelo cliente:

Valor Total Entregue	
Valor	Valor
Produto	Monetário
Serviço	Tempo
Pessoal	Energia Física
Imagem	Psíquico

O valor de produto está atrelado à qualidade, algo que seja diferenciado. O serviço diz respeito à garantia, à manutenção dos serviços atrelados, além do produto e do serviço adquiridos. O Pessoal refere-se aos colaboradores positivos, defensores, vendedores motivados. A Imagem trata da visão da marca. Hoje o que "valoriza" a imagem das empresas é a preocupação social, ambiental e ética.

Já o custo Monetário é o valor que será efetivamente pago. O custo de Tempo é o quanto demora para finalizar o serviço, adquiri-lo. A Energia Física é o esforço que o cliente fará para executar e adquirir o produto/serviço. O Custo Psíquico liga-se ao status, à segurança e à idoneidade da marca.

2 NOÇÕES DE MARKETING DIGITAL

2.1 Geração de leads

Dentre os novos termos do marketing digital, leads é um dos mais importantes e tratados com reverência nas organizações, pois representa uma oportunidade de negócio importante. Ao captar leads, ou seja, clientes em potencial, a empresa tem acesso a informações de contato como nome e e-mail, em troca de um conteúdo gratuito (educativo, por exemplo). O contato acontece quando há interesse inicial do cliente em determinado produto ou serviço. A empresa disponibiliza o conteúdo gratuito, faz um anúncio na internet e atrai os clientes em potencial, que podem preencher um formulário, por exemplo, com dados (nome, e-mail) para ter acesso ao conteúdo.

Existem várias estratégias utilizadas nas empresas de e-commerce e para a captação de leads, como publicidade nas principais redes sociais e envio de e-mail marketing. É possível também fazer investimento em dinheiro em mídia para aumentar a relevância do site das organizações nos mecanismos de busca da internet, como o Google, e ainda com banners ou pop-ups que abrem quando a pessoa acessa determinado site.

Porém, o método mais comum de geração de leads é a disponibilização de algum conteúdo gratuito na internet, seja uma apostila, uma planilha de controle de gastos, um curso ou uma aula on-line no YouTube ou outra plataforma multimídia. É interessante disponibilizar o acesso ao conteúdo ou conteúdo complementar por meio da inscrição no site, via formulário. Este método é uma prática comum para captação de novos contatos, utilizado de forma ética pelas organizações, pois existe uma relação de ganha-ganha, em que o interessado tem conteúdo exclusivo sobre o produto ou serviço que pretende adquirir, numa verdadeira amostra grátis. Em contrapartida, a organização disponibiliza o conteúdo e armazena o contato desses interessados iniciais para aumentar o banco de prospecção de clientes.

2.2 Técnica de copywriting

Copywriting representa a geração de persuasão por meio de textos específicos com palavras-chave que estejam em textos de marketing em sites ou mesmo em propagandas por e-mail que tenham por objetivo geração do interesse e do convencimento para a concretização da ação da compra por parte do cliente.

Como o engajamento dos clientes é o principal objetivo deste método, pode ser utilizado das seguintes formas:

- E-mails;
- Blogs;
- Notícias em sites;
- Pop-up;
- Grupos de discussão;
- Anúncios.

2.3 Gatilhos mentais

Gatilhos mentais são elementos subjetivos em sites, blogs, formulários da internet, inclusive em vídeos divulgados no YouTube, que tiram os consumidores da zona de conforto e os estimulam a concretizar a relação de compra e venda. Isso pode ser confundido com a chamada a propaganda subliminar. São estímulos que agem diretamente no cérebro para estimular o consumo. Não se trata de nenhum método questionável ou hipnótico, mas configura a utilização de técnicas e elementos que propiciam um estímulo ao consumo.

2.4 Inbound marketing

Representa o chamado o marketing de atração, que inverte a relação tradicional de marketing. Nesse caso, as organizações que querem apresentar seu produto ou serviço não adquirem espaços tradicionais de marketing em sites, blogs ou na televisão, mas focam em geração de conteúdo de qualidade para seu público-alvo. Esse conteúdo pode ser disponibilizado gratuitamente na internet, o que gera confiabilidade do cliente. O Inbound pode ser feito de forma direta ou indireta. Um produto ou serviço pode ser apresentado em um seminário gratuito realizado pela organização, por exemplo. O cliente pode ter uma degustação gratuita, o que gera mais valor ao produto ou serviço.

3 POLÍTICA DE RELACIONAMENTO COM O CLIENTE: VENDAS E NEGOCIAÇÃO

3.1 Teoria de Philip Kotler sobre valor percebido pelo cliente

3.1.1 Valor percebido pelo cliente

A satisfação ampla do cliente só vai existir quando o valor percebido pelo comprador é positivo. Dessa forma, o valor percebido pelo cliente deve ser maior do que Valor Total (aquilo que é positivo e agrega) e o Custo Total (aquilo que é negativo e não agrega). Envolve, além do preço, a qualidade do produto oferecido e percebido.

Etapas de vendas (Kotler)

A venda não se resume ao momento de oferta e ao momento em que o cliente é convencido a comprar o bem ou serviço. Ela ocorre antes deste processo e termina após a concretização da venda, e se divide em três momentos: Pré-venda, Venda e Pós-venda.

Pré-venda

É o momento anterior à venda propriamente dita, que tem a função de levantar o público-alvo e suas características. São momentos desta etapa:

- **Prospecção:** representa o levantamento e pesquisa de potenciais clientes, a localização do público-alvo, sendo fundamental para o planejamento de vendas.
- **Qualificação:** após a prospecção reunir o contato de clientes em potencial, é feita a qualificação desses clientes na pré-venda, com o detalhamento das características de cada um e determinação dos bens ou serviços ideais para cada grupo de clientes.

Venda

Representa o momento propriamente dito de relação entre vendedor e cliente, com apresentação e negociação para aquisição do bem ou serviço. São momentos desta etapa:

- **Pré-abordagem:** representa o momento imediatamente anterior ao processo de atendimento ao cliente, que pode ser por meio de cartazes, banners ou instruções sobre o bem ou produto que será apresentado.
- **Abordagem:** é o contato inicial de atendimento ao cliente, quando o contato é estabelecido e tem início a venda propriamente dita. Nesse momento são levantadas as necessidades do cliente.
- **Apresentação:** momento em que as características do bem ou serviço são detalhadas, assim como as condições para sua aquisição, como preço e custos vinculados.

- **Superação de objeções:** momento em que o responsável pela venda argumenta ao cliente sobre barreiras existentes, como preço, características, custo-benefício etc.
- **Fechamento:** momento em que a venda é finalizada, e as condições para a aquisição do bem ou serviço são determinadas e acordadas entre as partes envolvidas. É a venda propriamente dita e finalizada.

Pós-venda

A venda não termina no momento da contratação do bem ou do serviço, sendo fundamental o momento posterior, para a manutenção da relação do cliente para vendas futuras. O objetivo dessa ação é a fidelização do cliente com a organização, visando a lucratividade contínua. São momentos desta etapa:

- **Acompanhamento:** é o processo imediato à concretização da venda, em que a instituição acompanha o momento em que o cliente recebe o produto ou serviço e o utiliza pela primeira vez.
- **Manutenção:** acompanhamento permanente da empresa com o cliente e contato esporádico para se manter a relação de vendas futuras e garantir a satisfação.

4 RESOLUÇÃO Nº 4.539, DE 24 DE NOVEMBRO DE 2016

O Banco Central do Brasil publicou no dia 28 de novembro de 2016 a Resolução nº 4.539, que dispõe sobre princípios a serem observados pelas instituições financeiras e demais instituições autorizadas a funcionar pelo Banco Central do Brasil no relacionamento com clientes.

Nos termos da Resolução nº 4.539/16, as instituições deverão observar os princípios de ética, responsabilidade, transparência e diligência na condução de suas atividades e no relacionamento com seus clientes e usuários.

As instituições deverão implementar uma Política Institucional de Relacionamento com Clientes que trate, dentre outros assuntos, da divisão de papéis e responsabilidades no treinamento de empregados e prestadores de serviços que desempenhem atividades relacionadas ao relacionamento com clientes.

O Banco Central do Brasil, na forma do art. 9º da Lei nº 4.595, de 31 de dezembro de 1964, torna público que o Conselho Monetário Nacional, em sessão realizada em 24 de novembro de 2016, com base no art. 4º, inciso VIII, da referida Lei.

Resolveu:

CAPÍTULO I - DO OBJETO E DO ÂMBITO DE APLICAÇÃO

Art. 1º *Esta Resolução dispõe sobre princípios a serem observados no relacionamento com clientes e usuários e sobre a elaboração e implementação de política institucional de relacionamento com clientes e usuários de produtos e de serviços pelas instituições financeiras e demais instituições autorizadas a funcionar pelo Banco Central do Brasil.*

§ 1º *O disposto nesta Resolução não se aplica às administradoras de consórcio e às instituições de pagamento, que devem seguir as normas editadas pelo Banco Central do Brasil no exercício de sua competência legal.*

§ 2º *Para efeito desta Resolução, o relacionamento com clientes e usuários abrange as fases de pré-contratação, de contratação e de pós-contratação de produtos e de serviços.*

CAPÍTULO II - DOS PRINCÍPIOS

Art. 2º *As instituições de que trata o art. 1º, no relacionamento com clientes e usuários de produtos e de serviços, devem conduzir suas atividades com observância de princípios de ética, responsabilidade, transparência e diligência, propiciando a convergência de interesses e a consolidação de imagem institucional de credibilidade, segurança e competência.*

Art. 3º *A observância do disposto no art. 2º requer, entre outras, as seguintes providências:*

I. promover cultura organizacional que incentive relacionamento cooperativo e equilibrado com clientes e usuários;

II. dispensar tratamento justo e equitativo a clientes e usuários; e

III. assegurar a conformidade e a legitimidade de produtos e de serviços.

Parágrafo único. *O tratamento justo e equitativo a clientes e usuários de que trata o inciso II do caput abrange, inclusive:*

I. a prestação de informações a clientes e usuários de forma clara e precisa, a respeito de produtos e serviços;

II. o atendimento a demandas de clientes e usuários de forma tempestiva; e

III. a inexistência de barreiras, critérios ou procedimentos desarrazoados para a extinção da relação contratual relativa a produtos e serviços, bem como para a transferência de relacionamento para outra instituição, a pedido do cliente.

CAPÍTULO III - DA POLÍTICA INSTITUCIONAL DE RELACIONAMENTO COM CLIENTES E USUÁRIOS

Seção I - Da Elaboração e Implementação da Política Institucional de Relacionamento com Clientes e Usuários

Art. 4º *As instituições de que trata o art. 1º devem elaborar e implementar política institucional de relacionamento com clientes e usuários que consolide diretrizes, objetivos estratégicos e valores organizacionais, de forma a nortear a condução de suas atividades em conformidade com o disposto no art. 2º*

§ 1º *A política de que trata o caput deve:*

I. ser aprovada pelo conselho de administração ou, na sua ausência, pela diretoria da instituição;

II. ser objeto de avaliação periódica;

III. definir papéis e responsabilidades no âmbito da instituição;

IV. ser compatível com a natureza da instituição e com o perfil de clientes e usuários, bem como com as demais políticas instituídas;

V. prever programa de treinamento de empregados e prestadores de serviços que desempenhem atividades afetas ao relacionamento com clientes e usuários;

VI. prever a disseminação interna de suas disposições; e

VII. ser formalizada em documento específico.

§ 2º *Admite-se que a política de que trata o caput seja unificada por:*

I. conglomerado; ou

II. sistema cooperativo de crédito.

§ 3º *As instituições que não constituírem política própria em decorrência da faculdade prevista no § 2º devem formalizar a decisão em reunião do conselho de administração ou da diretoria.*

§ 4º *O documento de que trata o inciso VII do § 1º deve ser mantido à disposição do Banco Central do Brasil.*

Seção II Do Gerenciamento da Política Institucional de Relacionamento com Clientes e Usuários

Art. 5º *As instituições devem assegurar a consistência de rotinas e de procedimentos operacionais afetos ao relacionamento com clientes e usuários, bem como sua adequação à política institucional de relacionamento de que trata o art. 4º, inclusive quanto aos seguintes aspectos:*

I. concepção de produtos e de serviços;

II. oferta, recomendação, contratação ou distribuição de produtos ou serviços;

III. requisitos de segurança afetos a produtos e a serviços;

IV. cobrança de tarifas em decorrência da prestação de serviços;

V. divulgação e publicidade de produtos e de serviços;

VI. coleta, tratamento e manutenção de informações dos clientes em bases de dados;

VII. gestão do atendimento prestado a clientes e usuários, inclusive o registro e o tratamento de demandas;

VIII. mediação de conflitos;

IX. sistemática de cobrança em caso de inadimplemento de obrigações contratadas;

X. extinção da relação contratual relativa a produtos e serviços;

XI. liquidação antecipada de dívidas ou de obrigações;

XII. transferência de relacionamento para outra instituição, a pedido do cliente; e

XIII. eventuais sistemas de metas e incentivos ao desempenho de empregados e de terceiros que atuem em seu nome.

§ 1º Com relação ao disposto nos incisos I e II do caput, e em observância ao art. 3º, parágrafo único, inciso I, as instituições devem estabelecer o perfil dos clientes que compõem o público-alvo para os produtos e serviços disponibilizados, considerando suas características e complexidade.

§ 2º O perfil referido no § 1º deve incluir informações relevantes para cada produto ou serviço.

***Art. 6º** Em relação à política institucional de relacionamento com clientes e usuários, as instituições de que trata o art. 1º devem instituir mecanismos de acompanhamento, de controle e de mitigação de riscos com vistas a assegurar:*

I. a implementação das suas disposições;

II. o monitoramento do seu cumprimento, inclusive por meio de métricas e indicadores adequados;

III. a avaliação da sua efetividade; e

IV. a identificação e a correção de eventuais deficiências.

§ 1º Os mecanismos de que trata o caput devem ser submetidos a testes periódicos pela auditoria interna, consistentes com os controles internos da instituição.

§ 2º Os dados, os registros e as informações relativas aos mecanismos de controle, processos, testes e trilhas de auditoria devem ser mantidos à disposição do Banco Central do Brasil pelo prazo mínimo de cinco anos.

CAPÍTULO IV - DISPOSIÇÕES GERAIS

***Art. 7º** As instituições de que trata o art. 1º devem indicar diretor responsável pela observância do disposto nesta Resolução.*

***Art. 8º** Fica o Banco Central do Brasil autorizado a baixar as normas e a adotar as medidas julgadas necessárias à execução do disposto nesta Resolução.*

***Art. 9º** Esta Resolução entra em vigor 360 (trezentos e sessenta) dias após a data de sua publicação.*

5 ÉTICA E CONDUTA PROFISSIONAL EM VENDAS

5.1 Ética e concorrência

As mais importantes referências teóricas da Administração em Vendas e concorrência são de Peter Druker (teoria da globalização nas empresas) e Michael Porter (teórico da competitividade e da vantagem competitiva).

Segundo a teoria de Peter Druker, a organização se adapta à globalização quando consegue oferecer o produto ou serviço prestado de forma certa para o público certo, oferecendo distribuição, preço e momento adequado.

Segundo Porter, a organização nunca pode parar de aprender sobre o mercado em que atua, seus rivais e formular formas de melhorar sua posição competitiva. As 5 forças de Porter são: **a rivalidade entre concorrentes, o poder de negociação dos clientes, poder de barganha do fornecedor, ameaça de entrada de novos concorrentes e ameaça de produto substituídos**, conforme a imagem que segue.

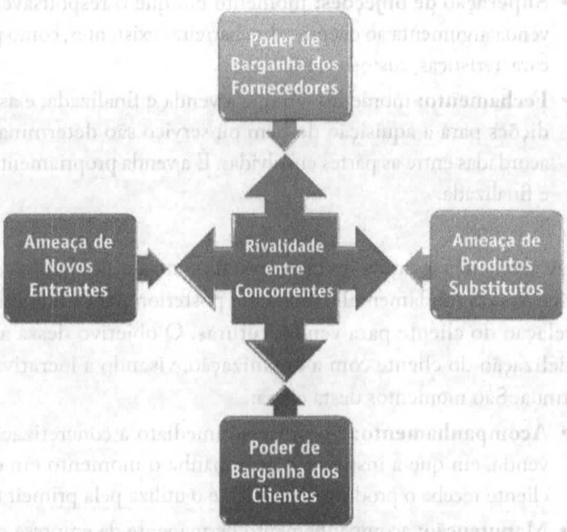

5.2 Globalização nas empresas

Considerando que o monopólio é nocivo para as organizações, Peter Drucker defende que as empresas invistam em estudo e avaliação constantes do mercado em que estão inseridas. A organização deve desenvolver a capacidade de chegar em um nível de excelência, o que se torna uma importante vantagem competitiva diante de seus concorrentes. Essa avaliação permite uma redução nos custos e uma maximização dos lucros. Entre as vantagens de análise de mercado, estão:

- Oferecer o produto certo.
- Apresentar o produto na hora certa.
- Indicar o produto para o público certo.

5.3 Competição e Mercado (Michael Porter)

O estudioso Michael Porter desenvolveu muitos estudos sobre vantagem competitiva e criou as 5 Forças de Porter, em que duas são ameaças, as quais uma organização precisa se preparar para enfrentar. Veja a seguir as Forças de Porter:

- Rivalidade.
- Poder de negociação do cliente.
- Poder de barganha do fornecedor.
- Ameaça de produto substituído.
- Ameaça de novos concorrentes.

5.4 Benchmarking

O benchmarking é uma importante ferramenta de análise para que uma empresa obtenha vantagem competitiva e possa qualificar seu atendimento aos clientes, prestação de serviços ou processos de produção. Nesse tipo de pesquisa de mercado, são observados os concorrentes, as melhores práticas, tudo para oferecer uma experiência melhor ao cliente. Além disso, é possível analisar a competitividade da empresa diante dos concorrentes. Por isso, o benchmarking é tão fundamental.

Podemos destacar alguns tipos dessa atividade:

- **Benchmarking Governamental:** feito junto aos governos de outros países.
- **Benchmarking Competitivo:** feito junto aos concorrentes e rivais.
- **Benchmarking Funcional:** feito junto aos concorrentes ou outro departamento da mesma organização buscando um elemento específico.

- **Benchmarking Setorial (Departamental):** feito internamente junto a outro setor ou departamento da mesma organização.

6 RESOLUÇÃO CMN Nº 4.860, DE 23 DE OUTUBRO DE 2020

Tal resolução dispõe sobre a constituição e o funcionamento de componente organizacional de ouvidoria pelas instituições financeiras e demais instituições autorizadas a funcionar pelo Banco Central do Brasil.

RESOLUÇÃO CMN Nº 4.860, DE 23 DE OUTUBRO DE 2020

Dispõe sobre a constituição e o funcionamento de componente organizacional de ouvidoria pelas instituições autorizadas a funcionar pelo Banco Central do Brasil.

O Banco Central do Brasil, na forma do art. 9º da Lei nº 4.595, de 31 de dezembro de 1964, torna público que o Conselho Monetário Nacional, em sessão realizada em 22 de outubro de 2020, com base no art. 4º, inciso VIII, da referida Lei, resolveu:

CAPÍTULO I - DO OBJETO E DO ÂMBITO DE APLICAÇÃO

Art. 1º *Esta Resolução disciplina a constituição e o funcionamento de componente organizacional de ouvidoria pelas instituições que especifica.*

Art. 2º *O componente organizacional de ouvidoria deve ser constituído pelas instituições autorizadas a funcionar pelo Banco Central do Brasil que tenham clientes pessoas naturais, inclusive empresários individuais, ou pessoas jurídicas classificadas como microempresas e empresas de pequeno porte, nos termos da Lei Complementar nº 123, de 14 de dezembro de 2006.*

Parágrafo único. *Ficam dispensados de constituir ouvidoria os bancos comerciais sob controle societário de bolsas de valores, de bolsas de mercadorias e futuros ou de bolsas de valores e de mercadorias e futuros que desempenhem exclusivamente funções de liquidante e custodiante central, prestando serviços às bolsas e aos agentes econômicos responsáveis pelas operações nelas cursadas.*

CAPÍTULO II - DA FINALIDADE

Art. 3º *A ouvidoria tem por finalidade:*

I. atender em última instância as demandas dos clientes e usuários de produtos e serviços que não tiverem sido solucionadas nos canais de atendimento primário da instituição; e

II. atuar como canal de comunicação entre a instituição e os clientes e usuários de produtos e serviços, inclusive na mediação de conflitos.

Parágrafo único. *Para efeitos desta Resolução, considera-se primário o atendimento habitual realizado em quaisquer pontos ou canais de atendimento, incluídos os correspondentes no País e o Serviço de Atendimento ao Consumidor (SAC) de que trata o Decreto nº 6.523, de 31 de julho de 2008.*

CAPÍTULO III - DA ORGANIZAÇÃO

Art. 4º *A estrutura da ouvidoria deve ser compatível com a natureza e a complexidade dos produtos, serviços, atividades, processos e sistemas de cada instituição.*

Parágrafo único. *A ouvidoria não pode estar vinculada a componente organizacional da instituição que configure conflito de interesses ou de atribuições, a exemplo das unidades responsáveis por negociação de produtos e serviços, gestão de riscos, auditoria interna e conformidade (compliance).*

Art. 5º *É admitido o compartilhamento de ouvidoria pelas instituições, observadas as seguintes situações e regras:*

I. a instituição integrante de conglomerado composto por pelo menos duas instituições autorizadas a funcionar pelo Banco Central do Brasil pode compartilhar a ouvidoria constituída em qualquer das instituições autorizadas a funcionar;

II. a instituição não enquadrada no disposto no inciso I do caput pode compartilhar a ouvidoria constituída:

a) em empresa ligada, conforme definição de que trata o § 1º; ou

b) na associação de classe a que seja filiada ou na bolsa de valores ou bolsa de mercadorias e futuros ou bolsa de valores e de mercadorias e futuros nas quais realize operações;

III. a cooperativa singular de crédito filiada a cooperativa central pode compartilhar a ouvidoria constituída na respectiva cooperativa central, confederação de cooperativas de crédito ou banco do sistema cooperativo; e

IV. a cooperativa singular de crédito não filiada a cooperativa central pode compartilhar a ouvidoria constituída em cooperativa central, federação de cooperativas de crédito, confederação de cooperativas de crédito ou associação de classe da categoria.

§ 1º *Para efeito do disposto no inciso II, alínea "a", do caput, consideram-se ligadas entre si as instituições autorizadas a funcionar pelo Banco Central do Brasil e as empresas não autorizadas a funcionar pelo Banco Central do Brasil:*

I. as quais uma participe com 10% (dez por cento) ou mais do capital da outra, direta ou indiretamente; e

II. as quais acionistas com 10% (dez por cento) ou mais do capital de uma participem com 10% (dez por cento) ou mais do capital da outra, direta ou indiretamente.

§ 2º *O disposto no inciso II, alínea «b», do caput, não se aplica a bancos comerciais, bancos múltiplos, caixas econômicas, sociedades de crédito, financiamento e investimento, associações de poupança e empréstimo e sociedades de arrendamento mercantil que realizem operações de arrendamento mercantil financeiro.*

§ 3º *O disposto nos incisos II, alínea «b», e IV, do caput, somente se aplica a associação de classe ou bolsa que possuir código de ética ou de autorregulação efetivamente implantado, ao qual a instituição tenha aderido.*

CAPÍTULO IV - DO FUNCIONAMENTO

Art. 6º *As atribuições da ouvidoria abrangem as seguintes atividades:*

I. atender, registrar, instruir, analisar e dar tratamento formal e adequado às demandas dos clientes e usuários de produtos e serviços;

II. prestar esclarecimentos aos demandantes acerca do andamento das demandas, informando o prazo previsto para resposta;

III. encaminhar resposta conclusiva para a demanda no prazo previsto; e

IV. manter o conselho de administração, ou, na sua ausência, a diretoria da instituição, informado sobre os problemas e deficiências detectados no cumprimento de suas atribuições e sobre o resultado das medidas adotadas pelos administradores para solucioná-los.

§ 1º *O atendimento prestado pela ouvidoria:*

I. deve ser identificado por meio de número de protocolo, o qual deve ser fornecido ao demandante;

II. deve ser gravado, quando realizado por telefone, e, quando realizado por meio de documento escrito ou por meio eletrônico, arquivada a respectiva documentação; e

III. pode abranger:

a) excepcionalmente, as demandas não recepcionadas inicialmente pelos canais de atendimento primário; e

b) as demandas encaminhadas pelo Banco Central do Brasil, por órgãos públicos ou por outras entidades públicas ou privadas.

§ 2º *O prazo de resposta para as demandas não pode ultrapassar dez dias úteis, podendo ser prorrogado, excepcionalmente e de forma justificada, uma única vez, por igual período, limitado o número de prorrogações a 10% (dez por cento) do total de demandas no mês, devendo o demandante ser informado sobre os motivos da prorrogação.*

Art. 7º *As instituições referidas no art. 2º devem:*

I. manter sistema de informações e de controle das demandas recebidas pela ouvidoria, de forma a:

a) registrar o histórico de atendimentos, as informações utilizadas na análise e as providências adotadas; e

b) controlar o prazo de resposta;

II. dar ampla divulgação sobre a existência da ouvidoria, sua finalidade, suas atribuições e formas de acesso, inclusive nos canais de comunicação utilizados para difundir os produtos e serviços;

III. garantir o acesso gratuito dos clientes e dos usuários ao atendimento da ouvidoria, por meio de canais ágeis e eficazes, inclusive por telefone, cujo número deve ser:

a) divulgado e mantido atualizado em local visível ao público no recinto das suas dependências e nas dependências dos correspondentes no País, bem como nos respectivos sítios eletrônicos na internet, acessível pela sua página inicial;

b) informado nos extratos, comprovantes, inclusive eletrônicos, contratos, materiais de propaganda e de publicidade e demais documentos que se destinem aos clientes e usuários; e

c) inserido e mantido permanentemente atualizado em sistema de registro de informações do Banco Central do Brasil.

***Parágrafo único.** As informações relativas às demandas recebidas pela ouvidoria devem permanecer registradas no sistema mencionado no inciso I pelo prazo mínimo de cinco anos, contados da data da protocolização da ocorrência.*

CAPÍTULO V - DAS EXIGÊNCIAS FORMAIS

***Art. 8º** O estatuto ou o contrato social, conforme a natureza jurídica da sociedade, deve dispor, de forma expressa, sobre os seguintes aspectos:*

I. a finalidade, as atribuições e as atividades da ouvidoria;

II. os critérios de designação e de destituição do ouvidor;

III. o tempo de duração do mandato do ouvidor, fixado em meses; e

IV. o compromisso formal no sentido de:

a) criar condições adequadas para o funcionamento da ouvidoria, bem como para que sua atuação seja pautada pela transparência, independência, imparcialidade e isenção; e

b) assegurar o acesso da ouvidoria às informações necessárias para a elaboração de resposta adequada às demandas recebidas, com total apoio administrativo, podendo requisitar informações e documentos para o exercício de suas atividades no cumprimento de suas atribuições.

***§ 1º** Os aspectos mencionados no caput devem ser incluídos no estatuto ou no contrato social na primeira alteração que ocorrer após a constituição da ouvidoria.*

***§ 2º** As alterações estatutárias ou contratuais exigidas por esta Resolução relativas às instituições que optarem pela faculdade prevista no art. 5º, incisos I e III, podem ser promovidas somente pela instituição que constituir a ouvidoria.*

***§ 3º** As instituições que não constituírem ouvidoria própria em decorrência da faculdade prevista no art. 5º, incisos II e IV, devem ratificar a decisão na primeira assembleia geral ou na primeira reunião de diretoria realizada após tal decisão.*

***Art. 9º** As instituições referidas no art. 2º devem designar perante o Banco Central do Brasil os nomes do ouvidor e do diretor responsável pela ouvidoria.*

***§ 1º** O diretor responsável pela ouvidoria pode desempenhar outras funções na instituição, inclusive a de ouvidor, exceto a de diretor de administração de recursos de terceiros.*

***§ 2º** Nos casos dos bancos comerciais, bancos múltiplos, caixas econômicas, sociedades de crédito, financiamento e investimento, associações de poupança e empréstimo e sociedades de arrendamento mercantil que realizem operações de arrendamento mercantil financeiro, que estejam sujeitos à obrigatoriedade de constituição de comitê de auditoria, na forma da regulamentação, o ouvidor não poderá desempenhar outra função, exceto a de diretor responsável pela ouvidoria.*

***§ 3º** Nas situações em que o ouvidor desempenhe outra atividade na instituição, essa atividade não pode configurar conflito de interesses ou de atribuições.*

***Art. 10.** Nas hipóteses previstas no art. 5º, incisos I, III e IV, o ouvidor deve:*

I. responder por todas as instituições que compartilharem a ouvidoria; e

II. integrar os quadros da instituição que constituir a ouvidoria.

***Art. 11.** Para cumprimento do disposto no caput do art. 9º, nas hipóteses previstas no art. 5º, inciso II, as instituições referidas no art. 2º devem:*

I. designar perante o Banco Central do Brasil apenas o nome do respectivo diretor responsável pela ouvidoria; e

II. informar o nome do ouvidor, que deverá ser o do ouvidor da associação de classe, da bolsa de valores, da bolsa de mercadorias e futuros ou da bolsa de valores e de mercadorias e futuros, ou da entidade ou empresa que constituir a ouvidoria.

CAPÍTULO VI - DA PRESTAÇÃO DE INFORMAÇÕES

***Art. 12.** O diretor responsável pela ouvidoria deve elaborar relatório semestral quantitativo e qualitativo referente às atividades desenvolvidas pela ouvidoria, nas datas-base de 30 de junho e 31 de dezembro.*

***Parágrafo único.** O relatório de que trata o caput deve ser encaminhado à auditoria interna, ao comitê de auditoria, quando constituído, e ao conselho de administração ou, na sua ausência, à diretoria da instituição.*

***Art. 13.** As instituições referidas no art. 2º devem divulgar semestralmente, nos respectivos sítios eletrônicos na internet, as informações relativas às atividades desenvolvidas pela ouvidoria, inclusive os dados relativos à avaliação direta da qualidade do atendimento de que trata o art. 16.*

***Art. 14.** O Banco Central do Brasil poderá estabelecer o conteúdo, a forma, a periodicidade e o prazo de remessa de dados e de informações relativos às atividades da ouvidoria.*

CAPÍTULO VII - DA CERTIFICAÇÃO

***Art. 15.** As instituições referidas no art. 2º devem adotar providências para que os integrantes da ouvidoria que realizem as atividades mencionadas no art. 6º sejam considerados aptos em exame de certificação organizado por entidade de reconhecida capacidade técnica.*

***§ 1º** O exame de certificação deve abranger, no mínimo, temas relativos à ética, aos direitos do consumidor e à mediação de conflitos.*

***§ 2º** A designação de integrantes da ouvidoria referidos no caput fica condicionada à comprovação de aptidão no exame de certificação, além do atendimento às demais exigências desta Resolução.*

***§ 3º** As instituições referidas no caput devem assegurar a capacitação permanente dos integrantes da ouvidoria em relação aos temas mencionados no § 1º*

***§ 4º** O diretor responsável pela ouvidoria sujeita-se à formalidade prevista no caput, caso exerça a função de ouvidor.*

***§ 5º** Nas hipóteses previstas no art. 5º, incisos II e IV, aplica-se o disposto neste artigo aos integrantes da ouvidoria da associação de classe, entidade ou empresa que realize as atividades mencionadas no art. 6º*

CAPÍTULO VIII - DA AVALIAÇÃO DIRETA DA QUALIDADE DO ATENDIMENTO PRESTADO

Art. 16. *As instituições referidas no art. 2º devem implementar instrumento de avaliação direta da qualidade do atendimento prestado pela ouvidoria a clientes e usuários.*

Parágrafo único. *O disposto no caput aplica-se somente aos bancos comerciais, bancos múltiplos, bancos de investimento, caixas econômicas e sociedades de crédito, financiamento e investimento.*

Art. 17. *A avaliação direta da qualidade do atendimento de que trata o art. 16 deve ser:*

I. estruturada de forma a obter notas entre 1 e 5, sendo 1 o nível de satisfação mais baixo e 5 o nível de satisfação mais alto;

II. disponibilizada ao cliente ou usuário em até um dia útil após o encaminhamento da resposta conclusiva de que trata o art. 6º, inciso III, e § 2º; e

III. concluída em até cinco dias úteis após o prazo de que trata o inciso II.

Art. 18. *Os dados relativos à avaliação mencionada no art. 16 devem ser:*

I. armazenados de forma eletrônica, em ordem cronológica, permanecendo à disposição do Banco Central do Brasil pelo prazo de cinco anos, contados da data da avaliação realizada pelo cliente ou usuário; e

II. remetidos ao Banco Central do Brasil, na forma por ele definida.

CAPÍTULO IX - DISPOSIÇÕES FINAIS

Art. 19. *O relatório e a documentação relativos aos atendimentos realizados, de que tratam os arts. 6º, § 1º, 7º e 12, bem como a gravação telefônica do atendimento, devem permanecer à disposição do Banco Central do Brasil pelo prazo mínimo de cinco anos.*

Art. 20. *O número do telefone para acesso gratuito à ouvidoria e os dados relativos ao diretor responsável pela ouvidoria e ao ouvidor devem ser inseridos e mantidos permanentemente atualizados em sistema de registro de informações do Banco Central do Brasil.*

Parágrafo único. *O disposto no caput deve ser observado, inclusive, pela instituição que não constituir componente de ouvidoria próprio em decorrência da faculdade prevista no art. 5º*

Art. 21. *O Banco Central do Brasil poderá adotar as medidas necessárias à execução do disposto nesta Resolução.*

Art. 22. *Ficam revogadas:*

I. a Resolução nº 4.433, de 23 de julho de 2015; e

II. a Resolução nº 4.629, de 25 de janeiro de 2018.

Art. 23. *Esta Resolução entra em vigor em 1º de dezembro de 2020.*

7 ESTATUTO DA PESSOA COM DEFICIÊNCIA

Ao tratar de direitos das pessoas com deficiência, abordamos não só o Estatuto da Pessoa com Deficiência (ou lei de inclusão), mas diversas leis e normas que garantem a efetividade de diversos direitos, promovendo inclusão e igualdade.

O seu edital poderá cobrar somente o Estatuto da Pessoa com Deficiência ou abordar outras leis. Nosso foco será o Estatuto e faremos, em alguns pontos, comparativos e abordando aspectos de outras leis que garantem acessibilidade.

A Lei nº 13.146/2015 instituiu o Estatuto da Pessoa com Deficiência (EPD) que visa promover a inclusão social e a cidadania, promovendo a igualdade no exercício dos direitos e liberdades fundamentais da pessoa com deficiência.

A Lei tem por base a Convenção sobre os Direitos das Pessoas com Deficiência e seu protocolo facultativo, que foram devidamente ratificados pelo Congresso Nacional e promulgados pelo Decreto nº 6.949, de 25 de agosto de 2009.

Para aplicação do Estatuto, devemos entender que a lei conceitua como pessoa com deficiência:

> ***Art. 2º*** *Considera-se pessoa com deficiência aquela que tem impedimento de longo prazo de natureza física, mental, intelectual ou sensorial, o qual, em interação com uma ou mais barreiras, pode obstruir sua participação plena e efetiva na sociedade em igualdade de condições com as demais pessoas.*

Para acesso a alguns direitos (como aposentadoria com tempo de contribuição reduzido), faz-se necessária a avaliação da deficiência.

Conforme prevê o EPD, a avaliação da deficiência, quando necessária, será biopsicossocial (modelo que visa à análise e identificação considerando fatores biológicos, psicológicos e sociais) por uma equipe multiprofissional e interdisciplinar e considerará:

- Os impedimentos nas funções e nas estruturas do corpo;
- Os fatores socioambientais, psicológicos e pessoais;
- A limitação no desempenho de atividades; e
- A restrição de participação.

Além do conceito sobre pessoa com deficiência, o artigo 3º dispõe diversos conceitos para a aplicabilidade da lei. Para melhor compreensão e fixação, listamos abaixo os conceitos que mais são "trocados" nas provas:

- **Acessibilidade:** possibilidade e condição de alcance para utilização, com segurança e autonomia, de espaços, mobiliários, equipamentos urbanos, edificações, transportes, informação e comunicação, inclusive seus sistemas e tecnologias, bem como de outros serviços e instalações abertos ao público, de uso público ou privados de uso coletivo, tanto na zona urbana como na rural, por pessoa com deficiência ou com mobilidade reduzida.
- **Adaptações razoáveis:** adaptações, modificações e ajustes necessários e adequados que não acarretem ônus desproporcional e indevido, quando requeridos em cada caso, a fim de assegurar que a pessoa com deficiência possa gozar ou exercer, em igualdade de condições e oportunidades com as demais pessoas, todos os direitos e liberdades fundamentais.
- **Atendente pessoal:** pessoa, membro ou não da família, que, com ou sem remuneração, assiste ou presta cuidados básicos e essenciais à pessoa com deficiência no exercício de suas atividades diárias, excluídas as técnicas ou os procedimentos identificados com profissões legalmente estabelecidas.
- **Moradia para a vida independente da pessoa com deficiência:** moradia com estruturas adequadas capazes de proporcionar serviços de apoio coletivos e individualizados que respeitem e ampliem o grau de autonomia de jovens e adultos com deficiência.
- Pessoa com deficiência aquela que tem impedimento de longo prazo de natureza física, mental, intelectual ou sensorial, o qual, em interação com uma ou mais barreiras, pode obstruir sua participação plena e efetiva na sociedade em igualdade de condições com as demais pessoas.
- **Elemento de urbanização:** quaisquer componentes de obras de urbanização, tais como os referentes a pavimentação, saneamento, encanamento para esgotos, distribuição de energia elétrica e de gás, iluminação pública, serviços de comunicação, abastecimento e distribuição de água, paisagismo e os que materializam as indicações do planejamento urbanístico.
- **Residências inclusivas:** unidades de oferta do Serviço de Acolhimento do Sistema Único de Assistência Social (Suas) localizadas em áreas residenciais da comunidade, com estruturas adequadas, que possam contar com apoio psicossocial para o atendimento das necessidades da pessoa acolhida, destinadas a jovens e adultos com deficiência, em situação de dependência, que não dispõem de condições de autossustentabilidade e com vínculos familiares fragilizados ou rompidos.
- **Acompanhante:** aquele que acompanha a pessoa com deficiência, podendo ou não desempenhar as funções de atendente pessoal.
- **Pessoa com mobilidade reduzida:** aquela que tenha, por qualquer motivo, dificuldade de movimentação, permanente ou temporária, gerando redução efetiva da mobilidade, da flexibilidade, da coordenação motora ou da percepção, incluindo idoso, gestante, lactante, pessoa com criança de colo e obeso.
- **Mobiliário urbano:** conjunto de objetos existentes nas vias e nos espaços públicos, superpostos ou adicionados aos elementos de urbanização ou de edificação, de forma que sua modificação ou seu traslado não provoque alterações substanciais nesses elementos, como semáforos, postes de sinalização e similares, terminais e pontos de acesso coletivo às telecomunicações, fontes de água, lixeiras, toldos, marquises, bancos, quiosques e quaisquer outros de natureza análoga.
- **Profissional de apoio escolar:** pessoa que exerce atividades de alimentação, higiene e locomoção do estudante com deficiência e atua em todas as atividades escolares nas quais se fizer necessária, em todos os níveis e modalidades de ensino, em instituições públicas e privadas, excluídas as técnicas ou os procedimentos identificados com profissões legalmente estabelecidas.

É instituído o cordão de fita com desenhos de girassóis como símbolo nacional de identificação de pessoas com deficiências ocultas.

O uso do símbolo de que trata o **caput** deste artigo é opcional, e sua ausência não prejudica o exercício de direitos e garantias previstos em lei.

A utilização do símbolo de que trata o **caput** deste artigo não dispensa a apresentação de documento comprobatório da deficiência, caso seja solicitado pelo atendente ou pela autoridade competente.

7.1 Da igualdade e não discriminação

Determina o artigo 4º do EPD:

> ***Art. 4º*** *Toda pessoa com deficiência tem direito à igualdade de oportunidades com as demais pessoas e não sofrerá nenhuma espécie de discriminação.*

§ 1º Considera-se discriminação em razão da deficiência toda forma de distinção, restrição ou exclusão, por ação ou omissão, que tenha o propósito ou o efeito de prejudicar, impedir ou anular o reconhecimento ou o exercício dos direitos e das liberdades fundamentais de pessoa com deficiência, incluindo a recusa de adaptações razoáveis e de fornecimento de tecnologias assistivas.

§ 2º A pessoa com deficiência não está obrigada à fruição de benefícios decorrentes de ação afirmativa.

A ação afirmativa se refere às ações especiais e temporárias que visam eliminar desigualdades, garantindo a compensação provocada pela discriminação e desigualdade.

A pessoa com deficiência, especialmente os considerados vulneráveis, criança, adolescente, mulher e idoso, deve ser protegida de toda forma de:

- Negligência;
- Discriminação;
- Exploração;
- Violência;
- Tortura;
- Crueldade;
- Opressão; e
- Tratamento desumano ou degradante.

A deficiência não afeta a plena capacidade civil da pessoa, inclusive para:

- Casar-se e constituir união estável;
- Exercer direitos sexuais e reprodutivos;
- Exercer o direito de decidir sobre o número de filhos e de ter acesso a informações adequadas sobre reprodução e planejamento familiar;
- Conservar sua fertilidade, sendo vedada a esterilização compulsória;
- Exercer o direito à família e à convivência familiar e comunitária; e
- Exercer o direito à guarda, à tutela, à curatela e à adoção, como adotante ou adotando, em igualdade de oportunidades com as demais pessoas.

O Estatuto prevê como dever que:

- Juízes e Tribunais no exercício da função devem remeter peças ao Ministério Público para providências;
- Todos devem comunicar ameaça ou violação de direitos.

Ainda, prevê o artigo 8º do EPD:

Art. 8º *É dever do Estado, da sociedade e da família assegurar à pessoa com deficiência, com prioridade, a efetivação dos direitos referentes à vida, à saúde, à sexualidade, à paternidade e à maternidade, à alimentação, à habitação, à educação, à profissionalização, ao trabalho, à previdência social, à habilitação e à reabilitação, ao transporte, à acessibilidade, à cultura, ao desporto, ao turismo, ao lazer, à informação, à comunicação, aos avanços científicos e tecnológicos, à dignidade, ao respeito, à liberdade, à convivência familiar e comunitária, entre outros decorrentes da Constituição Federal, da Convenção sobre os Direitos das Pessoas com Deficiência e seu Protocolo Facultativo e das leis e de outras normas que garantam seu bem-estar pessoal, social e econômico.*

7.2 Do atendimento prioritário

Determina o art. 9º do EPD:

Art. 9º *A pessoa com deficiência tem direito a receber atendimento prioritário, sobretudo com a finalidade de:*

I – proteção e socorro em quaisquer circunstâncias;

II – atendimento em todas as instituições e serviços de atendimento ao público;

III – disponibilização de recursos, tanto humanos quanto tecnológicos, que garantam atendimento em igualdade de condições com as demais pessoas;

IV – disponibilização de pontos de parada, estações e terminais acessíveis de transporte coletivo de passageiros e garantia de segurança no embarque e no desembarque;

V – acesso a informações e disponibilização de recursos de comunicação acessíveis;

VI – recebimento de restituição de imposto de renda;

VII – tramitação processual e procedimentos judiciais e administrativos em que for parte ou interessada, em todos os atos e diligências.

§ 1º Os direitos previstos neste artigo são extensivos ao acompanhante da pessoa com deficiência ou ao seu atendente pessoal, exceto quanto ao disposto nos incisos VI e VII deste artigo.

§ 2º Nos serviços de emergência públicos e privados, a prioridade conferida por esta Lei é condicionada aos protocolos de atendimento médico.

O dispositivo determina situações que as pessoas com deficiência terão atendimento prioritário.

Atenção com as confusões sobre prioridade de atendimento. O edital pode abordar, além do EPD, a Lei nº 10.048/2000, que trata das pessoas que terão atendimento prioritário em órgãos públicos, instituições financeiras, entre outras.

A citada lei prevê atendimento prioritário para:

- Pessoas com deficiência;
- Os idosos com idade igual ou superior a 60 (sessenta) anos;
- As gestantes;
- As lactantes;
- As pessoas com crianças de colo;
- Obesos.

A Lei nº 10.048/2000 prevê também que as empresas públicas de transporte e as concessionárias de transporte coletivo reservarão assentos, devidamente identificados, aos idosos, gestantes, lactantes, pessoas deficientes e pessoas acompanhadas por crianças de colo e os logradouros e sanitários públicos, bem como os edifícios de uso público, terão normas de construção, para efeito de licenciamento da respectiva edificação, baixadas pela autoridade competente, destinadas a facilitar o acesso e uso desses locais pelas pessoas deficientes. Veja-se:

Art. 1º *As pessoas com deficiência, os idosos com idade igual ou superior a 60 (sessenta) anos, as gestantes, as lactantes, as pessoas com crianças de colo e os obesos terão atendimento prioritário, nos termos desta Lei. (Redação dada pela Lei nº 13.146, de 2015) (Vigência)*

Art. 2º *As repartições públicas e empresas concessionárias de serviços públicos estão obrigadas a dispensar atendimento prioritário, por meio de serviços individualizados que assegurem tratamento diferenciado e atendimento imediato às pessoas a que se refere o art. 1º.*

Parágrafo único. É assegurada, em todas as instituições financeiras, a prioridade de atendimento às pessoas mencionadas no art. 1º.

Art. 3º *As empresas públicas de transporte e as concessionárias de transporte coletivo reservarão assentos, devidamente identificados, aos idosos, gestantes, lactantes, pessoas portadoras de deficiência e pessoas acompanhadas por crianças de colo.*

Art. 4º *Os logradouros e sanitários públicos, bem como os edifícios de uso público, terão normas de construção, para efeito de licenciamento da respectiva edificação, baixadas pela autoridade competente, destinadas a facilitar o acesso e uso desses locais pelas pessoas portadoras de deficiência.*

Art. 5º *Os veículos de transporte coletivo a serem produzidos após doze meses da publicação desta Lei serão planejados de forma a facilitar o acesso a seu interior das pessoas portadoras de deficiência.*

§ 1º (Vetado)

§ 2º Os proprietários de veículos de transporte coletivo em utilização terão o prazo de cento e oitenta dias, a contar da regulamentação desta

Lei, para proceder às adaptações necessárias ao acesso facilitado das pessoas portadoras de deficiência.

Art. 6º *A infração ao disposto nesta Lei sujeitará os responsáveis:*

I – no caso de servidor ou de chefia responsável pela repartição pública, às penalidades previstas na legislação específica;

II – no caso de empresas concessionárias de serviço público, a multa de R$ 500,00 (quinhentos reais) a R$ 2.500,00 (dois mil e quinhentos reais), por veículos sem as condições previstas nos arts. 3º e 5º;

III – no caso das instituições financeiras, às penalidades previstas no art. 44, incisos I, II e III, da Lei nº 4.595, de 31 de dezembro de 1964.

Parágrafo único. As penalidades de que trata este artigo serão elevadas ao dobro, em caso de reincidência.

Art. 7º *O Poder Executivo regulamentará esta Lei no prazo de sessenta dias, contado de sua publicação.*

Art. 8º *Esta Lei entra em vigor na data de sua publicação.*

7.3 Direitos fundamentais

Os direitos fundamentais são garantidos a todos pela nossa Constituição. Portanto, não importa quem seja, fica garantido os direitos previstos na nossa Carta Magna.

O EPD prevê regras específicas tratando sobre direitos fundamentais, tendo por objetivo a garantia de inclusão e igualdade.

São previstos:

- Direito à vida;
- Direito à habilitação e à reabilitação;
- Direito à saúde;
- Direito à educação;
- Direito à moradia;
- Direito ao trabalho;
- Direito à assistência social;
- Direito à previdência social;
- Direito à cultura, ao esporte, ao turismo e ao lazer;
- Direito ao transporte e à mobilidade.

Vamos trabalhar alguns destes (é essencial a leitura da lei de todos os dispositivos).

7.3.1 Direito à vida

O Poder Público deve garantir a dignidade da pessoa com deficiência ao longo de toda a vida. E em situações de risco, emergência ou estado de calamidade pública, a pessoa com deficiência será considerada vulnerável, devendo o poder público adotar medidas para sua proteção e segurança.

A pessoa com deficiência não poderá ser obrigada a se submeter à intervenção clínica ou cirúrgica, a tratamento ou a institucionalização forçada (a curatela pode suprir o consentimento)

O consentimento prévio, livre e esclarecido da pessoa com deficiência é indispensável para a realização de tratamento, procedimento, hospitalização e pesquisa científica.

Dispensa em casos de:

- Risco de morte.
- Emergência em saúde, resguardado seu superior interesse e adotadas as salvaguardas legais cabíveis.

O EPD prevê que a pesquisa científica envolvendo pessoa com deficiência em situação de tutela ou de curatela deve ser realizada, em caráter excepcional, quando não existe a possibilidade de realização com participantes não tutelados ou curatelados, apenas quando houver indícios de benefício direto para sua saúde ou para a saúde de outras pessoas com deficiência.

7.3.2 Direito à reabilitação e habilitação

A reabilitação e habilitação é um direito garantido a toda pessoa com deficiência, visando ao desenvolvimento de potencialidades, talentos, habilidades e aptidões físicas, cognitivas, sensoriais, psicossociais, atitudinais, profissionais e artísticas que contribuam para a conquista da autonomia da pessoa com deficiência e de sua participação social em igualdade de condições e oportunidades com as demais pessoas.

Para passar por este processo, será realizada avaliação multidisciplinar, analisando potencialidades, habilidades e quais necessidades da pessoa com deficiência, seguindo as seguintes diretrizes:

> ***Art. 15*** *O processo mencionado no art. 14 desta Lei baseia-se em avaliação multidisciplinar das necessidades, habilidades e potencialidades de cada pessoa, observadas as seguintes diretrizes:*
>
> *I – diagnóstico e intervenção precoces;*
>
> *II – adoção de medidas para compensar perda ou limitação funcional, buscando o desenvolvimento de aptidões;*
>
> *III – atuação permanente, integrada e articulada de políticas públicas que possibilitem a plena participação social da pessoa com deficiência;*
>
> *IV – oferta de rede de serviços articulados, com atuação intersetorial, nos diferentes níveis de complexidade, para atender às necessidades específicas da pessoa com deficiência;*
>
> *V – prestação de serviços próximo ao domicílio da pessoa com deficiência, inclusive na zona rural, respeitadas a organização das Redes de Atenção à Saúde (RAS) nos territórios locais e as normas do Sistema Único de Saúde (SUS).*

Fica, ainda, garantido para as pessoas com deficiência:

- Organização, serviços, métodos, técnicas e recursos para atender às características de cada pessoa com deficiência;
- Acessibilidade em todos os ambientes e serviços;
- Tecnologia assistiva, tecnologia de reabilitação, materiais e equipamentos adequados e apoio técnico profissional, de acordo com as especificidades de cada pessoa com deficiência;
- Capacitação continuada de todos os profissionais que participem dos programas e serviços.

Os serviços do SUS e do SUAS deverão promover ações articuladas para garantir à pessoa com deficiência e sua família a aquisição de informações, orientações (nas mais diversas áreas: de saúde, de educação, de cultura, de esporte, de lazer, de transporte, de previdência social, de assistência social, de habitação, de trabalho, de empreendedorismo, de acesso ao crédito, de promoção, proteção e defesa de direitos e nas demais áreas que possibilitem à pessoa com deficiência exercer sua cidadania) formas de acesso às políticas públicas disponíveis, com a finalidade de propiciar sua plena participação social.

7.3.3 Direito à saúde

À pessoa com deficiência fica assegurada a atenção integral à saúde, de forma universal e igualitária, por intermédio do SUS, bem como fica assegurada a participação na elaboração de políticas de saúde.

As ações e os serviços de saúde pública destinados à pessoa com deficiência devem assegurar:

- Diagnóstico e intervenção precoces, realizados por equipe multidisciplinar;
- Serviços de habilitação e de reabilitação sempre que necessários, para qualquer tipo de deficiência, inclusive para a manutenção da melhor condição de saúde e qualidade de vida;
- Atendimento domiciliar multidisciplinar, tratamento ambulatorial e internação;
- Campanhas de vacinação;

- Atendimento psicológico, inclusive para seus familiares e atendentes pessoais;
- Respeito à especificidade, à identidade de gênero e à orientação sexual da pessoa com deficiência;
- Atenção sexual e reprodutiva, incluindo o direito à fertilização assistida;
- Informação adequada e acessível à pessoa com deficiência e a seus familiares sobre sua condição de saúde;
- Serviços projetados para prevenir a ocorrência e o desenvolvimento de deficiências e agravos adicionais;
- Promoção de estratégias de capacitação permanente das equipes que atuam no SUS, em todos os níveis de atenção, no atendimento à pessoa com deficiência, bem como orientação a seus atendentes pessoais;
- Oferta de órteses, próteses, meios auxiliares de locomoção, medicamentos, insumos e fórmulas nutricionais, conforme as normas vigentes do Ministério da Saúde.

As diretrizes aplicam-se também às instituições privadas que participem de forma complementar do SUS ou que recebam recursos públicos para sua manutenção.

O art. 19 do EPD prevê ações que devem ser desenvolvidas pelo SUS destinadas à prevenção:

> ***Art. 19*** *Compete ao SUS desenvolver ações destinadas à prevenção de deficiências por causas evitáveis, inclusive por meio de:*
>
> *I – acompanhamento da gravidez, do parto e do puerpério, com garantia de parto humanizado e seguro;*
>
> *II – promoção de práticas alimentares adequadas e saudáveis, vigilância alimentar e nutricional, prevenção e cuidado integral dos agravos relacionados à alimentação e nutrição da mulher e da criança;*
>
> *III – aprimoramento e expansão dos programas de imunização e de triagem neonatal;*
>
> *IV – identificação e controle da gestante de alto risco.*
>
> *V – aprimoramento do atendimento neonatal, com a oferta de ações e serviços de prevenção de danos cerebrais e sequelas neurológicas em recém-nascidos, inclusive por telessaúde. (Incluído pela Lei nº 14.510/2022)*

Importante também frisar que o EPD prevê no aspecto da saúde:

- As operadoras de planos e seguros privados de saúde são obrigadas a garantir à pessoa com deficiência, no mínimo, todos os serviços e produtos ofertados aos demais clientes. Também é vedada cobrança de valores diferenciados por planos e seguros privados de saúde, em razão de sua condição de pessoa com deficiência.
- Quando esgotados os meios de atenção à saúde da pessoa com deficiência no local de residência, será prestado atendimento fora de domicílio, para fins de diagnóstico e de tratamento, garantidos o transporte e a acomodação da pessoa com deficiência e de seu acompanhante.
- À pessoa com deficiência internada ou em observação é assegurado o direito à acompanhante ou à atendente pessoal, devendo o órgão ou a instituição de saúde proporcionar condições adequadas para sua permanência em tempo integral e, na impossibilidade de permanência, o profissional de saúde responsável deverá justificar, por escrito, devendo o órgão ou a instituição de saúde adotar as providências cabíveis para suprir a ausência do acompanhante ou do atendente pessoal.
- É assegurado à pessoa com deficiência o acesso aos serviços de saúde, tanto públicos como privados, e às informações prestadas e recebidas, por meio de recursos de tecnologia assistiva e de todas as formas de comunicação.
- Os espaços dos serviços de saúde, tanto públicos quanto privados, devem assegurar o acesso da pessoa com deficiência, em conformidade com a legislação em vigor, mediante a remoção de barreiras, por meio de projetos arquitetônicos, de ambientação de interior e de comunicação que atendam às especificidades das pessoas com deficiência física, sensorial, intelectual e mental.
- Os casos de suspeita ou de confirmação de violência praticada contra a pessoa com deficiência serão objetos de notificação compulsória pelos serviços de saúde públicos e privados à autoridade policial e ao Ministério Público, além dos Conselhos dos Direitos da Pessoa com Deficiência. Para efeito da lei, conceitua-se violência qualquer ação ou omissão, praticada em local público ou privado, que lhe cause morte ou dano ou sofrimento físico ou psicológico.

Aos profissionais que prestam assistência à pessoa com deficiência, especialmente em serviços de habilitação e de reabilitação, deve ser garantida capacitação inicial e continuada.

7.3.4 Direito à educação

A educação também constitui direito da pessoa com deficiência, assegurados um sistema educacional inclusivo em todos os níveis e aprendizado ao longo de toda a vida, de forma a alcançar o máximo de desenvolvimento possível de seus talentos e habilidades físicas, sensoriais, intelectuais e sociais, segundo suas características, interesses e necessidades de aprendizagem.

Cabe ao Estado, à família, à comunidade escolar e à sociedade assegurar educação de qualidade à pessoa com deficiência, colocando-a a salvo de toda forma de violência, negligência e discriminação.

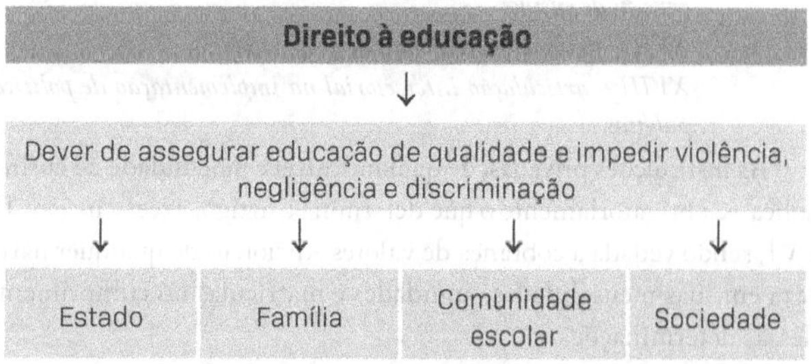

Desta feita, determina o art. 28 do EPD:

> ***Art. 28*** *Incumbe ao poder público assegurar, criar, desenvolver, implementar, incentivar, acompanhar e avaliar:*
>
> *I – sistema educacional inclusivo em todos os níveis e modalidades, bem como o aprendizado ao longo de toda a vida;*
>
> *II – aprimoramento dos sistemas educacionais, visando a garantir condições de acesso, permanência, participação e aprendizagem, por meio da oferta de serviços e de recursos de acessibilidade que eliminem as barreiras e promovam a inclusão plena;*
>
> *III – projeto pedagógico que institucionalize o atendimento educacional especializado, assim como os demais serviços e adaptações razoáveis, para atender às características dos estudantes com deficiência e garantir o seu pleno acesso ao currículo em condições de igualdade, promovendo a conquista e o exercício de sua autonomia;*
>
> *IV – oferta de educação bilíngue, em Libras como primeira língua e na modalidade escrita da língua portuguesa como segunda língua, em escolas e classes bilíngues e em escolas inclusivas;**
>
> *V – adoção de medidas individualizadas e coletivas em ambientes que maximizem o desenvolvimento acadêmico e social dos estudantes com deficiência, favorecendo o acesso, a permanência, a participação e a aprendizagem em instituições de ensino;*
>
> *VI – pesquisas voltadas para o desenvolvimento de novos métodos e técnicas pedagógicas, de materiais didáticos, de equipamentos e de recursos de tecnologia assistiva; **

VII - planejamento de estudo de caso, de elaboração de plano de atendimento educacional especializado, de organização de recursos e serviços de acessibilidade e de disponibilização e usabilidade pedagógica de recursos de tecnologia assistiva;

VIII - participação dos estudantes com deficiência e de suas famílias nas diversas instâncias de atuação da comunidade escolar;

IX - adoção de medidas de apoio que favoreçam o desenvolvimento dos aspectos linguísticos, culturais, vocacionais e profissionais, levando-se em conta o talento, a criatividade, as habilidades e os interesses do estudante com deficiência;

X - adoção de práticas pedagógicas inclusivas pelos programas de formação inicial e continuada de professores e oferta de formação continuada para o atendimento educacional especializado;

XI - formação e disponibilização de professores para o atendimento educacional especializado, de tradutores e intérpretes da Libras, de guias intérpretes e de profissionais de apoio;

XII - oferta de ensino da Libras, do Sistema Braille e de uso de recursos de tecnologia assistiva, de forma a ampliar habilidades funcionais dos estudantes, promovendo sua autonomia e participação;

XIII - acesso à educação superior e à educação profissional e tecnológica em igualdade de oportunidades e condições com as demais pessoas;

XIV - inclusão em conteúdos curriculares, em cursos de nível superior e de educação profissional técnica e tecnológica, de temas relacionados à pessoa com deficiência nos respectivos campos de conhecimento;

XV - acesso da pessoa com deficiência, em igualdade de condições, a jogos e a atividades recreativas, esportivas e de lazer, no sistema escolar;

XVI - acessibilidade para todos os estudantes, trabalhadores da educação e demais integrantes da comunidade escolar às edificações, aos ambientes e às atividades concernentes a todas as modalidades, etapas e níveis de ensino;

XVII - oferta de profissionais de apoio escolar;

XVIII - articulação intersetorial na implementação de políticas públicas.

Às instituições privadas, de qualquer nível e modalidade de ensino, aplica-se obrigatoriamente o que determina o artigo, exceto incisos IV e VI, sendo vedada a cobrança de valores adicionais de qualquer natureza em suas mensalidades, anuidades e matrículas no cumprimento dessas determinações.

Na disponibilização de tradutores e intérpretes da Libras para o atendimento educacional especializado, de guias intérpretes e de profissionais de apoio; deve-se observar o seguinte:

- ***Educação básica: Ensino Médio + certificado de proficiência na Libras.***
- ***Os tradutores e intérpretes da Libras, quando direcionados à tarefa de interpretar nas salas de aula dos cursos de graduação e pós-graduação:*** nível superior + com habilitação, prioritariamente, em Tradução e Interpretação em Libras.

Nos processos seletivos para ingresso e permanência nos cursos oferecidos pelas instituições de ensino superior e de educação profissional e tecnológica, públicas e privadas, devem ser adotadas as seguintes medidas:

- Atendimento preferencial à pessoa com deficiência nas dependências das Instituições de Ensino Superior (IES) e nos serviços;
- Disponibilização de formulário de inscrição de exames com campos específicos para que o candidato com deficiência informe os recursos de acessibilidade e de tecnologia assistiva necessários para sua participação;
- Disponibilização de provas em formatos acessíveis para atendimento às necessidades específicas do candidato com deficiência;
- Disponibilização de recursos de acessibilidade e de tecnologia assistiva adequados, previamente solicitados e escolhidos pelo candidato com deficiência;
- Dilação de tempo, conforme demanda apresentada pelo candidato com deficiência, tanto na realização de exame para seleção quanto nas atividades acadêmicas, mediante prévia solicitação e comprovação da necessidade;
- Adoção de critérios de avaliação das provas escritas, discursivas ou de redação que considerem a singularidade linguística da pessoa com deficiência, no domínio da modalidade escrita da língua portuguesa;
- Tradução completa do edital e de suas retificações em Libras.

7.3.5 Direito à moradia

O EPD prevê que a pessoa com deficiência tem direito à moradia digna, no seio da família natural ou substituta, com seu cônjuge ou companheiro ou desacompanhada, ou em moradia para a vida independente da pessoa com deficiência, ou, ainda, em residência inclusiva.

O poder público deve adotar programas e ações estratégicas para apoiar a criação e a manutenção de moradia para a vida independente da pessoa com deficiência.

A proteção integral na modalidade de residência inclusiva será prestada no âmbito do Suas à pessoa com deficiência em situação de dependência que não disponha de condições de autossustentabilidade, com vínculos familiares fragilizados ou rompidos.

Programas habitacionais, públicos ou subsidiados devem reservar 3% das unidades habitacionais para aquisição para pessoa com deficiência, que goza de prioridade na aquisição, sendo beneficiada com prioridade uma vez apenas.

7.3.6 Direito ao trabalho

A pessoa com deficiência tem direito ao trabalho de sua livre escolha e aceitação, em ambiente acessível (sendo obrigação das pessoas jurídicas a garantir ambiente acessível e inclusivo) e inclusivo, em igualdade de oportunidades com as demais pessoas.

São direitos das pessoas com deficiência:

- Igualdade de oportunidades com as demais pessoas;
- Condições justas e favoráveis de trabalho, incluindo igual remuneração por trabalho de igual valor;
- Participação e acesso a cursos, treinamentos, educação continuada, planos de carreira, promoções, bonificações e incentivos profissionais oferecidos pelo empregador, em igualdade de oportunidades com os demais empregados;
- Acessibilidade em cursos de formação e de capacitação.

É vedada a restrição ao trabalho da pessoa com deficiência e qualquer discriminação em razão de sua condição, inclusive nas etapas de recrutamento, seleção, contratação, admissão, exames admissional e periódico, permanência no emprego, ascensão profissional e reabilitação profissional, bem como exigência de aptidão plena.

É finalidade primordial das políticas públicas de trabalho e emprego promover e garantir condições de acesso e de permanência da pessoa com deficiência no campo de trabalho. Os programas de estímulo ao empreendedorismo e ao trabalho autônomo, incluídos o cooperativismo e o associativismo, devem prever a participação da pessoa com deficiência e a disponibilização de linhas de crédito, quando necessárias.

7.3.7 Habilitação profissional e reabilitação profissional

O art. 36 do EPD prevê:

> ***Art. 36** O poder público deve implementar serviços e programas completos de habilitação profissional e de reabilitação profissional para que a pessoa com deficiência possa ingressar, continuar ou retornar ao campo do trabalho, respeitados sua livre escolha, sua vocação e seu interesse.*
>
> *§ 1º Equipe multidisciplinar indicará, com base em critérios previstos no § 1º do art. 2º desta Lei, programa de habilitação ou de reabilitação que possibilite à pessoa com deficiência restaurar sua capacidade e habilidade profissional ou adquirir novas capacidades e habilidades de trabalho.*
>
> *§ 2º A habilitação profissional corresponde ao processo destinado a propiciar à pessoa com deficiência aquisição de conhecimentos, habilidades e aptidões para exercício de profissão ou de ocupação, permitindo nível suficiente de desenvolvimento profissional para ingresso no campo de trabalho.*
>
> *§ 3º Os serviços de habilitação profissional, de reabilitação profissional e de educação profissional devem ser dotados de recursos necessários para atender a toda pessoa com deficiência, independentemente de sua característica específica, a fim de que ela possa ser capacitada para trabalho que lhe seja adequado e ter perspectivas de obtê-lo, de conservá-lo e de nele progredir.*
>
> *§ 4º Os serviços de habilitação profissional, de reabilitação profissional e de educação profissional deverão ser oferecidos em ambientes acessíveis e inclusivos.*
>
> *§ 5º A habilitação profissional e a reabilitação profissional devem ocorrer articuladas com as redes públicas e privadas, especialmente de saúde, de ensino e de assistência social, em todos os níveis e modalidades, em entidades de formação profissional ou diretamente com o empregador.*
>
> *§ 6º A habilitação profissional pode ocorrer em empresas por meio de prévia formalização do contrato de emprego da pessoa com deficiência, que será considerada para o cumprimento da reserva de vagas prevista em lei, desde que por tempo determinado e concomitante com a inclusão profissional na empresa, observado o disposto em regulamento.*
>
> *§ 7º A habilitação profissional e a reabilitação profissional atenderão à pessoa com deficiência.*

7.4 Inclusão da pessoa com deficiência no trabalho

Teremos inclusão quando da colocação da pessoa com deficiência de forma competitiva e em igualdade de oportunidades, observada legislação trabalhista e previdenciária.

Devem, ainda, ser observadas as normas de acessibilidade e fornecidos recursos de tecnologia assistiva e a adaptação razoável no ambiente de trabalho.

A colocação competitiva da pessoa com deficiência pode ocorrer por meio de trabalho com apoio, observadas as seguintes diretrizes:

- Prioridade no atendimento à pessoa com deficiência com maior dificuldade de inserção no campo de trabalho;
- Provisão de suportes individualizados que atendam a necessidades específicas da pessoa com deficiência, inclusive a disponibilização de recursos de tecnologia assistiva, de agente facilitador e de apoio no ambiente de trabalho;
- Respeito ao perfil vocacional e ao interesse da pessoa com deficiência apoiada;
- Oferta de aconselhamento e de apoio aos empregadores, com vistas à definição de estratégias de inclusão e de superação de barreiras, inclusive atitudinais;
- Realização de avaliações periódicas;
- Articulação intersetorial das políticas públicas;
- Possibilidade de participação de organizações da sociedade civil.

7.4.1 Assistência social

A assistência social visa à promoção da pessoa, sendo previstos serviços, programas, projetos e os benefícios no âmbito da política pública de assistência social à pessoa com deficiência e sua família têm como objetivo a garantia da segurança de renda, da acolhida, da habilitação e da reabilitação, do desenvolvimento da autonomia e da convivência familiar e comunitária, para a promoção do acesso a direitos e da plena participação social.

Os serviços socioassistenciais destinados à pessoa com deficiência em situação de dependência deverão contar com cuidadores sociais para prestar-lhe cuidados básicos e instrumentais.

É assegurado à pessoa com deficiência que não possua meios para prover sua subsistência nem de tê-la provida por sua família o benefício mensal de 1 (um) salário-mínimo, nos termos da Lei nº 8.742, de 7 de dezembro de 1993 (LOAS – Lei Orgânica da Assistência Social), que é conhecido como Benefício de Prestação Continuada da Assistência Social (BPC-LOAS).

Dentro do âmbito assistencial, o EPD trouxe a previsão do auxílio--inclusão, prevendo benefício para aquele que passe a exercer atividade remunerada e recebia o BPC-LOAS, como uma forma de incentivo para manutenção da pessoa com deficiência no mercado de trabalho (ser segurado obrigatório do RGPS – Regime Geral de Previdência Social) vejamos o que dispõe o artigo 94 do Estatuto:

> ***Art. 94** Terá direito a auxílio-inclusão, nos termos da lei, a pessoa com deficiência moderada ou grave que:*
>
> *I – receba o benefício de prestação continuada previsto no art. 20 da Lei nº 8.742, de 7 de dezembro de 1993, e que passe a exercer atividade remunerada que a enquadre como segurado obrigatório do RGPS;*
>
> *II – tenha recebido, nos últimos 5 (cinco) anos, o benefício de prestação continuada previsto no art. 20 da Lei nº 8.742, de 7 de dezembro de 1993, e que exerça atividade remunerada que a enquadre como segurado obrigatório do RGPS.*

Resumo dos requisitos pelo Estatuto:

Auxílio - inclusão
- → Deficiência grave ou moderada
- → Receber BPC LOAS ou ter recebido nos últimos 5 anos
- → Exercer atividade remunerada que o enquadre como segurado obrigatório do RGPS

7.4.2 Cultura, esporte, turismo e lazer

Vamos aos dispositivos legais:

> ***Art. 42** A pessoa com deficiência tem direito à cultura, ao esporte, ao turismo e ao lazer em igualdade de oportunidades com as demais pessoas, sendo-lhe garantido o acesso:*
>
> *I – a bens culturais em formato acessível;*
>
> *II – a programas de televisão, cinema, teatro e outras atividades culturais e desportivas em formato acessível; e*
>
> *III. a monumentos e locais de importância cultural e a espaços que ofereçam serviços ou eventos culturais e esportivos.*
>
> *§ 1º É vedada a recusa de oferta de obra intelectual em formato acessível à pessoa com deficiência, sob qualquer argumento, inclusive sob a alegação de proteção dos direitos de propriedade intelectual.*
>
> *§ 2º O poder público deve adotar soluções destinadas à eliminação, à redução ou à superação de barreiras para a promoção do acesso a*

todo patrimônio cultural, observadas as normas de acessibilidade, ambientais e de proteção do patrimônio histórico e artístico nacional.

***Art. 43** O poder público deve promover a participação da pessoa com deficiência em atividades artísticas, intelectuais, culturais, esportivas e recreativas, com vistas ao seu protagonismo, devendo:*

I – incentivar a provisão de instrução, de treinamento e de recursos adequados, em igualdade de oportunidades com as demais pessoas;

II – assegurar acessibilidade nos locais de eventos e nos serviços prestados por pessoa ou entidade envolvida na organização das atividades de que trata este artigo; e

III – assegurar a participação da pessoa com deficiência em jogos e atividades recreativas, esportivas, de lazer, culturais e artísticas, inclusive no sistema escolar, em igualdade de condições com as demais pessoas.

Nos teatros, cinemas, auditórios, estádios, ginásios de esporte, locais de espetáculos e de conferências e similares serão reservados espaços livres e assentos para a pessoa com deficiência, de acordo com a capacidade de lotação da edificação, que devem ser distribuídos em locais diversos, de boa visibilidade, em todos os setores, próximos aos corredores, devidamente sinalizados, evitando-se áreas segregadas de público e obstrução das saídas, em conformidade com as normas de acessibilidade, devendo acomodar acompanhante da pessoa deficiente ou com mobilidade reduzida, sendo garantida também a acomodação próxima ao grupo familiar e comunitário.

No caso de não haver comprovada procura pelos assentos reservados, esses podem, excepcionalmente, ser ocupados por pessoas sem deficiência ou que não tenham mobilidade reduzida.

Devem existir rotas de fuga e saídas de emergência acessíveis, conforme padrões das normas de acessibilidade, a fim de permitir a saída segura da pessoa com deficiência ou com mobilidade reduzida, em caso de emergência.

- ***Cinema:*** deve garantir, em todas as sessões, recursos de acessibilidade para a pessoa com deficiência.
- O valor do ingresso da pessoa com deficiência não poderá ser superior ao valor cobrado das demais pessoas.

O Estatuto também prevê regras para hotéis, pousadas e similares:

Princípios do desenho universal

Hotéis, pousadas e similares

↓

Devem ser acessíveis → 10% dormitórios acessíveis, garantido pelo menos uma unidade

Já existentes → Rotas acessíveis

7.4.3 Direito ao transporte e mobilidade

O EPD determina diversas regras com relação ao transporte e mobilidade das pessoas com deficiência. Vamos aos dispositivos e esquematizar:

***Art. 46** O direito ao transporte e à mobilidade da pessoa com deficiência ou com mobilidade reduzida será assegurado em igualdade de oportunidades com as demais pessoas, por meio de identificação e de eliminação de todos os obstáculos e barreiras ao seu acesso.*

§ 1º Para fins de acessibilidade aos serviços de transporte coletivo terrestre, aquaviário e aéreo, em todas as jurisdições, consideram-se como integrantes desses serviços os veículos, os terminais, as estações, os pontos de parada, o sistema viário e a prestação do serviço.

§ 2º São sujeitas ao cumprimento das disposições desta Lei, sempre que houver interação com a matéria nela regulada, a outorga, a concessão, a permissão, a autorização, a renovação ou a habilitação de linhas e de serviços de transporte coletivo.

§ 3º Para colocação do símbolo internacional de acesso nos veículos, as empresas de transporte coletivo de passageiros dependem da certificação de acessibilidade emitida pelo gestor público responsável pela prestação do serviço.

***Art. 47** Em todas as áreas de estacionamento aberto ao público, de uso público ou privado de uso coletivo e em vias públicas, devem ser reservadas vagas próximas aos acessos de circulação de pedestres, devidamente sinalizadas, para veículos que transportem pessoa com deficiência com comprometimento de mobilidade, desde que devidamente identificados.*

§ 1º As vagas a que se refere o caput deste artigo devem equivaler a 2% (dois por cento) do total, garantida, no mínimo, 1 (uma) vaga devidamente sinalizada e com as especificações de desenho e traçado de acordo com as normas técnicas vigentes de acessibilidade.

§ 2º Os veículos estacionados nas vagas reservadas devem exibir, em local de ampla visibilidade, a credencial de beneficiário, a ser confeccionada e fornecida pelos órgãos de trânsito, que disciplinarão suas características e condições de uso.

§ 3º A utilização indevida das vagas de que trata este artigo sujeita os infratores às sanções previstas no inciso XX do art. 181 da Lei nº 9.503, de 23 de setembro de 1997 (Código de Trânsito Brasileiro). (Redação dada pela Lei nº 13.281, de 2016) (Vigência)

§ 4º A credencial a que se refere o § 2º deste artigo é vinculada à pessoa com deficiência que possui comprometimento de mobilidade e é válida em todo o território nacional.

***Art. 48** Os veículos de transporte coletivo terrestre, aquaviário e aéreo, as instalações, as estações, os portos e os terminais em operação no País devem ser acessíveis, de forma a garantir o seu uso por todas as pessoas.*

§ 1º Os veículos e as estruturas de que trata o caput deste artigo devem dispor de sistema de comunicação acessível que disponibilize informações sobre todos os pontos do itinerário.

§ 2º São asseguradas à pessoa com deficiência prioridade e segurança nos procedimentos de embarque e de desembarque nos veículos de transporte coletivo, de acordo com as normas técnicas.

§ 3º Para colocação do símbolo internacional de acesso nos veículos, as empresas de transporte coletivo de passageiros dependem da certificação de acessibilidade emitida pelo gestor público responsável pela prestação do serviço.

***Art. 49** As empresas de transporte de fretamento e de turismo, na renovação de suas frotas, são obrigadas ao cumprimento do disposto nos arts. 46 e 48 desta Lei.(Vigência)*

***Art. 50** O poder público incentivará a fabricação de veículos acessíveis e a sua utilização como táxis e vans, de forma a garantir o seu uso por todas as pessoas.*

***Art. 51** As frotas de empresas de táxi devem reservar 10% (dez por cento) de seus veículos acessíveis à pessoa com deficiência. (Vide Decreto nº 9.762, de 2019) (Vigência)*

§ 1º É proibida a cobrança diferenciada de tarifas ou de valores adicionais pelo serviço de táxi prestado à pessoa com deficiência.

§ 2º O poder público é autorizado a instituir incentivos fiscais com vistas a possibilitar a acessibilidade dos veículos a que se refere o caput deste artigo.

***Art. 52** As locadoras de veículos são obrigadas a oferecer 1 (um) veículo adaptado para uso de pessoa com deficiência, a cada conjunto de 20 (vinte) veículos de sua frota. (Vide Decreto nº 9.762, de 2019) (Vigência)*

***Parágrafo único.** O veículo adaptado deverá ter, no mínimo, câmbio automático, direção hidráulica, vidros elétricos e comandos manuais de freio e de embreagem.*

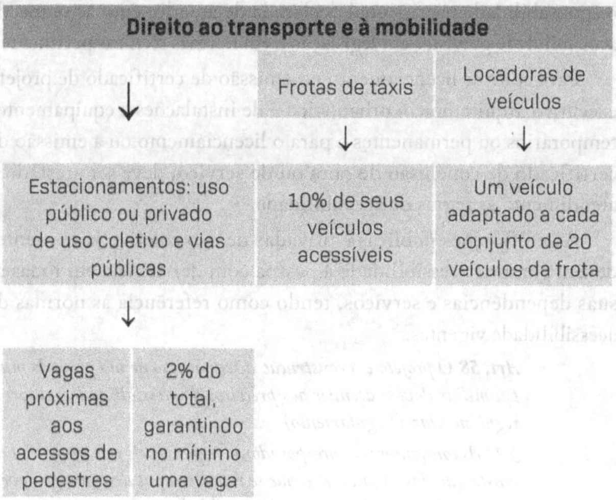
Direito ao transporte e à mobilidade
Frotas de táxis
Locadoras de veículos
Estacionamentos: uso público ou privado de uso coletivo e vias públicas
10% de seus veículos acessíveis
Um veículo adaptado a cada conjunto de 20 veículos da frota
Vagas próximas aos acessos de pedestres
2% do total, garantindo no mínimo uma vaga

8 ACESSIBILIDADE

A acessibilidade é direito que garante à pessoa com deficiência ou com mobilidade reduzida viver de forma independente e exercer seus direitos de cidadania e de participação social.

Estão sujeitas às normas de acessibilidade (previstas no EPD e outras normas):

- A aprovação de projeto arquitetônico e urbanístico ou de comunicação e informação, a fabricação de veículos de transporte coletivo, a prestação do respectivo serviço e a execução de qualquer tipo de obra, quando tenham destinação pública ou coletiva;
- A outorga ou a renovação de concessão, permissão, autorização ou habilitação de qualquer natureza;
- A aprovação de financiamento de projeto com utilização de recursos públicos, por meio de renúncia ou de incentivo fiscal, contrato, convênio ou instrumento congênere; e
- A concessão de aval da União para obtenção de empréstimo e de financiamento internacionais por entes públicos ou privados.

A acessibilidade é direito que garante à pessoa com deficiência ou com mobilidade reduzida viver de forma independente e exercer seus direitos de cidadania e de participação social.

Estão sujeitas às normas de acessibilidade (previstas no EPD e outras normas):

- A aprovação de projeto arquitetônico e urbanístico ou de comunicação e informação, a fabricação de veículos de transporte coletivo, a prestação do respectivo serviço e a execução de qualquer tipo de obra, quando tenham destinação pública ou coletiva;
- A outorga ou a renovação de concessão, permissão, autorização ou habilitação de qualquer natureza;
- A aprovação de financiamento de projeto com utilização de recursos públicos, por meio de renúncia ou de incentivo fiscal, contrato, convênio ou instrumento congênere; e
- a concessão de aval da União para obtenção de empréstimo e de financiamento internacionais por entes públicos ou privados.

Atente para o disposto no art. 55 do EPD:

> ***Art. 55*** *A concepção e a implantação de projetos que tratem do meio físico, de transporte, de informação e comunicação, inclusive de sistemas e tecnologias da informação e comunicação, e de outros serviços, equipamentos e instalações abertos ao público, de uso público ou privado de uso coletivo, tanto na zona urbana como na rural, devem atender aos princípios do desenho universal, tendo como referência as normas de acessibilidade.*
>
> *§ 1º O desenho universal será sempre tomado como regra de caráter geral.*
>
> *§ 2º Nas hipóteses em que comprovadamente o desenho universal não possa ser empreendido, deve ser adotada adaptação razoável.*
>
> *§ 3º Caberá ao poder público promover a inclusão de conteúdos temáticos referentes ao desenho universal nas diretrizes curriculares da educação profissional e tecnológica e do ensino superior e na formação das carreiras de Estado.*
>
> *§ 4º Os programas, os projetos e as linhas de pesquisa a serem desenvolvidos com o apoio de organismos públicos de auxílio à pesquisa e de agências de fomento deverão incluir temas voltados para o desenho universal.*
>
> *§ 5º Desde a etapa de concepção, as políticas públicas deverão considerar a adoção do desenho universal.*

Toda construção, reforma, ampliação e mudanças de uso de edificação abertas ao público ou privadas de uso coletivo (museus, teatros, cinemas etc.) devem ser acessíveis, sendo obrigação de entidades de fiscalização das atividades de engenharia, de arquitetura e correlatas, ao anotarem a responsabilidade técnica de projetos, devem exigir a responsabilidade profissional declarada de atendimento às regras de acessibilidade previstas em legislação e em normas técnicas pertinentes.

Para aprovar licenciamento ou emissão de certificado de projeto executivo arquitetônico, urbanístico e de instalações e equipamentos temporários ou permanentes e para o licenciamento ou a emissão de certificado de conclusão de obra ou de serviço, deve ser atestado o atendimento às regras de acessibilidade.

As edificações públicas e privadas de uso coletivo já existentes devem garantir acessibilidade à pessoa com deficiência em todas as suas dependências e serviços, tendo como referência as normas de acessibilidade vigentes.

> ***Art. 58*** *O projeto e a construção de edificação de uso privado multifamiliar devem atender aos preceitos de acessibilidade, na forma regulamentar. (Regulamento)*
>
> *§ 1º As construtoras e incorporadoras responsáveis pelo projeto e pela construção das edificações a que se refere o caput deste artigo devem assegurar percentual mínimo de suas unidades internamente acessíveis, na forma regulamentar.*
>
> *§ 2º É vedada a cobrança de valores adicionais para a aquisição de unidades internamente acessíveis a que se refere o § 1º deste artigo.*
>
> ***Art. 59*** *Em qualquer intervenção nas vias e nos espaços públicos, o poder público e as empresas concessionárias responsáveis pela execução das obras e dos serviços devem garantir, de forma segura, a fluidez do trânsito e a livre circulação e acessibilidade das pessoas, durante e após sua execução.*
>
> ***Art. 60*** *Orientam-se, no que couber, pelas regras de acessibilidade previstas em legislação e em normas técnicas, observado o disposto na Lei no 10.098, de 19 de dezembro de 2000, nº 10.257, de 10 de julho de 2001, e nº12.587, de 3 de janeiro de 2012:*
>
> *I - os planos diretores municipais, os planos diretores de transporte e trânsito, os planos de mobilidade urbana e os planos de preservação de sítios históricos elaborados ou atualizados a partir da publicação desta Lei;*
>
> *II – os códigos de obras, os códigos de postura, as leis de uso e ocupação do solo e as leis do sistema viário;*
>
> *III – os estudos prévios de impacto de vizinhança;*
>
> *IV – as atividades de fiscalização e a imposição de sanções; e*
>
> *V – a legislação referente à prevenção contra incêndio e pânico.*
>
> *§ 1º A concessão e a renovação de alvará de funcionamento para qualquer atividade são condicionadas à observação e à certificação das regras de acessibilidade.*
>
> *§ 2º A emissão de carta de habite-se ou de habilitação equivalente e sua renovação, quando esta tiver sido emitida anteriormente às exigências de acessibilidade, é condicionada à observação e à certificação das regras de acessibilidade.*
>
> ***Art. 61*** *A formulação, a implementação e a manutenção das ações de acessibilidade atenderão às seguintes premissas básicas:*
>
> *I - eleição de prioridades, elaboração de cronograma e reserva de recursos para implementação das ações; e*
>
> *II - planejamento contínuo e articulado entre os setores envolvidos.*
>
> ***Art. 62*** *É assegurado à pessoa com deficiência, mediante solicitação, o recebimento de contas, boletos, recibos, extratos e cobranças de tributos em formato acessível.*

A acessibilidade também contempla a informação e a comunicação, determinando a legislação:

- Obrigatoriedade nos sites de internet mantidos por empresas com sede ou representação comercial no País ou por órgãos de governo, para uso da pessoa com deficiência, garantindo-lhe acesso às informações disponíveis, conforme as melhores práticas e diretrizes de acessibilidade adotadas internacionalmente, devendo ter símbolos de acessibilidade em destaque.

- Telecentros comunitários que receberem recursos públicos federais para seu custeio ou sua instalação e lanhouses devem possuir equipamentos e instalações acessíveis. Os telecentros e as lanhouses devem garantir, no mínimo, 10% (dez por cento) de seus computadores com recursos de acessibilidade para pessoa com deficiência visual, sendo assegurado pelo menos 1 (um) equipamento, quando o resultado percentual for inferior a 1 (um).
- As empresas prestadoras de serviços de telecomunicações deverão garantir pleno acesso à pessoa com deficiência, conforme regulamentação específica.
- Cabe ao poder público incentivar a oferta de aparelhos de telefonia fixa e móvel celular com acessibilidade que, entre outras tecnologias assistivas, possuam possibilidade de indicação e de ampliação sonoras de todas as operações e funções disponíveis.
- ***Os serviços de radiodifusão de sons e imagens devem permitir o uso dos seguintes recursos, entre outros:*** substituição por meio de legenda oculta; janela com intérprete da Libras; audiodescrição.
- O poder público deve adotar mecanismos de incentivo à produção, à edição, à difusão, à distribuição e à comercialização de livros em formatos acessíveis, inclusive em publicações da administração pública ou financiadas com recursos públicos, com vistas a garantir à pessoa com deficiência o direito de acesso à leitura, à informação e à comunicação.
- Nos editais de compras de livros, inclusive para o abastecimento ou a atualização de acervos de bibliotecas em todos os níveis e modalidades de educação e de bibliotecas públicas, o poder público deverá adotar cláusulas de impedimento à participação de editoras que não ofertem sua produção também em formatos acessíveis. Consideram-se formatos acessíveis os arquivos digitais que possam ser reconhecidos e acessados por softwares leitores de telas ou outras tecnologias assistivas que vierem a substituí-los, permitindo leitura com voz sintetizada, ampliação de caracteres, diferentes contrastes e impressão em Braille.
- O poder público deve estimular e apoiar a adaptação e a produção de artigos científicos em formato acessível, inclusive em Libras.
- O poder público deve assegurar a disponibilidade de informações corretas e claras sobre os diferentes produtos e serviços ofertados, por quaisquer meios de comunicação empregados, inclusive em ambiente virtual, contendo a especificação correta de quantidade, qualidade, características, composição e preço, bem como sobre os eventuais riscos à saúde e à segurança do consumidor com deficiência, em caso de sua utilização, aplicando-se, no que couber, o disposto no Código de Defesa do Consumidor.
- Os fornecedores devem disponibilizar, mediante solicitação, exemplares de bulas, prospectos, textos ou qualquer outro tipo de material de divulgação em formato acessível.
- As instituições promotoras de congressos, seminários, oficinas e demais eventos de natureza científico-cultural devem oferecer à pessoa com deficiência, no mínimo, os recursos de tecnologia assistiva. Os congressos, os seminários, as oficinas e os demais eventos de natureza científico-cultural promovidos ou financiados pelo poder público devem garantir as condições de acessibilidade e os recursos de tecnologia assistiva.
- Os programas, as linhas de pesquisa e os projetos a serem desenvolvidos com o apoio de agências de financiamento e de órgãos e entidades integrantes da administração pública que atuem no auxílio à pesquisa devem contemplar temas voltados à tecnologia assistiva. Caberá ao poder público, diretamente ou em parceria com organizações da sociedade civil, promover a capacitação de tradutores e intérpretes da Libras, de guias intérpretes e de profissionais habilitados em Braille, audiodescrição, estenotipia e legendagem.

Também contempla a tecnologia, incentivando o acesso e a criação de recursos e facilidades para garantir a acessibilidade, ficando garantido à pessoa com deficiência acesso a produtos, recursos, estratégias, práticas, processos, métodos e serviços de tecnologia assistiva que maximizem sua autonomia, mobilidade pessoal e qualidade de vida.

O poder público desenvolverá plano específico de medidas, a ser renovado em cada período de 4 (quatro) anos, com a finalidade de:

- Facilitar o acesso a crédito especializado, inclusive com oferta de linhas de crédito subsidiadas, específicas para aquisição de tecnologia assistiva;
- Agilizar, simplificar e priorizar procedimentos de importação de tecnologia assistiva, especialmente as questões atinentes a procedimentos alfandegários e sanitários;
- Criar mecanismos de fomento à pesquisa e à produção nacional de tecnologia assistiva, inclusive por meio de concessão de linhas de crédito subsidiado e de parcerias com institutos de pesquisa oficiais;
- Eliminar ou reduzir a tributação da cadeia produtiva e de importação de tecnologia assistiva;
- Facilitar e agilizar o processo de inclusão de novos recursos de tecnologia assistiva no rol de produtos distribuídos no âmbito do SUS e por outros órgãos governamentais;
- Os procedimentos constantes do plano específico de medidas deverão ser avaliados, pelo menos, a cada 2 (dois) anos.

Dentro do contexto de acessibilidade, também visualizamos a participação política e na vida pública:

> ***Art. 76*** *O poder público deve garantir à pessoa com deficiência todos os direitos políticos e a oportunidade de exercê-los em igualdade de condições com as demais pessoas.*
>
> *§ 1º À pessoa com deficiência será assegurado o direito de votar e de ser votada, inclusive por meio das seguintes ações:*
>
> *I – garantia de que os procedimentos, as instalações, os materiais e os equipamentos para votação sejam apropriados, acessíveis a todas as pessoas e de fácil compreensão e uso, sendo vedada a instalação de seções eleitorais exclusivas para a pessoa com deficiência;*
>
> *II – incentivo à pessoa com deficiência a candidatar-se e a desempenhar quaisquer funções públicas em todos os níveis de governo, inclusive por meio do uso de novas tecnologias assistivas, quando apropriado;*
>
> *III – garantia de que os pronunciamentos oficiais, a propaganda eleitoral obrigatória e os debates transmitidos pelas emissoras de televisão possuam, pelo menos, os recursos elencados no art. 67 desta Lei;*
>
> *IV – garantia do livre exercício do direito ao voto e, para tanto, sempre que necessário e a seu pedido, permissão para que a pessoa com deficiência seja auxiliada na votação por pessoa de sua escolha.*
>
> *§ 2º O poder público promoverá a participação da pessoa com deficiência, inclusive quando institucionalizada, na condução das questões públicas, sem discriminação e em igualdade de oportunidades, observado o seguinte:*
>
> *I – participação em organizações não governamentais relacionadas à vida pública e à política do País e em atividades e administração de partidos políticos;*
>
> *II – formação de organizações para representar a pessoa com deficiência em todos os níveis;*
>
> *III – participação da pessoa com deficiência em organizações que a representem.*

Quanto à ciência e tecnologia é previsto:

> ***Art. 77*** *O poder público deve fomentar o desenvolvimento científico, a pesquisa e a inovação e a capacitação tecnológicas, voltados à melhoria da qualidade de vida e ao trabalho da pessoa com deficiência e sua inclusão social.*

§ 1º O fomento pelo poder público deve priorizar a geração de conhecimentos e técnicas que visem à prevenção e ao tratamento de deficiências e ao desenvolvimento de tecnologias assistiva e social.

§ 2º A acessibilidade e as tecnologias assistiva e social devem ser fomentadas mediante a criação de cursos de pós-graduação, a formação de recursos humanos e a inclusão do tema nas diretrizes de áreas do conhecimento.

§ 3º Deve ser fomentada a capacitação tecnológica de instituições públicas e privadas para o desenvolvimento de tecnologias assistiva e social que sejam voltadas para melhoria da funcionalidade e da participação social da pessoa com deficiência.

§ 4º As medidas previstas neste artigo devem ser reavaliadas periodicamente pelo poder público, com vistas ao seu aperfeiçoamento.

***Art. 78** Devem ser estimulados a pesquisa, o desenvolvimento, a inovação e a difusão de tecnologias voltadas para ampliar o acesso da pessoa com deficiência às tecnologias da informação e comunicação e às tecnologias sociais.*

Parágrafo único. Serão estimulados, em especial:

I – o emprego de tecnologias da informação e comunicação como instrumento de superação de limitações funcionais e de barreiras à comunicação, à informação, à educação e ao entretenimento da pessoa com deficiência;

II – a adoção de soluções e a difusão de normas que visem a ampliar a acessibilidade da pessoa com deficiência à computação e aos sítios da internet, em especial aos serviços de governo eletrônico.

8.1 Acesso à justiça

É um dever do poder público assegurar o acesso da pessoa com deficiência à justiça, em igualdade de oportunidades com as demais pessoas, garantindo, sempre que requeridos, adaptações e recursos de tecnologia assistiva, para, assim, garantir acesso e igualdade no judiciário. Devem ser oferecidos todos os recursos de tecnologia assistiva disponíveis para que a pessoa com deficiência tenha garantido o acesso à justiça, sempre que figure em um dos polos da ação ou atue como testemunha, partícipe da lide posta em juízo, advogado, defensor público, magistrado ou membro do Ministério Público.

A pessoa com deficiência tem garantido o acesso ao conteúdo de todos os atos processuais de seu interesse, inclusive no exercício da advocacia, pois não rara atuação de advogados com deficiência.

A fim de garantir a atuação da pessoa com deficiência em todo o processo judicial, o poder público deve capacitar os membros e os servidores que atuam no Poder Judiciário, no Ministério Público, na Defensoria Pública, nos órgãos de segurança pública e no sistema penitenciário quanto aos direitos da pessoa com deficiência.

As pessoas com deficiência submetida à medida restritiva de liberdade ficam assegurados todos os direitos e garantias a que fazem jus os apenados sem deficiência, garantida a acessibilidade.

Cabe à Defensoria Pública e ao Ministério Público tomar as medidas necessárias à garantia dos direitos previstos nesta Lei de Inclusão.

Os serviços notariais e de registro não podem negar ou criar óbices ou condições diferenciadas à prestação de seus serviços em razão de deficiência do solicitante, devendo reconhecer sua capacidade legal plena, garantida a acessibilidade, sendo o descumprimento caracterizado como discriminação em razão da deficiência.

8.2 Reconhecimento igual perante a lei

Determina a Lei:

***Art. 84** A pessoa com deficiência tem assegurado o direito ao exercício de sua capacidade legal em igualdade de condições com as demais pessoas.*

§ 1º Quando necessário, a pessoa com deficiência será submetida à curatela, conforme a lei.

§ 2º É facultado à pessoa com deficiência a adoção de processo de tomada de decisão apoiada.

§ 3º A definição de curatela de pessoa com deficiência constitui medida protetiva extraordinária, proporcional às necessidades e às circunstâncias de cada caso, e durará o menor tempo possível.

§ 4º Os curadores são obrigados a prestar, anualmente, contas de sua administração ao juiz, apresentando o balanço do respectivo ano.

***Art. 85** A curatela afetará tão somente os atos relacionados aos direitos de natureza patrimonial e negocial.*

§ 1º A definição da curatela não alcança o direito ao próprio corpo, à sexualidade, ao matrimônio, à privacidade, à educação, à saúde, ao trabalho e ao voto.

§ 2º A curatela constitui medida extraordinária, devendo constar da sentença as razões e motivações de sua definição, preservados os interesses do curatelado.

§ 3º No caso de pessoa em situação de institucionalização, ao nomear curador, o juiz deve dar preferência a pessoa que tenha vínculo de natureza familiar, afetiva ou comunitária com o curatelado.

***Art. 86** Para emissão de documentos oficiais, não será exigida a situação de curatela da pessoa com deficiência.*

***Art. 87** Em casos de relevância e urgência e a fim de proteger os interesses da pessoa com deficiência em situação de curatela, será lícito ao juiz, ouvido o Ministério Público, de ofício ou a requerimento do interessado, nomear, desde logo, curador provisório, o qual estará sujeito, no que couber, às disposições do Código de Processo Civil.*

8.3 Crimes e infrações

O EPD prevê 4 crimes expressos, sem prejuízo de sanções penais cabíveis. A cobrança é voltada para o texto da lei:

***Art. 88** Praticar, induzir ou incitar discriminação de pessoa em razão de sua deficiência:*

***Pena** – reclusão, de 1 (um) a 3 (três) anos, e multa.*

§ 1º Aumenta-se a pena em 1/3 (um terço) se a vítima encontrar-se sob cuidado e responsabilidade do agente.

§ 2º Se qualquer dos crimes previstos no caput deste artigo é cometido por intermédio de meios de comunicação social ou de publicação de qualquer natureza:

***Pena** – reclusão, de 2 (dois) a 5 (cinco) anos, e multa.*

§ 3º Na hipótese do § 2º deste artigo, o juiz poderá determinar, ouvido o Ministério Público ou a pedido deste, ainda antes do inquérito policial, sob pena de desobediência:

I – recolhimento ou busca e apreensão dos exemplares do material discriminatório;

II – interdição das respectivas mensagens ou páginas de informação na internet.

§ 4º Na hipótese do § 2º deste artigo, constitui efeito da condenação, após o trânsito em julgado da decisão, a destruição do material apreendido.

***Art. 89** Apropriar-se de ou desviar bens, proventos, pensão, benefícios, remuneração ou qualquer outro rendimento de pessoa com deficiência:*

***Pena** – reclusão, de 1 (um) a 4 (quatro) anos, e multa.*

***Parágrafo único.** Aumenta-se a pena em 1/3 (um terço) se o crime é cometido:*

I – por tutor, curador, síndico, liquidatário, inventariante, testamenteiro ou depositário judicial; ou

II – por aquele que se apropriou em razão de ofício ou de profissão.

***Art. 90** Abandonar pessoa com deficiência em hospitais, casas de saúde, entidades de abrigamento ou congêneres:*

***Pena** – reclusão, de 6 (seis) meses a 3 (três) anos, e multa.*

***Parágrafo único.** Na mesma pena incorre quem não prover as necessidades básicas de pessoa com deficiência quando obrigado por lei ou mandado.*

***Art. 91** Reter ou utilizar cartão magnético, qualquer meio eletrônico ou documento de pessoa com deficiência destinados ao recebimento de benefícios, proventos, pensões ou remuneração ou à realização de operações financeiras, com o fim de obter vantagem indevida para si ou para outrem:*

***Pena** – detenção, de 6 (seis) meses a 2 (dois) anos, e multa.*

***Parágrafo único.** Aumenta-se a pena em 1/3 (um terço) se o crime é cometido por tutor ou curador.*

9 LEIS FEDERAIS, DECRETOS E RESOLUÇÕES

Segundo dados da Organização Mundial da Saúde (OMS), cerca de 10% da população mundial possuem algum tipo de deficiência. Conforme dados do Censo Demográfico de 2010, do Instituto Brasileiro de Geografia e Estatística (IBGE), 45,6 milhões de pessoas declararam possuir alguma deficiência, o que correspondia a 23,9% da população, à época. A deficiência visual atinge 18,8% da população, seguida da motora (7%), da auditiva (5,1%) e da mental ou intelectual (1,4%). Esse número pode chegar a 50 milhões de pessoas com deficiência nas projeções para o Censo Demográfico de 2020, de acordo com as perspectivas do próprio IBGE .

A partir dessa realidade, percebeu-se a necessidade de pensar a sociedade brasileira e a inclusão das pessoas com deficiência em igualdades de direitos e oportunidades, seguindo os princípios constitucionais do país, já que a Constituição prevê a igualdade material entre todos, assim sendo, é de responsabilidade do Estado criar condições capazes de fazer com que pessoas com deficiência consigam os mesmos objetivos das pessoas que não possuem deficiências.

As políticas públicas são necessárias para garantir a efetivação de direitos e essas só são possíveis se iniciadas por pesquisas referentes às situações enfrentadas pelo grupo a quem se destina a política, aos exemplos já implantados em outros países, ao contato direto com o grupo afetado, para, assim, conhecer as suas demandas, necessidades e opiniões acerca do tema. Logo, é por meio da participação popular e do comprometimento do poder público que é possível implantar uma política pública de acessibilidade de qualidade.

A acessibilidade consiste na possibilidade e condição da pessoa com deficiência ou com mobilidade reduzida de usar, com segurança e autonomia, os espaços, mobiliários e equipamentos urbanos, as edificações, os transportes e os sistemas e meios de comunicação.

Ocorre que, para a consolidação deste direito, muitas vezes é necessária a eliminação de barreiras arquitetônicas, urbanísticas, de transportes, de comunicação, tecnológicas e barreiras atitudinais. As barreiras estão previstas na Lei nº 13.146/2015, o Estatuto da Pessoa com Deficiência e podem ser lembradas a partir do mnemônico TACTAU.

Transportes
Arquitetônico
Comunicação
Tecnologia
Atitudinais
Urbanística

- **Transporte:** meios de transporte.
- **Arquitetônicas:** obstáculos existentes em edifícios públicos ou privados.
- **Comunicação e informação:** obstáculo, atitude ou comportamento que dificulte ou impossibilite expressão nos sistemas de comunicação e tecnologia da informação.
- **Tecnológicas:** dificultam ou impedem acesso às tecnologias.
- **Atitudinais:** atitudes ou comportamentos que impedem ou prejudicam a participação social igualitária.
- **Urbanísticas:** são as vias e espaços, públicos ou privados.

Infelizmente ainda é comum encontrarmos situações como calçadas esburacadas, falta de rampas, escadas sem opção de elevador ou plataforma de elevação, elevadores sem a escrita em braile e sem sinalização sonora, locais com a ausência de piso tátil, o que dificulta e até impede o acesso da pessoa com deficiência e mobilidade reduzida ao meio físico.

De acordo com a CF/88, o direito de ir e vir deve ser assegurado a todos os cidadãos, devendo ser eliminadas todas as barreiras físicas que impeçam o acesso das pessoas com deficiência e mobilidade reduzida aos prédios públicos, aos estabelecimentos comerciais, de ensino, praças, parques, cinemas e tantos outros. Há, no cenário brasileiro, farta legislação contemplando estes direitos (artigos 227, § 2º, e 244 da CF/88; Leis nº 7.853/89, nº 10.048/00 e nº 10.098/00; Decreto nº 3.298/99 e Decreto Regulamentador nº 5.296/04, além de outras legislações estaduais e municipais), devendo ser denunciado ao Ministério Público, por meio de sua ouvidoria, qualquer violação a estes direitos.

Tanto a legislação brasileira quanto as normas técnicas apresentam uma evolução na abordagem do tema acessibilidade nas diversas áreas do conhecimento. No ambiente construído, as principais referências são a Lei nº 10.098, de 19 de dezembro de 2000, que estabelece normas e critérios básicos para a promoção da acessibilidade, o Decreto nº 5.296, de 02 de dezembro de 2004, que regulamenta esta lei, e a norma brasileira que estabelece os parâmetros técnicos para a promoção da acessibilidade, que iremos tratar nesse primeiro momento.

As Leis Federais nº 10.048 e nº 10.098 de 2000 estabeleceram normas gerais e critérios básicos a fim de promover acessibilidade às pessoas com deficiência ou às pessoas com mobilidade reduzida, temporária ou terminantemente. A primeira (Lei nº 10.048/00) trata de atendimento prioritário e de acessibilidade nos meios de transportes e inova ao introduzir penalidades ao seu descumprimento; e a segunda (Lei nº 10.098/00) subdivide o assunto em acessibilidade ao meio físico, aos meios de transporte, na comunicação e informação e em ajudas técnicas.

As leis acima citadas foram regulamentadas por meio do Decreto nº 5.296, de 2 de dezembro de 2004, que estabeleceu critérios mais particulares para a implementação da acessibilidade arquitetônica e urbanística e aos serviços de transportes coletivos. No primeiro caso, no que se refere diretamente à mobilidade urbana, o decreto define condições para a construção de calçadas, instalação de mobiliário urbano e de equipamentos de sinalização de trânsito, de estacionamentos de uso público; no segundo, define padrões de acessibilidade universal para "veículos, terminais, estações, pontos de parada, vias principais, acessos e operação" do transporte rodoviário (urbano, metropolitano, intermunicipal e interestadual), ferroviário, aquaviário e aéreo.

9.1 Lei nº 10.048/2000 - atendimento prioritário

De início, é relevante ressaltar que a Lei nº 10.048/00 é a Lei de Atendimento Prioritário e não de Atendimento Exclusivo, lei essa que passou por duas alterações, como observamos abaixo:

O Presidente da República Faço saber que o Congresso Nacional decreta e eu sanciono a seguinte Lei:

> ***Art. 1º*** *As pessoas portadoras de deficiência física, os idosos com idade igual ou superior a sessenta e cinco anos, as gestantes, as lactantes e as pessoas acompanhadas por crianças de colo terão atendimento prioritário, nos termos desta Lei.*
>
> ***Art. 1º*** *As pessoas portadoras de deficiência, os idosos com idade igual ou superior a 60 (sessenta) anos, as gestantes, as lactantes e as pessoas acompanhadas por crianças de colo terão atendimento prioritário, nos termos desta Lei. (Redação dada pela Lei nº 10.741, de 2003)*
>
> ***Art. 1º*** *As pessoas com deficiência, os idosos com idade igual ou superior a 60 (sessenta) anos, as gestantes, as lactantes, as pessoas com crianças de colo e os obesos terão atendimento prioritário, nos termos desta Lei. (Redação dada pela Lei nº 13.146, de 2015) (Vigência)*

A partir da Lei Brasileira de Inclusão, o legislador incluiu os obesos no atendimento prioritário e a alteração da terminologia Pessoa Portadora por Pessoa com Deficiência.

As lactantes não necessariamente precisam estar com a criança de colo ou amamentando.

Art. 2º As repartições públicas e empresas concessionárias de serviços públicos estão obrigadas a dispensar atendimento prioritário, por meio de serviços individualizados que assegurem tratamento diferenciado e atendimento imediato às pessoas a que se refere o art. 1º.

Parágrafo único. É assegurada, em todas as instituições financeiras, a prioridade de atendimento às pessoas mencionadas no art. 1º

Em 2008, a Federação Brasileira de Bancos (Febraban) assinou um Termo de Ajuste de Conduta (TAC) com o Ministério Público Federal, os Ministérios Públicos de São Paulo e Minas Gerais e também a Secretaria Especial de Direitos Humanos na Presidência da República (SEDH), para promover acessibilidade nas agências bancárias. O Termo abrange todas as agências de bancos federais, no Brasil inteiro. Em bancos estaduais e privados, a medida tem efeito apenas nos estados de São Paulo e Minas Gerais. Nesses estados, os bancos públicos e privados precisarão realizar ajustes não apenas arquitetônicos. Essa medida tem como objetivo diminuir as barreiras que dificultam o atendimento nos bancos, de forma adequada.

Os terminais de autoatendimento e caixas deverão ser acessíveis para atender as pessoas em cadeiras de rodas. Precisará, ainda, haver garantia de demarcação de local preferencial nas filas. Os bancos com mais de um pavimento precisarão adaptar obrigatoriamente apenas um deles, desde que este andar ofereça todos os serviços às pessoas com deficiência. As adaptações devem seguir as normas estabelecidas pela ABNT (Associação Brasileira de Normas Técnicas).

Art. 3º As empresas públicas de transporte e as concessionárias de transporte coletivo reservarão assentos, devidamente identificados, aos idosos, gestantes, lactantes, pessoas portadoras de deficiência e pessoas acompanhadas por crianças de colo.

Nesse artigo, vale destacar que os obesos não aparecem como prioridade.

Art. 4º Os logradouros e sanitários públicos, bem como os edifícios de uso público, terão normas de construção, para efeito de licenciamento da respectiva edificação, baixadas pela autoridade competente, destinadas a facilitar o acesso e uso desses locais pelas pessoas portadoras de deficiência.

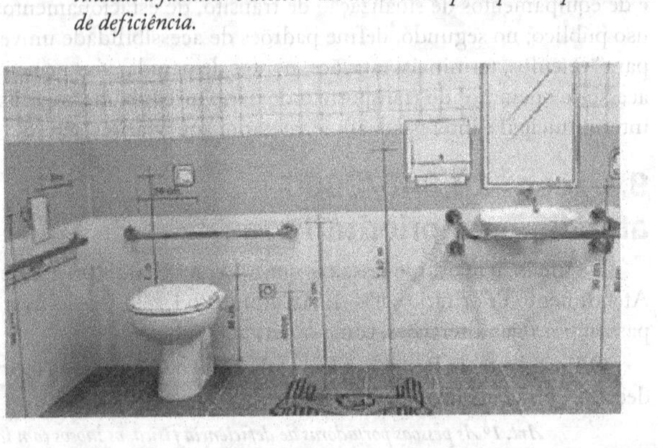

Art. 5º Os veículos de transporte coletivo a serem produzidos após doze meses da publicação desta Lei serão planejados de forma a facilitar o acesso a seu interior das pessoas portadoras de deficiência.

§ 1º (VETADO)

§ 2º Os proprietários de veículos de transporte coletivo em utilização terão o prazo de cento e oitenta dias, a contar da regulamentação desta Lei, para proceder às adaptações necessárias ao acesso facilitado das pessoas portadoras de deficiência.

Art. 6º A infração ao disposto nesta Lei sujeitará os responsáveis:

I – no caso de servidor ou de chefia responsável pela repartição pública, às penalidades previstas na legislação específica;

II – no caso de empresas concessionárias de serviço público, a multa de R$ 500,00 (quinhentos reais) a R$ 2.500,00 (dois mil e quinhentos reais), por veículos sem as condições previstas nos arts. 3º e 5º;

III – no caso das instituições financeiras, às penalidades previstas no art. 44, incisos I, II e III, da Lei no 4.595, de 31 de dezembro de 1964.

Parágrafo único. As penalidades de que trata este artigo serão elevadas ao dobro, em caso de reincidência.

Art. 7º O Poder Executivo regulamentará esta Lei no prazo de sessenta dias, contado de sua publicação.

Art. 8º Esta Lei entra em vigor na data de sua publicação.

9.2 Lei nº 10.098/2000 — Promoção da acessibilidade

CAPÍTULO I - DISPOSIÇÕES GERAIS

Art. 1º Esta Lei estabelece normas gerais e critérios básicos para a promoção da acessibilidade das pessoas portadoras de deficiência ou com mobilidade reduzida, mediante a supressão de barreiras e de obstáculos nas vias e espaços públicos, no mobiliário urbano, na construção e reforma de edifícios e nos meios de transporte e de comunicação.

No art.1º, podemos observar ainda a utilização da terminologia portador de necessidade, que foi revogado pelo Estatuto da Pessoa com Deficiência. Lembre-se de que a expressão pessoas com deficiência foi adotada oficialmente pela Assembleia Geral das Nações Unidas a partir da Convenção sobre os Direitos das Pessoas com Deficiência, de 13 de dezembro de 2006, a qual entrou em vigor em 3 de maio de 2008, subscrita e ratificada por vários países, entre eles o Brasil. Essa referida Convenção foi aprovada pelo Senado Federal em 9 de julho de 2008 pelo Decreto nº 186/2008 e, posteriormente, promulgada pela Presidência da República em 25 de agosto de 2009, a partir do Decreto nº 6.949/2009.

Em relação ao Brasil, o Decreto nº 6.949/2009 foi o primeiro documento internacional de direitos humanos que adquiriu status constitucional sob a forma de emenda à Constituição, uma vez que, nos termos do art.1º, do referido Decreto, a Convenção da ONU foi aprovada pelo Congresso brasileiros nos moldes do § 3º, do art. 5º, da Constituição Federal, o qual prevê que: "*Os tratados e convenções internacionais sobre os direitos humanos que forem aprovados, em cada Casa do Congresso Nacional, em dois turnos, por 3/5 dos votos dos respectivos membros, serão equivalentes à emendas constitucionais.*"

Art. 2º Para os fins desta Lei são estabelecidas as seguintes definições:

I – acessibilidade: possibilidade e condição de alcance para utilização, com segurança e autonomia, de espaços, mobiliários, equipamentos urbanos, edificações, transportes, informação e comunicação, inclusive seus sistemas e tecnologias, bem como de outros serviços e instalações abertos ao público, de uso público ou privados de uso coletivo, tanto na zona urbana como na rural, por pessoa com deficiência ou com mobilidade reduzida; (Redação dada pela Lei nº 13.146, de 2015)

II – barreiras: qualquer entrave, obstáculo, atitude ou comportamento que limite ou impeça a participação social da pessoa, bem como o gozo, a fruição e o exercício de seus direitos à acessibilidade, à liberdade de movimento e de expressão, à comunicação, ao acesso à informação, à compreensão, à circulação com segurança, entre outros, classificadas em: (Redação dada pela Lei nº 13.146, de 2015)

a) barreiras urbanísticas: as existentes nas vias e nos espaços públicos e privados abertos ao público ou de uso coletivo; (Redação dada pela Lei nº 13.146, de 2015)

b) barreiras arquitetônicas: as existentes nos edifícios públicos e privados; (Redação dada pela Lei nº 13.146, de 2015)

c) barreiras nos transportes: as existentes nos sistemas e meios de transportes; (Redação dada pela Lei nº 13.146, de 2015)

d) barreiras nas comunicações e na informação: qualquer entrave, obstáculo, atitude ou comportamento que dificulte ou impossibilite a expressão ou o recebimento de mensagens e de informações por intermédio de sistemas de comunicação e de tecnologia da informação; (Redação dada pela Lei nº 13.146, de 2015)

III – pessoa com deficiência: aquela que tem impedimento de longo prazo de natureza física, mental, intelectual ou sensorial, o qual, em interação com uma ou mais barreiras, pode obstruir sua participação plena e efetiva na sociedade em igualdade de condições com as demais pessoas; (Redação dada pela Lei nº 13.146, de 2015) (Vigência)

IV – pessoa com mobilidade reduzida: aquela que tenha, por qualquer motivo, dificuldade de movimentação, permanente ou temporária, gerando redução efetiva da mobilidade, da flexibilidade, da coordenação motora ou da percepção, incluindo idoso, gestante, lactante, pessoa com criança de colo e obeso; (Redação dada pela Lei nº 13.146, de 2015)

V – acompanhante: aquele que acompanha a pessoa com deficiência, podendo ou não desempenhar as funções de atendente pessoal; (Redação dada pela Lei nº 13.146, de 2015) (Vigência)

VI – elemento de urbanização: quaisquer componentes de obras de urbanização, tais como os referentes a pavimentação, saneamento, encanamento para esgotos, distribuição de energia elétrica e de gás, iluminação pública, serviços de comunicação, abastecimento e distribuição de água, paisagismo e os que materializam as indicações do planejamento urbanístico; (Redação dada pela Lei nº 13.146, de 2015)

VII – mobiliário urbano: conjunto de objetos existentes nas vias e nos espaços públicos, superpostos ou adicionados aos elementos de urbanização ou de edificação, de forma que sua modificação ou seu traslado não provoque alterações substanciais nesses elementos, tais como semáforos, postes de sinalização e similares, terminais e pontos de acesso coletivo às telecomunicações, fontes de água, lixeiras, toldos, marquises, bancos, quiosques e quaisquer outros de natureza análoga; (Incluído pela Lei nº 13.146, de 2015)

VIII – tecnologia assistiva ou ajuda técnica: produtos, equipamentos, dispositivos, recursos, metodologias, estratégias, práticas e serviços que objetivem promover a funcionalidade, relacionada à atividade e à participação da pessoa com deficiência ou com mobilidade reduzida, visando à sua autonomia, independência, qualidade de vida e inclusão social; (Incluído pela Lei nº 13.146, de 2015)

IX – comunicação: forma de interação dos cidadãos que abrange, entre outras opções, as línguas, inclusive a Língua Brasileira de Sinais (Libras), a visualização de textos, o Braille, o sistema de sinalização ou de comunicação tátil, os caracteres ampliados, os dispositivos multimídia, assim como a linguagem simples, escrita e oral, os sistemas auditivos e os meios de voz digitalizados e os modos, meios e formatos aumentativos e alternativos de comunicação, incluindo as tecnologias da informação e das comunicações; (Incluído pela Lei nº 13.146, de 2015)

X – desenho universal: concepção de produtos, ambientes, programas e serviços a serem usados por todas as pessoas, sem necessidade de adaptação ou de projeto específico, incluindo os recursos de tecnologia assistiva. (Incluído pela Lei nº 13.146, de 2015)

***Art. 3º** O planejamento e a urbanização das vias públicas, dos parques e dos demais espaços de uso público deverão ser concebidos e executados de forma a torná-los acessíveis para todas as pessoas, inclusive para aquelas com deficiência ou com mobilidade reduzida. (Redação dada pela Lei nº 13.146, de 2015)*

***Parágrafo único.** O passeio público, elemento obrigatório de urbanização e parte da via pública, normalmente segregado e em nível diferente, destina-se somente à circulação de pedestres e, quando possível, à implantação de mobiliário urbano e de vegetação. (Incluído pela Lei nº 13.146, de 2015)*

***Art. 4º** As vias públicas, os parques e os demais espaços de uso público existentes, assim como as respectivas instalações de serviços e mobiliários urbanos deverão ser adaptados, obedecendo-se ordem de prioridade que vise à maior eficiência das modificações, no sentido de promover mais ampla acessibilidade às pessoas portadoras de deficiência ou com mobilidade reduzida.*

***Parágrafo único.** No mínimo 5% (cinco por cento) de cada brinquedo e equipamento de lazer existentes nos locais referidos no caput devem ser adaptados e identificados, tanto quanto tecnicamente possível, para possibilitar sua utilização por pessoas com deficiência, inclusive visual, ou com mobilidade reduzida. (Redação dada pela Lei nº 13.443, de 2017)*

***Art. 5º** O projeto e o traçado dos elementos de urbanização públicos e privados de uso comunitário, nestes compreendidos os itinerários e as passagens de pedestres, os percursos de entrada e de saída de veículos, as escadas e rampas, deverão observar os parâmetros estabelecidos pelas normas técnicas de acessibilidade da Associação Brasileira de Normas Técnicas – ABNT.*

9.2.1 Conceitos relevantes da ABNT

Acessibilidade: possibilidade e condição de alcance, percepção e entendimento para a utilização com segurança e autonomia de edificações, espaço, mobiliário, equipamento urbano e elementos. É o processo pelo qual se atinge o acesso universal, resultado da prática do design inclusivo.

Acessível: espaço, edificação, mobiliário, equipamento urbano ou elemento que possa ser alcançado, acionado, utilizado e vivenciado por qualquer pessoa, inclusive aquelas com mobilidade reduzida. O termo acessível implica tanto em acessibilidade física como de comunicação.

Acesso universal: condição de percepção, aproximação e utilização, ampla e irrestrita, de ambientes, produtos e ou serviços por qualquer pessoa.

Adaptável: espaço, edificação, mobiliário, equipamento urbano ou elemento cujas características possam ser alteradas para que se torne acessível.

Adaptado: espaço, edificação, mobiliário, equipamento urbano ou elemento cujas características originais foram alteradas posteriormente para serem acessíveis.

Adequado: espaço, edificação, mobiliário, equipamento urbano ou elemento cujas características foram originalmente planejadas para serem acessíveis.

Barreira arquitetônica, Urbanística ou Ambiental: qualquer elemento natural, instalado ou edificado, que impeça a aproximação, transferência ou circulação no espaço, mobiliário ou equipamento urbano.

Deficiência: redução, limitação ou inexistência das condições de percepção das características do ambiente ou de mobilidade e de utilização de edificações, espaços, mobiliário, equipamento urbano e elementos em caráter temporário ou permanente.

Desenho universal: concepção de ambientes, produtos e ou serviços para atender ao maior número possível de pessoas, sem necessidade de adaptação ou projeto especializado, representando o nível mais amplo de acessibilidade. O desenho universal visa atender a maior gama de variações possíveis das características antropométricas e sensoriais da população.

Equipamento urbano: todos os bens públicos e privados, de utilidade pública, destinados à prestação de serviços necessários ao funcionamento da cidade, implantados mediante autorização do poder público, em espaços públicos e privados.

Espaço acessível: espaço que pode ser percebido e utilizado em sua totalidade por todas as pessoas, inclusive aquelas com mobilidade reduzida.

Faixa elevada: elevação do nível do leito carroçável composto de área plana elevada, sinalizada com faixa de travessia de pedestres e rampa de transposição para veículos, destinada a promover a concordância entre os níveis das calçadas em ambos os lados da via.

Inclusão: reconhecimento da diversidade humana, garantia do acesso universal e equidade.

Mobiliário urbano: todos os objetos, elementos e pequenas construções integrantes da paisagem urbana, de natureza utilitária, ou não, implantada mediante autorização do poder público em espaços públicos e privados.

Pessoa com mobilidade reduzida: aquela que temporária ou permanentemente, tem limitada sua capacidade de relacionar-se com o meio de utilizá-lo. Entende-se por pessoa com mobilidade reduzida a pessoa com deficiência, obesa, idosa, gestante, entre outros.

Piso tátil: piso caracterizado pela diferenciação de textura em relação ao piso adjacente, destinado a constituir alerta ou linha guia perceptível por pessoas com deficiência visual.

Tecnologia assistiva: conjunto de técnicas, aparelhos ou instrumentos, produtos e procedimentos que visam auxiliar a mobilidade, a percepção e a utilização do meio ambiente e dos elementos por pessoas com deficiência.

Art. 6º Os banheiros de uso público existentes ou a construir em parques, praças, jardins e espaços livres públicos deverão ser acessíveis e dispor, pelo menos, de um sanitário e um lavatório que atendam às especificações das normas técnicas da ABNT.

§ 1º Os eventos organizados em espaços públicos e privados em que haja instalação de banheiros químicos deverão contar com unidades acessíveis a pessoas com deficiência ou com mobilidade reduzida. (Incluído pela Lei nº 13.825, de 2019)

§ 2º O número mínimo de banheiros químicos acessíveis corresponderá a 10% (dez por cento) do total, garantindo-se pelo menos 1 (uma) unidade acessível caso a aplicação do percentual resulte em fração inferior a 1 (um). (Incluído pela Lei nº 13.825, de 2019)

***Art. 7º** Em todas as áreas de estacionamento de veículos, localizadas em vias ou em espaços públicos, deverão ser reservadas vagas próximas dos acessos de circulação de pedestres, devidamente sinalizadas, para veículos que transportem pessoas portadoras de deficiência com dificuldade de locomoção.*

***Parágrafo único.** As vagas a que se refere o caput deste artigo deverão ser em número equivalente a dois por cento do total, garantida, no mínimo, uma vaga, devidamente sinalizada e com as especificações técnicas de desenho e traçado de acordo com as normas técnicas vigentes.*

9.2.2 Desenho e localização do mobiliário urbano

Estacionamento para pessoas com deficiência

Art. 8º Os sinais de tráfego, semáforos, postes de iluminação ou quaisquer outros elementos verticais de sinalização que devam ser instalados em itinerário ou espaço de acesso para pedestres deverão ser dispostos de forma a não dificultar ou impedir a circulação, e de modo que possam ser utilizados com a máxima comodidade.

Art. 9º Os semáforos para pedestres instalados nas vias públicas deverão estar equipados com mecanismo que emita sinal sonoro suave, intermitente e sem estridência, ou com mecanismo alternativo, que sirva de guia ou orientação para a travessia de pessoas portadoras de deficiência visual, se a intensidade do fluxo de veículos e a periculosidade da via assim determinarem.

***Parágrafo único.** Os semáforos para pedestres instalados em vias públicas de grande circulação, ou que deem acesso aos serviços de reabilitação, devem obrigatoriamente estar equipados com mecanismo que emita sinal sonoro suave para orientação do pedestre. (Incluído pela Lei nº 13.146, de 2015)*

Art. 10 Os elementos do mobiliário urbano deverão ser projetados e instalados em locais que permitam sejam eles utilizados pelas pessoas portadoras de deficiência ou com mobilidade reduzida.

Art. 10-A A instalação de qualquer mobiliário urbano em área de circulação comum para pedestre que ofereça risco de acidente à pessoa com deficiência deverá ser indicada mediante sinalização tátil de alerta no piso, de acordo com as normas técnicas pertinentes. (Incluído pela Lei nº 13.146, de 2015)

9.3 Decreto nº 5.296/2004

O Decreto 5.296/2004:

- Regulamenta as Leis nº 10.048/2000 e nº 10.098/2000;
- Conceitua ajuda técnica, desenho universal e acessibilidade;
- Dispõe sobre acessibilidade nos serviços de transportes.

Ainda, o Capítulo IV, do Decreto nº 5.296/04, que discorre sobre a Implementação da Acessibilidade Arquitetônica e Urbanística, inicia com o art. 10, impondo que a concepção e a implantação dos projetos arquitetônicos e urbanísticos devam atender aos princípios do **desenho universal**, tendo como referências básicas as normas técnicas de acessibilidade da ABNT, a legislação específica e as regras contidas no Decreto.

O conceito de desenho universal, criado por uma comissão em Washington, Estados Unidos, nos anos 1960, foi inicialmente chamado de "Desenho Livre de Barreiras" por se voltar à eliminação de barreiras arquitetônicas nos projetos de edifícios, equipamentos e áreas urbanas. Posteriormente, esse conceito evoluiu para a concepção de Desenho Universal, pois passou a considerar não só o projeto, mas principalmente a diversidade humana, de forma a respeitar as diferenças existentes entre as pessoas e a garantir a acessibilidade a todos os componentes do ambiente.

O desenho universal deve ser concebido como gerador de ambientes, serviços, programas e tecnologias acessíveis, utilizáveis equitativamente, de forma segura e autônoma por todas as pessoas – na maior extensão possível – sem que tenham que ser adaptados ou readaptados especificamente, em virtude dos sete princípios que o sustentam, a saber:

Uso flexível	Design de produtos ou espaços que atendam pessoas com diferentes habilidades e diversas preferências, sendo adaptáveis para qualquer uso.
Uso equiparável	São espaços objetos e produtos que podem ser utilizados por pessoas com diferentes capacidades, tornando os ambientes iguais para todos.
Simples e intuitivo	De fácil entendimento para que uma pessoa possa compreender, independentemente de sua experiência, conhecimento, habilidade de linguagem, ou nível de concentração.
Informação perceptível	Quando a informação necessária é transmitida de forma a atender as necessidades do receptor, seja ela uma pessoa estrangeira, com dificuldade de visão ou audição.
Tolerante ao erro	Previsto para minimizar os riscos e possíveis consequências de ações acidentais ou não intencionais.
Com pouca exigência de esforço físico	Para ser usado eficientemente, com o mínimo de fadiga.
Dimensão e espaço para aproximação e uso	Que estabelece dimensões e espaços apropriados para o acesso, o alcance, a manipulação e o uso, independentemente do tamanho do corpo (obesos, anões etc.) da postura ou mobilidade de usuários (pessoas em cadeiras de rodas, com carrinhos de bebê, bengalas etc.).

9.4 Resolução nº 230/2016 – CNJ

A Resolução nº 230/16 do Conselho Nacional de Justiça orienta a adequação das atividades dos órgãos do Poder Judiciário e de seus serviços auxiliares às determinações exaradas pela Convenção Internacional sobre os Direitos das Pessoas com Deficiência e seu Protocolo Facultativo e pela Lei Brasileira de Inclusão da Pessoa com Deficiência por meio – entre outras medidas – da Recomendação CNJ 27, de 16/12/2009, bem como da instituição de Comissões Permanentes de Acessibilidade e Inclusão.

9.5 Princípios gerais da Convenção Internacional sobre os Direitos das Pessoas com Deficiência

Como princípios gerais citam-se:

- Respeito pela diferença e aceitação das pessoas com deficiência como parte da diversidade humana e humanidade;
- Plena e efetiva participação e inclusão na sociedade;
- Igualdade entre homem e mulher;
- Respeito pela dignidade da pessoa humana;
- Respeito pelo desenvolvimento das capacidades das crianças com deficiência e pelo direito de preservação da identidade;
- Não discriminação;
- Igualdade de oportunidades;
- Acessibilidade.

A Resolução nº 230/2016 prevê, entre outros procedimentos, atendimento e tramitação processual prioritários aos usuários com deficiência quando forem parte ou interessados. Também visa a adoção urgente de medidas apropriadas para eliminar e prevenir qualquer barreira. O intuito é assegurar a servidores, a funcionários terceirizados e a usuários em geral as adaptações necessárias para o atendimento.

9.5.1 Essência da norma

> ***Art. 1º** Esta Resolução orienta a adequação das atividades dos órgãos do Poder Judiciário e de seus serviços auxiliares em relação às determinações exaradas pela Convenção Internacional sobre os Direitos das Pessoas com Deficiência e seu Protocolo Facultativo (promulgada por meio do Decreto nº 6.949/2009) e pela Lei Brasileira de Inclusão da Pessoa com Deficiência (Lei nº 13.146/2015).*

9.5.2 O que a Resolução considera

O art. 2º, da Resolução nº 230/2016, do CNJ, estabelece conceitos aplicáveis às pessoas com deficiência, dos quais se destacam:

- **Discriminação por motivo de deficiência:** significa qualquer diferenciação, exclusão ou restrição, por ação ou omissão, baseada em deficiência, com o propósito ou efeito de impedir ou impossibilitar o reconhecimento, o desfrute ou o exercício, em igualdade de oportunidades com as demais pessoas, de direitos humanos e liberdades fundamentais nos âmbitos político, econômico, social, cultural, civil ou qualquer outro, incluindo a recusa de adaptações razoáveis e de fornecimento de tecnologias assistivas;
- **Acessibilidade:** significa possibilidade e condição de alcance para utilização, com segurança e autonomia, de espaços, mobiliários, equipamentos urbanos, edificações, transportes, informação e comunicação, inclusive seus sistemas e tecnologias, bem como de outros serviços e instalações abertos ao público, de uso público ou privados de uso coletivo, tanto na zona urbana como na rural, por pessoa com deficiência ou com mobilidade reduzida;
- **Barreiras:** significa qualquer entrave, obstáculo, atitude ou comportamento que limite ou impeça a participação social da pessoa, bem como o gozo, a fruição e o exercício de seus direitos à acessibilidade, à liberdade de movimento e de expressão, à comunicação, ao acesso à informação, à compreensão, à circulação com segurança;
- **Tecnologia assistiva:** (ou "ajuda técnica") significa produtos, equipamentos, dispositivos, recursos, metodologias, estratégias, práticas e serviços que objetivem promover a funcionalidade, relacionada à atividade e à participação da pessoa com deficiência ou com mobilidade reduzida, visando à sua autonomia, independência, qualidade de vida e inclusão social;
- **Comunicação:** significa uma forma de interação dos cidadãos que abrange, entre outras opções, as línguas, inclusive a Língua Brasileira de Sinais (Libras), a visualização de textos, o Braille, o sistema de sinalização ou de comunicação tátil, os caracteres ampliados, os dispositivos multimídia, assim como a linguagem simples, escrita e oral, os sistemas auditivos e os meios de voz digitalizados e os modos, meiose formatos aumentativos e alternativos de comunicação, incluindo as tecnologias da informação e das comunicações.

9.5.3 Atendimento prioritário à pessoa com deficiência

> ***Art. 16** A pessoa com deficiência tem direito a receber atendimento prioritário, sobretudo com a finalidade de:*
>
> *I – proteção e socorro em quaisquer circunstâncias;*
>
> *II – atendimento em todos os serviços de atendimento ao público;*
>
> *III – disponibilização de recursos, tanto humanos quanto tecnológicos, que garantam atendimento em igualdade de condições com as demais pessoas;*
>
> *IV – acesso a informações e disponibilização de recursos de comunicação acessíveis;*
>
> *V – tramitação processual e procedimentos judiciais e administrativos em que for parte ou interessada, em todos os atos e diligências.*
>
> ***Parágrafo único.** Os direitos previstos neste artigo são extensivos ao acompanhante da pessoa com deficiência ou ao seu atendente pessoal, exceto quanto ao disposto no inciso V deste artigo.*
>
> ***Art. 3º** A fim de promover a igualdade, adotar-se-ão, com urgência, medidas apropriadas para eliminar e prevenir quaisquer barreiras urbanísticas, arquitetônicas, nos transportes, nas comunicações e na informação, atitudinais ou tecnológicas, devendo-se garantir às pessoas com deficiência – servidores, serventuários extrajudiciais, terceirizados ou não – quantas adaptações razoáveis ou mesmo tecnologias assistivas sejam necessárias para assegurar acessibilidade plena, coibindo qualquer forma de discriminação por motivo de deficiência.*

A
T
E
B
A
N

10 RESOLUÇÃO Nº 230/2016 - CNJ

A Resolução nº 230/16 do Conselho Nacional de Justiça orienta a adequação das atividades dos órgãos do Poder Judiciário e de seus serviços auxiliares às determinações exaradas pela Convenção Internacional sobre os Direitos das Pessoas com Deficiência e seu Protocolo Facultativo e pela Lei Brasileira de Inclusão da Pessoa com Deficiência por meio – entre outras medidas – da Recomendação CNJ 27, de 16/12/2009, bem como da instituição de Comissões Permanentes de Acessibilidade e Inclusão.

10.1 Princípios Gerais da Convenção Internacional sobre os Direitos das Pessoas com Deficiência

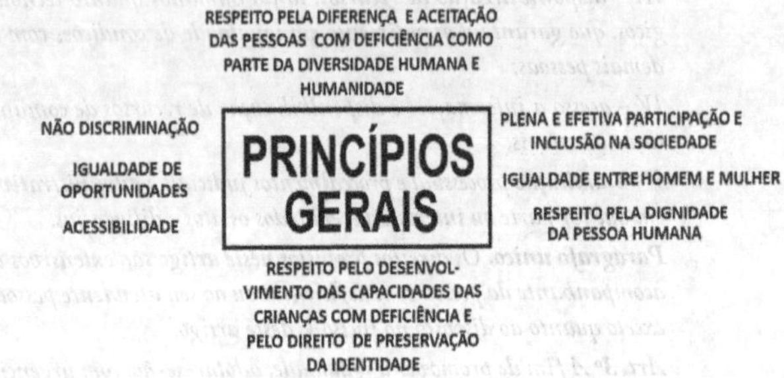

A Resolução nº 230/2016 prevê, entre outros procedimentos, atendimento e tramitação processual prioritários aos usuários com deficiência quando forem parte ou interessados. Também visa a adoção urgente de medidas apropriadas para eliminar e prevenir qualquer barreira. O intuito é assegurar a servidores, a funcionários terceirizados e a usuários em geral as adaptações necessárias para o atendimento.

10.1.1 Essência da Norma

"Art. 1º Esta Resolução orienta a adequação das atividades dos órgãos do Poder Judiciário e de seus serviços auxiliares em relação às determinações exaradas pela Convenção Internacional sobre os Direitos das Pessoas com Deficiência e seu Protocolo Facultativo (promulgada por meio do Decreto nº 6.949/2009) e pela Lei Brasileira de Inclusão da Pessoa com Deficiência (Lei nº 13.146/2015)."

10.1.2 O Que a Resolução Leva em Conta

O Art. 2º, da Resolução nº 230/2016, do CNJ, estabelece conceitos aplicáveis às pessoas com deficiência, dos quais se destacam:

- "discriminação por motivo de deficiência" significa qualquer diferenciação,exclusão ou restrição, por ação ou omissão, baseada em deficiência, com o propósito ou efeito de impedir ou impossibilitar o reconhecimento, o desfrute ou o exercício, em igualdade de oportunidades com as demais pessoas, de direitos humanos e liberdades fundamentais nos âmbitos político, econômico, social, cultural, civil ou qualquer outro, incluindo a recusa de adaptações razoáveis e de fornecimento de tecnologias assistivas;
- "acessibilidade" significa possibilidade e condição de alcance para utilização, com segurança e autonomia, de espaços, mobiliários, equipamentos urbanos, edificações, transportes, informação e comunicação,inclusive seus sistemas e tecnologias, bem como de outros serviços e instalações abertos ao público, de uso público ou privados de uso coletivo, tanto na zona urbana como na rural, por pessoa com deficiência ou com mobilidade reduzida;
- "barreiras" significa qualquer entrave, obstáculo, atitude ou comportamento que limite ou impeça a participação social da pessoa, bem como o gozo, a fruição e o exercício de seus direitos à acessibilidade,à liberdade de movimento e de expressão, à comunicação, ao acesso à informação, à compreensão, à circulação com segurança;
- "tecnologia assistiva" (ou "ajuda técnica") significa produtos, equipamentos,dispositivos, recursos, metodologias, estratégias, práticas e serviços que objetivem promover a funcionalidade, relacionada à atividade e à participação da pessoa com deficiência ou com mobilidade reduzida, visando à sua autonomia, independência, qualidade de vida e inclusão social;
- "comunicação" significa uma forma de interação dos cidadãos que abrange,entre outras opções, as línguas, inclusive a Língua Brasileira de Sinais (Libras), a visualização de textos, o Braille, o sistema de sinalização ou de comunicação tátil, os caracteres ampliados, os dispositivos multimídia, assim como a linguagem simples, escrita e oral, os sistemas auditivos e os meios de voz digitalizados e os modos, meiose formatos aumentativos e alternativos de comunicação, incluindo as tecnologias da informação e das comunicações.

10.1.3 Atendimento Prioritário à Pessoa com Deficiência

Art. 16. *A pessoa com deficiência tem direito a receber atendimento prioritário, sobretudo com a finalidade de:*

I. proteção e socorro em quaisquer circunstâncias;

II. atendimento em todos os serviços de atendimento ao público;

III. disponibilização de recursos, tanto humanos quanto tecnológicos,-que garantam atendimento em igualdade de condições com as demais pessoas;

IV.acesso a informações e disponibilização de recursos de comunicação acessíveis;

V. tramitação processual e procedimentos judiciais e administrativos em que for parte ou interessada, em todos os atos e diligências.

Parágrafo único. *Os direitos previstos neste artigo são extensivos ao acompanhante da pessoa com deficiência ou ao seu atendente pessoal,exceto quanto ao disposto no inciso V deste artigo.*

Art. 3º *A fim de promover a igualdade, adotar-se-ão,com urgência, medidas apropriadas para eliminar e prevenir quaisquer barreiras urbanísticas, arquitetônicas,nos transportes, nas comunicações e na informação,atitudinais ou tecnológicas, devendo-se garantir às pessoas com deficiência – servidores, serventuários extrajudiciais, terceirizados ou não – quantas adaptações razoáveis ou mesmo tecnologias assistivas sejam necessárias para assegurar acessibilidade plena, coibindo qualquer forma de discriminação por motivo de deficiência.*

11 LEI Nº 8.078/1990 - CÓDIGO DE DEFESA DO CONSUMIDOR

11.1 Sobre o código de defesa do consumidor

11.1.1 Base constitucional

Como a maioria de nosso ordenamento jurídico, o Código de Defesa do Consumidor, ou apenas CDC, (Código de Defesa do Consumidor, Lei nº 8.078/1990) é um diploma de origem constitucional, tendo como pontos de partida a inclusão como direito fundamental no art. 5º, XXXII da Constituição Federal de 1988, e como princípio geral da atividade econômica brasileira no art. 170, V da CF/1988).

> ***Art. 5º*** *Todos são iguais perante a lei, sem distinção de qualquer natureza, garantindo-se aos brasileiros e aos estrangeiros residentes no País a inviolabilidade do direito à vida, à liberdade, à igualdade, à segurança e à propriedade, nos termos seguintes:*
>
> *[...]*
>
> *XXXII – o Estado promoverá, na forma da lei, a defesa do consumidor;*

Ademais, o alto grau de mutabilidade das relações consumeristas e a sujeição de tais relações às questões de regionalidades conduziu o constituinte a estabelecer a edição de normas consumeristas como hipótese de competência legislativa concorrente (art. 24, VIII da CF/1988).

> ***Art. 24, CF/1988*** *Compete à União, aos Estados e ao Distrito Federal legislar concorrentemente sobre:*
>
> *[...]*
>
> *VIII – responsabilidade por dano ao meio ambiente, ao consumidor, a bens e direitos de valor artístico, estético, histórico, turístico e paisagístico;*

11.1.2 Conceito

Quando falamos de Direito do Consumidor, devemos levar em consideração seus fundamentos principais, vejamos:

- **Composição:** normas e princípios;
- **Objeto de preocupação:** sociedade de consumo;
- **Objetivo:** "tutela integral, sistemática e dinâmica" da parte vulnerável na relação consumerista, qual seja, o consumidor.

Dessa forma, o Direito do Consumidor seria conceituado como o um conjunto de normas e princípios que tratam das transações de consumo em busca da promoção da "tutela integral, sistemática e dinâmica" da parte vulnerável na relação consumerista, ou seja, o consumidor.

11.1.3 Natureza jurídica

É de consenso que o Direito do Consumidor é uma vertente jurídica, com base em princípios e normas próprias. No entanto, há divergências quanto ao seu posicionamento, pois há aqueles que declaram que é um ramo autônomo do Direito Privado, que se soma ao Direito Civil e ao Direito Empresarial, bem há aqueles que declaram como sendo considerado um o ramo autônomo de um novo direito, denominado difuso.

11.1.4 Normas do CDC

As normas do CDC incidem de forma ampla nas relações jurídicas que contenham a presença do consumidor, pois possui dicção aberta e amplo alcance para amparar a parte vulnerável.

Além disso, o Código de Defesa do Consumidor é um microssistema legislativo, ou seja, tem como base normas de Direito Público e privado, de Direito Material e Processual além de várias outras áreas do direito, e tem maior preocupação com a efetividade e a interpretação constitucional em favor do consumidor. Dessa forma, busca a implementação de seu texto em qualquer lei que afete o consumidor, que se ressalte com a adoção da Teoria do Diálogo das fontes, conforme o art. 1º do CDC.

> ***Art. 1º*** *O presente código estabelece normas de proteção e defesa do consumidor,* ***de ordem pública e interesse social****, nos termos dos artes. 5º, inciso XXXII, 170, inciso V, da Constituição Federal e art. 48 de suas Disposições Transitórias. (grifo nosso)*

Sobre ordem pública e interesse geral são aquelas consideradas obrigatórias, que não admitem renúncia em prejuízo ao consumidor

Fique ligado

Não significa que o consumidor não possa desistir em juízo, apenas que elabore qualquer forma de contrato onde **previamente renuncie aos seus direitos.**

Ainda, em casos de cláusulas abusivas (cláusulas consideradas fraudulentas) o juiz pode e deve reconhecer de ofício perante as normas do CDC, exceto nos casos relativos a seara bancária, conforme estabelecido nos termos da Súmula nº 381 do STJ.

Nesse diapasão, vemos que o nosso CDC é um exemplo de constitucionalização do direito privado, tendo em vista que demonstra a intervenção do Estado (heteronômica) na autonomia de vontade do particular ou seja o consumidor, conferida pelos princípios da autonomia da vontade e do *pacta sunt servanda* (princípio da força obrigatória dos contratos), ocorrendo a mitigação da força desses princípios, ou seja, impedindo que os contratos sejam baseados na vontade das partes, devendo-se observar a boa-fé objetiva, o equilíbrio material, conforme artes. 421 e 2.035 do Código Civil.

> ***Art. 421*** *A liberdade contratual será exercida nos limites da função social do contrato.*
>
> ***Parágrafo único.*** *Nas relações contratuais privadas, prevalecerão o princípio da intervenção mínima e a excepcionalidade da revisão contratual.*
>
> ***Art. 2.035*** *A validade dos negócios e demais atos jurídicos, constituídos antes da entrada em vigor deste Código, obedece ao disposto nas leis anteriores, referidas no art. 2.045, mas os seus efeitos, produzidos após a vigência deste Código, aos preceitos dele se subordinam, salvo se houver sido prevista pelas partes determinada forma de execução.*
>
> ***Parágrafo único.*** *Nenhuma convenção prevalecerá se contrariar preceitos de ordem pública, tais como os estabelecidos por este Código para assegurar a função social da propriedade e dos contratos.*

Assim, inviabiliza que ocorram contratos firmados com clausulas que não condizem com a relação que está sendo construída, ou seja, são inviáveis ao consumidor ou até mesmo ao fornecedor. Impedindo, assim, que uma seguradora, após vigência contratual de décadas, simplesmente se recuse a renovar a apólice do consumidor sem justificativa.

11.1.5 Aplicação do CDC no tempo

Quando o CDC foi publicado, muito se cogitou quanto a sua aplicação a contratos anteriores a sua vigência, no entanto, achou-se a solução para as controvérsias no art. 5º, XXXVI da CF/1988 onde encontramos o princípio da irretroatividade das leis. Assim o CDC não se aplica em contratos anteriores ao código de defesa do consumidor.

> ***Art. 5º*** *Todos são iguais perante a lei, sem distinção de qualquer natureza, garantindo-se aos brasileiros e aos estrangeiros residentes no País a inviolabilidade do direito à vida, à liberdade, à igualdade, à segurança e à propriedade, nos termos seguintes:*
>
> *[...]*

> *XXXVI – a lei não prejudicará o direito adquirido, o ato jurídico perfeito e a coisa julgada;*

11.1.6 Teoria do diálogo das fontes

A Teoria do Diálogo das Fontes se desenvolve perante a existência do Pluralismo Pós-Moderno, ou seja, do surgimento de diversas fontes legislativas devido a necessidade social moderna. Seu objetivo é criar uma Coerência Derivada ou Restaurada, com o fim de promover uma aplicação legislativa coerente, coordenada e eficiente.

Assim, podemos encontrar uma forma flexível quando ocorrer pluralidade legislativa aplicável ao mesmo caso, de forma que possam conviver harmonicamente, observando sempre o princípio para o *homine* e a eficácia horizontal.

Sua aplicação ocorre de três formas:

- **Diálogo sistemático de coerência:** onde, na aplicação simultânea de duas leis, a primeira serve como base para a segunda;
- **Diálogo sistemático de complementaridade e Subsidiariedade:** onde, na aplicação coordenada de duas leis, uma deve complementar a outra;
- **Diálogo das influências recíprocas sistemáticas:** gera uma possível redefinição de aplicação legislativa, ou seja, quando ocorre a influência do sistema legislativo especial no geral.

12 PRINCÍPIOS DO CDC

12.1 Vulnerabilidade do consumidor e inversão do ônus da prova

Esse princípio trata da vulnerabilidade do consumidor e é expressamente reconhecido no inciso I do art. 4º do CDC, assim, a vulnerabilidade pode ser permanente ou provisória, individual ou coletiva. É uma forma de desequilíbrio entre o consumidor e o comerciante/prestador de serviços.

Existe, na doutrina, uma divisão de quatro espécies de vulnerabilidade:

- **Vulnerabilidade técnica:** quando o consumidor não tem capacidade de reconhecimento das especificações técnicas do produto ou serviço;
- **Vulnerabilidade jurídica:** quando o consumidor não possui conhecimento jurídico sobre o produto ou serviço;
- **Vulnerabilidade fática ou econômica:** quando o consumidor não possui capacidade analítica nas circunstâncias ali atreladas, quanto á comunicação (forma fática) ou de forma econômica;
- **Vulnerabilidade informacional:** quando o consumidor não possui dados suficientes com relação ao produto ou serviço.

12.2 Defesa do consumidor pelo Estado

Tal princípio se encontra no art. 4º, II do CDC, e é o direito do Estado a propor uma ação em defesa dos consumidores, podendo estipular políticas públicas de proteção ao consumidor tendo em vista ser a parte vulnerável da relação de consumo.

> ***Art. 4º*** *A Política Nacional das Relações de Consumo tem por objetivo o atendimento das necessidades dos consumidores, o respeito à sua dignidade, saúde e segurança, a proteção de seus interesses econômicos, a melhoria da sua qualidade de vida, bem como a transparência e harmonia das relações de consumo, atendidos os seguintes princípios:*
>
> *[...]*
>
> *II – ação governamental no sentido de proteger efetivamente o consumidor:*
>
> *a) por iniciativa direta;*
>
> *b) por incentivos à criação e desenvolvimento de associações representativas;*
>
> *c) pela presença do Estado no mercado de consumo;*
>
> *d) pela garantia dos produtos e serviços com padrões adequados de qualidade, segurança, durabilidade e desempenho.*

12.3 Harmonização

Esse princípio é regido pelo art. 4º, III do CDC, e tem como fundamento harmonização dos interesses na relação de consumo, como forma de proteger o consumidor com a necessidade de desenvolvimento econômico e tecnológico, mantendo a boa-fé e o equilibro entre a relação de consumo.

> ***Art. 4º*** *A Política Nacional das Relações de Consumo tem por objetivo o atendimento das necessidades dos consumidores, o respeito à sua dignidade, saúde e segurança, a proteção de seus interesses econômicos, a melhoria da sua qualidade de vida, bem como a transparência e harmonia das relações de consumo, atendidos os seguintes princípios:*
>
> *[...]*
>
> *III – harmonização dos interesses dos participantes das relações de consumo e compatibilização da proteção do consumidor com a necessidade de desenvolvimento econômico e tecnológico, de modo a viabilizar os princípios nos quais se funda a ordem econômica (art. 170, da Constituição Federal), sempre com base na boa-fé e equilíbrio nas relações entre consumidores e fornecedores;*

12.4 Boa-fé objetiva

O princípio da boa-fé encontra-se no art. 4º, III do CDC (citado no item anterior), assim, a boa-fé objetiva trata-se na confiança é a noção de "'confiança", onde estabelece um padrão ético de conduta para as partes.

12.5 Transparência

O princípio da a transparência visa assegurar a total transparência nas relações de consumo, conforme o art. 4º do CDC (conforme citado anteriormente). Assim tem o intuito de garantir às partes envolvidas na relação de consumo total acesso às informações relacionadas aos produtos ou serviço em questão, desde a fabricação ou execução, até sua utilização.

12.6 Informação

O princípio da informação se liga diretamente ao princípio da transparência, sendo uma forma de concretizar efetivamente a transparência, ou seja, levando toda a informação as partes na relação de consumo.

12.7 Segurança

O princípio da segurança veda ao fornecedor para que não ofereça produtos ou serviços que causem danos ao consumidor, tal princípio se encontra no art. 6º, I, do CDC.

> ***Art. 6º*** *São direitos básicos do consumidor:*
>
> *I – a proteção da vida, saúde e segurança contra os riscos provocados por práticas no fornecimento de produtos e serviços considerados perigosos ou nocivos;*

12.8 Equilíbrio nas prestações

Tal princípio trata sobre a livre iniciativa (o lucro) em acordo com os valores constitucionais, de forma que evite as vantagens desproporcionais, sendo previsto, nos termos do art. 6º, V:

> ***Art. 6º*** *São direitos básicos do consumidor:*
>
> *[...]*
>
> *V – a modificação das cláusulas contratuais que estabeleçam prestações desproporcionais ou sua revisão em razão de fatos supervenientes que as tornem excessivamente onerosas;*

12.9 Reparação integral

Esse princípio expões que os danos sofridos pelo consumidor devem ser reparados de forma ampla, abrangendo todos os danos causados, conforme o art. 6º, VI:

> ***Art. 6º*** *São direitos básicos do consumidor:*
>
> *[...]*
>
> *VI – a efetiva prevenção e reparação de danos patrimoniais e morais, individuais, coletivos e difusos;*

12.10 Solidariedade (responsabilidade solidária)

O princípio da solidariedade trata da responsabilidade dos fornecedores, uma vez que o consumidor pode requerer a reparação do dano a todos os fornecedores da cadeia de forma solidaria.

12.11 Interpretação mais favorável ao consumidor

De acordo com o art. 47 do CDC: *as cláusulas contratuais devem ser interpretadas da melhor forma ao consumidor*, sendo tal princípio a simples aplicação do referido artigo.

12.12 Reparação objetiva

Esse princípio vem da culpa na responsabilidade civil do fornecedor por dano que tenha causado ao consumidor, sendo necessária a simples comprovação do prejuízo e o nexo causal.

12.13 Conservação do contrato

Esse princípio é o apaziguador, uma vez que diante de alguma cláusula abusiva ou algum defeito sanável, corrige-se o contrato e preserva o mesmo. Conforme inclusive o art. 51, § 2º do CDC.

Dispõe sobre a proteção do consumidor e dá outras providências.

> ***Art. 51*** *São nulas de pleno direito, entre outras, as cláusulas contratuais relativas ao fornecimento de produtos e serviços que:*
>
> *[...]*
>
> *§ 2º A nulidade de uma cláusula contratual abusiva não invalida o contrato, exceto quando de sua ausência, apesar dos esforços de integração, decorrer ônus excessivo a qualquer das partes.*

12.14 Obrigatoriedade dos contratos ou da intangibilidade contratual (pacta sunt servanda)

Esse princípio é o que dá a eficácia vinculante para que as disposições sejam pactuadas entre as partes em um contrato.

13 RELAÇÃO JURÍDICA DE CONSUMO

O direito do consumidor é um ramo do direito voltado a proteger as relações de consumo e principalmente a parte vulnerável.

Vejamos abaixo os principais pontos do direito do consumidor em definição.

CONCEITO	CONSUMIDOR
↓	↓
É A RELAÇÃO ENTRE CONSUMIDOR E FORNECEDOR OU PRESTADOR DE SERVIÇOS	CONSUMIDOR É TODA PESSOA FÍSICA OU JURIDICA QUE SE ENCONTRE ADQUIRINDO OU UTLIZANDO UM PRODUTO OU SERVIÇO, DESDE QUE SENDO ESTE O USUARIO FINAL!

Art. 2° *Consumidor é toda pessoa física ou jurídica que adquire ou utiliza produto ou serviço como destinatário final.*

Parágrafo único. *Equipara-se a consumidor a coletividade de pessoas, ainda que indetermináveis, que haja intervindo nas relações de consumo.*

FORNECEDOR
↓
FORNECEDOR É TODA PESSOA FÍSICA OU JURIDICA QUE PRODUZA, COMERCIALIZE OU PRESTE UM SERVIÇO

Art. 3° *Fornecedor é toda pessoa física ou jurídica, pública ou privada, nacional ou estrangeira, bem como os entes despersonalizados, que desenvolvem atividade de produção, montagem, criação, construção, transformação, importação, exportação, distribuição ou comercialização de produtos ou prestação de serviços.*

§ 1° Produto é qualquer bem, móvel ou imóvel, material ou imaterial.

§ 2° Serviço é qualquer atividade fornecida no mercado de consumo, mediante remuneração, inclusive as de natureza bancária, financeira, de crédito e securitária, salvo as decorrentes das relações de caráter trabalhista.

13.1 Internet e relações de consumo

O consumo on-line teve um crescimento gigante e de tamanha importância para a relação consumerista. Assim os consumidores virtuais, detém os mesmos direitos e obrigações em suas relações de consumo.

Com o avanço dessa modalidade o legislador teve que promover maior proteção e uniformização da legislação, dessa forma, criou-se a Lei n°12.965/2014 sendo conhecida como a Lei do Marco Civil.

Em seu art. 18, a referida lei nos diz que o **provedor** de conexão à internet não deverá ser responsabilizado de forma civil por danos gerados de conteúdo de terceiros, no entanto, em seu art. 19, disciplina que o provedor somente poderá ser responsabilizado civilmente, **após ordem judicial específica**.

13.2 Teoria da qualidade

No capítulo IV do CDC, vemos do art. 8 ao 28, a chamada teoria da qualidade, sendo chamada desta forma por ter como objetivo principal zelar pela qualidade dos produtos e dos serviços colocados no mercado.

Assim no capítulo IV, seção I, vemos os artigos relativos à proteção da saúde e segurança do consumidor, ou seja, as legislações impõem formas de cuidado e zelo na relação consumerista, vejamos:

Art. 8° *Os produtos e serviços colocados no mercado de consumo não acarretarão riscos à saúde ou segurança dos consumidores, exceto os considerados normais e previsíveis em decorrência de sua natureza e fruição, obrigando-se os fornecedores, em qualquer hipótese, a dar as informações necessárias e adequadas a seu respeito.*

§ 1º Em se tratando de produto industrial, ao fabricante cabe prestar as informações a que se refere este artigo, através de impressos apropriados que devam acompanhar o produto

§ 2º O fornecedor deverá higienizar os equipamentos e utensílios utilizados no fornecimento de produtos ou serviços, ou colocados à disposição do consumidor, e informar, de maneira ostensiva e adequada, quando for o caso, sobre o risco de contaminação.

Art. 9° *O fornecedor de produtos e serviços potencialmente nocivos ou perigosos à saúde ou segurança deverá informar, de maneira ostensiva e adequada, a respeito da sua nocividade ou periculosidade, sem prejuízo da adoção de outras medidas cabíveis em cada caso concreto.*

Art. 10 *O fornecedor não poderá colocar no mercado de consumo produto ou serviço que sabe ou deveria saber apresentar alto grau de nocividade ou periculosidade à saúde ou segurança.*

§ 1° O fornecedor de produtos e serviços que, posteriormente à sua introdução no mercado de consumo, tiver conhecimento da periculosidade que apresentem, deverá comunicar o fato imediatamente às autoridades competentes e aos consumidores, mediante anúncios publicitários.

§ 2° Os anúncios publicitários a que se refere o parágrafo anterior serão veiculados na imprensa, rádio e televisão, às expensas do fornecedor do produto ou serviço.

§ 3° Sempre que tiverem conhecimento de periculosidade de produtos ou serviços à saúde ou segurança dos consumidores, a União, os Estados, o Distrito Federal e os Municípios deverão informá-los a respeito.

Já na seção II do capítulo IV, vemos a responsabilidade do fornecedor, inclusive responsabilidade que é comparada pela doutrina a responsabilidade civil estabelecida pelo Código Civil, destaca-se que a doutrina separa essa responsabilização em três tipos:

- **Responsável real:** é o que fabrica o produto ou presta o serviço diretamente;
- **Responsável presumido:** é o que expõem à venda o produto ou serviço;
- **Responsável ficto:** é o que importa o produto ou serviço para venda doméstica;

Vejamos os artigos relativos a esta seção:

Art. 12 *O fabricante, o produtor, o construtor, nacional ou estrangeiro, e o importador respondem, independentemente da existência de culpa, pela reparação dos danos causados aos consumidores por defeitos decorrentes de projeto, fabricação, construção, montagem, fórmulas, manipulação, apresentação ou acondicionamento de seus produtos, bem como por informações insuficientes ou inadequadas sobre sua utilização e riscos.*

§ 1° O produto é defeituoso quando não oferece a segurança que dele legitimamente se espera, levando-se em consideração as circunstâncias relevantes, entre as quais:

I – Sua apresentação;

II – o uso E os riscos que razoavelmente dele se esperam;

III – a época em que foi colocado em circulação.

§ 2º O produto não é considerado defeituoso pelo fato de outro de melhor qualidade ter sido colocado no mercado.

§ 3° O fabricante, o construtor, o produtor ou importador só não será responsabilizado quando provar:

I – Que não colocou o produto no mercado;

II – Que, embora haja colocado o produto no mercado, o defeito inexiste;

III – a culpa exclusiva do consumidor ou de terceiros.

***Art. 13** O comerciante é igualmente responsável, nos termos do artigo anterior, quando:*

I – O fabricante, o construtor, o produtor ou o importador não puderem ser identificados;

II – O produto for fornecido sem identificação clara do seu fabricante, produtor, construtor ou importador;

III – não conservar adequadamente os produtos perecíveis.

***Parágrafo único.** Aquele que efetivar o pagamento ao prejudicado poderá exercer o direito de regresso contra os demais responsáveis, segundo sua participação na causação do evento danoso.*

***Art. 14** O fornecedor de serviços responde, independentemente da existência de culpa, pela reparação dos danos causados aos consumidores por defeitos relativos à prestação dos serviços, bem como por informações insuficientes ou inadequadas sobre sua fruição e riscos.*

§ 1° O serviço é defeituoso quando não fornece a segurança que o consumidor dele pode esperar, levando-se em consideração as circunstâncias relevantes, entre as quais:

I – O modo de seu fornecimento;

II – o resultado E os riscos que razoavelmente dele se esperam;

III – a época em que foi fornecido.

§ 2º O serviço não é considerado defeituoso pela adoção de novas técnicas.

§ 3° O fornecedor de serviços só não será responsabilizado quando provar:

I – Que, tendo prestado o serviço, o defeito inexiste;

II – A culpa exclusiva do consumidor ou de terceiros.

§ 4° A responsabilidade pessoal dos profissionais liberais será apurada mediante a verificação de culpa.

***Art. 15** (Vetado)*

***Art. 16** (Vetado)*

***Art. 17** Para os efeitos desta Seção, equiparam-se aos consumidores todas as vítimas do evento.*

Continuando, a seção III trata dos vícios inerentes ao produto ou serviço e a quem cabe a responsabilidade, vejamos:

***Art. 18** Os fornecedores de produtos de consumo duráveis ou não duráveis respondem solidariamente pelos vícios de qualidade ou quantidade que os tornem impróprios ou inadequados ao consumo a que se destinam ou lhes diminuam o valor, assim como por aqueles decorrentes da disparidade, com a indicações constantes do recipiente, da embalagem, rotulagem ou mensagem publicitária, respeitadas as variações decorrentes de sua natureza, podendo o consumidor exigir a substituição das partes viciadas.*

§ 1° Não sendo o vício sanado no prazo máximo de trinta dias, pode o consumidor exigir, alternativamente e à sua escolha:

I – A substituição do produto por outro da mesma espécie, em perfeitas condições de uso;

II – A restituição imediata da quantia paga, monetariamente atualizada, sem prejuízo de eventuais perdas e danos;

III – o abatimento proporcional do preço.

§ 2° Poderão as partes convencionar a redução ou ampliação do prazo previsto no parágrafo anterior, não podendo ser inferior a sete nem superior a cento e oitenta dias. Nos contratos de adesão, a cláusula de prazo deverá ser convencionada em separado, por meio de manifestação expressa do consumidor.

§ 3° O consumidor poderá fazer uso imediato das alternativas do § 1° deste artigo sempre que, em razão da extensão do vício, a substituição das partes viciadas puder comprometer a qualidade ou características do produto, diminuir-lhe o valor ou se tratar de produto essencial.

§ 4° Tendo o consumidor optado pela alternativa do inciso I do § 1° deste artigo, e não sendo possível a substituição do bem, poderá haver substituição por outro de espécie, marca ou modelo diversos, mediante complementação ou restituição de eventual diferença de preço, sem prejuízo do disposto nos incisos II e III do § 1° deste artigo.

§ 5° No caso de fornecimento de produtos in natura, será responsável perante o consumidor o fornecedor imediato, exceto quando identificado claramente seu produtor.

§ 6° São impróprios ao uso e consumo:

I – Os produtos cujos prazos de validade estejam vencidos;

II – Os produtos deteriorados, alterados, adulterados, avariados, falsificados, corrompidos, fraudados, nocivos à vida ou à saúde, perigosos ou, ainda, aqueles em desacordo com as normas regulamentares de fabricação, distribuição ou apresentação;

III – os produtos que, por qualquer motivo, se revelem inadequados ao fim a que se destinam.

***Art. 19** Os fornecedores respondem solidariamente pelos vícios de quantidade do produto sempre que, respeitadas as variações decorrentes de sua natureza, seu conteúdo líquido for inferior às indicações constantes do recipiente, da embalagem, rotulagem ou de mensagem publicitária, podendo o consumidor exigir, alternativamente e à sua escolha:*

I – O abatimento proporcional do preço;

II – Complementação do peso ou medida;

III – a substituição do produto por outro da mesma espécie, marca ou modelo, sem os aludidos vícios;

IV – A restituição imediata da quantia paga, monetariamente atualizada, sem prejuízo de eventuais perdas e danos.

§ 1° Aplica-se a este artigo o disposto no § 4° do artigo anterior.

§ 2° O fornecedor imediato será responsável quando fizer a pesagem ou a medição e o instrumento utilizado não estiverem aferido segundo os padrões oficiais.

***Art. 20** O fornecedor de serviços responde pelos vícios de qualidade que os tornem impróprios ao consumo ou lhes diminuam o valor, assim como por aqueles decorrentes da disparidade com as indicações constantes da oferta ou mensagem publicitária, podendo o consumidor exigir, alternativamente e à sua escolha:*

I – A ré execução dos serviços, sem custo adicional e quando cabível;

II – A restituição imediata da quantia paga, monetariamente atualizada, sem prejuízo de eventuais perdas e danos;

III – o abatimento proporcional do preço.

§ 1° A ré execução dos serviços poderá ser confiada a terceiros devidamente capacitados, por conta e risco do fornecedor.

§ 2° São impróprios os serviços que se mostrem inadequados para os fins que razoavelmente deles se esperam, bem como aqueles que não atendam as normas regulamentares de estabilidade.

***Art. 21** No fornecimento de serviços que tenham por objetivo a reparação de qualquer produto considerar-se-á implícita a obrigação do fornecedor de empregar componentes de reposição originais adequados e novos, ou que mantenham as especificações técnicas do fabricante, salvo, quanto a estes últimos, autorização em contrário do consumidor.*

***Art. 22** Os órgãos públicos, por si ou suas empresas, concessionárias, permissionárias ou sob qualquer outra forma de empreendimento, são obrigados a fornecer serviços adequados, eficientes, seguros e, quanto aos essenciais, contínuos.*

***Parágrafo único.** Nos casos de descumprimento, total ou parcial, das obrigações referidas neste artigo, serão as pessoas jurídicas compelidas a cumpri-las e a reparar os danos causados, na forma prevista neste código.*

***Art. 23** A ignorância do fornecedor sobre os vícios de qualidade por inadequação dos produtos e serviços não o exime de responsabilidade.*

***Art. 24** A garantia legal de adequação do produto ou serviço independe de termo expresso, vedada a exoneração contratual do fornecedor.*

***Art. 25** É vedada a estipulação contratual de cláusula que impossibilite, exonere ou atenue a obrigação de indenizar prevista nesta e nas seções anteriores.*

§ 1° Havendo mais de um responsável pela causação do dano, todos responderão solidariamente pela reparação prevista nesta e nas seções anteriores.

§ 2º Sendo o dano causado por componente ou peça incorporada ao produto ou serviço, são responsáveis solidários seu fabricante, construtor ou importador e o que realizou a incorporação.

Assim, a responsabilidade civil nas relações de consumo de caráter objetivo, onde a responsabilidade do fornecedor está clara nos artigos da Seção II, devemos apurar de forma objetiva se há responsabilidade do fornecedor pelo funcionamento inadequado de algum produto ou serviço.

13.3 Caráter solidário

A solidariedade no CDC encontra-se estabelecida nos art. 7º, parágrafo único; arts. 18, 19 e 25, §§ 1º e 2º do CDC.

Nessa relação de solidariedade, caso possua mais de um fornecedor, o texto legislativo traz que, todos serão solidariamente responsáveis por funcionamento inadequado do produto ou do serviço.

A solidariedade é um benefício ao consumidor, sendo inclusive o motivo pelo qual o CDC não admite a denunciação a lide nas demandas de consumo, conforme o art. 88 do CDC.

Art. 88 *Na hipótese do art. 13, parágrafo único deste código, a ação de regresso poderá ser ajuizada em processo autônomo, facultada a possibilidade de prosseguir-se nos mesmos autos, vedada a denunciação da lide.*

13.4 Vício no produto ou serviço e fato do produto ou serviço

O vício é estipulado pelos arts. 18 a 25 do CDC, **onde demonstra-se uma desordem,** entre o produto e o serviço e a expectativa de consumo. Já o fato se encontra nos arts. 12 e 14, em que quando há um dano que o consumidor experimentou, seja à integridade física ou à integridade moral.

VÍCIO = PRODUTO ≠ FATO = PESSOA

Dessa forma, o vício e o fato estão ligados diretamente ao princípio da qualidade, devendo atingir segurança, igualdade entre propaganda e expectativa final

Fique ligado

Independente do contrato o fornecedor deve reparar os vícios eventualmente encontrados no produto ou no serviço pela noção de garantia legal.

Ainda, devemos mencionar que o art. 18, diz que os fornecedores respondem solidariamente pelos vícios de qualidade ou quantidade que tornem esses produtos impróprios, que reduzam o valor do produto ou que não são condizentes com as especificações nos rótulos ou propagandas.

Art. 18 *Os fornecedores de produtos de consumo duráveis ou não duráveis respondem solidariamente pelos vícios de qualidade ou quantidade que os tornem impróprios ou inadequados ao consumo a que se destinam ou lhes diminuam o valor, assim como por aqueles decorrentes da disparidade, com a indicações constantes do recipiente, da embalagem, rotulagem ou mensagem publicitária, respeitadas as variações decorrentes de sua natureza, podendo o consumidor exigir a substituição das partes viciadas.*

§ 1º Não sendo o vício sanado no prazo máximo de trinta dias, pode o consumidor exigir, alternativamente e à sua escolha:

I – A substituição do produto por outro da mesma espécie, em perfeitas condições de uso;

II – A restituição imediata da quantia paga, monetariamente atualizada, sem prejuízo de eventuais perdas e danos;

III – o abatimento proporcional do preço.

§ 2º Poderão as partes convencionar a redução ou ampliação do prazo previsto no parágrafo anterior, não podendo ser inferior a sete nem superior a cento e oitenta dias. Nos contratos de adesão, a cláusula de prazo deverá ser convencionada em separado, por meio de manifestação expressa do consumidor.

§ 3º O consumidor poderá fazer uso imediato das alternativas do § 1º deste artigo sempre que, em razão da extensão do vício, a substituição das partes viciadas puder comprometer a qualidade ou características do produto, diminuir-lhe o valor ou se tratar de produto essencial.

§ 4º Tendo o consumidor optado pela alternativa do inciso I do § 1º deste artigo, e não sendo possível a substituição do bem, poderá haver substituição por outro de espécie, marca ou modelo diversos, mediante complementação ou restituição de eventual diferença de preço, sem prejuízo do disposto nos incisos II e III do § 1º deste artigo.

§ 5º No caso de fornecimento de produtos in natura, será responsável perante o consumidor o fornecedor imediato, exceto quando identificado claramente seu produtor.

§ 6º São impróprios ao uso e consumo:

I – Os produtos cujos prazos de validade estejam vencidos;

II – Os produtos deteriorados, alterados, adulterados, avariados, falsificados, corrompidos, fraudados, nocivos à vida ou à saúde, perigosos ou, ainda, aqueles em desacordo com as normas regulamentares de fabricação, distribuição ou apresentação;

III – os produtos que, por qualquer motivo, se revelem inadequados ao fim a que se destinam.

Importante destacarmos que o fornecedor possui o **prazo de trinta dias** para solucionar o problema, devendo o consumidor concedê-lo, sob pena de perda dos direitos.

- **Vício de quantidade:** encontra-se no art. 19 do CDC e estabelece que os fornecedores **respondem solidariamente pelos vícios de quantidade do produto,** desde que respeitadas as variações decorrentes de sua natureza.
- **Vício do serviço:** tendo em vista o art. 20, o fornecedor de serviços responde pelos vícios relativos a qualidade, ao valor do serviço e a divergência entre a oferta e a execução.

13.5 Fato do produto ou serviço

O fato do produto ou serviço é simplesmente a ocorrência de danos que atingem integridade física ou moral do consumidor. Destacam-se assim pela doutrina os seguintes defeitos:

- **Defeito de concepção:** onde há equívoco no projeto de construção, fabricação ou execução;
- **Defeito de fabricação:** onde mesmo com um projeto correto a execução se deu defeituosa;
- **Defeito de comercialização:** onde a comercialização se deu de forma inadequada.

13.5.1 Excludentes de nexo de causalidade

Inicialmente é importante destacar que o **nexo de causalidade** se trata de um dos pressupostos da responsabilidade do dano.

Assim, a existência de nexo de causalidade entre o produto ou serviço fornecido, é possível apenas na isenção de responsabilização, assim, o art. 12, § 3º, dispõe que o fabricante, o construtor, o produtor ou importador **só não será responsabilizado quando provarem que não colocaram o produto** no mercado ou que mesmo tendo colocado o defeito não é real, e a culpa é do consumidor ou fornecedor.

Não obstante, o art. 14, § 3º do CDC, estabelece que:

Art. 14 *O fornecedor de serviços responde, independentemente da existência de culpa, pela reparação dos danos causados aos consumidores por defeitos relativos à prestação dos serviços, bem como por informações insuficientes ou inadequadas sobre sua fruição e riscos.*

> *[...]*
>
> *§ 3º O fornecedor de serviços só não será responsabilizado quando provar:*
>
> *I – Que, tendo prestado o serviço, o defeito inexiste;*
>
> *II – A culpa exclusiva do consumidor ou de terceiros.*

Assim, caso alegada a ocorrência de vício ou fato do produto pelo consumidor o fornecedor deve comprovar tal alegação, não se valendo da inversão de ônus.

13.5.2 Teoria do risco do desenvolvimento

A teoria do risco do desenvolvimento se trata da aceitação, como uma excludente da responsabilidade do fornecedor de produtos ou serviços, uma vez que no lançamento do produto não havia meios de conhecimento do vício ou defeito, ou mesmo defeito que se evidenciou apenas após o fornecimento do produto ou serviço sendo seu dano aparente apenas após o avanço tecnológico.

No Brasil, ainda não há uma posição sobre essa teoria, no entanto, a União Europeia e os Estados Unidos a aceitam como excludente de responsabilidade.

13.5.3 Recall

O *recall* é o momento onde o fornecedor identifica a existência de defeito ou mau funcionamento e comunica o fato ás autoridades competentes e aos consumidores, para solucionar o problema de forma gratuita, conforme o art. 10, § 1º do CDC.

> ***Art. 10*** *O fornecedor não poderá colocar no mercado de consumo produto ou serviço que sabe ou deveria saber apresentar alto grau de nocividade ou periculosidade à saúde ou segurança.*
>
> *§ 1º O fornecedor de produtos e serviços que, posteriormente à sua introdução no mercado de consumo, tiver conhecimento da periculosidade que apresentem, deverá comunicar o fato imediatamente às autoridades competentes e aos consumidores, mediante anúncios publicitários.*

13.5.4 Bystander

De acordo com o art. 17 do CDC, são equiparados aos consumidores todas as vítimas de evento danoso causado por produto ou serviço, de modo que todas as vítimas do acidente de consumo são consideradas consumidoras, sendo denominados *bystanders*.

O art. 17 do CDC, equipara a consumidor todos os que forem atingidos direta ou indiretamente pelos danos decorrentes de defeitos de produtos ou serviços. Terceiros que não tenham participado da relação de consumo, passam a ser amparados em função deste artigo.

14 PRESCRIÇÃO E DECADÊNCIA NO CDC

Quando falamos de prescrição e decadência é importante a distinção entre as duas hipóteses, vejamos abaixo:

- **Prescrição** é a extinção da pretensão à prestação devida;
- **Decadência** é a perda efetiva de um direito pela perda do prazo.

Podemos encontrar nos arts. 26 e 27 do CDC, a disposição a cerca da prescrição e da decadência.

> ***Art. 26*** *O direito de reclamar pelos vícios aparentes ou de fácil constatação caduca em:*
>
> *I – trinta dias, tratando-se de fornecimento de serviço e de produtos não duráveis;*
>
> *II – noventa dias, tratando-se de fornecimento de serviço e de produtos duráveis.*
>
> *§ 1º Inicia-se a contagem do prazo decadencial a partir da entrega efetiva do produto ou do término da execução dos serviços.*
>
> *§ 2º Obstam a decadência:*
>
> *I – a reclamação comprovadamente formulada pelo consumidor perante o fornecedor de produtos e serviços até a resposta negativa correspondente, que deve ser transmitida de forma inequívoca;*
>
> *II – (Vetado)*
>
> *III – a instauração de inquérito civil, até seu encerramento.*
>
> *§ 3º Tratando-se de vício oculto, o prazo decadencial inicia-se no momento em que ficar evidenciado o defeito.*
>
> ***Art. 27*** *Prescreve em cinco anos a pretensão à reparação pelos danos causados por fato do produto ou do serviço prevista na Seção II deste Capítulo, iniciando-se a contagem do prazo a partir do conhecimento do dano e de sua autoria.*

Nesse sentido, a prescrição é aplicável ao fato, já a decadência é aplicável ao vício produto ou serviço.

Os prazos decadenciais encontram-se no art. 26 do CDC, vejamos:

> ***Art. 26*** *O direito de reclamar pelos vícios aparentes ou de fácil constatação caduca em:*
>
> *I – trinta dias, tratando-se de fornecimento de serviço e de produtos não duráveis;*
>
> *II – noventa dias, tratando-se de fornecimento de serviço e de produtos duráveis.*

O prazo prescricional tem início a partir do conhecimento do dano e da sua autoria, conforme art. 26, §§ 1º e 3º e art. 27 do CDC.

Importante aqui mencionar que os prazos para exercício de **garantia legal** iniciam-se na aquisição do produto ou serviço.

15 DESCONSIDERAÇÃO DA PERSONALIDADE JURÍDICA

15.1 Teoria maior e teoria menor da desconsideração da personalidade jurídica

A personalidade jurídica é, em suma, a separação dos bens patrimoniais da empresa dos bens pessoais dos sócios.

Para que ocorra a desconsideração da personalidade, deve ocorrer fraude ou abuso por parte dos sócios, sendo o juiz autorizado a quebrar a parede que separa o socio da empresa.

Vejamos o art. 28 do CDC:

> ***Art. 28*** *O juiz poderá desconsiderar a personalidade jurídica da sociedade quando, em detrimento do consumidor, houver abuso de direito, excesso de poder, infração da lei, fato ou ato ilícito ou violação dos estatutos ou contrato social. A desconsideração também será efetivada quando houver falência, estado de insolvência, encerramento ou inatividade da pessoa jurídica provocados por má administração.*
>
> *§ 1° (Vetado)*
>
> *§ 2° As sociedades integrantes dos grupos societários e as sociedades controladas, são subsidiariamente responsáveis pelas obrigações decorrentes deste código.*
>
> *§ 3° As sociedades consorciadas são solidariamente responsáveis pelas obrigações decorrentes deste código.*
>
> *§ 4° As sociedades coligadas só responderão por culpa.*
>
> *§ 5° Também poderá ser desconsiderada a pessoa jurídica sempre que sua personalidade for, de alguma forma, obstáculo ao ressarcimento de prejuízos causados aos consumidores.*

15.1.1 Teoria maior

A **teoria maior tem como regra que para desconsiderar** a personalidade deve-se configurar fraude ou abuso, ou ainda confusão patrimonial entre os bens da pessoa física e os bens da pessoa **jurídica.**

15.1.2 Teoria menor

É a teoria adotada pelo CDC sendo prevista no art. 28, § 5º, onde será **desconsiderada** a **personalidade** quando for, obstáculo ao ressarcimento de prejuízos causados ao consumidor, vejamos:

> ***Art. 28*** *O juiz poderá desconsiderar a personalidade jurídica da sociedade quando, em detrimento do consumidor, houver abuso de direito, excesso de poder, infração da lei, fato ou ato ilícito ou violação dos estatutos ou contrato social. A desconsideração também será efetivada quando houver falência, estado de insolvência, encerramento ou inatividade da pessoa jurídica provocados por má administração.*
>
> *[...]*
>
> *§ 5° Também poderá ser desconsiderada a pessoa jurídica sempre que sua personalidade for, de alguma forma, obstáculo ao ressarcimento de prejuízos causados aos consumidores*

ATEBAN

16 PRÁTICAS COMERCIAIS

O art. 29 do CDC estabelece que em seu texto que:

> ***Art. 29*** *Para os fins deste Capítulo e do seguinte, equiparam-se aos consumidores todas as pessoas determináveis ou não, expostas às práticas nele previstas.*

Assim, abrangemos o sentido de consumidor, onde agora qualquer pessoa que tenha contato com a prática publicitária ou abusiva é considerado consumidor, mesmo não tendo utilizado ou adquirido o serviço ou produto

Aqui se abrange o sentido de consumidor para ampliar a proteção do CDC, podendo assim haver um controle as práticas abusivas que violam a proteção do consumidor.

16.1 Oferta

O art. 30 do CDC, é onde é tratada a informação e publicidade, obrigando o fornecedor divulgar o seu produto ou serviço cumprindo em total integridade o contrato que vier a ser celebrado, com base no **princípio da vinculação da oferta, devendo ser observada aqui a boa-fé objetiva**, devendo o fornecedor agir com lealdade, cooperação, informação e transparência

> ***Art. 30*** *Toda informação ou publicidade, suficientemente precisa, veiculada por qualquer forma ou meio de comunicação com relação a produtos e serviços oferecidos ou apresentados, obriga o fornecedor que a fizer veicular ou dela se utilizar e integra o contrato que vier a ser celebrado.*

16.1.1 Dever de prestar informações corretas e precisas

Consta do fornecedor ou prestador de garantir a informação correta ao consumidor, sendo necessária a boa-fé objetiva.

> ***Art. 31*** *A oferta e apresentação de produtos ou serviços devem assegurar informações corretas, claras, precisas, ostensivas e em língua portuguesa sobre suas características, qualidades, quantidade, composição, preço, garantia, prazos de validade e origem, entre outros dados, bem como sobre os riscos que apresentam à saúde e segurança dos consumidores.*
>
> ***Parágrafo único.*** *As informações de que trata este artigo, nos produtos refrigerados oferecidos ao consumidor, serão gravadas de forma indelével.*

Como podemos ver o art. 31 estabelece rol exemplificativo de informações que devem constar na oferta, devendo inclusive observar os princípios da transparência e da informação (art. 4º, "caput" e 6º, III do CDC).

Assim é dever do fornecedor apresentar todas as informações possíveis e uteis ao consumidor, para o bom uso e funcionamento do produto, bem como para decisão real de aquisição.

16.1.2 Ofertas de peças de reposição

O art. 32 do CDC, trata da responsabilidade pós-contratual sendo direcionada aos fabricantes e importadores. Vejamos:

> ***Art. 32*** *Os fabricantes e importadores deverão assegurar a oferta de componentes e peças de reposição enquanto não cessar a fabricação ou importação do produto.*
>
> ***Parágrafo único.*** *Cessadas a produção ou importação, a oferta deverá ser mantida por período razoável de tempo, na forma da lei.*

Este artigo denota que é importante e necessário que o fornecedor garanta a oferta de peças de reposição.

Importante mencionar que, mesmo a lei não estipulando prazo, o art. 13, XXI do Decreto nº 2.181/1997 em seu texto sana essa pendência, vejamos:

> ***Art. 13, Decreto nº 2.181/1997*** *Serão consideradas, ainda, práticas infrativas, na forma dos dispositivos da Lei nº 8.078, de 1990:*
>
> *[...]*
>
> *XXI – deixar de assegurar a oferta de componentes e peças de reposição, enquanto não cessar a fabricação ou importação do produto, e, caso cessadas, de manter a oferta de componentes e peças de reposição por período razoável de tempo, nunca inferior à vida útil do produto ou serviço;*

Assim, ao descumprir o dever de repor peças danificadas, resta configurada a prática abusiva.

16.1.3 Venda por telefone e reembolso postal

A venda por telefone é verificada no art. 33 do CDC, vejamos:

> ***Art. 33*** *Em caso de oferta ou venda por telefone ou reembolso postal, deve constar o nome do fabricante e endereço na embalagem, publicidade e em todos os impressos utilizados na transação comercial.*
>
> ***Parágrafo único.*** *É proibida a publicidade de bens e serviços por telefone, quando a chamada for onerosa ao consumidor que a origina.*

Tal dever imposto pelo artigo é relacionado ao princípio da transparência, pois utiliza a identificação do fornecedor ao recebimento do produto.

16.1.4 Solidariedade do fornecedor pelos atos dos prepostos ou representantes autônomos

O art. 34 do CDC, onde o fornecedor do produto ou serviço é solidariamente responsável pelos atos de seus prepostos ou representantes autônomos.

> ***Art. 34*** *O fornecedor do produto ou serviço é solidariamente responsável pelos atos de seus prepostos ou representantes autônomos.*

Aqui há grande relevância tendo em vista a vulnerabilidade do consumidor na relação consumerista, bem como diante da cadeia de fornecedores.

17 PUBLICIDADE NAS RELAÇÕES DE CONSUMO

Publicidade é toda a informação criada com o fim de promover produtos ou serviços aos consumidores. Assim, a publicidade pode ser institucional, ou seja, para divulgar produto ou serviço ou promocional, para abranger a venda de um produto ou serviço.

O ordenamento adota um sistema misto com o CDC e outras legislações como a Leis de proteção de Dados (LGPD), a fim de controlar as relações publicitarias.

17.1 Princípios da publicidade

17.1.1 Identificação

Estabelece que a publicidade deve ser de fácil entendimento conforme vemos no art. 36 do CDC, vejamos:

> ***Art. 36*** *A publicidade deve ser veiculada de tal forma que o consumidor, fácil e imediatamente, a identifique como tal.*
>
> ***Parágrafo único.*** *O fornecedor, na publicidade de seus produtos ou serviços, manterá, em seu poder, para informação dos legítimos interessados, os dados fáticos, técnicos e científicos que dão sustentação à mensagem.*

17.1.2 Vinculação contratual

Aqui simplesmente vemos que a mensagem publicitária a vincula ao anunciante.

17.1.3 Veracidade

Toda e qualquer informação utilizada para publicidade deve ser verdadeira.

> ***Art. 37*** *É proibida toda publicidade enganosa ou abusiva.*
>
> *§ 1° É enganosa qualquer modalidade de informação ou comunicação de caráter publicitário, inteira ou parcialmente falsa, ou, por qualquer outro modo, mesmo por omissão, capaz de induzir em erro o consumidor a respeito da natureza, características, qualidade, quantidade, propriedades, origem, preço e quaisquer outros dados sobre produtos e serviços.*

17.1.4 Não abusividade

Este princípio anda de mãos dada ao princípio da veracidade, uma vez que além de verdadeira a publicidade deve ser livre de componentes abusivos.

> ***Art. 37*** *É proibida toda publicidade enganosa ou abusiva.*
>
> *[...]*
>
> *§ 2° É abusiva, dentre outras a publicidade discriminatória de qualquer natureza, a que incite à violência, explore o medo ou a superstição, se aproveite da deficiência de julgamento e experiência da criança, desrespeita valores ambientais, ou que seja capaz de induzir o consumidor a se comportar de forma prejudicial ou perigosa à sua saúde ou segurança.*

17.1.5 Transparência da fundamentação

Aqui é dever do responsável da divulgação da publicidade a publicação e veiculação de todos os dados técnicos do produto ou serviço.

> ***Art. 36*** *A publicidade deve ser veiculada de tal forma que o consumidor, fácil e imediatamente, a identifique como tal.*
>
> ***Parágrafo único.*** *O fornecedor, na publicidade de seus produtos ou serviços, manterá, em seu poder, para informação dos legítimos interessados, os dados fáticos, técnicos e científicos que dão sustentação à mensagem.*

17.1.6 Lealdade publicitária

Esse princípio é voltado para licitude da publicidade comparativa, devendo ser objetiva e esclarecedora ao consumidor, conforme art. 4°, VI do CDC.

> ***Art. 4°*** *A Política Nacional das Relações de Consumo tem por objetivo o atendimento das necessidades dos consumidores, o respeito à sua dignidade, saúde e segurança, a proteção de seus interesses econômicos, a melhoria da sua qualidade de vida, bem como a transparência e harmonia das relações de consumo, atendidos os seguintes princípios:*
>
> *[...]*
>
> *VI – coibição e repressão eficientes de todos os abusos praticados no mercado de consumo, inclusive a concorrência desleal e utilização indevida de inventos e criações industriais das marcas e nomes comerciais e signos distintivos, que possam causar prejuízos aos consumidores;*

17.1.7 Publicidade abusiva e enganosa

A proibição a publicidade abusiva e enganosa é prevista no art. 37 do CDC, vejamos:

> ***Art. 37*** *É proibida toda publicidade enganosa ou abusiva.*
>
> *§ 1° É enganosa qualquer modalidade de informação ou comunicação de caráter publicitário, inteira ou parcialmente falsa, ou, por qualquer outro modo, mesmo por omissão, capaz de induzir em erro o consumidor a respeito da natureza, características, qualidade, quantidade, propriedades, origem, preço e quaisquer outros dados sobre produtos e serviços.*
>
> *§ 2° É abusiva, dentre outras a publicidade discriminatória de qualquer natureza, a que incite à violência, explore o medo ou a superstição, se aproveite da deficiência de julgamento e experiência da criança, desrespeita valores ambientais, ou que seja capaz de induzir o consumidor a se comportar de forma prejudicial ou perigosa à sua saúde ou segurança.*
>
> *§ 3° Para os efeitos deste código, a publicidade é enganosa por omissão quando deixar de informar sobre dado essencial do produto ou serviço.*

Assim, tendo em vista o dano que pode ser gerado decorrente dessa publicidade abusiva. O legislador criou formas de vedar a publicidade com fraude.

Dessa forma, é importante ressaltarmos que a publicidade enganosa ela cria a veiculação de informações falsas, que tem como finalidade induzir o consumidor a erro.

17.1.8 Ônus da prova na comunicação publicitária

Encontramos o ônus da prova relativo a comunicação no art. 38 do CDC, vejamos:

> ***Art. 38*** *O ônus da prova da veracidade e correção da informação ou comunicação publicitária cabe a quem as patrocina.*

Aqui vemos a forma de inversão da prova chamada *ope legis*, sendo diferente da inversão ocorrida pelo art. 6°, VIII do CDC, uma vez que não precisa da manifestação do juiz.

Assim em caso de questionamento sobre a publicidade o responsável deverá fornecer ao processo toda a informação necessária de forma clara e transparente.

17.2 Sanções

As sanções previstas pelo CDC em casos de publicidade enganosa ou abusiva encontram-se no art. 56, XII e art. 60 do CDC:

> ***Art. 56*** *As infrações das normas de defesa do consumidor ficam sujeitas, conforme o caso, às seguintes sanções administrativas, sem prejuízo das de natureza civil, penal e das definidas em normas específicas:*
>
> *I – multa;*
>
> *II – apreensão do produto;*

III – inutilização do produto;

IV – cassação do registro do produto junto ao órgão competente;

V – proibição de fabricação do produto;

VI – suspensão de fornecimento de produtos ou serviço;

VII – suspensão temporária de atividade;

VIII – revogação de concessão ou permissão de uso;

IX – cassação de licença do estabelecimento ou de atividade;

X – interdição, total ou parcial, de estabelecimento, de obra ou de atividade;

XI – intervenção administrativa;

XII – imposição de contrapropaganda.

Parágrafo único. *As sanções previstas neste artigo serão aplicadas pela autoridade administrativa, no âmbito de sua atribuição, podendo ser aplicadas cumulativamente, inclusive por medida cautelar, antecedente ou incidente de procedimento administrativo.*

Art. 60 *A imposição de contrapropaganda será cominada quando o fornecedor incorrer na prática de publicidade enganosa ou abusiva, nos termos do art. 36 e seus parágrafos, sempre às expensas do infrator.*

§ 1º A contrapropaganda será divulgada pelo responsável da mesma forma, freqüência e dimensão e, preferencialmente no mesmo veículo, local, espaço e horário, de forma capaz de desfazer o malefício da publicidade enganosa ou abusiva.

Sendo a contrapropaganda a principal consequência nesses casos podendo ser administrativamente e criminalmente, uma vez que a contrapropaganda realiza uma nova publicidade que deve ser clara quanto a informação verdadeira. Vejamos sua sanção penal os arts. 67 a 69 do CDC:

Art. 67 *Fazer ou promover publicidade que sabe ou deveria saber ser enganosa ou abusiva:*

Pena – Detenção de três meses a um ano e multa.

Parágrafo único. *(Vetado)*

Art. 68 *Fazer ou promover publicidade que sabe ou deveria saber ser capaz de induzir o consumidor a se comportar de forma prejudicial ou perigosa a sua saúde ou segurança:*

Pena – Detenção de seis meses a dois anos e multa:

Parágrafo único. *(Vetado)*

Art. 69 *Deixar de organizar dados fáticos, técnicos e científicos que dão base à publicidade:*

Pena – Detenção de um a seis meses ou multa.

18 PRÁTICAS ABUSIVAS

18.1 Práticas abusivas em espécie

Art. 39 É vedado ao fornecedor de produtos ou serviços, dentre outras práticas abusivas:

I – condicionar o fornecimento de produto ou de serviço ao fornecimento de outro produto ou serviço, bem como, sem justa causa, a limites quantitativos;

II – recusar atendimento às demandas dos consumidores, na exata medida de suas disponibilidades de estoque, e, ainda, de conformidade com os usos e costumes;

III – enviar ou entregar ao consumidor, sem solicitação prévia, qualquer produto, ou fornecer qualquer serviço;

IV – prevalecer-se da fraqueza ou ignorância do consumidor, tendo em vista sua idade, saúde, conhecimento ou condição social, para impingir-lhe seus produtos ou serviços;

V – exigir do consumidor vantagem manifestamente excessiva;

VI – executar serviços sem a prévia elaboração de orçamento e autorização expressa do consumidor, ressalvadas as decorrentes de práticas anteriores entre as partes;

VII – repassar informação depreciativa, referente a ato praticado pelo consumidor no exercício de seus direitos;

VIII – colocar, no mercado de consumo, qualquer produto ou serviço em desacordo com as normas expedidas pelos órgãos oficiais competentes ou, se normas específicas não existirem, pela Associação Brasileira de Normas Técnicas ou outra entidade credenciada pelo Conselho Nacional de Metrologia, Normalização e Qualidade Industrial (Conmetro);

IX – recusar a venda de bens ou a prestação de serviços, diretamente a quem se disponha a adquiri-los mediante pronto pagamento, ressalvados os casos de intermediação regulados em leis especiais;

X – elevar sem justa causa o preço de produtos ou serviços.

XI – Dispositivo incluído pela MPV nº 1.890-67, de 22.10.1999, transformado em inciso XIII, quando da conversão na Lei nº 9.870, de 23.11.1999

XII – deixar de estipular prazo para o cumprimento de sua obrigação ou deixar a fixação de seu termo inicial a seu exclusivo critério.

XIII – aplicar fórmula ou índice de reajuste diverso do legal ou contratualmente estabelecido.

XIV – permitir o ingresso em estabelecimentos comerciais ou de serviços de um número maior de consumidores que o fixado pela autoridade administrativa como máximo.

O art. 39 do CDC que nos traz um rol exemplificativo, de práticas abusivas, práticas essas que representam a violação de princípios e padrões do CDC, pelos fornecedores.

18.2 Produtos ou serviços sujeitos ao regime de controle de preços

No art. 41 do CDC a sanção que trata da prática abusiva de fornecimento de produtos ou serviços sujeitos ao regime de controle de preços em casos de não observação dos valores corretos pelo fornecedor.

Art. 41 No caso de fornecimento de produtos ou de serviços sujeitos ao regime de controle ou de tabelamento de preços, os fornecedores deverão respeitar os limites oficiais sob pena de não o fazendo, responderem pela restituição da quantia recebida em excesso, monetariamente atualizada, podendo o consumidor exigir à sua escolha, o desfazimento do negócio, sem prejuízo de outras sanções cabíveis.

18.3 Cobrança de dívidas

Art. 42 Na cobrança de débitos, o consumidor inadimplente não será exposto a ridículo, nem será submetido a qualquer tipo de constrangimento ou ameaça.

Inicialmente cumpre salientarmos que o fornecedor tem todo o direito a realizar a cobrança de dívidas, desde que não "passe dos limites", uma vez, que o fornecedor não deve se utilizar de meios que causem constrangimento, vergonha, exposição ao ridículo ou até mesmo que utilize ameaça.

18.4 Repetição de indébito no CDC

A repetição do indébito é um dos pedidos mais utilizados em processos que envolvam o consumidor, uma que o art. 42 do CDC estabelece a devolução em dobro de um valor pago em excesso.

Art. 42, Parágrafo único. O consumidor cobrado em quantia indevida tem direito à repetição do indébito, por valor igual ao dobro do que pagou em excesso, acrescido de correção monetária e juros legais, salvo hipótese de engano justificável.

19 BANCO DE DADOS E CADASTRO DE CONSUMIDORES

Quando iniciamos o assunto de banco de dados e cadastro, vemos dois artigos principais o art. 43 do CDC e art. 2º, I da Lei nº 12.414/2011, vejamos:

> ***Art. 2º, Lei nº 12.414/2011*** *Para os efeitos desta Lei, considera-se:*
> *I – banco de dados: conjunto de dados relativo a pessoa natural ou jurídica armazenados com a finalidade de subsidiar a concessão de crédito, a realização de venda a prazo ou de outras transações comerciais e empresariais que impliquem risco financeiro;*
>
> ***Art. 43, CDC*** *O consumidor, sem prejuízo do disposto no art. 86, terá acesso às informações existentes em cadastros, fichas, registros e dados pessoais e de consumo arquivados sobre ele, bem como sobre as suas respectivas fontes.*
>
> *§ 1° Os cadastros e dados de consumidores devem ser objetivos, claros, verdadeiros e em linguagem de fácil compreensão, não podendo conter informações negativas referentes a período superior a cinco anos.*
>
> *§ 2° A abertura de cadastro, ficha, registro e dados pessoais e de consumo deverá ser comunicada por escrito ao consumidor, quando não solicitada por ele.*
>
> *§ 3° O consumidor, sempre que encontrar inexatidão nos seus dados e cadastros, poderá exigir sua imediata correção, devendo o arquivista, no prazo de cinco dias úteis, comunicar a alteração aos eventuais destinatários das informações incorretas.*
>
> *§ 4° Os bancos de dados e cadastros relativos a consumidores, os serviços de proteção ao crédito e congêneres são considerados entidades de caráter público.*
>
> *§ 5° Consumada a prescrição relativa à cobrança de débitos do consumidor, não serão fornecidas, pelos respectivos Sistemas de Proteção ao Crédito, quaisquer informações que possam impedir ou dificultar novo acesso ao crédito junto aos fornecedores.*
>
> *§ 6° Todas as informações de que trata o caput deste artigo devem ser disponibilizadas em formatos acessíveis, inclusive para a pessoa com deficiência, mediante solicitação do consumidor.*

Podemos verificar que o banco de dados assim como o cadastro de consumidores são formas de arquivos, importante notar a diferença entre bancos de dados e cadastro de consumidores, no entanto, o banco de dados é atualizado pelos fornecedores, já nos cadastros de consumidores é atualizado pelos consumidores.

Em geral, muito se discute sobre os bancos de dados de proteção ao crédito, responsáveis por verificar a inadimplência dos consumidores e fornecer os dados negativos

Com relação a isso consideram-se três direitos básicos ao consumidor:

- **Direito a ser comunicado previamente:** de acordo com o art. 43, § 2º do o consumidor deve ser comunicado por escrito em caso de abertura de cadastro, ficha, registro e dados pessoais e de consumo.

  Ainda, nos termos da Súmula nº 359 e Súmula nº 404 do STJ:

  > ***Súmula nº 359 – STJ***
  > *Cabe ao órgão mantenedor do Cadastro de Proteção ao Crédito a notificação do devedor antes de proceder à inscrição*
  >
  > ***Súmula nº 404 – STJ***
  > *É dispensável o Aviso de Recebimento (AR) na carta de comunicação ao consumidor sobre a negativação de seu nome em bancos de dados e cadastro*

- **Direito de acessar a informação:** no §6º do art. 43 do CDC , vemos que o legislador é cristalino no direito do acesso amplo, integral às informações ao seu respeito.

  > ***Art. 43, § 6º*** *Todas as informações de que trata o caput deste artigo devem ser disponibilizadas em formatos acessíveis, inclusive para a pessoa com deficiência, mediante solicitação do consumidor.*

- **Direito à correção das informações:** no §3º do art. 43, vemos que o consumidor tem pleno direito a correção das informações contidas em seus arquivos.

20 PROTEÇÃO CONTRATUAL

20.1 Princípios

20.1.1 Transparência e vinculação contratual

O princípio da transparência e vinculação contratual é a necessidade de transparecia para que o contrato seja pleno, ou seja, para que se conclua um contrato na relação de consumo o consumidor tem que saber cristalinamente o que ali está estipulado.

> ***Art. 46*** *Os contratos que regulam as relações de consumo não obrigarão os consumidores, se não lhes for dada a oportunidade de tomar conhecimento prévio de seu conteúdo, ou se os respectivos instrumentos forem redigidos de modo a dificultar a compreensão de seu sentido e alcance.*

20.1.2 Interpretação mais favorável

Nesse princípio vemos que as cláusulas contratuais com texto aberto a interpretação deverão ser interpretadas da melhor forma para o consumidor.

> ***Art. 47*** *As cláusulas contratuais serão interpretadas de maneira mais favorável ao consumido*

20.1.3 Vinculação do fornecedor

O princípio da vinculação do fornecedor é regido pelo art. 48 do CDC onde deve –se prestigiar a boa-fé

> ***Art. 48*** *As declarações de vontade constantes de escritos particulares, recibos e pré-contratos relativos às relações de consumo vinculam o fornecedor, ensejando inclusive execução específica, nos termos do art. 84 e parágrafos.*

20.1.4 Direito de reflexão ou de arrependimento

É o direito potestativo do consumidor de refletir e se arrepender quando não efetuada a transação em estabelecimento, uma vez que o art. 49 em seu texto traz o direito a desistir em 7 dias de uma compra ou contratação.

> ***Art. 49*** *O consumidor pode desistir do contrato, no prazo de 7 dias a contar de sua assinatura ou do ato de recebimento do produto ou serviço, sempre que a contratação de fornecimento de produtos e serviços ocorrer fora do estabelecimento comercial, especialmente por telefone ou a domicílio.*
>
> ***Parágrafo único.*** *Se o consumidor exercitar o direito de arrependimento previsto neste artigo, os valores eventualmente pagos, a qualquer título, durante o prazo de reflexão, serão devolvidos, de imediato, monetariamente atualizados.*

20.2 Cláusulas abusivas

O legislador se preocupou em criar um rol exemplificativo no art. 51 do CDC, onde demonstram algumas cláusulas abusivas, sendo, no entanto, consideradas somente aquelas que desrespeitam os direitos e garantias do consumidor.

> ***Art. 51*** *São nulas de pleno direito, entre outras, as cláusulas contratuais relativas ao fornecimento de produtos e serviços que:*
>
> *I – impossibilitem, exonerem ou atenuem a responsabilidade do fornecedor por vícios de qualquer natureza dos produtos e serviços ou impliquem renúncia ou disposição de direitos. Nas relações de consumo entre o fornecedor e o consumidor pessoa jurídica, a indenização poderá ser limitada, em situações justificáveis;*
>
> *II – subtraiam ao consumidor a opção de reembolso da quantia já paga, nos casos previstos neste código;*
>
> *III – transfiram responsabilidades a terceiros;*
>
> *IV – estabeleçam obrigações consideradas iníquas, abusivas, que coloquem o consumidor em desvantagem exagerada, ou sejam incompatíveis com a boa-fé ou a equidade;*
>
> *V – (Vetado)*
>
> *VI – estabeleçam inversão do ônus da prova em prejuízo do consumidor;*
>
> *VII – determinem a utilização compulsória de arbitragem;*
>
> *VIII – imponham representante para concluir ou realizar outro negócio jurídico pelo consumidor;*
>
> *IX – deixem ao fornecedor a opção de concluir ou não o contrato, embora obrigando o consumidor;*
>
> *X – permitam ao fornecedor, direta ou indiretamente, variação do preço de maneira unilateral;*
>
> *XI – autorizem o fornecedor a cancelar o contrato unilateralmente, sem que igual direito seja conferido ao consumidor;*
>
> *XII – obriguem o consumidor a ressarcir os custos de cobrança de sua obrigação, sem que igual direito lhe seja conferido contra o fornecedor;*
>
> *XIII – autorizem o fornecedor a modificar unilateralmente o conteúdo ou a qualidade do contrato, após sua celebração;*
>
> *XIV – infrinjam ou possibilitem a violação de normas ambientais;*
>
> *XV – estejam em desacordo com o sistema de proteção ao consumidor;*
>
> *XVI – possibilitem a renúncia do direito de indenização por benfeitorias necessárias.*
>
> *XVII – condicionem ou limitem de qualquer forma o acesso aos órgãos do Poder Judiciário*
>
> *XVIII – estabeleçam prazos de carência em caso de impontualidade das prestações mensais ou impeçam o restabelecimento integral dos direitos do consumidor e de seus meios de pagamento a partir da purgação da mora ou do acordo com os credores;*
>
> *XIX – (Vetado)*
>
> *§ 1º Presume-se exagerada, entre outros casos, a vantagem que:*
>
> *I – ofende os princípios fundamentais do sistema jurídico a que pertence;*
>
> *II – restringe direitos ou obrigações fundamentais inerentes à natureza do contrato, de tal modo a ameaçar seu objeto ou equilíbrio contratual;*
>
> *III – se mostra excessivamente onerosa para o consumidor, considerando-se a natureza e conteúdo do contrato, o interesse das partes e outras circunstâncias peculiares ao caso.*
>
> *§ 2° A nulidade de uma cláusula contratual abusiva não invalida o contrato, exceto quando de sua ausência, apesar dos esforços de integração, decorrer ônus excessivo a qualquer das partes.*
>
> *§ 3° (Vetado)*
>
> *§ 4° É facultado a qualquer consumidor ou entidade que o represente requerer ao Ministério Público que ajuíze a competente ação para ser declarada a nulidade de cláusula contratual que contrarie o disposto neste código ou de qualquer forma não assegure o justo equilíbrio entre direitos e obrigações das partes.*

20.3 Contratos que envolvam outorga de crédito ou financiamento

> ***Art. 52*** *No fornecimento de produtos ou serviços que envolva outorga de crédito ou concessão de financiamento ao consumidor, o fornecedor deverá, entre outros requisitos, informá-lo prévia e adequadamente sobre:*
>
> *I – preço do produto ou serviço em moeda corrente nacional;*
>
> *II – montante dos juros de mora e da taxa efetiva anual de juros;*
>
> *III – acréscimos legalmente previstos;*
>
> *IV – número e periodicidade das prestações;*
>
> *V – soma total a pagar, com e sem financiamento.*
>
> *§ 1° As multas de mora decorrentes do inadimplemento de obrigações no seu termo não poderão ser superiores a dois por cento do valor da prestação.*

§ 2º É assegurado ao consumidor a liquidação antecipada do débito, total ou parcialmente, mediante redução proporcional dos juros e demais acréscimos.

O art. 52 do CDC dispõe sobre um padrão de transparência mínimo a ser alcançado nos contratos de crédito, devendo o consumidor possuir acesso a informação clara e pertinente, para que saiba exatamente o valor final do crédito, no intuito de prevenir o superendividamento.

O superendividamento é fácil de visualizar:

pessoa física
↓
contrai crédito de boa-fé
↓
não consegue quitar a dívida, pois não possui patrimônio ou renda suficiente.

O superendividamento possui diversas formas, podendo ser:

- **Ativo:** nesse caso o consumidor se endivida por impulso, podendo ser consciente, onde ele contrai a dívida sabendo que não tem como pagar ou inconsciente quando ele age de forma impulsiva sem intenção de agir maliciosamente.
- **Passivo:** nesse caso o consumidor faz a dívida devido a imprevistos.

20.4 Capitalização dos juros

A capitalização de juros, chamada de anatocismo, ocorre quando os **juros** são calculados sobre os próprios **juros** devidos.

Algumas súmulas do STJ dispõem sobre o tema, vejamos:

Súmula nº 539 – STJ

É permitida a capitalização de juros com periodicidade inferior a anual em contratos celebrados com instituições integrantes do Sistema Financeiro Nacional, a partir de 31/3/2000, desde que expressamente pactuada.

Súmula nº 541 – STJ

A previsão no contrato bancário de taxa de juros anual superior ao duodécuplo da mensal é suficiente para permitir a cobrança da taxa efetiva anual contratada.

Importante mencionar o que o STJ recentemente decidiu que, quando pactuada a capitalização diária de juros remuneratórios, a instituição deve informar ao consumidor.

20.5 Comissão de permanência

A comissão de permanência é um valor cobrado diariamente do consumidor em caso de não pagamento de sua dívida. Sendo regida Resolução nº 1.129/1986 do CMN.

20.6 Cobrança indevida pela emissão de boletos bancários

Trata-se de uma prática abusiva de enriquecimento ilícito feita por instituições bancárias, uma vez que possuem tarifa interbancária, excluindo as situações onde o fornecedor cobra o mesmo valor que lhe foi cobrado.

20.7 Retenção salarial

A retenção salarial para títulos de crédito são regidas pelo art. 1º, § 1º da Lei nº 10.820/2003, onde o limite máximo de amortização é de 35%, sendo 5% exclusivos a cartão de crédito. Vejamos:

Art. 1º *Os empregados regidos pela Consolidação das Leis do Trabalho – CLT, aprovada pelo Decreto-Lei nº 5.452, de 1º de maio de 1943, poderão autorizar, de forma irrevogável e irretratável, o desconto em folha de pagamento ou na sua remuneração disponível dos valores referentes ao pagamento de empréstimos, financiamentos, cartões de crédito e operações de arrendamento mercantil concedidos por instituições financeiras e sociedades de arrendamento mercantil, quando previsto nos respectivos contratos.*

§ 1º O desconto mencionado neste artigo também poderá incidir sobre verbas rescisórias devidas pelo empregador, se assim previsto no respectivo contrato de empréstimo, financiamento, cartão de crédito ou arrendamento mercantil, até o limite de 35% (trinta e cinco por cento), sendo 5% (cinco por cento) destinados exclusivamente para:

I – a amortização de despesas contraídas por meio de cartão de crédito; ou

II – a utilização com a finalidade de saque por meio do cartão de crédito.

20.8 Cláusulas de decaimento e contratos de compra e venda de imóveis

O art. 53 do CDC traz, em seu texto, o que seriam as cláusulas de decaimento em compra e venda de imóveis, vejamos:

Art. 53 *Nos contratos de compra e venda de móveis ou imóveis mediante pagamento em prestações, bem como nas alienações fiduciárias em garantia, consideram-se nulas de pleno direito as cláusulas que estabeleçam a perda total das prestações pagas em benefício do credor que, em razão do inadimplemento, pleitear a resolução do contrato e a retomada do produto alienado.*

§ 1° (Vetado)

§ 2º Nos contratos do sistema de consórcio de produtos duráveis, a compensação ou a restituição das parcelas quitadas, na forma deste artigo, terá descontada, além da vantagem econômica auferida com a fruição, os prejuízos que o desistente ou inadimplente causar ao grupo.

§ 3º Os contratos de que trata o caput deste artigo serão expressos em moeda corrente nacional.

São as chamadas cláusulas de decaimento, ou seja, quando incluídas no contrato, dão ao fornecedor o direito a reter o pagamento de forma integral em caso de quebra contratual.

Ainda, em seu §2º, o art. 53 do CDC trata dos contratos de consorcio, sendo este um alerta ao consumidor uma vez que gera prejuízo em caso de desistência.

Art. 53 *Nos contratos de compra e venda de móveis ou imóveis mediante pagamento em prestações, bem como nas alienações fiduciárias em garantia, consideram-se nulas de pleno direito as cláusulas que estabeleçam a perda total das prestações pagas em benefício do credor que, em razão do inadimplemento, pleitear a resolução do contrato e a retomada do produto alienado.*

[...]

§ 2º Nos contratos do sistema de consórcio de produtos duráveis, a compensação ou a restituição das parcelas quitadas, na forma deste artigo, terá descontada, além da vantagem econômica auferida com a fruição, os prejuízos que o desistente ou inadimplente causar ao grupo.

20.9 Contratos de adesão

Os contratos de adesão são regidos pelo art. 54 do CDC e são contratos onde apenas o proponente pode estabelecer cláusulas e diretrizes e o aderente não pode discutir ou modificar seu conteúdo. Vejamos o que diz o referido artigo:

Art. 54 *Contrato de adesão é aquele cujas cláusulas tenham sido aprovadas pela autoridade competente ou estabelecidas unilateralmente pelo fornecedor de produtos ou serviços, sem que o consumidor possa discutir ou modificar substancialmente seu conteúdo.*

Esse tipo de contrato possui três características principais, a predeterminação onde seu conteúdo é informado pelo fornecedor previamente, a uniformidade onde as cláusulas são universais aos consumidores e a rigidez onde não há margem alguma para discussões sobre o conteúdo.

21 SANÇÕES ADMINISTRATIVAS

21.1 Sistema nacional de defesa do consumidor

No Capítulo VII do CDC trata-se das Sanções Administrativas, ou seja, a consequência administrativa para aquele que fere o direito do consumidor.

De acordo com o art. 105 do CDC, a aplicação das normas que gerem o sistema inerente a parte vulnerável é realizado pelo Sistema Nacional de Defesa do Consumidor listados em seu texto, vejamos:

> ***Art. 105*** *Integram o Sistema Nacional de Defesa do Consumidor (SNDC), os órgãos federais, estaduais, do Distrito Federal e municipais e as entidades privadas de defesa do consumidor.*

Ainda nos termos do art. 2º do Decreto nº 2.181/1997:

> ***Art. 2º*** *Integram o SNDC a Secretaria Nacional do Consumidor do Ministério da Justiça e os demais órgãos federais, estaduais, do Distrito Federal, municipais e as entidades civis de defesa do consumidor*

Importante analisarmos que sistema de tutela do Código de Defesa do Consumidor CDC é de textura aberta, ou seja, permite uma ampla integração de redes de proteção a órgãos públicos de esfera federativa e por entidades privadas, desde que diretamente ligados a defesa do consumidor.

21.2 Competência legislativa e material em matéria consumerista

A competência legislativa concorre a União, aos Estados e o Distrito Federal, nas suas respectivas áreas de atuação administrativa conforme o art. 55 do CDC. Importante aqui verificarmos que essa competência exclui os municípios.

Já no que tange a competência material de natureza concorrente, cabe União, aos Estados, ao Distrito Federal e aos Municípios o dever de fiscalizar e controlar as relações de consumo, conforme o art. 55, §1º do CDC.

Conforme dito anteriormente, a fiscalização administrativa pelos entes governamentais tem natureza concorrente, como diz o parágrafo único do art. 5º do Decreto nº 2.181/1997 :

> ***Art. 5º*** *Qualquer entidade ou órgão da Administração Pública, federal, estadual e municipal, destinado à defesa dos interesses e direitos do consumidor, tem, no âmbito de suas respectivas competências, atribuição para apurar e punir infrações a este Decreto e à legislação das relações de consumo.*
>
> ***Parágrafo único.*** *Se instaurado mais de um processo administrativo por pessoas jurídicas de direito público distintas, para apuração de infração decorrente de um mesmo fato imputado ao mesmo fornecedor, eventual conflito de competência será dirimido pela Secretaria Nacional do Consumidor do Ministério da Justiça e Segurança Pública, que poderá ouvir o Conselho Nacional de Defesa do Consumidor, considerada a competência federativa para legislar sobre a respectiva atividade econômica.*

O parágrafo único deixa clara que a apuração e aplicação de sanções não pode gerar uma sanção dupla pela mesma conduta, ou seja, a fim se evitar o famoso *bis in idem*, assim em caso de dupla apuração com os mesmos fatos e partes a competência é definida pela provocação da Secretaria Nacional do Consumidor.

21.3 Sanções administrativas em espécie

As sanções administrativas em espécie são relacionadas diretamente ao art. 56 do CDC onde explica que as infrações realizadas na esfera do direito do consumidor serão aplicadas sem prejuízo as demais esferas do Direito. Sendo ainda as sanções administrativas descritas em seu texto, vejamos:

> ***Art. 56*** *As infrações das normas de defesa do consumidor ficam sujeitas, conforme o caso, às seguintes sanções administrativas, sem prejuízo das de natureza civil, penal e das definidas em normas específicas:*
>
> *I – multa;*
>
> *II – apreensão do produto;*
>
> *III – inutilização do produto;*
>
> *IV – cassação do registro do produto junto ao órgão competente;*
>
> *V – proibição de fabricação do produto;*
>
> *VI – suspensão de fornecimento de produtos ou serviço;*
>
> *VII – suspensão temporária de atividade;*
>
> *VIII – revogação de concessão ou permissão de uso;*
>
> *IX – cassação de licença do estabelecimento ou de atividade;*
>
> *X – interdição, total ou parcial, de estabelecimento, de obra ou de atividade;*
>
> *XI – intervenção administrativa;*
>
> *XII – imposição de contrapropaganda.*
>
> ***Parágrafo único.*** *As sanções previstas neste artigo serão aplicadas pela autoridade administrativa, no âmbito de sua atribuição, podendo ser aplicadas cumulativamente, inclusive por medida cautelar, antecedente ou incidente de procedimento administrativo.*

21.4 Pena de multa

A multa é uma das sanções impostas a pessoa que fere o CDC, assim o art. 57 do CDC traz em seu texto que a pena de multa será aplicada de acordo com a gravidade da infração, a vantagem auferida, a condição econômica do fornecedor. Vejamos:

> ***Art. 57*** *A pena de multa, graduada de acordo com a gravidade da infração, a vantagem auferida e a condição econômica do fornecedor, será aplicada mediante procedimento administrativo, revertendo para o Fundo de que trata a Lei nº 7.347, de 24 de julho de 1985, os valores cabíveis à União, ou para os Fundos estaduais ou municipais de proteção ao consumidor nos demais casos.*
>
> ***Parágrafo único.*** *A multa será em montante não inferior a duzentas e não superior a três milhões de vezes o valor da Unidade Fiscal de Referência (Ufir), ou índice equivalente que venha a substituí-lo.*

Importantes destacarmos aqui que a multa não será inferior a 200 e não superior a 3 milhões de vezes o valor da Unidade Fiscal de Referência.

21.5 Penas

O art. 58 trata das penas de apreensão e de inutilização de produtos, de proibição de fabricação de produtos, de suspensão do fornecimento de produto ou serviço, de cassação do registro do produto e revogação da concessão ou permissão de uso, vejamos:

> ***Art. 58.*** *As penas de apreensão, de inutilização de produtos, de proibição de fabricação de produtos, de suspensão do fornecimento de produto ou serviço, de cassação do registro do produto e revogação da concessão ou permissão de uso* ***serão aplicadas pela administração, mediante procedimento administrativo, assegurada ampla defesa, quando forem constatados vícios de quantidade ou de qualidade por inadequação ou insegurança do produto ou serviço.*** *(grifo nosso)*

21.5.1 Penas de cassação de alvará de licença, de interdição e de suspensão temporária da atividade, bem como a de intervenção administrativa

O art. 59 do traz em seu texto as penas de cassação de alvará de licença, de interdição e de suspensão temporária da atividade, bem como a de intervenção administrativa, vejamos:

***Art. 59** As penas de cassação de alvará de licença, de interdição e de suspensão temporária da atividade, bem como a de intervenção administrativa, serão aplicadas mediante procedimento administrativo, assegurada ampla defesa, quando o fornecedor reincidir na prática das infrações de maior gravidade previstas neste código e na legislação de consumo.*

§ 1º A pena de cassação da concessão será aplicada à concessionária de serviço público, quando violar obrigação legal ou contratual.

§ 2º A pena de intervenção administrativa será aplicada sempre que as circunstâncias de fato desaconselharem a cassação de licença, a interdição ou suspensão da atividade.

§ 3º Pendendo ação judicial na qual se discuta a imposição de penalidade administrativa, não haverá reincidência até o trânsito em julgado da sentença.

21.5.2 Imposição de contrapropaganda

A contrapropaganda como já falamos é a pior de todas as sanções, uma vez que obriga o fornecedor a ir contra a própria propaganda publicamente, esta estipulada no art. 60 do CDC, vejamos:

***Art. 60.** A imposição de contrapropaganda será cominada quando o fornecedor incorrer na prática de publicidade enganosa ou abusiva, nos termos do art. 36 e seus parágrafos, sempre às expensas do infrator.*

§ 1º A contrapropaganda será divulgada pelo responsável da mesma forma, frequência e dimensão e, preferencialmente no mesmo veículo, local, espaço e horário, de forma capaz de desfazer o malefício da publicidade enganosa ou abusiva.

22 INFRAÇÕES PENAIS

O Código de Defesa do Consumidor estabelece diretrizes para as condutas que violam os direitos do consumidor o que evidencia seu poder protetivo

Salientamos aqui que o art. 61 do CDC, anão é o único que tipifica as condutas violadoras do direito do consumidor, uma vez que o Código penal em seu texto dispõe, assim como no estatuto do torcedor, etc.

Assim os tipos que vemos no CDC a partir do art. 61 ao 74 possuem as mesmas características, quais sejam:

- Menor potencial ofensivo, ou seja, possuem pena máxima não superior a dois anos, cumulada ou não com multa e afiançáveis por autoridade policial;
- Dolosos, ou seja, possuem intenção;
- Possuem pena de detenção;
- São de perigo Abstrato;
- Não responsabilizam a Pessoa Jurídica.

A análise dos Crimes do Código do Consumidor vem da simples leitura dos artigos, vejamos:

> ***Art. 61*** *Constituem crimes contra as relações de consumo previstas neste código, sem prejuízo do disposto no Código Penal e leis especiais, as condutas tipificadas nos artigos seguintes.*
>
> ***Art. 62*** *(Vetado)*
>
> ***Art. 63*** *Omitir dizeres ou sinais ostensivos sobre a nocividade ou periculosidade de produtos, nas embalagens, nos invólucros, recipientes ou publicidade:*
>
> *Pena – Detenção de seis meses a dois anos e multa.*
>
> *§ 1° Incorrerá nas mesmas penas quem deixar de alertar, mediante recomendações escritas ostensivas, sobre a periculosidade do serviço a ser prestado.*
>
> *§ 2° Se o crime é culposo:*
>
> *Pena – Detenção de um a seis meses ou multa.*
>
> ***Art. 64*** *Deixar de comunicar à autoridade competente e aos consumidores a nocividade ou periculosidade de produtos cujo conhecimento seja posterior à sua colocação no mercado:*
>
> *Pena – Detenção de seis meses a dois anos e multa.*
>
> ***Parágrafo único.*** *Incorrerá nas mesmas penas quem deixar de retirar do mercado, imediatamente quando determinado pela autoridade competente, os produtos nocivos ou perigosos, na forma deste artigo.*
>
> ***Art. 65*** *Executar serviço de alto grau de periculosidade, contrariando determinação de autoridade competente:*
>
> *Pena – Detenção de seis meses a dois anos e multa.*
>
> *§ 1º As penas deste artigo são aplicáveis sem prejuízo das correspondentes à lesão corporal e à morte.*
>
> *§ 2º A prática do disposto no inciso XIV do art. 39 desta Lei também caracteriza o crime previsto no caput deste artigo.*
>
> ***Art. 66*** *Fazer afirmação falsa ou enganosa, ou omitir informação relevante sobre a natureza, característica, qualidade, quantidade, segurança, desempenho, durabilidade, preço ou garantia de produtos ou serviços:*
>
> *Pena – Detenção de três meses a um ano e multa.*
>
> *§ 1º Incorrerá nas mesmas penas quem patrocinar a oferta.*
>
> *§ 2º Se o crime é culposo;*
>
> *Pena – Detenção de um a seis meses ou multa.*
>
> ***Art. 67*** *Fazer ou promover publicidade que sabe ou deveria saber ser enganosa ou abusiva:*
>
> *Pena – Detenção de três meses a um ano e multa.*
>
> ***Parágrafo único.*** *(Vetado)*
>
> ***Art. 68*** *Fazer ou promover publicidade que sabe ou deveria saber ser capaz de induzir o consumidor a se comportar de forma prejudicial ou perigosa a sua saúde ou segurança:*
>
> *Pena – Detenção de seis meses a dois anos e multa:*
>
> ***Parágrafo único.*** *(Vetado)*
>
> ***Art. 69*** *Deixar de organizar dados fáticos, técnicos e científicos que dão base à publicidade:*
>
> *Pena – Detenção de um a seis meses ou multa.*
>
> ***Art. 70*** *Empregar na reparação de produtos, peça ou componentes de reposição usados, sem autorização do consumidor:*
>
> *Pena – Detenção de três meses a um ano e multa.*
>
> ***Art. 71*** *Utilizar, na cobrança de dívidas, de ameaça, coação, constrangimento físico ou moral, afirmações falsas incorretas ou enganosas ou de qualquer outro procedimento que exponha o consumidor, injustificadamente, a ridículo ou interfira com seu trabalho, descanso ou lazer:*
>
> *Pena – Detenção de três meses a um ano e multa.*
>
> ***Art. 72*** *Impedir ou dificultar o acesso do consumidor às informações que sobre ele constem em cadastros, banco de dados, fichas e registros:*
>
> *Pena – Detenção de seis meses a um ano ou multa.*
>
> ***Art. 73*** *Deixar de corrigir imediatamente informação sobre consumidor constante de cadastro, banco de dados, fichas ou registros que sabe ou deveria saber ser inexata:*
>
> *Pena – Detenção de um a seis meses ou multa.*
>
> ***Art. 74*** *Deixar de entregar ao consumidor o termo de garantia adequadamente preenchido e com especificação clara de seu conteúdo;*
>
> *Pena – Detenção de um a seis meses ou multa.*
>
> ***Art. 75*** *Quem, de qualquer forma, concorrer para os crimes referidos neste código, incide as penas a esses cominadas na medida de sua culpabilidade, bem como o diretor, administrador ou gerente da pessoa jurídica que promover, permitir ou por qualquer modo aprovar o fornecimento, oferta, exposição à venda ou manutenção em depósito de produtos ou a oferta e prestação de serviços nas condições por ele proibidas.*
>
> ***Art. 76*** *São circunstâncias agravantes dos crimes tipificados neste código:*
>
> *I – serem cometidos em época de grave crise econômica ou por ocasião de calamidade;*
>
> *II – ocasionarem grave dano individual ou coletivo;*
>
> *III – dissimular-se a natureza ilícita do procedimento;*
>
> *IV – quando cometidos:*
>
> *a) por servidor público, ou por pessoa cuja condição econômico-social seja manifestamente superior à da vítima;*
>
> *b) em detrimento de operário ou rurícola; de menor de dezoito ou maior de sessenta anos ou de pessoas portadoras de deficiência mental interditadas ou não;*
>
> *V – serem praticados em operações que envolvam alimentos, medicamentos ou quaisquer outros produtos ou serviços essenciais.*
>
> ***Art. 77*** *A pena pecuniária prevista nesta Seção será fixada em dias-multa, correspondente ao mínimo e ao máximo de dias de duração da pena privativa da liberdade cominada ao crime. Na individualização desta multa, o juiz observará o disposto no art. 60, §1° do Código Penal.*
>
> ***Art. 78*** *Além das penas privativas de liberdade e de multa, podem ser impostas, cumulativa ou alternadamente, observado o disposto nos arts. 44 a 47, do Código Penal:*
>
> *I – a interdição temporária de direitos;*
>
> *II – a publicação em órgãos de comunicação de grande circulação ou audiência, às expensas do condenado, de notícia sobre os fatos e a condenação;*
>
> *III – a prestação de serviços à comunidade.*

Art. 79 O valor da fiança, nas infrações de que trata este código, será fixado pelo juiz, ou pela autoridade que presidir o inquérito, entre cem e duzentas mil vezes o valor do Bônus do Tesouro Nacional (BTN), ou índice equivalente que venha a substituí-lo.

Parágrafo único*. Se assim recomendar a situação econômica do indiciado ou réu, a fiança poderá ser:*

a) reduzida até a metade do seu valor mínimo;

b) aumentada pelo juiz até vinte vezes.

Art. 80 No processo penal atinente aos crimes previstos neste código, bem como a outros crimes e contravenções que envolvam relações de consumo, poderão intervir, como assistentes do Ministério Público, os legitimados indicados no art. 82, inciso III e IV, aos quais também é facultado propor ação penal subsidiária, se a denúncia não for oferecida no prazo legal.

23 DEFESA DO CONSUMIDOR EM JUÍZO

As ações no Código de Defesa do Consumidor nasceu da quantidade absurda de demandas que eram geradas das práticas consumeristas, havendo, assim, a necessidade de se evitar práticas abusivas e ter meios de combate próprios.

23.1 Direitos coletivos lato sensu

Os direitos coletivos estão previstos pelo art. 81 do CDC. Em seu parágrafo único, informa que concomitante com o art. 21 da Lei de ação Civil Pública (LACP), há a aplicação de direitos coletivos a *lato sensu* de tal dispositivo, quando lido em conjunto com o art. 21 da LACP.

> ***Art. 81*** *A defesa dos interesses e direitos dos consumidores e das vítimas poderá ser exercida em juízo individualmente, ou a título coletivo.*
>
> ***Parágrafo único.*** *A defesa coletiva será exercida quando se tratar de:*
>
> *I – interesses ou direitos difusos, assim entendidos, para efeitos deste código, os transindividuais, de natureza indivisível, de que sejam titulares pessoas indeterminadas e ligadas por circunstâncias de fato;*
>
> *II – interesses ou direitos coletivos, assim entendidos, para efeitos deste código, os transindividuais, de natureza indivisível de que seja titular grupo, categoria ou classe de pessoas ligadas entre si ou com a parte contrária por uma relação jurídica base;*
>
> *III – interesses ou direitos individuais homogêneos, assim entendidos os decorrentes de origem comum.*
>
> ***Art. 21*** *Aplicam-se à defesa dos direitos e interesses difusos, coletivos e individuais, no que for cabível, os dispositivos do Título III da lei que instituiu o Código de Defesa do Consumidor.*

Assim os Direitos coletivos *lato sensu* são direitos difusos, os transindividuais, de natureza indivisível, em prol de pessoas indeterminadas e ligadas por circunstâncias de fato.

Não obstante, os direitos coletivos *strictu sensu* são indivisíveis, possuem titulares indeterminados ligados a parte contratada por uma base jurídica

Percebemos, então, que no direito difuso, temos uma relação de fato e no coletivo, uma relação jurídica.

Já os direitos individuais homogêneo são divisíveis, com titulares determinados, de origem comum, sendo um direito individual, tratado como coletivo por abranger a demais pessoas.

23.1.1 Legitimados

Os arts. 5º da Lei nº 7.347/1985 c/c 82 do CDC deixam claros quem são os legitimados para a propositura da demanda coletiva. Vejamos:

> ***Art. 5º*** *Têm legitimidade para propor a ação principal e a ação cautelar:*
>
> *I – o Ministério Público;*
>
> *II – a Defensoria Pública;*
>
> *III – a União, os Estados, o Distrito Federal e os Municípios*
>
> *IV – a autarquia, empresa pública, fundação ou sociedade de economia mista;*
>
> *V – a associação que, concomitantemente:*
>
> *a) esteja constituída há pelo menos 1 (um) ano nos termos da lei civil;*
>
> *b) inclua, entre suas finalidades institucionais, a proteção ao patrimônio público e social, ao meio ambiente, ao consumidor, à ordem econômica, à livre concorrência, aos direitos de grupos raciais, étnicos ou religiosos ou ao patrimônio artístico, estético, histórico, turístico e paisagístico.*
>
> *§ 1º O Ministério Público, se não intervier no processo como parte, atuará obrigatoriamente como fiscal da lei.*
>
> *§ 2º Fica facultado ao Poder Público e a outras associações legitimadas nos termos deste artigo habilitar-se como litisconsortes de qualquer das partes.*
>
> *§ 3º Em caso de desistência infundada ou abandono da ação por associação legitimada, o Ministério Público ou outro legitimado assumirá a titularidade ativa*
>
> *§ 4º O requisito da pré-constituição poderá ser dispensado pelo juiz, quando haja manifesto interesse social evidenciado pela dimensão ou característica do dano, ou pela relevância do bem jurídico a ser protegido.*
>
> *§ 5º Admitir-se-á o litisconsórcio facultativo entre os Ministérios Públicos da União, do Distrito Federal e dos Estados na defesa dos interesses e direitos de que cuida esta lei*
>
> *§ 6º Os órgãos públicos legitimados poderão tomar dos interessados compromisso de ajustamento de sua conduta às exigências legais, mediante cominações, que terá eficácia de título executivo extrajudicial.*
>
> ***Art. 82*** *Para os fins do art. 81, parágrafo único, são legitimados concorrentemente:*
>
> *I – o Ministério Público,*
>
> *II – a União, os Estados, os Municípios e o Distrito Federal;*
>
> *III – as entidades e órgãos da Administração Pública, direta ou indireta, ainda que sem personalidade jurídica, especificamente destinados à defesa dos interesses e direitos protegidos por este código;*
>
> *IV – as associações legalmente constituídas há pelo menos um ano e que incluam entre seus fins institucionais a defesa dos interesses e direitos protegidos por este código, dispensada a autorização assemblear.*
>
> *§ 1º O requisito da pré-constituição pode ser dispensado pelo juiz, nas ações previstas nos arts. 91 e seguintes, quando haja manifesto interesse social evidenciado pela dimensão ou característica do dano, ou pela relevância do bem jurídico a ser protegido.*

Conforme a decisão do STF em Recurso Extraordinário e do STJ em Recurso Especial a legitimação para propor demandas coletivas é concorrente, disjuntiva e extraordinária (STF RE 193.503/SP e STJ REsp 876.936/RJ).

23.2 Estímulo à efetividade

Conforme exposto no art. 83 do CDC, para defender os direitos do consumidor são admitidas todas as espécies de ações que efetuem a adequada e efetiva tutela.

Tal fenômeno é regido pelo do princípio da amplitude do processo ou da absoluta instrumentalidade, presente nos arts. 12 e 21 da LACP c/c 83 e 90 do CDC c/c Art. 5º XXXV da CRFB/1988.

Vejamos:

> ***Art. 12*** *Poderá o juiz conceder mandado liminar, com ou sem justificação prévia, em decisão sujeita a agravo.*
>
> *§ 1º A requerimento de pessoa jurídica de direito público interessada, e para evitar grave lesão à ordem, à saúde, à segurança e à economia pública, poderá o Presidente do Tribunal a que competir o conhecimento do respectivo recurso suspender a execução da liminar, em decisão fundamentada, da qual caberá agravo para uma das turmas julgadoras, no prazo de 5 (cinco) dias a partir da publicação do ato.*
>
> *§ 2º A multa cominada liminarmente só será exigível do réu após o trânsito em julgado da decisão favorável ao autor, mas será devida desde o dia em que se houver configurado o descumprimento.*
>
> ***Art. 21*** *Aplicam-se à defesa dos direitos e interesses difusos, coletivos e individuais, no que for cabível, os dispositivos do Título III da lei que instituiu o Código de Defesa do Consumidor.*
>
> ***Art. 83*** *Para a defesa dos direitos e interesses protegidos por este código são admissíveis todas as espécies de ações capazes de propiciar sua adequada e efetiva tutela.*
>
> ***Art. 90*** *Aplicam-se às ações previstas neste título as normas do Código de Processo Civil e da Lei nº 7.347, de 24 de julho de 1985, inclusive no que respeita ao inquérito civil, naquilo que não contrariar suas disposições.*

É evidente que, com essas informações, o objetivo da ação coletiva e do processo que tutela dos direitos do consumidor é resolver a tutela de forma efetiva, independente do modo como foi solicitada.

23.3 Custas, emolumentos, despesas e honorários

Tendo em vista que o CDC é uma forma de acesso "tranquila" para o consumidor o art. 87 do CDC, viabilizando a ampla e efetiva tutela, estabelece em seu texto a desnecessidade de preparo para ingresso da ação, vejamos:

> ***Art. 87*** *Nas ações coletivas de que trata este código não haverá adiantamento de custas, emolumentos, honorários periciais e quaisquer outras despesas, nem condenação da associação autora, salvo comprovada má-fé, em honorários de advogados, custas e despesas processuais.*
>
> ***Parágrafo único.*** *Em caso de litigância de má-fé, a associação autora e os diretores responsáveis pela propositura da ação serão solidariamente condenados em honorários advocatícios e ao décuplo das custas, sem prejuízo da responsabilidade por perdas e danos.*

23.4 Ação de regresso do comerciante

A Ação de Regresso é uma forma do comerciante reaver seu valor em prol do fornecedor, nos casos de dano ou defeito do produto, e é versada pelo art. 88 do CDC dispõe que:

> ***Art. 88*** *Na hipótese do art. 13, parágrafo único deste código, a ação de regresso poderá ser ajuizada em processo autônomo, facultada a possibilidade de prosseguir-se nos mesmos autos, vedada a denunciação da lide.*

Importante destacarmos, que devido a esse dispositivo é vedada a denunciação **à lide nas** demandas consumeristas.

23.5 Competência

A competência é o foro correto para propor a demanda, como já sabemos. Assim o art. 93 do CDC, em conjunto com o art. 2º da LACP, preceitua o foro correto para propor demandas consumeristas, vejamos:

> ***Art. 93*** *Ressalvada a competência da Justiça Federal, é competente para a causa a justiça local:*
>
> *I – no foro do lugar onde ocorreu ou deva ocorrer o dano, quando de âmbito local;*
>
> *II – no foro da Capital do Estado ou no do Distrito Federal, para os danos de âmbito nacional ou regional, aplicando-se as regras do Código de Processo Civil aos casos de competência concorrente.*
>
> ***Art. 2º, LACP*** *As ações previstas nesta Lei serão propostas no foro do local onde ocorrer o dano, cujo juízo terá competência funcional para processar e julgar a causa.*

23.6 Princípio da publicidade e *right to opt in*

O art. 94, em seu texto, é o responsável por falar sobre o princípio da ampla divulgação da demanda, que se conecta diretamente ao princípio do acesso à justiça e o princípio da universalidade da jurisdição (amplo acesso). Vejamos:

> ***Art. 94*** *Proposta a ação, será publicado edital no órgão oficial, a fim de que os interessados possam intervir no processo como litisconsortes, sem prejuízo de ampla divulgação pelos meios de comunicação social por parte dos órgãos de defesa do consumidor.*

Podemos ver que o legislador garantiu a maior abrangência possível para que os consumidores exerçam o *right to opt in*, ou seja, o direito a demandar judicialmente.

23.7 Coisa julgada

A coisa julgada é o que torna definitiva uma decisão do poder judiciário. Após o trânsito em julgado da decisão sem recursos ocorrerá a coisa julgada e costuma ser dividida em formal e material.

- **Formal:** houve a decisão que transitou em julgado sem qualquer recurso;
- **Material:** é a qualidade de imutabilidade e indiscutibilidade, ou seja, houve uma decisão de mérito, onde a ação foi perfeitamente julgada.

Assim, o art. 103 do CDC estabelece que:

> ***Art. 103*** *Nas ações coletivas de que trata este código, a sentença fará coisa julgada:*
>
> *§ 1º Os efeitos da coisa julgada previstos nos incisos I e II não prejudicarão interesses e direitos individuais dos integrantes da coletividade, do grupo, categoria ou classe.*

Vejamos, então, um direito difuso (não pertence a um único indivíduo) + pedido procedente = coisa julgada *erga omnes*

Já em caso de Direito coletivo + pedido for julgado procedente = coisa julgada "ultra partes".

Pode haver coisa julgada sem a procedência do pedido? Sim!

Nos casos em que ocorrer a coisa julgada "sem julgamento do mérito" o autor da ação poderá propor a mesma ação novamente.

23.8 Prescrição

O prazo prescricional para propor ações coletivas é de 5 (cinco) anos. (AgRg nos EAREsp 119.895/PR, Rel. Ministro FELIX FISCHER, CORTE ESPECIAL, julgado em 29/08/2012, DJe de 13/09/2012).

23.9 Disposições processuais específicas do microssistema consumerista

As ações que versam sobre o Direito do Consumidor possuem normas e disposições própria como já sabemos, assim, o art. 101 do CDC traz as seguintes normas processuais específicas da demanda consumerista:

> ***Art. 101*** *Na ação de responsabilidade civil do fornecedor de produtos e serviços, sem prejuízo do disposto nos Capítulos I e II deste título, serão observadas as seguintes normas:*
>
> *I – a ação pode ser proposta no domicílio do autor;*
>
> *II – o réu que houver contratado seguro de responsabilidade poderá chamar ao processo o segurador, vedada a integração do contraditório pelo Instituto de Resseguros do Brasil. Nesta hipótese, a sentença que julgar procedente o pedido condenará o réu nos termos do art. 80 do Código de Processo Civil . Se o réu houver sido declarado falido, o síndico será intimado a informar a existência de seguro de responsabilidade, facultando-se, em caso afirmativo, o ajuizamento de ação de indenização diretamente contra o segurador, vedada a denunciação da lide ao Instituto de Resseguros do Brasil e dispensado o litisconsórcio obrigatório com este.*

A ação pode ser proposta no domicílio do autor, para garantir o acesso a justiça, como já vimos anteriormente, e é uma das principais preocupações do legislador.

O réu que houver contratado seguro de responsabilidade poderá chamar ao processo o segurador, vedada a integração do contraditório pelo Instituto de Resseguros do Brasil, quando há uma ação contra o fornecedor e, em alguns casos, pode ocorrer um seguro de responsabilidade, no qual o fornecedor poderá chamar a seguradora ao processo.

O art. 102 do CDC prevê os legitimados e a competência neste código, vejamos:

> ***Art. 102*** *Os legitimados a agir na forma deste código poderão propor ação visando compelir o Poder Público competente a proibir, em todo o território nacional, a produção, divulgação distribuição ou venda, ou a determinar a alteração na composição, estrutura, fórmula ou acondicionamento de produto, cujo uso ou consumo regular se revele nocivo ou perigoso à saúde pública e à incolumidade pessoal.*

23.10 LGPD e o CDC

A LGPD – Lei Geral de Proteção de Dados, veio com tudo em 2020, e gerou impacto no direito do consumidor, ficando em evidencia em transações tecnológicas, via internet.

A diferença não foi enorme, uma vez que o CDC abriu portas para a Lei Geral de Proteção de Dados, conscientizando e protegendo o direito dos consumidores inclusive online.

Você já utilizou o *google* para uma pesquisa e recebeu diversas propagandas após em suas redes sociais?

Bom, a exposição que as redes sociais e a internet proporcionam para as empresas é enorme, sendo um recurso valioso a estes, que identificam seu interesse e lhe redirecionam propagandas com o tema.

Podemos ver que a propaganda on-line não mais age como um *outdoor*, que abrange apenas a quem atinge. A propaganda on-line é seletiva, ela aparece por meio de demonstrações de interesse no tema.

E a privacidade do consumidor onde fica?

Essa resposta a LGPD trouxe unindo-se ao CDC, garantindo ao consumidor o direito a necessidade de consentimento para utilização de seus dados. O famoso " Li e concordo com os termos".

Vejamos o art. 43 do CDC e o art. 7º da LGPD:

> ***Art. 7º, LGPD*** *O tratamento de dados pessoais somente poderá ser realizado nas seguintes hipóteses:*
>
> *I – mediante o fornecimento de consentimento pelo titular;*
>
> *II – para o cumprimento de obrigação legal ou regulatória pelo controlador;*
>
> *III – pela administração pública, para o tratamento e uso compartilhado de dados necessários à execução de políticas públicas previstas em leis e regulamentos ou respaldadas em contratos, convênios ou instrumentos congêneres, observadas as disposições do Capítulo IV desta Lei;*
>
> *IV – para a realização de estudos por órgão de pesquisa, garantida, sempre que possível, a anonimização dos dados pessoais;*
>
> *V – quando necessário para a execução de contrato ou de procedimentos preliminares relacionados a contrato do qual seja parte o titular, a pedido do titular dos dados;*
>
> *VI – para o exercício regular de direitos em processo judicial, administrativo ou arbitral, esse último nos termos da*
>
> *VII – para a proteção da vida ou da incolumidade física do titular ou de terceiro;*
>
> *VIII – para a tutela da saúde, exclusivamente, em procedimento realizado por profissionais de saúde, serviços de saúde ou autoridade sanitária;*
>
> *IX – quando necessário para atender aos interesses legítimos do controlador ou de terceiro, exceto no caso de prevalecerem direitos e liberdades fundamentais do titular que exijam a proteção dos dados pessoais; ou*
>
> *X – para a proteção do crédito, inclusive quanto ao disposto na legislação pertinente.*
>
> *§ 3º O tratamento de dados pessoais cujo acesso é público deve considerar a finalidade, a boa-fé e o interesse público que justificaram sua disponibilização.*
>
> *§ 4º É dispensada a exigência do consentimento previsto no caput deste artigo para os dados tornados manifestamente públicos pelo titular, resguardados os direitos do titular e os princípios previstos nesta Lei.*
>
> *§ 5º O controlador que obteve o consentimento referido no inciso I do caput deste artigo que necessitar comunicar ou compartilhar dados pessoais com outros controladores deverá obter consentimento específico do titular para esse fim, ressalvadas as hipóteses de dispensa do consentimento previstas nesta Lei.*
>
> *§ 6º A eventual dispensa da exigência do consentimento não desobriga os agentes de tratamento das demais obrigações previstas nesta Lei, especialmente da observância dos princípios gerais e da garantia dos direitos do titular.*
>
> *§ 7º O tratamento posterior dos dados pessoais a que se referem os §§ 3º e 4º deste artigo poderá ser realizado para novas finalidades, desde que observados os propósitos legítimos e específicos para o novo tratamento e a preservação dos direitos do titular, assim como os fundamentos e os princípios previstos nesta Lei.*
>
> ***Art. 43, CDC*** *O consumidor, sem prejuízo do disposto no art. 86, terá acesso às informações existentes em cadastros, fichas, registros e dados pessoais e de consumo arquivados sobre ele, bem como sobre as suas respectivas fontes.*
>
> *§ 1º Os cadastros e dados de consumidores devem ser objetivos, claros, verdadeiros e em linguagem de fácil compreensão, não podendo conter informações negativas referentes a período superior a cinco anos.*
>
> *§ 2º A abertura de cadastro, ficha, registro e dados pessoais e de consumo deverá ser comunicada por escrito ao consumidor, quando não solicitada por ele.*
>
> *§ 3º O consumidor, sempre que encontrar inexatidão nos seus dados e cadastros, poderá exigir sua imediata correção, devendo o arquivista, no prazo de cinco dias úteis, comunicar a alteração aos eventuais destinatários das informações incorretas.*
>
> *§ 4º Os bancos de dados e cadastros relativos a consumidores, os serviços de proteção ao crédito e congêneres são considerados entidades de caráter público.*
>
> *§ 5º Consumada a prescrição relativa à cobrança de débitos do consumidor, não serão fornecidas, pelos respectivos Sistemas de Proteção ao Crédito, quaisquer informações que possam impedir ou dificultar novo acesso ao crédito junto aos fornecedores.*
>
> *§ 6º Todas as informações de que trata o caput deste artigo devem ser disponibilizadas em formatos acessíveis, inclusive para a pessoa com deficiência, mediante solicitação do consumidor.*

Vemos que o CDC já instituía a necessidade de clara informação sobre o produto ou serviço, mais uma vez a LGPD veio trazendo seu art. 18, vejamos:

> ***Art. 18*** *O titular dos dados pessoais tem direito a obter do controlador, em relação aos dados do titular por ele tratados, a qualquer momento e mediante requisição:*
>
> *I – confirmação da existência de tratamento;*
>
> *II – acesso aos dados;*
>
> *III – correção de dados incompletos, inexatos ou desatualizados;*
>
> *IV – anonimização, bloqueio ou eliminação de dados desnecessários, excessivos ou tratados em desconformidade com o disposto nesta Lei;*
>
> *V – portabilidade dos dados a outro fornecedor de serviço ou produto, mediante requisição expressa, de acordo com a regulamentação da autoridade nacional, observados os segredos comercial e industrial;*
>
> *VI – eliminação dos dados pessoais tratados com o consentimento do titular, exceto nas hipóteses previstas no art. 16 desta Lei;*
>
> *VII – informação das entidades públicas e privadas com as quais o controlador realizou uso compartilhado de dados;*
>
> *VIII – informação sobre a possibilidade de não fornecer consentimento e sobre as consequências da negativa;*
>
> *IX – revogação do consentimento, nos termos do § 5º do art. 8º desta Lei.*
>
> *§ 1º O titular dos dados pessoais tem o direito de peticionar em relação aos seus dados contra o controlador perante a autoridade nacional.*
>
> *§ 2º O titular pode opor-se a tratamento realizado com fundamento em uma das hipóteses de dispensa de consentimento, em caso de descumprimento ao disposto nesta Lei.*
>
> *§ 3º Os direitos previstos neste artigo serão exercidos mediante requerimento expresso do titular ou de representante legalmente constituído, a agente de tratamento.*
>
> *§ 4º Em caso de impossibilidade de adoção imediata da providência de que trata o § 3º deste artigo, o controlador enviará ao titular resposta em que poderá:*
>
> *I – comunicar que não é agente de tratamento dos dados e indicar, sempre que possível, o agente; ou*
>
> *II – indicar as razões de fato ou de direito que impedem a adoção imediata da providência.*
>
> *§ 5º O requerimento referido no § 3º deste artigo será atendido sem custos para o titular, nos prazos e nos termos previstos em regulamento.*

§ 6º O responsável deverá informar, de maneira imediata, aos agentes de tratamento com os quais tenha realizado uso compartilhado de dados a correção, a eliminação, a anonimização ou o bloqueio dos dados, para que repitam idêntico procedimento, exceto nos casos em que esta comunicação seja comprovadamente impossível ou implique esforço desproporcional.

§ 7º A portabilidade dos dados pessoais a que se refere o inciso V do caput deste artigo não inclui dados que já tenham sido anonimizados pelo controlador.

§ 8º O direito a que se refere o § 1º deste artigo também poderá ser exercido perante os organismos de defesa do consumidor.

Ainda seu art. 6º estabelece a primazia da necessidade da boa-fé e fácil acesso aos consumidores, vejamos:

Art. 6º As atividades de tratamento de dados pessoais deverão observar a boa-fé e os seguintes princípios:

I – finalidade: realização do tratamento para propósitos legítimos, específicos, explícitos e informados ao titular, sem possibilidade de tratamento posterior de forma incompatível com essas finalidades;

II – adequação: compatibilidade do tratamento com as finalidades informadas ao titular, de acordo com o contexto do tratamento;

III – necessidade: limitação do tratamento ao mínimo necessário para a realização de suas finalidades, com abrangência dos dados pertinentes, proporcionais e não excessivos em relação às finalidades do tratamento de dados;

IV – livre acesso: garantia, aos titulares, de consulta facilitada e gratuita sobre a forma e a duração do tratamento, bem como sobre a integralidade de seus dados pessoais;

V – qualidade dos dados: garantia, aos titulares, de exatidão, clareza, relevância e atualização dos dados, de acordo com a necessidade e para o cumprimento da finalidade de seu tratamento;

VI – transparência: garantia, aos titulares, de informações claras, precisas e facilmente acessíveis sobre a realização do tratamento e os respectivos agentes de tratamento, observados os segredos comercial e industrial;

VII – segurança: utilização de medidas técnicas e administrativas aptas a proteger os dados pessoais de acessos não autorizados e de situações acidentais ou ilícitas de destruição, perda, alteração, comunicação ou difusão;

VIII – prevenção: adoção de medidas para prevenir a ocorrência de danos em virtude do tratamento de dados pessoais;

IX – não discriminação: impossibilidade de realização do tratamento para fins discriminatórios ilícitos ou abusivos;

X – responsabilização e prestação de contas: demonstração, pelo agente, da adoção de medidas eficazes e capazes de comprovar a observância e o cumprimento das normas de proteção de dados pessoais e, inclusive, da eficácia dessas medidas.

E qual seria a importância desses pontos?

Ora, se o consumidor é a parte vulnerável, é importante darmos a ele as ferramentas necessárias para se igualar minimamente ao fornecedor ou prestador de serviço.

23.10.1 Segurança da informação

Quando falamos em Segurança da informação vem à mente uma pessoa de terno com uma pasta "protegendo" a informação, essa pessoa é a LGPD com o CDC ao seu lado.

Vivemos em um momento em que diversas informações "vazam" na internet, temos ameaças cibernéticas, assim a necessidade de proteger a segurança do consumidor on-line se fez presente

Assim a LGPD trouxe mecanismos de defesa parecidos com o CDC, sendo a invenção do ônus.

23.10.2 Garantia individual da informação

Ainda em paralelo com o CDC a LGPD trouxe garantias individuais como:

- A informação é um direito básico do consumidor;
- É um dever dos fornecedores;
- É um princípio;
- Responsabiliza os fornecedores;
- Obriga o cumprimento da oferta;
- É um dever do estado e dos seus órgãos;
- É proibida, caso seja ilícita;
- Se for omitida, tipifica crime;
- Inverte o ônus da prova contra o fornecedor.

23.10.3 Consentimento na obtenção de dados

Outro tópico de suma importância que a LGPD trouxe, foi a necessidade de autorização para tratar ou usar dados dos consumidores, sendo a necessária à coleta dessa autorização da empresa

No entanto, mesmo após conceder a autorização o consumidor tem pleno direito a restringir seus dados ou corrigir, como já visto inclusive no CDC.

Bom, como podemos ver o CDC e a LGPD andam juntos e reforçam a segurança do consumidor com seus dados pessoais, implementando normas jurídicas de garantem a excelência na prevenção de fraudes ou crimes contra o consumidor.

24 LEI Nº 10.741/2003 - ESTATUTO DA PESSOA IDOSA

É instituído o Estatuto da Pessoa Idosa, destinado a regular os direitos assegurados às pessoas com idade igual ou superior a 60 anos.

Pessoa idosa: goza de todos os direitos fundamentais inerentes à pessoa humana, sem prejuízo da proteção integral de que trata esta Lei, assegurando-se-lhe, por lei ou por outros meios, todas as oportunidades e facilidades, para preservação de sua saúde física e mental e seu aperfeiçoamento moral, intelectual, espiritual e social, em condições de liberdade e dignidade.

Obrigações: é obrigação da família, da comunidade, da sociedade e do Poder Público assegurar à pessoa idosa, com absoluta prioridade, a efetivação do direito à vida, à saúde, à alimentação, à educação, à cultura, ao esporte, ao lazer, ao trabalho, à cidadania, à liberdade, à dignidade, ao respeito e à convivência familiar e comunitária.

Garantia de prioridade compreende:

> ***Art. 3º** [...]*
>
> *I – atendimento preferencial imediato e individualizado junto aos órgãos públicos e privados prestadores de serviços à população;*
>
> *II – preferência na formulação e na execução de políticas sociais públicas específicas;*
>
> *III – destinação privilegiada de recursos públicos nas áreas relacionadas com a proteção à pessoa idosa; (Redação dada pela Lei nº 14.423/2022)*
>
> *IV – viabilização de formas alternativas de participação, ocupação e convívio da pessoa idosa com as demais gerações; (Redação dada pela Lei nº 14.423/2022)*
>
> *V – priorização do atendimento da pessoa idosa por sua própria família, em detrimento do atendimento asilar, exceto dos que não a possuam ou careçam de condições de manutenção da própria sobrevivência; (Redação dada pela Lei nº 14.423/2022)*
>
> *VI – capacitação e reciclagem dos recursos humanos nas áreas de geriatria e gerontologia e na prestação de serviços às pessoas idosas; (Redação dada pela Lei nº 14.423/2022)*
>
> *VII – estabelecimento de mecanismos que favoreçam a divulgação de informações de caráter educativo sobre os aspectos biopsicossociais de envelhecimento;*
>
> *VIII – garantia de acesso à rede de serviços de saúde e de assistência social locais;*
>
> *IX – prioridade no recebimento da restituição do Imposto de Renda.*

Prioridades: dentre as pessoas idosas, é assegurada prioridade especial aos maiores de 80 anos, atendendo-se suas necessidades sempre preferencialmente em relação aos demais pessoas idosas.

Fique ligado!

Nenhuma pessoa idosa será objeto de qualquer tipo de negligência, discriminação, violência, crueldade ou opressão, e todo atentado aos seus direitos, por ação ou omissão, será punido na forma da lei.

Dever de todos: prevenir a ameaça ou violação aos direitos da pessoa idosa.

Obrigações: não excluem da prevenção outras decorrentes dos princípios por ela adotados.

Inobservância das normas de prevenção: importará em responsabilidade à pessoa física ou jurídica nos termos da lei.

Dever de comunicar: todo cidadão tem o dever de comunicar à autoridade competente qualquer forma de violação a esta Lei que tenha testemunhado ou de que tenha conhecimento.

24.1 Direitos fundamentais

24.1.1 Direito à vida

Envelhecimento: é um direito personalíssimo e a sua proteção um direito social, nos termos desta Lei e da legislação vigente.

Obrigação do estado: garantir à pessoa idosa a proteção à vida e à saúde, mediante efetivação de políticas sociais públicas que permitam um envelhecimento saudável e em condições de dignidade.

24.1.2 Direito à liberdade, ao respeito e à dignidade

Obrigação do estado e da sociedade: assegurar à pessoa idosa a liberdade, o respeito e a dignidade, como pessoa humana e sujeito de direitos civis, políticos, individuais e sociais, garantidos na Constituição e nas leis.

Direito à liberdade: compreende, entre outros, os seguintes aspectos: faculdade de ir, vir e estar nos logradouros públicos e espaços comunitários, ressalvadas as restrições legais; opinião e expressão; crença e culto religioso; prática de esportes e de diversões; participação na vida familiar e comunitária; participação na vida política, na forma da lei; faculdade de buscar refúgio, auxílio e orientação.

Direito ao respeito: consiste na inviolabilidade da integridade física, psíquica e moral, abrangendo a preservação da imagem, da identidade, da autonomia, de valores, ideias e crenças, dos espaços e dos objetos pessoais.

Dever de todos: zelar pela dignidade da pessoa idosa, colocando-o a salvo de qualquer tratamento desumano, violento, aterrorizante, vexatório ou constrangedor.

24.1.3 Alimentos

Alimentos: serão prestados à pessoa idosa na forma da lei civil.

Obrigação alimentar: é solidária, podendo a pessoa idosa optar entre os prestadores.

Transações relativas a alimentos: poderão ser celebradas perante o Promotor de Justiça ou Defensor Público, que as referendará, e passarão a ter efeito de título executivo extrajudicial nos termos da lei processual civil.

Fique ligado!

Se a pessoa idosa ou seus familiares não possuírem condições econômicas de prover o seu sustento, impõe-se ao Poder Público esse provimento, no âmbito da assistência social.

24.1.4 Direito à saúde

É assegurada a Fique ligado integral à saúde da pessoa idosa, por intermédio do Sistema Único de Saúde (SUS), garantindo-lhe o acesso universal e igualitário, em conjunto articulado e contínuo das ações e serviços, para a prevenção, promoção, proteção e recuperação da saúde, incluindo a Fique ligado especial às doenças que afetam preferencialmente as pessoas idosas.

Prevenção e manutenção da saúde da pessoa idosa: serão efetivadas por meio de: cadastramento da população idosa em base territorial; atendimento geriátrico e gerontológico em ambulatórios; unidades geriátricas de referência, com pessoal especializado nas áreas de geriatria e gerontologia social; atendimento domiciliar, incluindo a internação, para a população que dele necessitar e esteja impossibilitada de se locomover, inclusive para pessoas idosas abrigadas e acolhidas por instituições públicas, filantrópicas ou sem fins lucrativos e eventualmente conveniadas com o Poder Público, nos meios urbano e rural; reabilitação orientada pela geriatria e gerontologia, para redução das sequelas decorrentes do agravo da saúde.

Poder Público: incumbe ao Poder Público fornecer às pessoas idosas, gratuitamente, medicamentos, especialmente os de uso continuado, assim como próteses, órteses e outros recursos relativos ao tratamento, habilitação ou reabilitação.

É vedada a discriminação da pessoa idosa nos planos de saúde pela cobrança de valores diferenciados em razão da idade.

Pessoas idosas portadoras de deficiência ou com limitação incapacitante: terão atendimento especializado, nos termos da lei.

Comparecimento da pessoa idosa enferma: é vedado exigir o comparecimento da pessoa idosa enferma perante os órgãos públicos, hipótese na qual será admitido o seguinte procedimento: quando de interesse do Poder Público, o agente promoverá o contato necessário com a pessoa idosa em sua residência; ou quando de interesse da própria pessoa idosa, este se fará representar por procurador legalmente constituído.

Atendimento domiciliar pela perícia médica: é assegurado à pessoa idosa enfermo o atendimento domiciliar pela perícia médica do Instituto Nacional do Seguro Social (INSS), pelo serviço público de saúde ou pelo serviço privado de saúde, contratado ou conveniado, que integre o Sistema Único de Saúde (SUS), para expedição do laudo de saúde necessário ao exercício de seus direitos sociais e de isenção tributária.

Em todo atendimento de saúde, os maiores de 80 anos terão preferência especial sobre as demais pessoas idosas, exceto em caso de emergência.

É assegurado o direito a acompanhante, devendo o órgão de saúde proporcionar as condições adequadas para a sua permanência em tempo integral, segundo o critério médico.

Caberá ao profissional de saúde responsável pelo tratamento conceder autorização para o acompanhamento da pessoa idosa ou, no caso de impossibilidade, justificá-la por escrito.

Pessoa idosa que esteja no domínio de suas faculdades mentais: é assegurado o direito de optar pelo tratamento de saúde que lhe for reputado mais favorável. Não estando a pessoa idosa em condições de proceder à opção, esta será feita: pelo curador, quando a pessoa idosa for interditada; pelos familiares, quando a pessoa idosa não tiver curador ou este não puder ser contactado em tempo hábil; pelo médico, quando ocorrer iminente risco de vida e não houver tempo hábil para consulta a curador ou familiar; pelo próprio médico, quando não houver curador ou familiar conhecido, caso em que deverá comunicar o fato ao Ministério Público.

Instituições de saúde: devem atender aos critérios mínimos para o atendimento às necessidades da pessoa idosa, promovendo o treinamento e a capacitação dos profissionais, assim como orientação a cuidadores familiares e grupos de autoajuda.

Casos de suspeita ou confirmação de violência praticada contra pessoa idosa: serão objeto de notificação compulsória pelos serviços de saúde públicos e privados à autoridade sanitária, bem como serão obrigatoriamente comunicados por eles a quaisquer dos seguintes órgãos: autoridade policial; Ministério Público; Conselho Municipal do Idoso; Conselho Estadual do Idoso; Conselho Nacional do Idoso.

Qualquer ação ou omissão praticada em local público ou privado que lhe cause morte, dano ou sofrimento físico ou psicológico.

24.1.5 Educação, cultura, esporte e lazer

A pessoa idosa tem direito a educação, cultura, esporte, lazer, diversões, espetáculos, produtos e serviços que respeitem sua peculiar condição de idade.

Poder Público: criará oportunidades de acesso da pessoa idosa à educação, adequando currículos, metodologias e material didático aos programas educacionais a ele destinados.

Cursos especiais para pessoas idosas: incluirão conteúdo relativo às técnicas de comunicação, computação e demais avanços tecnológicos, para sua integração à vida moderna.

Pessoas idosas: participarão das comemorações de caráter cívico ou cultural, para transmissão de conhecimentos e vivências às demais gerações, no sentido da preservação da memória e da identidade culturais.

Currículos mínimos dos diversos níveis de ensino formal: nos currículos mínimos dos diversos níveis de ensino formal serão inseridos conteúdos voltados ao processo de envelhecimento, ao respeito e à valorização da pessoa idosa, de forma a eliminar o preconceito e a produzir conhecimentos sobre a matéria.

Participação das pessoas idosas em atividades culturais e de lazer: será proporcionada mediante descontos de pelo menos 50% nos ingressos para eventos artísticos, culturais, esportivos e de lazer, bem como o acesso preferencial aos respectivos locais.

Meios de comunicação: manterão espaços ou horários especiais voltados às pessoas idosas, com finalidade informativa, educativa, artística e cultural, e ao público sobre o processo de envelhecimento.

Instituições de educação superior: ofertarão às pessoas idosas, na perspectiva da educação ao longo da vida, cursos e programas de extensão, presenciais ou a distância, constituídos por atividades formais e não formais.

Poder Público: apoiará a criação de universidade aberta para as pessoas idosas e incentivará a publicação de livros e periódicos, de conteúdo e padrão editorial adequados à pessoa idosa, que facilitem a leitura, considerada a natural redução da capacidade visual.

24.1.6 Profissionalização e do trabalho

A pessoa idosa tem direito ao exercício de atividade profissional, respeitadas suas condições físicas, intelectuais e psíquicas.

Admissão da pessoa idosa: em qualquer trabalho ou emprego, é vedada a discriminação e a fixação de limite máximo de idade, inclusive para concursos, ressalvados os casos em que a natureza do cargo o exigir.

Primeiro critério de desempate em concurso público: será a idade, dando-se preferência ao de idade mais elevada.

Poder Público: criará e estimulará programas de: profissionalização especializada para as pessoas idosas, aproveitando seus potenciais e habilidades para atividades regulares e remuneradas; preparação dos trabalhadores para a aposentadoria, com antecedência mínima de 1 ano, por meio de estímulo a novos projetos sociais, conforme seus interesses, e de esclarecimento sobre os direitos sociais e de cidadania; estímulo às empresas privadas para admissão de pessoas idosas ao trabalho.

24.1.7 Previdência social

Benefícios de aposentadoria e pensão do regime geral da previdência social: observarão, na sua concessão, critérios de cálculo que preservem o valor real dos salários sobre os quais incidiram contribuição, nos termos da legislação vigente.

Valores dos benefícios em manutenção: serão reajustados na mesma data de reajuste do salário-mínimo, *pro rata*, de acordo com suas respectivas datas de início ou do seu último reajustamento, com base em percentual definido em regulamento.

Perda da condição de segurado: não será considerada para a concessão da aposentadoria por idade, desde que a pessoa conte com, no mínimo, o tempo de contribuição correspondente ao exigido para efeito de carência na data de requerimento do benefício.

Cálculo do valor do benefício: observará o disposto no *caput* e § 2º do art. 3º, da Lei nº 9.876/1999, ou, não havendo salários-de-contribuição recolhidos a partir da competência de julho de 1994, o disposto no art. 35, da Lei nº 8.213/1991.

Pagamento de parcelas relativas a benefícios: efetuado com atraso por responsabilidade da Previdência Social, será atualizado pelo mesmo índice utilizado para os reajustamentos dos benefícios do Regime Geral de Previdência Social, verificado no período compreendido entre o mês que deveria ter sido pago e o mês do efetivo pagamento.

data-base: Dia Mundial do Trabalho (1º de maio) é a data-base dos aposentados e pensionistas.

24.1.8 Assistência social

Será prestada, de forma articulada, conforme os princípios e diretrizes previstos na Lei Orgânica da Assistência Social, na Política Nacional do Idoso, no Sistema Único de Saúde e demais normas pertinentes.

Benefício mensal: às pessoas idosas, a partir de 65 anos, que não possuam meios para prover sua subsistência, nem de tê-la provida por sua família, é assegurado o benefício mensal de 1 salário-mínimo, nos termos da Lei Orgânica da Assistência Social (Loas).

Benefício: já concedido a qualquer membro da família nos termos do *caput* não será computado para os fins do cálculo da renda familiar per capita a que se refere a Loas.

Contrato de prestação de serviços: todas as entidades de longa permanência, ou casa-lar, são obrigadas a firmar contrato de prestação de serviços com a pessoa idosa abrigada.

Entidades filantrópicas: no caso de entidades filantrópicas, ou casa-lar, é facultada a cobrança de participação da pessoa idosa no custeio da entidade.

Conselho municipal da pessoa idosa ou o conselho municipal da assistência social: estabelecerá a forma de participação prevista no § 1º, que não poderá exceder a 70% de qualquer benefício previdenciário ou de assistência social percebido pelo pessoa idosa. Se a pessoa idosa for incapaz, caberá a seu representante legal firmar o contrato a que se refere.

Acolhimento da pessoa idosa em situação de risco social: por adulto ou núcleo familiar, caracteriza a dependência econômica, para os efeitos legais.

24.1.9 Habitação

A pessoa idosa tem direito à moradia digna, no seio da família natural ou substituta, ou desacompanhado de seus familiares, quando assim o desejar, ou, ainda, em instituição pública ou privada.

Assistência integral na modalidade de entidade de longa permanência: será prestada quando verificada inexistência de grupo familiar, casa-lar, abandono ou carência de recursos financeiros próprios ou da família.

Identificação externa visível: toda instituição dedicada ao atendimento à pessoa idosa fica obrigada a manter identificação externa visível, sob pena de interdição, além de atender toda a legislação pertinente.

Instituições que abrigarem pessoas idosas: são obrigadas a manter padrões de habitação compatíveis com as necessidades deles, bem como provê-los com alimentação regular e higiene indispensáveis às normas sanitárias e com estas condizentes, sob as penas da lei.

Programas habitacionais, públicos ou subsidiados com recursos públicos: a pessoa idosa goza de prioridade na aquisição de imóvel para moradia própria, observado o seguinte: reserva de pelo menos 3% das unidades habitacionais residenciais para atendimento às pessoas idosas; implantação de equipamentos urbanos comunitários voltados à pessoa idosa; eliminação de barreiras arquitetônicas e urbanísticas, para garantia de acessibilidade à pessoa idosa; critérios de financiamento compatíveis com os rendimentos de aposentadoria e pensão.

Unidades residenciais reservadas para atendimento a pessoas idosas: devem situar-se, preferencialmente, no pavimento térreo.

24.1.10 Transporte

Gratuidade dos transportes coletivos públicos urbanos e semiurbanos: aos maiores de 65 anos fica assegurada a gratuidade dos transportes coletivos públicos urbanos e semiurbanos, exceto nos serviços seletivos e especiais, quando prestados paralelamente aos serviços regulares.

Acesso à gratuidade: para ter acesso à gratuidade, basta que a pessoa idosa apresente qualquer documento pessoal que faça prova de sua idade.

Veículos de transporte coletivo: serão reservados 10% dos assentos para as pessoas idosas, devidamente identificados com a placa de reservado preferencialmente para pessoas idosas.

Condições: no caso das pessoas compreendidas na faixa etária entre 60 e 65 anos, ficará a critério da legislação local dispor sobre as condições para exercício da gratuidade nos meios de transporte previstos no *caput* deste artigo.

Sistema de transporte coletivo interestadual: observar-se-á, nos termos da legislação específica: a reserva de 2 vagas gratuitas por veículo para pessoas idosas com renda igual ou inferior a 2 salários-mínimos; desconto de 50%, no mínimo, no valor das passagens, para as pessoas idosas que excederem as vagas gratuitas, com renda igual ou inferior a 2 salários mínimos.

Reserva: é assegurada a reserva, para as pessoas idosas, nos termos da lei local, de 5% das vagas nos estacionamentos públicos e privados, as quais deverão ser posicionadas de forma a garantir a melhor comodidade à pessoa idosa.

Prioridade e segurança da pessoa idosa: são asseguradas a prioridade e a segurança da pessoa idosa nos procedimentos de embarque e desembarque nos veículos do sistema de transporte coletivo.

24.2 Medidas de proteção

São aplicáveis sempre que os direitos reconhecidos nesta Lei forem ameaçados ou violados: por ação ou omissão da sociedade ou do Estado; por falta, omissão ou abuso da família, curador ou entidade de atendimento; em razão de sua condição pessoal.

24.2.1 Medidas específicas de proteção

Poderão ser aplicadas, isolada ou cumulativamente, e levarão em conta os fins sociais a que se destinam e o fortalecimento dos vínculos familiares e comunitários.

Ministério Público ou poder judiciário: a requerimento daquele, poderá determinar, dentre outras, as seguintes medidas: encaminhamento à família ou curador, mediante termo de responsabilidade; orientação, apoio e acompanhamento temporários; requisição para tratamento de sua saúde, em regime ambulatorial, hospitalar ou domiciliar; inclusão em programa oficial ou comunitário de auxílio, orientação e tratamento a usuários dependentes de drogas lícitas ou ilícitas, a própria pessoa idosa ou à pessoa de sua convivência que lhe cause perturbação; abrigo em entidade; abrigo temporário.

24.3 Política de atendimento à pessoa idosa

Far-se-á por meio do conjunto articulado de ações governamentais e não-governamentais da União, dos Estados, do Distrito Federal e dos Municípios.

Linhas de ação da política de atendimento:

> *Art. 47 [...]*
>
> *I – políticas sociais básicas, previstas na Lei no 8.842, de 4 de janeiro de 1994;*
>
> *II – políticas e programas de assistência social, em caráter supletivo, para aqueles que necessitarem;*
>
> *III – serviços especiais de prevenção e atendimento às vítimas de negligência, maus-tratos, exploração, abuso, crueldade e opressão;*
>
> *IV – serviço de identificação e localização de parentes ou responsáveis por pessoas idosas abandonados em hospitais e instituições de longa permanência; (Redação dada pela Lei nº 14.423/2022)*
>
> *V – proteção jurídico-social por entidades de defesa dos direitos das pessoas idosas; (Redação dada pela Lei nº 14.423/2022)*
>
> *VI – mobilização da opinião pública no sentido da participação dos diversos segmentos da sociedade no atendimento do idoso.*

24.3.1 Entidades de atendimento à pessoa idosa

São responsáveis pela manutenção das próprias unidades, observadas as normas de planejamento e execução emanadas do órgão competente da Política Nacional do Idoso, conforme a Lei nº 8.842, de 1994.

Entidades governamentais e não-governamentais de assistência à pessoa idosa: ficam sujeitas à inscrição de seus programas, junto ao órgão competente da Vigilância Sanitária e Conselho Municipal da Pessoa Idosa, e em sua falta, junto ao Conselho Estadual ou Nacional da Pessoa Idosa, especificando os regimes de atendimento, observados os seguintes requisitos: oferecer instalações físicas em condições adequadas de habitabilidade, higiene, salubridade e segurança; apresentar objetivos estatutários e plano de trabalho compatíveis com os princípios desta Lei; estar regularmente constituída; demonstrar a idoneidade de seus dirigentes.

Entidades que desenvolvam programas de institucionalização de longa permanência: adotarão os seguintes princípios: preservação dos vínculos familiares; atendimento personalizado e em pequenos grupos; manutenção da pessoa idosa na mesma instituição, salvo em caso de força maior; participação da pessoa idosa nas atividades comunitárias, de caráter interno e externo; observância dos direitos e garantias das pessoas idosas; preservação da identidade da pessoa idosa e oferecimento de ambiente de respeito e dignidade.

Dirigente de instituição prestadora de atendimento à pessoa idosa: responderá civil e criminalmente pelos atos que praticar em detrimento da pessoa idosa, sem prejuízo das sanções administrativas.

Obrigações das entidades de atendimento:

> *Art. 50 [...]*
>
> *I – celebrar contrato escrito de prestação de serviço com a pessoa idosa, especificando o tipo de atendimento, as obrigações da entidade e prestações decorrentes do contrato, com os respectivos preços, se for o caso; (Redação dada pela Lei nº 14.423/2022)*
>
> *II – observar os direitos e as garantias de que são titulares as pessoas idosas; (Redação dada pela Lei nº 14.423/2022)*
>
> *III – fornecer vestuário adequado, se for pública, e alimentação suficiente;*
>
> *IV – oferecer instalações físicas em condições adequadas de habitabilidade;*
>
> *V – oferecer atendimento personalizado;*
>
> *VI – diligenciar no sentido da preservação dos vínculos familiares;*
>
> *VII – oferecer acomodações apropriadas para recebimento de visitas;*
>
> *VIII – proporcionar cuidados à saúde, conforme a necessidade da pessoa idosa; (Redação dada pela Lei nº 14.423/2022)*
>
> *IX – promover atividades educacionais, esportivas, culturais e de lazer;*
>
> *X – propiciar assistência religiosa àqueles que desejarem, de acordo com suas crenças;*
>
> *XI – proceder a estudo social e pessoal de cada caso;*
>
> *XII – comunicar à autoridade competente de saúde toda ocorrência de pessoa idosa com doenças infectocontagiosas; (Redação dada pela Lei nº 14.423/2022)*
>
> *XIII – providenciar ou solicitar que o Ministério Público requisite os documentos necessários ao exercício da cidadania àqueles que não os tiverem, na forma da lei;*
>
> *XIV – fornecer comprovante de depósito dos bens móveis que receberem das pessoas idosas; (Redação dada pela Lei nº 14.423/2022)*
>
> *XV – manter arquivo de anotações no qual constem data e circunstâncias do atendimento, nome da pessoa idosa, responsável, parentes, endereços, cidade, relação de seus pertences, bem como o valor de contribuições, e suas alterações, se houver, e demais dados que possibilitem sua identificação e a individualização do atendimento; (Redação dada pela Lei nº 14.423/2022)*
>
> *XVI – comunicar ao Ministério Público, para as providências cabíveis, a situação de abandono moral ou material por parte dos familiares;*
>
> *XVII – manter no quadro de pessoal profissionais com formação específica.*

Instituições filantrópicas ou sem fins lucrativos prestadoras de serviço à pessoa idosa: terão direito à assistência judiciária gratuita.

24.3.2 Fiscalização das entidades de atendimento

Entidades governamentais e não-governamentais de atendimento à pessoa idosa: serão fiscalizadas pelos Conselhos do Idoso, Ministério Público, Vigilância Sanitária e outros previstos em lei.

Publicidade: será dada publicidade das prestações de contas dos recursos públicos e privados recebidos pelas entidades de atendimento.

Entidades de atendimento que descumprirem as determinações desta lei: ficarão sujeitas, sem prejuízo da responsabilidade civil e criminal de seus dirigentes ou prepostos, às seguintes penalidades, observado o devido processo legal:

> *Art. 55 [...]*
>
> *I – as entidades governamentais:*
>
> *a) advertência;*
>
> *b) afastamento provisório de seus dirigentes;*
>
> *c) afastamento definitivo de seus dirigentes;*
>
> *d) fechamento de unidade ou interdição de programa;*
>
> *II – as entidades não-governamentais:*
>
> *a) advertência;*

b) multa;

c) suspensão parcial ou total do repasse de verbas públicas;

d) interdição de unidade ou suspensão de programa;

e) proibição de atendimento a pessoas idosas a bem do interesse público. (Redação dada pela Lei nº 14.423/2022)

Danos as pessoas idosas: havendo danos às pessoas idosas abrigadas ou qualquer tipo de fraude em relação ao programa, caberá o afastamento provisório dos dirigentes ou a interdição da unidade e a suspensão do programa.

Suspensão parcial ou total do repasse de verbas públicas: ocorrerá quando verificada a má aplicação ou desvio de finalidade dos recursos.

Ocorrência de infração por entidade de atendimento: na ocorrência de infração por entidade de atendimento, que coloque em risco os direitos assegurados nesta Lei, será o fato comunicado ao Ministério Público, para as providências cabíveis, inclusive para promover a suspensão das atividades ou dissolução da entidade, com a proibição de atendimento a pessoa idosa a bem do interesse público, sem prejuízo das providências a serem tomadas pela Vigilância Sanitária.

Aplicação das penalidades: serão consideradas a natureza e a gravidade da infração cometida, os danos que dela provierem para a pessoa idosa, as circunstâncias agravantes ou atenuantes e os antecedentes da entidade.

24.3.3 Infrações administrativas

Deixar a entidade de atendimento de cumprir as determinações desta lei: Pena – multa de R$ 500,00 a R$ 3 mil, se o fato não for caracterizado como crime, podendo haver a interdição do estabelecimento até que sejam cumpridas as exigências legais.

Interdição do estabelecimento de longa permanência: no caso de interdição do estabelecimento de longa permanência, as pessoas idosas abrigadas serão transferidos para outra instituição, a expensas do estabelecimento interditado, enquanto durar a interdição.

Deixar o profissional de saúde ou o responsável por estabelecimento de saúde ou instituição de longa permanência de comunicar à autoridade competente os casos de crimes contra a pessoa idosa de que tiver conhecimento: Pena – multa de R$ 500,00 a R$ 3 mil, aplicada em dobro no caso de reincidência.

Deixar de cumprir as determinações desta lei sobre a prioridade no atendimento a pessoa idosa: Pena – multa de R$ 500,00 a R$ 1 mil e multa civil a ser estipulada pelo juiz, conforme o dano sofrido pela pessoa idosa.

24.4 Apuração administrativa de infração às normas de proteção à pessoa idosa

Valores monetários: serão atualizados anualmente, na forma da lei.

Procedimento para a imposição de penalidade administrativa por infração às normas de proteção à pessoa idosa: terá início com requisição do Ministério Público ou auto de infração elaborado por servidor efetivo e assinado, se possível, por duas testemunhas.

Procedimento iniciado com o auto de infração: poderão ser usadas fórmulas impressas, especificando-se a natureza e as circunstâncias da infração.

Verificação da infração: sempre que possível, à verificação da infração seguir-se-á a lavratura do auto, ou este será lavrado dentro de 24 horas, por motivo justificado.

Autuado: terá prazo de 10 dias para a apresentação da defesa, contado da data da intimação, que será feita: pelo autuante, no instrumento de autuação, quando for lavrado na presença do infrator; por via postal, com aviso de recebimento.

Risco para a vida ou à saúde da pessoa idosa: havendo risco para a vida ou à saúde da pessoa idosa, a autoridade competente aplicará à entidade de atendimento as sanções regulamentares, sem prejuízo da iniciativa e das providências que vierem a ser adotadas pelo Ministério Público ou pelas demais instituições legitimadas para a fiscalização.

Fique ligado!

Nos casos em que não houver risco para a vida ou a saúde da pessoa idosa abrigada, a autoridade competente aplicará à entidade de atendimento as sanções regulamentares, sem prejuízo da iniciativa e das providências que vierem a ser adotadas pelo Ministério Público ou pelas demais instituições legitimadas para a fiscalização.

24.4.1 Apuração judicial de irregularidades em entidade de atendimento

Procedimento de apuração de irregularidade em entidade governamental e não-governamental de atendimento a pessoa idosa: terá início mediante petição fundamentada de pessoa interessada ou iniciativa do Ministério Público.

Havendo motivo grave, poderá a autoridade judiciária, ouvido o Ministério Público, decretar liminarmente o afastamento provisório do dirigente da entidade ou outras medidas que julgar adequadas, para evitar lesão aos direitos da pessoa idosa, mediante decisão fundamentada.

Dirigente da entidade: será citado para, no prazo de 10 dias, oferecer resposta escrita, podendo juntar documentos e indicar as provas a produzir.

Defesa: apresentada a defesa, o juiz procederá na conformidade do art. 69 ou, se necessário, designará audiência de instrução e julgamento, deliberando sobre a necessidade de produção de outras provas.

Partes e o Ministério Público: salvo manifestação em audiência, as partes e o Ministério Público terão 5 dias para oferecer alegações finais, decidindo a autoridade judiciária em igual prazo.

Afastamento provisório ou definitivo de dirigente de entidade governamental: em se tratando de afastamento provisório ou definitivo de dirigente de entidade governamental, a autoridade judiciária oficiará a autoridade administrativa imediatamente superior ao afastado, fixando-lhe prazo de 24 horas para proceder à substituição.

Autoridade judiciária: antes de aplicar qualquer das medidas, a autoridade judiciária poderá fixar prazo para a remoção das irregularidades verificadas. Satisfeitas as exigências, o processo será extinto, sem julgamento do mérito.

Multa e advertência: serão impostas ao dirigente da entidade ou ao responsável pelo programa de atendimento.

24.5 Acesso à justiça

Procedimento sumário: aplica-se, subsidiariamente, às disposições deste Capítulo, o procedimento sumário previsto no Código de Processo Civil, naquilo que não contrarie os prazos previstos nesta Lei.

Poder Público: poderá criar varas especializadas e exclusivas da pessoa idosa.

Prioridade na tramitação: é assegurada prioridade na tramitação dos processos e procedimentos e na execução dos atos e diligências judiciais em que figure como parte ou interveniente pessoa com idade igual ou superior a 60 anos, em qualquer instância.

Fique ligado!

O interessado na obtenção da prioridade, fazendo prova de sua idade, requererá o benefício à autoridade judiciária competente para decidir o feito, que determinará as providências a serem cumpridas, anotando-se essa circunstância em local visível nos autos do processo.

Prioridade: não cessará com a morte do beneficiado, estendendo-se em favor do cônjuge supérstite, companheiro ou companheira, com união estável, maior de 60 anos.

Extensão: a prioridade se estende aos processos e procedimentos na Administração Pública, empresas prestadoras de serviços públicos e instituições financeiras, ao atendimento preferencial junto à Defensoria Pública da União, dos Estados e do Distrito Federal em relação aos Serviços de Assistência Judiciária.

Atendimento prioritário: será garantido a pessoa idosa o fácil acesso aos assentos e caixas, identificados com a destinação a pessoas idosas em local visível e caracteres legíveis.

Prioridade especial: dentre os processos de pessoas idosas, dar-se-á prioridade especial aos maiores de oitenta anos.

Legitimação do Ministério Público: para as ações cíveis não impede a de terceiros, nas mesmas hipóteses, segundo dispuser a lei.

Atribuições: não excluem outras, desde que compatíveis com a finalidade e atribuições do Ministério Público.

Representante do Ministério Público: no exercício de suas funções, terá livre acesso a toda entidade de atendimento a pessoa idosa.

Processos e procedimentos: em que não for parte, atuará obrigatoriamente o Ministério Público na defesa dos direitos e interesses de que cuida esta Lei, hipóteses em que terá vista dos autos depois das partes, podendo juntar documentos, requerer diligências e produção de outras provas, usando os recursos cabíveis.

Intimação do Ministério Público: em qualquer caso, será feita pessoalmente.

Falta de intervenção do Ministério Público: acarreta a nulidade do feito, que será declarada de ofício pelo juiz ou a requerimento de qualquer interessado.

24.5.1 Proteção judicial dos interesses difusos, coletivos e individuais indisponíveis ou homogêneos

Manifestações processuais do representante do Ministério Público: deverão ser fundamentadas.

Ações de responsabilidade por ofensa aos direitos assegurados a pessoa idosa: regem-se pelas disposições desta Lei as ações de responsabilidade por ofensa aos direitos assegurados a pessoa idosa, referentes à omissão ou ao oferecimento insatisfatório de: acesso às ações e serviços de saúde; atendimento especializado a pessoa idosa portadora de deficiência ou com limitação incapacitante; atendimento especializado a pessoa idosa portadora de doença infectocontagiosa; serviço de assistência social visando ao amparo da pessoa idosa. As hipóteses não excluem da proteção judicial outros interesses difusos, coletivos, individuais indisponíveis ou homogêneos, próprios da pessoa idosa, protegidos em lei.

Serão propostas no foro do domicílio da pessoa idosa, cujo juízo terá competência absoluta para processar a causa, ressalvadas as competências da Justiça Federal e a competência originária dos Tribunais Superiores.

Ações cíveis: para as ações cíveis fundadas em interesses difusos, coletivos, individuais indisponíveis ou homogêneos, consideram-se legitimados, concorrentemente: o Ministério Público; a União, os Estados, o Distrito Federal e os Municípios; a Ordem dos Advogados do Brasil; as associações legalmente constituídas há pelo menos 1 ano e que incluam entre os fins institucionais a defesa dos interesses e direitos da pessoa idosa, dispensada a autorização da assembleia, se houver prévia autorização estatutária.

Litisconsórcio facultativo: admitir-se-á litisconsórcio facultativo entre os Ministérios Públicos da União e dos Estados na defesa dos interesses e direitos de que cuida esta Lei.

Desistência ou abandono: em caso de desistência ou abandono da ação por associação legitimada, o Ministério Público ou outro legitimado deverá assumir a titularidade ativa.

Defesa dos interesses e direitos protegidos por esta lei: para defesa dos interesses e direitos protegidos por esta Lei, são admissíveis todas as espécies de ação pertinentes.

Atos ilegais ou abusivos de autoridade pública: contra atos ilegais ou abusivos de autoridade pública ou agente de pessoa jurídica no exercício de atribuições de Poder Público, que lesem direito líquido e certo previsto nesta Lei, caberá ação mandamental, que se regerá pelas normas da lei do mandado de segurança.

Cumprimento de obrigação de fazer ou não-fazer: na ação que tenha por objeto o cumprimento de obrigação de fazer ou não-fazer, o juiz concederá a tutela específica da obrigação ou determinará providências que assegurem o resultado prático equivalente ao adimplemento.

Relevante o fundamento da demanda: sendo relevante o fundamento da demanda e havendo justificado receio de ineficácia do provimento final, é lícito ao juiz conceder a tutela liminarmente ou após justificação prévia, na forma do art. 273 do Código de Processo Civil.

Juiz: poderá, na sentença, impor multa diária ao réu, independentemente do pedido do autor, se for suficiente ou compatível com a obrigação, fixando prazo razoável para o cumprimento do preceito.

Multa: só será exigível do réu após o trânsito em julgado da sentença favorável ao autor, mas será devida desde o dia em que se houver configurado.

Valores das multas: previstas nesta Lei reverterão ao Fundo do Idoso, onde houver, ou na falta deste, ao Fundo Municipal de Assistência Social, ficando vinculados ao atendimento a pessoa idosa.

Multas não recolhidas até 30 dias após o trânsito em julgado da decisão: serão exigidas por meio de execução promovida pelo Ministério Público, nos mesmos autos, facultada igual iniciativa aos demais legitimados em caso de inércia daquele.

Efeito suspensivo aos recursos: o juiz poderá conferir efeito suspensivo aos recursos, para evitar dano irreparável à parte.

Transitada em julgado a sentença: que impuser condenação ao Poder Público, o juiz determinará a remessa de peças à autoridade competente, para apuração da responsabilidade civil e administrativa do agente a que se atribua a ação ou omissão.

Fique ligado!

Decorridos 60 dias do trânsito em julgado da sentença condenatória favorável a pessoa idosa sem que o autor lhe promova a execução, deverá fazê-lo o Ministério Público, facultada, igual iniciativa aos demais legitimados, como assistentes ou assumindo o polo ativo, em caso de inércia desse órgão.

Não haverá adiantamento de custas, emolumentos, honorários periciais e quaisquer outras despesas. Não se imporá sucumbência ao Ministério Público.

Provocação: qualquer pessoa poderá, e o servidor deverá provocar a iniciativa do Ministério Público, prestando-lhe informações sobre os fatos que constituam objeto de ação civil e indicando-lhe os elementos de convicção.

Agentes públicos em geral: os juízes e tribunais, no exercício de suas funções, quando tiverem conhecimento de fatos que possam configurar crime de ação pública contra pessoa idosa ou ensejar a propositura de ação para sua defesa, devem encaminhar as peças pertinentes ao Ministério Público, para as providências cabíveis.

Petição inicial: para instruir a petição inicial, o interessado poderá requerer às autoridades competentes as certidões e informações que julgar necessárias, que serão fornecidas no prazo de 10 dias.

Ministério Público: poderá instaurar sob sua presidência, inquérito civil, ou requisitar, de qualquer pessoa, organismo público ou particular, certidões, informações, exames ou perícias, no prazo que assinalar, o qual não poderá ser inferior a 10 dias.

Esgotadas todas as diligências, se convencer da inexistência de fundamento para a propositura da ação civil ou de peças informativas, determinará o seu arquivamento, fazendo-o fundamentadamente.

Autos do inquérito civil ou peças de informação arquivados: serão remetidos, sob pena de se incorrer em falta grave, no prazo de 3 dias, ao Conselho Superior do Ministério Público ou à Câmara de Coordenação e Revisão do Ministério Público.

Associações legitimadas: até que seja homologado ou rejeitado o arquivamento, pelo Conselho Superior do Ministério Público ou por Câmara de Coordenação e Revisão do Ministério Público, as associações legitimadas poderão apresentar razões escritas ou documentos, que serão juntados ou anexados às peças de informação.

Conselho superior ou câmara de coordenação e revisão do Ministério Público: deixando o Conselho Superior ou a Câmara de Coordenação e Revisão do Ministério Público de homologar a promoção de arquivamento, será designado outro membro do Ministério Público para o ajuizamento da ação.

24.6 Crimes

Subsidiariedade: aplicam-se subsidiariamente, no que couber, as disposições da Lei nº 7.347, de 24 de julho de 1985.

Crimes: previstos nesta Lei, cuja pena máxima privativa de liberdade não ultrapasse 4 anos, aplica-se o procedimento previsto na Lei nº 9.099, de 26 de setembro de 1995, e, subsidiariamente, no que couber, as disposições do Código Penal e do Código de Processo Penal.

24.6.1 Crimes em espécie

Ação penal pública incondicionada: os crimes definidos nesta Lei são de ação penal pública incondicionada, não se lhes aplicando os arts. 181 e 182, do Código Penal.

Discriminar pessoa idosa: impedindo ou dificultando seu acesso a operações bancárias, aos meios de transporte, ao direito de contratar ou por qualquer outro meio ou instrumento necessário ao exercício da cidadania, por motivo de idade. Pena – reclusão de 6 meses a 1 ano e multa. Na mesma pena incorre quem desdenhar, humilhar, menosprezar ou discriminar pessoa idosa, por qualquer motivo. A pena será aumentada de 1/3 se a vítima se encontrar sob os cuidados ou responsabilidade do agente.

Não constitui crime: a negativa de crédito motivada por superendividamento da pessoa idosa.

Deixar de prestar assistência a pessoa idosa: quando possível fazê-lo sem risco pessoal, em situação de iminente perigo, ou recusar, retardar ou dificultar sua assistência à saúde, sem justa causa, ou não pedir, nesses casos, o socorro de autoridade pública. Pena – detenção de 6 meses a 1 ano e multa.

Pena é aumentada de metade, se da omissão resulta lesão corporal de natureza grave, e triplicada, se resulta a morte.

Abandonar a pessoa idosa: em hospitais, casas de saúde, entidades de longa permanência, ou congêneres, ou não prover suas necessidades básicas, quando obrigado por lei ou mandado. Pena – detenção de 6 meses a 3 anos e multa.

Exposição: expor a perigo a integridade e a saúde, física ou psíquica, da pessoa idosa, submetendo-o a condições desumanas ou degradantes ou privando-o de alimentos e cuidados indispensáveis, quando obrigado a fazê-lo, ou sujeitando-o a trabalho excessivo ou inadequado. Pena – detenção de 2 meses a 1 ano e multa. Se do fato resulta lesão corporal de natureza grave. Pena – reclusão de 1 a 4 anos. Se resulta a morte. Pena – reclusão de 4 a 12 anos.

Crime punível com reclusão: constitui crime punível com reclusão de 6 meses a 1 ano e multa:

> ***Art. 100** [...]*
>
> *I – obstar o acesso de alguém a qualquer cargo público por motivo de idade;*
>
> *II – negar a alguém, por motivo de idade, emprego ou trabalho;*
>
> *III – recusar, retardar ou dificultar atendimento ou deixar de prestar assistência à saúde, sem justa causa, a pessoa idosa;*
>
> *IV – deixar de cumprir, retardar ou frustrar, sem justo motivo, a execução de ordem judicial expedida na ação civil a que alude esta Lei;*
>
> *V – recusar, retardar ou omitir dados técnicos indispensáveis à propositura da ação civil objeto desta Lei, quando requisitados pelo Ministério Público.*

Ordem judicial expedida: deixar de cumprir, retardar ou frustrar, sem justo motivo, a execução de ordem judicial expedida nas ações em que for parte ou interveniente a pessoa idosa. Pena – detenção de 6 meses a 1 ano e multa.

Apropriar-se de ou desviar bens: proventos, pensão ou qualquer outro rendimento da pessoa idosa, dando-lhes aplicação diversa da de sua finalidade. Pena – reclusão de 1 a 4 anos e multa.

Negar o acolhimento ou a permanência da pessoa idosa: como abrigado, por recusa deste em outorgar procuração à entidade de atendimento. Pena – detenção de 6 meses a 1 ano e multa.

Reter o cartão magnético de conta bancária relativa a benefícios: proventos ou pensão da pessoa idosa, bem como qualquer outro documento com objetivo de assegurar recebimento ou ressarcimento de dívida. Pena – detenção de 6 meses a 2 anos e multa.

Exibir ou veicular, por qualquer meio de comunicação, informações ou imagens depreciativas ou injuriosas à pessoa idosa: Pena – detenção de 1 a 3 anos e multa.

Induzir pessoa idosa sem discernimento: de seus atos a outorgar procuração para fins de administração de bens ou deles dispor livremente: Pena – reclusão de 2 a 4 anos.

Coagir, de qualquer modo, a pessoa idosa a doar, contratar, testar ou outorgar procuração: Pena – reclusão de 2 a 5 anos.

Lavrar ato notarial que envolva pessoa idosa sem discernimento de seus atos, sem a devida representação legal: Pena – reclusão de 2 a 4 anos.

25 DECRETO Nº 8.727/ 2016 - USO DO NOME SOCIAL

Este Decreto dispõe sobre o uso do nome social e o reconhecimento da identidade de gênero de pessoas travestis ou transexuais no âmbito da administração pública federal direta, autárquica e fundacional.

Para os fins deste Decreto, considera-se:

- ▹ nome social - designação pela qual a pessoa travesti ou transexual se identifica e é socialmente reconhecida; e
- ▹ identidade de gênero - dimensão da identidade de uma pessoa que diz respeito à forma como se relaciona com as representações de masculinidade e feminilidade e como isso se traduz em sua prática social, sem guardar relação necessária com o sexo atribuído no nascimento.

Os órgãos e as entidades da administração pública federal direta, autárquica e fundacional, em seus atos e procedimentos, deverão adotar o nome social da pessoa travesti ou transexual, de acordo com seu requerimento e com o disposto neste Decreto.

É vedado o uso de expressões pejorativas e discriminatórias para referir-se a pessoas travestis ou transexuais.

Os registros dos sistemas de informação, de cadastros, de programas, de serviços, de fichas, de formulários, de prontuários e congêneres dos órgãos e das entidades da administração pública federal direta, autárquica e fundacional deverão conter o campo "nome social" em destaque, acompanhado do nome civil, que será utilizado apenas para fins administrativos internos. (Vigência)

Constará nos documentos oficiais o nome social da pessoa travesti ou transexual, se requerido expressamente pelo interessado, acompanhado do nome civil.

O órgão ou a entidade da administração pública federal direta, autárquica e fundacional poderá empregar o nome civil da pessoa travesti ou transexual, acompanhado do nome social, apenas quando estritamente necessário ao atendimento do interesse público e à salvaguarda de direitos de terceiros.

A pessoa travesti ou transexual poderá requerer, a qualquer tempo, a inclusão de seu nome social em documentos oficiais e nos registros dos sistemas de informação, de cadastros, de programas, de serviços, de fichas, de formulários, de prontuários e congêneres dos órgãos e das entidades da administração pública federal direta, autárquica e fundacional.

Este Decreto entra em vigor:

- ▹ um ano após a data de sua publicação, quanto ao art. 3º ; e
- ▹ na data de sua publicação, quanto aos demais dispositivos.

26 RESOLUÇÃO CMN Nº 4.949/2021- PRINCÍPIOS E PROCEDIMENTOS NO RELACIONAMENTO COM CLIENTES PRODUTOS E DE SERVIÇOS

26.1 Objeto e âmbito de aplicação

Esta Resolução dispõe sobre princípios e procedimentos a serem adotados no relacionamento com clientes e usuários de produtos e de serviços pelas instituições financeiras e demais instituições autorizadas a funcionar pelo Banco Central do Brasil.

O disposto nesta Resolução não se aplica às administradoras de consórcio e às instituições de pagamento, que devem seguir as normas editadas pelo Banco Central do Brasil no exercício de sua competência legal.

Para efeito desta Resolução, o relacionamento com clientes e usuários abrange as fases de pré-contratação, de contratação e de pós-contratação de produtos e de serviços.

26.2 Princípios

As instituições de que trata o art. 1º, no relacionamento com clientes e usuários de produtos e de serviços, devem conduzir suas atividades com observância de princípios de ética, responsabilidade, transparência e diligência, propiciando a convergência de interesses e a consolidação de imagem institucional de credibilidade, segurança e competência.

A observância do disposto no art. 2º requer, entre outras, as seguintes ações:

- ▹ promover cultura organizacional que incentive relacionamento cooperativo e equilibrado com clientes e usuários; e
- ▹ dispensar tratamento justo e equitativo a clientes e usuários, considerando seus perfis de relacionamento e vulnerabilidades associadas.

26.3 Procedimentos

26.3.1 Contratação e Prestação de Serviços

As instituições de que trata o art. 1º, na contratação de operações e na prestação de serviços, devem assegurar:

- ▹ adequação dos produtos e serviços ofertados ou recomendados às necessidades, aos interesses e aos objetivos dos clientes e usuários;
- ▹ integridade, conformidade, confiabilidade, segurança e sigilo das transações realizadas, bem como legitimidade das operações contratadas e dos serviços prestados;
- ▹ prestação, de forma clara e precisa, das informações necessárias à livre escolha e à tomada de decisões por parte de clientes e usuários, explicitando, inclusive, direitos e deveres, responsabilidades, custos ou ônus, penalidades e eventuais riscos existentes na execução de operações e na prestação de serviços;
- ▹ utilização de redação clara, objetiva e adequada à natureza e à complexidade da operação ou do serviço, em contratos, recibos, extratos, comprovantes e documentos destinados ao público, de forma a permitir o entendimento do conteúdo e a identificação de prazos, valores, encargos, multas, datas, locais e demais condições;
- ▹ identificação dos usuários finais beneficiários de pagamento ou transferência em demonstrativos e extratos de contas de depósitos

e contas de pagamento pré-paga, inclusive nas situações em que o serviço de pagamento envolver instituições participantes de diferentes arranjos de pagamento;

- encaminhamento de instrumento de pagamento ao domicílio do cliente ou usuário ou a sua habilitação somente em decorrência de sua expressa solicitação ou autorização; e
- **tempestividade e inexistência de barreiras, critérios ou procedimentos desarrazoados para:**
  - o atendimento a demandas de clientes e usuários, incluindo o fornecimento de contratos, recibos, extratos, comprovantes e outros documentos e informações relativos a operações e a serviços;
  - a extinção da relação contratual relativa a produtos e serviços, incluindo o cancelamento de contratos; e
  - a transferência de relacionamento para outra instituição, se aplicável.

26.3.2 Atendimento Presencial a Clientes ou Usuários

É vedado às instituições referidas no art. 1º impedir o acesso, recusar, dificultar ou impor restrição ao atendimento presencial em suas dependências, inclusive em guichês de caixa, a clientes ou usuários de produtos e de serviços, mesmo quando disponível o atendimento em outros canais.

O disposto no caput não se aplica:

- **aos serviços de arrecadação ou de cobrança prestados a terceiros, quando:**
  - não houver contrato ou convênio para a sua prestação celebrado entre a instituição financeira e o ente beneficiário; ou
  - o respectivo contrato ou convênio celebrado não contemple o recebimento em guichê de caixa das dependências da instituição;
- ao recebimento de boletos de pagamento padronizado pela regulamentação do Banco Central do Brasil emitidos fora do padrão, das especificações ou dos requisitos vigentes para o instrumento;
- ao recebimento de documentos mediante pagamento por meio de cheque;
- às instituições que não possuam dependências ou às dependências de instituições sem guichês de caixa;
- aos postos de atendimento instalados em recinto de órgão ou de entidade da Administração Pública ou de empresa privada com guichês de caixa, nos quais sejam prestados serviços do exclusivo interesse do respectivo órgão ou entidade e de seus servidores ou da respectiva empresa e de seus empregados e administradores, conforme a regulamentação específica sobre dependências; e
- às situações excepcionais previstas na legislação ou na regulamentação específica.

Para fins do disposto no caput, é vedada a imposição de restrições quanto à quantidade de documentos, de transações ou de operações por pessoa, bem como em relação a montante máximo ou mínimo a ser pago ou recebido ou ainda quanto à faculdade de o cliente ou o usuário optar por pagamentos em espécie, salvo as exceções previstas na legislação ou na regulamentação específica.

As instituições de que trata o art. 1º devem divulgar em suas dependências e nas dependências dos correspondentes no País, em local visível e em formato legível, as situações de que tratam os incisos II, III e V do § 1º.

O disposto neste artigo deve ser observado indistintamente em relação a clientes e a não clientes, exceto pelas cooperativas de crédito, que devem observar o disposto no § 5º.

As cooperativas de crédito devem informar em suas dependências, em local visível e em formato legível, se realizam atendimento a não associados e quais os serviços disponibilizados, assegurando nesse caso as condições previstas neste artigo.

26.4 Política institucional de relacionamento com clientes e usuários

26.4.1 Manutenção da Política Institucional de Relacionamento com Clientes e Usuários

As instituições de que trata o art. 1º devem manter política institucional de relacionamento com clientes e usuários que consolide diretrizes, objetivos estratégicos e valores organizacionais, de forma a nortear a condução de suas atividades em conformidade com o disposto no art. 2º.

A política de que trata o caput deve:

- ser aprovada pelo conselho de administração ou, caso inexistente, pela diretoria da instituição;
- ser objeto de avaliação periódica;
- definir papéis e responsabilidades no âmbito da instituição;
- ser compatível com a natureza da instituição e com o perfil de clientes e usuários, bem como com as demais políticas instituídas;
- prever programa de treinamento de empregados e prestadores de serviços que desempenhem atividades afetas ao relacionamento com clientes e usuários;
- prever a disseminação interna de suas disposições; e
- ser formalizada em documento específico.

Admite-se que a política de que trata o caput seja unificada por:

- conglomerado; ou
- sistema cooperativo de crédito.

As instituições que não constituírem política própria em decorrência da faculdade prevista no § 2º devem formalizar a decisão em reunião do conselho de administração ou da diretoria.

O documento de que trata o inciso VII do § 1º deve ser mantido à disposição do Banco Central do Brasil.

26.4.2 Gerenciamento da Política Institucional de Relacionamento com Clientes e Usuários

As instituições de que trata o art. 1º devem assegurar a consistência de rotinas e de procedimentos operacionais afetos ao relacionamento com clientes e usuários, bem como sua adequação à política institucional de relacionamento de que trata o art. 6º, inclusive quanto aos seguintes aspectos:

- identificação e qualificação de clientes e de usuários para fins de início e manutenção de relacionamento;
- concepção de produtos e de serviços;
- oferta, recomendação, contratação ou distribuição de produtos ou serviços;
- requisitos de segurança afetos a produtos e a serviços;
- cobrança de tarifas em decorrência da prestação de serviços;
- divulgação e publicidade de produtos e de serviços;
- coleta, tratamento e manutenção de informações dos clientes em bases de dados;
- gestão do atendimento prestado a clientes e usuários, inclusive o registro e o tratamento de demandas;

- mediação de conflitos;
- sistemática de cobrança em caso de inadimplemento de obrigações contratadas;
- extinção da relação contratual relativa a produtos e serviços;
- liquidação antecipada de dívidas ou de obrigações; e
- transferência de relacionamento para outra instituição.

Com relação ao disposto nos incisos II e III do caput, e em observância ao art. 4º, inciso I, as instituições devem estabelecer o perfil dos clientes que compõem o público-alvo para os produtos e serviços disponibilizados, considerando suas características e complexidade.

O perfil referido no § 1º deve incluir informações relevantes para cada produto ou serviço.

As instituições de que trata o art. 1º devem:

- promover o equilíbrio das metas de resultados e de incentivos associadas ao desempenho de funcionários e de correspondentes no País com as diretrizes e os valores organizacionais previstos na política institucional de que trata o art. 6º; e
- tratar adequadamente eventuais desvios relacionados ao contido no inciso I.

Em relação à política institucional de relacionamento com clientes e usuários, as instituições de que trata o art. 1º devem instituir mecanismos de acompanhamento, de controle e de mitigação de riscos com vistas a assegurar:

- a implementação das suas disposições;
- o monitoramento do seu cumprimento, inclusive por meio de métricas e indicadores adequados;
- a avaliação da sua efetividade; e
- a identificação e a correção de eventuais deficiências.

Os mecanismos de que trata o caput devem ser submetidos a testes periódicos pela auditoria interna, consistentes com os controles internos da instituição.

Os dados, os registros e as informações relativas aos mecanismos de controle, processos, testes e trilhas de auditoria devem ser mantidos à disposição do Banco Central do Brasil pelo prazo mínimo de cinco anos.

26.5 Disposições finais

As instituições de que trata o art. 1º devem indicar ao Banco Central do Brasil diretor responsável pelo cumprimento das obrigações previstas nesta Resolução.

O Banco Central do Brasil poderá adotar medidas complementares necessárias à execução do disposto nesta Resolução.

Ficam revogados:

- o art. 12 da Resolução nº 4.753, de 26 de setembro de 2019;
- a Resolução nº 3.694, de 26 de março de 2009;
- a Resolução nº 4.283, de 4 de novembro de 2013;
- a Resolução nº 4.479, de 25 de abril de 2016;
- a Resolução nº 4.539, de 24 de novembro de 2016; e
- a Resolução nº 4.746, de 29 de agosto de 2019.

27 RESOLUÇÃO Nº 3.694/2009 - PREV. DE RISCOS NA CONT. DE OPERAÇÕES

As instituições financeiras e demais instituições autorizadas a funcionar pelo Banco Central do Brasil, na contratação de operações e na prestação de serviços, devem assegurar:

- a adequação dos produtos e serviços ofertados ou recomendados às necessidades, interesses e objetivos dos clientes e usuários;
- a integridade, a confiabilidade, a segurança e o sigilo das transações realizadas, bem como a legitimidade das operações contratadas e dos serviços prestados;
- a prestação das informações necessárias à livre escolha e à tomada de decisões por parte de clientes e usuários, explicitando, inclusive, direitos e deveres, responsabilidades, custos ou ônus, penalidades e eventuais riscos existentes na execução de operações e na prestação de serviços;
- o fornecimento tempestivo ao cliente ou usuário de contratos, recibos, extratos, comprovantes e outros documentos relativos a operações e a serviços;
- a utilização de redação clara, objetiva e adequada à natureza e à complexidade da operação ou do serviço, em contratos, recibos, extratos, comprovantes e documentos destinados ao público, de forma a permitir o entendimento do conteúdo e a identificação de prazos, valores, encargos, multas, datas, locais e demais condições;
- a possibilidade de tempestivo cancelamento de contratos;
- a formalização de título adequado estipulando direitos e obrigações para abertura, utilização e manutenção de conta de pagamento pós-paga;
- o encaminhamento de instrumento de pagamento ao domicílio do cliente ou usuário ou a sua habilitação somente em decorrência de sua expressa solicitação ou autorização; e
- a identificação dos usuários finais beneficiários de pagamento ou transferência em demonstrativos e faturas do pagador, inclusive nas situações em que o serviço de pagamento envolver instituições participantes de diferentes arranjos de pagamento.

Para fins do cumprimento do disposto no inciso III, no caso de abertura de conta de depósitos ou de conta de pagamento, deve ser fornecido também prospecto de informações essenciais, explicitando, no mínimo, as regras básicas, os riscos existentes, os procedimentos para contratação e para rescisão, as medidas de segurança, inclusive em caso de perda, furto ou roubo de credenciais, e a periodicidade e forma de atualização pelo cliente de seus dados cadastrais.

As instituições referidas no art. 1º devem divulgar, em suas dependências e nas dependências dos estabelecimentos onde seus produtos são ofertados, em local visível e em formato legível, informações relativas a situações que impliquem recusa à realização de pagamentos ou à recepção de cheques, fichas de compensação, documentos, inclusive de cobrança, contas e outros.

É vedado às instituições referidas no art. 1º recusar ou dificultar, aos clientes e usuários de seus produtos e serviços, o acesso aos canais de atendimento convencionais, inclusive guichês de caixa, mesmo na hipótese de oferecer atendimento alternativo ou eletrônico.

O disposto no caput não se aplica às dependências exclusivamente eletrônicas nem à prestação de serviços de cobrança e de recebimento decorrentes de contratos ou convênios que prevejam canais de atendimento específicos.

A opção pela prestação de serviços por meios alternativos aos convencionais é admitida desde que adotadas as medidas necessárias para preservar a integridade, a confiabilidade, a segurança e o sigilo das transações realizadas, assim como a legitimidade dos serviços prestados, em face dos direitos dos clientes e dos usuários, devendo as instituições informá-los dos riscos existentes.

28 LEI Nº 12.764/2012 - POLÍTICA DE PROTEÇÃO DA PESSOA COM TRANSTORNO DO ESPECTRO AUTISTA

Esta Lei institui a Política Nacional de Proteção dos Direitos da Pessoa com Transtorno do Espectro Autista e estabelece diretrizes para sua consecução.

Para os efeitos desta Lei, é considerada pessoa com transtorno do espectro autista aquela portadora de síndrome clínica caracterizada na forma dos seguintes incisos I ou II:

- deficiência persistente e clinicamente significativa da comunicação e da interação sociais, manifestada por deficiência marcada de comunicação verbal e não verbal usada para interação social; ausência de reciprocidade social; falência em desenvolver e manter relações apropriadas ao seu nível de desenvolvimento;
- padrões restritivos e repetitivos de comportamentos, interesses e atividades, manifestados por comportamentos motores ou verbais estereotipados ou por comportamentos sensoriais incomuns; excessiva aderência a rotinas e padrões de comportamento ritualizados; interesses restritos e fixos.

A pessoa com transtorno do espectro autista é considerada pessoa com deficiência, para todos os efeitos legais.

Os estabelecimentos públicos e privados referidos na Lei nº 10.048, de 8 de novembro de 2000, poderão valer-se da fita quebra-cabeça, símbolo mundial da conscientização do transtorno do espectro autista, para identificar a prioridade devida às pessoas com transtorno do espectro autista.

São diretrizes da Política Nacional de Proteção dos Direitos da Pessoa com Transtorno do Espectro Autista:

- a intersetorialidade no desenvolvimento das ações e das políticas e no atendimento à pessoa com transtorno do espectro autista;
- a participação da comunidade na formulação de políticas públicas voltadas para as pessoas com transtorno do espectro autista e o controle social da sua implantação, acompanhamento e avaliação;
- a atenção integral às necessidades de saúde da pessoa com transtorno do espectro autista, objetivando o diagnóstico precoce, o atendimento multiprofissional e o acesso a medicamentos e nutrientes;
- o estímulo à inserção da pessoa com transtorno do espectro autista no mercado de trabalho, observadas as peculiaridades da deficiência e as disposições da Lei nº 8.069, de 13 de julho de 1990 (Estatuto da Criança e do Adolescente);
- a responsabilidade do poder público quanto à informação pública relativa ao transtorno e suas implicações;
- o incentivo à formação e à capacitação de profissionais especializados no atendimento à pessoa com transtorno do espectro autista, bem como a pais e responsáveis;
- o estímulo à pesquisa científica, com prioridade para estudos epidemiológicos tendentes a dimensionar a magnitude e as características do problema relativo ao transtorno do espectro autista no País.

Fique Ligado

Para cumprimento das diretrizes de que trata este artigo, o poder público poderá firmar contrato de direito público ou convênio com pessoas jurídicas de direito privado.

São direitos da pessoa com transtorno do espectro autista:

- a vida digna, a integridade física e moral, o livre desenvolvimento da personalidade, a segurança e o lazer;
- a proteção contra qualquer forma de abuso e exploração;
- **o acesso a ações e serviços de saúde, com vistas à atenção integral às suas necessidades de saúde, incluindo:**
  - o diagnóstico precoce, ainda que não definitivo;
  - o atendimento multiprofissional;
  - a nutrição adequada e a terapia nutricional;
  - os medicamentos;
  - informações que auxiliem no diagnóstico e no tratamento;
- **o acesso:**
  - à educação e ao ensino profissionalizante;
  - à moradia, inclusive à residência protegida;
  - ao mercado de trabalho;
  - à previdência social e à assistência social.

Em casos de comprovada necessidade, a pessoa com transtorno do espectro autista incluída nas classes comuns de ensino regular, nos termos do inciso IV do art. 2º, terá direito a acompanhante especializado.

É criada a Carteira de Identificação da Pessoa com Transtorno do Espectro Autista (Ciptea), com vistas a garantir atenção integral, pronto atendimento e prioridade no atendimento e no acesso aos serviços públicos e privados, em especial nas áreas de saúde, educação e assistência social.

A Ciptea será expedida pelos órgãos responsáveis pela execução da Política Nacional de Proteção dos Direitos da Pessoa com Transtorno do Espectro Autista dos Estados, do Distrito Federal e dos Municípios, mediante requerimento, acompanhado de relatório médico, com indicação do código da Classificação Estatística Internacional de Doenças e Problemas Relacionados à Saúde (CID), e deverá conter, no mínimo, as seguintes informações:

- nome completo, filiação, local e data de nascimento, número da carteira de identidade civil, número de inscrição no Cadastro de Pessoas Físicas (CPF), tipo sanguíneo, endereço residencial completo e número de telefone do identificado;
- fotografia no formato 3 (três) centímetros (cm) x 4 (quatro) centímetros (cm) e assinatura ou impressão digital do identificado;
- nome completo, documento de identificação, endereço residencial, telefone e e-mail do responsável legal ou do cuidador;
- identificação da unidade da Federação e do órgão expedidor e assinatura do dirigente responsável.

Nos casos em que a pessoa com transtorno do espectro autista seja imigrante detentor de visto temporário ou de autorização de residência, residente fronteiriço ou solicitante de refúgio, deverá ser apresentada a Cédula de Identidade de Estrangeiro (CIE), a Carteira de Registro Nacional Migratório (CRNM) ou o Documento Provisório de Registro Nacional Migratório (DPRNM), com validade em todo o território nacional.

A Ciptea terá validade de 5 (cinco) anos, devendo ser mantidos atualizados os dados cadastrais do identificado, e deverá ser revalidada com o mesmo número, de modo a permitir a contagem das pessoas com transtorno do espectro autista em todo o território nacional.

Até que seja implementado o disposto no caput deste artigo, os órgãos responsáveis pela execução da Política Nacional de Proteção dos Direitos da Pessoa com Transtorno do Espectro Autista deverão trabalhar em conjunto com os respectivos responsáveis pela emissão de documentos de identificação, para que sejam incluídas as necessárias informações sobre o transtorno do espectro autista no Registro Geral (RG) ou, se estrangeiro, na Carteira de Registro Nacional Migratório (CRNM) ou na Cédula de Identidade de Estrangeiro (CIE), válidos em todo o território nacional.

A pessoa com transtorno do espectro autista não será submetida a tratamento desumano ou degradante, não será privada de sua liberdade ou do convívio familiar nem sofrerá discriminação por motivo da deficiência.

Fique Ligado

Nos casos de necessidade de internação médica em unidades especializadas, observar-se-á o que dispõe o art. 4º da Lei nº 10.216, de 6 de abril de 2001.

A pessoa com transtorno do espectro autista não será impedida de participar de planos privados de assistência à saúde em razão de sua condição de pessoa com deficiência, conforme dispõe o art. 14 da Lei nº 9.656, de 3 de junho de 1998.

O gestor escolar, ou autoridade competente, que recusar a matrícula de aluno com transtorno do espectro autista, ou qualquer outro tipo de deficiência, será punido com multa de 3 (três) a 20 (vinte) salários-mínimos.

Em caso de reincidência, apurada por processo administrativo, assegurado o contraditório e a ampla defesa, haverá a perda do cargo.

CONHECIMENTOS E COMPORTAMENTOS DIGITAIS

1 MINDSET DE CRESCIMENTO / PARADIGMA DA ABUNDÂNCIA

- **Mindset de Crescimento:** Refere-se à crença de que as habilidades e inteligências podem ser desenvolvidas através do esforço e da persistência.
- **Paradigma da Abundância:** É a visão de que há recursos e oportunidades suficientes no mundo para todos. Contrasta com a mentalidade de escassez, focando na cooperação e possibilidades ilimitadas.

1.1 Mindset de Crescimento

Desenvolvido pela psicóloga Carol S. Dweck, o conceito de "mindset de crescimento" propõe que as habilidades e inteligência podem ser desenvolvidas com esforço, aprendizado e persistência. Esta ideologia contrasta diretamente com o "mindset fixo", onde acredita-se que as capacidades são inatas e imutáveis. Adotar um mindset de crescimento é fundamental para alcançar o sucesso pessoal e profissional porque:

- **Flexibilidade e Adaptação:** Encoraja a abertura para aprender e se adaptar às mudanças, promovendo a inovação e a criatividade.
- **Resiliência:** Devido à crença na capacidade de desenvolvimento, indivíduos com esse mindset tendem a ser mais resilientes diante de fracassos, vendo-os como oportunidades de crescimento.
- **Melhoria Contínua:** O foco na aprendizagem e no esforço leva a uma jornada contínua de autodesenvolvimento.

1.2 Implementação na Vida e Carreira

Para adotar um mindset de crescimento:

- **Enfrente Desafios:** Veja os desafios como oportunidades para aprender, em vez de evitar por medo de falhar.
- **Persistência:** Não desista diante de obstáculos. Use-os como motivação para persistir e superar.
- **Esforço:** Valorize o processo e o esforço em si, não apenas os resultados.
- **Feedback:** Aceite críticas construtivas e utilize-as como ferramentas para melhorar.
- **Inspire-se nos Sucessos Alheios:** Em vez de sentir inveja, veja os sucessos dos outros como inspiração para o seu próprio crescimento.

1.3 Paradigma da Abundância

O paradigma da abundância é uma mentalidade que foca na ideia de que existem recursos e oportunidades ilimitados no mundo. Esse conceito sugere que, com criatividade e trabalho em equipe, é possível criar soluções que beneficiem a todos, contrastando com a mentalidade de escassez que enfoca a competição pelos recursos limitados.

1.3.1 Características e Benefícios

- **Colaboração:** Promove a colaboração sobre a competição, conduzindo à inovação e à partilha de ideias.
- **Positividade:** Encoraja uma visão positiva do futuro e das possibilidades, fomentando um ambiente onde todos são incentivados a contribuir.
- **Criatividade:** Com uma visão de recursos infinitos, a criatividade é estimulada para explorar soluções novas e inovadoras.

1.3.2 Implementação na Prática

- **Mudança de Foco:** Concentre-se no que você tem e nas possibilidades, em vez das limitações.
- **Promova a Cooperação:** Busque ativamente maneiras de colaborar com outros, acreditando que o sucesso mútuo é possível e benéfico.
- **Pense Grande:** Não se limite pelo medo do desconhecido ou pela crença de que algo é impossível.

Mindset de crescimento e o paradigma da abundância são fundamentais para impulsionar o desenvolvimento pessoal e profissional, assim como inovação dentro das organizações. Enquanto o mindset de crescimento impulsiona a persistência, o aprendizado e a resiliência, o paradigma da abundância incentiva a colaboração, criatividade e uma visão otimista das possibilidades. Juntos, eles oferecem uma forte base para enfrentar desafios, aproveitar oportunidades e realizar contribuições significativas na carreira e na vida pessoal. Adotar esses princípios pode transformar a maneira como enfrentamos os obstáculos, promovendo um ambiente rico em inovação, colaboração e crescimento contínuo.

2 INTRAEMPREENDEDORISMO

Trata-se do empreendedorismo dentro de uma organização existente. Funcionários intraempreendedores buscam inovação e criação de novos produtos, serviços ou processos internamente.

O intraempreendedorismo refere-se à aplicação dos princípios e práticas do empreendedorismo dentro das estruturas existentes de uma organização. Trata-se de empregados agindo como empreendedores, apesar de não possuírem sua própria empresa. Eles buscam inovação, criam ideias novas e trabalham para transformá-las em projetos lucrativos ou eficientes para a empresa. Esta abordagem permite que as organizações se adaptem, inovem e permaneçam competitivas em mercados em constante evolução.

2.1 Características do Intraempreendedorismo

- **Inovação:** O núcleo do intraempreendedorismo é a inovação. Intraempreendedores são aqueles que buscam soluções criativas para problemas existentes ou encontram novas maneiras de explorar oportunidades de mercado.
- **Autonomia:** Intraempreendedores muitas vezes trabalham com uma certa autonomia, lhes sendo dada a liberdade para explorar suas ideias e conceitos, ainda que dentro dos limites organizacionais.
- **Risco Assumido:** Como empreendedores, intraempreendedores estão dispostos a assumir riscos. No entanto, esses riscos são mitigados e suportados pela organização.
- **Perspectiva Orientada para o Futuro:** Intraempreendedores são visionários que olham além do status quo, imaginando o que poderia ser e não apenas o que é.

2.2 Benefícios do Intraempreendedorismo para as Organizações

- **Inovação Contínua:** Permite que as empresas inovem de dentro para fora, mantendo-se relevantes em um mercado em constante mudança.
- **Atração e Retenção de Talentos:** Pessoas talentosas e motivadas são atraídas por organizações que permitem a liberdade de explorar e inovar.
- **Engajamento dos Funcionários:** Proporcionar aos funcionários a oportunidade de trabalhar em projetos apaixonantes aumenta a satisfação e o engajamento no trabalho.

- **Agilidade Organizacional:** Empresas com forte cultura de intraempreendedorismo podem responder mais rapidamente às mudanças do mercado ou às novas oportunidades.

2.3 Implementação do Intraempreendedorismo

Implementar uma cultura de intraempreendedorismo requer mudanças tanto estruturais quanto culturais dentro da organização.

- **Cultura de Apoio:** A liderança deve criar um ambiente que apoie a inovação e aceite o fracasso como parte do processo de aprendizado.
- **Recursos e Suporte:** Deve-se fornecer aos intraempreendedores os recursos necessários, incluindo tempo, financiamento e ferramentas, para explorar e implementar suas ideias.
- **Reconhecimento e Recompensa:** Sistemas de recompensas que valorizam a inovação e a assunção de riscos incentivam os funcionários a adotarem comportamentos intraempreendedores.
- **Autonomia e Empoderamento:** Dar aos funcionários a liberdade de explorar novas ideias e tomar decisões cruciais em seus projetos promove uma forte sensação de propriedade e comprometimento.

2.4 Desafios

Apesar dos claros benefícios, promover o intraempreendedorismo pode ser desafiador. Resistência à mudança, barreiras burocráticas, e uma aversão cultural ao risco são obstáculos comuns. Superar esses desafios requer um comprometimento contínuo da liderança em promover uma mudança cultural progressiva.

O intraempreendedorismo é uma engrenagem poderosa para a inovação e competitividade. Ao fomentar uma cultura que apoia a inovação de dentro para fora, as organizações podem se beneficiar de uma reserva inesgotável de criatividade e dinamismo. Implementá-lo com sucesso, porém, demanda não apenas o suporte estrutural e recursos, mas também uma mudança fundamental na mentalidade organizacional, valorizando a inovação, a tolerância ao risco e a autonomia dos funcionários.

3 DESIGN THINKING / DESIGN DE SERVIÇO

- **Design Thinking:** Uma abordagem para solução de problemas que incentiva a empatia com os usuários, pensamento criativo e prototipagem rápida para testar ideias.
- **Design de Serviço:** Focado em criar serviços que sejam úteis, usáveis e desejáveis para os usuários, e eficientes e eficazes para os fornecedores.

3.1 Design Thinking

Design Thinking é uma abordagem centrada no ser humano para solução de problemas que utiliza ferramentas e métodos do design para abordar necessidades complexas. Baseia-se em entender profundamente as experiências e os desafios dos usuários, identificando oportunidades inovadoras e criativas para soluções eficazes. O processo do Design Thinking é iterativo, dividido em fases que podem variar dependendo do modelo, mas geralmente incluem: Empatia, Definição, Ideação, Prototipagem e Teste.

3.1.1 Empatia

A fase inicial foca em compreender os usuários, seus comportamentos, necessidades e motivações, através de observações e interações diretas. O objetivo é se colocar no lugar do usuário para obter insights profundos sobre seu contexto e desafios.

3.1.2 Definição

Os insights coletados na fase de empatia são sintetizados em um problema bem definido. Aqui, a equipe cria uma declaração clara do problema, focando nas necessidades reais dos usuários.

3.1.3 Ideação

Nesta etapa, as equipes emitem uma ampla variedade de ideias para abordar o problema definido, incentivando o pensamento criativo. Técnicas como brainstorming são comumente empregadas.

3.1.4 Prototipagem

As ideias selecionadas são transformadas em protótipos tangíveis. Esses modelos iniciais não precisam ser perfeitos, mas devem ser suficientes para testar conceitos e interações.

3.1.5 Teste

Os protótipos são testados com usuários reais ou stakeholders. O feedback coletado é crucial para refinamentos iterativos do produto ou serviço. A fase de teste ajuda a equipe a entender o que funciona, o que não funciona e por quê.

3.2 Design de Serviço

Design de Serviço é uma disciplina especializada do design que foca em criar serviços que sejam valiosos para os usuários e viáveis para as organizações. Ele partilha muitos princípios e processos com o Design Thinking, especialmente a ênfase na compreensão dos usuários e na criação de soluções centradas no ser humano.

Diferencia-se pelo seu foco específico em interações ao longo do tempo e pontos de contato entre o cliente e o serviço, buscando uma experiência coesa e positiva.

3.2.1 Componentes-chave do Design de Serviço

- **Pessoas:** Inclui não apenas os usuários finais, mas também todas as partes envolvidas na entrega do serviço.
- **Processos:** Refere-se às atividades e fluxos de trabalho necessários para entregar o serviço.
- **Pontos de Contato:** Todos os locais e modos onde os usuários interagem com o serviço.
- **Evidências Físicas:** Qualquer elemento tangível com o qual o usuário interage, contribuindo para a experiência do serviço.

3.2.2 Importância e Benefícios

Ambos, Design Thinking e Design de Serviço, são essenciais para a inovação centrada no usuário e o desenvolvimento de soluções que atendam às necessidades reais. Eles oferecem abordagens holísticas que podem ser aplicadas a uma vasta gama de indústrias e disciplinas, desde a melhoria de produtos existentes até a criação de experiências de serviço revolucionárias. Os benefícios incluem:

- **Melhoria da Experiência do Usuário:** Ao compreender profundamente os usuários, é possível criar soluções mais relevantes e valiosas.
- **Colaboração Interdisciplinar:** Encoraja o trabalho em equipe transversal, aproveitando uma variedade de perspectivas e habilidades.
- **Inovação:** Abre caminho para soluções criativas e inovadoras, ultrapassando soluções convencionais.
- **Adaptação e Aperfeiçoamento Contínuos:** O ciclo iterativo de design permite ajustes rápidos baseados em feedback real, assegurando que o produto ou serviço evolua para atender melhor às necessidades dos usuários.

Design Thinking e Design de Serviço são abordagens poderosas que colocam os seres humanos no centro do processo de design. Ambos visam não apenas atender, mas superar as expectativas dos usuários, criando soluções inovadoras e significativas. As organizações que adotam essas abordagens tornam-se mais ágeis, empáticas e inovadoras, prontas para enfrentar os desafios complexos e dinâmicos do mercado contemporâneo.

4 METODOLOGIAS ÁGEIS / LEAN MANUFACTURING / SCRUM

- **Metodologias Ágeis:** Enfatizam a entrega rápida de valor para o cliente, adaptabilidade e trabalho colaborativo.
- **Lean Manufacturing:** Focado na maximização da eficiência pela eliminação de desperdícios.
- **SCRUM:** Uma framework ágil que utiliza ciclos (sprints) para o desenvolvimento de produtos de forma iterativa e incremental.

4.1 Metodologias Ágeis

As metodologias ágeis representam uma abordagem adaptativa ao gerenciamento de projetos, enfatizando a flexibilidade, a colaboração da equipe, a satisfação do cliente e a entrega contínua de valor. Surgiram como uma resposta às limitações das metodologias tradicionais de gerenciamento de projetos, que muitas vezes eram vistas como muito rígidas e burocráticas para projetos complexos e em rápida mudança, especialmente no desenvolvimento de software.

- **Entrega Contínua de Valor:** Priorizar o trabalho que entrega valor tangível ao cliente de maneira frequente.
- **Flexibilidade e Adaptabilidade:** Capacidade de mudar o escopo do projeto rapidamente em resposta a novas informações ou mudanças nas condições do mercado.
- **Colaboração e Comunicação:** Equipes multidisciplinares colaboram intensamente e se comunicam regularmente para garantir alinhamento e transparência.
- **Feedback Contínuo:** Encoraja o feedback regular dos stakeholders e utiliza esse feedback para ajustar o direcionamento do projeto.

4.2 Lean Manufacturing

Lean Manufacturing, ou Produção Enxuta, é uma filosofia de gestão focada na eliminação de desperdícios em todos os aspectos da produção, desde a matéria-prima até o cliente final. Originado no Sistema Toyota de Produção, o Lean busca maximizar o valor para o cliente através de um processo que minimiza recursos, tempo, energia e esforço desperdiçados.

- **Identificação de Valor:** Definir claramente o valor do ponto de vista do cliente.
- **Fluxo de Valor:** Mapear todos os passos necessários para entregar um produto ou serviço ao cliente, eliminando o que não agrega valor.
- **Fluxo Contínuo:** Assegurar que o trabalho flua suavemente, sem interrupções ou atrasos.
- **Produção Puxada:** Em vez de produzir em massa, os itens são produzidos apenas conforme a demanda para evitar excesso.
- **Perfeição:** Buscar continuamente a melhoria dos processos e produtos.

4.3 SCRUM

SCRUM é uma das metodologias ágeis mais populares, especialmente adaptada para o gerenciamento de projetos de desenvolvimento de software. Ela fornece um framework que promove a colaboração da equipe, a gestão de projetos flexíveis e adaptativos e a entrega contínua de produtos de alto valor.

- **Sprints:** Trabalho é dividido em ciclos (sprints) que duram de 2 a 4 semanas, no final dos quais uma parte do projeto é entregue, pronta para uso.
- **Product Backlog:** Uma lista priorizada de requisitos do projeto, com itens que variam desde funcionalidades até correções técnicas.
- **Scrum Master:** Uma pessoa designada para facilitar o processo, ajudando a equipe a seguir a metodologia SCRUM.
- **Equipe de Desenvolvimento:** Grupo multidisciplinar e auto-organizado responsável pela entrega dos incrementos do produto ao final de cada sprint.
- **Revisão da Sprint e Retrospectiva:** Reuniões realizadas no final de cada sprint para revisar o trabalho feito e planejar melhorias contínuas.

4.4 Importância e Benefícios

Coletivamente, essas abordagens oferecem uma maneira de lidar com a incerteza e a complexidade de maneira eficaz. Eles permitem uma resposta rápida a mudanças, promovem a eficiência através da eliminação de desperdícios e colocam um grande foco na entrega de valor. Embora originadas em contextos diferentes, essas metodologias compartilham uma ênfase em princípios como melhoria contínua, flexibilidade, colaboração entre equipes, e alinhamento direto com as necessidades do cliente ou do mercado.

A adoção de Metodologias Ágeis, Lean Manufacturing e SCRUM pode transformar radicalmente a capacidade de uma organização de responder a mudanças, satisfazer os clientes e operar de maneira mais eficiente. Embora cada uma tenha suas particularidades e contextos de aplicação, juntas elas representam um conjunto poderoso de ferramentas para a gestão moderna, capaz de enfrentar os desafios do ambiente de negócios em constante evolução de hoje.

5 RESOLUÇÃO DE PROBLEMAS COMPLEXOS / VISÃO SISTÊMICA E ESTRATÉGICA

- **Resolução de Problemas Complexos:** A capacidade de resolver novos problemas que não têm soluções predefinidas.
- **Visão Sistêmica e Estratégica:** Entender como as partes interagem dentro de um todo maior e planejar a longo prazo considerando um amplo espectro de variáveis.

Este tópico abrange um conjunto de habilidades e perspectivas cruciais para enfrentar e solucionar questões complexas nos ambientes corporativos e sociais modernos. Problemas complexos são aqueles caracterizados por incertezas, múltiplas partes interessadas, interconexões e variáveis imprevisíveis. A visão sistêmica e estratégica são abordagens fundamentais para lidar com esses desafios.

5.1 Resolução de Problemas Complexos

Para abordar efetivamente problemas complexos, é necessário um conjunto robusto de habilidades analíticas, criativas e críticas. Estes problemas não possuem soluções óbvias ou lineares e podem mudar ao longo do tempo com novas informações.

Estratégias-chave incluem:

- **Definição Clara do Problema:** A identificação precisa do problema, diferenciando causas de sintomas e compreendendo seu escopo e impacto.
- **Pensamento Sistêmico:** Avaliar o problema como parte de um sistema interconectado, identificando relações e efeitos cascata entre diferentes componentes.
- **Modelagem e Simulação:** Empregar modelos para simular possíveis soluções e prever suas consequências em diferentes cenários.
- **Tomada de decisão sob incerteza:** Desenvolver habilidades para tomar decisões informadas mesmo quando nem todas as variáveis são conhecidas.
- **Colaboração Interdisciplinar:** Reunir diferentes perspectivas e competências para enriquecer a análise e a busca por soluções.

5.2 Visão Sistêmica

A visão sistêmica, ou pensamento sistêmico, é uma abordagem que vê o problema e suas soluções dentro do contexto de um sistema maior. Reconhece que todos os elementos de um sistema estão interconectados de maneiras complexas e que mudanças em uma parte do sistema podem afetar o todo.

- **Feedback:** Compreender os loops de feedback dentro do sistema, sejam eles reforçadores positivos ou equilibradores negativos.
- **Interdependências:** Reconhecer que as partes do sistema não operam isoladamente, mas sim em uma rede de dependências mútuas.
- **Holismo:** Priorizar a análise do todo, em vez de se concentrar excessivamente em suas partes constituintes.

5.3 Visão Estratégica

Desenvolver uma visão estratégica significa ser capaz de mapear uma direção a longo prazo, antecipando tendências futuras e preparando-se para oportunidades e obstáculos ainda não manifestados. É sobre entender as forças em jogo dentro e fora da organização e como elas podem influenciar os resultados desejados.

Elementos da visão estratégica:

- **Análise de Cenários:** Imaginar possíveis futuros e como eles podem afetar o problema em estudo ou a organização como um todo.
- **Planejamento de longo alcance:** Definir metas e objetivos estratégicos que orientam a organização em direção a sua visão de futuro.
- **Adaptabilidade:** Permanecer flexível para ajustar os planos estratégicos conforme novas informações surgem ou o ambiente muda.

A combinação de resolução de problemas complexos, visão sistêmica e estratégica é vital para liderar com eficácia em um mundo cada vez mais interconectado e em rápida mudança. Essas abordagens não apenas ajudam a identificar e implementar soluções para problemas complexos, mas também permitem às organizações antecipar mudanças, adaptar-se proativamente e prosperar no longo prazo.

Dominar estas competências requer prática contínua, abertura para aprendizado e uma abordagem colaborativa, reconhecendo a importância de múltiplas perspectivas e disciplinas na navegação dos desafios atuais.

6 CIÊNCIA DE DADOS

Campo interdisciplinar focado na extração de conhecimentos de conjuntos de dados complexos através de métodos estatísticos, algoritmos de machine learning e análise de dados.

A Ciência de Dados é um campo interdisciplinar focado na extração de conhecimento ou insights a partir de dados em diversas formas, seja estruturada ou não estruturada. Ela combina aspectos de estatística, ciência da computação, inteligência artificial (IA), e conhecimento específico do domínio para analisar, interpretar e visualizar dados, auxiliando na tomada de decisões informadas e na resolução de problemas complexos.

6.1 Fundamentos da Ciência de Dados

- **Estatística e Matemática:** A base para métodos de análise de dados, incluindo estatísticas descritivas, inferenciais e probabilísticas. O conhecimento matemático é crucial para compreender algoritmos e modelos de machine learning.
- **Programação:** Linguagens de programação como Python e R são essenciais para manipular dados, realizar análises exploratórias e aplicar algoritmos de machine learning. Habilidades em SQL são necessárias para extrair dados de bancos de dados relacionais.
- **Machine Learning e IA:** Compreender como aplicar algoritmos de aprendizado de máquina para criar modelos preditivos ou classificatórios. IA abrange aprendizado profundo (deep learning) e redes neurais, expandindo as capacidades de análise e automação.
- **Visualização de Dados:** Ferramentas e técnicas para apresentar dados de forma visualmente intuitiva, facilitando a interpretação dos mesmos. Softwares como Tableau e bibliotecas do Python como Matplotlib e Seaborn são utilizados para criar visualizações.
- **Limpeza e Preparação de Dados:** Grande parte do trabalho em ciência de dados envolve preparar os dados para análise, incluindo a limpeza de dados faltantes, a normalização de formatos e a remoção de outliers.

6.2 Aplicações da Ciência de Dados

- **Negócios e Finanças:** Análise de risco, previsão de demanda, otimização de precificação, e análise de sentimento de consumidores.
- **Saúde:** Análise genômica, predição de surtos de doenças, personalização de tratamentos e gerenciamento de saúde populacional.
- **Tecnologia:** Sistemas de recomendação, otimização de motores de busca, análise de redes sociais e reconhecimento de fala/imagem.
- **Políticas Públicas e Sociais:** Estudos demográficos, análise de segurança pública, avaliação de políticas e planejamento urbano.

6.3 Desafios e Considerações Éticas

- **Privacidade e Segurança de Dados:** A necessidade de proteger informações sensíveis e pessoais, equilibrando a inovação com o respeito à privacidade do usuário.
- **Viés e Fairness:** Garantir que os modelos de machine learning sejam justos e não perpetuem ou amplifiquem viéses existentes nos dados ou na sociedade.
- **Qualidade e Integridade dos Dados:** Manter a integridade dos dados e garantir sua qualidade e relevância para a análise.

A Ciência de Dados é um campo vital que apoia a tomada de decisão baseada em dados em todas as áreas da sociedade e da economia. À medida que os dados se tornam cada vez mais fundamentais para operações em todas as indústrias, a demanda por cientistas de dados qualificados continuará a crescer.

A capacidade de extrair insights relevantes de conjuntos de dados complexos e aplicá-los para resolver problemas do mundo real é uma habilidade cada vez mais valorizada e necessária.

7 SENSO COLABORATIVO E DISPOSIÇÃO PARA SOMAR PONTOS DE VISTA DIVERGENTES

Promove a colaboração e valoriza diferentes perspectivas e ideias no processo de inovação e tomada de decisão.

A colaboração e a abertura para integrar perspectivas diversas são competências cruciais em ambientes de trabalho contemporâneos e multicultural. Essas habilidades são fundamentais não apenas para a inovação e solução de problemas, mas também para criar um ambiente inclusivo e produtivo.

7.1 O Valor da Diversidade de Pensamento

- **Inovação Ampliada:** Diferentes pontos de vista trazem consigo experiências variadas, resultando em um terreno fértil para a inovação. Criatividade e solução de problemas se beneficiam imensamente da combinação de perspectivas diversas.
- **Tomada de Decisão Melhorada:** Grupos diversificados tendem a considerar um espectro mais amplo de possibilidades e consequências, levando a decisões mais informadas e equilibradas.
- **Resiliência Organizacional:** A capacidade de uma equipe de abordar desafios a partir de múltiplos ângulos pode fortalecer a resiliência organizacional, adaptando-se melhor a mudanças e adversidades.

7.2 Desenvolvendo um Senso Colaborativo

- **Escuta Ativa:** Uma parte fundamental da colaboração eficaz é a capacidade de ouvir ativamente, realmente entendendo os pontos de vista dos outros sem julgamento precipitado.
- **Empatia:** Colocar-se no lugar do outro e compreender suas perspectivas e sentimentos ajuda a construir uma base sólida para a colaboração.
- **Comunicação Clara e Assertiva:** Expressar ideias de maneira clara e respeitosa, garantindo que todas as vozes sejam ouvidas e consideradas.
- **Ferramentas Colaborativas:** Utilizar ferramentas digitais que facilitam o trabalho colaborativo e a comunicação entre membros de equipe, independentemente de barreiras geográficas.

7.3 Navegando Divergências

Divergências são inevitáveis em qualquer ambiente de equipe. No entanto, abordadas construtivamente, podem levar ao crescimento e inovação.

- **Métodos de Resolução de Conflitos:** Técnicas como a negociação, mediação e facilitação podem ser empregadas para encontrar soluções mutuamente satisfatórias.
- **Normas de Grupo:** Estabelecer regras básicas para discussões, como respeito mútuo, falar por vez e abordar ideias em vez de atacar pessoas.
- **Foco nos Objetivos Comuns:** Manter a equipe focada nos objetivos compartilhados pode ajudar a minimizar divergências e realinhar os esforços coletivos.

O sucesso em um ambiente dinâmico e interconectado exige uma disposição genuína para colaborar e integrar perspectivas divergentes. A capacidade de trabalhar eficazmente em equipes diversificadas, valorizando a riqueza que diferentes experiências e pontos de vista trazem, é fundamental.

Cultivar um senso colaborativo não apenas ajuda a impulsionar a inovação e a eficácia, mas também fortalece a coesão da equipe e a satisfação no trabalho. Ser aberto e adaptável, valorizando e integrando a diversidade de pensamento, prepara os indivíduos e organizações para enfrentar com sucesso os desafios complexos do mundo atual.

8 PENSAMENTO COMPUTACIONAL

Abordagem para solução de problemas que utiliza conceitos fundamentais de ciência da computação, como abstração, algoritmos e decomposição.

O Pensamento Computacional é uma abordagem de resolução de problemas que utiliza conceitos fundamentais da ciência da computação. O objetivo é abordar problemas de maneira sistemática e eficaz, aplicável não apenas à programação, mas também em situações cotidianas e em diversas disciplinas acadêmicas e profissionais. Este método enfatiza a decomposição de problemas complexos em partes mais administráveis, reconhecendo padrões, abstração de detalhes e desenvolvimento de algoritmos para solucionar esses problemas.

8.1 Componentes-chave do Pensamento Computacional

- **Decomposição:** quebra de problemas complexos em partes menores e mais gerenciáveis. Esta etapa facilita a análise e a solução do problema, tornando-o menos intimidador e mais compreensível.
- **Reconhecimento de Padrões:** identificação de padrões ou tendências nos dados ou no problema. Isso permite que soluções aplicadas anteriormente em situações semelhantes sejam adaptadas ou modificadas para resolver o problema atual.
- **Abstração:** foco nas informações relevantes, ignorando detalhes irrelevantes. Esta simplificação permite lidar com problemas de maneira mais eficiente, concentrando-se na essência do problema.
- **Design de Algoritmos:** criação de uma série de passos ordenados para resolver o problema. Isso envolve planejar a solução, considerando operações lógicas e ordenadas que levem à resolução do problema.

8.2 Importância do Pensamento Computacional

Fornece uma abordagem sistemática e lógica para resolver problemas de todos os tipos, não apenas problemas de computação.

Melhora as habilidades de pensamento crítico e criativo, essenciais em muitos aspectos da vida diária e em diversas carreiras.

Aplicável em diversos campos, como matemática, ciências, artes, e até mesmo em estudos sociais, promovendo uma maneira de pensar que pode beneficiar todas as áreas do conhecimento.

Com a tecnologia desempenhando um papel cada vez mais central em quase todos os campos, entender os princípios básicos da computação é cada vez mais valorizado no mercado de trabalho.

8.3 Aplicando o Pensamento Computacional

Na educação, o pensamento computacional é integrado às práticas pedagógicas para desenvolver habilidades de raciocínio lógico e de resolução de problemas nos alunos, preparando-os para desafios futuros. No mundo profissional, ele permite a concepção de soluções inovadoras para problemas de negócios, desde a otimização de processos até o desenvolvimento de novos produtos e serviços.

O pensamento computacional é uma competência valiosa em nossa sociedade altamente digitalizada e automatizada. Além de ser decisivo na ciência da computação e disciplinas relacionadas, suas práticas e princípios têm aplicações generalizadas, impactando a maneira como encaramos desafios e buscamos soluções em diversas áreas.

Aprender a pensar de maneira computacional é adquirir uma ferramenta poderosa para a vida, potencializando a capacidade individual de analisar, projetar e resolver problemas de maneira eficaz.

9 ANÁLISE DE NEGÓCIOS

A prática de pesquisar, identificar e analisar necessidades de negócios, procurando soluções inovadoras e eficientes.

A Análise de Negócios é um conjunto disciplinado de abordagens para a introdução e gerenciamento de mudanças em organizações, seja ela uma empresa, uma entidade governamental ou sem fins lucrativos. Ela envolve a identificação de necessidades de negócio e a determinação de soluções para problemas de negócio. As soluções podem incluir o desenvolvimento de sistemas de software, melhorias de processos, mudanças organizacionais, desenvolvimento estratégico e planejamento de políticas.

9.1 Fundamentos da Análise de Negócios

9.1.1 Identificação das Necessidades do Negócio

Um Analista de Negócios começa entendendo as operações atuais da organização, identificando áreas problemáticas ou oportunidades para aumentar a eficiência ou alcançar objetivos estratégicos. Isso frequentemente envolve coletar e analisar muitos dados e informações sobre os processos de negócios existentes.

9.1.2 Especificação de Requisitos

Após identificar e entender o problema ou a oportunidade de negócio, o próximo passo é definir os requisitos de negócio, sistema ou operacionais, especificando detalhadamente o que precisa ser feito para resolver o problema ou explorar a oportunidade.

9.1.3 Modelagem de Negócios

A modelagem pode tomar várias formas, desde diagramas visuais que delineiam processos de negócios até modelos de dados e modelos financeiros. Essas representações ajudam a visualizar o problema e a solução proposta, facilitando a comunicação entre as partes interessadas e a equipe técnica.

9.1.4 Análise de Impacto

Avaliar o impacto potencial das mudanças propostas, considerando os custos, benefícios e riscos associados, bem como o impacto nas partes interessadas, nos processos de negócios existentes e na infraestrutura tecnológica.

9.1.5 Validação e Teste de Soluções

Inclui verificar se a solução proposta atende aos requisitos especificados e testá-la em condições reais ou simuladas para garantir que ela resolve o problema conforme o esperado.

9.2 Habilidades Necessárias para um Analista de Negócios

- **Habilidades Analíticas e de Resolução de Problemas:** Capaz de destrinchar problemas complexos e propor soluções práticas.
- **Comunicação e Interpessoal:** Habilidade de se comunicar claramente tanto com a equipe técnica quanto com os stakeholders do negócio.
- **Conhecimento Técnico:** Entendimento das tecnologias envolvidas é essencial para propor soluções viáveis.
- **Habilidades de Gerenciamento de Projetos:** Organizar, planejar e administrar recursos para atingir objetivos específicos.
- **Capacidade de Negociação:** Coordenar as necessidades e desejos das diversas partes interessadas.

9.3 Importância da Análise de Negócios

A análise de negócios é vital para qualquer organização que busque melhorar, se adaptar ou crescer em um ambiente competitivo. Ela fornece uma base sólida para decisões de negócio informadas, reduzindo riscos, identificando novas oportunidades, e assegurando que os recursos sejam alocados de forma eficaz. Além disso, promove uma compreensão clara dos requisitos, ajudando a garantir que as soluções propostas se alinhem com os objetivos estratégicos da organização.

A análise de negócios desempenha um papel essencial nos esforços de uma organização para se manter relevante e competitiva no mercado atual.

Ao integrar uma abordagem sistemática para identificar, analisar e solucionar problemas de negócios, os analistas de negócios ajudam as organizações a implementar mudanças eficientes, impulsionar inovações e alcançar seus objetivos estratégicos de maneira mais efetiva.

10 LIDERANÇA / AUTOLIDERANÇA / LIDERANÇA DE EQUIPES

- **Liderança:** A habilidade de influenciar e guiar indivíduos ou grupos.
- **Autoliderança:** Capacidade de guiar a si mesmo para alcançar objetivos e melhorar pessoal e profissionalmente.
- **Liderança de Equipes:** Capacidade de dirigir e motivar um grupo para alcançar objetivos comuns.

A liderança é uma habilidade multidimensional que envolve a influência sobre os outros para alcançar objetivos comuns. Ela abrange vários aspectos, desde a autoliderança, que é a capacidade de direcionar eficazmente a si mesmo, até a liderança de equipes, que foca em orientar e motivar um grupo de pessoas.

10.1 Liderança

A liderança eficaz está fundamentada na compreensão das necessidades, qualidades e objetivos tanto dos indivíduos quanto do coletivo. Líderes efetivos são visionários, capazes de estabelecer uma direção clara e inspirar os outros a seguir conjuntamente essa direção.

- **Comunicação Efetiva:** Capacidade de transmitir ideias e expectativas de maneira clara.
- **Empatia:** Habilidade de compreender as perspectivas e sentimentos dos outros, criando um ambiente de respeito e confiança.
- **Tomada de Decisão:** Competência para fazer escolhas informadas e justas, considerando os melhores interesses da equipe e da organização.
- **Resolução de Conflitos:** Habilidade de navegar e mediar desavenças dentro da equipe, promovendo soluções consensuais.

10.2 Autoliderança

A autoliderança refere-se à capacidade de liderar a si mesmo, estabelecendo metas pessoais claras, gerenciando suas emoções e comportamentos, e exercitando autodisciplina. É a fundação sobre a qual a liderança de outros é construída.

- ▹ **Autoconhecimento:** Compreender suas forças, fraquezas, emoções e motivadores.
- ▹ **Autocontrole:** Capacidade de gerenciar impulsos e permanecer focado em objetivos de longo prazo.
- ▹ **Automotivação:** A habilidade de se manter motivado em direção ao cumprimento de suas metas, mesmo diante de adversidades.

10.3 Liderança de Equipes

Liderança de equipes envolve a gestão de um grupo de pessoas, orientando-as a colaborar eficientemente para atingir objetivos compartilhados. Uma liderança de equipe eficaz é crucial para o sucesso de qualquer organização, pois promove um ambiente onde os membros da equipe se sentem valorizados, motivados e focados.

- ▹ **Coesão de Equipe:** Construir e manter uma equipe unida, onde haja confiança mútua e colaboração eficaz.
- ▹ **Desenvolvimento de Talentos:** Identificar e cultivar as habilidades individuais dos membros da equipe, alinhando-as com os objetivos da equipe.
- ▹ **Gerenciamento de Desempenho:** Estabelecer expectativas claras de desempenho, fornecer feedback regular e apoiar o desenvolvimento profissional de cada membro.

A interseção de liderança, autoliderança e liderança de equipes constitui um campo essencial para a eficácia organizacional. Os líderes devem não só possuir a capacidade de autogestão, mas também a habilidade de inspirar, orientar e desenvolver suas equipes.

Ao dedicar-se ao desenvolvimento contínuo nessas três áreas, líderes podem maximizar seu potencial, promover ambientes de trabalho saudáveis e produtivos e conduzir suas organizações ao sucesso sustentável.

11 AUTODESENVOLVIMENTO

Processo contínuo de autoconhecimento, aprendizado e melhoria das próprias habilidades, conhecimentos e competências.

Autodesenvolvimento refere-se ao compromisso contínuo de uma pessoa com o próprio crescimento e evolução em todos os aspectos da vida, seja pessoal, profissional, emocional, ou espiritual. É o processo pelo qual indivíduos tomam a iniciativa de melhorar suas habilidades, competências e qualidade de vida por meio de práticas conscientes e esforços autodirigidos.

11.1 Elementos-Chave do Autodesenvolvimento

- ▹ **Autoconhecimento:** A base do autodesenvolvimento começa com uma profunda compreensão de si mesmo - suas forças, fraquezas, desejos, medos, e valores. Esse entendimento permite uma avaliação precisa de onde se precisa e quer melhorar.
- ▹ **Definição de Metas Pessoais:** Estabelecer objetivos claros e alcançáveis que estão alinhados com seus valores e visão de vida. Isso dá direção e foco ao esforço de autodesenvolvimento.
- ▹ **Aprendizado Contínuo:** O compromisso com a aquisição de novos conhecimentos e habilidades. Isso pode envolver ler livros, participar de workshops, ou se engajar em novas experiências de aprendizado.
- ▹ **Feedback:** Buscar e estar aberto a feedback de outras pessoas é crucial para entender como suas ações são percebidas e como você pode melhorar.
- ▹ **Reflexão:** Regularmente dedicar tempo para refletir sobre suas experiências, o que funcionou, o que não funcionou e o que você pode fazer de maneira diferente no futuro.
- ▹ **Mindfulness e Bem-estar:** Cuidar da saúde física e mental, praticando mindfulness, meditação, ou outras técnicas de bem-estar para manter um estado mental positivo e aberto ao crescimento.

11.2 Importância do Autodesenvolvimento

- ▹ **Adaptabilidade:** Num mundo em rápida mudança, a capacidade de se adaptar e continuar aprendendo é uma habilidade crítica para o sucesso e a satisfação.
- ▹ **Realização Pessoal:** O processo de estabelecer e atingir objetivos pessoais contribui significativamente para a sensação de realização e propósito.
- ▹ **Eficácia Profissional:** Melhorar constantemente as habilidades profissionais não só aumenta as oportunidades de carreira, mas também a satisfação no trabalho e a eficácia no papel atual.
- ▹ **Qualidade de Vida:** O autodesenvolvimento ajuda a construir uma vida mais equilibrada e satisfatória, contribuindo para o bem-estar geral.

11.3 Estratégias para o Sucesso no Autodesenvolvimento

- ▹ **Plano de Desenvolvimento Pessoal (PDP):** Criar um PDP detalhado para orientar seus esforços de autodesenvolvimento, incluindo metas, ações necessárias, e prazos.
- ▹ **Mentoria e Coaching:** Considerar trabalhar com um mentor ou coach que possa oferecer orientação personalizada, suporte e responsabilidade.
- ▹ **Rede de Suporte:** Desenvolver uma rede de suporte de amigos, familiares ou colegas que entendam e apoiem seus objetivos de autodesenvolvimento.
- ▹ **Balanceamento:** Encontrar um equilíbrio saudável entre trabalho, lazer e autodesenvolvimento. Evitar a sobrecarga é essencial para sustentar um crescimento a longo prazo.

O autodesenvolvimento é uma jornada vitalícia de crescimento e aprendizagem. Ao abordar conscientemente a própria evolução com curiosidade, abertura e um compromisso com o crescimento, os indivíduos podem alcançar não só o sucesso profissional mas também uma vida mais enriquecida e significativa.

Estabelecer práticas regulares de autodesenvolvimento cria um forte alicerce para o sucesso, a adaptação e o bem-estar em todas as áreas da vida.

12 EXPERIÊNCIA DO CONSUMIDOR (CUSTOMER EXPERIENCE)

O conjunto de percepções e sentimentos causados pelas interações de um consumidor com os aspectos de uma empresa, desde a compra até o pós-venda.

A Experiência do Consumidor (CX) refere-se à totalidade das interações e percepções que um cliente tem com uma marca ao longo de toda a jornada de compra e além, abrangendo todas as fases do envolvimento do cliente com o produto ou serviço.

A CX é uma faceta essencial da estratégia de negócios moderna, destacando-se como um diferencial competitivo crucial. Ela não se limita apenas a transações individuais, mas engloba todas as experiências de pré-venda, venda e pós-venda que um cliente tem com uma empresa.

12.1 Componentes Chave da Experiência do Consumidor

- **Jornada do Cliente:** Mapear a jornada do cliente é essencial para entender todas as etapas e pontos de contato através dos quais o cliente interage com a marca ou produto.
- **Pontos de Contato (Touchpoints):** São as várias interações que um cliente pode ter com a marca, seja diretamente como na compra de um produto, ou indiretamente, como ao ver um anúncio ou ler uma avaliação online.
- **Percepções e Sentimentos:** A experiência engloba o que o cliente pensa e sente em cada etapa da interação com a empresa.
- **Feedback do Cliente:** Coletar e analisar o feedback do cliente é vital para identificar pontos fortes, fraquezas e oportunidades de melhoria na experiência oferecida.

12.2 Importância da Experiência do Consumidor

- **Diferenciação:** Em mercados competitivos, uma excelente experiência do consumidor pode ser um diferencial que destaca uma marca de seus concorrentes.
- **Fidelização de Clientes:** Experiências positivas constroem lealdade à marca, aumentando a probabilidade de que os clientes retornem e recomendem a marca a outros.
- **Percepção da Marca:** Experiências negativas podem prejudicar a percepção da marca e afetar negativamente a reputação e os resultados de uma empresa.

12.3 Melhorando a Experiência do Consumidor

- **Entendimento Profundo do Cliente:** Utilizar dados, análise de comportamento e pesquisa para construir personas de consumidores e entender suas necessidades e expectativas.
- **Personalização:** Oferecer experiências personalizadas com base nas preferências e no histórico de interações do cliente com a marca.
- **Consistência em Todos os Canais:** Garantir que a experiência do cliente seja consistente, seja online, em lojas físicas ou através do suporte ao cliente.
- **Capacitação e Treinamento de Funcionários:** Assegurar que todos os funcionários entendam a importância da CX e estejam capacitados para entregar experiências positivas.
- **Adaptação e Inovação Contínuas:** Ouvir ativamente o feedback do cliente e estar disposto a fazer ajustes e inovações para melhorar a experiência.

12.4 Tecnologia e Experiência do Consumidor

Novas tecnologias, como inteligência artificial (IA), chatbots, realidade aumentada (AR) e big data, estão redefinindo as expectativas dos consumidores e oferecendo novas formas de enriquecer a experiência do consumidor. A adoção dessas tecnologias permite interações mais personalizadas e eficientes, contribuindo significativamente para uma experiência do consumidor mais satisfatória.

A experiência do consumidor é um aspecto central do sucesso empresarial na economia atual. Uma abordagem focada no cliente, que prioriza interações significativas, personalizadas e positivas em cada ponto de contato, pode fortalecer a lealdade do cliente, melhorar a percepção da marca e impulsionar o desempenho empresarial. À medida que as expectativas dos consumidores continuam a evoluir, as empresas precisam se adaptar e inovar constantemente para manter e melhorar a qualidade da experiência que oferecem.

13 INTELIGÊNCIA EMOCIONAL

Capacidade de compreender e gerenciar suas próprias emoções, bem como as emoções dos outros, para influenciar positivamente os relacionamentos.

Inteligência Emocional (IE) refere-se à capacidade de identificar, compreender, controlar e avaliar as emoções próprias e dos outros de forma eficaz. É um aspecto crucial do desenvolvimento pessoal e profissional, impactando diretamente na maneira como nos comunicamos, colaboramos e lidamos com conflitos.

Daniel Goleman, um dos principais teóricos da inteligência emocional, identifica cinco componentes-chave: autoconhecimento emocional, autogestão, motivação, empatia e habilidades sociais.

13.1 Componentes da Inteligência Emocional

- **Autoconhecimento Emocional:** Conhecimento das próprias emoções e como elas afetam os pensamentos e comportamentos. Significa ter consciência de como as emoções influenciam as decisões e as ações.
- **Autogestão:** A capacidade de controlar impulsos emocionais, gerenciar sentimentos em diferentes situações e adaptar-se às mudanças. Inclui a habilidade de manter a positividade e a resiliência diante das adversidades.
- **Motivação:** A utilização das emoções a favor dos próprios objetivos, mantendo alto o nível de motivação para perseguir metas de longo prazo, apesar de contratempos e desafios.
- **Empatia:** A habilidade de compreender e compartilhar os sentimentos dos outros. Envolve sintonizar-se com as emoções alheias, facilitando a construção de conexões profundas e significativas.
- **Habilidades Sociais:** A capacidade de gerenciar as redes de relacionamentos, influenciar e inspirar os outros, comunicar-se de maneira clara e eficaz, liderar equipes, negociar conflitos e trabalhar bem em equipe.

13.2 Importância da Inteligência Emocional

A inteligência emocional é fundamental não somente para o sucesso pessoal, mas também profissional. Ela influencia como lidamos com a pressão, tomamos decisões, trabalhamos em equipe e lideramos.

- **No Ambiente de Trabalho:** Líderes com alta IE tendem a criar climas de trabalho mais positivos, motivar seus times de forma mais eficaz e lidar melhor com situações de estresse.
- **Relações Pessoais:** A IE melhora as relações interpessoais, facilitando a compreensão mútua e a resolução de conflitos de maneira mais harmoniosa.
- **Bem-Estar Pessoal:** Pessoas com alta inteligência emocional geralmente possuem melhor saúde mental e física, devido à capacidade de gerenciar melhor o estresse e emoções negativas.

13.3 Desenvolvendo a Inteligência Emocional

O desenvolvimento da inteligência emocional requer prática contínua e consciente. Algumas estratégias incluem:

- **Reflexão Pessoal:** Dedicar tempo para refletir sobre suas próprias emoções e reações.
- **Solicitar Feedback:** Buscar feedback de amigos, familiares e colegas sobre como suas emoções afetam os outros.
- **Praticar a Empatia:** Fazer um esforço consciente para ver as situações pela perspectiva dos outros.
- **Gerenciamento do Estresse:** Aprender e aplicar técnicas eficazes de gerenciamento do estresse, como a meditação e a atenção plena (mindfulness).

Inteligência Emocional é uma competência essencial que transcende o contexto pessoal, influenciando de maneira significativa a forma como interagimos no ambiente de trabalho e nas relações sociais.

O desenvolvimento dessa habilidade permite criar melhores ambientes de trabalho, construir relações mais sólidas e enfrentar desafios de maneira mais eficaz. Ao investir no crescimento da inteligência emocional, abrimos portas para uma comunicação mais efetiva, liderança inspiradora e uma vida mais equilibrada e feliz.

14 DESENVOLVIMENTO SUSTENTÁVEL / PACTO GLOBAL / OBJETIVOS DE DESENVOLVIMENTO SUSTENTÁVEL (ODS)

- **Desenvolvimento Sustentável:** Atender às necessidades do presente sem comprometer a capacidade das gerações futuras de atender às suas.
- **Pacto Global:** Iniciativa da ONU para empresas se comprometerem com práticas empresariais éticas e sustentáveis.
- **ODS:** 17 objetivos globais estabelecidos pela ONU para promover a prosperidade enquanto protege o planeta.

Desenvolvimento Sustentável é definido como o desenvolvimento que atende às necessidades do presente sem comprometer a capacidade das futuras gerações de atenderem às suas próprias necessidades. Originado na Comissão Mundial sobre o Meio Ambiente e Desenvolvimento em 1987, também conhecido como Relatório Brundtland, o conceito aborda a interdependência das questões econômicas, sociais e ambientais.

14.1 Pacto Global da ONU

Lançado no ano 2000, o Pacto Global da ONU é uma iniciativa que encoraja empresas e organizações em todo o mundo a adotarem políticas sustentáveis e socialmente responsáveis. Enfatiza dez princípios universais nas áreas de direitos humanos, trabalho, meio ambiente e anti-corrupção.

O objetivo é mobilizar uma ação corporativa global que promova objetivos de desenvolvimento sustentável.

14.2 Objetivos de Desenvolvimento Sustentável (ODS)

Os ODS são uma coleção de 17 objetivos globais estabelecidos pela Assembleia Geral das Nações Unidas em 2015, como parte da Agenda 2030 para o Desenvolvimento Sustentável. Cada objetivo é acompanhado por metas específicas a serem atingidas, abrangendo amplas áreas de desenvolvimento sustentável, como pobreza, fome, saúde, educação, igualdade de gênero, água limpa, energia acessível, trabalho decente, redução das desigualdades, ação climática, vida submarina, e parcerias para os objetivos.

14.3 Importância do Desenvolvimento Sustentável

- **Equilíbrio Ambiental:** Proteção de ecossistemas, conservação de recursos naturais e combate às mudanças climáticas para manter a biodiversidade e os serviços ecossistêmicos.
- **Justiça Social:** Promoção da igualdade, inclusão social e melhoria da qualidade de vida para todos, independentemente de gênero, raça, religião ou status econômico.
- **Prosperidade Econômica:** Desenvolvimento econômico que é equitativo, inclusivo e que cria oportunidades para todos, reduzindo disparidades econômicas significativas.

14.4 Desafios na Implementação

A implementação eficaz do desenvolvimento sustentável e a realização dos ODS enfrentam vários desafios, incluindo, mas não limitado a:

- **Recursos Financeiros Insuficientes:** Alocar financiamento adequado para iniciativas de desenvolvimento sustentável continua a ser um desafio significativo.
- **Conflitos de Interesses Políticos e Econômicos:** Interesses comerciais de curto prazo e a política partidária muitas vezes prevalecem sobre ações sustentáveis de longo prazo.
- **Falta de Conscientização e Educação:** Melhorar a conscientização e a educação sobre a importância do desenvolvimento sustentável é essencial para mobilizar ações em todos os níveis da sociedade.

O desenvolvimento sustentável, o Pacto Global da ONU e os ODS constituem um quadro ambicioso para promover um futuro mais justo, próspero e ecologicamente saudável para todos. Embora existam desafios significativos a serem superados, a adesão a estes princípios e objetivos é crucial para assegurar a viabilidade do planeta Terra enquanto lar para as gerações presentes e futuras.

A colaboração entre governos, empresas, sociedade civil e indivíduos é essencial para alcançar esses objetivos universais.

15 OBJETIVOS-CHAVE PARA RESULTADOS (OKR)

Um framework de definição de metas usada para engajar times no alcance de objetivos ambiciosos através de resultados-chave específicos e mensuráveis.

OKR é um framework de definição de metas usado para definir e rastrear objetivos e seus resultados. É uma abordagem popular para a gestão de desempenho que ajuda as organizações a alinhar e concentrar esforços em metas ambiciosas e mensuráveis. Sua origem remonta à Intel, mas ganhou notoriedade após ser adotado pelo Google e várias outras empresas de tecnologia de alto desempenho.

A metodologia OKR se baseia em dois componentes principais:

- **Objetivos (Objectives):** Declarações qualitativas claras e inspiradoras do que se deseja alcançar. Eles devem ser significativos, concretos, orientados para a ação e inspiradores.
- **Resultados-Chave (Key Results):** São medidas quantitativas que demonstram como os objetivos serão alcançados. Os resultados-chave devem ser específicos, limitados no tempo, agressivos, mas realistas, e mensuráveis e verificáveis.

15.1 Importância dos OKR

- **Foco:** Concentrar a atenção da organização nas prioridades mais críticas.
- **Alinhamento:** Garantir que todos na organização compreendam como podem contribuir para os objetivos comuns.
- **Rastreamento:** Monitorar o progresso em direção à meta, permitindo correções de curso.
- **Motivação:** Estimular o desempenho ao estabelecer metas desafiadoras mas alcançáveis.

15.2 Implementando OKR

A implementação do OKR envolve várias etapas, desde a definição dos objetivos principais até o acompanhamento e revisão dos resultados-chave. Importante, cada ciclo de OKR normalmente dura de um trimestre a um ano, permitindo ajustes frequentes e ágeis.

- **Definição de OKR:** Envolve a participação da liderança para estabelecer objetivos estratégicos e das equipes para definir seus próprios OKRs que alinham com os objetivos organizacionais.
- **Comunicação dos OKR:** Claramente comunicar os OKRs para toda a organização para garantir entendimento e alinhamento.
- **Monitoramento dos Progressos:** Acompanhar regularmente o progresso dos resultados-chave para identificar conquistas e áreas que necessitam de atenção.
- **Reflexão e Ajuste:** Ao final de cada ciclo, revisar os OKRs, celebrar sucessos, aprender com os desafios e ajustar os OKRs necessários para o próximo ciclo.

15.3 Desafios com OKR

- **Estabelecimento de Metas Realistas:** Definir resultados-chave ambiciosos mas alcançáveis pode ser desafiador.
- **Sobrecarga de OKR:** Evitar a definição de muitos OKRs que podem dispersar foco e recursos.
- **Cultura de Responsabilidade:** Cultivar um ambiente onde os membros da equipe se sintam responsáveis por seus OKRs e motivados para alcançá-los.

Os OKR oferecem um mecanismo poderoso para a gestão de metas, combinando aspirações claras com planos de ação mensuráveis. Quando bem implementados, os OKRs podem impulsionar a clareza organizacional, alinhar esforços e aumentar a eficácia na realização de objetivos estratégicos.

Embora existam desafios na sua implementação, a flexibilidade e a abordagem centrada em resultados dos OKR tornam-nos uma ferramenta valiosa para qualquer organização que busca melhorar seu desempenho e resultados.

16 GESTÃO DO TEMPO E PRODUTIVIDADE

Estratégias e técnicas para usar o tempo de maneira eficaz, maximizando a produtividade pessoal e profissional.

Gestão do tempo e produtividade são fundamentais tanto no ambiente profissional quanto pessoal, pois permitem que as pessoas maximizem o uso do seu tempo, alcançando metas e objetivos de forma eficaz. É a arte de planejar e controlar o quanto de tempo será gasto em atividades específicas, aumentando a eficiência e a eficácia.

16.1 Conceitos-chave na Gestão do Tempo

- **Priorização:** Avaliar tarefas com base na sua importância e urgência para decidir sobre a sequência e atenção que lhes devem ser dadas.
- **Planejamento:** Configurar um plano diário, semanal ou mensal que aloca tempo específico para tarefas ou projetos, incluindo deadlines claros.
- **Delegação:** Transferir tarefas menos cruciais ou que podem ser melhor realizadas por outros, liberando tempo para focar em questões mais importantes.
- **Técnicas de Gestão do Tempo:** Métodos como a Técnica Pomodoro, ou aplicativo de Estratégias de Eisenhower, ajudam na organização do tempo e melhoria da concentração.

16.2 Melhorando a Produtividade

Produtividade é a eficácia na realização de tarefas e alcançando metas com o mínimo gasto de tempo, esforço e recursos. Aumentar a produtividade passa por refinar processos, eliminar desperdícios e aproveitar ao máximo o potencial individual e coletivo.

- **Foco:** Minimizar distrações e manter a atenção nas tarefas atuais.
- **Descanso e Pausas:** Integrar períodos regulares de descanso para evitar a fadiga e manter a mente clara.
- **Metas e Objetivos Claros:** Definir metas específicas, mensuráveis, alcançáveis, realistas e temporais (SMART).

16.3 Ferramentas e Técnicas

- **Aplicativos de Gestão do Tempo:** Ferramentas digitais como Trello, Asana, e outros apps de produtividade podem ajudar na organização de tarefas e gerenciamento de projetos.
- **Técnica Pomodoro:** Dividir o trabalho em períodos de 25 minutos, separados por breves intervalos.
- **Método GTD (Getting Things Done):** Um sistema de gestão que encoraja os usuários a mover tarefas planejadas para fora da mente, documentando-as externamente e quebrando-as em ações executáveis.

16.4 Desafios Comuns

- **Procrastinação:** Adiar tarefas, especialmente as desafiadoras ou menos agradáveis.
- **Sobrecarga de Tarefas:** Assumir mais responsabilidades do que pode ser realisticamente administrado dentro do prazo.
- **Dificuldade em Estabelecer Limites:** Incapacidade de dizer "não" a pedidos que desviam do foco das prioridades.

A gestão eficaz do tempo e produtividade não são apenas sobre fazer mais em menos tempo, mas fazer o que é mais importante de maneira eficiente e com qualidade. Desenvolver habilidades de gestão do tempo pode libertar espaço para criatividade, inovação, e bem-estar pessoal, ao passo que a aprimoração da produtividade contribui para o sucesso pessoal e profissional de maneira sustentável.

Adotar estes princípios requer prática e comprometimento contínuos, mas os benefícios são transformadores, tanto para indivíduos quanto para organizações.

17 TÉCNICAS E BOAS PRÁTICAS PARA O TRABALHO À DISTÂNCIA

Recomendações para manter a eficiência, comunicação e bem-estar em ambientes de trabalho remoto.

O trabalho remoto tornou-se uma característica definitiva do cenário profissional moderno, especialmente acelerado pelos eventos globais recentes como a pandemia da COVID-19. Adaptar-se ao trabalho à distância exige não apenas ferramentas tecnológicas, mas também uma mudança nas abordagens de comunicação, gerenciamento de projetos e manutenção do bem-estar. Aqui estão algumas técnicas e práticas recomendadas para maximizar a eficácia e a produtividade ao trabalhar remotamente:

17.1 Criação de um Espaço de Trabalho Adequado

- **Espaço Dedicado:** Designar um local específico em casa que seja confortável, livre de distrações e condutivo à produtividade.
- **Ergonomia:** Ajustar a cadeira, mesa e equipamentos (como monitor, teclado e mouse) para promover uma postura saudável.

17.2 Uso Eficiente das Ferramentas Tecnológicas

- **Ferramentas de Comunicação:** Utilizar aplicativos de mensagens instantâneas, vídeo chamadas e e-mails para manter uma comunicação clara e eficiente com os colegas e gestores.
- **Gestão de Projetos e Tarefas:** Adotar softwares de gerenciamento de projetos para acompanhar o progresso das tarefas, prazos e colaborações.

17.3 Manutenção de Rotinas Estruturadas

- **Horários Regulares:** Estabelecer uma rotina diária que imite um ambiente de escritório, incluindo horários de início e término do trabalho.
- **Pausas Planejadas:** Incorporar intervalos regulares para descanso e recarregar a energia, seguindo técnicas como a Pomodoro, por exemplo.

17.4 Comunicação e Colaboração Efetiva

- **Reuniões Regulares:** Marcar check-ins diários ou semanais com a equipe para discutir atualizações, problemas e objetivos.
- **Transparência:** Ser aberto e honesto sobre a capacidade de trabalho, obstáculos encontrados e a necessidade de apoio.

17.5 Equilíbrio entre Vida Profissional e Pessoal

- **Definindo Limites:** Estabelecer claramente quando se está e não está trabalhando, comunicando aos colegas e familiares esses limites.
- **Desconexão:** Evitar a tentação de estar "sempre disponível", dedicando tempo para atividades pessoais e descanso.

17.6 Autogestão e Motivação

- **Objetivos Claros:** Definir metas diárias ou semanais para orientar o trabalho.
- **Autodisciplina:** Desenvolver práticas de autodisciplina para manter o foco nas tarefas, mesmo sem supervisão direta.

17.7 Desafios do Trabalho Remoto

Enquanto o trabalho à distância oferece flexibilidade e pode melhorar a produtividade, também apresenta desafios como isolamento social, dificuldades de comunicação e a fusão de limites entre trabalho e vida pessoal. Práticas de bem-estar físico e mental são crucialmente importantes para os trabalhadores remotos.

Trabalhar à distância requer uma combinação de autoconhecimento sobre como se é mais produtivo, o uso eficaz de ferramentas tecnológicas e a adoção de práticas de trabalho estruturadas e saudáveis. Manter-se organizado, comunicar-se efetivamente e estabelecer limites claros são fundamentais para o sucesso no ambiente remoto. À medida que o mundo profissional continua a evoluir, as habilidades relacionadas ao trabalho à distância tornar-se-ão cada vez mais valiosas.

18 APRENDER A APRENDER / APRENDIZAGEM CONTÍNUA (LIFE LONG LEARNING)

A habilidade de aprender de forma eficaz e contínua, adaptando-se a novos conhecimentos e habilidades ao longo da vida.

"Aprender a aprender" refere-se à habilidade de entender e aplicar diferentes estratégias de aprendizagem, adaptando-se às próprias necessidades e estilos de aprendizagem, além de reconhecer quando e como aprender de maneira mais eficaz. Isso envolve uma série de competências autodirigidas, incluindo metacognição (pensar sobre o próprio pensamento), autorregulação e a capacidade de motivar-se.

18.1 Componentes essenciais incluem

- **Metacognição:** Consciência sobre os próprios processos de pensamento e aprendizado. Envolve planejar como abordar um problema de aprendizado, monitorar a compreensão e ajustar as estratégias conforme necessário.
- **Autoregulação:** Capacidade de gerir o próprio processo de aprendizagem, estabelecendo metas específicas, mantendo o foco e avaliando o progresso.
- **Estilos e Preferências de Aprendizagem:** Reconhecimento dos próprios estilos e preferências de aprendizagem (visual, auditivo, cinestésico, etc.) para melhor adaptar as estratégias de estudo.

18.2 Aprendizagem Contínua (Life Long Learning)

A aprendizagem contínua, ou life long learning, é o processo de adquirir conhecimento e habilidades de forma contínua ao longo da vida, por meio de experiências educacionais formais e informais. Ela está enraizada na ideia de que a aprendizagem não se restringe à educação formal e continua sendo relevante e valiosa em todas as fases da vida.

18.3 Importância da Aprendizagem Contínua

- **Adaptabilidade:** Ajuda indivíduos a permanecerem adaptables e relevantes em suas carreiras à medida que as exigências do mercado de trabalho mudam.
- **Desenvolvimento Pessoal:** Fomenta o crescimento pessoal, a curiosidade e a inovação.

- **Empregabilidade:** Melhora as oportunidades de emprego e as perspectivas de carreira ao expandir habilidades e conhecimentos.

18.4 Estratégias para Promover a Aprendizagem Contínua

- **Estabelecer Metas de Aprendizado:** Definir objetivos claros e alcançáveis a curto e longo prazo, com base em interesses pessoais e necessidades profissionais.
- **Integrar a Aprendizagem na Rotina Diária:** Reservar tempo regularmente para atividades de aprendizagem, seja através de leitura, cursos online, webinars, ou prática deliberada.
- **Diversificar os Métodos de Aprendizagem:** Explorar diferentes recursos e formatos de aprendizado, como livros, vídeos, podcasts, e aprendizado experiencial.
- **Aprender em Comunidade:** Participar em comunidades de aprendizagem ou grupos de estudo facilita o compartilhamento de conhecimento e a motivação mútua.
- **Reflexão e Aplicação:** Regularmente refletir sobre o que foi aprendido e buscar maneiras de aplicar novos conhecimentos e habilidades na prática.

"Aprender a aprender" e a adesão à aprendizagem contínua são conceitos interligados que juntos encorajam uma abordagem proativa e autodirigida à educação pessoal e profissional. Em uma era de mudança constante, essas habilidades não apenas aumentam as oportunidades de sucesso e satisfação pessoal, mas também são essenciais para manter a relevância e competitividade no mercado de trabalho. Adotar uma mentalidade de aprendizagem contínua, portanto, é um investimento vitalício no próprio desenvolvimento.

SIMULADO PARA CEF

Texto para as próximas 6 questões:

Privacidade digital: quais são os limites

Atualmente, somos mais de 126,4 milhões de brasileiros usuários de internet, representando cerca de 69,8% da população com 10 anos ou mais. Ao redor do mundo, cerca de 4 bilhões de pessoas usam a rede mundial, sendo que 2,9 bilhões delas fazem isso pelo smartphone.

Nesse cenário, pensar em privacidade digital é (quase) utópico. Uma vez na rede, a informação está registrada para sempre: deixamos rastros que podem ser descobertos a qualquer momento.

Ainda assim, mesmo diante de tamanha exposição, essa é uma discussão que precisa ser feita. Ela é importante, inclusive, para trazer mais clareza e consciência para os usuários. Vale lembrar, por exemplo, que não são apenas as redes sociais que expõem as pessoas. Infelizmente, basta ter um endereço de e-mail para ser rastreado por diferentes empresas e provedores.

A questão central não se resume somente à política de privacidade das plataformas X ou Y, mas, sim, ao modo como cada sociedade vem paulatinamente estruturando a sua política de proteção de dados.

A segurança da informação já se transformou em uma área estratégica para qualquer tipo de empresa. Independentemente da demanda de armazenamento de dados de clientes, as organizações têm um universo de dados institucionais que precisam ser salvaguardados.

Estamos diante de uma realidade já configurada: a coleta de informações da internet não para, e esse é um caminho sem volta. Agora, a questão é: nós, clientes, estamos prontos e dispostos a definir o limite da privacidade digital? O interesse maior é nosso! Esse limite poderia ser dado pelo próprio consumidor, se ele assim quiser? O conteúdo é realmente do usuário?

Se considerarmos a atmosfera das redes sociais, muito possivelmente não. Isso porque, embora muitas pessoas não saibam, a maioria das redes sociais prevê que, a partir do momento em que um conteúdo é postado, ele faz parte da rede e não é mais do usuário.

Daí a importância da conscientização. É preciso que tanto clientes como empresas busquem mais informação e conteúdo técnico sobre o tema. Às organizações, cabe o desafio de orientar seus clientes, já que, na maioria das vezes, eles não sabem quais são os limites da privacidade digital.

Vivemos em uma época em que todo mundo pode falar permanentemente o que quer. Nesse contexto, a informação deixou de ser algo confiável e cabe a cada um de nós aprender a ler isso e se proteger. Precisamos de consciência, senso crítico, responsabilidade e cuidado para levar a internet a um outro nível. É fato que ela não é segura, a questão, então, é como usá-la de maneira mais inteligente e contribuir para fortalecer a privacidade digital? Essa é uma causa comum a todos os usuários da rede.

Disponível em: . 7/04/2019. Acesso em: 3 fev. 2021. Adaptado.

01. **(CESGRANRIO - 2021 - BB - ESCRITURÁRIO)** Um argumento que justifica a tese de que "pensar em privacidade digital é (quase) utópico" (parágrafo 2) aparece em:

a) questão central não se resume somente à política de privacidade das plataformas X ou Y" (parágrafo 4)

b) "A segurança da informação já se transformou em uma área estratégica para qualquer tipo de empresa" (parágrafo 5)

c) "a partir do momento em que um conteúdo é postado, ele faz parte da rede e não é mais do usuário" (parágrafo 7)

d) "É preciso que tanto clientes como empresas busquem mais informação e conteúdo técnico sobre o tema" (parágrafo 8)

e) "Precisamos de consciência, senso crítico, responsabilidade e cuidado para levar a internet a um outro nível" (parágrafo 9)

02. **(CESGRANRIO - 2021 - BB - ESCRITURÁRIO)** Depois de questionar se o conteúdo que circula nas redes é realmente propriedade do usuário (parágrafo 6), o texto desenvolve a ideia de que

a) a maior parte dos usuários no mundo acessa a internet por meio de um *smartphone*

b) a segurança da informação já se transformou em uma área estratégica para as empresas

c) as empresas e os provedores conseguem rastrear os usuários por meio de endereço de *e-mail.*

d) as organizações devem conscientizar os clientes em relação aos limites da privacidade digital.

e) as pessoas deixam rastros na rede que podem ser descobertos a qualquer momento.

03. **(CESGRANRIO - 2021 - BB - ESCRITURÁRIO)** O trecho em que a palavra destacada expressa uma opinião do autor é:

a) "**Atualmente,** somos mais de 126,4 milhões de brasileiros" (parágrafo 1).

b) "**Infelizmente**, basta ter um endereço de e-mail para ser rastreado" (parágrafo 3)

c) "modo como cada sociedade vem **paulatinamente** estruturando a sua política" (parágrafo 4)

d) "**Independentemente** da demanda de armazenamento de dados de clientes" (parágrafo 5)

e) "época em que todo mundo pode falar **permanentemente** o que quer." (parágrafo 9)

04. **(CESGRANRIO - 2021 - BB - ESCRITURÁRIO)** No trecho "Às organizações, cabe o desafio de orientar seus clientes, **já que,** na maioria das vezes, eles não sabem quais são os limites da privacidade digital" (parágrafo 8), a expressão destacada expressa a noção de:

a) condição.

b) finalidade.

c) concessão.

d) causalidade.

e) comparação.

05. **(CESGRANRIO - 2021 - BB - ESCRITURÁRIO)** A palavra ou a expressão a que se refere o termo em destaque está corretamente explicitada entre colchetes em:

a) "sendo que 2,9 bilhões delas fazem **isso** pelo *smartphone*" (parágrafo 1) - [rede mundial]

b) "**Ela** é importante, inclusive, para trazer mais clareza e consciência para os usuários." (parágrafo 3) - [exposição]

c) "**Isso** porque, embora muitas pessoas não saibam, a maioria das redes sociais prevê que, a partir do momento" (parágrafo 7) - [redes sociais]

d) "a partir do momento em que um conteúdo é postado, **ele** faz parte da rede e não mais do usuário" (parágrafo 7) - [momento]

e) "É fato que **ela** não é segura, a questão, então, é como usá-la de maneira mais inteligente" (parágrafo 9) - [internet]

06. **(CESGRANRIO - 2021 - BB - ESCRITURÁRIO)** No trecho “Esse limite **poderia** ser dado pelo próprio consumidor, se ele assim quiser?” (parágrafo 6), a forma verbal destacada expressa a noção de

a) dever
b) certeza
c) hipótese
d) obrigação
e) necessidade

07. **(CESGRANRIO - 2021 - BB - ESCRITURÁRIO)** De acordo com as exigências da norma-padrão da língua portuguesa, a concordância verbal está corretamente empregada na forma destacada em:

a) Para entender o público das plataformas digitais, **analisaram**-se, durante dez semanas, o comportamento de jovens considerados viciados em aplicativos.
b) Em grupos de jovens usuários de redes sociais, **constataram**-se inúmeras situações de dependência crônica do uso de aparelhos celulares.
c) Nos serviços de ouvidoria das empresas de comunicação, **atendem**-se a reclamações de todos os tipos sobre falhas nas conexões telefônicas.
d) Nas análises sobre privacidade dos usuários, **atribuem**-se corretamente aos aplicativos de conversas a maior responsabilidade pela situação atual.
e) Com base em dados estatísticos, **estimam**-se que os jovens sejam os maiores responsáveis pela navegação nas redes sociais.

08. **(CESGRANRIO - 2021 - BB - ESCRITURÁRIO)** O grupo de palavras que atende às exigências relativas ao emprego ou não do hífen, segundo o Vocabulário Ortográfico da Língua Portuguesa, é:

a) extra-escolar / médico-cirurgião.
b) bem-educado / vagalume.
c) portarretratos / dia a dia.
d) arco-íris / contra-regra.
e) subutilizar / sub-reitor.

09. **(CESGRANRIO - 2021 - BB - ESCRITURÁRIO)** De acordo com a norma-padrão da língua portuguesa, o emprego do acento grave indicativo da crase é obrigatório na palavra destacada em:

a) A exigência de entrar em contato com instituições financeiras obrigou o cliente **a** criar senhas para ter acesso aos serviços bancários.
b) A falta de leis sobre privacidade digital exige que os indivíduos se preparem para enfrentar a invasão do acesso **a** suas vidas privadas.
c) A revolução da tecnologia da informação modificou **a** realidade social, penetrando em todas as esferas da atividade humana.
d) As pesquisas tecnológicas são indispensáveis devido **a** importância de solucionar problemas causados pela invasão de dados.
e) O surgimento das redes sociais e dos sites de compartilhamento conduziu as pessoas **a** novas situações de risco na sociedade atual.

10. **(CESGRANRIO - 2021 - BB - ESCRITURÁRIO)** O pronome destacado foi utilizado na posição correta, segundo as exigências da norma-padrão da língua portuguesa, em:

a) A associação brasileira de mercados financeiros publicou uma diretriz de segurança, na qual mostra-**se** a necessidade de adequação de proteção de dados.
b) A segurança da informação já transformou-**se** em uma área estratégica para qualquer tipo de empresa.
c) Naquele evento, ninguém tinha-**se** incomodado com o palestrante no início do debate a respeito de privacidade digital.
d) Apesar das dificuldades encontradas, sempre referimo-**nos** com cuidado aos nossos dados pessoais, como CPF, RG, *e-mail*, para proteção da vida privada.
e) Quando a privacidade dos dados bancários é mantida, como **nos** garantem as instituições, ficamos tranquilos.

11. **(CESGRANRIO - 2021 - BB - ESCRITURÁRIO)** Antes de iniciar uma campanha publicitária, um banco fez uma pesquisa, entrevistando 1000 de seus clientes, sobre a intenção de adesão aos seus dois novos produtos. Dos clientes entrevistados, 430 disseram que não tinham interesse em nenhum dos dois produtos, 270 mostraram-se interessados no primeiro produto, e 400 mostraram-se interessados no segundo produto.

Qual a porcentagem do total de clientes entrevistados que se mostrou interessada em ambos os produtos?

a) 10%
b) 15%
c) 20%
d) 25%
e) 30%

12. **(CESGRANRIO - 2021 - BB - ESCRITURÁRIO)** A sequência de Fibonacci é bastante utilizada para exemplificar sequências definidas por recorrência, ou seja, sequências em que se pode determinar um termo a partir do conhecimento de termos anteriores. No caso da sequência de Fibonacci, escreve-se que $T_{n+2} = T_{n+1} + T_n$ e, desse modo, pode-se obter um termo qualquer conhecendo-se os dois termos anteriores. Considerando o exposto acima, determine o termo T_{2021} da sequência de Fibonacci, sabendo que $T_{2018} = m$ e $T_{2020} = p$.

a) $\dfrac{p+m}{2}$
b) $\dfrac{p-m}{2}$
c) p + 2m
d) 2p - m
e) 2m - 2p

13. **(CESGRANRIO - 2021 - BB - ESCRITURÁRIO)** J modelou um problema de matemática por uma função exponencial do tipo $a(x)=1000e^{kx}$, e L, trabalhando no mesmo problema, chegou à modelagem $b(x)=10^{2x+3}$. Considerando-se que ambos modelaram o problema corretamente, e que $\ln x = \log_e x$, qual o valor de k?

a) ln 2
b) ln 3
c) ln 10
d) ln 30
e) ln 100

14. **(CESGRANRIO - 2021 - BB - ESCRITURÁRIO)** O método da bisseção é um algoritmo usado para encontrar aproximações das raízes de uma equação. Começa -se com um intervalo [a,b], que contém uma raiz, e, em cada passo do algoritmo, reduz-se o intervalo pela metade, usando-se um teorema para determinar se a raiz está à esquerda ou à direita do ponto médio do intervalo anterior. Ou seja, após o passo 1, obtém-se um intervalo de comprimento $\frac{b-a}{2}$; após o passo 2, obtém--se um intervalo de comprimento $\frac{b-a}{4}$; e após o passo n, obtém- -se um intervalo de comprimento $\frac{b-a}{2^n}$. Esse processo continua até que o intervalo obtido tenha comprimento menor que o erro máximo desejado para a aproximação. Para aplicar esse método no intervalo [1,5], quantos passos serão necessários para obter-se um intervalo de comprimento menor que 10^{-3}?

a) 9
b) 10
c) 11
d) 12
e) 13

15. (CESGRANRIO - 2021 - BB - ESCRITURÁRIO) Uma loja vende um produto em dois tipos de embalagem: unitária (com uma unidade do produto) e dupla (com duas unidades do produto). Em certo mês, foram vendidas 16 embalagens duplas e 20 unitárias, gerando uma receita para a loja de R$ 488,00. No mês seguinte, foram vendidas 30 embalagens duplas e 25 unitárias, gerando uma receita de R$ 790,00.

Qual foi a porcentagem do desconto dado em cada unidade do produto ao se comprar a embalagem dupla?

a) 5%
b) 8%
c) 10%
d) 12%
e) 15%

16. (CESGRANRIO - 2021 - BB - ESCRITURÁRIO) Um negociador de investimentos de uma instituição financeira pergunta ao gerente de tal instituição qual a taxa de juros anual máxima que pode oferecer a um cliente investidor, e o gerente afirma que ficará satisfeito com uma taxa anual máxima de 8,36%. O negociador entra em contato com o cliente que pretende investir um capital C_1 e diz que, ao final de um ano, ele receberá C_2, que corresponde a C_1 acrescido de 5,00% de juros, mas não tem sucesso nessa negociação inicial. O negociador resolve aplicar uma nova taxa sobre C_2, mas sem ultrapassar a taxa anual máxima que está autorizado a oferecer.

Qual o valor máximo da taxa a ser aplicada sobre C_2?

a) 2,16%
b) 2,24%
c) 3,20%
d) 7,96%
e) 16,72%

17. (CESGRANRIO - 2021 - BB - ESCRITURÁRIO) Um cliente montou uma estratégia financeira, aplicando parte de seu décimo terceiro salário, sempre no início de janeiro, de 2018 a 2021, conforme mostrado na Tabela a seguir.

jan/2018	jan/2019	jan/2020	jan/2021
R$ 10.000,00	R$ 10.000,00	R$ 10.000,00	R$ 10.000,00

A partir da orientação financeira de um especialista, ele conseguiu obter nesse período, com essas aplicações, uma taxa de retorno de 10% ao ano, sempre na comparação com o ano anterior. Ele pretende atingir o valor total acumulado de 65 mil reais no início de jan/2023.

Considerando-se que essa taxa de retorno se mantenha, o valor mínimo, em reais, que esse cliente precisará depositar em Jan/2022, para atingir a meta em Jan/2023, a partir das aproximações dadas, pertence ao intervalo:

Dados:
$1,1^5 = 1,611$;
$1,1^4 = 1,464$;
$1,1^3 = 1,331$.

a) R$ 8.000,00 a R$ 8.199,00
b) R$ 8.200,00 a R$ 8.399,00
c) R$ 8.400,00 a R$ 8.599,00
d) R$ 8.600,00 a R$ 8.799,00
e) R$ 8.800,00 a R$ 8.999,00

18. (CESGRANRIO - 2021 - BB - ESCRITURÁRIO) Devido às oscilações de receita em seu negócio durante a pandemia, um cliente vai precisar pagar um boleto, cujo principal (até a data de vencimento é de R$ 25.000,00, com 12 dias de atraso. Nesse caso, são cobrados adicionalmente, sobre o valor do principal, dois encargos: 2% de multa, mais juros simples de 0,2% ao dia. Por causa dos juros altos, o cliente procurou seu gerente, que não conseguiu uma solução menos custosa.

Com isso, nas condições dadas, o cliente deverá pagar nessa operação um valor total de

a) R$ 25.600,00
b) R$ 25.800,00
c) R$ 26.100,00
d) R$ 26.300,00
e) R$ 26.500,00

19. (CESGRANRIO - 2021 - BB - ESCRITURÁRIO) Um cliente fez um investimento de R$ 100.000,00 em janeiro de 2019, comprando cotas de um fundo imobiliário, o que lhe proporcionou uma taxa de retorno de 21%, ao final de 12 meses de aplicação. Em janeiro de 2020, buscando maior rentabilidade, procurou um especialista financeiro indicado pelo seu gerente, que lhe recomendou aplicar todo o montante da operação anterior em renda variável. O cliente fez conforme recomendado, o que lhe proporcionou um retorno de 96% em 12 meses, resgatando o novo montante em janeiro de 2021.

Considerando-se um sistema de juros compostos, a taxa de retorno equivalente, obtida em cada período de 12 meses pelo cliente, de janeiro de 2019 a janeiro de 2021, foi

a) 54%
b) 56%
c) 58%
d) 60%
e) 62%

20. (CESGRANRIO - 2021 - BB - ESCRITURÁRIO) Devido à pandemia, um microempreendedor precisou tomar um empréstimo no valor de R$ 20.000,00, em dez/2020, a ser pago em 24 prestações mensais iguais e postecipadas no sistema PRICE, de modo que a primeira fosse paga em jan/21, e a última, em dez/22. Considere que o Banco cobre R$ 660,00 de taxas, que serão financiadas juntamente com o valor do empréstimo, por escolha do cliente, e que a taxa de juros cobrada, devido ao risco da operação, seja de 3% ao mês.

Desconsiderando-se o IOF na operação e supondo-se que a primeira prestação foi paga na data de vencimento, o valor da segunda prestação, em sua respectiva data de vencimento será de, aproximadamente

Dados: $1,03^{24} = 2,033$.

a) R$ 1.120,00
b) R$ 1.220,00
c) R$ 1.320,00
d) R$ 1.420,00
e) R$ 1.520,00

21. (CESGRANRIO - 2021 - BB - ESCRITURÁRIO) Existem soluções de hardware e software que buscam minimizar as chances de um ataque a sistemas computacionais ser bem-sucedido. Dentre tais soluções de segurança, há uma que monitora o tráfego de entrada e saída de rede, funcionando como um filtro de pacotes, permitindo ou não a sua liberação a partir de um conjunto de regras específicas.

Essa solução é o

a) Antimalware

b) Dispositivo USB

c) Firewall

d) Phishing

e) SQL injection

22. (CESGRANRIO - 2021 - BB - ESCRITURÁRIO) O armazenamento de dados ou informações em sistemas computacionais é possível com a utilização de arquivos, que servem como importante suporte tecnológico para o atendimento das diversas demandas dos usuários.

Do ponto de vista técnico, esses arquivos podem ser considerados

a) abstrações feitas pelo sistema operacional das características lógicas das informações armazenadas.

b) coleções nomeadas de informações relacionadas que são gravadas em memória secundária do computador.

c) organizações físicas de pastas em um dispositivo de armazenamento volátil.

d) imagens construídas utilizando os formatos jpeg, png ou bmp para identificá-los.

e) sequências de caracteres organizados em linhas e possivelmente em páginas, quando forem arquivos de vídeo.

23. (CESGRANRIO - 2021 - BB - ESCRITURÁRIO) A gravação de vídeos digitais gera, em boa parte das vezes, arquivos com tamanho aumentado, o que é um desafio para a sua transmissão ou armazenamento em disco. Para contornar esse problema, existem formas de compactação e descompactação de vídeos chamadas *codecs*. Um *codec* é baseado em um algoritmo que explora algum tipo de redundância no conteúdo do arquivo como forma de reduzir seu tamanho com a menor perda possível. Existem diversos tipos de *codecs*, com características variadas.

Um dos tipos de *codec* de vídeo é o

a) BMP

b) JPEG

c) MP3

d) MPEG

e) UNICODE

24. (CESGRANRIO - 2021 - BB - ESCRITURÁRIO) Devido à pandemia, muitos funcionários de um determinado banco precisaram trabalhar de casa. Percebendo que seria necessário um novo procedimento de acesso remoto que atendesse às necessidades de segurança, o setor de TI desse banco determinou o uso de um mecanismo seguro que conectasse, via internet pública, o computador do funcionário, em sua casa, com a rede privada da instituição financeira, bloqueando o acesso de terceiros ao trânsito de informações.

Para garantir a segurança dessa conexão, essa instituição deve adotar a tecnologia de rede conhecida como

a) HTTP

b) PGP

c) VPN

d) WEK

e) WPA2

25. (CESGRANRIO - 2021 - BB - ESCRITURÁRIO) As informações sobre um processo essencial de determinado banco nunca foram documentadas, porém são conhecidas implicitamente por seus muitos funcionários. Responsável por recuperar e documentar esse conhecimento, um funcionário protagonizou uma iniciativa para que os próprios funcionários criassem a documentação, instalando e gerenciando um site baseado na tecnologia Wiki na intranet desse banco.

Qual a principal característica dos Wikis?

a) Gerar documentação em PDF automaticamente, facilitando a criação de documentos distribuíveis.

b) Manter um fórum de discussões estruturado em forma de árvore e orientado a assuntos.

c) Transformar, rapidamente, documentos Word em páginas Web.

d) Permitir que o leitor de uma página Web edite seu

e) conteúdo.

f) Gerenciar listas de discussão feitas por e-mail e guardar seu conteúdo.

26. (CESGRANRIO - 2021 - BB - ESCRITURÁRIO) Um funcionário de um banco foi incumbido de acompanhar o perfil dos clientes de um determinado produto por meio da Análise de Dados, de forma a aprimorar as atividades de marketing relativas a esse produto. Para isso, ele utilizou a variável classe social desses clientes, coletada pelo banco, que tem os valores A, B, C, D e E, sem referência a valores contínuos.

Sabendo-se que essa é uma escala ordinal, qual é a medida de tendência central adequada para analisar essa variável?

a) média aritmética

b) média geométrica

c) mediana

d) quartis

e) variância

27. (CESGRANRIO - 2021 - BB - ESCRITURÁRIO) O serviço de buscas do Google é um dos mais usados em todo o mundo. Para as pesquisas, o mais comum é a pessoa informar livremente algumas palavras e verificar se o resultado atende às suas expectativas.

Como solicitar corretamente ao Google que seja pesquisada uma correspondência exata da frase "Prédio mais alto do Brasil"?

a) /Prédio mais alto do Brasil/

b) -Prédio -mais -alto -do -Brasil

c) #Prédio #mais #alto #do #Brasil

d) "Prédio mais alto do Brasil"

e) exato ("Prédio mais alto do Brasil")

28. (CESGRANRIO - 2021 - BB - ESCRITURÁRIO) O envio e o recebimento de mensagens de correio eletrônico são atividades corriqueiras, tanto nas organizações quanto no dia a dia da grande maioria da população brasileira. No entanto, há situações em que as mensagens enviadas são devolvidas com um aviso de que não puderam ser entregues ao destinatário.

Um dos motivos que justificam a não entrega de uma mensagem de correio eletrônico ao destinatário é porque

a) a estação de trabalho que o destinatário utiliza está desligada.

b) a caixa postal de correio eletrônico do destinatário atingiu algum limite predeterminado de tamanho, como por exemplo, em bytes.

c) o destinatário possui muitos endereços de correio eletrônico cadastrados no domínio internet.

d) o destinatário não estava utilizando a sua estação de trabalho no momento do recebimento da mensagem de correio eletrônico.

e) o destinatário estava utilizando muitos programas ativos na estação de trabalho no momento do recebimento da mensagem de correio eletrônico.

29. (CESGRANRIO - 2021 - BB - ESCRITURÁRIO) A Segurança da Informação é uma preocupação permanente dos agentes comerciais, principalmente em relação a assuntos contratuais e financeiros e às facilidades advindas dos meios digitais.

Os recursos providos pelas áreas de TI das empresas, no que se refere à segurança da informação, incluem a irretratabilidade, que deve garantir a

a) manutenção exata e completa do conteúdo das mensagens desde a origem até o destino.

b) impossibilidade de negar a autoria de uma mensagem.

c) possibilidade do acesso a qualquer mensagem quando necessário.

d) impossibilidade de os conteúdos das mensagens serem lidos e compreendidos por pessoas não autorizadas.

e) impossibilidade de o destinatário negar o recebimento de uma mensagem.

30. (CESGRANRIO - 2021 - BB - ESCRITURÁRIO) O agente comercial de uma empresa elaborou uma planilha no software Microsoft Excel para lançar os débitos de seus clientes. Ele a configurou para controlar automaticamente as seguintes regras:

a) admitir, apenas, débitos entre R$ 40.000,00 e R$ 110.000,00; e

b) destacar, em cor diferente, os débitos entre R$ 90.000,00 e R$ 110.000,00.

Quais são os recursos do Microsoft Excel que o agente comercial deverá utilizar, respectivamente, para obter esse controle?

a) Validação de dados; Formatação condicional

b) Formatação condicional; Gerenciador de cenários

c) Verificação de erros; Teste de hipóteses

d) Função de consolidação; Formatação condicional

e) Classificar e Filtrar; Validação de dados

31. (CESGRANRIO - 2021 - BB - ESCRITURÁRIO) Um funcionário de um determinado banco, ao ser designado para trabalhar no data center da instituição, identificou problemas de segurança. Por essa razão, formulou duas propostas de melhoria: instalar um controle de acesso biométrico nas portas do data center, que estavam sempre abertas, e exigir que as senhas do servidor principal, que nunca expiravam, fossem trocadas a cada 30 dias.

Pelo tipo de controle que implementam, as melhorias propostas pelo funcionário são classificadas, respectivamente, como

a) física e processual

b) física e tecnológica

c) processual e física

d) processual e tecnológica

e) tecnológica e processual

32. (CESGRANRIO - 2021 - BB - ESCRITURÁRIO) Muitos códigos maliciosos aproveitam-se de um recurso do Windows 10 que possibilita a execução de um programa presente em um dispositivo de armazenamento USB imediatamente após a sua conexão ao computador.

Esse recurso, que pode ser desativado, é conhecido como

a) inicialização automática

b) execução automática

c) reprodução automática

d) atualização automática

e) configuração automática

33. (CESGRANRIO - 2021 - BB - ESCRITURÁRIO) O Mozilla Firefox apresentou uma página de resultado de uma pesquisa na Web na qual o usuário deseja procurar uma palavra específica.

Para fazer isso, o usuário pode acessar a caixa de texto de procura na página, pressionando, em conjunto, as teclas

a) Ctrl e T

b) Ctrl e N

c) Ctrl e P

d) Ctrl e S

e) Ctrl e F

34. (CESGRANRIO - 2021 - BB - ESCRITURÁRIO) No código de práticas de segurança da informação, recomenda-se que o acesso ao ambiente operacional (área de trabalho) do computador seja bloqueado quando o usuário do sistema se ausentar do seu posto de trabalho.

O atalho do teclado no Windows 10 para fazer esse bloqueio requer o pressionamento combinado das teclas

a) Ctrl e C

b) Ctrl e Z

c) Alt e F4

d) logotipo do Windows e D

e) logotipo de Windows e L

35. (CESGRANRIO - 2021 - BB - ESCRITURÁRIO) A segurança da informação deve fazer parte da postura dos colaboradores da empresa no dia a dia de trabalho. Com o objetivo de garantir a autoria dos seus documentos digitais, o colaborador deve executar o processo de assinatura digital para cada documento criado.

A assinatura digital é criada pelo signatário do documento com o uso da sua chave

a) pública

b) privada

c) simétrica

d) compartilhada

e) certificada

36. (CESGRANRIO - 2018 - BB - ESCRITURÁRIO) A Tabela a seguir mostra a distribuição de pontos obtidos por um cliente em um programa de fidelidade oferecido por uma empresa.

Pontos	0	2	3	4	6	8	9
Frequência	1	2	4	1	1	5	1

A mediana da pontuação desse cliente é o valor mínimo para que ele pertença à classe de clientes "especiais".

Qual a redução máxima que o valor da maior pontuação desse cliente pode sofrer sem que ele perca a classificação de cliente "especial", se todas as demais pontuações forem mantidas?

a) cinco unidades.

b) quatro unidades.

c) uma unidade.

d) duas unidades.

e) três unidades.

37. (CESGRANRIO - 2018 - BB - ESCRITURÁRIO) Os jogadores X e Y lançam um dado honesto, com seis faces numeradas de 1 a 6, e observa-se a face superior do dado. O jogador X lança o dado 50 vezes, e o jogador Y, 51 vezes.

A probabilidade de que o jogador Y obtenha mais faces com números ímpares do que o jogador X, é:

a) 1.
b) 3/4.
c) 1/4.
d) 1/2.
e) 1/6.

38. **(CESGRANRIO - 2018 - BB - ESCRITURÁRIO)** Um pesquisador utilizou-se de um modelo de regressão linear simples para estudar a relação entre a variável dependente Y, expressa em reais, e a variável independente X, expressa em dias.

Posteriormente, ele decidiu fazer uma transformação na variável dependente Y da seguinte forma:

$$\frac{Y_i - \text{média }(Y)}{\text{desvio padrão }(Y)}, i = 1, 2, ..., n$$

Após a referida transformação, o coeficiente angular ficou

a) aumentado da média e multiplicado pelo desvio padrão.
b) diminuído da média e dividido pelo desvio padrão.
c) inalterado.
d) diminuído da média.
e) dividido pelo desvio padrão.

39. **(CESGRANRIO - 2018 - BB - ESCRITURÁRIO)** Uma instituição financeira pretende lançar no mercado um aplicativo para celular. Para isso, deseja relacionar o grau de conhecimento dos clientes com as variáveis: nível de escolaridade e idade.

Uma amostra aleatória de 46 clientes foi selecionada e, posteriormente, aplicou-se o modelo de regressão linear, sendo a variável dependente o grau de conhecimento, em uma escala crescente, e as variáveis independentes (i) o nível de escolaridade, em anos de estudo com aprovação, e (ii) a idade, em anos completos.

Os resultados obtidos para os coeficientes foram:

	Coeficientes	Erro padrão	Estatística t	valor-P
Interseção	50,7	4,1	12,4	8,5E-16
Nível de escolaridade (anos de estudo com aprovação)	4,0	0,3	12,4	9,1E-16
Idade (anos completos)	-0,6	0,1	-8,4	1,2E-10

O grau de conhecimento esperado de um cliente com 10 anos de estudos com aprovação e com 30 anos de idade completos é

a) 108,7.
b) 94,1.
c) 54,1.
d) 72,7.
e) 86,1.

40. **(CESGRANRIO - 2018 - BB - ESCRITURÁRIO)** Uma empresa cria uma campanha que consiste no sorteio de cupons premiados. O sorteio será realizado em duas etapas. Primeiramente, o cliente lança uma moeda honesta:

se o resultado for "cara", o cliente seleciona, aleatoriamente, um cupom da urna 1;

se o resultado for "coroa", o cliente seleciona, aleatoriamente, um cupom da urna 2. Sabe-se que 30% dos cupons da urna 1 são premiados, e que 40% de todos os cupons são premiados.

Antes de começar o sorteio, a proporção de cupons premiados na urna 2 é de

a) 50%.
b) 25%.
c) 5%.
d) 10%.
e) 15%.

41. **(CESGRANRIO - 2018 - BB - ESCRITURÁRIO)** Há dez anos a média das idades, em anos completos, de um grupo de 526 pessoas era de 30 anos, com desvio padrão de 8 anos.

Considerando-se que todas as pessoas desse grupo estão vivas, o quociente entre o desvio padrão e a média das idades, em anos completos, hoje, é

a) 0,45.
b) 0,42.
c) 0,20.
d) 0,27.
e) 0,34.

42. **(CESGRANRIO - 2018 - BB - ESCRITURÁRIO)** Para obter uma amostra de tamanho 1.000 dentre uma população de tamanho 20.000, organizada em um cadastro em que cada elemento está numerado sequencialmente de 1 a 20.000, um pesquisador utilizou o seguinte procedimento:

I. Calculou um intervalo de seleção da amostra, dividindo o total da população pelo tamanho da amostra: 20.000/1.000 = 20.

II. Sorteou aleatoriamente um número inteiro, do intervalo [1, 20]. O número sorteado foi 15; desse modo, o primeiro elemento selecionado é o 15º.

III. A partir desse ponto, aplica-se o intervalo de seleção da amostra: o segundo elemento selecionado é o 35º (15+20), o terceiro é o 55º (15+40), o quarto é o 75º (15+60), e assim sucessivamente.

O último elemento selecionado nessa amostra é o

a) 19.997º.
b) 19.995º.
c) 19.965º.
d) 19.975º.
e) 19.980º.

43. **(CESGRANRIO - 2018 - BB - ESCRITURÁRIO)** A Tabela a seguir apresenta a distribuição da variável número de talões de cheques, X, solicitados no último mês de uma amostra de 200 clientes de um banco.

Número de talões de cheques	Frequência
0	40
1	50
2	70
3	30
5	10
Total	200

a) $F_X(X) = \begin{cases} 0; se\ X < 0 \\ 0{,}005; se\ 0 \leq x < 1 \\ 0{,}20; se\ 1 \leq x < 2 \\ 0{,}40;\ se\ 2 \leq x < 3 \\ 0{,}65; se\ 3\ \leq x < 5 \\ 1{,}00; se\ x\ \geq 5 \end{cases}$

b) $F_X(X) = \begin{cases} 0; se\ X < 0 \\ 0{,}10; se\ 0 \leq x < 1 \\ 0{,}20; se\ 1 \leq x < 2 \\ 0{,}30;\ se\ 2 \leq x < 3 \\ 0{,}50; se\ 3\ \leq x < 5 \\ 1{,}00; se\ x\ \geq 5 \end{cases}$

c) $F_X(X) = \begin{cases} 0; se\ X < 0 \\ 0{,}20; se\ 0 \leq x < 1 \\ 0{,}45; se\ 1 \leq x < 2 \\ 0{,}80;\ se\ 2 \leq x < 3 \\ 0{,}95; se\ 3\ \leq x < 5 \\ 1{,}00; se\ x\ \geq 5 \end{cases}$

d) $F_X(X) = \begin{cases} 0; se\ X < 0 \\ 0{,}20; se\ 0 \leq x < 1 \\ 0{,}31; se\ 1 \leq x < 2 \\ 0{,}64;\ se\ 2 \leq x < 3 \\ 0{,}75; se\ 3\ \leq x < 5 \\ 1{,}00; se\ x\ \geq 5 \end{cases}$

e) $F_X(X) = \begin{cases} 0; se\ X < 0 \\ 0{,}20; se\ 0 \leq x < 1 \\ 0{,}40; se\ 1 \leq x < 2 \\ 0{,}60;\ se\ 2 \leq x < 3 \\ 0{,}80; se\ 3\ \leq x < 5 \\ 1{,}00; se\ x\ \geq 5 \end{cases}$

44. **(CESGRANRIO - 2018 - BB - ESCRITURÁRIO)** Três caixas eletrônicos, X, Y e Z, atendem a uma demanda de 50%, 30% e 20%, respectivamente, das operações efetuadas em uma determinada agência bancária. Dados históricos registraram defeitos em 5% das operações realizadas no caixa X, em 3% das realizadas no caixa Y e em 2% das realizadas no caixa Z.

Com vistas à melhoria no atendimento aos clientes, esses caixas eletrônicos passaram por uma revisão completa que:

reduziu em 25% a ocorrência de defeito;

igualou as proporções de defeitos nos caixas Y e Z; e

regulou a proporção de defeitos no caixa X que ficou reduzida à metade da nova proporção de defeitos do caixa Y.

Considerando-se que após a conclusão do procedimento de revisão, sobreveio um defeito, a probabilidade de que ele tenha ocorrido no caixa Y é

a) 40%.

b) 35%.

c) 20%.

d) 25%.

e) 30%.

45. **(CESGRANRIO - 2018 - BB - ESCRITURÁRIO)** Dentre as atribuições de um certo gerente, encontra-se o oferecimento do produto A, de forma presencial e individualizada, aos seus clientes. A probabilidade de o gerente efetuar a venda do produto A em cada reunião com um cliente é 0,40. Em 20% dos dias de trabalho, esse gerente não se reúne com nenhum cliente; em 30% dos dias de trabalho, ele se reúne com apenas 1 cliente; e em 50% dos dias de trabalho, ele se reúne, separadamente, com exatos 2 clientes.

Em um determinado dia de trabalho, a probabilidade de esse gerente efetuar pelo menos uma venda presencial do produto A é

a) 0,54.

b) 0,46.

c) 0,20.

d) 0,26.

e) 0,44.

46. **(CESGRANRIO - 2018 - BB - ESCRITURÁRIO)** Os analistas de uma seguradora estimam corretamente que a probabilidade de um concorrente entrar no mercado de seguro de fiança locatícia é de 30%. É certo que se, de fato, o concorrente entrar no mercado, precisará aumentar seu quadro de funcionários. Sabe-se que, caso o concorrente não pretenda entrar no mercado desse segmento, existem 50% de probabilidade de que ele aumente o quadro de funcionários.

Se o concorrente aumentou o quadro de funcionários, a probabilidade de que ele entre no mercado de seguro de fiança locatícia é de:

a) 13/20.

b) 7/13.

c) 3/10.

d) 7/20.

e) 6/13.

47. **(CESGRANRIO - 2018 - BB - ESCRITURÁRIO)** Uma escola de Ensino Médio decide pesquisar o comportamento de seus estudantes quanto ao número de refrigerantes consumidos semanalmente por eles. Para isso, uma amostra aleatória de 120 estudantes foi selecionada, e os dados foram sintetizados no histograma abaixo, em classes do tipo [0, 5), [5, 10), [10, 15), [15, 20), [20, 25) e [25, 30].

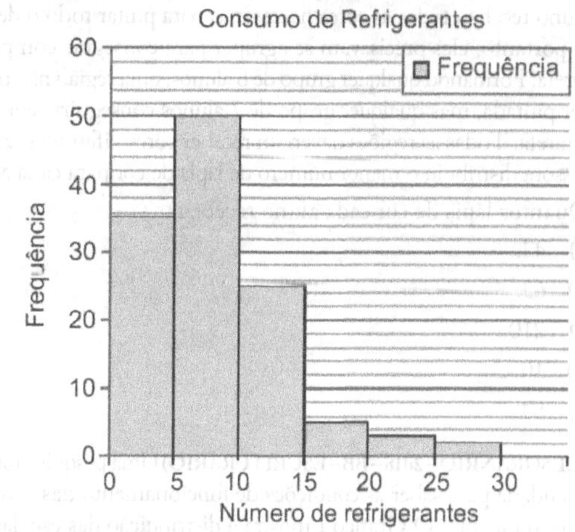

Qual o valor da amplitude interquartílica, obtido por meio do método de interpolação linear dos dados agrupados em classes?

a) 15.

b) $\frac{15}{2}$.

c) $\frac{29}{5}$.

d) $\frac{47}{7}$.

e) 10.

48. **(CESGRANRIO - 2018 - BB - ESCRITURÁRIO)** Numa amostra de 30 pares de observações do tipo (xi , yi), com i = 1, 2, ..., 30, a covariância obtida entre as variáveis X e Y foi -2. Os dados foram transformados linearmente da forma (zi , wi) = (-3xi + 1, 2yi + 3), para i = 1, 2, ..., 30.

Qual o valor da covariância entre as variáveis Z e W transformadas?

a) 41.

b) 36.

c) -7.

d) 12.

e) 17.

49. **(CESGRANRIO - 2018 - BB - ESCRITURÁRIO)** Uma amostra aleatória de tamanho 5 é retirada de uma população e observa-se que seus valores, quando postos em ordem crescente, obedecem a uma Progressão Aritmética.

Se a variância amostral não viciada vale 40, qual é o valor da razão da Progressão Aritmética?

a) 3.

b) $5\sqrt{2}$.

c) 4.

d) $2\sqrt{5}$.

e) 1.

50. **(CESGRANRIO - 2018 - BB - ESCRITURÁRIO)** Uma professora do jardim da infância entregou um mesmo desenho para cada um de seus 10 alunos e distribuiu vários lápis de cor entre eles. A tarefa era pintar o desenho, que possuía diversas regiões. Cada uma dessas regiões apresentava a cor com a qual deveria ser pintada. Todos os alunos receberam a mesma quantidade de lápis de cor, mas nenhum aluno recebeu todas as cores necessárias para pintar todo o desenho e, portanto, eles precisavam se agrupar para conseguir completar a tarefa. Formando qualquer grupo de 6 alunos, uma região não poderia ser pintada, mas qualquer grupo de 7 alunos conseguiria completar a tarefa. Todas as regiões deveriam receber cores diferentes, e a professora distribuiu o menor número de lápis de cor para cada aluno.

Quantos lápis de cor cada aluno recebeu?

a) 42.

b) 63.

c) 210.

d) 105.

e) 84.

51. **(CESGRANRIO - 2018 - BB - ESCRITURÁRIO)** Uma pesquisa foi encomendada para saber as condições de funcionamento das escolas de um município. O Gráfico I mostra a distribuição das escolas pelas quantidades de alunos, e o Gráfico II mostra a presença ou não de cantina e ginásio nas escolas com mais de 500 alunos.

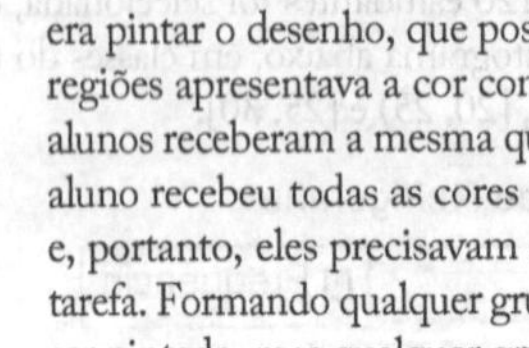

Gráfico I

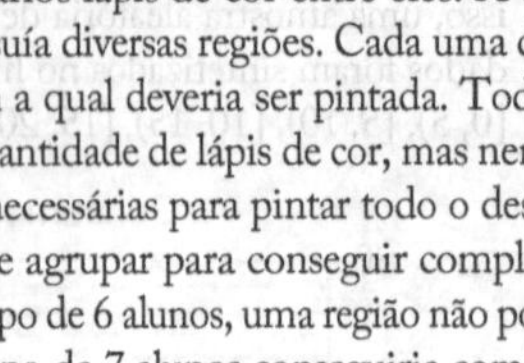

Gráfico II

O número de escolas, com mais de 500 alunos, que não possuem cantina nem ginásio é

a) 15.

b) 12.

c) 2.

d) 4.

e) 6.

52. **(CESGRANRIO - 2018 - BB - ESCRITURÁRIO)** Define-se como desvio interquartílico a distância entre o 1º e o 3º Quartis. É usado para avaliar a existência de possíveis valores atípicos em um conjunto de dados. Valores aquém ou além de limites estabelecidos com base nessa medida devem ser investigados quanto à sua tipicidade em relação à distribuição. Geralmente o limite inferior é estabelecido como 1 vez e meia o valor desse desvio, abaixo do primeiro Quartil, enquanto o limite superior, como 1 vez e meia acima do terceiro Quartil.

Considere os resumos estatísticos das três distribuições de consumo de energia elétrica, em kW, dos 50 apartamentos com mesma planta, de um edifício, em três períodos diferentes ao longo de um ano, conforme abaixo:

	PERÍODOS		
Consumo de Energia (kW)	**Janeiro-Abril**	**Maio-Agosto**	**Setembro-Dezembro**
Média	87	70	80
Mediana	85	75	80
Moda	83	77	80
1o Quartil	80	68	75
3o Quartil	90	80	85
Menor Valor	75	49	62
Maior Valor	102	92	99
Número de Apartamentos	50	50	50

Conclui-se, a partir desses resumos, que

a) **um período** apresenta pelo menos um apartamento com consumo **abaixo**, e **dois períodos** apresentam pelo menos um apartamento com consumo **acima** da tipicidade estabelecida.

b) **um período** apresenta pelo menos um apartamento com consumo **abaixo**, e **um período** apresenta pelo menos um apartamento com consumo **acima** da tipicidade estabelecida.

c) em **nenhum período** foram observados possíveis consumos atípicos.

d) apenas **um período** apresenta pelo menos um apartamento com consumo **abaixo** da tipicidade estabelecida.

e) apenas **um período** apresenta pelo menos um apartamento com consumo **acima** da tipicidade estabelecida.

53. **(CESGRANRIO - 2018 - BB - ESCRITURÁRIO)** Para ilustrar a importância da análise gráfica em análises de regressão linear, F. J. Anscombe produziu quatro conjuntos de pares (x, y) a partir das mesmas estatísticas suficientes, como: coeficientes linear e angular; soma dos quadrados dos resíduos e da regressão; e número de observações. Os diagramas de dispersão para as quatro bases de dados, juntamente com a reta da regressão (y = 4 + 0,5 x), encontram-se abaixo.

Gráfico A

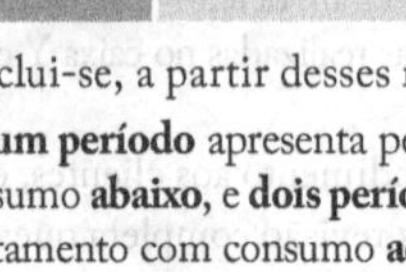

Gráfico B

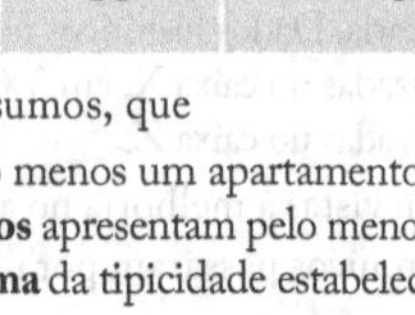

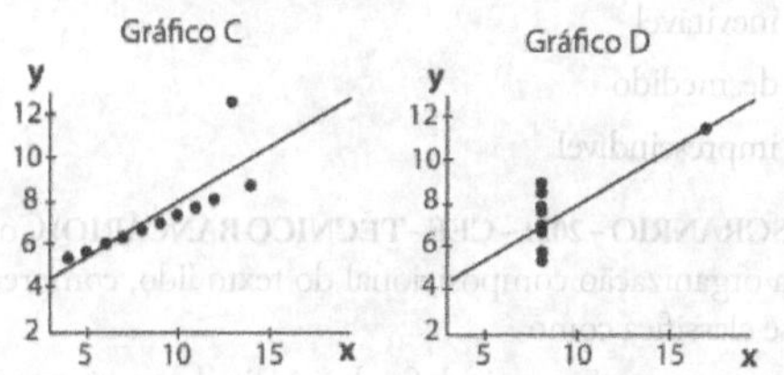

Com base nesses gráficos, considere as seguintes afirmativas:

I. O gráfico B mostra um valor influente para gerar uma regressão linear.

II. O gráfico C mostra uma possível observação *outlier* na regressão linear.

III. O gráfico D mostra uma possível observação *outlier* na regressão linear.

Está correto **SOMENTE** o que se afirma em

a) II e III

b) I e III

c) I

d) II

e) III

54. (CESGRANRIO - 2018 - BB - ESCRITURÁRIO) Em um jogo, os jogadores escolhem três números inteiros diferentes, de 1 a 10. Dois números são sorteados e se ambos estiverem entre os três números escolhidos por um jogador, então ele ganha um prêmio. O sorteio é feito utilizando-se uma urna com 10 bolas numeradas, de 1 até 10, e consiste na retirada de duas bolas da urna, de uma só vez, seguida da leitura em voz alta dos números nelas presentes.

Qual é a probabilidade de um jogador ganhar um prêmio no sorteio do jogo?

a) $\frac{1}{90}$

b) $\frac{1}{30}$

c) $\frac{1}{5}$

d) $\frac{1}{15}$

e) $\frac{1}{20}$

55. (CESGRANRIO - 2018 - BB - ESCRITURÁRIO) Um professor elaborou 10 questões diferentes para uma prova, das quais 2 são fáceis, 5 são de dificuldade média, e 3 são difíceis. No momento, o professor está na fase de montagem da prova. A montagem da prova é a ordem segundo a qual as 10 questões serão apresentadas. O professor estabeleceu o seguinte critério de distribuição das dificuldades das questões, para ser seguido na montagem da prova:

Questão	Dificuldade
1	Fácil
2	Fácil
3	Média
4	Média
5	Média
6	Média
7	Média
8	Difícil
9	Difícil
10	Difícil

De quantas formas diferentes o professor pode montar a prova seguindo o critério estabelecido?

a) 2520

b) 128

c) 6

d) 1440

e) 252

56. (CESGRANRIO - 2018 - BB - ESCRITURÁRIO) Na versão 1.4.6 do Sqoop, é função do argumento

a) *--warehouse-dir* especificar o diretório padrão onde os dados serão exportados do HDFS para o destino.

b) *--staging-table* criar uma tabela integradora ETL no processo de exportação para uma tabela relacional.

c) *--incremental* permitir, no modo append, a atualização das linhas de dados da tabela de origem.

d) *--meta-connect* especificar a string de conexão ao metastore configurado com a ferramenta sqoop metastore.

e) *--password* solicitar a senha mediante o console a cada execução do Sqoop, desde que o arquivo de configuração esteja setado para chmod 400.

57. (CESGRANRIO - 2018 - BB - ESCRITURÁRIO) No âmbito de bancos de dados relacionais, uma tabela que esteja na

a) segunda forma normal pode conter dependências funcionais parciais.

b) segunda forma normal não pode conter dependências funcionais transitivas.

c) terceira forma normal não pode conter dependências funcionais parciais.

d) terceira forma normal pode conter dependências funcionais transitivas.

e) segunda forma normal não pode conter chave primária composta.

58. (CESGRANRIO - 2018 - BB - ESCRITURÁRIO) Pig Latin é uma linguagem de programação orientada a workflows, onde cada operação realizada gera um novo conjunto de dados.

Dentre suas diversas características, **NÃO** se identifica a seguinte:

a) poder definir um elemento de dados como nulo (null), cuja semântica é de valor desconhecido; qualquer operação aritmética que o envolva retornará null.

b) possuir natureza declarativa: os usuários especificam o que desejam sem se preocupar com a forma como isso é feito.

c) combinar os operadores cogroup e foreach de forma equivalente a uma operação de junção (join), com a segunda utilizando o modificador flatten sem nulos nas chaves.

d) possuir, além dos tipos básicos de dados, três tipos complexos: maps, tuples e bags, sendo que um tipo complexo pode conter dados de quaisquer outros tipos.

e) especificar expressões condicionais com o operador bincond (?), na seguinte forma: <teste> ? <retorno 1> : <retorno 2>

Texto para as próximas 3 questões:

Relacionamento com o dinheiro Desde cedo, começamos a lidar com uma série de situações ligadas ao dinheiro. Para tirar melhor proveito do seu dinheiro, é muito importante saber como utilizá-lo da forma mais favorável a você. O aprendizado e a aplicação de conhecimentos práticos de educação financeira podem contribuir para melhorar a gestão de nossas finanças pessoais, tornando nossas vidas mais tranquilas e equilibradas sob o ponto de vista financeiro.

Se pararmos para pensar, estamos sujeitos a um mundo financeiro muito mais complexo que o das gerações anteriores. No entanto, o nível de educação financeira da população não acompanhou esse aumento de complexidade. A ausência de educação financeira, aliada à facilidade de acesso ao crédito, tem levado muitas pessoas ao endividamento excessivo, privando-as de parte de sua renda em função do pagamento de prestações mensais que reduzem suas capacidades de consumir produtos que lhes trariam satisfação.

Infelizmente, não faz parte do cotidiano da maioria das pessoas buscar informações que as auxiliem na gestão de suas finanças. Para agravar essa situação, não há uma cultura coletiva, ou seja, uma preocupação da sociedade organizada em torno do tema. Nas escolas, pouco ou nada é falado sobre o assunto. As empresas, não compreendendo a importância de ter seus funcionários alfabetizados financeiramente, também não investem nessa área. Similar problema é encontrado nas famílias, nas quais não há o hábito de reunir os membros para discutir e elaborar um orçamento familiar. Igualmente entre os amigos, assuntos ligados à gestão financeira pessoal muitas vezes são considerados invasão de privacidade e pouco se conversa em torno do tema. Enfim, embora todos lidem diariamente com dinheiro, poucos se dedicam a gerir melhor seus recursos.

A educação financeira pode trazer diversos benefícios, entre os quais, possibilitar o equilíbrio das finanças pessoais, preparar para o enfrentamento de imprevistos financeiros e para a aposentadoria, qualificar para o bom uso do sistema financeiro, reduzir a possibilidade de o indivíduo cair em fraudes, preparar o caminho para a realização de sonhos, enfim, tornar a vida melhor.

BANCO CENTRAL DO BRASIL. **Caderno de Educação Financeira** – Gestão de Finanças Pessoais. Brasília: BCB, 2013. p. 12. Adaptado.

59. **(CESGRANRIO - 2021 - CEF - TÉCNICO BANCÁRIO)** O texto tem o objetivo primordial de:

a) ensinar a gerir as finanças pessoais de maneira eficaz.
b) sensibilizar sobre a importância da educação financeira.
c) prevenir quanto aos perigos do acesso facilitado ao crédito.
d) alertar para a complexidade maior do mundo financeiro atual.
e) sugerir a incorporação do hábito de elaborar orçamento familiar.

60. **(CESGRANRIO - 2021 - CEF - TÉCNICO BANCÁRIO)** Considere a palavra destacada no seguinte trecho do parágrafo 2: "A ausência de educação financeira, aliada à facilidade de acesso ao crédito, tem levado muitas pessoas ao endividamento **excessivo**".

Essa palavra pode, sem prejuízo do sentido desse trecho, ser substituída por

a) básico
b) essencial
c) inevitável
d) desmedido
e) imprescindível

61. **(CESGRANRIO - 2021 - CEF - TÉCNICO BANCÁRIO)** Considerando-se a organização composicional do texto lido, compreende-se que ele se classifica como

a) argumentativo, pois defende a ideia de que é importante saber lidar com o dinheiro.
b) narrativo, pois relata o episódio de uma conversa sobre gestão financeira entre amigos.
c) descritivo, pois reproduz uma cena de elaboração de orçamento no cotidiano de uma família.
d) expositivo, pois apresenta informações objetivas sobre conceitos da área de educação financeira.
e) injuntivo, pois instrui acerca da elaboração de orçamentos para uma vida financeira mais saudável.

62. **(CESGRANRIO - 2021 - CEF - TÉCNICO BANCÁRIO)** O paralelismo sintático é uma das convenções estabelecidas para a escrita oficial.

A frase cuja organização sintática está plenamente de acordo com essa convenção é:

a) É muito salutar que as pessoas se programem em relação à saúde e financeiramente.
b) O mundo financeiro, hoje, facilita o acesso ao crédito e leva ao endividamento progressivo.
c) Nossa vida financeira é saudável quando possibilita equilíbrio, segurança e que realizemos nossos sonhos.
d) A educação financeira orienta-nos na revisão de gastos excessivos e que comprometem nosso orçamento.
e) Os especialistas aconselham as escolas a promoverem momentos de discussão sobre educação financeira com os pais dos alunos e que ofereçam aulas sobre o tema para os alunos.

63. **(CESGRANRIO - 2021 - CEF - TÉCNICO BANCÁRIO)** Sendo a clareza um requisito básico da escrita, assinale a frase que **não** apresenta ambiguidade, estando apta a figurar em um texto oficial.

a) A empresa que investe em seus funcionários cuida de seu equilíbrio financeiro.
b) O economista discutiu com o presidente da empresa, em sua sala, a melhor forma de gerir os negócios.
c) O nível de educação financeira da população, que cresceu muito nos últimos anos, é o tema da próxima palestra.
d) O diretor da escola comunicou ao professor que ele ofereceria um curso de educação financeira para a comunidade escolar.
e) Depois de ler o edital e seu anexo, o gestor solicitou a alteração deste.

64. **(CESGRANRIO - 2021 - CEF - TÉCNICO BANCÁRIO)** As vírgulas estão plenamente empregadas de acordo com o padrão formal da língua escrita em:

a) Há algumas décadas, se alguém falasse, em educação financeira, causaria um certo estranhamento.
b) Relacionar-se bem com o dinheiro de acordo com os especialistas, é uma forma de levar uma vida mais saudável, sem percalços.
c) É preciso criar uma cultura de discutir, na família, na escola, com os amigos, sobre como usar melhor os recursos financeiros.
d) A educação financeira, apesar de não resolver o problema da falta de dinheiro pode auxiliar, com um controle maior, de seu gasto.
e) Não gastar em demasia, não acumular dívidas, refletir sobre seus ganhos, e gastos, poupar são estratégias para gerir melhor suas finanças

65. **(CESGRANRIO – 2021 – CEF – TÉCNICO BANCÁRIO)** A colocação do pronome oblíquo átono está em acordo com a norma-padrão da língua portuguesa em:

a) Poder-se-á levar a educação financeira para as salas de aula, o que será muito proveitoso.

b) Nos perguntam sempre sobre como gerir melhor a vida financeira.

c) As famílias nunca preocuparam-se com a educação financeira como parte da formação de seus filhos.

d) Aqueles que relacionam-se bem com o dinheiro têm uma vida mais organizada.

e) Compreenderia-se melhor o desempenho da empresa, se o mercado fosse estudado.

66. **(CESGRANRIO – 2021 – CEF – TÉCNICO BANCÁRIO)** Considerando-se as regras da norma-padrão da língua portuguesa, a concordância nominal da palavra destacada está adequadamente construída em:

a) Naquela palestra, foram **abordadas** ensinamentos e orientações sobre o bom uso do dinheiro.

b) Sempre há **bastante** investidores interessados em discussões que abordam o mercado de ações.

c) Perderemos **menas** oportunidades se nos mantivermos sempre atentos ao mercado financeiro.

d) O mercado está vendo crescer uma tendência de conglomerados **francos-brasileiros** no país.

e) É **proibida** a movimentação financeira efetuada por menores no âmbito do direito financeiro.

67. **(CESGRANRIO – 2021 – CEF – TÉCNICO BANCÁRIO)** Preocupado com sua saúde, um professor decidiu começar a correr. O profissional que o orientou estabeleceu como meta correr 5 km por dia. Entretanto, como o professor está fora de forma, terá de seguir um programa de treinamento gradual. Nas duas primeiras semanas, ele correrá, diariamente, 1 km e caminhará 4 km; na terceira e na quarta semanas, correrá 1,5 km e caminhará 3,5 km por dia. A cada duas semanas, o programa será alterado, de modo a reduzir a distância diária caminhada em 0,5 km e a aumentar a corrida em 0,5 km.

Desse modo, se o professor não interromper o programa de treinamento, ele começará a correr 5 km diários na

a) 9ª semana

b) 12ª semana

c) 17ª semana

d) 18ª semana

e) 20ª semana

68. **(CESGRANRIO – 2021 – CEF – TÉCNICO BANCÁRIO)** Para ampliar o capital de giro de um novo negócio, um microempreendedor tomou um empréstimo no valor de R$20.000,00, em janeiro de 2021, a uma taxa de juros de 5% ao mês, no regime de juros compostos. Exatamente dois meses depois, em março de 2021, pagou 60% do valor do empréstimo, ou seja, dos R$20.000,00, e liquidou tudo o que devia desse empréstimo em abril de 2021.

A quantia paga, em abril de 2021, que liquidou a referida dívida, em reais, foi de

a) 11.352,50

b) 11.152,50

c) 10.552,50

d) 10.452,50

e) 10.152,50

69. **(CESGRANRIO – 2021 – CEF – TÉCNICO BANCÁRIO)** Na semana da renda fixa promovida por um determinado banco, o cliente X fez um investimento de 150 mil reais em um banco que paga 8% ao ano, com prazo de vencimento de 1 ano. Nesse mesmo dia, o cliente Y aplicou 150 mil reais na poupança, cuja taxa esperada é de 5% ao ano. Um ano depois, os dois sacaram o montante de cada operação. Considere que o cliente X pagou 20% de imposto de renda sobre os juros obtidos com a aplicação, enquanto o cliente Y não pagou imposto algum, e que nenhum dos dois sacou qualquer valor antes desse resgate.

A partir dessas informações, verifica-se que a diferença entre o ganho de capital do cliente X e o ganho de capital do cliente Y, comparando-se apenas as operações apresentadas, em reais, foi de

a) 2.100,00

b) 2.400,00

c) 3.500,00

d) 4.100,00

e) 4.500,00

70. **(CESGRANRIO – 2021 – CEF – TÉCNICO BANCÁRIO)** Um cliente pagou, via internet banking, quatro duplicatas vencidas com exatamente 12 dias de atraso, cujos valores de face são de R$4.200,00; R$3.800,00; R$2.600,00 e R$7.400,00. Nesse caso, para pagamentos até 30 dias após o vencimento, são cobrados juros simples à taxa de 6% ao mês, mais uma multa de 2% sobre o valor de face de cada duplicata.

Considerando-se o mês comercial (30 dias), o valor total pago, em reais, por essas quatro duplicatas vencidas foi de

a) 18.432,00

b) 18.792,00

c) 18.872,00

d) 18.912,00

e) 18.982,00

71. **(CESGRANRIO – 2021 – CEF – TÉCNICO BANCÁRIO)** Um banco oferece a um cliente um empréstimo de financiamento imobiliário pelo sistema SAC, no valor de R$120.000,00, pelo prazo de 12 meses, com taxa de juros de 1% ao mês.

Qual é o valor da segunda prestação, em reais, a ser paga pelo cliente?

a) 10.000,00

b) 10.500,00

c) 10.900,00

d) 11.100,00

e) 11.200,00

72. **(CESGRANRIO – 2021 – CEF – TÉCNICO BANCÁRIO)** Uma pessoa tem uma dívida no valor de R$2.000,00, vencendo no dia de hoje. Com dificuldade de quitá-la, pediu o adiamento do pagamento para daqui a 3 meses.

Considerando-se uma taxa de juros compostos de 2% a.m., qual é o valor equivalente, aproximadamente, que o gerente do banco propôs que ela pagasse, em reais?

a) 2.020,40

b) 2.040,00

c) 2.080,82

d) 2.120,20

e) 2.122,42

73. (CESGRANRIO - 2021 - CEF - TÉCNICO BANCÁRIO) Um cliente de um banco está tentando simular o valor de financiamento imobiliário que pode conseguir para adquirir uma casa. Fazendo seu orçamento, estabeleceu que poderia pagar uma prestação inicial (1º mês) de R$2.669,33. Sabendo-se que o banco utiliza o sistema Price em seus financiamentos, uma taxa de juros de 1% a.m., um prazo de 60 meses e uma amortização inicial (1º mês) de R$1.469,33, qual o valor máximo aproximado, em reais, que ele pode receber?

a) 120.000,00
b) 146.933,00
c) 160.159,80
d) 266.933,00
e) 413.866,00

74. (CESGRANRIO - 2021 - CEF - TÉCNICO BANCÁRIO) Um empréstimo deve ser pago pelo sistema SAC em 5 parcelas mensais com juros de 3% ao mês.

Se a terceira parcela paga no financiamento do empréstimo for igual a R$26.160,00, o valor total do empréstimo, em reais, será de

a) 120.000,00
b) 124.000,00
c) 128.500,00
d) 132.800,00
e) 135.600,00

75. (CESGRANRIO - 2021 - CEF - TÉCNICO BANCÁRIO) Um banco possui, atualmente, um modelo de financiamento em regime de juros compostos, em que as parcelas são pagas, mensalmente, a uma taxa de juros de 2% ao mês. Para um certo perfil de clientes, o banco pretende possibilitar o pagamento da dívida a cada três meses, a uma taxa de juros trimestral equivalente à praticada no modelo atual.

A melhor aproximação para o valor da taxa de juros trimestral desse novo modelo de financiamento é:

a) 2,48%
b) 6,00%
c) 6,12%
d) 7,28%
e) 8,00%

76. (CESGRANRIO - 2021 - CEF - TÉCNICO BANCÁRIO) Um imóvel pode ser comprado à vista pelo valor de R$240.000,00 ou pode ser financiado em 24 prestações mensais, a serem pagas de acordo com o sistema Price de amortização. Um potencial comprador, ciente da taxa de juros do financiamento, calculou quanto seria a soma das 24 prestações, encontrando, corretamente, o valor de R$272.331,64.

A melhor aproximação para o valor da terceira parcela do financiamento, em reais, é de

a) 10.200,00
b) 10.240,00
c) 10.460,08
d) 11.124,12
e) 11.347,15

77. (CESGRANRIO - 2021 - CEF - TÉCNICO BANCÁRIO) Os alunos de certa escola formaram um grupo de ajuda humanitária e resolveram arrecadar fundos para comprar alimentos não perecíveis. Decidiram, então, fazer uma rifa e venderam 200 tíquetes, numerados de 1 a 200. Uma funcionária da escola resolveu ajudar e comprou 5 tíquetes. Seus números eram 75, 76, 77, 78 e 79. No dia do sorteio da rifa, antes de revelarem o ganhador do prêmio, anunciaram que o número do tíquete sorteado era par.

Considerando essa informação, a funcionária concluiu acertadamente que a probabilidade de ela ser a ganhadora do prêmio era de

a) 1,0%
b) 2,0%
c) 3,0%
d) 4,0%
e) 5,0%

78. (CESGRANRIO - 2021 - CEF - TÉCNICO BANCÁRIO) Seis candidatos, aprovados para a penúltima etapa de um processo seletivo, foram submetidos a um teste de conhecimentos gerais com 10 itens do tipo "verdadeiro/falso". Os dois primeiros candidatos acertaram 8 itens cada, o terceiro acertou 9, o quarto acertou 7, e os dois últimos, 5 cada. Pelas regras do concurso, passariam, para a etapa final da seleção, os candidatos cujo número de acertos fosse maior ou igual à mediana do número de acertos dos seis participantes.

Quantos candidatos passaram para a etapa final?

a) 2
b) 3
c) 4
d) 5
e) 6

79. (CESGRANRIO - 2021 - CEF - TÉCNICO BANCÁRIO) Recentemente, a Organização Mundial da Saúde (OMS) mudou suas diretrizes sobre atividades físicas, passando a recomendar que adultos façam atividade física moderada de 150 a 300 minutos por semana. Seguindo as recomendações da OMS, um motorista decidiu exercitar-se mais e, durante os sete dias da última semana, exercitou-se, ao todo, 285 minutos.

Quantos minutos diários, em média, o motorista dedicou a atividades físicas na última semana?

a) Mais de 46 min
b) Entre 44 e 46 min
c) Entre 42 e 44 min
d) Entre 40 e 42 min
e) Menos de 40 min

80. (CESGRANRIO - 2021 - CEF - TÉCNICO BANCÁRIO) Um analista de investimentos acredita que o preço das ações de uma empresa seja afetado pela condição de fluxo de crédito na economia de um certo país. Ele estima que o fluxo de crédito na economia desse país aumente, com probabilidade de 20%. Ele estima também que o preço das ações da empresa suba, com probabilidade de 90%, dentro de um cenário de aumento de fluxo de crédito, e suba, com probabilidade de 40%, sob o cenário contrário.

Uma vez que o preço das ações da empresa subiu, qual é a probabilidade de que o fluxo de crédito da economia tenha também aumentado?

a) $\frac{1}{2}$
b) $\frac{1}{5}$
c) $\frac{2}{9}$
d) $\frac{9}{25}$
e) $\frac{9}{50}$

81. (CESGRANRIO - 2021 - CEF - TÉCNICO BANCÁRIO) Por estudos estatísticos, estima-se que um cliente de um certo banco tem 75% de probabilidade de ir para atendimento de caixa eletrônico, e 25% de ir para um atendimento personalizado.

Em uma amostra de quatro clientes entrando no banco, qual é a probabilidade de que a maioria deles se dirija ao atendimento personalizado?

a) $\frac{1}{64}$

b) $\frac{5}{256}$

c) $\frac{3}{64}$

d) $\frac{13}{256}$

e) $\frac{27}{64}$

82. **(CESGRANRIO - 2021 - CEF - TÉCNICO BANCÁRIO)** Arquivos digitais de uso em computadores são produtos comuns no dia a dia das organizações. Eles podem conter relatórios, planilhas ou quaisquer outros elementos que viabilizem, de alguma forma, a execução dos processos de negócio. O acesso aos arquivos de um sistema pode ser realizado de diferentes formas.

Qual o método de acesso a registros de um arquivo, que demanda a especificação de uma chave?

a) Exclusão mútua

b) Não estruturado

c) Reentrância

d) Indexado

e) Sequencial

83. **(CESGRANRIO - 2021 - CEF - TÉCNICO BANCÁRIO)** A computação distribuída permite que as máquinas integrantes de uma rede, que utilizam esse modelo computacional, executem o seu próprio processamento. Esse cenário permite que as organizações se beneficiem da integração de serviços, por meio da interconexão oferecida pelas redes de computadores, otimizando recursos e maximizando o poder de seu parque computacional.

Nesse cenário, o modelo de redes ponto a ponto se caracteriza por

a) agrupar um conjunto de computadores, localizados em ambientes físicos distintos, para processar grandes volumes de dados.

b) existir um servidor frontal (front-end) que se comunica com outro servidor traseiro (back-end), este responsável pelos dados do processamento.

c) inexistir a figura de um servidor dedicado, já que qualquer equipamento pode desempenhar a função de servidor de um determinado serviço.

d) interligar um conjunto de computadores, de forma que pareça um supercomputador com considerável poder computacional.

e) oferecer um modelo em que existe a figura de um equipamento servidor, responsável por atender às requisições de equipamentos clientes.

84. **(CESGRANRIO - 2021 - CEF - TÉCNICO BANCÁRIO)** Equipes do Microsoft Teams reúnem pessoas com o objetivo de facilitar a colaboração entre seus membros. Todo conteúdo público de um canal é visível aos membros da equipe, o que, em uma organização, pode não ser conveniente. Por vezes, é necessário que um subconjunto do grupo discuta questões confidenciais, sem ter que fazê-lo em uma equipe alternativa.

Qual recurso do Microsoft Teams viabiliza a criação de uma área exclusiva dentro de uma equipe?

a) Caderno

b) Tarefas

c) Insights

d) Canais privados

e) Links para a equipe

85. **(CESGRANRIO - 2021 - CEF - TÉCNICO BANCÁRIO)** A possibilidade de configuração de conexões, oferecida pelo navegador Firefox, revela-se recurso interessante para organizações que necessitam, por exemplo, acessar um servidor de proxy que disponibiliza um serviço específico, não acessível ao público externo.

No menu Configurações, qual a opção na qual a janela de configuração de conexão é acessada?

a) Geral

b) Início

c) Pesquisa

d) Sync

e) Privacidade e Segurança

86. **(CESGRANRIO - 2021 - CEF - TÉCNICO BANCÁRIO)** O compartilhamento de experiências de uma equipe de vendas pode ser uma interessante abordagem do departamento comercial de uma empresa. Para isso, uma solução é utilizar um sistema de páginas modificáveis por qualquer pessoa da equipe, em um formato que permita a edição, no formato de código de páginas (como HTML, por exemplo) ou em um que seja intuitivo, como um editor de textos padrão. Outra importante funcionalidade é a manutenção do histórico de versões.

Como são designados os ambientes que implementam as funcionalidades descritas?

a) Correio eletrônico

b) Podcasts

c) Telnet

d) Vídeo blogs (VLOGS)

e) Wikis

87. **(CESGRANRIO - 2021 - CEF - TÉCNICO BANCÁRIO)** As resoluções assumidas por um gestor dependem, fundamentalmente, da consolidação de dados e informações que sustentam o processo de tomada de decisão.

Assim sendo, ferramentas que têm por objetivo organizar e apresentar dados e informações relevantes ao processo de tomada de decisão são denominadas

a) codecs

b) dashboards

c) hardening

d) weblogs

e) LMS (Learning Management Systems)

88. **(CESGRANRIO - 2021 - CEF - TÉCNICO BANCÁRIO)** O aplicativo de correio eletrônico pode ser configurado para enviar mensagens e acessar as caixas de mensagens que estão no servidor de correio.

Um dos protocolos de comunicação mais utilizados para acessar as mensagens da caixa de entrada é o

a) SMTP

b) IMAP

c) SMB

d) SSH

e) RDP

89. **(CESGRANRIO - 2021 - CEF - TÉCNICO BANCÁRIO)** A assinatura digital é um controle de segurança que permite a verificação da integridade e da autenticidade do documento digital. Sabe-se que o certificado digital do signatário (CertSignatário) foi emitido pela Autoridade Certificadora 1 (AC1); o certificado da AC1 (CertAC1) foi emitido pela Autoridade Certificadora Raiz (ACZ); e que o certificado da ACZ (CertACZ) é autoassinado.

Para validarmos a assinatura digital do signatário de um documento digital, nessa infraestrutura de chaves públicas em cadeia, é necessário:

a) apenas o CertSignatário

b) apenas o CertAC1

c) apenas o CertACZ

d) apenas o CertSignatário e o CertACZ

e) todos os certificados da cadeia (CertSignatário, CertAC1 e CertACZ)

90. **(CESGRANRIO - 2021 - CEF - TÉCNICO BANCÁRIO)** O Microsoft Edge pode sincronizar o histórico, os favoritos, as senhas e outros dados do navegador de um usuário em todos os dispositivos conectados. Para ativar a sincronização, deve-se selecionar a opção Sincronizar, pressionar o botão Ativar sincronização, selecionar os itens que devem ser sincronizados e pressionar o botão Confirmar.

A opção Sincronizar é uma das subopções da opção de configuração de

a) Perfis

b) Sistema

c) Proteção para a família

d) Cookies e permissões de site

e) Privacidade, pesquisa e serviços

91. **(CESGRANRIO - 2021 - CEF - TÉCNICO BANCÁRIO)** Um supervisor de equipe precisa redigir um memorando para envio à chefia imediata. Ele precisa da colaboração dos seus subordinados na edição deste texto. Todavia, o supervisor quer ter acesso ao histórico de alterações (quem alterou o quê), a fim de que possa julgar quais sugestões ele aceita ou não.

Qual recurso do MS Word 365, versão português, oferece essa possibilidade?

a) Correspondências

b) Layout

c) Pesquisar

d) Revisão

e) Suplementos

92. **(CESGRANRIO - 2018 - BASA - TÉCNICO BANCÁRIO)** De acordo com o Código de Defesa do Consumidor Lei nº 8.078/1990, o fornecedor de produtos e serviços que, posteriormente à sua introdução no mercado de consumo, tiver conhecimento da periculosidade que estes apresentem deverá comunicar o fato imediatamente às autoridades competentes e aos consumidores.

Essa comunicação deve ser feita por meio de

a) carta simples

b) correspondência registrada

c) telegrama

d) editais de convocação

e) anúncios publicitários

93. **(CESGRANRIO - 2018 - BASA - TÉCNICO BANCÁRIO)** Se um usuário tem duas pastas em uma mesma partição de um disco rígido de um computador rodando o Windows 10 em português, o que acontece se esse usuário, utilizando o botão esquerdo do mouse, arrasta uma pasta sobre a outra?

a) Aparece uma mensagem perguntando se o usuário quer mover a pasta e todo o seu conteúdo ou somente o conteúdo da pasta.

b) A pasta arrastada e o seu conteúdo são copiados para a outra pasta.

c) A pasta arrastada e todo o seu conteúdo são movidos para a outra pasta e deixam de existir na localização original.

d) O conteúdo da pasta arrastada é movido para a outra pasta, mas a pasta de origem, agora vazia, continua a existir na localização original.

e) O usuário recebe uma mensagem de erro advertindo-o de que pastas não podem ser aninhadas.

94. **(CESGRANRIO - 2018 - BASA - TÉCNICO BANCÁRIO)** Considere a Figura a seguir.

A pequena seta no canto inferior esquerdo da imagem indica que

a) o arquivo foi modificado, mas não foi salvo.

b) o arquivo tem atributos de somente leitura.

c) o arquivo foi apagado.

d) existe um backup do arquivo na nuvem.

e) este é um atalho para o arquivo.

95. **(CESGRANRIO - 2018 - BASA - TÉCNICO BANCÁRIO)** A imagem abaixo foi extraída da barra de ferramentas do LibreOffice:

Essa ferramenta é utilizada para

a) apagar parte da figura.

b) apagar parte do texto.

c) pintar uma área de texto.

d) pintar uma área de figura.

e) copiar a formatação.

96. **(CESGRANRIO - 2018 - BASA - TÉCNICO BANCÁRIO)** O protocolo que permite a navegação na internet segura através de criptografia de informações é o

a) HTTPS

b) HTTP

c) HTML

d) XHTML

e) XML

97. **(CESGRANRIO - 2018 - BASA - TÉCNICO BANCÁRIO)** Está sintaticamente correto o seguinte endereço de e-mail:

a) vendas?Consultas.example.com.@.br

b) vendas@consultas.example.com.br

c) @vendas@consultas@example.com.br

d) vendas.consultas.example.com.br

e) vendas@online@consultas.example.com.br

98. **(CESGRANRIO - 2018 - BASA - TÉCNICO BANCÁRIO)** No conjunto dos números reais, considere as seguintes duas inequações:

Inequação 1: $5x - 7 > x^2 - x + 1$

Inequação 2: $x + 6 > -x + 10$

Um número real x, que é solução da inequação 2, também será solução da inequação 1, se, e somente se, for solução da inequação:

a) $-x < -4$

b) $4x - 16 < 0$

c) $x2 - 16 > 0$

d) $x + 1 > x + 9$

e) $\frac{1}{x} < \frac{1}{4}$

99. **(CESGRANRIO - 2018 - BASA - TÉCNICO BANCÁRIO)** Sabe-se que 30% dos clientes de um banco são do sexo masculino e os 70% restantes são do sexo feminino. Entre os clientes do sexo masculino, a média do tempo de vínculo com o banco é igual a 4 anos e, entre os clientes do sexo feminino, é igual a 6 anos. Considerando-se todos os clientes, de ambos os sexos, qual é a média do tempo de vínculo de cada um com o banco?

a) 5 anos

b) 5,3 anos

c) 6 anos

d) 5,4 anos

e) 5,7 anos

100. **(CESGRANRIO - 2018 - BASA - TÉCNICO BANCÁRIO)** Um valor inicial C_0 foi capitalizado por meio da incidência de juros compostos mensais constantes iguais a 6,09%. Ao final de 6 meses, isto é, após 6 incidências dos juros, gerou-se o montante M.

A partir do valor inicial C_0, seria alcançado o mesmo montante M ao final de 12 meses (12 incidências), se os juros compostos mensais constantes tivessem sido iguais a

a) 1,045%

b) 1,450%

c) 3,045%

d) 3,450%

e) 3,000%

101. **(CESGRANRIO - 2018 - BASA - TÉCNICO BANCÁRIO)** Considere a sequência numérica cujo termo geral é dado por $a_n = 2^{1-3n}$, para $n \geq 1$. Essa sequência numérica é uma progressão

a) geométrica, cuja razão é $\frac{1}{8}$

b) geométrica, cuja razão é -6.

c) geométrica, cuja razão é -3.

d) aritmética, cuja razão é -3.

e) aritmética, cuja razão é $\frac{1}{8}$

102. **(CESGRANRIO - 2018 - BASA - TÉCNICO BANCÁRIO)** O comprimento de um grande fio corresponde à soma dos comprimentos de 24 fios menores. São eles:

- 12 fios, cada um dos quais com comprimento que mede 14,7 cm;
- 4 fios, cada um dos quais com comprimento que mede 0,3765 km;
- 8 fios, cada um dos quais com comprimento que mede 13,125 dam.

Esse grande fio foi dividido em 3 fios de igual comprimento, chamados de unidade modelo. Qual é a medida, em metros, do comprimento de uma unidade modelo?

a) 6385,500

b) 2557,764

c) 852,588

d) 94,302

e) 31,434

103. **(CESGRANRIO - 2018 - BASA - TÉCNICO BANCÁRIO)** De acordo com as normas explicitadas no Manual de Redação da Presidência da República, um memorando deve conter

a) agradecimento efusivo dirigido ao destinatário da comunicação.

b) linguagem cotidiana permeada por termos do jargão burocrático.

c) nome, cargo e endereço do destinatário da comunicação oficial.

d) pronome de tratamento combinado a verbo na segunda pessoa do singular.

e) tipo e número do expediente, seguido da sigla do órgão que o está expedindo.

1 GABARITOS

01	C	02	D	03	B	04	D	05	E
06	C	07	B	08	E	09	D	10	E
11	A	12	D	13	E	14	D	15	C
16	C	17	A	18	C	19	A	20	B
21	C	22	B	23	D	24	C	25	D
26	C	27	D	28	B	29	B	30	A
31	A	32	C	33	E	34	E	35	B
36	A	37	D	38	E	39	D	40	A
41	C	42	B	43	C	44	A	45	E
46	E	47	D	48	D	49	C	50	E
51	C	52	D	53	D	54	D	55	D
56	D	57	C	58	B	59	B	60	D
61	A	62	B	63	E	64	C	65	A
66	E	67	C	68	C	69	A	70	B
71	D	72	E	73	A	74	A	75	C
76	E	77	B	78	B	79	D	80	D
81	D	82	D	83	C	84	D	85	A
86	E	87	B	88	B	89	E	90	A
91	D	92	E	93	C	94	E	95	E
96	A	97	B	98	B	99	D	100	E
101	A	102	C	103	E				

Impresso por:

META
www.metabrasil.com.br